Gerhard Müller

Causa Reformationis

Beiträge zur Reformationsgeschichte
und zur Theologie Martin Luthers

Zum 60. Geburtstag des Autors
herausgegeben von Gottfried Maron
und Gottfried Seebaß

Gütersloher Verlagshaus
Gerd Mohn

CIP-Titelaufnahme der Deutschen Bibliothek

Müller, Gerhard:
Causa Reformationis: Beiträge zur Reformationsgeschichte und zur Theologie Martin Luthers; zum 60. Geburtstag des Autors / Gerhard Müller. Hrsg. von Gottfried Maron u. Gottfried Seebaß. – Gütersloh: Gütersloher Verl.-Haus Mohn, 1989
ISBN 3-579-00124-8

ISBN 3-579-00124-8

Umschlagentwurf: Dieter Rehder, Aachen
Gesamtherstellung: Weihert-Druck GmbH, Darmstadt
Printed in Germany

Inhaltsverzeichnis

Beiträge zur Theologie Martin Luthers

Vorwort

Die Zusammengehörigkeit von wissenschaftlicher Theologie und Kirchenleitung hat in den vergangenen Jahren nicht zuletzt darin ihren Ausdruck gefunden, daß die Synoden der Kirchen wiederholt Professoren zu Bischöfen wählten. Auch Gerhard Müller hat sich einem solchen Ruf nicht entzogen, als er 1982 die Wahl zum Bischof der Evangelisch-lutherischen Landeskirche in Braunschweig annahm, obwohl dies einen tiefen Einschnitt in eine akademische Wirksamkeit von großer Breite und Intensität bedeutete. Sie hatte schon damals ihre Anerkennung über die Grenzen Deutschlands hinaus nicht zuletzt in der Verleihung der Würde eines Doctors of Divinity durch die Universität St. Andrews gefunden.

Kollegen und Freunde sind deswegen gleichermaßen dankbar, daß Gerhard Müller auch in seinem bischöflichen Amt wissenschaftlich-theologische Arbeit und kirchenleitende Oikodome beieinander hält. Die Fruchtbarkeit dieser Verbindung für die ihm anvertrauten Gemeinden erweist sich vor allem in den beiden Bänden mit Vorträgen, Aufsätzen und Predigten, die unter dem treffenden Titel „Zwischen Reformation und Gegenwart" in den letzten Jahren erschienen sind. Die Honorarprofessur an der Georgia Augusta in Göttingen erlaubt ihm weiterhin die Zusammenarbeit mit den Studierenden. Vor allem aber leistet Gerhard Müller als Hauptherausgeber der Theologischen Realenzyklopädie, deren Charakter und zügiges Erscheinen sich ganz wesentlich seinen Impulsen verdankt, der Theologie jenen die Disziplinen integrierenden und ihre ökumenische Verpflichtung einschärfenden Dienst, dessen unsere Wissenschaft mehr denn je bedarf. Und dankbar werden seine Gaben und Fähigkeiten zur Organisation großer geisteswissenschaftlicher Vorhaben in zahlreichen Kommissionen weiterhin in Anspruch genommen.

Über all dem sollten aber die bedeutenden und weiterführenden Beiträge, die Gerhard Müller seiner eigenen Disziplin, der historischen Theologie, gewidmet hat, nicht zurücktreten. Das ist der Grund, warum wir der Auffassung waren, Landesbischof Müller zu seinem 60. Geburtstag am 10. Mai dieses Jahres mit einer ersten Sammlung seiner Aufsätze grüßen zu sollen. Angesichts des Umfanges dessen, was Gerhard Müller in seinem akademischen Amt leistete, kann dies nur ein Ausschnitt sein und nicht einmal ein repräsentativer. So haben wir uns entschieden, seine gewichtigen und weiterführenden Beiträge zur neueren Kirchengeschichte, zum neuzeitlichen Katholizismus und zur hessischen und fränkischen Territorialgeschichte vorerst zurückzustellen, um klar heraustreten zu lassen, worin neben der Beschäftigung mit der Theologie Martin Luthers sein spezifischer Beitrag zur Kirchengeschichte des 16. Jahrhunderts besteht: Es ist der Blick auf das Italien der Reformationszeit und von Italien her auf die deutsche Reformation, wie er schon Gerhard Müllers Habilitationsschrift über den Pontifikat Clemens' VII. prägte. Seine Arbeiten zeichnen sich vor allem dadurch aus, daß sie kirchengeschichtliche Detailforschung in weite Zusammenhänge einordnen, am Einzelnen das Grundsätzliche herausstellen. Sie sind deswegen großenteils von der unmittelbaren Nähe zu den archivalischen Quellen bestimmt.

Der Erschließung neuer Quellen hat er nicht nur früher mit den von ihm bearbeiteten und edierten Bänden der Nuntiaturberichte gedient, sondern vor allem auch durch die weit vorangetriebene Gesamtausgabe der Werke des Nürnberger Reformators Andreas Osiander. In der sein Wirken allenthalben auszeichnenden Verbindung von streng auf die Sache bezogener Arbeit mit persönlicher Nähe und Zuwendung hat er über dieses Vorhaben eine große Zahl von jungen Wissenschaftlern an die intensive Arbeit mit archivalischen Quellen herangeführt und in der Betreuung einer Fülle von Dissertationen den wissenschaftlichen Nachwuchs gefördert.
Im Namen von Schülern und Kollegen sagen wir Gerhard Müller für all das unseren Dank und wünschen ihm Gottes Segen für die kommenden Jahre.

Heidelberg und Kiel am 10. Mai 1989 Gottfried Maron und Gottfried Seebaß

Die Reformation als Epoche europäischer Geschichte

Der Erzbischof von Rossano und Nuntius am Hofe Ferdinands I., Vincenzo Pimpinella, hielt im Rahmen der Reichstagseröffnungsmesse in Augsburg 1530 eine Ansprache an die Stände des Heiligen Römischen Reiches Deutscher Nation[1]. In seiner Rede forderte er seine Zuhörer auf, den Zwiespalt auf kirchlichem Gebiet zu beseitigen und gegen die Türken, die Ungläubigen, zu Felde zu ziehen. Pimpinella pries das Werk des Kaisers, der nach seiner Ankunft in Italien die Wunden dieses Landes geheilt habe[2]. Das sei deswegen so wichtig, weil es die notwendige Voraussetzung für eine aussichtsreiche Bekämpfung der Glaubensfeinde bilde. Pimpinella erklärt: „Wir wollen den allmächtigen Gott miteinander bitten, daß er den Frieden in Italien beständig bewahre, von dem, wie man weiß, Leben und Tod, Heil und Verderben der ganzen christlichen Religion wie von einem seidenen Fädchen abhängen." [3] Diese Aussage des Nuntius überrascht, weil wir gewohnt sind, die Reformation in erster Linie als ein Geschehen innerhalb Mitteleuropas anzusehen, das alle anderen Vorgänge jener Zeit an Bedeutsamkeit und Geschichtsmächtigkeit überragt, das sich vorwiegend mit den Ereignissen in seinem eigenen geographischen Bereich, eben in Deutschland, auseinanderzusetzen und durchzusetzen hat. Robert Stupperich hat das in die Worte gefaßt: „Unsere Reformationshistoriker von Ranke bis Gerhard Ritter haben fast ausschließlich die *deutsche* Reformation bei ihren Darstellungen im Auge gehabt." [4] Nun soll damit nicht gesagt sein, daß man von Deutschland — oder sagen wir es personal — von Luther absehen dürfe, wenn man die Reformation verstehen will. „Die Reformation als Epoche der deutschen Geschichte", wie der Titel von Paul Joachimsens Reformationsgeschichte lautet[5], ist ein legitimer und notwendiger Gesichtspunkt. Deutschland ist insofern das Zentrum der Reformation gewesen, als ja von Wittenberg jene Bewegung ausgegangen ist, die weltgeschichtlich gewirkt

*) Antrittsvorlesung, gehalten am 25. Januar 1961 vor der Marburger Theologischen Fakultät.

1) Vgl. G. Müller, Vincenzo Pimpinella am Hofe Ferdinands I. 1529 bis 1532, in: Quellen und Forschungen aus italienischen Archiven und Bibliotheken 40 (1960) S. 65 ff.

2) G. Coelestinus, Historia comitiorum anno 1530 Augustae celebratorum (Frankfurt/Oder 1597) S. 109v—110r.

3) Ebd. S. 114v.

4) R. Stupperich, Rez. von: H. J. Grimm, The Reformation Era 1500 to 1650, in: Archiv für Reformationsgeschichte 48 (1957) S. 133 (Hervorhebung durch Kursivdruck von mir).

5) P. Joachimsen, Die Reformation als Epoche der deutschen Geschichte, hrsg. von O. Schottenloher (München 1951). Der Titel des Werkes wurde vom Hrsg. im Anschluß an eine Formulierung Joachimsens geprägt (S. XIII und 275).

hat, wie das immer wieder etwa von Gerhard Ritter, Hermann Heimpel oder Walther Peter Fuchs betont wurde.[6] Man könnte darauf verweisen, daß es *deutsche* Stände waren, die sich 1521 in Worms einer sofortigen Verurteilung des Wittenberger Professors widersetzten, obwohl das Verdammungsurteil über dessen Theologie von der Kirche bereits gefällt worden war. Deutsche Territorien waren es, die den Gedanken Luthers und der übrigen Reformation Raum gaben und die sich zum Schmalkaldischen Bund zusammenschlossen. Mit diesen Andeutungen soll das relative Recht jenes Gesichtspunktes von der Reformation als einer Epoche der *deutschen* Geschichte festgehalten werden. Es kommt uns hier jedoch darauf an, die Reformation als ein *europäisches* Geschehen herauszustellen, das nicht recht erfaßt werden kann, wenn es lediglich als ein nationaler Vorgang verstanden wird. Dieser im Grunde provinzielle Gesichtspunkt verhindert eine rechte Zuordnung der mannigfaltigen Erscheinungen. Doch bevor wir uns dieser Problematik zuwenden können, müssen wir uns noch kurz über den Begriff „Reformation" verständigen.

Hubert Jüdin gebührt das Verdienst, unsere reformationsgeschichtliche Nomenklatur in Frage gestellt und andere Begriffe als „Reformation" und „Gegenreformation" bzw. eine Differenzierung der damit verbundenen Inhalte vorgeschlagen zu haben.[7] Dieser Vorstoß war — mit Verlaub zu sagen — fällig. Seitdem der evangelische Historiker Wilhelm Maurenbrecher 1880 von der „katholischen Reformation" gesprochen hatte[8], hat sich unsere Kenntnis von Reformbestrebungen innerhalb der römisch-katholischen Kirche vor und neben Luther erheblich verbreitert. Als ein eklatantes Beispiel erwähne ich, daß der Venezianer Gasparo Contarini, der als Kardinallegat am Regensburger Reichstag von 1541 teilnahm, in seiner Jugend ähnliche theologische Fragen wie Luther leidend durchdacht hat.[9] Wenn jetzt von Reformation gesprochen wird, dann kann vielerlei gemeint sein. Hanns Rückert hat damit einmal „den reformatorischen Ansatz in Luthers Theologie" bezeichnet.[10] Umgekehrt hat Harold J. Grimm mit dem Begriff „Reformationszeitalter" die Jahre von 1500 bis 1650 zusammengefaßt;[11] er hat also vor Luthers Thesenanschlag eingesetzt und den bisher üblicherweise „Gegenreformation" genannten Zeitraum miterfaßt. Wir können uns hier nicht auf die Diskussion einlassen, die sich an Jedins Ausführungen anschloß. Wir müssen lediglich festhalten, was mit Reformation gemeint sein soll, wenn jetzt davon die Rede ist. Aus praktischen Gründen beschränkte ich mich auf die Jahre

---

6) G. Ritter, Die Weltwirkung der Reformation, 2. Aufl. (München 1959); H. Heimpel, Luthers weltgeschichtliche Bedeutung, in: Die Sammlung 1 (1945/46) S. 554 ff.; W. P. Fuchs, Die weltgeschichtliche Bedeutung der Reformation, in: Geschichte in Wissenschaft und Unterricht 5 (1954) S. 705 ff.

7) H. Jedin, Katholische Reformation oder Gegenreformation? Ein Versuch zur Klärung der Begriffe nebst einer Jubiläumsbetrachtung über das Trienter Konzil (Luzern 1946).

8) W. Maurenbrecher, Geschichte der katholischen Reformation, 1. Bd. (Nördlingen 1880).

9) H. Jedin, Contarini und Camaldoli, in: Archivio Italiano per la Storia della Pietà 2 (1959) S. 53 ff.

10) H. Rückert, Die geistesgeschichtliche Einordnung der Reformation, in: Zeitschrift für Theologie und Kirche 52 (1955) S. 52.

11) H. J. Grimm, The Reformation Era 1500—1650, 5. Aufl. (New York 1959).

von 1517 bis 1555. Mit Luthers Aufforderung zu wissenschaftlicher Diskussion über seine 95 Thesen beginnt jene so gut faßbare Welle der Erregung die Menschen zu ergreifen[12], die mit der Theologie des Wittenbergers im Zusammenhang steht und zu dem führt, was wir unter dem komplexen Begriff „Reformation" zusammenfassen. Das Jahr 1555 ist zwar kein „kanonisches Datum", wie es Ernst Walter Zeeden ironisch genannt hat[13], aber es ermöglicht einen Einschnitt auch in der europäischen Geschichte wegen der Abdankung Kaiser Karls V.[14], der sich in jenem Jahr aus der Politik zurückzog und die Führung der Geschäfte in Deutschland seinem einzigen Bruder Ferdinand und in seinen übrigen Reichen seinem Sohn Philipp anvertraute.[15] Es ließe sich auch für die zweite Hälfte des 16. Jahrhunderts zeigen, wie wichtig es ist, die Ereignisse dieser Jahrzehnte als europäische Vorgänge zu verstehen.[16] Und daß der 30jährige Krieg ganz Europa direkt oder indirekt in seinen Bann gezogen hat, ist bekannt. Aber da wir uns schon für die Jahre von 1517 bis 1555 auf wenige Beispiele beschränken müssen, empfiehlt es sich, die hier vorzutragende These an einem kürzeren Zeitabschnitt zur Diskussion zu stellen.

Wenn von der Reformation als einer Epoche der deutschen Geschichte gesprochen wurde, dann war damit meistens die Vorstellung verbunden, Deutschland sei das „Herz Europas" gewesen. Die Reformation in den anderen Ländern der Christenheit wurde kaum behandelt. Die politischen Vorgänge wurden in Sonderkapiteln geschildert, die abseits vom eigentlich interessanten Geschehen ihr Dasein fristeten.[17] Die Reformations-

---

12) Über Luthers Thesen, ihre Vorgeschichte und Wirkung vgl. H. Volz, Martin Luthers Thesenanschlag und dessen Vorgeschichte (Weimar 1959). Kürzlich hat E. Iserloh bestritten, daß Luthers Thesen angeschlagen worden seien (Luthers Thesenanschlag, Tatsache oder Legende?, in: Trierer Theologische Zeitschrift 70 [1961] S. 303—312).

13) E. W. Zeeden, Die Deutung Luthers und der Reformation als Aufgabe der Geschichtswissenschaft, in: Tübinger Theologische Quartalschrift 140 (1960) S. 154.

14) Auch in der Papstgeschichte traten 1555 gewichtige Veränderungen ein, weil in diesem Jahr G. Carafa Papst wurde, dem die Bekämpfung der Reformation eines der dringlichsten Anlagen war. Üblicherweise wurde der Einschnitt 1555 mit dem Augsburger Religionsfrieden begründet, der jedoch nur für Deutschland so wichtig ist, daß daraus eine solche Zäsur gefolgert werden kann. Für Europa dagegen können aus diesem Abkommen allein nicht so weitgehende Folgerungen gezogen werden (E. W. Zeeden, Zur Periodisierung und Terminologie des Zeitalters der Reformation und Gegenreformation, in: Geschichte in Wissenschaft und Unterricht 7 [1956] S. 436).

15) Karl V. hat sich im Herbst 1555 von den Regierungsgeschäften zurückgezogen, wenn er auch erst im Januar 1556 offiziell Spanien an Philipp II. und im September 1556 das Kaisertum an Ferdinand I. abtrat — die Annahme seines Verzichtes durch die deutschen Kurfürsten erfolgte sogar erst im Februar 1558. Aber die entscheidende Abdankung, durch die er seinen Willen ausdrückte, anderen Platz zu machen, vollzog er am 25. Oktober 1555, als er die Niederlande Philipp anvertraute (K. Brandi, Kaiser Karl V. Werden und Schicksal einer Persönlichkeit und eines Weltreiches Bd. 1 [München 1937] S. 542—544).

16) Vgl. unten S. 15 die Verständigung Frankreichs mit Spanien 1559. Bei der Analyse des Werkes Johannes Calvins konnte der Gesichtskreis selbstverständlich nicht mehr auf Mitteleuropa beschränkt werden, wie das bei der Betrachtung der Reformation Luthers und seiner Generation häufig der Fall gewesen ist.

17) Z. B. Joachimsen, op. cit. Anm. 5, S. 150 ff.

zeit wurde auch dazu benutzt zu zeigen, „daß außer den menschlichen Leidenschaften vor allem Ideen die Geschichte gestalten".[18] Dabei bewegte man sich aber gar zu leicht im luftleeren Raum. Die mit Händen zu greifende „Wechselwirkung" des Vordringens der Reformation mit den politischen Vorgängen der Zeit[19] wurde häufig nur gelegentlich am Rande gestreift. Es blieb dem amerikanischen Historiker Grimm vorbehalten, den Blick auf Europa in seiner Gesamtheit zu richten und sich nicht auf einen zu engen Gesichtskreis zu beschränken.[20] Auf diesem Weg ist Erich Hassinger weitergeschritten. In seinem Buch „Das Werden des neuzeitlichen Europa 1300—1600" hat er kürzlich erklärt, ihm schwebe „eine ‚*integrale Historie*' vor, ein Gesamtbild, in dem die Wandlungen auf allen Lebensgebieten mindestens im Gröbsten sichtbar gemacht" werden.[21] Er hat sich außerdem um eine „europäische Sicht" gemüht, bei der „immer wieder mit äußerster Nüchternheit zu prüfen" sei, „ob jene Phänomene gebührend gewürdigt worden sind, die anderen wesentlicher erscheinen als uns".[22] Daran möchte ich anknüpfen. Es geht bei der These von der Reformation als einer Epoche europäischer Geschichte darum, das europäische Problem in das Verständnis der Reformation einzubeziehen.

Wenn von Deutschland als dem „Herz Europas" gesprochen wurde, dann war das ein legitimer Gesichtspunkt des 19. Jahrhunderts. Bismarck mußte sich in seiner Politik darum mühen, das deutsche Reich nicht in einen Zweifrontenkrieg hineingeraten zu lassen. Die geographischen Gegebenheiten sind aber formaler Art. Der Gesichtspunkt des 19. Jahrhunderts darf nicht in die Reformationszeit zurückprojiziert werden. Wie sah es denn damals in Mitteleuropa aus? Die „Gebiete nordöstlich der Elbe" wiesen nur „eine geringe Bevölkerungsdichte auf". Nach Süden zu war das Land erheblich stärker besiedelt: der Kreis Melsungen fast doppelt so stark wie der Kreis Lüchow. In dem kleinen Herzogtum Württemberg wohnten mindestens so viele Menschen wie in dem großen Kurfürstentum Brandenburg.[23] Diese Äußerlichkeiten erhalten ihr gebührendes Gewicht, wenn man nach der Höhe der Kultur in den einzelnen Gebieten Deutschlands fragt. Es ist nicht zufällig, daß in den reformato-

---

18) H. Schaller, Die Reformation (München und Berlin 1934) S. 1.

19) G. Mentz, Europäische Geschichte im Zeitalter Karls V., Philipps II. und der Elisabeth (Aus Natur und Geisteswelt Bd. 528; Leipzig und Berlin 1921) S. 30 ff. K. D. Schmidt, Grundriß der Kirchengeschichte, 3. Aufl. (Göttingen 1960), betont, daß ohne Beachtung der „politischen Weltlage" „die Durchführung der Reformation überhaupt nicht verstanden werden kann" (S. 332).

20) Op. cit. Anm. 11. A. H. Rössler, Europa im Zeitalter von Renaissance, Reformation und Gegenreformation 1450—1650 (Weltgeschichte in Einzeldarstellungen Bd. 4, München 1956) hat sein Augenmerk stärker als früher üblich auf Europa gerichtet, sich aber gerade bei der Beschreibung der „deutschen Synthese Luthers" (S. 243 ff.) weitgehend auf Mitteleuropa beschränkt.

21) E. Hassinger, Das Werden des neuzeitlichen Europa 1300—1600 (Braunschweig 1959) S. XV.

22) Ebd. S. XVIII. Vgl. auch H. Jedin, Die Erforschung der kirchlichen Reformationsgeschichte seit 1876 (Katholisches Leben und Kämpfen im Zeitalter der Glaubensspaltung 5, Münster/Westf. 1931) S. 36: „Die kirchliche Reformationsgeschichte darf niemals ausschließlich deutsche Reformationsgeschichte sein."

23) F. Körner, Die Bevölkerungszahl und -dichte in Mitteleuropa zum Beginn der Neuzeit, in: Forschungen und Fortschritte 33 (1959) S. 328—331.

risch gewordenen Territorien sich die „stärksten Reste katholischen Kirchentums ... je nördlicher und je östlicher desto kräftiger und desto länger" erhielten.[24] Die kulturelle Höhe der süddeutschen Reichsstädte wurde, wenn man von den Hansestädten absieht, in den nördlichen und östlichen Gebieten des Reiches nicht annähernd erreicht.[25] Und wenn man die „kulturgesättigten" Gebiete Toskana, Oberitalien, Burgund oder Flandern betrachtet[26], dann müssen alle mitteleuropäischen Landschaften weit dahinter zurücktreten. Wo aber liegt Wittenberg? An der Elbe, wo sich das dünnbesiedelte Land anschließt, wo man nicht auf Schritt und Tritt auf Zeugen einer großen Vergangenheit oder Gegenwart stößt. Wittenberg war 1517 alles andere, aber sicher nicht „das Herz der Welt". Herbert Schöffler hat herausgestellt, daß dieses „Landstädtchen mit Lokalgewerbe" von nur „etwa 2500 Einwohnern" „im kolonialen Vorgelände", am Rande „deutscher Kultur" lag.[27] Wie mächtig müssen die von hier sich ausbreitenden Gedanken gewesen sein, daß trotzdem so viele Menschen davon bewegt und in ihren Bann gezogen wurden!

Wenn man genau hinsieht, dann war schon der Wormser Reichstag von 1521 ein europäisches Geschehen. Ich nannte ihn vorher als ein Beispiel für die Reformation als einer Epoche der *deutschen* Geschichte. Aber wenn man die gleichzeitigen europäischen Vorgänge außer acht läßt, dann wird man ihn nicht völlig verstehen. Auch die Kaiserwahl von 1519 war ein Ereignis, das ganz Europa anging: Neben Karl, als dem aussichtsreichsten Bewerber um die Kaiserkrone, standen die Könige von Frankreich und England, Franz I. und Heinrich VIII.[28] Wir wissen, wie stark die Kurie, die vierte große Macht im christlichen Abendland, den Wahlvorgang zu beeinflussen suchte, und der Prozeß gegen Luther deswegen in den Hintergrund trat.[29] Als Karl dann in Worms eintraf und das Ringen zwischen Zentralgewalt des Reiches und ständischen Autonomiebestrebungen einsetzte[30], war er wegen einer Revolution in Spanien und

---

24) E. W. Zeeden, Grundlagen und Wege der Konfessionsbildung in Deutschland im Zeitalter der Glaubenskämpfe, in: Historische Zeitschrift 185 (1958) S. 282. Zeeden betont ebd. Anm. 4, daß „auch hier Schwankungen vorkommen". Aufs Ganze gesehen dürfte das Urteil aber zutreffen.

25) H. Schöffler (Wirkungen der Reformation. Religionssoziologische Folgerungen für England und Deutschland [Frankfurt/Main 1960]) unterscheidet drei Kulturzonen: südlich und westlich des Limes, zwischen Limes, Elbe und Nordsee sowie östlich der Elbe, von denen die westliche die traditionsreichste und die östlichste die traditionsärmste gewesen ist (S. 107—109).

26) K. Brandi, Die deutsche Reformation (Leipzig 1941) S. 107.

27) Schöffler, op. cit. Anm. 25, S. 110—117.

28) Brandi, op. cit. Anm. 15, S. 90 ff. Warum Franz I. sich so intensiv darum mühte, zum Kaiser gewählt zu werden, hat F. A. Krummacher deutlich gemacht (Die Münzbilder Franz' I. Beiträge zur politischen Symbolik des französischen Königtums im 16. Jahrhundert, Diss. Marburg 1953): Die Vorstellung, daß er als „Rex Christianissimus" „der wahre und eigentliche Kaiser der Christenheit sei", wurde von Franz I. nachdrücklich vertreten (ebd. S. 52; den Hinweis auf diese Arbeit verdanke ich Herrn Dr. H. Röhr).

29) H. Hermelink — W. Maurer, Reformation und Gegenreformation (Handbuch der Kirchengeschichte Bd. 3, Tübingen 1931) S. 85 ff.

30) Dieses Ringen zwischen Kaiserhof und Ständen hat auch „die Verhandlungen über und mit Luther" (Deutsche Reichstagsakten, jüngere Reihe, 2. Bd., bearbeitet von A. Wrede [Gotha 1896] S. 449 ff.) beeinflußt (G. Müller, Die drei Nuntiaturen Aleanders in Deutschland 1520/21, 1531/32, 1538/39, in: Quellen und Forschungen aus italienischen Archiven und Bibliotheken 39 [1959] S. 231).

wegen einer kriegerischen Auseinandersetzung mit Frankreich gezwungen[31], den deutschen Ständen mehr entgegenzukommen, als er das getan haben dürfte, wenn er nicht von europäischen Fragen bedrängt worden wäre. Wie gering der Kaiser das Reich einschätzte, geht daraus hervor, daß er auf Österreich und Württemberg und damit auf die im Reichsland liegenden Gebiete seiner Hausmacht zugunsten seines Bruders verzichtete.[32] Was er „an Reichslehen behielt, seine burgundisch-niederländischen Hausgüter, unterstand längst nur noch formell der Hoheit des Reiches".[33] Karl V. hat alle seine übrigen Besitzungen seinen mitteleuropäischen Reichsgütern vorgezogen. Das hätte er sicher nicht getan, wenn er gemeint hätte, seine Lebensaufgabe liege in diesem Gebiet. Es ließe sich noch an vielen Beispielen zeigen, wie wenig „deutschbezogen" die Reformationszeit gewesen ist. Die gesamteuropäischen Vorgänge wurden eigentlich immer dem Geschehen in den deutschen Territorien übergeordnet. Doch der Beispiele mag es an dieser Stelle genug sein. Wir fragen vielmehr positiv: Welches war das vordringlichste Geschehen? Was wurde vor-, was nachgeordnet?

Häufig wird die Türkengefahr als das entscheidende Ereignis der Reformationszeit bezeichnet. Sie sei so lebensbedrohend gewesen, daß hinter ihr alle anderen Vorgänge zurückgetreten seien, auch die Reformation. Vor kurzem hat der junge amerikanische Historiker Fischer-Galati in Aufsätzen und einer Monographie auf die Wichtigkeit der türkischen Frage und ihren Zusammenhang mit der Reformation hingewiesen.[34] Er ist zu dem Schluß gekommen, daß vom ersten Speyrer Reichstag 1526 ab bis zum Augsburger Religionsfrieden von 1555 alle Ausgleichsbemühungen zwischen Altkirchlichen und Protestanten von der Türkengefahr weitgehend abhängig gewesen seien. Fischer-Galati meint: „Die Konsolidierung, Ausdehnung und Legitimierung des Luthertums in Deutschland um 1555 sollte mehr dem türkischen Imperialismus als irgendeinem anderen Einzelfaktor zugeschrieben werden."[35] Ein Rezensent hat erklärt, der

---

31) R. Stadelmann, Das Zeitalter der Reformation (Handbuch der Deutschen Geschichte Bd. 2 H. 1, Potsdam 1936) S. 70. Von den deutschen Ständen wurde Karl V. 1521 „für den Zug nach Rom zur Kaiserkrönung und für die Wiedergewinnung des dem Reiche Entzogenen (sc. das Herzogtum Mailand) ein Heer von 24 000 Mann" bewilligt (Mentz, op. cit. Anm. 19, S. 24 und Deutsche Reichsakten, op. cit. Anm. 30, S. 389 ff.). Grimm betont, daß der Wormser Reichstag bereits zwei Tage nach der Gewährung dieser Reichshilfe geschlossen wurde (op. cit. Anm. 11, S. 140 f.).

32) Es wäre naheliegender gewesen, daß Karl zugunsten Ferdinands auf Spanien verzichtet hätte, der dort aufgewachsen und beliebt war (Brandi, op. cit. Anm. 15, S. 70 f.).

33) G. Ritter, Die Neugestaltung Europas im 16. Jahrhundert. Die kirchlichen und staatlichen Wandlungen im Zeitalter der Reformation und der Glaubenskämpfe (Berlin 1950) S. 94.

34) S. A. Fischer-Galati, Ottoman Imperialism and German Protestantism 1521—1555 (Harvard Historical Monographs 43, Cambridge 1959); ders., Ottoman Imperialism and the Lutheran Struggle for Recognition in Germany, 1520—1529, in: Church History 23 (1954) S. 46—67; ders., Ottoman Imperialism and the Religious Pace of Nürnberg, in: Archiv für Reformationsgeschichte 47 (1956) S. 160 ff.; ders., The Turkish Question and the Religious Peace of Augsburg, in: Südost-Forschungen 15 (1956) S. 290—311.

35) Fischer-Galati, Ottoman Imperialism and German Protestantism S. 117.

amerikanische Historiker habe „das alte Wort ‚Der Türk ist der Lutherischen Glück' wissenschaftlich bestätigt".[36] Nun kann kein Zweifel sein, daß die Reformationszeit nicht verstanden werden kann ohne Beachtung der türkischen Gefahr aus dem Südosten. Selbst die Kurie hat beispielsweise 1531—32 die Lutheraner in Deutschland ihr gegenüber für das kleinere Übel gehalten. Sie hat Konzessionen an die Protestanten erwogen, weil sie ihre Mithilfe bei der Abwehr der Türken wünschte, von denen sie einen Angriff auf die langen, schwer zu verteidigenden Küsten Italiens befürchtete.[37] Es erscheint mir aber fraglich, ob man tatsächlich die Türkengefahr als wichtigste Ursache für die Ausbreitung der Reformation ansehen darf. Die Stellung des Kaisers und seines Hofes zu der Theologie Luthers lag seit dem Wormser Edikt fest. Erst 1526 haben die Türken durch ihren Sieg in der Schlacht von Mohacz gezeigt, daß sie eine unmittelbare Gefahr für Mitteleuropa bildeten. Warum hat Karl V. nicht in den Jahren von 1521—26 die Durchführung des Wormser Ediktes durchgesetzt? Was für Aufgaben beschäftigten ihn während dieser Zeit? Was war ihm wichtiger als Luther und seine Anhänger in Deutschland? Die Belagerung Wiens im Jahre 1529 zeigte die Größe der türkischen Gefahr erneut. Aber immerhin wurde Wien nicht erobert. Der Gegner zog ab, ohne sein Ziel erreicht zu haben. Es war klar geworden, daß der Türke mindestens nicht im ersten Ansturm alles erreichen konnte, was er wollte. Als dann auf dem Augsburger Reichstag von 1530 zwei Tagesordnungspunkte zur Debatte standen, die kirchliche Frage und die Türkenhilfe, vermochte Ferdinand nicht durchzusetzen, daß zuerst über ein Aufgebot zur Abwehr der Mohammedaner verhandelt würde.[38] Der Schock von 1529 war entweder nicht so groß oder nicht von so anhaltender Wirkung gewesen, daß die Mehrzahl der Stände nicht zuerst die Verhandlung *theologischer* Fragen gewünscht hätte, die ihnen offenbar wichtiger erschienen als die türkische Gefahr.

Hinzu kommt, daß die erste Verständigung des Kaisers mit den Protestanten durch den „Nürnberger Anstand" von 1532 gar nicht auf eine geschickte Politik der evangelischen Stände zurückgeführt werden kann, die ihre Türkenhilfe nur bei Anerkennung ihres Glaubens zugesagt hätten. So hatten die Protestanten zwar ursprünglich vorgehen wollen — verständlicherweise; denn wenn man von ihnen einen Beitrag zur Abwehr der Türken erwartete, dann war es sinnvoll, sie nicht gleichzeitig als „ungehorsame Stände", als Rebellen, anzusehen. Sie mußten in dem Fall ja gewärtig sein, daß die von ihnen mitaufgestellten Truppen nach einem Sieg über die Türken gegen sie selbst geführt werden würden. Daß sie durch den Nürnberger Anstand, der keine Entscheidung, sondern nur ein Stillhalteabkommen war, in den kaiserlichen Landfrieden aufgenommen wurden, war also naheliegend. Sie konnten nun hoffen, wegen ihres Glaubens bis zum Konzil oder dem nächsten Reichstag nicht mit Krieg überzogen

---

36) H. Sturmberger, in: Das historisch-politische Buch 8 (1960) S. 264.

37) Müller, op. cit. Anm. 30, S. 239 ff.

38) Valentin von Tetleben, Protokoll des Augsburger Reichstages 1530, hrsg. und eingeleitet von H. Grundmann (Schriftenreihe der Historischen Kommission bei der Bayerischen Akademie der Wissenschaften, Schrift 4, Göttingen 1958) S. 71 ff.

zu werden.[39] Noch wichtiger als dies aber ist, daß der Kaiser den Anstand im Juli/August 1532 gewährte, obwohl bereits im Mai einige evangelische Stände sich zur Stellung von Truppen zur Abwehr der Türken bereiterklärt hatten. Die altkirchliche Gruppe des Reichstags meinte, der Kaiser brauche den Protestanten gar nicht entgegenzukommen. Sie würden im Falle der Gefahr ihren Beitrag auch so leisten. Obwohl das Verhalten der evangelischen Stände im Sommer 1532 diesen Schluß erlaubte, hat der Kaiser den Anstand verkündet, und zwar als eine unmittelbare Folge der antihabsburgischen Politik der altkirchlichen Stände des Reiches, die keine ausreichende Türkenhilfe bewilligten, so daß sich Karl der Protestanten durch ein Entgegenkommen versichern mußte.[40] Die Türkengefahr war also 1532 nur mittelbar der Anlaß für die Verständigung zwischen dem Kaiser und den Protestanten. Die eigentliche Ursache ist in dem Verhalten der altkirchlichen Stände Deutschlands zu finden. Karl V. gewährte den Anstand, weil ihm die Glaubensfrage nicht so dringlich erschien wie eine Festigung seiner politischen Lage. Als die Türken bereits im August 1532 an der kleinen Festung Güns scheiterten[41], als sie einer Entscheidung im Wissen um ihre Schwäche auswichen, hat Karl das versammelte Heer nicht gegen Kursachsen und die übrigen evangelischen Stände geführt, sondern er ist nach Italien gezogen, wo er offenbar wichtigere Aufgaben als in Mitteleuropa sah.

Als der Kaiser 1541 nach Deutschland zurückkehrte, war die Türkengefahr noch sehr viel weniger dringlich als vor einem Jahrzehnt. Während des Regensburger Reichstages des gleichen Jahres bedrängten ihn vor allen Dingen die Probleme, die aus der Politik seines wichtigsten Gegners, des Königs von Frankreich, erwuchsen.[42] Von 1543—52 haben die Türken gar keinen Einfluß auf die Vorgänge im christlichen Abendland genommen.[43] Auch während dieser Jahre konnten die Protestanten nicht definitiv unter die Autorität des päpstlichen Stuhles zu Rom gezwungen werden. Daraus geht hervor, daß die Religionsstreitigkeiten auch während der Zeit nicht beseitigt werden konnten, in der das Abendland nicht von den Türken bedroht wurde. Im Grunde waren die Ungläubigen längst nicht mehr so stark, wie sie eingeschätzt wurden. Sie wurden auch nur von den zunächst Betroffenen, von Ferdinand und zeitweise von der römischen Kurie gefürchtet. Die übrigen Stände ließen die Dinge an sich herankommen. Sie wußten, daß der Sultan im Osten mit dem Schah von Persien zu kämpfen hatte[44], und daß er nicht so überraschend würde vorstoßen können, daß zur Gegenwehr keine Möglichkeit mehr bliebe. Sie ließen sich für ihre Abwehrmaßnahmen erstaunlich viel Zeit. Was war das wich-

---

39) O. Winckelmann, Der Schmalkaldische Bund 1530—1532 und der Nürnberger Religionsfriede (Straßburg 1892) S. 250 ff.

40) A. Westermann, Die Türkenhilfe und die politisch-kirchlichen Parteien auf dem Reichstag zu Regensburg 1532 (Heidelberger Abhandlungen 25, Heidelberg 1910) S. 70 ff.

41) Brandi, op. cit. Anm. 15, S. 282.

42) Ebd. S. 381 ff.

43) Fischer-Galati, Ottoman Imperialism and German Protestantism S. 88 und 103.

44) Karl hatte allerdings bei seinen Anknüpfungsversuchen mit dem Schah von Persien weniger Erfolg als Franz I. bei den seinen mit dem türkischen Sultan (Hassinger, op. cit. Anm. 21, S. 159).

tigste und vordringlichste Geschehen während der Reformationszeit, wenn es nicht die Türkengefahr gewesen ist? Hierauf ist nur eine stark differenzierte Antwort möglich. Für jedes Land, für jedes Territorium lautet sie anders.[45] Da für den Ablauf der Reformation vor allem die Stellung wichtig ist, die Kaiser und Papst einnahmen, wollen wir nach den Prinzipien ihrer Politik fragen.[46]

Für beide ist dieselbe Auskunft zu geben: Karl V. wie auch die wichtigsten Päpste der Reformationszeit, Clemens VII. und Paul III., haben den Kampf um Italien dem übrigen Geschehen der Zeit vorgeordnet. Bei den Päpsten kommt die Renaissancepolitik italienischer Fürstenhöfe zum Ausdruck, in die sie eingriffen und durch die sie die Macht des Kirchenstaates zu erweitern und Herzogtümer für Glieder ihrer Familien zu erlangen trachteten. Bei Karl kommt im Kampf um die Apenninhalbinsel sein Anspruch zum Ausdruck, der mächtigste Fürst der Christenheit zu sein. An Landbesitz war er den anderen christlichen Herrschern überlegen. An Geschlossenheit jedoch war das französische Königreich unerreicht, so daß Franz I. sich immer wieder in Auseinandersetzungen mit ihm einlassen und ihm schwere Niederlagen zufügen konnte. Das Ringen der beiden Fürsten um die Vorherrschaft im Abendland fand seinen deutlichsten Ausdruck in ihrem Kampf um Italien.

Das kann man bereits von 1521 ab verfolgen. Karl blieb nicht in Deutschland, um das Wormser Edikt durchzusetzen, obwohl während des Reichstages deutlich genug geworden war, wie wenig begeistert die Stände des Reiches davon waren.[47] Es war so gut wie sicher, daß erhebliche Anstrengungen gemacht werden mußten, wenn die Befolgung des Ediktes durchgesetzt werden sollte. Vom Kaiserhof wurden aber keine Bemühungen für diesen Zweck unternommen. Man reiste vielmehr in die Niederlande und später nach Spanien[48] und führte Krieg gegen

---

45) Für Ferdinand I. z. B. stand während der Jahre 1526—1542 Ungarn im Mittelpunkt des Interesses. Seine Stellung als König von Ungarn wurde ihm von Johannes Zapolya streitig gemacht, der von den Türken unterstützt wurde, so daß für Ferdinand die Politik des Sultans dasjenige Geschehen war, auf das er am meisten zu achten hatte (vgl. auch H. Hantsch, Zum ungarisch-türkischen Problem in der allgemeinen Politik Karls V., in: Festschrift Karl Eder [Innsbruck 1959] S. 57 ff.). — Auf die Verbindung Frankreichs mit den Türken und den protestantischen Ständen Deutschlands braucht hier nicht eingegangen zu werden, da der Einfluß dieser Politik auf die Entwicklung der Reformation bekannt und unbestritten ist.

46) Die Bedeutung Karls V. für die Reformation kommt auch in den Überschriften zum Ausdruck, die H. E. Stier und P. Rassow ihren Darstellungen der ersten Hälfte des 16. Jahrhunderts gaben: „Deutsche Reformation und habsburgisches Weltreich" (H. E. Stier, Deutsche Geschichte im Rahmen der Weltgeschichte von den Anfängen bis zur Gegenwart [Berlin-Darmstadt-Wien 1958] S. 410 ff.) bzw. „Das Zeitalter Luthers und Karls V." (Deutsche Geschichte im Überblick, hrsg. von P. Rassow [Stuttgart 1953; 2. Aufl. ebd. 1962] S. 252 ff.).

47) Der Erzbischof von Mainz, Albrecht von Brandenburg, z. B. weigerte sich, in seiner Eigenschaft als Reichs-Erzkanzler das Wormser Edikt mit dem Reichssiegel zu versehen und es dadurch „zu einer offiziellen Akte des Reichstages zu machen" (P. Rassow, Die Kaiser-Idee Karls V., dargestellt an der Politik der Jahre 1528—1540 [Historische Studien 217, Berlin 1932] S. 32).

48) Aleander hat die Abreise Karls aus Deutschland 1521 als einen der Gründe genannt, die die Unwirksamkeit des Wormser Ediktes verursacht hätten (Müller, op. cit. Anm. 30, S. 235 Anm. 97).

Frankreich. Franz hatte sich in den Besitz von Mailand gesetzt und beanspruchte Neapel. König von Neapel war aber Karl V., und es war klar, daß Mailand der Schlüssel für die Herrschaft in Oberitalien war, so daß sich seine Anstrengungen darauf konzentrierten, dieses Herzogtum zu erobern. Als ein weiteres Kriegsziel wünschte Karl die Rückgewinnung der Bourgogne. [49] Letzteres ist ihm nie geglückt, während sich das Ringen um Mailand jahrzehntelang wie ein roter Faden durch seine Politik verfolgen läßt. [50]

Den Päpsten konnte es nicht gleichgültig sein, wer Herr in Ober- und Unteritalien war. Sie waren selber Landesfürsten und wünschten nicht, daß der in Mittelitalien gelegene Kirchenstaat von demselben Herrscher im Norden und Süden umklammert werden würde. [51] Clemens VII., der vor seiner Wahl zum Papst ein Parteigänger des Kaisers gewesen war [52], verbündete sich deswegen mit dem König von Frankreich. Es wurde nicht gefragt, was geschieht in Deutschland, wie entwickelt sich die lutherische Bewegung, sondern es wurde Krieg in Italien geführt. Es ist jetzt nicht möglich, die Etappen dieses spannungsgeladenen und hin und her wogenden Kampfes zu verfolgen. Nur eine Episode soll erwähnt werden. Nachdem der Papst 1526 zusammen mit dem König von Frankreich die „heilige Liga von Cagnac" geschlossen hatte [53], erwog der dadurch in mehrfacher Hinsicht im Innersten verletzte Kaiser eine Änderung seiner Religionspolitik. Er schrieb an seinen Bruder, man könne allen, „die irgendwie durch Hinneigung zu der Sekte Luthers das Wormser Edikt verletzt und dadurch die Reichsacht auf sich gezogen hätten, Erlaß von Schuld und Strafe" zusichern, „falls sie sich nur dem zukünftigen Konzil unterwürfen und sich inzwischen mit Person und Streitkräften in den Dienst des Kaisers stellten". [54] Das heißt, Karl war bereit, eine Änderung seiner Religionspolitik wegen des Kampfes um Italien zu vollziehen. Es ist 1526 nicht dazu gekommen, weil die Ereignisse diese Pläne überholten, aber wir erkennen, daß schon während der Anfangsjahre der Reformation Gedanken erwogen wurden, die sich später durchsetzen sollten.

1529 schloß der Kaiser mit dem Papst und dem König von Frankreich Frieden. [55] Er versuchte, Franz endgültig aus Italien zu vertreiben und sich mit Clemens VII. die Einflußsphären auf der Halbinsel zu teilen. Um den

---

49) Brandi, op. cit. Anm. 15, S. 203.

50) J. Lortz hat „das Schicksal Mailands" während der Jahre 1494—1555 kurz geschildert (Die Reformation in Deutschland, 2. Bd.: Ausbau der Fronten, Unionsversuche. Ergebnis [Freiburg i. Br. 1940] S. 8). Bereits seit 1494 wurde die europäische Politik weitgehend vom „Kampf um Italien" bestimmt (Hassinger, op. cit. Anm. 21, S. 95 ff.). Mentz nannte den Kampf um Italien „die die Zeit beherrschende politische Frage" (op. cit. Anm. 19, S. 30).

51) Rechtlich gesehen war es sogar unmöglich, daß der Kaiser zugleich Mailand und Neapel besaß. Die Kurie hatte sich deswegen anfangs gegen die Kandidatur Karls für den Kaiserthron ausgesprochen (G. Müller, Karl V. und Philipp der Großmütige, in: Jahrbuch der Hessischen Kirchengeschichtlichen Vereinigung 12 [1961] S. 6).

52) H. Lutz, Clemens VII, in Lexikon für Theologie und Kirche, 2. Aufl., Bd. 2 (1958) Sp. 1226.

53) Hassinger, op. cit. Anm. 21, S. 136.

54) Brandi, op. cit. Anm. 15, S. 210.

55) Über den Frieden von Barcelona und den „Damenfrieden" von Cambrai vgl. Rassow, op. cit. Anm. 46, S. 265 f. und Brandi, op. cit. Anm. 26, S. 230—232.

Papst zu gewinnen, ließ er durch ein gemeinsames Heer die Republik Florenz erobern und machte einen Neffen Clemens' VII., Alessandro de'Medici, zum Herzog des Gebietes.[56] Von Karl aus gesehen, konnte jetzt alles so bleiben. Aber der Bruch zwischen ihm und dem Papst blieb nicht aus, als sich ihre Interessen wiederum in Italien überschnitten.

Sowohl der Herzog von Ferrara wie auch der Papst erhoben Anspruch auf die oberitalienischen Gebiete Modena, Reggio und Rubbiera.[57] Dieser Streit war der einzige, der im Winter 1529/30 nicht beseitigt werden konnte. Die Kontrahenten einigten sich aber, den Schiedsspruch des Kaisers anzuerkennen. Auch während der folgenden Zeit war ein Kompromiß nicht zu erreichen. Als schließlich der Kaiser das Urteil fällte, war der Papst empört. Karl V. ließ nämlich erklären, die Gebiete gehörten weder dem Herzog von Ferrara noch dem Kirchenstaat. Sie seien Reichslehen. Karl verlieh sie 1531 an Alfons I. von Ferrara. Die hohe finanzielle Entschädigung, die dem Papst zugesprochen wurde, vermochte ihn nicht zu beruhigen. Er fühlte sich in seiner Ehre gekränkt, weil der Kaiser seinen Wünschen nicht entsprochen hatte. Er näherte sich wieder Frankreich an, was Karl V. zu scharfen Protesten veranlaßte. Die Kurie dachte also nicht daran, ihre Interessen in Italien dem theologischen Streit in Deutschland unterzuordnen und den Kaiser zu unterstützen. Sie tat das weder durch eine Durchdringung des reformatorischen Gedankengutes, um der lutherischen Bewegung in Deutschland von innen her begegnen zu können[58], noch war sie bereit, Geld für Truppen in einem Kampf gegen die Protestanten zu bezahlen, noch war sie mit einer Reform der Kirche einverstanden, die ein Konzil beschlossen hätte. Das kann man nur verstehen, wenn man ihr Engagement in Italien beachtet. Die Kurie war so stark hineinverflochten in die dortigen Vorgänge, daß es eines langen Prozesses bedurfte, bis sie ihren theologischen Aufgaben gewachsen war. Noch wurde die meiste Kraft gebraucht für den Kampf um Italien.

Der Kaiser traute Franz I. auch nach dem Friedensschluß von 1529 nicht. Er behielt deswegen einen Teil jener Truppen unter Waffen, die Florenz erobert hatten. Immer wieder gelang es ihm, den Papst zu Zahlungen für den Unterhalt dieser Soldaten zu veranlassen. Er lehnte es aber strikt ab, dieses Heer für andere Zwecke als den der Abschreckung Frankreichs zu verwenden. Als die Kurie 1531 nach dem Sieg der Altgläubigen und dem Tod Zwinglis erklärte, jetzt müsse in der Schweiz eingegriffen werden, um die dortigen Protestanten zu vernichten, gab der Kaiser weder Geld, noch erlaubte er, daß seine Soldaten aus Italien verlegt würden, um die altkirchlichen Schweizer zu unterstützen. Als die Kurie 1532 den Vorschlag machte, diese Truppen in das Königreich Neapel

56) Ebd. S. 232.

57) Zum Folgenden vgl. Nuntiaturberichte aus Deutschland 1530—1532 (Ergänzungsband zur 1. Abt. der Nuntiaturberichte aus Deutschland), die ich im Auftrag des Deutschen Historischen Instituts in Rom zur Veröffentlichung vorbereite. Es sind mir auch etliche Gespräche in demselben Institut für die hier behandelte Frage förderlich gewesen.

58) Es gab auch in Italien Theologen, die sich mit der reformatorischen Theologie auseinandersetzten, z. B. Cajetan. Aber die Kurie als Institution hat solche Arbeiten in den Anfangsjahren der Reformationszeit weder veranlaßt noch gefördert.

zu senden, damit sie einen zu befürchtenden Einfall der Türken abwehren könnten, lehnte er auch das ab. Weder die Türkengefahr noch die Bekämpfung der Häretiker waren ihm so wichtig wie die Bewahrung seines Einflusses in Italien.

Zwischen Karl V. und Franz I. ist es zu vier Kriegen gekommen, bei denen es vorwiegend um Italien ging. Auch während der kampffreien Jahre hat der französische König immer dann seine Ansprüche auf Italien erhoben, wenn Karl V. in einer schwierigen Lage war.[59] Auch Franz' Nachfolger, Heinrich II., hat die Politik seines Vaters fortgesetzt und den Kaiser in den fünfziger Jahren in verlustreiche, kostspielige Kämpfe verwikkelt. Erst 1559, nachdem Karl bereits gestorben war, ist es zu einer dauerhaften Verständigung zwischen Frankreich und Habsburg gekommen.[60] In der Zwischenzeit hatte sich aber die Reformation ausbreiten können. Die politischen Verhältnisse waren für wichtiger gehalten worden als die Verbreitung von theologischen Aussagen, die die römische Kirche als häretisch bezeichnet hatte.

Sogar während des Schmalkaldischen Krieges ist es zu Differenzen zwischen Kaiser und Papst gekommen. Zwar unterstützte die Kurie Karl V. in dem Krieg gegen die Protestanten durch Stellung eines Heeres und durch die Erlaubnis, erhebliche Summen Geldes dem kirchlichen Besitz seiner Länder entnehmen zu dürfen. Rom zog aber seine Truppen bereits im Februar 1547 unter dem Vorwand zurück, der Krieg sei „so gut wie beendet".[61] In Wahrheit waren zu dieser Zeit lediglich die süddeutschen Glieder des Schmalkaldischen Bundes niedergeworfen worden. Die wichtigsten Gegner, Kursachsen und Hessen, waren noch nicht besiegt. Paul III. wollte aber nicht noch mehr Geld für dieses Unternehmen bezahlen. Außerdem war er verärgert über Karl und mißtraute ihm, weil er seine bereits ausgeschalteten Gegner milde behandelt und die Verhandlungen mit ihnen unter Ausschaltung der Kurie geführt hatte.[62] Indem man den Kaiser in seinem Krieg allein ließ, veranlaßte man ihn, diese Politik weiterzuführen, was gerade nicht im Interesse der römischen Kirche liegen konnte. Zu dieser Spannung hat außerdem beigetragen, daß der Kaiser den Sohn des Papstes Pierluigi Farnese nicht als Herzog von Piacenza und Parma anerkannte[63], was dazu führte, daß die Familie Farnese den Einflüsterungen Frankreichs willig ihr Ohr neigte. Der Kaiser hat den Krieg gegen die Protestanten auch ohne die Unterstützung des Papstes siegreich beendet. Aber er war über Rom empört. Hinzu kommt, daß im Frühjahr 1547 das Konzil von dem äußersten südlichen Zipfel des Reiches, von Trient, nach Bologna verlegt wurde.[64] Es entzog sich dadurch

---

59) Z. B. im Sommer 1532, als Karl zu einem Kampf gegen die Türken rüstete (Rassow, op. cit. Anm. 47, S. 99 f.).

60) Zum Frieden von Cateau-Cambrésis und der danach einsetzenden Neuorientierung der französischen Politik vgl. Mentz, op. cit. Anm. 19, S. 52 f.

61) W. Friedensburg, Kaiser Karl V. und Papst Paul III. (1534—1549) (Schriften des Vereins für Reformationsgeschichte 153, Leipzig 1932) S. 85.

62) Ebd. S. 86 f.

63) Ebd. S. 74 f. Schon 1543 hatte Karl den päpstlichen Vorschlag abgelehnt, das Herzogtum Mailand Pauls Enkel Ottavio anzuvertrauen, wodurch eine Verständigung zwischen ihm und der Kurie verhindert wurde (ebd. S. 61 f.).

64) H. Jedin, Geschichte des Konzils von Trient Bd. 2: Die erste Trienter Tagungsperiode 1545—47 (Freiburg i. Br. 1957) S. 336 ff.

völlig dem Einfluß des Kaisers, der immer eine Beschäftigung mit Reformfragen und keine dogmatischen Entscheidungen gewünscht hatte. Durch die Translation des Konzils in den Kirchenstaat wurde deutlich, daß jetzt noch stärker als bisher den Wünschen der Kurie Rechnung getragen werden sollte, die denen des Kaisers entgegengesetzt waren: dogmatische Entscheidungen und möglichst keine Reformberatungen. Anstatt den Kaiser zu unterstützen bei seinem Kampf gegen die Häretiker, ließ man ihn im Frühjahr 1547 im Stich und zeigte ihm, daß man nicht gewillt war, seinen Wünschen nachzukommen.

Wie tief Karl V. verletzt war, geht aus seinen Äußerungen gegenüber dem päpstlichen Nuntius aus dieser Zeit hervor. Am 28. Januar 1547 war Heinrich VIII. gestorben, der die Kirche seines Reiches der Obödienz Roms entzogen hatte. Der Papst bat nun, der König von Frankreich und der Kaiser möchten gemeinsam dafür sorgen, daß dieser Schritt rückgängig gemacht werde. Karl antwortete, er wolle dazu „gern nach Kräften beitragen, soweit dies auf friedlichem Wege geschehen könne; nie aber werde er sich um des Papstes willen, der sich gegen ihn nicht so verhalten habe, wie es sich gebührt hätte, in einen Krieg stürzen, nicht einmal gegen den jämmerlichsten Wicht".[65] In schriller Disharmonie befand sich das Verhältnis der beiden Führer des römisch-katholischen Abendlandes, als Paul III. 1549 starb. Beide hatten den Willen, die Einheit der Kirche zu wahren bzw. wiederherzustellen. Ihrem Bestreben war kein Erfolg beschieden, weil sie ihre Aufgaben in Europa nicht in Einklang zu bringen wußten.

Ernst Troeltsch hat bekanntlich die Reformationszeit als noch zum Mittelalter gehörig interpretiert. Demgegenüber hat Stephan Skalweit festgestellt, „die einst so scharf gezogene Zäsur zwischen Mittelalter und Neuzeit" verschwimme immer mehr. Im 16. Jahrhundert lägen „Altes und Neues, Überlebtes und Zukunftsträchtiges ... dicht nebeneinander.[66] Hanns Rückert wiederum hat es abgelehnt, die Reformationszeit als eine Übergangszeit anzusehen, und hat festgestellt, daß sich das von Luther ausgehende Geschehen dem „geläufigen geistesgeschichtlichen Schema von Mittelalter und Neuzeit" entzieht. Die Reformation sei einerseits mittelalterlicher als das Spätmittelalter, andererseits „moderner als die humanistischen und spiritualistischen Strömungen des 16. Jahrhunderts ..., moderner auch als alles, was aus ihnen bis auf den heutigen Tag hervorgegangen ist".[67] Dem ist zuzustimmen, wenn man die theologischen Aussagen der Reformatoren und besonders Luthers analysiert, wie Rückert es getan hat. Wenn man die Reformation dagegen als *europäisches* Geschehen ins Auge faßt, dann erscheint der Kampf um Italien als etwas typisch Mittelalterliches. Vom 8. Jahrhundert ab war Rom ein Schwerpunkt der Politik. Die Ottonen und Hohenstaufen hatten sich in Italien verblutet.[68] Auch in der Reformationszeit waren die Blicke der wichtigsten christlichen Herrscher vorwiegend auf dieses Land gerich-

65) Friedensburg, op. cit. Anm. 61, S. 88 und ebd. Anm. 2.
66) S. Skalweit, Karl V. und die Nationen, in: Saeculum 9 (1958) S. 380.
67) Rückert, op. cit. Anm. 10, S. 63 f.
68) Brandi, op. cit. Anm. 26, S. 104 f.

tet.[69] Wir verstehen nun das eingangs zitierte Wort Pimpinellas, der sich mit vielen seiner Zeitgenossen dessen bewußt war, daß die Entscheidung über den Frieden unter den europäischen Staaten vorwiegend von den Vorgängen in Italien abhängig sei[70] und daß die Stabilität der dortigen Verhältnisse die notwendige Voraussetzung bilde für die Bewältigung anderer Fragen wie Türkengefahr und Beseitigung der lutherischen Bewegung.

Wir haben bisher nur eine Seite des Problems behandelt, den Einfluß europäischer Vorgänge auf die Reformation. Der umgekehrte Aspekt kann hier nur kurz gestreift werden: der Einfluß der Reformation auf die verschiedenen Staaten der Zeit und damit auf deren innere und äußere Politik. Um mit den Niederlanden zu beginnen, jenem Gebiet, das einen so wichtigen Bestandteil der Besitzungen Karls V. bildete: Bereits 1520 mußte Aleander erleben, daß in Antwerpen eine Verbrennung von Büchern Luthers verhindert wurde.[71] Darin drückt sich unter anderem eine lutherfreundliche Stimmung aus, die den Kaiser in seiner romfreundlichen Religionspolitik belasten mußte. Denn wenn er gegen lutherische Stände vorgehen wollte, dann mußte er Geld für Soldaten haben. Die Städte aber, die der neuen Bewegung freundlich gegenüberstanden, würden unter allen möglichen Vorwänden die Bewilligung finanzieller Mittel für diesen Zweck zu hintertreiben suchen. Die Reformation führte also zu einer Erschwerung der Innen- und der Außenpolitik des Landes.

Was für die Niederlande gilt, das trifft auch auf die übrigen europäischen Länder zu. Wir wissen, daß Bücher Luthers und seiner Anhänger zum Beispiel in England verbreitet waren[72], so daß Heinrich VIII. gezwungen war, gegen Anhänger der Reformation unter seinen Untertanen vorzugehen.[73] Um Herrscher für einen Anschluß an die Reformation zu gewinnen, die sie bisher ablehnten oder die ihr indifferent gegenüberstanden, widmete man ihnen gerne Schriften.[74] So hat z. B. Calvin

---

69) „Die Ausdehnung der spanischen Herrschaft von den Westindischen Inseln nach dem amerikanischen Festland" war ein bedeutendes Ereignis und darf bei der Beurteilung der spanischen Politik nicht unterbewertet werden. Aber dieser Vorgang hat doch erst in der zweiten Hälfte des 16. Jahrhunderts einschneidendere Folgen gehabt. Bei Karl V. stand Europa unbestritten im Mittelpunkt der Regierungsmaßnahmen (R. Konetzke, Geschichte des spanischen und portugiesischen Volkes [Die große Weltgeschichte Bd. 8, Leipzig 1939] S. 161 f.).

70) Andere Beispiele bei F. Chabod, Contrasti interni e dibattiti sulla politica generale di Carlo V, in: Karl V. Der Kaiser und seine Zeit, hrsg. von P. Rassow und F. Schalk (Köln-Graz 1960) S. 51.

71) Müller, op. cit. Anm. 30, S. 227. In den Niederlanden wurden dann aber die ersten evangelischen Märtyrer verbrannt (W. v. Loewenich. Die Geschichte der Kirche, 5. Aufl. [Witten 1957] S. 235). Zur Aufnahme der lutherischen Reformation bei den verschiedenen „Völkern" vgl. den (allerdings auch stark zeitgebundene Vorstellungen zum Ausdruck bringenden) Aufsatz von O. Thulin, Volkstum und Völker in Luthers Reformation, in: Archiv für Reformationsgeschichte 40 (1943) S. 1—30.

72) G. Müller, Franz Lambert von Avignon und die Reformation in Hessen (Veröffentlichungen der Historischen Kommission für Hessen und Waldeck 24,4, Marburg 1958) S. 117 f.

73) Die Religionspolitik Heinrichs VIII. war allerdings Schwankungen unterworfen (Hassinger, op. cit. Anm. 21, S. 169 ff.).

74) Eine Reihe von „Widmungsvorreden in Auszügen" gibt K. Schot-

die erste Fassung seiner „Christianae Religionis Institutio" 1536 Franz I. dediziert.[75] Gerade der König von Frankreich hat anfangs der neuen Bewegung recht viel Raum gelassen. Noch 1529 hat er den humanistischen Theologen Faber Stapulensis, der sich vor allem um biblische Exegese gemüht hatte, zum Erzieher seiner Söhne bestellt.[76] Im Laufe der Jahre jedoch ging er schärfer gegen die Anhänger der Reformation vor, besonders nachdem sein Autoritätsbewußtsein verletzt worden war, als die Protestanten es unter anderem gewagt hatten, „im Verlauf einer Flugblattaktion ... eines ihrer Pamphlete sogar an die Tür des königlichen Schlafgemaches im Schloß zu Amboise anzuschlagen".[77] Franz I. hatte seit dem Konkordat von 1516 so große Verfügungsgewalt über die Kirche innerhalb seines Reiches[78], daß er nicht aus dem Verlangen nach Stärkung seiner Machtposition eine Lösung von Rom erstreben mußte. Im Gegenteil: bei seinem Kampf mit dem Kaiser benötigte er die Unterstützung des Papstes, die natürlich nur gegeben wurde, wenn er sich von der verurteilten Neuerung distanzierte. Die Notwendigkeit, gegen Anhänger der Reformation in seinem Land vorgehen zu müssen, hat Franz I. und noch mehr seinen Nachfolgern erhebliche Kräfte abverlangt.

Auch im Norden Europas sowie in Polen und Ungarn wurden reformatorische Gedanken laut. Selbst in Italien wurden Bücher Luthers gelesen.[79] In England kam es unter Elisabeth I. erst auf Grund europäischer Vorgänge — der Gegenreformation des spanischen Feindes — zur Konsolidierung der Reformation.[80] Umgekehrt trug die Ausbreitung der Reformation in Frankreich und den Niederlanden zur Aussöhnung Spaniens mit Frankreich bei:[81] die außenpolitischen Ambitionen wurden den innenpolitischen Schwierigkeiten untergeordnet. Die beiden Staaten grenzten ihre Interessensphären ab, um ihre Kräfte gegen die Anhänger der Reformation in ihren eigenen Landen verwenden zu können. In diesem Fall wurde also die Religionsfrage für wichtiger gehalten, als eine Erweiterung des Besitzes. Die Einbeziehung des europäischen Problems in das Verständnis der Reformation differenziert also das bisherige Bild nicht unerheblich.

Nun soll aber mit dem Vorgetragenen nicht der Einseitigkeit das Wort geredet werden. Das Verhältnis der Reformation als einer Epoche euro-

---

tenloher wieder (Die Widmungsvorrede im Buch des 16. Jahrhunderts [Reformationsgeschichtliche Studien und Texte 76/77, Münster 1953] S. 11 ff.).

75) Corpus Reformatorum Bd. 29 (Johannis Calvini opera, ed. G. Baum et. a. vol. 1, Braunschweig 1863) Sp. 9 ff.

76) Hassinger, op. cit. Anm. 21, S. 176.

77) Ebd. S. 180.

78) Ritter, op. cit. Anm. 33, S. 35.

79) „Schon im Jahre 1518 kamen Schriften des Wittenberger Reformators nach Oberitalien" (K. Benrath, Geschichte der Reformation in Venedig [Schriften des Vereins für Reformationsgeschichte 18, Halle 1886] S. 2). Am 29. Februar 1532 schrieb Giovanni Battista Sanga aus Rom an Aleander, häretische Lehren drängen immer mehr in Venedig ein, „und nicht können obrigkeitliche Anordnungen und Sorgfalt, die man anwendet, verhindern, daß ungezählte häretische Bücher eingeführt werden, die in Ballen von Wolle, Tuch oder jeder anderen Art von Waren versteckt sind" (Rom, Archivio Segreto Vaticano, Nunziatura di Germania 51 f. 331rv; Or.).

80) Hassinger, op. cit. Anm. 21, S. 328 ff.

81) Ebd. S. 246 und Mentz, op. cit. Anm. 19, S. 52.

päischer Geschichte hebt zum Beispiel die landes- und territorialgeschichtliche Forschung nicht auf, sondern fordert sie vielmehr. Die Beachtung der Verflechtung der Vorgänge könnte manche Ereignisse in den verschiedenen Ländern in einem neuen Licht erscheinen lassen. Mit der These von der Reformation als einer Epoche europäischer Geschichte soll auch nicht ein „Primat der Politik" propagiert werden. Dazu sind die Vorgänge zu stark, die geradezu apolitisch gemeint waren und wirkten und die sich in der Politik der Schmalkaldener und besonders Kursachsens genauso finden wie in der des Kaisers.[82] Dazu sind auch die Hinweise auf das Beteiligtsein von Fürsten und Theologen, von gebildeten und einfacheren persönlichen Heils zu zahlreich. Dazu ist die Reformation als „Geistes-Menschen an den theologischen Fragen ihrer Zeit als den Fragen ihres strömung"[83] viel zu elementar und tiefgreifend gewesen. Es soll an dieser Stelle lediglich vor der Gefahr gewarnt werden, mit unseren Wertmaßstäben die Ereignisse der Vergangenheit zu messen. Dementgegen muß die Rangordnung der Reformationszeit erhellt und festgestellt werden, daß das Phänomen Luther mitsamt all seiner Mitarbeiter und Anhänger ursprünglich für weniger wichtig gehalten wurde als andere zeitgenössische Ereignisse.[84] Es bedurfte erst eines längeren Vorganges, bis man sich dessen bewußt wurde, daß es nicht nur *eine* Kirche gab, sondern eine *gespaltene.*[85] Der Prozeß der Konfessionsbildung erstreckte sich über Jahrzehnte und weist die mannigfaltigsten Formen auf.[86] Die Analyse dieser Vorgänge sollte verbunden werden mit der Beachtung der übernationalen Verflechtungen und Wechselwirkungen. Wir ordnen ja die Vielfalt der historischen Vorgänge durch irgendein Bezugssystem und deuten sie in der geschichtlichen Betrachtung. In dieses Bezugssystem ist das europäische Problem zu integrieren. Um Hermann Gunkels Wort vom „Sitz im Leben" zu variieren: Es gilt, den historischen Ort des Geschehens zu erkennen und im Geschichtsbild zu berücksichtigen. Es könnte sein, daß dadurch das Verständnis der Reformationszeit vertieft wird, jener für die *gesamte* christliche Kirche so wichtigen Epoche.

---

82) Z. B. ist Karl V. in seiner Politik gegenüber der Kurie stark gehemmt gewesen.

83) W. Näf, Strukturprobleme des Reiches Karls V., in: Karl V., op. cit. Anm. 70, S. 172.

84) In „den großen europäischen Auseinandersetzungen, die an der Weltmonarchie Karls V. hingen", war der Protestantismus „nur ein Brettstein und keiner der wichtigsten" (O. Schottenloher in seinem Vorwort zu Joachimsen, op. cit. Anm. 5, S. XIX).

85) H. Jedin hat darauf hingewiesen (Fragen um Hermann von Wied, in: Historisches Jahrbuch der Görres-Gesellschaft 74 [1955] S. 699), daß „die Geschichte des inneren Spaltungsvorganges und das Werden des Spaltungsbewußtseins noch nicht geschrieben" worden sind. Johann Eck, in Deutschland der wichtigste theologische Gegner Luthers, hat noch 1530 trotz der 1521 erfolgten Verurteilung der Theologie Luthers durch die Kurie in einer Analyse der Confessio Augustana und in einem Bericht über die Augsburger Ausgleichsverhandlungen gemeint, die theologischen Unterschiede zwischen den Glaubensparteien seien auf wenige Punkte beschränkt (G. Müller, Johann Eck und die Confessio Augustana. Zwei unbekannte Aktenstücke vom Augsburger Reichstag 1530, in: Quellen und Forschungen aus italienischen Archiven und Bibliotheken 38, [1958] S. 205 ff.).

86) Zeeden, op. cit. Anm. 24, S. 253 ff.

Bündnis und Bekenntnis

Zum Verhältnis von Glaube und Politik im deutschen Luthertum des 16. Jahrhunderts

Durch das Geschehen der Reformation wurde die Richtigkeit von theologischen Aussagen bestritten, die bis dahin unbestritten geäußert worden waren. Wenn die Anhänger einer neuen Verkündigung von der abendländischen Kirche als Häretiker verurteilt werden, wie durch die Bulle »Decet Romanum Pontificem« Papst Leos X. vom 3. Januar 1521 geschehen,[1] diese aber an ihrer Überzeugung festhalten, wird daraus ein Bekenntnisakt, der erhebliche Gefahren in sich birgt. Dies hatte das Edikt Kaiser Karls V. vom 8. Mai 1521 deutlich gemacht.[2] Es waren nicht nur einzelne, die sich die Lehre Luthers zu eigen machten; der Glaube wurde auch noch nicht als Privatsache verstanden. Vielmehr hörten ganze Reichsstände auf die Verkündigung, die in Wittenberg ihren Ausgang genommen hatte und die dort auch für weite Teile Deutschlands ihre zentrale Bedeutung jahrzehntelang behielt. Das mußte aber politische Konsequenzen herausfordern, so daß sich neue Bündnisse nahelegten oder gar als erforderlich erwiesen.

Diesem Zusammenhang von Bündnis und Bekenntnis für einen größeren Zeitraum auf überschaubarem Raum nachzugehen, fordert das Setzen von Schwerpunkten und den Verzicht auf Details. Dabei soll auch nicht die Bekenntnisbildung als solche behandelt, sondern lediglich gefragt werden, wo sich Stände der Reformation anschlossen und daraus politische Konsequenzen zogen.[3] Aber es muß auch umgekehrt gefragt werden, ob es nicht zu Bündnissen gekommen ist, die mit dem Bekenntnis nichts zu tun haben, oder ob man sich weigerte, aus dem Bekenntnis Folgerungen im Hinblick auf Bündnisse zu ziehen – der Zusammenhang zwischen Bündnis und Bekenntnis ist im 16. Jahrhundert äußerst komplex.

Auch ist darauf zu achten, daß sich die rechtlichen Voraussetzungen änderten. Das Wormser Edikt galt und wurde im Reichstagsabschied von 1530 ausdrücklich erneuert.[4] Dennoch kam es ab 1532 zu befristeten Waffenstillständen zwischen dem Kaiser und den Protestanten.[5] Der Schmalkaldische Krieg wurde von Karl V. auch nicht als Glaubenskrieg hingestellt.[6] Vollends änderte sich die Lage durch den Religionsfrieden von 1555: Jetzt waren die Anhänger der Confessio Augustana anerkannt.[7] Zwar blieb das Anliegen, die kirchliche Einheit in Deutschland wiederherzustellen, aber eine akute Bedrohung mußten die evangelischen Stände in Deutschland jetzt nicht mehr befürchten, solange der Beschluß von 1555 galt und nicht von jenseits der deutschen Grenzen eingegriffen wurde.

Zudem ist von einer Vorgeschichte auszugehen, die außerhalb des lutherischen Lagers liegt. Es waren nämlich nicht die wenigen und gefährdeten evangelischen Stände, die das erste konfessionelle Bündnis in Mitteleuropa schufen, sondern süddeutsche katholische Fürsten und Bischöfe. Treibende Kraft dafür war Kardinal Lorenzo Campeggio, der 1524 als päpstlicher Legat nach Deutschland gekommen war und dem es in demselben Jahr in Regensburg gelang, Erzherzog Ferdinand von Österreich, die bayerischen Herzöge Wilhelm IV. und Ludwig X. sowie den Erzbischof von Salzburg und die Bischöfe von Augsburg, Passau und Speyer zu Absprachen über ein Bündnis und über die Beseitigung von Mißständen in der Kirche zu bewegen. Über letztere klagten die weltlichen Herrscher, vor allem die bayerischen Herzöge. Deswegen wurde eine »Formula reformationis« geschaffen, die der Legat sogar für ganz Deutschland als verbindlich erklärte. »Eine durchgreifende Änderung der kirchlichen Verhältnisse« konnte allerdings trotzdem nicht erzielt werden, weil sich die Bischöfe die geforderte Reform nicht zu eigen machten.[8]

Aber das Bündnis – »Einung« genannt – konnte von seinem Machtpotential her zu einer gefährlichen Bedrohung für die evangelische Bewegung im süddeutschen Raum werden. Es kam auch zur Verfolgung von Anhängern der Reformation in diesem Gebiet. Allerdings währte die Harmonie der Bündnispartner nicht lange. Österreich und Bayern waren einander geographisch zu nahe, um sich miteinander befreunden zu können. Jeder fürchtete den Machtanspruch des anderen. Aus diesem Grund wurde das Bündnis nicht zum Anlaß für eine großangelegte Strategie gegen die Häresie, wozu es geschaffen worden war. Aber es stellt gleichwohl das erste konfessionelle Bündnis in Deutschland dar.[9] Es ist zu untersuchen, ob dadurch eine gleichgeartete Politik der Anhänger der Reformation provoziert wurde.

1. Bündnis und Bekenntnis 1524–1526

Die Regensburger »Einung« war ohne die Definition eines Bekenntnisses ausgekommen, weil sich die Beteiligten an die römische Lehre gebunden wußten. Genau entgegengesetzt waren die in Franken 1524 feststellbaren Tendenzen, wo man sich aufgrund des Beschlusses des 3. Nürnberger Reichstages vom gleichen Jahr auf das geplante Nationalkonzil mit Gutachten vorbereitete.[10] Hier ging es nicht darum, die Lehrgrundlage für eine konfessionelle Sondergruppe zu schaffen, sondern zur Beseitigung der Mißstände in der ganzen Kirche beizutragen. Wenn dies erfolgte, dann war ein politisches Sonderbündnis überflüssig. In Ansbach-Kulmbach[11] und in Nürnberg[12] wurden Überlegungen angestellt, was gepredigt und was getan werden müsse, damit »das gut neben dem bosen nit undergetruckt«[13] werde – so eine Formulierung aus dem Reichstagsabschied. Aber Folgerungen ergaben sich aus diesen Arbeiten nicht, da der Kaiser die Durchführung des geplanten Nationalkonzils verbot.[14]

In eine ganz andere Richtung gingen dann auch die Bemühungen des Grafen Albrecht von Mansfeld, der 1524 Johann von Kursachsen, dem Bruder des sächsischen Kurfürsten, vorschlug, ein Bündnis mit religiös gleichgesinnten Fürsten zu schaffen – hier wäre also so etwas wie eine Parallele zur Regensburger »Einung«

möglich gewesen. Aber der Vorschlag wurde nicht verwirklicht. Es dauerte noch einige Zeit, bis sich evangelische Obrigkeiten zu politischen Folgerungen dieser Art entschlossen. Dies war der Fall im Gotha-Torgauer Bund vom 2. Mai 1526, in dem Kursachsen und Hessen eine Defensivabsprache eingingen: Der Bund war allein zum Schutz der Untertanen beider Stände geschlossen worden, um deren Sicherung man sich für den Fall bemühte, daß ein ungerechter Krieg gegen sie begonnen werde. »Von einem gemeinsam formulierten Bekenntnis« war hier aber »nicht mehr die Rede«.[15] Angesichts des Defensivcharakters des Bündnisses ist dies verständlich. Weitere Stände schlossen sich im Juni 1526 dem Bündnis der Kursachsen und Hessen an. Aber es kam kein Vertrag mit allen evangelischen Obrigkeiten zustande, weil die süddeutschen Reichsstädte mit Nürnberg an der Spitze, die sich der Reformation angeschlossen hatten, allen Anschein vermeiden mußten, gegen die altkirchliche Mehrheit im Reich zu paktieren, weil dies ihren Handlungsspielraum erheblich eingeschränkt und ihren Handel gefährdet hätte.

Kursachsen und Hessen dagegen waren in einer anderen Lage. Aufgrund ihrer Hinwendung zur Reformation mußten sie befürchten, daß ihre bisherigen Bundesgenossen ihnen verloren gingen. So konnten die Ernestiner sicher sein, daß die traditionelle Freundschaft mit Habsburg nicht bestehen bleiben würde. Auch Landgraf Philipp von Hessen hat durch seinen Übertritt zur Reformation die alten hessischen Bundesgenossen vor den Kopf gestoßen, seinen eigenen Schwiegervater, Herzog Georg von Sachsen, ebenso wie den Kurfürsten von Trier oder die Majorität des Schwäbischen Bundes.[16] Philipp mußte sich jetzt erst neue Bundesgenossen suchen, die er angesichts der Zergliederung seines Territoriums und der schwierigen Lage neben vielen anderen feindlichen Herrschaften besonders dringend benötigte! Aber diese Schwierigkeiten hat er nicht gescheut, sondern seinen Entschluß auch gegenüber seinem Schwiegervater in mehreren Briefen nachdrücklich verteidigt.[17]

Wenn es also auch nicht 1526 zu protestantischen Bekenntnisformulierungen im Zusammenhang mit den Bündnisbildungen gekommen ist, so ist doch unbestreitbar, daß es sich hier um *konfessionelle* Zusammenschlüsse handelte: das Regensburger Bündnis und die ihm auf altkirchlicher Seite folgenden Absprachen – ich erinnere nur an den Dessauer Bund – mußten auch bei den Evangelischen zu politischen Koalitionen religiös gleichgesinnter Stände führen. Es ist eigentlich nicht auffällig, wie *wenig* Gewicht hierbei die Theologie besaß, sondern *wie groß* dies gewesen ist, wenn neue politische Konstellationen zustande kamen. Denn man muß bedenken, daß im gleichen Jahr Papst Clemens VII. mit König Franz I. von Frankreich die »Heilige Liga von Cognac« gegen Kaiser Karl schloß,[18] daß der Papst also seinem Bundesgenossen auf religiösem Gebiet auf politischem Feld als Feind gegenübertrat! Das Bekenntnis spielte bei den Bündnissen, die zwischen 1524 und 1526 in Deutschland abgeschlossen wurden, also durchaus eine auch für diese Zeit überraschend große Rolle. Einerseits war es das Bekenntnis zur römischen Tradition, andererseits zur Kirche, die durch die rechte Predigt des Wortes Gottes erneuert werden sollte. Theologiegeschichtliche Rückwirkungen besaßen die protestantischen Bekenntnisbildungen in dieser Phase aber noch nicht. Das sollte während der klassischen Phase der evangelischen Bündnis- und Bekenntnisentwicklung von 1529 bis 1531 anders werden.

2. Bekenntnis und Bündnis 1529–1531

Die Entwicklung während des 2. Speyrer Reichstags von 1529 machte offensichtlich, daß die evangelischen Stände handeln und sich zusammenschließen mußten, wenn sie nicht von der Majorität der altkirchlichen Obrigkeiten erdrückt werden sollten.[19] Sie entschlossen sich, gegen die angekündigten antievangelischen Äußerungen des Reichsabschiedes zu protestieren, und verabredeten bereits zwei Tage *vor* dessen amtlicher Verlesung, ein Bündnis einzugehen.[20] Dabei handelte es sich neben Kursachsen, Hessen und anderen Ständen um die führenden Reichsstädte, nämlich Nürnberg, Straßburg und Ulm. Mochte die Protestation auch ein gängiges Rechtsmittel der Stände sein,[21] so zeigt doch schon die Tatsache, daß nur diese Stände sie einzulegen wagten – so fehlt z. B. Schwäbisch Hall[22] –, die Brisanz dieses speziellen Protestes. Er lief nämlich aus »in eine Appellation ... an das freie allgemeine oder Nationalkonzil«.[23] Das Miteinander von politischem Einspruch und religiösem Protest war dadurch deutlich! Aber die akute Schärfe von Ferdinands Religionspolitik 1529 schien den Zusammenschluß aller einigermaßen wagemutigen evangelischen Stände gebieterisch zu fordern, ohne daß Zeit geblieben wäre, die Bekenntnisfrage zu stellen. Die Differenzen im Protestantismus waren zwar bekannt: Der Streitschriften über das Abendmahl waren genug gewechselt worden. Aber darüber wurde offenbar in Speyer angesichts der gegnerischen Politik nicht gesprochen. Selbst die Vertreter Nürnbergs, wo man die alte kursächsisch-hessische Bündnispolitik beargwöhnt hatte, stimmten jetzt dem Plan eines »Verständnisses« zu. Sie waren offenbar der Überzeugung, daß das neue Bündnis tatsächlich wegen des Evangeliums geschlossen werden sollte und nicht aus politischen Gründen und deswegen auch geschlossen werden müsse.

Die Bekenntnisfrage wurde erst nachträglich eingebracht, und zwar von zwei entgegengesetzten Seiten. Einerseits bemühte sich Landgraf Philipp um eine Beseitigung der Differenzen im protestantischen Lager – zu dem die Täufer auch von ihm nicht gezählt wurden, die in Speyer 1529 verurteilt worden waren[24] –, andererseits schreckte man in Kursachsen vor einem Bündnis mit Ständen zurück, die als »Sakramentierer« verdächtigt wurden. Das Eingreifen Luthers und Melanchthons in diesem Sinne ist bekannt und muß hier nicht ausführlich geschildert werden. Das Ergebnis waren die sogenannten Schwabacher Artikel, in denen das kursächsische theologische Programm festgeschrieben wurde, das man für »katholisch« hielt, das also in der ganzen Christenheit auf Zustimmung stoßen mußte oder sollte. Zu den Schwierigkeiten von dieser Seite kamen andere von den Reichsstädten. Besonders die Nürnberger schreckten im Sommer 1529 vor einem gesamtprotestantischen Bündnis zurück und traten in Verhandlungen ein, die sich auf Städte beschränkten – nur so konnte man hoffen, die städtische

Solidarität nicht ganz zu verlieren, die die Reichsstädte als minder berechtigte Stände im Reich dringend benötigten. Hinzu kam, daß die Nürnberger Prediger mit Osiander an der Spitze vor einem Bündnis mit Zwinglianern ganz ähnlich wie Luther und Melanchthon warnten.[25] Neben umfassenden Bündnisplänen eines Philipp also konfessionelle im engeren Sinne bei den Kursachsen und städtische in Nürnberg – wer würde sich durchsetzen?

Vor diesem Hintergrund ist das Ergebnis des Marburger Religionsgespräches als erheblich einzuschätzen. Daß sich die Gesprächspartner weitgehend verständigten und »gegenseitige Verdächtigungen« ausräumten, »das waren Voraussetzungen, die sich später in Augsburg als grundlegend erwiesen«.[26] Zunächst aber setzte sich die sächsische Bündnispolitik durch. Fast parallel zum Marburger Gespräch verlief nämlich eine Tagung in Schleiz, zu der Kurfürst Johann von Sachsen und Markgraf Georg von Brandenburg–Ansbach persönlich erschienen, während der hessische Landgraf wegen der Verhandlungen in Marburg fernbleiben mußte. Während es Philipp dort durch sein persönliches Eingreifen gelang, die Theologen zu einem erheblichen Entgegenkommen zu veranlassen, beschlossen die Fürsten in Schleiz, nur solche Bündnispartner zuzulassen, die »die fürnehmsten artikl des christentumbs« einhellig bekennen. Die Zwinglianer werden ausdrücklich als »ungläubig und Gottes Zorn unterworfen« ausgeschlossen.[27] Diese Position wurde bei der nächsten Tagung in Schwabach vom 16.–19. Oktober 1529 aufrechterhalten. Die hier vorgelegten sächsischen Bekenntnisartikel, die von diesem Gespräch ihren Namen erhalten haben, wurden von Straßburg und Ulm abgelehnt. Nürnberg hielt mit den genannten Städten seine Verbindungen aufrecht, schloß aber weder mit ihnen einen Pakt noch übernahm es – trotz weitgehender theologischer Konformität – die sächsische Bündnispolitik. Es hielt sich vielmehr von allen Bündnisbestrebungen zurück, was auch Brandenburg-Ansbach tat,[28] um bei seinem Streit mit Habsburg in Schlesien nicht erstes Ziel des Zornes des kaiserlichen Hauses zu werden. Faktisch blieben also Kursachsen und Hessen übrig, wobei ja Hessen *diese* Bündnispolitik gerade *ablehnte*, so daß die Ernestiner fürchten mußten, die Kontakte mit dem Landgrafen zu verlieren, wenn man die antizwinglianische Bündnispolitik überzog. Die *Vorordnung des Bekenntnisses vor das Bündnis* verhinderte letzteres im Winter 1529/30. Nur die Rücksicht auf Philipp ließ Kursachsen nicht allzuweit vorpreschen. Was der Landgraf über das Argument dachte, die Stände müßten sich dem Kaiser gegenüber gehorsam erzeigen, geht aus seiner Diskussion mit Markgraf Georg im Frühjahr 1530 mit wünschenswerter Deutlichkeit hervor.

Georg bat nämlich im Winter 1529/30 Philipp, ihn gegen Ferdinand zu unterstützen. Er berichtete dem Landgrafen, daß die böhmischen Stände die markgräflichen Rechte auf die Herzogtümer Oppeln und Ratibor anerkannt hätten. Trotzdem würden ihm von Ferdinand Land und Leute abspenstig gemacht. Philipp möge deswegen Gesandte nach Prag senden und »für die Rechte des Markgrafen Verwahrung einlegen«.[29] Der Landgraf lehnte dies aber mit dürren Worten ab und meinte, es sei ja brandenburgische Auffassung, man dürfe sich »auch in sachen die christliche religion, den heiligen glauben und das ewige betreffende ...

gegen die keyserliche Majestät« nicht wenden noch wehren, wenn diese »uns dorvon dringen wolte«, denn sie sei »unsere zeitliche obrigkeit ... Nun betrifft ye disse euer lieb furderung kein religion, glauben oder ewige szeligkait, sunder zeitliche vorgengliche gueter und ist auch die konigliche Hoheit disfals euer lieb obrigkeit und rechter her. Worumb redet der dan euer lieb, das sie sich umb des zeitlichen willen widder ir obrigkait in gegenwehr stellen sollen, der es in einem andern fhal umb des ewigen, unser und unser armen unterdanen szelen heil willen nit hat zulassen wollen. So es in dissem fhal das zeitlich belangende recht ist: worumb sol es dan in dem fhal, das ewige unwidderbringlich und sovil armer szelen heil und unser untherdanen vorderplichen schaden und nit unserm aignen, sunder anderer und unser uns von got gegebenen unterdanen bests betreffende, verbotten sein?«[30]

Wir brauchen hier jetzt nicht zu erwägen, welche Motive den Landgrafen letztlich bewegten. Aber deutlich ist, daß er die Argumentation Georgs nicht gelten läßt, ja daß er ihm vorwirft, in weltlichen Fragen zum Widerstand bereit zu sein, während er bei den viel wichtigeren geistlichen und ewigen Angelegenheiten jede Aktivität ablehnt. Der Markgraf erwiderte ihm dann auch aufgebracht, daß die Würde des Kaisers eine ganz andere sei als die Ferdinands, des Königs von Böhmen. Der Kaiser sei unmittelbar aller Stände »hochst zeitlich oberkait«, was auf Ferdinand nicht zutreffe. Diese Antwort, durch die Georg mitteilte, daß er seinen Gehorsam gegenüber Karl V. aufrecht erhalten werde, provozierte nun nochmals den Landgrafen, der sich in einer weiteren, eigenhändig geschriebenen Entgegnung den schulmeisterlichen Ton des Ansbachers verbat und meinte, »wie woll mir meyn arguwiren nit woll anstehet, auch der künst nit kann, so dunck mich doch als eyn deutchssen peyffer, der lateyn oder süst in kunsten nichts weys, sey es in eynem fall recht, so sey es im andern fall billich ... Dan wollen wirr in eym fall cristen seyn und leyden, so müssen wirr im andern fal, do es unser eygen gut angehet, vill billicher nachlassen.« Philipp redet Georg mit folgenden Worten an: »Lieber oheym und bruder, euer lieb gehe in irr hertz, solt das got woll gefallen, wan eyn oberkeyt eynen wolt mit gewalt unverhorter sach von dem gots wort dringen und darzu seyne untherthan und menchen unschuldigen menschen erwürgen, verbrennen, des düffels gotzenwerck wieder auffrichten, alle gute pollecey und zucht und erberkeyt verstoren, solt da nit eyn crist sich macht haben, die seynen vor unrechtem gewalt wieder solche oberkeyt zu schützen und solche laster zu weren mit seynem hochsten vermogen? Geredst dan schon nit woll, so hett er noch woll zeyt genug zu leyden ... Ich wolt doch gern eyn texsten sehen in der gantzen schrifft, der doch so laut: wan eyn oberkeyt under eyner andern oberkeyt ist, und in dem fall stünde, wye wir deutchssen iezt stehen, in solchem eydt, den uns kayserliche magistat gethan hat und dan solche grosze oberkeyt eynen mit gewalt wolt zu lastern und sunden tringen und wo er solche laster und sunden nit anneme, seyne underthan darumb vorderben, und die andere oberkeyt, die in solchem fall wie euer lieb und ich stehen, sich des uffzuhalten wuste, wo doch solchs got ehe verbotten ader ihe eyn apostel gelert hett, sunder es findt sich das wiederspill in villen historien des alten testaments, das man sich vor uffenlichen sunden und schanden mit gewalt geweret hat. So habb ich auch in Lutters selbsteygen hantschrifften an kurfürsten von Sachsen gethan anders gesehen, das Lutter zulest, das der kurfürst sich auch kegen den keyser weren mag, so er mit unrecht seyn lieb uberzihen thet.«[31]

Jeder Fürst ist also verpflichtet, seine Untertanen zu schützen. Gelingt es ihm nicht, hat er immer noch genug Zeit zu leiden! Keinesfalls aber verbietet die Bibel, sich gegen Böses zu wenden. Das Gegenteil ist der Fall. Hier wird die Frage nach Bündnis und Bekenntnis mit der nach dem Widerstandsrecht gegen den Kaiser in Verbindung gebracht. Die hessische Stellung ist eindeutig und blieb so. Aber auch der Markgraf von Brandenburg-Ansbach revidierte seine Meinung nicht, so daß sich die verschiedenen Parteiungen im Protestantismus jetzt abzeichnen.

Die Situationsanalyse wird aber nun noch dadurch komplizierter, daß neben die *Bündnistendenz* eine *Informationstendenz* tritt, durch die die protestierenden Stände Kaiser Karl zu überzeugen versuchen, daß ihr Glaube nicht neu ist und daß sie keine Pläne schmieden, die gegen Habsburg gerichtet sind. Zu denjenigen, die Karl V. durch Information umzustimmen versuchen, gehört Philipp von Hessen. Er läßt dem Kaiser eine Zusammenfassung der christlichen Lehre in französischer Sprache aus der Feder des Marburger Theologen Franz Lambert von Avignon überreichen, um ihm die Wahrheit der evangelischen Lehre deutlich zu machen. Die französische Sprache war gewählt worden, weil es die bevorzugte Sprache Karls war, von dem man schon wegen seiner Sprachkenntnis nicht die Lektüre lateinischer oder deutscher Texte erwarten konnte. Aber der Versuch schlug fehl. Daß es ausgerechnet ein Bibelzitat war, an dem sich der Kaiser stieß, erhöht das Groteske der Ablehnung. Als am Kaiserhof nämlich festgestellt wurde, daß in Lamberts »Somme chrestienne« Jesu Wort zitiert wird, das Matth. 20,25 f. überliefert ist (»Ihr wisset, daß die weltlichen Fürsten herrschen, und die Oberherren haben Gewalt, so soll es nicht sein unter euch«), wurde darin ein Angriff auf die Ehre des Kaisers erblickt und der Überbringer der Schrift, der Nürnberger Michael von Kaden, gefangengesetzt (obwohl dieser Vers in Lamberts Schrift nicht im Kapitel über die Könige, Fürsten und Herren, sondern über den Papst, die Kardinäle und die Bischöfe zitiert worden war!). Der Informations- und Überzeugungsversuch mißlang so gründlich, daß Philipp ein Entschuldigungsschreiben an den Kaiser richten mußte![32]

Dieser Mißerfolg konnte aber nun Kursachsen nicht abhalten, auch seinerseits Karl V. von der Orthodoxie und Katholizität der sächsischen Kirche zu berichten. Man bediente sich dazu nicht eines ganzen Buches, sondern lediglich der Schwabacher Artikel, die dem Kaiser in Innsbruck überreicht wurden. Karl ließ dieselben sofort durch Kardinal Lorenzo Campeggio prüfen, der deren Rechtgläubigkeit bestritt und behauptete, darin stecke »viel Gift«.[33] Der – man möchte heute sagen – naive Versuch, durch eine Zusammenfassung der evangelischen Lehre Karl V. zu überzeugen, scheiterte also auch hier. Wolfgang Steglich hat nicht zuletzt aus dieser Verwendung der Schwabacher Artikel ableiten wollen, daß diese »von Anfang an eine Doppelfunktion hatten und sowohl das Bündnis mit den Zwinglianern verhindern als auch den in Speyer entstandenen Konflikt mit den Altkirchlichen überwinden helfen sollten«.[34] Träfe dies zu, dann wäre die Vorgeschichte der Confessio Augustana neu zu schreiben. Denn bisher war communis opinio, daß Kursachsen zunächst vor allem eine Verteidigungsschrift plante, durch die auf dem Augsburger Reichstag die Veränderungen im kirchlichen Leben des Landes begründet werden sollten. Wären die im Sommer 1529 entstandenen Schwabacher Artikel *auch* für die Überwindung des Konfliktes mit den Altkirchlichen bestimmt gewesen, dann hätten sie dafür auch eingesetzt werden müssen. Steglich vermag zur Begründung seiner These aber nur auf deren Übergabe an Karl V. zu verweisen, die doch wohl in den speziellen Zusammenhang der kursächsischen Sonderverhandlungen mit dem Kaiserhof und in die allgemeine Tendenz der evangelischen Versuche gehören, den als uninformiert oder falsch unterrichtet angesehenen Habsburger aufzuklären und ihn zu bewegen, »eine entgegenkommendere Haltung gegenüber den Anliegen der Evangelischen einzunehmen«.[35] Da das von ihm am 12. Juli 1529 ausgestellte Mandat, durch das den protestierenden Ständen »unter Androhung von Strafen die Annahme des Reichsabschiedes zu Speyer 1529 befohlen wurde«, von Ferdinand wegen der Türkengefahr nicht verschickt worden war,[36] mochten die Kursachsen noch Anfang 1530 hoffen, den Kaiser durch eine Information zu einer milden Haltung ihnen gegenüber bewegen zu können – sie wurden rasch eines anderen belehrt.

Die weniger gewichtigen protestierenden Stände versuchten gar nicht erst, durch theologische Dokumente zu wirken. Sie begnügten sich damit, den Kaiser ihres Gehorsams zu versichern, um mögliche Ungnade von sich abzuwenden. Besonders geschickt ging dabei Nürnberg vor. Aus der freien Reichsstadt wurden Anfang 1530 zwei »am Kaiserhofe geschätzte Persönlichkeiten« nach Italien geschickt, die »aber nicht aus dem Kreise der Ratsherren oder Ratskonsulenten« kamen, damit ihr Auftrag nicht als hochoffiziell angesehen werden mußte.[37] Daß er gleichwohl von höchster politischer und kirchenpolitischer Brisanz gewesen ist, geht aus ihrer Instruktion hervor, die erst kürzlich durch Gerhard Pfeiffer aufgefunden und analysiert worden ist. Es wurde den Vertretern Nürnbergs geraten, sich zunächst beim kaiserlichen Sekretär Alexander Schwaiß und Graf Heinrich von Nassau Unterstützung und Förderung zu verschaffen. Dies konnte nur geschehen, indem der Teil der Nürnberger Stadtsteuer, den Karl V. Heinrich von Nassau 1527 zugestanden und den die Reichsstadt bisher unter Berufung auf kaiserliche Privilegien nicht bezahlt hatte, rückwirkend beglichen wurde. Dabei sollten es die Gesandten auch nicht unterlassen zu betonen, daß Nürnberg keinem öffentlichen oder geheimen Bündnis beigetreten sei, besonders auch keinem mit Philipp von Hessen, da Nassau mit ihm wegen des Streits um Katzenelnbogen verfeindet war – die Nürnberger Abstinenz in den Bündnisverhandlungen konnte also schon Anfang 1530 positiv ausgeschlachtet werden! Auch sollte zur Protestation Stellung genommen, auf Nürnbergs Ablehnung der Sakramentierer verwiesen und mitgeteilt werden, daß der Nürnberger Michael von Kaden jene Schrift des Lambert von Avignon nicht etwa im Auftrag der Reichsstadt, sondern allein des Landgrafen dem Kaiser überreicht habe. Schwaiß und Heinrich von Nassau behandelten die Nürnberger zunächst sehr kühl. Als aber deutlich wurde, daß die ausstehenden Gelder bezahlt werden würden, habe der Graf »zuletzt allen unwillen ... fallen lassen und mit lautern worten gesagt, unsere herren hetten wol und recht getan, das sy uns mit dieser werbung abgefertigt«.[38] Nürnberg richtete sich nun nach dem, was vom Kaiserhof geraten wurde. So verzichtete man auch auf weitere Bündnisverhandlungen mit Städten und beherzigte, daß man »gemach thun und in der lutterischen sach ander leut die vordersten sein lassen« solle. Die Gesandten kehrten am 11. April nach Nürnberg zurück – zwei Tage später »lehnte der Rat das sächsische Gesuch, Luther während des Reichstages in Nürnberg zu beherbergen, ab«: Man wollte den Rat der Gesandten nicht in den Wind schlagen, andere Stände in der Luthersache »die pan machen (zu) lassen«. Deren Verhandlungen am Kaiserhof hatten aber auch zur Folge, daß von dort das Gerücht ausging, »Nürnberg wäre von der Protestation, ja von der lutherischen Sache zurückgetreten«.[39] Die Freie Reichsstadt geriet dadurch ins Zwielicht. Suchte sie eine Verständigung mit dem Kaiser allein für sich und auf Kosten der protestantischen Solidarität? Aber konnte man ihr Vorwürfe machen, da doch faktisch alle evangelischen Stände ähnlich handelten und es sich herausstellte, daß der Bündnisplan vom 22. April 1529 nicht realisiert werden konnte?

Um das Bild zu vervollständigen, sei noch »auf den Rücktritt Nördlingens von der Protestation und auf die Distanzierung Ulms von der Protestation hingewiesen«.[40] Auch der Rat von Ulm schickte nämlich dem Kaiser eine Sondergesandtschaft zu seiner Begrüßung auf deutschem Boden entgegen. Dafür wurden zwei Ratsmitglieder abgeordnet, die sich in Innsbruck einfanden und von denen der Widerruf der Protestation verlangt wurde. Deren Ergebenheitsbeteuerungen wurden dann tatsächlich als Rücktritt vom Speyrer Protest interpretiert und die Freie Reichsstadt von jetzt an als ein dem Kaiser »gehorsamer Stand« angesehen.[41] Da hatte sich Nürnberg besser aus der Affäre gezogen: Man war den Ulmern mit der eigenen Gesandtschaft zuvorgekommen, und als der offizielle Vertreter des Rates in Innsbruck erschien, wurde zwar auch die Noris für »gehorsam« gehalten, aber eine neue Forderung, von der Protestation zurückzutreten, nicht mehr gestellt. Die Frage nach Bekenntnis und Bündnis läßt sich also für den Winter 1529/30 nur dahingehend beantworten, daß die Bündnispläne der Protestanten aufgegeben wurden und »daß jeder politisch für sich« sorgte.[42] In der Bekenntnisfrage begnügte man sich damit, die evangelische Lehre zusammenzufassen. Die antitäuferische Front war dabei eindeutig. Umstritten war dagegen die theologische und die politische Koalitionsmöglichkeit mit den Zwinglianern. Während das Marburger Gespräch hier positive Perspektiven eröffnet hatte, war von der kursächsischen Politik ein Annäherungsversuch an Karl V. unternommen und von Reichsstädten wie Nürnberg und Ulm die Untertänigkeit dieser Städte dem Kaiser gegenüber betont worden. Es mußte sich zeigen, ob dies für den angesagten Augsburger Reichstag ausreichte.

Kursachsen hatte zeitweilig vier Unterhändler in Innsbruck, die die Verbindungen mit den Habsburgern herstellen sollten. Man ging bei diesen Verständigungsversuchen so weit, daß Kurfürst Johann anbot, selber nach Innsbruck zu kommen und Karl dort zu begrüßen – was andere, allerdings katholische Fürsten taten. Aber der Kaiser lehnte ab. Er ließ sich nicht nur nicht auf das sächsische Programm, die Schwabacher Artikel, ein, sondern kritisierte auch, daß Johann von Sachsen in Augsburg evangelische Predigten halten ließ. Die Sondergesandten erfuhren, daß der Kaiser dies während des Reichstages nicht dulden werde. Auch das Angebot einer persönlichen Begegnung wurde kühl abgewiesen. Es ist deswegen verständlich, daß Johann erwog, wieder von Augsburg abzureisen und nach Sachsen zurückzukehren.[43] Vor allem aber mußte diese kaiserliche Politik die Vorbereitungen auf den Reichstag beeinflussen. Karl hatte ja angekündigt, dort aller »opinion und maynung« anzuhören.[44] Deswegen bereiteten sich viele protestantische Stände vor, nicht nur die Franken wie schon 1524, sondern auch Kursachsen selber oder Straßburg.[45] Hatten die Kursachsen zunächst gemeint, mit einer Apologie der Veränderungen in ihrer Kirche auszukommen, so mußten die Ablehnung der Schwabacher Artikel, das angekündigte Verbot evangelischer Predigten und Ecks 404 antiprotestantische Artikel die Notwendigkeit einer Confessio deutlich machen. Dieser Umorientierungsprozeß dürfte nicht vor allem – wie man bisher gemeint hat – unter dem Eindruck der Publikation Johann Ecks,[46] sondern besonders wegen der harten Worte vom Kaiserhof zustandegekommen sein. Meines Wissens wäre es auch singulär in der Reformationsgeschichte, wenn ein einziges Buch solch weitreichende Veränderungen hervorgerufen hätte.

Melanchthon als Verfasser des sächsischen Bekenntnisses stand zwischen den Fronten. Ihm als Humanisten mußte daran gelegen sein, mit Hilfe dieser, die Konfessionsgruppen übergreifenden Partei eine Einigung im Reich zu erzielen. Dabei war er vor allem bereit, die bischöfliche Jurisdiktion wieder zuzulassen, wenn die Bischöfe die Verkündigung des Evangeliums zugestanden und einige Mißbräuche abstellten. Dies dürfte ein kursächsischer Vorschlag gewesen sein, der vor dem Beginn des Reichstages erarbeitet und von Luther gebilligt worden war. Melanchthon hielt auch dann noch daran fest, als sich in Augsburg herausstellte, daß kein anderer evangelischer Stand hier so weitgehende Zugeständnisse machen wollte.[47] Der Versuch, sich selber als orthodox und katholisch zu erweisen, mußte zugleich aber auch zur Distanzierung von den Zwinglianern führen, weil nur dann das Programm einer Verständigung mit den Altkirchlichen als durchführbar erschien.[48] Zugleich hielt Melanchthon es aber auch für ratsam, sich im Bekenntnis nicht über so delikate Themen wie Papsttum oder Fegfeuer auszulassen – wobei die Dissimulierung der Gegensätze allerdings auf weitere Sicht eine Einigung nur wieder gefährden konnte. Luther ließ es sich ja bekanntlich auch nicht nehmen, zur gleichen Zeit Themen zu behandeln, die Melanchthon ausgespart hatte, wie etwa seine Schrift mit dem ironischen Titel »Ein Widerruf vom Fegefeuer« ausweist.[49] Aber nicht nur diese Begleitmusik von der Coburg störte Melanchthons Konzert, sondern er mußte auch auf Philipp von Hessen Rücksicht nehmen, der sich am liebsten einen Besuch des Reichstags erspart hätte,[50] der nun aber in Augsburg dafür sorgte, daß die Aussagen über das Abendmahl nicht zu streng antizwinglianisch ausfielen – wobei die größere Nähe des lateinischen Textes zur römischen Tradition dem »deutschen Pfeifer« Philipp zunächst gar nicht bekannt geworden sein mag. So kam dann das zustande, was wir in unserem Zusammenhang ein »Bekenntnis ohne Bündnis« nennen können: ein Bekenntnis evangelischer Stände, das sich als Zusammenfassung der bisherigen Lehre gab und keinerlei Bündnisabsichten zum Ausdruck brachte. Die Erweiterung der ursprünglich nur für Kursachsen bestimmten Confessio et Apologia zu einem Bekenntnis der Majorität der evangelischen Stände in Deutschland trug dazu bei, daß eine Position entwickelt wurde, die ausbaufähig erschien.

Zwar nicht der Zusammenhang von Bekenntnis und Bündnis, aber doch der von Glaube und Politik wurde in Augsburg von den Protestanten in Anspruch genommen – auch dies muß in Erinnerung gerufen werden. Denn der Reichstag war von den Habsburgern und speziell von Ferdinand als ein »Türkenreichstag« gedacht gewesen: Die deutschen Obrigkeiten sollten sich zu einem gemeinsamen Vorgehen gegen die Glaubensfeinde zusammenfinden. Folgerichtigerweise hatte Karl V. die Abwehr der Türken zum 1. Tagesordnungspunkt des Reichstages gemacht.[51] Zwar hatten die Protestanten Mühe – aber es gelang ihnen dann doch, die vorrangige Erörterung des 2. Tagesordnungspunktes durchzusetzen, die Glaubensfrage. Damit sollte die Versammlung der Stände dann knapp drei Monate lang beschäftigt sein! Das Ergebnis war, daß die evangelische Lehre vom Kaiser nicht als orthodox anerkannt wurde, daß umgekehrt aber auch die evangelischen Stände dieses Urteil nicht akzeptierten, so daß man sich nach den langen Verhandlungen nicht nur keinen Schritt näher gekommen, sondern durch die Zerstörung vieler Illusionen auch realistischer geworden war.[52] Der kaiserliche Rechtsspruch wurde mit einer »Apologie« des Bekenntnisses beantwortet, in der die eigene Position lediglich verdeutlicht, aber nicht revidiert wurde. Dazu war man auch deswegen nicht in der Lage, weil die kursächsische Position während des Reichstages fast zu einem Zerbrechen der nur durch den kaiserlichen Druck zustandegekommenen evangelischen Front geführt hätte. Die Kursachsen machten Melanchthon zu ihrem alleinigen Sprecher und verboten den Wittenberger Theologen, öffentlich gegen ihn zu reden. Nur Johannes Brenz verteidigte die Position des Humanisten in der Frage der bischöflichen Jurisdiktion – sonst schlug Magister Philippus aus allen evangelischen Lagern nur Ablehnung entgegen. Landgraf Philipp rechnete wohl mit dem Schlimmsten. Denn er bot Luther im August 1530 »eine Zuflucht an«[53] – einen kursächsischen Sonderfrieden mit den Habsburgern hielt er also nicht für utopisch. Aber Luther blieb unbesorgt, und er ist ja auch nicht einer solchen Verständigung »geopfert« worden.

Vielmehr führte das Scheitern der Augsburger Verständigungsbemühungen zu der Forderung des Kaisers, die Protestanten sollten innerhalb von sechs Monaten zu Lehre und Praxis der alten Kirche zurückkehren, wenn sie nicht seine Strenge kennenlernen wollten. Dies wiederum brachte ein Wiederaufleben der evangelischen *Bündnisbestrebungen* mit sich.[54] Nachdem man weder allein noch gemeinsam auf dem Reichstag einen modus vivendi erreicht hatte, mußte man sich gegen die angekündigten Maßnahmen des Kaisers rüsten und schützen. Bekanntlich kam es so zum *Schmalkaldischen Bund*, der wiederum nur zu Defensivzwecken geschlossen wurde und für den man nur mit großer Mühe die Zustimmung Luthers zu einem Widerstandsrecht gegen den Kaiser erreichte.[55] Das reformatorische Bekenntnis hat hierfür keine auslösende Funktion besessen! Keineswegs zwang die protestantische Confessio zu einem Bündnis – im Gegenteil! Luthers Verständnis des Kaisers als von Gott geordneter Obrigkeit hätte fast den Schmalkaldischen Bund verhindert! Der politische Bund wurde nur aus politischen Gründen geschlossen – und umgekehrt wurde das theologische Bekenntnis aus theologischen Gründen abgelegt und auch theologisch begründet. Das »Und« zwischen »Bündnis und Bekenntnis« bringt also auch in dieser klassischen Zeit protestantischer Bündnispolitik kein unbedingtes Miteinander zum Ausdruck. Gerade durch das Augsburger Bekenntnis sollte keine Sondergruppe konstituiert, sondern die Zugehörigkeit des Protestantismus zur überkommenen Kirche dokumentiert werden. Das Bündnis entstand aus politischen Gründen. Seinetwegen wurde das Bekenntnis weder verändert noch weiterentwickelt. Wer dem Schmalkaldischen Bund beitreten wollte, mußte die Confessio Augustana akzeptieren. Ihre kirchenpolitische Bedeutung bestand also darin, unübersteigbare Schranke zu sein. Keineswegs war diese Koalition als Sammelbecken aller antihabsburgischen Kräfte gedacht, was Philipp von Hessen früher einmal gehofft haben mochte. Dann hätte dieses Bündnis bekenntnismäßig neutral sein müssen. Aber das haben die Kursachsen verhindert. Selbst bei Annäherungsversuchen Englands an die Schmalkaldener wurde die Anerkennung des Augsburger Bekenntnisses gefordert, was schon im Frühstadium das Scheitern der Bündnispläne zur Folge hatte.[56] Der Schmalkaldische Bund blieb ein Zusammenschluß jener Stände, die die Confessio Augustana anerkannten und die sich genötigt fühlten, ein Bündnis zur Verteidigung ihres Glaubens einzugehen. Dabei wird man sich auch klar machen müssen, daß bereits im Sommer 1531, als sich die Drohungen des Kaisers in Augsburg als saft- und kraftlos erwiesen hatten, der Schmalkaldische Bund in eine ernste Krise geriet[57] – fast hätte er seinen ersten Bundestag nicht überstanden! Dies ist durch das Geschick der Straßburger verhindert worden, die die Confessio Augustana anerkannten und Mitglied dieses Bundes wurden, wohl wissend, daß ihre geographisch isolierte Lage Rückendeckung erforderte. Der Zukunft schien deswegen das Bündnis zu gehören, das ohne Bekenntnisrücksichten zustandekam.

3. Bündnis ohne Bekenntnis

Die Wahl Ferdinands zum Römischen König ließ das Herzogtum Bayern – religiös durchaus antireformatorisch! – auf Wege sinnen, den Habsburgischen Einfluß zu vermindern. Bayern verbündete sich mit Kursachsen, Hessen und anderen deutschen Ständen,[58] ordnete also seine antihabsburgische Politik seinen religiösen Ansichten über. Dieses Bündnis fand seinen größten Erfolg in der Vertreibung Ferdinands aus Württemberg, wobei es allerdings dem hessischen Landgrafen gelang, gegen den Widerstand Bayerns den vertriebenen Herzog Ulrich in sein Land zurückzuführen. Ulrich hatte sich bereits für die Reformation ausgesprochen, während Bayern gerne dessen Sohn Christoph als Herzog eingesetzt hätte, von dem man annahm, daß er der römischen Kirche treu ergeben sei (worin man sich aber getäuscht haben sollte).[59] Hier wurde also ein Bündnis trotz unterschiedlicher Bekenntnisse geschlossen. Die Koalition von ständischer und religiöser Opposition aber band nun dem Kaiser die Hände, so daß sich die Reformation weiter ausbreiten konnte.

Aber nicht nur Bayern und Hessen setzten sich über das Bekenntnis hinweg. Auch Frankreich nahm mit der innerdeutschen Opposition gegen den Kaiser Kontakt auf.[60] Dem altkirchlichen französischen König Franz I. war nahezu jedes Mittel recht, um die Vorherrschaft der Habsburger in Europa und der Welt zu brechen. Der Kaiser aber mußte nun versuchen, einen Gegner nach dem anderen zu besiegen. Er fing – richtigerweise – beim mächtigsten an, bei Frankreich. Erst als er diesen Gegner zu Boden gezwungen hatte, hatte er die Hände frei, gegen die Protestanten vorzugehen.[61]

Als sich dies Mitte der vierziger Jahre abzeichnete, gelang es nicht, ein neues Bündnis zu schaffen, das alle Protestanten zu einigen imstande gewesen wäre. Mancherlei Gründe sind dafür maßgebend.[62] Uns interessiert aber in diesem Zusammenhang besonders das Verhalten des Herzogs Moritz von Sachsen, der sich, obwohl evangelisch, nicht dem Schmalkaldischen Bund anschloß, sondern an der Seite des Kaisers verharrte, der die Evangelischen in einem recht kurzen Krieg vernichtend schlug.[63] Obwohl Moritz als Nachbar des mächtigen Ferdinand antihabsburgisch hätte votieren können, waren ihm seine momentanen persönlichen Vorteile wichtiger. Er konnte nämlich nach der Niederwerfung der Schmalkaldener die sächsischen Kurlande und die Kurfürstenwürde in Besitz nehmen – die Belohnung dafür, daß er sein Bekenntnis seiner Verständigung mit den Habsburgern untergeordnet hatte![64] Es gab also nicht nur die Vorordnung des Bekenntnisses vor das Bündnis – was nach dem Anschluß Hessens an die Reformation zu konstatieren war –, sondern auch das Umgekehrte.

4. Bekenntnis gegen Bekenntnis

Martin Luther hat die Katastrophe des Schmalkaldischen Bundes nicht mehr erlebt. Er war schon mehr als ein Jahr tot, als Kurfürst Johann Friedrich von Sachsen und Landgraf Philipp in die Gefangenschaft des Kaisers gerieten. Ihm blieb es auch erspart zu erleben, wie jetzt an die Stelle des einen Bekenntnisses der Streit um das Bekenntnis trat. Philipp Melanchthon hatte nicht die Kraft, die Lehrstreitigkeiten im Luthertum in Grenzen zu halten. Was Luther, dem »Papst von Wittenberg«, gelungen war, dazu reichte seine Kraft nicht. Seine zunächst vorhandene Autorität wurde durch sein ungeschicktes Verhalten im Streit um das Interim begrenzt, bei vielen sogar zerstört.[65] Ihm hätten viele Wege offengestanden, aber er blieb an der Wittenberger Universität, die in die Hände des neuen Kurfürsten Moritz übergegangen war. Melanchthon unterließ es nicht, sich für das Leipziger Interim seines Landesherrn auszusprechen, was andere Schüler Luthers heftig kritisierten. Diese, die bald in Anspruch nahmen, das wahre Erbe Luthers zu vertreten, griffen Melanchthon und dessen Schüler heftig an. Das Luthertum schien in die verschiedensten Gruppen auseinanderzufallen. Bald wurde deutlich, daß Melanchthon in der Rechtfertigungs- und vor allem in der Abendmahlslehre nicht ganz Luthers Positionen aufrechterhielt.[66] Er wurde daraufhin so scharf und rüde angegriffen, daß er resignierend von der »rabies theologorum« sprach und sich nach der Abberufung aus dieser Welt sehnte.[67]

Aber nicht nur Melanchthons *Schwäche* hat diese Streitigkeiten hervorgerufen. Es kommt hinzu, daß sich unter dem Einfluß Johannes Calvins schweizerische Theologie in Deutschland ausbreitete, was dazu führte, daß sich ganze Territorien von der lutherischen Lehre lösten, obwohl nur diese durch den Augsburger Religionsfrieden von 1555 rechtlich anerkannt worden war. Die Ausbreitung des calvinistischen Einflusses bezog sich vor allem auf die Abendmahlslehre, aber auch auf die Christologie und die Lehre von der Erwählung. Schließlich haben einzelne Theologen aus dem lutherischen Lager Sonderlehren vertreten, die sie bei Luther begründet fanden, die aber bei den übrigen Lutheranern keinen Anklang fanden. Hier ist vor allem an Amsdorffs Lehre vom Gesetz und Osianders Lehre von der Rechtfertigung zu denken. Diese Streitigkeiten, die theologisch recht tief griffen, haben das Luthertum in Deutschland jahrzehntelang beschäftigt.[68] Man war ganz und gar darauf konzentriert, während zur gleichen Zeit die römisch-katholische Kirche wieder erstarkte und in den Jesuiten einen neuen, einsatzfreudigen Orden fand, der große Erfolge erzielte.[69]

Dieses Ringen um das Bekenntnis führte dazu, daß Bekenntnis gegen Bekenntnis stand, daß eine Vielzahl von Bekenntnissen die Gemeinden verwirrte und daß die Einheit der lutherischen Kirche bedroht oder gar zerstört wurde – von einem Bündnis ganz zu schweigen. Als Melanchthon 1560 starb, war die Lage des deutschen Luthertums desolat. Hoffnungen konnte man eigentlich nur noch auf den erstarkenden Calvinismus und die Regenerierung der römisch-katholischen Kirche setzen. Johannes Brenz, der letzte große Reformator der ersten Generation, vermochte ebenfalls nicht zu einer Einigung der verschiedenen Gruppen zu verhelfen. Während in Kursachsen Schüler Melanchthons das kirchliche Leben bestimmten, die mehr und mehr zum Calvinismus neigten, versuchte man im ernestinischen Sachsen und der neugegründeten Universität Jena[70] das lutherische Erbe, wie man es verstand, in aller Strenge weiterzuführen. Auch überragende Politiker fehlten. Der politische Einfluß des Landgrafen Philipp war seit dem Skandal um seine Doppelehe rapide zurückgegangen. Herzog Christoph von Württemberg bemühte sich zwar, zu einer Verständigung beizutragen, aber ihm gelang dies nur an wenigen Stellen.[71] Es mußte eine neue Generation von Theologen versuchen, diese verfahrene Situation zu beenden und zum Besseren zu wenden.

5. Bekenntnis ohne Bündnis

Der Schärfe des Streites waren Männer wie Jakob Andreae in Württemberg oder Martin Chemnitz in Braunschweig müde. Mit Hilfe ihrer Landesherren bemühten sie sich um eine Klärung der theologischen Streitigkeiten. Sie wurden dabei anfangs von Landgraf Wilhelm von Hessen–Kassel, dem ältesten Sohn Landgraf Philipps, unterstützt.[72] Aber dies hörte bald auf, als sich nämlich herausstellte, daß Württemberg und Braunschweig eine wirklich *lutherische* Interpretation der vorhandenen Streitfragen wünschten. Wilhelm dagegen hätte eine mehr melanchthonische Lösung vorgezogen. Auch hier können wir die verschiedenen Stufen – oft genug mühselig errungen! – nicht im einzelnen verfolgen. Nur die wichtigsten Verständigungsbemühungen sollen festgehalten werden.

Durch den Augsburger Religionsfrieden waren die Anhänger der Confessio Augustana reichsrechtlich anerkannt worden. Für sie galt der Landfriede.[73] Aber die Streitigkeiten unter den Protestanten hielten die Frage wach, wie dieses Bekenntnis denn auszulegen sei. Da die Theologen heillos zerstritten schienen, erwog Herzog Christoph bereits 1554 den Plan einer Zusammenkunft der evangelischen Fürsten, die sich ihrerseits verständigen und einigen sollten. Aber es erhoben sich immer wieder neue Widerstände, so daß sich Christoph nicht durchsetzen konnte.[74] Die Herzöge Barnim und Philipp von Pommern schlugen dann vor, »oberste kirchliche Schiedsgerichte« zu bilden; für Norddeutschland sollten die theologischen Fakultäten von Wittenberg und Leipzig, für Süddeutschland sollte »das geistliche Ministerium zu Nürnberg« zuständig sein.[75] Aber dieser Gedanke war so absurd, daß er nur kurzfristig erwogen wurde. Denn die Gegner der jeweiligen Institution würden die Legitimation des Schiedsgerichtes natürlich bestreiten. Auf dem Regensburger Reichstag von 1556 ging es auch um die Beilegung der kirchlichen Differenzen in Deutschland – wie sollte man hier weiterkommen, wenn nicht einmal die Anhänger der Confessio Augustana sich zu verständigen vermochten? Im Abschied dieses Reichstages wurde ein eigenes Religionsgespräch für das kommende Jahr festgelegt, das den jetzt nicht erledigten Tagesordnungspunkt als alleinige Aufgabe zugewiesen bekam.[76]

Es war offensichtlich, daß die Evangelischen sich vor diesem Gespräch verständigen mußten. Christoph von Württemberg gelang es dann auch mit Unterstützung des Kurfürsten Ottheinrich von der Pfalz, eine Zusammenkunft in Frankfurt am Main zustandezubringen. Allerdings wurden dort keine verbindlichen Absprachen getroffen,[77] so daß die Anhänger des Augsburger Bekenntnisses nicht so auf das von den Ständen beschlossene Gespräch vorbereitet waren, wie dies Herzog Christoph und andere gewünscht hatten. Auf dieses in Worms geführte Gespräch hat die Bündnisproblematik keinerlei Einfluß gewonnen. Es ging ja um eine Verständigung in ganz Deutschland, nicht um die Bildung von Sondergruppen. Um so mehr Schwierigkeiten bereitete das Bekenntnis. Der Dissensus zwischen den Lutheranern wurde offenkundig und unüberbrückbar. Da keine politische Nötigung bestand, sich angesichts von Gefahren zusammenzuschließen, konnte der Streit in aller Deutlichkeit ausgetragen werden.

Dennoch lud Kurfürst Ottheinrich nach dem gescheiterten Wormser Gespräch zu einem neuen Fürstentag ein.[78] Aber Kurfürst August von Sachsen lehnte ab.[79] Daraufhin wurde der Plan einer Gesamtkonferenz der evangelischen Stände erwogen[80] – ein Projekt jagte das andere, ohne daß jemand hätte sagen können, wie das Ziel der Einigung des Protestantismus wirklich erreicht werden konnte. Der alternde Landgraf Philipp war optimistisch und meinte, es sei leicht, in Gegenwart der Fürsten die Theologen ihre Übereinstimmung über die Confessio Augustana feststellen zu lassen[81] – aber auch unter den Fürsten war genau dies je länger desto mehr umstritten. Neben die strengen Lutheraner, die Schwierigkeiten machen, treten bald die Pfälzer, wo Kurfürst Friedrich III. mehr und mehr Sympathien für Calvins Theologie entwickelt, sich dabei aber weiterhin auf die Confessio Augustana als das reichsrechtlich anerkannte theologische Dokument beruft.[82] Auch Landgraf Philipp hat Kontakt mit der Schweiz und gibt zu bedenken, ob man nicht auch die dortigen Theologen zu den theologischen Gesprächen einladen solle.[83] Die Vielzahl der an verschiedenen Orten gemachten Vorschläge und der durchgeführten Gespräche läßt sich kaum überblicken – eine entscheidende Wende vermögen sie alle nicht zu erbringen.

Die große Chance bietet der Naumburger Fürstentag, der 1561 durchgeführt wird. An ihm nimmt auch das Haupt der strengen Lutheraner, der Herzog von Sachsen, teil. Es wird überlegt, ob das Augsburger Bekenntnis nicht von neuem unterschrieben werden soll – der einzige noch lebende Unterzeichner von 1530 ist Philipp von Hessen. Aber sofort erhebt sich die Frage, ob der Text von damals oder die »Fortschreibung« von 1540, die »Variata«, unterzeichnet werden soll. Als der Herzog von Sachsen merkt, daß die von ihm gewünschte Distanzierung von der Variata nicht so erfolgen wird, wie er das für erforderlich hält, verläßt er Naumburg[84] – der Versuch, den gesamten deutschen Protestantismus zu einen, ist auch von den Fürsten nicht realisiert worden. Die offene Hinwendung der Pfalz zum Calvinismus im Jahr 1563 provoziert neue Theologengespräche. Aber zumeist schreibt sich nach deren Ende jede Partei den Sieg zu, so daß neue Kämpfe und nicht Befriedung durch sie hervorgerufen werden.[85]

Reichsrechtlich bedenklich wird dies, als Kaiser Maximilian II. auf dem Augsburger Reichstag von 1566 den Pfälzer Kurfürst auffordert, die religiösen Neuerungen rückgängig zu machen. Lassen jetzt die anderen evangelischen Fürsten Friedrich III. fallen als jemand, der das anerkannte Bekenntnis nicht mehr vertritt? Der unermüdliche Vorkämpfer für die Einheit, Christoph, wünscht dies, weil er eine Grenze ziehen möchte.[86] Aber diese harte Linie wird nicht durchgesetzt – der Mut, einen so angesehenen Kurfürsten zu bannen, fehlt, zumal sich auch die Kurfürsten von Sachsen und Brandenburg für ihn (wohl auch aus Standessolidarität) einsetzen. Aber es werden neue Gespräche anberaumt, durch die der Dissensus vor allem in der Abendmahlslehre beigelegt werden soll.[87] Angesichts der ungeklärten Voraussetzungen mißlingt natürlich auch dies. Der Zerfall des deutschen Protestantismus, der bisher aus Fraktionen bestanden hatte, in selbständige Konfessionen zeichnet sich ab.

Es ist bezeichnend, daß die Bündnisfrage trotzdem nicht akut wird. Ein Religionskrieg in Deutschland wird nicht gefürchtet – auch nicht gegen Stände, deren Anerkennung der Confessio Augustana bezweifelt wird. Nicht innerdeutsche, sondern außenpolititsche Vorgänge sind es, die politische Erwägungen hervorrufen. Der Bürgerkrieg in Frankreich, der ein Glaubenskrieg ist, läßt manche Evangelische in Deutschland fürchten, daß es auch hier zu kriegerischen Auseinandersetzungen kommen wird. Es wird von Rüstungen gegen die Protestanten gesprochen. Vor allem von Frankreich her, also in Südwestdeutschland, wird ein Angriff befürchtet.[88] Aber das von Landgraf Wilhelm von Hessen vorgeschlagene Bündnis kommt nicht zustande, weil der Kurfürst von Brandenburg meint, die Solidarität der deutschen Stände wahren zu müssen. Er schlägt vor, daß auf einem Reichstag über die drohenden Gefahren gesprochen wird. Stellt sich dort heraus, daß von den altkirchlichen Ständen keine Hilfe für die Anhänger des Augsburger Bekenntnisses zu erwarten ist, soll von neuem gefragt werden, ob ein Bündnis der Evangelischen erforderlich ist. Es kommt also nicht zu einem neuen evangelischen Bund – das Geschick des Schmalkaldischen hatte auch alles andere als begeisternd wirken können. Auch das Auftreten einiger englischer Gesandter in Deutschland im Jahr 1577, die ein antirömisches Bündnis vorschlagen,[89] vermag das nicht zu ändern. Die deutschen evangelischen Stände halten vielmehr am Religionsfrieden von 1555 fest und lassen sich auf von außen kommende politische Anregungen nicht ein.

Unabhängig davon geht aber das Ringen um das Bekenntnis weiter. Aber die Formula concordiae schafft nur eine concordia theologica, keine concordia politica. Zwar ist in den Jahren 1579 und 1580 die Konkordienformel zusammen mit den übrigen lutherischen Bekenntnisschriften, die in das Konkordienbuch aufgenommen wurden, von zahlreichen deutschen Obrigkeiten anerkannt und unterschrieben worden. Zu ihnen gehörten die Kurfürsten von der Pfalz, von Sachsen und Brandenburg, einige Bischöfe, Markgrafen, Pfalzgrafen, Herzöge, Grafen, Adlige und Städte.[90] Aber nicht der gesamte deutsche Protestantismus nahm dieses Bekenntnis und die damit zusammengestellten anderen Schriften an. Und vor allem wurde damit kein politisches Bündnis verknüpft. Wir finden seit 1580 neben denen, die das Konkordienbuch anerkannten, andere Stände, die den reformierten Typus reformatorischer Theologie übernahmen, wie auch lutherische Obrigkeiten, die zwar das Augsburger Bekenntnis anerkannten, aber nicht die neue Bekenntnisschrift von 1577 und das Konkordienbuch von 1580. Den Einigungsbemühungen war also nur ein Teilerfolg beschieden. Vom Standpunkt des *Bündnisses* aus muß man dies bedauern. Denn nach wie vor kam es zu Streitigkeiten theologischer Art zwischen den verschiedenen reformatorischen Gruppen, die Bündnisse verhinderten. Die Vielfalt der Bekenntnisse verhinderte ein Bündnis, das eine politische »Sicherung« der Reformation ermöglicht hätte. Erst durch das Vorgehen Bayerns gegen die überwiegend von Evangelischen bewohnte Reichsstadt Donauwörth im ersten Jahrzehnt des 17. Jahrhunderts sah sich ein Teil der protestantischen Stände veranlaßt, sich zu einer »Union« zusammenzuschließen.[91] Sie erwies sich aber bekanntlich als zaghaft und politisch von ganz geringer Bedeutung, weil zu unterschiedliche Interessen von ihren Mitgliedern vertreten wurden. Die geringe Rolle, die die evangelische Union während des Dreißigjährigen Krieges spielte, ist bekannt und braucht hier nur erwähnt zu werden. Dies lag nicht zuletzt daran, daß in der lutherischen Theologie die politischen Konsequenzen des Bekenntnisses kaum bedacht wurden – man war vielmehr eher ängstlich bestrebt, nur die Fragen zu beantworten, die sich aus Frömmigkeit und Glaube ergaben. Viele Theologen dachten nur an die Probleme im eigenen Territorium und beachteten nicht die Entwicklungen, die sich in den anderen Gebieten Deutschlands und Europas anbahnten. Das Bündnis blieb als eine *weltliche* Angelegenheit den Obrigkeiten überlassen, die aber auch ihrerseits über die Grenzen ihres Territoriums kaum hinausblickten. Deswegen kam es am Ende des 16. Jahrhunderts zu keiner neuen Besinnung auf den Zusammenhang von Bekenntnis und Bündnis. Man kann also für die Geschichte der Konkordienformel nicht von einem Vorrang des Politischen, sondern man muß von einem Vorrang des Glaubens sprechen. Es lösen sich sogar Glaube und Politik in *dem* Sinne voneinander, daß nur nach der pura doctrina gefragt wird. Der Preis dafür war teuer. Denn die allgemeine Entwicklung der Staatsphilosophie lief in die entgegengesetzte Richtung,[92] so daß sich der lutherische Patriarchalismus bald als überholt herausstellte und dem Absolutismus weichen mußte. Vor allem aber ist der Nachdruck, mit dem die theologische Übereinstimmung erreicht wurde, nicht mit entsprechenden politischen Erwägungen verknüpft worden, zu denen der Protestantismus um 1530 fähig war. Aber immerhin ist den lutherischen Theologen, die die Konkordienformel schufen, zuzugestehen, daß sie das evangelische Bekenntnis so formulierten und weiterführten, daß sich der größte Teil der deutschen reformatorischen Kirchen am Ende des 16. Jahrhunderts dazu bekennen konnte. Indirekt wurde dadurch auch eine politische Handlung vollzogen.

Anmerkungen

1 Vgl. Gerhard Müller, Die römische Kurie und die Reformation: Zeitschrift für Religions- und Geistesgeschichte 19 (1967), S. 9 f.

2 Vgl. Wilhelm Borth, Die Luthersache (causa Lutheri) 1517–1524. Die Anfänge der Reformation als Frage von Politik und Recht (Historische Studien 414), Lübeck und Hamburg 1970, S. 121 ff.

3 Hans von Schubert, dem wir die grundlegenden Studien zu unserer Fragestellung verdanken, hat Melanchthons »Loci« von 1521 als den »ersten Ansatz zu einer Bekenntnisbildung« bezeichnet (Die Anfänge der evangelischen Bekenntnisbildung bis 1529/30 [Schriften des Vereins für Reformationsgeschichte 143], Leipzig 1928, S. 9 f.). Dieser Definition folgen wir hier nicht, weil dann die gesamte evangelische Bekenntnisbildung zu verfolgen wäre, zu der die Schriften aller Reformatoren beitrugen. Vielmehr geht es um das Bekenntnis als Glaubensäußerung einer Gruppe, das politische Folgerungen hervorrief.

4 Vgl. Gerhard Müller, Die römische Kurie und die Reformation 1523–1534. Kirche und Politik während des Pontifikates Clemens' VII. (Quellen und Forschungen zur Reformationsgeschichte 38), Gütersloh 1969, S. 134.

5 Zum Nürnberger Anstand von 1532 vgl. a. a. O. S. 214 ff.

6 Er nannte vielmehr das Vorgehen Kursachsens und Hessens gegen Heinrich von Braunschweig-Wolfenbüttel als Ursache, gab in einem Brief an seine Schwester Marie aber zu, daß

es in Wahrheit um die Vernichtung der Führer des Schmalkaldischen Bundes ging, vgl. KARL BRANDI, Kaiser Karl V., 2. Bd., München 1941, S. 369 f.

7 Vgl. GERHARD PFEIFFER, Augsburger Religionsfriede: Theologische Realenzyklopädie Bd. 4, Berlin 1979, S. 639–645.

8 Vgl. MÜLLER (wie Anm. 4) S. 30 ff.

9 Vgl. a. a. O. S. 33.

10 Vgl. VON SCHUBERT S. 12 f.

11 Die Gutachten wurden gedruckt in: Die fränkischen Bekenntnisse. Eine Vorstufe der Augsburgischen Konfession, München 1930, S. 180–410.

12 Auch Nürnberger Gutachten wurden a. a. O. S. 157–179 und 411–457 gedruckt; der »große Ratschlag« und die »12 Artikel«, an denen Andreas Osiander beteiligt war, liegen jetzt auch vor in: ANDREAS OSIANDER D. Ä., Gesamtausgabe, hg. von GERHARD MÜLLER, Bd. 1, Gütersloh 1975, S. 319–380 und 460–463. Zum Beitrag der Reichsstädte zur Bekenntnisbildung in dieser Phase vgl. jetzt auch MARTIN BRECHT, Die gemeinsame Politik der Reichsstädte und die Reformation: Zeitschrift der Savigny-Stiftung für Rechtsgeschichte, Kanonistische Abt. 63 (1977), S. 180–263.

13 VON SCHUBERT S. 13.

14 Vgl. MÜLLER (wie Anm. 4) S. 27 f.

15 VON SCHUBERT S. 21.

16 Vgl. WALTER HEINEMEYER, Landgraf Philipps des Großmütigen Weg in die Politik: Hessisches Jahrbuch für Landesgeschichte 5 (1955), S. 184–186.

17 Vgl. die Zusammenstellung der Briefe Philipps in: Urkundliche Quellen zur hessischen Reformationsgeschichte, 3. Bd. (Veröffentlichungen der Historischen Kommission für Hessen und Waldeck 11), Marburg 1955, S. 375 f.

18 Vgl. KARL BRANDI, Kaiser Karl V., 1. Bd., 3. Aufl. München 1941, S. 208.

19 Vgl. JOHANNES KÜHN, Die Geschichte des Speyrer Reichstags 1529 (Schriften des Vereins für Reformationsgeschichte 146), Leipzig 1929, S. 229–243.

20 Vgl. WILHELM MAURER, Historischer Kommentar zur Confessio Augustana, Bd. 1, Gütersloh 1976, S. 18 f.

21 So wurde in Speyer 1529 noch ein zweites Mal protestiert, und zwar vom Gesandten Herzog Georgs von Sachsen, weil Bayern den Sachsen keinen Sessionsvorrang zugestehen wollte (vgl. KÜHN S. 100 f.).

22 Vgl. HANS VON SCHUBERT, Bündnis und Bekenntnis 1529/1530 (Schriften des Vereins für Reformationsgeschichte 98), Leipzig 1908, S. 9.

23 A. a. O. S. 6.

24 Der Reichstag machte sich das kaiserliche Mandat vom 4. Januar 1528 zu eigen, vgl. HORST W. SCHRAEPLER, Die rechtliche Behandlung der Täufer in der deutschen Schweiz, Südwestdeutschland und Hessen 1525–1618 (Schriften zur Kirchen- und Rechtsgeschichte 4), Tübingen 1957, S. 21.

25 Vgl. GOTTFRIED SEEBASS, Das reformatorische Werk des Andreas Osiander (Einzelarbeiten aus der Kirchengeschichte Bayerns 44), Nürnberg 1967, S. 166.

26 MAURER S. 21.

27 A. a. O.

28 Vgl. a. a. O. S. 21 f.

29 HANS VON SCHUBERT, Bekenntnisbildung und Religionspolitik, Gotha 1910, S. 209 f.

30 A. a. O. S. 211.

31 A. a. O. S. 212–217.

32 Vgl. GERHARD MÜLLER, Franz Lambert von Avignon und die Reformation in Hessen (Veröffentlichungen der Historischen Kommission für Hessen und Waldeck 24,4), Marburg 1958, S. 86–103, 130 f. und 134–177, hier besonders 157.

33 VON SCHUBERT (wie Anm. 29) S. 259.

34 WOLFGANG STEGLICH, Die Stellung der evangelischen Reichsstände und Reichsstädte zu Karl V. zwischen Protestation und Konfession 1529/30. Ein Beitrag zur Vorgeschichte des Augs-

burgischen Glaubensbekenntnisses: Archiv für Reformationsgeschichte 62 (1971), S. 162 f. und 181–191.

35 A. a. O. S. 163. Dazu gehörte dann allerdings auch die Abgrenzung von den »Sakramentierern«, die Luther und Melanchthon im Sommer 1529 bekanntlich sehr wichtig war.

36 Vgl. a. a. O. S. 172 f.

37 GERHARD PFEIFFER, Nürnbergs kirchenpolitische Haltung im Frühjahr 1530: Zeitschrift für bayerische Landesgeschichte 33 (1970), S. 183 f.

38 A. a. O. S. 184–191.

39 A. a. O. S. 190–194.

40 STEGLICH S. 191 Anm. 113.

41 Vgl. MÜLLER (wie Anm. 4) S. 84 und 89.

42 VON SCHUBERT (wie Anm. 29) S. 238.

43 Vgl. a. a. O. S. 236–265.

44 KARL EDUARD FÖRSTEMANN, Urkundenbuch zu der Geschichte des Reichstages zu Augsburg im Jahre 1530, 1. Bd. 1833, Nachdruck Osnabrück 1966, S. 8.

45 Vgl. Die fränkischen Bekenntnisse S. 474–655 und WILHELM GUSSMANN, Quellen und Forschungen zur Geschichte des Augsburgischen Bekenntnisses, 1. Bd., 2. Teil, Leipzig und Berlin 1911.

46 Vgl. a. a. O., 2. Bd., Kassel 1930.

47 Vgl. WILHELM MAURER, Erwägungen und Verhandlungen über die geistliche Jurisdiktion der Bischöfe vor und während des Augsburger Reichstags von 1530, in: ders., Die Kirche und ihr Recht. Gesammelte Aufsätze zum evangelischen Kirchenrecht (Jus ecclesiasticum 23), Tübingen 1976, S. 208–253.

48 Vgl. MÜLLER (wie Anm. 4) S. 95 ff.

49 Gedruckt: D. MARTIN LUTHERS Werke, Kritische Gesamtausgabe, 30. Bd., 2. Abt., Weimar 1909, S. 367–390.

50 Vgl. MÜLLER (wie Anm. 4) S. 95.

51 Vgl. FÖRSTEMANN S. 7 f. und 295–309.

52 Vgl. MÜLLER (wie Anm. 4) S. 113 ff.

53 Vgl. MAURER (wie Anm. 47) S. 245–251.

54 Vgl. MÜLLER (wie Anm. 4) S. 134 ff.

55 Vgl. KARL MÜLLER, Luthers Äußerungen über das Recht des bewaffneten Widerstands gegen den Kaiser (Sitzungsberichte der Kgl. Bayerischen Akademie der Wissenschaften, philosophisch-philologische und historische Klasse, Jg. 1915, 8. Abh.), München 1915, S. 30 ff.

56 Vgl. Handbuch der Kirchengeschichte, 3. Teil von HEINRICH HERMELINK und WILHELM MAURER, Tübingen 1931, S. 183.

57 Vgl. MÜLLER (wie Anm. 4) S. 156 f.

58 Im Saalfelder Bündnis vom 24. Oktober 1531 (vgl. a. a. O. S. 167).

59 Vgl. JAKOB WILLE, Philipp der Großmüthige von Hessen und die Restitution Ulrichs von Wirtemberg 1526–1535, Tübingen 1882.

60 Frankreich trat dem Saalfelder Bündnis am 26. Mai 1532 bei; im jetzigen Vertrag hieß es, man wolle sich zur »Verteidigung und Erhaltung deutscher Freiheit« gegenseitig unterstützen (MÜLLER – wie Anm. 4 – S. 168).

61 Im Frieden von Crépy 1544 schuf Karl V. die Voraussetzung für den Krieg gegen die Schmalkaldener (vgl. BRANDI 1, S. 442–448).

62 Z. B. die Doppelehe Philipps von Hessen, vgl. GERHARD MÜLLER, Karl V. und Philipp der Großmütige: Jahrbuch der Hessischen Kirchengeschichtlichen Vereinigung 12 (1961), S. 23.

63 Vgl. BRANDI 1, S. 472 ff.

64 Vgl. a. a. O. S. 477 ff.

65 Vgl. PAUL TSCHACKERT, Die Entstehung der lutherischen und der reformierten Kirchenlehre samt ihren innerprotestantischen Gegensätzen, Göttingen 1910, S. 505–514.

66 Vgl. a. a. O. S. 531 ff.

67 Vgl. Robert Stupperich, Der unbekannte Melanchthon. Wirken und Denken des Praeceptor Germaniae in neuer Sicht, Stuttgart 1961, S. 108–127.

68 Vgl. TSCHACKERT S. 477 ff. und MARTIN STUPPERICH, Lehrentscheidung und theologische Schematisierung. Die Sonderrolle Württembergs im Osiandrischen Streit und ihre Konsequenzen für die Formulierung des dritten Artikels der Solida Declaratio, in: WENZEL LOHFF und LEWIS H. SPITZ (Herausgeber), Widerspruch, Dialog und Einigung. Studien zur Konkordienformel der Lutherischen Reformation, Stuttgart 1977, S. 171–195.

69 Vgl. HUBERT JEDIN in: Reformation, Katholische Reform und Gegenreformation (Handbuch der Kirchengeschichte 4), Freiburg/Basel/Wien 1967, S. 465 ff.

70 Vgl. TSCHACKERT S. 478 ff.

71 Vgl. ARTHUR HEIDENHAIN, Die Unionspolitik Landgraf Philipps von Hessen 1557–1562, Breslau 1886, S. 20 ff.

72 Vgl. HEINRICH HEPPE, Geschichte des deutschen Protestantismus in den Jahren 1555–1581, 1. Bd., Marburg 1852, S. 110, und MARTIN BRECHT, Jakob Andreae: Theologische Realenzyklopädie 2 (1978), S. 672–680.

73 Vgl. PFEIFFER (wie Anm. 7) S. 639–645.

74 Vgl. HEPPE 1, S. 109–116.

75 A. a. O. S. 132.

76 Vgl. HEIDENHAIN S. 22–24.

77 Vgl. HEPPE 1, S. 153 f.

78 Vgl. a. a. O. S. 291 f.

79 Er besaß gegenüber den Unionsverhandlungen auch sonst große Vorbehalte, vgl. HEIDENHAIN S. 10–14.

80 Vgl. HEPPE 1, S. 332 ff.

81 Vgl. a. a. O. S. 341 Anm. 5.

82 Vgl. TSCHACKERT S. 538 ff.

83 Vgl. HEPPE 1, S. 359 f.

84 Vgl. HEIDENHAIN S. 203–246 und K. SCHORNBAUM, Zum Tage von Naumburg 1561: Archiv für Reformationsgeschichte 8 (1911), S. 181–214.

85 So wurden etwa vom 10. bis 15. April 1564 Gespräche zwischen kurpfälzischen und württembergischen Theologen durchgeführt, die nur das genannte Ergebnis erzielten, vgl. HEPPE Bd. 2, Marburg 1853, S. 73–94.

86 Vgl. WALTER HOLLWEG, Der Augsburger Reichstag von 1566 und seine Bedeutung für die Entstehung der Reformierten Kirche und ihres Bekenntnisses (Beiträge zur Geschichte und Lehre der Reformierten Kirche 17), Neukirchen-Vluyn 1964, S. 118 ff.

87 Vgl. HEPPE 2, S. 164 ff.; vgl. auch K. SCHORNBAUM, Die Bündnisbestrebungen der deutschen evangelischen Fürsten und Markgraf Georg Friedrich von Brandenburg-Ansbach 1566–1570: Zeitschrift für Kirchengeschichte 38 (1920), S. 262–282 und ders., Markgraf Georg Friedrich von Brandenburg und die evangelischen Stände Deutschlands 1570–1575: Archiv für Reformationsgeschichte 22 (1925), S. 268–300.

88 Vgl. HEPPE 2, S. 186 ff.

89 Vgl. HEPPE Bd. 4, Marburg 1859, S. 5 ff.

90 Vgl. Die Bekenntnisschriften der evangelisch-lutherischen Kirche, 6. Aufl., Göttingen 1967, S. 15–17.

91 Vgl. MORIZ RITTER, Deutsche Geschichte im Zeitalter der Gegenreformation und des Dreißigjährigen Krieges (1555–1648), 2. Bd., Stuttgart und Berlin 1895, S. 3 ff.

92 ULRICH SCHEUNER hat nachgewiesen, daß Vertreter politischer Theorien seit etwa 1550 empfahlen, die politische Einheit und den Frieden höher einzuschätzen als die Festlegung auf bestimmte theologische Lehren (Staatsräson und religiöse Einheit des Staates. Zur Religionspolitik in Deutschland im Zeitalter der Glaubensspaltung, in: Staatsräson. Studien zur Geschichte eines politischen Begriffs, herausgegeben von ROMAN SCHNUR, Berlin 1975, S. 363–405).

Kaiserliche Autorität und fürstliche Libertät

Zu den Verhandlungen über die Türkenabwehr während des Regensburger Reichstages 1532

Als die Stände des deutschen Reiches für Anfang Januar 1532 nach Regensburg eingeladen wurden, war es nicht das erste Mal, daß sie sich mit Fragen der Abwehr der Türken befassen sollten. So war etwa Kardinal Cajetan von Papst Leo X. 1518 wegen dieser Angelegenheit zum Reichstag nach Augsburg gesandt worden - die Gespräche mit Luther wurden ihm erst nachträglich aufgetragen [1)]. Aber auch vor 1532 war dieses Thema von den deutschen Ständen behandelt worden. Besonders die Belagerung Wiens im Jahr 1529 hatte die Gefährlichkeit der Türken offenbart, so daß auf dem Augsburger Reichstag von 153o über die Notwendigkeit ihrer Abwehr diskutiert wurde [2)]. Im Winter 1531/32 hatten sich die Nachrichten vermehrt, daß mit einem Angriff der "Ungläubigen" zu rechnen sei [3)]. In Italien befürchtete man einen Überfall, so daß die römische Kurie Kaiser Karl V. drängte, zu ihrer Unterstützung beizutragen, wofür ihr sogar eine Verständigung zwischen dem Kaiser und den Evangelischen akzeptabel erschien [4)]. Als man in Rom allerdings "erkannte, daß keine Offensive von der See her auf Italien bevorstand", war man "mit den Rüstungen des Kaisers, nämlich der Aufstellung eines Landheeres zufrieden"[5)]. Darum ging es dann auch während des Regensburger Reichstages.

Als die Versammlung der Stände mit erheblicher Verspätung am 17. April 1532 eröffnet wurde, ließ Karl V. in der Proposition erklären, eigentlich müsse zunächst der Zwiespalt im Glauben beigelegt werden, der die Türken während der letzten Jahre "durch verhengung gots des allmechtigen, zu straf unser sünden und übelthat, dester mer herz" fassen ließ, gegen die Christen vorzugehen. Aber wegen der Gefahren, die jetzt durch die Ungläubigen drohen, solle zunächst ein Beschluß über deren Abwehr gefaßt werden [6]. Der Kaiserhof hatte also vom Augsburger Reichstag 153o gelernt: Damals war vorgesehen gewesen, sich erst über die Rüstungen gegen die Ungläubigen und danach über die kirchlichen Differenzen zu verständigen. Die Anhänger der Reformation hatten das abgelehnt und eine Umstellung der vom Kaiser vorgeschlagenen Tagesordnung durchgesetzt, weil sie keine Truppen gegen die Türken aufstellen wollten, solange ihnen nicht der Landfriede zugesagt war [7]. Karl V. anerkennt nun 1532 grundsätzlich die Berechtigung dieser Argumentation, behauptet aber, die Gefährlichkeit der vom Balkan dringenden Nachrichten mache eine andere Entscheidung erforderlich. Dem konnten sich die Protestanten nur widersetzen, denn ihre Lage blieb unter diesen Umständen ja weiterhin politisch und rechtlich ungesichert. Sie taten dies in einem Sondervotum, das sie zur kaiserlichen Proposition abgaben [8] - aber sicher nur mit halbem Herzen und um das Gesicht zu wahren, denn sie wußten sehr gut, daß die Argumente des Kaisers nur halbehrlich waren. Karl V. hatte in Wahrheit die Glaubensverhandlungen von den Reichstagsgesprächen in Regensburg abtrennen lassen und das Vermittlungsangebot der Kurfürsten von Mainz und der Pfalz angenommen, die zur gleichen Zeit mit den führenden evangelischen Fürsten in Schweinfurt tagten [9]. Dort sollte eine Einigung erzielt werden, die es ermöglichte, sich bereits jetzt zeitlich parallel in Regensburg über die gegenseitige "Hilfe" der Stände gegen die Türken zu verständigen.

Die Mehrheit der Stände erklärte sich am 2o. April 1532 mit den Vorschlägen des Kaisers einverstanden. Sie teilte mit, daß sie jenes Kontingent an Truppen stellen wolle, auf das man sich in Augsburg 153o geeinigt hatte. Möglicherweise ist dies eine erste Warnung an den Kaiser, der in seiner Proposition berichtet hatte, er wolle auch selbst zur Abwehr des "erbveinds unsers hailigen christlichen namens und glaubens" tatkräftig beitragen [1o]. Denn es ist wohl nicht auszuschließen, daß die Stände bereits vernommen hatten, daß dem Habsburger die in Augsburg verabschiedete Absprache nicht genügte. Jedenfalls schlug Karl V. bereits am 21. April die Bildung eines Ausschusses vor, mit dem er über eine Erhöhung der Kontingente verhandeln wollte, weil er fürchtete, die Truppen der Christen könnten der großen Macht der Feinde, von der er erfahren hatte, nicht Widerstand leisten. Der Kaiser argwöhnte auch (wie sich herausstellen sollte mit Recht), daß nicht alle Stände die von ihnen geforderte Hilfe leisten würden. Schließlich sollte der Ausschuß auch über die Beschaffung des Proviants "und weiter, was zum zug und aller beraitschaft desselben dienlich sey" beraten [11]- damit sind Punkte genannt, über die zusammen mit weiteren monatelang gestritten werden sollte. Zunächst gingen die Stände zwar auf den Vorschlag ein, einen Ausschuß zu bilden, aber sie wiederholten sofort ihre Forderung, daß die Augsburger Absprachen Grundlage der Verhandlungen sein sollten [12]. Eine Erweiterung der Kompetenzen des Ausschusses - vielleicht im Hinblick auf eine Beilegung der Glaubensstreitigkeiten [13] - wurde allerdings bald abgelehnt: nur um die Türkenabwehr sollten sich die Verordneten kümmern. Andere Fragen sollten sie an die Stände weiterleiten [14]. Belastet wurde die Atmosphäre noch zusätzlich durch einen Antrag von Karls Bruder Ferdinand an die Stände, diese möchten für das Pulver der von ihm gestellten Geschütze aufkommen. Der Erzherzog von Österreich, der inzwischen Römischer König geworden war, hatte sich in Augsburg bereit erklärt, das Geschütz für den Kriegszug zu stellen. Aber jetzt teilte er mit, daß er wegen des langen Krieges kein Pulver habe, das nun die Stände aufbringen möchten [15]. Wenn schon Ferdinand als der am meisten durch die Türken gefährdete Fürst an den Augsburger Absprachen Abstriche machen wollte, so konnte dies nur ein böses Omen für die weiteren Regensburger Verhandlungen sein.

Während der Ausschuß seine Arbeit aufnahm, erschienen am 27. April Gesandte der niederösterreichischen Stände vor den Reichsständen, um diese auf ihre schwierige Lage aufmerksam zu machen [16]. Sie berichteten, daß sie durch Ferdinand vom Reichstag gehört hätten, auf dem sicher von den Anliegen des Heiligen Römischen Reiches und besonders solchen der deutschen Nation gehandelt werde, worunter gewiß auch die türkische Tyrannei sei. Die Abgeordneten gaben einen Abriß der Türkengefahr: Seit etwa 80 Jahren breitet sich der Feind der Christen aus und erobert ein christliches Territorium nach dem andern. Er hat das griechische Kaisertum zerstört und so große Eroberungen auf dem Balkan gemacht, daß er seine Grenzen von Konstantinopel nach Wien um über 2oo deutsche Meilen vorschieben konnte. Es wird von Greueltaten gesprochen, die die Türken verübten, von Kaiser Maximilians Bemühungen um deren Abwehr, vom Kampf König Ludwigs von Ungarn und Böhmen 1526, bei dem er fiel, von der Belagerung Wiens 1529 und auch von der Bedrohung im letzten Jahr. Die eigenen finanziellen Ausgaben werden gebührend betont, aber es wird auch von dem großen Heer berichtet, das offenbar gerade jetzt von den Türken gesammelt wird, dem die Niederösterreicher nicht allein Widerstand leisten könnten. Das hätte aber zur Folge, daß ganz Deutschland, ja die gesamte Christenheit von Verderben und Verwüstung bedroht seien: Von Ofen aus könnten türkische Truppen in höchstens acht bis zehn Tagen die Grafschaft Tirol, "Munchen im Bayrland" und andere Gebiete dieser Region erreichen, bedrohen und zerstören. Die Abgesandten meinen, hier müsse doch ein Christenmensch dem anderen helfen. Sie schließen mit der Bitte, daß die Stände zu einer Beilegung der Glaubensstreitigkeiten beitragen möchten, denn der "Irrthumb", die Ketzerei, werde sonst das Verderben ganz Deutschlands und der gesamten Christenheit hervorrufen. Auch wird um eine baldige Entgegnung ersucht, zumal der Angriff der Türken für den Sommer erwartet wird [17]. Aber es dauerte bis zum 8. Juli, bis die Stände antworteten [18].

Schon vor diesem Vortrag vor den Ständen hatte der Ausschuß seine Arbeit aufgenommen, nämlich am 23. April, zu dem der Kaiser fünf Vertreter entsandte [19]. Karl ließ sofort deutlich machen, daß eine Erhöhung der in Augsburg beschlossenen Türkenhilfe unbedingt erforderlich sei. Dort hatten die Stände 4o.ooo Fußknechte und 8.ooo Reisige zugesagt. Der Kaiserhof rechnete aber jetzt nur mit 29.4oo Fußknechten und 4.4oo Reitern. Um den Ständen eine kräftige Erhöhung nahezulegen, ließ der Kaiser erklären, je mehr Truppen die Stände aufböten, desto mehr wolle auch er bezahlen - und umgekehrt [2o]. Aber die Vertreter der anderen Seite wollten genaue Zahlen wissen, die sie auch sofort erhielten: Karl V. will - so läßt er erklären - "den dritten man geben", wenn sich die Stände zu einer "stattlichen" Hilfe bereit finden. Tun sie dies nicht, dann wird erwogen, daß sich der Kaiser gar nicht beteiligt, denn nichts könne besser als Weniges und Unfruchtbares sein [21]. Die Ständevertreter antworteten, indem sie sich direkt an den Kaiser wandten. Sie erklärten, angesichts der Gefahr, von der auch sie Kunde hätten, seien sie zu großen Anstrengungen bereit. Aber Karl V. möge sich mit der hohen Verpflichtung begnügen, die sie in Augsburg eingegangen seien. Sie könnten nicht von sich aus Erhöhungen bewilligen. Alle Botschafter müßten dafür die Entscheidung ihrer Stände einholen, wodurch nur Zeit verlorengehe, und zwar mit ungewissem Ausgang. Denn ob die Antwort positiv ausfalle, wisse man natürlich nicht, so daß der Kaiser sein Engagement nicht von einer Erhöhung der ständischen Kontingente abhängig machen möge [22]. Aber der Kaiserhof gab nicht nach. Er zeigte sich indigniert, daß die Gesandten nicht für eine Erhöhung der Türkenhilfe legitimiert sein sollten, und hielt an seiner Forderung fest [23] - ihm kam es darauf an, bei einer Verweigerung der Türkenhilfe durch die protestantischen Stände, die einkalkuliert werden mußte, wenn die Sonderverhandlungen in Schweinfurt scheiterten, von den altkirchlichen Ständen genügend unterstützt zu werden. Dann war Karl V. nicht zu größeren Zugeständnissen gegenüber den Anhängern der Reformation gezwungen, von denen etwa ein Viertel bis ein Fünftel der Türkenhilfe zu stellen war [24].

Aber die altkirchlichen Stände ließen sich darauf nicht ein. Bayern vor allem war nicht daran interessiert, daß die Habsburger Brüder durch einen glänzenden Sieg über die Türken militärisch und politisch an Boden gewönnen. Höhere Ausgaben wollte man nicht bewilligen, so daß es zu einem wochenlangen, unfruchtbaren Ringen in Regensburg kam. Dabei mußte der Kaiser nolens volens nachgeben. Der Zeitraum, in dem die Truppen bezahlt werden mußten, wurde verkürzt. Die Stände forderten, daß sich Ferdinand mit seinem Widersacher, Johannes Zapolya, verständige. Sie schraubten ihre Wünsche immer höher, als sie meinten, über eine Erhöhung der Kontingente bis zur tatsächlichen Erfüllung der Augsburger Absprache lasse sich vielleicht reden, wenn die Unterhaltsfrist der Söldner auf vier bis fünf Monate verringert werde [25]. Eine gewisse Entlastung erfuhr Karl V. überraschenderweise von jenen Ständen, auf deren Hilfe er notfalls verzichten wollte: Georg von Brandenburg, Nürnberg, Augsburg, Frankfurt am Main, Windsheim und Schwäbisch Hall, also einige evangelische Stände, die sich nicht dem Schmalkaldischen Bund angeschlossen hatten, sagten Türkenhilfe zu, als es noch zu keiner Einigung bei den Sonderverhandlungen in Schweinfurt gekommen war [26]. Die übrigen evangelischen Stände hielten aber an ihrer Weigerung fest, solange nicht zur Abwehr des drohenden Angriffs beizutragen, wie ihnen vom Reich nicht der Landfriede zugesagt worden war [27]. Die altkirchlichen Stände dagegen legten Wert darauf, daß die Hilfe in Personen und nicht in Geld geleistet werde [28] – sie wollten wohl verhindern, daß der Kaiser Geld bekam, was er möglicherweise gar nicht zur Abwehr der Türken ausgab. Sie kamen auch auf ihre Bitte zurück, Ferdinand möge sich mit Zapolya einigen, und wiesen darauf hin, daß dafür polnische Vermittlung in Anspruch genommen werden könne [29].

Karl V. gab auch darin nach. Er verzichtete auf eine Erhöhung der Türkenhilfe durch die altkirchlichen Stände, benötigte deswegen aber eine Verständigung mit den Protestanten, richtete sogar - sicher ohne Illusionen - Hilfsgesuche an die Könige von England und Frankreich und ging den König von Polen um Hilfe wegen der Spannungen in Ungarn an [3o]. Offenbar war das politische Konzept des Kaiserhofes verbraucht. In dieser Phase wurde von ihm nicht mehr regiert, sondern nur noch auf das Verhalten der Majorität der deutschen Stände reagiert. Diese schränkten die Zeit, in der sie die Truppen bezahlen mußten, immer mehr ein, indem faktische Rüstungen durch die langwährenden Reichstagsverhandlungen um Monate verhindert wurden. So war es nur sinnvoll, daß sie Ende Mai die Bitte äußern mußten, die Sammlung der Söldner nicht bereits zum 3o. Juni zu verlangen [31]. Bis dahin hätten die Vorbereitungen und das Aufgebot nämlich schwerlich abgeschlossen sein können. Wären die Türken schneller angerückt, hätte dies allerdings erhebliche Probleme aufgeworfen! Karl V. ging auch auf diesen Wunsch ein und erbat die Truppen zum 31. Juli nach Regensburg. Zugleich schlug er vor, entfernt wohnende Reichsstände sollten ihre Hilfe in Geld erbringen, und schließlich bat er, die altkirchliche Majorität möge "nachdenken", wie man Kursachsen und diejenigen evangelischen Stände, die es bisher ablehnten, zur Abwehr der Türken beizutragen, doch noch umstimmen könne [32]. Was das Letzte angeht, so entgegnete man dem Kaiser umgehend und kühl, er möge weiter durch die Kurfürsten von Mainz und der Pfalz mit den protestierenden Ständen verhandeln lassen; ein eigenes Engagement kam für die Altkirchlichen an dieser Stelle nicht in Frage. Vor allem aber lehnten sie es weiterhin strikt ab, daß die Türkenhilfe nicht in Personen, sondern auch in Geld geleistet werden dürfe. Sie wiesen auch auf neue Nachrichten hin, daß der Feind vielleicht gar nicht gegen Ungarn und Deutschland ziehen werde. Wenn dies der Fall wäre, möge Karl es ihnen mitteilen, weil sie dann hoher und schwerer Kosten enthoben seien [33]. Es herrschte also keine Kreuzzugsstimmung, vielmehr wollten die altkirchlichen Stände lediglich zur Abwehr der Türken beitragen. Ein Angriff, der Ferdinand entlastet und seine Stellung im Ungarischen gestärkt hätte, kam ihnen nicht in den Sinn.

Karl V. ließ antworten, daß auch er nur an eine Abwehr der Türken denke - auch für sich selbst wolle er "vergebliche costen nit gern leiden". Gleichzeitig bat er aber, die Stände möchten die Schweizer um Hilfe bitten und einen Trostbrief an die gefährdeten Völker richten, nämlich nach Ungarn, Österreich, Mähren, Siebenbürgen "und andern landen", damit diese wissen, daß sie in Gefahr nicht allein gelassen werden [34]. Aber die altkirchlichen Stände kamen ihm nicht entgegen. Sie lehnten es sogar ab, die erbetenen Briefe zu schreiben, woraufhin der Kaiser sein Anliegen nur wiederholen konnte. Aber auch dies nützte nichts, er handelte sich vielmehr lediglich nochmals dieselbe negative Antwort ein [35]. Dieser wurde daraufhin deutlich. Er unterstellte denen, die die Trostbriefe in die betroffenen Gebiete ablehnten, daß sie ganz andere Motive hätten, als sie vorgäben [36] - zwischen den Zeilen konnte man lesen, daß sie diese verweigerten, weil sie gar nicht willens seien, zu einer Abwehr der Türken beizutragen. Erst diese deutliche Sprache ließ die Altkirchlichen einlenken. Sie verteidigten sich zwar, daß sie wichtige Gründe für ihre Weigerung gehabt hätten [37], aber sie formulierten nun doch einen Text.

Ascan Westermann hat gemeint, dieser Brief sei nicht erhalten [38]. Er liegt aber doch vor und wird als Anlage unten abgedruckt. Die Reichsstände erklären darin, der Kaiser habe ihnen glaubhaft berichten lassen, daß der Sultan persönlich, nämlich Sulejmân I. der Große, zusammen mit einem Heer gegen Ungarn und Deutschland anrücke. Karl V. sei entschlossen, Widerstand zu leisten, und habe die deutschen Stände um Hilfe ersucht. Diese sei bewilligt worden, so daß die Bedrohten zuversichtlich sein können. Sie sollen am christlichen Glauben festhalten und sich wie ihre Vorfahren gegen die Türken mit aller Kraft wehren [39]. Präzise Mitteilungen werden nicht gemacht. Es wird nicht gesagt, wann das Heer in Ungarn sein wird, das Kaiser und Reich aufstellen, oder wieviele Söldner aufgeboten werden sollen. Auch wird die Initiative bei Karl V. gesehen, der seinerseits etwa zur gleichen Zeit [40] an die bedrohten Völker geschrieben hat [41]. Er teilt mit, daß er mit großem Schmerz von den Bedrohungen gehört hat, unter denen sie durch die Türken leiden. Als Kaiser und auch aufgrund des Drängens seines Bruders Ferdinand, ihres "wahren und legitimen Königs"[42], habe er überlegt, wie er ihnen helfen könne, damit sie in Ruhe leben können. Karl berichtet von der Türkenhilfe, die die deutschen Stände zugesagt haben, und von seinem eigenen Willen, sich für die Verteidigung und Bewahrung des bedrohten Landes einzusetzen. Auch er mahnt, daß die gefährdeten Christen sich gegen die Türken wehren, und kündigt an, daß die in Regensburg beschlossene Unterstützung möglichst bald aufgebracht und an günstigen Orten gesammelt werden wird. Aber auch Karl V. kann noch keine genauen Termine nennen, da diese immer noch unklar sind.

Gegenüber der Abordnung der niederösterreichischen Stände erklärt der Kaiser, daß er sich persönlich ins Feld begeben will - da der Sultan sich aufgemacht hat, will auch er den Kampf nicht scheuen. Hauptsächlich wegen der Türkengefahr, so heißt es, habe er Spanien und die Niederlande verlassen und sei nach Regensburg gereist, um Abwehrmaßnahmen vorzubereiten. Karl verweist auch hier auf die Zusage der deutschen Stände, sich am Krieg zu beteiligen, und teilt konkret mit, daß er "hauptleut und kriegsfolckh aus Italien in das konigreich Hungern und Osterreichische lannde furderlichen zu ziehen verordent" - die Truppen, die 153o Florenz erobert hatten [43)], sollen jetzt also gegen die Türken eingesetzt werden. Der Kaiser macht auch darauf aufmerksam, daß er seinen Bruder in dieser Lage nicht verlassen, sondern unterstützen will [44)]. Niederösterreich konnte demnach jetzt mit Hilfe rechnen.

Auch die deutschen Stände versicherten dies. Sie teilten den niederösterreichischen Gesandten mit, sie hätten "ain treulichs christlichs mitleiden" mit ihnen angesichts ihrer Lage. Durch Karl V. seien die Abgeordneten gewiß unterrichtet, daß auf dem Reichstag beschlossen worden sei, eine "treffenliche, ansehenliche hilf wider den turggen" aufzustellen. Denn die Stände seien "nit allein gemeiner Cristenheit, sonnder auch inen in dergleichen fall zu guter frundtschafft und gnaden geneigt". Aber es kommt auch sofort ein Streitpunkt zur Sprache: In Augsburg 1530 sei beschlossen worden, daß die Stände Salzburg, Bamberg, Freising, Regensburg und Passau "unnd die iren, so gueter in Osterreichischen lannden haben", dort keine Türkenhilfe leisten müssen, sondern dies im Rahmen der Bemühungen des Reiches tun sollen. Aber man höre, daß die Österreicher weder hiermit noch mit den früheren Beschlüssen zur "Quart irer kirchngueter" - einer entsprechenden Besteuerung zwecks Türkenhilfe - einverstanden seien. Dessen tragen die Stände "nit wenig beschwer" und sie fordern die Österreicher als Reichsstände auf, "das ir in disem fall die obgenanten Erzbischof, Bischof und ander geistlichkeit, dergleichen die Quart betreffennt, dem Reichsabschid, zu Augspurg ergangnen, nachfolgen und volziehen wollet, damit gemeine Stennd dest mer Euer in Eurm obligen hilf zu thun geneigt und willig erfunden werden". Wenn die Gesandten hierzu jetzt nicht Stellung nehmen können, dann sollen die niederösterreichischen Stände bis Ende Juli dem Bischof von Augsburg Antwort geben, "damit sich Churfursten, Fursten und gemeine stennde ferrer in die Sach haben zu schickhen"[45]. Die Gesandten haben darauf Bescheid gegeben, und die deutschen Stände haben nochmals geantwortet [46], woraus erkennbar ist, daß man weder spontan die schwierige Lage der Österreicher anerkennt noch versucht, deren Sache sich zu eigen zu machen, sondern daß man bemüht ist, die eigenen Kosten so niedrig wie möglich zu halten, ja daß die Hilfesuchenden unter Druck gesetzt werden, indem man andeutet, sie sollten erst einmal nachgeben, wenn sie gut unterstützt werden wollen. Das kleinliche Feilschen der altkirchlichen Stände gegenüber dem Kaiser[47] findet hier im Verhalten gegenüber dem Hilfsersuchen der Niederösterreicher seine Entsprechung.

Darunter konnte das Ansehen der Habsburger Brüder nur leiden, die sich in dieser Sache so stark engagiert hatten. Der Verlust, den die Autorität des Kaisers durch die Verhandlungen im Sommer 1532 erlitten hat, wird auch deutlich in einem mündlichen Appell, den Karl V. nach der Verlesung des Reichsabschiedes am 27. Juli in Regensburg vortragen ließ. An die Stelle politischen Handelns tritt hier nämlich der Versuch einer moralischen Verpflichtung, der angesichts des Libertäts-Strebens der deutschen territorialen Mächte kaum Aussicht auf Erfolg haben konnte. Karl ließ in seinem Appell daran erinnern, daß er zur Ehre und Wohlfahrt Deutschlands die Wahl eines Römischen Königs vorgeschlagen hat, die dann auch in der Person seines Bruders erfolgt ist. Der Kaiser stellt fest, daß dies zu seiner Entlastung geschehen ist, denn er kann sich wegen seiner anderen Länder nicht immer im Reich aufhalten. Es soll nun entsprechend seinem Mandat jedermann Ferdinand "in allen pillichen dingn gehorsamen willen, underthenige wilfarung und des ain yeder zu thun schuldig ist erzaigen, wie sich das ihr Kayserlich Majestet also gentzlich vertrestn und versehen wolte, ongezweiffelter zuversicht, ir Majestet bruder als Romischer konig werde sich dagegen in craft seiner kuniglich Magestet habenden gewalts in seiner regirung und verwaltung also halten, das meniglich solchs gut benuege und gefallen haben und tragen werde"[48]. Damit kündigt Karl indirekt an, daß er Deutschland wieder verlassen wird, wenn der Angriff der Türken abgeschlagen sein wird. Er ist ja dann auch tatsächlich nach Italien gereist und hat sich, wie schon im Winter 1529/3o, nochmals mit Papst Clemens getroffen [49].

Nach der allgemeinen Bitte, Ferdinand als Römischen König anzuerkennen, läßt der Kaiser seine Meinung zur aktuellen Türkengefahr vortragen. Er erklärt, daß der Türke "seinen tyrannischn furgenomen zug auf die Teutsche Nation zum hochsten furdert undt dermassen eylt, das die gross notdurfft ervordert, sich on allen verzug in die gegenweer und widerstannd zu schickhen". Nachdem es nicht gelungen ist, die Stände durch Verhandlungen zur Nachgiebigkeit zu bewegen, verlegt Karl sich jetzt aufs Bitten: es möge doch ein jeder "sein bewilligte hilff one verzug und, so vern immer moglich ist, vor der zeit, in der ausgegangnen aufmanung bestimbt," bereit machen und zu den festgelegten Sammelplätzen um Wien schicken, "wy dann ir Kayserlich Majestet der hochstenn notdurft nach sich genediglich und entlich verlassen". Wie wenig Wille zur Zusammenarbeit aber tatsächlich vorhanden war, geht aus der Weigerung Herzog Ernsts von Bayern hervor, des Administrators des Bistums Passau, das Proviantmeisteramt für diesen Feldzug zu übernehmen. Der Kaiser berichtet davon und teilt mit, daß er darüber "nit ain geringe beschwerung truege". Er will sich weiter bemühen, Herzog Ernst oder sonst jemand zur Annahme dieser Aufgabe zu veranlassen, und bittet die Stände, für Proviant zu sorgen. Wenn das Amt nicht besetzt werden kann, sollen Kurfürsten, Fürsten und Stände selbst für die Verpflegung ihrer Truppen verantwortlich sein und auch zu derjenigen des Kaisers beitragen. Die Stände, die "den wasserstramen entlegen und ferre sein", sollen sich mit den anderen verständigen, denn auf Flüssen konnte Getreide am leichtesten transportiert werden. Das Getreide soll auch schon gemahlen mitgebracht werden, weil in Österreich viele Mühlen verbrannt und verdorben sind, so daß die erforderliche Arbeit dort möglicherweise nicht geleistet werden kann. Schließlich wird gebeten, dem Kaiser mitzuteilen, wie sich die einzelnen Stände in beiden Punkten verhalten wollen - also der verfrühten Stellung der Truppen und deren Verproviantierung -, "damit sich ir Kayserliche Majestet in disem cristlichn vorhaben wider den Turggen darnach wisse zu richtn"[50]. Während Karl V. nach der Beendigung des Wormser Reichstages sein Edikt gegen Luther hatte verlesen lassen [51], wird jetzt nichts befohlen, sondern gebeten. Dabei geht es vor allem um Fragen, um die monatelang gerungen worden war, die jedoch nicht zur Befriedigung des Kaiserhofes beantwortet worden waren. Daß dies durch einen Appell geändert werden konnte, vermochte man wohl auch am Kaiserhof kaum zu hoffen.

Die Lage wurde deswegen nicht katastrophal, weil der erwartete große Angriff Sultan Sulejmâns ausblieb. Ferdinands Frau, Königin Anna, fürchtete um das Leben ihres Mannes - damit kommen menschliche Züge in das militärische Geschehen. Sie schrieb am 19. August 1532 an Bernhard von Cles, den Bischof von Trient und Vertrauten ihres Mannes, ihr und ihrer Tochter - der am 14. August geborenen Magdalene - gehe es gut. Cles möge ihr "offt schreyben, wie es dess Turckhen halben stet und wann unnser ... gemahl von Regenspurg verruckhen werd"[52]. Am 23. August meinte sie, der Bischof möge verhüten, daß sich ihr Mann in Gefahr begebe [53]. Ihm ist dann auch nichts zugestoßen, weil es gar nicht zu einer großen Schlacht kam [54]. Sicher wäre es Ferdinand lieber gewesen, wenn die Entscheidung anders ausgefallen und der Türke vernichtend geschlagen worden wäre. Aber dazu waren die deutschen Stände nicht willens. Sie hatten ihre Truppen - 6.000 Reisige und

3o.ooo Fußknechte[55] - nur zur Abwehr aufgeboten. Auch damit setzten sie sich durch. Gewinner blieb die fürstliche Libertät, die die "viehische Servitut" früherer Zeiten abzubauen vermocht hatte [56]. Dieser Zuwachs an Einfluß ging auf Kosten der kaiserlichen Autorität, die schon in Augsburg 153o gelitten hatte, als Karl V. seinen Schiedsspruch in der Glaubensfrage nicht durchzusetzen vermochte [57], und die nun weitere empfindliche Verluste in Regensburg 1532 hinnehmen mußte. Altkirchliche und evangelische Stände konnten dagegen ihren größer gewordenen Freiraum nutzen.

Anlage

Die Reichsstände an die ungarischen Stände

Regensburg, 1532 Juni 22

Wien, Haus-, Hof- und Staatsarchiv, Mainzer Erzkanzlerarchiv, Reichstagsakten Fasz. 6a, Konvolut I f. 167r (Konz.); ebd.Reichskanzlei, Reichstagsakten Fasz. 4 f. 300v (Kop.); ebd. Fasz. 5, Teil B f. 145r (Kop.); ebd. Mainzer Erzkanzlerarchiv, Reichstagsakten Fasz. 6a, Konvolut I f. 168rv (lateinische Übersetzung); Rom, Archivio Segreto Vaticano, Lettere di Principi 11 f. 174r (lateinische Übersetzung).

Die Romisch Keyserliche[58)] Majestet, unser allergnedigster herr[59)], hat unns auf disem Irer Keyserlichen Majestet reichstag[60)] glaublich anzeigen lassen, wie der erbveind unsers heiligen Christlichen glaubenns, der Turck, in eigener person[61)] unnd mit heres crafft im anzug sey, das konigreich Hungern, darzu Teutsche nacion zu uberziehen und zu beschedigen. Derhalben sich hochgedachte Keyserliche Majestet, dem Almechtigen zu lobe und gemeiner Christenhait zu gutem, dem tirannen, dem Turcken, widerstandt und gegenwher zu thun, unterfangen unnd zu solichem widerstandt unnd gegenwher gemeyne reichsstennde Teutscher nacion umb ein eylende hilff angesucht hat, welche auch seiner Keyserlichen Majestet, euch und gemeiner Christnheit zu trost bewilligt unnd zugesagt worden, unnd dieselbe[62)] zum furderlichsten bereit zu machen in teglicher ubung steen[63)]; unnd [64)] mit vleiss pittend, ir wellet euch auff die gemelte bewilligte hilf trostlich halten und euch[64)] als from Christenliche erliche stende [65)] von unserm[65)] heiligen Christlichen glauben nit abwenden lassen, sonder dem Turcken mit allem vermogen, wie euer voraltern zu mermaln gethan haben, mit trostlicher gegenwher erzeigen, wie ir solichs dem Almechtigen Gott, seinem heiligen Glauben, euerm Vatterland unnd euch zu thun schuldig seyet. Das wollten wir euch nit verhalten. Datum Regennspurgk.[66)]

Anmerkungen

1) Vgl. ERWIN ISERLOH Cajetan de Vio, in: Theologische Realenzyklopädie Bd. 7, Berlin 1981, S.541.
2) Vgl. VALENTIN von TETLEBEN Protokoll des Augsburger Reichstages 153o. Hg. von HERBERT GRUNDMANN. Göttingen 1958 = Schriftenreihe der Historischen Kommission bei der Bayerischen Akademie der Wissenschaften 4, S.175-198; zur Türkenabwehr während der Herrschaft Kaiser Karls V. vgl. WOLFGANG STEGLICH Die Reichstürkenhilfe in der Zeit Karls V., in: Militärgeschichtliche Forschungen 11 (1972) S.7-55.
3) Vgl. z.B. die Nachrichten, die gesammelt sind in Wien, Haus-, Hof- und Staatsarchiv (zit.: HHStA), Mainzer Erzkanzlerarchiv (zit.: MEA), Reichstagsakten (zit.: RTA), Fasz. 6a, Bd. I f. 89^r-$9o^r$.
4) Vgl. GERHARD MÜLLER Die römische Kurie und die Reformation 1523-1534. Kirche und Politik während des Pontifikates Clemens' VII. Gütersloh 1969 = Quellen und Forschungen zur Reformationsgeschichte 38, S.166-187.
5) Ebd. S.188.
6) ASCAN WESTERMANN Die Türkenhilfe und die politisch-kirchlichen Parteien auf dem Reichstag zu Regensburg 1532. Heidelberg 191o = Heidelberger Abhandlungen zur mittleren und neueren Geschichte 25, S.173-175.
7) Vgl. MÜLLER Kurie S.96f.
8) Vgl. WESTERMANN Türkenhilfe S.178f.
9) "Nur Landgraf Philipp, Herzog Ernst von Lüneburg und Markgraf Georg fehlten dort. Für den kranken Kurfürsten Johann von Sachsen war ... dessen Sohn Johann Friedrich gekommen" (MÜLLER Kurie S.189 Anm.7).
1o) Vgl. WESTERMANN Türkenhilfe S.175-177; STEGLICH geht nur kurz auf den Regensburger Reichstag von 1532 ein (Reichstürkenhilfe S.47-49).
11) WESTERMANN Türkenhilfe S.18o.
12) Ebd. S.182.
13) Auch davon hatte der Kaiser in einer Eingabe an die Stände gesprochen, vgl. ebd. S.18of.
14) Vgl. ebd. S.184.
15) Vgl. ebd. S.183.
16) Die Namen der Gesandten werden ebd. S.87 Anm.1 genannt.
17) Das Dokument befindet sich in Wien, HHStA, Reichskanzlei, RTA Fasz. 5, Teil B f. 14^r-21^r und ebd., MEA, RTA Fasz. 6a, Bd. 1 f. 223^r-229^v.
18) Dieses Datum gibt WESTERMANN Türkenhilfe S.87 Anm.2 an. Wenn dieser Tag stimmt, dann hätten die Gesandten nicht sechs, wie es ebd. S.87 heißt, sondern zehn Wochen auf die Antwort warten müssen.
19) Sie sind ebd. S.184 genannt.
2o) Vgl. ebd. S.185 und STEGLICH Reichstürkenhilfe S.45.
21) Vgl. WESTERMANN Türkenhilfe S.186.

22) Vgl. ebd. S.187-189.
23) Vgl. ebd. S.189-193.
24) Vgl. MÜLLER Kurie S.2o9 und WESTERMANN Türkenhilfe S.1o6f Anm.1.
25) Vgl. WESTERMANN Türkenhilfe S.196-2o2.
26) Vgl. ebd. S.2o2 und MÜLLER Kurie S.2o8 Anm.13o.
27) Vgl. WESTERMANN Türkenhilfe S.2o3-2o5.
28) Vgl. ebd. S.2o7; das war schon 153o ein Anliegen der Stände gewesen, vgl. STEGLICH Reichstürkenhilfe S.46.
29) Vgl. WESTERMANN Türkenhilfe S.2o7f.
3o) Vgl. ebd. S.21of.
31) Vgl. ebd. S.212.
32) Vgl. ebd. S.213f.
33) Vgl. ebd. S.216-218; vgl. auch OTTO WINCKELMANN Der Schmalkaldische Bund 153o-1532 und der Nürnberger Religionsfriede. Straßburg 1892, S.225.
34) Vgl. WESTERMANN Türkenhilfe S.22o-222.
35) Vgl. ebd. S.223 und 226f.
36) Vgl. ebd. S.23of.
37) Vgl. ebd. S.231f.
38) Ebd. S.232 Anm.1.
39) Vgl. unten Anlage. Papst Clemens VII. hatte bereits am 17. Februar 1532 die ungarischen Stände und Bürger gemahnt, den Glauben zu bewahren, vgl. CAESAR BARONIUS und ODORICUS RAYNALDUS Annales ecclesiastici Bd.2o. Köln 1691, 1532 §11-12.
4o) Von dem Brief des Kaisers ist am 2o. Juni die Rede, vgl. WESTERMANN Türkenhilfe S.231.
41) Der Brief ist vorhanden in Wien, HHStA, Reichskanzlei, RTA Fasz. 4f. 12o^{rv} (Kop.) und ebd., MEA, RTA Fasz. 6a f. 176^{rv}.
42) Von Ferdinand ist bezeichnenderweise im Brief der Reichsstände nicht die Rede!
43) Bereits 153o wurde erwogen, die in Italien "frei gewordenen Spanier nach Deutschland zu ziehen", vgl. MÜLLER Kurie S.85-117.
44) Der Brief ist überliefert in Wien, HHStA, Reichskanzlei, RTA Fasz. 5 Teil D f. 14^{r}-15^{r}.
45) Vgl. Wien, HHStA, Reichskanzlei, RTA Fasz. 5 Teil B f. 1o9^{v}-11o^{v}; dasselbe Dokument findet sich auch ebd., MEA, RTA Fasz. 6a Bd. 1 f. 233^{r}-234^{r}. Man kann also nicht behaupten, daß die Deutschen den Österreichern nichtssagend geantwortet hätten (WESTERMANN Türkenhilfe S.87). Vielmehr machten sie mehr Schwierigkeiten, als daß sie konkrete Zusagen gegeben hätten.
46) Vgl. Wien, HHStA, MEA, RTA Fasz. 6a Bd. 1 f. 235^{r}-236^{r} und 237^{rv}.
47) Die "geistlose und schikanöse" Opposition der Altkirchlichen (WESTERMANN Türkenhilfe S.115) führte dazu, daß Karl V. sich mit den Evangelischen im Nürnberger Anstand arrangieren mußte, vgl. MÜLLER Kurie S.2o4-211.
48) Wien, HHStA, MEA, RTA Fasz. 6a Bd. 1f. 436^{r}-438^{r}. Das Dokument ist auch überliefert in Rom, Archivo Segreto Vaticano,

Armarium 64 vol. 14 f. 134^{v}-136^{r}; eine lateinische Übersetzung ebd. f. 75^{r}-76^{r} mit der eigenhändigen Vorbemerkung Aleanders: "Proposition Cesaree Maiestatis in die recessus Ratisponensis 1532, 27 iulii"; f. 134^{r} schrieb Aleander: "Ea que Cesar viva voce proponendum iussit die 27 iulii, quando conclusio sive (ut ipsi dicunt) recessus diete vel conventus Ratisbonensis factus fuit 1532."

49) Vgl. MÜLLER Kurie S.229-237.

5o) Vgl. Anm.48. Als Termin für das Sammeln des Heeres war zuletzt der 15. August verabredet worden (vgl. WINCKELMANN Bund S.225), der durch den Appell vom 27. Juli kaum noch unterboten werden konnte.

51) Vgl. GERHARD MÜLLER Die römische Kurie und der Reichstag, in: Der Reichstag zu Worms von 1521. Hg. von FRITZ REUTER Worms 1971, S.254.

52) Wien, HHStA, Belgien PA 13 Konv. II f. 62^{r} (Ausf.).

53) Vgl. ebd. f. 66^{r} (Ausf.).

54) Vgl. MÜLLER Kurie S.223.

55) Vgl. STEGLICH Reichstürkenhilfe S.48. Diese Zahlen entsprechen in etwa denen, die der Kaiserhof realistischerweise aufgrund des Augsburger Abschiedes erwartet hatte.

56) STEGLICH verweist darauf, daß die Fürsten, wenn es um eigene Belange und nicht nur Angelegenheiten des Reiches ging, erheblich höhere Leistungen zu erbringen imstande waren: Zum Feldzug gegen Herzog Heinrich von Braunschweig-Wolfenbüttel im Jahr 1542 sammelten "Kursachsen, Hessen und einige schmalkaldische Bundesstädte" 2o.ooo-3o.ooo Fußknechte und 4.ooo Reisige, "obgleich sie für die beharrliche Reichstürkenhilfe ihre Zahlungen geleistet hatten" (Reichstürkenhilfe S.55).

57) Vgl. MÜLLER Kurie S.92-134 und GERHARD MÜLLER Entstehung und geschichtliche Bedeutung des Augsburger Bekenntnisses, in: Luther. Zeitschrift der Luther-Gesellschaft 51 (198o) S.55-65.

58) Die Abkürzungen wurden stillschweigend aufgelöst. Zwecks besserer Lesbarkeit wurden der vokalische und der konsonantische Gebrauch von i, j, u, v und w normalisiert. Die Zeichensetzung, Zusammen- und Getrenntschreibung wurden dem modernen Gebrauch angeglichen. Auch bei den Zitaten aus Archivalien, die oben wiedergegeben wurden, ist so verfahren worden.

59) Karl V.

6o) Von Regensburg 1532.

61) Sultan Sulejmân I.

62) Konz.: "dieselben".

63) Konz.: "steet".

64-64) Diese Worte wurden im Konzept korrigiert aus: "ungezweifelt, ir". Der Satz lautet dort jetzt: "unnd ist mit vleiss pittend", es ist also fälschlich ein "ist" stehengeblieben. Die ursprüngliche Fassung ist in die Kopien wie auch in die lateinische Übersetzung übergegangen. Möglicherweise ist also die Korrektur im Konzept erfolgt, als die Ausfertigung bereits erstellt worden war.

65-65) Im Konzept korrigiert aus: "werdet euch von unnserm". Auch diese Korrektur, die grammatisch mit der vorhergehenden zusammenhängt, findet sich nicht in den Kopien und der lateinischen Übersetzung.

66) Im Konzept folgt: "Der brief sollen X in Hungern und VI in Krabatiim alles in Latein gefertigt werden und vier in Sibenburgen."

Die Bedeutung der Nuntiaturberichte für die Kirchengeschichte

Man sollte annehmen, daß die Wichtigkeit des Briefwechsels zwischen der römischen Kurie und den päpstlichen Gesandten für die kirchenhistorische Forschung unumstritten sei. Waren die Vertreter Roms doch fast alle Geistliche, denen die Beobachtung der theologischen und kirchlichen Zustände wesentlich gewesen sein muß. Aber gerade in der Zeit, für die die meisten Nuntiaturberichte ediert wurden, nämlich im 16. Jahrhundert[1]), verstanden sich die päpstlichen Legaten und Nuntien nicht zuletzt als Diplomaten, denen politische und kirchenpolitische Aktivitäten zugetraut und auferlegt wurden. Der Zusammenhang von Kirche und Staat, von Christentum und Kultur, von Glaube und Handeln, von Frömmigkeit und Sitte war so eng, daß eine reinliche Scheidung kirchlicher Aufgaben von allgemein politischen unmöglich gewesen wäre.

Angesichts des Gewichts, das der „weltliche Bereich" für das Ergehen der Christenheit besaß, wäre es geradezu unverantwortlich gewesen, hätten sich die Vertreter Roms nur mit dem innerkirchlichen Geschehen befaßt. Man kann für die Nuntien nicht einmal von einem Primat kirchlicher Aufgaben sprechen, die ohne Berücksichtigung der übrigen Probleme analysierbar gewesen wären. Erst in der Neuzeit nahm der Einfluß der politischen Verhältnisse auf die Kirche ab. Die weltlichen Gegebenheiten besaßen zwar auch jetzt noch großes Gewicht

[1]) Für Deutschland liegt z.B. die 1. Abteilung der Nuntiaturberichte fast vollständig vor, in der die Berichte von 1533–1559 erfaßt sind. Hinzu kommen noch zwei Ergänzungsbände für die Jahre 1530–1532. Die 2. Abteilung für die Zeit von 1560–1572 ist bereits abgeschlossen worden.

für die Christenheit[2]), mußten aber um so mehr zurücktreten, je stärker die Kirche als eine geistliche Größe sui generis betrachtet wurde. Für die Reformationszeit ist dies noch anders. Die Wichtigkeit der Politik macht sich so nachdrücklich bemerkbar, daß die kirchlichen Fragen ganz zurücktreten können, so daß die Nuntiaturberichte nicht etwa als eine kirchenhistorische Quelle par excellence, sondern als historische Dokumente ihrer Zeit erscheinen, in denen die verschiedensten Themen behandelt werden können.

Dadurch geraten sie aber gegenüber anderen Quelleneditionen ins Hintertreffen. Befasse ich mich mit den Reichstagsakten, der Edition zum Concilium Tridentinum oder den Werken eines Theologen aus der Reformationszeit, dann ist das Sachgebiet recht klar umrissen. Bei den Nuntiaturberichten dagegen weiß der Historiker nicht, zu welchen Vorkommnissen Stellung genommen wird. Er kann eine Fülle von Informationen zu politischen Fragen erhalten, über bestimmte Geschehnisse innerhalb der Kirche aber im Stich gelassen werden. Das Bindeglied für die Briefe zwischen Rom und den päpstlichen Gesandten ist lediglich formaler Art: Es handelt sich um Weisungen und Berichte, die zwischen der Kurie und ihren Vertretern ausgetauscht wurden. Über das, was in diesen Dokumenten ausgesagt wird, kann man zunächst nur Vermutungen anstellen, die häufig genug enttäuscht werden.

Denn die Qualität der Berichte ist ganz und gar von der Fähigkeit der Beteiligten abhängig. Es gab Nuntien, die am Ort ihrer Tätigkeit tiefgreifende Wirkungen zu erzielen vermochten[3]). Andere haben dagegen häufig nur Allgemeinheiten zu berichten gewußt[4]), die schon in

---

[2]) Man denke etwa an den Schutz des Kirchenstaates durch Österreicher und Franzosen während des Pontifikates Pius' IX., vgl. vor allem die Quellensammlung von Norbert Miko, Das Ende des Kirchenstaates, 4 Bände (Veröffentlichungen des Österreichischen Kulturinstitutes in Rom, Abt. für Historische Studien, 1.–4. Band), Wien–München 1962–1970.

[3]) Am bekanntesten ist der Einfluß, den Aleander auf die Entscheidungen über Luther während des Wormser Reichstages von 1521 zu nehmen vermochte, vgl. Gerhard Müller, Die römische Kurie und der Reichstag, in: Der Reichstag zu Worms von 1521. Reichspolitik und Luthersache, Worms 1971, S. 237ff.

[4]) Z.B. Pietro Paolo Vergerio, vgl. Gerhard Müller, Die römische Kurie und die Reformation 1523–1534. Kirche und Politik während des Pontifikates Clemens' VII. (Quellen und Forschungen zur Reformationsgeschichte Bd. 38), Gütersloh 1969, S. 247ff.

ihrer Zeit kaum mitteilenswert waren und die auch heute der Forschung keine Impulse zu geben vermögen. Es legt sich deswegen nahe, die Nuntiaturberichte zunächst einmal mit biographischem Interesse zu lesen: Was hat der Vertreter Roms gewollt und erreicht und wie ist seine Arbeit zu beurteilen? Für Biographien gibt es jedoch häufig sehr viel ergiebigere Quellen wie z.B. persönliche Briefe und Bemerkungen, die normalerweise in den Nuntiaturberichten nicht vorkommen[5]). Auch wäre ja eine so breit angelegte Quellenedition wie die der Nuntiaturberichte mit dieser Motivation kaum begründbar. Man wird deswegen hinzufügen müssen, daß die vorgelegten Berichte auch aus politischem oder kirchenhistorischem Interesse befragt werden können. Sie werfen dann häufig überraschende Ergebnisse ab. War Rom doch mit den verschiedensten Mächten verbunden, so daß europäische Aspekte zu entstehen vermögen[6]). Aber auch für die politischen und die kirchenhistorischen Vorgänge stehen häufig sachlich engere Editionen zur Verfügung.

Es ist deswegen nicht verwunderlich, daß die Nuntiaturberichte nicht das Interesse in der Forschung gefunden haben, das man erwartete, als die neuen Quellen greifbar wurden. Keinesfalls könnte die Geschichte des Papsttums, der römisch-katholischen Kirche oder gar der gesamten Christenheit nur mit Hilfe der Briefe der päpstlichen Gesandten geschrieben werden. Dafür sind sehr viel mehr Quellen notwendig. Vor allem dürfte man sich dafür nicht auf eine einzige Nuntiatur beschränken, sondern man müßte die Berichte der päpstlichen Gesandten aus den verschiedensten Ländern berücksichtigen[7]). Die nationale Einengung in der Auswertung dieser Dokumente, die dem 19. Jahrhundert nahe lag, kann heute nicht mehr beibehalten werden[8]). Man

---

[5]) Eine Ausnahme machen die Berichte Aleanders von 1531/32 an Giovanni Battista Sanga, vgl. z.B. Nuntiaturberichte aus Deutschland, 1. Abteilung, 1. Ergänzungsband 1530–1531, bearbeitet von Gerhard Müller, Tübingen 1963, S. 331f.

[6]) Vgl. z.B. Heinrich Lutz, Christianitas afflicta. Europa, das Reich und die päpstliche Politik im Niedergang der Hegemonie Kaiser Karls V. (1552–1556), Göttingen 1964.

[7]) Dafür sind jetzt die Acta Nuntiaturae Gallicae und die Nunziature d'Italia wichtig, die seit 1958 bzw. seit 1961 erscheinen.

[8]) Schon bei den Anfängen der Nuntiaturberichtseditionen spielten nationale Momente mit – vgl. die Abgrenzungschwierigkeiten zwischen Österreichern,

wird sich also die Grenze klar machen müssen, die diese Quellengattung charakterisiert[9]). Nur dann kann auch ihre Stärke herausgestellt werden.

Am offenkundigsten ist – trotz allem, was einschränkend gesagt werden mußte – der Bezug der Nuntiaturberichte zur Kirchengeschichte. Die Nuntien waren ja Interessenvertreter einer Institution, die den Anspruch erhob, für die gesamte Christenheit die entscheidende Instanz zu sein. Als politische Größe war der Einfluß des Kirchenstaates zwar begrenzt, als Zentrum der nach ihr benannten Kirche mußte Rom aber die Entwicklung des geistlichen Lebens in allen Ländern beobachten. Für die päpstlichen Gesandten war es ex officio notwendig, ihr Augenmerk auf die Gemeinden, auf Frömmigkeit und Theologie, auf Erfolge kirchlicher Arbeit und Mißstände unter Klerus und Laien zu richten. Von den Nuntien sind zunächst einmal also innerkirchliche Informationen zu erwarten. Sie konnten Reformen unterstützen oder gar veranlassen, sich Aktivitäten entgegenstemmen, die der Kurie nicht genehm waren, und den Kontakt einer territorialen Kirche mit dem Corpus catholicum aufrechterhalten. Diese innerkirchliche Arbeit besaß zugleich kirchenpolitisches Gewicht. Die kirchliche Hierarchie verkörperte eine politische Potenz, mit der nicht nur die Staaten zu rechnen hatten, sondern die auch innerhalb der Kirche Berücksichtigung finden mußte. Die Unterstützung eines Bischofs durch den Nuntius konnte andere Prälaten zu Gegenmaßnahmen veranlassen, so daß die Stellungnahme des römischen Vertreters wohl erwogen sein mußte. Neben Nachrichten über innerkirchliche Vorgänge und kirchen-

---

Preußen und der Görres-Gesellschaft (Heinrich Lutz, Nuntiaturberichte aus Deutschland. Vergangenheit und Zukunft einer klassischen Editionsreihe, in: QF Bd. 45, 1965, S. 277ff.). Die Görres-Gesellschaft interessierte sich für die Nuntiaturberichte hauptsächlich deswegen, weil sie mit dem Zentrum ihrer Kirche in Verbindung standen. In Berlin wünschte man zunächst eine Ergänzung der jüngeren Reihe der Reichstagsakten, billigte dann aber das weitgespannte reformationsgeschichtliche Interesse Walter Friedensburgs. Über dessen Leistungen vgl. jetzt auch Gerd Tellenbach, Zur Geschichte des Preußischen Historischen Instituts in Rom (1888–1936), in: QF Bd. 50, 1971, S. 382ff.

[9]) Hinzu kommt die Schwierigkeit, daß die Texte normalerweise italienisch sind. Diese Barriere ist zwar durchaus überwindbar, zumal das Italienische des 16. Jahrhunderts dem heutigen sehr viel näher steht als etwa das Frühneuhochdeutsche unserer Sprache. Aber es ist doch auffällig, daß in Deutschland hauptsächlich diejenigen Nuntiaturberichte zitiert werden, die ins Deutsche übersetzt worden sind, nämlich die von Aleanders Nuntiatur 1520/21.

politische Ereignisse sind von den Nuntien auch Berichte über die theologische Entwicklung zu erwarten. Neue Lehrmeinungen konnten in Kürze Spannungen oder gar Häresien hervorrufen. Deswegen mußten die päpstlichen Gesandten unliebsamen Entwicklungen zu steuern versuchen, wollten sie dem Anspruch gerecht werden, den sie von ihrem Auftraggeber her zu vertreten hatten.

Für alle diese Fragen sind die Nuntiaturberichte wichtig. Hier finden wir häufig Nachrichten, die nirgendwo sonst überliefert werden. Das Gewicht der Mitteilungen ist naturgemäß unterschiedlich. Konnte es dabei doch einerseits um die Ausbreitung der Reformation in Süddeutschland[10]), andererseits um Exemtionen[11]) oder um die Bemühungen des Fürstabts von Fulda gehen, dort ein Bistum zu errichten[12]). Aber nicht nur für Informationen sind die Nuntiaturberichte wichtig oder häufig sogar unentbehrlich. Normalerweise pflegten sich die Gesandten Gedanken zu machen über das, was sie mitzuteilen hatten. Ihre Reflexionen vertiefen unsere Kenntnis der Vorgänge und lassen Motivationen erkennen, die in offiziellen Akten keinen Niederschlag gefunden haben. Allerdings zeigt sich gerade auf diesem Gebiet die unterschiedliche Qualität der Nuntiaturberichte. Manche Nuntien sind nur Chronisten, die „Nachrichten von dritter Seite" übermitteln, „die womöglich schon vorher in Rom ... bekannt geworden waren"[13]). Andere Vertreter des Papstes waren nahezu ohne jeden Einfluß an der Kurie. Ein geradezu tragisches Beispiel hierfür bietet Vincenzo Pimpinella, Nuntius bei Ferdinand I., der seine Vorschläge dem Gesandten des Erzherzogs von Österreich in Rom vortrug. Pimpinella meinte, seine Berichte fänden bei den kurialen Beamten keine Beachtung. Er sah deswegen keine andere Möglichkeit, seine Gedanken am päpstlichen Hof zur Geltung zu bringen, als sie demjenigen mitzuteilen, der dort selber als Partei angesehen werden mußte[14]). Der Nuntius konnte des-

---

[10]) Nuntiaturberichte aus Deutschland, 1. Abteilung, 1. Ergänzungsband, S. 320ff.

[11]) Vgl. z.B. ebd. S. 74.

[12]) Nuntiaturberichte aus Deutschland, 1. Abteilung, 2. Ergänzungsband 1532, bearbeitet von Gerhard Müller, Tübingen 1969, S. 314.

[13]) So urteilt Helmut Goetz über Girolamo Martinengo (Nuntiaturberichte aus Deutschland, 1. Abteilung, 16. Band, Tübingen 1965, S. XX).

[14]) Gerhard Müller, Vincenzo Pimpinella am Hofe Ferdinands I. (1529–1532), in: QF Bd. 40, 1960, S. 65ff.

wegen keine wirksame Korrektur bieten zu dem, was der österreichische Hof vertrat. Solch schwierige Situationen waren im Zeitalter der Personaldiplomatie möglich. Es wäre aber falsch, daraus die Konsequenz ziehen zu wollen, die Nuntiaturberichte seien unwichtig, weil Rom doch nicht auf seine Gesandten gehört habe. Zahlreiche Beispiele beweisen das Gegenteil. Lorenzo Campeggio oder Giovanni Morone haben nachweislich großen Einfluß auf die Kurie ausgeübt[15]). Das Beispiel Pimpinellas mahnt aber, die Nuntiaturberichte nicht als eine Art von Wunderquelle für die Kirchengeschichte anzusehen[16]). Es gibt sogar Perioden, in denen die römische Kurie und die Nuntien ganz und gar von politischen Problemen absorbiert sind, so daß man die Entwicklung kirchlicher Angelegenheiten sich selbst überläßt[17]). Aber dies ist durchaus nicht die Regel. Normalerweise befassen sich die päpstlichen Vertreter aufmerksam mit den innerkirchlichen, kirchenpolitischen und theologischen Vorgängen. Wenn manche Themen nicht angeschnitten werden, dann wird man zu fragen haben, ob ein Defizit an Information vorliegt oder ob man Rom gegenüber etwas bewußt verschweigen wollte. Auch die nicht behandelten Probleme können deswegen für die Beurteilung der kurialen Beauftragten aufschlußreich sein.

Im 16. Jahrhundert bestand für die Nuntien häufig genug Anlaß, sich sorgenvoll mit allen kirchlichen und theologischen Problemen zu befassen. In den edierten Nuntiaturberichten nimmt die Frage der Reformation einen hervorragenden Platz ein. Sie sind als Quelle für die Analyse dieser Bewegung unentbehrlich. Die Gesandten haben die Entwicklung des Protestantismus beobachtet und mit mehr oder

---

[15]) Zu Campeggio vgl. z.B. Müller, Die römische Kurie S. 18ff.

[16]) Die Nuntiaturberichte aus Deutschland sind wohl auch deswegen so wenig in der Forschung beachtet worden, weil im 1. Band der 1. Abteilung die Berichte Vergerios ediert wurden (Gotha 1892; unveränderter Nachdruck Frankfurt 1968), deren relative Unergiebigkeit sofort von der Kritik beklagt wurde; vgl. dazu die Auseinandersetzung Walter Friedensburgs mit Hermann Baumgarten im 3. Band der Nuntiaturberichte aus Deutschland (Gotha 1893; unveränderter Nachdruck Frankfurt 1968) S. Iff.

[17]) Dies ist 1542/43 der Fall, wo kaum registriert wird, was in Deutschland auf diesem Gebiet vor sich geht (vgl. Nuntiaturberichte aus Deutschland., 1. Abteilung, 7. Band, bearbeitet von Ludwig Cardauns, Berlin 1912, unveränderter Nachdruck 1968, S. XXXIV).

weniger Geschick auf sie Einfluß zu nehmen versucht. Dabei begegnet uns die Skala fast aller denkbaren Möglichkeiten: Neben dem Versuch, die Reformation durch den Staat beseitigen zu lassen, stehen konfessionelle Zusammenschlüsse einzelner Stände, die den Anspruch Roms akzeptierten. Man erwog aber auch die Möglichkeit, durch Zugeständnisse die evangelische Bewegung zu entschärfen oder durch Hinhalteabkommen günstigere politische Situationen abzuwarten. Für alle diese Vorgänge ließen sich Beispiele anführen: von Aleanders Mühen um das Wormser Edikt über das Regensburger Bündnis von 1524 bis hin zum stillschweigenden Akzeptieren des Nürnberger Anstandes von 1532. An all diesen Ereignissen waren die päpstlichen Gesandten beteiligt – häufig maßgeblich[18]). Die unterschiedlichen Methoden, mit denen Rom und seine Vertreter der Reformation Herr werden wollten, spiegeln nicht nur den Wandel der politischen Verhältnisse, sondern zeigen auch erhebliche Unterschiede in der theologischen Beurteilung der evangelischen Bewegung. All dies ist ohne die Berichte der Nuntien und ohne die Gutachten und Erwägungen nicht erfaßbar, die von ihnen oder anderen kurialen Ratgebern niedergeschrieben wurden[19]).

Hinzu kommt, daß es um die großen Quelleneditionen zur Reformationsgeschichte alles andere als gut bestellt ist. Man kann mehr Unternehmungen aufzählen, die begonnen wurden und die steckengeblieben sind oder deren Beendigung noch aussteht, als solche, die bereits abgeschlossen vorliegen. Man wird deswegen gut daran tun, besonders dort zu den Nuntiaturberichten zu greifen, wo sonst nur wenige Quellen gedruckt wurden. Das gilt zum Beispiel für den wichtigen Regensburger Reichstag von 1541. Da hier die religiöse Frage eine besonders hervorragende Rolle spielte, wird man ohne die Depeschen Gasparo Contarinis und Morones nicht auskommen, die von der Versammlung der Stände berichteten. Es wird auch der Einfluß Roms zu beachten sein: Selbst der einflußreiche, hochgeachtete Kardinal Conta-

[18]) Vgl. etwa zur Regensburger Einung Müller, Die römische Kurie S. 30ff.

[19]) Auf diese Gutachten sei besonders hingewiesen. Teilweise finden sie sich in den Beilagen zu den edierten Nuntiaturberichten, teilweise wurden sie auch separat publiziert; vgl. z.B. Walter Friedensburg, Aktenstücke über das Verhalten der Römischen Kurie zur Reformation 1524 und 1531, in: QF Bd. 3, 1900, S. 1–20.

rini mußte sich sagen lassen, daß er in seiner Verständigungsbereitschaft nicht zu weit gehen dürfe, was eine Wende in den Verhandlungen hervorrief[20]). Häufig genug werden aber auch für die Zeit, in der andere Quellenpublikationen vorliegen, die Nuntiaturberichte unentbehrlich sein. Z.B. wird trotz der edierten Reichstagsakten von Worms 1521 immer wieder auf Aleanders Depeschen von dort zurückgegriffen: Sie liefern so zahlreiche Details, Urteile und Stimmungsbilder, daß sie für die Analyse des Geschehens unbedingt notwendig sind[21]). Aber auch für die spätere Entwicklung der Reformation sind die Nuntiaturberichte aufschlußreich und wichtig. Wer die Geschichte des Augsburger Reichstages von 1530 schreiben wollte, ohne die bedeutende Rolle zu beachten, die Kardinal Campeggio dort gespielt hat[22]), würde schlecht beraten sein. Auffällig ist auch, wie sich die Gewichte verschieben, wenn man die Wirkungsmöglichkeiten Aleanders von 1539 mit denen während seiner früheren Nuntiaturen in Deutschland vergleicht[23]). Diesen Beispielen ließen sich leicht weitere hinzufügen. Die Nuntien haben eben normalerweise der Entwicklung der Reformation größte Aufmerksamkeit gewidmet.

Daneben mag aber noch ein anderes wichtiges Thema genannt werden: das Konzil. Als es sich zeigte, daß die evangelische Bewegung nicht so leicht unterdrückt werden konnte, wie man das in Rom gehofft hatte, wurde der Ruf nach einem Konzil laut. Die Kurie fürchtete, hier könne ein neuer Konziliarismus erwachen und bot – besonders unter dem Pontifikat Clemens' VII. – alles auf, eine Versammlung zu verhindern, die dem Papalismus gefährlich werden konnte[24]). Aber man wird

[20]) Vgl. Nuntiaturberichte 1. Abteilung, 7. Bd., S. XXIIf. Leider hat Cardauns sich in den von ihm bearbeiteten Bänden 5–7 weitgehend darauf beschränkt, „Ergänzungen und Korrekturen zu früheren Teileditionen" mitzuteilen, so daß man auf ältere Werke zusätzlich angewiesen ist. H. Lutz hat deswegen den Vorschlag einer „Neuedition" dieser Bände gemacht (Nuntiaturberichte aus Deutschland S. 317f.; vgl. Anm. 8).

[21]) Vgl. den Band „Der Reichstag zu Worms". Leider liegen Aleanders Berichte nur in zwei unzulänglichen bzw. unvollständigen Ausgaben von 1884 vor, so daß eine kritische Edition notwendig ist, die auch bereits ins Auge gefaßt wurde.

[22]) Vgl. Müller, Die römische Kurie S. 92ff.

[23]) Vgl. Gerhard Müller, Die drei Nuntiaturen Aleanders in Deutschland 1520/21, 1531/32, 1538/39, in: QF Bd. 39, 1959, S. 222ff.

[24]) Vgl. Hubert Jedin, Geschichte des Konzils von Trient Bd. 1, 2. Aufl., Freiburg 1951, S. 156ff.

z. B. auch die Politik Karls V. von 1530 nicht verstehen können, wenn man seine Konzilsverhandlungen mit Rom und den Deutschen nicht beachtet[25]). Clemens VII. jedoch konnte sich beruhigen, als sein Legat Campeggio ihm aus Deutschland Ende 1530 schrieb, daß es durchaus möglich sei, das Konzil zuzusagen, daß man aber faktisch seinen Zusammentritt verhindern könne[26]). Der Papst setzte dann auch prompt diese seine bisher geübte Politik fort. Unter seinem Nachfolger Paul III. wurde die Lage anders. Die Konzilsverhandlungen finden jetzt einen konkreteren Niederschlag in den Nuntiaturberichten. Da diese Mitteilungen nicht in die große Quellenedition zum Tridentinum aufgenommen worden sind, wird man gut daran tun, sie zu beachten[27]).

Mit der konfessionellen Verfestigung und Abgrenzung tritt das Interesse an der Reformation in der zweiten Hälfte des 16. Jahrhunderts in den Nuntiaturberichten zurück: Man hat sich mit ihrer Existenz im Moment abgefunden. Auch die Konzilsfrage verschwindet mit dem Abschluß des Tridentinums 1563. Statt dessen rücken zwei andere Themen in den Mittelpunkt der Beobachtungen und Erwägungen: die Reform der katholischen Kirche und die Gegenreformation. Beide Fragenkreise gehörten eng zusammen. Aufgrund der Reformdekrete des Konzils von Trient, um deren Durchführung Päpste und Kurie sich mühten, konnten eine Beendigung von Mißständen und eine Erneuerung der Kirche intendiert und initiiert werden. Dieser Wille zur Regeneration ist ein Zeichen für die neue Stärke des Katholizismus im letzten Drittel des 16. Jahrhunderts. Früher hat man hauptsächlich die gegenreformatorischen Bemühungen betont, nämlich die – häufig erfolgreichen – politischen Bestrebungen zur Begrenzung oder Zurückdrängung des Protestantismus. Wir sind heute eher geneigt, beides für

---

[25]) Vgl. Gerhard Müller, Zur Vorgeschichte des Tridentinums. Karl V. und das Konzil während des Pontifikates Clemens' VII., in: Zeitschrift für Kirchengeschichte Bd. 74, 1963, S. 95ff.

[26]) Nuntiaturberichte aus Deutschland, 1. Abteilung, 1. Ergänzungsband, S. 178ff. Diese Depesche liegt im Original von der Hand Tommaso Campeggios vor, der seinen Bruder 1530–1532 nach Deutschland begleitete. Sehr delikate Briefe ließ Lorenzo von ihm schreiben (z. B. auch die Bitte um zwei sich widersprechende Bullen, ebd. S. 161f.), offenbar, damit seine Schreiber nichts davon erfuhren.

[27]) Viele wichtige Beobachtungen hat Hubert Jedin in seiner „Geschichte des Konzils von Trient" festgehalten, vgl. auch Bd. 2 und 3, Freiburg 1957 und 1970.

zwei Seiten derselben Sache zu halten[28]): Die römische Kirche war willens und fähig, ihre vorreformatorische Geltungsstufe wieder anzustreben. Reform und Gegenreformation waren zwei Mittel, die beide dazu dienen konnten, den durch die Reformation erlittenen Einflußschwund wieder wett zu machen. An die Stelle der früher üblichen Hochachtung der politischen Bestrebungen tritt heute in der Forschung eine höhere Wertung der inneren Reform. Denn der Gewinn politischen Einflusses konnte rasch wieder verlorengehen. Die innere Erneuerung aber war häufig von lang andauernder Wirkung. Für ihre Analyse sind die Nuntiaturberichte unentbehrlich. Zeigen sie doch den Kleinkrieg, in den die Nuntien wegen der Reform verstrickt wurden. Häufig waren deren finanzielle Folgen ungeklärt, so daß die Proteste der Betroffenen verständlich sind. Die Schwierigkeiten und die Erfolge der tridentinischen Erneuerungsbemühungen können nur unter Berücksichtigung der Nuntiaturberichte und verwandter Gutachten und Materialien analysiert werden[29]). In ihr arbeiteten Papst, Kurie, Nuntien und Orden zusammen, wobei nicht nur die Jesuiten, sondern auch Franziskaner und Kapuziner Förderung erfuhren und für die reformerische Arbeit eingesetzt wurden[30]).

Andererseits machen die Nuntiaturberichte auch deutlich, daß gegenreformatorische Tendenzen schon sehr früh einsetzten. Lorenzo Campeggio meinte 1530, die Protestanten seien gefährlicher als die Türken und müßten deswegen als erste niedergeschlagen werden[31]). Aleander riet im Oktober 1531, einen Krieg gegen Ulm zu führen – dann würden die übrigen evangelischen Reichsstädte und Fürsten schon klein beigeben[32]). Beobachtungen dieser Art mögen Ludwig Cardauns

---

[28]) Den Zusammenhang von Reform und Gegenreformation hat auch Wolfgang Reinhard betont: Katholische Reform und Gegenreformation in der Kölner Nuntiatur 1584–1621, in: Römische Quartalschrift Bd. 66, 1971, S. 8ff.

[29]) Die frühen Ansätze seit 1524 dürfen nicht vergessen werden (vgl. Müller, Die römische Kurie S. 16ff.), aber der Nachdruck wird auf der Zeit nach dem Tridentinum zu liegen haben. Es darf auch nicht unbeachtet bleiben, daß die Reform häufig recht konservativ war: Rom ging es dabei nämlich auch um „die Rückgewinnung verlorener kirchlicher Jurisdiktionsbefugnisse“ (Reinhard S. 36 Anm. 191).

[30]) Reinhard S. 50f.

[31]) Nuntiaturberichte aus Deutschland, 1. Abteilung, 2. Ergänzungsband, S. 457ff.

[32]) Nuntiaturberichte aus Deutschland, 1. Abteilung, 1. Ergänzungsband, S. 340.

veranlaßt haben, 1541 als „das Geburtsjahr der Gegenreformation" zu bezeichnen[33]). Dieser Vorschlag hat aber keine Zustimmung gefunden – mit Recht. Man darf nämlich die Schwierigkeiten nicht verabsolutieren, in die das Scheitern des Regensburger Gespräches 1541 hineinführte. Es wird weiterhin davon auszugehen sein, daß sich erst in der zweiten Hälfte des 16. Jahrhunderts jene Erneuerung im Katholizismus durchsetzte, die ihn auch selbständig gegenreformatorisch handeln ließ[34]). Man wird aber deswegen auch in den verschiedenen Zeiten andere Nachrichten zu erwarten haben. Während in der frühen Reformationszeit Rom in Verbindung mit Kaiser Karl V. und dessen Bruder Ferdinand hauptsächlich um eine politische Bewältigung des Protestantismus bemüht war[35]), traten die Fragen der großen Politik später und vor allem bei kleineren Nuntiaturen wie der Kölner zurück. Dafür rückten die innerkirchlichen und territorialen Probleme in den Vordergrund.

Zur Ergänzung der Mitteilungen eines Vertreters der Kurie wird man notwendigerweise die Berichte von Gesandten anderer Obrigkeiten heranziehen müssen. Erst dadurch werden häufig manche Vorgänge in ihrer Komplexität deutlich. Auch sind Vergleiche mit der Arbeit anderer Nuntien nötig, wenn man die Leistungen der Beauftragten des Papstes recht würdigen und ein umfassendes Bild gewinnen will. Schließlich wäre es alles andere als sinnvoll, wenn man sich z.B. unter nationalen Aspekten nur mit der tridentinischen Reform in Italien befassen würde. Diese nationale Sicht ist nicht die des 16. Jahrhunderts. Vielmehr muß die gesamte Arbeit und Regeneration des Katholizismus analysiert werden – eine Aufgabe, die noch kaum in Angriff genommen

[33]) Nuntiaturberichte aus Deutschland, 1. Abteilung, 7. Bd., S. XXV.

[34]) Während der Regierungszeit Karls V. begnügte Rom sich meistens damit, ihn zur Vernichtung der Protestanten aufzufordern. Walter Friedensburg, der 8 Bände von Nuntiaturberichten edierte, meinte, erst in der Generation nach Paul III. habe sich „die Bewegung der sogenannten Gegenreformation" durchgesetzt (Nuntiaturberichte aus Deutschland, 1. Abteilung, 11. Band, Berlin 1910, unveränderter Nachdruck Frankfurt 1968, S. LIII).

[35]) Durch die guten Kontakte der Nuntien mit dem Kaiserhof kann deswegen z.B. aus ihren Berichten deutlicher als aus anderen Quellen hervorgehen, „wie ausschließlich" 1545 „der Protestantenkrieg im Zentrum der Politik des Kaisers steht" (Nuntiaturberichte aus Deutschland, 1. Abteilung, 8. Band, bearbeitet von Walter Friedensburg, Gotha 1898, unveränderter Nachdruck Frankfurt 1968, S. 57).

worden ist[36]). Aber auch für die theologischen, politischen und kirchenpolitischen Probleme gilt es, über die heutigen Staats- oder Sprachgrenzen hinauszugehen. Für die Zeit Karls V. etwa liegt es auf der Hand, daß die politischen Fragen nicht nur im Kontext Habsburg – Papsttum – Deutschland beachtet werden können, sondern daß der europäische Bezug berücksichtigt werden muß[37]). Besonders Frankreich spielt hier bekanntlich eine große Rolle, so daß der dortigen Nuntiatur große Aufmerksamkeit zu widmen ist. Wenn die Berichte der verschiedenen päpstlichen Gesandten analysiert würden, ließe sich ein klareres Bild vom politischen Wandel, vom Aufblühen und Abklingen der Reform wie auch vom veränderten Stellenwert der verschiedensten Vorgänge und Ereignisse zeichnen, als das bisher möglich war.

Denn besonders im 16. Jahrhundert ist jeder, der sich mit der Kirchengeschichte befaßt, zugleich mit der allgemeinen Geschichte beschäftigt. Der Zusammenhang von Kirche und Welt ist so unumstritten, daß „die Kirche und ihre Lebenswelt als zentraler Bezugspunkt in der erdrückenden Vielfalt der Erscheinungen" angesehen wird[38]). Deswegen sind auch alle scheinbar „unkirchlichen" Themen, die in den Nuntiaturberichten dieser Zeit begegnen, wesentlich für die Kirchengeschichte. Ob es um den Krieg um Siena[39]) oder um die Türkenabwehr geht[40]) – immer steht das Corpus christianum als Ganzes im Hintergrund. Die Scheidung von allgemeiner Geschichte und Kirchengeschichte kann für das gesamte europäische Mittelalter einschließlich des 16. Jahrhunderts nur pragmatischer Art sein. Im Lauf der späteren Zeit verändern sich dann die Akzente. Aber auch innerhalb des gewandelten Rahmens behalten die Nuntiaturberichte als kirchenhistorische Quellen einen hervorragenden Wert.

---

[36]) Einige Ansätze liegen vor in dem Werk „Das Weltkonzil von Trient. Sein Werden und Wirken", 2 Bände, herausgegeben von Georg Schreiber, Freiburg 1951 (vgl. besonders Band 2).

[37]) Vgl. Gerhard Müller, Die Reformation als Epoche europäischer Geschichte, in: Jahrbuch des Marburger Universitätsbundes Bd. 1, 1962, S. 11ff.

[38]) Erich Hassinger, Das Werden des neuzeitlichen Europa 1300–1600, 2. Aufl., Braunschweig 1966, S. XVI.

[39]) Vgl. Nuntiaturberichte aus Deutschland, 1. Abteilung, 13. Bd., bearbeitet von Heinrich Lutz, Tübingen 1959.

[40]) Vgl. Nuntiaturberichte aus Deutschland, 1. Abteilung, 16. Bd., S. 2 Anm. 8 und öfter.

Die römische Kurie und die Anfänge der Reformation

Das Gespräch über die Kirche ist durch die ekklesiologischen Arbeiten des Zweiten Vatikanischen Konzils in ein neues Stadium getreten[1]. Wesen und Erscheinungsform der Gemeinde Jesu Christi werden neu durchdacht. Dabei impliziert unser konfessioneller Pluralismus die Frage nach der Reformation, durch die diese Vielzahl von Konfessionen und Gruppen entstand. Es ist nicht von ungefähr, daß der Neubesinnung über die Kirche bei den römisch-katholischen Christen eine Neuorientierung über die Reformation vorausgegangen ist[2]. Diese historische Frage ist aber zugleich auch eine theologische. Wir werden beim Studium der Reformationsgeschichte besonders nachdrücklich zu bedenken haben, welcher Sinn jenen Vorgängen eignet und welche theologischen Folgerungen sich daraus ergeben.

Gerade die Anfänge verdienen dabei besondere Beachtung. Denn normalerweise fallen in ihnen diejenigen Entscheidungen, die den weiteren Verlauf bestimmen. Wenn wir uns heute mit der römischen Kurie und den Anfängen der Reformation befassen, dann ist es denkbar, nur eine Analyse von Luthers römischem Prozeß vorzunehmen. Denn Name und Werk des Wittenberger Professors machten Jahrzehnte hindurch in den Augen der päpstlichen Kurie das aus, was wir Reformation nennen. Dieser Prozeß aber fand – kirchenrechtlich gesehen – mit der Bannbulle „*Decet Romanum pontificem*" vom 3. Januar 1521 seinen Abschluß[3]. Aufgabe der weltlichen Gewalt wäre es gewesen, daraufhin die Exekution vor-

1 Vgl. vor allem die „*Constitutio Dogmatica de Ecclesia*", aber auch andere Arbeiten des Zweiten Vatikanischen Konzils wie das „*Decretum de Oecumenismo*" (diese beiden Verlautbarungen wurden gedruckt in den „*Acta Apostolicae Sedis*" vom 30. Januar 1965, S. 5 ff. und S. 90 ff. sowie in verschiedenen Sonderausgaben).

2 Vgl. z. B. Erwin Iserloh, Luther-Kritik oder Luther-Polemik? Zu einer neuen Deutung der Entwicklung Luthers zum Reformator, in: Festgabe Joseph Lortz, Bd. 1, Baden-Baden 1958, S. 15 ff.

3 Vgl. zuletzt Konrad Repgen, Die römische Kurie und der Westfälische Friede. Idee und Wirklichkeit des Papsttums im 16. und 17. Jahrhundert, Bd. I, 1: Papst, Kaiser und Reich 1521–1644 (Bibliothek des Deutschen Historischen Instituts in Rom, Bd. 24), Tübingen 1962, S. 33 ff.

zunehmen. Daß das Wormser Edikt, die staatliche Stellungnahme, aber über Jahre hinweg eine rechtliche Deklamation blieb, die nicht in die Wirklichkeit umgesetzt werden konnte, ist bekannt. Deswegen mußte sich nicht nur Leo X., Papst von 1513–1521, sondern auch sein Nachfolger Hadrian VI. mit den Fragen befassen, die sich aus der Tatsache der reformatorischen Bewegung in Mitteleuropa ergaben. Und schließlich fielen erst unter Clemens VII., der die cathedra Petri von 1523–1534 innehatte, jene Entscheidungen, die das Gesicht der abendländischen Kirche auf Jahrzehnte und Jahrhunderte prägen sollten, so daß wir uns heute mit diesen drei Pontifikaten befassen müssen.

1. *Luthers römischer Prozeß*

Luther hat am 31. Oktober 1517 an seinen Bischof Hieronymus Scultetus und an den Erzbischof seiner Kirchenprovinz, Albrecht von Brandenburg, seine Ablaßthesen gesandt. Während der Thesenanschlag neuerdings bekanntlich umstritten ist,[4] gibt es über diese Versendung der „*Disputatio pro declaratione virtutis indulgentiarum*" keine Zweifel[5]. Hieronymus Scultetus antwortete dem Wittenberger Augustinereremiten. Luther berichtete später darüber, sein Bischof habe ihm geraten, seine Finger von diesem heiklen Thema zu lassen[6]. Erzbischof Albrecht von Brandenburg aber würdigte den Mönch „keiner Antwort"[7]. Er gab Luthers Thesen vielmehr (zusammen mit anderen Arbeiten des Wittenberger Professors) nach Rom weiter, wo man diese Lehren prüfen sollte. Seine Anzeige hatte aber nicht sofort die Eröffnung eines Prozesses zur Folge, sondern der wichtigste Mitarbeiter Leos X., sein Vizekanzler Kardinal Giulio de' Medici, der uns als Papst Clemens VII. wiederbegegnen wird, begnügte sich damit, „den ver-

---

4 Erwin Iserloh, Luthers Thesenanschlag, Tatsache oder Legende?, in: Trierer Theologische Zeitschrift, Bd. 70, 1961, S. 303 ff. und Clemens Honselmann, Die Veröffentlichung der Ablaßthesen Martin Luthers 1517, in: Theologie und Glaube, Bd. 55, 1965, S. 1 ff.

5 Vgl. Luthers Brief an Kurfürst Albrecht vom 31. Oktober 1517 in: D. Martin Luthers Werke, Kritische Gesamtausgabe, Briefwechsel 1. Band, Weimar 1930, S. 110–112. Honselmann hat neuerdings die These aufgestellt, daß Luther ursprünglich nicht 95, sondern nur 93 Thesen über den Ablaß verfaßt habe, die nicht durchgezählt gewesen seien (S. 9 ff.).

6 Vgl. Hans Volz, Martin Luthers Thesenanschlag und dessen Vorgeschichte, Weimar 1959, S. 21 und 23.

7 Ebd. S. 42.

messenen Mönch durch die oberste Behörde des Augustinerordens verwarnen zu lassen"[8]. Daraus wird deutlich, daß die theologischen Aussagen Luthers nicht von Anfang an für so unmöglich gehalten wurden, daß man sich am Hof des Renaissancepapstes Leo genötigt gesehen hätte, einen Ketzerprozeß gegen ihn einzuleiten. Das ist verständlich. Hatte man doch früher schon dogmatisch viel radikalere Aussagen gehört, etwa von den Spiritualen. Deswegen erregte man sich in Rom nicht sonderlich über die Lehre des Wittenbergers. Man verübelte ihm vielmehr seine Polemik gegen den Ablaß, der sich als eine vorzügliche Einnahmequelle erwiesen hatte. Offenbar hat man in Rom – und das verdient, betont zu werden – die Aussagen des Wittenberger Mönchs vor allem als Kirchenkritik im Sinne der altbekannten Gravamina aufgefaßt[9] und weniger als theologische Neuerungen, die dogmatische Konsequenzen zeitigen könnten. Hinzu kam, daß es 1517 noch keine lehramtlich verbindlichen Verlautbarungen über den Ablaß gab, so daß Luther sich durchaus für berechtigt halten konnte, dieses Thema zur Diskussion zu stellen. Die römische Kurie hat diese lehrmäßige Lücke aber auch nicht sofort auszufüllen versucht, sondern sie hat sich mit einem Verweis begnügt, der den Wittenberger Augustinereremiten veranlassen sollte, eine Wiederholung solcher kritischen Aussagen zu unterlassen.

Aber dabei blieb es nicht. Luther hatte zusammen mit dem Ablaß ja auch den Dominikaner Johann Tetzel angegriffen, der zu jenem Orden gehörte, der sich als Hüter der reinen Lehre verstand und der in Rom die theologisch einflußreichsten Männer stellte. Hier ist an erster Stelle an Kardinal Tommaso de Vio aus Gaeta, genannt Cajetan, zu denken, den über Jahrzehnte hin bedeutendsten Theologen an der Kurie, der bis 1518 General des Dominikanerordens war[10]. Vor allem aber stellte dieser Orden den päpstlichen Hoftheologen, den Magister Sacri Palatii – und stellt ihn heute noch[11]. Als darum Luther von den Dominikanern im Jahr 1518 in Rom denunziert und als Ketzer verdächtigt wurde, kam es zur Eröffnung eines Verfahrens, bei dem der damalige Hoftheologe Leos X., Sylvester Prierias, das entscheidende theologische Gutachten zu erstatten hatte.

---

8 Heinrich Boehmer, Der junge Luther, 6. Aufl., Leipzig 1954, S. 171.
9 Zur Kirchenkritik um 1500 vgl. jetzt zusammenfassend Bernd Moeller, Frömmigkeit in Deutschland um 1500, in: Archiv für Reformationsgeschichte, Bd. 56, 1965, S. 23 f. 10 Boehmer S. 171.
11 Der derzeitige *Magister Sacri Palatii Apostolici* ist der Dominikaner Luigi Ciappi (*Annuario Pontificio* 1965, S. 1029).

Prierias beurteilte Luther vom Thomismus aus, wie es der Tradition seines Ordens entsprach. Er klassifizierte Luthers Thesen als „irrig", „falsch", „vermessen" oder „häretisch". Aufgrund dieses einen Gutachtens wurde Luther nach Rom zitiert, „um sich wegen der ihm zur Last gelegten Vergehen zu verantworten"[12]. Luther leistete dieser Aufforderung nicht Folge. Er verlangte viemehr ein Verhör „in Deutschland an einem unverdächtigen Orte vor unverdächtigen Richtern"[13]. Außerdem fuhr er mit der Verbreitung seiner Ansichten fort. Daraufhin befahl Leo X. am 23. August 1518 Kardinal Cajetan, der sich gerade als päpstlicher Legat in Deutschland aufhielt, er solle Luther auffordern, vor ihm zu erscheinen, damit er verhört werden könne. Der Papst erteilte seinem Legaten die Vollmacht, Luther zu absolvieren, wenn er widerriefe. Sollte Luther sich dazu nicht verstehen oder nicht freiwillig vor dem Legaten erscheinen, dann solle er ihn verhaften und nach Rom ausliefern. Wenn Cajetan den Mönch gar nicht zu Gesicht bekomme, weil er von weltlichen Ständen geschützt werde, solle er ihn und seine Anhänger exkommunizieren. Denn der „*Romana Ecclesia*" als der „*fidei magistra*" stehe die Beurteilung der Lehre zu[14]. Dadurch wurde der Weg frei für Luthers Verhör durch Cajetan in Augsburg. Die Erwägungen der Kurie, daß Cajetan den Augustinereremiten gar nicht zu sehen bekomme und ihn und seine Anhänger sofort verurteilen müsse, erwiesen sich als verfrüht[15].

Leider sind die Berichte, die Cajetan von seiner Legation nach Rom geschrieben hat, nicht erhalten. Es ist hier nicht nötig, auf Luthers Verhör in Augsburg einzugehen, von dem wir wissen, daß es sich durchaus um ein theologisches Gespräch gehandelt hat, obwohl Cajetan Luthers Lehren nur prüfen und sich auf eine Diskussion mit ihm nicht einlassen sollte[16]. Cajetan erwies sich in Augsburg als ein Theologe, der in vielen Fragen recht mild urteilen konnte und der durchaus nicht nur mit Schärfe argumentierte[17].

---

12 Boehmer, S. 184.

13 Ebd.

14 Leos Breve wurde abgedruckt in: D. Martin Luthers Werke, Kritische Gesamtausgabe, 2. Bd., Weimar 1884, S. 23–25.

15 Ein Breve ähnlichen Inhalts an Cajetan, in dem es heißt, es sei Luther freies Geleit nach Rom angeboten worden, wurde von Paul Kalkoff auf den 11. September datiert (Forschungen zu Luthers römischem Prozeß; Bibliothek des Kgl. Preuß. Histor. Instituts in Rom, Bd. 2, Rom 1905, S. 57 ff.).

16 Ebd. S. 59.

17 Hubert Jedin, Geschichte des Konzils von Trient, Bd. 1: Der Kampf um das Konzil, 2. Aufl., Freiburg/Br. 1951, S. 139 f. und S. 512 Anm. 16.

Daß trotzdem keine Einigung zustande kam, ist bekannt. Es mußte sich nun zeigen, was aus dem Wittenberger Mönch werden würde.

Luther ließ sich bei seinem Vorgehen vom kurfürstlichen Hof und „prozeßkundigen juristischen Freunden" beraten[18]. Nach den gescheiterten Augsburger Verständigungsbemühungen bestand sein nächster Schritt darin, die bisher an seinem Prozeß beteiligt gewesenen kurialen Personen abzulehnen: Cajetan, Prierias und den Juristen Girolamo Ghinucci. Er appellierte an den besser zu unterrichtenden Papst und kurze Zeit später, am 28. November 1518, an ein Generalkonzil. Dabei lehnte er sich in den „formaljuristischen Teilen . . . an die am 27. März 1518 eingelegte Konzilsappellation der Universität Paris gegen das französische Konkordat (von 1516) an"[19]. Dadurch zeigte er, daß er sich bei seinem Vorgehen auf parallele Vorgänge berufen konnte. Trotzdem hatte beides – die Appellation an den Papst und die an ein Konzil – nur wenig Aussicht auf Erfolg. Wenn Luther auf Leo X. Einfluß nehmen wollte, hätte er Agenten, Anwälte, in Rom für sich arbeiten lassen müssen, die den Anstrengungen der Dominikaner gegen ihn mit denjenigen Mitteln und Kniffen entgegengetreten wären, die diesem Berufsstand eignen. Aber dazu war es bei dem jetzigen Stand seines Prozesses eigentlich schon zu spät. Noch weniger konnte die Konzilsappellation den Prozeßablauf stören. Da Pius II. und noch Julius II. konziliaristische Bestrebungen dieser Art verboten hatten[20], hatte die Appellation keine aufschiebende Wirkung. Sie war lediglich geeignet, „die konziliaristischen Gesinnungen zahlreicher Reichsstände" anzusprechen[21], die dadurch für Luther Sympathie gewinnen konnten.

Aufgabe der Kurie wäre es nun gewesen, den Prozeß zu Ende zu führen, d. h., weil Luther einen Widerruf ablehnte, ihn zu verurteilen. Cajetan hatte bereits nach dem ergebnislosen Augsburger Verhör den sächsischen Kurfürsten aufgefordert, Luther „entweder nach Rom auszuliefern oder aus seinen Landen zu verjagen"[22]. Aber nichts von alledem geschah. Die Kurie rührte sich nicht, und Friedrich der Weise ließ Luther weiterhin in Wittenberg lehren. Dazu kam es, weil ein „politisches Hauptgeschäft" Luthers römischen Prozeß in den Schatten stellte: die Nachfolge Kaiser

---

18 Boehmer S. 184.
19 Jedin S. 140.
20 Zu Pius II. vgl. Heinrich Denzinger, *Enchiridion symbolorum*, 31. Aufl., Barcelona etc. 1960, § 717.
21 Jedin S. 143.
22 Boehmer S. 203.

Maximilians[23], durch die die Kurie stärker als normal in die Entwicklung dieses Falles hineingezogen wurde.

Diese Vorgänge sind bekannt und bedürfen keiner Erörterung. Wichtig ist dabei nur, daß sich bereits jetzt die Prävalenz des Politischen über das Dogmatische durchsetzte, ein Vorgang, der in der Reformationsgeschichte nicht singulär bleiben sollte. Der theologische Impetus, etwas als falsch Erkanntes mit allen geistigen Mitteln anzugreifen und zu bekämpfen, war am Renaissancehof Leos weitgehend verkümmert. Die Meinung, es bei Luthers Lehre mit einer hochgefährlichen Veränderung christlicher Tradition zu tun zu haben, die schnelle Konsequenzen erfordern würde, hinter denen alle anderen Bedenken zurücktreten müßten, ist im Winter 1518/19 an der römischen Kurie nicht vorhanden gewesen. Man hat dort auch nicht gesehen, daß das Echo auf Luthers Botschaft in Deutschland so lautstark war[24], daß sie sich ins Politische hinein auszuwirken drohte. Die Verbindungen nach Mitteleuropa waren in Rom so schwach und die dort maßgeblichen Personen so sehr dem romanischen Gesichtskreis verhaftet[25], daß Luthers Arbeit zunächst recht frei weitergeführt werden konnte. Daß der spanische König, der Habsburger Karl, nicht Kaiser werde, damit der Kirchenstaat nicht im Norden und Süden von dessen Ländern begrenzt würde, hielt die Kurie für wichtiger als die Unterdrückung der als falsch oder häretisch beurteilten Aussagen Luthers. Das heißt, die landesherrliche Verantwortung war in Rom 1519 stärker ausgeprägt als die theologische.

Selbst nachdem Karl am 28. Juni 1519 trotz der kurialen Widerstände zum Kaiser gewählt worden war, wurde der Prozeß gegen den Wittenberger nicht sofort wieder aufgenommen. Es wurde Januar 1520, bis in einem Konsistorium gefordert wurde, „gegen Luther und seinen Beschützer" vorzugehen[26]. Erst Anfang Februar 1520 wurde eine Kommission gebildet, deren Vorsitz die Kardinäle Pietro Accolti, ein Kanonist, und der Theologe Cajetan übernahmen. Diese zeitliche Verzögerung, die sich nicht mehr mit po-

---

23 Jedin S. 141.

24 Zur Verbreitung der 95 Thesen und der Schriften Luthers vgl. Volz S. 46 ff. und Jedin S. 515, Anm. 39 und S. 522 Anm. 28.

25 Ebd. S. 186: „Von den (an der Kurie) Maßgebenden . . . übersah keiner vollständig die Tragweite der deutschen Glaubensbewegung".

26 Ebd. S. 142 und Aloys Schulte, Die römischen Verhandlungen über Luther 1520. Aus den Atti Consistoriali 1517–1523, in: Quellen und Forschungen aus italienischen Archiven und Bibliotheken, Bd. 6, 1904, S. 32 ff., 174 ff. und 374 ff.

litischen Gründen erklären läßt, kann mancherlei Ursachen haben. Einmal hat man in Rom offenbar nach wie vor andere Aufgaben für wichtiger gehalten. Vor allem hat augenscheinlich ein Ankläger gefehlt, der sich an diese Angelegenheit erinnerte und sie für so wesentlich erachtete, daß er sie zur Sprache gebracht hätte[27]. Sodann aber – und das ist entscheidend – ist die Bekämpfung Luthers in Rom nicht als etwas Dringliches angesehen worden, obwohl sich die Kurie bereits von seiner Theologie distanziert hatte. Noch war die Variationsbreite innerhalb der spätmittelalterlichen systematischen Entwürfe groß. Noch war das römische Credo nicht nach einer bestimmten Seite hin abgegrenzt worden, wie es das Konzil von Trient später tun sollte. Noch bestand in Rom ein unterschiedliches Echo auf Luthers Aussagen.

Das wurde deutlich, als die Untersuchungskommission unter Accolti und Cajetan das Ergebnis ihrer Arbeiten dem Papst unterbreitete. Zwar wurden Luthers Lehren abgelehnt, aber nur ein Teil von ihnen wurde von allen Kommissionsmitgliedern als häretisch verdammt. Die restlichen wurden von etlichen nur als „Ärgernis erregend", „falsch", „frommen Ohren anstößig", „verführerisch" oder „der katholischen Wahrheit widerstreitend" bezeichnet[28]. Das erste theologische Gespräch über Luthers Äußerungen ergab also in Rom ein differenziertes Urteil. Daß hier keine Fundamentalirrtümer, etwa vom Staat mit der Todesstrafe zu ahndende Verstöße gegen Dogmen vorlagen, sondern lediglich Abweichungen von dem in der Kirche weithin herrschenden Vulgärthomismus, die man verschieden scharf beurteilen konnte, ist unübersehbar. Man unternahm sogar noch jetzt den Versuch, Luther mit Hilfe seines Ordens doch noch zum Widerruf zu veranlassen.

Inzwischen, nämlich Anfang März 1520, traf aber Johann Eck in Rom ein[29], der als Professor der Theologie in Ingolstadt wirkte und der 1519 in Leipzig mit Karlstadt und Luther disputiert hatte. Er wurde zur treibenden Kraft für die Exkommunikation Luthers. Unter seinem Einfluß wurde die Bannandrohungsbulle „*Exsurge*

---

27 Ein Italiener war es, der im Januar 1520 den Prozeß gegen Luther neu in Bewegung brachte. Seinen Namen kennen wir leider nicht (ebd. S. 174 ff.). Paul Kalkoff vermutete, die dort gehaltene Rede sei von Aleander verfaßt worden (Aleander gegen Luther, Leipzig und New York 1908, S. 3).

28 Boehmer S. 285.

29 Eck soll durch ein päpstliches Breve nach Rom berufen worden sein (Theodor Wiedemann, Dr. Johann Eck, Professor der Theologie an der Universität Ingolstadt, Regensburg 1865, S. 149 und Kalkoff, op. cit. Anm. 14, S. 70).

Domine" entworfen. Er vermochte seine Meinung durchzusetzen, daß „alle vorgelegten Artikel" Luthers, 41 an der Zahl, „in globo" irrig seien[30]. Von einer Differenzierung des Urteils im Sinne der ersten Beratungen der eingesetzten Kommission war jetzt keine Rede mehr. Die Bannandrohungsbulle „wurde in vier Konsistorien vom 21. Mai bis zum 1. Juni durchberaten"[31]. Die endgültige Fassung trägt das Datum des 15. Juni 1520. In Rom wurde sie aber erst am 24. Juli durch Anschlag an der Peterskirche und auf dem Campo de' Fiori publiziert[32], nachdem bereits einige Tage vorher, am 17. Juli 1520, zwei Nuntien mit der Verbreitung der Bannandrohung in Deutschland beauftragt worden waren, Johann Eck und der päpstliche Bibliothekar Hieronymus Aleander[33].

Die Bulle selber ist weder nach Form noch nach Inhalt „ein Meisterstück"[34]. Die Verfasser hatten sich sehr stark an zwei Gutachten der Universität Löwen gehalten[35]. Hinzu kamen einige Sätze „über den Primat des Papstes und die Autorität der Konzilien", die von Johann Eck hinzugefügt worden waren und die nun ebenfalls als häretisch angesehen werden mußten[36]. Dies scheint selbst in Rom als der Hochburg des Papalismus nicht ganz ohne Spannungen abgegangen zu sein. Jedenfalls wird berichtet, es hätten „viele" im Konsistorium opponiert, von denen namentlich Kardinal Bernardino Carvajal genannt wird, der als „alter Konziliarist" hier widersprochen haben dürfte[37], der sich aber nicht durchsetzen konnte. Johann Eck, obwohl selber die treibende Kraft für die Bannandrohungsbulle, hat ihre Mängel durchaus gespürt[38], die sich bis in das Formale hinein erstrecken. So wird z. B. an einer

30 Jedin S. 142.

31 Vgl. Schulte S. 33 ff.

32 So auf dem Rücken der in Wien im Haus-, Hof- und Staatsarchiv in einem Original vorliegenden Bulle (Allgemeine Urkundenabteilung). Demnach ist die Aussage, die Bulle sei in Rom am 15. Juni publiziert worden (Jedin S. 142), zu berichtigen.

33 Gerhard Müller, Die drei Nuntiaturen Aleanders in Deutschland 1520/21, 1531/32, 1538/39, in: Quellen und Forschungen aus ital. Archiven und Bibl., Bd. 39, 1959, S. 224 ff.

34 Boehmer S. 288.

35 Kalkoff S. 188 ff.; vgl. auch Karel Blockx, De voreordeling van M. Luther door de theologische faculteit te Leuven in 1519 (Verhandelingen van de K. Vlaamse Academie voor Wetenschappen, Letteren en Schone Kunsten van België, Klasse der Letteren, Bd. 31), Brüssel 1958.

36 Es sind die Artikel 25–30 (bei Denzinger § 765–770; vgl. Kalkoff S. 193).

37 Jedin S. 512 f. Anm. 16.

38 Kalkoff S. 193.

Stelle befohlen, alle Schriften Luthers zu verbrennen, in denen die verurteilten 41 Sätze vorkommen. Dann wieder wird zur Verbrennung aller seiner Schriften aufgerufen[39]. Obwohl man für die Erarbeitung des Dokumentes Zeit hatte, sind weder formale Unebenheiten dieser Art beseitigt, noch die beanstandeten Sätze Luthers mit Geschick ausgesucht worden. Damit hatte die römische Kurie zunächst das Ihre getan. Luther war eine Frist von 60 Tagen nach Zustellung der Bulle zum Widerruf eingeräumt worden. Nutzte er sie nicht, dann galt er danach als gebannt. Auch Luthers „*sequaces*" sollten sich von den verurteilten Irrtümern lossagen.

Die beiden Nuntien, Johann Eck und Hieronymus Aleander, reisten nach Deutschland. Aleander hatte den jungen Kaiser Karl und dessen Räte zum Vorgehen gegen die lutherische Ketzerei aufzufordern, sowie für die Bekanntmachung der Bannandrohung im Westen des Reiches und auf dem in Worms angesagten Reichstag zu sorgen, während Johann Eck die schwierigere Aufgabe zugefallen war, die Bulle in Ober- und Niederdeutschland zu verbreiten[40]. Der Ingolstädter Professor konnte es dabei nicht lassen, einige seiner persönlichen Gegner wie die Humanisten Lazarus Spengler und Willibald Pirkheimer namentlich in die Bulle aufzunehmen[41], was seinen Auftrag nicht erleichterte. Es ist hier nicht unsere Aufgabe, auf die Publikation der Bannandrohungsbulle einzugehen[42]. Wichtig ist für unseren Zusammenhang lediglich, daß Johann Eck am 3. Oktober „durch einen Leipziger Stadtknecht die Bulle der Wittenberger Universität übersandte"[43]. Von diesem Tag an rechnete also die Widerrufsfrist[44]. Noch vor ihrem Ablauf hat Luther zu erkennen gegeben, wie er sich entschieden hatte: er lehnte einen Widerruf ab und forderte die Einberufung eines Generalkonzils, „vor dem er selbst oder durch einen Prokurator ungefährdet erscheinen könne"[45]. Da diese Appellation nach römischer Rechtsauffassung wiederum ungesetzlich war, mußte Luther von

---

39 Boehmer S. 288.

40 Müller S. 224 f.

41 Boehmer S. 290 f.

42 Zu Ecks Tätigkeit vgl. zuletzt Jedin S. 143 ff., zu Aleander Müller S. 227 ff.

43 Boehmer S. 292.

44 Luther selber hat die Bulle aber wohl erst einige Tage später erhalten, denn er ließ die Widerrufsfrist erst am 10. Dezember enden (Roland H. Bainton, Probleme der Lutherbiographie, in: Lutherforschung heute. Referate und Berichte des 1. Internationalen Lutherforschungskongresses, Berlin 1958, S. 24).

45 Jedin S. 143.

Anfang Dezember 1520 ab als notorischer Ketzer angesehen werden. Die Bannbulle „*Decet Romanum Pontificem*" vom 3. Januar 1521 machte dann auch deutlich, daß die päpstliche Kurie nicht gewillt war, sich durch Luthers Appellation an ein Konzil von ihrer Rechtsanschauung abbringen zu lassen. Sie brachte durch diese Bannbulle noch zusätzlich das zum Ausdruck, was bereits nach Ablauf der Widerrufsfrist eingetreten war: wer mit Luther an dessen Lehren festhält, gehört nicht mehr zum Corpus Romanum, was damals im Abendland identisch war mit dem Corpus Christianum.

Die geschickte Politik Friedrichs des Weisen[46] brachte es aber bekanntlich zustande, daß der verurteilte Wittenberger Ketzer vor dem Reichstag erscheinen durfte[47]. Dadurch wurde die bisherige Zusammengehörigkeit von Bann und Acht aufgegeben. Indem Luther nach Worms zitiert wurde, gaben die Stände zu erkennen, daß sie das päpstliche Urteil nicht als alleinige Grundlage für die Aussprechung der Acht akzeptieren wollten. „Das alte Verhältnis des Reiches zu Kirche und Papsttum" war ins Wanken geraten[48]. Die römische Kurie versuchte, die deutschen Stände zu einem Eingreifen gegen Luther zu veranlassen, indem sie ihn als Revolutionär hinstellte. Sie verwies auf die Böhmen und meinte, Karl V. und seine Freunde würden erkennen, daß die Häretiker Deutschland nicht nur im Geistlichen, sondern auch im Weltlichen ruinieren würden. Sie versuchten nämlich, das Volk vom Gehorsam gegenüber dem Kaiser und seinen natürlichen Herren abzubringen[49]. Wenn Aleander diese Ansicht in Worms hätte durchsetzen können, dann hätten die Stände gegen Luther aus weltlichen Motiven vorgehen müssen. Doch fehlte dazu die Handhabe. Der päpstliche Nuntius mußte deswegen versuchen, auf eine andere Art und Weise seine Aufgabe zu lösen.

Er ging sie so an, daß er nicht den Rechtsstandpunkt vertrat:

---

46 Vgl. dazu zuletzt Müller S. 229 ff.

47 Bainton meinte allerdings, Luther sei im Urteil seiner Zeitgenossen durch die Bannandrohungsbulle noch nicht rechtskräftig verurteilt gewesen. Und weil Aleander die Bannbulle nicht während des Wormser Reichstages veröffentlicht habe, sei er zuerst in die Reichsacht gekommen und erst später „unter den kirchlichen Bann gestellt" worden (S. 24–26). Die als Beleg angeführten Auszüge aus den Wormser Depeschen Aleanders dürften aber überinterpretiert worden sein. Luther wurde ja im Wormser Edikt durchaus als ein kirchlich rechtskräftig verurteilter Ketzer angesehen (vgl. auch Repgen S. 33 f.).

48 Ebd. S. 33.

49 Pietro Balan, *Monumenta reformationis Lutheranae* . . . 1521–1525, Regensburg etc. 1884, S. 82 f.

„*Roma locuta, causa finita*", sondern daß er sich auf eine Diskussion des „Falles Luther" einließ. Zwar tat er das nur widerstrebend[50], aber er mußte erkennen, daß die bisherige Rechtspraxis in diesem Fall nicht durchgesetzt werden konnte. Er mußte deswegen versuchen, die deutschen Stände durch eine geschickte Darlegung der Streitpunkte zur Annahme des römischen Urteils zu veranlassen. Dabei waren die Schwierigkeiten groß, weil einerseits Luther in Deutschland hoch geachtet und seine Schriften auch in Worms stark verbreitet waren und weil andererseits das Gerücht umging, in Rom lege man der Luthersache „keinerlei Bedeutung" bei[51]. Die deutschen Stände konnten sich deswegen fast für berechtigt halten, wenn sie aus der kurialen Entscheidung, der Exkommunikation Luthers und seiner Anhänger, keine Konsequenzen zogen.

Hinzu kommt ein weiterer Umstand, der hier beachtet werden muß. Noch war nämlich die Scheidung zwischen Reformation und Humanismus nicht eingetreten. Noch sahen viele Erasmus und Luther als zusammengehörig an. Rom versuchte nach der Devise „*Divide et impera*" den großen Humanisten auf seine Seite zu ziehen, nachdem man sich von Luther durch dessen Exkommunikation getrennt hatte. Aleander war aber gerade jetzt mit Erasmus, seinem früheren Freund, verfeindet und meinte 1521, der Humanist habe Schlimmeres gegen den Glauben geschrieben als Luther![52] Wenn der römische Sondergesandte für die Glaubensfrage in Deutschland[53] so über Luthers und Erasmus' Theologie urteilte – und vielleicht gar nicht einmal so falsch urteilte –, dann ist es nicht verwunderlich, daß er mehr politische und rechtliche als dogmatische Gründe gegen den Wittenberger vorzubringen wußte. Aleander verdächtigte Luther zwar einmal des Arianismus[54], hatte ihm aber im wesentlichen Ungehorsam gegen Rom und ungebührliches Auftreten in Worms vorzuwerfen[55]. Er meinte, das Erscheinen Luthers vor den Ständen, gegen das er ursprünglich gekämpft hatte, weil es ein Übergehen der römischen Entscheidung bedeutete, habe sich

50 In seiner Depesche vom 8. Februar 1521 aus Worms schrieb er über die Beratungen der Lutherfrage: „ . . . *le consulte, in le quali invitis dentibus meis me hanno tandem gettato*" (Theodor Brieger, Aleander und Luther 1521. Die vervollständigten Aleander-Depeschen, 1. Abtlg., Gotha 1884, S. 49 f.).

51 Ebd.

52 Ebd. S. 51 f.

53 Als eigentlicher päpstlicher Nuntius wirkte am Kaiserhof 1520/21 der Neapolitaner Marino Caracciolo (Müller S. 226).

54 Brieger S. 171.

55 Ebd. S. 56, 147 und 153.

nun doch günstig ausgewirkt. Der Wittenberger habe sich durch sein Auftreten um all das Ansehen gebracht, das die Welt von ihm gehabt habe[56].

Der päpstliche Nuntius wirkte dann an der Konzipierung des Ediktes gegen Luther mit. Voller Freude berichtete er von dessen Unterzeichnung durch den Kaiser[57], die allerdings erst stattfand, als der Reichstag bereits geschlossen und ein Teil der Stände schon abgereist war[58]. Immerhin ist dadurch von staatlicher Seite dem kirchlichen Urteil die übliche Stellungnahme – wenn auch mit einiger Verzögerung – gefolgt. Das ist deswegen hier besonders wichtig, weil auf dem Wormser Reichstag ein Entwurf für ein neues Strafgesetzbuch erarbeitet wurde, in dem kein Eingreifen gegen Ketzer mehr vorgesehen war. Staatliches und kanonisches Recht divergierten hier zum ersten Mal an dieser für die Reformation und die gesamte moderne Welt bedeutsamen Stelle[59]. Trotzdem wurde vom Kaiser als dem *primogenitus filius Ecclesiae Romanae* ein Edikt gegen Luther erlassen, das die Acht über ihn und seine Anhänger aufgrund der päpstlichen Exkommunikation verhängte. Damit war die Trennung von Staat und Kirche in bezug auf die Reformation noch hinausgeschoben worden[60].

Der Wille des Kaisers war aber nicht identisch mit dem aller deutschen Stände. Und da Karl V. bald nach Abschluß des Reichstages in die Niederlande und später nach Spanien reiste, konnte er das Edikt nicht durchsetzen. Sorgen in Spanien, wo das Auftreten kaiserlich-niederländischer Räte und soziale Spannungen zu Aufständen führten, und erste Zusammenstöße mit König Franz I. von Frankreich um die politische Führung in der Christenheit[61] beschäftigten den Hof des Kaisers nach dem Wormser Reichstag voll und ganz. Das von Karl V. in Deutschland eingesetzte Reichs-

---

56 Ebd. S. 170.

57 Ebd. S. 223 f. „Der lateinische Entwurf (des Ediktes) stammt von Aleander, der deutsche Text von den kaiserlichen Sekretären Ziegler und Spiegel" (Jedin S. 522 Anm. 25).

58 Müller S. 232 f.

59 Repgen S. 36 f.

60 Über das persönliche Engagement Karls V. in der Glaubensfrage in Worms 1521 vgl. Gerhard Müller, Karl V. und Philipp der Großmütige, in: Jahrbuch der Hessischen Kirchengeschichtlichen Vereinigung, Bd. 12, 1961, S. 9 f.

61 Karl Brandi, Kaiser Karl V. Werden und Schicksal einer Persönlichkeit und eines Weltreiches, München 1937, S. 122 ff.

regiment besaß aber keine Machtmittel, um die in Worms begonnene kaiserliche Religionspolitik fortzuführen[62].

Aber auch in Rom wurden keine neuen Anläufe zur Unterdrükkung der lutherischen Bewegung oder auch nur zur Klärung der theologischen Fragen gemacht. Es blieb bei den Bullen „*Exsurge Domine*" und „*Decet Romanum Pontificem*", die in Deutschland aber genauso wenig wie das kaiserliche Edikt durchgesetzt werden konnten.

2. *Das Schuldbekenntnis Hadrians*

Papst Leo X. starb am 1. Dezember 1521. Zu seinem Nachfolger wurde am 9. Januar 1522 Kardinal Adrian von Utrecht gewählt, der bisher letzte Nichtitaliener, der Papst wurde. Hadrian war Erzieher Karls V. gewesen und hatte sich während des Konklaves gar nicht in Rom, sondern als Regent des Kaisers in Spanien aufgehalten[63]. Damit war die beste Konstellation für eine Fortführung der bisherigen kaiserlich-päpstlichen Religionspolitik gegeben. Der neue Papst war auch schon ein wenig über Luthers Ansichten informiert, denn bereits 1519 war ihm ein Gutachten der Löwener Theologischen Fakultät zugegangen (der Hadrian selber angehört hatte), in dem Aussagen Luthers kritisiert worden waren. Der Kardinal hatte schon 1519 seine Übereinstimmung mit der Meinung der ehemaligen Löwener Kollegen geäußert und die ihm bekanntgemachten Äußerungen Luthers als „ungebildete und handgreifliche Häresien" bezeichnet[64]. Eine andere theologische Einstellung zur Reformation, als sie die Kurie durch die Exkommunikation des Wittenbergers und seiner Anhänger eingenommen hatte, war von ihm schon aus diesem Grunde nicht zu erwarten.

Äußere Schwierigkeiten verwehrten es aber Hadrian VI., wie er sich nannte, sofort in der Glaubensfrage aktiv zu werden. Zunächst mußte er von Spanien nach Rom reisen, wo er erst Ende August 1522 eintraf. Dort war aber gerade in dieser Zeit eine Pestepidemie ausgebrochen, die im September viele Kuriale und auch alle Kardinäle mit einer einzigen Ausnahme aus Rom vertrieb. Der Papst selber blieb. Aber die Audienzen und die übrigen Arbeiten

62 Jedin S. 165.
63 Ludwig Pastor, Geschichte der Päpste seit dem Ausgang des Mittelalters, 4. Bd. 2. Abtlg. 1.–4. Aufl., Freiburg/Br. 1907, S. 3 ff.
64 Zit. bei Kalkoff S. 189 Anm. 4.

wurden eingeschränkt und schließlich ganz eingestellt. Erst am Ende des Jahres legte sich die Seuche und Kardinäle und Kuriale kehrten nach Rom zurück[65]. Nachdem bereits durch die lange Abwesenheit des Papstes von Rom alle Belange des Kirchenstaates durcheinandergeraten waren, erschwerte nun die Pest dem Papst die Bewältigung der drängenden Aufgaben ganze vier Monate lang. Hinzu kam, daß Hadrian vorher niemals in Rom gewesen war und den kurialen Arbeitsstil – ähnlich wie Johannes XXIII. – nicht aus eigener Anschauung kannte.

Deswegen meldeten sich viele zu Wort, die ihm Reformvorschläge machten. Unter ihnen sind besonders die Kardinäle Matthäus Schinner und Lorenzo Campeggio zu nennen. Der letztere empfahl dem Papst, Reformmaßnahmen in der Kirche in Angriff zu nehmen, dabei aber vorsichtig zu Werke zu gehen[66]. Daß Hadrian solche für notwendig hielt, wußte man aus seinen Bemühungen in Spanien[67]. Im März 1523 kam Johann Eck im Auftrag der bayrischen Herzöge nach Rom und unterließ es nicht, auch seinerseits dem Papst Vorschläge zu machen. Er ging auch auf die deutschen Verhältnisse ein und empfahl Hadrian VI., eine neue „Bulle gegen Luther und dessen Hauptanhänger" zu erlassen. Da die Päpste die spätmittelalterlichen Universitäten privilegiert hatten – teilweise allein, teilweise neben ihnen auch die Kaiser –, schlug Eck die Aufhebung der von Papst und Kaiser durch Stiftungsbriefe ins Leben gerufenen Wittenberger Universität vor, wo die reformatorische Bewegung nach wie vor ihr Zentrum hatte. Der führende altkirchliche Kontroverstheologe in Deutschland sagte darüber hinaus auch, welche Wege Rom nach seiner Meinung zur Beseitigung der Reformation einschlagen solle. Er empfahl die Entsendung von Visitatoren und die „Wiederbelebung des altbewährten Institutes der Diözesan- und Provinzialsynoden"[68]. Zwar ist es fraglich, was sich davon hätte verwirklichen lassen, denn die Arbeit der Visitatoren hätte der Zustimmung der zuständigen Landesherren bedurft. Immerhin aber wären diese Vorschläge geeignet gewesen, zur Klärung der Glaubensfrage beizutragen, nachdem das Wormser Edikt fast zwei Jahre zurücklag und faktisch nichts hatte ändern können.

65 Pastor S. 46 ff.
66 Nuntiaturberichte aus Deutschland nebst ergänzenden Aktenstücken 1. Abtlg. 1533–1559, 1. Erg. Bd. 1530–1531 (zit.: NB I, 1. EB), bearbeitet von Gerhard Müller, Tübingen 1963, S. LIV f.
67 Pastor S. 29 ff.
68 Ebd. S. 78.

Aber es kam anders. Hadrian verzehrte seine Kraft in Rom mit Querelen, die ihm Feinde über Feinde verschafften. Einerseits war er in der Vergabe von Pfründen und Gnadenerweisungen so zurückhaltend, daß es deswegen in einem Brief aus Rom heißt: „Alle Welt ist in Verzweiflung"[69]. Andererseits unterließ es aber auch Hadrian nicht, einem Nuntius ein Bistum zuzusprechen, der nun seiner Residenzpflicht nicht genügen konnte, weil er ja als päpstlicher Gesandter außer Landes gehen mußte und nicht seine Diözese aufsuchen konnte[70]. Einerseits betonte Hadrian auch Kardinälen gegenüber, mit wie wenig Geld er selber ausgekommen sei[71], während andererseits seine wenigen, zumeist niederländischen Vertrauten Pfründen auf Pfründen häuften[72]. Hadrians Reformarbeit in Rom kurierte an Symptomen. So heißt es in einem Brief aus Rom: „Alles zittert. Rom ist wieder das geworden, was es einst gewesen war; die Kardinäle haben alle bis auf den dem Augustinerorden angehörenden Egidio Canisio ihre Bärte ablegen müssen"[73]. Durch Maßnahmen dieser Art verscherzte Hadrian sich die Unterstützung der Kardinäle. Mit Lorenzo Campeggio kam es dann während eines Konsistoriums sogar zu einem offenen Eklat. Der Papst wollte ihm Ende 1522 ein so einkommensschwaches Bistum zusprechen, daß Campeggio dieses als unter seiner Würde ablehnte[74]. Wenn dies schon zwischen zwei Männern möglich war, die in gewissem Sinne beide für Reformmaßnahmen eintraten, dann kann man sich vorstellen, welcher Dissensus zwischen dem Papst und den typischen Vertretern des Renaissancehofes Leos X. herrschte.

Weil ein Kurialer nach dem anderen das Weite suchte und Hadrian sogar einen Teil der Spanier, die er mitgebracht hatte, aus Ersparnisgründen entließ, kam der Geschäftsablauf am päpstlichen Hof immer mehr ins Stocken[75]. Die Kritik mehrte sich, was den Papst zu neuen Plänen „zur Reform des verdorbenen Rom" veranlaßte[76]. Statt dessen war aber vom Konzil keine Rede, das viele

---

69 Ebd. S. 81.

70 Nämlich Francesco Chieregati (ebd. S. 88).

71 Ebd. S. 67.

72 z. B. Willem van Enckenvoirt, vgl. W. A. J. Munier SS. CC., Willem van Enckenvoirt (1464–1534) und seine Benefizien. Ein Beispiel der Pfründenhäufung im Spätmittelalter, in: Römische Quartalschrift für christliche Altertumskunde und für Kirchengeschichte, Bd. 53, 1958, S. 146 ff., bes. S. 167 ff.

73 Zit. bei Pastor S. 67.

74 NB I, 1. EB. S. LVI.

75 Pastor S. 75 ff.

76 Ebd. S. 83.

am Anfang dieses Pontifikates erhofft hatten. Auch gegen die Reformation in Deutschland wurde nichts von dem unternommen, was Johann Eck vorgeschlagen hatte. Allerdings hatte Hadrian sich bereits im Herbst 1522 ein wenig mit der deutschen Frage befaßt, worauf nun noch eingegangen werden muß.

Zum 1. September 1522 waren die deutschen Stände zu einem Reichstag nach Nürnberg eingeladen worden[77]. Auf dem vorhergehenden Reichstag, der ebenfalls in Nürnberg im März/April 1522 stattgefunden hatte, war kein päpstlicher Nuntius anwesend gewesen. Bereits kurz nach seinem Eintreffen in Rom muß Hadrian sich aber entschlossen haben, einen Vertreter zur angesagten Versammlung der deutschen Reichsstände zu entsenden. Denn bereits am 26. September traf Francesco Chieregati als päpstlicher Nuntius in Nürnberg ein[78]. Seine Verhandlungen über die Abwehr der Türken und die dafür vom Papst gemachten Zugeständnisse brauchen hier nicht behandelt zu werden. Unübergehbar sind aber seine Äußerungen über Luther.

Im Auftrag des Papstes stellte Chieregati den Antrag, das Wormser Edikt durchzuführen. Dadurch wären Luther und besonders auch seine Anhänger in eine schwierige Lage gekommen. Unter ihnen befanden sich nämlich auch viele Räte von Fürsten, wie z. B. Wolfgang Capito, der damals noch im Dienst Erzbischof Albrechts von Mainz stand[79]. Der päpstliche Antrag fand auch nur bei Erzherzog Ferdinand von Österreich, dem Bruder des Kaisers, und Kurfürst Joachim von Brandenburg ungeteilte Zustimmung[80]. Am 3. Januar 1523 verlas dann der päpstliche Nuntius vor dem Reichsregiment und den Ständen noch eine neue kuriale Instruktion zur lutherischen Angelegenheit, die in Rom Ende November 1522 verfaßt worden war und in der wohl Chieregatis Berichte aus Nürnberg verwertet worden waren[81]. Diese neue Instruktion dürfte weitgehend ein eigenes Werk des Papstes sein[82]. In ihr

77 Deutsche Reichstagsakten, jüngere Reihe (zit.: RTA), 3. Bd., bearbeitet von Adolf Wrede, Gotha 1901, S. 186–188.

78 Pastor S. 88 f.

79 Paul Kalkoff, W. Capito im Dienste Erzbischof Albrechts von Mainz. Quellen und Forschungen zu den entscheidenden Jahren der Reformation (1519–1523) (Neue Studien zur Geschichte der Theologie und der Kirche, 1. St.), Berlin 1907.

80 RTA 3, S. 385 f.

81 Ebd. S. 385. Chieregati hat diese Instruktion nicht sofort nach Deutschland „mitgebracht", wie es bei Jedin S. 168 heißt.

82 So auch Jedin ebd. Sie trägt zwar neben der Unterschrift Hadrians noch

wurde nicht nur der Vorwurf zurückgewiesen, Luther sei nicht genügend seiner Irrtümer überführt worden, sondern es wurde auch auf die Ursache der Reformation eingegangen.

Der Papst sagt wörtlich zu seinem Nuntius: „Du sollst sagen, daß wir frei bekennen, daß Gott diese Verfolgung seiner Kirche geschehen läßt wegen der Sünden der Menschen und besonders wegen der Sünden der Priester und Prälaten der Kirche. Denn gewiß ist die Hand des Herrn nicht verkürzt, daß er uns nicht retten könnte, aber die Sünden scheiden uns von ihm, so daß er uns nicht erhört. Die Heilige Schrift verkündet laut, daß die Sünden des Volkes in den Sünden der Geistlichkeit ihren Ursprung haben . . . Wir wissen wohl, daß auch bei diesem Heiligen Stuhle schon seit manchem Jahre viel Verabscheuungswürdiges vorgekommen: Mißbräuche in geistlichen Sachen, Übertretungen der Gebote, ja, daß alles sich zum Ärgeren verkehrt hat. So ist es nicht zu verwundern, daß die Krankheit sich vom Haupte auf die Glieder, von den Päpsten auf die Prälaten verpflanzt hat. Wir alle, Prälaten und Geistliche, sind vom Wege des Rechtes abgewichen, und es gab schon lange keinen einzigen, der Gutes getan hat. Deswegen müssen wir alle Gott die Ehre geben und uns vor ihm demütigen. Ein jeder von uns soll betrachten, weshalb er fiel, und sich lieber selber richten, als daß er von Gott durch die Rute seines Zornes gerichtet werde. Deshalb sollst du in unserem Namen versprechen, daß wir allen Fleiß anwenden wollen, damit zuerst diese Kurie, von der vielleicht alle diese Übel ihren Anfang nahmen, reformiert werde. Dann wird, wie von hier die Krankheit gekommen ist, auch von hier die Gesundung beginnen. Solches zu vollziehen erachten wir uns um so mehr verpflichtet, weil wir sehen, daß die ganze Welt eine solche Reform sehr begierig wünscht."[83]

Dieses Schuldbekenntnis Hadrians, dem erst in unseren Tagen durch Paul VI. ähnliche Worte hinzugefügt wurden[84], war ein sehr freimütiges Wort. Man kann es heute nicht ohne Bewunderung für den darin sich äußernden Geist lesen. Es war darüber hinaus der Versuch, die deutschen Stände zur Mitarbeit bei der Bekämpfung der Reformation zu gewinnen. Denn Hadrian sprach deutlich seinen Willen aus, Mißstände in der Kirche abzustellen,

---

die des päpstlichen Geheimsekretärs T. Heeze (RTA 3, S. 399). Ihr Inhalt entspricht aber völlig den Ansichten des Papstes.

83 RTA 3, S. 397; vgl. auch Pastor S. 93.

84 Vgl. die betreffenden Abschnitte aus seiner Eröffnungsansprache zur zweiten Sitzungsperiode des Zweiten Vatikanums vom 29. September 1963 in: Herder-Korrespondenz, Orbis Catholicus, Bd. 18, 1963/64, S. 81.

und brachte auch zum Ausdruck, daß nicht sofort alles bereinigt werden könne. Was lag dann näher, als den Papst zu unterstützen, worum er selbst gebeten hatte?[85]

Doch beinhaltete diese Meinung die Vorstellung, daß es bei den berechtigten Anliegen der Deutschen nur um Reformfragen gehe. Die theologischen Intentionen Luthers waren und blieben dagegen verurteilt. Der Wittenberger Professor hat deswegen über Hadrian kein günstigeres Urteil gefällt als über Leo. Beide blieben für ihn Repräsentanten jenes Papsttums, dessen sich der Antichrist bemächtigt hatte.

Auch auf die deutschen Stände blieben die offenen Worte Hadrians ohne Eindruck. Sie entzogen sich dem päpstlichen Appell, oder genauer: sie beantworteten ihn mit einem Gegenappell, indem sie den Papst aufforderten, ein freies, christliches Konzil in deutschen Landen einzuberufen[86]. Das Resümee über diese freimütige Aktion Hadrians muß deswegen lauten: „Die Verlesung der Instruktion ... war ein klarer Mißerfolg"[87]. Aber andererseits vermochte sich auch Hadrian nicht zu konkreten Konzilsplanungen oder einschneidenden gesamtkirchlichen Reformmaßnahmen zu entschließen. Es blieb hier auf beiden Seiten bei Worten.

Dagegen versuchte man in Rom, an einer anderen Stelle Boden zu gewinnen, nämlich in der Schweiz. Angesichts der politischen Verwicklungen des Jahres 1523, die Hadrian zu einem Defensivbündnis mit dem Kaiser gegen Frankreich veranlaßten, versuchte die Kurie, den in Zürich einflußreichen Ulrich Zwingli auf ihre Seite zu ziehen. In Rom war offenbar nicht angenommen worden, daß dieser Humanist ins Lager der Reformation gehen werde, was aber gerade in jenen Monaten der Fall war[88]. Aufgrund dieser Entscheidung Zwinglis wurde auch in der Schweiz die Religionsfrage für die römische Kurie schwieriger.

Die Erkenntnis, die gesteckten Ziele nicht zu erreichen, bedrückte den Papst. Bereits am 14. September 1523 starb er. Nicht einmal ein Jahr lang hatte er regieren können. Seine Zeit war – im Unterschied zum Pontifikat Johannes' XXIII. – nicht lange genug gewesen, um die überfällige Reform der römischen Kirche einzuleiten. Hadrian hatte auch die Ausbreitung der Reformation nicht zu verhindern vermocht. Sein guter Wille war nicht identisch mit einer guten Politik. Die mangelnde Konsequenz seiner Maßnahmen,

85 RTA 3, S. 397 f.
86 Ebd. S. 435 ff.
87 Jedin S. 169.
88 Pastor S. 101 f.

die Verzettelung seiner Kräfte in Rom[89] und die fehlende Initiative auf theologischem und gesamtkirchlichem Gebiet machen die Geschichte seines Pontifikates zu einem „eminent tragischen Stoff"[90]. Die Reformation ist auch durch ihn nicht zu einer echten und sachlichen Auseinandersetzung gezwungen oder gar einer Zerreißprobe unterworfen worden. Es blieb ihr vielmehr Zeit, weiter ihr eigenes Gesicht zu suchen.

3. *Der Zauderer Clemens*

Zum Nachfolger Hadrians VI. wurde am 18. November 1523 Kardinal Giulio de' Medici gewählt, der uns schon als Vizekanzler und rechte Hand Leos X. begegnet ist. In dieser Entscheidung kommt zum Ausdruck, daß die Kardinäle nicht die Fortsetzung der Arbeit des letzten Papstes, sondern die Anknüpfung an die Verhältnisse unter Leo X. wünschten. Am Anfang seines Pontifikates entfaltete Giulio de' Medici, der sich Clemens VII. nannte, allerdings eine bemerkenswerte Initiative in der Religionsfrage. Dazu gehörte auch die Reform der Kirche. Bereits im Januar 1524 forderte der Papst in einem Konsistorium die Kardinäle zur Arbeit an der Reform der Kirche auf[91]. Es wurde eine Kommission eingesetzt, „der die Fortführung der im Laterankonzil begonnenen Reform der Kirche oblag"[92]. Am 21. November 1524 wurde durch eine Bulle

---

89 Die Tatsache, daß Hadrian sich „in dem halben Jahre, das ihm von der Kenntnisnahme der Nürnberger Beschlüsse bis zu seinem Tode ... zur Verfügung stand", nicht zum Konzilsbegehren der deutschen Stände geäußert hat, bringt Jedin S. 170 f. mit Ecks oben erwähntem Gutachten in Zusammenhang, in dem von einem Generalkonzil abgeraten und eine neue Bulle zur Glaubensfrage empfohlen worden war. Es ist aber fraglich, ob Ecks Gutachten den Papst zur Untätigkeit in der Konzilsfrage veranlaßt hat. Denn auch die von ihm vorgeschlagene Bulle ist nie verfaßt worden. Vielmehr hat Hadrian sich bei seinen Reformmaßnahmen zunächst auf Rom beschränkt, von wo sich das Gute durchsetzen sollte (RTA 3, S. 397). Die gesamtkirchlichen Belange, um die sich ein Generalkonzil gemüht hätte, traten demgegenüber zurück.

90 Pastor S. 157. Sforza Pallavicino urteilte, Hadrian sei „ein ausgezeichneter Priester, aber ein mittelmäßiger Papst" gewesen (Vera concilii Tridentini historia, lat. Übers. von Giovanni Battista Giattino, Buch 2, Kap. 9, Antwerpen 1673, 1. T. S. 62).

91 Kalkoff, op. cit. Anm. 15, S. 87.

92 Walter Friedensburg, Aktenstücke über das Verhalten der Römischen Kurie zur Reformation 1524 und 1531, in: Quellen und Forschungen aus it. Archiven und Bibl., Bd. 3, 1900, S. 3 Anm. 1.

„die Beobachtung der reformatorischen Bestimmungen des Laterankonzils vom 5. Mai 1514 eingeschärft"[93].

Auch den Zuständen in der Stadt Rom wandte Clemens seine Aufmerksamkeit zu. Er regte in einem Konsistorium eine Visitation aller Kirchen Roms an, schlug vor, alle in der Ewigen Stadt amtierenden Weltkleriker einer Prüfung zu unterziehen, und erwog Maßnahmen zur Gewinnung von geeigneten Beichtvätern. Alle diese Pläne wurden von den Kardinälen gutgeheißen[94]. Darüber hinaus wurde von den Priestern und Mönchen das Tragen ihrer Amtskleidung verlangt. Minoriten, die sich in Rom nicht in ihrer Ordenstracht zeigten, sollten eingekerkert werden[95]. Doch blieb es zunächst nur bei Anordnungen dieser Art. Es fehlte Clemens VII. die Bestimmtheit, das als richtig Erkannte auch mit allen Mitteln durchzusetzen. Deswegen blieben die Reformanweisungen des 5. Lateranums weiterhin wirkungslos. Die Maßnahmen des Papstes auf dem Gebiet der Kirchenreform wurden auch bald seltener und traten endlich ganz hinter seinen politischen Ambitionen zurück.

Nicht viel anders verhielt es sich mit der Reformation. Allerdings handelte es sich hier um eine unübersehbare Größe, die man nicht wie die Kirchenreform als mehr oder weniger dringlich ansehen konnte. Deswegen ist es verständlich, daß Clemens VII. bereits während seines ersten Konsistoriums am 2. Dezember 1523 die Bildung einer Kardinalskommission „*circha res Lutheranas*" vorschlug. Im zweiten Konsistorium, am 9. Dezember, wurden ihre Mitglieder ernannt: die Kardinäle Francesco Soderini, Pietro Accolti und Marco Cornelio. Zu ihrer Unterstützung holten sich dieselben noch die Kardinäle Egidio Canisio, den General der Augustinereremiten, und Cristoforo Numai, den Franziskanergeneral, in den Ausschuß. Sie schlugen vor, je einen Nuntius nach Deutschland und in die Schweiz zu entsenden[96]. Offenbar meinten sie, daß man an Ort und Stelle Erkundigungen einziehen und dort auch gegen die reformatorische Lehre einschreiten müsse. Am 8. Januar 1524 wurde der Jurist Kardinal Lorenzo Campeg-

93 Vgl. Pastor S. 578.
94 Kalkoff S. 88 f.
95 Pastor S. 578.
96 Kalkoff S. 86. Zur Kommission sind später auch noch andere Mitglieder gestoßen, z. B. Kardinal Garcia de Loaysa von 1530–1532 (G. Heine, Briefe an Kaiser Karl V., geschrieben von seinem Beichtvater in den Jahren 1530–1532, Berlin 1848). Pastor berichtet, es hätten 14 Personen zu dieser Kommission gehört. Er gibt aber keinen Beleg dafür an (S. 402 Anm. 7). Eine feste Zahl von 14 Mitgliedern dürfte auch nicht immer vorhanden gewesen sein, da die Mitgliederschar fluktuierte.

gio zum Legaten für Deutschland, Ungarn und Böhmen ernannt, während Ennio Filonardi in der Schweiz wirkte[97]. Campeggio hielt sich 1524 in Nürnberg während des dortigen Reichstages auf. Er vermochte es aber nicht zu verhindern, daß die deutschen Stände eine Versammlung in Speyer zur Behandlung der Religionsfrage vorsahen, eine Art von Nationalkonzil, und daß darüber hinaus auch wieder das Generalkonzil an einem Ort in Deutschland gefordert wurde[98].

Aufgrund seiner Berichte konnte man sich aber in Rom überlegen, wie man sich zu diesen Plänen verhalten solle. Das Ergebnis war: der Kaiser soll auf die Einhaltung des Wormser Ediktes dringen und gegen die geplante Ständeversammlung in Speyer Einspruch erheben[99]. Karl V. hat dann auch das Zustandekommen dieser Zusammenkunft verhindert[100] und ist damit einer Entwicklung zuvorgekommen, die zu einem Schisma Deutschlands von Rom hätte führen können.

Der päpstliche Legat verstand es aber darüber hinaus, positive Erfolge zu erzielen. Er brachte das erste konfessionelle Bündnis in Deutschland zustande, die „Regensburger Einung" von 1524. In ihr beschlossen Erzherzog Ferdinand und die bayrischen Herzöge zusammen mit den süddeutschen Bischöfen, das Wormser Edikt in ihren Landen durchzuführen, ihre Untertanen nicht in Wittenberg studieren zu lassen und die alten kirchlichen Bräuche zu bewahren. Auch wurde eine Reform des niederen Klerus und die Abstellung von Mißbräuchen vorgesehen[101]. Alle diese Maßnahmen waren geeignet, einer Ausbreitung der lutherischen Bewegung vorzubeugen. Doch blieb auch dieser Vertrag weitgehend unausgeführt. Die Entfremdung zwischen Habsburg und Wittelsbach und der Widerstand der deutschen Bischöfe gegen die Reform hatten zur Folge, daß weder auf politischem noch auf kirchlichem Gebiet durch die Regensburger Absprachen tiefgreifende Änderungen eintraten.

Ende 1524 reiste Campeggio nach Ungarn weiter. Dadurch fehlte jetzt in Deutschland ein Mann, der aufgrund seiner Stellung,

---

97 NB I, 1. EB, S. LVIII und Caspar Wirz, Akten über die diplomatischen Beziehungen der römischen Curie zu der Schweiz 1512–1552 (Quellen zur Schweizer Geschichte, 16. Bd.), Basel 1895, S. 201.

98 NB I, 1. EB, S. LIX f.

99 Friedensburg S. 7 f. und Balan S. 335 ff.

100 Pastor S. 401.

101 NB I, 1. EB, S. LX f.

seiner Kenntnisse[102] und seiner Zähigkeit in der Lage gewesen wäre, die römischen Belange wirkungsvoll zu vertreten. Die römische Kurie hat nicht gesehen, daß dies nötig gewesen wäre. Noch Anfang 1524 hieß es in Rom, Luther werde nur vom Kurfürsten von Sachsen unterstützt. Und noch am 23. August 1525 gratulierte Clemens VII. Landgraf Philipp von Hessen zum Sieg über die Bauern, wobei in seinem Schreiben ,,die Bauern und die *impii et nepharii Lutherani* völlig identifiziert'' werden. ,,Der Papst und die für die lutherische Sache eingesetzte Kardinalskommission hatten offenbar keine Ahnung davon, daß Philipp'' zu dieser Zeit bereits ,,die neue Lehre begünstigte''[103].

Zur mangelhaften Kenntnis der deutschen Verhältnisse trat die Uninteressiertheit der Kurie an Mitteleuropa hinzu. Die politische Stellung des Papstes zwischen Kaiser Karl V. und König Franz I. von Frankreich nahm seine Aufmerksamkeit völlig gefangen. Er schloß sich in der Heiligen Liga von Cognac (1526) dem letzteren an und betrieb jahrelang eine kaiserfeindliche Politik[104], die 1527 zum *Sacco di Roma* und der Gefangennahme des Papstes durch kaiserliche Truppen führte. Während all dieser Jahre hat Clemens dem Geschehen in Deutschland nur wenig Aufmerksamkeit gewidmet. Der Bitte des Bischofs von Trient, Bernhard von Cles, eines wichtigen Ratgebers von Ferdinand[105], und des päpstlichen Nuntius in Österreich, einen Sondergesandten zu den deutschen Reichstagen zu schicken[106], entsprach Clemens VII. nicht.

Der bekannte Abschied des Speyrer Reichstages von 1526 erhielt dadurch eine Fassung, die Rom nicht genehm sein konnte. Dort wurde nämlich beschlossen, zunächst von der Durchführung

102 Campeggio war 1524 bereits das dritte Mal in Deutschland (ebd. S. XLVIII–LVIII). Zwar hielt sich Girolamo Rorario am Hof Ferdinands als päpstlicher Nuntius auf (Pastor S. 401). Aber er war nicht in der Lage, in Deutschland oder – aufgrund seiner Berichte – in Rom ein gewichtiges Wort mitzureden.

103 Pastor S. 402. Das Breve wurde in Johann Conrad Geisthirts ,,Historia Schmalcaldica'' publiziert (Zeitschrift des Vereins für Hennebergische Geschichte und Landeskunde zu Schmalkalden, 3. Supplementheft, 1885, S. 68 Anm. 2).

104 Vgl. dazu Gerhard Müller, Zur Vorgeschichte des Tridentinums. Karl V. und das Konzil während des Pontifikates Clemens' VII., in: Zeitschrift für Kirchengeschichte, Bd. 74, 1963, S. 85 ff.

105 Vgl. Helmut Goetz, Die geheimen Ratgeber Ferdinands I. (1503–1564). Ihre Persönlichkeit im Urteil der Nuntien und Gesandten, in: Quellen und Forschungen aus ital. Arch. und Bibl., Bd. 42/43, 1963, S. 461 ff.

106 Balan S. 514, 516 ff. und 543.

des Wormser Ediktes abzusehen. In der Formulierung, daß die Stände sich so verhalten wollten, wie sie es vor Gott und dem Kaiser zu verantworten hofften, war vom Papst bezeichnenderweise nicht die Rede. Aber an der Kurie protestierte man nicht einmal dagegen – von anderen, einschneidenderen Maßnahmen ganz zu schweigen –, weil man von der antikaiserlichen Politik völlig absorbiert war. Rom verlor die deutschen Verhältnisse „mehr und mehr aus den Augen ... Bezeichnend ist, wie die päpstlichen Breven, die sich mit den deutschen Angelegenheiten beschäftigten, jetzt immer seltener werden"[107].

Dieser Hintergrund für die Ausbreitung der Reformation in Zürich, Nürnberg und anderen Reichsstädten, in Ostpreußen, Kursachsen oder Hessen muß immer wieder nachdrücklich betont werden. Der Herrscher über den Kirchenstaat war so sehr in die politischen Belange seines Landes verstrickt, daß er den Verpflichtungen, die sich aus seiner Eigenschaft als Haupt der Kirche ergaben, nicht nachkommen konnte. Ja, darüber hinaus hinderte er auch Karl V., einen Versuch zur Wiederherstellung der religiösen Einheit in Deutschland zu machen.

Erst 1529, als zwischen Kaiser und Papst Frieden geschlossen wurde, ging wieder ein Nuntius nach Deutschland, und zwar zum zweiten Speyrer Reichstag. Bezeichnenderweise sandte Clemens einen Laien, den Adligen Gian Tommaso Pico della Mirandola. Er kündigte die Einberufung eines Konzils zum Sommer 1530 an, woran sich die deutschen Stände noch einige Jahre später erinnerten[108]. Durch ein Konzil wäre es möglich gewesen, zur Reformation im Rahmen der gesamten Christenheit Stellung zu nehmen, die Verantwortung des Kaisers gegenüber der religiösen Lage in Deutschland zu mindern und auch die Reform der Kirche einzuleiten, die nicht zuletzt Karl V. für notwendig hielt[109]. Doch vermochte Clemens VII. sich aus persönlichen und sachlichen Gründen nicht zu der Entscheidung durchzuringen, die allgemeine Kirchenversammlung wirklich einzuberufen[110].

Im Winter 1529/30 trafen Papst und Kaiser sich in Bologna. Bei ihren Gesprächen ging es auch um die Reformation und das Konzil. Clemens VII. erklärte sich damit einverstanden, daß der Kaiser die deutschen Stände nach Augsburg einberief, um sich die reli-

---

107 Pastor S. 405.

108 Johannes Ficker, Aktenstücke zu den Religionsverhandlungen des Reichstages zu Regensburg 1532, in: Zeitschrift für Kirchengeschichte, Bd. 12, 1891, S. 616.

109 Müller, Zur Vorgeschichte S. 84 ff.

110 Vgl. Jedin S. 178 ff.

giösen Meinungen vorlegen zu lassen und sie durch seinen Schiedsspruch beizulegen[111]. Für den Fall aber, daß sich die Glaubensfrage dadurch nicht bereinigen lasse, wurde ein Generalkonzil ins Auge gefaßt. Allerdings verlangte Clemens, daß dann Friede herrsche ,,und die Gefahr politisch bedingter Schismen beseitigt sei''[112]. Lorenzo Campeggio, der Deutschlandexperte unter den Kardinälen, wurde zum Legaten beim Kaiser ernannt und erhielt ,,den Auftrag, zur Beseitigung der lutherischen Häresie beizutragen''[113]. Campeggio tat das, indem er den Kaiser zu kriegerischem Vorgehen gegen die Reformation aufforderte[114]. Damit standen für die Arbeit des Reichstages drei Möglichkeiten offen: 1. die Beilegung der Streitigkeiten durch ein kaiserliches Urteil, 2. die Einberufung des Konzils und 3. ein Krieg des Kaisers und seiner Freunde gegen die protestantischen Stände. In Augsburg mußte es sich zeigen, durch welche dieser Möglichkeiten das erwünschte Ziel, die religiöse Einigung der Christenheit, erreichbar sein würde.

Die Protestanten beantworteten die Aufforderung des Kaisers, über ihren Glauben Rechenschaft abzulegen, mit drei Bekenntnissen: der *Confessio Augustana*, der *Confessio Tetrapolitana* und der *Fidei Ratio*, einer Arbeit Zwinglis, die dieser an den Kaiser sandte. Nur die *Confessio Augustana* durfte am 25. Juni öffentlich vor den Ständen verlesen werden. Der Schiedsspruch des Kaisers wurde in der *Confutatio*, wie sie hieß, am 3. August vor Kaiser und Reich vorgetragen. An ihrer Erarbeitung hatte sich der Legat beteiligt. Das Urteil lautete: was die Protestanten an Neuerungen eingeführt haben, ist nicht rechtens und muß wieder beseitigt werden. Ihre theologischen Meinungen wurden einer kritischen Sichtung unterzogen und von den Verfassern der *Confutatio*, unter denen an erster Stelle Johann Eck zu nennen ist[115], vom Vulgärthomismus her abgelehnt. Dieser kaiserliche Schiedsspruch, ein theologisches Urteil der höchsten staatlichen Gewalt in Deutschland, war nicht von Rom autorisiert worden, fand dort aber noch nachträglich Billigung.

---

111 Vgl. das Reichstagsausschreiben vom 21. Januar 1530 aus Bologna bei Karl Eduard Förstemann, Urkundenbuch zu der Geschichte des Reichstages zu Augsburg im Jahre 1530, 1. Bd., Halle 1833, S. 2–9.

112 Jedin S. 195 f.

113 NB I, 1. EB, S. 1.

114 Ebd. S. 36 f.

115 Gerhard Müller, Johann Eck und die Confessio Augustana. Zwei unbekannte Aktenstücke vom Augsburger Reichstag 1530, in: Quellen und Forschungen aus ital. Arch. u. Bibl., Bd. 38, 1958, S. 206 f.

Die Kurie begrüßte die Kritik des Kaisers an der evangelischen Lehre und den evangelischen Bräuchen und lehnte das humanistische Einigungsstreben mit scharfen Worten ab, an dem Melanchthon in Augsburg maßgeblich beteiligt war. Das Programm der Humanisten hatte gelautet: beide Seiten sind im Theologischen ohne wirkliche Divergenzen, was sich ja auch – in Parenthese bemerkt – im Augsburgischen Bekenntnis durchaus gezeigt hat. Die Humanisten meinten, den Protestanten müßten nur einige praktische Zugeständnisse in liturgischer Hinsicht – eine Veränderung des *Canon Missae* und die Gewährung des Laienkelches – sowie Konzessionen in bezug auf die Verheiratung von Priestern gemacht werden[116]. Wenn die römische Kurie im Juli 1530 zu diesem Entgegenkommen bereit gewesen wäre, dann wäre es möglich gewesen, daß sich Altkirchliche und Protestanten auf dieser humanistischen Linie gefunden und eine Union geschlossen hätten. Diese Konzessionen waren der Kurie aber im Juli 1530 für eine Beseitigung der religiösen Differenzen als Preis zu hoch[117], so daß der Kaiser seinen Schiedsspruch fällen mußte.

Aber nun ergab sich Anfang August 1530 die Schwierigkeit, daß das kaiserliche Urteil von den Protestanten nicht als eine Widerlegung ihrer Ansichten akzeptiert wurde. Sie forderten, auf die *Confutatio* eine *Anti-Confutatio* verfassen zu dürfen. Der Kaiser lehnte das aber ab. Sein Schiedsspruch sollte endgültig sein. Im Stillen hoffte er jetzt aber auf das Konzil, um dessen Einberufung er den Papst bereits im Juli gebeten hatte. Clemens VII. war aber jetzt so wenig wie früher geneigt, ernsthaft an die Verwirklichung dieses Planes zu denken. Vielmehr hieß es nun Ende August und Anfang September 1530 aus Rom, wenn es nicht anders ginge, solle man einiges bei den Protestanten stillschweigend tolerieren. Dabei war offensichtlich an Laienkelch und Priesterehe gedacht[118]. Aber diese Veränderung kurialer Politik kam zu spät. Die Reichsstände hatten im August mit Hilfe von zwei Sonderausschüssen die religiösen Divergenzen erfolglos zu beseitigen versucht und konnten

---

116 NB I, 1. EB, S. 70.

117 Ebd. S. 80 f. Allerdings hat auch Luther das humanistische Unionsprogramm abgelehnt (Luthers Werke, Briefwechsel 5. Bd., Weimar 1934, S. 407 ff.). Doch ist es fraglich, ob allein seine Einstellung eine Einigung der deutschen Stände verhindert hätte.

118 NB I, 1. EB, S. 120 und Gerhard Müller, Um die Einheit der Kirche. Zu den Verhandlungen über den Laienkelch während des Augsburger Reichstages 1530, in: Reformata Reformanda. Festgabe für Hubert Jedin zum 17. Juni 1965, Münster/Westf. 1965, 1. Teil, S. 420.

jetzt nicht mehr hinter deren Ergebnisse zurück. Der Kaiser schlug deswegen den dritten Weg ein: die Planung eines kriegerischen Vorgehens gegen die Protestanten, wenn sich diese nicht noch unterwürfen. Mit dieser Drohung in den Ohren reiste Kurfürst Johann von Sachsen am 23. September aus Augsburg ab[119].

Was war geschehen? Die Protestanten waren aus Gesprächspartnern, mit denen man sich schon fast geeinigt hatte, zu Feinden geworden, denen der Landfriede nicht zugesprochen werden konnte. All das hatte sich unter maßgeblichen Einwirkungen der römischen Kurie vollzogen. Deren einschneidendster Beitrag hatte in der Verweigerung des Konzils bestanden. Karl V. hoffte nun, bei einem kriegerischen Vorgehen von Rom unterstützt zu werden, und wandte sich mit entsprechenden Anträgen an den Papst. Er mußte aber feststellen, daß dort nur Worte gemacht und Briefe zur Unterstützung des kaiserlichen Vorhabens durch andere Fürsten geschrieben wurden. Die Kurie hatte kein Geld und bat sogar um einen Kredit des Kaisers, statt einschneidende Anstrengungen zu machen, selber Mittel für eine Bekämpfung der Protestanten zusammen zu bekommen[120]. Im Sommer 1530 hatte man zwar zusammen mit dem Kaiser einen Krieg gegen Florenz geführt, um dort einen Neffen des Papstes als Herzog einzusetzen[121]. Aber jetzt, wo es gegen die Protestanten gehen sollte, ließ Rom den Kaiser allein. Dies ist ein weiteres Beispiel dafür, wie wenig den Papst und seine Mitarbeiter die religiösen Verhältnisse in Deutschland berührten.

Karl V. konnte im Frühjahr 1531 seinen kriegerischen Worten keine Taten folgen lassen. Das Verhalten der Kurie und anderer christlicher Fürsten wie Heinrich VIII. von England und Franz I. sowie seine eigene Geldknappheit erlaubten es ihm nicht, einen Feldzug gegen unbotmäßige protestantische Stände zu führen, von denen sich die meisten inzwischen im Schmalkaldischen Bund zusammengeschlossen hatten[122].

An dieser Entwicklung hatte Rom einen gewichtigen Anteil. Einerseits hatte man den Kaiser zu einem Krieg gegen die Prote-

---

119 Valentin von Tetleben, Protokoll des Augsburger Reichstages 1530, hrsgg. und eingeleitet von Herbert Grundmann (Schriftenreihe der Historischen Kommission bei der Bayerischen Akademie der Wissenschaften, Schrift 4), Göttingen 1958, S. 159–166.

120 NB I, 1. EB, S. 138 ff. und 93.

121 Ebd. S. 20 ff.

122 Ekkehart Fabian, Die Entstehung des Schmalkaldischen Bundes und seiner Verfassung 1529–1531/33 (Schriften zur Kirchen- und Rechtsgeschichte H. 1), 2. Aufl. Tübingen 1962.

stanten aufgefordert, andererseits aber auch deren Duldung ins Auge gefaßt. Vor allem aber hatte Clemens seinen Worten keine Taten folgen lassen, als es um die Einberufung des Konzils ging, auf das deswegen die Lutheraner nach wie vor pochen konnten. Karl V. war aber nun nicht mehr willens, länger in Deutschland zu bleiben und sich mit Fragen zu befassen, die je länger desto schwieriger wurden. Er wollte nach Spanien, dem jetzigen Zentrum seiner Reiche, zurückkehren. Ferdinand als römischer König und damit als sein designierter Nachfolger im Kaisertum sollte die deutschen Geschicke lenken. Dazu benötigte dieser aber angesichts der Türkengefahr die Unterstützung aller deutschen Stände bei einem Angriff der Moslems. Die Protestanten, denen man den Landfrieden aufgekündigt hatte, waren aber nicht zur Unterstützung der Habsburger bereit. Mußten sie doch befürchten, daß dieselben nach einem Sieg über die Türken sich dann gegen sie selber wenden würden.

Karl V. versuchte deswegen 1531, Clemens das Zugeständnis zu einem Abkommen zwischen ihm und den Protestanten zu entlokken[123]. Der Papst war aber zu jener Zeit über den Kaiser sehr verstimmt, weil er in einem Prozeß zwischen dem Herzog von Ferrara und dem Kirchenstaat zu Gunsten des Herzogs entschieden hatte[124]. Das hat Clemens veranlaßt, jetzt wieder französischen Werbungen sein Ohr zu neigen – trotz der Erfahrung des *Sacco di Roma*. Deswegen gelang es den Gesandten des Kaisers in Rom nur mit Mühe, das Zugeständnis zu erhalten, daß Karl V. den Protestanten Konzessionen machen dürfe, die aber keine theologischen Fragen betrafen und durch die sich die Lutheraner zur Beteiligung an der Türkenabwehr verpflichten würden[125].

Dies blieb aber der wachsamen französischen Diplomatie nicht verborgen. König Franz legte Protest ein und erklärte, wenn den Deutschen irgend etwas gestattet werde, dann verlange Frankreich dasselbe. Nun wußte Clemens sich keinen anderen Rat mehr, als seiner Zusage durch einen Sondergesandten am Kaiserhof eine indirekte Rücknahme der Konzessionen folgen zu lassen. Dieser neue Nuntius – es war Aleander, den Karl V. vom Wormser Reichstag her kannte – sollte dafür sorgen, daß den Protestanten keine Zugeständnisse gemacht würden[126]. Clemens vermied es aber, seine

---

123 *Calendar of Letters, Despatches, and State Papers, Relating to the Negotiations Between England and Spain*, Bd. 4, Teil 2, hrsgg. von Pascual de Gayangos, London 1882, S. 218 f.

124 NB I, 1. EB, S. 225 ff. 125 Gayangos S. 218 f.

126 Müller, Die drei Nuntiaturen (op. cit. Anm. 33) S. 239. Die Mitteilung Peter Fraenkels, Aleander habe Anweisungen für die päpst-

Zusage unmißverständlich zurückzuziehen, weil er zeitweise angesichts der Türkengefahr die Hilfe der Protestanten wieder für notwendig hielt[127]. Aus diesen Gründen lavierte er sich zwischen den Mächten von Tag zu Tag so schlecht und recht durch, wie es ging. Dabei kam ihm zustatten, daß der Kaiser, der fest in der burgundischen Tradition seiner Familie und damit dem kirchlichen Gehorsam gegenüber Rom verwurzelt war, keine Neigung verspürte, den Protestanten allzu gewichtige Zugeständnisse zu machen[128]. Ihm ging es vielmehr darum, eine Absprache zu erhalten, die es ihm ermöglichte, Deutschland jetzt zu verlassen, um dann zu gegebener Zeit zurückzukehren.

Die Kurie war es, die ihn Anfang 1532 zu einem Abkommen mit den Lutheranern drängte. Es waren nämlich Nachrichten über türkische Rüstungen eingetroffen, die in Rom die Befürchtung weckten, Italien werde von der See her angegriffen werden[129]. Man war sich dort darüber im klaren, daß nur Karl V. wegen seiner eigenen italienischen Besitzungen wirksame Hilfe bei der Abwehr der Ungläubigen leisten würde. Deswegen wurde ein Abkommen zwischen dem Kaiser und den Protestanten befürwortet, das letztere zur Teilnahme an der Türkenabwehr verpflichtete. Selbst Campeggio gab jetzt seine Meinung auf, daß die Lutheraner eine größere Gefahr als die Türken bildeten[130]. Dadurch wurde in Deutschland der Weg frei für den Nürnberger Anstand von 1532. Es handelte sich dabei um einen befristeten Waffenstillstand: er sollte nur gelten bis zum Konzil oder der Einberufung eines neuen Reichstages. Der Kaiser und die Stände versicherten, bis dahin nicht aus Glaubensgründen gegeneinander vorzugehen, und die Protestanten versprachen, zur Abwehr der Türken beizutragen[131].

---

lichen Konzessionen nach Deutschland gebracht, trifft nicht zu (*Utraquism or Co-Existence: Some Notes on the Earliest Negotiations before the Pacification of Nuernberg*, 1531–1532, in: *Studia Theologica*, Bd. 18, 1964, S. 144).

127 NB I, 1. EB, S. 231. Die Frage, ob man den Lutheranern Konzessionen gewähren könne, wurde an der Kurie verschieden beantwortet (vgl. die bei Friedensburg S. 16–20 abgedruckten Gutachten Cajetans und Accoltis vom Sommer 1531). Dies dürfte das Schwanken des Papstes verstärkt haben.

128 Otto Winckelmann, Der Schmalkaldische Bund 1530–1532 und der Nürnberger Religionsfriede, Straßburg 1892, S. 111 ff.

129 Vgl. in dem von mir bearbeiteten zweiten Ergänzungsband zur ersten Abteilung der Nuntiaturberichte aus Deutschland, der sobald wie möglich erscheinen und der die Depeschen aus dem Jahre 1532 enthalten soll.

130 Vgl. ebd. Nr. 183.

131 Die Nürnberger Absprachen vom 23. Juli 1532 wurden zuletzt gedruckt

Dieser Anstand bildete den ersten Vertrag, der zwischen den Protestanten und dem Kaiser geschlossen wurde. Seine geschichtliche Bedeutung sollte man nicht unterschätzen. Über ein Jahrzehnt bestimmte er das Geschick der Reformation in Deutschland[132]. Er trat, wenn auch zunächst zeitlich nur begrenzt, an die Stelle des Wormser Ediktes, des Beschlusses zur Ausrottung der Reformation. Die Kurie hat gegen diesen Anstand nicht protestiert[133]. Faktisch war sie dazu auch gar nicht in der Lage, weil sie ja selber Karl V. auf diesen Weg gedrängt hatte. Sie hätte aber durch einen Protest den bisherigen Rechtsgrundsatz, daß man mit Ketzern keine Abkommen schließt, sondern sie bekämpft, wahren können. Clemens VII. tat dies nicht, weil ihm die Tagesaufgaben wichtiger waren als die Aufrechterhaltung dieses Rechtsgrundsatzes.

Karl V. hat sich dann noch Ende 1532 bei einem zweiten Treffen mit dem Papst in Bologna bemüht, die Einberufung des Konzils zustande zu bringen. Doch ließ Clemens VII. sich nur zu unverbindlichen Präliminarien herbei wie der Versendung von Breven und Nuntien[134]. Dem Kaiser gelang es nicht, durch die Einberufung einer allgemeinen Kirchenversammlung die gesamte Christenheit an der Verantwortung gegenüber der Reformation zu beteiligen. Er verließ Italien und reiste nach Spanien, während der Papst sich Ende 1533 mit Karls Gegner Franz I. von Frankreich in Marseille traf. Aber auch wenn man von der Konzilsfrage absieht, muß man feststellen, daß Clemens VII. nicht mit geeigneten Mitteln der Ausbreitung der Reformation gewehrt hat. Weder hat er die Reform der Kirche neu in Angriff genommen noch auf theologischem Gebiet den Reformatoren die Initiative bestritten. Die Verluste, die die Evangelischen in der Schweiz im Herbst 1531 hinnehmen mußten, waren ganz und gar nicht auf kuriale Verdienste zurückzuführen, sondern auf die Uneinigkeit im protestantischen Lager und die Geschlossenheit der altkirchlichen Schweizer[135].

Wie wenig diesen Papst die Reformation berührte, wie wenig er ihre Tragweite begriff, wird daraus deutlich, daß er 1534 „ein Hilfs-

---

in: Urkunden und Akten der Reformationsprozesse am Reichskammergericht, am Kaiserlichen Hofgericht zu Rottweil und an anderen Gerichten, 1. Teil, bearbeitet von Ekkehart Fabian (Schriften zur Kirchen- und Rechtsgeschichte, H. 16/17), Tübingen 1961, S. 59 ff.

132 Winckelmann S. 264.

133 Vgl. Repgen S. 53 und die Nuntiaturberichte von 1532.

134 Jedin S. 225.

135 Vgl. Wirz S. 230 ff.

gesuch König Ferdinands" kühl ablehnte, der ihn um Unterstützung gegen den Angriff Philipps von Hessen auf Württemberg gebeten hatte[136]. Ferdinands Truppen unterlagen, so daß er Württemberg abtreten mußte. Dadurch wurde die Einführung der Reformation in diesem Herzogtum möglich – ein Vorgang, der das Kräfteverhältnis in Süddeutschland nicht unwesentlich verschob. Ferdinand, bisher ein treuer Sohn der römischen Kirche, deutete nun „die Möglichkeit eines papstlosen Konzils an . . . Da schloß ein unerwartetes Ereignis dieses unerfreulichste Kapitel der Konzilsgeschichte", wie Hubert Jedin es nennt: „Am 25. September 1534 starb, im Alter von erst 56 Jahren, Papst Klemens VII."[137]

Zwischen starrer Unnachgiebigkeit und der Empfehlung zum Entgegenkommen gegenüber den Protestanten hatte dieser Mann während seines elfjährigen Pontifikates geschwankt. Zu einem klaren Konzept vermochte sich dieser kluge, aber allzu zaudernde Monarch nicht durchzuringen. Häufig berührte ihn auch das Geschehen in Deutschland nur am Rande, das er sich selber überließ, um sich anderen, zumeist italienischen Fragen relativ ungestört widmen zu können. Ausgesprochen papale Züge vermißt man an ihm, der in erster Linie nicht als Haupt der römischen Christenheit, sondern als ein italienischer Herrscher agierte. Zu keiner Zeit fand er ein theologisches Wort, das seine Anhänger in Deutschland und der Schweiz unterstützt und die Protestanten verwirrt oder angelockt hätte. Überhaupt war die theologische Arbeit in Rom während dieses Pontifikates sehr mager. Es ist bezeichnend, daß sich in Denzingers „*Enchiridion symbolorum*" kein einziger Satz dieses Papstes findet. Die Reformation aber erhielt dadurch eine weitere Möglichkeit zur Konsolidierung. Es sollte noch länger als ein Jahrzehnt dauern, bis das Konzil begann und der Kaiser sich in der Lage fühlte, mit kriegerischen Mitteln den Schmalkaldischen Ständen entgegenzutreten.

*

Das Echo auf die Anfänge der Reformation ist an der römischen Kurie – wie wir sahen – unterschiedlich gewesen. Die erste Reaktion war erstaunlich milde. Länger als zweieinhalb Jahre dauerte es, bis der Prozeß Luthers mit seiner Verurteilung endete. Nicht theologische Gründlichkeit war es, die diese Verzögerung bewirkte,

---

136 Jedin S. 229.
137 Ebd.

sondern vor allem politische Motive. Der einmal eingeschlagene Weg wurde dann aber nicht konsequent weiterbeschritten. Clemens VII. hat sich sogar 1530 bereit erklärt, auf kaiserlichen Wunsch hin zwei einander widersprechende Bullen zu verfassen: in der einen wurde Kurfürst Johann von Sachsen als Anhänger Luthers als nicht wahlberechtigt bei der Wahl eines römischen Königs bezeichnet. In der anderen dagegen wurde der Kurfürst trotz seiner Exkommunikation zu diesem Akt ausdrücklich bevollmächtigt[138]. Rom hatte sich damit nicht nur auf ein gefährliches Doppelspiel eingelassen, das seinen moralischen Kredit verzehrte, sondern es hatte auch darüber hinaus eine Veränderung von Rechtsgrundlagen und eine Anpassungsfähigkeit an politische Forderungen zum Ausdruck gebracht, die es Clemens schwer machen mußten, in Zukunft ernst zu nehmende religionspolitische Maximen zu stellen. Vor allem aber hat die Kurie trotz der allenthalben laut gewordenen Klagen die Reform im eigenen Haus kaum in Angriff genommen, weil kein Römer die gewohnten Einnahmequellen verlieren wollte. Nicht zuletzt war es der romanische Zuschnitt der Kurie, der eine Erfassung der reformatorischen Fragen in Rom unmöglich machte. Aber auch das theologische Desinteresse der Kanonisten und humanistischen Dichter, die an der Kurie bestimmenden Einfluß hatten und von denen keiner ein kontroverstheologisches Werk geschrieben hat[139], begünstigte die Ausbreitung der Reformation. Der gute Wille Hadrians vermochte die Verhältnisse nicht zu ändern, die während des Pontifikates Leos X. geherrscht hatten und die sich dann auch unter Clemens VII. wieder durchsetzten. Auf reformerischem wie auf theologischem Gebiet versagte die Kurie weitgehend während der Anfänge der Reformation, weil sie von anderen, nichtkirchlichen Aufgaben zu stark in Anspruch genommen war.

Diese Entmythisierung der kurialen Motive, der auf reformatorischer Seite Parallelen hinzugefügt werden könnten – man denke

---

138 NB I, 1. EB, S. 162 und Eduard Wilhelm Mayer, Forschungen zur Politik Karls V. während des Augsburger Reichstags von 1530, in: Archiv für Reformationsgeschichte, Bd. 13, 1916, S. 124 ff.

139 Die weitaus größte Mehrzahl der Italiener, die sich gegen Luther gewandt haben, hatte mit der Kurie direkt nichts zu tun (Friedrich Lauchert, Die italienischen literarischen Gegner Luthers; Erläuterungen und Ergänzungen zu Janssens Geschichte des deutschen Volkes, 8. Bd., Freiburg/Br. 1912). Selbst ein Mann wie Cajetan, der in Rom lebte, hat z. B. während des Pontifikates Clemens' VII. nur wenig Einfluß gehabt.

etwa an die Säkularisation der Kirchengüter –, sollte beitragen zu einer Versachlichung des Gesprächs über die Wurzeln unseres ökumenischen Zeitalters. Es sollte einsichtig sein, daß die Aufgabe der Bischöfe und Theologen die Theologie ist. Es kann sich folgenschwer auswirken, wenn sie ein falsches Selbstverständnis erfüllt und sie nicht als Hirten, sondern als Herrscher oder Wahrer von Rechtsgrundsätzen handeln. Darüber hinaus darf die reformatorische Theologie auch nicht mit nachtridentinischen Maßstäben gemessen werden. Vieles von dem, was am Anfang des 16. Jahrhunderts in der römischen Kirche noch lehrmäßig möglich war, ist erst in der Abgrenzung gegenüber Luther ausgeschieden worden. Denn erst der Nachfolger Clemens' VII., Papst Paul III. war es, der das so lange schon geforderte Konzil einberief. Diesem blieb es vorbehalten, die Gegenbewegung gegen die Reformation in der zweiten Hälfte des 16. Jahrhunderts auszulösen und die römische Kirche mit neuem Leben zu erfüllen. Der konfessionelle Pluralismus war jetzt aber nicht mehr aufhebbar.

Die römische Kurie und der Reichstag

Nach der Wahl Karls zum Kaiser hatte Papst Leo X. den Protonotar Marino Caracciolo zum Nuntius an dessen Hof ernannt. Caracciolo war bereits bei Maximilian I. päpstlicher Gesandter gewesen[1], so daß ihm die deutschen Verhältnisse schon vertraut sein mußten. Als der Nuntius im August 1520 seine Arbeit nach der Ankunft Karls V. in Flandern aufnahm, traf er am Kaiserhof mit Raffaelo de' Medici zusammen, einem entfernten Verwandten des Papstes, der bereits im August 1519 als außerordentlicher Bevollmächtigter von Rom nach Mitteleuropa gesandt worden war, um über eine Allianz Leos mit dem Habsburger zu verhandeln[2]. Man wollte an der römischen Kurie dadurch ganz offensichtlich Kontakte mit dem Neugewählten knüpfen, dessen Wahl zum Kaiser der Papst hatte verhindern wollen[3]. Zu diesen beiden Personen kam dann noch Hieronymus Aleander hinzu, den Leo X. im Juni 1520 zum außerordentlichen Nuntius bei Karl V. bestellt hatte, damit er die Bannandrohungsbulle „Exsurge Domine" gegen Luther am Kaiserhof publiziere und den Kaiser sowie die deutschen Stände zum Vorgehen gegen den Augustinereremiten veranlasse[4]. Es waren also drei Vertreter der römischen Kurie bei Karl V., als der Wormser Reichstag begann. Der übergeordnete war Caracciolo. Lediglich in der Luther-Sache sollte Aleander den Vorrang bei den Verhandlungen haben, wobei ihm aber eingeschärft wurde, daß er im Einvernehmen mit dem ordentlichen Nuntius vorgehen solle. Nicht nur Aleander, sondern auch Caracciolo erhielt über die Religionsfrage Anweisungen aus Rom[5].

Die päpstliche Bannandrohungsbulle war das Ergebnis des Prozesses, der an der Kurie über Luthers Lehre von 1518 ab geführt worden war[6]. Luther wurde in ihr aufgefordert, innerhalb von 60 Tagen nach Veröffentlichung des

---

Siehe im Bilderteil Abb. 18, 19

[1]) Anton PIEPER, Zur Entstehungsgeschichte der ständigen Nuntiaturen. Freiburg/Breisgau 1894, S. 53.

[2]) PIEPER, Entstehungsgeschichte (1), S. 54.

[3]) Rom hatte Karls Gegenkandidaten, den französischen König Franz I., bei der Kaiserwahl unterstützt, vgl. Ludwig Freiherr von PASTOR, Geschichte der Päpste seit dem Ausgang des Mittelalters, 4. Bd., 1. Abt., 13. Aufl. Freiburg/Breisgau 1956, S. 186 ff.

[4]) BALAN, Nr. 4, S. 8 f. Einen kurzen Überblick über Aleanders Leben bis 1531 habe ich gegeben in: Nuntiaturberichte aus Deutschland, 1. Abt., 1. Ergänzungsband 1530—1531. Tübingen 1963, S. LXXIII ff.

[5]) BALAN, Nr. 28, S. 67 und Nr. 9, S. 22.

[6]) Vgl. Gerhard MÜLLER, Die römische Kurie und die Anfänge der Reformation, in: Zeitschrift für Religions- und Geistesgeschichte, Bd. 19 (1967) S. 2—9; vgl. dazu jetzt auch die während der Drucklegung erschienene Arbeit von BORTH, Luthersache, S. 45 ff.

römischen Urteils in den Bistümern Brandenburg, Meißen und Merseburg Widerruf zu leisten. Wenn er und seine Anhänger sich dem Richtspruch widersetzen, dann verfallen sie den Strafen, die notorischen Ketzern gebühren[7]. Dieser Drohung sollte Aleander Nachdruck verleihen, indem er Karl bittet, „die Kirche von den bösen Menschen" zu reinigen. Der Kaiser möge außerdem die deutschen Stände auffordern, bei der Exekution der Bulle zu helfen[8]. Nicht nur Aleander, sondern auch der Ingolstädter Theologieprofessor Johann Eck war zum außerordentlichen Gesandten in der Luther-Sache ernannt worden, wobei Eck die Aufgabe zugefallen war, die Bannandrohung in Ober-, Mittel- und Niederdeutschland bekannt zu machen[9]. Viel kam jetzt darauf an, wie die Obrigkeiten in Deutschland und besonders Luthers Landesherr sich diesem kurialen Anliegen gegenüber verhalten würden.

Der Papst schrieb selbst am 8. Juli 1520 an Friedrich den Weisen und teilte ihm mit, daß er Luther nicht mehr seinen Sohn nennen könne. Denn dieser sei „gegen den allerheiligsten Stuhl und den ganzen römischen Namen mit Haß" vorgegangen und habe die Fundamente des Glaubens, die Sitten und die Ordnung der Christenheit angegriffen. Leo erinnerte daran, daß er Luther ermahnt und daß der Kurfürst ihm versichert habe, den Wittenberger nach einer Verurteilung nicht schützen zu wollen. Wenn Luther nun aufgrund der Bannandrohungsbulle nicht Buße tue, solle man ihn nicht mehr für ein Glied Christi, sondern des Teufels halten[10]. Aleander erhält Vollmacht, diejenigen zu absolvieren, die Luthers Irrtümer übernommen hatten, die sich aber jetzt bekehren wollen, soweit diese Lossprechungen nicht in die Zuständigkeit der Kurie fallen. Gegen die anderen, die sich nicht von den Lehren des Wittenberger Professors distanzieren, hat er vorzugehen und sie den weltlichen Behörden auszuliefern[11]. In der Instruktion für den Nuntius vom Juli 1520 heißt es, daß die Bannandrohungsbulle verbreitet werden solle. Vor allem müssen die Erzbischöfe sie erhalten, die sie dann an ihre Suffragane, an die Klöster und die Kollegiatkirchen zum Zweck ihrer Publikation zu versenden haben[12].

Aleander wird darauf hingewiesen, daß er sich der Hilfe einflußreicher Personen am Kaiserhof bei seinen Anliegen versichern kann. Es heißt, er möge sich den Bischof von Lüttich, Eberhard von der Mark, sowie andere Prälaten und Herren „für dieses heilige Werk" geneigt machen. Das kann besonders in dem Augenblick wichtig werden, in dem Luther bittet, am Kaiserhof gehört zu werden — bereits im Sommer 1520 hat man also in Rom die Möglichkeit ins Auge gefaßt, daß der Wittenberger den kurialen Urteilsspruch durch eine Appellation an die weltliche Obrigkeit zu desavouieren sucht. Der Nuntius wird angewiesen, ein solches Ansuchen scharf zu bekämpfen. Er soll daran erinnern,

7) Die Bulle wurde gedruckt in: Magnum Bullarium Romanum, Bd. 1. Luxemburg 1727, S. 610—614.

8) Balan, Nr. 4, S. 8 f.

9) Müller, Aleander, S. 224 f. und Pastor, Päpste (3), S. 278.

10) Balan, Nr. 1, S. 1—3.

11) Balan, Nr. 3, S. 7.

12) Balan, Nr. 4, S. 9.

daß Luther freies Geleit nach Rom erhalten hat. Dort werden Häresiefragen rechtmäßigerweise behandelt, aber nicht vor einer weltlichen Obrigkeit. Die Kurie erklärt, es sei gegen jedes göttliche und menschliche Recht, Luther am Kaiserhof Gehör zu geben, nachdem der Papst seine Irrtümer bereits mit dem Bann belegt habe. Damit waren die Grenzen genau abgesteckt: *Exekution, aber nicht Diskussion des römischen Urteils.* Dieser Rechtsstandpunkt wird nicht gemildert, sondern eher unterstrichen, wenn es heißt, Luther habe weiterhin freies Geleit nach Rom. Der Papst sei gerne bereit, ihn dort zu hören[13]. Denn eine Revision der verurteilten Sätze kam dabei nicht mehr in Frage. Lediglich eine Interpretation konnte vorgetragen werden, die von Leo und seinen Ratgebern akzeptiert würde.

Man war sich aber an der Kurie darüber im klaren, daß ein solch freiwilliges Verhör Luthers in Rom alles andere als wahrscheinlich war. Deswegen wurde der Nuntius aufgefordert, den Kaiser und alle Fürsten zu ermahnen, Luther nach Ablauf der ungenutzt verstrichenen Widerrufsfrist gebunden nach Rom zu führen, „damit er mit der gebührenden Strafe gestraft werde". Kann Aleander dies nicht erreichen, dann soll er durchzusetzen versuchen, daß die Obrigkeiten gegen Luther und seine Anhänger in Deutschland vorgehen. Gelingt auch dies nicht, dann sollen die Häretiker wenigstens aus dem Land ausgewiesen werden. Schließlich wird noch erwogen, sich gegen Universitäten und Kollegien zu wenden, die Luther unterstützten. Das würde sich ja mindestens gegen Wittenberg richten und zu Komplikationen angesichts der Tatsache führen, daß Kurfürst Friedrich seine schützende Hand über seine Gründung hielt. Deswegen wurde dem Nuntius Vollmacht gegeben, diese Befehle den Umständen entsprechend zu mildern[14] — man war sich offenbar in Rom völlig im klaren darüber, daß es nicht leicht sein werde, das zu erreichen, was vom Rechtsstandpunkt her zu fordern war. Am Schluß der Instruktion wird dann noch befohlen, Bücher zu verbrennen[15], die gegen die Wahrheit des christlichen Glaubens und gegen die Würde des Apostolischen Stuhles verstoßen[16]. Damit war dem Sonderbeauftragten in der Luther-Sache eine klare Direktive gegeben, die er zu befolgen und zu verwirklichen hatte.

Aleander hat sich mit dem ihm eigenen Eifer in seine Aufgabe gestürzt[17]. Stets war er bemüht, seine Auftraggeber zufrieden zu stellen[18]. Es sollte bald deut-

---

[13]) Balan, Nr. 4, S. 9.

[14]) Balan, Nr. 4, S. 9 f.

[15]) Die Instruktion ist klar gegliedert. Sieben Punkte werden gezählt. Im siebten geht es um die Gefangennahme und Überführung Luthers nach Rom. Dieser Abschnitt wird „der letzte" genannt (Balan, Nr. 4, S. 9). Die Schlußausführung über die Verbrennung von Büchern und die Ermahnung, mit dem Nuntius Caracciolo zusammenzuarbeiten, wenn sie am gleichen Ort sind (Balan, Nr. 4, S. 10), sind offenbar später hinzugefügt worden, ohne daß man den ursprünglichen Text stilistisch überarbeitet hätte.

[16]) Balan, Nr. 4, S. 10.

[17]) Müller, Aleander, S. 225 f.

[18]) Gerhard Müller, Zum Verständnis Aleanders, in: Theologische Literaturzeitung, 89. Jg. (1964) Sp. 525—536.

lich werden, daß die Kurie sich auf ihn in den kommenden kritischen Situationen verlassen konnte. Als er am 26. September 1520 in Antwerpen beim Kaiser ankam[19], waren die Verhandlungen über einen Reichstag bereits in vollem Gange[20]. Der Nuntius nutzte die ihm zur Verfügung stehende Zeit und erreichte es, daß bereits am 29. September ein Edikt Karls erlassen wurde, durch das man die Vernichtung der Bücher Luthers und anderer „Schmähschriften" in den Niederlanden verfügte[21]. Wenn es auch nicht leicht war, diesen Befehl durchzusetzen[22], so mußte Aleanders Erfolg doch in Rom hoffnungsvolle Erwartungen wecken. Der päpstliche Gesandte nahm außerdem Kontakt mit den Kurfürsten von Mainz, Köln und Trier auf[23], um sich nicht nur die Hilfe wichtiger kaiserlicher Räte, sondern auch dieser einflußreichen Erzbischöfe zu sichern. Darüber hinaus versuchte er, eine Audienz bei Luthers Landesherrn zu erhalten[24]. Der Nuntius hütete sich also wohlweislich, Friedrich als einen Anhänger Luthers und — nach dem Ablauf der Widerrufsfrist — als einen Ketzer zu behandeln. Vielmehr bemühte er sich, zwischen ihn und seinen bekannten Untertanen einen Keil zu treiben[25]. Das mißlang aber[26], so daß es sich erst im weiteren Verlauf der Verhandlungen herausstellen mußte, was die Kurie den Umständen entsprechend durchzusetzen vermochte. Mit den ersten Erfolgen Aleanders war man jedenfalls zufrieden.

Kardinal Giulio de' Medici, die rechte Hand Leos, schrieb dem Nuntius am 3. Dezember 1520 aus Rom, man freue sich darüber, daß so viele einflußreiche Herren und ganz Deutschland dem Apostolischen Stuhl gehorsam und treu ergeben seien und sich gegen diesen neuen Arius — nämlich Luther — wenden. Man wird dem Nuntius Geld senden, damit ihm nichts Notwendiges bei seinem Unternehmen fehle[27] — Aleander hat dann öfter Belohnungen und Bestechungsgelder verteilt, um einflußreiche Personen dienstwillig zu machen[28].

Es sollte sich aber bald herausstellen, daß Aleanders Berichte viel zu optimistisch gewesen waren. Als nämlich Karl nach Worms reiste und Aleander ihn nicht begleitete, forderte der Kaiser am 28. November aus Oppenheim Friedrich den Weisen auf, Luther mit nach Worms zu bringen[29]. Dies war ein Erfolg der kursächsischen Politik[30], dem allerdings die römische Rechtsauffassung diametral entgegenstand. Wir haben gesehen, daß ein solches Verhör Luthers am Kaiserhof schon im Sommer 1520 von der Kurie als ungesetzlich erklärt worden war.

---

19) Müller, Aleander, S. 226.
20) Vgl. oben bei Wohlfeil und RTA II, S. 132 ff.
21) RTA II, S. 455.
22) Müller, Aleander, S. 227 f. und Borth, Luthersache, S. 80—82.
23) RTA II, S. 458 und 460.
24) RTA II, S. 459.
25) RTA II, S. 461.
26) Müller, Aleander, S. 229.
27) Balan, Nr. 5, S. 10 f.
28) Müller, Aleander, S. 232.
29) RTA II, S. 466—468.
30) Müller, Aleander, S. 229 f.

Ein Erscheinen vor dem Reichstag mußte dann als eine noch größere Unerhörtheit angesehen werden. Aleander hat sich deswegen sofort nach seiner Ankunft in Worms scharf gegen diese Konzession ausgesprochen. Aus seiner Depesche vom 14. Dezember geht hervor, welche Mühe er sich geben mußte, um dem römischen Rechtsstandpunkt Gehör zu verschaffen[31].

Am Kaiserhof war nämlich erklärt worden, es würde ein großes Ärgernis hervorrufen, wenn Karl ohne Absprache mit den Ständen gegen Luther vorgehe. Er solle auch nur zum Reichstag kommen, um zu widerrufen. Es wurden sogar konziliaristische Stimmen laut, denen zufolge der Wittenberger lediglich das revozieren müsse, was von den allgemeinen Konzilien und den Kaisern verurteilt worden sei. Weder der jetzige Papst noch ältere Inhaber der cathedra Petri würden in diesem Fall Erwähnung finden. Das hätte zur Folge gehabt, daß Luthers Römischer Prozeß als für Deutschland irrelevant hingestellt worden wäre und daß die Bannandrohungsbullen der päpstlichen Nuntien wirkungslos geworden wären. Dementgegen verwies Aleander auf ältere Ketzerprozesse, die von den Päpsten durchgeführt worden waren, und betonte, daß eine neue Untersuchung der gesamten Materie nicht durchgeführt werden dürfe. Aufgabe der Fürsten sei allein die Exekution, wenn sie vom Papst darum ersucht würden. Chièvres, Karls wichtigster Ratgeber, beruhigte den erregten Nuntius: Man werde nichts gegen die Ehre des Papstes und der Kirche tun, und es werde sich zeigen, daß der Kaiser ein wahrhaft katholischer Fürst sei. Aleander mußte den kurialen Standpunkt in der wichtigen Sitzung des Staatsrats vom 14. Dezember allein vertreten, da Caracciolo wegen Unwohlseins nicht daran teilnehmen konnte. Er tat es mit so viel Überzeugungskraft, daß die kaiserlichen Ratgeber sich die Blöße gaben, einen neuen Brief an Kurfürst Friedrich zu verfassen, in dem mitgeteilt wurde, Luther dürfe nicht nach Worms kommen. Nur wenn er vorher widerrufe, könne er bis in die Nähe der Reichstagsstadt reisen[32]. Dieser Beschluß wurde gefaßt, obwohl sich sogar Karls Großkanzler Mercurino de Gattinara für ein Erscheinen Luthers vor dem Reichstag ausgesprochen hatte. Seinem Wunsch, durch den er die deutschen Stände mit dieser Angelegenheit direkt befassen wollte, widersprach der Nuntius mit dem Argument, Luther würde wegen seines Ehrgeizes nie widerrufen. Wenn er dann vor den Fürsten aufgetreten sei und wegen seines Geleitbriefes unbehelligt wieder davonziehen könne, werde die Welt verwirrt, „und alle würden urteilen, seine unfromme Lehre sei bestätigt worden". Wenn Gattinara auch dem Nuntius erwiderte, er werde schon alles in Ordnung bringen[33], so wußte Aleander doch nicht genau, welche Entscheidung der Kaiserhof am Ende fällen würde. Immerhin vermochte der zweite Brief Karls an Friedrich den Weisen zunächst seine Sorgen zu beseitigen.

Er sah sich genau um, wer in der Umgebung des Kaisers für die kurialen Anliegen aufgeschlossen sei. Höchstes Lob erhielt Karl selber: Er habe die beste

---

31) Vgl. Balan, Nr. 11, S. 23—26 und Brieger, Nr. 1, S. 17, Z. 1 —S. 21, Z. 14.

32) RTA II, S. 468—470.

33) Balan, Nr. 11, S. 26 f. und Brieger, Nr. 1, S. 21, Z. 15 — S. 22, Z. 10.

Gesinnung. Wenn er nicht so eingestellt wäre, dann würden die römischen Belange „sehr verwickelt werden"[34]. Chièvres verzögere die Entscheidung über Luther, weil er hoffe, daß dessen Anhänger sich am Italienzug beteiligen[35] — dieses Anliegen sollte in der Tat für den Kaiserhof von erheblichem Gewicht sein. Während Gattinara tue, was Chièvres wolle, höre dieser sehr stark auf Lodovico de Marliano, den Bischof von Tuy. Die Kurie möge ihm in seinen Pfründenangelegenheiten entgegenkommen, damit er mehr gegen Luther unternehme[36]. Auch über die deutschen Fürsten sprach der Nuntius sich aus — in kurzer Zeit hatte er sich ein recht gutes Bild von den wichtigsten Persönlichkeiten gemacht[37]. Er scheute sich auch nicht, von dem Widerwillen der Deutschen gegen den Klerus und gegen Rom zu sprechen und auf die Sympathien zu verweisen, die Luther bei den Intellektuellen, bei den Priestern, den Mönchen — und zwar nicht nur bei Brüdern des eigenen Ordens — sowie beim Volk finde. Jedoch meinte er, durch Predigten und Bücherverbrennungen sei schon manches besser geworden. Vor allem schlug er eine Abschaffung der zahlreichen kurialen Reservationen, Dispense und Derogationen vor, die in Deutschland viel Feindschaft gegen Rom hervorgerufen hatten, weil durch sie bei der Vergabe von Pfründen die Kurialen und die Italiener bevorzugt worden waren[38]. Es muß sich also auch in Rom einiges ändern, wenn die Luther-Sache für die Kurie gut beigelegt werden soll. Der Nuntius berichtet von den Gerüchten, die am Kaiserhof umgehen: Luther werde ein großes Erzbistum erhalten und auch Kardinal werden, wenn er widerrufe. Aleander warnt: Es ist nicht mehr das katholische Deutschland, das es früher war. „Gebe Gott, daß wir nicht noch Schlimmeres erleben!" Leo solle bei der Bekämpfung Luthers nicht mit Geld sparen. Er möge Breven an Orden schicken und Mönche durch Mönche züchtigen. Der Papst werde sicher sogar das Blut nicht sparen, wenn es um die Erhaltung der Kirche geht. Als Sofortmaßnahme schlägt Aleander vor, ein Breve an den Kaiser zu richten und ihn zu ermahnen, sich weiterhin so gut in dieser Sache zu verhalten[39].

Die Kurie hat zwar daraufhin Breven und Geld angekündigt[40], aber im großen und ganzen war ihr Echo auf Aleanders Depeschen sehr schwach, wenn man es an den schwerwiegenden Problemen mißt, die in ihnen vorgetragen worden waren. Giulio de' Medici antwortete nur mit kurzen, sehr allgemein gehaltenen Briefen auf die umfangreichen Berichte des Nuntius. Das war mitver-

---

34) Balan, Nr. 12, S. 27 und Brieger, Nr. 2, S. 23, Z. 3—5. Angesichts der Verwicklungen, die zehn Jahre später, nämlich 1531 herrschten, meinte Aleander: „Spes et ratio vincendi in Caesare tantum est, hora dico etiam vivendi", Nuntiaturberichte (4), S. 374.

35) Balan, Nr. 12, S. 28 und Brieger, Nr. 2, S. 23, Z. 10 — S. 24, Z. 3.

36) Balan, Nr. 12, S. 28 und Brieger, Nr. 2, S. 24, Z. 6 — S. 25, Z. 1.

37) Er erwähnte dabei auch den Pfalzgrafen Wolfgang, den er von Paris her kenne (Balan, Nr. 12, S. 29 und Brieger, Nr. 2, S. 26, Z. 4 f.). Meine Vermutung in: Nuntiaturberichte aus Deutschland, 1. Abt., 2. Ergänzungsband 1532. Tübingen 1969, S. 20, Anm. 6, daß Pfalzgraf Wolfgang bei Aleander studiert habe, traf also zu.

38) Balan, Nr. 12, S. 30—33 und Brieger, Nr. 2, S. 27, Z. 21 — S. 31, Z. 4.

39) Balan, Nr. 14, S. 39 f. und Brieger, Nr. 4, S. 40, Z. 12 — S. 41, Z. 24.

40) Balan, Nr. 9, S. 22.

ursacht von der Reise, die den wichtigsten Ratgeber Leos im Januar 1521 von Rom wegführte[41]. Aber wesentlicher war, daß man sich in Rom nicht übermäßig in der Luther-Sache engagierte. Der Prozeß war ja dort zu Ende geführt worden. Jetzt sollten der Kaiser und dessen Ratgeber den ihnen zukommenden Part übernehmen. Für diese war jedoch die Religionsfrage mit zahlreichen anderen Problemen verknüpft[42], so daß die Proklamation der römischen Rechtsauffassung nicht genügen konnte. Die rechtliche Seite aber hatte ihren Abschluß in der Bannbulle „Decet Romanum Pontificem" vom 3. Januar 1521 gefunden. Aus der Tatsache, daß Luther nicht widerrufen hatte, war von der Kurie mit der endgültigen Ausstoßung Luthers aus dem Corpus Christianum die Konsequenz gezogen worden[43]. Am gleichen Tag gab Leo dem Kurfürsten Albrecht von Mainz, Caracciolo, Aleander und Eck die Vollmacht, gegen Luther und dessen Anhänger vorzugehen. Die Strafen, die ihnen gebühren, müssen vollstreckt werden, Reuige dürfen Absolution erhalten. Auch können die Beauftragten diese Vollmacht zur Bekämpfung der Ketzerei auf andere übertragen[44]. An den Kaiser wandte sich der Papst am 18. Januar 1521. Karl sei ja schon von den häretischen Irrtümern unterrichtet worden, die sich in Deutschland ausgebreitet haben und die Leo verurteilt hat. Es wäre nun gefährlich, die Exekution des Urteils zu verschieben. Deswegen möge der Kaiser gegen die Häretiker, deren Bücher und Äußerungen vorgehen. Es wird von der Kurie vorgeschlagen, ein allgemeines Edikt Karls in Deutschland zu verbreiten, durch das festgestellt wird, daß Luther und andere Häretiker, die ihm anhängen, die Strafen auf sich ziehen, von denen in den päpstlichen Urteilen die Rede ist[45]. Dadurch sollte die Exekution des römischen Spruches gesichert werden.

Bereits Ende Dezember 1520 hatte Aleander seine Bemühungen in dieselbe Richtung gelenkt. Er berichtet, es sei ein Mandat gegen Luther und dessen Bücher beschlossen und vom Kaiser gebilligt worden. Bevor es aber durch das kaiserliche Siegel rechtskräftig geworden sei, sei es wegen der Zurückhaltung Albrechts von Mainz und aus Nachgiebigkeit gegenüber Friedrich von Sachsen wieder zurückgezogen worden[46]. Nach der Eröffnung des Reichstages am 27. Januar zeichnete sich aber immer mehr ab, daß ein Vorgehen Karls gegen Luther ohne die Mitwirkung der Stände seinen Anliegen, die er beim Reichstag durchsetzen wollte, nicht förderlich sein würde[47]. Deswegen vermochte auch die Mahnung der Kurie, die Deutschen hätten das Kaisertum von den Päpsten unter Zurückstellung

---

41) Seine Briefe von Ende Januar und Anfang Februar wurden in Palo, Siena und Florenz geschrieben (BALAN, Nr. 16--18, S. 43—47).

42) Vgl. oben WOHLFEIL.

43) Die Bulle wurde gedruckt in: Magnum Bullarium (7), S. 614 f.

44) BALAN, Nr. 8, S. 17—21. Außer Luther werden dort namentlich „Willibaldus brechhaymer", Hutten und Spengler als Häretiker genannt. Hier ist natürlich W. Pirkheimer gemeint. Der Name steht aber tatsächlich so in BALANS Vorlage, wie ich feststellen konnte (Rom, Archivio Segreto Vaticano, Reg. Vat. 1164 f. 75v).

45) BALAN, Nr. 13, S. 34—38.

46) BALAN, Nr. 23, S. 58 f. und Nr. 31, S. 76 sowie BRIEGER, Nr. 11, S. 75, Z. 18—22.

47) MÜLLER, Aleander, S. 231.

aller anderen Nationen und sogar Italiens erhalten[48], keine Änderung der kaiserlichen Politik hervorzurufen. Es ist nicht einmal sicher, ob Aleander diese Warnung überhaupt am Kaiserhof verbreitet hat — sie hätte wohl kaum Furcht, sondern eher große Entrüstung hervorgerufen. Sehr viel besser konnte er das zweite kuriale Argument gebrauchen: Die Häretiker wollen gar nicht so sehr Ärger in der Kirche anstiften, als einen Umsturz der weltlichen Ordnung und einen Aufruhr des Volkes gegen seine Obrigkeit hervorrufen, wie das in Spanien geschehen ist[49]. Wenn sich diese These beweisen ließ, dann mußten die Fürsten nicht aus Loyalität und Gehorsam gegenüber Rom handeln, sondern aus ureigenstem Interesse gegen Luther und dessen Anhänger vorgehen. Für den Kaiserhof war der Hinweis auf den Aufruhr in Spanien, durch den die Position Karls erheblich geschwächt wurde[50], besonders eindrücklich. Giulio de' Medici meinte auch, wenn die deutschen Fürsten nicht aufpaßten, dann werde ihr Land verrufener werden als Böhmen; und was werde man später sagen, wenn Deutschland sich unter einem so großen Kaiser — seit den Zeiten der Römer gab es keinen größeren — gegen den Glauben und das Reich aufgelehnt habe?[51]

Wenn trotzdem die Entwicklung nicht in dem von Rom gewünschten Sinne verlief, so lag dies jedenfalls nicht an den Nuntien, die mit der Religionsfrage befaßt waren. Der venezianische Gesandte am Kaiserhof, Francesco Cornaro, meinte Ende Januar 1521, Aleander mühe sich seit drei Monaten nach Kräften, etwas gegen Luther auszurichten. Wegen des großen Anhangs des Wittenbergers gelinge ihm dies jedoch nicht[52]. Aber nicht nur die Tatsache, daß die evangelische Bewegung 1521 breit war, hat einen schnellen Erfolg der kurialen Politik verhindert, sondern auch die Interessen des Kaiserhofes in bezug auf das Reichsregiment und den Italienzug waren einer Entwicklung der Luther-Sache im römischen Sinne hinderlich. Nicht zuletzt hat auch die Untätigkeit der Kurie die Position der Nuntien in Worms erschwert. Mochte Aleander auch darum bitten, alle Reservationen abzuschaffen, worunter nur wenige zu leiden hätten, die sowieso reich seien, mochte er fordern, die Übergriffe des höchsten päpstlichen Gerichts, der Rota, und ihrer Notare wenigstens so lange abzustellen, bis die Wut in Deutschland abgeklungen sei, mochte er um die Entsendung eines Kommissars bitten, der bevollmächtigt wäre, die ergrimmten Deutschen zufrieden zu stellen[53] — nichts in dieser Richtung geschah. Rom dachte 1521 nicht im entferntesten an eine Kirchenreform, wie sie von Luther 1520 gefordert worden war[54]. Lediglich die privaten Pfründenwünsche einzelner einflußreicher Personen wurden von der Kurie großzügig bewilligt — mit Hilfe der päpstlichen Eingriffsmöglichkeiten, die sonst soviel Ärger hervorriefen. Jedenfalls behauptete

[48]) Balan, Nr. 17, S. 44.

[49]) Balan, Nr. 17, S. 44 f.

[50]) Brandi, Karl V., Bd. 1, S. 122 ff.

[51]) Balan, Nr. 18, S. 46 f.

[52]) Mario Sanuto, I diarii, Bd. 29. Venedig 1890, Sp. 618.

[53]) Balan, Nr. 19, S. 47—49 und Brieger, Nr. 5, S. 43, Z. 1 — S. 45, Z. 28.

[54]) Vgl. seine Schrift „An den christlichen Adel“ (WA 6, S. 404 ff.).

Medici, die der Kurie gestellten Bitten seien alle ungerecht und nicht ehrenhaft gewesen. „Um aber dem Kaiser und euch anderen Genüge zu tun, wurde alles gerne bewilligt“[55].

Man kann es gut verstehen, daß Aleander sich über die Nachlässigkeit der Kurie bitter beschwerte. Er meinte, die Tatsache, daß er in Flandern am dritten Tag nach seiner Ankunft das kaiserliche Mandat erhielt und die Bücher Luthers und anderer verbrannt wurden, müsse wohl in Rom die falsche Vorstellung hervorgerufen haben, die lutherische Sache sei nun beseitigt, die Deutschen seien ganz christlich und dem Apostolischen Stuhl ergeben. Nur so könne er sich die römische Zurückhaltung erklären. In Wahrheit riefen aber neun Zehntel der Deutschen: „Luther!“, und das letzte Zehntel: „Tod dem römischen Hof!“ Aleander klagt, daß er seine Kommissionsbulle, die angeforderten Breven und das notwendige Geld noch nicht erhalten habe. Denn wenn die Deutschen auch gegen Rom seien, so lasse Geld sie doch „nach unserer Pfeife“ tanzen. Wenn Rom noch länger zögere, dann werde der Kaiserhof aus Furcht weder ein Mandat gewähren noch die Exekution durchführen. Die Deutschen lachen über die römischen Exkommunikationen, täglich erscheinen neue Bücher von Lutheranern, in Worms werden nur noch Schriften Luthers verkauft, und sogar die Sekretäre, die das Mandat gegen Luther ins Deutsche übersetzen sollen, sind ganz und gar lutherisch oder mindestens Feinde Roms. So sieht die Lage in Mitteleuropa aus! Aleander aber hört von Leuten, die aus Rom kommen, daß man dort über die lutherischen Dinge lache und ihnen keine Bedeutung beimesse. Das ist eine gefährliche Fehleinschätzung der wahren Situation. Der Nuntius meint, er könne es verstehen, daß Rom nicht zu sehr dränge, damit die Kaiserlichen dies nicht zum Anlaß nehmen, „uns ganz den Fuß auf den Nacken zu setzen“. Die Kurie dürfe aber auch nicht ins andere Extrem verfallen und uninteressiert erscheinen. Man solle vielmehr Aleanders Vorschläge ausführen. Dann werde wohl alles ein gutes Ende finden[56].

Diese Aussage überrascht. Wenn die Analyse zutreffend ist, die der Nuntius vorgetragen hat, dann ist es höchst fraglich, ob eine für Rom günstige Lösung überhaupt gefunden werden kann. Sicher ist aber, daß bei einer solchen Lage die Übersendung von Bullen, Breven und Bestechungsgeldern nicht genügt. Zum mindesten hätte die Reform der Kirche in Angriff genommen werden müssen, von der Aleander in dieser Depesche jedoch nichts sagt[57]. Deswegen mochte Rom der Meinung sein, daß der Sondergesandte ein zu düsteres Bild male. Und da

---

55) Vgl. z. B. Balan, Nr. 25, S. 62—65 und Nr. 33, S. 83—85.

56) Balan, Nr. 36, S. 97—100, Brieger, Nr. 6, S. 47, Z. 1 — S. 51, Z. 14 und Kalkoff, AD, S. 69—74.

57) Statt dessen sprach Aleander noch von Erasmus, der der größte Ketzer sei und das Fundament für diese Häresie gelegt habe, nur solle man dies jetzt noch nicht verbreiten (Balan, Nr. 36, S. 100—102 und Brieger, Nr. 6, S. 51, Z. 25 — S. 54, Z. 19). Die Kurie hat es trotz dieser Angriffe aber nicht unterlassen, ihre Kontakte zu Erasmus aufrechtzuerhalten (vgl. z. B. Balan, Nr. 53, S. 129 f.). Vgl. auch unten den Beitrag von Stupperich.

man dann auch die erbetenen Dokumente[58] und Gelder[59] schickte, konnten die Kurialen denken, die erforderlichen Voraussetzungen für die gewünschte Lösung der Luther-Sache geschaffen zu haben.

In Wahrheit hat Aleander es bekanntlich nicht vermeiden können, zu den Ständen über die Luther-Sache sprechen zu müssen. Die Religionsfrage war in der Reichstagsproposition nicht erwähnt worden[60]. Angesichts der Wünsche des Kaiserhofes ließ der Nuntius sich aber jetzt darauf ein, vor dem versammelten Gremium die römische Stellung zu Luther vorzutragen. Dabei verwies er auf die Unannehmlichkeiten, die den Deutschen durch diesen Mann entstehen können[61]. Dadurch gab er aber den Rechtsstandpunkt der Kurie auf, daß hier nichts mehr zu diskutieren, sondern lediglich noch etwas zu exekutieren sei[62]. Aleander konnte es dann auch nicht verhindern, daß der Wittenberger nach Worms zitiert und ihm zugleich freies Geleit zugesichert wurde. Es war illusorisch, wenn er die Forderung aufstellte, Luther solle so berufen werden, daß man dadurch nicht die Autorität des Papstes mindere — indem Leos Urteilsspruch nicht unbesehen von den Ständen übernommen wurde, mußte die päpstliche Autorität notwendigerweise eine Einbuße erleiden. Die Auskunft der Räte des Kaisers, die Zustimmung der Stände müsse eingeholt werden, weil sie sonst das Mandat nicht beachten würden[63], machte deutlich, daß — falls diese Auskunft zutraf — das Ansehen Roms bei den deutschen Obrigkeiten alles andere als unumstritten war. In diesem Zusammenhang wurde auch immer wieder diskutiert, ob es nötig wäre, zur Klärung bzw. Beseitigung der Luther-Sache ein allgemeines Konzil einzuberufen. Unter denen, die dieser Meinung waren, befand sich der Großkanzler Gattinara[64]. Nachdem aber eine Appellation vom Papst an ein Konzil verboten worden war[65], hätte ein solches Erstarken des Konziliarismus ebenfalls eine Einbuße der päpstlichen Autorität bedeutet.

Während die Lage für die Vertreter des Papstes so schwierig wurde, daß Aleander befürchtete, es würden über das Mandat Beschlüsse gefaßt, bevor er sie zu Gesicht bekomme[66], mußte Giulio de' Medici, der sich immer noch in Florenz aufhielt, gestehen, daß seine dortigen Aufgaben sehr verschieden von seinen römischen Verpflichtungen seien. Die eigentlichen Anweisungen kämen von der

---

58) Einige Breven wurden bei BALAN, Nr. 50—52, S. 126—129 abgedruckt.

59) Vgl. BALAN, Nr. 82, S. 215.

60) RTA II, S. 153—156.

61) BALAN, Nr. 22, S. 56 f. und BRIEGER, Nr. 8, S. 61, Z. 1 — S. 63, Z. 2.

62) MÜLLER, Aleander, S. 231. BORTH, Luthersache, verweist darauf, daß „die selbstverständliche Verbindung von Reichsacht und Kirchenbann schon im 15. Jahrhundert nicht mehr" bestanden habe (S. 121). Die deutschen Stände haben sich trotz aller Mühen Aleanders nicht dazu bringen lassen, den früheren Zusammenhang unbesehen wiederherzustellen.

63) BALAN, Nr. 31, S. 75 und BRIEGER, Nr. 11, S. 74, Z. 18 — S. 75, Z. 12.

64) BALAN, Nr. 32, S. 78 und BRIEGER, Nr. 12, S. 79, Z. 7—11.

65) JEDIN, Konzil von Trient I, S. 52 ff.

66) BALAN, Nr. 32, S. 78 und BRIEGER, Nr. 12, S. 79, Z. 22—24.

päpstlichen Kurie[67]. Nun ist aber bisher lediglich ein Schreiben Gian Matteo Gibertis vom 20. Februar an Aleander bekannt geworden, in dem es über Luther lediglich heißt, dazu würden „die Herren" sich äußern, womit doch wohl Leo X. und Giulio de' Medici gemeint sind. Außerdem werden die Nuntien gemahnt, daß sie so viel wie möglich arbeiten, damit sie nicht durch neue Männer ersetzt werden müssen[68]. Konkrete Aufgaben werden aber nicht genannt. Da keine Depeschen vom Hofe Leos an Aleander aus den Monaten März und April 1521 vorliegen, wissen wir nicht, ob ihm aus Rom Anweisungen zugegangen sind. Aleander konnte sich aber auch durch eine Depesche des einflußreichen Kardinals vom 3. März aus Florenz bestätigt fühlen. Denn darin wurde seine Rede vor den Ständen gelobt und die Zuversicht ausgesprochen, daß die Kirche durch Gottes Güte auch in dieser schwierigen Lage die Oberhand behalten werde[69]. Entweder hat Medici nicht erkannt, daß es bereits ein Zurückweichen von der Rechtsposition war, als Aleander über Luthers Lehre zum Reichstag sprach, oder er hat eingesehen, daß es aus politischen Gründen notwendig war, hier nicht starr an kanonistischen Prinzipien festzuhalten, sondern durch Mitarbeit die Lage soweit wie möglich zum eigenen Vorteil zu beeinflussen. Getadelt wurde der Nuntius jedenfalls wegen seines Vorgehens nicht.

Man übermittelte ihm lediglich eine Note[70], in der es hieß, es sei unrecht, Luther nach Worms kommen zu lassen, um ihn zu hören. Denn er sei bereits von der Kirche verdammt. Schon Hieronymus habe das Urteil des Apostolischen Stuhles für die entscheidende Aussage gehalten. Auch die allgemeinen Konzile hätten sich in bezug auf Glaubensfragen römischen Entscheidungen untergeordnet. Wenn die Anhänger Luthers der Meinung sind, die Exekution der Bulle müsse verschoben werden, weil es sonst zu einem Aufruhr kommen werde, so solle der Kaiser dem entgegenhalten, daß Luther dann gerade nicht öffentlich gehört werden dürfe[71]. Man wiederholte also in Rom den Rechtsstandpunkt, sah aber ein, daß das Kommen Luthers zum Reichstag jetzt nicht mehr verhindert werden konnte. Deswegen wurde gefordert, daß Luther nur geheim verhört werden solle. Erkennt er seine Irrtümer, dann kann ihm zugesagt werden, daß der Papst ihn wieder annehmen und ihm die alte Stellung zurückerstatten wird. Der Kaiser kann dem Wittenberger auch ein Verhör vor seinen Inquisitoren in Spanien anbieten. Läßt Luther sich auf nichts ein, dann muß man ihn zurückkehren lassen und den deutschen Ständen mitteilen, daß jeder, der ihn aufnimmt, sich zum Feind des Römischen Reiches macht. Befremdet ist man darüber, daß Luthers Bücher nicht verbrannt werden. Mit der Sequestration derselben ist die Kurie nur dann einverstanden, wenn nicht mehr zu erreichen ist. Sollte Luther

---

67) Balan, Nr. 29, S. 68.
68) Kalkoff, Nachtrag, S. 209 f.
69) Balan, Nr. 33, S. 82.
70) Sie dürfte wohl in der zweiten Hälfte des Monats März entstanden sein (RTA II, S. 825, Anm. 1).
71) Balan, Nr. 34, S. 85 f.

nicht widerrufen, dann müsse die Verbrennung seiner Schriften aber sofort erfolgen[72].

Nach römischer Rechtsauffassung war es ein Rückschritt, daß Luthers Bücher am Anfang der Nuntiatur Aleanders in Flandern und auch im Westen Deutschlands verbrannt worden waren, während in einem Mandat Karls von Anfang März lediglich die Auslieferung seiner Schriften gefordert wurde[73]. Überhaupt mußte Aleander zugeben, daß zwar zahllose Beschlüsse gefaßt, dieselben aber von einer Stunde auf die andere wieder verworfen worden waren[74], so daß er faktisch nichts hatte erreichen können. Die Kurie hat die Verschlechterung ihrer Position bemerkt. Denn in Rom wurde Ende Februar erwogen, einen Kardinallegaten zum Kaiser zu entsenden. Er hätte aufgrund seiner Stellung mehr Einfluß besessen als der Protonotar Caracciolo und der päpstliche Bibliothekar Aleander. Letzterer widersprach diesem Plan aber heftig. Er meinte, die Deutschen würden von einem Kardinal nur neue Konkordate erpressen wollen. Sie benutzten die lutherische Sache lediglich, um dem Papst ihren Willen aufzuzwingen. Aleander faßte diesen Plan sogar als Kritik an seiner Nuntiatur auf und beteuerte, keiner könne mehr Treue und Eifer anwenden als er[75]. Nun wäre die Sendung eines Kardinallegaten im März 1521 sowieso reichlich spät gewesen. Etliche Entwicklungen konnten zu diesem Zeitpunkt kaum mehr rückgängig gemacht werden. Aber angesichts des vorteilhaften Konkordates, das der französische König Franz I. 1516 mit Leo X. abgeschlossen hatte[76], wäre selbst der Preis eines solchen Entgegenkommens diskutabel gewesen. *Rom hat die Gefahr der lutherischen Bewegung in Deutschland* aber *unterschätzt* und versucht, den Kaiser im Sinne mittelalterlicher Ketzergesetzgebung tätig werden zu lassen, ohne sich selber übermäßig zu engagieren. Deswegen unterblieb auch die Sendung eines Kardinallegaten zum Wormser Reichstag[77].

Die Meinung Aleanders, der Kaiserhof benutze die Luther-Sache, um Druck auf die Kurie auszuüben[78], verdeckte eher die Schwierigkeiten, als sie zu verdeutlichen. Denn seit Ende 1520 hatten Karl und Leo ihre Politik einander

---

[72]) Balan, Nr. 34, S. 86 f.

[73]) RTA II, S. 529—533.

[74]) Balan, Nr. 41, S. 114 und Brieger, Nr. 13, S. 86, Z. 9—14. Der Nuntius berichtete, die deutschen Räte Karls seien bereit gewesen, gegen Luther ohne Beteiligung der deutschen Stände vorzugehen. Der geheime Rat, zu dem die italienischen und burgundischen Ratgeber gehören, hätte dem aber widersprochen (Balan, Nr. 41, S. 115 und Brieger, Nr. 13, S. 87, Z. 29 — S. 88, Z. 6).

[75]) Balan, Nr. 41, S. 115 f. und Brieger, Nr. 13, S. 88, Z. 7—29.

[76]) Gerhard Müller, Die Reformation als Epoche europäischer Geschichte, in: Jb. des Marburger Universitätsbundes, Bd. 1 (1962) S. 25.

[77]) Es war sogar die Rede davon gewesen, daß die Kurie zwei Legaten nach Worms sende. Namentlich genannt wurde in Rom der Deutsche Nikolaus von Schönberg, der 1521 Erzbischof von Capua, aber noch nicht Kardinal war (Kalkoff, AD, S. 113, Anm. 1). Vgl. auch oben zu Anm. 68.

[78]) Balan, Nr. 54, S. 131 f. und Brieger, Nr. 14, S. 91, Z. 15 — S. 92, Z. 14.

angenähert[79], was in ihrem antifranzösischen Bündnis vom Mai 1521 seinen krönenden Abschluß fand[80]. In Wahrheit waren der Kaiserhof und vor allem Karl V. selber durchaus willens, gegen Luther vorzugehen[81]. Die Erfordernisse ihrer Politik erzwangen aber von ihnen ein Eingehen auf die deutschen Stände, die ihrerseits die Religionsverhandlungen als Druckmittel gegenüber der zentralen Reichsgewalt benutzten[82]. Rom hat deswegen auch das Verhalten Karls in dieser Frage nicht beargwöhnt. Medici unterstrich lediglich, daß sich der Kaiser in der Luther-Sache nicht nur für die Ehre Gottes und des Apostolischen Stuhles, sondern auch seiner selbst einsetze. Der Kardinal betonte auch, diese Angelegenheit sei so gefährlich, daß es nicht genüge, einen guten Willen zu haben. Vielmehr müsse gehandelt werden[83] — die Kurie ging hier aber nicht mit gutem Beispiel voran. Es hieß sogar, man habe alles getan, was möglich gewesen sei. Nun solle Karl nicht länger mit der Ausführung dessen zögern, was er selber befohlen hatte. Er dürfe nicht den Feinden Christi und der Kirche sein Ohr leihen und die Christenheit wie ein Nichts behandeln[84]! Mit dieser Philippika konnte der Nuntius aber angesichts der Verflechtung der kaiserlichen Politik in die internationalen Probleme wenig anfangen. Da eine Kirchenreform trotz mehrerer Forderungen Aleanders ausblieb[85], wurde Karls Position nicht entlastet, und die lutherische Bewegung konnte sich weiterhin recht ungehemmt entfalten. Dem Nuntius gelang es lediglich, in Zusammenarbeit mit Caracciolo, Gattinara und dem Beichtvater des Kaisers, Jean Glapion, eine Übereinkunft zu erzielen, wie man sich gegenüber Luther in Worms verhalten wolle. Sie beschlossen, daß der Wittenberger nicht öffentlich, sondern von Beauftragten des Kaisers befragt werden solle[86]. Dies konnte dann bekanntlich bei den Ständen nicht durchgesetzt werden. Aleander war sich zudem noch im März und Anfang April nicht im klaren, ob Luther der Zitation nach Worms überhaupt folgen werde[87]. Vorsichtshalber empfahl er der Kurie aber, ein Breve an Karl zu richten, in dem man dagegen protestiere, daß Luthers Bücher nur sequestriert und nicht verbrannt werden und daß er selber nach Worms befohlen worden sei. Diese Zitation widerspreche der päpstlichen Bulle. Denn Ketzer unterstehen nur dem Urteil des Papstes. Die Aufforderung an Luther werde ein schlechtes Beispiel geben: Die Abtrünnigen werden sich nicht bekehren, sondern die Waffen gegen die römische Kirche erheben. Luthers Ankunft in Worms werde dann auch

---

79) Kalkoff, RT, S. 208.

80) Pastor, Päpste (3), S. 303—327.

81) Vgl. oben den Beitrag von Wolter.

82) Müller, Aleander, S. 231.

83) Balan, Nr. 49, S. 124.

84) Balan, Nr. 49, S. 125.

85) Einige Ansätze dazu gab es in Deutschland unabhängig von der römischen Kurie, vgl. Pfeilschifter, Acta I, S. 15 ff.

86) Balan, Nr. 42, S. 116.

87) Balan, Nr. 56, S. 138, Nr. 57, S. 146 und Nr. 61, S. 158 sowie Brieger, Nr. 16, S. 102, Z. 19 f., Nr. 18, S. 118, Z. 3 und Nr. 19, S. 130, Z. 3—7.

Tumult in der Christenheit und besonders in Deutschland hervorrufen[88]. An der Kurie hatte aber bereits Anfang März Kardinal Lorenzo Pucci ein scharfes Breve über die Luther-Sache an den Kaiser verfaßt, das man dann Karl V. nicht zu übersenden wagte, sondern lediglich dem Nuntius zur Kenntnis brachte[89]. Das von Aleander geforderte Breve wäre sowieso auch viel zu spät in Worms eingetroffen. Er hätte sich sehr viel besser der Bullen gegen Luther zur Unterstützung seiner Forderungen bedienen können.

Nun ist aber neuerdings betont worden, daß die endgültige Bannbulle vom 3. Januar 1521 nicht von Aleander in Worms publiziert wurde, so daß Luther nicht rechtskräftig verurteilt gewesen sei[90]. Allgemein bekannt sei lediglich die Bannandrohungsbulle gewesen. Es gab in der Tat Leute, die in Worms sagten, man wisse nicht, ob Luther überhaupt verurteilt worden sei[91]. In diesem Fall wäre es kein Affront gegen den Papst gewesen, wenn man den Wittenberger vor dem Reichstag verhörte. Aleander hat dies aber für eine fadenscheinige Ausrede gehalten: 60 Tage nach Publikation der Bannandrohungsbulle ist Luther rechtskräftig verurteilt, wenn er nicht widerruft! Daß der Wittenberger dazu nicht willens war, hatte er durch die Verbrennung von „Exsurge Domine“ am 10. Dezember 1520 deutlich gemacht[92]. Allen Ausreden der Anhänger Luthers hätte der Nuntius durch die Publikation der Bulle „Decet Romanum Pontificem“ vom 3. Januar begegnen können. Bereits am 8. Februar hatte er um 50 Abschriften derselben gebeten, die er an Bischöfe und Prälaten verteilen wollte[93]. Anfang April sind sie bei ihm eingetroffen. Der Nuntius lehnte es dann aber ab, sie zu publizieren, weil in ihr nicht nur Luther, sondern auch andere, vor allem Ulrich von Hutten, genannt worden waren. Aleander befürchtete, von dessen Anhängern ermordet zu werden, wenn er diesen Text publiziere. In der neuen Bulle, die sonst denselben Wortlaut haben könne, möge man deswegen nur Luther namentlich anführen. Den Bann über Hutten will Aleander erst publizieren, wenn

---

88) BALAN, Nr. 56, S. 140 und BRIEGER, Nr. 16, S. 104, Z. 8 — S. 105, Z. 10.

89) BALAN, Nr. 38 f., S. 107—112.

90) Roland H. BAINTON, Probleme der Lutherbiographie, in: Lutherforschung heute. Berlin 1958, S. 24 f.

91) BALAN, Nr. 61, S. 158 und BRIEGER, Nr. 19, S. 129, Z. 12—18.

92) BAINTON, Luther, S. 140 f.

93) Diese Aussage kann nur BRIEGER, Nr. 6, S. 48, Z. 20 f. und KALKOFF, AD, S. 70 entnommen werden, da bei BALAN, Nr. 36, S. 98 die Worte „et 50 di quelle Bulle contra Luther, acciò se ne presentassero a Episcopi“ fehlen. Herr Dr. Georg LUTZ hat freundlicherweise in Rom im Archivio Segreto Vaticano, Nunziatura di Germania 50 nachgesehen, wo das Dokument f. 230r—234v aufgezeichnet ist, und festgestellt, daß der fehlende Text dort f. 230v vorkommt. Bei der Abschrift, die BALAN seinem Druck zugrundelegte, ist ein Zeilensprung vom ersten zum zweiten „Episcopi“ unterlaufen. BRIEGER hat auch S. 313 diese Worte als bei BALAN fehlend genannt. Die Übersendung von zwei neuen Bullen in der Luther-Sache hatte Giulio de' Medici am 28. Januar angekündigt (BALAN, Nr. 16, S. 43). Die eine wurde bei BALAN, Nr. 8, S. 17—21 abgedruckt, mit der zweiten dürfte „Decet Romanum Pontificem“ gemeint sein; vgl. auch oben zu Anm. 44.

er aus Deutschland abgereist sein wird[94]. Der Nuntius hat auch nicht die Bulle veröffentlicht, in der Albrecht von Mainz, Caracciolo, er selber und Eck als Bekämpfer der Ketzerei eingesetzt worden waren. Aleander behauptete, der Mainzer Kurfürst sei dagegen gewesen. Er fürchte den Haß der Deutschen, wenn er als einziger deutscher Prälat genannt werde. Auch wolle er nicht als Inquisitor der ketzerischen Bosheit bezeichnet werden, sondern ziehe vor, daß diese Bulle auch an die anderen geistlichen Kurfürsten und die Erzbischöfe Deutschlands gerichtet werde[95].

Wenn auch die Publikation dieser Bevollmächtigungsbulle wie der Bannbulle durch Aleander erst nach dem Ende des Reichstages erfolgt ist[96], so kann man daraus doch nicht folgern, der Nuntius habe „den Reichstag, der zumeist aus Laien bestand, wie ein Organ der Ketzergerichtsbarkeit" behandelt[97]. Aleander hat vielmehr in seiner Rede vor den Ständen betont, daß der Kaiser — und damit natürlich alle Fürsten — wisse, daß es ihm nicht zustehe, in Glaubenssachen ein Urteil zu sprechen[98]. Aufgabe der Obrigkeit in Deutschland ist es lediglich, den Richtspruch des Papstes zu vollstrecken. Die Kurie hat auch Ende März deutlich ihren Unwillen über die Reichstagsentscheidungen bekundet: Es war falsch, Luther zu berufen, ihn vor dem Reichstag hören zu wollen und die Ausführung der Entscheidung Leos zu suspendieren. Kardinal Medici betonte, daß Seine Heiligkeit etwas anderes von den Deutschen erwartet habe. Auch die Zurückhaltung Karls wurde kritisiert: Es ist für ihn eine große Schmach, sich in dieser Angelegenheit nicht mannhaft zu zeigen. Was können die Kirche und die ganze Christenheit von ihm gegen die Türken erwarten, wenn er gegen einen einzigen Menschen so wenig mit seiner ganzen Macht auszurichten vermag? Der Kaiser möge sich als Advokat der Kirche erweisen und sich unsterblichen Ruhm verschaffen. Von der Behandlung dieser Frage hängt seine Ehre ab. Den Nuntien wird verboten, sich mit Luther in einen Disput einzulassen. Das widerspricht der Würde des Apostolischen Stuhles — Luther ist ja ein rechtskräftig verurteilter Ketzer. Das Unbehagen Roms gegenüber der Entwicklung in Deutschland bekommt auch Aleander persönlich zu spüren. Er hatte geschrieben, daß er jetzt nicht alles mitteilen könne. Darauf antwortete Medici, der Papst bedaure, daß sein Nuntius nicht alles zu schreiben wage. Er verhalte sich dann nicht seinem Auftrag gemäß. Caracciolo wage es, alles Notwendige zu schreiben und zu sagen. Wenn Aleander furchtsam sei, solle er ihm das mitteilen, was er nicht nach Rom zu berichten wagt. Caracciolo werde dies dann für ihn tun, zumal er die Chiffre habe[99]. Nun waren es sicher keine Staatsgeheimnisse, die Aleander verborgen

[94]) Balan, Nr. 61, S. 158 und Nr. 94, S. 240 sowie Brieger, Nr. 19, S. 129, Z. 18 — S. 130, Z. 2 und Nr. 26, S. 175, Z. 10—15.

[95]) Balan, Nr. 93, S. 234 und Brieger, Nr. 32, S. 217, Z. 12—21.

[96]) „Erst im Oktober 1521" habe Aleander mitgeteilt, „daß er die beiden Bullen wirklich veröffentlicht habe", Bainton, Probleme (90), S. 26.

[97]) Bainton, Probleme (90), S. 26.

[98]) RTA II, S. 506.

[99]) Balan, Nr. 63, S. 166—168.

gehalten hatte. Vielmehr liebte er es, sich ins rechte Licht zu rücken und Hypothesen zu entwickeln, die so gewagt waren, daß sie nicht nach Rom berichtet werden konnten. Seine verschwommenen Andeutungen wurden aber nun in dieser kritischen Situation zum Anlaß für einen herben Tadel.

Nachdem Luther in Worms angekommen war und ein öffentliches Verhör von den Nuntien nicht verhindert werden konnte, hielten sie sich im Hintergrund. An der Versammlung, vor der Luther erschien, nahmen sie nicht teil, „um dem Standpunkt der Kurie nichts zu vergeben". Aleander hatte lediglich etwa 25 Bücher zum Reichstag geschickt, nach deren Verfasserschaft der Wittenberger gefragt werden sollte[100]. Auch wirkte er im Hintergrund, indem er enge Kontakte zu den Ratgebern Karls hielt oder ein mahnendes Schreiben an den Kurfürsten von Trier richtete, er möge bei seinen Bemühungen um Frieden der Autorität des Papstes eingedenk sein. Was davon abwiche, wäre widerrechtlich und sehr verderblich[101]. Der Name Luthers fällt nicht — die Bemühungen um Frieden sind aber nichts anderes als die Nachverhandlungen, die Richard von Greiffenklau mit dem Wittenberger zu führen hatte[102]. Da Luther sich weigerte, auf Vermittlungsvorschläge einzugehen, von denen Aleander berichtete, blieb auch der Widerspruch der Nuntien dagegen effektlos[103], den sie vorsorglich eingelegt hatten. Nach Luthers Abreise aus Worms wurde vermutet, er werde nach Böhmen oder Dänemark fliehen. Die Nuntien baten deswegen Karl, er möge beide Könige benachrichtigen, damit der Wittenberger gefangen genommen werde und diese Sache wirklich bald ihr Ende fände. Der Kaiser versprach, es zu tun[104], und versicherte, der Papst habe keinen Fürsten gehabt, der ihm gehorsamer sei als er[105].

Als Aleander mit der Abfassung eines Ediktsentwurfs beauftragt wurde[106], konnte man in Rom beruhigt sein. Noch am 29. April hatte Medici das Entsetzen Leos über Huttens Fehdebrief gegen den Nuntius zum Ausdruck gebracht — was ihn aber nicht hinderte, Aleander gleichzeitig die neuen Bannbullen zu übersenden, in denen Hutten nicht mehr als Gebannter genannt war[107]. Der Kardinal wußte auch noch nicht, welches Ergebnis das Auftreten Luthers vor dem Kaiser und so vielen Fürsten gezeitigt hatte[108]. Bereits am 1. Mai schrieb aber Gian Matteo Giberti von der päpstlichen Kurie, er sei zufrieden mit dem Sieg über Luther. In der Umgebung Leos sei man sehr erfreut, weil vorher ja die Macht des lutherischen Feuers täglich zugenommen habe. Man hoffe, daß diese Sache nun schnell beendet sein werde[109].

---

100) KALKOFF, AD, S. 169, Anm. 1, BALAN, Nr. 67, S. 173 und BRIEGER, Nr. 23, S. 146, Z. 14 f.

101) BALAN, Nr. 73, S. 192.

102) Vgl. unten den Beitrag von A. SCHMIDT.

103) BALAN, Nr. 74, S. 197 f. und BRIEGER, Nr. 25, S. 164, Z. 9 — S. 165, Z. 2.

104) BALAN, Nr. 74, S. 199 und BRIEGER, Nr. 25, S. 166, Z. 11—15.

105) BALAN, Nr. 75, S. 200 und BRIEGER, Nr. 35, S. 236, Z. 11 f.

106) BALAN, Nr. 79, S. 205.

107) Das betonte KALKOFF, RT, S. 207, Anm. 1; vgl. BALAN, Nr. 77, S. 202.

108) BALAN, Nr. 77, S. 203 f.

109) BALAN, Nr. 78, S. 204. Am 10. Mai schrieb Giberti, er freue sich, daß Aleander

Auch der Nuntius betonte jetzt, wie gut es doch gewesen sei, Luther vor dem Reichstag auftreten zu lassen: Der Kaiser und fast die ganze Welt haben ihn als einen törichten und dämonischen Menschen erkannt. Aleander forderte die Kurie auf, Karl in einem Breve zu danken[110]. Zwar sollte es sich herausstellen, daß sein Optimismus verfrüht gewesen war. Er mußte nämlich wenige Tage später nach Italien berichten, daß viele an Luther trotz seines schlechten Auftretens in Worms festhalten, allerdings — wie er meint — nicht wegen seiner Lehren, sondern um Rom ungehorsam zu sein und die Kirchengüter an sich zu nehmen. Aber gleichzeitig konnte er doch berichten, daß die Gegner Roms uneins seien, so daß der Sieg der Kurie erhofft werden könne[111]. Vor allem blieb sein Entwurf eines kaiserlichen Ediktes, wenn es sich auch Veränderungen gefallen lassen mußte, in seinen Grundlinien erhalten[112]. So wurde z. B. darin berichtet, daß Luther, obwohl einem offenbaren Ketzer kein Gehör zu geben sei, nur deswegen nach Worms geladen wurde, „das wir alle unnütze reden" abschnitten[113] — Aleander ging es darum zu vermeiden, daß das Verhör des Wittenbergers zu einem Präzedenzfall würde, auf den man sich in späteren Fällen nach erfolgtem päpstlichem Urteil beriefe[114].

Die Kurie war dann auch von der Entwicklung in Deutschland aufs höchste befriedigt. Medici berichtete dem Nuntius, Karls Erklärung, daß er den Glauben verteidigen wolle, sei im Konsistorium verlesen worden und habe große Freude hervorgerufen. Man überweise eine namhafte Geldsumme, um diejenigen belohnen zu können, die die Wormser Ereignisse im römischen Sinne beeinflußt hatten. Zwei Tage später schrieb der Kardinal, das Verhalten des Kaisers gegenüber Luther habe die Erwartungen des Papstes und der gesamten Kirche übertroffen. Um seine Meinung zu prononcieren, bediente er sich des Wortes aus Psalm 118,23: „Dies ist vom Herrn geschehen!" Medici ging sogar soweit zu sagen, Karl habe sich damit den Heiligen Stuhl verpflichtet[115]. Die Kurie erklärte nicht, daß der Kaiser nur getan habe, wozu er aus rechtlichen Gründen

---

ihm nicht extra über die Luther-Sache schreibe. Diese Zeit könne er dafür verwenden, den Auftrag der Oberen zu erfüllen, Kalkoff, Nachtrag, S. 210.

110) Balan, Nr. 94, S. 236 und 239 sowie Brieger, Nr. 26, S. 170 Z. 16—18 und S. 174, Z. 22—27.

111) Balan, Nr. 80, S. 205 f. und 208 sowie Brieger, Nr. 27, S. 178, Z. 15—18 und S. 181, Z. 23—25.

112) RTA II, S. 453 f. Aleander schrieb an Medici, er habe sich bemüht, daß der Autorität des Papstes kein Abbruch getan worden sei (Balan, Nr. 102, S. 261 und Brieger, Nr. 37, S. 241, Z. 3—6).

113) RTA II, S. 649.

114) Balan, Nr. 102, S. 260 und Brieger, Nr. 37, S. 240, Z. 19—23.

115) Balan, Nr. 82, S. 214—216. Rafaello de' Medici schrieb nach seiner Rückkehr an den Hof Leos am 11. Mai an Aleander, er habe bei Giulio de' Medici und Schönberg in Florenz und dann bei Leo und Giberti betont, welche Mühen und Gefahren der Nuntius in Worms zu bestehen habe (Paul Kalkoff, Aleander gegen Luther. Studien zu ungedruckten Aktenstücken aus Aleanders Nachlaß. Leipzig und New York 1908, S. 151).

verpflichtet gewesen sei — auch ein solches Echo wäre möglich gewesen —, sondern sie anerkannte das Engagement Karls. Und wenn Aleander auch klagen mußte, daß die Ausfertigung des Ediktes auf sich warten lasse, weil es noch den Ständen vorgelegt werden solle[116], so vermochte dies das römische Lob des Kaisers dennoch nicht zu beeinträchtigen. Man hatte dort offenbar Verständnis dafür, daß Karls Räte die Anhänger Luthers nicht durch die Vorlage des Ediktes während der Romzugsverhandlungen irritieren wollten[117].

Auch die Gefangennahme des Wittenbergers[118] vermochte den Lauf der Dinge nicht mehr zu verändern. Vielmehr ließ Karl V. nach dem Abschluß des Reichstages das Edikt vor den noch anwesenden Ständen verlesen. Es wurde von Kurfürst Joachim I. von Brandenburg im Namen aller akzeptiert[119]. Da die Stände es dem Kaiser zugebilligt hatten, wenn Luther nicht widerrufe, so zu verfahren[120], kann von einer Unrechtmäßigkeit des Ediktes keine Rede sein[121]. Andererseits muß aber auch beachtet werden, daß Karl es erst, als der Reichstag offiziell beendet worden war, verlesen ließ, daß es nicht von dem Reichserzkanzler gesiegelt und unterschrieben wurde und daß ein Hinweis auf das Verhör Luthers vor den Ständen und auf ein Edikt gegen ihn und seine Anhänger im Reichstagsabschied fehlt[122]. Das kann aber nur bedeuten, daß es nicht für eine offizielle Verlautbarung des Reichstages gehalten wurde. Es handelt sich um einen kaiserlichen Erlaß, für den „eine ständische Mitberatung unerheblich" war. Die Reichsachtverhängung war rechtskräftig aufgrund — wie es im Edikt heißt — „des amts unserer kaiserlichen ... autoritet". Jedoch hatte der Kaiserhof Wert auf eine Zustimmung der Stände gelegt, um deren Willen zu steigern, die Acht auch wirklich zu exekutieren[123]. Aleander war jetzt der Meinung, die Verkündigung des Mandates nach der Beendigung des Reichstages sei sehr viel effektiver, als wenn sie an seinem Beginn erfolgt wäre[124]. Das kann man, wenn man die weitere Entwicklung bedenkt, bezweifeln. Aber im Moment konnte niemand dem Nuntius widersprechen, der den jungen Monarchen mit überschwenglichen Worten lobte. So heißt es etwa, daß der Kaiser, wenn man vom Papst absehe, der beste Mensch auf Erden sei. Und wenn er nicht der weiseste sei, so gebe es doch trotz seiner Jugendlichkeit nur wenige, die

---

116) Balan, Nr. 95, S. 240—243 und Brieger, Nr. 31, S. 203, Z. 1 — S. 207, Z. 10.

117) Balan, Nr. 95, S. 242 und Brieger, Nr. 31, S. 205, Z. 25 — S. 206, Z. 9. Um zu vermeiden, daß die im Edikt ausgesprochenen Strafen gemildert würden, richtete Aleander während dieser Zeit ein Schreiben an Albrecht von Mainz, in dem er sich gegen solche Tendenzen aussprach (Balan, Nr. 103, S. 263, Brieger, Nr. 30, S. 199, Z. 1—9 und Kalkoff, AD, S. 231, Anm. 1).

118) Vgl. dazu Aleanders Meinung bei Balan, Nr. 95, S. 243 f. und Brieger, Nr. 31, S. 208, Z. 14 — S. 210, Z. 17.

119) Balan, Nr. 97, S. 250 und Brieger, Nr. 33, S. 222, Z. 25 — S. 223, Z. 4.

120) RTA II, S. 453.

121) Gegen Kalkoff, RT, S. 358.

122) Vgl. RTA II, S. 729—743.

123) RTA II, S. 653, Borth, Luthersache, S. 124 f., Müller, Aleander S. 233 sowie die Beiträge von Wohlfeil und Benzing.

124) Balan, Nr. 97, S. 254 und Brieger, Nr. 33, S. 229, Z. 14—18.

klüger und umsichtiger seien als er. Auch während der Krankheit seines wichtigsten Ratgebers, Chièvres, im Mai 1521 pries der Nuntius das Verhalten Karls[125]. Aleander meinte, die Richtigkeit der kaiserlichen Politik werde durch den Umstand bestätigt, daß kaum noch jemand von den Lutheranern rede[126]. Im Juli heißt es dann sogar in einem Bericht aus Brüssel nach Rom, in Süddeutschland spreche man nicht mehr von Luther — als ob er nie auf der Welt gewesen wäre[127]. Diese Aussage, aus der Ferne gemacht, konnte an der Kurie nur falsche Hoffnungen wecken. Daß der Erlaß des Ediktes[128] nicht sofort zu einer Unterdrükkung der evangelischen Bewegung führte[129], sollte man dort bald erkennen. Im Moment aber erging Kardinal Medici sich im Lob Karls, der der „allerchristlichste Kaiser sehr viel mehr in den Taten als im Titel" sei[130]. Bedenkt man, daß Karl als dem König von Spanien die Ehrenbezeichnung „Rex Catholicus" zustand, daß das Prädikat eines „Rex Christianissimus" aber dem französischen König gebührte, dann wird deutlich, welches Gewicht die Aussage hat, Karl sei der „imperator christianissimo"! Sie ist ein Ausdruck der Entente zwischen Papst und Kaiser, neben der eine Freundschaft Leos mit Frankreich keinen Raum hat. Auch der Ehrentitel des Hauptes der Franzosen gebührt dem, der sich bereit gezeigt hat, das Urteil des Papstes zu vollstrecken.

*

Betrachtet man die Politik der Kurie während des Wormser Reichstages, dann fällt auf, daß *Rom eher reagiert als agiert* hat. In der Umgebung des Papstes hat man den Reichstagsverhandlungen über Luther keine entscheidenden Impulse gegeben. Anfangs stellte man sich auf den Rechtsstandpunkt: Die weltlichen Obrigkeiten haben lediglich das Urteil Roms in Glaubensfragen zu vollstrecken. Karl hatte dies in Flandern getan. Als sich in Deutschland Schwierigkeiten zeigten, hat man weder einen neuen, einflußreicheren Gesandten geschickt noch die Politik geändert. Der wichtigste Mitarbeiter Leos X., Giulio de' Medici[131], hielt sich fast während der ganzen Zeit, in der die Stände in Worms tagten, in Florenz auf. Er erachtete es nicht als nötig, wegen der Religionsverhandlungen des Reichstages zur Kurie zurückzukehren. Man nahm es Karl übel, daß er nicht sofort so gegen Luther und dessen Anhänger vorging, wie man dies

---

125) Balan, Nr. 96, S. 248 und Nr. 97, S. 253 sowie Brieger, Nr. 33, S. 227, Z. 22 — S. 228, Z. 7.

126) Balan, Nr. 97, S. 251 und Brieger, Nr. 33, S. 224, Z. 22—25.

127) Balan, Nr. 109, S. 274 und Brieger, Nr. 38, S. 244, Z. 16—18.

128) Es scheint „nicht vor dem August" versendet worden zu sein (RTA II, S. 454). Über die Auswirkungen des Ediktes vgl. die Beiträge von Brecht und Stupperich.

129) Auch als Giulio de' Medici Papst im Jahr 1523 wurde, hat man der Glaubenskrise nicht die gebührende Aufmerksamkeit gewidmet, vgl. Gerhard Müller, Die römische Kurie und die Reformation 1523—1534. Kirche und Politik während des Pontifikates Clemens' VII. Gütersloh 1969 (QFRG Bd. 38).

130) Balan, Nr. 99, S. 256.

131) Über beide vgl. Eugenio Dupré Theseider, I papi medicei e la loro politica domestica, in: Studi Fiorentini. Florenz 1963, S. 271 ff.

in der Umgebung des Papstes für richtig hielt. Es wurden aber keine Versuche gemacht, Mißbräuche abzustellen, auf die Luther und seine Anhänger kritisch verwiesen. Lediglich auf politischem Gebiet näherte Leo sich in Italien Karl an, wobei aber die Vorteile des zwischen ihnen im Mai 1521 geschlossenen Vertrages überwiegend Rom zugute kamen[132]. Deswegen war es nicht der Geschicklichkeit der Kurie zuzuschreiben, daß der Kaiserhof die Luther-Sache nicht politisch dem Papst gegenüber verwertete. Es war vielmehr die Verbindung Karls mit dem überkommenen Glauben, die größere Gefahren für die römische Kirche vorerst verhinderte. Das Lob des Kaisers aus kurialem Mund nach dem Ende des Reichstags war berechtigt. Die in der Ketzergesetzgebung sich anbahnende Trennung von Staat und Kirche war von ihm hinausgeschoben worden[133]. Aleander mühte sich, dem Edikt Geltung zu verschaffen, das so schrecklich sei wie kein anderes je zuvor[134]. Aber so wenig Bannandrohung und Bann des Papstes der lutherischen Bewegung ein Ende zu setzen vermochten, so wenig gelang dies dem Edikt. Die römische Kurie, die deutschen Stände und die Reformation sollten sich auch während der kommenden Jahrzehnte mit- und gegeneinander um die Neugestaltung Europas zu mühen haben.

---

132) Pastor, Päpste (3), S. 327.

133) Müller, Römische Kurie (6), S. 12.

134) Balan, Nr. 102, S. 261 und Brieger, Nr. 37, S. 241, Z. 15 f.

Um die Einheit der Kirche

Zu den Verhandlungen über den Laienkelch während des Augsburger Reichstages 1530

Martin Luther hat die Gewährung des Laienkelches bei der Abendmahlsfeier nicht als theologisch notwendig gefordert, sie aber schon 1519 „fur gut angesehen“ [1]. Wenig später erklärte er, daß der Kelch den Laien verweigert werde, sei nicht wichtig, „denn es mehr an den worten, dan am tzeychen gelegen ist“. Er sprach der Kirche aber das Recht ab, die Einsetzung des Abendmahles durch Christus zu ändern, der beide Gestalten, Brot und Wein, ausgeteilt habe. Die Kirche könnte sich sonst anmaßen, den Laien auch noch die zweite Gestalt zu nehmen [2]. Daraus wurde aber nicht die Folgerung gezogen, daß man, um den Kelch gereicht zu bekommen, einen Aufruhr anzetteln solle. Vielmehr meinte er, man solle lediglich dem Falschen seine Zustimmung verweigern [3]. In der Schrift „An den christlichen Adel deutscher Nation“ erklärte er, daß Gebrauch oder Nichtgebrauch des Laienkelches nicht kirchentrennend seien [4]. Aber unter dem Gewicht, das die Einsetzungsworte Jesu für sein Verständnis des Abendmahls gewannen [5], äußerte er in *„De captivitate babylonica“*, die erste Gefangenschaft, die die Christen in der Kirche erlitten, sei die Verweigerung des Laienkelches [6]. Obwohl die Evangelisten Matthäus und Markus ausdrücklich sagten, daß Christus allen den Kelch gab und alle daraus tranken, entziehe die Kirche der Gemeinde die Gestalt des Weines [7]. Luther stellte sich deswegen die Aufgabe: „Ich werde zu zeigen versuchen, daß alle diejenigen gottlos sind, die den Laien die Kommunion unter beiden Gestalten verweigern“ [8]. Noch immer empfahl er, den Kelch nicht mit Gewalt zu rauben. Er wollte vielmehr lediglich Mitteilung machen,

1 Eyn Sermon von dem Hochwirdigen Sacrament des Heyligen Waren Leychnams Christi. Und von den Bruderschafften, WA 2, 742.

2 WA 6, 374 (Ein Sermon von dem neuen Testament, 1520).

3 WA 6, 374f. (1520).

4 WA 6, 456 (1520).

5 Hans Grass, Die Abendmahlslehre bei Luther und Calvin. Eine kritische Untersuchung, 2. Aufl. (BFChTh II, 47), Gü 1954.

6 WA 6, 502–507 (1520).

7 WA 6, 502f. (1520).

8 WA 6, 501 (1520).

über die „römische Tyrannei", deren Handeln man nicht billige, sondern leidend ertrage[9].

Dennoch setzte sich im Verlauf der Jahre – teilweise unter Luthers Widerstand – die Gewährung des Laienkelches in den evangelischen Gemeinden durch[10]. Andere Theologen griffen Luthers grundsätzliche Stellungnahme auf[11] und veränderten die Abendmahlsliturgie, so daß der Satz formuliert werden konnte: „*Calice et Réforme marchent de pair*"[12]. Der Kelch wurde – ähnlich wie bei den böhmischen Utraquisten – zu einem Unterscheidungsmerkmal, zu einem Symbol der neuen Lehre[13]. Das muß man sich deutlich machen, wenn man den Verhandlungen über den Laienkelch während des Augsburger Reichstages von 1530 nachgeht. An ihm können Annäherungen und Entfernungen der altkirchlichen und der protestantischen Gesprächspartner aufgewiesen werden. Dabei muß allerdings berücksichtigt werden, daß eine Geschichte des Laienkelches während des Augsburger Reichstages so wenig wie seine Geschichte selbst geschrieben werden kann, solange die Reichstagsakten für diese wichtige Versammlung der deutschen Stände noch nicht vorliegen[14]. Da in unserer Zeit aber das ökumenische Gespräch zwischen den Kirchen beginnt[15], mag ein Blick auf die Ereignisse in Augsburg 1530 angebracht sein, wo Katholiken und Evangelische sich in ihren Diskussionen um Theologie und Kirche so nahe kamen, wie später nicht mehr. Das Ringen um den Laienkelch ist dabei das deutlichste Beispiel für das Ringen um die Einheit der Kirche[16].

[9] WA 6, 507 (1520).

[10] Vgl. ROLAND H. BAINTON, Hier stehe ich. Das Leben Martin Luthers, Gö 1952, S. 171ff.

[11] Z. B. MARTIN BUCER, vgl. Martini Buceri opera omnia Series I, Deutsche Schriften Bd. 1, hrsg. von ROBERT STUPPERICH, Gü 1960, S. 331f.

[12] G[USTAVE] CONSTANT, Concession à l'Allemagne de la communion sous les deux espèces. Étude sur les débuts de la réforme catholique en Allemagne (1548–1621), Bd. 1 (BIBLIOTHÈQUE DES ÉCOLES FRANÇAISES D'ATHÈNES ET DE ROME Bd. 128), P 1923, S. 33.

[13] Eine „Monographie über das Problem des Laienkelchs in den ersten Jahrzehnten der Reformationsgeschichte" hat kürzlich EUGÈNE HONÉE angekündigt (Die Vergleichsverhandlungen zwischen Katholiken und Protestanten im August 1530. Ein Aktenstück zum Augsburger Reichstag, in: QFIAB 42/43, 1963, S. 414 Anm. 5). Über die Laienkommunion im Mittelalter vgl. jetzt DIETER GIRGENSOHN, Peter von Pulkau und die Wiedereinführung des Laienkelches (VERÖFFENTLICHUNGEN DES MAX-PLANCK-INSTITUTS FÜR GESCHICHTE Bd. 12), Gö 1964, S. 82ff.

[14] Die Reichstagsakten für 1530 und Januar/Februar 1531 (bis zur Königswahl Ferdinands am 5. Januar 1531 und der Gründung des Schmalkaldischen Bundes am 27. Februar 1531) werden nach Mitteilung des Bearbeiters, Herrn Dozent Dr. WOLFGANG STEGLICH, wohl drei Bände umfassen. Der 1. Bd. soll die Dokumente für die Zeit bis zum Einzug des Kaisers in Augsburg am 15. Juni 1530 enthalten.

[15] Zur ökumenischen Gesprächssituation vgl. auch WALTHER VON LOEWENICH, Glaube und Vernunft nach den Lehranschauungen des Vaticanum I, in: Reformatio und Confessio. Festschrift für D. W. Maurer zum 65. Geburtstag, B 1965, S. 231.

[16] Eine Untersuchung dieser Ereignisse fehlt bisher. CONSTANT geht in seinem oben genannten Werk über den Laienkelch auf den Augsburger Reichstag von 1530 gar nicht

I. Geheimverhandlungen

Am 15. Juni 1530 zog Kaiser Karl V. in Augsburg ein [17]. Noch vor der offiziellen Eröffnung des Reichstages am 20. Juni [18] begegnet die Forderung nach dem Laienkelch bei den Geheimverhandlungen, die Philipp Melanchthon mit Alfonso Valdés, einem Sekretär des Kaisers, führte [19]. Am 18. Juni befand sich der Wittenberger Humanist bereits ein zweites Mal bei Valdés, der ihm mitteilte, daß er dem Kaiser und auf dessen Geheiß hin auch dem Legaten Lorenzo Campeggio von dem vorher geführten Gespräch Mitteilung gemacht habe [20]. Beide seien von den Ausführungen Melanchthons [21] angetan gewesen, daß die „Lutherische Sach ... nicht sogar weitläuftig und ungeschickt" wäre, „als vielleicht Kaiserlicher Majestät eingebildet würde". Melanchthon gibt seinerseits seiner Meinung Ausdruck, daß es bei der Reformation nicht um theologische Neuerungen,

und auf die *Confessio Augustana* nur ganz kurz ein (a. a. O., S. 31f. Anm. 2), wie überhaupt seine ganze Einleitung „oberflächlich und ungenau" ist (GIRGENSOHN, a. a. O., S. 84f. Anm. 7). HASTINGS EELLS hat in seinem Aufsatz „Sacramental Negotiations at the Diet of Augsburg, 1530," in: THE PRINCETON THEOLOGICAL REVIEW 23, 1925, S. 213–233, lediglich die Verhandlungen über das Verständnis des Abendmahls zwischen den verschiedenen protestantischen Gruppen und hier vor allem Martin Bucers Konkordienbemühungen dargestellt.

[17] Vgl. u. a. die Schilderung des VALENTIN VON TETLEBEN (Protokoll des Augsburger Reichstages 1530, hrsg. und eingeleitet von HERBERT GRUNDMANN, SCHRIFTEN DER HISTORISCHEN KOMMISSION BEI DER BAYERISCHEN AKADEMIE DER WISSENSCHAFTEN, Schrift 4, Gö 1958, S. 59ff.; zit.: TETLEBEN).

[18] Vgl. TETLEBEN S. 67ff. und NBD 1. Abt., 1. Ergänzungsband 1530–1531 (zit.: NBD I, 1. EB), bearbeitet von GERHARD MÜLLER, T 1963, S. 65.

[19] Bereits am 13. Juni ist vom Laienkelch während eines Gespräches Herzog Heinrichs von Braunschweig-Wolfenbüttel mit Melanchthon die Rede gewesen. Justus Jonas berichtet in einem Brief vom gleichen Tag an Luther, der Herzog habe erklärt, daß er im Neuen Testament gelesen und erkannt habe, daß die Kommunion unter beiderlei Gestalt „frei" sei. Auch die Priesterehe und anderes *„iure non possint damnari, et ibi deo dante vias inueniri posse concordie ... Miramur omnes hanc in tali Principe mutationem"* (WA Briefwechsel Bd. 5, 362f.; über Herzog Heinrichs Verhalten in Augsburg vgl. aber HERBERT GRUNDMANN, Landgraf Philipp von Hessen auf dem Augsburger Reichstag 1530, SCHRIFTEN DES VEREINS FÜR REFORMATIONSGESCHICHTE Nr. 176, Gü 1959, S. 21ff.).

[20] In: CR 2, 121ff. ist der Bericht der Nürnberger Gesandten vom 21. Juni, der uns über diese Vorgänge unterrichtet, nur unvollständig abgedruckt, ausführlicher bei THEODOR KOLDE, Die älteste Redaktion der Augsburger Konfession mit Melanchthons Einleitung, zum 1. Mal hrsg. und geschichtlich gewürdigt, Gü 1906, S. 87f.

[21] Die Frage, ob Melanchthon mit Billigung und Wissen seines Landesherrn verhandelte, braucht hier nicht in extenso erörtert zu werden. Daß Melanchthon nicht ganz ohne Wissen des sächsischen Hofes vorging, dürfte angesichts der gewichtigen Fragen, die verhandelt wurden, und angesichts der Tatsache, daß Valdés Kaiser und Legat informierte, deutlich sein (vgl. auch JOHANNES VON WALTER, Die Depeschen des venezianischen Gesandten NICOLÒ TIEPOLO über die Religionsfrage auf dem Augsburger Reichstage 1530, AGG, philol.-hist. Klasse, NF Bd. XXIII, 1, B 1928, S. 39f.; zit.: TIEPOLO; vgl. auch unten Anm. 26).

sondern lediglich um einige Meinungsverschiedenheiten in unwichtigeren Fragen gehe, nämlich um beiderlei „Gestalt des Sacraments, von der Pfaffen und Mönch Ehe und von der Messe, also daß die Lutherischen die sondern einzelnen Messen nicht für recht halten könnten“ [22].

Das freundliche Echo, das Melanchthons Ausführungen beim Kaiser und dem päpstlichen Legaten hervorriefen, läßt aufhorchen. Kaum hat der Reichstag begonnen, als schon für den einen Punkt der Tagesordnung, die Glaubensfrage [23], eine Lösung gefunden zu werden scheint. Wie willkommen mußte das einem Mann wie König Ferdinand I. sein, dem die Abwehr gegen die Türken, der andere für den Reichstag vorgesehene Verhandlungspunkt, ungleich viel wichtiger war [24]! Obwohl die Gespräche im Geheimen geführt wurden, fehlt es nicht an Mitteilungen über sie. Bereits am 19. Juni berichtete der venezianische Gesandte Nicolò Tiepolo von der überraschenden Entwicklung [25], am 21. die Vertreter Nürnbergs in Augsburg [26] und am 22. der Mantuaner Gesandte Antonio Bagaroto [27]. Nur der

[22] CR 2, 122 und Kolde, a. a. O., S. 87. Vgl. auch den Bericht bei FRIEDRICH WILHELM SCHIRRMACHER, Briefe und Akten zu der Geschichte des Religionsgespräches zu Marburg 1529 und des Reichstages zu Augsburg 1530, Gotha 1876, S. 72: „... das sie gantz nichts wider die kirchen gleubten.“

[23] Vgl. das Ausschreiben des Kaisers vom 21. Januar aus Bologna bei KARL EDUARD FÖRSTEMANN, Urkundenbuch zu der Geschichte des Reichstages zu Augsburg im Jahre 1530, 1. Bd., Hl 1833, S. 2ff.

[24] Campeggio kritisierte, daß die Reichstagseröffnungsrede, die der päpstliche Nuntius bei Ferdinand, Vincenzo Pimpinella, vorbereitete, lediglich die Türkenhilfe behandele, was STEPHAN EHSES zu Recht auf den Einfluß Ferdinands zurückführte, der es auch durchsetzte, daß Pimpinella und nicht der Legat oder dessen Bruder Tommaso Campeggio während der Reichstagseröffnungsmesse zu Wort kommen durfte (Kardinal Lorenzo Campeggio auf dem Reichstage von Augsburg 1530, in: RQ Bd. 17, 1903, S. 384 und 388 sowie NBD I, 1. EB, S. 36 und 65 und GERHARD MÜLLER, Vincenzo Pimpinella am Hofe Ferdinands I. 1529–1532, in: QFIAB 40, 1960, S. 70ff.).

[25] Vgl. TIEPOLO S. 47. Es existiert auch eine Beilage zu einem Brief Jakob Sturms an Zwingli vom 19. Juni, in der der Verdacht ausgesprochen wird, „durch kleine Concessionen in den Speiseverboten und Caerimonien würden die Papisten gröszere Forderungen zu beseitigen versuchen“ (Politische Correspondenz der Stadt Straßburg, URKUNDEN UND AKTEN DER STADT STRASSBURG, 2. Abt. 1. Bd., bearbeitet von HANS VIRCK, Str 1882, S. 457).

[26] Vgl. oben Anm. 20. Es trifft also nicht zu, wenn es heißt: „Bis zur Übergabe und Verlesung der Confessio steht Melanchthon charaktervoll zur evangelischen Sache. Es trifft ihn kein Schatten des Verdachts, mit doppeltem Gesicht gehandelt zu haben“ (FRIEDRICH WILHELM KANTZENBACH, Das Ringen um die Einheit der Kirche im Jahrhundert der Reformation. Vertreter, Quellen und Motive des „ökumenischen“ Gedankens von Erasmus von Rotterdam bis Georg Calixt, St 1957, S. 46). Zwar hat Melanchthon kein Doppelspiel getrieben (handelte er doch mit Wissen des kursächsischen Hofes, vgl. oben Anm. 21 und KOLDE, a. a. O., S. 88, wo Gespräche Melanchthons mit Gregor Brück über diese Fragen bezeugt werden), aber er hat auf zwei Wegen eine Anerkennung der Reformation – wie er sie verstand – zu erreichen versucht: durch die Vorbereitung des vom Kaiser geforderten Bekenntnisses wie auch durch direkte Unionsverhandlungen.

[27] I diarii di Marino Sanuto, Bd. 53, V 1899, Sp. 326.

päpstliche Legat, Kardinal Campeggio, ließ sich Zeit. Erst am 26. Juni hat er eine umfangreiche Depesche nach Rom gesandt, in der er einen Bericht gibt über Verhandlungen in München, die schon zwischen dem 11. und 13. Juni geführt worden sein müssen [28], bis hin zur Verlesung der *Confessio Augustana* am 25. Juni [29]. In diesem Brief macht er auch Mitteilungen über die von Melanchthon geführten Gespräche, ohne allerdings dabei dessen Namen zu nennen. Er berichtet, die Protestanten seien bereit, in der Frage des Fegefeuers, der bischöflichen Jurisdiktion und vielem anderen nachzugeben. Lediglich vier Forderungen erhöben sie: 1. die Gewährung des Laienkelches, 2. die Gestattung der Priesterehe, 3. eine Veränderung des Meßkanons und vieler Zeremonien, sowie 4. die Durchführung des Generalkonzils [30]. Darauf ist näher einzugehen, da Campeggio sich nicht wie die oben genannten Gesandten mit einem bloßen Bericht begnügt, sondern eine eigene Stellungnahme äußert.

Daß das Konzil genannt wird, überrascht. Denn unter Melanchthons Forderungen war dieser Punkt nicht aufgetaucht [31]. Campeggio greift hier eine Äußerung der protestantischen Stände vom 22. Juni auf [32]. Er war sich allerdings darüber im klaren, daß auch altkirchliche Fürsten das Konzil wünschten [33] und daß Papst Clemens VII. strikt dagegen war. Er berichtete deswegen nach Rom, er hoffe, diese Sache „gut führen" zu können [34], was nur heißen kann, daß er die Forderung nach einem Konzil durch die deutschen Stände möglichst vermeiden wolle.

Über die Veränderungswünsche in Hinsicht auf Messe und Zeremonien weiß Campeggio noch nichts Genaueres. Er wird in diesen Fragen aber nur mit der „nötigen Vorsicht und Überlegung" vorgehen. In bezug auf die Priesterehe vermögen die Lutheraner auf den Brauch der griechischen Kirche zu verweisen. Sie beziehen sich auch auf römisch-katholische Kano-

[28] Vgl. NBD I, 1. EB, S. 61 Anm. 4.

[29] Die Depesche wurde von Hugo Laemmer in falschem Zusammenhang abgedruckt (Monumenta Vaticana historiam ecclesiasticam saeculi XVI illustrantia, Fr 1861, S. 39ff.); den richtigen Zusammenhang hat Ehses hergestellt in: RQ Bd. 17, 396ff., aber bei seinem Teilabdruck Wichtiges weggelassen. So fehlt z. B. auch der Hinweis auf eine Abfassung dieses Briefes während mehrerer Tage: *„Questa ho scritto in più volte et più giorni"* (NBD I, 1. EB, S. 74).

[30] NBD I, 1. EB, S. 70.

[31] CR 2, 122.

[32] Tiepolo und Bagaroto führen statt des Konzils die Frage der Kirchengüter auf (Johannes von Walter, Der Reichstag zu Augsburg 1530, in: Luther-Jahrbuch 1930, S. 40f.). Über die Forderung eines Konzils durch die Protestanten vgl. ebd. S. 46f. Da Campeggio seinen Bericht über die Verhandlungen mit den Lutheranern an den über das Reichstagsgeschehen vom 22. Juni anschließt (NBD I, 1. EB, S. 69f.), ist es naheliegend, daß er das Konzil als einen wesentlichen Punkt hinzufügt. In seinem nächsten Schreiben vom 5. Juli spricht er dann nur noch von drei Punkten (ebd. S. 76).

[33] a. a. O., S. 38.

[34] a. a. O., S. 70.

nisten, die sagen, daß der Zölibat aus einem gewichtigen Grund eingeführt wurde und aus einem noch gewichtigeren auch wieder beseitigt werden könne. Der Legat meint zwar, die Lutheraner erfaßten die wahre Intention dieser Kanonisten nicht, die wünschten, daß auch bei den Griechen der Zölibat eingehalten würde. Doch bittet Campeggio, der Papst möge Beratungen durchführen lassen, ob man ihm in dieser Frage etwas mitzuteilen habe. Er hält es offenbar für möglich, daß die Kurie den Lutheranern die Priesterehe unter gewissen Bedingungen zugesteht.

Über die Forderung des Laienkelches meint Campeggio, daß man wohl wie bei den Böhmen eine Lösung finden könne, durch die der Glaube nicht verletzt werde [35]. Offenbar glaubt er, daß hier am leichtesten eine Verständigung erzielt werden könne. Allerdings muß man sich klar machen, daß der Legat an keinerlei theologische Konzessionen denkt. Weder bei der Gewährung des Laienkelches noch bei liturgisch-theologischen Fragen wie der Veränderung des *Canon missae* darf ein Widerspruch zur überkommenen Lehre geduldet werden. Doch die Gewährung des Laienkelches hält er bei Beachtung dieser Voraussetzung durchaus für möglich.

Diese Aussagen des Kardinals überraschen. War er es doch gewesen, der noch im Mai in seinem großen Gutachten über die Politik gegenüber den Protestanten die Anwendung von Waffen empfohlen hatte, und zwar je eher, desto besser. Denn erst wenn die Religionsfrage bereinigt sei, könne man gegen die Türken erfolgreich vorgehen [36]. Und nun gerät die Grundlage dieses Konzeptes, daß man es bei den Protestanten mit Ketzern zu tun habe, ins Wanken. Diese auf Grund der Bannbulle über Luther von ihm bisher vertretene Meinung muß berichtigt werden, wenn die Lutheraner in allen theologischen Fragen mit der römischen Kirche übereinstimmen und nur Konzessionen in praktischen Anliegen verlangen. Damit schwenkt Campeggio auf die Linie der kaiserlichen Politik ein. Karl V. wollte in Augsburg 1530 die Glaubensspaltung beseitigen, aber nicht mit Gewalt, sondern auf dem Verhandlungsweg, wobei er es „für das Fruchtbarste" hielt, „die Sach in einer Enge und Stille vor[zu]nehmen, und gar nicht mit weitläuftiger öffentlicher Verhöre und Disputation; denn solche Verhöre und zänkisch Disputation gebährten allein weitern Unwillen und keine Einigkeit" [37]. Noch am 23. Juni, nachdem die Verlesung eines protestan-

[35] Vgl. a. a. O.

[36] Die Gutachten wurden gedruckt bei Wilhelm Maurenbrecher, Karl V. und die deutschen Protestanten 1545–1555, D 1865, S. 3*ff.; einige Berichtigungen dazu in: NBD I, 1. EB, S. 34 Anm. 14. Vgl. auch ähnliche Gedanken in Campeggios Depeschen vom 20. Mai und noch vom 26. Juni (a. a. O., S. 36f. und S. 64). Die Empfehlung einer harten Politik gegenüber den Protestanten steht am Anfang der Depesche vom 26. Juni und gibt den Inhalt eines in München geführten Gespräches wieder. Einige Tage danach hält der Legat bereits eine friedliche Regelung der Glaubensfragen für möglich. Beides teilt er in demselben Schreiben mit (a. a. O., S. 64 und 70).

[37] Vgl. CR 2, 123 und Kolde, a. a. O., S. 88.

tischen Glaubensbekenntnisses von den Reichsständen bereits beschlossen worden war[38], hielt Campeggio die oben genannten vier Punkte für die entscheidenden Fragen, um die es jetzt in Augsburg gehen werde.

Betrachten wir allerdings genauer, was der Legat an Konzessionen in Erwägung zieht, so ist festzustellen, daß der Laienkelch ja schon den Böhmen in den Prager Kompaktaten 1433 zugestanden worden war[39] und daß die Griechen bei der 1439 in Florenz geschlossenen Union ihren gesamten Ritus und damit auch die Priesterehe des niederen Klerus hatten beibehalten dürfen[40]. Es handelt sich also nicht um unmittelbare Neuerungen, die *ab ovo* hätten diskutiert werden müssen, deren Gewährung durch die römisch-katholische Kirche von hier aus gesehen auch keine Sensation gewesen wäre. So mochten jedenfalls die Humanisten denken, die die friedliche Lösung der Glaubensfrage auf dem Augsburger Reichstag auf diesem Weg zu erreichen suchten[41]. Aber was den Griechen konzediert worden war, mußte für die Deutschen durchaus nicht vorbildlich sein. Und auch zwischen der relativ kleinen Schar der Böhmen und den Lutheranern, die ganz Deutschland in Bewegung gebracht hatten, gab es Unterschiede, die eine Wiederholung der vor knapp hundert Jahren gefällten Entscheidung als bedenklich erscheinen lassen konnten. Die Tatsache aber, daß selbst ein Mann wie der Jurist Lorenzo Campeggio den Ausgleichsbemühungen in Augsburg in der zweiten Junihälfte 1530 in starkem Maße Tribut gezollt hat, zeigt, wie gewichtig die Kräfte waren, die hier wirkten.

Aber auf Grund des kaiserlichen Ausschreibens zum Reichstag liefen bekanntlich die offiziellen Verhandlungen der Stände weiter. Die Protestanten setzten sogar durch, daß die ursprüngliche Tagesordnung verändert und zuerst über die Glaubensfrage und dann erst über die Hilfe der deutschen Stände zur Abwehr der Türken verhandelt wurde[42]. Mußten nicht Melanchthons Verhandlungen mit dem Kaiserhof als hoffnungslos überholt erscheinen angesichts der Verlesung des protestantischen Bekenntnisses am 25. Juni, in dem den Fragen nach Laienkelch, Zölibat, Messe und Zeremonien eigene Abschnitte gewidmet waren[43]? Campeggio war

[38] Vgl. NBD I, 1. EB, S. 70.

[39] Constant, a. a. O., S. 25. Vgl. auch die im Archiv Český Bd. 3, 1844, S. 398–412 abgedruckten Dokumente

[40] Hefele-Leclercq Bd. 7, 2, P 1916, S. 1008.

[41] Jedin 1, 202, Peter Rassow, Die Kaiser-Idee Karls V., dargestellt an der Politik der Jahre 1528–1540 (HStud Bd. 217), B 1932, S. 35ff. und Kantzenbach a. a. O., S. 95f.

[42] Vgl. Förstemann 1, 2ff. und v. Walter, a. a. O., S. 46.

[43] BSLK S. 85ff. Zur *communio sub utraque* heißt es im 22. Artikel der CA, sie werde auf Grund der Einsetzungsworte Jesu und des von Paulus bezeugten Brauches der Urkirche in den evangelischen Gemeinden vollzogen. Erst in jüngerer Zeit sei die Austeilung von nur einer Gestalt aufgekommen (ebd. S. 85f.). Das erste Verbot des Laienkelches wurde erst vom Konstanzer Konzil 1415 ausgesprochen (Girgensohn, a. a. O., S. 82f.).

scheinbar nicht dieser Meinung. In seiner Depesche vom 26. Juni wird die Verlesung der *Confessio Augustana* zwar erwähnt, aber auch nicht mehr. Er kennt sie noch gar nicht und berichtet, er höre, sie habe etwa 50 Artikel[44]. Viel gewichtiger als dieses offizielle Dokument sind ihm im Moment die geheimen Unionsverhandlungen, die in die Zukunft zu weisen scheinen.

Genauso dachte Melanchthon. Auch er schrieb am 26. Juni: an Martin Luther, der sich auf der Koburg aufhielt. Er berichtet kurz von der Überreichung der *Confessio Augustana*, um dann aber die Frage zu stellen, was man den Gegnern konzedieren könne, die ihre Antwort auf das protestantische Bekenntnis bereits vorbereiteten[45]. Die Probleme, über die Luther sich äußern möge, sind der Laienkelch, die Priesterehe und die Privatmesse, also jene drei Punkte, die seit dem Beginn der Geheimverhandlungen diskutiert wurden. Dem Bericht der Nürnberger Gesandten zufolge hatte Melanchthon auch erfahren, daß Campeggio gegenüber einer Abschaffung der Privatmessen Bedenken habe[46], so daß es nicht verwundert, daß Melanchthon besonders über diese Frage Luthers Meinung erbittet[47].

Auch dem Grafen Hermann von Neuenahr hat Melanchthon seine drei Punkte vorgetragen. Hier stieß er aber auf Skepsis. Der Graf meinte in seinem Antwortbrief, diese Probleme könnten nicht in Augsburg während des Reichstages gelöst werden. Lediglich in der Frage des Laienkelches ist er optimistisch, da hier die Schwierigkeit nicht so sehr groß sei[48]. Aber es sind auch andere Stimmen zu notieren. Die Nürnberger Gesandten berichten, der Bischof von Augsburg, der Erasmianer Christoph von Stadion, habe im Fürstenrat vorgeschlagen, man solle, um zu einer Einigung zu kommen, „die zween Artikel von beeder Gestalt des Sacraments und der Priester Ehe nachgeben; und ob es noth wäre, über das noch mehr zu thun, sollt zu Erhaltung Friedens und Einigkeit an ihm auch nicht erwinden“[49]. Sollte sich von hier aus eine Lösung der das deutsche Reich schwer belastenden Glaubensfragen auftun?

Aber neben der Gruppe der Humanisten, die im altkirchlichen Lager genauso wie bei den Protestanten zu finden waren, standen andere Personen, die die These nicht akzeptierten, zwischen beiden Gruppen stünden keine gravierenden theologischen Unterschiede und alles könne durch einige Konzessionen an die Lutheraner geklärt werden. Hier sind an erster

[44] NBD I, 1. EB, S. 73.
[45] WA Briefwechsel Bd. 5, 397.
[46] CR 2, 122f. Die offene Haltung Campeggios gegenüber Laienkelch und Priesterehe, von der hier gesprochen wird, fanden wir durch Campeggio selbst bestätigt (vgl. oben Anm. 35).
[47] WA Briefwechsel Bd. 5, 397.
[48] CR 2, 149.
[49] CR 2, 150.

Stelle die römisch-katholischen Kontroverstheologen zu nennen, die sofort nach der Überreichung der *Confessio Augustana* ihre Arbeit an der *Confutatio* aufnahmen, in der sie deren „Unwahrheiten" aufdecken und den dogmatischen Dissensus beweisen wollten[50].

Auch Luther gehörte zu denen, die sich keinen voreiligen Hoffnungen hingaben. In seiner Antwort auf Melanchthons Brief vom 26. Juni, die bereits drei Tage später verfaßt wurde, meint er, er sei zu allen Konzessionen bereit – wenn nur das Evangelium ungehindert verkündigt werden könne. *„Quod autem cum euangelio pugnat, concedere non possum. Quid aliud respondeam?"* Luther geht auf die drei Punkte Melanchthons gar nicht ein. Er behauptet sogar, Melanchthon habe ihm nicht geschrieben, was man von den *„adversarii"* fordern solle[51]. Für Luther sind Laienkelch, Priesterehe und Privatmesse demnach so wenig wichtig, daß nach seiner Meinung hier nicht die Entscheidungen fallen.

Melanchthon aber läßt sich dadurch nicht irre machen. Er hält an seinem Plan fest und nimmt direkten Kontakt mit dem Manne auf, der bei der Lösung dieser Fragen ein gewichtiges Wort mitreden wird, mit Campeggio. „Am 4. Juli schrieb er Campegi seinen berüchtigten Brief", in dem Johannes von Walter „eine Verleugnung des Evangeliums" konstatiert[52]. Melanchthon bittet hier, die Protestanten nicht mit Schwert und Feuer zu bekämpfen, sondern ihnen Frieden zu gewähren. Für einen Krieg bestehe keine Veranlassung: *„Dogma nullum habemus diversum ab ecclesia Romana"*[53]. Melanchthon konnte hierbei an die Glaubensartikel der *Confessio Augustana* denken. Er konnte sich auch daran erinnern, daß keines der altkirchlichen Dogmen, weder Trinitätslehre noch Christologie, von den Protestanten abgelehnt wurde. Und doch irrt er erheblich. Denn seine Meinung ist, – retrospektiv betrachtet – zutiefst ungeschichtlich. Ihm war nicht aufgegangen, daß durch die Betonung und Stellung der Rechtfertigungslehre in der protestantischen Theologie ein neuer Abschnitt in der Geschichte der Kirche begonnen hatte. Er wollte nicht eingestehen, daß durch die Ablehnung dieser Lehre durch die römisch-katholische Kirche die ihm vorschwebende Gesprächsbasis in Wahrheit nicht vorhanden war[54]. Aber von seinem Mißverständnis her konnte er sich dem

[50] JOHANNES FICKER, Die Konfutation des Augsburgischen Bekenntnisses. Ihre erste Gestalt und ihre Geschichte, L 1891, S. XV ff. und GERHARD MÜLLER, Johann Eck und die CA, in: QFIAB 38, 1958, S. 206f.

[51] WA Briefwechsel Bd. 5, 407. Melanchthon hatte noch einmal am 27. Juni Luther um eine Stellungnahme gebeten (ebd. S. 403).

[52] v. WALTER, a. a. O., S. 68. Der Brief wurde gedruckt in: CR 2, 169ff. und bei Schirrmacher, a. a. O., S. 135f. mit dem falschen Datum „6. Juli", das auch noch bei KANTZENBACH, a. a. O., S. 48 vorkommt.

[53] CR 2, 170.

[54] Man muß allerdings feststellen, daß nicht nur Melanchthon so dachte. Vor allem bei den Humanisten sind ungeschichtliche Urteile festzustellen. Das ging sogar so weit,

Legaten mit bestem Willen annähern, der auch durchaus darauf einging.

Bereits am 5. Juli wurde er zu Campeggio bestellt. Wieder wird über Laienkelch, Priesterehe und Messe diskutiert. Der Legat fordert Melanchthon auf, seine Meinung über diese Punkte schriftlich zum Ausdruck zu bringen. Noch am gleichen Tage hat dies der Wittenberger getan[55]. Er bittet um Gewährung von Laienkelch und Priesterehe, will die öffentlichen Messen beibehalten und meint, nach der Wiederherstellung der bischöflichen Autorität würden alle Streitigkeiten „über Speisen und ähnliche Dinge" beigelegt werden können. Er ist der Ansicht, es sei an der Zeit, daß die römische Kirche misericordia walten lasse. „*Christus pacificos dicit beatos esse et vocat filios Dei*", welchen Titel der Legat leicht erlangen könne. In bezug auf die *communio sub utraque* erklärt Melanchthon: „Wir verdammen nicht die anderen", nämlich die, die nur das Brot empfangen. Außerdem vertreten auch die Protestanten die Konkomitanzlehre: der ganze Christus ist in jeder einzelnen Gestalt gegenwärtig. Für die Gewährung des Laienkelches hält er ein psychologisch-pädagogisches Argument parat: „*videtur haec res augere reverentiam erga sacramentum ac religionem populi, qui libentius utitur integro sacramento*"[56].

Der Legat hat das Schriftstück noch am gleichen Tag nach Rom gesandt. „Wenn es Seiner Heiligkeit richtig erscheint, es prüfen zu lassen und mir die Meinung jener hochberühmten Theologen zuzuschicken, so nehme ich an, daß sie noch rechtzeitig kommen wird"[57]. Campeggio hütete sich, von sich aus ein Urteil zu fällen. Dafür war er auch nicht ausdrücklich bevollmächtigt worden. Er war ja nach Deutschland gesandt worden, um den Standpunkt der Kurie gebührend zur Geltung zu bringen[58]. Vielleicht war ihm jetzt die Stellungnahme, die er am 26. Juni zum Ausdruck gebracht hatte, schon zu positiv. Jedenfalls hat er sich in seinem Brief vom 5. Juli nicht ausdrücklich für eine Gewährung des Laienkelches ausgesprochen, sondern nur noch eine Stellungnahme Roms zu den protestantischen Vorschlägen erbeten. Es kam jetzt alles darauf an, was die Kurie auf die Vorschläge Melanchthons erwidern würde.

daß die Einberufung eines Konzils gefordert wurde, das die endgültige Entscheidung über die reformatorische Theologie fällen sollte, obwohl bereits vom 5. Lateranum die Autorität des Papstes höher als die der Konzilien eingestuft worden war (JEDIN 1, 106).

[55] NBD I, 1. EB, S. 76 und 78. Es ist mehr als wahrscheinlich, daß das Gutachten in CR 2, 246–248 dasjenige ist, das Melanchthon am 5. Juli dem Legaten übergab (so EHSES in: RQ 18, 362 Anm. 2). Die Vermutung KARL GOTTLIEB BRETSCHNEIDERS, es gehöre zum 4. August, trifft schwerlich zu, da Campeggio in seiner Depesche vom 10. August ausführlich auf Melanchthons Brief vom 4. August an Luca Bonfio eingeht, aber kein Wort von einem Gutachten sagt, das sehr viel mehr zu einer Auseinandersetzung gereizt hätte als die wenigen Worte Melanchthons in seinem Brief (Campeggios Ausführungen in: NBD I, 1. EB, S. 108ff.).

[56] Vgl. CR 2, 246–248.

[57] NBD I, 1. EB, S. 78.

[58] JEDIN 1, 196.

Wir wissen nicht genau, wann die Depesche des Legaten vom 26. Juni in Rom eingetroffen ist. Es wurde der 14. Juli genannt. Doch ist das unrichtig, denn der Vermerk, auf den man sich bezog, gehört nicht zu diesem Schreiben. Der Brief ist auf jeden Fall vor dem 6. Juli in Rom eingetroffen [59], denn an diesem Tag wurden im Konsistorium die Reichstagseröffnungsrede des Kaisers vom 20. Juni [60] und Campeggios Brief vom 26. Juni verlesen [61]. Am ausführlichsten unterrichtet uns darüber die Konsistorialakte des Kardinal-Camerlengo. Dort heißt es, am 6. Juli sei ein Brief Campeggios über die Handlungen gegen die Lutheraner in Augsburg verlesen worden, *„quod ipsi se reduxerunt ad quattuor particularia, videlicet de communione in utraque specie, de celibatu presbyterorum, de canone missarum, de concilio generali et de bonis ecclesiasticis"*. Es wurde beschlossen, dem Kaiser zu danken, den Legaten und auch den Nuntius Pimpinella wegen seiner Rede während der Reichstagseröffnungsmesse zu loben, *„et fuit dilata reliqua deliberatio, ut melius responderi poterit"* [62]. Die Kurie machte es sich mit ihrer Entscheidung über die lutherischen Forderungen also nicht leicht. Sie hielt es für nötig, das Für und Wider der von den Protestanten vorgeschlagenen Konzessionen in Ruhe zu diskutieren. In dem Fragment eines Briefes des päpstlichen Sekretärs Jacopo Salviati [63] an Campeggio vom 7. Juli finden wir verwirklicht, was im Konsistorium beschlossen worden war. Er berichtet über die Sitzung vom vorhergehenden Tag und lobt Kaiser und Legat für ihr Verhalten. Über die vier Punkte der Lutheraner [64], von denen Campeggio gesprochen hatte, äußert er dagegen kein Wort [65]. Dieser Brief kam am 16. Juli in Augsburg

[59] Wahrscheinlich ist Campeggios lange Depesche bereits am 3. Juli in Rom angekommen (NBD I, 1. EB, S. 63 Anm. 1).

[60] Vgl. Kolde, a. a. O., S. 103 Anm. 3.

[61] NBD I, 1. EB, S. 79 Anm. 1.

[62] Zitiert a. a. O. Auch Kardinal Loaysa berichtete über dieses Konsistorium kurz, vgl. G. Heine, Briefe an Kaiser Karl V., geschrieben von seinem Beichtvater in den Jahren 1530–1532, B 1848, S. 16. Ludwig Pastors Äußerungen über dieses Konsistorium – eingehende Beratung dieser Forderungen und ihre Entscheidung – sind demnach unzutreffend (Bd. 4, 2. Fr 1907, S. 410).

[63] J. Salviati war nicht Kardinal. Wenn v. Walter von einem „Kardinal Salviati" spricht (a. a. O., S. 18), dann liegt eine Verwechslung mit dem Sohn des päpstlichen Sekretärs, mit Giovanni Salviati vor (vgl. über ihn zuletzt Gerhard Müller, Die Kandidatur Giovanni Salviatis im Konklave 1549/50. Zwei Briefe Pietro Bertanos vom Hof Karls V., in: QFIAB 42/43, 1963, S. 435ff.).

[64] In Wahrheit nennt das oben zitierte Protokoll fünf Punkte, nämlich noch die Kirchengüter. Offenbar hat der Kardinal-Camerlengo, dem wir diese Mitteilungen verdanken, auf diese Frage noch einmal besonders hinweisen wollen (über seine Akte vgl. Stephan Ehses, Aus den Consistorialakten der Jahre 1530–1534, in: RQ 6, 1892, S. 221f.).

[65] NBD I, 1. EB, S. 79f. Zwar liegt dieser Brief nur unvollständig vor. Aber Salviati berichtet in seinem nächsten Schreiben, daß er auf „die vier Artikel" in seiner letzten Depesche nicht eingegangen sei (a. a. O., S. 80).

an[66]. In der Zwischenzeit waren dort die Verhandlungen aber weitergegangen.

In einem Brief Melanchthons an Campeggio oder (wahrscheinlicher) an dessen Sekretär Luca Bonfio, der wohl am 7. Juli geschrieben worden ist, kam der Wittenberger Humanist seinem Gesprächspartner noch einige Schritte weiter entgegen. Er schlug vor, den Protestanten Laienkelch und Priesterehe nicht öffentlich zuzugestehen, sondern sie lediglich bis zum Konzil zu dulden. Die Schwierigkeiten über die Messe könnten beseitigt und die bischöfliche Jurisdiktion wiederhergestellt werden[67]. Trotz dieser weitgehenden Aufgabe aller protestantischen Forderungen erlebte Melanchthon am 8. Juli, als er wieder von Campeggio empfangen wurde, eine glatte Abfuhr. Der Legat erklärte ihm, die drei Punkte Laienkelch, Priesterehe und Messe würden auch in der *Confessio Augustana* behandelt. Es bestehe deswegen kein Grund, dieselben in Sonderverhandlungen mit ihm zu besprechen, zumal es dabei um Angelegenheiten der ganzen Nation, ja der ganzen Christenheit gehe, die man gemeinsam lösen müsse[68]. Diese Sinnesänderung des Legaten hatte ihren Grund in den Reichstagsverhandlungen und der Erarbeitung der *Confutatio,* deren erste Fassung in diesen Tagen der Vollendung entgegenging[69]. Was dort zusammengetragen wurde, stand in schärfstem Gegensatz zu allen Ausführungen Melanchthons. Johann Eck[70], der führende katholische Kontroverstheologe in der frühen Reformationszeit, siegte in diesen Tagen in Augsburg über den führenden evangelischen Unionstheologen[71].

Die Änderung in der Verhaltensweise Campeggios wurde nachträglich durch die Kurie gutgeheißen. Hatte der Legat schon dem Brief Salviatis vom 7. Juli entnehmen können, daß man in Rom nicht mit vollen Händen Konzessionen austeilen wollte – sonst hätte man ihm nämlich auf seine Anfrage über den Zölibat und auf seine Ausführungen über den Laienkelch sofort geantwortet –, so ist zu der nächsten Depesche des päpstlichen Sekretärs vom 13. Juli jeder Kommentar überflüssig. Salviati schreibt

[66] a. a. O., S. 79.

[67] Vgl. CR 2, 172–174.

[68] NBD I, 1. EB, S. 84; vgl. auch Melanchthons Bericht an Veit Dietrich in: CR 2, 174f.

[69] Vgl. FICKER, a. a. O., S. XLVII.

[70] Über dessen Arbeiten in Augsburg vgl. MÜLLER, J. Eck in: QFIAB 38, 205ff.

[71] Hier sind allerdings lediglich die Ausgleichsbemühungen zwischen Katholiken und Lutheranern gemeint. Um die Einigung der verschiedenen protestantischen Richtungen bemühte sich bekanntlich vor allem Martin Bucer (vgl. EELLS, a. a. O., S. 213ff.). – Melanchthon nahm an, daß ein Besuch Ecks und Cochläus' den Legaten umgestimmt habe (CR 2, 175). Campeggio gehörte auch nicht zu dem vermittelnden Humanistenkreis (so RASSOW, a. a. O., S. 36), wenn er auch mit Erasmus Briefe wechselte. Vielmehr verstand er es, sich den politischen Gegebenheiten anzupassen, achtete aber gleichzeitig immer darauf, daß den Lutheranern in Fragen des Glaubens nicht nachgegeben würde.

darin, das Wichtigste, worüber er sich in seinem letzten Brief nicht geäußert habe, seien die vier Punkte der Lutheraner. Inzwischen seien der Papst und die Kardinäle zu der Meinung gekommen, daß Campeggio den Kaiser bitten möge, daß er „in keinem der von ihnen vorgeschlagenen Dinge einen einzigen Schritt weiche und ihnen kein Wort sage, das ihn zu irgendeiner Konzession ihnen gegenüber verpflichte". Der Kaiser könne sich mit vielen Gründen entschuldigen, notfalls mit dem Wormser Edikt. Auch der Legat möge nicht nachgeben noch irgend etwas versprechen. Und wenn er allzusehr unter Druck gesetzt werde, dann möge er sich damit entschuldigen, daß er darüber nach Rom Bericht erstatten müsse.

Salviati exemplifiziert die grundsätzliche Stellungnahme der Kurie an der Forderung nach dem Laienkelch. Die Lutheraner könnten keine so gewichtigen Gründe anführen, durch die man sich genötigt sehe, die seit mehr als 800 Jahren vorhandene Praktizierung des Abendmahls unter einer Gestalt zu ändern [72]. Dieselbe sei vom Konstanzer Konzil unter Zustimmung aller Nationen bestätigt worden. Es würde der gesamten übrigen Christenheit ein Ärgernis zugefügt werden, wenn man auf Grund der Bitte einer einzigen Nation den Brauch ändere. Außerdem würden die anderen Völker den alten Ritus beibehalten, so daß diese Konzession zu einer Spaltung der Kirche führen würde [73].

Von einer Gewährung des Laienkelches im Sinne der Prager Kompaktaten ist nicht die Rede. Die Kurie faßt das Problem grundsätzlich an und meint, die anderen Nationen würden sich dem Brauch der Deutschen nicht anschließen. Das war mit dem Antrag Melanchthons und der Befürwortung Campeggios aber auch gar nicht gemeint gewesen. Die Stellungnahme Roms verhinderte nun aber jegliche Nachgiebigkeit von altkirchlicher Seite in dieser Frage bei den Unionsbestrebungen [74]. Schon bevor Salviatis Brief vom 13. Juli in Augsburg ankam [75], sprach Campeggio

[72] Diese Angabe ist zu hoch gegriffen: erst seit dem 14. Jahrhundert praktizierten die Laien in der Regel nur unter einer Gestalt (GIRGENSOHN, a. a. O., S. 95ff.).

[73] NBD I, 1. EB, S. 80f. Mit dieser Erklärung war auch Campeggios zweite Anfrage über die protestantischen Forderungen vom 5. Juli beantwortet (a. a. O., S. 75–78 und oben Anm. 56). Dieser Brief des Legaten ist laut Eingangsvermerk erst am 24. Juli in Rom angekommen (NBD I, 1. EB, S. 75 und ROM, ARCHIVIO SEGRETO VATICANO, NUNZIATURA DI GERMANIA 54 f. 43^{v}). Dem Schreiben Loaysas vom 18. Juli zufolge müßte Campeggios Depesche aber bereits an diesem Tag in Rom gewesen sein (HEINE, a. a. O., S. 357f. und S. 18f.). Vielleicht liegt eine Verschreibung von „14" in „24" vor.

[74] Ob Salviati sich auch über den Zölibat geäußert hat, wissen wir nicht, da sein Brief vom 13. Juli (ebenso wie der vom 7. Juli) nur in einem Auszug erhalten ist. Wenn er darüber geschwiegen hat, dann redete er damit deutlich genug, war sich Campeggio bei seinen zustimmenden Äußerungen zu einer Gewährung des Laienkelches doch sehr viel sicherer gewesen als bei denen über den Zölibat.

[75] Er traf am 24. Juli dort ein (NBD I, 1. EB, S. 80). Auf diesen Brief geht TIEPOLOS Mitteilung von der Unnachgiebigkeit der Kurie vom 25. Juli zurück, nicht auf Loaysas Schreiben vom 18. Juli (gegen v. WALTER, a. a. O., S. 55 Anm. 197).

wieder die bei ihm gewohnte Sprache: wenn zur Beseitigung der Häresie nichts anderes helfe, dann müsse man eben mit starker Hand gegen sie vorgehen [76]. Nur eine Schwierigkeit gab es dabei: der Kaiser hatte sein Verständigungsprogramm noch nicht aufgegeben. Deswegen wurde die erste Fassung der *Confutatio* abgelehnt. Sie mußte überarbeitet werden [77]. In der Frage des Laienkelches weisen die beiden Arbeiten allerdings keine sachlichen Unterschiede auf. Die Kommunion unter beiderlei Gestalt ist diesen Dokumenten zufolge von Christus nicht geboten, von der Kirche verboten und darum als schismatisch abzulehnen [78]. Die intransigente Haltung der Kurie fand ihre Entsprechung in Campeggios Verhalten auf dem Reichstag und seinen Depeschen nach Rom. Der Legat berührte in seinem Brief vom 29. Juli mit keiner Silbe mehr die „drei Punkte“ [79].

Statt dessen war eine andere Frage akut geworden: die nach dem Konzil. Fast an demselben Tag, an dem die Kurie jede Nachgiebigkeit gegenüber den Protestanten ablehnte, schrieb Karl V. jenen berühmten Brief, in dem er den Papst an ihre Gespräche in Bologna erinnerte und um umgehende Ankündigung von Ort und Zeit des Generalkonzils bat [80]. Die Verhandlungen in Augsburg hatten sich als so schwierig erwiesen, daß man offenbar am Kaiserhof befürchtete, die Glaubensfrage nicht durch einen kaiserlichen Schiedsspruch klären zu können. Dadurch wurde wieder auf den Plan einer Einberufung eines allgemeinen Konzils zurückgegriffen [81]. Der Legat wußte, daß Clemens VII. das Konzil schwerlich einbe-

[76] NBD I, 1. EB, S. 85.

[77] Vgl. Ficker, a. a. O., S. LI ff.

[78] Vgl. ebd. S. 76ff. und CR 27, 129ff.

[79] NBD I, 1. EB, S. 89ff. Ein Echo auf die römische Entscheidung findet sich auch in einem Zettel Melanchthons, in dem es heißt: „Die Hispanier [nämlich die kaiserlichen Räte] haben gerathen, man sollt *utramque speciem* zulassen *petentibus*. Aber der Legat will nicht“ (CR 2, 219). Damit ist nicht nur die Stellung von Leuten wie Valdés bezeichnet, sondern es kommt auch zum Ausdruck, wie sich die Entscheidung der Kurie auswirkte. Förstemann hat zwar den Zettel, dem diese Mitteilung entnommen wurde „ungefähr am 10. Juli“ datiert (a. a. O., Bd. 2, Hl 1835, S. 19). Das kann aber nicht zutreffen, weil Melanchthon in dieser Aufzeichnung schon weiß, daß die *Confutatio* im Namen des Kaisers verlesen und „gelindert“ wird „durchs Kaisers Leute“ (CR 2, 219). Die Entscheidung, die Antwort auf die CA im Namen des Kaisers ergehen zu lassen, fiel aber erst am 22. Juli, und Granvella und Valdés überarbeiteten die 2. Fassung der *Confutatio* vom 27. bis zum 29. Juli (Ficker, a. a. O., S. LV und LXXV). Aus diesen Tagen stammt demnach der Zettel Melanchthons, der auch im CR zu früh datiert wurde (ca. 20. Juli, vgl. CR 2, 218). Er ist vielmehr ein Beleg für die Auswirkung der am 24. Juli in Augsburg eingetroffenen römischen Ablehnung einer Konzession des Laienkelches (vgl. oben Anm. 75).

[80] Karls Brief vom 14. Juli 1530 an Clemens VII. gedruckt bei Heine, a. a. O., S. 522ff. und S. 284ff.; vgl. Jedin 1, 205ff. und Gerhard Müller, Zur Vorgeschichte des Tridentinums. Karl V. und das Konzil während des Pontifikates Clemens' VII., in: ZKG 74, 1963, S. 95f.

[81] Vgl. v. Walter, a. a. O., S. 73ff.

rufen würde. Er betonte deswegen, daß die Lutheraner zunächst als Vorleistung das Zugeständnis machen müßten, im kirchlichen Leben alles in den ursprünglichen, d. h. vorreformatorischen Stand zurückzuversetzen [82]. Ihm war klar, daß diese Bedingung von den Protestanten abgelehnt werden würde. Die Konsequenz, die sich daraus zu ergeben drohte, sah er deutlicher als die Kurie: man wird daran denken müssen, die Lutheraner durch einen anderen Weg, d. h. mit Gewalt zurückzuführen [83].

Von dieser Meinung ließ sich Campeggio auch nicht durch einen Besuch Melanchthons und Brenz' abbringen, die ihn Ende Juli im Auftrag der protestantischen Fürsten aufsuchten. Sie baten ihn, seinen Einfluß geltend zu machen, damit die Religionsfrage *„con amore et charità et non per via d'armi et forza"* gelöst werde [84]. Der Legat ergriff aber seinen Gesprächspartnern gegenüber seinerseits die Initiative und erklärte ihnen, das liege völlig in ihrer Hand: sie brauchten nur die Antwort des Kaisers, nämlich die *Confutatio*, anzuerkennen, die in Kürze verlesen werde, und dadurch wieder zum wahren und katholischen Glauben zurückzukehren. Dadurch würden alle Schwierigkeiten gelöst werden [85]. In eine Diskussion von Einzelheiten ist man – im Gegensatz zu den Gesprächen von Anfang Juli – nicht mehr eingetreten. Die Alternative lautete: Unterwerfung der Protestanten unter das Urteil des Kaisers oder Religionskrieg.

Vor dieselbe Frage wurden die evangelischen Stände durch die Verlesung der *Confutatio* am 3. August [86] gestellt [87]. Nahmen sie das kaiserliche Urteil nicht an, dann drohten ihnen kriegerische Auseinandersetzungen [88]. Dennoch haben sie bekanntlich die Entgegnung Karls V. auf ihr Bekenntnis nicht als das letzte Wort akzeptiert [89]. Mußte der Kaiser nun nicht seinen Worten Taten folgen lassen? Aber wie hätte er das angesichts der Türkengefahr und der andauernden Spannung zu Frankreich tun

[82] NBD I, 1. EB, S. 90. Der Legat machte in seinem Brief noch auf weitere Sicherungen aufmerksam: es sei möglich, das Konzil wegen eines Krieges oder anderer Hindernisse nicht durchführen zu können. Wenn Friede sein werde, sei es wichtig, daß Clemens VII. und Franz I. gemeinsam handelten (vgl. a. a. O).

[83] a. a. O.

[84] a. a. O., S. 92. Melanchthon und Brenz statteten ihren Besuch bei Campeggio am 27. Juli ab; vorher übersandten sie das Schreiben, das in CR 2, 171 fälschlicherweise auf den 6. Juli datiert wurde (vgl. WA Briefwechsel Bd. 5, 508f.).

[85] Vgl. Laemmer, a. a. O., S. 48.

[86] NBD I, 1. EB, S. 105. Die *Confutatio* wurde nicht erst am 6. August verlesen (so Kantzenbach, a. a. O., S. 49).

[87] Neben den Anhängern der CA fielen die vier evangelischen Städte, die die Tetrapolitana vorgelegt hatten, kaum ins Gewicht. Die grundsätzlichen Entscheidungen fielen in den Gesprächen mit den Fürsten. Zur altkirchlichen Antwort auf die Tetrapolitana vgl. Alfred Paetzold, Die Konfutation des Vierstädtebekenntnisses. Ihre Entstehung und ihr Original, L 1900.

[88] Vgl. Schirrmacher, a. a. O., S. 169 und Tetleben S. 99.

[89] Vgl. Ficker, a. a. O., S. LXXXVIII ff.

können? Als die Protestanten erklärten, sie fühlten sich durch die *Confutatio* nicht überwunden, scheiterte der Versuch, mit Hilfe des kaiserlichen Schiedsspruches die Glaubensfragen zu klären. Welche Auswege boten sich jetzt an, da die Mittel zu einem Krieg scheinbar fehlten?

Hier ist zunächst Melanchthons Versuch zu nennen, durch Weiterführung seiner Kontakte mit der Vertretung des Papstes am Kaiserhof doch noch zu einer Einigung zu kommen. Bereits einen Tag nach der Verlesung der *Confutatio* setzte er sich mit Campeggios Sekretär Bonfio in Verbindung. Hatte ihn schon die Verlesung der *Confessio Augustana* in seinen Bemühungen um eine Union nicht sonderlich beeindruckt, so hielt er offenbar jetzt die Stunde für gekommen, doch noch das humanistische Unionsprogramm zu verwirklichen. Er schrieb an Bonfio, es würde von Nutzen für die Ruhe der Kirche und die Würde des römischen Stuhles sein, wenn Friede durch „jene Bedingungen" geschaffen würde. Hier können nur jene drei Punkte gemeint sein, die er seit eineinhalb Monaten immer wieder vortrug. Nach Melanchthons Meinung sollen aber auch die Protestanten etwas für den Frieden tun: sie sollen die bischöfliche Jurisdiktion wieder anerkennen. Um die Tragweite seines Vorschlages recht deutlich zu machen, erklärt Melanchthon: Wenn etwas Schädliches in den Gemeinden vorhanden sei, dann könne dies von den Bischöfen nach und nach wieder in Ordnung gebracht werden. Für die erbetenen Konzessionen, von denen Priesterehe und Laienkelch genannt werden, wirbt er mit folgenden Argumenten um Verständnis: Die Protestanten könnten die gegenwärtigen Ehen [von Pfarrern] nicht lösen, und außerdem hätten sie auch keine anderen Priester. Eine Abschaffung des Laienkelches aber würde eine Schmach für das Sakrament sein [90].

Der Legat hielt es für richtig, die Entgegnung auf die Vorschläge Melanchthons durch seinen Sekretär mündlich vortragen zu lassen. Er sandte ihn zu dem erkrankten Wittenberger Professor. Eine schriftliche Antwort sollte vermieden werden, damit die Intentionen Roms nicht bekannt würden. Campeggio hat Bonfio für seine Ausführungen aber genaue Anweisungen mitgegeben. Zum Laienkelch sollte er erklären, er sei unnötig, da *„nemo sapiens non negaverit"*, daß unter jeder Gestalt der ganze Christus gereicht werde. Auch das übrige, was Melanchthon zu bedenken gegeben hatte [91], wurde, wie Campeggio nach Rom berichtete, entkräftet. Die eigentliche Intention des Besuches kam aber erst dann zum Vorschein, als Bonfio den Versuch unternahm, Melanchthon zu überreden, die *Confutatio* anzuerkennen und diese auch bei den protestantischen Fürsten durchzusetzen. Eine entsprechende Belohnung wurde zugesichert. Doch

[90] CR 2, 248f.

[91] Es ging außer um den Zölibat noch um die Frage, ob mit dem Amt des Papstes ein Griff zu den Waffen verträglich sei, wenn es um theologische Fragen gehe, vgl. ebd., NBD I, 1. EB, S. 108f. und v. Walter, a. a. O., S. 79.

Melanchthon lehnte ab [92]. Der Versuch Campeggios, die protestantische Front von innen her aufzurollen, mißlang [93]. Melanchthon aber gab, nachdem er gesehen hatte, daß man ihn für bestechlich hielt, seine Geheimverhandlungen mit dem Legaten und dessen Beratern in Augsburg auf. Für die Lösung der Problematik mußten neue Wege gesucht werden.

II. Ausschußverhandlungen

Da der Papst mit seiner Antwort auf des Kaisers Brief vom 14. Juli auf sich warten ließ [94], konnte die Zauberformel „Konzil" nicht ausgesprochen werden, die ein Wegschieben der Probleme ermöglicht hätte. Deswegen kam man auf einen Plan zurück, der schon am 7. Juli von den altkirchlichen Ständen vorgeschlagen worden war: die Bildung eines Ausschusses, in dem man sich „guetlich ... vnterreden" wollte, um die „spaltungen des heiligen christenlichen glaubens zu gutem ende vnd ainigkeit [zu] pringen" [95]. Aber erst am 6. August beschlossen die altkirchlichen Stände, diesen Weg zu beschreiten. Sämtliche Kurfürsten oder deren Vertreter, der Kardinal Matthäus Lang, zwei Bischöfe, drei Herzöge, der Statthalter Ferdinands in Württemberg, Georg Truchseß von Waldburg, sowie je ein Vertreter der Prälaten und der Grafen wurden für die Gespräche bevollmächtigt. Am 7. August wurden die Verhandlungen mit den Protestanten aufgenommen [96]. Zu einer eigentlichen Diskussion ist es aber nicht gekommen. Kurfürst Joachim von Brandenburg versuchte lediglich, die Anhänger der *Confessio Augustana* zu einem Aufgeben ihrer bisherigen Position zu veranlassen, damit sie sich mit dem Kaiser verglichen [97]. Der Beginn dieser Ausschußverhandlungen wurde zudem überschattet von der plötzlichen, heimlichen Abreise des hessischen Landgrafen am Abend des 6. August, die zu wilden Gerüchten führte [98]. Aber auch während der folgenden Tage

[92] Es wurde Melanchthon „eine einmalige Zahlung von 400 Scudi und eine jährliche Pension von 200 Scudi angeboten" (NBD I, 1. EB, S. 109 Anm. 31; vgl. auch G. Kawerau, Die Versuche, Melanchthon zur katholischen Kirche zurückzuführen, Schriften des Vereins für Reformationsgeschichte Nr. 73, Hl 1902, S. 51f.).

[93] Da Landgraf Philipp von Hessen, der entschiedenste Gegner einer habsburgfreundlichen, unionistischen Politik am 6. August heimlich den Reichstag verlassen hatte (vgl. Grundmann, a. a. O., S. 49ff.), hätte eine Gewinnung Melanchthons gerade in diesem Moment weitreichende Folgen haben können.

[94] Vgl. oben Anm. 80. – Schon am 1. August schrieb Campeggio nach Rom, daß der Kaiser die päpstliche Antwort auf seinen Brief erwarte (NBD I, 1. EB, S. 99). Clemens VII. hat aber erst am 31. Juli geschrieben (a. a. O., S. 104 Anm. 5).

[95] Die Eingabe der altkirchlichen Stände an den Kaiser vom 7. Juli gedruckt bei Theodor Brieger, Beiträge zur Geschichte des Augsburger Reichstages von 1530. Archivalische Mitteilungen, in: ZKG 12, 1891, S. 130–133, bes. S. 133.

[96] Tetleben S. 102f. (hier werden S. 103 die altkirchlichen Mitglieder des Ausschusses aufgezählt); vgl. auch Schirrmacher, a. a. O., S. 191ff.

[97] Tetleben S. 104.

[98] Grundmann, a. a. O., S. 53ff.

kam es nicht zu förderlichen Gesprächen. Beide Seiten verharrten auf ihren Positionen [99]. Man erkannte, daß dieser große Ausschuß nicht weiterkam, so daß am 14. August die Bildung eines Gremiums von 14 Personen beschlossen wurde. Jede Seite sollte sieben Vertreter benennen, darunter auch Juristen und Theologen, die die Sachfragen zu diskutieren in der Lage waren [100].

Inzwischen, nämlich am 7. August, war aber auch die Antwort des Papstes auf die Bitte des Kaisers um Einberufung eines allgemeinen Konzils in Augsburg eingetroffen. Campeggio überreichte Karl V. das eigenhändige Schreiben Clemens' VII. am 9. August [101]. „Es war eine Zusage und doch keine. Aus jeder Zeile sprach der Widerwille des Papstes gegen sein verklausuliertes Ja" [102]. Der Kaiser erkannte das und brachte es dem Legaten gegenüber sofort so deutlich zum Ausdruck, daß Campeggio nach Rom schrieb, Karl V. sei wohl vorher von seinen Räten instruiert worden oder aber von seinen Vertretern an der Kurie über die päpstliche Entscheidung bereits orientiert gewesen [103]. In diesem Gespräch wurde deutlich, daß *de facto* auch das Konzil als Möglichkeit einer Beilegung der Religionsstreitigkeiten ausfiel. Es blieb nur der Weg gemeinsamer Verhandlungen zur Überbrückung und zum Ausgleich der Gegensätze übrig. Denn der Kaiser war noch nicht geneigt, auf Campeggios Vorschlag einzugehen und zu den Waffen zu greifen. Zwar wiederholte der Legat seine in diese Richtung weisenden Gedanken und meinte unter anderem, durch Nachgiebigkeit würden die Lutheraner nur „härter" werden. Aber der Kaiser erwies sich diesen Bedenken gegenüber für unzugänglich. Er erinnerte an die eigenen Schwierigkeiten: an die Türkengefahr, an die Unzuverlässigkeit der Untertanen der deutschen katholischen Fürsten, die aufgewiegelt und infiziert seien, und an die Bündnisse zwischen der Schweiz und protestantischen Städten. Der Legat ließ sich aber nicht überzeugen. Er hoffte vielmehr, daß seine Ausführungen den Kaiser beeindruckt hätten und wollte in derselben Richtung weiterarbeiten [104].

Doch vermochten sich vorerst andere Kräfte durchzusetzen. Der Vierzehnerausschuß begann am 16. August die theologische Diskussion [105]. Man wollte an Hand der *Confessio Augustana* die Differenzen klären und möglichst zu beseitigen suchen. Was im wesentlichen diskutiert werden würde, war an Ecks *„Judicium de Augustana confessione"* ablesbar, das er zwischen dem 8. und 13. August für Herzog Georg von Sachsen und

[99] Tetleben S. 108ff.
[100] a. a. O., S. 117f.
[101] NBD I, 1. EB, S. 103f.
[102] Jedin 1, 206.
[103] NBD I, 1. EB, S. 104.
[104] a. a. O., S. 104–107.
[105] Vgl. die *„Acta septem deputatorum"* in: RQ 19, 132ff.

Kardinal Albrecht von Mainz als eine Vorarbeit für die Verhandlungen entworfen haben dürfte [106]. Eck meint in diesem Gutachten, den Protestanten könne – ähnlich wie den Böhmen – der Laienkelch zugestanden werden, wenn sie nicht Kinder kommunizieren ließen, wenn sie nicht lehrten, daß Brot und Wein notwendigerweise beim Abendmahl genommen werden müßten und wenn sie zugestünden, daß durch beide Gestalten nicht mehr genommen werde als durch eine [107]. Johann Eck beschränkt sich hier auf Erwägungen, die er aus theologischen Gründen für unbedingt notwendig hält. In bezug auf den Laienkelch ist das ein günstiger Ausgangspunkt für die Verhandlungen des Vierzehnerausschusses, denn Eck wurde der führende altkirchliche Theologe bei dessen Gesprächen [108]. Ecks Einstellung entsprach damit ganz und gar der Aufgabe, die dem Ausschuß gestellt worden war: es sollte „de sache mydt lybe, aene zangk, zu beyden teiln gehandelt" werden [109].

In dieselbe Richtung gehen die Aussagen, die in einem Brief der Kurie vom 10. August gemacht werden, der bereits am 16. August in Augsburg eintraf [110]. Darin wurde dem Legaten mitgeteilt, man übersende ihm gleichzeitig die Unionsbulle *„Laetentur coeli"* Eugens IV. vom 5. Juli 1439 [111]. Sie solle als eine Waffe gegen die Lutheraner gebraucht werden. Und das aus zwei Gründen. Einmal solle mit ihrer Hilfe der Gehorsam der Protestanten gegenüber konziliaren Entscheidungen getestet werden. Akzeptierten sie nämlich die Beschlüsse der Konzilsväter des vorigen Jahrhunderts nicht, unter denen sich nicht nur Abendländer, sondern auch Griechen und Armenier befunden hätten, dann brächten sie damit zum Ausdruck, daß sie sich auch dem von ihnen geforderten Konzil nicht unterwerfen würden, wodurch dasselbe als unnötig erwiesen wäre. Andererseits aber könne diese Bulle auch als Entgegnung auf das protestantische Bekenntnis verwandt werden [112], wobei man deutlich machen solle, daß nur die in ihr geäußerten Glaubensentscheidungen verbindlich seien. Über Konzessionen auf Gebieten, die sich nicht auf den Glauben bezögen, wolle man mit sich reden

[106] Zuletzt gedruckt bei Schirrmacher, a. a. O., S. 203ff.; zur Datierung vgl. Müller, J. Eck in: CFIAB 38, 216f. Anm. 72; vgl. auch Tetleben S. 199.

[107] Vgl. Schirrmacher, a. a. O., S. 206 (beim letzten, dritten Punkt muß aus inhaltlichen Gründen die ebd. Anm. 5 mitgeteilte Lesart Coelestins gewählt werden). Eck meint hier noch, er überlasse es Klügeren zu entscheiden, ob diese Absprache bis zum Konzil gelten solle (a. a. O.).

[108] Vgl. Theodor Wiedemann, Dr. Johann Eck. Professor der Theologie an der Universität Ingolstadt, Rb 1865, S. 277ff.

[109] Tetleben S. 119.

[110] NBD I, 1. EB, S. 100 Anm. 1.

[111] Gedruckt u. a. bei Hefele-Leclercq Bd. 7, 2, 1037ff.

[112] Die Kurie erkannte früh, daß der kaiserliche Richtspruch, die *Confutatio,* von den Lutheranern nicht akzeptiert werden würde, und wollte deswegen diese Bulle als eine Waffe angewandt sehen (NBD I, 1. EB, S. 101).

lassen[113]. Es wurde nicht gesagt, worin diese Konzessionen bestehen könnten. Aber daß in erster Linie wieder nach Laienkelch und Priesterehe gefragt werden würde, kann man in Rom schwerlich übersehen haben.

Vergleichen wir diese Andeutungen mit der kategorischen Ablehnung jedweden Entgegenkommens gegenüber den Lutheranern durch die römische Kurie am 13. Juli, dann ist der Unterschied mehr als eklatant. Wir werden kaum fehlgehen mit der Annahme, daß die Forderung nach dem allgemeinen Konzil diese Wendung der kurialen Politik bewirkt hat[114]. Der Brief des Kaisers vom 14. Juli hat tiefere Wirkungen gezeitigt, als man bisher anzunehmen gewohnt war. Lieber Konzessionen an die Lutheraner als die gefürchtete Kirchenversammlung, so lautete auf Grund dieses Schreibens Karls V. jetzt die römische Devise. Würden die Protestanten die Bulle von 1439 anerkennen, dann würden sie auch die in ihr enthaltene Aussage von dem Papst als Oberhaupt der Kirche[115] akzeptiert haben. Dann aber war nach kurialer Meinung das Konzil ebenfalls überflüssig, das ihr nicht wegen der Durchführung einer Reform der Kirche, sondern nur wegen der Wiederherstellung der christlichen Einheit akzeptabel schien[116]. Konnte diese Einheit aber durch theologisch irrelevante Konzessionen erreicht werden, dann wollte man lieber diesen Weg gehen als den des Konzils, der nach römischer Meinung zu viel Unbekanntes in sich barg.

Diese Wendung der kurialen Stellungnahme ist nicht ohne Wirkung auf den Legaten geblieben. In seiner Depesche vom 11. August sprach er sich noch deutlich für Schärfe gegenüber den Lutheranern aus: „Ich war immer dieser Meinung, daß man mit diesen Leuten mit Milde nichts Gutes bewirken könne“[117]. Am 20. August aber berichtete er nach Rom, daß er anfangs gegen den Vierzehnerausschuß gewesen sei, doch dann ihn gebilligt habe, weil er nicht mit kaiserlicher Autorität und päpstlicher Zustimmung arbeite, weil er nur Verhandlungs-, aber keine Beschlußvollmacht habe und weil er von den katholischen Fürsten gewünscht worden sei. Campeggio schrieb, er beobachte die Entwicklung, ob man wohl zu einer Übereinkunft kommen könne, ohne die Artikel des Glaubens zu berühren[118]. Nun sind ja bei den Verhandlungen des Vierzehnerausschusses am 16./17. August fast alle Glaubensartikel der *Confessio Augustana* von

[113] a. a. O., S. 101f.

[114] Neue bedrohliche Türkennachrichten waren nicht eingegangen; der Krieg gegen Florenz wurde im August siegreich beendet (ebd.). Es gab keine außer- oder inneritalienischen Veränderungen, die die Kurie im August im Unterschied zum Juli zu Nachgiebigkeit gegenüber den Protestanten hätte veranlassen können.

[115] Hefele-Leclercq Bd. 7, 2, 1039 oder D 694.

[116] NBD I, 1. EB, S. 104f.

[117] a. a. O., S. 106.

[118] a. a. O., S. 115.

altkirchlicher Seite gebilligt worden[119]. Und der Legat hat diesen Entscheidungen ausdrücklich zugestimmt[120]! Bei der Frage nach dem Laienkelch aber gab es die erwarteten Schwierigkeiten, die hier skizziert werden müssen. Auf beiden Seiten wurden Gutachten über diese Frage erstellt[121], die aber nicht im einzelnen analysiert werden können[122]. Es soll aber auf ein unbekanntes, undatiertes, im Vatikanischen Archiv liegendes Dokument hingewiesen werden. Dessen Verfasser ist nicht genannt. Es geht darin um die Frage, unter welchen Bedingungen den Protestanten der Laienkelch zugestanden werden könne[123].

Der Verfasser erwägt, um des allgemeinen Friedens in Deutschland willen, den lutherischen Fürsten und Städten den Laienkelch unter zehn Bedingungen zuzugestehen:

1. Wo bisher das Abendmahl unter einer Gestalt gefeiert wurde, soll es dabei bleiben.

2. Wo der Laienkelch ausgeteilt wird, soll gepredigt werden, daß man unter den beiden Gestalten nicht mehr empfängt als lediglich unter der einen des Brotes, da der ganze Christus in jeder der Gestalten gegenwärtig sei.

3. Es wird von Christus der Laienkelch nicht als heilsnotwendig bezeichnet; der Verfasser verweist zum Beleg dieser Meinung auf das Baseler Konzil und Luther.

4. Wer nur das Brot im Abendmahl gereicht haben will, soll daran nicht gehindert werden; ebenso soll niemand zur Kommunion unter beiden Gestalten gezwungen werden.

5. Die Konsekration soll in der gewohnten Form und nur durch einen *„rite et legitime“* ordinierten Priester vollzogen werden, und die geweihten Elemente sollen in Ehren gehalten werden.

6. Der Kommunion soll die Ohrenbeichte vorausgehen.

119 MÜLLER, J. Eck in: QFIAB 38, 221. Anfangs protokollierte Spalatin für die Lutheraner die Verhandlungen des Vierzehnerausschusses. Das wurde aber von altkirchlicher Seite beanstandet (IRMGARD HÖSS, Georg Spalatin auf dem Reichstag zu Augsburg 1530 und seine Stellungnahme zur Frage des Widerstandsrechts, in: ARG 44, 1953, S. 79f.). TETLEBEN berichtet, Spalatin sei als Schreiber im Ausschuß bezeichnet worden, was man aber nicht habe „wolln zulassen, daen er auch vor eynen screyber zu gesciht geacht“ (S. 124). Für die Altkirchlichen sollte Eck „alle dingk uffscriben“ (a. a. O., S. 119).

120 NBD I, 1. EB, S. 115.

121 z. B. von Melanchthon, vgl. FÖRSTEMANN, a. a. O., Bd. 2, 241f.; dasselbe Schriftstück, aber nur teilweise, in CR 2, 294f.

122 Das würde über den hier zur Verfügung stehenden Raum hinausgehen. Außerdem will EUGÈNE HONÉE in seiner geplanten Monographie auf die Ausschußverhandlungen in Augsburg 1530 näher eingehen (a. a. O., S. 414 Anm. 5).

123 Es wird unten als Beilage zu diesen Ausführungen in seinem vollen Wortlaut publiziert. STEPHAN EHSES, der aus dem Band, in dem sich dieses Dokument befindet, mehrere Stücke publiziert hat (vgl. u. a. die folgende Anm.), hat es stillschweigend übergangen.

7. Diese Konzession soll nur bis zur Entscheidung der ganzen Frage durch das Konzil gelten, dem man sich „fest und treu" fügen muß.

8. Die Kommunion soll nicht den Kindern gereicht werden, die noch nicht die *„anni discretionis"* erreicht haben.

9. In der Osterzeit soll man sich dem Osterbrauch angleichen, „was auch die Böhmen zu tun sich angewöhnten".

10. Schließlich wird noch einmal höchste Ehrfurcht vor dem „Sakrament des Kelches" gefordert.

Abschließend wird behauptet, daß diese Bedingungen „zum größeren Teil" mit den böhmischen „Konkordaten und Kompaktaten" übereinstimmten.

Zur Analyse dieses Dokumentes muß ein Blick auf seine Überlieferung geworfen werden. Wir finden es in einem Kodex, den Aleander zusammengestellt hat und in dem sich fast nur Akten zum Augsburger Reichstag 1530 befinden[124]. Geschrieben wurde es von einem Bediensteten Aleanders, dem wir auch Teile des Registers von Aleanders zweiter Nuntiatur in Deutschland 1531/32 verdanken[125]. Hieraus lassen sich auf die Verfasserschaft also keine direkten Schlüsse ziehen. Deutlich ist aber, daß das Dokument von altkirchlicher Seite stammt. Daß es zum Augsburger Reichstag von 1530 und in die Ausschußverhandlungen im August hineingehört, ist ebenfalls angesichts ähnlicher Erwägungen aus dieser Zeit sicher[126]. Offenbar ist es unter Zeitdruck entworfen worden, sonst wäre die Wiederholung einer in Punkt 5 gemachten Aussage in Punkt 10 wohl unterblieben. Überhaupt klappen die Punkte 8 bis 10 merklich nach: die grundsätzliche Ausführung, daß die gesamte Verabredung nur bis zur Entscheidung des Konzils gelten solle, dürfte ursprünglich am Schluß der Ausführungen gestanden haben, zu denen dann noch Nachträge hinzukamen. Eine solche Eile ist am wahrscheinlichsten am 17./18. August, als

[124] Armarium 64 vol. 18. Auf diesen Band hat Ficker sich seinerzeit bei seiner Edition der ersten Fassung der *Confutatio* gestützt (a. a. O., S. CX). Stephan Ehses hat ihm Dokumente zum Augsburger Reichstag entnommen (CT 4, XXXVI ff.). In diesem Kodex finden wir außer Akten zu diesem Reichstag noch solche zur Nuntiatur des Uberto de Gambara von 1530/31, die ebd. S. LII ff. abgedruckt wurden.

[125] Vgl. Archivio Segreto Vaticano, Armarium 64 vol. 18f. 231^r–232^r mit Nunziatura di Germania 51 f. 8ff. (zu diesem Kodex vgl. NBD I, 1. EB, S. XL).

[126] Vgl. mit den Ausführungen dieses Dokumentes die Vorschläge bei Förstemann, a. a. O., Bd. 2, 251f. und Schirrmacher, a. a. O., S. 229f. Es ist auch zu erwägen, ob das im Vatikanischen Archiv liegende Gutachten nicht schon (circa) am 25. Juni entstanden ist, da Campeggio in seiner Depesche vom 26. Juni schreibt: *„de communione sub utraque specie, a che si potrà provedere con buon modo, come si havea deliberato con Boemi, che non si offenderà la fede"* (NBD I, 1. EB, S. 70). Campeggio berichtet aber nichts von einem beigefügten Dokument über diese Frage, die erst von Mitte August ab intensiv erörtert worden sein dürfte. Deswegen spricht bei der Datierung sehr viel mehr für die Periode der Ausschußverhandlungen, und zwar für den Anfang der Erörterung des zweiten Teils der CA.

man sich für die Weiterführung der Gespräche im Vierzehnerausschuß über den zweiten Teil der Artikel der *Confessio Augustana* rüsten mußte [127].

Als Verfasser kommt am ehesten einer der an diesen Verhandlungen beteiligten Theologen in Frage, also Johann Eck, Johannes Cochläus oder Konrad Wimpina [128]. Man könnte an ihren Wortführer Eck denken, von dem im gleichen Kodex ein Dokument aus dieser Zeit überliefert ist [129]. Dagegen sprechen aber die gewichtigen Unterschiede zu dem bereits erwähnten *„Judicium"* Ecks, in dem er zum Beispiel als erste Bedingung das Verbot der Kinderkommunion nannte [130], das hier wie nachträglich angefügt erscheint. Ob das Dokument auf Cochläus oder Wimpina zurückgeht oder auch ob es eine Gemeinschaftsarbeit darstellt, muß offenbleiben. Die Verfasserfrage wird sich auf Grund der zur Zeit bekannten Quellen nicht mit Sicherheit lösen lassen. Immerhin soll die Frage gestellt werden, ob dieses Dokument nicht auf einen Mann zurückgeht, der nicht zum Vierzehnerausschuß gehört hat, nämlich auf Johann Fabri.

In einem Brief des Gesandten Ferdinands I. in Rom, Andrea da Burgo, an Kardinal Cles vom 15. September aus Rom findet sich nämlich die Bemerkung: *„cum ostendissem Suae Sanctitati unam schaedulam Fabri continentem unum medium circa articulum sub utraque specie, placuit Suae Sanctitati"* [131]. Eine Identität dieser *„schaedula"* mit dem im Vatikanischen Archiv überlieferten Dokument läßt sich aus diesen Worten nicht nachweisen. Immerhin wäre der Weg eines in Augsburg entstandenen Gutachtens nach Rom damit erklärt: Fabri hatte beste Verbindungen zum Hofe Ferdinands I., der mit seinem Gesandten in Rom in lebhaftem Briefwechsel stand. Und es liegt ja auch nahe, daß Fabri als Bischof von Wien und wichtiger theologischer Berater Ferdinands, der an der Erarbeitung der *Confutatio* beteiligt war [132], sich über die im Vierzehnerausschuß zu vertretende Position Gedanken gemacht hat. Zwar wissen wir aus Fabris Briefen nichts von einem solchen Gutachten. Aber immerhin ist in seinem Nachlaß ein Dokument überliefert, das den Entwurf einer Eingabe an König Ferdinand darstellt, in dem gezeigt wird, „wie der Kaiser vorgehen müßte, um die lutherischen und zwinglischen Städte wiederzugewinnen". Es wird vorgeschlagen, Kommissare zu den einzelnen Orten zu senden, die dort Verhandlungen führen sollen, durch die „es leicht möglich sein dürfte,

[127] Vgl. die *Acta septem deputatorum* in: RQ 19, 135ff.

[128] NBD I, 1. EB, S. 114f.

[129] Es wurde abgedruckt bei MÜLLER, J. Eck in: QFIAB 38, 239ff.

[130] SCHIRRMACHER, a. a. O., S. 206 und oben Anm. 107.

[131] TRIENT, ARCHIVIO DI STATO, CORRISPONDENZA CLESIANA, *serie prima,* mazzo 9, fasc. 1, nr. 78 (Or.).

[132] FICKER, a. a. O., S. XXXII, XL u. ö. Zeitweilig wurde auch die Zuziehung Fabris zum Vierzehnerausschuß als „Schreiber" vorgesehen, womit die Protestanten aber nicht einverstanden waren, die ihrerseits statt dessen lieber auf Spalatin als Protokollant verzichteten (Höss, a. a. O., S. 79f.; vgl. auch oben Anm. 119).

die Protestanten zur Einheit zurückzuführen" [133]. Der Verfasser dieses Dokuments empfiehlt nicht Schärfe gegenüber den Lutheranern – was dem Empfänger Ferdinand wegen der ihn besonders bedrohenden Türkengefahr nur lieb sein konnte –, sondern diplomatische Verhandlungen. Wenn dieses Dokument tatsächlich von Fabri stammt, was dessen Biograph meint [134], dann würde dadurch gezeigt, daß der Bischof von Wien nicht nur scharfe Töne in theologischen Streitschriften wie der *Confutatio* anzuschlagen verstand, sondern auch etwa gleichzeitig Pläne für eine friedliche Gewinnung von Lutheranern äußern konnte. Der Vorschlag, das oben genannte vatikanische Dokument Fabri zuzuschreiben, würde dadurch gestützt [135]. Wichtiger als die Verfasserfrage ist aber eine andere, nämlich die, worin sich die Stellungnahme dieses Gutachtens von den offiziellen Vorschlägen der altkirchlichen Partei im Ausschuß unterscheidet.

Die Frage des Laienkelches wurde dort vom 18. August ab diskutiert. Die römisch-katholische Seite schlug die Gewährung des Laienkelches unter sieben Bedingungen vor:

1. Die *communio sub utraque* wird nur dort gestattet, wo sie schon seit Jahren üblich ist, und sie wird auch nur den ansässigen Gemeindegliedern gewährt.
2. Die (vorhergehende) Beichte bleibt wie bisher.
3. Es wird den Leuten gesagt, daß der Laienkelch nicht auf Grund eines göttlichen Gebotes ausgeteilt wird.
4. Es wird gelehrt, daß der ganze Christus auch in einer Gestalt genommen wird.
5. Es wird gepredigt, daß die nicht sündigen, die nur die *communio sub una* genießen.
6. Die lutherischen Obrigkeiten sorgen dafür, daß die *communio sub una* denjenigen Untertanen, die sie begehren, gereicht wird.
7. Der Wein wird (im Gegensatz zum Brot) nicht aufbewahrt und auch nicht bei der Krankenkommunion verwandt, sondern nur bei der Abendmahlsfeier selbst ausgeteilt [136].

[133] LEO HELBLING O. S. B., Dr. Johann Fabri, Generalvikar von Konstanz und Bischof von Wien 1478–1541. Beiträge zu seiner Lebensgeschichte (REFORMATIONSGESCHICHTLICHE STUDIEN UND TEXTE 67/68), Mr 1941, S. 104; zu Fabris Briefen vgl. das „Verzeichnis" a. a. O., S. 173f.

[134] a. a. O., S. 104.

[135] Es ist auch zu fragen, ob nicht der Legat selber oder einer aus seiner Umgebung dieses Gutachten verfaßt hat. Dagegen spricht, daß Campeggio sich aus den Ausschußverhandlungen weitgehend herausgehalten hat: er wollte an den dort gefaßten Beschlüssen nicht beteiligt sein, um in seiner Stellungnahme dann nicht gebunden zu sein (NBD I, 1. EB, S. 115). Auch die Verweise auf Schriften Luthers, die im Gutachten vorkommen, lassen auf einen deutschen Kontroverstheologen und nicht auf den Legaten oder einen seiner Begleiter als Autor schließen.

[136] SCHIRRMACHER, a. a. O., S. 230; vgl. auch den Bericht in den *Acta septem deputatorum* in: RQ 19, 139–141 und FÖRSTEMANN, a. a. O., Bd. 2, 251f.

Diese Bestimmungen stimmen zum großen Teil mit den oben skizzierten Aussagen überein. Sie gehen lediglich nicht so sehr ins einzelne. Außerdem wird die Kinderkommunion nicht erwähnt. Im Unterschied zu dem vatikanischen Dokument werden hier eine Aufbewahrung des Weines wie auch ein Wegtragen des Kelches zu den Kranken untersagt [137]. Auf praktische Erwägungen ist die Bestimmung zurückzuführen, daß der Kelch nur den ansässigen Gemeindegliedern gereicht werden soll. Man will dadurch vermeiden, daß Untertanen von Obrigkeiten, die die *communio sub utraque* ablehnen, die Landesgrenzen überschreiten, um in einem benachbarten Ort zu kommunizieren, was bei den kleinen deutschen Territorien leicht möglich war. Vor allem wird erklärt, daß diese Absprache durch den Apostolischen Stuhl oder dessen Legaten und mit dem Wissen und der Zustimmung des Kaisers legitimiert werden soll [138].

In einem altkirchlichen Bericht über die Diskussion dieses Vorschlages heißt es, die Differenzen zwischen den beiden Gruppen seien eigentlich gar nicht groß. Die Lutheraner akzeptierten die Konkomitanzlehre. Sie wollten aber nicht p r e d i g e n, daß man sowohl unter einer wie unter zwei Gestalten kommunizieren könne, weil Christus über den Kelch gesagt habe: *„Bibite ex hoc omnes“* [139]. Johann Eck berichtet darüber hinaus, daß die Protestanten sich weigerten, die *communio sub una* bei sich zuzulassen, „weil die Verschiedenheit des Ritus in ein und derselben Gemeinde Verwirrung hervorrufen würde“ [140]. Auch wurde von ihnen – einem Bericht des badischen Kanzlers Vehus zufolge – keine Zusage gegeben, daß der Wein nicht aufbewahrt, sondern nur *„sub missa in ecclesiis atque domibus“* gereicht werde [141]. Trotzdem heißt es von altkirchlicher Seite, daß die Frage des Laienkelches geklärt werden könne, wenn nicht hartnäckige Rechthaberei bei den Protestanten herrsche [142]. Diese aber fürchteten, wie Melanchthon schreibt, daß die Leute gar nicht mehr kommunizieren würden, wenn man ihnen jetzt den Kelch wegnehme. Bisher sei die *communio sub utraque* als „gottes beuelch vnd ordnung“ hingestellt worden. Deswegen könne sie jetzt nicht aufgegeben werden. Sonst würde „grosse ver-

[137] Dieses Verbot findet sich schon in den beiden Fassungen der *Confutatio,* vgl. Ficker, a. a. O., S. 77f. und CR 27, 129ff.

[138] Schirrmacher, a. a. O., S. 229.

[139] a. a. O., S. 232. Über die Laienkelchs-Diskussion im Vierzehnerausschuß vgl. auch Förstemann, a. a. O., Bd. 2, 265ff. und Tetleben S. 126–128.

[140] Müller, J. Eck in: QFIAB Bd. 38, 240. Bei Eck sind aus den sieben Punkten sechs geworden, wobei noch dazu als erster Punkt die Erlaubnis durch den Legaten erscheint. Es sind weggefallen die Bestimmungen über die Beichte und die Belehrung des Volkes, daß der Laienkelch nicht auf Grund eines göttlichen Gebotes ausgeteilt werde (vgl. a. a. O. mit Schirrmacher, a. a. O., S. 230).

[141] Honée, a. a. O., S. 428.

[142] Schirrmacher, a. a. O., S. 232.

achtung der Sacrament" die Folge sein, die doch, „wie billig, hoch geehret werden" sollen [143].

Der *Dissensus,* der vom Vierzehnerausschuß nicht hatte beseitigt werden können, sollte von dem verkleinerten Sechserausschuß beigelegt werden. Doch waren die Protestanten inzwischen zu der Meinung gekommen, daß man vielleicht schon zu viel nachgegeben habe, so daß *„Melanchtoni fuit iniunctum, ne quid amplius concederet"*. Auch bei den Altkirchlichen tauchte die Frage auf, ob man nicht schon „die katholische Substanz angegriffen habe" [144]. Von protestantischer Seite – vor allem von Hessen, Braunschweig-Lüneburg und Nürnberg – wurde gegen die beabsichtigte Wiederherstellung der bischöflichen Jurisdiktion Stellung genommen [145]. Aber auch die Diskussion über den Laienkelch wurde weitergeführt. Der Augsburger Arzt Gereon Seiler sprach sich in einem Brief an Georg Spalatin scharf gegen Nachgiebigkeit in dieser Frage aus: die *communio sub utraque* sei von Christus eingesetzt worden, *„non vna, non neutra"*. Auch Andreas Osiander erklärte kurz und bündig, man solle „nicht gestehen, das brot brechen [im Neuen Testament] das abendmahl heist" [146], was für die Altkirchlichen ein gewichtiges Argument für die *communio sub una* bildete. Melanchthon und Kurfürst Johann von Sachsen unterrichteten Luther am 22. August von den Ergebnissen der Arbeiten des Vierzehnerausschusses. Beide baten an erster Stelle um eine Äußerung Luthers über den Laienkelch [147]. Der Kurfürst meinte in seinem Schreiben, die Gegenseite verlange, daß die Protestanten lehrten, der Laienkelch gehe nicht auf die göttliche Vorschrift zurück. „Dann sie sagen, sie konnen das volk nicht halten, so wir nicht leren, das sie auch recht haben" [148].

Im Sechserausschuß wurde das Ergebnis der bisherigen Gespräche über die *communio sub utraque* zum Ausgangspunkt der Diskussion gemacht [149]. Aber man kam sich keinen Schritt näher [150]. Melanchthon persönlich sprach sich zwar auch noch während der ergebnislosen Verhandlungen dieses Ausschusses recht versöhnlich aus [151]. Und auch in einem Bericht über die

143 Förstemann, a. a. O., Bd. 2, 241f.; vgl. auch dort S. 240.

144 Schirrmacher, a. a. O., S. 242f. und Jedin 1, 209.

145 Schirrmacher, a. a. O., S. 213 und 269ff. Hierzu vgl. auch Alfred Reuter, Luther und Melanchthons Stellung zur *jurisdictio episcoporum,* in: NKZ Bd. 36, 1925, S. 549ff.

146 Förstemann, a. a. O., Bd. 2, 287f. und Schirrmacher, a. a. O., S. 285.

147 WA Briefwechsel Bd. 5, 555f. und ARG 53, 1962, S. 195 (hier ist der Brief Kurfürst Johanns zum ersten Mal abgedruckt worden: Heinz Scheible, Zwei unbekannte Briefe des Sächsischen Kurfürsten an Luther vom Augsburger Reichstag 1530).

148 ARG 53, 195.

149 Förstemann, a. a. O., Bd. 2, 293.

150 Vgl. Tetleben S. 124–128 mit S. 132–137 und Vehus' Bericht bei Honée, a. a. O., S. 428 mit S. 433.

151 Vgl. sein Gutachten vom 24./25. August 1530 bei [Karl] Schornbaum, Zur Geschichte des Reichstages von Augsburg im Jahre 1530, in: ZKG 26, 1905, S. 144ff.

Ergebnisse dieser Gespräche heißt es, wegen Gebrauch oder Nichtgebrauch des Laienkelches solle „kein teil den andern condemnieren vmb friedes willen“ [152]. Aber wenn diese Absprache auch wirklich zustandegekommen sein sollte [153], so konnte sie doch nicht darüber hinwegtäuschen, daß eine sachliche Einigung nicht erzielt worden war [154]. Eck beschwor Melanchthon in einem Brief vom 27. August, zur Einheit der Kirche beizutragen, war selber aber nicht bereit, von seiner Meinung zu lassen [155]. Es war deutlich: keine Gruppe war willens, ihren Abendmahlsbrauch zu ändern. Die Verhandlungen hatten sich festgefahren. Von Konzessionen durch den Legaten wurde nicht mehr gesprochen. Luther trug mit einer scharfen Ablehnung der zur Debatte stehenden Fragen zum Zusammenbruch der Ausgleichsbemühungen bei [156]. Der Laienkelch blieb weiterhin ein Symbol des Protestantismus. Wie sollte man jetzt verbleiben, nachdem nicht nur der kaiserliche Richtspruch, sondern auch die direkte Diskussion zwischen beiden Glaubensgruppen die Religionsfrage nicht hatte lösen können?

III. Das Scheitern

Nachdem das negative Ergebnis der Ausschußverhandlungen bekanntgeworden war, führte der Kaiser lange Beratungen mit Ferdinand I., Kurfürst Joachim von Brandenburg und anderen Fürsten. Campeggio berichtete, Karl V. habe sich drei Tage lang 8 bis 9 Stunden pro Tag mit der Glaubensfrage befaßt. Um über die Entwicklung orientiert zu sein und auf die Entscheidungen Einfluß nehmen zu können, hielt der Legat persönlich oder mit Hilfe seines Bruders, des Bischofs von Feltre, engen Kontakt mit dem Kaiser und seinen Beratern [157]. Natürlich wurde auch wieder die Einberufung des allgemeinen Konzils gefordert [158], für dessen Zustandekommen die deutschen Stände aber kaum etwas tun konnten. Es wurde aber auch diskutiert, ob man nicht doch noch mit Hilfe der Fürsten zu einer Verständigung in der Glaubensfrage kommen könne, die ein gemeinsames politisches Handeln der deutschen Stände ermöglichen würde. Deswegen versuchte Campeggio, Karl V. in einer Audienz – wahrscheinlich am 2. September [159] – klar zu machen, wie groß die Verantwortung sei,

152 Schirrmacher, a. a. O., S. 245.

153 Dagegen spricht, daß Vehus in seinem Bericht nichts von dieser Verabredung sagt (vgl. Honée, a. a. O., S. 433).

154 Vgl. Schirrmacher, a. a. O., S. 248 und v. Walter, a. a. O., S. 81f.

155 CR 2, 316f.

156 Vgl. Luthers Brief an Kurfürst Johann vom 26. August 1530 in: WA Briefwechsel Bd. 5, 572ff. Die ausführliche Stellungnahme Luthers zu den Ausgleichsverhandlungen ist WA Briefwechsel Bd. 5, 590ff. zu entnehmen.

157 NBD I, 1. EB, S. 124ff.

158 Honée, a. a. O., S. 434.

159 Tiepolo S. 72 und NBD I, 1. EB, S. 126.

die jetzt auf ihm liege. Es sei das größte Unternehmen, das ihm jemals begegnen könne. „Die Augen der ganzen Welt" seien auf Seine Majestät gerichtet. Er müsse deswegen so handeln, daß ihn niemand verdächtigen könne, er habe das eigene Interesse dem allgemeinen übergeordnet [160]. Der Legat schlug vor, den Lutheranern unter keinen Umständen etwas zu konzedieren. Allerhöchstens solle man „die Augen schließen" und das ein oder andere tolerieren [161].

Campeggio erwies sich darin als ein treuer Vertreter des Apostolischen Stuhles. Bereits am 10. August war ihm – wie erwähnt – aus Rom geschrieben worden, daß man den Lutheranern „in his quae sunt gratiae" entgegenkommen könne [162]. Dann wurde in einem Brief vom 8. September sein Verhalten in Augsburg nachdrücklich gelobt. Die Verhandlungen des Vierzehnerausschusses wurden hierin gutgeheißen [163]. Der Legat hatte sich also richtig verhalten, als er sich nicht gegen dessen Konstituierung ausgesprochen hatte. An der Kurie hoffte man, daß hierdurch die Religionsfrage gelöst werden würde. Jetzt wurde auch gesagt, worin man den Lutheranern entgegenkommen könne: in den Fragen des Laienkelches und der Priesterehe wolle man die Augen in einigen Dingen verschließen, wenn die Lutheraner sich ihrerseits bereiterklärten, dafür in allen übrigen als „gute Christen" zu leben [164]. Diese Aussagen sollen schon in einem Brief der Kurie vom 30. August gemacht worden sein, der nicht erhalten ist und den Campeggio bereits am 7. September in Augsburg in seinen Händen hielt [165]. Duldung, aber nicht Anerkennung von Laienkelch und Priesterehe unter nicht näher präzisierten Bedingungen, so lautete jetzt die römische Devise für die Augsburger Religionsgespräche. Die Kurie teilte auch den – angeblichen – Grund für die Änderung ihrer Stellungnahme mit: eine Einigung in Deutschland wäre wegen der Türkengefahr für die Christenheit von großem Nutzen und Sicherheit [166].

[160] a. a. O. Trotz dieser und ähnlicher Stellungnahmen des Legaten kann man nicht wie v. Walter sagen, „Campegis Ziel" sei der Religionskrieg gewesen (vgl. a. a. O., S. 88). Er hat zwar einen solchen für das wahrscheinlichste gehalten und ihn zeitweise empfohlen, hat aber deswegen nicht die Gegebenheiten ungenutzt gelassen, bei denen sich eine Gewinnung der Lutheraner gegen relativ unbedeutende Zugeständnisse anzudeuten schien.

[161] NBD I, 1. EB, S. 127.

[162] a. a. O., S. 102 und oben Anm. 113.

[163] NBD I, 1. EB, S. 120.

[164] a. a. O.

[165] Das *„Scrissi ultimamente"* in Salviatis Brief vom 8. September bezieht sich auf dessen Schreiben vom 30. und nicht vom 10. August, was ich ebd. Anm. 5 erwäge (darauf hat mich freundlicherweise Herr Eugène Honée verwiesen). Der Brief vom 30. August, auf den der vom 8. September folgte, ist in den erhaltenen Depeschen mehrfach erwähnt (vgl. z. B. a. a. O., S. 124 oder S. 118 Anm. 1).

[166] a. a. O., S. 120.

Aber diese kurialen Anweisungen kamen mindestens einen Monat zu spät. Es ist müßig zu fragen, wie sich das Reichstagsgeschehen entwickelt hätte, wenn bereits am 13. Juli von der Kurie solche Gedanken geäußert worden wären, die dem entsprachen, was Melanchthon am 7. Juli als Wünsche der Protestanten formuliert hatte [167]. Jetzt konnte man jedoch nicht mehr hinter die Ausschußverhandlungen zurück und durch stillschweigende Billigung von Laienkelch und Priesterehe den offenbar gewordenen *Dissensus* leugnen.

Da die Schwierigkeiten unüberwindbar schienen, faßte der Kaiser die andere Möglichkeit einer Lösung der Religionsfrage ins Auge: den Krieg. Doch die altkirchlichen Fürsten, denen er das mehr andeutete als vorschlug, gingen nicht darauf ein [168]. Statt dessen wurde noch einmal der Versuch unternommen, durch Verhandlungen zu einer Klärung der Glaubensfrage zu kommen. Sie sollte erreicht werden durch gegenseitiges Tolerieren und Vertagung der Streitfragen bis zum Konzil. So jedenfalls schlug es Georg Truchseß von Waldburg vor, der dem badischen Kanzler Vehus einen *„Deliberatorius tractatus super pacifico recessu usque ad futurum concilium"* vorlegte. Die Theologen berichtigten einiges an diesem Entwurf [169], der dann den Protestanten übermittelt wurde [170]. Man plante, die Artikel, in denen eine Übereinkunft erzielt worden war, genauso aufzuschreiben wie die unverglichenen, die man der Entscheidung des Konzils anheimstellen wollte. Besondere Überlegungen wurden über die Klöster, die Messe, den Laienkelch und die Priesterehe angestellt. In den beiden letzten Fragen sollte es ein jeder halten – hier lehnte man sich an die bekannte Formulierung des Speyrer Reichstagsabschiedes von 1526 an –, wie er es „vor Gott, der kaiserlichen Majestät und dem zukünftigen Konzil zu verantworten gedenke" [171].

Die evangelischen Theologen entwarfen nun neue Gutachten [172]. Zu einer Auflockerung der Fronten ist es aber nicht mehr gekommen. Justus Jonas meinte zum Beispiel in einer Stellungnahme über den Laienkelch von 1530, die Protestanten könnten ihn sich nicht nur bis zu einer Entscheidung durch das Konzil zugestehen lassen, da sie in ihrem Bekenntnis erklärt hätten, er

[167] Vgl. oben Anm. 67.

[168] Vgl. JEDIN 1, 209f. Schon nach dem Scheitern der Bemühungen des Sechserausschusses hatten die Kurfürsten von der Pfalz, Mainz, Trier und Köln sich „zum fried geneigt" gezeigt: sie „wollen zu keinem kriege helfen vnd rathen" (SCHIRRMACHER, a. a. O., S. 248).

[169] Vgl. RQ 19, 149ff. und NBD I, 1. EB, S. 127.

[170] FÖRSTEMANN, a. a. O., Bd. 2, 416ff. und SCHIRRMACHER, a. a. O., S. 294ff.

[171] Gemäß der Fassung, die Campeggio nach Rom sandte, sollte über diese Artikel in der Zwischenzeit, nämlich bis zum Konzil, „nichts gedruckt, öffentlich gepredigt oder außerhalb der Schulen diskutiert werden" (RQ 19, 150).

[172] Vgl. FÖRSTEMANN, a. a. O., Bd. 2, 397ff.

sei „in der heiligen Schrift gegrundt“ [173]. Auch Spalatin dämmerte jetzt „die Unmöglichkeit einer wirklichen Wiedervereinigung“ [174]. Die protestantischen Stände erklärten dann auch am 21. September, wer die *communio sub utraque* verbiete, der handele wider „Christi einsetzung vnd die schrift“ [175]. Trotz fieberhafter Tätigkeit kam man nicht vom Fleck. So wesentlich und dramatisch diese Vorgänge auch sind – stellen sie doch das letzte Aufflammen des Verständigungswillens dar, der das Reichstagsgeschehen in so hohem Maße bestimmt hatte –, so wenig werfen die Verhandlungen und Gutachten an Neuem für unsere spezielle Fragestellung ab. Man merkte, daß das Problem tiefer lag, als daß es mit Diskussionen um den Laienkelch hätte erfaßt werden können. Theologische Fragen traten wieder in den Vordergrund: die Rechtfertigungslehre, der Sakramentsbegriff oder die Ekklesiologie [176].

Dadurch ist auch die Hoffnung des Papstes enttäuscht worden, der in einem Gespräch, von dem Andrea da Burgo am 15. September 1530 aus Rom berichtet, äußerte, „mit Verlangen“ erwarte er die Mitteilung vom Erfolg der Augsburger Ausgleichsverhandlungen. Der Legat habe berichtet, von den 28 Artikeln (der *Confessio Augustana*) habe man sich über 18 verständigt. Campeggio habe auch eine Anfrage wegen des Laienkelches nach Rom gerichtet. Es sei ihm geantwortet worden, daß er gebilligt werden könne, wenn die Lutheraner „zugestehen, daß der Leib Christi in jeder der beiden Gestalten gegenwärtig ist, und mit anderen Bedingungen, die Seine Heiligkeit dem Legaten geschrieben hat“ [177].

[173] Vgl. a. a. O., S. 427 oder CR 2, 371.

[174] Irmgard Höss, Georg Spalatin 1484–1545. Ein Leben in der Zeit des Humanismus und der Reformation, Wr 1956, S. 352.

[175] Schirrmacher, a. a. O., S. 306.

[176] a. a. O., S. 304ff. Hubert Jedin hat nachgewiesen, daß es letztlich das Verständnis von Kirche gewesen ist, das die vortridentinischen Religionsgespräche scheitern ließ (An welchen Gegensätzen sind die vortridentinischen Religionsgespräche zwischen Katholiken und Protestanten gescheitert? in: ThGl 48, 1958, S. 50–55).

[177] Dieser Brief des Andrea da Burgo an Kardinal Cles liegt im Staatsarchiv Trient, Corrispondenza Clesiana, *serie prima*, mazzo 9, fasc. 1, nr. 78 (Or.). Es heißt darin: *„Papae legi ex literis Dominationae Vestrae Reverendissimae illa quae legenda erant; habuit grata. Et quantum ad negotium fidei, dixit se habere a legato, quod ex viginti octo articulis propositis electi illi concordaverant se in decem et octo articulis et laborare circa alios, et in illis decem esse aliquos in quibus dubitabatur fore difficultatem non parvam. Expectat Sua Sanctitas cum desyderio successum et litteras Caesaris de quibus rex* [Ferdinand I.] *mihi scripsit. Et cum ostendissem Suae Sanctitati unam schaedulam Fabri continentem unum medium circa articulum sub utraque specie, placuit Suae Sanctitati. Et dixit se a legato de eo fuisse monitum et respondisse legato, ut consentiret illum articulum sub utraque specie, dummodo confiteantur et agnoscant in utroque genere esse corpus Christi, et cum aliis conditionibus, quas rescripsit Sua Sanctitas legato“* (vgl. auch oben Anm. 131). Karl Stoegmann hat bereits darauf aufmerksam gemacht, daß Clemens VII. im Herbst 1530 die Konzession des Laienkelches an die Protestanten erwogen hat (Über die Briefe des Andrea da Burgo,

Es ist nicht klar, ob diese Mitteilung die Meinung des Papstes präzise wiedergibt. Wenn ja, dann hat Clemens VII. im September 1530 nicht nur an eine stillschweigende Duldung des Laienkelches bei den Protestanten gedacht, sondern an eine Konzession unter Bedingungen. In den kurialen Briefen an den Legaten in Augsburg, die erhalten sind, ist davon nicht die Rede. In der Umgebung des Papstes ist man zu solch einem weitergehenden Entgegenkommen offenbar nicht bereit gewesen. Campeggio hat sich in dieser Richtung auch nicht übermäßig engagiert. Zwar ist er an diesen September-Beratungen über eine Verständigung zwischen beiden Gruppen beteiligt gewesen [178]. Er hat es aber, wenn wir einem Bericht des venezianischen Gesandten am Kaiserhof glauben können, am 14. September strikt abgelehnt, den Lutheranern Konzessionen offiziell zuzugestehen. Dazu sei er von Rom nicht autorisiert worden [179]. Ungefähr zur gleichen Zeit, in der Clemens VII. sich spät entschließt, doch noch etwas von dem zu gewähren, worum er von Anfang an gebeten worden war, lehnt sein Vertreter in Augsburg ein Entgegenkommen ab. Dadurch erweisen sich alle weiteren Ausgleichsbemühungen in Augsburg als sinnlos.

Als diese Verhandlungen samt und sonders gescheitert waren, kam es zu jener Entscheidung vom 22./23. September [180], in der den Protestanten eine Bedenkfrist von einem halben Jahr zugebilligt wurde, in der sie sich dem Glauben der Mehrheit der Reichsstände wieder anschließen sollten. Andernfalls werde es zum Krieg kommen – eine Drohung, die den evangelischen Ständen angesichts ihres geringen militärischen Potentials und der deutlichen Überlegenheit der Altkirchlichen stark zusetzen mußte. Zwar hatte sich der Kaiser mit den Protestanten verständigen wollen, weil er für das kommende Frühjahr einen Angriff der Türken befürchtete [181]. Aber nachdem weder eine Einigung noch ein *Modus vivendi* hatte gefunden werden können, schien jetzt die kriegerische Auseinandersetzung der letzte Ausweg für eine Beseitigung der Glaubensstreitigkeiten zu sein. Die Prote-

Gesandten König Ferdinand's, an den Cardinal und Bischof von Trient Bernhard Cles, in: SAW, phil.-hist. Classe, 24. Bd., W 1857, S. 197). STOEGMANN gibt zwar an, er beziehe sich auf einen Brief Burgos vom 31. Juli (ebd. S. 236 Anm. 125), doch kann das nicht zutreffen, da er an einer anderen Stelle vom 15. September spricht (ebd. S. 197). Er hat demnach offenbar den oben auszugsweise zitierten Brief ausgewertet.

178 Vgl. TETLEBEN S. 148. Campeggio hat auch einen Gegenvorschlag zum *„Deliberatorius tractatus"* entworfen, in dem vom Laienkelch aber nicht die Rede ist, so daß er hier übergangen werden kann. Ich gedenke an anderer Stelle darauf zurückzukommen.

179 TIEPOLO S. 74. Campeggio spricht selber nicht in seinen Berichten von dieser Audienz. Er schreibt lediglich bereits am 13. September, daß er keine Hoffnung mehr für eine Einigung habe (NBD I, 1. EB, S. 129).

180 Vgl. EKKEHART FABIAN, Die Entstehung des Schmalkaldischen Bundes und seiner Verfassung 1529–1531/32 (SCHRIFTEN ZUR KIRCHEN- UND RECHTSGESCHICHTE H. 1), 2. Aufl. T 1962, S. 94ff.

181 Vgl. NBD I, 1. EB, S. 106f.

stanten schlossen sich daraufhin zum Schmalkaldischen Bund zusammen [182], während Karl V. aus Mangel an militärischer Macht und anderen, hier nicht zu erörternden Gründen den kriegerischen Worten die Tat nicht folgen ließ [183]. Es sollte etwa ein Jahrzehnt dauern, bis es zu einer Wiederaufnahme des theologischen Gespräches kam, in dem allerdings der Laienkelch nicht mehr einen der wesentlichsten Streitpunkte zwischen den beiden Gruppen bildete. Inzwischen wünschten nämlich nicht nur Untertanen der altkirchlichen Stände, sondern auch angesehene katholische Theologen seine Gewährung [184]. Theologische Fragen drängten sich statt dessen jetzt wieder in den Vordergrund [185].

* * *

Die Chance des Augsburger Reichstages für die Einheit der Kirche – es war, wie gesagt, die größte für die Einigungsbestrebungen im 16. Jahrhundert – wurde aus verschiedenen Gründen verpaßt. Sie ist zwar letztlich nicht an vordergründigen Konzessionen gescheitert. Aber es stimmt doch bedenklich, wenn man den dramatischen Ablauf der Ereignisse analysiert und sieht, wie Kräfte und Gegenkräfte sich häufig unzeitig bemerkbar machten. Ob es gelungen wäre, zu einer theologisch tragfesten Basis für die kirchliche Einheit mit Hilfe einer durch die Humanisten gelegten Ausgangsposition zu kommen, ist eine müßige und kaum beantwortbare Frage. Daß das humanistische Programm an Punkten wie dem Laienkelch scheiterte, stimmt in unserer Zeit auf Grund der Entscheidungen des 2. Vatikanischen Konzils und Papst Pauls VI. über diese Frage [186] nachdenklich. Die Geschichte des Laienkelches während des Augsburger Reichstages kann zeigen, daß die Einheit der Kirche nicht im Vordergründigen gesucht werden kann.

* * *

[182] Vgl. Fabian, a. a. O., S. 94 und 153ff.

[183] Jedin 1, 211.

[184] Vgl. die Bitte des Bischofs Johann von Meißen im Sommer 1539 (die von Johannes Cochläus und Julius Pflug unterstützt wurde), in seiner Diözese Laienkelch und Priesterehe zuzulassen (NBD I, 4. Bd., Gotha 1893, bearbeitet von Walter Friedensburg, S. 552ff.).

[185] Zum Leipziger Religionsgespräch von 1539 und dem Regensburger von 1541 vgl. Jedin, An welchen Gegensätzen ..., in: ThGl 48, 52ff., und zum Wormser von 1540/41 vgl. Müller, J. Eck in: QFIAB 38, 210ff.

[186] Vgl. u. a. Herder-Korrespondenz. Orbis Catholicus Jg. 17ff., 1962/63ff., S. 149ff.

Beilage

Gutachten [Johann Fabris?] über Bedingungen,
unter denen den Lutheranern der Laienkelch gewährt werden könne.

[Augsburg, 1530 August 17/18]

Rom, Archivio Segreto Vaticano, Armarium 64 vol. 18 f. 231r–232r (gleichzeitige Kop.)[1].

Pro bono communis pacis per Germaniam posset admitti communio sub utraque specie principibus et civitatibus Lutheranis sub modis et mediis sequentibus:

item quod illa permissio dumtaxat fiat in dominiis et civitatibus eorum in quibus Lutherismus [*sic*] prevaluerit, in aliis autem regnis, provinciis et dominiis in quibus hucusque servatus fuerit ritus Catholicus sub una specie nullo pacto debet immutari, ne Germanica natio ab aliis regnis et potentatibus schismatica iudicari possit et recedatur ab articulo fidei quo credimus unam ecclesiam Catholicam, cum iidem Catholici sub una specie communicantes tantum habeant in re et promissione, quantum habent, qui sub utraque communicant;

item quod quoties utraque species daretur communicare volentibus, praedicaretur aperte sub una quaque specie tantum contineri quantum sub altera, hoc est quod sub specie panis sit vere corpus Christi et per concomitantiam sanguis, anima et divinitas et sit totus et integre [*sic*] Christus; sub specie vero vini sit vere sanguis et per concomitantiam corpus, anima et divinitas sitque iterum totus et integre [*sic*] Christus;

item quod Christus nullibi preceperit nec in Evangelio reperiatur communionem sub utraque specie necessariam esse de necessitate salutis, ita declaravit concilium Basiliense sessione tricessima [*sic*] anno a nativitate Domini 1437 [2], et Lutherus utitur hoc fundamento tamquam supremo et

[1] Beim Abdruck wurden die im Dokument vorkommenden Abkürzungen stillschweigend aufgelöst. Die Rechtschreibung wurde beibehalten, lediglich Groß- und Kleinschreibung sowie vokalischer oder konsonantischer Gebrauch von u und v und die Zeichensetzung wurden normalisiert.

[2] Vgl. Monumenta conciliorum generalium seculi decimi quinti, Concilium Basileense scriptorum t. II, W 1873, S. 1112: das Konzil *„decernit et declarat, quod*

maximo in sermone de eucharistia, de formula missae et forsan in multis aliis locis[8];

(f. 231v:) item quod si qui Christifideles essent Catholici vel qui cum tempore ad imitationem ecclesiae Catholicae et universalis redire et[a] una dumtaxat specie contenti esse vellent, quod illis communio sub una specie non denegetur neque aliqui ad utranque speciem sumendam[b] compellendi sint;

item quod consecratio fiat in forma ecclesiae consueta et non nisi per sacerdotem rite et legitime ordinatum, etiam eo et non alio tempore quam quo sacerdos celebraverit, et non sic passim in quocunque loco, ut ab aliquibus tentatum est; quodque viaticum et calix in sacrario honeste servetur [*sic*] et cum reverentia ad infirmos portetur [*sic*];

item quod utraque communio nemini detur, nisi qui se ipsum probaverit per cordis contritionem, sacerdotalem confessionem et alios devotionis affectus;

item quod diutius non permittatur quam ad futurum concilium; et quicquid illic declaratum fuerit, hoc firmiter et fideliter a cunctis debeat observari;

item quod neque una neque utraque species detur pueris, sed solis hiis qui ad discretionis annos pervenerint;

item quod in summenda [*sic*] eucharistiá quoad tempus paschale sese ritui paschali conforment, id quod etiam Bohemi facere consueverunt;

(f. 232r:) item quod in summo honore servetur calicis sacramentum, ne illi qua irreverentia contingat.

[a] Im Ms. korrigiert aus *ut*.
[b] Im Ms. korrigiert aus *summendam*.

fideles laici sive clerici communicantes et non conficientes non astringuntur ex precepto domini ad suscipiendum sub utraque specie, panis scilicet et vini, sacre eucharistie sacramentum.“

[8] LUTHER hat im „Sermon von dem Hochwirdigen Sakrament“ 1519 erklärt, der Laienkelch sei „nit nott“ (WA 2, 742). Über seine Äußerungen zur *communio sub utraque* in der *„Formula missae et communionis“* von 1523 vgl. WA 12, 217f., wo der Laienkelch *„iuxta institutum Christi“* nach vorhergehender Verkündigung des Evangeliums empfohlen wird. Im „Sermon von dem neuen Testament, das ist von der heiligen Messe“ hat Luther im Jahr 1520 gemeint, Christus habe „uns die freyheit“ gelassen, „da er sagt: ‚wen yhr das thuett, ßo thuts yn meyn gedechtnis‘“ (WA 6, 376). In *„De captivitate babylonica“* wendet er diese Stelle auf den Laienkelch an: wer nur unter einer Gestalt kommuniziere, sündige nicht, denn Christus habe nicht befohlen, irgendeine Gestalt zu gebrauchen, sondern es der Entscheidung eines jeden überlassen, als er sagte: „So oft ihr dieses tut, tut es zu meinem Gedächtnis“ (WA 6, 507; 1520). Er macht aber in der gleichen Schrift darauf aufmerksam, daß nicht die Kommunion des Brotes, aber die des Weines ausdrücklich bezeugt sei (WA 6, 502 und oben Anm. 7). Eine Heilsnotwendigkeit des Kelches hat Luther demnach in der Tat nicht gelehrt. Er empfand ihn aber als recht, weil er „mit hellem, klarem wort Gottes bestettigt“ sei (WA Briefwechsel Bd. 5, 573; an Kurfürst Johann am 26. August 1530).

Et haec media pro maiori parte concordant cum concordatis et compactatis [c] regni Bohemiae [4].

c Im Ms. (von Alexander?) korrigiert aus *compactis.*

4 Von den hier behandelten Fragen sind folgende in den Prager Kompaktaten vom 30. November 1433 zur Sprache gekommen: Nur solche, die *„in annos discretionis"* gekommen sind, dürfen das Abendmahl unter beiderlei Gestalt *„reverenter et devote"* erbitten, und die Priester müssen den Kommunikanten mitteilen, *„quod ipsi debent firmiter credere, quod non sub specie panis caro tantum, nec sub specie vini sanguis tantum, sed sub qualibet specie est integer totus Christus"* (Monumenta conciliorum generalium sec. XV, Conc. Bas. scrip. t. I, W 1857, S. 496). Von der Krankenkommunion unter beiden Gestalten ist in Prag ebenfalls gesprochen worden (a. a. O., S. 494). Auch wurde den Utraquisten eingeschärft, daß der Kelch nur mit Ehrfurcht behandelt werden dürfe. Ein Grund für seinen Entzug sei die Befürchtung der *„irreverentia"* gewesen (a. a. O.). Auch daß der Kelch nicht mit Gewalt eingeführt werden dürfe, wie die Radikalen unter den Böhmen es forderten (Hefele Bd. 7, 574), entspricht den Ausführungen des obigen Dokumentes. Neu sind demnach hier die Bestimmungen, daß der Laienkelch nicht grundsätzlich genehmigt werden, sondern lediglich sein schon vorhandener Gebrauch toleriert werden soll, sodann die Verweise auf Basel 1437 und Luther, die Forderung einer *„consecratio consueta per sacerdotem rite et legitime ordinatum"* (das geht gegen die reformatorische Amtsauffassung), die dem Abendmahl vorausgehende Buße und die zeitliche Begrenzung der gesamten Absprache bis zur endgültigen Entscheidung durch ein Konzil.

Zwischen Konflikt und Verständigung

Bemerkungen zu den Sonderverhandlungen während des Augsburger Reichstages 1530

Im Referat von *Herbert Immenkötter* wurden nicht nur die Ausschußverhandlungen vom August 1530 behandelt, die man früher als das Augsburger Religionsgespräch bezeichnet hat, sondern alle Religionsgespräche, die während des Augsburger Reichstages geführt wurden. Der Nachdruck liegt nun eher auf den Gesprächen, die im September 1530 geführt wurden, die noch vor kurzem als rein politisch gedeutet wurden[1]. Es entspricht dem Stand der Forschung, wenn sich das Interesse jetzt mehr den privaten Kontakten zuwendet als den halboffiziellen Ausschußverhandlungen des Reichstages, wie das hier auch *Herbert Immenkötter* getan hat[2]. Ich halte mich an die von ihm vorgezeichnete, mit ihm nicht abgesprochene Linie, zumal im August dieses Jahres von der Gesellschaft zur Herausgabe des Corpus Catholicorum ausdrücklich die Ausschußverhandlungen vom August 1530 in Augsburg thematisiert worden sind[2a].

Allerdings müssen wir uns klarmachen, daß diese privaten Kontakte uns wegen der unterschiedlichen Informationen der Teilnehmer erhebliche Probleme aufgeben. Während die offiziellen und auch die halboffiziellen Verhandlungen recht genau dokumentiert wurden, sind wir für die privaten Verständigungsbemühungen zumeist auf höchst private Auskünfte angewiesen, wenn nicht überhaupt die Quellenlage uns zwingt, Rückschlüsse zu ziehen oder Vermutungen anzustellen. Man wird sich dann nicht wundern, daß die Deutungen unterschiedlich ausfallen. Es besteht jetzt die Neigung, sich vor allem mit den Details zu befassen, wodurch aber das Gespräch auf wenige Spezialisten beschränkt wird und die großen Linien verlorenzugehen drohen. Ich möchte mich deswegen hier nun nicht im wesentlichen auf die Diskussion von Einzelzügen einlassen, sondern eher die Sonderverhandlungen

1. Vgl. *Hubert Jedin:* Geschichte des Konzils von Trient, Bd. 1, 2. Aufl., 1951, 210, und *Herbert Immenkötter:* Um die Einheit im Glauben. Die Unionsverhandlungen des Augsburger Reichstages im August und September 1530 (Katholisches Leben und Kirchenreform im Zeitalter der Glaubensspaltung 33), 1973, 78.

2. Vgl. *Gerhard Müller:* Kardinal Lorenzo Campeggio, die römische Kurie und der Augsburger Reichstag von 1530 (NeAKG 52, 1971/72, 133–152); *Eugène Honée:* Zur Vorgeschichte des ersten Augsburger Reichsabschieds. Kardinal Lorenzo Campeggio und der Ausgang der Glaubensverhandlungen mit den Protestanten im Jahre 1530 (ebd. 54, 1973/74, 1–63), und *Gerhard Müller:* Duldung des deutschen Luthertums? Erwägungen Kardinal Lorenzo Campeggios vom September 1530 (ARG 68, 1977, 158–172).

2a. Vgl. *Erwin Iserloh* (Hg.): Confessio Augustana und Confutatio (RGST 118, 1980).

in Augsburg von ihrem historischen Kontext her zu verstehen suchen. Historischer Kontext kann aber nur die Vorgeschichte und die unmittelbare Geschichte der Augsburger Verhandlungen meinen. Wir müssen uns hüten, die spätere Entwicklung den Akteuren von 1530 gewissermaßen als zwangsläufig bekannt bereits vorauszusetzen. Kürzlich hat *Klaus Scholder* im Hinblick auf die Geschichte des Kirchenkampfes davor gewarnt, ihn von seinem Ende her deuten zu wollen[3]. Wollten wir dies tun, so würden wir von Historikern zu Moralisten, denen es nicht gelingen kann, die unmittelbar Beteiligten zu verstehen. Außerdem kann es sowieso nur darum gehen, einige wenige Linien aufzuzeigen, die für das Verständnis der Religionsverhandlungen während des Augsburger Reichstages wesentlich sein können.

1. Die Gesprächspartner Melanchthon und Eck

Herbert Immenkötter hat mit Recht gesagt, daß sich die an den Augsburger Religionsgesprächen Beteiligten sehr unterschiedlich äußern. Das trifft auch auf Philipp Melanchthon und Johann Eck zu. Der Wittenberger Humanist berichtet am 31. August 1530 in einem persönlichen Brief an seinen Vertrauten und Freund Joachim Camerarius, daß er sich mit dem Ingolstädter Theologen recht gut versteht[4]. Beide sind zwar von der Sache her so etwas wie Antipoden, begegnen sich aber nicht in unversöhnlicher Feindschaft, sondern haben Kontakt miteinander. Das geht auch aus dem bekannten Brief Johann Ecks vom 27. August 1530 an Melanchthon hervor, in dem nicht nur die Einheit der Kirche beschworen, sondern auch um das Ausleihen eines Buches gebeten wird[5].

Dies ist um so auffälliger, als von beiden ja sehr unterschiedliche Äußerungen zur Sache vorliegen. Bekanntlich hatte Johann Eck mit seinen 404 Artikeln die evangelischen Stände gezwungen, die Katholizität ihrer Verkündigung nachzuweisen[6]. In der Catholica Responsio, der ersten Antwort der altkirchlichen Theologen auf die Confessio Augustana[7], war unter maßgeblicher Beteiligung Ecks festgestellt worden, daß die Lehre der evangelischen Stände ganz anders sei, als in ihrem Bekenntnis behauptet werde, daß hier lediglich der Eindruck einer gewissen Rechtgläubigkeit als Täuschungsmanöver versucht werde. Erst dem Einfluß des

3. *Klaus Scholder:* Umgang mit der Geschichte (Nachrichten der Evangelisch-Lutherischen Kirche in Bayern 34, 1979, 50–54).

4. Corpus Reformatorum (zit.: CR) Bd. 2, 1835, Sp. 335, und Melanchthons Briefwechsel Bd. 1, bearbeitet von *Heinz Scheible* (zit.: MBW), 1977, 435.

5. CR 2, 316 f.

6. Gedruckt von *Wilhelm Gussmann:* Quellen und Forschungen zur Geschichte des Augsburgischen Glaubensbekenntnisses, 2. Bd., 1930.

7. Gedruckt von *Johannes Ficker:* Die Konfutation des Augsburgischen Bekenntnisses, 1891; zur Confutatio vgl. jetzt den Artikel von *Herbert Immenkötter:* TRE Bd. 4, 1979, 628–632.

Kaiserhofes war es gelungen, die altkirchlichen Theologen zu einer sachlichen Auseinandersetzung mit dem Augsburgischen Bekenntnis zu zwingen[8]. Johann Eck hat sich dieser Aufgabe nicht entzogen und auch hier kräftig mitgearbeitet. Die Differenz zwischen seinem ursprünglichen Anliegen, nämlich die Häresie der evangelischen Christen nachzuweisen, und dem weitgehenden Einverständnis mit dem neuen Bekenntnis ist groß. Sie ist nur erklärlich, wenn man sich den politischen Druck klarmacht, unter dem die altkirchlichen Theologen Ende Juli standen.

Auch bei Philipp Melanchthon haben wir verschiedene Intentionen festzustellen. Es ist bereits von seinen privaten Kontakten vor und nach der Verlesung der Confessio Augustana die Rede gewesen. Man wird nicht fehlgehen mit der Annahme, daß sich Philipp Melanchthon zwar dafür hergegeben hat, das Augsburger Bekenntnis zu redigieren, wobei er sich ja auf vorliegende Arbeiten stützen konnte[9], daß es ihm aber in der Tat lieber gewesen wäre, die evangelischen Stände als »katholisch« hinstellen zu können, die kein Glaubensbekenntnis ablegen müssen, wie dies ja auch die altkirchlichen Stände für sich in Anspruch nahmen. Aber auch er hat sich – wie Johann Eck unter politischem Druck – nicht geweigert, sich an der Vorbereitung des offiziellen Dokumentes Kursachsens zu beteiligen, das dann zur wichtigsten evangelischen Confessio des Augsburger Reichstages werden sollte. Schon *Peter Rassow* hat auf den Humanismus als verbindende, dritte Kraft zwischen den evangelischen Ständen und der altkirchlichen Majorität hingewiesen. *Rassow* konnte auf Briefe des Erasmus verweisen, der vor einem Krieg warnte, und konnte feststellen, daß viele Gesprächspartner Philipp Melanchthons Humanisten waren, denen eine gewisse Sympathie für die Reform der evangelischen Stände nicht ganz abgesprochen werden konnte[10].

Dieses humanistische Element machte es ihm dann leicht, sich in den Ausschußverhandlungen im August 1530 soweit wie irgendmöglich der anderen Seite anzunähern. In den Briefen an seine Vertrauten und Freunde schreibt er, daß er um des Friedens willen die Wiederherstellung der bischöflichen Jurisdiktion angeboten habe. Er teilt mit, daß er bereit gewesen wäre, dafür sogar noch größere Opfer zu bringen[11]. Nun ist Melanchthon aber in den Ausschußverhandlungen der wichtigste Sprecher der evangelischen Seite gewesen. Aus diesem Grunde durfte er nicht nur seinen persönlichen Neigungen nachgehen, sondern er mußte die Interessen seiner Auftraggeber wahren. Daß ihm dies in bezug auf die radikaleren evangelischen Stände wie Hessen und Braunschweig-Lüneburg sowie auf die Reichsstadt Nürnberg nicht gelungen ist, ist nur zu gut bekannt. Während ihm vom Nürnber-

8. Vgl. *Gerhard Müller:* Die römische Kurie und die Reformation 1523–1534. Kirche und Politik während des Pontifikates Clemens' VII. (QFRG 38), 1969, 104 f.

9. Vgl. zuletzt *Wilhelm Maurer:* Historischer Kommentar zur Confessio Augustana, Bd. 1, 1976, 27–51.

10. *Peter Rassow:* Die Kaiser-Idee Karls V., dargestellt an der Politik der Jahre 1528–1540 (HS 217), 1932, 26 ff.; vgl. auch *Jedin,* 202.

11. CR 2, 328 und 334 sowie Melanchthons Werke in Auswahl (zit.: MSA), Bd. 7/2, hg. von *Hans Volz,* 1975, 286.

ger Patrizier Hieronymus Baumgartner vorgeworfen wurde, »er habe für den Papst wie ein Bestochener gearbeitet«[12], rächte Melanchthon sich mit der bitterbösen Bemerkung, daß die Nürnberger nur lutherisch geworden seien, »um die Bischöfe loszuwerden«[13].

Aber auch Johann Eck hat diese Gespräche nicht sabotiert. Trotz seiner ganz anderen Ausgangsposition hat er sich in den Dienst des Kaiserhofes gestellt, der den Auftrag gegeben hatte, die noch vorhandenen Differenzen nach Möglichkeit auszuräumen[14]. Ob ihm dies persönlich sympathisch war, mag dahingestellt bleiben. Er hat aber das sachliche Anliegen ganz offenbar vorgeordnet und sich mit allen Kräften um die Durchführung seines Auftrages bemüht. Die sehr unterschiedlichen Stellungnahmen der wichtigsten Sprecher Melanchthon und Eck lassen das Augsburger Geschehen so schillernd erscheinen. Für nahezu grotesk kann man es halten, daß im September wiederum Philipp Melanchthon als derjenige von altkirchlicher Seite angesprochen wird, der am ehesten zu einer Verständigung beitrage[15], obwohl derselbe zur gleichen Zeit bereits mit der Apologie befaßt war[16], der Widerlegung der Confutatio, wodurch ja von neuem die Auseinandersetzung und nicht die Verständigung in den Mittelpunkt des Geschehens zu rücken drohte. Auch hier ist Melanchthon ein Teil jener Gruppe gewesen, als deren aktivster Repräsentant er uns in Augsburg während der Monate Juni bis September entgegentritt. Der Humanist kann jetzt nicht mehr nur nach Verständigung suchen, sondern er muß zugleich die offizielle Verteidigung des vor Monaten vorgetragenen evangelischen Bekenntnisses niederschreiben.

Man wird also alle Beteiligten nicht nur als von persönlichen Meinungen und Anschauungen erfüllt verstehen dürfen, sondern man wird zugleich auch zu beachten haben, ob sie amtliche Funktionen ausüben. Nur dann können ihre entsprechenden Voten richtig beurteilt werden.

2. Die Intention des Legaten Campeggio

Kardinal Lorenzo Campeggio war erst im Jahr 1529 aus England zurückgekehrt. Seine heikle Mission hatte er dort mit Bravour absolviert. Papst Clemens VII. hatte

12. MBW 1, 436; vgl. CR 2, 336.
13. MBW 1, 439; vgl. MSA 7/2, 294.
14. Vgl. *Johannes von Walter:* Der Reichstag zu Augsburg (Lu 12, 1930, 73 ff.).
15. So bei den Kontakten des badischen Kanzlers Vehus mit Dr. Gregor Brück und Melanchthon, wo Vehus sie als diejenigen bezeichnet, die sich auf evangelischer Seite am meisten um die Überwindung der Gegensätze bemühen, vgl. Des Canzlers Dr. Brück Geschichte der Religionsverhandlungen auf dem Reichstage zu Augsburg im J. 1530 (Archiv für die Geschichte der kirchlichen Reformation I/1), 1831, 155 ff.
16. Brück händigte am 22. September die Apologie Pfalzgraf Friedrich als dem Sprecher des Kaisers aus, sie wurde ihm aber auf einen Wink Ferdinands hin wieder zurückgegeben, vgl. ebd. 184.

ihn zu Heinrich VIII. geschickt, um ihn den Eheauflösungsprozeß des Königs prüfen zu lassen. Campeggio hatte dem Wunsche Heinrichs nicht willfahren und die Ungültigkeit seiner Ehe mit Katharina von Aragon nicht ausgesprochen. Er hatte dabei all sein juristisches und diplomatisches Geschick aufbieten müssen[17]. Clemens VII. war davon offenbar so angetan, daß er diesen Kardinal bereits im März 1530 von neuem auf Reisen schickt, dieses Mal zur Begleitung des Kaisers[18]. Während er im Jahr vorher zum Speyrer Reichstag von 1529 nur einen unbedeutenden Nuntius geschickt hatte, Giovanni Tommaso Pico della Mirandola[19], hat er für die Versammlung der Reichsstände in Augsburg diesen einflußreichen und bewährten Juristen abgeordnet. Clemens VII. erwartete offenbar große Schwierigkeiten durch die Versammlung der Reichsstände, und sein Legat hat auch nicht versäumt, von Anfang an den Kaiser auf seine Verpflichtung zur Überwindung der Häresie hinzuweisen[20]. Dies sollte ganz offenbar das Ergebnis der Bemühungen Karls V. sein. Wegen dieser offiziellen Äußerungen hat man früher Lorenzo Campeggio für einen grundsätzlichen Gegner aller Ausgleichsbemühungen in Augsburg gehalten. Inzwischen konnte festgestellt werden, daß er sehr viel mehr von den Verhandlungen über die Religionsfrage wußte und billigte, als man geahnt hatte[21]. Er hat auch nicht von sich aus die Annäherungsbemühungen Philipp Melanchthons unterbunden, sondern Papst und Kurie selber entscheiden lassen, ob man auf dessen Angebote eingehen wolle, um durch Nachgiebigkeit in bezug auf den Laienkelch und die Priesterehe die Religionsfrage in Deutschland zu klären[22].

Wenn wir nun nach seiner Intention fragen, so werden wir gut tun, auch auf Melanchthon zu hören, der sich nicht sicher war, was er vom Legaten zu halten habe. Campeggio war dem Humanisten zunächst recht freundich entgegengetreten, so daß er Ende Juli 1530 den bekannten Besuch mit Johannes Brenz bei ihm machte und ihn bat, sich vermittelnd einzusetzen. Aber als man Anfang August ihn mit Hilfe von Geld auf die altkirchliche Seite zu ziehen suchte[23], scheint er seine Kontakte mit dem päpstlichen Legaten abgebrochen zu haben. Ende August fragte

17. Vgl. Nuntiaturberichte aus Deutschland nebst ergänzenden Aktenstücken, 1. Abt. 1533–1559, 1. Ergänzungsband 1530–1531 (zit.: NBD I, 1. EB), bearbeitet von *Gerhard Müller,* 1963, LXV ff.

18. Vgl. ebd. LXX.

19. Vgl. *Anton Pieper:* Zur Entstehungsgeschichte der ständigen Nuntiaturen, 1894, 90 f. Picos Rede an die Stände gedruckt: Deutsche Reichstagsakten, jüngere Reihe (zit.: RTA), 7. Bd., Nachdr. 1963, 1244 ff. Allerdings entsprach es dem Wunsch König Ferdinands, daß Pico als Nuntius abgeordnet wurde, vgl. *Johannes Kühn:* Die Geschichte des Speyrer Reichstags 1529 (SVRG 146), 1929, 160.

20. Vgl. NBD I, 2. Ergänzungsband 1532, bearbeitet von *Gerhard Müller,* 1969, 457–471.

21. Vgl. *Müller:* Duldung (wie Anm. 2) 158.

22. Vgl. NBD I, 1. EB, 70.

23. Vgl. ebd. 91 f. und 108–110. Auf diesem Hintergrund ist der Vorwurf Baumgartners, Melanchthon »habe für den Papst wie ein Bestochener gearbeitet« (vgl. oben bei Anm. 12), besonders auffällig. Martin Luther hat Campeggio für einen Gegner eines friedlichen Ausgleichs gehalten, vgl. WA. B 5, 577.

Melanchthon bei Luther an, ob es wohl möglich sei, vom Legaten Friede und Duldung bis zum Konzil zu erbitten[24]. Wir bleiben deswegen vorwiegend auf die eigenen Äußerungen Campeggios angewiesen. Am 20. August 1530 schrieb er aus Augsburg von der Bildung des Vierzehnerausschusses. Dabei betonte er mehrfach, daß er einer Einigung nicht zustimmen werde, die substantielle Fragen des Glaubens berühre. Seine Hoffnung ging dahin, daß die wenigen evangelischen Fürsten »zurückgeführt« werden möchten. Nur nach Beratung durch den Papst werde er die Autorität des apostolischen Stuhles mit einsetzen[25]. Die Kurie, die in dieser Zeit mehr von dem Kampf um Florenz als von der Reformation in Deutschland in Anspruch genommen war[26], meinte, daß man ruhig die Augen ein wenig verschließen könne, wenn dadurch die Religionsfrage geklärt werden könne[27]. Das heißt, daß einem Übereinkommen in bezug auf den Laienkelch und die Priesterehe kein grundsätzliches Veto mehr entgegengestellt wurde. Die Kurie würde zwar ein solches Abkommen nicht autorisieren, aber sie würde dagegen auch nicht protestieren, verlangte aber, daß im übrigen die Evangelischen zum Brauch der römischen Kirche zurückkehrten[28]. Am 13. September 1530 hat sich Campeggio dann ganz ausführlich über die Glaubensfrage geäußert. Er schrieb von dem Ergebnis der Ausschußverhandlungen genauso wie von seinen Einwirkungen auf den Kaiser und dessen wichtigsten Ratgeber Granvella, die von ihm gedrängt wurden, nur keine Übereinkunft zu treffen, die den Glauben der römischen Kirche verändere. Auch von den Vermittlungsbemühungen des Georg Truchseß von Waldburg ist die Rede. Der Legat hält dessen Vorschlag für so wichtig, daß er die Kurie bittet, ihm dazu ihre Meinung möglichst rasch zu schreiben. Aber auch an dieser Stelle hält er fest, daß er seinerseits nichts zu approbieren hat. Er berichtet aber, daß der Kaiser ihm die Entscheidung zuschieben wolle, indem Karl V. erklärt, daß er nur billigen wolle, was die Zustimmung des Legaten finde, weil der Habsburger dann natürlich eine Entschuldigung habe. Campeggio wiederholt deswegen, daß er sich bemühen wird, seine Pflicht zu tun[29]. Als er hört, daß die evangelischen Stände die Privatmessen und den Meßkanon weiterhin ablehnen, daß sie auch die Rückkehr von vertriebenen Mönchen nicht billigen wollen, schwindet seine Hoffnung[30]. Er berichtet am 23./24. September von dem ersten Entwurf des Reichstagsabschiedes, in dem man davon gesprochen hatte, daß die Beratungen mit dem Rat und der Zustimmung des Legaten durchgeführt worden seien. Campeggio teilt mit, daß er diese Worte beseitigen ließ, weil sie wenig helfen und viel schaden könnten[31]. Von

24. Es ist anzunehmen, daß die WA.B 5, 563 f. mitgeteilten Fragen von Melanchthon an Luther gerichtet wurden; unter ihnen befindet sich die oben wiedergegebene.
25. NBD I, 1. EB, 114 f.
26. Vgl. *Müller:* Kurie (wie Anm. 8) 92 f.
27. Vgl. NBD I, 1. EB, 120.
28. Ebd.
29. Vgl. ebd. 127 f.
30. Vgl. ebd. 129.
31. Vgl. ebd. 138. Im Text des Entwurfs des Abschiedes ist auch von einer solchen Zu-

den Reden Kurfürst Joachims I. von Brandenburg am 22./23. September ist er so begeistert, daß er mitteilt, jeder habe geurteilt, in seinen Worten habe sich der Heilige Geist geäußert. Der Legat empfiehlt, ihm Breven zu schicken, die er an die wichtigsten Leute, die sich der Glaubensfrage im römischen Sinne angenommen haben, verteilen kann[32]. Am 4. Oktober schreibt er, daß es allen mißfallen habe, daß keine Übereinkunft erreicht worden sei. Viele meinten aber, daß dieser Konflikt eher Gutes als Schlechtes hervorrufen werde, wenn der Kaiser jetzt die Angelegenheit so aufnehme, wie ihm das gezieme. Allerdings müsse hierbei Rom Karl V. unterstützen[33]. Eine besondere Enttäuschung über diesen Ausgang der Religionsverhandlungen kann man also nicht feststellen. Noch war ja auch für die Kurie und den Legaten nichts verloren. Das Ziel mußte es für sie sein, daß die Einheit der Kirche in Deutschland wiederhergestellt wurde, daß ganz Deutschland unter die Obödienz des Papstes zurückkehrte. Nachdem dies nicht durch Nachgiebigkeit in Randfragen möglich gewesen war, mußten nun andere Mittel in Erwägung gezogen werden, wobei Campeggio an seinen Rat erinnern konnte, den er dem Kaiser schon vor Beginn des Reichstages gegeben hatte, nämlich die Anwendung von Gewalt.

3. Die Macht Karls V. und die altkirchlichen deutschen Stände

Die Lage war für Karl V. jetzt günstig: Mit dem Papst wie mit dem französischen König hatte er bekanntlich im vorhergehenden Jahr Frieden geschlossen[34]. Aber es ist die Frage, ob das, was *Herbert Immenkötter* »den Höhepunkt seiner Macht“ genannt hat, wirklich der Lage und den Gegebenheiten Karls V. entsprach. Bekanntlich litt er 1529 und Anfang 1530 unter akutem Geldmangel[35]. Geld aber war genau das, was er für einen Krieg brauchte. Nicht umsonst hat er dem Legaten erklärt, daß er allein keinen Krieg gegen die evangelischen Stände führen werde – es handelte sich um eine Glaubensangelegenheit, bei der auch die anderen christlichen Stände ihre Unterstützung einbringen sollten[36]. Karl V. besaß zwar im Herbst 1530 Geld – nämlich aus dem Friedensschluß mit Frankreich –, aber er bewahrte dies als Druckmittel gegen seinen alten Gegner Franz I. auf und war nicht willens, es für einen

stimmung nicht die Rede, vgl. *Karl Eduard Förstemann:* Urkundenbuch zu der Geschichte des Reichstages zu Augsburg im Jahre 1530, 2. Bd., Nachdr. 1966, 474–478. Campeggio dürfte vor allem wegen des Konzils seine Billigung verweigert haben, das sechs Monate nach Beendigung des Reichstages beginnen sollte (ebd. 478).

32. Vgl. NBD I, 1. EB, 139.
33. Vgl. ebd. 141 f.
34. Vgl. *Müller:* Kurie (wie Anm. 8) 77 ff.
35. Vgl. ebd. 86.
36. Vgl. NBD I, 1. EB, 138.

Krieg gegen die evangelischen Stände in Deutschland auszugeben. Karl V. konnte seine Kräfte nicht auf ein einziges Ziel richten, er mußte bei der Verstreutheit seiner Länder und Aufgaben sehen, wo er vordringlich eingreifen mußte[37].

Die Frage eines gewaltsamen Vorgehens gegen die Protestanten ist aber auch für die altkirchlichen deutschen Stände höchst bedenklich gewesen. Wir wissen, daß Bayern nicht bereit war, zu einem weiteren Machtzuwachs Habsburgs beizutragen. Auch die Glaubensfrage konnte die Herzöge Wilhelm und Ludwig von diesem Grundsatz nicht abbringen. Wir hören auch, daß nach dem Scheitern der Verhandlungen am 23. September der ein oder andere der altkirchlichen Stände sich mit den evangelischen in Verbindung setzt, um mitzuteilen, daß man sich einem harten Vorgehen des Kaisers gegen sie widersetzen wird[38]. Die Lage war aber doch jetzt erheblich anders als nach dem Speyrer Reichstag von 1529. Damals hatten sich die altkirchlichen und die protestierenden Stände gegenseitig Friedenszusicherungen gemacht[39]. Dies entfiel jetzt. Die Protestanten mußten nun sehen, wie sie sich auf ein eventuell »ungnädiges« Vorgehen des Kaisers rüsteten.

Damit hatte Landgraf Philipp von Hessen bereits begonnen. Er war am 6. August aus Augsburg heimlich abgereist, weil er sich von den dortigen Verhandlungen nichts mehr versprach und weil er sein wichtigstes Ziel erreicht hatte: Die Vorbereitungen für die Rückführung Herzog Ulrichs nach Württemberg waren dort durch einen neuen Vertrag mit Herzog Heinrich von Braunschweig-Wolfenbüttel abgeschlossen worden[40]. Wilde Gerüchte eilten jetzt durch Augsburg. Sein Freund Herzog Heinrich mußte hinter ihm herreisen, weil man fürchtete, Philipp werde zum Krieg rüsten und die versammelten Reichsstände in Augsburg gefährden[41]. All dies will nicht dazu passen, daß es für den Kaiser 1530 ein leichtes gewesen wäre, die Reformation mit Gewalt zu unterdrücken. Zwar hat Otto Beckmann Anfang September 1530 in diesem Sinne auf Melanchthon eingeredet[42], der davon beeindruckt gewesen sein dürfte[43]. Aber Politiker wie Philipp von Hessen sahen weiter und überließen deswegen das Feilschen um Worte anderen.

37. So war auch zu befürchten, daß Frankreich bei einem Vorgehen gegen die deutschen Protestanten eingreifen würde; über deren Kontakte zu den deutschen Ständen während des Reichstages von 1529 vgl. *Kühn* (wie Anm. 19) 113 ff.

38. Vgl. Des Canzlers Dr. Brück Geschichte, 209 ff.

39. Vgl. RTA 7, 1342–1344.

40. Vgl. *Herbert Grundmann:* Landgraf Philipp von Hessen auf dem Augsburger Reichstag 1530 (SVRG 176), 1959, 40 ff.

41. Vgl. CR 2, 299.

42. Vgl. CR 2, 342 f.

43. Melanchthon hat bekanntlich den Entwurf des Reichstagsabschiedes in Religionssachen für erträglich gehalten und gemeint, nur die dort erfolgte Ablehnung der Confessio Augustana sei inakzeptabel gewesen, vgl. CR 2, 389.

4. Die Türkengefahr und das Konzil

Man wird auch an die Bedrohung Deutschlands durch die Türken denken müssen, worüber ja eigentlich sofort am Beginn des Reichstages gesprochen werden sollte[44], wenn man die Gesamtsituation analysiert, in der die Glaubensverhandlungen stattfanden. Es war König Ferdinand, der eine »beharrliche« Hilfe der deutschen Reichsstände durchsetzen wollte, mit deren Hilfe er die Türken vernichtend zu schlagen hoffte. Davon war schon in Speyer 1529 geredet worden[45]. Aus den Gesprächen war nicht viel herausgekommen, wie die Belagerung Wiens durch die Türken im gleichen Jahr deutlich macht. Aber Ferdinand mußte daran gelegen sein, Hilfe zur Verteidigung gegen die Türken zu erhalten, so daß bekanntlich über diese Frage nach der Abreise der evangelischen Fürsten gesprochen wurde[46]. Wir wissen heute zwar, wann die Türkengefahr wieder virulent wurde, aber im Jahr 1530 war alles andere als sicher, ob nicht schon in wenigen Monaten ein Angriff erfolgen könnte, der das Abendland in seinen Grundlagen zu erschüttern vermochte. Deswegen wird man die religiösen Ausgleichsverhandlungen auch von diesem Phänomen her deuten müssen, wenn es natürlich auch nur eines unter mehreren bildet.

Dasselbe gilt für das Konzil, von dem *Herbert Immenkötter* mit Recht gesagt hat, daß ihm eine »Schlüsselrolle« zukommt, weil alle Absprachen nur bis zum Konzil gelten sollten. Wie verhielt es sich damit? Rekapitulieren wir! Karl V. ging davon aus, daß ihm der Papst während der persönlichen Gespräche 1529/30 in Bologna zugesagt hatte, ein Konzil einzuberufen, wenn es ihm nicht gelinge, die Glaubensstreitigkeiten durch sein persönliches Eingreifen beizulegen. Deswegen schrieb Karl V. im Juli an Clemens VII. und bat um die Einberufung des Konzils, als er feststellte, daß die Glaubensfrage doch nur sehr viel schwerer zu lösen sein würde, als man dies vielleicht hier und da gehofft hatte[47]. Aber die Antwort aus Rom darauf war die Übersendung der Bulle »Laetentur coeli« von 1439, die die Protestanten zunächst einmal akzeptieren sollten. Geschähe dies nicht, dann würde dadurch deutlich, daß sie auch einem Konzil nicht gehorchen würden[48].

44. Vgl. das Ausschreiben zum Reichstag und die Eröffnungsrede, die Pfalzgraf Friedrich im Auftrag des Kaisers hielt, wo immer zuerst die Türkenfrage und noch dazu sehr viel umfänglicher als die religiöse Problematik behandelt wurde, bei *Förstemann* Bd. 1, Nachdr. Osnabrück 1966, 2–9 und 295–309; ähnlich hat sich auch der päpstliche Nuntius bei Ferdinand geäußert, vgl. *Gerhard Müller:* Vincenzo Pimpinella am Hofe Ferdinands I. 1529–1532 (QFIAB 40, 1960, 65–88).

45. Nämlich aufgrund der Proposition, vgl. *Kühn* (wie Anm. 19) 60; der Text der Proposition in RTA 7, 1129–1136, speziell zur Türkenfrage 1131 f.

46. Vgl. *Müller:* Kurie (wie Anm. 8) 113 ff.

47. Vgl. *Gerhard Müller:* Zur Vorgeschichte des Tridentinums. Karl V. und das Konzil während des Pontifikates Clemens' VII. (ZKG 74, 1963, 95 ff.); auch gedruckt in: Concilium Tridentinum (WdF 313) 1979, 74–112; hier 92 ff.

48. Vgl. NBD I, 1. EB, 101–103. Die evangelischen Stände hatten offiziell zuletzt in der Vorrede zur Confessio Augustana ein Konzil gefordert (BSLK, 6. Aufl 1967, 48 f.).

Diese Bulle hat offenbar in Augsburg keine Rolle gespielt. Wäre sie vorgelegt worden, wäre damit das Argument jener Protestanten untermauert worden, die sagten, daß in Rom das Konzil lediglich als eine Veranstaltung des Papstes angesehen werde. Aber darf man deswegen wie *Herbert Immenkötter* formulieren: »Denn *eines* war Ende August absolut gewiß: mit einer Konzilseinberufung in absehbarer Zeit war nicht zu rechnen.« Natürlich ist *uns* »bekannt ..., daß Clemens VII. zeit seines Pontifikates ... jeder Konzilsforderung auszuweichen vermochte – ohne sie je rund heraus abgelehnt zu haben«. Genau dies ist aber den Zeitgenossen nicht deutlich gewesen, ob der Papst sich nicht doch dazu verstehen könnte, ein Konzil einzuberufen. Gerade die Tatsache, daß er es nicht grundsätzlich ablehnte, ließ immer wieder den Kaiser den Versuch machen, Rom zu einer Änderung seiner Stellung zu bewegen, sogar durch die Übersendung eines Briefes an das Kardinalskollegium mit entsprechenden Bitten[49]. Ich weiß auch nicht, womit man belegen kann, daß Melanchthon, um mit *Herbert Immenkötter* zu sprechen, »Grund zu der Annahme« hatte, »daß das Konzil« in den Fragen von »Priesterehe, Laienkelch, Abschaffung der Privat - und Winkelmessen, Abänderung der Meßkanones und Säkularisation des Klostervermögens ... zu seinen Gunsten entscheiden werde«. Es gab jedenfalls genug Protestanten, die fürchteten, daß das Konzil, wenn es tagt, sich den Anschein gibt, als entscheide es nach Gottes Wort, während es in Wahrheit nur die alte Praxis festschreibt – Überlegungen dieser Art wurden jedenfalls in Nürnberg im Frühjahr 1532 zu Papier gebracht[50]. Aber sicher ist *Herbert Immenkötter* darin zuzustimmen, daß die Verhandlungen im August und September dadurch erleichtert wurden, daß ihre Ergebnisse nicht als grundsätzliche Festschreibungen, sondern als interimistische Ergebnisse hingestellt wurden.

5. Der Vermittlungsversuch Waldburgs und Vehus'

Kehren wir nun noch einmal zu dieser interessanten Angelegenheit zurück, die erst während der letzten Jahre so viel Aufmerksamkeit auf sich gezogen hat. Während es früher hieß, Georg Truchseß von Waldburg und Vehus seien »von keiner Seite zu ihrem Vorgehen autorisiert« gewesen[51], wird nun Ferdinand als der entscheidende Auftraggeber genannt und auch ein »Wissen des Kaisers« angenommen. Ähnlich habe ich dies auch in einer Publikation gesagt, wo es heißt: »Es wird wohl mit Recht vermutet, daß für diese Bemühungen König Ferdinands Sorge vor einem Angriff der Türken wichtig, wenn nicht sogar ausschlaggebend war.« Ich habe allerdings auch davon gesprochen, daß Waldburg und Vehus »stets den Kaiserhof«

49. Vgl. *Müller:* Vorgeschichte (wie Anm. 47) 97 ff. bzw. 95 ff.

50. Vgl. das Gutachten der Nürnberger Prediger über die Schweinfurter Verhandlungen vom 24. Mai 1532, das im 4. Bd. der Gesamtausgabe der Werke Andreas Osianders gedruckt werden wird.

51. *Immenkötter* (wie Anm. 1) 78.

informierten und »bei ihrem Vorgehen von dort gedeckt, wenn nicht sogar legitimiert« waren[52]. Hier war daran gedacht, daß die entscheidenden Vermittlungsvorschläge als auf kaiserliche Autorität gegründet hingestellt worden waren, so daß, wenn der Kaiserhof nicht ins Vertrauen gezogen gewesen wäre, bei einem Eingehen der Protestanten auf den Vermittlungsvorschlag sich derselbe als »ein subtieler falstrick« herausstellen würde, wie dies in den Brück-Papieren heißt[53]. Aber mindestens für die letzte Phase der Verhandlungen beruft sich Waldburg sogar ausdrücklich auf das Einverständnis des Kaisers, wenn er nämlich Georg von Brandenburg-Ansbach mitteilt, zwar wolle Karl V. am Entwurf des Reichstagsabschiedes festhalten, aber er lasse sich doch zugleich die Vorschläge Waldburgs gefallen[54]. Die Äußerung Vehus', die *Herbert Immenkötter* aus den bisher nicht publizierten Vehus-Papieren mitteilt, daß er und Waldburg im September 1530 ohne Wissen Karls V. gehandelt haben, von der ich nicht weiß, ob sie sich auf den gesamten Vermittlungsvorschlag der beiden bezieht oder nur auf einen Teil desselben, würde den evangelischen Ständen recht geben, denen es auf die Fertigstellung der Apologie ankam und die sich auf diese Vermittlung als zu dubios nicht einlassen wollten[55].

Mit ihr hat sich, wie wir gesehen haben, auch Campeggio in seinen Berichten nach Rom befaßt. Er hat diese Unternehmung nicht für aussichtslos gehalten, aber doch gemeint, daß die Hartnäckigkeit der Protestanten zu groß sein werde, als daß eine vertretbare Übereinkunft möglich sei[56]. Wie wichtig ihm der Text von Waldburg und Vehus war, geht daraus hervor, daß er selber einen Vorschlag machte, der zur Grundlage einer Duldung des deutschen Luthertums werden könnte[57]. Dieser

52. *Müller:* Duldung (wie Anm. 2) 160. Übrigens bin ich darin einer Vermutung von *E. Honée* gefolgt: »Ferner wissen wir, daß der von Truchsess und Vehus – im Auftrag des Kaisers – unternommene Vermittlungsversuch am 10. September begann« (wie Anm. 2) 9.

53. Wie Anm. 15, 182.

54. Vgl. ebd. 177.

55. So fragten sich die evangelischen Stände, ob es Waldburg und Vehus »getreulich und gut« meinen (ebd. 180).

56. Vgl. NBD I, 1. EB. 127–129.

57. Gedruckt bei *Müller:* Duldung (wie Anm. 2) 170–172. Diese Gedanken passen hervorragend in den September 1530, während sonst keine Beschäftigung des Legaten mit diesem Fragenkomplex in seinen Nuntiaturberichten bezeugt ist. *Immenkötter* möchte sie nicht in diesen Monat datieren, weil er aufrechterhalten will, daß die Vorschläge Waldburgs und Vehus' von Campeggio gebilligt worden seien, die jedoch erheblich von den Plänen des Kardinals abweichen, die er selbst eigenhändig niedergeschrieben hat. Aber auch *Immenkötter* muß konstatieren, daß die angebliche Zustimmung des Legaten nicht für alle Vorschläge der Unterhändler gilt (o. Anm. 20). Da die archivalische Überlieferung im Vatikan auf den Sammeleifer Aleanders zurückgeht, kann nicht gefolgert werden: »Diese Überlieferung geht aber zweifellos auf die Korrespondenz Campeggios mit der Kurie zurück« (ebd.). Die von *Immenkötter* diskutierten Schwierigkeiten fallen in sich zusammen, wenn man sich erinnert, daß Aleander im Herbst 1531 nach Deutschland kam, wo er unschwer von Vehus oder Mittelsmännern die Papiere erhalten und kopieren lassen konnte, in denen die »Zustimmung« des Legaten be-

Erfolg ist seinen Erwägungen nicht zuteil geworden. Vielmehr wurden verschiedene Äußerungen als mit dem Placet des Legaten ergangen den Protestanten mitgeteilt, wobei, wie auch *Herbert Immenkötter* mitteilt, eine unausgleichbare Diskrepanz zwischen dieser Behauptung und den persönlichen Mitteilungen des Legaten besteht, der behauptet, diese Änderungsvorschläge seien von altkirchlichen Theologen gemacht worden[58]. Da die Zustimmung des Legaten als wesentlich angesehen wurde, so daß sie für den gesamten Bericht über die Religionsfrage in Anspruch genommen werden sollte, hat man sie auch bei diesem Vermittlungsversuch behauptet. Will man nicht den Kardinal der Lüge gegenüber Rom bezichtigen, wird man annehmen müssen, daß er von seinen Gesprächspartnern falsch verstanden worden ist oder daß er ein wenig »die Augen geschlossen« hat, um zunächst einmal abzuwarten, was die Folge dieser Bemühungen sein werde. Enttäuscht war er jedenfalls nicht erst am 23. September, wie es im Referat hieß, sondern schon am 13. September, wie aus seiner Depesche nach Rom von diesem Tag ersichtlich ist[59]. Große Hoffnungen konnte er angesichts der Unnachgiebigkeit der Protestanten und auch Roms nicht hegen. Die Alternative für den gescheiterten Vermittlungsvorschlag war für ihn auch nicht, wie *Herbert Immenkötter* meint, die bedingungslose Konzilszusage, sondern der gnadenlose Kampf gegen die Anhänger der Confessio Augustana. Der Hauptverantwortliche war demnach für ihn jetzt nicht der Papst, der ein Konzil hätte einberufen müssen, sondern der Kaiser, der sich als weltlicher Arm der Kirche zu betätigen hatte, indem er die verurteilte Häresie unterdrückte.

Der Konflikt

Am Ende stand also nicht die Verständigung, sondern der Konflikt. Warum scheiterten alle Verständigungsbemühungen? Ich halte es für unzutreffend und für zu einseitig, die Ablehnung darauf zurückzuführen, daß ein »weiterer Machtzuwachs der Habsburger ... verhindert« werden sollte und daß man sich fürchtete, die bischöfliche Jurisdiktion wieder zuzulassen. Für die süddeutschen Reichsstädte gilt zwar der zweite Grund durchaus, aber er bestimmt doch ihr Handeln nicht allein. Für Kursachsen und Brandenburg-Ansbach ist auch nicht ein eventuelles Anwachsen der Macht Habsburgs entscheidend. So wenig politische Gründe wie die Tür-

hauptet wird. Sonst muß man annehmen, daß der Legat durch Beilagen zu seinen Briefen seine eigenen Aussagen in seiner Korrespondenz Lügen strafte.

58. Auch wurden nicht alle Veränderungswünsche, die auf den Legaten zurückgehen sollen, berücksichtigt, vgl. *Müller:* Duldung (wie Anm. 2) 162, Anm. 31. Die Aussage, diese Vorschläge hätten die Billigung Campeggios gefunden, stimmt also höchstens partiell. Ob sich daraus lediglich ein »Nebenkonflikt« ergeben hätte (*Immenkötter* o. Anm. 19), ist zu bezweifeln, da gegebenenfalls dieser Plan ja zu einer zwar zeitlich begrenzten, aber grundsätzlichen Duldung der Protestanten führen sollte.

59. Vgl. NBD I, 1. EB, 129.

kengefahr eine Verständigung herbeiführen konnten, so wenig haben sie allein den Ausgleich verhindert. Neben der Frage nach der bischöflichen Jurisdiktion ist es vor allen Dingen die Frage der theologischen Legitimität gewesen, die Martin Luther unablässig von der Coburg stellte[60]. Sie sollte die Grenze sein, nach der man sich richtete. Wenn es nach seiner Meinung darauf ankam, daß die Rechtfertigung des Gottlosen gepredigt werden müsse, dann war die Frage, wo diese Verkündigung verhindert wird. Sie konnte verhindert werden durch Bischöfe, die Prediger nicht zuließen, deren reformatorische Einstellung bekannt war. Auch war die Frage, ob eine Verständigung über die Messe möglich erschien, wenn diese theologische Legitimität gefordert wurde. Noch war man nicht in der Lage, von einer gewissen Spannbreite theologischer Meinungen auszugehen. Schließlich waren Luther und seine Anhänger ja durch päpstlichen Urteilsspruch als Häretiker bezeichnet worden.

Dadurch kam es zwar 1530 zu Annäherungen auf theologischem Gebiet, die die evangelische Seite aber 1540 nicht mehr wahr haben wollte. Die evangelischen Fürsten jedenfalls drängten im September 1530 zum Aufbruch. Sie waren viel früher gekommen als der Kaiser und hatten schon so hohe Kosten gehabt, daß sie des Streitens müde waren. Karl V. aber hatte an Reputation verloren, weil es ihm nicht gelungen war, das sich selbst gesteckte Ziel zu erreichen. Campeggio hoffte, daß dieser »Schlag« ihn so getroffen hat, daß er jetzt mit Gewalt den Konflikt lösen wird [61].

60. Vgl. z. B. WA.B 5, 577 f.

61. Vgl. NBD I, 1. EB, 141 f. Erasmus hatte in einem Brief an Melanchthon vom 12. August 1530 gemeint, der Papst werde sich über einen Krieg in Deutschland freuen (Opus epistolarum Desiderii Erasmi Roterodami, herausgegeben von *P.S. Allen,* Bd. 9, 1938, 11).

Die Anhänger der Confession Augustana und die Ausschußverhandlungen

Die Verlesung der Confutatio sollte die Diskussion über die Religionsfrage zum Abschluß bringen. Der Kaiser hatte durch die Erwiderung auf die Confessio Augustana seinem Ausschreiben zum Reichstag gemäß versucht, „ain ainige und ware Religion" unter allen Deutschen durchzusetzen [1]. Zwar war nur eine Seite mit ihrem Bekenntnis vor den Ständen zu Wort gekommen, aber Karl V. hatte die Argumente der Altkirchlichen in seine Entgegnung [2] einfließen lassen können, die ihm „durch hochgelertte leuthe vieler nacion" verfaßt worden war [3]. Da sich die Anhänger der CA von dem Urteil des Kaisers aber nicht widerlegt fühlten, bemühten sie sich, die schwierige Lage, in die sie geraten waren, durch eine Initiative zu ihren Gunsten zu wenden. Ihrer Bitte, den Text der Widerlegung ausgehändigt zu bekommen, wurde zwar entsprochen, aber mit solchen Bedingungen, daß der kursächsische Kanzler Gregor Brück meinte, „was verbo erbottenn" worden sei, sei „facto gewaigert" worden. Er illustrierte die Lage mit folgender Geschichte: „Es ist der widersachenn pracktick mit solchem anbieten der Copeien gewesenn, gleich wie der fuchs brauchet, do er denn storch zu gast lueth und gab Ime aus einer flachen braittenn schuesseln zu essen, das er mit seinem spizigen schnabel die speise nit fassenn konthe". Man hätte, so meint der Kanzler, nur bei Verletzung der eigenen Ehre den Bedingungen des Kaisers Folge leisten können [4].

Philipp Melanchthon war bei der Verlesung der Confutatio nicht zugegen gewesen [5]. Er mußte sich auf Berichte von Personen stüt-

[1] FÖRSTEMANN I, 8.

[2] Es handelt sich — trotz der Einflußnahme des päpstlichen Legaten Lorenzo Campeggio (vgl. Nuntiaturberichte aus Deutschland, 1. Abt., 1. Ergänzungsband 1530—1531 [zit.: NB I, 1. EB] Tübingen 1963, 76 u. ö.) — nicht um eine Confutatio Pontificia (so TH. BRIEGER, Beiträge zur Geschichte des Augsburger Reichstages von 1530: ZKG 12, 1891, 136), sondern eher um eine Confutatio Caesarea.

[3] G. BRÜCK, Geschichte der Religionshandlungen auf dem Reichstage zu Augsburg im J. 1530, hg. v. K. E. FÖRSTEMANN: Archiv für die Geschichte der kirchlichen Reformation, 1. Bd, 1. H., Halle 1831, 71.

[4] a. a. O. 73f.

[5] WABr 5, 538, Anm. 2.

zen, die den Vortrag gehört hatten. Dazu gehörte sein Freund Joachim Camerarius, der sich während der Verlesung Notizen gemacht hatte[6]. Bereits kurz nach Bekanntwerden der Confutatio meinte Melanchthon, über die Lehrartikel der CA sei eine Verständigung möglich. Schwerer werde es sein, sich über die „spänigen Artikel" zu einigen. Den Laienkelch hält der Wittenberger für unverzichtbar, zumal „die Sacrament durch Cinglische und ander lahre ser In verachtung khomen sind". Melanchthon schlägt an dieser Stelle Unnachgiebigkeit vor, wenn er formuliert: „Wie wir nicht willigenn khönnen, das man das Sacrament gantz auffhube, also khonnen wir nicht willigen, das man eyn gestallt weg neme[7]". Auch der Zölibat der Priester soll nicht wieder eingeführt werden. Schon ein praktischer Grund legt dies nahe: Unverheiratete, tüchtige Priester kann man zur Versorgung der Pfarreien nicht bekommen. Auch sei es besser, ein Kirchengesetz fallen zu lassen, das wider Gott und die Natur sei, als „die religio bey so viel leuten ... gantz untergehen" zu lassen. Bereits hier deutet Melanchthon an, wo er statt dessen Nachgiebigkeit für möglich hält: „So man In disem stuk ettwas nach liesse, mochten die Bischove Ihre obedientz und Jurisdictio wider anrichten[8]". Priesterehe gegen Wiederherstellung der bischöflichen Jurisdiktion, so lautet also der Kompromißvorschlag des theologischen Sprechers der evangelischen Stände in Augsburg, ein Konzept, von dem er sich trotz vieler Widerstände und Rückschläge lange nicht abbringen ließ. Nur noch zwei weitere Streitpunkte werden hinzugefügt: die Frage nach der Messe und die nach den Klöstern. Von beiden heißt es, sie sollen weder verboten noch geboten werden[9]. Die evangelischen Fürsten sollen sich also nicht zwingen lassen, die Feier der Messe und die Beibehaltung von Klöstern zuzusagen; sie verlangen aber auch nicht, daß ihre Entscheidung von den anderen Ständen praktiziert wird.

Es fällt auf, daß Melanchthon hier im wesentlichen jene Vorschläge wiederholt, die er bereits in seinen Sonderverhandlungen im Juni/Juli 1530 vorgetragen hatte. Damals hatte er neben dem Laienkelch, der Priesterehe und der Korrektur der Messe sowie anderer Zeremonien noch die Durchführung des Konzils gefordert[10]. Auf letzteres mußte er jetzt nicht eingehen, da es ja um eine Stellungnahme zur Confutatio ging. Daß die Frage der Klöster hinzugekommen war, mag er dagegen seinem Erfahrungszuwachs wäh-

[6] CR 2, 250.
[7] Förstemann II, 242
[8] Ebd. 243f.
[9] Ebd. 244.
[10] NB I, 1. EB, 70.

rend des Reichstages verdanken: Eine Verständigung über die religiösen Fragen konnte das Problem der Behandlung des Klostergutes schwerlich als nicht existent betrachten [11]. Die übrigen „Mißbräuche", die im zweiten Teil der CA behandelt worden waren, treten dagegen zurück. Es mußte sich herausstellen, ob diese verschiedenen Forderungen durch das Angebot der Wiederherstellung der bischöflichen Jurisdiktion würden durchgesetzt werden können.

Aber noch war die Stunde des Wiederauflebens des modifizierten Melanchthonschen Einigungsplanes nicht gekommen. Noch wurden Reden und Gegenreden gewechselt, die auch die zwischen Karl V. und den Anhängern der CA vermittelnden Fürsten nicht zu unterbrechen vermochten, ja zu deren Vermehrung sie sogar beitrugen [12]. Jedoch gab es mit dem sogenannten „großen Ausschuß" immerhin eine Gruppe, die das festgefahrene Gespräch zwischen Kaiserhof und Lutheranern bzw. Evangelischen, wie der Nürnberger Ratsschreiber Lazarus Spengler die eigene Partei bezeichnet [13], neu zu beleben versuchte. Die Anhänger der CA nahmen dieses Angebot an [14], nicht ahnend, daß ihr erstes Gespräch mit der Vermittlungsgruppe unter einem höchst ungünstigen Stern stehen sollte.

Es war nämlich für den Morgen des 7. August anberaumt worden. Am Abend vorher war aber Landgraf Philipp von Hessen heimlich abgereist, obwohl ihm der vom Kaiser erbetene Urlaub abgelehnt worden war [15]. Daraufhin waren die Tore der Reichsstadt verschärft bewacht worden, was zu der Vermutung führte, „das man auf den churfurst zu Sachssenn und andern seinenn vorwanten aufsehenn habenn" wolle [16]. Die Anhänger der CA machten sich trotzdem zum anberaumten Gespräch auf [17], wo sie von Joachim

[11] Es ist bezeichnend, daß im September 1530 diese Frage aufmerksam diskutiert wurde, vgl. G. MÜLLER, Duldung des deutschen Luthertums? Erwägungen Kardinal Lorenzo Campeggios vom September 1530: ARG 68 (1977) 171f.

[12] Vgl. die Analyse der Rede Joachims I. von Brandenburg vom 10. August bei IMMENKÖTTER, Um die Einheit, 26f.

[13] Vgl. U. G. HAUSSDORFF, Lebens-Beschreibung . . . Lazari Spenglers, Nürnberg 1740, 63. Nach E. HONÉE, Die theologische Diskussion über den Laienkelch auf dem Augsburger Reichstag 1530, in: Nederlands Archief voor Kerkgeschiedenis 52 (1972) 54, bildeten 17 Personen diesen Ausschuß, darunter „sämtliche Kurfürsten".

[14] Vgl. CR 2, 258.

[15] Vgl. H. GRUNDMANN, Landgraf Philipp von Hessen auf dem Augsburger Reichstag 1530 (Schriften des Vereins für Reformationsgeschichte 176), Gütersloh 1959.

[16] BRÜCK (Anm. 3) 80. Die Bewachung der Tore und damit die Sicherheit der Reichsstände war schon vor dem Beginn des Reichstages Gegenstand einer Auseinandersetzung zwischen Karl V. und Augsburg gewesen, vgl. G. MÜLLER, Augsburg und Nürnberg im Urteil päpstlicher Nuntien 1530—1532, in: ZBKG 39 (1970) 75f.

[17] Darauf macht BRÜCK (Anm. 3) 80 nachdrücklich aufmerksam.

von Brandenburg aufgefordert wurden, in der Glaubensfrage nachzugeben. Es könnten sonst daraus große Gefahren entstehen. Nur an einer einzigen Stelle wird Nachgiebigkeit angedeutet: Über Mißbräuche und Übertretungen der Geistlichen, die Irrtümer im Glauben hervorgerufen haben können, sei man zum Gespräch bereit[18]. Hier wird also nicht von einer grundsätzlichen Übereinstimmung in Glaubensfragen geredet, sondern nur an die *Gravamina nationis germanicae* erinnert, durch die schon oft Übergriffe von Geistlichen moniert worden waren. Die Evangelischen haben auf diese Aufforderung hin Bedenkzeit erbeten[19]. Gregor Brück meinte, Joachim könne ja gut reden und besitze sonst viele „Weltgeschicklichkeiten". Aber wenn man ihn weiter zu einem der fleißigsten und heftigsten Beschützer des Glaubens mache, so möchte „darauf das gemeine sprichworth geredt werdenn: ein Rechte Decke zu solchen schuesseln"[20]. Herbert Immenkötter hat in seiner Studie über „die Unionsverhandlungen des Augsburger Reichstages" gezeigt, daß die Bemühungen dieser Vermittler erfolglos blieben. Am Ende stand sogar eine große Apologie des Standpunktes der Evangelischen, die die Wiederholung der alten Positionen deutlich machte und die keine Aussicht auf Verständigung bot. Sie wurde — unter Berücksichtigung von Vorarbeiten Spalatins und Melanchthons[21] — am 13. August 1530 verlesen und ausgehändigt[22]. Bis jetzt war also das nicht gelungen, was Brück hinter der Politik der Gegenseite vermutete, nämlich, daß die Anhänger der CA „zu forcht unnd abstehung gotlicher warhait mochtenn bewegt werdenn"[23].

Aber der Schluß dieser Apologie bot dann doch einen Ausweg aus der verfahrenen Diskussion. Die Evangelischen schlugen nämlich vor, einen Ausschuß zu bilden, in dem „vonn beidenn teiln In gleicher, doch geringer annzalh etzliche sonndere der sachen vorstenndige unnd zu fridenn[24] unnd ainigkeit genaigte personen" vertreten sein sollten. Dieser Ausschuß solle „vonn den streittigenn Artickeln unnd furnemlich den, so Inn gebrauch der kirchen gehenn, Inn lieb, guttigkeit unnd freuntlich unnder einannder" handeln, „Trostlicher hoffnung, dieselbenn wurden sich bevleissigen, die sachenn zu guter ainigkeit zu bringenn"[25]. Erst durch die Annahme dieses Vorschlags durch den Kaiser und die altkirchlichen Stände

[18] Vgl. CR 2, 262f.
[19] Vgl. CR 2, 263.
[20] Brück (Anm. 3) 79.
[21] Vgl. Melanchthons Briefwechsel (zit.: MBW), Bd 1, bearbeitet von H. Scheible, Stuttgart-Bad Cannstatt 1977, 423, Nr 1021.
[22] Vgl. Förstemann II, 201—217.
[23] Brück 82.
[24] Förstemann liest „zufridenn" (II, 217).
[25] Förstemann II, 217.

kam es zu den eigentlichen Ausschußverhandlungen, deren Genese wir bisher aus der Sicht der lutherischen Stände verfolgten. Es ist unbekannt, was die Anhänger der CA veranlaßte, diese neue Form des Gesprächs vorzuschlagen. Möglich ist, daß sie einfach einen kleineren Kreis für günstiger hielten. Es ist aber vielleicht auch nicht ausgeschlossen, daß man Joachim von Brandenburg von der Fortführung der Diskussion ausschließen wollte. Denn wenn die Evangelischen nicht Kurfürst Johann für das Ausschußgespräch benannten, dann konnte auch die Gegenseite kaum einen Kurfürsten aufbieten. Da es heißt, die Verkleinerung dieses Ausschusses zum Sechserausschuß sei erfolgt, um Herzog Georg von Sachsen von den Diskussionen auszuschließen[26], ist eine personalpolitische Erwägung auch am Anfang der neuen Gespräche nicht *a limine* auszuschließen. Der Plan selber dürfte übrigens auf Melanchthon zurückgehen, der diesen Vorschlag machte, damit seiner Gruppe nicht die Schuld am Scheitern der Verhandlungen gegeben werden könne[27].

Zunächst aber galt es, die Größe des neuen Kreises festzulegen. Es war überlegt worden, je 5, 7 oder 9 Personen zu benennen. Wenn man dem Bericht der Nürnberger Reichstagsgesandten glauben darf, dann hat die evangelische Seite den Ausschlag für die mittlere Zahl gegeben[28]. Von Melanchthon und den kursächsischen Theologen sind Gutachten überliefert, in denen sie Überlegungen anstellen, wie sich die evangelischen Fürsten jetzt verhalten sollen und was sie zugestehen können[29]. Die grundsätzliche Linie bleibt in der kursächsischen Stellungnahme erhalten: Weiterhin wird die Predigt des Evangeliums als erforderlich angesehen, wie es in der CA bezeugt wird; der Gebrauch des Laienkelches ist unverzichtbar, während Privatmessen und Meßopfer abgelehnt werden. „Von Clostern achten wir, sey nicht not meldung zu thun. Dann wenn die Ee frey ist, und die opfer meß gefallen, so ist auf dise frage schon geantwortet, das man nicht konne mit Gott die Closter als ein Goteßlesterung, wie bisher gewesen, widerumb aufrichten." Dagegen wird Nachgiebigkeit bei Zeremonien empfohlen, „dar Inn man mit Gott und gutem gewissen weichen kan". Auch die Wiederherstellung der bischöflichen Jurisdiktion wird hier vorgeschlagen. Wenn die Fürsten klagen, daß die Bischöfe „vil weltliche sachen" an sich gezogen haben, so kann dies auch ihre eigene Schuld sein: „Negligentia Principum auxit potentiam Episcoporum." Unsicher sind sich die Gutachter, ob man nicht die weitere Ausbreitung des

[26] Vgl. CR 2, 301.
[27] Vgl. FÖRSTEMANN II, 238.
[28] Vgl. CR 2, 279.
[29] Vgl. FÖRSTEMANN II, 238—240, 87f. und 244—248; zur Datierung dieser Schriftstücke vgl. MBW 1, 423—425, Nr 1020, 1021 und 1024.

Evangeliums und d. h. den Anschluß neuer Stände an die Reformation fordern soll. Dagegen haben sie keine Bedenken, in bezug auf Kloster- und Kirchengüter die Befolgung der kaiserlichen Anordnung zu empfehlen[30]. Aber bevor Einzelfragen erörtert werden konnten, mußte grundsätzlich geklärt werden, wie vorgegangen werden sollte.

Georg Spalatin berichtet, die Evangelischen hätten vorgeschlagen, CA und Confutatio gemeinsam zur Grundlage der Diskussion zu machen[31]. Die Nürnberger Gesandten nennen nur die Confutatio an dieser Stelle[32]. Die Altkirchlichen empfahlen aber, nur von der CA auszugehen. Dieser Vorschlag wurde akzeptiert[33]. Wir können hier nun nicht die Gespräche im einzelnen verfolgen. Bekannt ist, daß die Aussprache über fast alle Artikel des ersten Teils der CA rasch vonstatten ging und eine weitgehende Übereinstimmung erbrachte. Sogar im Verständnis der Rechtfertigung gab es keinen grundsätzlichen Dissensus. Melanchthon hat nach dem Scheitern der Ausschußverhandlungen darauf nachdrücklich hingewiesen und es als einen Erfolg angesehen, daß Johann Eck die Rechtfertigung aus dem Glauben akzeptiert habe[34]. Allerdings hatte der Ingolstädter das *sola fide* abgelehnt und sich nur zur Anerkennung des Satzes „iustificemur per graciam et fidem" bereiterklärt. Melanchthon berichtet Luther, daß er dies habe gelten lassen, fügt aber hinzu: „ille stultus non intelligit vocabulum graciae[35]". Die Nürnberger Gesandten berichten dem Rat von den Verhandlungen, die an sich geheim sind, und teilen mit, daß die Fürsten die Theologen zur Mäßigung und Überwindung der Differenzen mahnen[36].

Dennoch gelang es bekanntlich nicht, alle Unterschiede in der Lehre zu überwinden[37]. Vor allem aber mußte auch für die Kirchenbräuche eine Lösung gefunden werden, die im zweiten Teil der CA behandelt worden waren. Die evangelischen Unterhändler machten am 19. August deutlich, daß sie nicht bereit seien, auf den Laienkelch, die Priesterehe und die Veränderungen in der Meßliturgie zu verzichten, die bei ihnen vorgenommen worden waren. Dagegen wird Nachgiebigkeit bei den anderen Streitpunkten signalisiert: Man sei bereit, sich über die Gewalt der Bischöfe, den Unterschied der Speisen und gewöhnliche kirchliche Zeremonien „mit den Ordi-

[30] Vgl. Förstemann II, 245—248.

[31] Vgl. G. Spalatin, Annales Reformationis, hg. v. E. S. Cyprian, Leipzig 1718, 158, und I. Höss, Georg Spalatin 1484—1545, Weimar 1956, 339ff.

[32] Vgl. CR 2, 287. Brück (Anm. 3) berichtet darüber nichts.

[33] Vgl. CR 2, 287.

[34] MSA VII/2, 284, 45f.

[35] MSA 2, 267, 8—14.

[36] Vgl. CR 2, 288.

[37] Vgl. Förstemann II, 230—233.

narris locorum zu unnterredenn unnd vergleichenn[38]". Die altkirchlichen Unterhändler nahmen daraufhin zu diesen Fragen Stellung[39], was wieder eine Replik der Gegenseite hervorrief. Wenn sich auch der Kaiser zusammen mit den Reichsständen das Urteil über die Ergebnisse der Verhandlung vorbehalten hatte[40], so führte doch jetzt die Nachgiebigkeit in bezug auf die bischöfliche Jurisdiktion[41] bei Hessen, Lüneburg und den evangelischen Reichsstädten zu einer tiefgreifenden und schwerwiegenden Vertrauenskrise. Die Stände fühlten sich nämlich von den Ausschußmitgliedern über- und hintergangen, die von Kursachsen und Brandenburg-Ansbach/Kulmbach gedeckt wurden. Die Nürnberger Gesandten hielten den Rat ihrer Stadt auf dem laufenden und meinten, die Vertreter der Evangelischen hätten ihre Vorschläge der eigenen Gruppe unterbreiten sollen, bevor diese an die Gegenseite gingen. Kursachsen und Brandenburg-Ansbach/Kulmbach wollten offenbar — so argwöhnte man — zu fast jedem Preis eine Verständigung mit dem Kaiser erreichen. Doppeldeutig heißt es dazu: „Was sie dazu verursacht, können wir nicht wissen. Gott gebe seine Gnad, daß es mit gutem Gewissen seyn möge." Die Abreise des hessischen Landgrafen wird jetzt als nicht „unnützlich" angesehen[42], wird dadurch doch verhindert, daß die evangelischen Fürsten sich insgesamt mit Karl V. ohne Rücksicht auf die Reichsstädte verständigen, für die die Wiederherstellung der bischöflichen Jurisdiktion viel beschwerlicher sein mußte als für die unabhängigeren Fürsten[43].

In Nürnberg werden nun die Prediger beauftragt, sich über die Ergebnisse des Vierzehnerausschusses und über die Vorschläge der Unterhändler der CA-Verwandten vom 20. August zu äußern[44]. Sie nehmen dabei kein Blatt vor den Mund und kritisieren die Nachgiebigkeit der protestantischen Ausschußmitglieder in Augsburg. Das Klosterwesen z. B. könne in der Reichsstadt nicht aufrecht erhalten werden, weil dies Unruhen unter der Bevölkerung hervorrufen würde. Auch solle alles vermieden werden, was den alten Zwang zur Ohrenbeichte scheinbar wiederbelebe. Die Anru-

[38] FÖRSTEMANN II, 249; hier auf den 19. August datiert.
[39] Vgl. FÖRSTEMANN II, 250—255.
[40] Vgl. CR 2, 287.
[41] Vgl. FÖRSTEMANN II, 259f.
[42] Vgl. CR 2, 301f.
[43] Philipp von Hessen und Kursachsen waren sowieso in einer besonderen Lage, weil Albrecht von Mainz im Vertrag von Hitzkirchen 1528 seine Jurisdiktion an sie abgetreten hatte, vgl. K. DÜLFER, Die Packschen Händel (Veröffentlichungen der Historischen Kommission für Hessen und Waldeck 24,3), Marburg 1958, Darstellung 143f.
[44] Vgl. dazu und zum Folgenden H. U. HOFMANN, Denkschrift über die Ausgleichsvorschläge des Vierzehnerausschusses, in: Andreas Osiander d. Ä., Gesamtausgabe, Bd 4, Nr 149, im Druck.

fung der Heiligen wird, weil nicht schriftgemäß, abgelehnt. Die Gewalt, die man den Bischöfen einräume, werde dazu führen, daß evangelische Pfarrer entweder gar nicht zugelassen oder aber drangsaliert werden. Wichtiger als der Friede seien Gottes Wort und das Gewissen. Theologen wie Luther würden sich durch solche Absprachen nicht zum Schweigen bringen lassen, wodurch nur neuer Unfriede entstehe. Ursprünglich sei man trotz der Drohungen des Kaisers standhaft geblieben — jetzt aber gebe man in einer „gutlichen undterhandlung... on not" so viel nach! Die Theologen schlagen vor, daß die Nürnberger Gesandten Kurfürst Johann von Sachsen und Markgraf Georg von Brandenburg-Ansbach/Kulmbach die Bedenken ihres Rates vortragen. Die Vorschläge, die im Ausschuß gemacht wurden, seien sowieso unverbindlich und nicht autorisiert. Außerdem möge Luthers Urteil erfragt werden. Obwohl die Empfehlungen der Evangelischen den Altkirchlichen bereits bekannt seien, möge ihnen doch die Zustimmung verweigert werden. Soweit die Stellungnahme der reichsstädtischen Prediger. Da Nürnberg mit diesem Urteil nicht allein stand, mußte dies das bisherige kursächsische Verhandlungskonzept im Innersten treffen.

Inzwischen war aber, wie Brück berichtet, auf einen Vorschlag der altkirchlichen Seite hin, der Vierzehnerausschuß zu einem Sechserausschuß reduziert worden [45]. Auch er sollte keine Beschlußvollmacht besitzen [46]. Ihm gelang es dann genauso wenig wie seinem Vorgänger, alle Differenzen zu beseitigen [47] — im Gegenteil! Der Widerspruch Hessens, Lüneburgs und der Städte gegen eine zu nachgiebige Haltung führte eher zu einer Verschärfung als zu einer Entspannung der Situation. Die evangelischen Unterhändler wiederholten jetzt auch nicht den Fehler, ohne Rücksprache mit den anderen Ständen Vorschläge zu machen [48]. Sie erklärten, über das von ihnen Vorgetragene nicht hinausgehen zu können. Scheiterten die Verständigungsbemühungen, so liege „der mangel" nicht an ihnen. „Wist Ir aber annder mittel antzutzaigen, die zu disem hanndel schidlicher wern, die haben wir von euch nochmals anzuhoren unnd unns widerumb daruff zu vernemen lassen von Iren Chur und fl. gn.[49] unnd der mitverwanten bevelh" [50]. Das war natürlich kaum zu erwarten — schließlich hatten beide Seiten mehrfach behauptet, nicht noch mehr zu einem Kompromiß beitragen zu können. Aber die evangelischen Unterhändler deuten an, wo sie einen Ausweg

[45] Vgl. Brück (Anm. 3) 105 und Förstemann II, 307; als möglichen Anlaß siehe oben bei Anm. 26.

[46] Vgl. CR 2, 312f.

[47] Vgl. Förstemann II, 292ff.

[48] Vgl. Förstemann II, 306.

[49] Förstemann liest „gl." (II, 308).

[50] Förstemann II, 308.

sehen: Man kann miteinander über einen Anstand reden, der bis zum Konzil gilt und der „zu friden und ainickait dinstlich". Haben die Altkirchlichen dafür keine Vollmacht, so sollen sie jedenfalls wissen, daß sich die Anhänger der Confessio Augustana nicht dazu verstehen können, „alle Neuerungen" in den früheren Stand zurückzuversetzen, damit ein Konzil einberufen werden könne[51]. „So were es auch eine Neuigkait, die zuvor Inn dergleichenn fellen nit vernomen, do die sachen uß not ein Concilium erfordert haben, das ein Concilium geweigert, bis das die ursachen, darumb eins Concilii not, wider abgestellt worden were(n)[52]".

Melanchthon war über diese Entwicklung erbost[53]. Gregor Brück dagegen, der ja auch am Sechserausschuß beteiligt war, erklärte den Nürnberger Gesandten am 29. August, man solle der Gegenseite nicht weiter nachgeben. Wenn „die Papisten" auch drohten, so werde wohl doch „noch auf Mittel eines Friedens gehandelt[54]" — der kursächsische Altkanzler räumte dem Vorschlag und den Bestrebungen nach einem zeitlich begrenzten Waffenstillstand also reelle Chancen ein. Kurfürst Johann, den die Nürnberger im Anschluß an dieses Gespräch aufsuchten[55], verteidigte das kursächsische Konzept: Man habe den Versuch einer Einigung machen wollen, aber nur, soweit die Gewissen nicht beschwert werden. Das ist nach seiner Auffassung der Fall gewesen — in der Lehre habe man nicht nachgegeben. Bereits in Wittenberg sei beschlossen worden, der Gegenseite ungefähr so weit entgegenzukommen, wie das jetzt geschehen sei[56]. Offenbar will der Kurfürst damit vor allem das Angebot der bischöflichen Jurisdiktion rechtfertigen, das demnach Luther bekannt sein mußte, während die Nürnberger argwöhnten, hier würden hinter dessen Rücken neue Tatsachen geschaffen. Überraschend ist die Auskunft Johanns, man habe vermutet, „daß der Widertheil dieselbigen (Vermittlungsvorschläge), sonderlich wo man in den Hauptpunkten beruhet, nicht annehmen würde[57]" — gerade in den Hauptpunkten der Lehre war ja eine weitgehende Übereinkunft erzielt worden! Die Absprache scheiterte vielmehr an den Artikeln des zweiten Teils der CA und an denjenigen des

[51] Auf diese Bedingung hatte die römische Kurie Wert gelegt, vgl. NB I, 1. EB, 102.

[52] Vgl. Förstemann II, 308—310.

[53] Vgl. MSA VII/2, 281—284 und 292—294. Melanchthon hatte noch am 24. August ein weiteres Gutachten über Laienkelch, Messe, Priesterehe und die Klöster erstattet, vgl. K. Schornbaum, Zur Geschichte des Reichstages von Augsburg im Jahre 1530, in: ZKG 26 (1905) 142—146.

[54] CR 2, 319.

[55] Vgl. ebd.

[56] Vgl. CR 2, 322f.

[57] CR 2, 322.

ersten, die mit solchen des zweiten in direktem Zusammenhang standen.

An demselben Tag, an dem dieses Gespräch der Nürnberger Gesandten mit Kurfürst Johann stattfand, schrieb Landgraf Philipp zwei Briefe an seine Gesandten in Augsburg. Sie sind voll von scharfer Ablehnung der Vermittlungsvorschläge. Der hessische Landgraf argwöhnt, daß die Gegenseite nur „Arglistigkeit und Betrug" sucht. Die Predigt des Evangeliums müsse ohne Begrenzung möglich sein und erhalten bleiben. Der Laienkelch dürfe nicht konditioniert und der Austritt aus Klöstern und die Ehe von Priestern dürfen nicht verboten werden. Lediglich in bezug auf das Fasten und die Feiertage könne die Gegenseite es halten, wie sie wolle. Die Wiedereinführung der bischöflichen Jurisdiktion wird dagegen strikt abgelehnt, weil keine rechten Bischöfe vorhanden seien. Den Räten wird eingeschärft, sich an die landgräfliche Instruktion zu halten, die offenbar solche Zugeständnisse nicht vorsieht[58]. In einem weiteren Brief von diesem Tag verlangt Philipp von seinen Vertretern beim Reichstag nochmals die Beachtung seiner Instruktion und fordert sie auf, mit den Gesandten der Städte Kontakt aufzunehmen: „Zeigt den Städten diese meine Handschrift, und sagt ihnen, daß sie nicht Weiber seyen, sondern Männer." Der Landgraf wünscht, daß keine Maßnahmen gegen die Zwinglianer beschlossen werden — sie sollen nicht vertrieben werden. Er schließt seinen Brief mit den Worten: „Greift dem vernünftigen, weltweisen, verjagten (ich darf nit wol mehr sagen) Philippo in die Würfel[59]". Dadurch wird Melanchthon zur direkten Zielscheibe der Kritik — der Wittenberger hat darunter sehr gelitten, zumal er ja zwar der Sprecher war, aber doch erst sehr spät an dem von ihm verfolgten Plan Kritik geübt wurde.

Zu dieser Kritik wäre der Hesse Erhard Schnepf in der Lage gewesen, der zum Vierzehnerausschuß gehört hatte. Von ihm gibt es ein Gutachten, in dem er die Wiedereinführung der bischöflichen Jurisdiktion scharf ablehnt, weil die Bischöfe, „In der lesterung unnd schmehunge christi unnd seines heiligen wortes verharrenn.., die Ire darumb fangen unnd wurgenn, den Iren In der weyhung auff das höchest solche leer verbietenn, wie sie bißher gethan". Selbst wenn sie sich den evangelischen Predigern gegenüber anders verhielten, „sein sie gleich woll als wollff zu vermeydenn, soll auch Inen die gehorsame nit geleistet werden. Dann ob... eyner mir nit verbeutt die leer des glaubens, verbeutt sie aber Meynem bruder, ist er gleich woll ein antichrist". Wenn die

[58] Vgl. CR 2, 323—325.

[59] Vgl. CR 2, 325—327; die hessischen Gesandten haben dann auch den Vertretern der evangelischen Reichsstädte diesen Brief des Landgrafen vorgelesen, vgl. CR 2, 339.

Bischöfe bleiben, wie sie sind, sieht Schnepf nur einen Ausweg, nämlich daß man sich bemühe, „Das man ein eusserlichen friden unnd anstand mit ynen machen und erlangen moge, Das wir fridlich mit ynen, Wie auch mit Juden wonen mogen, Dann der Kirchenfride, wu sie sich, wie vorgemellt, erzeygen werden, mag mit Inen nit angenummen werden[60]". Am Ende der festgefahrenen Ausschußverhandlungen wird also die Anerkennung der bischöflichen Jurisdiktion als Ausweg aus den Schwierigkeiten abgelehnt. Vielmehr wird eine politische Lösung vorgeschlagen und das Nebeneinander von Altkirchlichen und Evangelischen als grundsätzlich durchaus möglich hingestellt, da sich ja auch das Zusammenleben mit Nichtchristen als durchführbar gezeigt hat. In bezug auf die Lehrartikel nimmt Schnepf aber Melanchthon in Schutz, „Dann wir ye schuldig sein aller welt unsern glauben anzuzeygen, Wie ferre wir mit anderen des glaubens halben eins oder uneins seyenn[61]" Vom ersten Teil der CA und von den Ergebnissen des Vierzehnerausschusses über diese Artikel distanziert sich der hessische Theologe also nicht. Aber er wirft ein neues Problem auf, wenn er feststellt, es müßten dann auch diejenigen Fragen behandelt werden, „Welcher mit ausgedruckten worten In der Confession nit gedacht ist wordenn, Die weyl sich die papisten lassen beduncкenn, wir seyen solcher artickell mit ynen einß[62]". Hier wird wohl in erster Linie an die Lehre vom Papsttum zu denken sein, deren Erörterung natürlich neue Probleme aufwerfen mußte. Die Entwicklung der Ausschußverhandlungen führte also nicht nur zu kaum überwindbaren Schwierigkeiten, die weitergehende Kompromisse verhinderten, sondern zugleich auch zu einer Vertrauenskrise unter den Anhängern der CA, die plötzlich Kursachsen und Brandenburg-Ansbach/Kulmbach als isoliert dastehen ließen.

Das schärfste Dokument hierfür ist eine Stellungnahme des Nürnberger Ratsschreibers Lazarus Spengler. An sich war Nürnberg bemüht, die Kontakte zum Kaiserhof nicht abreißen zu lassen. Das gilt für die Zeit vor dem Augsburger Reichstag von 1530[63] wie auch für die Jahre danach, als man etwa 1532 überlegte, ob es nicht ratsam sei, zusammen mit Brandenburg-Ansbach/Kulmbach zu einer eigenen Verständigung mit Karl V. zu kommen[64]. Aber durch die Angebote Melanchthons in den Ausschußverhandlungen

[60] Förstemann II, 311—313.
[61] Förstemann II, 313.
[62] Ebd.
[63] Vgl. G. Pfeiffer, Nürnbergs kirchenpolitische Haltung im Frühjahr 1530, in: ZBLG 33 (1970) 183—200.
[64] Vgl. G. Müller, Gutachten für die Verhandlungen in Schweinfurt und Gutachten über die Schweinfurter Verhandlungen, in: Andreas Osiander d. Ä., Gesamtausgabe, Bd 4, Nr 170 und 172, im Druck.

fühlte sich Nürnberg offenbar so ausmanövriert, daß Spengler mit schweren Klagen seinem Unmut Luft machte. Er schrieb nicht nur an Luther, um ihn auf die befürchtete Entwicklung aufmerksam zu machen [65], sondern verfaßte auch eine eigene Stellungnahme zu den in Augsburg gemachten Vorschlägen. Darin heißt es, daß man sich über Artikel geeinigt habe, die er, Spengler, nicht „on nachtail der Gewissen und unverlezt Gottes eere... achten kann". Der Ratsschreiber nennt hier die Privatmessen, die Melanchthon doch in seinen „Loci communes" abgelehnt habe. Jetzt aber könne sich jeder Priester bei der Feier des Abendmahls verhalten, wie er wolle. Es sei aber ein Unterschied, ob man etwas grundsätzlich zugestehe oder ob man etwas nicht ändern könne und deswegen hinnehmen müsse. Auch die bischöfliche Jurisdiktion sei inakzeptabel, weil dadurch „das Euangelion gar in kurtzer Zeit ganntz unndtergedruckt und vergeen wurdet". Schließlich sei die Heiligenanrufung unchristlich und werde zu „unschicklickait und Irrung" führen. Aber hierüber und über andere Artikel wolle er „nichzit beschließliches urtailen", sondern dies Kompetenteren überlassen. Vielmehr wolle er seine „Beschwerden" vortragen, die ihn bei dieser Angelegenheit beunruhigen [66]. Es sind fünf.

Erstens ist es nach Spenglers Meinung nicht zulässig, daß sich ein Ausschuß der Reichsstände oder auch die Reichsstände insgesamt ein Urteil in Glaubensfragen anmaßen. Dafür ist ein Konzil zuständig, das aber gewiß nicht einberufen werden wird, wenn es jetzt zu einer Verständigung kommt, weil die Altkirchlichen wüßten, daß ihnen ein Konzil „mer schetlich dann furderlich sein wurd". Außerdem werde es zu Unruhen kommen, wenn „die Lutherischen oder Evangelischen" etwas aufgeben, was sie bisher als christlich (und damit unveränderlich) hingestellt haben [67].

Zweitens werde „verschlagen von beden tailen" verhandelt. Was man notwendigerweise als öffentliche Gotteslästerung ansehen müsse, werde plötzlich akzeptabel. Man setzt nämlich allem „ain hutlein deß zeitlichen fridens auf" und billigt deswegen, was bisher scharf abgelehnt worden war. Spengler greift hier — wie wir hörten — auch die evangelischen Unterhändler an. Er gesteht zu, daß der Friede, „daraus alles gut erwechst", viel Nachgiebigkeit erfordert. Aber es gelte, auf die Begründungen der Gegenseite zu achten. Jetzt mutmaßten einige, daß die Päpstlichen uns hintergangen und die eigenen Vertreter uns betrogen haben — ein schwerwiegender Vorwurf, der deutlich macht, wie tief sich der Nürnberger vom eigenmächtigen Vorgehen der Kursachsen in

[65] Vgl. den Antwortbrief Luthers vom 28. August 1530 in WABr 5, 587f.
[66] Vgl. Haussdorff (Anm. 13) 58—60.
[67] Vgl. ebd. 61—63.

Augsburg getroffen und hintergangen fühlte; wir werden darauf zurückzukommen haben. Zunächst schließt Spengler diesen Punkt mit der Mahnung ab, „in Hanndlung Gottes Wort, Warhait und der Christlichen freyhait" einfältig und nicht verschlagen zu handeln und die Artikel nicht „zweifelich" zu formulieren, weil sonst viele Menschen verursacht würden, „die Schrifft, alls ob sie ain wechsene Nasen hab, zu beschuldigen [68]".

Drittens geben die Evangelischen ohne Not zu viel nach. Es bestehe die Hoffnung, „das die Babstischen ainen leidlichen Anstand nit waigern, und thattliche Hanndlung, auch Inen zu gut, unndterlassen werden". Dennoch gibt man jetzt viel nach, wo man früher mutig bekannt habe. Es sei ungut, sich außerhalb eines Konzils als so milde zu erweisen. Diese Haltung werde eher Unruhen hervorrufen als Frieden schaffen. Spengler ist darüber hinaus überzeugt, daß die Gegenseite nicht in allen Artikeln „sich mit unns vergleichen" werde [69].

Viertens läßt der Ratsschreiber seinem Groll über das eigenwillige Vorgehen der protestantischen Unterhändler freien Lauf. Die Evangelischen sind untereinander „unfreuntlich und mißtreu", denn die Mehrheit wurde nicht befragt. Spengler unterstellt den Vertretern der CA-Verwandten, vorsätzlich getäuscht zu haben. Denn sie hätten gewußt, daß die von ihnen vorgeschlagenen Artikel von Hessen, Lüneburg und den Städten abgelehnt werden würden. Der Ratsschreiber fragt: Wollten die Fürsten — nämlich Kursachsen und Brandenburg-Ansbach/Kulmbach — „ire mitgewanndten im Licht laßen verprinnen"? In der Tat wäre ein Zerbrechen der evangelischen Front für die peinlich gewesen, die sich dem ausgehandelten Kompromiß nicht anschließen konnten. Daß man unter Zeitdruck gehandelt habe, hält Spengler für eine fadenscheinige Ausrede: „Dieser allerwichtigste Hanndel", der sich in Deutschland seit mehr als elf Jahren abspielt, hätte sicher einen halben Tag Beratungszeit unter den Evangelischen vor der Übergabe des Papiers gestatten müssen [70].

Fünftens schließt Spengler seine Philippika mit der Frage ab, warum Luther nicht zu Rate gezogen worden sei. Schließlich sei er Gottes „instrument und Werckzeug". Meint man, er und andere Prediger würden zu einem Kompromiß schweigen, der vor dem Evangelium nicht bestehen könne? Und was werde dann „der gemain Mann darzu reden"? Glaube man, die Schweiz, Straßburg und andere werden annehmen, was ihnen nicht akzeptabel ist? Man hätte vorsichtig vorgehen und nicht auf das Urteil von ein oder zwei Männern allein vertrauen sollen [71].

[68] Vgl. ebd. 63—65.
[69] Vgl. ebd. 65f.
[70] Vgl. ebd. 66—68.
[71] Vgl. ebd. 68f.

Der Ratsschreiber schließt seine Stellungnahme, die in manchem an das Urteil der Nürnberger Theologen erinnert, mit der Äußerung, das komme heraus, wenn man auf Menschen — in diesem Fall die führenden lutherischen Fürsten — vertraue. Dennoch dürfe man nicht gegen das Gewissen handeln noch gegen Gottes Wort „heucheln". Bei alledem will Spengler keinen schwerwiegenden Verdacht gegen Melanchthon vorgebracht haben, „dhweil ich ine bißhere fur ain gelerten Theologum und frommen erbern Man allweg gehalten hab und noch" halte. Aber der Wittenberger habe nicht die Erfahrung Luthers und sei noch nicht wie dieser „durch die spieß gejagt" worden. Es habe ihn wohl „die liebe zeitlichs frids ... zu allerley nachgeben und bewilligen" veranlaßt[72].

Hier wird eine Vertrauenskrise unter den Anhängern der CA offenbar, die sie auseinandertreiben oder aber eine Beendigung von zu großer Nachgiebigkeit hervorrufen mußte. Es war sicher nicht nur Luthers Einspruch gegen Melanchthons Verständigungskonzept[73], sondern auch der vehemente Protest Hessens, Lüneburgs und der evangelischen Reichsstädte, der ein weiteres Zurückweichen im Sechserausschuß verhinderte. Kursachsen stellte daraufhin die Solidarität mit den „Mitverwandten" über die ungewisse Aussicht einer Verständigung mit dem Kaiser, der sich ja die Billigung der Vorschläge vorbehalten hatte[74]. Gregor Brück hat in seinem Bericht über den Reichstag sein Verhalten in Augsburg verteidigt. Die Gegenseite trage die Schuld am Scheitern der Ausschußverhandlungen, weil sie nie die Änderung von Mißbräuchen zugesagt habe. Die Evangelischen hätten nicht zuviel zugestanden, vor allen Dingen nichts, was von der Lehre her problematisch gewesen sei. Der schwierigste Verhandlungsgegenstand sei die Messe gewesen, bei der der päpstliche Legat Kardinal Lorenzo Campeggio nicht die Streichung des großen und des kleinen Kanons habe bewilligen können[75]. Melanchthon, neben Brück am meisten von den Anklagen Hessens, Lüneburgs und der evangelischen Städte betroffen, stellte zusammen, in welchen Fragen man

[72] Vgl. ebd. 69f. Man wird beachten müssen, daß Nürnberg durch eine Wiedereinführung der bischöflichen Jurisdiktion weniger Schwierigkeiten als andere Reichsstädte befürchten mußte: der Bischof residierte in Bamberg relativ weit weg, und man hatte sich schon vor Einführung der Reformation recht viele Freiheiten von ihm errungen. Deswegen muß man zu dem Schluß kommen, daß es Spengler um einen Protest gegen eine Lösung ging, die er vor allem aus theologischen Gründen für untragbar hielt.

[73] Vgl. WABr 5, 572—574.

[74] Die Evangelischen erwarteten, daß sich Karl dabei nach dem Urteil des Papstes richten werde, vgl. CR 2, 338. Tatsächlich wollte der Kaiser nichts ohne die Zustimmung der römischen Kurie oder des Legaten in der Glaubensfrage tun, vgl. z. B. NB I, 1. EB, 128.

[75] Vgl. Brück (Anm. 3) 116—130.

im Sechserausschuß zu keiner Übereinkunft gelangt sei, und nannte nun doch wieder das Verständnis der Rechtfertigung und der guten Werke neben der Beichte, der Buße, den Sakramenten, der Kirche und anderem. Aber er machte auch deutlich, daß er hoffe, beide Seiten möchten sich zu einem gegenseitigen Gewaltverzicht bis zum Konzil verstehen[76]. Damit wird ein wichtiges Motiv für sein Handeln wiederholt, das nicht die erhoffte Einigung erbracht, sondern die Anhänger der CA in eine tiefe Vertrauenskrise untereinander gestürzt hatte — ein Ergebnis einer historischen Analyse, das schwer seine Aktualität für die heutigen ökumenischen Gespräche zu verbergen vermag.

[76] Vgl. CR 2, 298f.; zur Datierung vgl. MBW 1, 437f., Nr 1061.

Kardinal Lorenzo Campeggio, die römische Kurie und der Augsburger Reichstag 1530

In seiner wichtigen Studie über den „Reichstag zu Augsburg 1530" hat Johannes von Walter gemeint, das Ziel des päpstlichen Legaten Lorenzo Campeggio während der Versammlung der deutschen Stände 1530 sei die Unterdrückung der Reformation gewesen. Sie habe durch einen „Religionskrieg" erreicht werden sollen, der zwar im Herbst 1530 „nicht sofort losbrechen konnte", für den aber die Grundlage durch „das antiprotestantische Bündnis" Karls V. mit den altkirchlichen Ständen gelegt worden sei.[1] Diesem Urteil muß großes Gewicht beigelegt werden, da von Walter 1928 „Die Depeschen des venezianischen Gesandten Nicolò Tiepolo über die Religionsfrage auf dem Augsburger Reichstag 1530" ediert und sich als besonders kompetent für diesen Zeitabschnitt gezeigt hatte.[2] Demgegenüber hat Peter Rassow 1932 gemeint, Campeggio sei von „dem friedenswilligen Geiste des Erasmus" erfüllt gewesen[3] – offenbar war oder ist das Verhalten des Gesandten Papst Clemens' VII. unterschiedlicher Interpretationen fähig. Hubert Jedin hat sich 1951 Rassows Interpretation nicht angeschlossen. Er zeigte, daß der Legat den Graben zwischen den Anhängern und den Gegnern Roms für tiefer als die Erasmianer hielt, und folgerte, daß Campeggio „ein Gegner der Mitte August einsetzenden Ausgleichsverhandlungen" gewesen sei.[4] Ich selber habe mich um eine differenziertere Sicht gemüht, als sie bis dahin in der Geschichtsschreibung üblich war. In Augsburg ging es ja nicht nur um die Frage eines Krieges gegen die Protestanten, sondern auch um die Kompetenzen Karls

[1] Von Walters Studie erschien im „Luther-Jahrbuch 1930", S. 1–90; vgl. vor allem S. 86–88.

[2] Diese Arbeit wurde publiziert unter den „Abhandlungen der Gesellschaft der Wissenschaften zu Göttingen, philologisch-historische Klasse", Neue Folge Bd. XXIII, 1, Berlin 1928.

[3] P. Rassow, Die Kaiser-Idee Karls V., dargestellt an der Politik der Jahre 1528–1540 (Historische Studien Heft 217), Berlin 1932, S. 39; vgl. auch ebd. S. 36.

[4] H. Jedin, Geschichte des Konzils von Trient Bd. 1, 2. Auflage, Freiburg 1951, S. 208.

V., der hoffte, die Religionsfrage durch ein persönliches Urteil aus der Welt schaffen zu können. Auch die Konzilsproblematik und die Sorgen und Wünsche der päpstlichen Kurie um Italien wirkten sich auf die Reichstagsverhandlungen aus. Die Frage von Konzessionen an die Lutheraner, die Türkengefahr und die unterschiedliche Bewertung all dieser verschiedenen Faktoren machen das Reichstagsgeschehen zu einem erregenden Vorgang, der sogar dramatische Höhepunkte erreichte.[1]

Danach hat Eugène Honée in einem verdienstvollen Aufsatz das Geschehen in Augsburg mit neuen Akzenten versehen.[2] Er ist dabei von früher vorgelegten Archivalien ausgegangen,[3] hat aber mit subtiler Interpretation auf Zusammenhänge hingewiesen, die bisher unbeachtet geblieben waren.[4] Vor allem möchte er zeigen, daß Kardinal Campeggios Verhalten in Augsburg von Anfang an durch Absprachen mit der Kurie gedeckt war und daß der Legat das Reichstagsgeschehen sehr viel stärker beeinflußt hat, als man bisher annahm, so daß er ihn sogar als Dirigenten des „ganzen Religionsgesprächs" ansehen kann.[5] Die angeschnittenen Probleme sollen hier nicht alle nochmals in extenso erörtert werden,[6] aber die Hauptfragen verdienen doch eine erneute Reflexion.

---

[1] Vgl. vor allem Gerhard Müller, Die römische Kurie und die Reformation 1523–1534. Kirche und Politik während des Pontifikates Clemens' VII. (Quellen und Forschungen zur Reformationsgeschichte Bd. 28), Gütersloh 1969 (zit.: Müller, Kurie).

[2] E. Honée, Die römische Kurie und der 22. Artikel der Confessio Augustana. Kardinal Lorenzo Campeggios Verhalten zur protestantischen Forderung des Laienkelches während des Augsburger Reichstages 1530, in: Nederlands Archief voor Kerkgeschiedenis, Nieuwe Serie, Deel 50, 1970, S. 140 ff.

[3] Vor allem bezieht er sich dabei auf die von mir bearbeiteten „Nuntiaturberichte aus Deutschland nebst ergänzenden Aktenstücken", 1. Abt. 1533–1559, 1. Ergänzungsband 1530–1531, Tübingen 1963 (zit.: NBD I, 1. EB), und auf meinen Beitrag: „Um die Einheit der Kirche. Zu den Verhandlungen über den Laienkelch während des Augsburger Reichstages 1530", in: Reformata Reformanda. Festgabe für H. Jedin, 1. Teil, Münster/Westf. 1965, S. 393 ff. (zit.: Müller, Einheit). Honée verweist zwar darauf, daß eine Edition von Dokumenten „aus dem Nachlaß des badischen Kanzlers" Vehus in Nimwegen vorbereitet wird (S. 170 Anm. 2), zitiert aber lediglich den deutschen Text des altkirchlichen Berichtes über den Vierzehnerausschuß, der bereits großenteils in lateinischer Übersetzung bekannt ist (vgl. ebd.; bei Zitaten aus dem genannten Aufsatz verbessere ich Druckfehler stillschweigend).

[4] Dies ist um so willkommener, als ich in meinem Aufsatz in der Festgabe für H. Jedin nicht nur aus Raumgründen viele Fragen nicht angeschnitten habe, sondern mich faktisch auf den Abdruck eines Dokumentes und eine Einleitung dazu beschränkt habe, da E. Honée 1963 eine Monographie über den Laienkelch angekündigt hatte (vgl. Müller, Einheit S. 394 Anm. 13).

[5] Vgl. Honée S. 193.

[6] Heinz Scheible hat bereits bei einem Hinweis auf Honées Aufsatz gemeint, hier seien die Augsburger Verhandlungen „erneut erörtert" worden (in: Archiv für Reformationsgeschichte Bd. 62, 1971, S. 112).

Bisher ist keine Instruktion bekannt geworden, die Campeggio zu seiner Legation nach Deutschland mitgegeben worden wäre.[1] Ich halte es für möglich, daß hier keine zufällige Lücke in der Überlieferung vorliegt, sondern daß man es an der Kurie für überflüssig hielt, dem Legaten eine schriftliche Weisung mitzugeben. Wer hätte ihn belehren sollen? Es gab in Rom unter den Kardinälen und Prälaten keinen besseren Deutschlandkenner als Campeggio.[2] Aleander, der ebenfalls schon am Hofe Karls V. in Mitteleuropa gearbeitet hatte und der behauptet, man habe erwogen, ihn 1530 wieder als Nuntius nach Deutschland zu senden, kam dafür nicht in Frage, da er wegen finanzieller Differenzen exkommuniziert war und sich nicht am päpstlichen Hof, sondern in Venedig aufhielt.[3] Es ist nicht ungewöhnlich, daß Legaten oder Nuntien ohne Instruktionen ihr Arbeitsgebiet aufsuchen mußten – noch 1587 war dies bei Mirto Frangipani der Fall, der nach Köln ging: „Es gab an der Kurie damals keinen Sachkenner", der eine solche Anweisung hätte verfassen können.[4] In unserem speziellen Fall kommt hinzu, daß man es in Rom während des Pontifikates Clemens' VII. nach Möglichkeit vermied, sich in der heiklen Konzilsangelegenheit festzulegen, die mit der Religionsproblematik unweigerlich verbunden war. Selbst in einer geheimen Instruktion hätte man dieses Thema aber nicht stillschweigend übergehen können.[5]

Die Frage, ob Campeggio eine schriftliche Instruktion erhalten hat, ist letztlich von untergeordneter Bedeutung. Sehr viel wichtiger ist es zu klären, welchen Auftrag der Legat bekam und wie gut er dafür gerüstet war. Es ist unzweifelhaft, daß es dem Papst darum ging, den Kaiser durch seinen Gesandten „in seinem Sinne zu beeinflussen".[6] Auch läßt sich nicht bestreiten, daß Clemens die Einberufung

---

[1] NBD I, 1. EB, S. XXXIX.

[2] Vgl. Müller, Kurie S. 87.

[3] NBD I, 1. EB, S. LXXXVf.

[4] Wolfgang Reinhard, Katholische Reform und Gegenreformation in der Kölner Nuntiatur 1584–1621, in: Römische Quartalschrift Bd. 66, 1971, S. 22.

[5] Eugène Honée möchte dagegen lieber annehmen, daß Campeggio eine schriftliche Instruktion erhielt, die er bei „wichtigen Memoranden ... ausgiebig benutzt hat" (S. 158). Es ist aber auffällig, daß eine Instruktion nirgendwo im Briefwechsel erwähnt wird, während etwa Giovanni Morone auf die seinige durchaus verweist (Nuntiaturberichte aus Deutschland nebst ergänzenden Aktenstücken, 1. Abt. 1533–1559, zit.: NBD I, 2. Bd., bearbeitet von Walter Friedensburg, Gotha 1892, unveränderter Nachdruck Frankfurt 1968, S. 82). Vor allem kann man auf der Hypothese, Campeggio habe eine Instruktion erhalten, nicht die weitreichenden Schlüsse aufbauen, die Honée zieht.

[6] Jedin S. 196.

der allgemeinen Kirchenversammlung verhindern wollte und die Beseitigung der reformatorischen Bewegung wünschte. Karl V. und sein Bruder Ferdinand hatten sich im Frieden von Barcelona 1529 verpflichtet, sich notfalls auch mit Gewalt für die Wiederherstellung der Obödienz gegenüber Rom einzusetzen.[1] Daran konnte man an der Kurie denken, als Campeggio „für die Häresie, die Glaubensdinge und andere Ursachen" zum Legaten beim Kaiser ernannt wurde.[2] Es ist dann auch nur folgerichtig, wenn ihm in mehreren Dokumenten eingeschärft wurde, zur Beseitigung des Luthertums beizutragen.[3] Daß sich die Konzilsfrage davon – entgegen den kurialen Hoffnungen – nicht lange trennen ließ, sollte Campeggio bei seinen ersten Gesprächen in Deutschland erfahren.[4] Es ist deswegen alles andere als verwunderlich, wenn er in seinem bekannten großen Gutachten von Anfang Mai 1530 Karl V. auf die Möglichkeit eines Religionskrieges nachdrücklich hinwies.[5] Angesichts der in Barcelona übernommenen Verpflichtung konnten der Kaiser und seine Ratgeber darüber nicht erstaunt sein.

Eugène Honée meint nun, „daß man aus dieser Schrift mehr herauslesen kann als eine bloße Aufforderung an den Kaiser, die Häresie in Deutschland auszurotten".[6] Das wird nicht bestritten. Bereits Jedin hat darauf hingewiesen, daß Campeggio in seinem Gutachten „den Versuch, die protestantischen Fürsten durch Konzessionen für die Rückkehr zu gewinnen, die Städte durch Drohungen einzuschüchtern, als nicht ganz aussichtslos" betrachtete. Wenn dies aber fehlschlage, dann bleibe „nur die Gewalt übrig".[7] Honée dagegen möchte in Campeggios Memorandum bereits Verweise auf Ausgleichsbemühungen finden, wie sie in Augsburg durchgeführt wurden. Er hält es für sicher, daß der Papst seinen Legaten in Bologna von seiner Bereitschaft in Kenntnis gesetzt hat, „sich an

---

[1] Concilium Tridentinum (zit.: CT) Bd. 4, 2. Auflage, Freiburg 1964, S. XXVIII.

[2] Ebd. S. XXXII.

[3] Wilhelm Gussmann, Quellen und Forschungen zur Geschichte des Augsburgischen Glaubensbekenntnisses, Bd. I, 1 (Leipzig und Berlin 1911) S. 249–252 und NBD I, 1. EB, S. 17 f.

[4] NBD I, 1. EB, S. 24.

[5] Auf diesen Zusammenhang hat Stephan Ehses hingewiesen in: CT 4, XXXIII. Dieses Gutachten wurde zuletzt gedruckt in NBD I, 2. Ergänzungsband 1532 (zit.: NBD I, 2. EB), bearbeitet von Gerhard Müller, Tübingen 1969, S. 457 ff. Campeggio hat hier allerdings nicht ausdrücklich an die Absprachen von Barcelona erinnert.

[6] Honée S. 158.

[7] Jedin S. 203.

einer kaiserlichen Vermittlungspolitik zu beteiligen".[1] Es wird sogar erwogen, ob Campeggio nicht in seiner Denkschrift ins Auge gefaßt habe, es den Protestanten gegenüber „nicht bei lauter weltlichen Vergünstigungen" bewenden zu lassen. Der Legat habe zwar seine „Trumpfkarten" nicht ausgespielt – noch nicht einmal Anfang Juli –, aber „man könnte sich fragen, ob ihm" dieselben „nicht schon in Bologna als Reisegepäck mitgegeben worden waren".[2]

Vergleicht man diese Darstellung mit der Zusammenfassung, die Campeggio eigenhändig von seinem Memorandum gemacht hat, dann fällt auf, daß hier die Akzente anders liegen.[3] Der Legat mahnt in diesem Kurzgutachten den Kaiser, sich das „ruhmreiche Unternehmen der Ausrottung dieser Häresien" vorzunehmen. Deutschland soll „zur früheren Religion des Gehorsams des Glaubens, der Riten und der Zeremonien" zurückgeführt werden, „die von der heiligen katholischen Kirche gebilligt wurden". Karl möge dieses Ziel nicht aus dem Auge lassen, bis es wirklich erreicht sei. Aber er möge auch bedenken, wie man diese Aufgabe beginnen, fort- und zu Ende führen könne. Schließlich müsse auch Vorsorge getroffen werden, damit die Rebellen nicht wieder nach der Abreise des Kaisers auf ihren alten Weg zurückkehren. Der Legat macht dann selber Vorschläge, wie dies nach seiner Meinung erreicht werden kann. Vor allem empfiehlt er ein Bündnis Karls V. „mit den guten Fürsten". Er wiederholt auch den – einleuchtenden – Gedanken, man möge die Front der Gegner aufspalten, indem einige gewonnen werden, wenn schon nicht alle „zum guten rechten Weg und dem Gehorsam gegenüber Eurer Majestät" zurückgeführt werden können. Gegen die Widerspenstigen sollen Reichsacht und kirchliche Zensuren ausgesprochen werden. Keinesfalls dürfe erlaubt werden, daß „die Artikel des Glaubens, die Riten und die kirchlichen Zeremonien ... verändert oder nicht durchgeführt werden, weder insgesamt noch teilweise". Das Wormser Edikt und die Verurteilung Luthers durch Leo X. sollen beachtet werden. Gegen häretische Obrigkeiten soll durch Entzug der Herrschaft vorgegangen werden, und zwar nicht nur im habsburgischen Einflußbereich, sondern von „allen christlichen Königen, Fürsten und Republiken". Campeggio

[1] Honée S. 148. Honée fährt ebd. fort: „Er (Clemens VII.) muß dann Campeggio vor dessen Abreise aus Bologna von dieser Bereitschaft in Kenntnis gesetzt haben."
[2] Ebd. S. 159.
[3] Gedruckt in NBD I, 2. EB, S. 469–471.

wiederholt sich – offenbar liegt ihm viel daran –, wenn er fordert, „daß man über die Glaubensdinge, die Riten und kirchlichen Zeremonien keine Disputation zulasse, sondern nur für die Beachtung derselben sorge". Keinesfalls dürfe die Türkenfurcht zu Nachgiebigkeit gegenüber „den Häretikern" führen – man wird sich vielmehr erst dann erfolgreich gegen die Türken wehren können, wenn diese Häresien „ganz ausgerottet sind". Der Kardinal fordert, gegen häretische Prediger vorzugehen, eine Zensur und auch eine Inquisition nach spanischem Vorbild einzurichten. Alle diese und weitere Vorschläge sollen dazu dienen, der Reformation Herr zu werden.

Karl V. hatte im Reichstagsausschreiben angekündigt, eines jeden Meinung zu hören und die Einheit der Kirche wiederherzustellen.[1] Die Vorstellungen des Legaten konnten den Kaiser in seinem persönlichen Wollen nur bestärken, den Protestanten in dogmatischen Problemen nicht nachzugeben.[2] Wenn er einzelne oder alle evangelischen Obrigkeiten gewinnen wollte, dann war er auf politische Mittel angewiesen. Vergünstigungen auf geistlichem Gebiet, die Rom hätte billigen müssen, konnte er nach dieser Auskunft Campeggios nicht erwarten.[3]

Nun hatte Clemens VII. aber bereits 1529 erwogen, ob man den Lutheranern nicht „in einigen Punkten" entgegenkommen solle, wenn dadurch ein Konzil vermieden werden konnte. E. Honée hält es für wahrscheinlich, daß der Papst an diesem Plan festgehalten und seinen Gesandten für den Augsburger Reichstag im Jahr 1530 entsprechend instruiert hat. Nur dadurch sei es möglich, „zwischen Campeggios kriegerischer Denkschrift von Anfang Mai und seinen späteren Einigungsverhandlungen mit Melanchthon einen Zusammenhang herzustellen", den „die protestantische Geschichtsschreibung" nur mit „Mühe" habe finden können.[4] Da der Legat

---

[1] Karl Eduard Förstemann, Urkundenbuch zu der Geschichte des Reichstages zu Augsburg im Jahre 1530, 1. Bd. Halle 1833, Neudruck Osnabrück 1966, S. 7 f.

[2] Nach Mitteilung des Legaten hat Karl das in Innsbruck geschriebene Memorandum gelobt. Übrigens sprechen auch die Worte, mit denen Campeggio seine Schrift nach Rom schickte, nicht dafür, daß er lediglich Anweisungen aus ihm gegebenen Instruktionen wiederholt. Er schreibt unter anderem: „Ho etiandio in mano molte altre cose che alli soi tempi per me si diranno et faranno" (NBD I, 1. EB, S. 66).

[3] Die oben (Seite 137) wiedergegebene Vermutung Honées, Campeggio habe nicht nur an „weltliche Vergünstigungen" gedacht, läßt sich nach dem klaren Wortlaut dieses Gutachtens nicht aufrecht erhalten.

[4] Honée S. 147 f. und 158 f. In diesem Zusammenhang überrascht das von E. Honée gebrauchte Adjektiv „protestantisch". Man wird wohl heute nicht mehr behaupten können, daß die Konfession eines Historikers seine Aufgabe erschwert oder erleichtert. Denn

im Mai 1530 die Gewährung von Konzessionen Roms auf geistlichem Gebiet kategorisch ablehnte, ist in der Tat zu fragen, warum er in seiner bekannten Depesche vom 26. Juni 1530 an die Kurie diese Möglichkeit erwog.[1] Er kann doch nur unter dem Eindruck der Augsburger Erfahrungen etwas hinzugelernt haben, nämlich dies, daß allem Anschein nach die päpstliche Gewährung des Laienkelches und die rechtliche Billigung von Priesterehen die leidige und schwierige kirchliche Situation in Deutschland zu bereinigen imstande sein würden. Wäre der Legat zur Gewährung von Vergünstigungen in diesen nicht dogmatischen, sondern kirchenrechtlichen Fragen bevollmächtigt gewesen, dann hätte er in Rom nicht anfragen und um Erörterung durch die päpstlichen Ratgeber bitten müssen. Wenn er Karl V. und auch Melanchthon gegenüber so tat, als sei er zu Zugeständnissen in der Lage,[2] so nicht deswegen, weil man ihm diese „Trumpfkarten" in Bologna in sein „Gepäck" gesteckt hatte, sondern weil er wußte, wieviel Clemens an einer Beseitigung der Reformation ohne Konzil lag. Der Preis dafür schien Campeggio mit der Gewährung von Priesterehe und Laienkelch mindestens erwägenswert zu sein – mehr hat er nicht nach Rom geschrieben. Er mochte sich dazu um so mehr legitimiert fühlen, als ihm von der Kurie nicht nur versichert worden war, daß man große Hoffnungen auf seine Arbeit setze, sondern auch, daß er mit den zu lösenden Fragen bestens vertraut sei.[3]

Als in Rom daraufhin im Juli 1530 die Möglichkeit von Konzessionen erwogen wurde, wagte Clemens nicht, sich zu einem klaren Ja durchzuringen. Das war nicht nur 1530, sondern noch 1531 und 1532 der Fall und führte damals zu neuen Verstimmungen mit dem Kaiserhof.[4] Die Frage einer Nachgiebigkeit wurde in Rom im Som-

---

wer wollte im ökumenischen Zeitalter noch Geschichtsforschung als Apologie treiben, der es nur auf die (eventuell fadenscheinige) Begründung vorgefaßter Meinungen ankäme?

[1] Vgl. NBD I, 1. EB, S. 70. Es besteht kein Anlaß zur Verwunderung darüber, daß Campeggio „es ohne weiteres wagte, eine Genehmigung der Kelchforderung zur Sprache zu bringen" (Honée S. 148). Denn wenn der Legat auch persönliche Erwägungen einfließen läßt, so erklärt er doch, daß er die päpstliche Anweisung abwarten wird und fügt vorsichtigerweise hinzu: „Sia certa Vostra Signoria che a tutto si haverà quel respetto et quella consideratione che si deve" (NBD I, 1. EB, S. 70). Es wäre vielmehr erstaunlich, wenn er das nicht nach Rom berichtet hätte, was ihm als Vorschlag vorgetragen worden war.

[2] Honée S. 159 und 151; es ist aber unbestreitbar, daß Campeggio dazu nicht legitimiert war (vgl. ebd. S. 157).

[3] NBD I, 1. EB, S. 35 f.

[4] Müller, Kurie S. 150 ff. und 197 ff.

mer 1530 mehrere Tage lang bedacht, aber am 13. Juli mit einem klaren Nein beantwortet. Die Kurie gab „sich Anfang Juli der Illusion einer vollkommenen Überwindung des Lutheranismus hin"[1] und hielt es nicht für nötig, in diesen Fragen nachgeben zu müssen.[2] Honée veranschlagt den Wert der Depesche, in der diese Entscheidung mitgeteilt wurde, nicht allzu hoch, sondern meint, daß die dort ausgesprochenen Richtlinien der Kurie vielleicht „nicht das Ende, sondern den Anfang des mühseligen Prozesses ihres ‚decision-making' in der deutschen Religionsfrage bedeuteten".[3] Wenn dies der Fall sein sollte, dann fragt man sich, wieso andererseits angenommen werden kann, Clemens habe schon vor Beginn von Campeggios Legation diesem klare Anweisungen für eine Beteiligung an einer Verständigungspolitik Karls V. mit den Protestanten gegeben. Mir scheint aber auch, daß es nicht angeht, den kurialen Brief vom 13. Juli zum Ausdruck eines Anfanges neuer kurialer Überlegungen zu stempeln. Dieses Schreiben ist vielmehr der Beweis dafür, daß man zu jener Zeit in Rom nicht bereit zur Nachgiebigkeit war. Neue Schwierigkeiten entstanden an der Kurie erst einige Tage später durch die Bitte des Kaisers, das allgemeine Konzil anzukündigen. Karl war der Meinung, daß er mit dem Papst in Bologna verabredet habe, wenn sein Schiedsspruch in der Religionsfrage nicht fruchte, daß dann die allgemeine Kirchenversammlung einberufen werden solle.[4] Dieser Moment schien ihm jetzt nahe zu rücken. Die Kurie erfuhr davon am 16. Juli[5] – drei Tage nach ihrem Nein gegenüber Konzessionen an die Protestanten. Es ist bezeichnend, daß nun wieder die Bereitschaft zur Nachgiebigkeit größer wurde.[6] Wie im Jahr 1529 erschien das Konzil als das größere Übel.

Der Legat aber hatte durch seine Sonderverhandlungen mit Melanchthon[7] erkannt, daß mit den gewünschten Konzessionen doch

---

[1] Honée S. 162.

[2] NBD I, 1. EB, S. 80 f. Die Ablehnung des Laienkelches mit dem Hinweis auf den abweichenden Brauch der anderen Nationen hat mich übrigens nicht „befremdet"wie Honée meint (S. 163). Ich habe lediglich darauf verwiesen, daß in diesem Brief von den Prager Kompaktaten keine Rede ist und Rom die Bitte Melanchthons grundsätzlich ablehnt (Müller, Einheit S. 405). Mit einem gewissen Recht konnte die Kurie meinen, daß eine Ausnahmeregelung für die deutschen Protestanten schismatische Folgen haben könne.

[3] Honée S. 162 f.

[4] Jedin S. 205.

[5] Dieses Datum hat Honée nachgewiesen (S. 160 f.).

[6] Ebd. S. 164–166.

[7] Wilhelm Maurer hat darauf hingewiesen, daß man nicht von „Geheimverhandlungen" sprechen kann, da die Nürnberger detailliert darüber berichten konnten und Melanchthon

einige dogmatische Ansichten verbunden waren, die er nicht anzuerkennen willens war, und die Gespräche mit dem theologischen Sprecher der Protestanten abgebrochen.[1] In seiner Beurteilung der Lage konnte er sich durch die Anweisung aus Rom vom 13. Juli nur bestätigt fühlen. Er konzentrierte sich jetzt auf eine Beteiligung an der Fertigstellung der Confutatio. Am 29. Juli schrieb er nach Rom, daß er täglich mindestens vier Stunden mit den altkirchlichen Theologen, die mit dieser Arbeit beschäftigt waren, zusammen gewesen sei, um die Angelegenheit zu dirigieren. Anfang und Schluß der Entgegnung auf die Confessio Augustana habe er „gedüngt" und die Erneuerung des Wormser Ediktes hinzugefügt.[2] Von den Konzessionen, die Melanchthon gewünscht hatte, ist in seinem Brief vom 29. Juli nicht die Rede[3] – trotz des Umbesinnungsprozesses, der in Rom nach dem kaiserlichen Konzilswunsch eingesetzt hatte. Es ist nicht unmöglich, daß die Kurie bereits am 18. Juli dieses Thema in einer nicht erhaltenen Depesche erneut aufgegriffen hat.[4] Wenn dies der Fall gewesen sein sollte, so können die Äußerungen nicht dringlich gewesen sein. Denn aus Campeggios Antworten geht hervor, daß Rom mit anderen Problemen beschäftigt war, die man ihm vorgetragen hatte und zu denen er Stellung nahm: mit dem Prozeß um Modena, Reggio Emilia und Rubiera, mit dem Konzil, dem Krieg gegen Florenz und einem Kredit, den man von Karl V. erhoffte. Mit den Augsburger Religionsverhandlungen hat man sich offenbar nicht speziell befaßt. Dies lag daran, daß die

---

„unbefangene Berichte an Luther ... und Camerarius" schrieb (Erwägungen und Verhandlungen über die geistliche Jurisdiktion der Bischöfe vor und während des Augsburger Reichstags von 1530, in: Zeitschrift der Savigny-Stiftung für Rechtsgeschichte, Kan. Abt. Bd. 55, 1969, S. 371 Anm. 47).

[1] Müller, Kurie S. 103 f.

[2] NBD I, 1. EB. S. 91. Wenn Honée schreibt, ich nähme an, Salviatis „Brief vom 13. Juli" habe „jegliche weitere Teilnahme Campeggios an den Augsburger Unionsbestrebungen bis Mitte August verhindert" (S. 166), so ist dem entgegenzuhalten, daß davon bei den von E. Honée angegebenen Belegen nicht die Rede ist. Campeggio hat durchaus auf das gesamte Augsburger Geschehen Einfluß genommen – auch Ende Juli und Anfang August –, und zwar indem er die Interessen Roms nachdrücklich betonte; vgl. zum Beispiel sein Verhalten gegenüber Melanchthon und Brenz am 28. Juli (NBD I, 1. EB, S. 91 f.).

[3] Darauf habe ich bereits früher hingewiesen (Müller, Einheit S. 406).

[4] Dieser Meinung ist Honée (S. 167). Da die Depesche nicht erhalten ist und die Mitteilungen darüber zu ungenau sind, kann eine sichere Antwort nicht gegeben werden. Es ist durchaus möglich, daß der Kaiserhof durch die Berichte des Botschafters oder anderer Personen über die neuen Gespräche in Rom unterrichtet worden ist. Jedenfalls geht aus Tiepolos Bericht hervor, auf den Honée sich bezieht, daß Rom „jetzt", also gegebenenfalls auch am 18. Juli, noch Konzessionen ablehnte (vgl. das Zitat bei Honée S. 167 Anm. 1).

päpstlichen Ratgeber mit der Religionspolitik des Kaisers vollauf zufrieden waren, da er die Standpunkte der Kurie gebührend berücksichtigt hatte.[1] Trotz seiner Erkrankung – Campeggio wurde von der Gicht geplagt[2] – verstand der Legat es, die Gesichtspunkte Roms so zur Geltung zu bringen, daß der Papst und seine Ratgeber daran nichts zu tadeln fanden.

Eine neue Lage entstand, als die Protestanten den kaiserlichen Schiedsspruch, nämlich die am 3. August verlesene Confutatio, ablehnten. Es kam jetzt zu Ausschußverhandlungen, die der Beauftragte des Papstes „bis zu einem gewissen Grade" durch „sein bisheriges Verhalten" mit vorbereitet haben soll.[3] Campeggio behauptet zwar, daß er anfangs gegen diese Gespräche gewesen sei,[4] aber es läßt sich nicht leugnen, daß lediglich neue Diskussionen die ultima ratio eines Krieges verhindern konnten und daß der Legat durch seine Unnachgiebigkeit bei der Entgegnung auf das protestantische Bekenntnis mit zu dieser Lage beigetragen hatte.[5] Eine erste Stellungnahme konnte der päpstliche Gesandte abgeben, als Melanchthon nach der Verlesung der Confutatio nochmals um Klärung der von ihm vorgeschlagenen Konzessionen bat. E. Honée hat nachgewiesen, daß sich Campeggio diese Entgegnung nicht leicht gemacht hat. Er lehnte zwar eine offizielle Anerkennung der evangelischen Position ab, ließ aber durchblicken, daß man in Rom in bezug auf die Ehe von protestantischen Geistlichen „ein Auge zudrücken" könne, während er die Forderung des Laienkelches als unnötig hinstellte, da nach reformatorischer wie katholischer Lehre der ganze Christus auch schon im Brot gegenwärtig sei.[6] Damit waren nicht nur etliche Fragen offengeblieben, sondern es war auch eine Position skizziert worden, die sich auf die Verhandlungen der

---

1 NBD I, 1. EB, S. 89–94.

2 Vgl. z.B. ebd. S. 89.

3 Honée S. 169.

4 NBD I, 1. EB. S. 115.

5 Mit dieser Anschauung unterscheide ich mich erheblich von E. Honée, der eine gerade Linie von Campeggios Gesprächen mit Melanchthon zu den Ausgleichsverhandlungen zieht. Dem widerspricht aber die Berichterstattung des Legaten, der zeigt, daß die Initiativen ausschließlich von dem Protestanten ausgingen, er also der Reagierende und nicht die große, geheime Kraft im Hintergrund war. Dewegen muß Honée dann auch annehmen, daß Campeggio seine Informationen über die Ausgleichsverhandlungen nicht alle nach Rom gemeldet, sondern „sorgfältig ausgewählt", also manipuliert hat (S. 189). Wäre dies zutreffend, so müßte das Bild dieses sachlichen, klaren und diplomatischen Beobachters erheblich verändert werden.

6 Ebd. S. 174–179. Vgl. dazu Jedin S. 207: „Inwieweit er (der Legat) damit den damaligen Ansichten des Papstes entsprach, ist schwer zu entscheiden".

altkirchlichen Theologen während der Ausgleichsverhandlungen auswirken sollte.[1]

Dies war naheliegend. Denn von katholischer Seite wurden Laienkelch und Priesterehe den Protestanten lediglich als Konzessionen des Papstes oder seines Legaten in Aussicht gestellt.[2] Wollte man den Sprechern der Reformation einigermaßen verbindliche Angebote machen, dann mußte man sich bei Campeggio orientieren, bis zu welcher Grenze er notfalls ein römisches Entgegenkommen für möglich hielt. Es ist wichtig, daß Honée gezeigt hat, daß dies offenbar der Fall gewesen ist.[3] Es war auch schon länger bekannt, daß der päpstliche Gesandte sich über die Ausgleichsverhandlungen informieren ließ[4] und Berichte darüber nach Rom sandte.[5]

Eine andere Frage aber ist, ob man deswegen annehmen kann, Campeggio habe „das ganze Religionsgespräch dirigiert".[6] Das würde seinen eigenen Aussagen widersprechen. Er hätte die Kurie dann auch nicht wahrheitsgemäß unterrichtet, sondern ihr nur Schritt für Schritt das mitgeteilt, was ihm zweckmäßig schien.[7] Dem steht aber nicht nur entgegen, daß er über den zeitlichen Verlauf der Ausgleichsverhandlungen eine unpräzise Angabe macht,[8] die offenbar

---

[1] Honée S. 177 f.

[2] K. E. Förstemann, Urkundenbuch ... 2. Bd. Halle 1835, Neudruck Osnabrück 1966, S. 251 und 253; vgl. auch Honée S. 192.

[3] S. 178.

[4] Vgl. die Darstellung Johann Ecks über diejenige Phase der Ausgleichsverhandlungen, die vom „Vierzehnerausschuß" bestritten wurde, die für Campeggio bestimmt gewesen sein dürfte und die ich 1958 in Bd. 38 der Quellen und Forschungen aus italienischen Archiven und Bibliotheken S. 239–242 veröffentlicht habe (zit.: Müller, Eck).

[5] Vgl. NBD I, 1. EB, S. 115. Campeggio sagt hier nicht, welche Papiere er übersendet. Honée nimmt an, daß die media concordiae nicht darunter waren (S. 189). Wenn dies der Fall gewesen sein sollte, dann könnte es daran liegen, daß sie ihm beim Schreiben dieses Briefes noch nicht bekannt waren – was wiederum eine gewisse Distanz des Legaten von den Ausgleichsverhandlungen zum Ausdruck bringen würde.

[6] Vgl. Honée S. 193.

[7] Ebd. S. 191 und schon 189.

[8] Campeggio stellt es so dar, als seien die Verhandlungen am 18. August begonnen worden, wo man über die ersten 20 Artikel der Confessio Augustana gesprochen habe (NBD I, 1. EB, S. 115). In Wahrheit wurden die Gespräche am 16.8. aufgenommen und bis zum 17. einschließlich alle 21 Artikel des 1. Teils angeschnitten. Dabei stellte sich heraus, daß Artikel 11, 14 und 15 zusammen mit den entsprechenden des zweiten Teils behandelt werden mußten (Friedrich Wilhelm Schirrmacher, Briefe und Acten zu der Geschichte des Religionsgespräches zu Marburg 1529 und des Reichstages zu Augsburg 1530, Gotha 1876, S. 217–222 und Stephan Ehses, Kardinal Lorenzo Campegio auf dem Reichstage von Augsburg 1530, in: Römische Quartalschrift Bd. 19, 1905, S. 132–135; meine Erläuterung in NBD I, 1. EB, S. 115 Anm. 21 ist nicht ganz exakt, wie Honée S. 191 Anm. 2 feststellt; auch die von Ehses ebd. S. 131 gemachten Erklärungen erweisen sich als nicht zutreffend; aber wenn Honée ebd. sagt: „Die Diskussion über den ersten Teil der Confessio ... war schon am 17. August abgeschlossen", so muß auch dies berich-

auf eine ungenaue Information zurückzuführen ist, sondern auch, daß es noch andere Kräfte gab, die mindestens so dringlich eine Klärung der Religionsfrage wünschten wie der Papst und sein Legat. Hier ist nicht nur an die Erasmianer zu denken, von denen einer, nämlich Christoph von Stadion, der Bischof von Augsburg, zu den altkirchlichen Delegierten des Vierzehnerausschusses gehörte,[1] sondern auch an die Politiker, die einen innerdeutschen Krieg nicht brauchen konnten. Dazu gehörte in erster Linie Ferdinand I. Wegen der Türkengefahr hatte er gewünscht, daß die Religionsfrage erst nach der Behandlung der Abwehr der Türken besprochen werden sollte. Damit war er nicht durchgekommen.[2] Sein Interesse an einer Einigung der Glaubensgruppen erhellt auch daraus, daß er seinem Gesandten in Rom einen von Johann Fabri verfaßten Zettel über den Laienkelch schickte, der ihn dem Papst zeigte.[3] Der Bruder des Kaisers wollte dadurch die Bemühungen um römische Konzessionen gegenüber der Reformation unterstützen. Daß Ferdinand sich nicht direkt an Campeggio gehalten hat, sollte man nicht überbewerten.[4] Aber die Tatsache, daß Ferdinands Gesandter dem Papst ein theologisches Gutachten unterbreitete, zeigt doch, wie wichtig dem Bruder des Kaisers diese Angelegenheit war. Und wenn Fabri auch nicht Mitglied des Vierzehnerausschusses gewesen ist,[5] so gehörte er doch zum Kreis der katholischen Kontroverstheologen, deren Gehorsam gegenüber Rom bekannt war. Der Gesandte Ferdinands, Andrea da Burgo, wußte dann auch zu berichten, daß dem Papst der Vorschlag Fabris „gefallen" habe.[6]

Meine Vermutung, diesen „Zettel" Fabris mit einem Gutachten zu identifizieren, das sich im Vatikanischen Archiv befindet,[7] hat Eugène Honée aufgegriffen. Er zeigt, daß sich auch zwischen die-

---

tigt werden, da über drei Artikel dieses Teils ja gar nicht diskutiert, sondern ihre Behandlung zurückgestellt worden war).

1 NBD I, 1. EB, S. 114. Wenn Honée S. 147 Anm. 1 schreibt: „Zu G. Müller in Einheit, S. 407 (muß richtig heißen: „S. 404"), Anm. 71 bemerke ich, daß es mir nicht einfällt, Rassows Auffassung, Campeggio gehöre zu dem vermittelnden Humanistenkreis, beizustimmen", so ist dazu zu sagen, daß ich das weder dort noch an irgendeiner anderen Stelle behauptet oder auch nur angedeutet habe.

2 Müller, Kurie S. 96 f.

3 Müller, Einheit S. 415.

4 Etwa in dem Sinne, daß er eine Verhinderung römischer Konzessionen durch den Legaten befürchtet hätte.

5 Vgl. NBD I, 1. EB, S. 114 f.

6 Müller, Einheit S. 415.

7 Von mir publiziert ebd. S. 425–427.

sem Gutachten und der Stellungnahme Campeggios von Anfang August gegenüber den von Melanchthon erbetenen Konzessionen Verbindungslinien ziehen lassen.[1] Was für die offiziellen Vertreter der Anhänger Roms im Vierzehnerausschuß gilt, trifft auch auf ihren Gesinnungsfreund Fabri zu: Da man sich diese Gewährungen nur von Rom oder dem Legaten legitimiert denken konnte, tat man gut, sich an die Vorstellungen Campeggios zu halten. Daß man allerdings den Legaten als „auctor intellectualis" der von Fabri vertretenen Gedanken ansehen kann,[2] ist mehr als unwahrscheinlich. Ferdinand hätte es dann nicht nötig gehabt, diese Vorschläge direkt dem Papst vorlegen zu lassen. Mindestens aber hätte sein Gesandter darauf verwiesen, daß sie vom päpstlichen Legaten autorisiert worden seien, denn es ging ihm ja um eine positive Aufnahme dieses Gutachtens. Davon findet sich aber nichts in seinem Brief, obwohl Clemens VII. Andrea da Burgo mitteilte, daß er mit Campeggio über diese Frage bereits verhandelt habe.[3] Ich vermag auch nicht die Gewißheit zu teilen, mit der E. Honée das Gutachten über den Laienkelch mit dem Zettel Fabris identifiziert. Burgo schreibt: „Als ich Seiner Heiligkeit einen Zettel Fabris zeigte, der ein Mittel über den Artikel beiderlei Gestalt betreffend enthielt, gefiel er Seiner Heiligkeit. Und er sagte, daß er vom Legaten daran erinnert worden sei und dem Legaten geantwortet habe, daß er jenen Artikel über beiderlei Gestalt billige, wenn sie nur bekennen und anerkennen, daß der Leib Christi in jeder der beiden Gestalten gegenwärtig sei, und mit anderen Bedingungen, die Seine Heiligkeit dem Legaten geschrieben hat".[4] Honée bezieht das „darüber" („de eo"), ohne dies

---

[1] S. 181 f.

[2] So Honée S. 141 f. Honée ist der Meinung, ich erkläre „das Zustandekommen des Schriftstücks aus rein persönlichen Überlegungen Fabris" (ebd. S. 142). Ich habe diese Frage in meinem Beitrage zur Jedin-Festgabe aber gar nicht behandelt, sondern lediglich die Spannungsbreite der Gedanken dieses Mannes konstatiert – wenn das Gutachten tatsächlich von ihm stammt. Auch bei Johann Eck ist ein ähnlicher Variationsreichtum zu beobachten (vgl. Müller, Eck S. 221 ff.). Da die Verlautbarung Fabris vom Hof Ferdinands nach Rom geschickt wurde, kann man dort die treibenden Kräfte für eine solche Erwägung vermuten. Neben Ferdinand käme vor allem der Korrespondent des österreichischen Gesandten in Frage: Kardinal Bernhard von Cles. Daß Fabri sich inhaltlich an das hielt, was Campeggio notfalls für konzedierbar hielt, wird damit nicht bestritten.

[3] Ein Auszug aus dem Brief des Andrea da Burgo an Kardinal Cles, in dem von dieser Audienz berichtet wird, gedr. in: Müller, Einheit S. 422 Anm. 177.

[4] Zur Erleichterung sei der Wortlaut des Briefabschnittes wiederholt: „Et cum ostendissem Suae Sanctitati unam schaedulam Fabri continentem unum medium circa articulum sub utraque specie, placuit Suae Sanctitati. Et dixit se a legato de eo fuisse monitum et respondisse legato, ut consentiret illum articulum sub utraque specie, dummodo con-

zu begründen, auf das „Mittel" („medium"). Gramatikalisch kann es aber auch mindestens genauso gut mit dem unmittelbar vorausgehenden „articulum" zusammengehören. Dem Sinne nach liegt das Letztere sogar sehr viel näher. Dann hätte Clemens lediglich gesagt, daß er von Campeggio wegen des Laienkelches angeschrieben worden sei. Davon wissen wir.[1] Unbekannt ist dagegen, wann die Kurie „Bedingungen" genannt haben soll. Und an dieser Stelle erhalten die Fragen nun wieder großes Gewicht.[2]

Am 11. August schrieb der Legat über die Reformation in einer Depesche nach Rom: „Ich war immer dieser Meinung, daß man mit Milde bei dieser Art von Leuten nichts Gutes bewirken kann, und wolle Gott, daß sie durch diese Milde und Güte Seiner Majestät (Karls V.) nicht unnachgiebiger geworden sind." Chiffriert fügte er dem päpstlichen Sekretär Jacopo Salviati hinzu: „Glauben Sie, daß jene Furcht, die sie wegen des Kommens Seiner Majestät hatten, bei ihnen weitgehend vergangen ist und daß sie frecher geworden sind und daß Seine Majestät an Ansehen verloren hat".[3] Folgerichtig schlug Campeggio dem Kaiser am 9. August während einer Audienz vor, mit Gewalt gegen die Lutheraner vorzugehen, nachdem Güte nichts genützt habe. Karl lehnte dies aber entschieden ab – die Niederwerfung von Florenz bereitete seinen und den päpstlichen Truppen schon genügend Schwierigkeiten. Der Legat aber gab die Hoffnung auf einen Gesinnungswandel des Kaisers nicht auf. Chiffriert teilte er mit, er hoffe, daß Karl seine Pflicht tun werde. Wegen seiner Veranlagung müsse man jedoch sehr vorsichtig sein. Deswegen wolle er sich bei dessen wichtigsten Ratgebern entsprechend einsetzen.[4] Er konnte dann noch im gleichen Brief mitteilen, daß er mit

fiteantur et agnoscant in utroque genere esse corpus Christi, et cum aliis conditionibus, quas rescripsit Sua Sanctitas legato".

[1] NBD I, 1. EB, S. 70. Angesichts der zur Zeit bekannten Informationen und des nicht eindeutigen Bezuges des „de eo" kann ich also nur an der *Vermutung* festhalten, das die „schaedula" Fabris mit dem Gutachten identisch sei.

[2] Honée folgert aus der Tatsache, daß sich das Gutachten im Vatikanischen Archiv befindet, daß es von Campeggio nach dort geschickt worden sei (S. 183f.). Das ist möglich, aber nicht zwingend. Gerade wenn Fabris Vorschlag und das Gutachten identisch sind, kann Burgo, der ja Fabris Text in Händen hatte, ihn der Kurie übermittelt haben, um ihre Überlegungen entsprechend zu beeinflussen. Dort kann das Dokument den verwandten Akten hinzugefügt worden sein. Wenn sich weder eindeutig sagen läßt, ob das Gutachten Fabris mit der „schaedula" identisch ist noch daß es von Campeggio am 25. August nach Rom geschickt wurde, dann entfallen alle daraus gezogenen Folgerungen und Sätze wie: „Fest steht, daß der Legat am genannten Datum (25. August) Fabris Memorandum zur Begutachtung nach Rom geschickt hat" (Honée S. 191).

[3] NBD I, 1. EB, S. 106.

[4] Ebd. S. 106 f.

Granvella verhandelt habe und daß altkirchliche Fürsten dem Kaiser bei einem Krieg gegen die Protestanten helfen würden.[1]

Damit paßte aber nicht zusammen, daß nahezu gleichzeitig die Kurie lediglich in den Glaubensfragen eine Unterwerfung der Lutheraner forderte. In einer Depesche vom 10. August, die bereits am 16. in Augsburg eintraf,[2] hieß es, in „den Gnadensachen" könne man den Protestanten entgegenkommen. Nur in den Dingen, die gegen den Glauben seien, dürfte der Kaiser ihnen nichts zugestehen.[3] Diese Angaben sind so unpräzise wie möglich.[4] Nur dies ist deutlich: Rom überläßt es weiterhin Karl V., sich um eine Verständigung mit den Protestanten zu mühen. Die Kurie verweist auf die Grenzen, die beachtet werden sollen, aber sie beauftragt den Legaten nicht, seinerseits die Religionsfrage an sich zu ziehen. Dadurch blieb es Clemens erspart, genau zu sagen, was er zur Bereinigung der kirchlichen Lage in Deutschland auf dem Gebiet der „Gnadensachen" beizutragen willens sei. Diese Anweisung konnte dem Legaten nur recht sein. Campeggio hatte trotz seiner Bedenken gegen die Ausgleichsverhandlungen diese nicht zu verhindern gesucht, sollten dort doch keine Entscheidungen gefällt werden. Er versichert, er werde die päpstliche Autorität hier nicht ohne Wissen und Rat Clemens' VII. ins Spiel bringen,[5] womit er sich an die aus Rom empfangenen Richtlinien hielt. Es blieb abzuwarten, was zu einer Bereinigung der Religionsfrage wirklich an Entgegenkommen von Kaiser und Papst erforderlich sein würde. Campeggios Hoffnung ging dahin, daß eine Einigung mit den evangelischen Fürsten, besonders mit dem sächsischen Kurfürsten, erreichbar sei.[6] Mit den protestantischen Städten werde man dann schon fertig werden.[7] Der Legat berichtete sogar, in Lindau, wo man die Tetrapolitana anerkannt hatte, begännen die

---

[1] Ebd. S. 111.

[2] Ebd. S. 100 Anm. 1. Diese Depesche ist nur unvollständig überliefert (ebd. S. 100). Sie wurde wegen des Krieges gegen Florenz so schnell befördert (ebd. S. 112 f.).

[3] Ebd. S. 102.

[4] Vgl. auch Honée S. 188 f.

[5] NBD I, 1. EB, S. 115. Wenn Campeggio diese Verhandlungen wirklich im Hintergrund dirigiert hätte, dann hätte die weitgehende theologische Einigung über den ersten Teil der Confessio Augustana von ihm gewünscht sein müssen – was bei der Zurückhaltung dieses Juristen in theologischen Fragen mehr als unwahrscheinlich ist.

[6] Vgl. schon seine Depesche vom 26. Juni (ebd. S. 74).

[7] Ebd. S. 115. Ich halte es nicht für „frappierend, daß der Legat in diesem kritischen Augenblick seiner Mission Salviati auf die Möglichkeit hinwies, mittels kleiner Zugeständnisse an die Fürsten den ganzen Reichstag zu einem guten Ende zu bringen" (Honée S. 190.). Vielmehr *mußte* Campeggio am 20. August diese Frage angesichts des Standes

Anhänger Roms die Oberhand zu gewinnen,[1] eine Mitteilung, die den Tatsachen nicht entsprach, die aber an der Kurie nur die Meinung verstärken konnte, man brauche den Protestanten in Deutschland nicht viel zu bieten, wenn man sie unter die römische Obödienz zurückführen wolle.[2]

Campeggios Brief vom 20. August traf erst am 2. September in Rom ein.[3] Bereits am 30. August hat Salviati dem Legaten geschrieben,[4] der Papst sei der Meinung, daß man in bezug auf Laienkelch und Priesterehe „die Augen in einigen Dingen verschließen" könne, „wenn die Lutheraner sich ihrerseits bereiterklärten, dafür in allen übrigen als ‚gute Christen' zu leben".[5] Das hat die Kurie am 8. September wiederholt, weil man hoffte, dadurch zu einer Beseitigung des Widerstandes gegen Rom in Deutschland zu kommen. Der Wortlaut des vom päpstlichen Sekretär geschriebenen Briefes macht deutlich, daß Clemens nicht willens war, an einem Vertrag in Mitteleuropa über die Beilegung der kirchlichen Streitigkeiten mitzuwirken. Die Kurie wollte eine Einigung Karls mit den Protestanten in bezug auf Laienkelch und Priesterehe nicht offiziell zur Kenntnis nehmen, sie aber auch weder billigen noch ablehnen. Sie meinte, durch diese Dissimulation „ärgeres Übel" abwenden zu können.[6] Man konnte dann zu gegebener Zeit gegen die in Deutschland „eingerissenen" Mißbräuche protestieren und ihre Beseitigung fordern.

Wenn Clemens zu dem Gesandten Ferdinands I. von „Konzessionen" sprach, die er in bezug auf den Laienkelch zu erteilen willens sei,[7] dann kann aus dem Brief seines Sekretärs nur gefolgert werden, daß lediglich Karl V. diese Vergünstigungen gewähren sollte. Der

---

der Ausgleichsverhandlungen und der ihm bekannten Stellung Melanchthons, des „antesignanus" der Protestanten im Vierzehnerausschuß (NBD I, 1. EB, S. 115), anschneiden.

[1] NBD I, 1. EB, S. 115 f.

[2] Auch über die Gravamina der Deutschen wußte Campeggio Rom Beruhigendes mitzuteilen (ebd. S. 116).

[3] NBD I, 1. EB, S. 112.

[4] Diese Depesche ist zwar nicht erhalten, der päpstliche Sekretär wiederholte aber seine Anweisung am 8. September (vgl. NBD I, 2. EB, S. 615 und 1. EB, S. 120).

[5] Müller, Einheit S. 420. Aus da Burgos Brief vom 15. September geht nicht deutlich genug hervor, ob Clemens an eine Gewährung von Laienkelch und Priesterehe unter von ihm selber gewährten Bedingungen dachte. Mindestens schließt Burgos Wortlaut diese Möglichkeit nicht aus. Aber man muß fragen, ob er hier „die Meinung des Papstes präzise wiedergibt" (ebd. S. 423) oder ob er ihn vielleicht sogar mißverstanden hat.

[6] Willibald M. Plöchl, Geschichte des Kirchenrechts Band 2, Wien-München 1955, S. 123.

[7] Vgl. oben S. 146 f. Anm. 4.

Papst hatte sich nicht dazu verstehen können, ein Konzil wirklich zuzusagen, selbst wenn die Evangelischen inzwischen „christlich leben" würden. Jetzt war er aber bereit, unter derselben Voraussetzung die Augen in bezug auf Laienkelch und Priesterehe „ein wenig zuzudrücken". Er hoffte, daß der Kaiser mit diesem Zugeständnis die römische Obödienz werde wiederherstellen können. Noch am 15. September hielt er eine Einigung auf dieser Basis für möglich. Nun wissen wir bisher nicht genau, welche konkreten Konzessionen die Kurie dem Kaiser für seine Verhandlungen anbot, ja ob dieselben überhaupt präzise mitgeteilt worden sind. Lediglich die Anerkennung der Konkomitanzlehre durch die Protestanten wird in dem Brief des Gesandten Ferdinands in Rom vom 15. September als päpstliche Forderung genannt.[1] Wenn die römischen Bedingungen den Vorstellungen Melanchthons nahe gekommen und sie einen Monat früher gewährt worden wären, dann hätten die Ausgleichsverhandlungen sicher einen anderen Verlauf genommen. Inzwischen hatten dieselben aber deutlich gemacht, daß das humanistische Bild von der einen Kirche, in der es nur verschiedene Bräuche nebeneinander gab, kein tragfähiges Fundament abgab.[2] Deswegen mußten sich die päpstlichen Hoffnungen als trügerisch erweisen. Noch während sie in Rom ausgesprochen wurden, waren bereits die Vermittlungsvorschläge gescheitert, die den völligen Zusammenbruch der Verhandlungen über die Religionsfrage hatten verhindern sollen.[3] Der Legat hat auch in dieser Phase aktiv mitgearbeitet.[4] Während die Kurie sich am 11. und 16. September in ihren Briefen an Campeggio auf Berichte über die Kapitulation von Florenz beschränkte und die Glaubensfrage nicht erwähnte,[5] hat

---

[1] Müller, Einheit S. 422 Anm. 177.

[2] Ich meine nicht, „daß die Wünsche, die Klemens Ende August und Anfang September äußerte, weiter gingen als die tatsächlichen Zugeständnisse, welche den Protestanten während des Religionsgespräches gemacht worden waren" (Honée S. 195), sondern daß der Streit über bischöfliche Jurisdiktion, Laienkelch und Priesterehe im letzten Drittel des Monats August die tieferen Unterschiede hatte ahnen lassen, so daß Melanchthons Konzept, das er bis dahin vertreten hatte, sich als undurchführbar erwies (vgl. Müller, Kurie S. 108–110).

[3] v. Walter S. 82–85.

[4] Ich habe bereits in meinem Beitrag zur Festschrift für H. Jedin auf ein Gutachten Campeggios hingewiesen (Einheit S. 423 Anm. 178), das aber noch der Herausgabe harrt. Inzwischen hat E. Honée über die im September 1530 in Augsburg geführten Verhandlungen und auch über „die theologischen Aspekte der zu Augsburg geführten Diskussion über die Kommunionsfrage" Beiträge angekündigt (S. 195 Anm. 2 und S. 150 Anm. 1).

[5] NBD I, 1. EB, S. 122f. und 130–132.

sich der Legat zwei Tage später wieder ausführlich zu den Augsburger Religionsverhandlungen geäußert.

Er berichtet, er habe dem Kaiser dazu hauptsächlich zweierlei gesagt: 1. er müsse sich die Bedeutung dieser Sache klar machen: Die Augen der ganzen Welt sähen auf ihn und warteten, was sein persönliches Kommen nach Deutschland bewirke, und 2. möge er aufpassen, daß man nicht argwöhne, er ordne seine eigenen Interessen denen der Gesamtheit über. In bezug auf die neuen Verhandlungen erbat er das Urteil des Papstes, das schnell mitgeteilt werden möge, denn die Fürsten wollten abreisen. Zwar habe er nichts zu billigen, aber der Kaiser wolle ohne seine Zustimmung nichts tun.[1] Die Kurie hat sich dazu aber nicht mehr geäußert, weil die Entwicklung des Reichstages eine Beantwortung überflüssig machte. Sie erklärte lediglich, man erwarte, daß der Kaiser jetzt die Religionsfrage mit Gewalt löse. Andere Herrscher, die nicht mehr Macht gehabt hätten als Karl V., wären schon mit größeren Häresien fertig geworden.[2] Während in Augsburg jetzt die Türkenhilfe beraten wurde, brachten die Wahl Ferdinands zum römischen König, die Konzilsfrage, die Gravamina und der Prozeß der Kurie mit Herzog Alfons I. von Ferrara neue Probleme für Rom mit sich.[3] Clemens VII. und seine Ratgeber konnten zwar mit den antireformatorischen Aussagen des Reichstagsabschiedes von 1530 zufrieden sein. Gelöst war die Religionsfrage dadurch aber nicht. Die Klärung der Probleme war vielmehr nur hinausgeschoben worden.[4]

Betrachtet man, was Campeggio in Augsburg geleistet hat, so kann ihm hohe Achtung nicht versagt werden. Seine „pragmatische Haltung"[5] ließ ihn das Maximalprogramm der Kurie vertreten, daß Karl sich als weltlicher Arm der Kirche zu „betätigen" habe, veranlaßte ihn aber auch, persönliche Besuche des als Anhänger Luthers de iure exkommunizierten Melanchthon nicht abzulehnen. Stets hatte er sein Ziel im Auge: Wiederherstellung der römischen Obödienz in ganz Deutschland. Die Mittel, die dazu erreichbar schienen,

---

[1] Ebd. S. 126–128.
[2] Ebd. S. 146 f.
[3] Ebd. S. 151 ff.
[4] Vgl. Müller, Kurie S. 132 ff.
[5] Ebd. S. 108 Anm. 114. Das dort gebrauchte Adjektiv „schwankend" klingt zu negativ, wie aus Honées Darstellung ersichtlich ist (S. 146 Anm. 4), so daß ich es besser vermieden hätte.

prüfte der Jurist recht unvoreingenommen.[1] Lediglich das allgemeine Konzil schied wegen der ihm bekannten Einstellung des Papstes aus. Die Möglichkeit, die reformatorischen Gruppen mit Hilfe einiger, recht unbedeutender Konzessionen wieder mit der übrigen abendländischen Kirche zu versöhnen, stand einige Tage als die große Unbekannte zur Diskussion. In dem entscheidenden Zeitraum war die Kurie aber nicht bereit, diesen Preis zu zahlen. An offizielle Konzessionen ihrerseits hat sie auch später, Ende August und Anfang September nicht gedacht,[2] nur an ein stillschweigendes Gewährenlassen des Kaisers, dem man vorher die Grenzen in bezug auf Veränderungen im kirchlichen Raum gesetzt hatte. Dem Legaten dürfte die Schwierigkeit, die die Religionsfrage machen würde, von seiner früheren Legation her nicht unklar gewesen sein.[3] Wenn er auch im Verlauf des Reichstages die Komplikationen immer deutlicher erkannt haben wird, so hat er doch die Anweisungen Roms nicht hintergangen, noch seine Informationen an seinen Auftraggeber manipuliert. Einen besseren und einflußreicheren Vertreter als ihn hätte Clemens 1530 nicht nach Deutschland senden können.[4]

An der Kurie waren zu dieser Zeit nicht nur die mitteleuropäischen Probleme von Bedeutung. Vor allem waren es italienische Belange, denen man sich widmete. Z.B. wurde der Krieg gegen Florenz, je länger er dauerte, um so mehr zu einer beschämenden Angelegenheit für den Medici-Papst. Ihm lag es nicht, sich klar festzulegen. Lediglich sein Ziel in der Religionsfrage war deutlich und identisch mit dem Campeggios. Aber er gab sich und anderen nicht präzise genug Rechenschaft, welche Mittel er dafür einzusetzen bereit war. Mal wurde Härte, mal Nachgiebigkeit erwogen. Aber jedesmal blieb das Engagement aus, das notwendig gewesen wäre,

---

1 Wenn Campeggio alle sich bietenden Möglichkeiten ausnutzte, so war das etwas anderes, als wenn er „sich bloß dem politischen Tageskurs anzupassen" versucht hätte – so meine Auffassung nach Honée (S. 146). Daß der Legat stets sein Ziel im Auge behielt, meine ich deutlich gesagt zu haben (Kurie S. 102 ff.).

2 Campeggio hat dagegen offenbar in seiner Depesche vom 26. Juni päpstliche Konzessionen nicht grundsätzlich ausgeschlossen, wie aus seinem Verweis auf die kuriale Praxis gegenüber Böhmen und Griechen hervorgeht (vgl. NBD I, 1. EB, S. 70).

3 Campeggio hatte sich bereits bei seinem vorherigen Aufenthalt in Deutschland 1524 intensiv mit der dortigen kirchlichen Lage befaßt (ebd. S. LIX ff.).

4 Aleander ging von völlig irrealen Voraussetzungen aus, wenn er 1531 von seiner Nuntiatur aus Deutschland die Hauptschuld für das Scheitern der Augsburger Ausgleichsverhandlungen Campeggio zuschob (Gerhard Müller, Die drei Nuntiaturen Aleanders in Deutschland 1520/21, 1531/32, 1538/39, in: Quellen und Forschungen aus italienischen Archiven und Bibliotheken Bd. 39, 1959, S. 239).

um den eingeschlagenen Weg zu einem erfolgreichen zu machen.[1] Aus dem Briefwechsel des Legaten mit der Kurie geht hervor, daß die Impulse, Anfragen und Anstöße von ihm kamen.[2] Dies ist nicht verwunderlich, gab es doch niemand unter den päpstlichen Ratgebern, der die gefährliche Bedrohung des römischen Einflusses in Mitteleuropa durch die protestantische Bewegung aus eigener Anschauung hätte beurteilen können. Deswegen ruhte die Hauptlast für die Entscheidungen der kurialen Religionspolitik im Einzelfall auf den Schultern des Legaten. Aber auch seine klaren Analysen der kirchlichen Lage in Deutschland waren 1530 in Augsburg nicht imstande, ein Ergebnis zu erreichen, das man in Rom freudiger hätte begrüßen können.

---

1 Auch nach der Beendigung des Augsburger Reichstages, als die Kurie die Anwendung von Waffengewalt gegen die Reformation empfohlen hatte, unterstützte sie den Kaiser dabei nicht so, wie das zur Erreichung ihrer Ziele erforderlich und denkbar gewesen wäre (vgl. Müller, Kurie S. 118 ff.).

2 Es sei denn, man nimmt an, es seien alle Möglichkeiten vor dem Beginn der Sendung Campeggios erörtert und vielleicht sogar schriftlich festgelegt worden (so Honée S. 148 ff.). Aber dafür gibt es in den Depeschen zwischen der Kurie und dem Legaten keine Anhaltspunkte.

Duldung des deutschen Luthertums?

Erwägungen Kardinal Lorenzo Campeggios vom September 1530

Mit Recht hat lange Zeit die Confessio Augustana im Mittelpunkt der Forschungen zum Augsburger Reichstag von 1530 gestanden, handelt es sich hier doch um diejenige protestantische Bekenntnisschrift, die die weiteste Anerkennung gefunden hat[1]. Aber die Versammlung der Stände war ja nicht nur wegen der Religionsfrage einberufen worden[2]; außerdem war mit dem Augsburger Bekenntnis die theologische Problematik nicht bewältigt worden, so daß in letzter Zeit den Ausgleichsverhandlungen zwischen Altkirchlichen und Evangelischen im August 1530 mehr Aufmerksamkeit zugewendet wurde[3]. Dabei wurde deutlich, daß der päpstliche Legat, Kardinal Lorenzo Campeggio, kein – wie man früher annahm – grundsätzlicher Gegner dieser Gespräche gewesen ist[4], sondern beobachtend und beratend abwartete, ob sie zu einem für Rom annehmbaren Ergebnis führen würden[5]. Die Krise, in die die Ausgleichsbemühungen Ende August führten[6], wurde

1. Von Wilhelm Maurer ist ein zweibändiger „Historischer Kommentar zur Confessio Augustana" zu erwarten, dessen Bd. 1 bereits 1976 in Gütersloh erschienen ist.

2. Vor allem sollte es auch um die Abwehr der Türken gehen; vgl. das Ausschreiben vom 21. Januar 1530 bei *Karl Eduard Förstermann:* Urkundenbuch zu der Geschichte des Reichstages zu Augsburg im Jahre 1530, 1. Bd 1833, Neudruck Osnabrück 1966, S. 2–9, und *Gerhard Müller:* Vincenzo Pimpinella am Hofe Ferdinands I. 1529–1532, in: Quellen und Forschungen aus italienischen Archiven und Bibliotheken (zit.: QFIAB) 40, 1960, S. 68–75.

3. Vgl. *Eugène Honée:* Die Vergleichsverhandlungen zwischen Katholiken und Protestanten im August 1530. Ein Aktenstück zum Augsburger Reichstag, in: QFIAB 42/43, 1964, S. 412–434, und *Herbert Immenkötter:* Um die Einheit im Glauben. Die Unionsverhandlungen des Augsburger Reichstages im August und September 1530 (Katholisches Leben und Kirchenreform im Zeitalter der Glaubensspaltung, H. 33), Münster (Westf.) 1973, 2. Aufl. 1974.

4. *Gerhard Müller:* Die römische Kurie und die Reformation 1523–1534. Kirche und Politik während des Pontifikates Clemens' VII. (Quellen und Forschungen zur Reformationsgeschichte, Bd. 38), Gütersloh 1969, S. 108f.

5. *Eugène Honée* möchte Campeggio sogar zum Dirigenten des „ganzen Religionsgesprächs" machen (Die römische Kurie und der 22. Artikel der Confessio Augustana. Kardinal Lorenzo Campeggios Verhalten zur protestantischen Forderung des Laienkelches während des Augsburger Reichstages 1530, in: Nederlands Archief voor Kerkgeschiedenis, Nieuwe Serie, Deel 50, 1970, S. 140–196); mir scheint das aus den bekannten Quellen nicht belegbar zu sein, ja es steht zu eigenen Aussagen des Legaten im Widerspruch (Kardinal Lorenzo Campeggio, die römische Kurie und der Augsburger Reichstag von 1530,

von den Protestanten mit dem Vorschlag beantwortet, man möge einen „fridlichen abschied“ erlassen, so daß sie trotz der strittig gebliebenen theologischen Probleme nicht „beschwert“ würden[7]. Karl V. ließ ihnen aber am 7. September durch Pfalzgraf Friedrich mitteilen, sie sollten als Minorität nicht an neuen Dingen festhalten, die dem alten Brauch der Kirche widersprächen. In diesem Fall wolle er sich für die Einberufung eines Konzils einsetzen[8]. Auf die protestantische Antwort, man könne nicht guten Gewissens die abgeschafften Riten und Lehren der römischen Kirche wieder einführen, wiederholte Georg Truchseß von Waldburg im Namen des Kaisers die Mahnung, die Evangelischen sollten als der kleinere Teil nachgeben; andernfalls müsse Karl V. sehen, wie er sich als Schutzherr der Kirche zu verhalten habe[9]. Damit waren die Fronten deutlich: Wenn die Anhänger der Confessio Augustana auf ihrem Standpunkt beharren, ist ein Krieg gegen sie gerechtfertigt und möglich.

Karl V. unterstrich seine Entschlossenheit, so zu verfahren, indem er den altkirchlichen deutschen Ständen eröffnete, er werde den Protestanten nicht nachgeben. Da er jetzt nicht mehr durch Kriege behindert sei, könne er sich dieser Sache widmen. Auch werde er „den Papst und die übrigen Könige, Fürsten und Mächte der Christenheit auffordern, dabei mitzuwirken“. Den Ständen wurde die Frage vorgelegt, welchen Beitrag sie selber leisten wollten und wie man sich verhalten solle, wenn die Neuerer bei ihrer Unnachgiebigkeit bleiben würden[10]. Der Kaiser schien damit die Mahnungen zu berücksichtigen, die ihm der Legat Anfang September vorgetragen hatte[11]: Karl möge die Wichtigkeit dieser Angele-

in: a.a.O., Deel 52, 1972, S. 133–152). *E. Honée* hat auf unsere unterschiedlichen Interpretationen hingewiesen, sich aber bisher nicht mit den von mir vorgetragenen Argumenten auseinandergesetzt (Zur Vorgeschichte des ersten Augsburger Reichsabschieds. Kardinal Lorenzo Campeggio und der Ausgang der Glaubensverhandlungen mit den Protestanten im Jahre 1530, in: a.a.O., Deel 54, 1973, S. 25f., Anm. 70).

6. *Gerhard Müller:* Um die Einheit der Kirche. Zu den Verhandlungen über den Laienkelch während des Augsburger Reichstages 1530, in: Reformata Reformanda. Festgabe für *Hubert Jedin,* 1. T., Münster (Westf.) 1965, S. 418f.

7. Vgl. *Friedrich Wilhelm Schirrmacher:* Briefe und Acten zu der Geschichte des Religionsgespraches zu Marburg 1529 und des Reichstages zu Augsburg 1530, Gotha 1876, S. 251.

8. *Schirrmacher,* S. 257f.

9. *Schirrmacher,* S. 258f.

10. Karls Denkschrift vom 8. September 1530 in französischer Sprache bei *Peter Rassow:* Die Kaiser-Idee Karls V., dargestellt an der Politik der Jahre 1528–1540 (Historische Studien, H. 217), Berlin 1932, S. 401–405; vgl. auch S. 62–64.

11. Stephan Ehses (vgl. unten Anm. 18) und Rassow datieren diese Audienz auf den 3. September (*Rassow,* S. 61, Anm. 55), der venezianische Gesandte Niccolò Tiepolo nennt dagegen den 2. September (*Nuntiaturberichte aus Deutschland 1533–1559 nebst ergänzenden Aktenstücken,* 1. Ergänzungsband 1530–1531, bearbeitet von *Gerhard Müller,* Tübingen 1963, S. 126, Anm. 9; zit.: NBD I, 1. EB).

genheit bedenken – es sei die größte, die ihm je widerfahren könne! Die Augen der ganzen Welt seien auf ihn gerichtet und beobachteten, was er durch sein Kommen nach Deutschland erreiche. Auch möge er vermeiden, daß geargwöhnt werde, wegen seines Eigeninteresses unterlasse er das, was seines Amtes als Kaiser sei[12]. Auch von dieser Seite her legte sich also Unnachgiebigkeit gegenüber den Evangelischen nahe.

Daß die Situation jedoch problematisch und schwieriger war, als die großen Worte Karls V. vermuten lassen, wird aus Vermittlungsaktionen deutlich, die zur gleichen Zeit einsetzen[13] und von denen diejenige des Württemberger Statthalters Ferdinands I., Georg Truchseß von Waldburg, und des badischen Kanzlers Hieronymus Vehus die wichtigste ist. Es wird wohl mit Recht vermutet, daß für diese Bemühungen König Ferdinands Sorge vor einem Angriff der Türken wichtig, wenn nicht sogar ausschlaggebend war[14]. Es handelt sich aber wohl nicht nur um einen „Vermittlungsversuch Ferdinands"[15]. Denn Truchseß und Vehus informierten stets den Kaiserhof, waren also bei ihrem Vorgehen von dort gedeckt, wenn nicht sogar legitimiert[16]. Die Bemühungen dieser beiden Diplomaten sind jüngst mehrfach dargestellt worden[17], so daß ich mich mit einer Analyse der Rolle Lorenzo Campeggios begnügen kann.

12. NBD I, 1. EB, S. 126; dasselbe wiederholte Campeggio Karls wichtigstem Rat Granvella, der ihn im Auftrag des Kaisers fragte, was den deutschen altkirchlichen Ständen zu sagen sei – daraus ist die Anm. 10 genannte Denkschrift erwachsen.

13. Neben den Bemühungen des Otto Beckmann, die sich schon um den 5. September herum vollziehen (*Klemens Honselmann:* Otto Beckmanns Vermittlungsversuch beim Reichstag zu Augsburg 1530, in: Reformata Reformanda, 1. T., S. 428–444), ist hier an die Gespräche zu denken, die auf Wunsch Herzog Heinrichs von Braunschweig-Wolfenbüttel mit Johann Friedrich von Sachsen und Dr. Gregor Brück zustande kamen (Des Canzlers Dr. Brück Geschichte der Religionshandlungen auf dem Reichstage zu Augsburg im J. 1530, in: Archiv für die Geschichte der kirchlichen Reformation, hg. von *Karl Eduard Förstemann,* 1. Bd., 1. H., Halle 1831, S. 146–151).

14. Ferdinand war „die beharrliche Türkenhilfe ungleich wichtiger ... als die Glaubensfrage" (*Immenkötter,* S. 71). Die Vermutung des Erasmianers Johannes Cholerus, Ferdinand wolle Frieden in Deutschland, weil seine Wahl zum Römischen König davon abhänge (vgl. *Rassow,* S. 68), dürfte wohl erst in zweiter Linie in Frage kommen.

15. *Immenkötter,* S. 72.

16. Daß der – gescheiterte – Vermittlungsversuch von Waldburgs ihm am Kaiserhof nicht übel genommen wurde, geht daraus hervor, daß er auch nach dessen Beendigung noch als Sprecher oder Vermittler Karls auftrat, vgl. *Schirrmacher*, S. 435–437, und *Adolf Engelhardt:* Die Reformation in Nürnberg, 2. Bd., Nürnberg 1937, S. 256. Dem Gewicht dieser Verhandlungen wird nicht gerecht, wer meint, die Unterhändler seien „von keiner Seite zu ihrem Vorgehen autorisiert" gewesen (*Immenkötter,* S. 78). Vielmehr standen sie in engem Kontakt mit ihren Auftraggebern.

17. Neben der Schrift von Immenkötter und dem Aufsatz von *Honée* im Nederlands Ar-

Ausgangspunkt ist der „Deliberatorius tractatus super pacifico recessu usque ad futurum concilium", den der Legat am 13. September 1530 nach Rom schickte[18]. Als seinen Verfasser nennt Immenkötter den badischen Kanzler, als Abfassungszeit den 11. September[19]. Eine deutsche Fassung, die wohl die ursprüngliche ist, existiert; sie wird in der protestantischen Überlieferung aber als zweites Dokument genannt, während als erster Vergleichsvorschlag der überarbeitete „Tractatus" aufgeführt wird. Honée hat deswegen gemeint, am 11. September sei den Gesprächspartnern von Waldburg und Vehus, dem sächsischen Altkanzler Gregor Brück und Philipp Melanchthon, die zweite Fassung des Vergleichsvorschlages ausgehändigt worden. Als dieser auf Kritik stieß, hätten Truchseß und Vehus die erste, mildere Fassung am 13. September Markgraf Georg von Brandenburg-Ansbach übergeben[20]. Trifft dies zu, dann muß der Erstentwurf des „Deliberatorius tractatus" wenigstens einen Tag vor dem 11. September erstellt worden sein[21], denn die Überarbeitung, die vor diesem Tag erfolgt wäre, kostete ja Zeit.

Auf wen geht diese zurück? Campeggio berichtet, daß die altkirchlichen Theologen den Entwurf kritisiert hätten[22], woraufhin er überarbeitet wurde. Auch die Veränderungswünsche sind vom Legaten der römischen Kurie mitgeteilt worden[23]. Girolamo Aleandro hat in einer handschriftlichen Notiz behauptet, sie gingen auf Vehus zurück, seien aber nicht berücksichtigt worden. Ehses stellt fest, daß die zweite Aussage falsch sei, hält aber die erste für richtig[24]. Dies kann nicht stimmen, da es Campeggios Mitteilung widerspricht[25]. Auch hat Vehus am Erstentwurf mitgearbeitet, wenn er nicht sogar – wie angenommen wird – ganz von ihm stammt. Auf ihn Änderungswünsche zurückzuführen, die seine Verhandlungen mit den Evangelischen erschweren mußten, ist mehr als unwahr-

---

chief voor Kerkgeschiedenis von 1973 (vgl. oben Anm. 5) ist hier noch die Stellungnahme des Letzteren zu Immenkötters Arbeit zu nennen: Accentverschuivingen in de historiografie van de Augsburgse Rijksdag 1530, in: Nederlands Archief voor Kerkgeschiedenis, Nieuwe Serie, Deel 76, 1976, S. 396–412.

18. NBD I, 1. EB, S. 127; der Traktat wurde gedruckt bei *Stephan Ehses:* Kardinal Lorenzo Campeggio auf dem Reichstage von Augsburg 1530, in: Römische Quartalschrift 19, 1905, Teil „Geschichte", S. 149–150.

19. S. 73, Anm. 30.

20. *Honée:* Zur Vorgeschichte, S. 8–33.

21. Ehses nahm an, der Text des „Tractatus" sei am 8. September geschrieben worden (a.a.O., S. 149).

22. NBD I, 1. EB, S. 127.

23. Gedruckt bei *Ehses,* a.a.O., S. 151f.

24. A.a.O. S. 150f., Anm. 1, und S. 151, Anm. 1.

25. Vgl. oben bei Anm. 22.

scheinlich. Aleandro muß hier also eine falsche Nachricht weitergegeben haben. Aber hat der Legat möglicherweise mehr damit zu tun, als er in seiner Depesche vom 13. September nach Rom schreibt?

Es gibt nämlich archivalische Überlieferungen, in denen ausdrücklich festgehalten wird, daß Campeggio den Traktat erhielt und darauf „antwortete", nämlich mit der Kritik, die er selber altkirchlichen Theologen zuschreibt[26]. Bei Honée wird dieses Problem keiner Lösung zugeführt. Einerseits heißt es nämlich, Campeggios Mitteilung könne stimmen, daß die Kritik am Erstentwurf von altkirchlichen Theologen stamme. Andererseits aber neigt Honée mehr dazu, die Änderungswünsche dem Legaten selber zuzuschreiben, indem etwa von „Campeggios Anmerkungen" oder „Stellungnahme" gesprochen wird[27]. Es ist zu fragen, was den Legaten veranlaßt haben könnte, seine Autorschaft nicht zuzugeben und die Unwahrheit zu sagen[28]. Wollte er der päpstlichen Kurie gegenüber nicht als zu nachgiebig erscheinen? Aber andererseits gibt er in seiner Depesche zu erkennen, daß ihm die Angelegenheit so wichtig erscheint, daß in Rom der Fragenkomplex gründlich geprüft werden möge. Eine Festlegung aber hat er vermieden: Der Kaiser wollte Campeggio zur Zustimmung veranlassen, was dieser jedoch abgelehnt hat[29]. Deswegen ist anzunehmen, daß nicht der Legat selber die Änderungsvorschläge für den „Tractatus" machte[30]. Aber man hat ihm dessen Erstentwurf und die Veränderungsvorschläge vorgelegt, die er nicht nur nach Rom schickte, sondern gegen die er auch keinen grundsätzlichen Widerspruch einlegte. Daß dann Truchseß und Vehus sie als vom Legaten gebilligt hinstellten, kann man verstehen, wollten sie doch die Bedeutung ihrer Verhandlungen unterstreichen und die Zustimmung ihrer Gesprächspartner erreichen[31].

---

26. *Honée:* Zur Vorgeschichte, S. 12f.

27. A.a.O. S. 10 und 15; S. 22 werden diese Wünsche als „Zensur des Legaten" bezeichnet.

28. Honée meint auch, Campeggio habe im August 1530 die Kurie nicht immer wahrheitsgemäß unterrichtet, sondern nur das nach Rom geschrieben, was ihm zweckmäßig erschien (Die römische Kurie, S. 189 und 191 [vgl. Anm. 5]), was dann in seinem Brief vom 13. September 1530 eine Parallele fände.

29. NBD I, 1. EB, S. 127f.

30. Auch für den August 1530 halte ich die Annahme einer manipulierten Berichterstattung durch Campeggio für nicht erforderlich (Kardinal Lorenzo Campeggio, S. 143f. [vgl. Anm. 5]).

31. Wenn die Veränderungswünsche vom Legaten kamen, dann ist unverständlich, warum nicht alle berücksichtigt wurden – an diesen Stellen wäre der Konflikt dann vorprogrammiert gewesen. Honée nimmt an, Campeggio sei darüber informiert worden (Zur Vorgeschichte, S. 23f.). Darüber erfahren wir aber aus dem Briefwechsel des Legaten nichts. Vielmehr müßte die Umarbeitung nach Honées Datierung vor dem 11. September erfolgt sein, aber noch am 13. September teilte der Kardinal alle von „Theologen" gewünschten Änderungen mit (vgl. NBD I, 1. EB, S. 127).

Im Traktat wird in acht Punkten festgehalten, wie ein von beiden Seiten annehmbarer Reichstagsabschied in Religionssachen aussehen könne:

1. Die Artikel des Augsburger Bekenntnisses sollen festgehalten werden, bei denen eine Einigung während der Ausgleichsverhandlungen im August erzielt wurde.

2. Die strittigen Artikel werden fixiert und dem zukünftigen Konzil zur Entscheidung vorgelegt. Bis dahin soll hierüber nichts publiziert, nicht gepredigt und nicht außerhalb der Universitäten diskutiert werden.

3. Die noch vorhandenen Klöster sollen bestehen bleiben, und die Güter der aufgehobenen sollen bis zum Konzil „bewahrt" werden; dort müsse dann darüber Rechenschaft abgelegt werden. Aus dem Ertrag dieser Güter sollen in der Zwischenzeit unterstützungsbedürftige, vertriebene Ordensleute Geld erhalten.

4. Die Messen sollen wie bisher zelebriert werden. Was an ihnen umstritten sei, wird vom Konzil entschieden.

5. Die Stände, die die Confessio Augustana anerkannten, sollen sich in bezug auf Laienkelch und Priesterehe so verhalten, wie sie dies vor Gott, dem Kaiser und dem Konzil meinen verantworten zu können.

6. Weitere Neuerungen sollen unterbleiben.

7. Kein evangelischer Stand darf sich in die Belange anderer Obrigkeiten einmischen.

8. Die Anhänger der Confessio Augustana sollen dem Kaiser gehorsam sein wie die anderen Stände[32].

Durch die Veränderungswünsche wurden vor allem die Punkte 3 und 4 für die Protestanten erschwert. Wenn es zum letzteren hieß, daß auch die Privatmessen beibehalten werden sollen[33], so konnte dies den evangelischen Widerspruch nur verschärfen, da ohnehin schon der Gebrauch des großen und des kleinen Kanons von ihnen gefordert wurde.

Campeggio meinte in seiner Stellungnahme, es könne nicht all dies als gut katholisch bezeichnet werden. Aber es gehe auch gar nicht darum, daß der Papst dies den Lutheranern konzediere, sondern man solle die Dinge einfach bis zum Konzil „laufen" lassen. Der Legat verwies darauf, daß im Zusammenhang von Laienkelch und Priesterehe nur vom Kaiser gesprochen werde[34], so daß Rom

---

32. Vgl. *Ehses,* S. 149f., und *Förstemann,* Bd. 2, 1835, Neudruck Osnabrück 1966, S. 416–419, wo allerdings die zweite Fassung des „Tractatus" abgedruckt ist; der Erstentwurf geht dort aus den Anmerkungen hervor, die dem Dokument „BB" entnommen wurden; auf einen Fehler bei *Förstemann* 2, 417, macht *Honée:* Zur Vorgeschichte, S. 18, Anm. 52 aufmerksam.

33. Vgl. *Ehses,* S. 151, und *Honée,* a.a.O. S. 18–20.

34. NBD I, 1. EB, S. 127.

dann gegenüber den Deutschen oder anderen Völkern nicht gebunden wäre. Den letzten, achten Punkt wertete der Kardinal dahingehend aus, daß die Anhänger des Augsburger Bekenntnisses jetzt gegen Wiedertäufer und Sakramentarier vorgehen müßten[35] – wahrscheinlich ist hier von Truchseß und Vehus, aber auch an andere Dinge wie Beteiligung an der Abwehr der Türken gedacht gewesen.

Es ist gesagt worden, daß durch diese Verhandlung nicht nur ein politischer Anstand, ein Waffenstillstand erreicht werden sollte, sondern daß nach wie vor die Wiederherstellung des gemeinsamen Kirchenverbandes angestrebt worden sei, für die diese Einigung ein Schritt in der rechten Richtung sein sollte, während das Konzil dann die völlige Einheit der Kirche wiederherzustellen gehabt hätte[36]. Dies ist sicher richtig, aber es ist fraglich, ob man diese Teileinigung in religiösen Fragen deswegen als nahezu unpolitisch hinstellen kann. Denn wenn sie erreicht war, dann hatte dies erhebliche politische Folgen. Auch wird im „Tractatus" von der zu bewahrenden „pax et unitas in Imperio" gesprochen[37], der Zusammenhang von kirchlicher und politischer Lösung also durchaus gesehen[38]. Wenn sich die Anhänger der Confessio Augustana gegen eine weitere Diskussion theologischer Themen wehrten[39], dann weil sie erkannt hatten, daß eine Einigung in den kirchlichen Fragen nicht möglich erschien und daß sie bei ihren Gesprächen im August wohl schon mehr als vertretbar der Gegenseite entgegengekommen waren. Daß mit dem „Tractatus" den Protestanten der entgegenkommendste Vorschlag von altkirchlicher Seite gemacht wurde[40], ist unbestreitbar. Trotz fieberhafter Aktivitäten der Unterhändler kam aber dennoch keine Einigung zustande: Die evangelischen Stände ließen sich trotz Drohungen, es werde zu einem Krieg gegen sie kommen[41], nicht von ihrer Forderung nach einer politischen Verständigung trotz bestehen bleibender religiöser Unterschiede abbringen.

---

35. Ebd.

36. *Honée:* Accentverschuivingen, S. 406 (vgl. Anm. 17).

37. *Ehses,* S. 150.

38. Es ist Honée aber umgekehrt darin recht zu geben, daß es bei diesem Vermittlungsversuch nicht nur um „eine rein politische" Regelung ging; so *Immenkötter,* S. 78 und 73f.

39. So auch am 13. September, als sie die Vorschläge von Truchseß und Vehus ablehnten und eine politische Verständigung forderten; vgl. *Honée:* Zur Vorgeschichte S. 32.

40. Dies hat schon Johannes von Walter betont: Diese Übereinkunft ist „als das weitgehendste anzusehen ..., was den Protestanten von katholischer Seite vorgeschlagen worden ist" (Der Reichstag zu Augsburg, in: Luther-Jahrbuch 12, 1930, Nachdruck 1967, S. 84).

41. *Honée:* Zur Vorgeschichte, S. 32; Beckmann hatte bereits Anfang September Melanchthon warnend mitgeteilt, der Kaiser schrecke vor einem Krieg nicht zurück (*Honselmann,* S. 437).

Sogar der Legat ließ sich davon beeindrucken. Er überlegte sich, unter welchen Voraussetzungen den Anhängern des Augsburger Bekenntnisses[42] vom Kaiser Friede und Ruhe bis zum nächsten Reichstag oder, wenn auch dort keine theologische Übereinkunft möglich sei (was Campeggio offenbar für nicht ausgeschlossen hält), bis zum zukünftigen Konzil zugesichert werden können. Es handelt sich also um einen Entwurf für einen politischen Waffenstillstand, der allein von Karl V. und keineswegs vom Papst abgeschlossen werden soll, obwohl darin gleichzeitig zu fixieren ist, welche Übereinkunft in theologischen und kirchlichen Fragen zur Zeit vorhanden ist. Dieser Entwurf wurde vom Kardinal eigenhändig niedergeschrieben. Wir haben aus seiner Legation am Kaiserhof 1530–1532 nur wenige Dokumente von seiner Hand. Meistens handelt es sich um Nachschriften zu Briefen, die er rasch selbst hinzufügte[43]. Für die normale Post hatte er seine Schreiber. Wollte er dem Papst etwas streng Vertrauliches mitteilen, ließ er seinen jüngeren Bruder Tommaso zur Feder greifen, der ihn bei dieser Legation begleitete[44]. Nur wenn es um höchst gewichtige Dokumente ging wie die Zusammenfassung seiner Vorschläge zur Beseitigung der Häresie, die für den Kaiser persönlich bestimmt waren, schrieb er selber[45]. Es werden deswegen auch diese bisher unbekannt gebliebenen Äußerungen auf besondere Aufmerksamkeit rechnen können[46].

In sechs Punkten trägt der Legat zusammen, was er für eine Gewährung eines Waffenstillstandes gegenüber den Lutheranern für erforderlich hält. Er meint 1., daß die Artikel der Confessio Augustana aufgeschrieben werden sollen, bei denen eine Verständigung möglich war – der Legat zitiert hier lediglich den ersten Punkt des „Deliberatorius tractatus". Im 2. Abschnitt geht es um dieselbe Problematik, nämlich die strittigen Artikel. Campeggio beginnt ihn in nahezu der Fassung, die er durch die Überarbeitung der Theologen erfuhr, um dann aber die Verantwortung des Kaisers zu artikulieren, damit nicht von dem abgewichen wird, was die römisch-katholische Kirche als Wahrheit festlegte. Den Lutheranern soll lediglich zugestanden werden, daß sie bei ihrer Meinung bis

42. Auch hier geht es nur um sie, nicht aber um die süddeutschen Städte, die eine eigene Confessio vorgelegt hatten, vgl. die Überschrift zu Campeggios Erwägungen unten als Anlage.

43. So zu seinem Brief vom 5./6. Juni 1530, von dem eine Reproduktion auf einer Tafel nach S. XCIII in NBD I, 1. EB wiedergegeben wurde.

44. So geschehen am 13. November 1530; vgl. NBD I, 1. EB, S. 178–182.

45. Dies ereignete sich etwa am 12. Mai 1530; vgl. NBD I, 2. Ergänzungsband 1532, bearbeitet von *Gerhard Müller,* Tübingen 1969, S. 469–471.

46. Ich hatte schon in früheren Studien von der Existenz dieses Dokumentes berichtet. Die derzeitigen Forschungen zum Augsburger Reichstag lassen seine Publikation als ein Desiderat erscheinen; vgl. z.B. *Immenkötter,* S. 74, Anm. 33.

zum nächsten Reichstag oder dem zukünftigen Konzil verbleiben, dessen Entscheidung sie sich schon jetzt unterwerfen müssen. Die Stände, die die Confessio Augustana unterschrieben haben, sollen sich bis dahin so verhalten, daß sie Gott, dem Konzil und dem Kaiser über ihre Lehren und Bräuche „gerecht und katholisch antworten und sich rechtfertigen können". Wo sie unfromm gehandelt haben, müssen sie sich der Entscheidung des Konzils und des Kaisers als gehorsame Fürsten unterwerfen. Hier hat der Legat Gedanken aufgegriffen, die im 5. Punkt des „Tractatus" formuliert worden waren, wobei allerdings den Fragen nach Laienkelch und Priesterehe nicht mehr die Ehre einer besonderen Nennung zuteil wird. Im 3. Abschnitt forderte Campeggio, daß mit Ausnahme der im 2. Punkt festgelegten Themen keine Abweichung von der römischen Kirche zu dulden ist. Neuerungen dürfen nicht vorgenommen werden – der Legat zitiert hier unter anderem einen Satz aus dem 6. Punkt des „Tractatus". Im 4. Teil wendet Campeggio sich der Frage der Klöster zu, wobei er wieder verschiedentlich Formulierungen des Traktats verwendet. Er betont, daß die Klöster, die noch vorhanden sind, „ruhig und friedlich" bestehen bleiben sollen. Der Kaiser soll sich mit den protestantischen Fürsten über die Verwaltung der verlassenen Klöster so verständigen, daß darüber dem „zukünftigen römischen Konzil" Rechenschaft abgelegt werden kann. Der Kardinal hat aber auch Aussagen wegfallen lassen, die im „Tractatus" vorkamen, z.B. über die Versorgung von vertriebenen Klosterpersonen aus Gütern verlassener Klöster.

Im 5. Punkt greift der Legat Formulierungen des letzten Punkts des „Traktats" auf, den er etwas wortreicher formuliert, wobei die Verben „unterschreiben, versiegeln und billigen" bei Campeggio die Verpflichtung auf die allgemeinen Beschlüsse des Reichstages stärker zum Ausdruck bringen, als dies vorher der Fall war. Der Kardinal fügt schließlich noch eine letzte Bestimmung hinzu, durch die er eine Forderung aufgreift, die als Zusatz zum 7. Punkt des „Tractatus" hinzugefügt worden war: Es sollen die Stände, denen dieser Anstand gilt, namentlich genannt werden. Dies erscheint ihm als so wichtig, daß er daraus eine eigene letzte Forderung macht[47].

Campeggios Erwägungen sind undatiert. Sie sind von ihm wohl recht rasch niedergeschrieben worden[48]. Es ist deutlich, daß er sich ganz auf die Erreichung einer vorläufigen und begrenzten Übereinkunft konzentriert. Theologische Diskussionen werden ausgeklammert. Deswegen wird auch die Frage der Messe mit keinem Wort erwähnt. Vielmehr sollen Konsens und Dissens festgehalten

47. Vgl. unten die Anlage mit dem bei *Ehses,* S. 149–152 gedruckten Text.

48. Vgl. die unten im Apparat zur Anlage mitgeteilten Korrekturen, die der Legat selber vornahm.

werden, und weitere Neuerungen unterbleiben. Die Entscheidung bleibt einem weiteren Reichstag oder – endgültig – dem Konzil vorbehalten. Bis dahin dürfen sich die Lutheraner in dem Rahmen bewegen, der ihnen jetzt konzediert wird. Lediglich das Problem der Klostergüter bedarf nach Campeggios Auffassung einer besonderen Zusatzregelung. Aufgrund dieser Übereinkunft verpflichten sich die Protestanten, allen Forderungen nachzukommen, die ihnen als Reichsständen auferlegt werden. Hier wird wieder primär an ihren Beitrag zur Türkenabwehr zu denken sein.

Dieser Vorschlag entspricht der pragmatischen Art Campeggios[49]. Es überrascht, daß der Vertreter des Papstes bereit ist, die Religionsfrage in der Schwebe zu lassen. Von der Vernichtung der Häretiker, zu der der Kaiser verpflichtet ist, wird jetzt nichts gesagt. Der Jurist Campeggio hält es demnach für möglich, daß Karl V. sich über grundsätzliche Forderungen des Kirchenrechts hinwegsetzt. Allerdings legt er peinlichen Wert darauf, daß dieser Anstand lediglich zwischen Karl V. und den lutherischen Obrigkeiten geschlossen wird. Von einer Billigung dieses Vorgehens durch den Papst ist keine Rede. Daß man an der Kurie trotzdem guter Hoffnung sein konnte, weil ja das „römische Konzil" das letzte Wort haben soll, versteht sich von selbst.

Der Legat hat nachträglich, wie aus Tinte und Schriftzügen hervorgeht, auf seinem Dokument notiert, daß es ohne Einfluß geblieben ist. Die Entwicklung verlief am Reichstag anders, weil der Kaiser im ersten Entwurf des Reichstagsabschiedes die Confessio Augustana für widerlegt erklärte und den Protestanten lediglich eine befristete Bedenkzeit zur Umbesinnung, nämlich zur Rückkehr zur alten Kirche gewährte[50]. Demgegenüber wäre die Lösung Campeggios die modernere gewesen – daß ihr die Zukunft gehörte, sollte der Nürnberger Anstand von 1532 zeigen[51].

Es wurde noch nicht gefragt, wann Campeggios Erwägungen formuliert wurden. Daß sie vor dem „Tractatus" entstanden, ist unwahrscheinlich. Dann müßte dessen Verfasser von ihm abgeschrieben haben – der Legat hat aber sein Dokument wohl kaum herausgegeben, und der Autor des „Tractatus" hätte sicher auch die Legitimierung einzelner Passagen durch den Vertreter des Papstes besonders herausgestrichen, wie er auch umgekehrt es kaum hätte wagen können, Vorschläge zu machen, die von denen des Legaten abgewichen wären. Es kann nur umgekehrt so sein, daß Campeggio den „Traktat" und die dazu geäußerten Veränderungswünsche kannte, als er seine Erwägungen anstellte.

49. Vgl. *Müller:* Kardinal Lorenzo Campeggio, S. 150.

50. Vgl. den Entwurf des Reichstagsabschiedes vom 22. September bei *Förstemann* 2, S. 474–478.

51. Vgl. *Müller:* Die römische Kurie, S. 189–222 (vgl. Anm. 4).

Anlaß dazu bestand besonders am 15. September, nachdem er am Abend vorher dringend gebeten worden war, einige Zugeständnisse an die Protestanten in bezug auf Messe, Laienkelch, Priesterehe und Kirchengüter zu machen[52]. Der Kardinal mußte dies ablehnen, da ihm von der römischen Kurie nur erlaubt worden war, in bezug auf Laienkelch und Priesterehe einige Entwicklungen nicht zu „sehen" – er sollte nicht offiziell protestieren, wenn der Kaiser den Protestanten in diesen Fragen etwas konzedierte[53]. Dieses „Verschließen der Augen" war aber unmöglich, da der Kaiser auf einer Billigung solcher Zugeständnisse durch den Papst bestand. Da der Legat wußte, daß Clemens sich dazu schon aus Rücksicht auf andere Länder nicht verstehen wollte[54], konnte er seinerseits nur auf einem harten Nein gegenüber allen Bitten einer Legitimierung kirchlicher oder theologischer Veränderungen bei den Lutheranern durch ihn bestehen. Er hat sich jedoch gleichzeitig gefragt, ob nicht eine befristete Übereinkunft für die Habsburger erforderlich und unter welchen Bedingungen sie möglich sei[55]. Das hat er mit seinen Erwägungen über eine Duldung der Lutheraner getan – aber ohne Erfolg[56]. Bereits am 13. September schrieb er enttäuscht nach Rom: Von den Protestanten würden wesentliche Forderungen für einen Kompromiß abgelehnt, so daß es besser gewesen wäre, wenn die ganze Religionsfrage gar nicht angegangen worden wäre[57]. Nachdem auch der erste Entwurf des Reichstagsabschiedes von den Lutheranern abgewiesen worden war, eröffnete Karl V. dem

52. Dies berichtet Tiepolo; vgl. *Die Depeschen des venezianischen Gesandten Nicolò Tiepolo über die Religionsfrage auf dem Augsburger Reichstage 1530,* hg. von *Johannes von Walter* (Abhandlungen der Gesellschaft der Wissenschaften zu Göttingen, phil.-hist. Klasse, N.F. 23,1), Berlin 1928, S. 74f.

53. In einem Brief vom 8. September wird mitgeteilt, daß dieser Auftrag bereits in einer Depesche vom 30. August stand (NBD I, 1. EB, S. 120, und 2. EB, S. 615). Honée meint, ich hätte aus dem kurialen Schreiben vom 8. September zu weitgehende Folgerungen gezogen (Zur Vorgeschichte, S. 26, Anm. 74). Ich gebe aber nur das wieder, was in diesem römischen Brief steht, während Honée es vorzieht, sich auf eine Formulierung des römischen Gesandten Ferdinands, Andrea da Burgo, zu stützen.

54. NBD I, 1. EB, S. 80f.

55. Darin besteht meines Erachtens die Lösung der Frage, warum sich der Legat einerseits bemühte, den Kaiserhof vor einem Scheitern seiner Politik zu bewahren, andererseits aber es ablehnte, von dort propagierte Lösungen zu sanktionieren: Hierzu fehlte ihm von Rom die Vollmacht, so daß er Karl V. zu Entschlossenheit mahnte, ihn zugleich aber auch bei der Suche nach einer vorläufigen Regelung unterstützte.

56. Es darf also auch an dieser Stelle der Einfluß des Legaten auf den Kaiserhof und das Reichstagsgeschehen nicht überschätzt werden! Campeggios persönliche Meinung kommt in den unten abgedruckten Überlegungen zum Ausdruck, aber wohl nicht schon in der Kritik am „Deliberatorius tractatus", die demnach tatsächlich auf altkirchliche Theologen zurückgeht; vgl. oben bei Anm. 22 und 26.

57. NBD I, 1. EB, S. 129.

Legaten, daß er bereit sei, mit Gewalt gegen die Protestanten vorzugehen, daß er dies aber nicht allein zu tun gewillt sei[58]. Da tatsächlich die Unterstützung

58. NBD I, 1. EB, S. 138. Honée meint, der erste Entwurf des Reichstagsabschiedes sei ein großes Entgegenkommen der altkirchlichen Stände gegenüber den Protestanten gewesen, wofür er sich auf ein recht positives Urteil Melanchthons über den Text dieses Rezesses beruft (Zur Vorgeschichte, S. 55). Nun ist aber lange bekannt, daß diese Meinung Melanchthons nicht typisch ist (*H. Virck:* Melanchthon's politische Stellung auf dem Reichstag zu Augsburg, in: Zeitschrift für Kirchengeschichte 9, 1888, S. 337f.). Vor allem die scharfen Worte Kurfürst Joachims vom 23. September (*Schirrmacher,* S. 315–319) mußten Sorgen hervorrufen. Aber auch das Verhalten des Kaisers gegenüber den Reichsstädten, die die Confessio Augustana anerkannt hatten, ließ diese feststellen, „der Handel" sei „beschwerlich genug", und der Kaiser sei dabei sehr „hitzig" (Corpus reformatorum, Bd. 2, Halle 1835, Sp. 390f.). Natürlich kann man fragen, ob Karl V. um Gelder für Truppen bat, weil er gegen die Protestanten vorgehen wollte oder weil er in Wahrheit Unterstützung für sein Heer in Italien brauchte (*Eduard Wilhelm Mayer:* Forschungen zur Politik Karls V. während des Augsburger Reichstags von 1530, in: Archiv für Reformationsgeschichte 13, 1916, S. 57). Aber die Möglichkeit eines „ungnädigen" Vorgehens gegen die Anhänger der Reformation war nicht ausgeschlossen, so daß diese sich Gedanken machten, wie sie dem begegnen könnten. Besonders Landgraf Philipp von Hessen bemühte sich, seine Verbündeten auf die Gefährlichkeit der Lage aufmerksam zu machen und sie zu Rüstungen zu veranlassen (was zugleich natürlich auch im Interesse seiner antihabsburgischen Politik lag!). Am 28. Oktober 1530 antwortete die Stadt Magdeburg dem Landgrafen, sie sei bereit, „hylffe und beystande, szo es die noeth erfordern wurde, [zu] ertzeigen und das unser [zu] thun, in vortrawungh zu Godt dem hern, er werde auch seyne geweltige handt vorley henn, E[uer] F[ürstliche] G[naden], auch ander und uns bey seynem worthe, welches nicht untergehn kann, schutzenn". Philipp wird gebeten, die Magdeburger zu informieren, wenn er Neues erfährt, wie sie ihn auch ihrerseits rasch unterrichten wollen (Staatsarchiv Marburg, Bestand 3, Nr. 2081, f. 3^r–4^r; Ausfertigung). Graf Albrecht von Mansfeld begrüßte in einem Brief vom 5. November 1530 an den Landgrafen dessen Rüstungen wegen des „ungnedig abschied zu Auspurck" und erklärte, er wolle auch seinerseits zwecks gegenseitiger Unterstützung militärische Vorbereitungen treffen (a.a.O., Nr. 2141, f. 34^r; Ausfertigung). Auch die italienischen Gesandten am Kaiserhof rechneten Ende September 1530 mit der Möglichkeit eines militärischen Eingreifens Karls V. (*Müller:* Die römische Kurie, S. 113–116 [vgl. Anm. 4]), so daß die Interpretation der Lage am 23. September durch *Honée* (Accentverschuivingen, S. 412 [vgl. Anm. 17]) als zu einseitig angesehen werden muß (die Honée entgegengesetzte Wertung vertritt *Virck:* „Unmöglich konnten die Protestanten, wenn sie nicht ihr eigenes Todesurteil sprechen wollten, diese Forderungen – im Abschiedsentwurf vom 22. September – bewilligen", S. 336). Es ist auch ein Mißverständnis, wenn Honée meint, die lutherischen Reichsstädte hätten sich den radikalen evangelischen Fürsten von Hessen und Lüneburg „am meisten verwandt" gefühlt (Zur Vorgeschichte, S. 31). Zwar waren sie in der Frage einer Wiederherstellung der bischöflichen Jurisdiktion sehr zurückhaltend (vgl. *Wilhelm Maurer:* Erwägungen und Verhandlungen über die geistliche Jurisdiktion der Bischöfe vor und während des Augsburger Reichstages von 1530; in: ders.: Die Kirche und ihr Recht. Gesammelte Aufsätze zum evangelischen Kirchenrecht [Jus ecclesiasticum, Bd. 23], Tübingen 1976, S. 208–253, und *Alfred Reuter:* Luthers und Melan-

des Kaisers allzu bescheiden ausfiel, blieb es bei seiner Androhung von Gewalt. Unter veränderten Umständen mußte dann doch ein Waffenstillstand geschlossen werden. Campeggio hat dies auf altkirchlicher Seite recht früh in seine Erwägungen einbezogen. Seine Bedingungen konnten 1532 nicht durchgesetzt werden und wären wohl auch 1530 von den Lutheranern nicht angenommen worden[59]. Daß sie dem angemessen waren, was unter den vorhandenen Möglichkeiten von päpstlicher Seite gefordert und zugleich angeboten werden konnte, spricht für die Urteilskraft ihres Verfassers.

Prof. Dr. Gerhard Müller
Sperlingstraße 59, D-8520 Erlangen

Anlage

Erwägungen Lorenzo Campeggios über eine Duldung der deutschen Lutheraner

[Augsburg, 1530 September ca. 15]

Rom, Biblioteca Apostolica Vaticana,
Vat. lat. 6197 f. 284[r1] *(eigenhändig)*

Non habuit effectum[2].

Infrascripta videntur esse media, per que maiestas Cesarea possit usque futuram dietam vel, si in ea ulterius non concordabitur, ad futurum concilium constituere interim pacam et tranquilitatem in germania cum principibus et civitatibus, que dederunt suam confessionem[3] et se subscripserunt.

---

chthons Stellung zur jurisdictio episcoporum, in: Neue Kirchliche Zeitschrift 36, 1925, S. 562f.), aber sonst konnten sie es wegen ihrer Handelsbeziehungen nicht wagen, mehr als unbedingt nötig gegen den Kaiser vorzugehen, dessen Macht vom Nürnberger Ratsschreiber Lazarus Spengler voll und ganz im Sinne von Luthers Zwei-Reiche-Lehre anerkannt wurde.

59. Entscheidend war bekanntlich, ob es sich bei dem Konzil um eine Versammlung im Sinne der römischen Kurie oder der Protestanten handeln würde.

1. Es handelt sich um einen Sammelband, in den diese Aufzeichnung des päpstlichen Legaten aufgenommen wurde. Die vom Legaten gebrauchten Abkürzungen wurden stillschweigend aufgelöst; die Zeichensetzung wurde vereinheitlicht, Zusammen- und Getrenntschreibung wurden normalisiert; Groß- und Kleinschreibung wurden dagegen beibehalten. Lediglich wurde nach Punkten mit Majuskeln begonnen.

2. Nachträglich von Lorenzo Campeggio über seinen Text geschrieben.

3. Nämlich die Confessio Augustana.

Primo ut articuli, super quibus unanimis concordia est, simul conscribantur, quantum et in quibus concordatum est[4].

Secundo quod articuli, super quibus omnino nihil aut in parte non est concordatum, itidem simul scribantur, et maiestas Cesarea ad conservandam pacem et tranquilitatem germanie non reprobando nec recedendo a veritate et determinatione universalis et sancte romane ecclesie, que secus in illis tenet, ut in responsione[5] eis data[6] aparet, tolleret[7], ut ipsi permaneant in eorum opinione, donec aliter fuerit concordatum in futura dieta aut aliter determinatum in futuro concilio, cuius determinationi ex nunc se subiciant. Et in predictis debent elector[8] aliique principes[9] simul cum suis in hac re coniunctis[10] usque ad futurum concilium ita agere, ut deo, futuro concilio et Cesareae maiestati super his iuste et catholice respondere et se iustificare possint et valeant, quod, si tunc compertum fuerit eos hisce in rebus iniuste, minus catholice aut impie gessisse[11], debent se humiliter submittere clementi cognitioni et dispositioni concilii et Cesareae maiestatis, uti obedientes decet principes.

Tertio quod praeter ea in quibus concordatum in totum vel imparte non est, ut in summa proximo capitulo[12], quod in ceteris omnibus concordet cum universali ecclesia romana et universali statu rei publice christiane; et omnes alii errores seminati tamen in libellis impressis et non impressis et in praedicationibus censeantur reiecti et explosi tamquam heretici, erronei, scandalosi et piarum animarum offensivi; et quidquid sentit et aprobat sancta romana ecclesia, illud sentiant, aprobent et observent in suis terris et dominiis; et quidquid reprobat et reicit sancta romana ecclesia, illud reiciant, reprobent et removeant, nullaque novitas in christiana religione ulterius attentetur, et in eorum dominiis neminem acceptent aut defendant, nisi sint eorum subditti et attinentes aut confederati.

Quarto ut monasteria, que nondum[13] desolata sunt, sic in regulis cerimoniisque suis atque etiam in bonis censibusque suis usque ad determinationem futuri concilii dimittantur quiete ac pacifice. Quantum vero ad bona desolatorum monasteriorum et illorum, que detinentur a monachis coniugatis, collegiorum et benefitiorum attinet, maiestas Cesarea una cum dictis principibus concordet de modo gubernandi, colligendi fructus et per quos ac de eorum distributione, ita tamen quod de omnibus reddatur romano futuro concilio in eventum, quod aliter in futura dieta non fuerit concordatum, at salvis iuribus electoris, principum et eis

---

4. Es sollte also das Ergebnis der Ausgleichsverhandlungen vom August 1530 festgehalten werden.

5. Manuskript: resposione.

6. Nämlich in der Confutatio.

7. Korrigiert aus: permittat.

8. Nämlich der Kurfürst von Sachsen.

9. Markgraf Georg von Brandenburg-Ansbach, die Herzöge Ernst und Franz von Braunschweig-Lüneburg, Landgraf Philipp von Hessen und Fürst Wolf zu Anhalt.

10. Neben den freien Reichsstädten Nürnberg und Reutlingen, die das Augsburger Bekenntnis am 25. Juni unterschrieben hatten, werden im Entwurf des Reichstagsabschiedes vom 22. September noch Kempten, Heilbronn, Windsheim und Weißenburg genannt (*Förstemann* 2, S. 475), die Mitte Juli nachträglich die Confessio anerkannt hatten (Bekenntnisschriften der evangelisch-lutherischen Kirche, 6. Aufl. Göttingen 1967, S. 136f. Anm. 1).

11. Korrigiert aus: gessisset.

12. Nämlich in Punkt 2.

13. Manuskript: nundam.

coniunctorum in suis protectionibus, advocatiis, feudis omnibusque aliis iuribus et que ipsi et maiores eorum ab antiquo habuerunt et habent.

Quinto quod in reliquis huius imperialis conventus negotiis simul cum ceteris imperii statibus se subscribant, sigillent et aprobent ac se obedientes et conformes ostendant et exibeant.

Ultimo quod in ista concordia exprimantur, qui sint principes, civitates, coniuncti et confederati eorum, ut sic aperte apareat, qui sint in isto tractatu comprensi et qui non.

ABSTRACT

In the newer research on the ‚Augsburger Reichstag' of 1530, the interest is mostly concentrated on the discussions in August and September. The intercession of the Württemberg governor of Ferdinand I, Georg Truchseß of Waldburg, and the chancellor of Baden, Hieronymus Vehus, in the middle of September, must be seen in this connexion. They tried to have their proposals approved of by the Catholics but had to accept at the same time changes made by the theologians of that side. The nuncio of the Pope, Campeggio, was also involved in the discussions and corrected the plans of intercession according to his conceptions. This document, which had been unknown up to now, is printed here. It had no effect because the nuncio strictly refused to legitimate concessions made by the Emperor. An agreement between Karl V and the Protestants should only quietly be tolerated by the Pope. As the Emperor did not accept that, the Protestant ‚Stände' were asked on September 22^{tn}, to come back to the Old Church within half a year. When that did not happen, the Emperor nevertheless had to take the actions in 1532, which Campeggio already had shown in September 1530.

Die Besetzung des Bistums Münster im Jahr 1532

Eine Stellungnahme Kardinal Lorenzo Campeggios

Die nordwestdeutschen Bistümer waren am Anfang des 16. Jahrhunderts fast alle von Mitgliedern der Braunschweiger Fürstenhäuser besetzt worden: Christoph von Braunschweig-Wolfenbüttel war 1502 Bischof von Verden und 1511 Erzbischof von Bremen geworden, während sein jüngerer Bruder Franz 1508 das Bistum Minden übernehmen konnte [1] — ihr Bruder Herzog Heinrich hat bekanntlich nicht nur im norddeutschen Raum, sondern im gesamten deutschen Bereich einen hervorragenden politischen Part während der ersten Hälfte des 16. Jahrhunderts übernommen [2]. Aus dem Hause Braunschweig-Grubenhagen war Erich II. im Jahr 1508 die gleichzeitige Übernahme der Bistümer Osnabrück und Paderborn gelungen [3]. Diese Braunschweiger Vorherrschaft ließ sich aber nur bis 1530 aufrecht erhalten. Als in diesem Jahr Bischof Franz starb, versuchte Heinrich zwar, seinem dreijährigen Sohn Philipp das Bistum Minden zu sichern, aber dies schlug fehl, weil die Mindener „auf Betreiben des Herzogs von Jülich und Kleve und des Erzbischofs von Köln" den Grafen Franz von Waldeck wählten, was „eine heftige Feindschaft zwischen Heinrich" und dem neuen Bischof zur Folge hatte [4].

Eine neue Entwicklung bahnte sich an, als Friedrich von Wied, der 1523 Bischof von Münster geworden war [5], 1531 auf sein Bistum verzichtete. Bei dem Ringen um dessen Nachfolge wurde der Bischof von Osnabrück und Paderborn, Erich von Braunschweig-Grubenhagen, von Kurfürst Johann von Sachsen und Landgraf Philipp von Hessen unter-

---

1 Stammtafeln zur Geschichte der europäischen Staaten, Bd. I, Marburg 1965, Tafel 70.

2 Vgl. über ihn den Artikel von *Heinrich Schmidt* in: Neue Deutsche Biographie 8 (1969) 351 f.

3 Stammtafeln I, Tafel 68.

4 *Hugo Hoyer*, Untersuchungen über die Reformationsgeschichte des Fürstentums Osnabrück unter den Bischöfen Erich II. von Grubenhagen und Franz I. von Waldeck: Zeitschrift der Gesellschaft für niedersächsische Kirchengeschichte 31 (1926) 143.

5 *Wilhelm van Gulik* und *Konrad Eubel*, Hierarchia catholica medii aevi, Bd. 3, Münster 1910, S. 265.

6 *Hoyer* S. 138 f.

stützt [6], den führenden evangelischen Fürsten, die von ihm offenbar keine antiprotestantische Politik erwarteten. Dies war deswegen von besonders großer Bedeutung, weil die reformatorische Lehre bereits jetzt in der Stadt Münster breite Zustimmung gefunden hatte, was Kaiser Karl V. am 25. November 1531 veranlaßte, aus Brüssel einen Brief an den Bürgermeister und den Rat der Stadt zu richten und sie zur Unterdrückung der „lutherischen Irrlehre" aufzufordern [7]. Bischof Erich gelang es dann auch, vom Münsteraner Domkapitel zum neuen Bischof gewählt zu werden. Würde die römische Kurie sich darauf einlassen?

Das Datum des 26. März 1532 hat ein Breve getragen, das an Kardinal Lorenzo Campeggio gerichtet war und in dem er aufgefordert wurde, sich zu informieren, ob man der Resignation Friedrichs zustimmen solle. Seine schlechte Gesundheit „und andere Gründe" waren in Rom als Ursache des Abdankungsgesuches genannt worden [8]. Außerdem sollte der Legat, der zu der Zeit am Kaiserhof weilte [9], eruieren, ob es tunlich erscheine, dem Bischof von Osnabrück und Paderborn das Bistum Münster anzuvertrauen. Auffällig ist, daß der Name dieses Bischofs in Campeggios Antwort mit „Heinrich" angegeben wird, nicht mit „Erich" [10]. Es erscheint kaum glaublich, daß Campeggio von sich aus den Namen verwechselte. Eher könnte man sich denken, daß im Brevensekretariat die Namensverwechslung passierte und der Legat daran festhielt, um den Informationsprozeß nicht durch eine Berichtigung in die Länge zu ziehen, denn dies hielt er wegen der Zustimmung, die die evangelische Lehre in Münster gefunden hatte, für sehr gefährlich. Oder muß man annehmen, daß sich der Legat so schlecht umhörte, daß er einen falschen Namen nach Rom schrieb bzw. den Fehler der Kurie nicht bemerkte? Daß Erich von Braunschweig-Grubenhagen tatsächlich gemeint ist, geht jedenfalls aus der Nennung seiner jetzigen Bistümer hervor [11].

Lorenzo Campeggio empfiehlt nun Papst Clemens VII. in seiner Antwort auf das Breve dringend, dem Resignationsgesuch Friedrichs von

---

7 Der Brief liegt in einer Kopie in Wien, Haus-, Hof- und Staatsarchiv, Reichskanzlei, Kleinere Reichsstände Fasz. 362, Konvolut I, f. 1rv.

8 Vgl. unten die Anlage.

9 Nuntiaturberichte aus Deutschland nebst ergänzenden Aktenstücken, I. Abt. (zit.: NB I), 1. Ergänzungsband, Legation Lorenzo Campeggios 1530-1531 und Nuntiatur Girolamo Aleandros 1531, bearbeitet von *Gerhard Müller,* Tübingen 1963, S. LXX f.

10 Vgl. unten die Anlage.

11 Auch die Lebensdaten treffen einigermaßen zu. So heißt es, Erich sei jetzt fast 50 Jahre alt und sei mit 24 Bischof von Osnabrück und Paderborn geworden (vgl. unten die Anlage); in den „Stammtafeln" heißt es zwar, Erich sei „um 1478" geboren worden (I, Tafel 68), aber *F. Spehr* nimmt an, Erich sei erst in den achtziger Jahren des 15. Jahrhunderts zur Welt gekommen (Allgemeine Deutsche Biographie 6, Neudruck 1968, 202).

Wied nachzukommen. Friedrich habe nämlich sehr zurückgezogen gelebt und sich kaum persönlich um seine Diözese gekümmert. Seine Vertreter aber hätten das Bistum schlecht verwaltet und auch Leute, die der lutherischen Lehre anhingen, ungestraft wieder aus dem Gefängnis entlassen [12], so daß eine neue, starke Hand nur gut tun könne. So schlecht das Urteil über Friedrich ausfällt, so gut das über „Heinrich", den Bischof von Osnabrück und Paderborn. Er wird als fleißig, klug, von großer Erfahrung und der Waffen nicht unkundig geschildert. Er werde niemals reformatorische Prediger in der Stadt Münster zulassen, die jetzt dort wirken können. Der Kardinal empfiehlt, dem Bischof von Osnabrück und Paderborn seine bisherigen Diözesen zu belassen und ihm Münster zusätzlich anzuvertrauen. Da die westfälischen Diözesen von evangelischen Territorien umgeben seien, verspricht er sich etwas von der Vereinigung dieser drei wichtigen Gebiete in einer einzigen Hand: Dadurch solle und werde einer Ausbreitung der Reformation Widerstand entgegengesetzt werden.

Legat Campeggio versichert, daß er mehrere Zeugen „sub iuramento" über die genannten Personen befragt hat. Sie sind der Meinung, daß die Bestellung des Braunschweigers zum Bischof von Münster nützlich für die Diözese sein wird. Der Kardinal mahnt darüber hinaus zur Eile, damit nicht die Münsteraner Kirche während der Vakanz in lutherische Irrtümer fällt bzw. nicht noch mehr davon beeinflußt wird. Zur Unterstützung seiner Ausführungen fügt er ein Dokument bei, das in Münster geschrieben wurde, welches das Datum des 30. April 1532 trägt und in dem die baldige Bestellung von Bischof Erich zum Bischof von Münster wegen der Verbreitung lutherischer Lehre in der Stadt als notwendig bezeichnet wird [13]. Nach Campeggios Meinung konnten demnach der Papst und die römische Kurie nur die Wahl des Münsteraner Domkapitels gutheißen und Bischof Erich zum Nachfolger Friedrichs von Wied berufen.

Auch Kaiser Karl V. ging davon aus, daß Erich von Braunschweig-Grubenhagen Bischof von Münster werden wird. Vom 12. Mai 1532 liegt nämlich ein Brief aus Regensburg an Erich vor, in dem er ihn auffordert, in Münster einzuschreiten. Von dort sei nämlich zu hören, daß gegen das Wormser Edikt und den Augsburger Abschied von 1530 [14] sich „etlich luterisch prediger in die stat Munster gesetzt, so den ge-

---

[12] Vgl. unten die Anlage.

[13] Dieses Dokument liegt in Rom, Archivio Segreto Vaticano, Nunziatura di Germania 54, f. 130^{r} (Kopie), und ebd., Lettere di Principi 10, f. 165^{v}-166^{v} (Kopie). Der Name des Verfassers wird nicht genannt.

[14] Zu den Entscheidungen über die Glaubensfrage im Herbst 1530 in Augsburg vgl. *Gerhard Müller,* Die römische Kurie und die Reformation 1523-1534. Kirche und Politik während des Pontifikates Clemens' VII. (Quellen und Forschungen zur Reformationsgeschichte 38), Gütersloh 1969, S. 113-134.

mainen, unverstendigen man von der warheit des wort Gots auf ir verfuerisch opinion, secten und leer abziehen, auch wider den gaistlichen und andern weltlichn erbern fromen personen, die noch dem alten waren glauben anhangen, widerwillen, neid und haß machen, daraus annders nicht, wo dem nit mit gepurlicher einsehung furkomen, dan [15] aufruer und pluetvergiessen ervolgen wurde". Dem möge Erich als gewählter Bischof von Münster entgegentreten und „guet ordnung unnder inen" machen, „damit die ungehorsamen widerumb zu gehorsam bracht und die vom thumbcapitl, auch annder gaistlich, desgleichen die vom rat zu Munster in frid, ainigkait und guetem willen beyeinander beleiben und behalten werden mogen" [16]. Aber bevor dieser Brief in Erichs Händen war, starb er, nämlich am 14. Mai 1532 [17], wodurch die Frage der Besetzung des Bistums Münster doppelt dringlich wurde, galt es doch jetzt, auch für die Bistümer Osnabrück und Paderborn neue Bischöfe zu gewinnen.

Kardinal Lorenzo Campeggio hatte auch in seinem Brief von 11. Mai 1532 an Jacopo Salviati in Rom seiner Hoffnung Ausdruck gegeben, daß der Bischof von Osnabrück die Münsteraner wieder auf den rechten Weg zurückführen werde. Am 23. Juni desselben Jahres mußte er aber nicht nur mitteilen, daß der Bischof von Osnabrück gestorben sei, sondern auch daß seine Auskünfte über ihn falsch gewesen seien. Er habe sich auf die Aussagen von vier vertrauenswürdigen Prälaten gestützt, aber jetzt, nach Erichs Tod, habe man erfahren, daß der Verstorbene 20.000 Dukaten von Philipp von Hessen und Johann von Sachsen geliehen und sie Friedrich von Wied gezahlt habe, damit dieser resigniere. Er habe ihm auch eine jährliche Pension von 1800 Fiorini versprochen. Erich sei entschlossen gewesen, die drei Bistümer zu säkularisieren und eine Tochter des sächsischen Kurfürsten zur Frau zu nehmen [18] — ein eklatanter und schwerwiegender Widerspruch zu den lobenden Worten, die Campeggio wenige Wochen zuvor über den Braunschweiger geäußert hatte! Wäre der römischen Kurie nicht durch Erichs Tod die Möglichkeit genommen worden, dem Ratschlag des Legaten vom 11. Mai zu folgen, dann wäre die Entwicklung wohl kaum in dem Sinne verlaufen, den Campeggio in seinen Äußerungen von diesem Tag angegeben hatte. Sein Fehlurteil wiegt um so schwerer, als zur gleichen Zeit der neben ihm wirkende Nuntius Aleander sich sehr viel wirklichkeitsnäher informiert

---

15 Dieses Wort fehlt im Manuskript, ist aber sinngemäß zu ergänzen und findet sich auch in dem Paralleldokument, das in Anm. 22 nachgewiesen wird.

16 Wien, Haus-, Hof- und Staatsarchiv, Reichskanzlei, Religionsakten Fasc. 1, f. 96[rv] (Konzept); dieser Brief befindet sich in einer Kopie auch ebd., Reichskanzlei, Kleinere Reichsstände Fasz. 362, Konvolut I, f. 2[v]-3[r].

17 Vgl. Stammtafeln I, Tafel 68.

18 NB I, 2. Ergänzungsband, Legation Lorenzo Campeggios 1532 und Nuntiatur G. Aleandros 1532, bearbeitet von *Gerhard Müller,* Tübingen 1969, S. 214 und 318 f.

erweist. An demselben Tag, an dem der Kardinal den Bischof von Osnabrück nachdrücklich empfiehlt, am 11. Mai 1532, schreibt nämlich Aleander nach Rom, Friedrich von Wied habe aus seinem Bistum so viel wie möglich herausgeholt und dafür gesorgt, daß das Münsteraner Domkapitel Erich zu seinem Nachfolger gewählt habe — „ein Mensch, der nicht besser ist als er". Man sage auch, daß dies alles durch Simonie vor sich gegangen sei [19]. Aleander hat also schon jetzt Bedenken. Was Campeggio erst eineinhalb Monate später hört, davon hat er schon jetzt erfahren.

Zum neuen Bischof von Münster ist bereits am 1. Juni 1532 vom Domkapitel Franz von Waldeck gewählt worden. Das Osnabrücker schloß sich dem am 11. Juni an, nachdem Franz am 7. Juni einen „Bürgenbrief" hatte ausgehen lassen, durch den sich die Osnabrücker Stände mehr Freiheiten bewahren wollten, als sie unter Erich faktisch besessen hatten. Die schlechten Erfahrungen mit einem Mann aus einem starken Fürstengeschlecht waren bei ihnen mitbestimmend dafür, daß sie den Waldecker Grafen dem Herzog Georg von Braunschweig-Wolfenbüttel, einem Bruder Heinrichs, vorzogen [20]. Kardinal Campeggio sprach sich ebenfalls für Franz von Waldeck als neuen Bischof von Münster und Osnabrück aus. Er schrieb am 23. Juni 1532 nach Rom, er habe ihn auf dem gegenwärtigen Regensburger Reichstag als eine sehr ehrenwerte Persönlichkeit kennengelernt. Franz werde den Lutheranern widerstehen, so daß man sich auch nicht scheuen solle, ihn zum Bischof von drei Diözesen zu machen [21]. Auch Kaiser Karl V. rechnete damit, daß der Bischof von Minden neue Aufgaben bekommen werde. Er forderte nämlich Franz in einem Brief vom 12. Juli 1532 aus Regensburg mit denselben Worten auf, gegen die Lutheraner in Münster vorzugehen, die er zwei Monate vorher an Erich gerichtet hatte [22].

Landgraf Philipp hegte dagegen die entgegengesetzten Hoffnungen. Am 12. Juni 1532 schrieb er nämlich an seine Vertreter bei den Nürnberger Verhandlungen, Franz von Waldeck sei zum Bischof von Münster gewählt worden und werde wohl auch noch Bischof von Osnabrück und Paderborn werden. In den westfälischen Städten werde nun wohl überall das Evangelium angenommen werden. Deswegen dürften im Friedensvertrag, der in Nürnberg diskutiert wurde, keine neuen Anhänger der Reformation ausgeschlossen werden [23]. Franz aber wurde weder Bischof von

---

19 a.a.O. S. 199.

20 *Hoyer* S. 143-145. Der Bürgenbrief wurde abgedruckt von *C. Stüve,* Urkunden aus dem 16. und 17. Jahrhundert: Mitteilungen des Vereins für Geschichte und Landeskunde von Osnabrück 13 (1886) 221-227.

21 NB I, 2. Ergänzungsband, S. 319 f.

22 Vorhanden in Wien, Haus-, Hof- und Staatsarchiv, Reichskanzlei, Religionsakten Fasz. 1, f. 97[rv] (Konzept).

23 *Ch. Gotthold Neudecker,* Urkunden aus der Reformationszeit, Kassel 1836,

Paderborn — hier setzte sich Hermann von Wied durch, für den sich Karl V. in einem Brief an Clemens VII. vom 8. August 1532 aus Regensburg aussprach [24] — noch säkularisierte er die ihm am 16. August 1532 vom Papst anvertrauten Bistümer Minden, Münster und Osnabrück [25]. Er versuchte wahrscheinlich vielmehr, von Papst Paul III. Gelder zur Bekämpfung der Täufer in Münster zu erhalten [26], und verhinderte es auch nicht, daß die Reformation in der Stadt nach dem Zusammenbruch des Täuferreiches im Jahr 1535 unterdrückt wurde [27]. Kardinal Lorenzo Campeggio mußte deswegen sein positives Urteil über Franz von Waldeck vom 23. Juni 1532 nicht bereuen. Es kann höchstens überraschen, daß er sich nach seinem Fehlurteil über den Bischof von Osnabrück vom 11. Mai wenige Wochen später solch ein eindeutig positives Urteil zutraute. Seine Informationen über Westfalen litten darunter, daß er kaum die Kräfte erkannt hat, die hinter dem vordergründigen Tagesgeschehen um dieses Gebiet rangen. Es war dies neben Heinrich von Braunschweig-Wolfenbüttel und Philipp von Hessen [28] vor allem der Kaiser selber [29]. Aber selbst wenn dies zu seiner Entlastung in Betracht gezogen wird, so bleibt doch die Tatsache, daß sich Aleander, der sonst häufig allzu breit berichtete, ohne zu werten [30], in dem speziellen Fall der Beurteilung des gewählten Nachfolgers von Friedrich von Wied als der besser unterrichtete päpstliche Gesandte erwiesen hat.

S. 206 f.; über Franz von Waldeck und die Reformation vgl. *Franz Fischer,* Die Reformationsversuche des Bischofs Franz von Waldeck im Fürstbistum Münster (Beiträge für die Geschichte Niedersachsens und Westfalens, 6. H.), Hildesheim 1907.

[24] Vorhanden in Rom, Archivio Segreto Vaticano, Lettere di Principi 7, f. 229^{v} und 236^{r} (Ausfertigung).

[25] *Hoyer* meint, das römische Entgegenkommen sei darauf zurückzuführen, daß man Franz „im Gegensatz zu seiner Familie desto sicherer und fester bei dem katholischen Glauben zu erhalten" suchte (S. 145 f.).

[26] *Rudolf Schulze* edierte einen Brief dieses Inhalts von Franz an Paul III. von Ende 1534, von dem aber nicht sicher ist, ob er abgeschickt wurde: Der niederländische Rechtsgelehrte Viglius van Zuichem (1507-1577) als Bischöflich-Münsterischer Offizial und Dechant von Liebfrauen (Überwasser) zu Münster (Westf.): Westfälische Zeitschrift 101/102 (1953) 183-230, bes. 224 ff.

[27] *Karl-Heinz Kirchhoff,* Die Belagerung und Eroberung Münsters 1534/35: Westfälische Zeitschrift 112 (1962) 165 f.

[28] *Robert Stupperich,* Heinrich von Braunschweig und Philipp von Hessen im Kampf um den Einfluß in Westfalen (1530/35): a.a.O. 63-75.

[29] Vgl. *Franz Petri,* Nordwestdeutschland im Wechselspiel der Politik Karls V. und Philipps des Großmütigen von Hessen: Zeitschrift des Vereins für hessische Geschichte und Landeskunde 71 (1960) 37-60; mit Petri bin ich der Meinung, daß das Dynastische im Denken Karls V. lange unterbewertet wurde, vgl. meinen Aufsatz „Karl V. und Philipp der Großmütige": Jahrbuch der Hessischen Kirchengeschichtlichen Vereinigung 12 (1961) 1-34.

[30] Vgl. *Gerhard Müller,* Die drei Nuntiaturen Aleanders in Deutschland 1520/21, 1531/32, 1538/39: Quellen und Forschungen aus italienischen Archiven und Bibliotheken 39 (1959) 242 f.

ANHANG

KARDINAL LORENZO CAMPEGGIO AN PAPST CLEMENS VII. Regensburg, 1532 Mai 11

Rom, Archivio Segreto Vaticano, Nunziatura di Germania 54, f. 131rv (Ausfertigung) [1]; ebd., Lettere di Principi 10, f. 164r-165v (Kopie)

Cum superioribus diebus Sanctitas Vestra per litteras in forma brevis ad 26 martii datas [2] mihi mandaverit, ut habita diligenti inquisitione referrem, an expediret Federicum episcopum Monasteriensem [3] ob eius adversam valitudinem et aliis de causis cedere regimini dicte ecclesiae illique prefici Henricum Osnaburgensem et Padebornensem episcopum [4], quapropter Sanctitatis Vestrae mandata subsequtus, quam pluribus sub iuramento examinatis testibus comperi Federicum tunc episcopum Monasteriensem, qui iam in manibus capituli Sanctitatis Vestrae per breve accedente consensu regimini dicte ecclesiae cesserat adeo continua laborare egritudine tamque dubie perpetuo fore valitudinis, ut raro quempiam admitteret qui ad eum pro iusticia confugeret, rarius in publicum prodiret, sed qui hominum consortia declinans vitam fere duceret solitariam; quapropter, cum omnia per internuntios ageret qui, cum sepius perperam ius administrarent, et negligentiores forent in magno discrimine, civitas et diocesis Monasteriensis constituta fuit, ne circumsepta Lutheranis civitatibus et ipsa in Lutheranam sectam prolaberetur, nonnullis ea de causa in carcerem coniectis impune dimissis et aliis conniventibus oculis toleratis, quapropter idem Federicus se tanto oneri imparem agnoscens tranquilliorem affectans vitam ultro nullo etiam impulsore regimini dicte ecclesiae cessit eaque cessione omnium testimonio optime ecclesiae Monasteriensis consultum fuisse confirmatur.

De Henrico vero Padebornense et Osnaburgense episcopo hec comperi eum ex nobilissima ducum Brunsvicensium progenie ortum, etatis annorum fere quinquaginta, virum esse industrium, prudentem et magne experientiae et, si

---

[1] Diese Überlieferung wird dem Abdruck zugrunde gelegt. Anrede und Schluß wurden dabei weggelassen und Abkürzungen stillschweigend aufgelöst. Die Zeichensetzung wurde modernisiert und der Gebrauch der Majuskel auf Satzbeginn, Namen (auch in adjektivischem Gebrauch) und Anredeformen beschränkt. Im übrigen wurde der Buchstabenbestand belassen.

[2] Dieses Breve konnte ich bisher nicht ausfindig machen.

[3] Friedrich von Wied war am 30. Januar 1523 Bischof von Münster geworden (*Gulik-Eubel* 3, 265).

[4] Nicht Heinrich, sondern Erich von Braunschweig-Grubenhagen war seit 1508 Bischof von Osnabrück und von Paderborn (Stammtafeln I, Tafel 68).

ad rem pertinet, etiam in armis strenuum, ad annos 24 Osnaburgensi et Padebornensi ecclesiis laudabiliter prefuisse [5] populosque suos in pace et obedientia continuisse invalescentemque quandoque Lutheranam heresim etiam mulcta subditis qui delinquerant indicta suppres[s]isse, quod etsi foedus alias cum lantgravio Hassie [6] sanxerit, ut princeps vicinus a suorum iniuria temperaret, non propterea Lutherane heresis concionatores unquam admisit Monasteriensem civitatem et ditionem tertiam fore Westvalie provintie, eamque his tribus Osnaburgensi, Padebornensi et Monasteriensi concludi, finitimos populos fere omnes Lutherana labe infectos egreque, et ipsam sustineri eas civitates et dioceses, adeo connexas et contiguas fore, ut nullus intermediet episcopus posseque eas omnes civitates ab uno authoritatis et prudentie viro commode gubernari talemque fore Henricum Osnaburgensem et Padebornensem episcopum, iam a clero postulatum [7].

Et ut omnia unico complectar verbo, examinati testes [8] in hoc contestes fuere expedire plurimum Monasteriensi ecclesiae ut illi Henricus, retentis etiam Osnaburgensi et Padebornensi ecclesiis, preficiatur. Nec diu cunctandum, ne ecclesia carens pastore plebe semper ad nova finitimorum exemplo anhelanti periclitetur, cum iam civitatem in armis fore et a Lutheranis solicitari acceperim, nec deesse qui ea infecti labe alios in suos errores trahere conantur iamque fere traxisse, prout plenius ex exemplo litterarum ad me his annexo [9] intelliget Sanctitas Vestra ...

---

[5] Da das Geburtsjahr Erichs unbekannt ist (vgl. oben Anm. 11), kann nicht gesagt werden, ob die von Campeggio mitgeteilten Daten stimmen. Dies ist aber durchaus möglich.

[6] Philipp von Hessen.

[7] Erich war am 27. März 1532 vom Münsteraner Domkapitel zum Nachfolger Friedrichs von Wied gewählt worden (*C. Stüve,* Geschichte des Hochstifts Osnabrück, 2. Band, Jena 1872, S. 56).

[8] Es waren vier Geistliche, wie Campeggio am 23. Juni 1532 nach Rom berichtete (NB I, 2. Ergänzungsband, S. 318).

[9] Dieses Schreiben liegt im Vatikanischen Archiv — vgl. oben Anm. 13.

Zum Verständnis Aleanders

1924 erschien in der Zeitschrift für Kirchengeschichte Paul Kalkoffs Aufsatz „Zur Charakteristik Aleanders", in dem Aleander als gewissenlos, maßlos eitel und geschwätzig hingestellt wird. Kalkoff meinte, Aleander habe „zu Jähzorn und grausamer Gewalttätigkeit" geneigt und sei ein „unverbesserlicher ‚Epikuräer' " gewesen, „bei dem die Religion von jeher nur Mittel zum Zweck war". Auch der alternde Aleander fand vor Kalkoff kein Erbarmen. Er nennt ihn einen „alternden Libertin" und behauptet, Aleander habe „religiösen Libertinismus" vertreten[1]. Demgegenüber hatte Jules Paquier gemeint, für Aleander sei der Wormser Reichstag zu einem Wendepunkt geworden. Von da ab werde er ein wirklicher Katholik, der merke, daß er sein Leben bessern müsse. In dem Maße, in dem Luther von jener Zeit ab tadelnswerter werde, erhebe Aleander sich über seine frühere Vergangenheit. Während die Reformation den 42jährigen Luther verliebt mache und den Mönch veranlasse, sich mit einer Nonne zu verbinden, werde aus Aleander, dem Humanisten der Renaissance, ein katholischer Priester strenger Sitten[2].

Diese beiden extremen Beurteilungen Aleanders sind inzwischen in der Forschung aufgegeben worden. Hubert Jedin meinte, daß auch nach 1527 noch Defekte in Aleanders Charakter vorhanden seien, distanzierte sich aber zugleich auch von den vielfach unbewiesenen Invektiven Kalkoffs[3]. Franco Gaeta hat ihn in seiner 1960 erschienenen Schrift über Aleander in Venedig einen Konformisten genannt, der voller Furcht gewesen sei, sich Mächtige zu Gegnern zu machen. Im Grunde sei Aleander nur politisch interessiert und ohne wirkliche Religiosität gewesen[4]. Ähnlich scharf äußerte sich vor kurzem Guiseppe Alberigo, wenn er sagt, Aleanders Bemühungen um das Zustandekommen des Konzils, das nach Vicenza einberufen worden war, schienen weniger aus Sorge um das Geschick der Christenheit und der Kirche geflossen zu sein, als aus der Befürchtung, die allgemeine Kirchenversammlung könne nicht zustandekommen, und ihm werde dadurch die Gelegenheit genommen, eine hervorragende Rolle zu spielen und große Dinge zu tun[5]. Gegenüber den apologetischen oder den unsachlichen Äußerungen Paquiers und Kalkoffs zeigt die moderne Forschung ein Bemühen um sachgemäße Urteile, in das sich dieses Referat einordnen möchte. Ausgewertet wurden vor allem Aleanders Nuntiaturberichte aus Deutschland 1531 — 32[6], die besonders deswegen ergiebig sind, weil sein römischer Korrespondent, der päpstliche Sekretär Giovanni Battista Sanga, mit Aleander recht gut bekannt war, so daß er sich ihm gegenüber sehr offen äußerte[7].

Aleander, der in Motta in Friaul geboren wurde[8] und dadurch von Hause aus ein Untertan der venezianischen Republik war, hatte zwar 1520—21 am Kaiserhof als päpstlicher Nuntius gewirkt[9], war aber dann 1524 an den Hof Franz' I. von Frankreich gegangen[10], des wichtigsten Gegners Karls V. Er war dadurch in den Ruf gekommen, sich im Ringen der beiden Großmächte auf die französische Seite geschlagen zu haben[11]. Das belastete seine Arbeit, als er 1531 an den Hof Karls V. zurückkehrte. In einer Art von Selbstbekenntnis schrieb er am 25. März 1532 an Sanga: „Ich bin kein Franzose und kein Venezianer. Ich habe sogar kein eigenes Vaterland, da ich in einem Land geboren bin, wo keiner, von welcher Verstandesschärfe, Güte oder Geschlecht er auch sei, Hoffnung hat, etwas zu werden, wenn er nicht zur Herrschaft der Aristokratie gehört. Deswegen habe ich alle meine Pläne, meinen Aufenthalt und Verdienst außerhalb meiner Heimat gesucht . . . Ich darf deswegen nicht verdächtigt werden, da ich allein vom Eifer um das allgemeine Gut bestimmt werde, und mit jener Treue, die ich immer bewahrt habe, diene ich und werde ich dienen meinem Herrn (nämlich dem Papst), der mein alleiniger Wohltäter, Gebieter, Vater und Vaterland ist"[12]. Aus diesen Worten wird mehreres deutlich, zunächst einmal: Aleander war seiner Herkunft nach kein Adliger. An diesem Punkt hat Kalkoff gegen Paquier recht behalten[13]. Gaeta hat ihn zwar noch 1960 einen Nachkommen der Grafen Landro in Friaul genannt[14]. Doch ist das unzutreffend, wie schon Pio Paschini nachwies, der kürzlich verstorbene italienische Altmeister für die Geschichte Italiens im 16. Jahrhundert. Es hat niemals eine solche Grafschaft oder Markgrafentum in Friaul gegeben, das Aleanders Vorfahren innegehabt haben könnten[15]. Auch aus diesen Worten Aleanders erkennen wir, daß er in der Tat nicht zur venezianischen Aristokratie gehört hat.

Wichtiger als dies ist aber etwas anderes, was aus dem zitierten Abschnitt hervorgeht: Aleander war seinem ganzen Wesen nach unfrei. Seine bürgerliche Herkunft hat ihn bedrückt. Sein Ehrgeiz aber hat ihn veranlaßt, diesen Mangel zu kompensieren zu suchen und die Leiter zum Erfolg zu erklimmen, indem er sich dienstbeflissen und ergeben an diejenigen Menschen band, die ihn fördern konnten. Seine größten Wohltäter wurden die Päpste, denen er sich anbiederte, um ihnen seinen Eifer im Dienen zu dokumentieren. Als Leo X. überraschend starb, hatte Aleander nichts eiligeres zu tun, als umgehend von den Niederlanden nach Spanien zum neuen Papst, zu Hadrian VI. zu reisen[16], er, der sonst Reisen fürchtete und sie nur recht langsam hinter sich brachte[17]. Es war für ihn eine bittere Enttäuschung, daß Hadrian ihn nicht in dem erwarteten Maße mit klingender Münze für sein Vorgehen gegen Luther auf dem Wormser Reichstag belohnte[18]. Als dann Giulio de' Medici Papst wurde, den er ins Konklave hatte begleiten dürfen und den er seit Jahren kannte, hat er auch ihm treu gedient. Im Februar 1532 schrieb er aus Regensburg, er werde mit allem zufrieden sein, was der Papst befehle, der sein „einziger Herr und Wohltäter" sei[19]. In Wahrheit war er aber durchaus nicht mit allem zufrieden, was Clemens anordnen konnte, sondern er versuchte, dem Papst die von ihm gewünschten Entscheidungen zu suggerieren[20]. Er erklärte, er sei Clemens VII. nie untreu gewesen, der wohl auch einen solchen Verdacht nicht hege[21]. Wenn er dem Papst gegenüber Fehler mache, dann aus Unwissenheit, nicht aus Untreue, deren er nie beschuldigt worden sei[22]. In seinem Gehorsam gegenüber dem Papst verglich er sich mit dem hl. Hieronymus, dessen Namen er ja trug und dessen Lehre und heiliges Leben er als vorbildlich für sich hinstellte[23]. Er wurde nicht müde zu wiederholen, daß der Papst und dessen Familie sein einziger Herr und sein Vaterland seien. Aleander begründet das auch: „Wo mir das Gute herkommt, da bin ich zu Hause"[24]. Es wäre also abwegig, wenn wir annehmen würden, menschliche Bande seien es gewesen, die ihn an seine Auftraggeber gefesselt hätten. Daß es sachliche Gründe waren, wird aus vielen Äußerungen Aleanders deutlich. Als er z. B. hörte, Clemens VII. sei erkrankt, war seine erste Reaktion, daß er persönlich Nachteile haben werde, wenn der Papst sterbe[25].

Doch wäre es verfehlt zu meinen, Aleander hätte seinen Auftraggebern nicht ehrlich gedient. Vielmehr hat er sich voller Fleiß in die ihm anvertrauten Arbeiten gestürzt. Er konnte schreiben, daß er sich über den Anklang freue, den seine Briefe beim Papst fänden. Das werde ihm Mut geben, noch besser zu arbeiten, „obwohl ich so veranlagt bin, daß ich tue, was ich kann, und wenn ich mehr tun könnte, würde ich es tun"[26]. Die Triebfeder für seinen Eifer war, wie wir sahen, nicht die persönliche Bindung an den Auftraggeber[27]. Es war auch nicht die Sache, die ihn zu solcher Aktivität veranlaßte. Vielmehr sollte der Ruf seiner guten Taten in der Welt erschallen und ein Beispiel für die Nachwelt gegeben werden, „denn auf diese Art hört der Mensch, obwohl er schon tot ist, nicht auf, in dieser Welt gute Werke zu tun, wenn die Nachfahren, indem sie ihn nachahmen, tugendhafte Werke tun. Dies sind die allein festen und nicht wankenden Reichtümer, alles übrige ist leere Eitelkeit"[28].

Man kann aber nicht sagen, daß Aleander diese Worte zur Richtschnur seines Lebens gemacht hätte. Das Gegenteil ist der Fall. Seine Bemühungen um die Güter dieser Welt durchziehen seine Depeschen an die römische Kurie. In Deutschland klagte er 1531/32 über die geringe Unterstützung, die Rom ihm zuteil werden lasse. Er weist darauf hin, daß er nur dem Papst diene, ohne sich von anderen „bestechen" zu lassen. Aber der müsse ihn deswegen auch ernähren[29]! Er war der Meinung, daß er viele Lutheraner gewinnen könne, wenn er nur Geld hätte. Aber weil er arm sei und von Rom nur eine geringe Provision bekomme, könne er keine Bankette veranstalten, woraus gefolgert werde, daß er keine Neuigkeiten wisse, daß er nicht gelehrt (!) und nicht in Gnaden beim Papst sei[30]. Deswegen wünschte er, nachdem er 1531 kaum in Deutschland angekommen war, Nuntius in Venedig zu werden, wo er sich hohe Einnahmen versprach. Doch in dieser Hinsicht war auch diese Nuntiatur für ihn eine Enttäuschung. Nur vier Monate waren seit der Übernahme seines Amtes in der venezianischen Republik vergangen, als er Clemens VII. mitteilte, er habe gehofft, aus den Erträgen der Nuntiatur „vier Nichten verheiraten" zu können. Davon könne aber keine Rede sein. Vielmehr werde er, „wenn Gott nicht helfe", sich einen Schlupfwinkel vor seinen Gläubigern suchen müssen[31]. Erwägungen über die ihm gestellten Aufgaben in Deutschland oder Venedig, die seine Anwesenheit dort hätten erforderlich machen können, haben ihn hierbei überhaupt nicht oder nur sekundär bestimmt. Wesentlich war ihm sein Fortkommen, sein Aufstieg.

Daraus darf aber nicht gefolgert werden, daß sein Fleiß nicht echt gewesen sei, den er seinen Aufträgen angedeihen ließ. Vielmehr hat er sich meist zu hohe Ziele gesteckt, die er dann nicht erreichte. 1531/32 wollte er in Deutschland auf die Reformation entscheidend einwirken und mußte erleben, daß der Kaiserhof ihn und den päpstlichen Legaten Campeggio bei den maßgeblichen Verhandlungen mit den Protestanten überging, die zum Nürnberger Anstand führten[32]. Dann wollte er nach Venedig, weil er meinte, dort sehr viel mehr für die Kirche tun zu können. Z. B. plante er, den Dogen Andrea Gritti mit Kardinal Marino Grimani, einem seiner früheren Schüler[33], zu versöhnen[34]. Aber kaum war er dort, als er sich wieder überflüssig und unnütz vorkam und überall hingehen wollte, wohin der Papst ihn senden werde[35]. Die Ziele, die er sich gesteckt hatte, hatten sich wieder als unerreichbar erwiesen. Aber anstatt sich zu bescheiden und zu versuchen, durch Beharrlichkeit das zu erzwingen, was sich als möglich erwies, bemühte er sich, von den ihm auferlegten Pflichten entbunden zu werden, ihnen also praktisch durch eine Art von Flucht zu entgehen[36]. Der Unfreiheit seines Wesens entspricht ein hektisches Gehabe, durch das er hier und da Erfolge erzielte, etwa als er sich 1532 mehr geheime Reichstagsakten in Regensburg zu verschaffen verstand als Kardinal Campeggio[37]. Aber all das vermag doch nicht darüber hinwegzutäuschen, daß ihm eine große Linie fehlte, die sein Leben bestimmt hätte. Die war noch nicht gegeben mit dem Eingeständnis, „gloriae cupidus et ignominiae hostis" zu sein[38].

Von besonderer Wichtigkeit ist die Frage, wie Aleanders Haltung gegenüber Religion und Kirche zu verstehen sei. Seine negative Einstellung zur Reformation ist bekannt. Von mangelndem Verständnis gegenüber wesentlichen Fragen der Zeit zeugt sein Ausspruch, daß die lutherische Sekte nie entstanden oder sofort beseitigt worden wäre, wenn Leo X. von Anfang an auf ihn gehört hätte, als er, Aleander, in Rom ankam (nämlich 1516) — so geschrieben aus Köln am 28. Januar 1532[39]. Offenbar hat er trotz seiner längeren Beschäftigung mit deutschen Fragen nie einen Zugang zu den verhandelten theologischen Problemen und gewichtigen Strömungen der Zeit gefunden[40]. Dafür ist eine Stelle aus einem seiner Briefe vom 14. März 1532 bezeichnend. Er berichtet darin, ihm sei aufgetragen worden, ein Buch des Arztes Ferdinands I. Paul Ricius zu lesen und die Diskussion darüber zu prüfen sowie zu untersuchen, ob es Häresien enthalte. Er schreibt wörtlich: „Ich weiß nicht, durch welches Unglück oder welche Strafe für meine Sünden ich nicht nur verdammt bin, das Buch zu lesen, sondern auch jeden Tag die Mitteilungen des Autors und seines Gegners anzuhören. Das ist meine große Misere schon seit vielen Jahren, bestimmt zu sein, immer Bücher zu lesen, ja, sogar Schund von Häretikern. Und jetzt, wo ich mich ganz in die lutherischen Dinge versenkt habe, um bereit zu sein, wenn sie zum Reichstag kommen, ein gutes Übereinkommen mit ihnen auszuhandeln, da überkommt mich diese andere Krätze"[41]. Aleander, der Humanist, der sich in seinen jüngeren Jahren mit dem Herausgeben antiker Klassiker befaßt hatte[42], hatte sich inzwischen des Umgangs mit Büchern so weitgehend entwöhnt, daß er nicht nur selber keine mehr geschrieben hat, obwohl er das angekündigt hatte[43], sondern daß er sogar keine mehr lesen wollte. Besonders anstößig aber war ihm häretische Literatur. Die Distanz zu der Materie, für die Aleander als Spezialist galt, war groß. Nichts lockte ihn, sich mit diesen Fragen zu befassen, auch nicht das Anliegen, durch Entgegnungen die Glieder der römischen Kirche von einer Übernahme lutherischer Gedanken zurückzuhalten. An dieser Stelle trennte ihn ein Abgrund von den deutschen Kontroverstheologen oder auch von Italienern wie Cajetan oder Contarini. In die theologische Diskussion hat er nie eingegriffen. Sanga hat einmal den Wunsch geäußert, daß Aleander von Erasmus von Rotterdam literarisch angegriffen und zu einer Antwort provoziert werden möchte, damit er die in seiner Brust angesammelten Schätze offenbare. Denn von Freunden lasse er sich doch nicht dazu überreden. Es sei eine Sünde, daß er die vielen Talente verberge, die Gott ihm gegeben habe[44]. Erasmus hat Aleander nicht angegriffen, so daß auch nicht an den Tag gekommen ist, daß er zu einer theologischen Entgegnung nicht fähig gewesen wäre. Noch 1531 tat er die Umwälzungen des kirchlichen Lebens in Deutschland mit einem Wortspiel ab. Er berichtete, in Nürnberg gebe es eine neue Sekte, die behaupte, von göttlichem Geist inspiriert zu sein, „il Spirito Divino, et io dico: ‚di vino' ". Doch das Wortspiel wird zur Platitüde, wenn er fortfährt, es gebe in Deutschland einfach zuviel Wein. Wenn es weniger davon gebe, dann würden auch keine Häresien existieren[45]. Auf Aleander hat die kirchliche Not seiner Zeit offenbar wenig Eindruck gemacht. Er hatte ja auch nicht die päpstlichen Dienste gesucht, weil er sich dort gebraucht fühlte, sondern weil die Aufstiegsmöglichkeiten die günstigsten waren.

Das trennte ihn auch von der Reformbewegung. Gian Matteo Giberti hat nach dem Sacco di Roma 1527 gesagt, Gott habe ihn gestraft, weil er in Rom als päpstlicher Sekretär geblieben und nicht nach Verona in sein Bistum gegangen sei[46]. Eine ähnliche Äußerung Aleanders suchen wir vergebens. In seinem Erzbistum Brindisi, das ihm von 1524—42 anvertraut war[47], hielt er sich lediglich 1527—29 auf, um dem auf Rom zukommenden Verderben zu entgehen. Seine Residenz besuchte er während dieser Zeit aus Furcht vor der Pest überhaupt nicht[48].

Auch nach seiner zweiten Nuntiatur in Deutschland 1531/32 wollte er nicht persönlich nach Brindisi gehen[49]. Das zeigt den tiefen Unterschied gerade zu Giberti, den er gut kannte und mit dem er gute Beziehungen unterhielt. Giberti hat sich gegen päpstliche Aufträge gewehrt, die ihn aus seiner Diözese herausführen sollten[50], weil er sich um die ihm anvertrauten Menschen mühen wollte[51]. Er hat sich auch über die Brevierreform Gedanken gemacht. Als Aleander ihn 1531 auf seiner Reise nach Deutschland besuchte, ist die Rede darauf gekommen. Aleander erklärte, er sei gegen die Mönchsgeschichten und die lügenhaften Legenden. Statt dessen sollten Lesungen aus der Bibel und alte Hymnen genommen werden, die aus der guten Kirche kämen. Aber er konnte sich nicht entschließen, konkreten Wünschen an den Papst für eine Änderung des Breviers zuzustimmen[52]. Er war zu ängstlich[53] und hielt sich in allen Fragen zurück, die Verstimmungen hervorrufen konnten. Erst als die Reformbewegung auch im Kardinalat vertreten war und er zur Mitarbeit in der Reformkommission aufgefordert wurde, die das Consilium delectorum cardinalium et aliorum praelatorum de emendanda ecclesia erarbeitete[54], machte er mit. Aber im Unterschied zu Carafa, dem späteren Papst Paul IV., Giberti, Pole oder Contarini scheinen ihn die Wunden der Kirche nicht geschmerzt zu haben[55].

Wieviel ihn von diesen Männern trennte, wird gerade in der Zeit deutlich, als er ihnen räumlich am nächsten war. Das Schweigen seiner Berichte aus Venedig 1533—35 über die Anliegen der Reformer, als Contarini und Carafa in derselben Stadt und Pole sowie Giberti in der Nähe wohnten[56], ist beredt. Weder die inquisitorische Schärfe Carafas noch der theologische Impetus Contarinis oder die reformerische episkopale Tätigkeit Gibertis haben ihn angesprochen. Er wandte sich während dieser Zeit sogar gegen einen Reformvorschlag Carafas über die Zuteilung von Pfründen mit den Worten, der Theologie Carafas entsprechend, der alle Pfründen aufgegeben habe, sei der Plan gut. Aber der „politischen Philosophie" zufolge, der es auch und vorwiegend um die Bewahrung und den Nutzen Venedigs gehe, werde er sich negativ auswirken[57]. Die „politische Philosophie" wurde von ihm ernster genommen als das pastoralreformerische Anliegen Carafas. Contarinis Gelehrsamkeit wird zwar von Aleander gelobt, und er berichtet, daß dieser frühere venezianische Gesandte beim Papst von der Republik in Fragen des Glaubens mehr als jeder andere herangezogen werde. Doch kritisierte er die Einstellung Contarinis in Fragen der Jurisdiktion und der kirchlichen Freiheit[58], ohne dadurch verhindern zu können, daß dem Venezianer fast drei Jahre vor ihm der Purpur zuteil wurde[59]. Aleander war klug genug zu erkennen, daß Reformen nötig waren. Er stemmte sich auch nicht gegen sie, als er merkte, daß sie sich durchsetzen könnten. Aber er gab nicht selber Impulse, weil er zu vorsichtig war und sich in diesen Fragen nicht engagierte, solange sie ihm nicht unbedingt Lob und Anerkennung einbringen mußten. Für ihn war religio offenbar identisch mit oboedientia papae. Aleander gehörte zu jenen italienischen Humanisten, die sich aus Versorgungsgründen in den Dienst der Kirche begeben hatten und die nicht von der Reform ergriffen worden sind[60], die während des Pontifikates Pauls III. Italien und die römisch-katholische Kirche zu beeinflussen begann.

In den politischen Fragen hatte Aleander nach 1529 eine große Linie: er betonte die Notwendigkeit einer Übereinstimmung von Kaiser und Papst[61]. Aber in den Einzelfragen ließ er sich zu leicht von Stimmungen hinreißen, die meist pessimistischer Art waren[62]. Gerüchte beeindruckten ihn so stark, daß ihm das Tadel der Kurie einzubringen vermochte: man verlangte von ihm, daß er seinem Auftrag gemäß konstant in seinen Äußerungen über die römische Politik sei[63]. Aleander glaubte, für alle Eventualitäten gerüstet zu sein. Ende 1531 äußerte er, was auch komme, ob ein Krieg gegen die Protestanten oder Verhandlungen mit ihnen, er sei für alles gewappnet[64]. Aber gerade diese Bemerkung zeigt, daß er sich treiben ließ, wodurch er keinen entscheidenden Einfluß gewinnen konnte[65]. Er setzte sich nicht aus tiefer innerer Überzeugung für das ein, was er für richtig hielt, um das auszuschließen, was ihm als falsch vorkam. Er gestaltete nicht, sondern er berichtete. Darin ist sein Fleiß immens. Aber der Umfang seiner Berichte ist kein Hinweis darauf, daß sich während der Anwesenheit Aleanders soviel Wichtiges zusammenballte, sondern daß er das Wesentliche vom Unwesentlichen nicht zu unterscheiden vermochte[66]. Er mußte gestehen, daß er es nicht fertigbringe, zugleich kurz und klar zu schreiben[67]. Er erstickte im Detail. Wenn sich etwas anders entwickelte, als er es erwartet hatte, dann lag das an der „dura temporum conditio“[68], und nicht an seiner falschen Einschätzung der Gegebenheiten.

Damit soll nicht gesagt sein, daß Aleander ohne Einfluß gewesen sei. Im Gegenteil. Er verstand es, Helfershelfer zu gewinnen, die ihn auf dem laufenden hielten[69], oder meinte, „alte Freunde“ zu haben, die es ihm ermöglichen würden, besondere Aufgaben wahrzunehmen[70]. Aber er ist — wenn man vom Wormser Reichstag 1521 absieht — weder ein Drahtzieher hinter den Kulissen noch eine entscheidende Persönlichkeit auf offener Bühne geworden[71]. Auch nachdem er Kardinal geworden war, fürchtete er, es könnten Nachrichten, die er nach Rom berichtet hatte, publik und auf ihn zurückgeführt werden. Auch in dieser Zeit fühlte er sich gemüßigt, sich wegen der Länge seiner Briefe zu entschuldigen und seine Anhänglichkeit an den Papst und dessen Familie zu beteuern[72]. Man sollte Aleanders Bedeutung nicht überschätzen. Seine Stärke lag in der Analyse[73], im Detail, in der Übermittlung einzelner Nachrichten oder der Ausführung von Arbeiten, die sich aus einer bereits festgelegten grundsätzlichen Linie ergaben[74]. Man sollte auch seine Schwächen nicht überbetonen und sich durch sie nicht zu einem Abgesang auf ihn verleiten lassen. Er ist in bezug auf seinen Ehrgeiz wie sein sexuelles Verhalten nur offener in seinen Äußerungen als andere gewesen und auf beiden Gebieten von Zeitgenossen überboten worden[75]. Es gilt vielmehr, ihn zu verstehen als einen Mann, der sich der Grenzen aufgrund seiner Abstammung bewußt war, der sich aber zu gut dafür dünkte, irgendwo als Schreiber oder Hauslehrer unterzugehen. Deswegen wandte er die ihm zuteil gewordenen Gaben voller Fleiß an und ordnete sich dem als williges und brauchbares Werkzeug unter, der seine Dienste zu gebrauchen verstand.

---

*) Sektionsreferat, gehalten auf dem Wiener Evang. Theologenkongreß Oktober 1963.

[1]) Paul Kalkoff, Zur Charakteristik Aleanders, in: Zeitschrift für Kirchengeschichte Bd. 43 (1924), S. 209—219, besonders S. 210—214. Kalkoff hat auch über andere Männer des 16. Jahrhunderts scharfe Urteile gefällt, die er nicht begründete, vgl. z. B. über Albrecht von Mainz die von Hans Volz kürzlich zusammengestellten Äußerungen (Erzbischof Albrecht von Mainz und Martin Luthers 95 Thesen, in: Jahrbuch der Hessischen Kirchengeschichtlichen Vereinigung Bd. 13, 1962, S. 200, Anm. 43).

[2]) J(ules) Paquier, L'Humanisme et la Réforme. Jérôme Aléandre de sa naissance à la fin de son séjour à Brindes (Paris 1900), S. 347—354 und besonders S. 348 f., Anm. 2.

[3]) Hubert Jedin, Geschichte des Konzils von Trient, Bd. 1, 2. Aufl. (Freiburg/Br. 1951), S. 520, Anm. 2.

[4]) Franco Gaeta, Un nunzio pontificio a Venezia nel Cinquecento (Girolamo Aleandro), Civiltà Veneziana Bd. 9 (Venedig-Rom 1960), S. 105—107.

[5]) Giuseppe Alberigo, Diplomazia e vita della Chiesa nel XVI secolo, in: Critica Storica Bd. 1 (1962), S. 56.

[6]) Diese Berichte sollen publiziert werden als „Nuntiaturberichte aus Deutschland nebst ergänzenden Aktenstücken, 1. Abteilung 1533—1559, 1. Ergänzungsband 1530—1531 und 2. Ergänzungsband 1532 (im folgenden zit.: NB I, EB I und II), im Auftrage des Deutschen Historischen Instituts in Rom bearbeitet von Gerhard Müller". Bd. I, der die Nummern 1—131 enthält, wird in Kürze im Max Niemeyer Verlag Tübingen erscheinen. Bd. II mit den Nummern 132—215 ist in Arbeit.

[7]) Vgl. dazu die Einleitung in NB I, EB I.

[8]) Paquier, a. a. O., S. 5.

[9]) Gerhard Müller, Die drei Nuntiaturen Aleanders in Deutschland 1520/21, 1531/32, 1538/39, in: Quellen und Forschungen aus italienischen Archiven und Bibliotheken Bd. 39 (1959), S. 224 ff.

[10]) Paquier, a. a. O., S. 306 ff.

[11]) Vgl. die Einleitung in NB I, EB I. Dieser Eindruck ist sicher auch dadurch verstärkt worden, daß Aleander bald nach seiner Ankunft am Kaiserhof 1531 vom französischen Gesandten Claude Dodieu de Vély besucht wurde (vgl. ebd. Nr. 116a). Aleander aber erklärte, daß er für Gott nicht die französische, sondern die christliche Partei ergreife (vgl. ebd. Nr. 97).

[12]) NB I, EB II, Nr. 152b.

[13]) Kalkhoff, a. a. O., S. 212, Anm. 3 und Paquier, a. a. O., S. 6 ff.

[14]) a. a. O., S. 11, Anm. 2.

[15]) Pio Paschini in: Rivista di storia della chiesa in Italia, Bd. 15 (1961), S. 141 f.

[16]) Müller, a. a. O., S. 235.

[17]) Sanga spottete über Aleanders Reisegeschwindigkeit bei seiner Fahrt von Rom nach Deutschland 1531 und meinte, schon 1520, als sich Aleander zum ersten Mal zum Kaiserhof begab, sei sein geringes Tempo konstatiert worden (NB I, EB I, Nr. 82).

[18]) Vgl. die Einleitung in NB I, EB I.

[19]) NB I, EB II, Nr. 140c.

[20]) Sanga verglich Aleander mit einem unerbittlichen Gläubiger, der ausstehende Forderungen hartnäckig eintreibe und dem er deswegen keine Zusagen geben wolle, von denen er nicht ganz sicher wisse, daß er sie halten könne (NB I, EB I, Nr. 128).

[21]) NB I, EB II, Nr. 142b.

[22]) NB I, EB I, Nr. 120.

[23]) Nuntiaturberichte aus Deutschland ..., 1. Abt., 4. Bd., bearbeitet von Walter Friedensburg (Gotha 1893), S. 429.

[24]) NB I, EB II, Nr. 189.

[25]) Ebd., Nr. 198a.

[26]) NB I, EB I, Nr. 126, Anm. 7.

[27]) Auch Aleanders Freundschaftsbeteuerungen dürfen nicht überbewertet werden. Z. B. schrieb er an den an der Kurie tätigen Dominico Caniggiani, er achte keinen seiner Freunde höher als ihn, und behauptete, er sei schon lange mit ihm freundschaftlich verbunden, als dieser Kontakt in Wahrheit noch nicht vier Wochen alt war (vgl. Aleanders Brief an Caniggiani vom 31. August 1532 mit dem vom 8. August 1532, NB I, EB II, Nr. 209 und Nr. 199). Die Verbindungen Aleanders mit römischen Kurialen waren bestimmt vom do-ut-des-Prinzip: er wurde von seinen Korrespondenten in Rom gefördert, die dafür Unterstützung ihrer persönlichen Anliegen am Kaiserhof erwarten konnten (vgl. z. B. ebd., Nr. 136b).

[28]) Zit. bei Gaeta, Un nunzio ... S. 23. In dieselbe Richtung geht es, wenn Aleander erklärt, er habe nicht vor, große Reichtümer zu sammeln. Es genüge ihm, wenn er Ehre und Schriften hinterlasse (NB I, EB I, Nr. 121).

[29]) NB I, EB II, Nr. 210. Das ist offenbar richtig. Aleander hat zu keiner politischen Machtgruppe so gute Kontakte gehabt, daß er von ihr besonders gefördert worden wäre. Demgegenüber war z. B. Kardinal Lorenzo Campeggio längere Jahre zugleich der kuriale Vertrauensmann Heinrichs VIII. von England wie auch Kaiser Karls V. (vgl. die Einleitung in NB I, EB I). Er wurde auch vom Kaiser am Ende seiner Legation 1532 mit dem Bistum Mallorca bedacht (NB I, EB II, Nr. 191; Campeggio hat das Bistum noch 1532 an seinen Sohn Giovanni Battista abgetreten, vgl. Wilhelm van Gulik—Konrad Eubel, Hierarchia catholica medii aevi, Bd. 3, Münster 1910, S. 250), während Aleander leer ausging. Und das bei einem Mann, der gemeint hat, die drei Güter, die den Menschen glücklich machten, seien corpus, anima und fortuna (NB I, EB II, Nr. 207).

[30]) NB I, EB I, Nr. 121.

[31]) Nunziature di Venezia, Bd. 1, bearbeitet von Franco Gaeta, Fonti per la storia d'Italia Bd. 32 (Rom 1958), S. 95.

[32]) Müller, a. a. O., S. 250 ff.

[33]) Paquier, a. a. O., S. 17.

[34]) Jules Paquier, Lettres familières de Jérôme Aléandre (1510—1540) (Paris 1909), S. 143; vgl. auch Müller, a. a. O., S. 250.

[35]) Nunziature di Venezia, Bd. 1, S. 219 und 308.

[36]) Zur Erreichung seiner Ziele bediente Aleander sich massiver Klagen. Als er 1532 aus Deutschland weg wollte, um nicht am Feldzug gegen die Türken teilnehmen zu müssen, erklärte er, er sei halb tot (NB I, EB II, Nr. 210), während er 1534, als er Venedig wieder verlassen wollte, schrieb, er sei mehr tot als lebendig (Nunziature di Venezia, Bd. 1, S. 284).

[37]) NB I, EB II, Nr. 191 b.

[38]) Ebd., Nr. 136 b. Äußerungen über seinen Ehrgeiz finden sich auch sonst häufig in Aleanders Berichten aus Deutschland 1531/32 oder aus Venedig 1533—35 (z. B. NB I, EB I, Nr. 120 oder Nunzia-

ture di Venezia, Bd. 1, S. 219). Aleander war auch 1531, als die venezianische Nuntiatur frei wurde, in typisch humanistischer Manier unkritisch genug, sich selber als die geeignetste Persönlichkeit für diesen Posten zu bezeichnen (NB I, EB I, Nr. 117).

[39]) NB I, EB II, Nr. 136 b; vgl. auch Müller, a. a. O., S. 274.

[40]) Auch darin ist Aleander alles andere als ein Sonderfall, fiel es doch der gesamten römischen Kurie jahre- und jahrzehntelang schwer, das Phänomen „Reformation" zu begreifen.

[41]) NB I, EB II, Nr. 148 c.

[42]) Paquier, Aléandre S. X ff.

[43]) Kalkoff, a. a. O., S. 217 und ders., Aleander gegen Luther (Leipzig und New York 1908), S. 107 ff.

[44]) NB I, EB II, Nr. 135. Sanga hat auch die Hoffnung zum Ausdruck gebracht, daß Aleander Melanchthon durch ein persönliches Gespräch gewinnen werde, und die Überzeugung geäußert, wenn Aleander ihn nicht überreden könne, daß sie dann doch wenigstens Freunde werden würden (NB I, EB I, Nr. 112 a).

[45]) Ebd., Nr. 96 a. Diese Stelle wurde schon publiziert von Hugo Laemmer, Monumenta Vaticana historiam ecclesiasticam saeculi XVI illustrantia (Freiburg/Br. 1861), S. 81.

[46]) Paquier, a. a. O., S. 115, Anm. 3.

[47]) Gulik-Eubel, a. a. O., Bd. 3, S. 156.

[48]) Henri Omont, Journal autobiographique du cardinal Jérôme Aléandre, in: Notices et extraits des manuscrits de la Bibliothèque Nationale, Bd. 35, Teil 1 (1896), S. 52 ff. Während der Zeit, in der sich Aleander wegen der Pest nicht nach Brindisi begab, hat der Vizekönig von Neapel die Stadt aufgesucht (ebd. S. 74)!

[49]) Zit. bei Gaeta, Un nunzio ... S. 18.

[50]) Vgl. NB I, EB II, Nr. 156.

[51]) Aleander hat zwar behauptet, die Gefahren und Lasten, die mit seiner Nuntiatur in Deutschland 1531 verbunden seien, trage er willig. Seine einzige Beschwernis sei, daß er sich nicht in dem Maße, wie er wünsche, um seine „Schäflein" kümmern könne. „Aber es ist nötig, das Wohl der Gesamtkirche dem der einzelnen Gemeinde vorzuziehen" (vgl. NB I, EB I, Nr. 131). Wenn Aleander sich aber tatsächlich stärker um sein Erzbistum hätte kümmern wollen, dann hätte er dazu zwischen und auch während seiner Nuntiaturen (z. B. während der venezianischen) mehr Möglichkeiten gehabt, als er wahrnahm.

[52]) Ebd., Nr. 97.

[53]) Das tadelte auch Sanga an ihm (vgl. NB I, EB II, Nr. 135). Als Sanga gestorben war im August 1532, bangte Aleander sehr, daß seine „geheimen" Briefe in die Hände Unbefugter kämen und ihm dadurch Unannehmlichkeiten und Nachteile entstünden (ebd., Nr. 207 und 208).

[54]) Ludwig von Pastor, Geschichte der Päpste seit dem Ausgang des Mittelalters, 5. Bd., 1.—4. Aufl. (Freiburg/Br. 1909), S. 117 ff.

[55]) Die Belege für einen „Reformeifer" Aleanders, die Pastor, a. a. O., S. 352, Anm. 10 nennt, zeigen viel eher, daß sich Aleander nicht persönlich um Schwierigkeiten in seiner Erzdiözese kümmerte: 1533 sandte er seinen Sekretär Dominico Mussi nach Brindisi, während er für sich selber Venedig und andere Orte für seinen Aufenthalt vorzog, ja, Brindisi gegen das Bistum Concordia tauschen wollte, weil ihm dies gelegener war (Gaeta, Un nunzio ... S. 74; vgl. auch ebd., S. 91). Aleander verhielt sich hierin genauso wie viele Prälaten seiner Zeit, während die Männer der Reformbewegung bereits wieder Aufgaben und Sinn des Episkopates entdeckten. Auch für die Einberufung des Konzils hat Aleander sich nicht konsequent eingesetzt. Während der Jahre 1533—35 wurde die „Dringlichkeit" der allgemeinen Kirchenversammlung „vom Nuntius in Deutschland, Vergerio, klarer als von Aleander erkannt" (Hubert Jedin, Osservazioni sulla

pubblicazione delle „Nunziature d'Italia", in: Rivista Storica Italiana Bd. 75, 1963, S. 337). Übrigens ist bereits zu Aleanders Lebzeiten der Verdacht geäußert worden, er setze sich für die Einberufung des Konzils ein, um persönliche Ehren zu gewinnen. Er behauptete, das sei nicht der Fall. Wenn er persönliche Ehren suche, dann könne er direkt durch den Papst dazu kommen (NB I, EB I, Nr. 120). Doch vermag dadurch jener Verdacht und die Vermutung Alberigos (vgl. oben Anm. 5) nicht entkräftet zu werden.

[56]) Reginald Pole wohnte vom Oktober 1532 bis zum Oktober 1535 in Padua, von wo aus er häufig in Venedig gewesen ist (Wilhelm Schenk, Reginald Pole, Cardinal of England, London etc. 1950, S. 32—34). Trotzdem hat Aleander während seiner venezianischen Nuntiatur keinen engeren Kontakt zu dem Engländer gefunden.

[57]) Nunziature di Venezia, Bd. 1, S. 148 f.

[58]) Ebd., S. 207 und 210 f.; vgl. auch S. 191 f.

[59]) Gasparo Contarini wurde am 21. Mai 1535 zum Kardinal kreiert, Aleander dagegen erst am 13. März 1538 (Gulik-Eubel, a. a. O., Bd. 3, S. 26 f.; bei Jedin heißt es ebd., Aleander sei sechs Jahre lang Kardinal gewesen; es waren aber nur vier: von 1538 bis zu seinem Tod 1542).

[60]) Aleander ist in vieler Hinsicht ein Vertreter jenes Humanismus gewesen, der sich mehr durch Geschäftigkeit als durch Tiefe auszeichnete. Max Lenz meinte: „Der Unwert der bloßen Renaissancebildung für die Erneuerung des religiösen Lebens kommt in Aleander recht zur Erscheinung" (Kleine Historische Schriften, Bd. 2, München 1922, S. 108).

[61]) Nur weil Italien und die Kurie mit dem Kaiser verbunden waren, hoffte Aleander, trotz der durch die Türken heraufbeschworenen Gefahren zu überleben (NB I, EB I, Nr. 110 a). Nach seiner Nuntiatur in Deutschland 1531/32 bezeichnete ihn der Gesandte Karls V. in Venedig, Lopez de Soria, als einen guten Diener des Kaisers (Gaeta, Un nunzio ... S. 145, Anm. 1 und S. 151).

[62]) Aleander bezeichnete sich selber als einen Pessimisten (NB I, EB II, Nr. 198 a); er hat z. B. auch sofort, nachdem Karl V. den nach Speyer 1531 einberufenen Reichstag von dort verlegte, die Befürchtung ausgesprochen, daß diese gut katholische Stadt jetzt protestantisch werde (NB I, EB I, Nr. 102).

[63]) Ebd., Nr. 112 a. Die Sprunghaftigkeit Aleanders fällt besonders 1532 auf, als er neben Kardinal Campeggio arbeitete, der umgekehrt teilweise zu unbeweglich agierte. Campeggio ließ sich z. B. nicht von der Vermittlungsaktion Nikolaus Ferbers zwischen dem Kurfürsten von Köln und der römischen Kurie über eine Beilegung der Differenzen, die Verleihung von Pfründen während der „päpstlichen Monate" betreffend, täuschen. Während Aleander sofort meinte, hier sei eine günstige Möglichkeit für eine Beilegung des Streites, stellte Campeggio kühl und realistisch fest, daß Ferber nicht im Auftrag des Kölner Kurfürsten gekommen sei. Er bezeichnete ihn deswegen als ein „leeres Rohr" (NB I, EB II, Nr. 153).

[64]) NB I, EB I, Nr. 116 b.

[65]) Z. B. schrieb Aleander in ein und demselben Brief, es gebe kaum noch eine Möglichkeit, zu einer Übereinkunft mit den Protestanten zu kommen, um etwas später fortzufahren, zunächst gelte es, sich um ein gutes Abkommen mit den Häretikern zu bemühen (ebd., Nr. 129). Er unterließ es mitzuteilen, ob das angesichts der grundsätzlichen Schwierigkeit überhaupt sinnvoll und ratsam sei, so daß man aus seinen Briefen Verschiedenes herauslesen konnte (vgl. auch Müller, a. a. O., S. 242 ff.).

[66]) Pures Geschwätz ist es z. B., wenn Aleander in einem Brief an Sanga meinte, er höre nichts von ihm, was die Befürchtung nahe lege, daß Sanga krank sei. Jetzt sei aber keine Zeit zum Kranksein,

wo die Welt koche (NB I, EB II, Nr. 198a). An dem Tag, an dem Aleander dies schrieb, am 8. August 1532, war Sanga bereits gestorben (Einleitung in NB I, EB I).

[67]) NB I, EB II, Nr. 136a.

[68]) Jules Paquier, Jérôme Aléandre et la principauté de Liège (1514—1540), (Paris 1896), S. 284.

[69]) Während des Regensburger Reichstages 1532 z. B. hat Reinhard von Rüppurg Aleander über Verhandlungen der Stände unterrichtet (NB I, EB I, Nr. 131 und NB I, EB II, Nr. 164b).

[70]) NB I, EB I, Nr. 117.

[71]) Allerdings hat Aleander ja auch in Worms nicht verhindern können, daß über den von Rom bereits verurteilten Ketzer Luther von den Ständen verhandelt und ein Verhör durchgeführt wurde (Müller, a. a. O., S. 231 ff.).

[72]) Nuntiaturberichte aus Deutschland ..., 1. Abt., 3. Bd., bearbeitet von Walter Friedensburg (Gotha 1893), S. 258—261; vgl. auch ebd., S. 307. Zwar hat Aleander auch Kritik an der Kurie geübt, z. B. an leichtfertigen Versprechungen für die Verleihung von Pfründen, die nicht eingehalten würden (NB I, EB I, Nr. 131). Aber er ist doch sehr viel vorsichtiger und zurückhaltender als etwa Campeggio gewesen. Als man Campeggio aus Rom zu schreiben wagte, er solle sich bei Verhandlungen über einen Streit zwischen dem Papst und dem Herzog von Ferrara so verhalten, als ob er trotz der Anwesenheit besonderer Gesandter alleine das Gewicht der Verantwortung zu tragen habe, erwiderte er gekränkt, es wäre nicht notwendig gewesen, ihn zu besonderer Aufmerksamkeit in dieser Frage aufzufordern, woraufhin sofort aus Rom entgegnet wurde, so sei das nicht gemeint gewesen; Campeggio habe die Bemerkung mißverstanden (ebd., Nr. 4, 6 und 9). Aleander hat keine ähnlich freie Einstellung der Kurie gegenüber besessen, auch nicht, nachdem er Kardinal geworden war.

[73]) Daß Aleander, obwohl er kein Deutsch konnte (NB I, EB II, Nr. 169 b), wichtige Nachrichten aus Worms 1521 zu übermitteln wußte, ist an seinen Depeschen aus diesem Jahr öfter gerühmt worden. Allerdings hat er seine Sorgfaltspflicht beim Berichten nicht immer genau genommen, sondern übertrieben, wenn sein Werk dadurch in ein besseres Licht rückte (Müller, a. a. O., S. 233). Daß Aleander 1532 im Gegensatz zu den Ratgebern des Kaisers die Lage richtig analysierte, wenn er erklärte, daß die Protestanten auch ohne Konzessionen zur Türkenabwehr beitragen würden, habe ich an anderer Stelle betont (ebd., S. 252 f.).

[74]) Pastor hat a. a. O., S. 56 und öfter die Beteiligung Aleanders an der Arbeit der römischen Kurie während der Jahre 1536 ff. hervorgehoben; vgl. auch Nuntiaturberichte aus Deutschland ..., 1. Abt., 3. Bd., S. 38 ff.

[75]) Was das Sammeln von Pfründen angeht, so kann auf Kardinal Enckenvoirt als einen Mann verwiesen werden, der sich darauf sehr viel besser verstand (W. A. J. Munier SS. CC., Willem van Enckenvoirt [1464—1534] und seine Benefizien. Ein Beispiel der Pfründenhäufung im Spätmittelalter, in: Römische Quartalschrift Bd. 53, 1958, S. 146—184). Daß Aleander sich seit der Zeit vor dem Sacco di Roma keine geschlechtlichen Ausschweifungen mehr habe zuschulden kommen lassen, erklärte er feierlich in einem Brief vom 27. Juli 1532 angesichts des Gespötts am Kaiserhof, eine offene Wunde an einem seiner Beine sei eine Folge der „französischen Krankheit" (NB I, EB II, Nr. 193 c).

Die drei Nuntiaturen Aleanders in Deutschland 1520/21, 1531/32, 1538/39

Unmittelbar nach der Öffnung des Vatikanischen Archivs durch Leo XIII. hat der umfangreiche Nachlaß Aleanders die Forscher zu verschiedenen Arbeiten über diese herausragende Gestalt des 16. Jahrhunderts und ihre Zeit veranlaßt. Es erschienen die Legationsberichte von und an Aleander aus den Jahren 1538/39, von Walter Friedensburg herausgegeben[1]). In der Einleitung finden wir einen Lebensabriß des Kardinals, in dem der Herausgeber beachtliches Material zusammengetragen hat[2]). Jedoch konnte er an dieser Stelle nicht die nun fällig werdende Biographie liefern, in der dann auch die drei Nuntiaturen zu erörtern gewesen wären, die Aleander in Deutschland verbracht hat. Die Aufgabe, das Leben Aleanders zu schildern, hat sich Jules A. Paquier gestellt – jedoch bricht er mit dem Jahr 1529 ab[3]). Mancherlei ist auch den Forschungen Paul Kalkoffs zu verdanken, der sich aber fast nur auf die Jahre bis 1521 einschließlich beschränkte[4]). Für die Zeit von 1530–1542, dem Todesjahr Aleanders, fehlt bisher eine

[1]) Nuntiaturberichte aus Deutschland nebst ergänzenden Aktenstücken (zit.: NB) I. Abt. 3. und 4. Bd. (1893). [2]) NB I, 3, 28ff. [3]) J. Paquier, Jérôme Aléandre de sa naissance à la fin de son séjour a Brindes (1480–1529) (1900). In seinen Lettres familières de Jérôme Aléandre (1510–1540), (1909), 142 Anm. 1 erklärte Paquier, er werde in Kürze einen Aufsatz über Aleanders Nuntiatur zum Regensburger Reichstag (1531/32) in der Revue des questions historiques veröffentlichen, doch habe ich denselben in den folgenden Bänden der Zeitschrift nicht finden können. Auch ist er mir in Bibliographien und der Literatur nicht begegnet, so daß es hier bei einem Plan geblieben zu sein scheint. [4]) Vgl. die unten zitierten Aufsätze P. Kalkoffs vor allem in der Zeitschrift für Kirchengeschichte (zit.: ZKG). Lediglich in der Arbeit: Zur Charakteristik Aleanders (in: ZKG 43 [1924], 209ff.) hat P. Kalkoff sich nicht nur sporadisch auch mit den Jahren nach 1521 befaßt.

zusammenhängende Darstellung. Das liegt auch daran, daß die Nuntiaturberichte von und an Aleander in Venedig während der Jahre 1533 bis 1535 erst eben im Druck erschienen sind[5]) und daß dieselben für seine zweite Nuntiatur in Deutschland 1531/32 bisher nur teilweise durch Hugo Laemmer veröffentlicht worden waren[6]). Aus dem oben angegebenen Thema wird deutlich, daß hier nicht der noch fehlende Teil der Biographie nachgeliefert werden soll. Vielmehr ist daran gedacht, die drei deutschen Nuntiaturen Aleanders auf das politische und geistesgeschichtliche Geschehen in Deutschland hin zu analysieren. Zwar ist Hubert Jedin in seiner Geschichte des Konzils von Trient auf Aleanders Wirken in Deutschland eingegangen[7]); er hat sich auch durch Archivstudien Kenntnisse über die Jahre 1531/32 erworben, die über das hinausgehen, was aus Laemmers Aktenpublikation bekannt war[8]). Jedoch konnte er in seinem Zusammenhang Aleanders Nuntiaturen in Deutschland nur so weit behandeln, wie sie für die Konzilsgeschichte wichtig waren. Darum erschien es reizvoll, nach archivalischen Arbeiten über Aleanders Nachlaß zu den Jahren 1531/32 an einem Vergleich aller drei Nuntiaturen dem geschichtlichen Wandel der Verhältnisse in Deutschland nachzugehen. Hinter diesem Gedanken mußte alles andere zurücktreten. Auch die sich unwillkürlich stellende Frage, wie diese Persönlichkeit in ihrem Wollen und Handeln zu verstehen sei, an deren Geschick und Ergehen geschichtliches Geschehen deutlich wird, wurde ausgeklammert, da sie an dieser Stelle eher hinderlich als förderlich gewesen wäre[9]). Stattdessen mag aus den einzelnen, herausgegriffenen Etappen, die alle durch das Wirken Aleanders mitgeprägt wurden, die Veränderung der Lage in Deutschland innerhalb von fast zwei Jahrzehnten im Mittelpunkt stehen, in denen sich die entscheidende Entwicklung der reformatorischen Bewegung vollzog.

[5]) F. Gaeta, Nunziature di Venezia vol. 1 (Fonti per la storia d'Italia per l'età moderna e contemporanea 32, 1958). [6]) H. Laemmer, Monumenta Vaticana (1861), 77ff. [7]) H. Jedin, Geschichte des Konzils von Trient 1² (1951), 159ff., 222f., 300. [8]) Ebd. 540. [9]) An anderer Stelle gedenke ich darauf zurückzukommen.

1. Der Reichstag zu Worms 1521 – das Edikt

Nachdem der angesehene Humanist Hieronymus Aleander 1513 seine Pariser Professur aufgegeben[1]) und den Schritt in das nicht ungefährliche, aber dafür auch glanzvollere Ehren verheißende kirchenpolitische Leben gewagt hatte[2]), machte er außerordentlich schnell Karriere. Er trat in den Dienst des Bischofs von Paris, Étienne Poncher, wurde dann Sekretär des Fürstbischofs von Lüttich, Erhard von der Mark, in dessen Auftrag er 1517 nach Rom reiste. Es gelang ihm, während des Aufenthaltes in der „ewigen Stadt" festen Fuß zu fassen und Sekretär des Kardinals Giulio de' Medici zu werden, der als Vetter des Papstes zu den einflußreichsten Männern der Kurie gehörte[3]). Finanzielle Schwierigkeiten, wahrscheinlich aber auch sein Ehrgeiz, ließen ihn nach einem weiteren Posten Ausschau halten, den er im Juli 1519 als apostolischer Bibliothekar und Vorsteher der Vatikanischen Bibliothek fand[4]). In dieser Stellung konnten sowohl seine humanistische Bildung wie auch sein unermüdlicher Eifer sich voll auswirken.

Bald zeigte sich aber eine noch größere Aufgabe, für die größte Anhänglichkeit an die Kurie und Überzeugungskunst vonnöten waren: die Bekämpfung Luthers. Nachdem die Bannandrohungsbulle *Exsurge Domini* verfaßt worden war, wurden zwei außerordentliche Nuntien mit ihrer Veröffentlichung beauftragt: Johann Eck und Hieronymus Aleander. Während letzterer zum Kaiser und den Fürsten, die sich um ihn zum Reichstag versammelten, gesandt wurde, hatte Eck für die

[1]) Aleander lehrte von 1508–1513 an der Pariser Universität. Vgl. über ihn Die Religion in Gesch. u. Gegenwart[3] 1 (1957), 224 und Lexikon für Theol. u. Kirche[2] 1 (1957), 301f. [2]) W. Friedensburg, NB I, 3, 31. Mit dem stimmt überein, was Aleander am 25. November 1531 an den päpstlichen Sekretär Sanga schrieb: . . . *gloriosulus, il che confesso esser uno tra li altri più gravi mei peccati* (Laemmer, Mon. Vat., 88). [3]) Friedensburg, a.a.O., 32. Aleander arbeitete gleichzeitig auch noch für Erhard von der Mark (ebd.). [4]) Hierüber wie auch über seine Vorgänger in diesem Amt vgl. L. Pastor, Geschichte der Päpste IV, 1 (1906), 479f.

Bekanntmachung der Bulle in Ober- und Niederdeutschland zu sorgen[5]). Daß die Nuntien im Einverständnis miteinander handeln sollten, vergaß man nicht zu erwähnen[6]).

So ungeschickt es war, Johann Eck diesen Auftrag zu geben, weil er schon zu sehr in persönliche Auseinandersetzungen mit Luther verwickelt war[7]), so geschickt erwies sich die Sendung Aleanders. Da er theologisch nicht allzusehr belastet war[8]), konnte das nur seine Genauigkeit in der Befolgung aller Anweisungen aus Rom vergrößern. Seine Vergangenheit als humanistischer Lehrer[9]) aber konnte leicht in anderen Humanisten, die zwischen Luther und Rom schwankten, die Abwendung vom gefeierten Wittenberger Professor auslösen[10]). Auch hatte er sich schon einige Zeit mit Luthers Gedankengut befaßt, so daß er vor keiner völlig fremden Materie stand[11]). Außerdem waren ihm die deutschen Verhältnisse durch seine Lütticher Jahre nicht unbekannt, und seine Bekanntschaft mit dem am Kaiserhof sehr einflußreichen Erhard von der Mark[12]) konnte sich nur positiv bemerkbar machen. Seine Beredsamkeit, mit der er mehr auf Wirksamkeit bei den Hörern

[5]) Pastor, a.a.O., 277f. Über die Schwierigkeiten, mit denen Eck zu ringen hatte, vgl. H. Jedin, Gesch. d. Konzils . . ., 144ff. [6]) P. Balan, Monumenta reformationis Lutheranae (1884), 9. [7]) Pastor, a.a.O., 278 und Jedin, a.a.O., 144ff. [8]) Pastor, a.a.O., 277f. [9]) Über die Bewunderung seiner Sprachkenntnisse durch Karl V. äußerte Aleander sich selbstgefällig am 19. November 1531, Archivio Vaticano (zit.: A. V.), Nunziatura di Germania (zit.: Germ.) 51 f. 48vff., teilweise gedruckt bei H. Laemmer, Mon. Vat., 88. [10]) Friedensburgs Urteil a.a.O., 33: „Bezeichnend für die Zeit und für die Richtung des Papstes, der zur Bekämpfung des Augustinermönches weder einen Theologen noch einen Juristen, sondern einen Philologen ausersah", dürfte unzutreffend sein, da die Kurie sich in keine theologische Debatte einlassen wollte – wenn Luther nicht widerrief, so war sein Urteil bereits gesprochen – und auch keine komplizierten rechtlichen Erwägungen notwendig waren. Es kam lediglich darauf an, die politischen Gewalten in Deutschland zu den klaren Konsequenzen zu veranlassen, die bei einer Verstocktheit Luthers zu ergreifen waren. Die Sendung Aleanders beruhte also nicht auf einer geringen Einschätzung seines Auftrages, sondern auf der Erkenntnis, in ihm einen ganz und gar ergebenen, fleißigen, redegewandten und gerade unter den rebellierenden Humanisten angesehenen Diener der Kurie vor sich zu haben. Bei der Durchführung des Auftrages hat es sich dann ja auch erwiesen, daß Aleanders Sendung kein Fehlgriff war. Vgl. auch P. Kalkoff, Zu Luthers römischem Prozeß, in: ZKG 25 (1904), 97ff. [11]) P. Kalkoff, Aleander gegen Luther (1908), 3. [12]) P. Kalkoff, Die Anfänge der Gegenreformation in den Niederlanden, in: Schriften d. Vereins f. Reformationsgesch. 79 und 81 (1903) 1. Teil, 9ff.

als auf Erfassung der sachlichen Problematik hinzielte[13]), und sein Fleiß sollten auf Befolgung und Verwirklichung des päpstlichen Urteils durch das Reich und die Stände hinwirken.

Ohne sonderliche Eile[14]) brach Aleander auf, wurde in Frankreich festgehalten[15]) und kam am 26. September in Antwerpen beim Kaiser an. Dort befand sich schon als apostolischer Nuntius der Protonotar Marino Caracciolo, ein am Kaiserhof angesehener Neapolitaner, und ihm zur Seite als außerordentlicher Nuntius Rafael de' Medici, ein entfernter Verwandter Leos X.[16]). Aleander war nur mit der lutherischen Angelegenheit betraut worden. Alle politischen Verhandlungen blieben Aufgabe Caracciolos, in die er nicht hineinzureden hatte, während er umgekehrt alle eigenen Handlungen nur im Einverständnis mit dem ordentlichen Nuntius vornehmen sollte. In der lutherischen Angelegenheit, über die auch Caracciolo Anweisungen aus Rom erhielt, sollte allerdings Aleander in erster Linie verhandeln dürfen, während andererseits seine Fakultäten suspendiert waren, solange Caracciolo als der „*principal nuntio* sich an demselben Orte oder in der Umgegend bis zu einer Entfernung von acht Tagesreisen aufhielt"[17]). Das war dieselbe Verfügung, die in Kraft trat, wenn sich ein Legat und ein Nuntius gleichzeitig in derselben Provinz befanden[18]). Wenn Caracciolo dem außerordentlichen Nuntius gegenüber gleichsam als „Legat" behandelt wurde, so wird daraus deutlich, wie stark jener ihm übergeordnet war. Aber das hinderte Aleander nicht an der Entfaltung einer einflußreichen Tätigkeit. Bereits am 28. September wurde ihm eine Audienz beim Kaiser gewährt, an der unter anderen Gattinara, Chièvres, der

[13]) Zu dem, was Aleander am 5. April 1521 an Kardinal Medici über „die Bedeutung der geistigen Waffen" schrieb, meint Pastor: „Man sieht, wie Aleander hier als echter Humanist weniger von streng gelehrter als geschickter journalistischer Tätigkeit das Heil erwartet", a. a. O., 301. [14]) „Am 17. und 18. Juli 1520 erfolgte seine Sendung gleichzeitig mit der Ecks", aber erst am 27. Juli brach er auf, P. Kalkoff, Forschungen zu Luthers Römischem Prozeß (Bibliothek des Kgl.-Preußischen Historischen Instituts in Rom Bd. II, 1905), 76ff. und Pastor, a. a. O., 286f. [15]) J. Paquier, J. Aléandre . . ., 151. [16]) Kalkoff, Die Anfänge . . ., 1. Teil, 8f. [17]) A. Pieper, Zur Entstehungsgeschichte der ständigen Nuntiaturen (1894), 54f. Zu den Fakultäten vgl. ebd. 17f. [18]) Laemmer, Mon. Vat., 36 wird vom Zusammentreffen des Kardinallegaten Campeggio und des Nuntius beim König Ferdinand, Pimpinella, berichtet. Campeggio erlaubte dem Nuntius großzügigerweise, wegen seiner Armut seine Fakultäten in den Ländern Ferdinands gebrauchen zu dürfen.

Bischof von Tuy: Lodovico Marliano, sowie Caracciolo und Rafael de' Medici teilnahmen. Während dieses Gespräches wurde eine Kommission für die lutherische Angelegenheit gebildet, der neben den drei Gesandten der Kurie Gattinara und die Bischöfe von Lüttich und Tuy angehörten[19]). Von dieser Kommission wurde ein Edikt gebilligt, das Aleander vorgelegt hatte und in dem die Vernichtung der ketzerischen Literatur in den burgundischen Erblanden angeordnet wurde. Mit geradezu verblüffender Geschwindigkeit wurde es entweder noch am gleichen Tag oder am 29. September vom Kaiser unterzeichnet und mit dem Siegel beglaubigt[20]), womit Aleander nicht nur die pessimistischen Erwartungen der Kurie – ,,man werde zwei Jahre mit fruchtlosen Beratungen totschlagen" [21]) – treffend widerlegt hatte, sondern auch ein günstiger Praezedenzfall für sein Vorgehen in Deutschland geschaffen worden war.

Aber ganz so schnell sollte sich doch nicht Erfolg an Erfolg reihen, was erwähnt werden muß, weil dadurch die tieferen Schwierigkeiten deutlich werden, mit denen Aleander zu kämpfen hatte. Als der Nuntius das Edikt in Antwerpen veröffentlichen wollte, wurde ihm das mit dem Hinweis auf die Freiheiten des Herzogtums Brabant verwehrt. Es gelang ihm nicht, das Siegel dieser Provinz so umgehend wie das des Kaisers dem Edikt hinzuzufügen, so daß er Antwerpen verlassen mußte, ohne eine Verbrennung ketzerischer Literatur durchführen zu können. Diese überraschende Schwierigkeit ist sicher nicht nur auf die eifersüchtige Wahrung der brabantischen Privilegien zurückzuführen, sondern im wesentlichen auf die lutherfreundliche Gesinnung Antwerpener Bürger, die dem Nuntius die Durchführung seines Auftrages erschwerten[22]). Damit haben sich bereits am Anfang seiner Tätigkeit die beiden Gewalten einen deutlichen Ausdruck verschafft, mit denen Aleander auch weiterhin zu ringen hatte: der Kaiserhof, von dem Aleander sich volle Unterstützung zu sichern wußte, so weit das nicht dessen politischen Rücksichten widerlief, und die lutherfreundliche

[19]) W. Friedensburg, Eine ungedruckte Depesche Aleanders . . ., in: Quellen u. Forsch. aus ital. Archiven u. Bibliotheken I (1898), 150ff. [20]) Am 28. fand die Audienz statt, am 29. brach Karl V. schon von Antwerpen auf, so daß spätestens an diesem Tage das wichtige Dokument unterzeichnet wurde, Kalkoff, Die Anfänge . . ., 1. Teil, 19. [21]) So hatte Giulio de' Medici sich geäußert, Kalkoff, a.a.O., 18. [22]) Kalkoff, a.a.O., 20.

Stimmung, von der mancherlei Stände und Personen ergriffen waren. Wegen dieser evangelischen Bewegung konnte Aleander die eindeutige Rechtslage, die er zu vertreten hatte, nicht ohne weiteres in die Wirklichkeit umsetzen. Es war nicht die frankreichfreundliche Haltung Leos X., die am Kaiserhof dem Anliegen Aleanders Schwierigkeiten machte, wie es wohl Giulio de' Medici befürchtet hatte[23]), sondern die lutherfreundliche Stimmung in Deutschland, mit der noch ungebrochen antirömische Tendenzen verbunden waren[24]).

Aleander wurde bei seinem Erscheinen in Deutschland arg zerzaust als „Verräter an den freien Künsten, Schleppenträger der Kurtisanen" und ähnliches[25]). Er fühlte sich als ein von „ganz Deutschland Ausgestoßener", und besonders seine ehemaligen „Hörer flohen ihn wie einen Exkommunizierten"[26]). Aber durch diese Widerstände wurde sein Scharfsinn nur umso mehr angeregt, und mit großer Geschicklichkeit verstand er es, die Gegebenheiten auszunutzen, so gut es eben ging. Da er in den Löwener Dominikanern eifrige Verfechter seiner Sache fand, ließ er in dieser Stadt die erste Verbrennung ketzerischer Schriften durchführen[27]). Weil er sich in Lüttich auskannte und hier leicht ein Mandat Erhards von der Mark gegen Luthers Bücher erlangen konnte, loderte hier bald darauf das zweite Feuer[28]). Aber die ihm entgegentretenden Widerstände sollten noch zunehmen[29]). In Trier, Köln und Mainz wurden zwar Bücherverbrennungen durchgeführt[30]), aber es ist bekannt, wie groß die zu überwindenden Hindernisse in Köln waren[31]), und über den Vorgang in Mainz mußte Aleander nach Rom

[23]) Vgl. oben S. 227 und Anm. 21. [24]) Vgl. die Analyse bei Jedin, a.a.O., 145ff. [25]) Balan, a.a.O., 31; Kalkoff, Die Depeschen des Nuntius Aleander vom Wormser Reichstag 1521² (1897), 45. [26]) T. Brieger, Aleander und Luther 1521 (1884), 28. (Ich verzichte darauf, die gleichen Stellen, die sich auch bei Balan, a.a.O. finden, zu benennen.) Wer in jenen Monaten in Humanistenkreisen von der Kurie Aufträge entgegennahm, hatte diese Reaktion zu erwarten; ein anderes Beispiel ist Remacle d'Ardennes, Kalkoff, Die Anfänge ..., 1. Teil, 21. [27]) Kalkoff, a.a.O., 21–23. Aleander hatte, als er im Dienst Erhards von der Mark stand, schon mehrmals in dessen Auftrag mit der Löwener Universität verhandelt (vgl. J. Paquier, J. Aléandre et la Principauté de Liège 1514–40 [1896] 46ff.), konnte also bei seinem Vorgehen schon bestehende Verbindungen nutzen. [28]) Kalkoff, a.a.O., 25 und Deutsche Reichstagsakten, Jüngere Reihe (zit.: RA) 2, bearbeitet von A. Wrede (1896), 455ff. [29]) K. Brandi, Kaiser Karl V. 1 (1937), 109. [30]) Brieger, a.a.O., 17f.; Kalkoff, Die Depeschen ..., 29ff. [31]) Kalkoff, Aleander gegen Luther (1908), 36ff.

schreiben, daß ihm „durch die Bosheit jener Stadt, die von altersher nichtswürdig war, ein häßlicher Streich" gespielt worden sei[32]). Hinzu kam „der Zusammenstoß mit Erasmus, die Angst vor Hutten"[33]) und die zähe Gegnerschaft, die Friedrich der Weise und dessen Räte ihm entgegenbrachten. Mehrere Tage versuchte er, eine Audienz beim Kurfürsten von Sachsen zu erlangen[34]). Sie wurde ihm am 4. November in Köln gewährt[35]). Sein Redeschwall muß aber nicht so überzeugend gewirkt haben, wie er es sich wünschte[36]). Zwar sprach er in einem Brief an Leo X. ein positives Urteil über Friedrich aus und meinte, der Kurfürst sei wohl schon fast von ihm überzeugt worden und habe gesagt, daß er niemals zwanzig Worte mit Luther gesprochen habe[37]); aber in Wahrheit hat Aleander die höfliche Form, mit der man ihm begegnete, mit einer Annäherung der Standpunkte verwechselt. Friedrich ließ nämlich seine negative Antwort zwei Tage später durch seine Räte erteilen[38]) und gewährte keine weitere Audienz mehr.

Überhaupt hatte Kursachsen es in den vergangenen Jahren verstanden, eine günstige Position zum Schutze Luthers zu erringen. Schon im Juni 1519 wurde beschlossen, Luther „auf dem nachkünftigen Reichstag" durch den Kurfürsten von Trier verhören zu lassen und die Sache „soweit möglich, beizulegen"[39]). Und wenn es in der am gleichen Tag durch die Kommissarien des neugewählten Kaisers beschworenen Wahlkapitulation hieß, daß niemand „unverhört in die Acht und Aberacht getan werden soll"[40]), so wird hier sicher vorsorglich an den Wittenberger Professor gedacht worden sein[41]). Das heißt aber: Dieses Verhör vor den Ständen „trennte grundsätzlich den alten Bund von Bann und Acht"[42]), womit das alte und immer wieder, auch in jüngster Zeit neue Problem von staatlichem und kirchlichem

[32]) Brieger, a.a.O., 17. [33]) Zwar sagte Aleander, über alle Anfeindungen und die Gegnerschaft seiner ehemaligen Schüler könne er nur lachen (Brieger, a.a.O., 28), doch beweist seine manchmal ans Hypochondrische grenzende Angst (Brieger, a.a.O., 56), wie wenig sicher er sich fühlte, obwohl er sich immer in der Nähe des Kaiserhofes aufhielt. [34]) RA 2, 459f. [35]) RA 2, 462ff. [36]) RA 2, 463; Balan, a.a.O., 69f. [37]) RA 2, 461. [38]) RA 2, 464ff. [39]) H. v. Schubert, Die Vorgeschichte der Berufung Luthers auf den Reichstag zu Worms 1521 (Sitzungsberichte d. Heidelberger Akad. d. Wissenschaften Phil.-hist. Klasse [1912], 6. Abh.), 10. [40]) Ebd. [41]) Kalkoff, in: ZKG 25, 283. [42]) V. Schubert, a.a.O., 11.

Recht[43]) in einer für die evangelische Bewegung günstigen Weise gelöst war. Da es beabsichtigt war, den „nachkünftigen Reichstag" vor Ankunft des Kaisers zu halten[44]), auf dem die Kurfürsten von Sachsen und der Pfalz als Reichsvikare „die gewichtigste Stimme in Reichssachen" gehabt hätten, konnte Friedrich der Weise ruhig in die Zukunft sehen[45]). Zwar entwickelten sich die Dinge anders, als gedacht war. Der geplante Reichstag fand nicht statt, und im Jahre 1520 wurde klar, daß die nächste Zusammenkunft der Stände unter dem Vorsitz des Kaisers gehalten werden würde. Sodann erklärte der Trierer Kurfürst im Herbst 1520 „dem Papst durch Aleander seinen Gehorsam"[46]), so daß von einem Schiedsgericht durch ihn wenig zu erwarten war. Da gelang es Friedrich dem Weisen aus dem vormals geplanten Verhör durch den Trierer Erzbischof ein allgemeines Verhör auf dem zum 6. Januar 1521 in Worms angesetzten Reichstag[47]) zu machen, wodurch die Luthersache zu einer Angelegenheit des Reiches wurde[48]).

Darum ist es nur folgerichtig, wenn Karl V. am 28. November 1520 den Kurfürsten von Sachsen aufforderte, „Luther mit auf den Reichstag zu bringen"[49]). Allerdings geschah dies ohne Wissen Aleanders[50]). Es rückt des Nuntius' Geschicklichkeit ins rechte Licht, wenn bedacht wird, wie schnell es ihm gelang, die kaiserlichen Räte von diesem Gedanken abzubringen und sie von der Verbindlichkeit des kanonischen Rechtes auch für die Stände zu überzeugen, so daß der Kaiser in einem Brief vom 17. Dezember seine Aufforderung zurückzog: Luther sollte nur in die Nähe von Worms kommen dürfen, wenn er vorher widerrufen habe[51]). Damit drohte das ganze Gebäude, das Friedrich errichtet hatte, zusammenzustürzen: Die zeitliche wie die sachliche Priorität der päpstlichen Rechtsprechung schien sich durchzusetzen und die reichsrechtlichen Festsetzungen der vergangenen Jahre zu überwinden. Das war möglich, weil Karl V. sich in dieser

[43]) Man denke an den für die italienische Situation bezeichnenden „Fall des Bischofs von Prato", Mons. Pietro Fiordelli, und der sich daraus ergebenden Frage nach der Gültigkeit staatlicher und kirchlicher Ehegesetzgebung. [44]) Der Reichstag sollte etwa Martini (10. November) 1519 beginnen (v. Schubert, a.a.O., 10). [45]) A.a.O., 11. [46]) A.a.O., 17. [47]) RA 2, 131ff. [48]) V. Schubert, a.a.O., 17 und 23. [49]) RA 2, 450 und 466ff.; v. Schubert: „Der höchste Vertreter der weltlichen Macht erklärt die von dem höchsten Vertreter der geistlichen Macht bereits entschiedene Sache für unentschieden" (a. a. O., 27). [50]) RA 2, 450 und 468 Anm. 1. [51]) RA 2, 450 und 468ff.

Glaubensfrage den kurialen Standpunkt völlig zu eigen machte[52]). Aber stärker als der Einfluß des jungen Monarchen, der sich noch weitgehend von seinen Räten leiten ließ[53]), dürfte der des außerordentlichen päpstlichen Nuntius Aleanders einzuschätzen sein. Aleander hatte nicht nur schon bald nach seiner Ankunft in Worms einen guten Überblick gewonnen[54]), sondern auch dem Standpunkt der Kurie Gehör zu verschaffen gewußt, daß die Verstocktheit des Ketzers nach Ablauf der zum Widerruf gelassenen 60 Tage erwiesen sei und die Stände nicht anders vorgehen könnten, als es von altersher der Fall gewesen sei. So beschloß dann auch der Staatsrat am 29. Dezember „ein scharfes Mandat gegen Luther und seine Anhänger zu erlassen“[55]). Damit war die Behandlung der Glaubensfrage, durch die ganz Deutschland bewegt wurde, auf dasselbe Gleis wie in den Niederlanden gebracht worden.

Aber recht bald erhoben sich neue Schwierigkeiten. Die Notwendigkeit zu einem Kompromiß in den Anschauungen des kaiserlichen Hofes und der Stände über das Reichsregiment brachte es mit sich, daß auch in der Luthersache eine Annäherung der Standpunkte sich durchsetzte[56]). Um die Stände nicht zu verletzen, sollte ihnen der Entwurf des Mandates gegen Luther und seine Anhänger vorgelegt werden. Aleander wurde auf Wunsch Karls V. damit beauftragt, den päpstlichen Standpunkt vor den Ständen zu vertreten und sie von der Richtigkeit und Notwendigkeit des Mandates zu überzeugen[57]). Das tat er am 13. Februar, und er tat damit gerade das, was seinen Intentionen zutiefst widersprach: Er brachte den von seiner Sicht aus abgeschlossenen Ketzerprozeß, den die Stände lediglich noch polizeilich auszuführen hatten, grundsätzlich vor dieselben und stellte die Luther-Sache damit vor einem „weltlichen“ Gremium zur Diskussion[58]). Die Reichsstände setzten dann auch eine Zitation Luthers durch den Kaiser durch[59]).

[52]) Die von Sickingen erhoffte „Trennung des Kaisers von den Papisten“ war nicht eingetreten, v. Schubert, a. a. O., 24. [53]) Brandi, Karl V., 1, 110ff. [54]) Vgl. seine vorzüglichen Analysen „de rebus“ und „de personis“ in den beiden Depeschen, die Brieger, a. a. O., 17ff. und 23ff. mitteilt. [55]) RA 2, 450 und 469 Anm. 1.

[56]) Brandi, Karl V., 1, 110f., gegen Jedin, a. a. O., 160f., der meint, Chièvres und Gattinara hätten im „Vorgehen gegen Luther ein kostbares politisches Handelsobjekt gesehen, das man sich hoch bezahlen lassen müsse“. Die Vorgänge im Mai 1521 zeigen, daß das Gegenüber nicht Kurie und Kaiserhof, sondern Kaiserhof und Stände waren.

[57]) RA 2, 451 und 495ff. [58]) Brandi, Karl V., 1, 111. [59]) RA 2, 451.

Allerdings sollte er lediglich kommen, um zu widerrufen, wodurch der für die Sache Luthers gewonnene Boden recht schmal wurde. Dazu gab noch der Kaiser seiner persönlichen Meinung einen unmißverständlichen Ausdruck, indem er die Sequestration der Bücher Luthers anordnete. Aleander hatte hierfür einen Entwurf geliefert, mußte aber zu seinem Bedauern feststellen, daß er nicht zur Ausführung gekommen war, sondern nur eine erheblich weniger scharfe Fassung[60]). Daraus erhellt, daß der Kaiserhof auch bei diesem Edikt die gewohnte Rücksicht auf die Stände nicht ganz beiseite lassen konnte.

Nachdem Aleander die Berufung Luthers nicht hatte verhindern können – obwohl er sich der Mittel seiner Zeit, wie gelegentlicher Bestechungsgelder, nicht ungeschickt bediente[61]) –, konzentrierte er sich darauf, das Verhör gut vorzubereiten: Er besorgte die Luther-Schriften[62]), die dem Ketzer vorgelegt wurden, und formulierte die Fragen, die der Trierer Offizial Johann von der Ecken beim Verhör Luther stellte und auf die der Wittenberger Professor lediglich zu antworten hatte[63]). Da Luther nicht widerrief, auch nicht während weiterer, inoffizieller Sonderverhandlungen[64]), war laut vorheriger Absprache der Weg frei zur Acht, und Aleander wußte nun die Vorteile, die dieses an sich ungewollte Vorgehen mit sich brachte, herauszustreichen[65]).

Jedoch sollte es noch einige Tage dauern, bis Aleander den Auftrag erhielt, einen Entwurf für das Mandat gegen Luther zu liefern[66]), der ins Deutsche übersetzt, mehrfach überarbeitet und erst am 25. Mai „von den sehr zusammengeschmolzenen Ständen durch den Mund des Kurfürsten von Brandenburg endgültig angenommen wurde“[67]). Aleander war über die endlich erfolgte Publizierung sehr froh und meinte, dieses, sein Werk – darauf legte er auch noch in späteren Jahren Wert[68]) – sei *così horribile quanto mai altro*[69]). Er versprach sich durch das Mandat eine endgültige Lösung der lutherischen Angelegenheit.

[60]) Brieger, a.a.O., 116 und RA 2, 451. Gegen Kalkoff, Die Anfänge . . ., 1. Teil, 27. [61]) Brieger, a.a.O. 106ff. und öfter; Pastor, a.a.O., 300f. [62]) Brieger, a.a.O., 146. [63]) A.a.O., 146f. Aleander selbst nahm an dieser Sitzung des Reichstages nicht teil, wohl um dem Protest gegen Luthers Zitation einen deutlichen Ausdruck zu geben, obwohl er zu Beginn seiner Nuntiatur geäußert hatte, daß er sich gerne persönlich mit Luther messen würde, Brieger, a.a.O., 21f. [64]) A.a.O., 160ff.; RA 2, 452f., 565ff. und H. Lutz, C. Peutinger (1958), 190f. [65]) Brieger, a.a.O., 153f. [66]) A.a.O., 178f. und RA 2, 453 und 638. [67]) Brandi, Karl V., 1, 113. [68]) Friedensburg, NB I, 3, 33. [69]) Brieger, a.a.O., 241.

Er hatte dabei allerdings nicht bedacht, daß schon das kaiserliche Sequestrationsmandat der Bücher Luthers nicht einmal in Worms selbst befolgt worden war. Wenn er auch behauptete, daß es „wie wir hören in Deutschland gut beachtet wird“[70]), so war hier mehr der Wunsch der Vater der Mitteilung[71]), als daß Aleander genauere Kenntnis hiervon gehabt haben könnte. Überhaupt war er bei seinen Berichten nicht sehr kritisch. So behauptete er, das Sequestrationsmandat sei gemacht worden *consensu totius imperii*[72]), während es so gut wie sicher ist, daß „der Erlaß ohne Genehmigung und Wissen der Stände erfolgte“[73]). Auch teilte er nach Rom mit, das endgültige Edikt gegen Luther sei zweimal vom Mainzer Kurfürsten unterzeichnet worden[74]), während Albrecht von Brandenburg diese Handlung gut zu umgehen gewußt hatte. Der Mainzer Erzbischof wollte sich nicht „vor der Öffentlichkeit mit dem Odium eines Vorgehens gegen Luther belasten“[75]) und war persönlich mit ganz anderen Sorgen reichlich ausgefüllt[76]). Er weigerte sich, das Mandat durch das Reichssiegel zu einer offiziellen Akte des Reichstages zu machen[77]). Darum mußte das Wormser Edikt in einer rechtlich noch nicht dagewesenen Form als kaiserliches Edikt, sozusagen als „Kabinettsordre“, erlassen werden[78]). Die Billigung durch die Minderheit der noch anwesenden Stände, speziell durch Joachim von Brandenburg, konnte nicht darüber hinwegtäuschen, daß in der Behandlung der Glaubensfrage durch den Wormser Reichstag keine Einigkeit erreicht worden war. Darum sollte sich der Jubel Aleanders über den vermeintlich schon errungenen Sieg[79]) als verfrüht herausstellen. Auch hier erweist sich seine Berichterstattung als zu sehr von seinen Stimmungen abhängig: Manche Depeschen klingen allzu

[70]) A.a.O., 180. [71]) Über die wenigen Mitteilungen betreffs Vollziehung des Mandates RA 2, 530 Anm. 2. [72]) Brieger, a.a.O., 180. Hierher gehört auch die von Erasmus bezeugte „Leichtgläubigkeit Aleanders“ (Kalkoff, Die Anfänge . . ., 2. Teil, 41). [73]) RA 2, 529 Anm. 1. [74]) Brieger, a.a.O., 224; Kalkoff, Die Depeschen . . ., 250 Anm. 1. Noch 1538 meinte er, er habe das Edikt durchsetzen können *di consenso di tanti principi (che per molti saeculi fu mai sì gran dieta)* (NB I, 3, 166). [75]) Jedin, a.a.O., 147; Albrecht, Caracciolo, Aleander und Eck wurden zu Spezialinquisitoren für die lutherische Ketzerei berufen (Balan, a.a.O., 17 ff.) – über die bezeichnende Reaktion Albrechts berichtet Aleander in einem Schreiben an Giulio de' Medici (Brieger, a.a.O., 217). [76]) Jedin, a.a.O., 146f. [77]) P. Rassow, Die Kaiser-Idee Karls V. . . . (Historische Studien H. 217 [1932]), 32. [78]) Ebd. [79]) Brieger, a.a.O., 224 und 241.

überschwenglich, andere zu pessimistisch[80]). Zwei Depeschen sind als Konzepte erhalten, wurden aber nicht abgeschickt, weil die in ihnen vorgetragenen Mitteilungen zu optimistisch waren und schon nach kurzer Zeit sich als überholt erwiesen[81]). Auch in bezug auf seine persönliche Lage fehlte es ihm an einem wirklich sachlichen Urteil: Er fühlte sich in Deutschland nicht nur nicht seines Lebens sicher, sondern argwöhnte auch, daß ihm in Rom Widersacher entgegenarbeiteten[82]), so daß er trotz seiner Erfolge, die er „mit zuweilen peinlicher Selbstgefälligkeit"[83]) hervorhob, seiner Sendung nicht immer froh wurde. Ein Grund hierfür wird auch der gewesen sein, daß ihm „die innere Ergriffenheit von den religiösen Fragen, um die es in Deutschland ging", fehlte[84]).

Aber das hat ihn nicht gehindert, seine Schuldigkeit zu tun, und es muß ihm zugestanden werden, daß er in einem harten, wenn auch nicht immer tadelfreien Ringen[85]) den Auftrag erfüllt hat, der ihm gestellt worden war. Zwar gilt, daß das von Aleander so gerühmte Wormser Edikt in den nächsten Jahren nicht viel mehr als „ein ohnmächtiges

[80]) Pastor, a.a.O., 290. [81]) RA 2, 867f. [82]) Besonders als ihm zu Ohren kam, daß in Rom die Sendung eines Kardinallegaten erwogen wurde, versuchte er den Wert seiner Arbeit herauszustreichen, Brieger, a.a.O., 88f. [83]) Jedin, a.a.O., 160. [84]) Ebd. [85]) Pastor weist (a.a.O. 300) auf Aleanders Schimpfworte und Bestechungen hin und meint, der Nuntius habe zu sehr darauf vertraut, die Reformation „durch Gnadenerweisungen und Geldspenden" eindämmen zu können (301). Es fällt auch auf, daß Aleander der Kurie eine „Interimsethik" empfahl, indem er meinte, man solle Derogationen, Reservationen und ähnliches, worüber die Deutschen im Moment klagten, wenigstens solange abstellen, bis *questa tempesta passa* (Brieger, a.a.O., 109). Auch meinte er, der Kurfürst von Trier solle veranlaßt werden, was ihm von Luther *sub sigillo* mitgeteilt worden sei *ad honorem Dei et ad pacem ecclesiae . . . per sue secrete lettere revelarlo al Santissimo* (Brieger, a.a.O., 212f.). Jedin tadelt Aleander wegen seines Kampfes gegen Erasmus, „während es doch damals darauf ankam, die Erasmianer von jenem [Luther] zu trennen" (a.a.O., 160). Das scheint allzusehr *post festum* gedacht. Denn wenn der Nuntius seinen Auftrag wirklich wahrnehmen wollte, konnte er Erasmus' offene wie geheime Verbindung mit Sachsen (man denke an dessen Audienz bei Friedrich dem Weisen am 5. November 1520 in Köln, RA 2, 464 Anm. 1 und P. S. und H. M. Allen, Opus epistolarum Des. Erasmi Roterodami, Tom. 4 [1922], 370f.) nicht unkritisch hinnehmen. Die Art seines Vorgehens allerdings konnte den empfindlichen Erasmus nur verletzen. Als Giulio de' Medici Aleander aufforderte, er solle versuchen Erasmus auf den rechten Weg zu ziehen (gemeint ist doch wohl: durch eine andere Art der Behandlung), erwiderte Aleander eilfertig, daß er schon dauernd darum bemüht sei (Brieger, a.a.O., 265).

Blatt Papier"[86]) war, aber immerhin hat es ein Jahrzehnt lang wie ein Damoklesschwert die evangelische Bewegung bedroht.

Aleander begleitete den Kaiser in die Niederlande[87]) und brach sofort nach Spanien auf, nachdem Leo X. gestorben und Hadrian von Utrecht, der sich auf der iberischen Halbinsel aufhielt, zu seinem Nachfolger gewählt worden war[88]). Als Lohn für seine Mühen und Erfolge erhielt er außer 300 Gulden, die ihm schon in Worms zugesagt worden waren[89]), von Hadrian zwei spanische Pfründen[90]) – wenig genug, so mochte er denken[91]). Denn schon im Jahre 1520 wäre ihm beinahe das Bistum Urbino verliehen worden[92]), und am 16. September 1521 wurde ihm aus Rom mitgeteilt, daß die Familie Medici – der Papst selbst, Giulio und auch Rafael de' Medici – ihm gewogen sei und ihn für seine Verdienste mit einem oberitalienischen Bistum belohnen wolle, was sich aber noch nicht habe verwirklichen lassen[93]). Durch Leos Tod ergab sich eine ganz andere Situation. Der bisher so mächtige Vizekanzler Giulio befand sich, was seine persönlichen Angelegenheiten anging, in einer schwierigen Lage[94]), konnte Aleander nur für die geleisteten Dienste danken und ihm in Aussicht stellen, sie in Zukunft zu belohnen[95]). Aleander hat versucht, sich der neuen Lage anzupassen. Aber weder durch seine Reise zum neu gewählten Papst noch durch Briefe an Wilhelm van Enckenvoirt, den Vertrauten Hadrians, mit dem er schon während seiner Lütticher Jahre Verbindung gehabt hatte[96]), vermochte er sich eine ähnlich anerkannte Stellung wie unter Leo X. zu erringen[97]).

[86]) Kalkoff, Die Depeschen ..., 18. [87]) Die von dort geschriebenen Depeschen bei Brieger, a.a.O., 238ff. [88]) Friedensburg, NB I, 3, 33f. [89]) Brieger, a.a.O., 207. [90]) Paquier, Lettres familières ..., 102. [91]) Schon der Dank für die 300 Gulden fällt bei dem wortgewandten Humanisten karg genug aus (Brieger, a.a.O., 207). Damit wird auch im Zusammenhang stehen, daß die Nuntien – hierin hat Aleander sich mit seinen Kollegen verständigt – 400 statt der von Rom vorgesehenen 1000 Gulden für den Trierer Offizial Johann von der Ecken als genug erachteten (Brieger, ebd.), da er ja nur die von Aleander formulierten Fragen Luther vorzulegen gehabt hatte. [92]) P. Kalkoff, Nachtrag zur Korrespondenz Aleanders, in: ZKG 28 (1907), 204–207. [93]) A.a.O., 218. [94]) A.a.O., 224. [95]) A.a.O., 226. [96]) A.a.O., 226–234. [97]) Aleander hat den Mißerfolg des Wormser Ediktes mit Leos Tod in Verbindung gebracht. Er schrieb, nur wegen der Abreise des Kaisers nach Spanien, des Todes Leos X. und der langen Abwesenheit Hadrians VI. von Rom sei die Ausführung des Ediktes unterblieben, das er mit so großen Mühen gegen die Häresie habe durchsetzen können (NB I, 3, 374).

Dagegen hat dann nach Hadrians kurzem Pontifikat sein alter Gönner Giulio de' Medici, nachdem er als Clemens VII. zur höchsten kirchlichen Würde gekommen war, sein Versprechen wahr gemacht und ihm neue Ämter, Würden und Einkünfte zuteil werden lassen.

2. Der Reichstag zu Regensburg 1532 – der Nürnberger Anstand

Am 14. Juni 1531 teilte Karl V. in einem eigenhändigen Brief Clemens VII. mit, daß er einen Reichstag durchzuführen gedenke, auf dem die lutherische Frage und die Türkenhilfe besprochen werden sollen[1]). Am 1. Juli machte der Kaiser seine Ankündigung wahr, indem er durch ein Ausschreiben die deutschen Stände zum 14. September nach Speyer einlud[2]). Der Papst begrüßte in Briefen vom 24. und 26. Juli des Kaisers Vorhaben[3]), schien sich doch dadurch die leidige Forderung nach einem Konzil zu erübrigen und eine bessere Abwehr der Türken möglich zu werden. Um an seinem Teil zur Lösung der Fragen beizutragen, sandte Clemens als außerordentlichen Nuntius den Erzbischof von Brindisi, Hieronymus Aleander, nach Deutschland[4]). Die Beauftragungsbulle wurde mit dem Datum vom 23. August versehen, die Empfehlungs- und Beglaubigungsbreven mit dem vom 29. August[5]). Wie wichtig es dem Papst war, daß Aleander zum Reichstag in Speyer rechtzeitig erscheine, geht daraus hervor, daß der neue Nuntius bereits am 27. August Rom verließ[6]), so daß ihm die noch

[1]) Concilium Tridentinum (zit.: CT) IV, Actorum pars prima, hsg. von S. Ehses (1904), LXXI. In einer Audienz am 23. Juni bestätigte der Kaiser dem Kardinallegaten Lorenzo Campeggio am Hof umlaufende Gerüchte über einen zu erwartenden Reichstag (Laemmer, Mon. Vat., 72f.). [2]) A. Westermann, Die Türkenhilfe und die politisch-kirchlichen Parteien auf dem Reichstag zu Regensburg 1532, Heidelberger Abh., 25. H. (1910), 22. [3]) CT IV, LXXI. [4]) Am 11. August wurde die Sendung eines *nuntius particularis* im Konsistorium beschlossen, die Wahl desselben dem Papst überlassen (S. Ehses, Aus den Consistorialakten 1530–1534, in: Römische Quartalschrift 6 [1892], 234 und CT IV, 1, LXXII). [5]) Kopien in A.V., Armarium 64 Bd. 14, f. 12rff; vgl. Pieper, Zur Entstehungsgesch...., 78. [6]) Pastor, Gesch. d. Päpste IV, 2 (1907), 432.

nicht ausgestellte Bulle wie auch die Breven nachgeschickt werden mußten[7]) und daß er von Rom aus wegen der Langsamkeit seiner Reise getadelt wurde[8]). Jedoch sollte sich dieselbe nicht als schädlich erweisen, denn als er über Stuttgart kommend[9]) am 2. Oktober in Speyer eintraf[10]), war lediglich König Ferdinand anwesend. Der Kurfürst von der Pfalz, Ludwig III., war einige Stunden da gewesen, hatte sich dann aber wieder zurückgezogen[11]). Dabei hatte der Reichstag bereits vor mehr als einem halben Monat beginnen sollen! Am 9. Oktober wurde sogar bekannt, daß er verschoben werden solle, ja einige mutmaßten, daß er ganz ausfallen würde[12]). Wie sollte Aleander nun seinen Auftrag, auf Beseitigung der Häresie zu wirken, angesichts dieser ganz neuen Situation ausführen?

Aber nicht genug damit: Kurz bevor Aleander seinen Einzug in Speyer hielt, wurde ihm ein Brief des Kardinallegaten Campeggio überbracht, der die Kurie seit 1530 am Kaiserhof vertrat, in dem der Befehl des Kaisers mitgeteilt wurde, Aleander möge nicht nach Speyer gehen, sondern sich in einem benachbarten Ort aufhalten und mit seiner Arbeit erst nach Rücksprache mit dem Kaiser beginnen[13]). Aleander war durch diese Mitteilung recht schockiert, bedeutete das doch, daß er nun bis zur Ankunft Karls V. zur Untätigkeit verurteilt war. Da aber schon sein Speyrer Quartier beschafft worden war, ignorierte er nach Rücksprache mit Ferdinand den ihm durch Campeggio mitgeteilten Befehl. Er zog – wie er schreibt – möglichst unauffällig in Speyer ein[14]) und betätigte sich „kaum", abgesehen von einigen Gesprächen mit dem König und Bernhard von Cles, dem Kardinalerzbischof von Trient und

[7]) Die Bulle fügte Clemens' Sekretär Sanga seinem Brief vom 3. September hinzu (Germ. 51, f. 263r), die Breven wurden direkt an den Kaiserhof gesandt (a.a.O., f. 278r). Das Register Aleanders für seine 2. Nuntiatur in Deutschland trägt in der Reihe Nunz. di Germ. die Nummer 51, nicht 54 wie Jedin, a.a.O., 540 Anm. 24 und 27 versehentlich angibt. Briefe Lorenzo Campeggios aus dieser Zeit befinden sich in Germ. 54, nicht 51.
[8]) Germ. 51, f. 263r. [9]) In Stuttgart hatte er König Ferdinand anzutreffen gehofft, der jedoch schon nach Speyer weitergereist war (a.a.O., f. 20v). [10]) A.a.O., f. 9v.
[11]) A.a.O., f. 24v. [12]) Ebd. [13]) A.a.O., f. 10v: Der Kaiser hat dem Legaten durch Covos und Granvella seinen Befehl mitteilen lassen *che subito scrivi a Vostra Signoria che per conto alcuno non entri in Spira, ma se intertenga in qualche luoco vicino, et che non deggia negociar di cosa alcuna insino che Sua Maestà non giunghi in Spira et che gli parli.* [14]) A.a.O., f. 23r: ... *per intrar in Spira senza perhò demostratione alcuna publica ma copertamente.*

wichtigsten Berater Ferdinands[15]) – weitere wichtige Persönlichkeiten hielten sich gar nicht in Speyer auf. Aleander hatte eine Vermutung, was hinter dem Verbot stehen könnte, das ihm auferlegt worden war, sprach sie aber nicht aus, da er nicht sicher war[16]). Durch seine Andeutungen wurde jedoch soviel klar, daß er hinter Campeggios Mitteilung mehr persönliche als sachliche Motive vermutete. Er berichtete, daß Ferdinand dem Befehl keinerlei Bedeutung zulege und, nachdem er Campeggios Brief gelesen, gesagt habe: *Isti timent plus quam oporteat timere*[17]). Kurze Zeit später wurde ihm dann auch durch Campeggio mitgeteilt, daß der Kaiser seinen Entschluß, sich doch in Speyer aufzuhalten, billige[18]). Aber das sollte nun nicht mehr von großer Wichtigkeit sein, denn als die Verschiebung des Reichstages bekannt wurde, beschloß Ferdinand, in sein Reich zurückzukehren, und da Aleander meinte, es sei in Deutschland so gefährlich, daß er sich nur beim König oder Kaiser aufhalten könne[19]), konnte er nicht lange von der nachträglich erteilten Erlaubnis Gebrauch machen. Er ging nach Brüssel zum Kaiser, da er sich in erster Linie zu ihm gesandt wußte[20]).

Sein erster Eindruck von den deutschen Verhältnissen war negativ. Er befürchtete den Ruin der Christenheit[21]), was er dann wieder ein wenig abschwächte: es sei die Lage nicht völlig verzweifelt, aber es bestehe doch nur wenig Hoffnung[22]). Er glaubte, daß es zum Krieg gegen die Protestanten kommen werde, der aber ohne Frankreichs Zustimmung nicht geführt werden könne[23]). Darum setzte er große Hoffnungen auf das Gespräch zwischen Karl und Franz, das in Kürze stattfinden solle[24]). Er sei – so betonte er – nicht dafür gewesen, von altgläubiger Seite gegen die Häretiker offensiv vorzugehen, aber da niemand zum Reichstag erschienen sei und die Lage sich so zugespitzt

[15]) A. a. O., f. 23r–24r. [16]) A. a. O., f. 23v, vgl. unten S. 246. [17]) A. a. O., f. 23v–24r. [18]) A. a. O., f. 13v–14r: . . . *si contenta che Vostra Signoria entri pur in Spira et stia come gli sarrà più commodo insino che Sua Maestà vi giunga, dove poi si potrà dar principio a negociare.* [19]) A. a. O., f. 26r: . . . *l'esser mio distante da l'una di queste doe Maestà non è sicuro.* [20]) A. a. O., f. 23v: . . . *principalmente essendo indrizzato a Sua Caesarea Maestà.* [21]) A. a. O., f. 10v. [22]) A. a. O., f. 24r: . . . *nè voglio dir la cosa esser del tutto desparata, ma ben di pocca speranza.* [23]) A. a. O., f. 27v. [24]) Germ. 51, f. 24v. Das Gespräch wurde von einigen auch als Grund für die Verschiebung des Reichstages angesehen (ebd.). Vgl. über die Hintergründe des Gespräches O. Winckelmann, Der Schmalkaldische Bund 1530–1532 und der Nürnberger Religionsfriede (1892), 137f.

habe, sei man jetzt dazu gezwungen[25]). Zu einer gewaltsamen Lösung der Häretikerfrage beizutragen, entsprach gar nicht seinem Auftrag: er sollte zu einem Übereinkommen mit den Lutheranern verhelfen, um dadurch Deutschland fähiger zur Abwehr gegen die Türken zu machen. Aber Aleander hatte auf diesen möglichen Vorwurf eine Antwort: Die Häretiker wollten wegen der vielen Unterstützungen vom Aus- und Inland wohl gar keinen *accordo* mehr[26]). Die Zeit der friedlichen Übereinkunft schien ihm vergangen zu sein. In Augsburg noch, vor einem guten Jahr, hätte man die Einigung zustande bringen können[27]). Aber dort wurde verkehrt gehandelt. Die Hauptlast der Schuld lud Aleander auf Campeggio[28]): hätte man damals mit den Lutheranern so freundlich gesprochen, wie er es jetzt tue, dann wäre die Häresie beseitigt worden[29]).

Solche Nachgiebigkeit in der persönlichen Sphäre vertrat Aleander auch jetzt noch: man komme weiter damit als mit hartem und unnachgiebigem Auftreten. Er erinnerte an Leo X., der auf diese Art und Weise mancherlei erreicht habe[30]). Mit dieser Freundlichkeit im Umgang sollten aber keine sachlichen Konzessionen verbunden sein. Aleander betonte, daß er den Häretikern nicht nachgeben werde. Er wußte, von wie großem Gewicht das war, was ihm in Rom aufgetragen worden war[31]). Nicht umsonst war ihm ein Brief des Nuntius Cesare Trivulzio, der die Kurie bei Franz I. vertrat, mitgeteilt worden, in dem vor Konzessionen gegenüber den Lutheranern gewarnt worden war, weil sonst auch andere Völker dasselbe verlangen würden[32])! Umso erstaunter war Aleander, als ihm am Kaiserhof bedeutet wurde, der Papst sei mit Konzessionen einverstanden[33]). Schon während des Reichstages in Augsburg habe Clemens Zugeständnisse an die Lutheraner in Aussicht gestellt[34]). Das stimmte mit den Direktiven, die Aleander erhielt, nicht

[25]) Germ. 51, f. 28r. [26]) A.a.O., f. 15v.
[27]) A.a.O., f. 17r: ... *che Dio volesse in la dieta di Augusta fussero stati per li nostri dottori accarezzati o almen non irritati che, come me ha detto tutto'l mundo, essendosi il dì sequente per accordar la cosa.* [28]) Jedin, a.a.O., 223. [29]) Germ. 51, f. 17r.
[30]) A.a.O., f. 114r. Aleander empfahl, auch großzügig in der Gewährung von Pfründen etc. vorzugehen (a.a.O., f. 125r). [31]) A.a.O., f. 17v: *Non dubiti Sua Beatudine dì concession alcuna alli Lutherani, chè so quanto importa quello mi ordinò.* [32]) CT IV, LXXII. [33]) Laemmer, Mon. Vat., 82. [34]) Germ. 51, f. 147v: *Sua Maestà respose non haver mandato cosa che havesse besogno di revocation o correttion et che non si prometteria a Lutherani cosa che Nostro Signore alla dieta di Augusta non havesse ben concesso.*

überein. Und doch muß Clemens im Sommer 1531 die Billigung einiger protestantischer Forderungen ernsthaft erwogen haben[35]). Da er sich aber nicht recht entschließen konnte, sandte er kurze Zeit später den Sonderbeauftragten Aleander mit der Weisung, eine Rückführung der Lutheraner ohne Zugeständnisse zu versuchen. Solch schwankende Politik konnte Aleanders Arbeit nur erschweren, zumal er nichts weiter tun wollte, als den Befehl seines Herrn auszuführen. Was aber sollte er tun, wenn ihm am Kaiserhof erklärt wurde, der Papst habe ganz andere Pläne als seine Nuntien vorgeben?

Man wird das im Auge behalten müssen, um in der Beurteilung dieser Nuntiatur nicht fehlzugehen. Gegenüber 1520/21 war die Lage in verschiedenster Hinsicht komplizierter. Galt es damals, eindeutige juristische Gegebenheiten in die Tat umzusetzen, so sollte Aleander jetzt mit Verhandlungsgeschick das erreichen, was viele nur auf dem Weg der Gewalt für möglich hielten: die Rückgewinnung der Protestanten. Während Leos X. Stellung gegenüber der Reformation durch Bannandrohungs- und Bannbulle eindeutig festgelegt war, schwankte Clemens VII. nicht nur politisch zwischen Franz I. und Karl V., sondern auch kirchenpolitisch zwischen der Neigung zu Konzessionen und deren Vermeidung, zwischen Ausflüchten und scheinbarer Nachgiebigkeit, möglichst ängstlich das Eine, Notwendige meidend: die klare Entscheidung. Zwar hatte Clemens VII. schon unter Leo X. als Vizekanzler eine höchst einflußreiche und wichtige Stellung innegehabt. Von seinen Urteilen und Befehlen hing Aleander schon während seiner ersten Nuntiatur ab. Aber diese Unsicherheit hat ihn erst während des Pontifikates überfallen, als die Bürde des Amtes, um das er sich schon nach Leos X., seines Vetters Tod gemüht hatte, ihm zu schwer war. Auch in Deutschland war die Situation gegenüber 1520/21 schwieriger geworden: Vor der Türkengefahr traten alle anderen Fragen in den Hintergrund. Die Zahl der Anhänger der Reformation war größer geworden. Der Kaiser erwartete die Erfüllungen von Zusagen, die der Papst in bezug auf Konzil und Konkordie mit den Protestanten gemacht hatte. Clemens VII. aber war weit weg, und gerade diese beiden Fragen waren dem Nuntius anvertraut worden, der sich nun bemühen mußte, zu einer Lösung zu kommen.

[35]) CT IV, LXXII.

Bei seiner Abreise hatte man in Rom damit gerechnet, daß Aleander umgehend mit den Lutheranern verhandeln werde[36]). Man nahm an, daß der Reichstag in Speyer termingerecht begänne und daß auch die Lutheraner erschienen, da ja die Religionsfrage behandelt werden sollte. Es wurde wohl an eine Art von Fortsetzung der Augsburger Gespräche gedacht, die vor einem Jahr ergebnislos abgebrochen worden waren[37]). Bei diesen Verhandlungen sollte Aleander seine besonderen Gaben anwenden, durch die er schon in Worms 1520/21 die großen Erfolge erzielt hatte[38]): Er sollte versuchen, durch seine Beredsamkeit und auch durch klingende Münze die Häretiker zur Rückkehr zu bewegen[39]). Man dachte dabei besonders an Melanchthon, bei dem am ehesten die Neigung vermutet wurde, sich den Altgläubigen wieder anzuschließen[40]). Aber da der Reichstag verschoben wurde, traten an die Stelle offizieller Gespräche und Kontakte mit führenden Lutheranern nutzlose Reibereien mit den kaiserlichen Räten, die sich auf Gespräche beriefen, die Clemens mit den kaiserlichen Gesandten geführt hatte und die der Papst durch Aleanders Arbeit ungeschehen machen wollte. Aleanders Tätigkeit vollzog sich jedoch in einem bescheidenerem Rahmen, als Clemens erwartet hatte. Er mußte sich darauf beschränken, einzelne Rückkehrwillige zu gewinnen[41]), die Kampfeslust der römisch-katholischen Theologen zu mäßigen[42]) und bisher Rechtgläubige von dem Übertritt zur Reformation zurückzuhalten. So hat Aleander sich um Ferdinands Arzt Paul Ricius gemüht, dessen neuestes Buch *Statera prudentum* von Faber scharf angegriffen worden war[43]). Ricius rief Aleander als Richter an[44]), der zuerst von einem Widerruf des von Ferdinand sehr geschätzten Arztes berichtete[45]), dann aber doch noch mehrmals neue Schwierigkeiten mitteilen mußte, die sich aus der – wie es Aleander darstellt – schwankenden Haltung

[36]) Germ. 51, f. 128v. [37]) G. Müller, Johann Eck und die Confessio Augustana. Zwei unbekannte Aktenstücke zum Augsburger Reichstag 1530, in: Quellen und Forsch. aus ital. Archiven u. Bibl. 38 (1958), 216ff. [38]) Vgl. oben S. 232f. [39]) Germ. 51, f. 284v. [40]) G. Kawerau, Die Versuche, Melanchthon zur katholischen Kirche zurückzuführen (Schriften d. Vereins f. Reformationsgesch. 73 [1902]), 52–55. [41]) Aleander berichtet von einem *gran Lutherano che sta in Norimberga*, den er gewonnen habe (Laemmer, Mon. Vat., 120). [42]) A.a.O., 130; vgl. oben Anm. 27. [43]) Laemmer, Mon. Vat., 105f. Über Ricius vgl. RGG² 4 (1930), 2028. [44]) Germ. 51, f. 109r. [45]) Laemmer, Mon. Vat., 113.

Ricius' ergaben[46]). Aleander nahm an, daß sich seine Verhandlungen mit den Lutheranern in privaten Sphären wie im Fall Ricius abspielen würde,[47]) – an größere offizielle Kontakte zum Zwecke einer Übereinkunft mit den Protestanten, woran der Kurie aus Furcht vor den Türken so viel lag[48]), dachte er wohl nicht mehr.

Mit dieser „Etappentätigkeit" Aleanders mag es zusammenhängen, daß sein Urteil über die deutschen Verhältnisse recht schwankend war. Nach anfänglichem Pessimismus meinte er nun, daß die Rückgewinnung der Häretiker an sich gar nicht so schwierig sei[49]). Daneben finden sich aber auch Aussagen wie die, daß diese ganze Angelegenheit *difficile* sei[50]). Jedoch sei *presto speranza* vorhanden, wenn nur die Majestäten – Karl und Ferdinand – könnten, wie sie wollten[51]). Zu dieser Meinung hat nicht unwesentlich die Erkenntnis beigetragen, daß die Lage in Deutschland sich seit 1521 erheblich verändert hatte[52]). Aleander berichtete, daß er jetzt ganz anders behandelt werde als damals. In Nördlingen zum Beispiel wurde er „viel freundlicher aufgenommen als in irgendeiner katholischen Stadt Italiens", obwohl die Leute wußten, daß er Bischof war und aus Italien kam[53]). Aleander wurde es nicht müde zu wiederholen, um wie vieles besser doch die Lage geworden sei[54]). Er meinte, daß die lutherischen Obrigkeiten ihre Abkehr von dem alten Glauben bereits bedauerten und nur wegen des Volkes noch nicht den Schritt zurück wagten[55]). Er hegte die Hoffnung, daß einzelne Stände wie Nürnberg und Kursachsen ihren bisherigen Weg aufgäben[56]), und glaubte, Philipp von Hessen werde, wenn er die Hoffnung habe, die Kirchengüter behalten zu können, zur römisch-

[46]) Anfangs gab Aleander den spanischen Theologen die Schuld, die mit zu großer Schärfe vorgingen (Germ. 51, f. 125r), dann meinte er, man müsse wohl *proceder ad rigorem*, wenn Ricius nicht bei seinem ersten Versprechen des Widerrufs bleibe (a. a. O., f. 144r). [47]) A.a.O., f. 132v und 133r. [48]) A.a.O., f. 299v und 337r. [49]) Laemmer, Mon. Vat., 101 u. 114. [50]) Germ. 51, f. 121v und 155v. [51]) A.a. O., f. 156r. [52]) Jedin, a.a.O., 222 und Germ. 51, f. 99r. [53]) A.a.O., f. 99v–100r: *Nel sopradetto Norlinghen . . . allogiai in casa del borgomastro, principale di tutti Lutheriani, perchè altrimenti egli non haveria tal favore in quella terra, et ancorchè non se sapesse ch'io fussi nuncio apostolico nè Aleandro, tutta volta ben sapeano ch'io era vescovo et ch'io venneva di Italia, et questo non ostante io fui tanto honorato dal detto borgomaestro et presentato dalla università molto meglio che in qualonque terra Catholica di Italia mi fusse stato fatto.* Vgl. auch Laemmer, Mon. Vat., 99f. [54]) Vgl. Laemmer, Mon. Vat., 88f., 101f. und öfter. [55]) A.a.O., 103f. [56]) A.a.O., 101 und 85.

katholischen Kirche zurückkehren[57]). So richtig seine Feststellung über die seit 1520/21 „abgekühlte Lage“ ist, so wenig stimmt doch gerade dies mit seiner Meinung überein, daß das Volk die Obrigkeiten auf dem Weg der Neuerungen halte. Denn der Dissensus zu der Zeit seiner ersten Nuntiatur in Deutschland bestand ja gerade darin, daß die von mancherlei und durchaus nicht immer von der reformatorischen Theologie bestimmten Wogen der Erregung des Volkes für jenen Martin Luther sich geglättet hatten. Aleander hat die Unsicherheit seines Urteils gespürt. Die Länge seiner Depeschen bringt in ihrer nahezu chronikhaften Darstellungsweise eine Fülle von Einzelheiten, auch Beobachtungen von großer Wichtigkeit, aber es fiel Aleander zu schwer, deutlich und knapp seine Mitteilungen zu machen[58]) und sich zu einem klaren Konzept durchzuringen.

Mindestens so diffizil wie das Problem der Rückgewinnung der Lutheraner war die Frage nach dem Konzil, die dem Nuntius als zweite Aufgabe anvertraut worden war. Während in bezug auf die Behandlung der Lutheraner zwischen der Kurie und dem Kaiserhof grundsätzlich keine Unterschiede bestanden, die Art des Vorgehens nur durch die verschiedenen politischen Standorte bedingt war, herrschte in der Frage des Konzils eine tiefgreifende Meinungsverschiedenheit. Es war dem Kaiser darum wichtig, daß der Papst in dem an ihn gerichteten Breve, das Aleander in einer Audienz verlas, mitteilte, der außerordentliche Nuntius solle zu den Vorbereitungen für das Konzil beitragen[59]). Aber gar bald sollte es sich herausstellen, daß Clemens weiterhin nicht gewillt war, das Konzilsversprechen einzulösen, das er auf Grund der Gespräche gegeben hatte, die 1529/30 in Bologna zwischen ihm und Karl geführt worden waren[60]). Clemens behauptete wohl, das Konzil berufen zu wollen, aber er verlangte als Voraussetzung dafür unerfüllbare Bedingungen, was der Kaiser klar erkannte, so daß er ihm nicht nur die Schuld für den nicht erfolgten Zusammentritt des Konzils,

[57]) A. a. O., 89. Winckelmann, Der Schmalk. Bund, 171: Aleander ließ sich „einreden, daß der Landgraf durch Überlassung der hessischen Kirchengüter leicht zu gewinnen sei“. [58]) Aleander bat Sanga, Zusammenfassungen seiner Briefe für den Papst selbst herzustellen und entschuldigte sich, *perchè ho udito dirre sempre che meglio è esser grasso che magro* (Germ. 51, f. 90v). [59]) CT IV, LXXIIf. Dies geschah in der zweiten Audienz, die Aleander am 14. November 1531 in Brüssel gewährt wurde (ebd.). [60]) Jedin, a. a. O., 195f.

sondern auch für die augenblickliche Lage zuschob[61]). Aleander mußte feststellen, daß die Hofbeamten, Gesandten, Theologen, ja alle Anwesenden und eben auch Karl und Ferdinand sagten, ohne Konzil lasse sich die Häresie nicht beseitigen[62]). Aber der Nuntius getraute sich kaum noch, über das Konzil etwas nach Rom zu berichten[63]), zumal ihm der Vorwurf gemacht worden war, daß er in dieser Angelegenheit die Anweisungen aus Rom nicht genügend beachte. Er sei zu positiv zur Frage des Konzils eingestellt. Es war in diesem Zusammenhang der Ausdruck παραπρεσβεία gefallen, was Aleander tief verletzte, denn das bedeutete, daß er seine Nuntiatur nicht in allem gemäß den Befehlen und dem Willen der Kurie ausführe[64]). Wie stark muß dieser Vorwurf den Mann getroffen haben, der nichts weiter als ein treuer Diener des Papstes und des apostolischen Stuhles sein wollte!

Aber inzwischen war der Kaiser sowieso zum Handeln übergegangen, so daß die Frage des Konzils zurücktrat: er ließ durch die Kurfürsten von Mainz und Pfalz in Schweinfurt und später in Nürnberg Verhandlungen mit den Protestanten zum Zwecke eines Abkommens führen[65]). Die Entscheidung hierüber war bereits in Brüssel gefallen[66]) – Aleander erfuhr davon erst in Speyer, als er sich auf der Reise zum Reichstag befand[67]). Denn inzwischen war der Termin für die nach Regensburg verlegte Reichsversammlung herangekommen, ja

[61]) Germ. 51, f. 149v. [62]) A.a.O., f. 104v: . . . *questa è opinion irradicatissima nelli cuori di questi segnori etiam che vedino et confessino, non se poter per hora per ogni ragion far concilii et che giudichino che li Lutherani non li vorriano, nondimeno se mai si è per rassettar la chiesa et extinguer queste heresie che non se farrà per altra via che di un buon concilio generale; et lo tiene et dice il primo, il secondo et tutti di questi doe corti et tutti li ambassatori et populi che se vi attrovano; et di fuori vien scritto da ogni banda et sollicitato da quelli theologi, in chi queste Maestà molto remetteno le cose della conscientia.* [63]) Jedin, a.a.O., 223. [64]) Germ. 51, f. 104v: *Doe drachme di aconito mi dettero a bever le penultime di Vostra Signoria, dove la parlava della continuata opinione di molti costì* περὶ παραπρεσβείας μου *nella materia del concilio, et fu di tal offesa il veneno che per mie altre non potei responder.* [65]) Winckelmann, Der Schmalk. Bund, 184ff.

[66]) A.a.O., 180. [67]) Germ. 51, f. 145v: *Tre dì poi ch'io partì da Moguntia, io intesi in Spira il primo dì di quadragessima da persone di qualche conto che la Cesarea Maestà havea concluso alli 7 di febraro in Mogunza di mandar in Franconia gli elettori Moguntino et Palatino per abboccarsi con gli principi Lutherani.* – Der Reichstag war zum 6. Januar 1532 angesagt worden. Der Kaiser hielt seinen Einzug in Regensburg am 28. Februar. Die Eröffnung erfolgte am 17. April (Westermann, a.a.O., 41ff.).

schon verstrichen. Der Kaiserhof zog von Brüssel dorthin. Jetzt hätte der Moment für ein Eingreifen Aleanders kommen können. Ein halbes Jahr war seit dem Termin des in Speyer geplanten Reichstages vergangen, aber die grundsätzliche Situation war die gleiche. Auch für Regensburg war der wichtigste Verhandlungspunkt die Einigung in der Religion[68]). Sie war als Voraussetzung für die gemeinsame Türkenhilfe der Reichsstände gedacht. Aber da wurden nun die entscheidenden Verhandlungen mit den Protestanten vom Reichstagsgeschehen abgetrennt. Die betreffenden Beschlüsse des Kaiserhofes mußten sich die päpstlichen Gesandten für teures Geld verschaffen[69]). Es fiel Aleander ein wenig schwer, das mit seiner Glorifizierung Karls und Ferdinands in Einklang zu bringen[70]). Aber er lud die Schuld auf Karls Ratgeber, die in ihren Berichten an den Kaiser die Dinge auf den Kopf gestellt, „weiß aus schwarz" gemacht hätten[71]). Durch des Kaisers *bontà* werde aber doch letztlich alles Übel, das der Hof verschuldete, wieder wettgemacht werden[72]). Aleander nahm aber nicht nur die Person des Kaisers aus seiner Kritik heraus, sondern er verteidigte auch die Verhandlungen als solche. Er meinte, es sei nicht zu übersehen, daß der Kaiser sich mit den Lutheranern aus politischen Gründen, nämlich wegen der Türken, arrangieren müsse[73]). Darum warnte er vor einem Bruch der *santa unione* – der Verbindung der Kurie mit Habsburg –, die unbedingt bewahrt werden müsse[74]).

Worin aber bestand Aleanders Aufgabe, wenn das Konzil zur Zeit angesichts der Türkengefahr nicht diskutabel war und die Verhandlungen mit den Lutheranern ohne seine direkte Einwirkung von zwei Kurfürsten geführt wurden, gegen deren Verhalten er größte Bedenken haben mußte?[75]) Diese Frage zwingt, außer den sachlichen Schwierigkeiten, unter denen Aleanders zweite Nuntiatur litt, auch seine persönlichen zu erörtern. Er war wieder, wie schon in Worms, einem anderen

[68]) Winckelmann, Der Schmalk. Bund, 221. [69]) Germ. 51, f. 131r. Auch über die Vorgänge auf dem Reichstag ließ Aleander sich durch eine Mittelsperson Bericht erstatten, die an den Beratungen teilnahm (a. a. O., f. 136v). Die offiziellen Mitteilungen, die er von den kaiserlichen Räten als Nuntius erhielt, waren ihm offenbar nicht genügend.
[70]) Aleander nannte die Majestäten *divi fratres* (Laemmer, Mon. Vat., 82).
[71]) Germ. 51, f. 178r: *Il che procede tutto da quelloro che hanno dato ad intender il bianco per il negro alla summa bontà di Caesare.* [72]) Laemmer, Mon. Vat., 129.
[73]) A.a.O., 118. [74]) A.a.O., 129f. [75]) Realencyklopädie für protestantische Theologie und Kirche³ 14 (1904), 243f.

päpstlichen Gesandten untergeordnet, dieses Mal sogar einem Kardinallegaten. Abgesehen von der Würde, die Lorenzo Campeggio dementsprechend genoß, war er auch am Kaiserhof wegen seiner habsburgfreundlichen Einstellung[76]) sehr angesehen. Außerdem hatte er den Reichstag zu Augsburg 1530 mitgemacht und war mit den deutschen Verhältnissen und speziell mit der lutherischen Angelegenheit bestens vertraut. Was sollte Aleander dann noch? Lorenzo Campeggio war häufig krank. Aber immerhin wurde er von seinem Bruder Tommaso, dem Bischof von Feltre, begleitet, der ihn schon in Augsburg während einer Krankheit vertreten hatte[77]). Warum sollte er das nicht auch jetzt tun? Es ist darum verständlich, daß Campeggio Aleanders Kommen nicht gerne sah. Aleander meinte, Campeggio habe gar nicht gewollt, daß er komme. Ihm genüge es nicht, größer zu sein als er. Er möchte alleine da sein[78]). Darum vielleicht schon jener möglicherweise nur angebliche Befehl des Kaisers, daß Aleander nicht in Speyer einziehe: Campeggio wollte nicht, daß Aleander von den dort anwesenden Fürsten als Vertreter des Papstes behandelt würde. Der Legat überließ dem Nuntius so wenig Arbeit wie möglich. Nur in der lutherischen Angelegenheit und in der Konzilsfrage sollte Aleander gemäß seinem Auftrag das Wort ergreifen dürfen, ohne daß Campeggio aber diese beiden Gebiete ihm allein überlassen hätte.

Umgekehrt dagegen wachte der Legat eifersüchtig darüber, daß Aleander sich nicht in seine Aufgaben einmischte. Als der päpstliche Sekretär Giovanni Battista Sanga dem Nuntius schrieb, er möge sich für die Türkenabwehr einsetzen[79]), mußte Aleander ihm antworten, daß er zum Kaiser nur schwer komme und immer nur unter irgendwelchen privaten Vorwänden oder durch Protektion von Freunden. Nur dann könne er dem Kaiser etwas sagen, weil sonst der Legat Verdacht schöpfe, daß er sich an seine Stelle dränge[80]). Dieser Verdacht ist bei Aleanders Fleiß und Ehrgeiz schwerlich ganz unberechtigt. Aber er hat doch seine Arbeit und damit auch die Leistungen, die die Kurie von ihm erhoffte, erheblich belastet. Zum Beispiel wurden die offiziellen

[76]) W. Maurenbrecher, Karl V. und die deutschen Protestanten 1545–1555 (1865), 22: „Campeggio, der kaiserlichste von allen dem Kaiser ergebenen Kardinälen."
[77]) H. Jedin, T. Campeggio (Kath. Leben u. Kämpfen im Zeitalter der Glaubensspaltung, H. 15, 1958), 17. [78]) Germ. 51, f. 130r und v. [79]) A.a.O., f. 337r.
[80]) A.a.O., f. 130r und v.

Briefe der Kurie an beide Gesandten zusammen geschrieben, an Lorenzo Campeggio aber persönlich gerichtet. So konnte es vorkommen, daß Aleander Briefe aus Rom gar nicht oder nur sehr flüchtig zu sehen bekam[81]), ja daß Campeggio ihn nicht einmal von dem geplanten Gespräch der beiden Kurfürsten mit den Lutheranern unterrichtete, obwohl er davon Kenntnis erhalten hatte[82]). Aleander war aber doch besonders wegen der Rückführung der Häretiker von Clemens nach Deutschland gesandt worden! Diese Angelegenheit fiel also in sein eigenstes Arbeitsgebiet. Der Nuntius hatte seine offiziellen Schreiben nach Rom anfangs an Jacopo Salviati gerichtet, den Geheimsekretär des Papstes, dem auch Lorenzo Campeggio seine Mitteilungen zusandte[83]). Briefe mit mehr privatem Inhalt schrieb Aleander an Sanga, mit dem er befreundet[84]) und der Salviati untergeordnet war[85]). Da Salviati dem Nuntius keine direkten Antworten zukommen ließ[86]), unterließ Aleander es, ihm weiter zu schreiben[87]) und richtete alle seine Briefe an Sanga, den er bat, ihren Inhalt dem Papst und zuständigen Persönlichkeiten zu übermitteln[88]).Um nicht von der Willkür Campeggios abhängig zu sein, bat er Sanga um Kopien der an den Legaten ge-

[81]) Aleander schrieb einmal, daß er die beiden letzten Briefe aus Rom wieder nicht zu lesen bekommen habe (a.a.O., f. 119v). [82]) A.a.O., f. 130v und 131r. [83]) Laemmer, Mon. Vat., 76, 86 und öfter. [84]) Germ. 51, f. 11r und öfter. [85]) Pieper, Zur Entstehungsgesch. . . ., 6 Anm. 1. [86]) Lediglich am 12. September 1531 hat Salviati ihm einen Brief geschrieben, um ihm nochmals die Richtlinien seines Handelns am Kaiserhof einzuschärfen (Germ. 51, f. 270r–273v). Laemmer hat diesen Brief fälschlicherweise Sanga zugeschrieben (Mon. Vat., 77). Als Sanga im Sommer 1532 starb, wußte Aleander nicht recht, an wen er nun seine Mitteilungen weitergeben sollte. Darum hat er z.B. einen Brief direkt an Clemens gerichtet (Germ. 51, f. 246–248r). Als er am 16. August 1532 wieder an Salviati schrieb, meinte er: *Io non ho scritto già molto tempo a Vostra Signoria, sì perchè mai si è trattato in questa diaeta di li meriti di la causa, per la qual principalmente son sta' qua mandato, sì etiamdio perchè sapea che'l Reverendo messer Sanga ne raguagliava sempre Vostra Signoria di quanto io scrivea* (a.a.O., f. 238v). Der Abberufungsbescheid wurde ihm durch Salviati mitgeteilt (Laemmer, Mon. Vat., 144). [87]) Aleander hat zwischen dem 9. Oktober und 14. November 1531 mehrere Briefe an Salviati geschrieben (vgl. Germ. 51, f. 19r–38r), dann erst wieder nach Sangas Tod im August 1532, s. Anm. 86. [88]) Aleander schrieb häufig vier verschiedene Briefe an demselben Tag, die er mit A, B, C und D bezeichnete. Brief A war als offizielles Schreiben zur Mitteilung an den Papst und andere wichtige Persönlichkeiten gedacht. Aus den übrigen überließ Aleander es dem Empfänger, was er daraus verbreitete, vgl. z.B. Germ. 51, f. 116v.

richteten offiziellen Mitteilungen, damit er sich auf diese Art und Weise auf dem Laufenden halten könne[89]).

So wird es verständlich, daß Lorenzo Campeggio in Aleanders Depeschen unter der Chiffre *amico* erscheint[90]); dieselbe Bezeichnung hatte Aleander während seiner ersten Nuntiatur für Erasmus verwandt[91]). Man wird nicht sagen können, daß das im Jahre 1521 feindliche Verhältnis Aleanders zu Erasmus genau mit dem zu Campeggio 1531/32 auf eine Stufe gestellt werden müsse. Aleander konnte den Legaten von seinen Untergebenen und „Mitbewohnern" trennen, um letzteren die Schuld für Verdächtigungen und damit auch für einen wesentlichen Teil der gespannten Beziehungen aufzuerlegen[92]). Er meinte, durch den Ehrgeiz Campeggios, der ihm kaum etwas zu arbeiten übrig lasse[93]), werde auch sein eigener Eifer angespornt, so daß er sogar von einer positiven Folge dieses Neben- und häufig auch Gegeneinanders sprechen konnte[94]). Aber das wiegt wenig neben den Behinderungen, denen seine Tätigkeit ausgesetzt war, und neben den Reibereien, die auch des Legaten Arbeit beschwerten. Belastend kam dann noch hinzu, daß sich Tommaso Campeggio – der nach seines Bruders Ansicht Aleander in Deutschland sehr wohl hätte ersetzen können[95]) – auch noch gleichzeitig mit ihm im Herbst 1531 um die Nuntiatur in Venedig bewarb[96]) und sie nicht erhielt, obwohl er schon einmal die Stelle innegehabt hatte[97]), während sie Aleander im Januar 1532 übertragen wurde[98]). All das hat ein gutes Einvernehmen zwischen

[89]) A.a.O., f. 89v und 90r. [90]) Laemmer, Mon. Vat., 112. Germ. 51, f. 181v wird L. Campeggio mit φίλος bezeichnet. Vgl. auch unten S. 250 Anm. 105. [91]) Brieger, Aleander und Luther 1521, 264. [92]) Germ. 51, f. 129r: . . . *nè è il competitor mio autor di questa calumnia, chè certo mi par buona persona, ma altri solfarelli.* [93]) Andererseits lehnte er es aber ab, von ihm zu Konversionsgesprächen herangezogen zu werden, was er im Fall Ricius und anderen sonst getan hatte (Laemmer, Mon. Vat., 120 und Germ. 51, f. 118v), da er behauptete, zu viel Arbeit zu haben (Germ. 51, f. 121v und 122r). [94]) A.a.O., f. 133v. Aleanders Haß gegen Campeggio kommt noch 1539 dadurch zum Ausdruck, daß er recht unwahrscheinlich klingende Beschuldigungen gegen Campeggio in seinem Tagebuch notierte, wobei er zu den Mitteilungen der Bestechlichkeit Campeggios die Aussage dessen hinzufügte, dem er die Nachrichten verdankte, daß man sich gewundert habe, *quod ego eorum munera nunquam voluerim acceptare* (NB I, 4 [1893], 336). [95]) Tommaso Campeggio hatte nicht nur den Reichstag zu Augsburg 1530 miterlebt, sondern sich auch während des weiteren Deutschlandaufenthaltes mit der evangelischen Lehre befaßt (Jedin, T. Campeggio . . ., 17f.). [96]) A.a.O., 14. [97]) A.a.O., 12–14. [98]) F. Gaeta,

den päpstlichen Gesandten verhindert. Die venetianische Nuntiatur blieb wegen der Anwesenheit Aleanders in Deutschland monatelang unbesetzt. Aleander wurde wegen dieser neuen Aufgabe nämlich nicht früher vom Kaiserhof abberufen. Er hielt sich bis zum Ende des Reichstages in Regensburg auf und kehrte erst im Herbst 1532 nach Italien zurück, etwa zur gleichen Zeit wie Lorenzo und Tommaso Campeggio[99]). Länger als ein halbes Jahr[100]) hatten sich die Gebrüder Campeggio durch seine Gegenwart klar machen können, daß ihn gleichzeitig zwei kuriale Aufträge in Anspruch nahmen, die auch Tommaso Campeggio beide hätte wahrnehmen können, ohne daß ihm einer zuteil geworden wäre.

Den größten Affront erlebte Aleander, als er sich zur *messa del Spirito Santo* anläßlich der Eröffnung des Regensburger Reichstages am 17. April als Begleiter des Legaten einfinden wollte. Botschafter sollten nämlich nicht zugelassen werden. Nur der Legat sollte zusammen mit den Fürsten erscheinen können. Als Aleander kam, erklärte Campeggio ihm, daß er alleine gehen wolle und niemanden „einzuschmuggeln" gedenke. Aleander kehrte um und hörte hinterher, der Legat habe den Vertreter des Papstes beim König Ferdinand, den Erzbischof von Rossano, Pimpinella, rufen lassen und ihn in die Eröffnungsmesse mitgenommen[101]). *Audiatur et altera pars,* aber leider fehlt der Brief Campeggios vom 17. April 1532[102]); es ist auch nicht anzunehmen, daß der Legat sich in seiner Depesche darüber geäußert haben würde, da seine Briefe sehr viel sachlicher gehalten sind als die des Nuntius. So viel ist jedenfalls ersichtlich, daß die persönliche Lage Aleanders erheblich unangenehmer war als während des Wormser

Origine e sviluppo della rappresentanza stabile pontificia in Venezia (1485–1533), in: Annuario dell'Istituto Storico Italiano per l'età moderna e contemporanea, Bd. 9 und 10 (1958), 58. [99]) Campeggio schrieb am 22. August aus Regensburg (Lettere di Principi Bd. 3 [Ruscelli, 1575], 138r–v), Aleander noch am 1. September (Germ. 51, f. 248r). [100]) Im Januar 1532, als Aleander die venetianische Nuntiatur übertragen wurde, war er schon am Kaiserhof gewesen. Die Abreise der päpstlichen Gesandten vom Kaiserhof erfolgte erst Ende August bzw. Anfang September (vgl. oben Anm. 99). [101]) Germ. 51, f. 131v. Ein Brief vom 18. April, in dem Aleander sich über sein Verhältnis zum Legaten recht offen ausspricht, trägt den Vermerk οὐκ ἐπέμφθη (a.a.O., f. 128r). [102]) Campeggio schrieb am 22. April 1532 nach Rom, daß sein vorhergehender Brief das Datum des 17. April getragen habe (Germ. 54, f. 121r).

Reichstages, da Caracciolo keinerlei persönliche Diskrepanzen mit ihm gehabt zu haben scheint und ihm darüberhinaus in seinem Arbeitsgebiet, der Religionsfrage, freie Hand gelassen hatte, während Aleander sich nun beengt fühlte.

Er erbat darum seine Abberufung: Er möchte in Venedig tätig sein. Die dortige Nuntiatur war vakant und wurde ihm anvertraut. Auch wird seine Anwesenheit in der Lagunenstadt von vielen Personen, zum Beispiel von Carafa, für notwendig gehalten, der ihm zutraut *una perpetua concordia tra Nostro Signore et la sede apostolica et quelli signori* zu schaffen und die Flecken zu beseitigen, die sein Vorgänger, der Bischof von Pola, Averoldo, durch skandalöse Verwaltung verursacht habe[103]). Außerdem könne er dort Verhandlungen führen, was für seine besondere Fähigkeit gehalten wird[104]) – in Deutschland kann er diese Fähigkeit offenbar nicht oder nur wenig anwenden. Aleander meinte, für seine Abreise spräche auch die Lage in Deutschland. Campeggio erledige alles so gut, daß er selbst geradezu überflüssig sei[105]), während doch die gespannten Verhältnisse zwischen Rom und Venedig, die unklare Stellung der Republik gegenüber der Pforte, wie auch die Verbreitung der Häresie dort die Anwesenheit des designierten Nuntius als notwendig erscheinen lasse[106]).

Doch dann trat noch ein Ereignis ein, das die Mission Aleanders hätte sinnvoll machen können: die Übereinkunft, der *accordo* mit den Lutheranern. Granvella hatte die päpstlichen Gesandten über die Verhandlungen auf dem Laufenden gehalten und gegenüber allen Gerüchten von Konzessionen an die Lutheraner immer wieder betont, es werde nichts ohne das Wissen und die Billigung des Papstes und seiner Gesandten unternommen[107]). Am 9. Juli sandte Aleander einen Bericht nach Rom, in dem er von den in Regensburg über das Konzil und in

[103]) Germ. 51, f. 142r. Vgl. auch a.a.O., f. 180v: . . . *che tutto'l mundo par che gridi besognar esser un' prelato a Vinetia.* Zu den beiden Nunziaturen Averoldos in Venedig, Gaeta, Origine . . . S. 40–53. [104]) Germ. 51, f. 105r: *Credo haver là meglior successo, perchè se harrà pur a negociar cum huomeni, il che ho sempre desiderato per metter ben quel talento.* [105]) A.a.O., f. 181v: *Bastami veder che ὁ φίλος sii per molti conti di grandissima auctorità et gratia et che bene negocii le cose publice . . . Sua Santità . . . per questo capo può comprender non esser più besogno l'esser mio qui.* Am 20. Juli schrieb Aleander aus Regensburg: . . . *non si farrà nulla in causa Lutherana et in l'altra, per l'amico et altre cause son inutile* (a.a.O., f. 193r). Vgl. auch Laemmer, Mon. Vat., 136. [106]) Germ. 51, f. 192v–193r. [107]) A.a.O., f. 153r, 104r und öfter.

Nürnberg über die lutherische Angelegenheit geführten Verhandlungen Mitteilung machte[108]). Die unguten Ergebnisse, von denen er berichten mußte, sah er einerseits durch politische Notwendigkeiten bedingt, andererseits führte er sie auf mangelnde Befragung der päpstlichen Gesandten zurück, ohne allerdings zu verraten, wie dieselben die politischen Notwendigkeiten hätten überwinden können[109]). Er erfaßte klar, daß eine Rückführung der Lutheraner nach einem Akkord schwieriger sein werde als bisher. Aber er wußte sich und andere über die Tragweite der sich anbahnenden Entscheidungen hinwegzuversetzen, indem er sagte: das habe alles nicht viel zu bedeuten, denn entweder würden jetzt die Türken besiegt werden oder man werde mit ihnen solche Sorgen haben, daß alle Zusagen, die den Lutheranern gemacht wurden, daneben unwichtig werden würden. Dasselbe gelte für das Konzil[110]).

Der Kaiser hatte im Reichstagsabschied zugesagt, sich für die Einberufung eines Konzils einzusetzen, oder aber, falls keines zustande komme, einen neuen Reichstag durchzuführen. Aleander meinte, der Kaiser habe nicht daran gedacht, das Versprechen so zu halten, wie er es gegeben hatte. Der Kaiser sage nämlich ganz offen, er werde nach Spanien zurückkehren und vielleicht nie wieder zu einem Reichstag kommen[111]). Da aber ein Reichstag stattfinden soll, wenn das Konzil nicht innerhalb von 6 Monaten angesagt werden wird und nicht innerhalb eines Jahres zusammentritt, so werde dann Ferdinand dem Reichstag als römischer König präsidieren. Das sei der eigentliche Grund, der hinter den Zusagen des Kaisers stehe, die das Konzil betreffen. Karl wolle und werde mit Hilfe des Reichstagsabschiedes und des Nürnberger Anstandes endlich *la universal obedientia dil Serenissimo fratello* erreichen[112]).

108) A. V., Miscellanea Arm. II, vol. 85, f. 56r–57v; teilweise gedruckt in CT IV, LXXIX. 109) Misc. Arm. II, 85, f. 58r. 110) Germ. 51, f. 218v bis 219r: . . . *attender alle cose Turchesche, cognoscendo che et per questa causa et per altre molte avanti siino finiti gli 6 mesi, o la Germania sarrà impedita in altro ch'a in pensar a concilio o se Dio ci darà la vittoria, havendo Sua Maestà le arma in mano, potrà facilmente indur gli Lutherani al gremio di la chiesa et metter quello ordine di la fede in Germania che cento generali concilii di la sorte che questoro demandano non metterebbero.* 111) A.a.O., f. 227r: . . . *Sua Maestà farria subbito una diaeta . . ., et hora dicea che potria ben forsi esser, anci quasi che assecuratamente dicea mai più fusse per trovarse in diaeta.* 112) A.a.O., f. 227v.

Was Aleander vermutete, trat nicht ein: Ferdinand wurde nach dem Regensburger Reichstag durchaus nicht allgemein als römischer König anerkannt[113]). Aber der Nuntius stellte dies als eine wichtige Folge hin, um der Politik des Kaisers in Rom mehr Zustimmung zu verschaffen. Er hatte dabei im Auge, das sowieso nicht allzu gute Einvernehmen zwischen der Kurie und dem Kaiserhof nicht noch mehr zu belasten. Denn für die Lösung der Türken- wie der Religionsfrage hielt er die Verbindung zwischen Clemens und Karl und möglichst auch mit anderen Fürsten für eine notwendige Voraussetzung. Als er nach Rom den Inhalt des Reichstagsabschiedes berichtete, schilderte er im wesentlichen nur die Bestimmungen über das Konzil[114]). Daß der Abschied sich so ungünstig über die Protestanten äußerte, daß dieselben ihn nicht bewilligten[115]), fand er dagegen gar nicht erwähnenswert. Die Sonderverhandlungen mit den Lutheranern, die im Reichstagsabschied stillschweigend übergangen worden waren, fanden ihren Abschluß durch ein kaiserliches Mandat, das Aleander nach Rom einsandte[116]). Von dem geheimen Nebenvertrag, den Karl V. mit den Lutheranern schloß und in dem er ihnen die Suspension der Kammergerichtsverfahren zusagte, die ,,Glaubensangelegenheiten" betrafen, erfuhr er so wenig wie die altgläubigen Stände[117]). Wie scharf sein Protest gegen diese Konzession gewesen wäre, kann man sich unschwer vorstellen.

Aleander hat es sich nicht verhehlt, daß er in bezug auf seine eigentliche Mission das nicht hatte ausrichten können, was er gewünscht hatte. Die Verhandlungen mit den Lutheranern wurden ohne ihn geführt, und er wurde vom Kaiserhof nicht so zu Rate gezogen, wie er das erwartet hatte. Die Rückgewinnung der Protestanten hatte er keinen Schritt vorwärts treiben können, ja sie wird nun schwieriger sein als vor seiner Nuntiatur. Aber seine Vorhaltungen beim Kaiser und bei einflußreichen Personen halfen nichts. Er riet: Überstürzt nichts, schließt kein Abkommen mit den Lutheranern. Wenn die Türken kommen, werden sie doch helfen, auch ohne vorherige Übereinkunft – womit er tatsächlich den Nagel auf den Kopf getroffen

[113]) Winckelmann, Der Schmalk. Bund . . ., 254. [114]) Laemmer, Mon. Vat., 143. Ausführlicher Germ. 51, f. 218r–219r. [115]) Winckelmann, Der Schmalk. Bund . . ., 253. Lediglich Georg von Brandenburg nahm ihn an (ebd.). [116]) Germ. 51, f. 245r. [117]) Winckelmann, Der Schmalk. Bund . . ., 252f.

hatte[118]). Aber dem Kaiser war angesichts der feindlichen Gesinnung der altgläubigen Stände die anfangs gehegte Hoffnung geschwunden, ohne die Lutheraner die Türken abwehren zu können[119]). Aleander vermochte die Haltung Bayerns und seiner Freunde so wenig zu ändern wie Kardinal Lang[120]). Er konnte es darum auch nicht verhindern, daß der Kaiser Verhandlungen mit den Häretikern führte und gegen den Widerstand der katholischen Stände sogar den Anstand mit ihnen schloß[121]). Aleander war ehrlich genug, diesen Mißerfolg zu erkennen und einzugestehen. Er meinte: Gott will uns vielleicht betrüben; deswegen habe ich diesmal in Deutschland nichts ausrichten können[122]). Aber – und damit wußte er sich zu trösten – die wesentliche Aufgabe ist die Verteidigung gegen die Türken. Ihretwegen die Annäherung an die Lutheraner. Man verteidige sich gegen die Türken, dann wird man weiter sehen[123])!

Bereits im Mai 1532 erwog Aleander eine dritte Nuntiatur: Er hatte keine Hoffnung mehr auf eine endgültige Klärung der Religionsfrage während dieses Deutschlandaufenthaltes[124]) und meinte, daß sie vielleicht bei einem späteren erfolgen könne[125]). Er bot an, ein drittes Mal nach Deutschland zurückzukehren oder auch seine Meinung schriftlich zum Ausdruck zu bringen[126]). Mit nahezu prophetischer Sicherheit glaubte er, nochmals nach Deutschland gesandt zu werden. Dann werde er nicht wieder jemanden über sich haben, er werde nicht wieder verleumdet werden[127])! Als er auf die Ereignisse während seiner letzten Nuntiatur in Deutschland zurückblickte, äußerte er: *Più presto vorrei essere in Calicut che trovarme* πάλιν ὡς ἐν τῇδε τῇ πρεσβείᾳ[128])!

Als der Kaiser gegen die Türken ins Feld zog, wäre Aleanders Abreise beinahe neuen Komplikationen unterworfen worden. Campeggio

[118]) Laemmer, Mon. Vat., 127f.; Rassow, Kaiser-Idee Karls V., 98 und Winckelmann, Der Schmalk. Bund . . ., 237f. [119]) Germ. 51, f. 136r und v; Winckelmann, Der Schmalk. Bund . . ., 222. [120]) Westermann, Die Türkenhilfe . . ., 101. [121]) Winckelmann, Der Schmalk. Bund . . ., 238; S. A. Fischer-Galati, Ottoman Imperialism and the Religious Peace of Nürnberg (1532), in: Archiv f. Reformationsgesch., 47 (1956), 175f. [122]) Germ. 51, f. 180v und 181r. An einer anderen Stelle meinte er, daß sein Aufenthalt doch etwas wert gewesen sei – allerdings nicht im Entscheidenden (Laemmer, Mon. Vat., 130).
[123]) Laemmer, Mon. Vat., 118. [124]) Germ. 51, f. 121r. [125]) A. a. O., f. 119v. [26]) A. a. O., f. 159v. [127]) A. a. O., f. 121r: . . . *non harrò sopra capo nè stimuli di male lengue.* [128]) A. a. O., f. 229v.

erklärte nämlich, wegen seiner Krankheit könne er Karl V. nicht folgen. Er wolle in Rom ein Wort dafür einlegen, daß Aleander diesen Auftrag erhalte. Damit drohte die heißbegehrte venetianische Nuntiatur wiederum in die Ferne zu rücken oder gar verloren zu gehen. Darum bat er die Kurie mit flehentlichen Worten, ihn doch zurückkehren zu lassen[129]), was ihm auch erlaubt wurde. Nachdem am 13. September die Abberufung in seinen Händen war[130]), meinte er in einem Brief an Salviati, jetzt müsse eigentlich ein Experte die Lutheraner und das Konzil betreffend in Deutschland sein. Aber er halte es auch für wichtig, mit dem Papst zu sprechen, zumal eine neue Unterredung mit dem Kaiser geplant sei[131]). Darum kehre er nach Italien zurück. Seine Vermutung, wegen der Religionsfrage noch einmal Deutschland aufzusuchen, ohne irgendjemand untergeordnet zu sein, sollte wahr werden.

3. Der Frankfurter Anstand – Aleander als Berichterstatter

Angesichts der erneuten Türkengefahr machte Joachim II. von Brandenburg im Mai 1538 den Vorschlag, noch vor dem Konzil, das nach Vicenza einberufen worden war[1]), über eine Konkordie zwischen den Altgläubigen und den Lutheranern zu verhandeln[2]). Da das Konzil von den Protestanten doch nicht beschickt werden würde und mit ihrer Verurteilung zu rechnen sei, müßten die römisch-katholischen Stände dann Krieg gegen sie führen, was angesichts der notwendigen Vor-

[129]) A.a.O., f. 192v–193r. [130]) A.a.O., f. 348r und 349v. [131]) A.a.O., f. 252r–v: ... *la Caesarea Maestà ... mi ha detto in ogni modo voler bassar un' altra fiata gli santissimi piedi, molto meglio mi è parso venir a trovar Sua Santità acciò o sequiti l'abboccamento con Sua Maestà o non cossì presto già io habbii referito a Sua Santità quello che penso esser neccessario.*

[1]) Jedin, Gesch. d. Konzils ... I², 269. [2]) H. Landwehr, Joachims II. Stellung zur Konzilsfrage (Forsch. z. brandenburg. u. preuß. Gesch., 6, 1893), 540f. Zu dem „Gedanken, durch gelehrte Auseinandersetzung die Gegensätze der Anschauungen zu überbrücken“, vgl. L. Cardauns, Zur Geschichte der kirchlichen Unions- und Reformbestrebungen von 1538–1542 (Bibl. d. Kgl. Preuß. Hist. Instituts in Rom, 5, 1910), 4–6.

bereitungen zur Abwehr der Türken ganz unmöglich sei[3]). Joachim war persönlich daran gelegen, daß es nicht zu einer blutigen Auseinandersetzung in Deutschland kommen möchte, hätte er sich doch dann für eine der beiden Gruppen entscheiden müssen, was ihm auf Grund seiner persönlichen Stellung und seinen verwandtschaftlichen Beziehungen zu Kurmainz und Polen höchst fatal gewesen wäre[4]). Für Ferdinand hatte der Vorschlag etwas Bestechendes: Wenn tatsächlich das Konzil in Vicenza durchgeführt werden würde und man die Protestanten in Abwesenheit verurteilte, mußte das angesichts der Haltung, die Venedig und Frankreich gegenüber der Pforte einnahmen, für Deutschland und – da er geographisch mit seinen Ländern der erste war – besonders für ihn katastrophale Folgen haben. Der Türke konnte sich als Dritter schadlos halten, während sich die Deutschen untereinander bekriegten. Er begriff, daß Joachims Gedanke den Weg zu einer Türkenhilfe nach dem Muster der Vorgänge von 1532 eröffnete[5]). Seine eigenen Sorgen vor den Türken konnten dadurch erheblich gemindert werden. Auch konnte ihm angesichts der schwierigen kirchlichen Lage in Österreich[6]) nur daran gelegen sein, daß in den religiösen Fragen wieder eine Einheit hergestellt werde. So empfahl er seinem Bruder, der sich gerade in Genua zusammen mit Paul III. aufhielt, den Plan des brandenburgischen Kurfürsten warm[7]). Joachim hatte eine Beteiligung päpstlicher Gesandten bei dem Einigungsgespräch vorgeschlagen[8]), damit dasselbe sofort von der maßgebenden Stelle gebilligt werden könne. Karl griff den Plan auf: Gerade hatte er einen zehnjährigen Waffenstillstand mit Frankreich geschlossen, in dem aber keiner der vorhandenen Streitpunkte gelöst worden war[9]). Trotzdem rüstete er sich zu dem großen vernichtenden Schlag, den er gerne schon 1532 nach dem Übereinkommen mit den Protestanten gegen die Türken geführt hätte[10]). Hier-

[3]) W. Rosenberg, Der Kaiser und die Protestanten in den Jahren 1537–1539 (Schriften d. Vereins f. Reformationsgesch., 77, 1903), 41. [4]) Landwehr, a.a.O., 531–539. [5]) Vgl. oben S. 250ff. [6]) Auf Grund der Nuntiaturberichte geschildert von H. Virck, Die römische Kurie und Deutschland von 1533–1539 (Preuß. Jahrbücher, 85, 1896), 267–269. [7]) P. Fuchtel, Der Frankfurter Anstand vom Jahre 1539 (Archiv f. Reformationsgesch. 28, 1931), 146f. [8]) Rosenberg, a.a.O., 41. Die Quelle in NB I, 4, 447f. [9]) Fuchtel, a.a.O., 145. Die „Freundschaft von Aiguesmortes" lag noch in der Zukunft, vgl. Rassow, Die Kaiser-Idee . . ., 361–366. [10]) Es kam damals nicht zu der großen Auseinandersetzung, weil Suleiman sich mit seinem Heer zurückzog, Rassow, a.a.O., 101–104.

zu war als Voraussetzung eine Einigung mit den Protestanten nötig, denn über den 1532 geschlossenen Nürnberger Anstand war es in der Zwischenzeit zu erheblichen Differenzen gekommen, die das Verhältnis stark belasteten. Jede der beiden Gruppen fürchtete, daß die andere gegen sie zum Krieg rüste, so daß „die deutsche Luft mit höchst bedrohlichen Gerüchten erfüllt" war[11]). Das Gespräch, das Joachim vorschlug, vermochte die Ratlosigkeit zu überwinden, die in den Verhandlungen zwischen Kaiser und Papst in Genua herrschte[12]). Man beschloß, mit den Lutheranern eine grundsätzliche Übereinkunft anzustreben, die über die politische von Schweinfurt und Nürnberg hinausgehen und sich auch auf die Glaubensfragen erstrecken sollte. Damit wurde an die in Augsburg 1530 geführten Einigungsverhandlungen angeknüpft[13]).

Paul III. erklärte sich bereit, einen Legaten für dieses Gespräch nach Deutschland zu senden. Er ging auf das Verlangen des Kaisers ein, obwohl er im Begriff war, das so lange schon angesagte Konzil durchzuführen, in dessen Aufgabenbereich nach kurialer Sicht die Auseinandersetzung mit der lutherischen Theologie eigentlich hineingehörte. Paul III., der im Gegensatz zu seinem Vorgänger Clemens eine klare politische Linie verfolgte, konnte in dem Moment, in dem er die Annäherung zwischen Franz I. und Karl V. betrieb, einem Plan die Zustimmung nicht versagen, an welchem dem Kaiser und seinem Bruder so viel gelegen war. Wie starke Bedenken er aber gegen das Vorhaben hatte und wie sehr er sich zu schützen gewillt war, geht aus der Wahl des Gesandten hervor: Aleander, den Jedin „den unnachgiebigsten unter den Kardinälen" nennt[14]). Schon während seiner zweiten Nuntiatur hatte Aleander zu keinerlei Konzessionen auf theologischem Gebiet oder in irgendwelchen wesentlichen Fragen geneigt. Seine Haltung war mit zunehmendem Alter unnachgiebiger und unbeweglicher geworden, so daß die Kurie die Gewähr haben konnte, daß

11) H. Baumgarten, Geschichte Karls V., 3 (1892), 333f. 12) Fuchtel, a.a.O., 146. 13) Brandi meint zu dem geplanten Konkordiengespräch: „Damit wurde der Gedanke, der innerhalb der protestantischen Welt vor kurzem mit der Wittenberger Concordie durchgedrungen war, kühn auf das Verhältnis zwischen den Konfessionsverwandten und den Altkirchlichen übertragen; im Sinne des Kaisers aber an das angeknüpft, was er zu Augsburg 1530 schon sehr ernstlich versucht hatte" (Karl V., 1, 361). 14) Jedin, a.a.O., 300.

er ihre Belange bei den Verhandlungen wahren werde. Aleander hielt sich zu der Zeit zusammen mit Lorenzo Campeggio und Simonetta als Konzilslegat in Vicenza auf[15]). Da das Konzil wieder verschoben wurde[16]), war sein dortiger Aufenthalt nicht mehr notwendig, und er erhielt den Auftrag, sich gleich von Vicenza aus ohne längeres Verweilen an den Hof des römischen Königs zu begeben[17]). Erst am 13. März 1538 war Aleander zum Kardinal erhoben worden[18]) und schon im Sommer desselben Jahres wurde ihm die zweite Legation übertragen. Es sollte also nun wahr werden, was er vor sechs Jahren erwartet hatte: er sollte zum dritten Mal nach Deutschland kommen, um die Rückgewinnung der Protestanten zu versuchen. Dieses Mal sollte ihm die Stellung und Ehre zuteil werden, die 1530–1532 Lorenzo Campeggio in Deutschland genossen hatte[19]).

Als der Nuntius am Hof des römischen Königs, Morone, am 16. Mai 1537 an Aleander schrieb, die Religionsfrage in Deutschland sei so sehr beschwert, daß er sich ihr nicht gewachsen fühle, es seien Männer nötig wie Aleander, „die mit Gelehrsamkeit, Klugheit, Fleiß und Mut dem Zusammenbruch vorzubeugen vermöchten“ [20]), da mag Aleanders alter Lieblingsgedanke, die deutschen Häretiker zur Kirche zurückzuführen, wieder neues Leben in ihm gewonnen haben. Am 29. Juni 1538 machte Kardinal Ghinucci ihm eine Andeutung, daß ihm eine größere Aufgabe als bisher in Vicenza zugedacht sei[21]). Die Mitteilung, daß er als Bevollmächtigter des Papstes nach Deutschland gehen solle, erhielt er durch einen Brief Alessandro Farneses vom 6. Juli. Genauere Ausführungen über seine Legation sollte der *advocatus consistorialis* Fabio Mignanelli ihm mündlich machen[22]). Aleander sollte sich nicht nur wegen der Konkordie mit den Protestanten nach Deutschland begeben, sondern er wurde zugleich auch als Legat für Ungarn und Böhmen ernannt, damit er sich um die Rückführung der Böhmen mühe und Einzelheiten kläre, die im Frieden zwischen Ferdinand und Zapolya offen gelassen worden waren[23]). Der Nuntius Morone sollte ihm bei seiner Arbeit zur Seite stehen[24]). Von Farnese zur Eile gemahnt[25]), dauerte es doch noch bis zum 13. August, ehe sich Aleander nach Ab-

[15]) Friedensburg, NB I, 3, 40. [16]) Jedin, a.a.O., 272–275. [17]) NB I, 3, 111f. [18]) Friedensburg, NB I, 3, 40 Anm. 3. [19]) Vgl. oben S. 253. [20]) NB I, 2 (1892), 169. [21]) CT IV, 169. [22]) NB I, 3, 101f. [23]) NB I, 3, 93–100. [24]) NB I, 3, 103. [25]) NB I, 3, 111f.

schluß der Reisevorbereitungen gen Norden wandte[26]. Er hatte es vorher nicht unterlassen, die finanziellen Seiten seiner Legation zu regeln[27].

Die Kurie, die den Schöpfer des Wormser Ediktes als Legaten nominiert hatte, rechnete wohl kaum mit einer Rückgewinnung der Protestanten. Sie traf sofort eine Vorsichtsmaßregel: Damit ihr Ansehen beim Mißlingen der Konkordie nicht Schaden erleide, sollte als Grund für die Sendung Aleanders nicht das Einigungsbestreben, sondern nur die ungarische Angelegenheit angegeben werden[28]. Ferdinand war es zufrieden, meinte aber zu Morone, daß Aleander für die ungarischen Fragen nicht sehr nötig sei[29]. Auch Aleander war mit dieser falschen Angabe einverstanden[30], obwohl dadurch seine Lage nicht unerheblich erschwert wurde: Wie sollte er in die Verhandlungen eingreifen, wenn er offiziell dafür überhaupt keinen Auftrag hatte? Außerdem würde das Geheimnis wohl sowieso nicht lange gewahrt werden können, da Karl V. den französischen König während der Besprechungen von Aiguesmortes bat, seinen Einfluß auf die Lutheraner dahingehend auszuüben, daß sie die angebotene Konkordie annähmen[31]. „Durch diese Zweideutigkeit mußten die Abgewichenen nur noch mißtrauischer werden[32].“

Als es bekannt wurde, daß Aleander als Legat kommen werde, war die Reaktion in Deutschland recht negativ. Obwohl unter den Protestanten der ehrliche Wille vorhanden war, zu einer grundsätzlichen Einigung mit den Altgläubigen zu kommen[33], wurde von ihnen

[26]) NB I, 3, 129. Als Aleander Anfang September am Königshof ankam, war er eigentlich noch viel zu früh: Ferdinand hatte nämlich noch gar keine Antwort des Kaisers auf die Vorschläge des Brandenburgers erhalten (Fuchtel, a. a. O., 150). [27]) NB I, 3, 105ff. [28]) Rosenberg, a.a.O., 61. [29]) NB I, 2, 326. [30]) NB I, 3, 141. Auf Aleander geht dieser Gedanke nicht zurück (gegen Fuchtel, a. a. O., 148 Anm. 5), da Farnese am 5. oder 15. Juli hiervon an Morone schrieb, zu einer Zeit, in der Aleanders Brief vom 15. Juli noch nicht in seinen Händen war. Der Plan ist an der Kurie entstanden und Aleander wohl mündlich durch Mignanelli übermittelt worden. [31]) Fuchtel, a. a. O., 147. Friedensburg spricht davon, daß „von Rom aus dem französischen König der wirkliche Zweck der Mission des Legaten mitgeteilt und er aufgefordert worden sei, seinen Einfluß auf die Lutheraner zu benutzen, um sie versöhnlich zu stimmen und zur Annahme dessen, was die Kurie ihnen bieten wolle, geneigt zu machen“ (vgl. NB I, 3, 56), gibt aber keine Quelle für diese Mitteilung an. Angesichts der Mitteilungen über die Verhandlungen in Aiguesmortes ist darum daran festzuhalten, daß diese Anregung von Karl V. ausging. [32]) Friedensburg, NB I, 3, 56. [33]) Jedin, a. a. O., 288f.

„Aleanders Anwesenheit völlig ignoriert“ [34]). Von dem Schöpfer des Wormser Ediktes und dem Gegner des Nürnberger Anstandes war keine hilfreiche Lösung der bedrängenden Fragen zu erwarten[35]). Denn jetzt sollte ja eine Einigung erreicht werden, die sogar noch über die von 1532 hinausging. Würde die Lage aber nicht geklärt werden können, so würde die gegenseitige Furcht die Gruppen wider Willen zum Krieg treiben[36]). Die Lutheraner konnten Aleanders Sendung so leicht übergehen, weil die offizielle Version seines Auftrages nichts von der Religionsfrage enthielt und weil er sich während der ganzen Dauer der Legation nur innerhalb der österreichischen Erblande Ferdinands aufhielt[37]).

Aber auch bei den Altgläubigen wurde Aleander alles andere als freudig begrüßt. Als Morone dem König mitteilte, der Papst werde seinem und des Kaisers Wunsch willfahren und als Legaten Aleander nach Deutschland senden, der sich um die Einigung mit den Lutheranern mühen solle, entgegnete Ferdinand dem Nuntius, daß ihm dieser Entschluß sehr unwillkommen sei. Aleander sei bei den Lutheranern verhaßt, so daß er zu einer Konkordie nicht beitragen, sondern ihr hinderlich sein werde. Ferdinand schlug vor, daß Morone mit dem gleichen Auftrag dem Legaten beigeordnet werde oder daß ein anderer Legat, etwa Sadolet oder Contarini zugleich mit Aleander ernannt werde, der den Lutheranern eher willkommen sei[38]). Ferdinand wollte, daß Aleanders Tätigkeit gewissermaßen neutralisiert werde.

Morone schrieb nach Rom, daß eine mündliche Berichterstattung durch ihn dort höchst nützlich sei[39]) – es lag im nichts daran, mit diesem delikaten Auftrag neben Aleander beschäftigt zu werden. Er meinte, neben Aleander müsse eine Person gestellt werden, die ihm gleich sei an

[34]) Friedensburg, NB I, 3, 56. [35]) W. Friedensburg behauptet fälschlicherweise, Aleander sei „der eifrige Vertreter der unnachgiebigen alten Kirche auf dem mit der uneingeschränkten Verdammung der Neugläubigen endenden Reichstag zu Augsburg“ gewesen (Kaiser Karl V. und Papst Paul III. [1534–1549]; Schriften d. Vereins f. Reformationsgesch. 153 [1932], 40). [36]) Vgl. oben S. 255f. und Anm. 11. [37]) Aleander ging nicht nach Ungarn, da Ferdinand ihm abriet (NB I, 3, 154f.). Er hielt sich am Hofe Ferdinands, also vorwiegend in Wien auf. Als der König nach Mähren und Böhmen reiste, mußte Aleander wegen Krankheit in Wien bleiben (ebd. 536), so daß Aleander keines der beiden Länder, für die er noch als Legat bestimmt war, aufgesucht hat. [38]) NB I, 2, 320. Friedensburg, Kaiser Karl V. . . ., 40: „Auch König Ferdinand hätte jeden andern lieber gesehen als ihn“. [39]) NB I, 2, 321f.

„Würde und Wissen“[40]). Seinen wiederholten Bitten um Abberufung wurde stattgegeben, obwohl er ursprünglich als Nuntius bei Ferdinand hatte bleiben sollen[41]). An seiner Stelle wurde Fabio Mignanelli, der ursprünglich nur als Begleiter des Legaten gedacht war[42]), zum Nuntius ernannt[43]). Der Erkenntnis Morones, daß auf Aleander nur jemand einwirken könne, der ihm gleichrangig sei, hatte man an der Kurie nicht Rechnung getragen, um den Legaten nicht zu verletzen[44]). Es wäre in der Tat ein einmaliges Vorgehen gewesen, zwei Kardinäle gleichzeitig für dieselbe Aufgabe zu entsenden, ohne ihren Auftrag offiziell zuzugeben.

Es blieb Aleander nicht verborgen, daß er in Deutschland und auch am Königshof nahezu *persona non grata* war. War er 1531 vom Legaten Campeggio nur mit großem Unbehagen als außerordentlicher Nuntius akzeptiert worden[45]), so vollzog sich das gleiche jetzt auf einer anderen Ebene. Aleanders Erregung über diese unerwartete Reaktion auf seine Sendung klingt durch seine Depeschen[46]). Sie war umso größer, als er sich jetzt nicht nur mit der Aufgabe betraut sah, die er gerne schon während seines letzten deutschen Aufenthaltes gelöst hätte, sondern als er auch der Meinung war, immer nur mit Milde gegen die Lutheraner aufgetreten zu sein[47]). Er wärmte alte Erinnerungen auf. Von gelehrten Katholiken habe er gehört, daß Melanchthon 1530 in Augsburg gesagt habe: *O utinam esset hic Aleander; non enim dubito, quin facile inter nos conveniremus*[48]). Konnte er so etwas noch nach den

[40]) NB I, 2, 326. [41]) Rosenberg, a. a. O., 52. [42]) Morone nannte Mignanelli als Begleiter Aleanders in einem Brief vom 2. August 1538 (NB I, 2, 326); vgl. auch NB I, 3, 43, Anm. 5, wo Friedensburg die Vermutung ausspricht, Mignanelli habe „zunächst als Auditor Aleanders nach Deutschland gehen sollen, um in der Folge Morone zu ersetzen oder zu vertreten“. Mignanelli hat selbst wohl nicht mit diesem Auftrag gerechnet (ebd. 118) und ist auch später als Aleander nach Deutschland gereist (ebd. 44).
[43]) NB I, 3, 138–145. [44]) Rosenberg, a. a. O., 54. [45]) Vgl. oben S. 246.
[46]) Er schrieb 2 Briefe direkt an den Papst (NB I, 3, 163–172), behauptete, der König sei von Neidern und heimlichen Lutheranern gegen ihn eingenommen worden, und schreckte auch nicht davor zurück, Anschuldigungen gegen Morone aufzustellen.
[47]) NB I, 3, 168. [48]) Ebd. Aleander behauptete in diesem Zusammenhang, er sei nicht in Augsburg zum Reichstag gewesen, weil er schwer krank gewesen sei (ebd.). In Wahrheit bestanden zu der Zeit erhebliche Differenzen zwischen der Kurie und ihm, so daß er sogar exkommuniziert wurde (NB I, 3, 35). Im August 1530 bestand zwar der Plan, ihn nach Deutschland zu senden (P. de Gayangos, Calendar of letters ... and state papers ..., 4, 1 [1879], 688), das Vorhaben scheint aber auf Grund der vorhandenen Spannungen nicht verwirklicht worden zu sein (NB I, 4, 424 ff.).

Erfahrungen der Jahre 1531/32 mit gutem Gewissen schreiben? Die Begebenheiten während seiner letzten Nuntiatur in Deutschland hätten bewirken können, diese schon damals gemachte Aussage nicht zu wiederholen, zumal ihre Historizität höchst unwahrscheinlich ist und sie ihm einmal von einem Schmeichler zugeflüstert worden sein mag[49]. Aleander stellte der Kurie frei, ihn zurückzuberufen, teilte aber gleichzeitig mit, Ferdinand habe ihm mehrfach gesagt, daß er niemanden kenne, der die Dinge besser verstehe als er, und daß seine Anwesenheit nötig sei[50].

Aleander wurde nicht abberufen. Er hat aber auch persönlich aus diesem Vorfall nichts gelernt, sondern die unfreundliche Aufnahme lediglich auf Verleumdungen zurückgeführt, deren treibende Kraft für ihn Morone war. Er meinte wohl, der ehemalige Nuntius habe dadurch erreichen wollen, daß er selbst schnell wieder zurückkäme[51]. Aleander hat dadurch einen kritischen Ansatzpunkt nicht weiter verfolgt, der geeignet gewesen wäre, ihn seine tatsächliche Lage richtiger erkennen zu lassen. Es entging ihm darum auch, daß Ferdinand ihm anfangs trotz seiner Achtungsbeteuerungen „nicht einmal reinen Wein über den Stand der Handlung eingeschenkt hat"[52]. Aber er hat es dann doch verstanden, dem König deutlich zu machen, daß er nicht die von demselben heiß begehrte Türkenhilfe durch eine Torpedierung des Gespräches vereiteln wollte, so daß er über die Vorverhandlungen und das Gespräch selbst, auf das noch zurückzukommen sein wird, auf dem Laufenden gehalten wurde. Nur einmal während eines kritischen Punktes der Verhandlungen hat Ferdinand den Abgang der Post zwei

[49]) Zu seinen negativen Erfahrungen, Melanchthon während der Jahre 1531/32 zur römisch-katholischen Kirche zurückzuführen, vgl. oben S. 241. [50]) NB I, 3, 178. Aleander war gleich sehr freundlich empfangen worden (ebd. 150), berichtete auch von der Hochschätzung, deren Morone sich am Königshof erfreute (ebd. 151). Als ihm aber dann bekannt wurde, was vor seiner Ankunft beredet worden war, änderten sich seine Berichte. [51]) NB I, 3, 171f. Friedensburg griff Aleanders Mitteilungen auf und meinte, Ferdinand habe nicht die feierliche Sendung eines Kardinallegaten gewünscht (NB I, 3, 55). Das tat Aleander, um Morone etwas am Zeug zu flicken. Denn Ferdinand „mußte sich sagen, daß die Kurie als Leiter dieser Sache mit unbeschränkter Vollmacht, wie er sie ja verlangte, nicht geringe Beamte entsenden konnte und würde" (Rosenberg, a.a.O., 55). Aus Morones Berichten vor der Ankunft Aleanders wissen wir, daß Ferdinand sogar die Sendung eines zweiten Legaten vorschlug, um die Aleanders zu korrigieren (vgl. oben Anm. 38 und NB I, 4, 447).
[52]) Friedensburg NB I, 3, 70.

Wochen lang verhindert, damit die Nachrichten nicht zu schnell nach Rom kämen[53]).

Der Beitrag, den Aleander zu dem in Deutschland gewünschten Einigungswerk leisten konnte, war vom Standpunkt Ferdinands aus gesehen bescheiden. Seine Instruktion war „(wie zu erwarten) wenig entgegenkommend" [54]). Zwar wurde ihm und Mignanelli die Vollmacht zuteil, „durch die Mittel, die der christlichen Religion und dem rechten Glauben nicht zuwiderlaufen", die Rückführung der Abgewichenen zu versuchen[55]), aber es blieb unklar, wie weit zu gehen die Kurie bereit war. Die Gesandten hatten zwei verschiedene Verhandlungsvollmachten erhalten, von denen eine weiterreichend war[56]). Für den Fall günstiger Verhandlungen wurde ihnen eine noch weitergehende dritte Vollmacht in Aussicht gestellt. Der Papst wollte sogar auf königlichen Wunsch hin weitere Beauftragte senden. Aber im Moment galt es erst einmal festzustellen, was die Lutheraner verlangten[57]). Aleander versuchte sich selbst und der Kurie klar zu machen, was für Konsequenzen Konzessionen wie Laienkelch und Priesterehe haben würden[58]). Wieder wies er auf den Brief des Bischofs Trivulzio aus dem Jahre 1531 hin, der im Hinblick auf Frankreich geraten hatte, den Protestanten nicht nachzugeben[59]). Aber dieses Mal meinte Aleander doch, daß Laienkelch und Priesterehe zugestanden werden müßten, zumal auch die deutschen Katholiken den Kelch beim Abendmahl begehrten[60]). Aus Rom kam keine Antwort auf seine Erwägungen. Man glaubte wohl, die Entwicklung zuerst einmal ruhig abwarten zu sollen. In dieser Meinung wurde die Kurie durch Berichte des Legaten selbst bestärkt, der mitteilte, wenn der Kaiser Frieden mit Frankreich geschlossen habe, würden die Lutheraner schon auf einen leisen Wink ihres weltlichen Oberhauptes hin nach Rom zu den Füßen des Papstes eilen[61]). Außerdem seien die

[53]) NB I, 3, 515. Deswegen kam der Brief Mignanellis vom 19. März erst am 13. April in Rom an (ebd. 500). [54]) Brandi, Karl V. I, 359; NB I, 3, 93f. [55]) NB I, 3, 142. [56]) NB I, 3, 144. Diese Aleander und Mignanelli mitgegebenen *mandata* sind im Wortlaut nicht bekannt (ebd. 142, 2). [57]) NB I, 3, 144f. [58]) NB I, 3, 135f. [59]) NB I, 3, 135 und oben S. 239. [60]) NB I, 3, 131. Die Mitteilungen hatte Aleander von Bernhard von Cles, der ihm auch sagte, daß selbst Albrecht von Mainz den Laienkelch wünsche (ebd. 133). [61]) NB I, 3, 447. (Diese Mitteilung der päpstlichen Gesandten geht auf eine Äußerung Lunds zurück.) Auch den Rat Morones, sich vor Beginn der Konkordienverhandlung Gutachten einzuholen (NB I, 2, 335), scheint die Kurie nicht befolgt zu haben.

Häretiker uneins: die Fürsten und die Städte vertrügen sich nicht, so daß man keine Angst vor ihnen zu haben brauche[62]). Aber den Brief mit diesen Mitteilungen hat Aleander dann doch nicht abgeschickt. Er merkte wohl, daß er hier zwar Aussagen machte, die man in Rom gerne hören würde, die aber doch von der Wirklichkeit zu sehr differierten. Immerhin bleibt die Tatsache bestehen, daß in Rom auf Grund der Depeschen Aleanders der Eindruck entstehen mußte, die Lutheraner würden sich wieder in die Schar der Altgläubigen eingliedern, sobald sie nicht mehr auf Unterstützung des Auslandes, besonders Frankreichs, rechnen konnten und der Kaiser ihnen auf einem Reichstag „die Zähne zeige"[63]). Da auch Mignanelli diese Meinung vertrat[64]), mußte die Kurie ein völlig falsches Bild der Lage erhalten.

Es ist nur die Frage, wie ein Mann von den Fähigkeiten Aleanders zu solchen Vorstellungen kommen konnte, die doch schon 1531/32 unwirklich waren und ihm schon damals durch die tatsächliche Entwicklung der Geschehnisse widerlegt worden waren[65]). Im Hinblick auf die Anwendung von Fakultäten, die dem Legaten oder Nuntius Einnahmen durch Gewährung von Dispensen ermöglichten, erkannte Aleander sehr gut eine ungünstige Veränderung der Verhältnisse seit 1530–1532: die Welt sei sehr viel schlechter geworden gegenüber der Zeit, in der Lorenzo Campeggio Legat gewesen sei[66]). Er unterließ es aber, die daraus sich ergebenden Folgerungen zu ziehen. Er mußte von den schlechten kirchlichen Zuständen in Österreich berichten und sich sagen lassen, daß die Lage dort noch verhältnismäßig gut sei[67]). Als er noch in Italien war, schrieb er, daß die Lage fast verzweifelt sei. Wenn er sie nicht lösen könne, möge man ihm das nicht anrechnen[68]). Wie kam er nun in Deutschland zu so optimistischen Äußerungen? Wohl nur deswegen, weil er alle Mitteilungen, die er erhielt, weitergab, ohne sie „gesiebt" zu haben. Es scheint ihm gleichgültig gewesen zu sein, daß sich daraus kein einheitliches Bild gewinnen ließ[69]) – wer vieles gibt, gibt

[62]) NB I, 3, 408f. [63]) NB I, 3, 186; 131. [64]) NB I, 3, 243f. [65]) Vgl. oben S. 241ff.; Baumgarten meint, der Nürnberger Friede habe „der Realität der Verhältnisse schon zur Zeit seines Entstehens keineswegs entsprochen" (a.a.O., 356). [66]) NB I, 3, 159. [67]) NB I, 3, 148–150; 181; 190f.; Virck, a.a.O., 268. [68]) NB I, 3, 116. [69]) Er berichtete von einem Gespräch mit Ferdinand, der gemeint hatte, wenn wenigstens einige Lutheraner durch eine Konkordie gewonnen würden, würde es leichter sein, die anderen willfährig zu machen (NB I, 3, 189). Diese Worte des Königs, mit denen er einen Wunsch zum Ausdruck brachte – dessen Reali-

jedem etwas. Und wie auch die Lage sich entwickeln würde, alle Möglichkeiten hatte Aleander angedeutet, ohne sich festzulegen und etwas Bestimmtes vorzuschlagen. Allerdings wurde dadurch die Gewinnung einer klaren Konzeption der Kurie nicht gefördert.

Im Herbst 1538 trat eine Wendung ein, auf die Aleander nicht gefaßt war. Aus den Beratungen, die Joachim und Kurfürst Ludwig von der Pfalz mit den Lutheranern führten, zeichnete sich statt des geplanten Konkordiengespräches die Möglichkeit einer Verständigung der Parteien ab, die ohne Teilnahme päpstlicher Gesandter von den beiden Kurfürsten als kaiserlichen Beauftragten mit den Protestanten *cerca la causa di la fede* erreicht werden sollte[70]). Da beide Kurfürsten in Rom wegen ihrer kirchlichen Stellung höchst verdächtig sein mußten[71]), konnte Aleander nur scharf gegen diesen Plan vorgehen, bedeutete er doch letztlich die Durchführung einer Art von Nationalkonzil, autorisiert durch Beauftragte des Kaisers[72]). Auch Ferdinand lehnte das Vorhaben ab. Er verlangte Kommissare des Kaisers und schlug vor, den beiden Kurfürsten, um sie nicht zu kränken, die Stellung von Vermittlern zu geben[73]).

Die Protestanten waren inzwischen unruhig geworden. Die Verhandlungen quälten sich nur mühsam vorwärts, da immer nicht nur Ferdinand, sondern auch der Kaiser in Spanien befragt werden mußte. Die Lutheraner befürchteten, daß der Vermittlungsversuch Joachims gescheitert sei, und schickten sich an, „zu ihrer Verteidigung militärische Maßnahmen zu treffen"[74]). So ganz im Unrecht sollten sie nicht

sierung zu einem erheblichen Teil von den päpstlichen Gesandten verhindert wurde –, mag Aleander umso lieber geschrieben haben, als er auch jetzt noch die schon 1532 geäußerte Meinung vertrat, die Obrigkeiten der lutherischen Städte wünschten zum römischen Katholizismus zurückzukehren (vgl. oben S. 242) und die Lutheraner seien ganz leicht zu unterwerfen (NB I, 4, 318f.). Das konnte er sagen, obwohl er die theologischen Fragen zu durchschauen glaubte – auch jetzt noch war er alles andere als ergriffen von dem, um was es ging (vgl. oben S. 234).

[70]) NB I, 3, 181f. Die erste Reaktion in Rom auf diese Nachrichten findet ihren Ausdruck in zwei Dokumenten, die im A. V. erhalten sind, vgl. G. Müller, Zur Vorgeschichte des Frankfurter Anstandes 1539. Ein Nachtrag zu Aleanders dritter Nuntiatur in Deutschland, im gleichen Band dieser Zeitschrift S. 328ff. [71]) NB I, 3, 182. Ludwig sei schon *principale autore di quella concordia o suspensione poi publicata in Ratisbona* 1532 gewesen (ebd., 279). [72]) NB I, 3, 181–183. [73]) Fuchtel, a.a.O., 151–154. [74]) Ebd., 154.

sein: Die Kurie sandte – nicht nur, aber doch auch unter dem Eindruck der Berichte Aleanders – am Ende des Jahres Kardinal Pole zum Kaiser, um ihn zu einem Waffenstillstand mit den Türken zu bewegen, damit er freie Hand zum Krieg gegen England und die Protestanten erhalte[75]). Aleander, der davon nicht unterrichtet wurde[76]), kam auch auf den gleichen Gedanken: Des Kaisers Kommen nach Deutschland sei so nötig, daß dafür auch ein Waffenstillstand mit den Türken in Kauf genommen werden könne[77]). Wenn der Kaiser aber komme, so könne er spanische und italienische Soldaten mit sich bringen. Unter dem Vorwand, sie seien gegen die Türken gesammelt worden, könne man mit ihnen gegen die Lutheraner vorgehen und ihnen „ihre Sünden heimzahlen". Die Kurwürde wäre Johann Friedrich zu nehmen und Georg von Sachsen oder einem anderen Fürsten zu verleihen[78]).

Aleander, der so genau alle die vielfältigen Stimmungen und Gerüchte wiedergab, die in Deutschland umgingen, brachte mit diesem Vorschlag zum Ausdruck, was die Lutheraner fürchteten, was Ferdinand ungelegen gekommen wäre und was auch Karl nicht akzeptierte. Der Kaiser wollte die Ergebnisse einer anderen Aktion abwarten, zu der er sich im November entschlossen hatte. Er sandte den Erzbischof von Lund, Johann Weeze, als Kommissar für die Verhandlungen nach Deutschland[79]). Der Kaiser hatte damit den Vorschlag der Kurie, die päpstlichen Gesandten zu Kommissaren zu ernennen oder die Sache niederzuschlagen[80]), nicht akzeptiert. In seiner Instruktion für Lund hatte er sogar die Möglichkeit offen gelassen, die Vertreter des Papstes zum Gespräch nicht hinzuzuziehen, wenn die Protestanten sich dagegen sträubten[81]).

Vor einem knappen halben Jahr war der Papst um Sendung eines Legaten gebeten worden. Damals hatten Karl und Ferdinand noch hochfliegende Pläne. Jetzt waren sie bescheidener geworden. Den Ver-

[75]) Fuchtel, a.a.O., 154; Pieper, Zur Entstehungsgesch..., 117. Mit dieser Sendung mag auch die am 20. März 1539 erfolgte Ratifizierung des Nürnberger Bundes durch Karl V. und die Verstärkung der Unnachgiebigkeit des Kaisers gegenüber den Protestanten zusammenhängen (Baumgarten, a.a.O., 354). [76]) Fuchtel, a.a.O., 154. [77]) NB I, 3, 477. [78]) NB I, 3, 387f.; vgl. auch E. Ziehen, „Frankfurter Anstand" und deutsch-evangelischer Reichsbund von Schmalkalden 1539, in: ZKG 59 (1940), 345. [79]) NB I, 4, 454; vgl. auch Fuchtel, a.a.O., 154f. [80]) NB I, 3, 78 und 197. [81]) (Baumgarten, a.a.O., 350. Der Text der Instruktion bei K. Lanz, Staatspapiere zur Geschichte des Kaisers Karl V. (1845), 277–281.

handlungen mit den Lutheranern und auch der Haltung der Kurie war zu entnehmen gewesen, daß an eine leichte Rückgewinnung der Protestanten nicht zu denken war. Darum wurde das Ziel niedriger gesteckt. An die Stelle der Konkordie trat die Suspension[82]). Wie im Jahre 1532 eine interimistische Lösung gefunden worden war, so sollte auch jetzt eine gesucht werden. Eine Art von Nationalkonzil wurde vom Kaiser nicht akzeptiert. Stattdessen dachte er an eine Suspension, das heißt an eine Lösung, die jederzeit wieder rückgängig gemacht werden konnte[83]). Waren aber schon bei den Verhandlungen in Nürnberg keine päpstlichen Gesandten zugegen gewesen[84]), so war das auch jetzt nicht nötig. Durch sie wäre nur „eine überflüssige Erschwerung der Verhandlung" eingetreten[85]).

Die Protestanten hatten schon im August 1538 Bedenken gegen *cardinell in rothen menteln* zum Ausdruck gebracht[86]), wahrscheinlich nachdem sie von der Sendung Aleanders erfahren hatten. Es war nur zu verständlich, daß sie grundsätzlich die Beteiligung päpstlicher Gesandter ablehnten und gegen Aleander ihre besonderen Bedenken hatten. Darum begannen im Februar 1539 die Verhandlungen in Frankfurt, ohne daß päpstliche Bevollmächtigte zugegen gewesen wären. Als Vertreter des Kaisers war Lund anwesend, als Vertreter Ferdinands Melchior von Lamberg und Dr. Johann Frankfurter. Dadurch unterschied sich dieses Gespräch von dem 1532 geführten, wo nur die Kurfürsten von Mainz und der Pfalz mit den Lutheranern verhandelt hatten[87]). Aber dieser Unterschied war nicht grundsätzlicher, sondern nur praktischer Art. 1532 hatte der Kaiser, da er sich in der Nähe aufhielt, jederzeit befragt werden können. Jetzt mußte er durch einen Gesandten verhandeln, der in seinem Sinne instruiert war. Ferdinand schlug vor, daß auch die päpstlichen Gesandten ihre Vollmacht delegierten, und zwar an Lund. Die Türkengefahr sei so groß, daß schnelles und grundsätzliches Handeln mit Zustimmung des Papstes erforderlich

[82]) Friedensburg, NB I, 3, 75. [83]) NB I, 3, 76. [84]) Vgl. oben S. 250 ff. [85]) Friedensburg NB I, 3, 77. Die Frage einer Teilnahme päpstlicher Gesandter an dem Gespräch ist wohl – im Gegensatz zu 1532 – nur deswegen so lange diskutiert worden, weil Aleander eigens zu solchen Verhandlungen aus Italien gekommen war. Die Veränderung der Zielsetzung der gewünschten Übereinkunft ließ aber seine Anwesenheit in Frankfurt als unnötig und unerwünscht erscheinen. [86]) NB I, 3, 70, Anm. 2. [87]) Vgl. oben S. 244.

sei[88]). Aleander wies diesen Gedanken weit von sich, weil dadurch „dem Papste die Verantwortung für das, was in Frankfurt herauskommen mochte, im voraus mit zugewiesen" worden wäre[89]). Er und Mignanelli behaupteten, sie hätten Wichtiges zur Konkordie anzubieten, aber sie beschränkten sich auf Redensarten und gaben nicht preis, worin die Kurie nachzugeben bereit sei[90]). Darum wurden sie in den Ablauf der Verhandlungen nicht eingeschaltet.

Die Sendung des Legaten erwies sich nachträglich als unnötig, ja als gefährlich, weil nicht der Eindruck entstehen durfte, als würde päpstlicherseits das gebilligt, was in Frankfurt beschlossen werden würde[91]). Aleander aber befand sich in der gleichen Situation wie vor sieben Jahren, als er nach Deutschland gekommen war, um die Rückführung der Protestanten zu versuchen und gar nicht recht mit seiner Arbeit zum Zuge kam. Er reiste aber auch nicht aus Protest ab. Er wollte erst dann zurückkehren, wenn sich die Lage nicht zum Besseren wenden würde. Keinesfalls wollte er sich zum Vermittler in einem unguten Konkordienwerk hergeben[92]). Der Kaiser hatte ursprünglich befohlen, die Einwilligung der päpstlichen Vertreter einzuholen, wenn sie nicht zum Gespräch hinzugezogen werden würden[93]). Das ist nicht geschehen. Aber immerhin wurden Aleander und Mignanelli durch Ferdinand und auch durch Lund unterrichtet[94]). Eine direkte Einflußnahme der päpstlichen Gesandten auf den Gang der Verhandlungen ist aber nicht feststellbar[95]). Alles was sie tun konnten, war, den König durch Warnungen und Vorhaltungen so unnachgiebig wie möglich zu machen[96]) und der Kurie von der Entwicklung zu berichten.

[88]) NB I, 3, 412–413. [89]) Friedensburg NB I, 3, 78. F. teilt hier mit, Ferdinand habe den päpstlichen Gesandten angeboten, „seine Verordneten auch in ihrem Namen zu beglaubigen". Die Vollmacht sollte Lund, nicht von Lamberg und Frankfurter übertragen werden, wie aus der Depesche vom 6. Februar 1539 hervorgeht (NB I, 3, 412). [90]) Rosenberg, a.a.O., 78f. [91]) Die Situation war 1532 ähnlich, vgl. Laemmer, Mon. Vat., 130. [92]) NB I, 3, 422. [93]) Baumgarten, a.a.O., 350. Über die Nichtausführung dieser Anordnung ebd., 355. [94]) NB I, 4, 516f. [95]) Friedensburg NB I, 3, 79. Aleander und Mignanelli meinten, sie hätten bei einem Gespräch mit Lund große Dinge bewirkt. Sie wußten nicht, daß Lund schon vom Kaiser die Genehmigung hatte, bei einem Widerspruch der Protestanten auf eine Teilnahme päpstlicher Gesandter am Gespräch zu verzichten (Rosenberg, a.a.O., 79). [96]) So ist es nicht ausgeschlossen, daß Ferdinands Instruk-

Lund erarbeitete in Frankfurt ein Übereinkommen, das seinem „diplomatischen Geschick nicht übel Ehre machte“[97]). Der einzige definitive Gewinn für die Protestanten war die Aussetzung der Kammergerichtsprozesse, die die Religionsangelegenheiten betrafen, für die Dauer von 15 Monaten und die Suspension der Acht gegen Minden[98]). 1532 hatte der Kaiser den Schmalkaldenern die Suspension der Prozesse nur in einem geheimen Nebenvertrag zugesagt[99]). Demgegenüber war der Frankfurter Anstand für sie ein Gewinn. Aber dessen kurze Gültigkeit, die beträchtlich unter der Zeitspanne blieb, die „Ferdinand als zulässig bezeichnet hatte“[100]), ließ den Erfolg recht gering werden. Die Protestanten hatten zehn beziehungsweise sieben Jahre gefordert[101])! Außerdem sollte der Anstand sogar nur sechs Monate gültig sein, wenn er vom Kaiser nicht gebilligt werden würde[102]). Gegenüber dem Frieden von 1532 bedeutete das „eher einen Rückschritt als einen Fortschritt“[103]).

König Ferdinand war zufrieden[104]), weil der drohende Bürgerkrieg vermieden und die Türkenhilfe zugesichert worden war, die auf einer Zusammenkunft in Worms am 18. Mai von allen deutschen Ständen im einzelnen beschlossen werden sollte. Aleander dagegen protestierte. Den Nürnberger Frieden hatte er hingenommen, weil der Kaiser ihn gebilligt hatte. Er hatte ihn als politisch notwendig hingestellt[105]). Das

tion für seine beiden Gesandten von Lamberg und Dr. Frankfurter schärfer als die des Kaisers für Lund ausfiel, weil die päpstlichen Gesandten den König zu möglichst geringem Entgegenkommen zu veranlassen vermochten. Dagegen spricht nicht, daß Aleander sich über die Schärfe der Instruktion wunderte, weil er nicht hatte hoffen können, daß Ferdinand seinen Intentionen so weit folgen würde (NB I, 3, 76; vgl. auch die Erklärungsversuche Friedensburgs [NB I, 3, 76] und Fuchtels [a.a.O., 158]). Aleander hat auch die zweite, die unnachgiebige „Strömung der kaiserlichen Politik“ gegenüber den Protestanten (Baumgarten, a.a.O., 355) auf dem Umweg über die Kurie beeinflußt (vgl. unten S. 269 und Anm. 111).

[97]) Friedensburg NB I, 3, 82. [98]) Baumgarten, a.a.O., 359. [99]) Fuchtel, a.a.O., 187; vgl. auch oben S. 252. [100]) Fuchtel, a.a.O., 191. Ferdinand hatte sich zu einer Einstellung der Kammergerichtsprozesse bis zu 2 Jahren bereit erklärt, Friedensburg NB I, 3, 77. [101]) NB I, 4, 511 Anm. 1. [102]) Fuchtel, a.a.O., 185. [103]) Friedensburg NB I, 3, 81. [104]) NB I, 4, 32. [105]) Vgl. oben S. 251.

Frankfurter Übereinkommen lehnte er ab[106]), obwohl Karl zu den Verhandlungen, als deren folgerichtiges Ergebnis man den Anstand erarbeitet hatte, von zwingenden politischen Gründen bestimmt worden war: Franz I. von Frankreich hatte sich nicht so hinter seine Politik gestellt, wie das gehofft worden war[107]), und die Türkengefahr bestand immer noch. Sodann zog Aleander die Veränderung der deutschen Lage zugunsten des Luthertums nicht in Betracht: Ludwig III. von der Pfalz hatte sich gegenüber 1532 den Protestanten sehr angenähert, und über die Veränderung in Kurbrandenburg unter Joachim II. war kein Wort zu verlieren. Joachim I. war ja einer der Wortführer der katholischen Stände gewesen. Der zweite Hauptsprecher der Altgläubigen, Herzog Georg von Sachsen, lag im Sterben. Mit seinem Tod war der Übergang des Landes zum Luthertum zu befürchten[108]) – von anderen unbedeutenderen Ständen, die sich seit 1530 der Reformation angeschlossen hatten, gar nicht zu reden[109]).

So gewann Aleanders Protest etwas Irreales: Als Vorschlag für die weitere Politik hatte er nur deren *ultima ratio* anzugeben. Er fand einen Schuldigen für die „verderblichen Beschlüsse" von Frankfurt: den Erzbischof von Lund, den Gesandten des Kaisers. Er goß eine volle Schale des Hasses und der Verleumdung über ihn aus, indem er sich von Lunds Gegenspieler, Dr. Mathias Held, beraten ließ[110]). Er erreichte es, daß die Kurie scharf bei Karl V. gegen das getroffene Abkommen protestierte, so daß der Kaiser es nicht anerkannte[111]). Daraus wird deutlich, wie stark Rom sich während Aleanders Legation von

[106]) NB I, 4, 524. Den Text des Anstandes vgl. O. Winckelmann, Politische Correspondenz der Stadt Straßburg im Zeitalter der Reformation 2 (1887), 601 ff.

[107]) „Frankreich hielt sich zurück" (Fuchtel, a.a.O., 160). S. Ehses findet folgende Worte: „Dennoch liegt der tiefste Grund für diese verderblichen Frankfurter Beschlüsse (*sic*) immer doch wieder bei Franz I." (Franz I. von Frankreich und die Konzilsfrage in den Jahren 1536–1539, in: Röm. Quartalschrift 12 [1898], 320).

[108]) Friedensburg NB I, 3, 84; 4, 28 f., 541 ff.

[109]) Johann Eck zählte dieselben dem Legaten in einem Schreiben vom 12. Juli 1539 auf (NB I, 4, 589 f.).

[110]) NB I, 4, 519–533, 62 f.; Friedensburg ebd. 3, 84.

[111]) Fuchtel, a.a.O., 205. Die 6 Monate, in denen der Anstand in jedem Fall gültig sein sollte, vergingen, ohne daß der Kaiser ihn für 15 Monate bestätigt hätte. „Trotzdem bewegte sich der tatsächliche Verlauf der Dinge in der Richtung der Frankfurter Beschlüsse: am 28. Januar 1541 befahl der Kaiser die vorläufige Einstellung aller gegen die Protestanten schwebenden Prozesse und setzte die ergangenen Urteile außer Kraft" (ebd.).

ihm in seiner Deutschland-Politik beeinflussen ließ[112]). Aleander war der Deutschland-Experte der Kurie [113]), genoß hohes Ansehen[114]) und hat dadurch erheblich dazu beigetragen, daß die kuriale Politik zu Beginn der Phase der Religionsgespräche so unbeweglich war und blieb.

Bei diesen Arbeiten wurde Aleander durch Mignanelli unterstützt, dem als Nuntius am Hof des römischen Königs ausdrücklich auch die Sorge um die Rückführung der Protestanten auferlegt worden war[115]). Die beiden Gesandten schrieben einen großen Teil der Depeschen gemeinsam[116]). Lediglich die Konzilsfrage behielt Aleander sich als langjähriger Experte auf diesem Gebiet allein vor. Mignanelli riet, den Legaten gewähren zu lassen[117]). Aleander seinerseits berichtete, daß er mit dem Nuntius alles bespreche und ihn instruiere. Er sei ja neu in Deutschland, kein Theologe und habe Belehrung nötig, um jeden Tag ein brauchbarerer Diener seiner Heiligkeit zu werden[118]). Aleander betrachtete ihn als seinen Schüler[119]) und behauptete, er sei 1531/32 von Campeggio zum Schaden der Kurie nicht so gut behandelt worden, obwohl er Bischof und mit den Fragen sehr vertraut gewesen sei[120]). Für diese Handlungsweise wurde Aleander von der Kurie ausdrücklich gelobt[121]). Man könnte also meinen, daß das Verhältnis zwischen den Nuntien nichts zu wünschen übrig gelassen hätte. Allerdings vertraute Aleander seinem Tagebuch an, Mignanelli stelle zu hohe Ansprüche und klage ohne Grund[122]), während der Nuntius mit der Aussage, man möge den Legaten gewähren lassen[123]), andeutete, daß neben Aleander am besten zu arbeiten sei, wenn man ihm nicht entgegenträte. So war es nicht ungut, als Mignanelli im März 1539 zum Auditor der Rota ernannt wurde und im April nach Italien zurückkehrte[124]).

[112]) Zu Aleanders Einfluß auf die Handlungen der Kurie bereits im Oktober 1538 vgl. A. Korte, Die Konzilspolitik Karls V. in den Jahren 1538–1543 (Schriften d. Vereins f. Reformationsgesch. 85, 1905), 20f. [113]) Zu Aleanders „Ansehen eines ersten Sachverständigen in den konziliaren wie den deutschen Dingen" vgl. Friedensburg, NB I, 3, 38. [114]) Farnese teilte Aleander mit, der Papst wisse, daß er *ecclesiastico et Paulino* gesonnen sei (NB I, 3, 307). [115]) NB I, 3, 140f. [116]) Friedensburg NB I, 3, 50f. [117]) NB I, 3, 225. [118]) NB I, 3, 231f. [119]) NB I, 3, 334. [120]) NB I, 3, 263. Vgl. auch oben S. 247f. [121]) NB I, 3, 370. [122]) NB I, 4, 314. Aleander betonte seine Uneigennützigkeit (ebd. 18, vgl. auch oben S. 248 Anm. 94), mußte sich aber trotzdem gegen den Vorwurf der Geldgier wehren (ebd., 125f.). [123]) Vgl. oben Anm. 117. [124]) NB I, 3, 489, 508.

Die Abreise erfolgte in der Zeit, in der auch die Bestimmungen des Frankfurter Abschiedes bekannt wurden. Sie waren für Aleander so niederschmetternd, daß er erklärte, seine Rückkehr herbeizusehnen[125]). Er klagte über den Mißerfolg seiner Mission[126]) und die Nutzlosigkeit seines Aufenthaltes[127]). Er wurde auch tatsächlich im Mai wegen des Konzils zurückgerufen[128]). Allerdings wurde der Bescheid wegen der Suspension des Konzils rückgängig gemacht[129]). Aleander blieb also weiterhin. Trotzdem traf Morone, dem die Nuntiatur bei Ferdinand wieder anvertraut worden war und der ursprüngliche Aleander hatte ersetzen sollen[130]), am 30. Juni wieder in Wien ein[131]). Es kehrte der Mann zurück, von dem Aleander sich am Königshof verleumdet fühlte, so daß es nicht erstaunlich ist, daß das Verhältnis zwischen beiden unerquicklich war. In der Zeit von August bis Oktober, in der beide zusammen waren, haben sie lediglich vier gemeinsame Briefe geschrieben[132]). Aleander hätte auch häufig genug nicht lesen dürfen, was Morone über ihn nach Rom berichtete. Denn worin bestand denn noch seine Arbeit?

Als er im Sommer allein in Österreich war, war seine Hauptaufgabe, das für den 1. August in Nürnberg angesetzte Religionsgespräch zu verhindern, das sich zu einem Nationalkonzil entwickeln könnte[133]). In der Tat hat das Gespräch nicht stattgefunden, da der Kaiser sich im August noch nicht über das Frankfurter Abkommen geäußert hatte[134]). Dagegen wurde er in einer anderen Angelegenheit von Altgläubigen in Anspruch genommen. Als Georg von Sachsen gestorben war, bat ihn der Bischof von Meißen um Gewährung des Laienkelches und der Priesterehe für seine Diözese[135]). Nur so hoffte er, den alten Glauben im Lande bewahren zu können, weil das Volk ungestüm den Kelch forderte und die Priester weitgehend im Konkubinat lebten. Das Konkubinat sei verhaßt beim Volk, zwingen könne man die Priester nicht,

[125]) NB I, 4, 17. [126]) NB I, 4, 10f. [127]) NB I, 4, 89f.

[128]) NB I, 4, 53. Vor einem knappen Jahr wurde erklärt, seine Sendung nach Deutschland sei wichtiger als seine Verpflichtungen für das Konzil (siehe oben S. 256f.). Jetzt war offenbar eine Umkehrung der damaligen Bewertung eingetreten. [129]) NB, I, 4, 67.

[130]) NB I, 4, 53. [131]) NB I, 4, 113f. [132]) NB I, 4, 148ff., 166ff., 179ff., 184f.

[133]) NB I, 4, 54; Fuchtel, a.a.O., 193. In Frankfurt war keine Einigung darüber erzielt worden, ob ein Gesandter des Papstes eingeladen werden solle (Winckelmann, Politische Correspondenz 2, 589, 602). [134]) Friedensburg NB I, 3, 87.

[135]) NB I, 4, 552-558; Friedensburg NB I, 3, 85.

weil sie eher den Dienst quittieren als das illegale Zusammenleben aufgeben würden. Darum sei die Legalisierung des Zustandes vorzuziehen[136]). Der Antrag sollte dem Legaten in Prag gestellt werden, wo man ihn in der Begleitung des Königs vermutete[137]). Die Überbringer und Befürworter waren Pflug und Cochläus[138]), neben Eck und Fabri der schärfste Gegner der lutherischen Lehre in den ersten Jahrzehnten der Reformationszeit. Die Bitte war geäußert worden, weil man annahm, daß Aleander die Vollmacht zur Gewährung des Laienkelches und der Priesterehe für die Verhandlungen mit den Lutheranern habe. Warum sollte sie jetzt nicht angewandt werden, um ein Land für den römisch-katholischen Glauben zu retten?

Aleander war nicht in Prag. Der Antrag mußte ihm schriftlich vorgelegt werden. Darum konnte er die Antwort hinauszögern. Erst auf wiederholte Anfragen, die ihm seit Mai als äußerst wichtig und dringend zugingen[139]), äußerte er sich, und zwar erst am 16. Juli[140]). Er wollte und konnte keine Präzedenzfälle schaffen und lehnte das Ansinnen im Hinblick auf die Gesamtkirche ab. Er setzte seine Hoffnung nicht auf Nachgiebigkeit, sondern auf den Kaiser, der durch Macht und nötigenfalls Gewalt alles wieder so ordnen sollte, wie es vordem gewesen. Er wiederholte den Satz, den er schon 1520/21 mehrfach geäußert habe: *Et spes et ratio vincendi in Caesare tantum est*[141]).

Aleander blieb in Deutschland, weil die Antwort des Kaisers auf den Frankfurter Anstand nicht eingetroffen war und man den französischen Gesandten erwartete, „welcher, wie man hoffte, die Lutheraner zugunsten der Umkehr beeinflussen sollte"[142]). Aber beide blieben aus. Aleander wurde krank und konnte darum nicht zurückkehren[143]). Morone meinte, die Krankheit sei geheuchelt: Aleander wolle lediglich auf den Kaiser warten, um nicht ruhmlos seine Legation beenden zu müssen[144]). Damit dürfte der auch sonst sehr gut analysierende Nuntius kaum ganz fehlgegriffen haben. Erst auf Grund eines Rückberufungsbreves trat Aleander die Rückreise an[145]), ehe der Bescheid des Kaisers oder gar der Kaiser selbst eingetroffen waren. Damit mußte Aleander seinen Lieblingsplan aufgeben, das Wormser Edikt nicht nur geschaf-

[136]) NB I, 4, 554–556. [137]) NB I, 4, 554. [138]) NB I, 4, 553f.
[139]) NB I, 4, 553–569. [140]) NB I, 4, 573–575. [141]) NB I, 3, 374.
[142]) Friedensburg NB I, 3, 88. [143]) NB I, 4, 195. [144]) NB I, 4, 200, 211f.
[145]) NB I, 4, 212 Anm. 3, 223f.

fen, sondern es auch verwirklicht zu haben, indem er die Protestanten in die römisch-katholische Kirche zurückführte. So groß dieses Wunschbild auch war, so sehr er sich auch der Schwierigkeiten bewußt war, so wenig entsprach doch das Ergebnis seinen Erwartungen. „Wohl selten hatte man einen päpstlichen Legaten eine so klägliche Rolle spielen sehen"[146]). Es war keine Arbeit mehr für einen Polterer vorhanden, der als Lösungsversuche nur freiwillige Unterwerfung der Protestanten oder den Krieg anzubieten hatte. Aber es blieb Arbeit für Morone, der sich in manchen Grundpositionen von Aleander kaum unterschied[147]), der aber die Dinge als Diplomat zu beurteilen befähigt war und dadurch mehr Einfluß auf den Ablauf des Geschehens zu gewinnen vermochte als Aleander.

An Aleanders deutschen Nuntiaturen lassen sich die Veränderungen in Deutschland beispielhaft erkennen. Im Wormser Edikt erreichte die unnachgiebige Politik, in der theologische Gespräche abgelehnt wurden, ihren Höhepunkt, während über Aleander und seine Nuntiaturen hinaus der Wille zum Verhandeln und zur Überwindung der Gegensätze seinen wichtigsten Ausdruck im Regensburger Religionsgespräch 1541 fand, zu dem Paul III. als Legaten Gasparo Contarini sandte[1]). Hatte Aleander es 1520/21 noch verhältnismäßig leicht gehabt, dem Gewicht der Tradition Geltung zu verschaffen, so vermochten solche Argumente bei seinem zweiten und dritten Aufenthalt in Deutschland nichts mehr zu bewirken. Die reformatorische Theologie war in Worms noch etwas für das Selbstbehauptungs- und Geltungsstreben der Stände gewesen, dessen man sich bedient hatte, um das Übergewicht des Kaisers nicht zu groß werden zu lassen. Zehn Jahre

[146]) Friedensburg NB I, 3, 84. Auch Morone kritisierte Aleander (ebd. 88). Pastor, Gesch. d. Päpste 5 (1909), 87: „Aleanders Sendung nach Deutschland blieb, soweit sie die Religionssache zum Zwecke hatte, gänzlich erfolglos. . . . Auch die Konzilssache konnte durch Aleanders Legation keine Förderung erfahren." [147]) Morone lehnte wie Aleander Nachgiebigkeit gegenüber den Protestanten ab und meinte, das einzige Heilmittel für die Aufrechterhaltung des wahren Glaubens sei wohl das Kommen des Kaisers (NB I, 4, 142).

[1]) Zum Regensburger Religionsgespräch vgl. Jedin, Gesch. d. Konzils . . . I², 307–311.

später hatte die lutherische Lehre nicht nur mehr Stände für sich gewonnen, sondern sie war auch durch die Ereignisse in Augsburg 1530 auf theologischem Gebiet verhandlungsfähig geworden[2]). Darum sollte Aleander sich täuschen, wenn er die Stimmung in Deutschland 1531/32 weniger romfeindlich und weniger aggressiv fand als während der Zeit seiner ersten Nuntiatur[3]) und daraus folgerte, daß die Rückgewinnung der Protestanten leichter sein werde. So richtig auch diese Beobachtung über die Veränderung des Begeisterungsgrades des deutschen Volkes war, so wenig hat er die Erschwerung der Lage der römisch-katholischen Kirche in Deutschland bei dieser Analyse berücksichtigt. Während seines dritten deutschen Aufenthaltes mußte Aleander von protestantisierenden Neigungen in den Kurfürstentümern Brandenburg und Pfalz und vom Verlust des albertinischen Sachsen berichten[4]). Sprecher für die Sache der Altgläubigen wie Joachim I. und Herzog Georg fand er am Ende seiner dritten Nuntiatur nicht mehr[5]).

Aleander hat die Offensive mehr gelegen als die Defensive. Während seines ersten Aufenthaltes in Deutschland hat er seine Fähigkeiten besser anwenden können als später. Er hat darum – und das ist wohl sein Kardinalfehler – die Lage in Deutschland immer nach dem Maßstab von Worms gemessen. Er konnte sich auf die neuen Gegebenheiten nicht mehr einstellen. Die politische Lage entsprach aber nach 1530 nicht mehr der von 1520/21. Und da ihm jedes Verständnis für die lutherische Theologie abging[6]), da es ihm genügte, unter Clemens VII. ein „Clementiner", unter Paul II. ein „Pauliner" zu sein, hat er trotz seines Fleißes und seiner vielen Gutachten für die Kurie in der deutschen Frage nur wenig Konstruktives geleistet. Seine Erfahrungen in Deutschland waren symptomatisch für die Politik, die er vertrat. In Worms war sein Handeln folgerichtig und wichtig. In Regensburg kam er gar nicht zum Zuge, obwohl er sich für beweglicher als Lorenzo Campeggio hielt. In Wien vermochten sogar Ferdinand und manchmal

[2]) Müller, a.a.O., 208f., 216–223. [3]) Vgl. oben S. 242f. [4]) Vgl. oben S. 269 und Virck, a.a.O., 270f. [5]) Auch die Tatsache, daß Albrecht von Mainz Mitglied des Nürnberger Bundes war und sich von der 1532 eingenommenen Haltung zu lösen begann, vermochte das noch nicht wettzumachen. [6]) Am 6. Juli 1539 schrieb Aleander an Bischof Durante, daß er Ferdinand öfter gesagt habe, der *maledetta setta di Luterani* gehe es nicht um den Glauben – davon hätten sie nicht *una scintilla-*, sondern sie würden ihn nur als Vorwand für ihre Umsturztendenzen benutzen (NB I, 4, 122f.).

auch Karl nur wenig mit seinen Vorschlägen anzufangen. Die Verhältnisse waren in Deutschland während seines zweiten und dritten Aufenthaltes nicht deswegen ungünstiger für ihn, weil das Interesse für den römisch-katholischen Glauben geringer geworden wäre, sondern weil er sich in das politische Geschehen nicht hineinzufinden vermochte. Denn schon 1520/21 war die lutherische Sache ein Politikum zwischen Kaiser und Reich gewesen[7]). 1531/32 war es nicht anders, nur daß für das Verhalten des Kaisers gegenüber dem schmalkaldischen Bund seine politischen Beziehungen zu Frankreich und die Türkengefahr die entscheidenden Momente waren[8]). 1538/39 waren es wieder die Türken und der Wunsch, die Spaltung zu überwinden, aus der sich kriegerische Verwicklungen zu ergeben drohten, die die Politik Karls und Ferdinands bestimmten[9]).

Aleander hat richtig gesehen, daß es für die Kurie ein Segen war, daß ein Mann wie Karl V. regierte[10]). Aber er hat den politischen Faktoren, die für den Kaiser primär wichtig waren, nicht ein solches Gewicht beigemessen, daß er über die Alternative freiwillige oder gewaltsame Unterwerfung der Lutheraner hinausgekommen wäre. Er konnte sich während seiner Legation 1538/39 zwar mit dem Gedanken befreunden, dem Religionsfeind, dem Türken, die Hand zu einem Waffenstillstand zu reichen, um Krieg gegen die Häretiker führen zu können[11]), aber es gelang ihm nicht, die Reformation von ihren Wurzeln her zu verstehen, um sie von da aus anzugreifen oder auch sich ihr von da aus anzunähern.

Als Poggio im April 1540 mit Karl V. die Frage erörterte, ob ein Legat gesandt werden solle, meinte der Kaiser, es möge niemand kommen, der verhaßt sei und den Schaden vergrößere „wie der erste Legat", was Poggio auf die „Zeit Campeggios und Aleanders" hin deutete[12]). Über beide Legaten hatte sogar Karl ein negatives Urteil wegen der unbeweglichen Politik, die sie vertraten. Trotzdem kann vom Standpunkt der späteren Entwicklung aus Aleanders Haltung gerechtfertigt werden. Jede Annäherung an die evangelische Theologie

[7]) Vgl. oben S. 231. [8]) Brandi, Karl V. 1, 280 nennt außerdem noch „den Aufschub des Konzils, die innere Unzuverlässigkeit des Papstes" und „die tiefe Verstimmung gegen England", also Geschehnisse von erheblicher politischer Relevanz. [9]) Vgl. oben S. 254–256. [10]) Laemmer, Mon. Vat., 87. [11]) Vgl. oben S. 265. [12]) NB I, 5 (1909), 197.

wie sie in der Zeit von 1530–1545 hier und dort erfolgt war, wurde vom Konzil von Trient rückgängig gemacht. Von dieser Sicht aus war Aleanders Politik, die ja noch von vielen anderen nichtdeutschen Prälaten geteilt wurde, richtig. Der Preis hierfür war allerdings der Abbruch der Brücken zu der Theologie, die von den Reformatoren erarbeitet worden war.

Das Konzil von Trient

Eine Säkularbesinnung

Wir reden vom „nachtridentinischen Katholizismus" und bringen damit zum Ausdruck, daß das Konzil, das im 16. Jahrhundert in Trient tagte, für die römische Kirche epochale Bedeutung besitzt. Ob diese Epoche jetzt mit dem zweiten Vatikanum zu Ende geht, soll und kann hier nicht untersucht werden. Wenn das der Fall wäre, dann würde dennoch in der Geschichte der römisch-katholischen Kirche das Konzil von Trient einen wesentlichen Platz einnehmen, hat es doch für Jahrhunderte deren Gestalt weitgehend geprägt und deren Gespräche mit den übrigen christlichen Kirchen beeinflußt oder gar bestimmt. Bei aller Beachtung der Bedeutung des Tridentinums wird aber zu leicht übersehen, daß der Verlauf dieser Kirchenversammlung eine solche Entwicklung nicht zu inaugurieren schien, ja daß sich die Zahl der spätmittelalterlichen Konzile, auf denen viel geredet und von denen wenig erreicht worden war, scheinbar lediglich um eine erhöhte. Da 1563, also vor 400 Jahren, das Konzil von Trient zu einem glücklichen Ende gebracht wurde — was Papst Johannes XXIII. veranlaßte, die Arbeiten des zweiten Vatikanums zu forcieren, um das gegenwärtige Konzil der römischen Kirche in diesem Jubiläumsjahr beenden zu können —, ist es angebracht, sich auf die Geschichte des Tridentinums zu besinnen, das bis kurz vor seinem Ende von Erfolglosigkeit bedroht war [1]).

Die große Enttäuschung

Der Ruf nach einer „Reformation der Kirche an Haupt und Gliedern" war im 16. Jahrhundert nicht verstummt, er war vielmehr durch Luthers Auftreten nur noch dringender geworden. Als bestes Mittel bot sich dafür ein Konzil an, zumal das Renaissance-Papsttum nicht willens schien, die erforderlichen Reformen durchzuführen. Zwar waren auch die Bischöfe Neuerungen abgeneigt, die ihrer fürstlichen Freiheit Grenzen setzen konnten. Doch sollte das Konzil nach Meinung seiner Befürworter keine reine Bischofsversammlung sein, sondern die Vertretung, ja die Repräsentation des Corpus christianum, so daß die Fürsten ein gewichtiges Wort würden mitreden können. Darum haben Luther und die Anhänger der von ihm ausgelösten Bewegung die allgemeine Kirchenversammlung zur Beseitigung der Mißstände und zur Klärung theologischer Fragen gefordert. Auch seine Gegner in Deutschland erkannten, daß nur durch ein Konzil der Verwirrung in der Kirche Einhalt geboten werden könne: man wollte sich des Kredites bedienen, dessen sich der Konziliarismus trotz seiner Rückschläge im 15. Jahrhundert nach wie vor erfreute. Damit aber kam es fast von selbst, daß nicht nur die durch Luther aufgeworfenen theologischen Fragen, sondern auch die spätmittelalterlichen Reformforderungen als Beratungsgegenstände des Konzils angesehen wurden [2]). Das aber kam der römischen Kurie so ungelegen wie möglich. Um 1525 erkannte man dort noch nicht die Tragweite der durch Luther hervorgerufenen Veränderungen oder meinte, dieselben könnten ohne große Schwierigkeiten mit Hilfe staatlicher Gewalt rückgängig gemacht werden. Die „lutherische Gefahr" war neu und schwer zu erfassen von denen, die im romanischen Gesichtskreis zu denken gewohnt waren. Den Konziliarismus dagegen kannte man in Rom zur Genüge. Man befürchtete, daß Reformen der kirchlichen Verwaltung beschlossen werden könnten, die die Einnahmen der Beamten der Kurie gefährdeten. Vor allem aber mußte man gewärtig sein, daß ein Konzil seine Superiorität über den Papst deklarieren würde, dem dadurch viel von dem Einfluß verlorengehen mußte, der ihm im Laufe der letzten Jahrzehnte erst mühevoll errungen worden war. Es ist deswegen verständlich, daß in Rom der Konziliarismus für eine größere Gefahr als die Reformation gehalten wurde. Das hatte zur Folge, daß die allgemeine Kirchenversammlung zwar immer wieder zur Debatte stand, unter Clemens VII. (Papst von 1523—34) aber nicht einberufen wurde. Die Protestanten errangen dadurch Erfolge über Erfolge: Sie konnten darauf verweisen, daß das endgültige Urteil über ihre Anliegen noch von einem allgemeinen Konzil gefällt werden sollte. Der Vorläufigkeitscharakter ihrer Maßnahmen mußte aber im Laufe der Jahre verschwinden. Oder zumindest mußte sich der Protestantismus so weit konsolidieren, daß seine Beseitigung auf ernste Schwierigkeiten würde stoßen müssen.

Das sahen die Anhänger der römischen Kirche in Deutschland sehr genau. Sie hofften, mit Hilfe des endgültigen Urteils über Luthers Reformation weiteren Verlusten der römischen Kirche vorbeugen, Unschlüssige gewinnen und bereits evangelisch Gewordene unter die römische Obödienz zurückführen zu können. Ob das der Fall gewesen wäre, wenn Clemens VII. das Konzil etwa 1530 einberufen hätte, kann hier nicht untersucht werden. Die altkirchlichen Theologen und Anhänger Roms, die auf das Konzil so große Stücke gesetzt hatten, waren von den kurialen Entscheidungen jedenfalls sehr enttäuscht.

Auch der Nachfolger Clemens' VII., Paul III. (Papst von 1534—49), brauchte elf Jahre, bis er das Konzil zustande brachte. Auch für ihn gab es wesentlichere Aufgaben als die allgemeine Kirchenversammlung, wenn er auch — im Gegensatz zu seinem Vorgänger — keine grundsätzlichen Bedenken dagegen hatte. Aber er enthob diese Frage nicht der politischen Sphäre, so daß er erst unter politischem Druck Ernst machte mit der Verwirklichung des schon lange gehegten Konzilsplanes.

Diese Verzögerung hat mit dazu beigetragen, daß das allgemeine Konzil zu einem römischen wurde. Zwar hatten sich evangelische Theologen wie Melanchthon noch 1537 dafür ausgesprochen, die Synode zu beschicken, zu der Paul III. am 2. Juni 1536 die Bischöfe und die Stände (Kaiser, Könige, Fürsten u. a.) nach Mantua eingeladen hatte [3]). Doch lehnten die Protestanten auf ihrem Bundestag in Schmalkalden 1537 die Beschickung dieser päpstlichen Synode ab [4]), weil sie nicht den von ihnen erhobenen Forderungen entsprach: ein echtes ökumenisches Konzil sollte nur die Heilige Schrift als Maßstab akzeptieren dürfen, dem Papst nicht untergeordnet sein und in Deutschland tagen, damit unerwünschten römischen Einflüssen vorgebeugt werden konnte. Diese grundsätzliche Entscheidung ist für die evangelischen Stände in Deutschland auf Jahre hinaus bestimmend geblieben: die römischen Anordnungen für das geplante Konzil mußten sie enttäuschen. Denn nach ihrer Meinung wurde der Wahrheit dort nicht die Ehre gegeben, wo man mehr auf Rom als auf die Bibel hörte.

Aber auch für die Anhänger der alten Kirche, die eine Veränderung kirchlicher Erscheinungsformen durch das Konzil wünschten, war die Behandlung dieser Angelegenheit nach politischen Kategorien durch Paul III. eine herbe Enttäuschung. Sie fragten sich, ob das Konzil überhaupt seinen Sinn würde erfüllen können, wenn sich die römische Kurie gegenüber den notwendigen Reformen der Kirche weitgehend verschlossen zeigte. Wie wenig man von einem Konzil unter den Anhängern Roms erwartete, geht daraus hervor, daß sich in Trient am offiziellen Eröffnungstermin, am 15. März 1545, außer den drei vom Papst ernannten Präsidenten vom gesamten Orbis catholicus lediglich zwei Bischöfe einfanden, so daß der Beginn des Konzils verschoben werden mußte. Außerdem hatten die Präsidenten von Paul III. die (geheim gehaltene) Vollmacht erhalten, das Konzil an einen anderen Ort zu verlegen oder aufzulösen, wenn ihnen das richtig schien [5]). Denn Trient gehörte rechtlich noch zum deutschen Reich, und man fürchtete in Rom, der Einfluß des Kaisers würde in dieser (sonst durchaus italienischen) Stadt zu groß sein. Durch eine Verlegung des Versammlungsortes in den Kirchenstaat oder ein italienisches Land wäre aber die deutsche Forderung nach einem Konzil „in deutschen Landen" unberücksichtigt geblieben, auf deren Beachtung der Kaiser drang. Diese verschiedenen Bestrebungen waren nicht nur keine erhebenden Auspizien für eine Versammlung, von der man seit nahezu dreißig Jahren Entscheidendes erwartete, sondern sie haben darüber hinaus auch das ganze Vorhaben noch während des Jahres 1545 mehrmals in Frage gestellt. Es ist deswegen nicht verwunderlich, daß die Bischöfe nicht nach Trient eilten. Nur 34 stimmberechtigte Prälaten waren am 15. Dezember 1545 anwesend, als dann tatsächlich das Konzil feierlich eröffnet wurde — und das, obwohl sich die Eröffnung um ganze neun Monate verzögert hatte! Auf vielen Provinzialsynoden hätte man nicht weniger Bischöfe erwarten können [6]). Die Vorgeschichte des Tridentinums ist damit das genaue Gegenstück zu der des zweiten Vatikanums, das am 25. Januar 1959 völlig überraschend angekündigt wurde und an dessen Werden nicht nur die römische Kirche innigen Anteil genommen hat.

Schleppender Gang der Verhandlungen

Die Trienter Konzilsväter befanden sich von Anfang an in einem Dilemma. Die beiden Häupter der Christenheit erwarteten nämlich von ihnen die Bewältigung völlig verschiedener Aufgaben. Während dem Papst an einer Abgrenzung gegenüber dem Protestantismus durch eine Behandlung dogmatischer Probleme gelegen war, wünschte Karl V. die Beratung von Fragen der kirchlichen Reform. Der Kaiser fürchtete nämlich, daß die Festlegung dogmatischer Aussagen ohne Beteiligung der Protestanten eine kirchliche Einigung Deutschlands verhindern würde. Eine Abstellung von Mißbräuchen in der Kirche konnte derselben in seinen Augen dagegen nur dienlich sein. Paul III. aber wollte seine Oberhoheit über das Konzil gewahrt sehen und sich selber die Reform der Kurie und der Kirche vorbehalten. Um unliebsamen Reformwünschen vorzubeugen, verlangte er deswegen, nur Fragen der Lehre zu behandeln. Obwohl die Mehrheit der Konzilsväter die Reform des kirchlichen Lebens für dringlicher erachtete, versagten sie sich dem päpstlichen Verlangen nicht. Sie kamen ihm aber nur auf halbem Weg entgegen: sie beschlossen, gleichzeitig über die Dogmen und die Reform zu beraten. Sie verstimmten damit beide, den Papst wie den Kaiser. Und doch war es die einzige Möglichkeit, um die Arbeit überhaupt aufnehmen zu können. Denn eine völlige Mißachtung des kaiserlichen Wunsches hätte in Trient zu unerträglichen Spannungen mit dessen Anhängern, vor allem den spanischen Bischöfen, geführt. Zwar lag de facto während der ersten Tagungsperiode von 1545—48 der Nachdruck auf den Beratungen dogmatischer Fragen, aber nebenher wurde doch auch der Reform Aufmerksamkeit gewidmet.

Die kaum begonnene Arbeit wurde im Sommer 1546 durch neue Verlegungsabsichten — zur Debatte standen Ferrara, Lucca und Siena — in Frage gestellt. Der Papst selber verschob die bereits beschlossene Translation nach Lucca, so daß sich die von ihm abhängigen Kurienbischöfe, die bisher die eifrigsten Vertreter der Notwendigkeit eines Ortswechsels gewesen waren, zufrieden geben mußten.

Hier zeigte es sich, daß das Konzil alles andere als unabhängig vom Papst war — darin hatten die Protestanten zu Recht Befürchtungen gehegt. Die von Paul III. ernannten Legaten, die dem Konzil präsidierten, bemühten sich, den Wünschen des Papstes nachzukommen. Sie fühlten sich als Diener Pauls III. und sonst niemand, auch nicht dem Kaiser, verantwortlich [7]). Dennoch waren die Spannungen, unter denen sie ihr Amt ausüben mußten, sehr groß. Es bedurfte großer Geschicklichkeit, um trotz aller Schwierigkeiten so reife Leistungen zu erarbeiten, wie sie auf dogmatischem Gebiet von den Konzilsvätern während der Jahre 1546/47 vorgelegt wurden.

Die päpstlichen Legaten begingen aber einen schweren Fehler, als sie im März 1547 die Verlegung des Konzils nach Bologna durchsetzten. Die Anhänger des Kaisers leisteten diesem Beschluß nämlich nicht Folge. Sie blieben in

Trient und tagten weiter, während das Rumpfkonzil in Bologna keine Beschlüsse zu fassen wagte. Dort war nun auch nicht mehr andeutungsweise die „Ökumene" vertreten: die Spanier, und was im weitesten Sinn zu Deutschland gehörte — bis hin zum Kardinal von Trient, Cristofero Madruzzo —, waren in Trient geblieben. Zwar leisteten sie dort keine produktive Arbeit, aber sie blieben das unübersehbare Mahnmal, das den Rumpfcharakter der in Bologna tagenden Versammlung dokumentierte. Paul III. vertagte schließlich 1549 das Konzil. Das Fazit dieser Periode war betrüblich: die Lehre von den Sakramenten war nach der Behandlung der Grundsatzfragen „Schrift und Tradition", „Erbsünde" und „Rechtfertigung" [8]) lediglich in Angriff genommen worden. Nach einem einleitenden Abschnitt hatte man nur Canones zur Taufe und zur Firmung erarbeitet. Für die restlichen fünf Sakramente fehlten jegliche Ausführungen. Was die Reform anging, so waren zwar Beschlüsse gefaßt, aber noch nichts in die Tat umgesetzt worden. Das war nicht verwunderlich, wenn man bedenkt, daß sich nicht einmal die Bischöfe, die in Trient die Residenzpflicht herausgestellt hatten, selber an ihre eigenen Beschlüsse hielten. Schon vom 5. Laterankonzil (1512—17) waren Äußerungen über Reformfragen laut geworden, die Papier geblieben waren. Kein besseres Geschick schien der Arbeit der Trienter Konzilsväter beschieden. Das fast ausschließlich von Romanen beschickte Konzil hatte wenig Gespür für eine Überwindung der Schwierigkeiten gezeigt. Die Hoffnungen, die vor Jahrzehnten auf die allgemeine Kirchenversammlung gesetzt worden waren, waren, wie wir sahen, inzwischen erkaltet. Die Arbeit des Konzils vermochte die Skeptiker nicht eines Besseren zu belehren.

Aber der nächste Papst, Julius III. (1549—55), war gewillt, das Werk in Trient weiterzuführen. Der Kaiser nutzte nach der Zerschlagung der militärischen Macht der Protestanten im Schmalkaldischen Krieg (1546—47) die Lage und verlangte von den evangelischen Ständen die Beschickung des Konzils. Es ist bekannt, daß diese gehorchten. Allerdings wurde de facto die Forderung gestellt, ein neues Konzil zu beginnen, denn fast alle protestantischen Gesandten verlangten, die Fragen, über die während der ersten Tagungsperiode Beschlüsse gefaßt worden waren, sollten neu beraten werden. Außerdem sollten die Konzilsväter von ihrem Treueid gegenüber dem Papst entbunden und das Konzil ihm übergeordnet werden. Nachdem während der früheren Tagung konziliaristische Klippen dieser Art hatten vermieden werden können, ist es nicht verwunderlich, daß Julius III. es den Konzilsvätern strikt verbot, auf solcherlei Fragen überhaupt einzugehen. Dadurch kam kein Gespräch zwischen altkirchlichen und protestantischen Theologen zustande, wodurch wiederum der Sinn des Konzils, wie Karl V. ihn verstand, verfehlt wurde.

Statt dessen erarbeiteten die Konzilsväter (von denen zur Eröffnung am 1. Mai 1551 nur 15 erschienen waren, so daß die Arbeit erst im September aufgenommen werden konnte) Beschlüsse über das Abendmahl, die Buße und die letzte Ölung, bevor sie im April 1552 ihre Tätigkeit abrupt unterbrachen, als Kurfürst Moritz von Sachsen Karl V. angriff und Trient in die kriegerische Gefahrenzone geriet. Die Lehre von den Sakramenten war wieder nicht zu einem Abschluß gekommen. Was die Reform anging, so war man jetzt in all den Fragen, die die römische Kurie tangierten, noch zaghafter gewesen als die Konzilsväter der ersten Tagungsperiode.

Bedenkt man, daß als vordringlichste Aufgabe für das Konzil 1551—52 die Überwindung der Kirchenspaltung angesehen worden war, so muß man feststellen, daß hierin während dieser Zeit nichts Positives erreicht worden ist. Im Gegenteil: durch die Weiterführung der dogmatischen Arbeit war die Abgrenzung von den Protestanten vertieft worden. Die Konzilsväter hatten sich auch als unfähig erwiesen, den Anstoß für eine Reform der Kirche zu geben. Die vom Konzil über diese Fragen erarbeiteten Dekrete „griffen nicht an den Nerv der Mißstände, entbehrten der päpstlichen Bestätigung und blieben unausgeführt. Ihre Wirkung auf das kirchliche Leben war gleich Null" [9]). Damit war 1552 noch nichts von alledem erreicht, was vom Konzil erwartet worden war.

Wende und Vollendung

Es ist deswegen nur zu verständlich, daß die Fürsten zur Selbsthilfe greifen wollten. In Spanien und Portugal dachte man daran, Reformen ohne die römische Kurie durchzuführen. Das veranlaßte Julius III., das nachzuholen, was seine Vorgänger versäumt hatten. Er ließ eine Bulle erarbeiten, in der die Vorschriften für die Reform der Kirche zusammengefaßt werden sollten. Was Rom nur widerwillig dem Konzil überlassen hatte, das wurde jetzt — um Schlimmeres zu verhüten — in den papalen Amtsbereich zurückgenommen. Aber trotz des äußeren Druckes vermochte man sich an der Kurie nicht zu entscheidenden Schritten zu entschließen. Die Bulle wurde nicht fertig und nicht rechtskräftig. Julius III. starb, ohne das Konzil neu einberufen oder selbständig das Wesentliche für das Leben der Kirche fertiggebracht zu haben.

In Deutschland schloß man in seinem Todesjahr den Augsburger Religionsfrieden. Nach der Periode kriegerischer Auseinandersetzung kehrte man dort zum Religionsgespräch zurück. Doch ließ die Spaltung des deutschen Protestantismus in Gegner und Anhänger Melanchthons es nicht zu einer Auseinandersetzung mit den Altkirchlichen kommen. Es ist nicht abzusehen und müßig, darüber nachzusinnen, wie die Entwicklung in Deutschland ab 1555 verlaufen wäre, wenn der Protestantismus die Kraft zum Dialog mit der römischen Kirche in Deutschland gehabt hätte. Denn unter Papst Paul IV. (1555—59) vermochte die römische Kurie ihren Anhängern in Deutschland keine hilfreichen Impulse zu geben. Anstelle des Konzils wurde ein Reformkonvent in Rom geplant, der aber an politischen Verwicklungen scheiterte [10]). In all den Aufgaben, die dem Konzil zugedacht waren, ist man während dieser Jahre in der römisch-katholischen Kirche keinen Schritt weitergekommen.

Erst Pius IV. (Papst von 1559—65) hat das Tridentinum fortgesetzt. Seine Legaten — die Kardinäle Gonzaga, Seripando, Hosius, Simonetta und Hohenems — präsidierten einer stattlichen Versammlung: zur Eröffnung am 18. Januar 1562 waren 109 Kardinäle und Bischöfe, vier Ordensgeneräle und vier Äbte von Ordenskongregationen anwesend. Später kam noch eine größere Zahl von französischen Prälaten hinzu, geführt von Karl von Guise, dem Kardinal von Lothringen. Ihre Anwesenheit war dringend erwünscht, weil die Ausbreitung des Calvinismus in Frankreich den Anlaß für die Fortsetzung des Konzils gegeben hatte. Jetzt sollte die allgemeine Kirchenversammlung Mittel und Wege finden, dem entgegenzutreten.

Doch war inzwischen in Trient ein Disput ausgebrochen, der zwischen dem Papst und den beiden rangältesten Legaten Gonzaga und Seripando eine Vertrauenskrise auslöste, die die Weiterführung des Konzils in Frage stellte. Die Gemüter hatten sich nämlich an der Frage erhitzt, ob die Residenzpflicht der Bischöfe göttlichen oder nur menschlichen Rechtes sei. Diejenigen, die die Residenzpflicht iure divino bejahten — es waren vorwiegend die spanischen Bischöfe —, wollten damit die unbedingte Verpflichtung zum Ausdruck bringen, die den Hirten an seine Herde binde. Ihre Gegner aber behaupteten, diese Lehre sei unvereinbar mit der Aussage vom Universalepiskopat des Papstes, der zufolge die „Diözese" des Papstes den gesamten Erdkreis umfaßt. Sie meinten, eine solche Stellungnahme würde auch eine Kritik am Vicarius Christi darstellen, der Bischöfe als seine Ratgeber an der Kurie gebrauchte oder sie als Nuntien an fremde Höfe sandte. Man möchte nicht meinen, daß von der Beratung dieser Frage das große Werk des Konzils von Trient hätte abhängig werden können. Hatte doch das selbständige Vorgehen der Legaten, die 1546 gegen päpstlichen Willen Reformfragen auf die Tagesordnung gesetzt hatten, zwar zu Spannungen, aber nicht zu einer schwerwiegenden Verstimmung geführt. Doch Pius IV. hatte weder die Größe noch die Gelassenheit Pauls III. Seine Legaten waren sehr viel abhängiger von seinen Weisungen, als das unter seinen Vorgängern der Fall gewesen war [11]). Als sich Gonzaga und Seripando nicht so strikt an seine Weisungen hielten, wie er sich das gewünscht und gedacht hatte, kam es zu dieser Krise, die den Schlußpunkt unter alle bisherigen nutzlosen konziliaren Bemühungen zu setzen schien. Sehr viel nachhaltiger als das Konzil machte sich bereits die Arbeit des jungen Jesuitenordens bemerkbar. Auch die Gründung des Collegium Germanicum und der päpstlichen Universität in Rom 1552 konnte um 1562 folgenschwerer als das ganze schwerfällige Konzil erscheinen. Im Herbst 1562 gerieten dessen Arbeiten völlig ins Stocken. Die 22. öffentliche Sitzung fand am 17. September 1562 statt. Die 23. konnte erst am 15. Juli 1563 zusammentreten.

Daß es überhaupt dazu kam, ist das Verdienst des Kardinals Morone, der zusammen mit Kardinal Navagero die am 2. und 17. März 1563 verstorbenen Legaten Gonzaga und Seripando ablöste. Es gelang ihm, die sterile Gegnerschaft auf dem Konzil — hie Italiener, dort Franzosen, Spanier und Anhänger

Kaiser Ferdinands I. – zu überwinden. Durch persönliche Gespräche gewann er Ferdinand I. und zog auch den Kardinal von Lothringen zu fruchtbarer Mitarbeit heran. Das gelang ihm durch geschickte Diplomatie, wobei er sich auch nicht scheute, sich über römische Weisungen kurzerhand hinwegzusetzen. Der Erfolg, der seinen Vorgängern gefehlt hatte, gab ihm recht. Im Juni 1563 entschied er auf diese Art und Weise das Geschick des Tridentinums. Der öffentlichen Sitzung vom 15. Juli folgten weitere am 11. November und am 3./4. Dezember 1563. Auf diesen letzten Sessionen wurden die Dekrete über die Reform der römischen Kirche vorgelegt und gebilligt, die deren Gesicht für Jahrhunderte bestimmen sollten: Anordnungen für die Seelsorge wurden genauso getroffen wie die notwendigen Voraussetzungen für die Weihen eingeschärft oder die Errichtung von Priesterseminaren gefordert. Was die Reform angeht, so wurden in diesem knappen halben Jahr mehr und wesentlichere Beschlüsse erarbeitet als in der langen Zeit vorher. „Krisis und Wendepunkt" des Konzils sind im Juni 1563 zu finden. Erst zu dieser Zeit fiel die Entscheidung dafür, daß das Tridentinum zu einem Meilenstein in der Geschichte der römischen Kirche werden konnte.

Das wurde durch Konzentration auf das Dringlichste erreicht. In den Fragen der Lehre wurden lediglich die Aussagen über die Sakramente zu Ende geführt. Man hat sich dagegen nicht auf eine theologische Auseinandersetzung mit dem Calvinismus eingelassen. Jetzt ging es nicht mehr um eine Abgrenzung nach außen, sondern um die Besinnung auf die notwendigen Aufgaben innerhalb der eigenen Mauern. Dadurch konnte das Konzil zu einem Mittel der Selbstbesinnung und zum vornehmsten Anlaß der Gegenreformation werden. Was jahrzehntelang als zum Scheitern verurteilt aussah, das konnte nach der einschneidendsten Krise innerhalb von wenigen Monaten doch noch zu einem erfolgreichen Abschluß geführt werden, indem 255 Personen im Dezember 1563 ihren Namen unter sämtliche Dekrete des Konzils setzten und dieselben dem Papst zur Bestätigung vorlegten.

Das Papsttum und die Konfessionalisierung

Was die Konzilsväter erarbeitet hatten, war „Material". Sie fühlten sich selber nicht dazu berufen, auf Grund ihrer Beschlüsse Lehre und Leben ihrer Kirche umzugestalten. Sie unterwarfen sich vielmehr dem Papst, indem sie ihn baten, ihre Dekrete zu akzeptieren und diejenigen Arbeiten zu Ende zu führen, die sie selber nur angefangen hatten: die Erstellung eines Index verbotener Bücher, die Schaffung eines Katechismus und die Überarbeitung des Meßbuchs und des Breviers. Die Konzilsväter haben sich dadurch selber vom mittelalterlichen Konziliarismus distanziert. Wenn auch die Frage nach dem Verhältnis von Papst und Konzil – von Primat und Episkopat – als ein heißes Eisen in Trient vermieden worden war, so war doch de facto durch den Verlauf des Konzils der Primat gestärkt worden. Pius IV. hat die ihm von den Konzilsvätern anvertrauten Arbeiten in Angriff nehmen lassen und sämtliche Dekrete des Tridentinums bestätigt. Erst dadurch wurden sie für die gesamte römische Kirche verbindlich. Es gelang, ihnen im Laufe der Zeit und unter Überwindung mannigfacher Schwierigkeiten Geltung zu verschaffen. Pius hat sich dabei die rechte Interpretation der Konzilsbeschlüsse vorbehalten. Ganz offensichtlich war dem Papsttum und nicht den Bischöfen die Führung der Kirche und das entscheidende Gewicht zugefallen. Das ist in der Folgezeit im „nachtridentinischen Katholizismus" so geblieben. Die Bestätigung dieser Tatsache im ersten vatikanischen Konzil durch die Annahme der Lehren vom Universalepiskopat des Papstes und seiner Unfehlbarkeit ist von daher gesehen nur folgerichtig gewesen.

Der Episkopat der Reformationszeit wäre auch überfordert gewesen, wenn er in seiner Gesamtheit die Klärung dogmatischer Fragen und die Reform des kirchlichen Lebens eigenständig hätte durchführen sollen. Nicht nur Martin Luther ist vom Episkopat seiner Zeit enttäuscht worden, sondern auch alle Einsichtigen, die die Stunde erkannt hatten. Die meisten Bischöfe mußten es erst wieder lernen, ihr Amt als ein geistliches zu verstehen. Nur wenige waren in der Lage, die Aufgaben wahrzunehmen, die das Konzil ihnen auferlegte. Es war nur eine Minderheit von Bischöfen, die in Trient 1545—47 die grundsätzlichen Entscheidungen über die Lehre des neuzeitlichen Katholizismus fällten, und von ihnen, die in der Mehrzahl Italiener waren, waren viele so schlecht oder gar nicht theologisch gebildet, daß sie der theologischen Debatte nicht zu folgen vermochten [12]). Dadurch wurde der Einfluß der scholastisch gebildeten Konzilstheologen entscheidend. Von ihnen (die meisten waren Mönche) wurden die Weichen für die Abgrenzung zum Protestantismus gestellt [13]).

Die antiprotestantische Einstellung dieser Männer hat dabei zu Formulierungen geführt — etwa in der Frage der Heilsgewißheit —, die als überspitzt und von der Kampfessituation bedingt anzusehen sind. Der Augustiner-Eremit Seripando hatte es nicht leicht, augustinische Traditionen zu vertreten, weil sie als nicht „orthodox" verdächtigt wurden: Luther war ja Augustiner-Eremit gewesen und hatte sich auf diesen großen abendländischen Theologen in vielem berufen können. Zwar hat Jedin darauf hingewiesen, daß die Reformatoren in Trient nicht namentlich verurteilt worden sind [14]). Doch hat die polemische Einstellung der Konzilsväter zur Reformation auf Jahrhunderte hinaus die Begegnung der christlichen Konfessionen im Abendland beschwert. Theologisch so unvoreingenommene Gespräche, wie sie in Augsburg 1530, in Worms 1540/41 oder in Regensburg 1541 hatten geführt werden können, gab es nach der Bestätigung der tridentinischen Dekrete durch Pius IV. nicht mehr [15]). Was vorher noch als ein Schisma angesehen worden war, das wurde durch Trient als eine Häresie verurteilt. Hinzu kommt, daß sich der Katholizismus auch in der Folgezeit durch seine Einstellung zum Jansenismus oder durch die Entwicklung der Mariologie vom Protestantismus weiter entfernt hat.

Indem man sich in Trient in der Rechtfertigungslehre Thomas von Aquin näherte, wurden zwar Anstöße beseitigt, die zu Luthers Kritik am Bußsakrament geführt hatten. Zugleich brachte aber die antiprotestantische Einstellung eine Verengung der Tradition mit sich. Es wurden Lehren verurteilt, die vor Luther hatten vertreten werden können. Man hat deswegen gemeint, die römische Kirche habe durch das Tridentinum ihren „ökumenischen" Charakter verloren. Man wird diese These nicht überspitzen dürfen, denn auch vor dem Konzil von Trient konnte nicht jedwede theologische Meinung vertreten werden. Schon die Ausbildung der altkirchlichen Lehre hatte ja durch Ausscheidung von Meinungen stattgefunden, die als nicht orthodox deklariert wurden. Auch im Mittelalter wurden fleißig Ketzerhüte verteilt. Doch ist festzuhalten, daß durch das Tridentinum Lehren verurteilt wurden, die im Mittelalter ungehindert hatten gelehrt werden können: „In dieser mittelalterlichen Epoche ist als eine ungeschiedene Einheit von Möglichkeiten noch beides drin, was nachher in den Konfessionskirchen auseinandergetreten ist" [16]). Vom 5. Laterankonzil wurden z. B. keine spätmittelalterlichen Traditionen verurteilt, die Luther zur Ausbildung seiner Theologie mitbestimmt hatten.

Für die römische Kirche selber hat aber die Konsequenz, mit der dieser Weg der Reform und der theologischen Besinnung beschritten wurde, positive Folgen gehabt. Man hat z. B. nicht nur das Wesen der Buße neu bedacht, sondern auch das Abendmahl neu gewürdigt und die Anbetung der geweihten Hostie von neuem ernstlich gefordert und durchgeführt. Und vor allem hat die Reform des kirchlichen Lebens und die Verpflichtung auf ein kirchliches Bekenntnis (die „Professio fidei tridentinae") die römische Kirche von viel Unwürdigem befreit und ihr zur Besinnung auf das Wesentliche verholfen. Diese Folge der Reformation sollte nicht übersehen werden. Ansatzpunkte dafür sind vorhanden, wenn römisch-katholische Christen in unseren Tagen von der „Gnade der Reformation" sprechen.

Der theologischen Aufgabe, die durch das Konzil von Trient gestellt wurde, sind wir nicht enthoben. Im Gegenteil: das neu begonnene Gespräch zwischen den Konfessionen sollte ein Anlaß sein, sich stärker mit diesem in seinem Ablauf so prunklosen und von vielen Menschlichkeiten beeinflußten Konzil, mit seinen Arbeiten und seinen Folgen zu befassen. In ihm fanden Primat und Episkopat der römisch-katholischen Kirche zu einem Einklang, der die Voraussetzung für den Aufschwung des modernen Katholizismus bildet.

Anmerkungen: [1]) Die Vorgeschichte und die erste Tagungsperiode bis zur Verlegung des Konzils nach Bologna 1547 hat geschildert *Hubert Jedin*, Geschichte des Konzils von Trient, Bd. 1, 2. Aufl., und Bd. 2, Freiburg/Br. 1951—57; weitere Literatur vgl. zu meinem

Artikel „Tridentinum" in: Die Religion in Geschichte und Gegenwart, 3. Aufl., Bd 6, Tübingen 1962, Sp. 1016 f. — [2]) Schon in den zwanziger Jahren des 16. Jahrhunderts hat Kaiser Karl V. nicht nur wegen Luthers Reformation, sondern auch wegen der Reform des kirchlichen Lebens das Konzil gefordert: vgl. *Gerhard Müller*, Zur Vorgeschichte des Tridentinums — Karl V. und das Konzil während des Pontifikates Clemens' VII., in ZEITSCHRIFT FÜR KIRCHENGESCHICHTE Bd 74, 1963, S. 83—108. — [3]) Vgl. *Concilium Tridentinum* Bd 4, Freiburg/Br. 1904, S. 3 f. — [4]) *Robert Stupperich*, Die Reformatoren und das Tridentinum: ARCHIV F. REFORMATIONSGESCHICHTE 47, 1956, S. 29 ff. — [5]) *Jedin*, Geschichte Bd 1, S. 407 f. — [6]) Girolamo Seripando, der an der ersten Tagungsperiode des Tridentinums von 1545—48 wie auch an der dritten von 1562—63 teilnahm, meinte, im Vergleich zur Eröffnungsversammlung von 1562 sei die schwache Beteiligung an der ersten Sitzung am 15. Dezember 1545 ein Provinzialkonzil gewesen (*Hubert Jedin*, Krisis und Wendepunkt des Trienter Konzils [1562/63], Würzburg 1941, S. 29). — [7]) Vgl. *Jedin*, Geschichte Bd 2, S. 189. — [8]) Vgl. dazu zuletzt *Peter Brunner*, Die Rechtfertigungslehre des Konzils von Trient, in Pro veritate — Ein theologischer Dialog, Münster und Kassel 1963, S. 59 ff., und *Wilfried Joest*, Die tridentinische Rechtfertigungslehre, KERYGMA U. DOGMA 9, 1963, S. 41—69. — [9]) *Jedin*, Krisis S. 26. — [10]) *Hubert Jedin*, Kleine Konziliengeschichte, Freiburg/Br. 1959, S. 95. — [11]) *Jedin*, Krisis S. 31. — [12]) *Giuseppe Alberigo*, I vescovi italiani al Concilio di Trento (1545—1547), Florenz o. J. (1959). — [13]) Wie wichtig die in Trient erarbeiteten Dekrete auch heute für die römische Kirche sind, wird aus der lebhaften Diskussion ersichtlich, die über die Frage nach der Offenbarung und ihren Quellen geführt wurde (vgl. *Josef Rupert Geiselmann*, Das Konzil von Trient über das Verhältnis der Heiligen Schrift und der nicht geschriebenen Traditionen, in Die mündliche Überlieferung, herausgegeben von *Michael Schmaus*, München 1957, S. 125 ff., und das Gespräch, das auf Grund dieses Aufsatzes aufgekommen ist). Diese Diskussion hat die Arbeit des zweiten vatikanischen Konzils über dieses Problem stark beinflußt. — [14]) *Hubert Jedin*, Historische Randbemerkungen zum Thema Tridentinum und Wiedervereinigung, in Begegnung der Christen — Studien evangelischer und katholischer Theologen, herausgegeben von *Maximilian Roesle* und *Oscar Cullmann*, Stuttgart und Frankfurt/Main 1959, S. 453 ff. — [15]) Vgl. *Friedrich Heyer*, Dreihundert Jahre evangelisch-katholischer Dialog, in ZEITWENDE / DIE NEUE FURCHE Bd 33, 1962, S. 730—738. — [16]) *Hanns Rückert*, Das evangelische Geschichtsbewußtsein und das Mittelalter, in Mittelalterliches Erbe — evangelische Verantwortung, Tübingen 1962, S. 22.

Zur Vorgeschichte des Tridentinums

Karl V. und das Konzil während des Pontifikates Clemens' VII.

I. Die kaiserliche Konzilspolitik 1526/27

Während des Kölner Colloquiums 1958 über Karl V. hat Hubert Jedin die Konzilspolitik dieses Kaisers geschildert. Dabei sind auch die Konzilsidee Karls V. und der Beginn seines persönlichen Einflusses auf die Konzilspolitik seines Hofes zur Sprache gekommen. Diese – wie bei dem Thema des Vortrages nicht anders möglich – lediglich skizzierten Fragenkreise verdienen wegen ihrer Wichtigkeit Beachtung. Jedin meinte, die Konzilspolitik Karls beginne 1529. Vorher habe sein Großkanzler Gattinara die spanische Politik bestimmt, der das Konzil „den Rücksichten der Tagespolitik, letztlich der Staatsräson" untergeordnet habe. Für Karl V. aber sei die Forderung nach einer allgemeinen Kirchenversammlung „zuerst und vor allem eine Gewissenssache" gewesen.[1] Ursprünglich habe er an ein Glaubenskonzil gedacht zur Überwindung der theologischen Kontroversen, im Laufe der Zeit aber sei ihm das Reformkonzil zur Beseitigung von Mißständen innerhalb der Kirche „ebenso wichtig oder noch wichtiger als das Glaubenskonzil" geworden.[2] Jedin beginnt seine Ausführungen mit einer Stelle aus den kaiserlichen Memoiren, deren Diktat Karl V. 1550 bei einer Fahrt rheinaufwärts von Köln nach Mainz begann.[3] Darin hat der Kaiser er-

[1] H. Jedin, Die Päpste und das Konzil in der Politik Karls V., in: Karl V. Der Kaiser und seine Zeit, hrsg. von P. Rassow und F. Schalk, Köln 1960, S. 107.

[2] Ebd. S. 108.

[3] A. Morel-Fatio, Historiographie de Charles-Quint I (Bibliothèque

klärt, er habe es seit 1529 bei allen möglichen Gelegenheiten nicht unterlassen, „auf die Einberufung eines allgemeinen Konzils zu dringen“ [4]. Diese Aussage entspricht nach Jedin den Tatsachen: eine Analyse der Konzilspolitik des Kaiserhofes während der zwanziger Jahre des 16. Jahrhunderts zeige, daß Karl V. erst „seit 1529 . . . die Konzilssache zu seiner eigenen Sache“ gemacht habe.[5] Es ist nun erstens zu fragen, ob Gattinara vor 1529 tatsächlich ohne wesentliche Einflußnahme Karls V. in dieser Frage gehandelt hat, und zweitens, ob die Konzilsidee des Kaisers ursprünglich ausschließlich von der durch die Reformation Luthers hervorgerufenen Lage bestimmt war und Karl erst allmählich die Notwendigkeit eines Reformkonzils erkannte.

Der venezianische Gesandte Nicolò Tiepolo teilt in einer Depesche vom 12. August 1530 aus Augsburg Aussagen Karls V. mit, die hier Beachtung finden müssen. Der Kaiser soll geäußert haben:

de l'École des Hautes Études 202), Paris 1913, S. 160. Jedin geht methodisch wie E. Bizer vor, der in seiner Schrift: Fides ex auditu. Eine Untersuchung über die Entdeckung der Gerechtigkeit Gottes durch Martin Luther, 2. Aufl., Neukirchen 1961, Luthers „großes Selbstzeugnis“ von 1545 seiner Analyse des „Turmerlebnisses“ des Wittenberger Professors zugrunde legt. Jedin hat Bizers Ergebnissen auch im großen und ganzen zugestimmt (Luthers Turmerlebnis in neuer Sicht, Catholica 12 [1958], S. 129 ff.).

[4] Morel-Fatio, S. 254 (bei Jedin, Die Päpste, muß es S. 104 Anm. 1 S. „254 ff.“ statt „256 ff.“ heißen).

[5] Jedin, Die Päpste, S. 107. C. Terlinden, Charles-Quint et le concile, in: Scrinium Lovaniense. Mélanges historiques E. van Cauwenbergh (Université de Louvain, Recueil de travaux d'histoire et de philologie, 4e Série, fasc. 24), Löwen 1961, S. 331–343, geht in seiner summarischen und nicht durch Anmerkungen belegten Darstellung, die über Bekanntes nicht hinausführt und auch dabei nicht immer richtig informiert (z. B. soll der Nürnberger Anstand im Mai 1532 abgeschlossen worden sein, S. 337), gar nicht auf die kaiserliche Konzilspolitik 1524–27 ein. M. Ferrandis Torres, El concilio de Trento, obra de la diplomacia de Carlos V, in: Carlos V (1500–1558), Homenaje de la Universidad de Granada 1958, S. 373–400, behandelt die Konzilspolitik des Kaisers erst vom Herbst 1530 ab (S. 376 ff.).

Ich habe den Eindruck, daß der Papst [Clemens VII.] nicht gerne vom Konzil reden hört, entweder weil er es nicht will, oder weil er meint, daß es so das Beste sei. Ich dagegen bin der Überzeugung, wenn nicht diese so große Glaubensspaltung vorhanden wäre, daß es dann nahezu notwendig wäre, das Konzil zu berufen, um so viele Verderbnisse wieder in Ordnung zu bringen, die man jetzt im Leben aller Kleriker wie Laien findet. Deswegen habe ich seit meiner Jugendzeit geplant gehabt, wenn möglich während meiner Zeit ein Generalkonzil zu berufen, um so vielen Unordnungen zu begegnen. Dieses Konzil würde gerade dann nützlich tagen, wenn der Türke sich regte, weil man auf Grund des Konzils hoffen könnte, daß alle Christen sich verbünden würden, um zusammen die Waffen gegen ihn zu ergreifen, was ich andernfalls nicht erhoffe.[6]

Tiepolo teilt diese Ausführungen als eine wörtliche Rede des Kaisers mit. So habe sich Karl V. im Anschluß an ein Gespräch über die päpstliche Konzilspolitik geäußert. Aus diesen Worten geht hervor, daß der Kaiser 1530 nicht wegen der Glaubensspaltung ein Konzil *wünscht,* sondern es deswegen für *nicht möglich* hält. Außerdem will er bereits « fin da piccolo garzone » [7], also etwa seit einem Alter von 10 Jahren, ein Reformkonzil für notwendig gehalten haben. Ein Konzil würde außerdem nach Karls Meinung besonders im Falle eines türkischen Angriffes nützlich sein, weil allein eine allgemeine Synode in der Lage wäre, die Christenheit zu einer gemeinsamen Abwehr gegen die Türken zu einigen.

Die Diskrepanz dieses Berichtes zu den Ausführungen in den kaiserlichen Memoiren ist offenkundig. Man wird dazu neigen, den

[6] J. v. Walter, Die Depeschen des venezianischen Gesandten Nicolò Tiepolo über die Religionsfrage auf dem Augsburger Reichstage 1530 (Abhandlungen der Gesellschaft der Wissenschaften zu Göttingen, phil.-hist. Kl. N. F. 23, 1), Berlin 1928, S. 66. In der von Tiepolo mitgeteilten Äußerung Karls V. begegnen die drei Elemente, die sich auch in der Berufungsbulle Pauls III. ›Laetare Hierusalem‹ vom 19. 11. 1544 wiederfinden. Dort werden als Aufgaben für das angesagte Konzil die Uneinigkeit in Fragen des Glaubens, die Reform der Christenheit und die Befreiung der unter türkischer Herrschaft lebenden Christen angegeben (Concilium Tridentinum IV, Actorum pars prima, hrsg. von S. Ehses, Freiburg i. Br. 1904, S. 386 f.).

[7] v. Walter, S. 66.

Ausspruch von 1530 über die Stellung des jungen Kaisers zum Konzil für wesentlicher und den tatsächlichen Verhalt mehr treffend zu erachten, als das Diktat von 1550. Die Berichterstattung Tiepolos ist, wie aus der verdienstvollen Ausgabe seiner Depeschen durch Johannes von Walter ersichtlich, sehr zuverlässig. Daß er aber die Äußerungen des Kaisers erst nach der Audienz schriftlich fixieren konnte und nicht unbedingt den ursprünglichen Wortlaut wiedergibt – im Gegensatz zum Diktat von 1550! –, ist einsichtig. Aber selbst wenn man meint, der venezianische Gesandte gebe die Worte des Kaisers sinngemäß richtig wieder, so ist doch deren Inhalt so rhetorisch gefärbt, daß man sie nicht ohne Bedenken als dem tatsächlichen Ablauf der Ereignisse entsprechend bezeichnen kann. Sollte Karl V. wirklich schon als Zehnjähriger oder sogar noch früher ein Reformkonzil für notwendig erachtet haben? Tiepolos Mitteilung kann nicht für sich allein die anderslautende Aussage der Memoiren von 1550 widerlegen. Sie muß lediglich kritisch gegen sie stimmen und den Anlaß geben, die Ansätze der eigenständigen Konzilspolitik Karls V. und seiner Konzilsidee neu zu überprüfen.

Das Problem „Der Kaiser und sein Kanzler“, nämlich Karl V. und Gattinara, ist komplex, wie Karl Brandi gezeigt hat.[8] Nach Chièvres Tod hat sich der junge Monarch nicht mehr völlig von seinen Räten lenken lassen. Ab Ende 1524 beginnen bei ihm Ansätze zu einer „selbständigen Regierungsführung“ [9]. Wenn man

[8] Vgl. von K. Brandi besonders: Berichte und Studien zur Geschichte Karls V. IX: Eigenhändige Aufzeichnungen Karls V. aus dem Anfang des Jahres 1525. Der Kaiser und sein Kanzler (Nachrichten der Gesellschaft der Wissenschaften zu Göttingen, phil.-hist. Kl. 1933), Berlin 1933, S. 219 ff.

[9] Ebd. S. 221. Den vom Kaiserhof 1524 gestellten Konzilsantrag kann ich hier übergehen, weil zu der Zeit Karl die Politik seines Hofes noch nicht selbständig beeinflußt zu haben scheint. Über Karls Verhältnis zu seinen Räten und seine persönliche, eigenständige Stellungnahme zu Luther während des Wormser Reichstages 1521 vgl. G. Müller, Karl V. und Philipp der Großmütige, in: Jahrbuch der Hessischen Kirchengeschichtl. Vereinigung 12 (1961), S. 8 ff. Auch die Tatsache, daß Karl V. sich so früh ein eigenes Urteil in der lutherischen Angelegenheit bildete, muß

jenen interessanten „Kommentar zur Lage“ untersucht, den Karl Anfang 1525 konzipierte, dann findet man aber keine Stellungnahme zu einem Konzil. Die Erwägungen bewegen sich lediglich um den Krieg in Italien, um seine finanziellen Schwierigkeiten und die geplante Heirat mit der Infantin von Portugal, durch die er von den geldlichen Peinlichkeiten befreit werden sollte.[10] Dieses argumentum e silentio kann aber schwerlich ein tragfähiges Fundament für die Richtigkeit der Aussagen der Memoiren abgeben, ist es doch selbstverständlich, daß Karl V. kein Konzil planen konnte, während alle seine Kräfte durch einen Krieg gegen Frankreich gebunden waren und der Papst sich dem französischen König bedenklich angenähert hatte.[11] Erst etliche Monate nach dem Friedensschluß mit Frankreich in Madrid am 14. Januar 1526 [12] kam es zu neuen Verhandlungen über das Konzil. An ihnen muß es sich zei-

kritisch stimmen gegenüber der These, daß er sich in der Konzilsfrage bis 1529 passiv verhalten habe. Denn beim Konzil ging es ja in einem eminenten Maße um die Probleme, die durch Luther aufgebrochen waren. P. Leturia SJ meinte, die Konzilspolitik des Kaisers habe nicht 1529 begonnen, wie er in seinen Erinnerungen berichtet, sondern 1523/24. « La guerra con Clemente VII, che tenne dietro alla Lega di Cognac, fece interrompere i negoziati e fece persino dimenticare all'Imperatore, nelle sue ‹ Memorie ›, quella prima iniziativa » (Paolo III e il Concilio di Trento nelle « memorie » di Carlo V, La Civiltà Cattolica 97, II [1946], S. 13 Anm. 3). Leturia identifiziert hier unkritisch die Konzilspolitik des Kaiserhofes 1524 mit der Karls V. Und vor allen Dingen hat er die gerade nach der Liga von Cognac einsetzenden Bemühungen des Kaiserhofes um eine allgemeine Synode 1526/27 völlig übersehen.

10 Brandi, S. 222 ff. und 256 ff.

11 H. Jedin, Geschichte des Konzils von Trient, I², Freiburg i. Br. 1951, S. 184 f. Auch Gattinara hat in seiner Autobiographie bei der Schilderung der Ereignisse des zweiten Halbjahres 1526 die Konzilsforderung des Kaiserhofes nicht erwähnt (C. Bornate, Historia vite et gestorum per dominum magnum cancellarium [Mercurino Arborio di Gattinara], Miscellanea di storia italiana 3, 17 [1915], S. 332 ff.). Dennoch wird man ihn mit Brandi und Jedin für deren Initiator halten können (vgl. besonders Brandi, S. 248).

12 In Madrid wurde lediglich beschlossen, einen Fürstenkonvent „beim Papst zu beantragen“ – kein Konzil (Jedin, Geschichte I, S. 188).

gen, ob dem sechsundzwanzigjährigen Kaiser bereits persönlich die Bedeutung der von vielen geforderten allgemeinen Kirchenversammlung aufgegangen war.

Nachdem Clemens VII. sich der Liga von Cognac angeschlossen hatte (22. Mai 1526) und in einem Breve vom 23. Juni 1526 gegen Karl schwere Vorwürfe erhob, erklärte der Kaiser, es müsse ein Konzil einberufen werden, auf dem er zu den gegen ihn erhobenen Anklagen Stellung nehmen und sich rechtfertigen wolle. In der offiziellen Antwort vom 17. September 1526 auf das päpstliche Breve forderte der Kaiser den Papst auf, „das heilige, allgemeine Konzil" einzuberufen.[13] Jedin hat gezeigt, daß diese Vorgänge einen „politischen Schachzug" Gattinaras zum Ausdruck bringen. Der Großkanzler Karls V. wußte, daß Clemens VII. das Konzil „über alles" fürchtete.[14] Er konnte sich deswegen nicht der Illusion hingeben, daß sich der Papst aufgrund der drohenden Sprache des Kaiserhofes gerade jetzt nach seinem erneuten Anschluß an Frankreich zur Einberufung der allgemeinen Kirchenversammlung entschließen würde. Man hätte demnach das Konzil gefordert, um auf Clemens politischen Druck auszuüben, ohne selber an die Realisierung dieses Planes zu glauben. Mit dieser Argumentation hat Jedin aber nun folgende Aussagen verbunden: 1) Karl V. habe dem Papst mit einer Einberufung des Konzils durch sich selber gedroht. 2) Diese Drohung sei ihm nicht ernst gemeint gewesen, stehe sie doch im Widerspruch zu dem Bekenntnis des jugendlichen Kaisers in Worms 1521 zum Glauben seiner Väter.[15] Die letzte Aussage setzt bereits einen Einfluß Karls auf die Konzilspolitik seines Hofes im Jahre 1526 voraus und ist nicht mit der anderen

[13] J. le Plat, Monumentorum ad historiam Concilii Tridentini ... collectio, II, Löwen 1782, S. 288.

[14] Jedin, Die Päpste, S. 106 f.; vgl. auch Brandi, S. 249.

[15] Jedin, Die Päpste, S. 106: „War der Kaiser, als er dem Papst mit dem Konzil drohte, wirklich entschlossen, seine Drohung zu verwirklichen? Das ist äußerst unwahrscheinlich. Ein von ihm gegen den Papst berufenes, also antipäpstliches Konzil hätte den Kaiser unausbleiblich an die Seite Luthers ... geführt und ihn in Widerspruch gebracht mit jenem berühmten Bekenntnis, das der junge Kaiser angesichts des Wormser Reichstags eigenhändig niederschrieb."

in Einklang zu bringen, Gattinara habe bis 1529 hier allein das entscheidende Wort zu sagen gehabt.

Um zunächst hieran anzuknüpfen: das Verhalten Karls V. während des entscheidungsschweren zweiten Halbjahres 1526 zeigt die tiefe Unschlüssigkeit des Kaisers, wie er den Gefahren entgegentreten solle, die sich immer von neuem vor ihm auftürmten. Auf der einen Seite bediente sich der Kaiserhof gegenüber der römischen Kurie einer geharnischten Sprache, die den Übergang zur Tat gebieterisch zu fordern schien, auf der anderen aber versicherte Karl V. den Papst seiner „kindlichen Ergebenheit“ [16]. Die entschlossene Sprache ging dabei – wie schon Brandi herausstellte – auf Gattinara zurück.[17] Seinem politischen Sinn mußte aber die Entwertung der scheinbar hochexplosiven politischen Aktionen durch entgegenstehende Ergebenheitsäußerungen des Kaisers mehr als zuwider sein. Er verließ am 30. März 1527 den Kaiserhof [18] und reiste nach Oberitalien, worüber Brandi äußerte: „Daß wieder eine Spannung zwischen ihm und dem Kaiser den Anlaß zu seiner Reise gegeben hat, ist mir nicht zweifelhaft.“ [19] Möglicherweise hat die Unentschlossenheit Karls gegenüber dem Papst diese Verstimmung mit beeinflußt. Man kann fragen, ob sich in dieser Politik des Kaiserhofes das persönliche Engagement Karls oder aber Einflüsse aus seiner Umgebung Ausdruck verschaffen. Wenn auch das letztere nicht ganz ausgeschlossen werden kann, so dürfte doch die Zurückhaltung gegenüber dem Papst – mit Jedin – vorwiegend in der kirchlich ungebrochenen Gesinnung des jungen Monarchen begründet sein, dessen Einfluß auf die Politik seines Hofes 1526/27 damit aber evident wäre.

Es muß aber noch die andere oben mitgeteilte Aussage präzisiert werden: hat Karl V. überhaupt 1526 dem Papst mit einer Einberufung des Konzils durch sich selber gedroht? Die vorliegenden

16 Jedin, Geschichte I, S. 191.

17 Brandi, S. 249 ff.

18 Bornate, Historia, S. 343.

19 Brandi, S. 251. Daß es überhaupt zu Spannungen kommen konnte, zeigt, daß Gattinara die kaiserliche Politik 1526/27 nicht allein bestimmt hat. Auch das muß bedenklich stimmen gegenüber der These, daß die kaiserliche Konzilspolitik während dieser Zeit auf ihn allein zurückgehe.

Quellen geben eine negative Antwort. Im „Konzilsmonitorium" des Kaisers an Clemens VII. vom 17. September 1526 wird diese Möglichkeit nicht erwähnt.[20] Darüber hinaus erklärte Karl am 26. September 1526 dem Franziskanergeneral Francisco Quiñones, der sich als Sondergesandter des Papstes bei ihm aufhielt, „er verstehe sehr wohl, daß es dem Papst und niemandem anders zukomme, das Concilium zu berufen". Er habe nicht vor, „das Concilium aus seiner [eigenen] Autorität zu versammeln, sondern" er erbitte „es bloß vom Papst".[21] Im Schreiben des Kaisers an das Kardinalskollegium vom 6. Oktober 1526 werden die Angesprochenen ermahnt, wenn der Papst das Konzil nicht ansage oder es mehr als billig hinausschiebe, dann sollten *sie* nicht zögern, „‚der Rechtsordnung entsprechend' vorzugehen" [22]. Lediglich für den Fall, daß die Kardinäle nicht den Wünschen und Forderungen Karls V. entsprechen, behält er sich weitere Schritte vor.[23] Damit deutete der Kaiser die Auffassung seiner Kanonisten an, die mein-

[20] Le Plat II, S. 247–288.

[21] F. B. v. Bucholtz, Geschichte der Regierung Ferdinand des Ersten III, Wien 1832, S. 49 Anm. Jedin verweist (Geschichte I, S. 192) in diesem Zusammenhang auf P. A. Serassi, Lettere del Conte B. Castiglione II, Padua 1771, S. 92 f. Dort ist aber vom Konzil nicht ausdrücklich die Rede. In einem vom Kaiser eigenhändig geschriebenen und an den Nuntius gerichteten Zettel heißt es ebd. lediglich, der Papst möge die kaiserliche Antwort auf das Breve – womit das Konzilsmonitorium vom 17. 9. 1526 gemeint ist – nicht mit Unbill aufnehmen; sie bringe nur eine Reaktion auf die von der Kurie erhobenen Vorwürfe zum Ausdruck. Außerdem konnte Castiglione am 20. 9. 1526 nach Rom berichten, Karl V. habe ihm mündlich erklärt, die scharfe Sprache dieses Dokumentes gehe auf seine Räte zurück. Er persönlich wolle den Papst nicht erzürnen (Serassi II, S. 91). Der Kaiser hat sich also im Herbst 1526 Rom gegenüber von seinen Ratgebern und ihrer Politik in dieser wichtigen Angelegenheit distanziert.

[22] Jedin, Geschichte I, S. 190.

[23] Le Plat II, S. 294. Diese Andeutung fehlt in dem Brief Karls an das Kardinalskollegium vom gleichen Tag, den K. Lanz abgedruckt hat (Correspondenz des Kaisers Karl V., I, Leipzig 1844, S. 221 f.; bei dem hier mitgeteilten Text dürfte es sich um eine Vorstufe für den endgültigen Wortlaut handeln).

ten, daß das Recht zur Einberufung des Konzils „auf das Kardinalskollegium“ devolviere, wenn der Papst dem Verlangen des weltlichen Hauptes der Christenheit nicht nachkomme.[24] Nur mit den Worten, wenn sich auch die Kardinäle dem Wunsch des Kaisers verschlössen, selbst weitere Schritte zu unternehmen, läßt Karl V. die Möglichkeit einer eigenen Initiative durchblicken. Wenn mit dieser Drohung ernsthaft eine Einberufung des Konzils durch Karl V. gemeint sein sollte, dann hätte sie deutlicher ausfallen müssen, um wirklich gewichtig werden zu können. Auf diese Art konnten jedenfalls nicht die entgegengesetzt lautenden Ergebenheitsäußerungen des Kaisers gegenüber dem Papst außer Kraft gesetzt werden.

Da die kaiserliche Partei im Kardinalskollegium nicht die Mehrheit bildete, konnte man sich in Spanien schwerlich der Hoffnung hingeben, die Kardinäle zu den gewünschten Entschlüssen veranlassen zu können. Das Konzilsmonitorium hätte deswegen nur Sinn gehabt, wenn der Kaiser den Standpunkt der Protestanten, der Humanisten und auch mancher altkirchlichen Reichsstände geteilt und ihn sich öffentlich zu eigen gemacht hätte, daß er selber befugt sei, das allgemeine Konzil einzuberufen.[25] Davon kann aber keine Rede sein. Karl V. hat sich zeit seines Lebens nicht zu diesem Schritt bewegen lassen. Und auch die Konzilspolitik seines Hofes 1526 gab dieser Möglichkeit nicht *den* Raum, den sie innerhalb einer Politik benötigt hätte, die ernsthaft mit der Einberufung des Konzils durch den Kaiser gerechnet hätte und die nicht von Rücksichtnahmen auf den Papst als das Haupt der römischen Kirche beeinflußt gewesen wäre.[26] Deswegen konnte diese Inkonsequenz nicht dazu führen, wirklich Druck auf Clemens VII. auszuüben oder gar ihm die allgemeine Kirchenversammlung abzutrotzen. Das Konzilsmonitorium des Kaiserhofes erwies sich als eine stumpfe Waffe, weil die Kurie nicht fürchten mußte, daß Karl V. dazu schreiten werde, selbst nach altkirchlichen Vorbildern oder gemäß dem Beispiel Sigismunds „die Konzilsberufung in die Hand

[24] Jedin, Geschichte I, S. 190.

[25] Ebd. S. 224.

[26] Eine solche Politik, die letzten Endes von der Staatsräson bestimmt war, vertrat Gattinara, siehe oben S. 74.

zu nehmen“ [27]. Die ungelenke Konzilspolitik des Kaiserhofes von 1526 war alles andere als meisterhaft. Sie läßt sich am ehesten erklären als einen Reflex verschiedener Motive: einerseits politische, andererseits „ideelle“, die sich gegenseitig entwerteten.

Dieser Komplex von Handlungen deutet darauf hin, daß am Kaiserhof verschiedene Kräfte miteinander rangen, unter denen dem jugendlichen Kaiser selber kein geringes Gewicht beizulegen sein dürfte. Die skizzierten Vorgänge des Jahres 1526 widersprechen jedenfalls nicht dem Zeugnis Karls von 1530, daß er schon seit Jahren die Einberufung des Konzils plane. Weitere Dokumente vom August 1527 scheinen ebenfalls die Handschrift des Kaisers nicht zu verleugnen.

Am 3. August 1527 wurden in Valladolid zwei eigenhändige Briefe Karls V. an Clemens VII. ausgefertigt.[28] In dem einen erklärt der Kaiser, seine wichtigsten Ziele seien der allgemeine Friede der Christenheit, die Reformation der Kirche und die Vernichtung der Häresien sowie der Ungläubigen. Dafür sei das Konzil notwendig. Er bittet den Papst, es zur Erreichung dieser großen Vorhaben einzuberufen. Er verspricht in diesem Schreiben und schwört « en fé de cristiano principe », daß er und alle seine Staaten sich dem Konzil unterwerfen und den Papst als ihren „guten Vater und Hirten“ mit aller Macht unterstützen werden. Wenn sich irgend

[27] Jedin, Geschichte I, S. 224. Auch Clemens VII. war 1526 nicht konsequent in seiner Politik gegenüber dem Kaiser. Während er in seinem Breve an Karl vom 23. 6. 1526 scharfe Worte gebraucht hatte, ließ er am 25. 6. 1526 ein weiteres, allgemein gehaltenes verfassen (gedr. z. B. Le Plat II, S. 246 f. oder P. Balan, Monumenta saeculi XVI historiam illustrantia I, Innsbruck 1885, S. 233 f.), durch das mündliche Mitteilungen seines Nuntius am Kaiserhof, B. Castiglione, beglaubigt wurden. Dieses Breve sollte das erste vom 23. 6. ersetzen. Es kam aber zu spät an, als das erste Dokument bereits dem Kaiser übergeben worden war (Serassi II, S. 86 und Jedin, Geschichte I, S. 189–192).

[28] Gedr. E. Casanova, Lettere di Carlo V a Clemente VII 1527–33, Florenz 1893, S. 13–16. L. Pastor, Geschichte der Päpste, IV, 2^{1-4}, Freiburg i. Br. 1907, meint (S. 313), den zweiten Brief hätte Francisco Quiñones überbringen sollen. Das geht aus dem Schreiben nicht hervor. Dort wird vielmehr gesagt, Quiñones habe einen eigenhändigen Brief des Papstes mitgebracht (Casanova, S. 15).

jemand auf dem Konzil nicht mit dessen legitimen Aufgaben befassen, sondern sich gegen den Papst wenden sollte, dann will der Kaiser als der erste Untertan des Apostolischen Stuhles dafür sorgen, daß eine Amtsenthebung oder Suspension Clemens' VII. gar nicht erst diskutiert werde. Er will vielmehr den Papst verteidigen und schützen.[29]

[29] Da die in einer geringen Aufl. gedruckte Nozze-Publikation Casanovas praktisch unzugänglich ist, so daß diese Briefe bisher kaum gewürdigt werden konnten, erscheint es angebracht, das für uns wichtigere Schreiben hier mitzuteilen (die Abschrift, die hier wiedergegeben wird und die dem in der Biblioteca Vallicelliana zu Rom liegenden Exemplar entnommen wurde, verdanke ich Herrn Dr. Helmut Goetz). Casanova, S. 13: « Muy Santo Padre. Vuestra S.dad esta bien informado y esperymentado como, despues de la feliçe suçecion en tantos y tan grandes reynos y estados, en que Nuestro Señor nos puso, ninguna cosa en nuestro coraçon a sydo mas fixa como es el deseo de la universal paz de la cristiandad, la reformacion de la Yglezia y la destruxion de las heregias y de los infieles. Y, pues que la dyvina clemençia nos ha en un mismo tiempo instituydo sus prinçipales ministros para entender en la conservaçion y administraçion de su pueblo, nos pareçe convenyente que, dexando a parte todos particulares intereces, todos unanymes y concordes entendamos en dar cura a defender la cause de Dyos y redymir su pueblo cristiano. V. S. bien sabe que l'introduxion deste conçilyo es cosa que a de ser açepto (sic) a todos, pues de todos es tan deseado (sic) y a todos tan neçesarya; y, aunque estimamos y creemos firmemente que para esso no es menester persuasion a V. S., todavia, deseando mucho que se ponga por obra, no haziendo duda que dello se siguira la enpresa contra los Turcos, adonde es todo nuestro intento, de hazer retribuçion de las grandes mercedes que la divyna provydençia nos ha dados (sic), suplicamos a V. S. que, pues para esso Dios nos da el camino avierto para que sin lezion de persona todo esto se atribuya a su glorya y santo servycio y bien de su religion cristiana, V. S. toma esta santa enpresa del consilio para convocar, juntar y enderezarle por todos los mejores medyos [S. 14:] y remedyos que V. S. sabe ser convenientes y necessaryos a tal efecto. Y por este cartel escrito y firmado de nuestra mano prometemos a V. S. y juramos en fé de cristiano principe que nos y todos nuestros estados seremos obedyentes al dicho consilyo y ayudaremos a V. S. con todo nuestro poder como a nuestro buen padre y pastor. Y demas desto, para que a todos sea notoryo que no pretendemos ningun interesse, ny otra

Als der Kaiser diesen Brief schrieb, war der Adressat sein Gefangener. Er hat trotzdem in seinen Zeilen nicht irgendeinen Druck auf Clemens VII. ausgeübt. Er gibt vielmehr sein fürstliches Wort, daß er eine Diskussion einer Absetzung des Papstes durch das Konzil nicht billigen werde. Er geht damit gerade nicht so vor, wie Gattinara es ihm vorgeschlagen hatte: Clemens VII. sollte angeklagt und vom Konzil abgesetzt oder wenigstens seine Resignation erzwungen werden.[30] Karl V. versuchte vielmehr in seinem Brief, den Papst zu einem Ja zum Konzil zu bewegen, indem er ihm alle Sicherungen gab, die er für notwendig hielt. Diese Zusagen mußten

cosa con V. S. sino queremos con firme proposito y recto intençion ser y quedar a jamas su humilde y obedyentissimo hijo y que en aquel consilyo las heregias sean extirpados (sic), los infieles suprymidos y la madre santa Yglesia sublimada por el bien universal de todos, prometemos y nuestra fe real damos a V. S. que no permiteremos que en tal consilyo, que assy V. S. convocare y juntare, se trate, ny proçeda, ny aun se dispute de la privacion ny suspençion del pontificado de V. S. en qualquiera manera que sea. Antes, sy acaso algunos assy de los principes cristianos y potentados, como de los eclesiasticos que presentes o ausentes se hallaren en el dicho consilyo por sy o por otros queran intentar o de hecho procuraran o intentaran la tal privaçion o suspençion del pontificado de V. S., no solo no los favoreçeremos, mas aun los reprimiaremos, y protegeremos y defenderemos V. S. en su pontificado y santa Silla apostolica con todas nuestras fuerzas, como protector della, y su hijo primojenito que somos, de manera que no se haga ninguna innovacion contra la persona y dignydad de V. S. ...» In dem zweiten Brief vom gleichen Tag berichtet Karl, er habe Clemens' eigenhändig geschriebenen Brief erhalten, « en la qual V. S. jura de venir personalmente en estos reynos » (ebd. S. 15). Clemens soll bereits im September 1526 den Plan geäußert haben, nach Spanien reisen zu wollen, um den allgemeinen Frieden herzustellen (Bornate, Historia, S. 335). Gattinara erklärt, er habe aber nicht angenommen, daß der Papst dieses Vorhaben ausführen werde (ebd. S. 345). Karl V. aber erinnert in seinem Brief den Papst an das kürzlich gegebene Versprechen und meint, Clemens könne durch diese Reise Frieden zwischen ihm und Franz I. herstellen und dadurch unsterblichen Ruhm erwerben. Am Schluß dieses Schreibens bittet der Kaiser nochmals um die Einberufung des Konzils (Casanova, S. 14–16) – es ist offensichtlich, wie wichtig es ihm war.

30 Bornate, Historia, S. 348 und Jedin, Geschichte I, S. 192 f.

für Clemens VII. äußerst wichtig sein, war es doch sehr gut möglich, daß auf dem Konzil die Frage seiner unehelichen Abstammung angeschnitten werden würde, die zu seiner Absetzung führen konnte.[31] Um solchen persönlichen Motiven zu begegnen, begrenzte Karl die Aufgaben des Konzils drastisch – um die brennenden Sachfragen sollte es gehen, nicht um Personen.

Als diese Zeilen geschrieben wurden, befand Gattinara sich noch in Italien.[32] Auf ihn gehen sie nicht zurück. Sie widersprechen seinem politischen Konzept in jeder Beziehung. Zwar konnte ein solches Fürstenwort, wie Karl es gab, den Papst nicht von allen persönlichen Sorgen in Hinsicht auf das Konzil befreien. Er hat es ja auch trotz dieser Zeilen nicht berufen. Aber es hätte doch zu Komplikationen führen können, wenn Karl sein ohne Not gegebenes Wort nicht gehalten hätte. Er engte seinen Verhandlungsspielraum mit seinem Versprechen ohne dringende Notwendigkeit ein. Schwerlich kann ihn etwas anderes dazu bestimmt haben als die Einsicht in die Notwendigkeit eines Konzils und der ehrliche Wunsch, es zu realisieren. Auch im August 1527 sind Impulse in der kaiserlichen Konzilspolitik feststellbar, die nicht auf Gattinara zurückgehen, die aber ganz der späteren Konzilspolitik Karls V. entsprechen: hat er doch immer wieder den Versuch gemacht, die Päpste von der Notwendigkeit und dem Nutzen der allgemeinen Kirchenversammlung zu überzeugen.[33] Es läßt sich bisher archivalisch nicht nachweisen, daß diese Ansätze von 1527 auf den Kaiser persönlich zurückgehen. Vieles spricht dafür. Wenn sie von seinen Räten konzipiert wurden,[34] dann hätte Karl V. von 1529

[31] Jedin, Geschichte I, S. 178 und 213.

[32] Bornate, Historia, S. 353.

[33] Daß Gattinaras Konzept realer war, läßt sich schwerlich bestreiten. Karl beschritt dementgegen einen Weg, der weniger Gefahren in sich trug und mehr Erfolg versprach – wenn sich seine Pläne seinen Vorstellungen gemäß verwirklichen ließen.

[34] Man könnte an den Staatssekretär Jean Lalemand denken, der während der Abwesenheit Gattinaras vom Kaiserhof (Ende März bis Anfang Oktober 1527) der einflußreichste Ratgeber des Kaisers gewesen ist (F. Walser, Die spanischen Zentralbehörden und der Staatsrat Karls V., bearb., ergänzt und hrsg. von R. Wohlfeil, Abhandlungen der Akademie

ab jene Gedanken aufgegriffen und mit der ihm eigenen Beharrlichkeit beibehalten. Die neuen Impulse von 1527 sind aus politischen Gründen nicht wirksam geworden.[35] Sie sind aber dennoch wichtig für das Verständnis der Worte, die der Kaiser 1530 Tiepolo gegenüber äußerte.

Es ist auch zu fragen: welche *neuen* Impulse hat die kaiserliche Konzilspolitik ab 1529 erhalten, als Karl V. seinen Memoiren zufolge persönlich eingegriffen haben will? Wenn man die Elemente der kaiserlichen Konzilspolitik vom August 1527 formal mit dem späteren Verhalten Karls V. in dieser Frage vergleicht, dann muß man feststellen: sowohl in bezug auf die Aufgaben des Konzils wie auch auf die Stellung des Papstes lassen sich keine neuen Motive feststellen. Die Sprache des Kaiserhofes ist zwar ab 1529 nicht mehr so aggressiv.[36] Aber darin kommt kein grundsätzlicher Unterschied zum Ausdruck. Die politische Lage 1526, als Kaiser und Papst Gegner waren, und die von 1529 ab, als sie Verbündete waren, mußte sich auch auf den Stil der aneinander gerichteten Schriftstücke auswirken. Schon 1527 hat der Kaiser die später immer wiederholten Aufgaben des Konzils herausgestellt und gleichzeitig auch dem Papst versprochen, ihn persönlich zu schützen, so daß die Aussage in seinem Brief vom 14. Juli 1530, er werde auf die Erhaltung des päpstlichen Ansehens alle seine Kräfte auch während des Konzils verwenden,[37] lediglich eine Wiederholung der Zusage von 1527 darstellt.

der Wissenschaften zu Göttingen, phil.-hist. Kl., 3. Folge Nr. 43, Göttingen 1959, S. 255 f.). In dieser Angelegenheit können sich aber auch spanische Granden engagiert haben, die sich bereits 1526 gegen die papstfeindliche Politik Gattinaras gestemmt hatten (ebd. S. 254 f.).

[35] Vgl. Jedin, Geschichte I, S. 193 f.

[36] Hier ist dem Thema gemäß nur an das Pontifikat Clemens' VII. gedacht. Daß es später wieder zu Spannungen kam, ist bekannt, z. B. nach dem Speyrer Reichstag von 1544 (vgl. z. B. Pauls III. Mahnbreve vom 24. 8. 1544 an Karl V.: Concilium Tridentinum IV, S. 366–373).

[37] G. Heine, Briefe an Kaiser Karl V., geschrieben von seinem Beichtvater in den Jahren 1530–32, Berlin 1848, S. 288. Campeggio berichtete in seinem Schreiben vom 14. 7. 1530 aus Augsburg nach Rom Ähnliches: Granvella habe ihm versichert, der Kaiser werde sich der Angelegenheiten

Es wäre jedoch formalistisch, wenn man sich mit dieser Feststellung begnügen würde. Es muß vielmehr auch gefragt werden: welche Motive der kaiserlichen Konzilspolitik von 1526 begegnen von 1530 an *nicht mehr?* Hier muß nun konstatiert werden, daß Karl V. nach dem Tode Gattinaras die allgemeine Kirchenversammlung nicht mehr als ein politisches Druckmittel auf Clemens VII. benutzt hat, wie das sein Großkanzler 1526 getan hatte. Für den Kaiser war das Konzil in der Tat „zuerst und vor allem eine Gewissenssache“ [38]. Ab 1530 hat Karl V. das Konzil der Sphäre der Tagespolitik zu entziehen gesucht. Aber schon 1527 hat er sich im Gegensatz zu den Ansichten und Ratschlägen Gattinaras in dieser Frage ähnlich verhalten wie später ab 1530, als er weitgehend selbständig die Zügel der Politik in seinen Händen hielt.[39]

Zusammenfassend läßt sich sagen, daß die kaiserliche Konzilspolitik 1526/27 Elemente aufweist, die Karls Aussage zu Tiepolo von 1530 als der Wahrheit gemäß erscheinen lassen: daß er bereits seit Jahren die Einberufung einer allgemeinen Kirchenversammlung im Auge habe. Die Mitteilung Karls in den Memoiren von 1550, er habe sich erst seit 1529 für das Zustandekommen des Konzils eingesetzt, kann in dieser Einseitigkeit nicht akzeptiert werden.[40] Der Sachverhalt ist offenbar differenzierter, als er sich dem Kaiser in seiner Erinnerung darstellte. Die Aussöhnung mit

des Papstes und des apostolischen Stuhles so annehmen wie seiner eigenen (S. Ehses, Kardinal Lorenzo Campeggio auf dem Reichstage von Augsburg 1530, Römische Quartalschrift 18 [1904], S. 363).

[38] Jedin, Die Päpste, S. 107 und oben S. 74.

[39] Walser hat nachgewiesen, daß in dem Entschluß, nach Gattinaras Tod (am 4. 5. 1530) „das Großkanzleramt nicht wieder zu besetzen“, „der Ausgangspunkt für die kommende Selbstregierung Karls“ zu sehen ist (S. 261). Des Kaisers wichtigste Ratgeber wurden von 1530 ab immer mehr „letztlich nur noch Ausführungsorgane der kaiserlichen Kabinettspolitik“ (ebd. S. 272).

[40] Der Aussagewert der Memoiren darf auch sonst nicht vorbehaltlos hingenommen und unkritisch hoch eingeschätzt werden. Jedin hat nachgewiesen, daß die dort gemachten Mitteilungen des Kaisers über seine Gespräche mit dem Papst 1529/30 zur Konzilsfrage auch nicht ganz zutreffend sind (Die Päpste, S. 110).

dem Papst im Frieden von Barcelona 1529 und die Beendigung kriegerischer Auseinandersetzungen mit Frankreich durch den Damenfrieden von Cambrai im gleichen Jahr schufen die politisch notwendigen Voraussetzungen für eine Realisierung des Konzilsplanes. Karl V. hat sich dann vom November 1529 ab, als er Clemens VII. in Bologna traf, um das Zustandekommen der allgemeinen Kirchenversammlung gemüht.[41] Insofern ist es verständlich, daß dieses Datum sich ihm einprägte. Aber die Mitteilung des Kaisers ist nicht nur von psychologischem Interesse. Der Bericht von 1550 besitzt auch ein inneres Recht: seit 1530 wird das Konzil vom Kaiserhof nicht mehr als ein pures Politikum den Päpsten gegenüber ausgespielt. Die eigene Konzilspolitik Karls V. kommt erst jetzt zur Entfaltung. Demgegenüber dürfen aber weder die Doppelschichtigkeit der kaiserlichen Politik von 1526 noch die neuen Ansätze von 1527 unberücksichtigt bleiben. 1530 waren sie noch in Karls Erinnerung, wie aus seiner Bemerkung gegenüber Tiepolo hervorgeht.

Wie verhält es sich nun mit der *Konzilsidee* Karls V.? Den Worten des Kaisers an Tiepolo zufolge will der Habsburger bereits in seiner Jugend ein Reformkonzil für notwendig erachtet haben. Diese Mitteilung läßt sich wegen fehlender Quellen nicht belegen. Wenn sie der Wahrheit entspricht, dann hätte Karl bereits in jungen Jahren, bereits vor dem Beginn der Reformation Luthers, die spätmittelalterliche „causa reformationis“ für das gegebene Thema eines unbedingt notwendigen Generalkonzils gehalten. Mit dieser Meinung stünde er wahrlich nicht allein. Die weitverbreitete Forderung einer „Reformation der Kirche an Haupt und Gliedern“ wurde nahezu selbstverständlich während der ersten Jahrzehnte des 16. Jahrhunderts mit der nach einem Konzil verbunden.[42]

Was sich wegen des Mangels an Quellen für die Jugendjahre Karls V. nicht nachweisen läßt, das kann aber in den offiziellen Dokumenten seiner Konzilspolitik ab 1527 wiedergefunden werden. Wenn von der Notwendigkeit eines Konzils gesprochen wird, dann wird als ein wichtiges Thema für dasselbe die Reform ge-

[41] Jedin, Geschichte I, S. 195 ff.
[42] Ebd. S. 5–59.

nannt – häufig erscheint diese noch vor den Aussagen über die Häresie![43] Daß Karl auch während des Augsburger Reichstages 1530 den Plan eines Reformkonzils bedachte, geht aus Tiepolos Bericht hervor.[44] Um nur noch eine zweite Stelle zu nennen: am 11. August 1530 berichtete der Legat Lorenzo Campeggio aus Augsburg nach Rom, Karl V. habe ihm erklärt, daß das Konzil nicht nur wegen der Häretiker,

> sondern auch zum Besten der ganzen Christenheit notwendig sei, weil nicht allein die Geistlichen, sondern viel mehr die Laien vom wahren Weg abgeirrt seien, und daß es notwendig sei, Vorsorge zu treffen und die Dinge in einen besseren Zustand zurückzuversetzen.[45]

Damit macht der Kaiser deutlich, daß auf einem Konzil nicht etwa über die Kleriker und speziell die Kurie Gericht gehalten werden solle, sondern daß er an eine umfassende Änderung der Verhältnisse auch unter den Laien dachte. Dieser Plan konnte in Rom natürlich eher Verständnis und Gegenliebe finden als nur die Forderung nach einer Reform der Geistlichen. Auch der päpstliche Nuntius Aleander teilte am 19. November 1531 vom Kaiserhof mit, der Kaiser begrüße eine „heilige Reformation der ganzen Kirche Gottes an Haupt und Gliedern“, die ein Konzil vorzunehmen hätte. Aleander berichtete, Karl V. habe in diesem Zusammenhang betont, daß auch eine „Reform der Laien“ notwendig sei.[46] Aber die politischen Ereignisse waren gewichtiger. Im August 1530 hatte der Kaiser gegenüber dem Legaten seine grundsätzliche Meinung herausgestellt. Dem venezianischen Gesandten dagegen gestand er, daß er seinen Plan nicht für realisierbar halte. Im März 1532 äußerte er auch gegenüber einem Gesandten *der Kurie,* näm-

[43] Z. B. in Karls oben Anm. 29 mitgeteiltem Brief an Clemens vom 3. 8. 1527. Im Konzilsmonitorium vom September 1526 wurde nur im Anschluß an die kaiserliche Analyse der politischen Situation das Konzil „ex his et aliis satis notoriis causis“ gefordert (Le Plat II, S. 288). Welche anderen Gründe die allgemeine Kirchenversammlung notwendig machten – ob theologische Fragen oder eine Reform der Kirche –, wurde nicht ausgeführt.

[44] v. Walter, S. 66.

[45] H. Laemmer, Monumenta Vaticana, Freiburg i. Br. 1861, S. 50.

[46] Ebd. S. 88.

lich gegenüber Aleander, man könne jetzt nicht mehr an die Durchführung eines Konzils denken. Die Türkengefahr wurde für dringender gehalten. Nach Karls Meinung komme man aber nicht um die allgemeine Kirchenversammlung herum, wenn man die Glaubensspaltung in Deutschland beseitigen wolle.[47] Im Frühjahr 1532 verhinderten also nicht die theologischen Streitigkeiten in Deutschland das Reformkonzil, sondern die politische Lage, nämlich die Türkengefahr, machte jedwede Kirchenversammlung im Moment unmöglich.

Diese Belege, denen leicht weitere hinzugefügt werden könnten, bringen zum Ausdruck, daß Karl V. schon recht früh das allgemeine Konzil auch als Reformkonzil verstanden hat. Die *Reformation* ist also *nicht allein maßgeblich für die Anfänge der Konzilspolitik des Kaisers* gewesen. Karl V. hat vielmehr deutlich faßbar von 1527 ab die Reform der Kirche als eine genauso notwendige Aufgabe der allgemeinen Kirchenversammlung herausgestellt.[48] Er hat darüber hinaus – den Worten an Tiepolo von 1530 zufolge – in der Tradition der spätmittelalterlichen Reformforderungen gestanden, die er mit der akuten Aufgabe einer Klärung dogmatischer Fragen verband. Dabei war es sicher für ihn, daß das Konzil nur ein päpstliches sein konnte. Deswegen hat er nie eigenständig die Initiative ergriffen und etwa alle christlichen Stände einberufen. Er hat sich darauf beschränkt, die Kurie – Papst und Kardinäle – immer wieder zur Einberufung des Konzils aufzufordern, dessen Arbeit vorwiegend der Reform der Kirche und der Beseitigung des Schismas[49] in Deutschland, gegebenenfalls aber auch dem Frieden innerhalb der Christenheit und der Abwehr und Überwindung der Türken dienen sollte.[50]

[47] Aleander an Sanga am 30. 3. 1532 aus Regensburg (Rom, Archivio Segreto Vaticano, Nunziatura di Germania 51, f. 149v; Register).

[48] Auch in der Konzilspolitik des Kaiserhofes 1524 ist das Verlangen, die theologischen Fragen geklärt zu bekommen, verbunden mit der Forderung nach einer Reform der Kirche (Jedin, Geschichte I, S. 173–175 und 186 f.).

[49] Diesen Terminus gebrauchte der Kaiser in einem Gespräch mit Aleander (Rom, Archivio Segreto Vat., Nunz. di Germ. 51, f. 149v; Reg.).

[50] Später, z. B. 1546, hat Karl V. allerdings behauptet, die Reform-

II. Karl V., die Kardinäle und das Konzil 1530/31

Die Ausgleichsverhandlungen mit den Protestanten zu Beginn des Augsburger Reichstages 1530 erwiesen sich als so schwierig, daß der Kaiser bereits am 14. Juli 1530 an den Papst mit der Bitte um Einberufung des allgemeinen Konzils herantrat.[51] Sein Anliegen fand an der Kurie aber nicht das Echo, das er nach seinen Bologneser Gesprächen mit Clemens VII. 1529/30 erwartet hatte. Dort war nach seiner Meinung festgestellt worden, daß die allgemeine Kirchenversammlung zusammentreten solle, wenn Frieden herrsche und sich die Religionsstreitigkeiten in Deutschland nicht an Ort und Stelle bereinigen ließen.[52] Die Antwort Clemens' VII. lautete, er wolle das Konzil unter der Bedingung berufen, daß die Lutheraner sofort „von ihren Irrtümern abließen und sich anpaßten an die katholische Lebensform im Glauben und im Gehorsam gegen die heilige Mutter Kirche" [53]. Zwar hatte auch der Kaiser gemeint, daß den Protestanten das Konzil nur zugesagt werden solle, wenn sie sich hierzu bereit erklärten.[54] Es bestand aber wenig Aussicht, die evangelischen Reichsstände zu einem solchen Entgegenkommen veranlassen zu können, das ja die Aufgabe ihres ganzen bisherigen Weges bedeutet hätte. In Rom wie in Augsburg war man deswegen skeptisch gegenüber einem Zustandekommen des Konzils. Francesco Gonzaga schrieb aus Rom nach Mantua: „Diese Angelegenheit wird sich in die Länge ziehen, wenn das Konzil überhaupt stattfinden wird, was ich nicht glaube." [55] Der Gesandte des Herzogs von Mailand am Kaiserhof, Camillo Gilino, meinte in einem Brief an seinen Auftraggeber, die lutherischen Fürsten wollten das Konzil genausowenig wie der Papst selbst; es sei für sie ein Vorwand, in

frage sei die dringlichste. Er hat deren Diskussion durch das Konzil von Trient verlangt und versucht, eine Beratung der dogmatischen Fragen zu verhindern, was ihm aber nicht gelungen ist (Jedin, Geschichte II, Freiburg i. Br. 1957, S. 91 ff.).

[51] Heine, S. 522–525.

[52] Ebd. S. 524 f.

[53] Concilium Tridentinum IV, S. XLI.

[54] Heine, S. 523.

[55] Zit. bei Pastor IV, 2, S. 417.

ihrer bisherigen Art weitermachen zu können.[56] Doch zunächst hoffte man noch einmal auf eine Überwindung der Differenzen durch den Reichstag. Die weiteren Ausgleichsbemühungen im August und September in Augsburg ließen die Konzilspläne zurücktreten.[57] Erst nach deren Scheitern brachte Karl V. diese Frage wieder vor.

Es ist bekannt, daß er Ende Oktober 1530 zwei Briefe nach Rom sandte, einen eigenhändigen an Clemens VII.[58] und einen an das Kardinalskollegium.[59] Nun ist es offenbar nichts Besonderes gewesen, daß zwischen dem Kaiser und den Kardinälen Schriftstücke gewechselt wurden. Das Kardinalskollegium wurde als eine selbständige Größe verstanden, das Einfluß auf die kuriale Politik hatte [60] und das auch hin und wieder aktiv wurde. Oben war auf einen Brief Karls an die Kardinäle von 1526 verwiesen worden.[61] Um diesem Beispiel nur noch ein weiteres hinzuzufügen: am 5. März 1523 baten die Kardinalbischöfe, -presbyter und -diakone in einem Brief aus Rom den Kaiser, er möge mit Franz I. Frieden oder wenigstens einen drei- oder vierjährigen Waffenstillstand schließen, damit sie gemeinsam die Christenheit gegen den wahren Feind, die Türken, bewachen könnten.[62] Die Tatsache aber, daß

[56] Gilino (auch Ghillini, Agelin, Gilim) am 18. 9. 1530 an Francesco II. Sforza: «... Non manco sono [questi principi Lutherani] per fuggire il concilio che l'istesso papa, ma per dare colore et adorare questa loro insatiabile cupidità hano così efficacemente da principio richiesto el prefato concilio ...» (Mailand, Archivio di Stato, Archivio Sforzesco, Potenze estere 588; Original).

[57] Jedin, Geschichte I, S. 206 ff.

[58] Gedr. Heine, S. 530–533.

[59] Concilium Tridentinum IV, S. XLVI.

[60] Teilweise war sogar behauptet worden, das Kardinalskollegium sei göttlichen Rechtes (Jedin, Geschichte I, S. 63).

[61] S. 81.

[62] „... Te igitur per Petri ac Pauli sanctorum apostolorum fragmenta rogamus et petimus, cum Christianissimo Francisco pacem ineas aut saltem trium quatuorumve annorum inducias serves vestrisque armis in verum hostem conversis res communes uno tempore custodiatis ..." (Madrid, Real Academia de la Historia, Colección Salazar A 27, f. 209r; Original). Das Schreiben ist von Vincenzo Pimpinella unterzeichnet, der

Karl V. am 14. Juli 1530 lediglich in einem Brief an den *Papst* um die Einberufung des Konzils bat, Ende Oktober aber Pedro de la Cueva als Sondergesandten mit *zwei* Schreiben an *Clemens und das Kardinalskollegium* [63] nach Rom sandte, zeigt, wieviel wichtiger er das erneute Konzilsbegehren nahm. Es war inzwischen deutlich geworden, daß Clemens VII. nicht gewillt war, ohne weiteres den Wünschen des Kaisers in bezug auf das Konzil beizupflichten. Andererseits sah man aber am Kaiserhof Ende Oktober 1530 keine andere Möglichkeit, wie man der Glaubensdifferenzen Herr werden könne, ohne die Hilfe der allgemeinen Kirchenversammlung in Anspruch zu nehmen.[64] Man bemühte sich deswegen,

es offenbar im Auftrag der Kardinäle verfaßt hat (vgl. über ihn G. Müller, V. Pimpinella am Hofe Ferdinands I. 1529–1532, Quellen und Forschungen aus italien. Archiven und Bibl. 40 [1960], S. 65 ff.). In einem weiteren von demselben unterzeichneten Brief vom 11. 3. 1524 aus Rom, bei dem kein Absender angegeben ist, der sich aber aufgrund seines Inhaltes ebenfalls als ein Schreiben des Kardinalskollegiums erweist, den der Erzbischof von Capua nach Spanien mitnahm, wird Karl nochmals aufgefordert, für einen dauerhaften Frieden in der Christenheit zu sorgen und sich gegen die Feinde des christlichen Glaubens zu wenden: „... Non te latet princeps invectissime, quantam toto Christiano orbi perniciem Turcarum tirannus nostro sanguine saginatus iam preparet quosque aculeos pessima idra Martinus Lutherus in nos incipiat iaculari ... Scimus enim maiores tuos non Gallo expulso, Anglico superato, Italo domito, sed debellatis Judeis, necatis hereticis, universa fere Affrica Christiane fidei subiecta, tanta cognomina iure optimo impetrasse ... Nam si incohato iamdiu in Gallos bello totum te dederis perque universam Italiam hinc Turcas, inde Lutheri dogma passim vagari patieris, tenuissimo filo hamo adamantino expiscaberis, pisces enim dum queritas hamos pretiosissimos perdes. At si relicto Gallo tuas copias in Ungariam partim, partim vero in Italiam non sine mora transmisseris, in orbe terrarum feliciorem te habebimus neminem ...“ (Simancas, Archivo General, Estado 1553, f. 111; Original).

[63] Cueva erhielt auch die üblichen Empfehlungsschreiben; erhalten sind die an Muxetula, die Kardinäle P. Accolti, I. de'Medici, L. Pucci, F. Quiñones und andere (Simancas, Archivo General, Estado 1557, f. 128^{r}–129^{2r}; Konzept).

[64] Vgl. dazu E. W. Mayer (Forschungen zur Politik Karls V. während des Augsburger Reichstages von 1530, I: Krieg oder Konzil? Vorberei-

Rom, so gut man konnte, von der Notwendigkeit des Konzils zu überzeugen. Dafür war ein direktes Ansprechen der Kardinäle ratsam, hatte sich doch Clemens in seiner Antwort auf das kaiserliche Konzilsbegehren so ausgedrückt, als ob er *persönlich* der Einberufung des Konzils trotz der Bedenken vieler Kardinäle zustimme.[65] Demnach wären bei ihnen mehr Widerstände als beim Papst zu überwinden. Clemens VII. hatte erklärt, er habe sich im Hinblick auf die Integrität des Kaisers über die von den Kardinälen geäußerten Bedenken hinweggesetzt.[66] Es konnte deshalb nur vorteilhaft sein, wenn sich der Widerstand einzelner Kardinäle gegen das Konzil durch eine Sonderaktion Karls V. überwinden ließ.

Das Schreiben des Kaisers vom 31. Oktober 1530 an das Kardinalskollegium, das man für nicht erhalten hielt,[67] befindet sich im Original im Staatsarchiv zu Mantua.[68] Das Konzept liegt in der Colección Salazar in der Real Academia de la Historia zu Madrid.[69] Wegen seiner Wichtigkeit teile ich es unten im Wortlaut mit. Hier sei nur auf einige seiner Aussagen besonders hingewiesen.[70]

tende Unterhandlungen), der die Entwürfe für eine Antwort des Kaiserhofes auf Clemens' Brief vom 31. 7. 1530 abgedruckt hat (Archiv für Reformationsgesch. 13 [1916], S. 40–73).

65 Concilium Tridentinum IV, S. XLI f.

66 Ebd. S. XLII.

67 Ebd. S. XLVI Anm. 7. Wie mir Herr Professor Dr. Hubert Jedin am 8. 6. 1962 mitteilte, ist ihm seit 1956 durch Igino Rogger bekannt, daß das Original dieses Briefes in Mantua liegt.

68 Dorthin kann es durch Ercole Gonzaga gekommen sein, der seit 1527 Kardinal war (G. v. Gulik und C. Eubel, Hierarchia Catholica medii aevi 3, Münster/Westf. 1910, S. 21).

69 Obwohl es erstaunlich ist, daß der Forschung Karls Brief in Mantua entgangen ist, so ist es doch noch verwunderlicher, daß das Konzept übersehen wurde, denn im 1950 in Madrid erschienenen Bd. 4 des ›Indice de la Colección de Don Luis de Salazar y Castro‹ wird das Dokument genannt. Allerdings hat dessen Herausgeber das Entscheidende im Brief Karls an das Kardinalskollegium übersehen, wenn er als seinen Inhalt angibt: « . . . communicándole lo que está realizando a fin de luchar contra Lutero y sus secuaces » (S. 311, Nr. 6795).

70 Vgl. zum Folgenden unten Abschnitt III. Die Verbesserungen im Konzept zeigen, daß man Formulierungen vermeiden wollte, die in Rom

Der Kaiser ist der Meinung, alles getan zu haben, um die Glaubensspaltung zu beseitigen [71] – es ist ihm nicht gelungen: „Wir gestehen, daß uns niemals etwas beschwerlicher gewesen ist als dies, daß wir durch die Hartnäckigkeit dieser Leute [der Lutheraner] die deutschen Zwiespältigkeiten nicht beizulegen vermochten." Nur eine Möglichkeit gibt es nach dem Urteil aller Beteiligten für die Beseitigung der Glaubensstreitigkeiten: das Konzil. Es ist unbedingt notwendig, einerseits um die Lutheraner zur Kirche zurückzuführen, andererseits um die bisher Romtreuen nicht auch noch zu verlieren. Die altkirchlichen Fürsten glauben, ohne das Konzil ihre Untertanen nicht zur Bewahrung der hergebrachten religiösen Formen veranlassen zu können. Karl V. dankt für das Recht, das Konzil zusagen zu können, das der Papst unter Zustimmung der Kardinäle gewährte.[72] Auf die kuriale Bedingung, nämlich vorherige Rückkehr der Lutheraner zur römischen Kirche, will man sich in Deutschland aber nicht einlassen. Der Kaiser berichtet, er habe erklärt, daß die allgemeine Kirchenversammlung nur vom Papst einberufen werden wird, und zwar so, daß sie den anderen christlichen Fürsten genehm ist – die von der Kurie gefürchtete Gefahr eines französischen oder englischen Schismas soll mit Hilfe dieser Zeilen offenbar gebannt werden. Der Kaiser nimmt den

anstößig sein konnten. Die im Original sich findenden Unstimmigkeiten legen den Schluß nahe, daß für dessen Herstellung nur wenig Zeit vorhanden war. Möglicherweise ist der Plan für diesen Extrabrief kurzfristig gefaßt worden. Darauf kann auch die Tatsache verweisen, daß Karls Brief an den Papst bereits das Datum des 30. 10. trägt. Der Sondergesandte P. de la Cueva verließ Augsburg am 1. 11. 1530 (vgl. Rom, Archivio Segreto Vaticano, Lettere di Principi 11, f. 42r).

[71] Karl V. hat zum Beweis seiner Bemühungen um die Beseitigung der Glaubensspaltung seinem Brief einen Bericht über den Verlauf des Augsburger Reichstages aus der Sicht des Kaiserhofes beigelegt (vgl. unten Anm. 104).

[72] Aus dem Brief des Papstes vom 31. 7. 1530 hebt der Kaiser damit die grundsätzliche Zustimmung der Kurie hervor. Dadurch erhielt er eine günstigere Verhandlungsposition, als wenn er Punkt für Punkt die von Clemens geschilderten Bedenken „vieler Kardinäle" besprochen hätte. Auf die ging er dann ein, ohne sie als Einwände der Adressaten zu bezeichnen.

Papst und die Kardinäle beim Wort: ihm war am 31. Juli aus Rom geschrieben worden, er übersehe es besser, ob das Konzil angeboten und versprochen werden müsse, weil er die deutschen Verhältnisse überschaue.[73] Karl V. bezieht sich darauf. Dieser Fall ist nach seiner Meinung jetzt eingetreten. Es ist notwendig, die allgemeine Kirchenversammlung einzuberufen, weil es keinen besseren Weg für die Überwindung der Schwierigkeiten gibt. Der Kaiser mahnt, sich deswegen zur Einberufung des Konzils zu entschließen, umgeht aber die Bedingung, die der Papst mit seinem Angebot verbunden hatte, und erklärt lediglich, daß es im besonderen Interesse des römischen Stuhles liege, wenn die Einheit der Kirche wiederhergestellt werde.

Dem päpstlichen Bedenken, angesichts der *Türkengefahr* könne man kein Konzil planen,[74] begegnet er mit dem Gegenargument, daß gerade die Versammlung der christlichen Stände die günstigste Voraussetzung für eine Beteiligung der gesamten Christenheit am Kampf gegen die Türken bilde. Das Konzil kann nach der Meinung des Kaisers die Christenheit wieder einen und dadurch die Voraussetzung für eine wirksame Abwehr der Feinde der Christen schaffen. Es liegt auf der Hand, daß Karl V. nur daran gelegen sein konnte, der Türkenabwehr Kreuzzugscharakter zu geben, damit kein christlicher Fürst umhin konnte, sich daran zu beteiligen. Es war klar, daß ohne das Konzil die Haupt- oder gar die alleinige Last dieses Kampfes auf den Schultern des Kaisers und seines Bruders Ferdinand liegen würde.[75]

Die schwierige *Ortsfrage* überläßt er ganz dem Urteil der Kurie. Sie mag mit anderen Fürsten darüber verhandeln. Diese Großzügigkeit schränkt er aber sofort durch den Hinweis auf die deutschen Erfordernisse ein: damit die deutschen Fürsten, um die es im

[73] Concilium Tridentinum IV, S. XLII.

[74] Ebd. S. XLI f.

[75] In einem Gespräch mit Campeggio erklärte er, er hoffe, daß das Konzil tage, wenn die Türken angriffen, denn er und sein Bruder Ferdinand seien nicht allein in der Lage, die Abwehr der Feinde der Christen zu übernehmen. Er werde zur Türkenabwehr zwar auch sein Teil beitragen, aber es sei nötig, daß auch die anderen christlichen Fürsten sich beteiligten (Laemmer, S. 50).

wesentlichen zwecks Beseitigung der lutherischen Reformation und anderer „neuer Sekten“ geht, keine Ausrede vorbringen können, schlägt er Mantua oder Mailand als Ort für die Zusammenkunft vor. Das Fazit seiner Überlegungen lautet, daß sich „aus der Ankündigung des Konzils so viele Vorteile wie aus der Unterlassung der Ankündigung Nachteile ergeben werden“. Karl V. gibt allerdings auch zu bedenken, daß die Verhandlungen mit den Lutheranern vom Papst und den Kardinälen gut vorbereitet werden müssen, damit die Christenheit nicht durch das Konzil in eine noch schwerere Krise hineingerät. Wenn das aber geschieht, dann verhalten sich die Angesprochenen der Bedeutung ihres Amtes gemäß, das sie Gott verdanken. Um einer Verschleppung der Verhandlungen vorzubeugen, erklärt der Kaiser, daß er die Antwort des Papstes und der Kardinäle in Deutschland abwarten wolle. Er verspricht, daß er seinerseits seine Macht, ja sein eigenes Leben einsetzen wolle, wenn das für das Konzil und die Beseitigung der Glaubensstreitigkeiten in Deutschland förderlich erscheine.

Es fällt auf, daß Karl V. die *Reformfrage* nicht erwähnt. Seine Erwägungen werden bestimmt von der Lage in Deutschland, die sich nach dem Scheitern der Augsburger Ausgleichsverhandlungen ergeben hat. Nicht die „causa reformationis“, nur die „causa fidei“ wird als Motiv für die unbedingte Notwendigkeit des Konzils hingestellt. Man braucht nicht lange zu suchen, wenn man auf die Frage eine Antwort haben will, warum der Kaiser in diesem Brief im Gegensatz zu seiner oben herausgearbeiteten Einstellung die Reform nicht erwähnt: er wollte die Kardinäle dem so dringlich empfohlenen Vorhaben geneigter machen. Die Reform an der Spitze der Kirche wäre ja zu einem guten Teil zu Lasten derer gegangen, die der Kaiser hier anschrieb.[76] Es liegt sicher eine taktische, keine grundsätzliche Änderung seiner Konzilspolitik vor. Er versuchte, die Bedeutung einer positiven Stellungnahme der Kardi-

[76] Jedin meint, das „Reformkonzil“, das „Karl plante“, sei das „Hauptmotiv“ der Ablehnung der geplanten Versammlung durch die Kardinäle gewesen (Geschichte I, S. 214). In der Tat dürfte das Verschweigen der causa reformationis in Karls Brief die Kardinäle kaum davon überzeugt haben, daß dieser Fragenkomplex vom Konzil nicht zur Sprache gebracht werden würde.

näle zu seinem Vorschlag mit den Worten herauszustreichen, sie würden Lohn von Gott und kaiserlichen Dank ernten.

Im Kardinalskollegium hatte die kaiserliche Partei 1530 sowenig die Majorität wie 1526. Der Versuch Karls V., die Kardinäle zu einem entscheidenden Eingriff gegen die negative Einstellung des Papstes gegenüber dem Konzil zu veranlassen, konnte deswegen nur wenig Aussicht auf Erfolg haben. Als Kardinal Cibo im Konsistorium vom 28. November den Brief Karls verlas, sprachen sich zwar einige Kardinäle für dessen Vorschlag aus,[77] die Mehrheit aber billigte die Politik des Papstes. Man stimmte zwar grundsätzlich für die Einberufung des Konzils, verlangte aber zugleich die Beachtung von Bedingungen, die es verhindern mußten.[78]

Der Überbringer dieser Botschaft Clemens' VII., Uberto Gambara, brachte auch die Antwort der Kardinäle auf Karls Schreiben mit.[79] Sie erklären darin, der kaiserliche Vorschlag, ein Konzil wegen der Lutheraner und der Türken anzusagen, sei ihnen hochwillkommen, obwohl damit auch viele Gefahren verbunden seien. Sie hätten ihre Bedenken aber zurückgestellt. Für die Einzelheiten

[77] Besonders Kardinal Del Monte, der spätere Papst Julius III. und erste Präsident der ersten Periode des Tridentinums, hat einem Brief Loaysas zufolge die Notwendigkeit des Konzils herausgestellt (Heine, S. 391 f.). Um den guten Willen der Kurie öffentlich zu dokumentieren, wurden am 1. 12. 1530 Breven an Franz I., Ferdinand und andere ausgefertigt, in denen mitgeteilt wurde, das Konzil solle angesagt und in Italien durchgeführt werden (Concilium Tridentinum IV, S. XLIX). Florenz antwortete auf das nach dort gerichtete Schreiben am 12. 12. 1530 (das am 30. 12. in Rom eintraf), man begrüße das päpstliche Vorhaben und sei bereit, es nach Kräften zu unterstützen (Rom, Archivio Segreto Vaticano, Archivum Arcis Armaria I–XVIII Nr. 3292; Original).

[78] Die früher erhobene Forderung, die Protestanten müßten vorher zur altkirchlichen Religionsübung zurückkehren, die Karl V. im Oktober 1530 abgelehnt hatte (siehe oben S. 96), befand sich allerdings nicht mehr darunter, vgl. Jedin, Geschichte I, S. 214 ff.

[79] Gedr. Lanz, Correspondenz I, S. 410. Das Original ist vorhanden in Simancas, Archivo General, Estado 8335, f. 46. Dieser Brief wurde am 19. 12. 1530 im Konsistorium von Kardinal Valle verlesen (Concilium Tridentinum IV, S. LI) und dadurch vom Kardinalskollegium vor seiner Absendung gebilligt.

verweisen sie auf die Ausführungen Gambaras. Damit war Karls Versuch gescheitert, die Kardinäle zu einer eigenen Initiative in Hinsicht auf die Verwirklichung des Konzilsplanes zu bewegen. Das Kollegium erklärte sich mit der Politik des Papstes völlig einverstanden.

Die Initiative des Kaisers hatte im November auch zu einer parallelen Aktion des französischen Königs geführt. Das Datum des 21. November 1530 tragen zwei Briefe Franz' I. an Clemens VII. und das Kardinalskollegium, die er seinem Gesandten, dem Herzog von Albany, mitgab.[80] In seinem Schreiben an die Kardinäle betonte der Monarch, daß die lutherische Häresie unterdrückt werden müsse, damit sie sich nicht weiter ausbreiten könne.[81] Die Lutheraner schienen zu störrisch zu sein, als daß sie „durch Bitten, Drohungen oder Ratschläge" auf den rechten Weg zurückgebracht werden könnten.[82] Der französische König hebt die Mühe hervor, die sich Karl V. in Augsburg zur Beilegung der Glaubensstreitigkeiten gegeben habe. Erfolg hatte er aber nicht, vielmehr wurde die gesamte Streitfrage der Beratung eines Konzils überlassen.[83] Man sollte meinen, daß Franz I. diesen Plan für wenig erfolgversprechend hält, weil es doch angesichts der Hartnäckigkeit der Lutheraner sehr fraglich sein muß, ob sie sich einem Konzil beugen werden. Überraschenderweise fährt er aber nicht so fort, sondern begrüßt Karls Vorschläge. Es geht ihm darum, wie er schreibt, daß die wahre Frömmigkeit gewahrt bleibe, wird er doch durch seinen Ehrentitel eines „Allerchristlichen Königs" täglich an diese

[80] Der Brief Franz' I. an Clemens wurde teilweise gedruckt in Concilium Tridentinum IV, S. L; eine englische Zusammenfassung gibt P. de Gayangos, Calendar of Letters, Despatches, and State Papers, Relating to the Negotiations between England an Spain, IV, 1, London 1879, S. 815. Das Schreiben Franz' I. an die Kardinäle wird in Concilium Tridentinum IV, S. L Anm. 3 nur erwähnt.

[81] Vgl. zum Folgenden Rom, Archivio Segreto Vaticano, Archivum Arcis Armaria I–XVIII Nr. 3291 (Original).

[82] Ebd.: „... longe magis obfirmatos quam ut precibus aut minis aut suasione ad sanitatem revocari vix possint."

[83] Ebd.: „... cum omnis interim controversia reiecta sit ad universi ordinis ecclesiastici concilium."

Aufgabe erinnert.[84] Er fordert die Kardinäle auf, zusammen mit dem Papst in dieser „so notwendigen und nützlichen Angelegenheit" zu handeln, „damit das so heilsame Konzil in Kürze angesagt werde".[85] Als Aufgaben für die allgemeine Kirchenversammlung bezeichnet Franz I. wie Karl V. die Beseitigung der Glaubensstreitigkeiten und die gemeinsame Abwehr der Türken.

Es ist bekannt, daß dem französischen König nichts an einem habsburgischen Machtzuwachs gelegen war, der gerade durch die Wahrnehmung und Lösung dieser Probleme durch das Konzil eingetreten wäre. Daß mit diesen Aussagen Franz' I. gegenüber den Kardinälen nicht etwa eine neue französische, habsburgfreundliche Politik ihren Anfang nimmt, macht der französische König überaus deutlich mit den Worten, sein Gesandter solle diejenigen Bedingungen vortragen, die beachtet werden müßten, damit durch das Konzil nicht mehr Nachteile als Vorteile entstünden.[86] Das *Ergebnis der französischen Überlegungen* zu dieser Frage ist also *dem des Kaiserhofes konträr entgegengesetzt.* Während Karl V. das Konzil für unbedingt notwendig hielt und lediglich forderte, daß es gut vorbereitet werden müsse, daß es aber ohne Aufstellung von Bedingungen einzuberufen sei, erklärt Franz I. umgekehrt, daß ein Konzil nur nützlich sein könne, wenn vorher bestimmte Voraussetzungen beachtet würden. Es war also keine Verständigung zwischen Habsburg und Valois eingetreten. Franz I. bekundete zwar

[84] Ebd.: „... pro ea vere pietatis observantia (cuius Christianissimi regis titulo quotidie admonemur) ..." Franz I. legte auch sonst großen Wert auf diesen Titel, aus dem er den Anspruch auf die führende Stellung in der Christenheit ableitete (F. A. Krummacher, Die Münzbilder Franz' I. Beiträge zur politischen Symbolik des französischen Königtums im 16. Jahrhundert, Diss. Marburg 1953, S. 52).

[85] Rom, Archivio Segreto Vaticano, Arch. Arcis Arm. I–XVIII Nr. 3291: „... vos summos antistites universos quam maximo et possumus et debemus studio rogamus obtestamurque, de re tam necessaria atque utili cum Sanctissimo Domino Nostro summo pontefice agatis, uti tam salubre concilium indicatur brevi."

[86] Ebd.: „... vel conditionibus vel ratione huiusmodi concilium evocari debere videatur, ne forte aliter institutum plus malorum pariat quam commodi."

augenscheinlich sein Interesse an einem Konzil, damit er nicht für dessen Scheitern verantwortlich gemacht werden konnte, aber er stellte zugleich doch Bedingungen, die ein Zusammentreten der Kirchenversammlung verhindern mußten.[87] Damit war für die Kurie die Gefahr überwunden, daß die beiden mächtigsten Monarchen der Christenheit dem Papst und der Kurie das Konzil hätten aufzwingen können. Clemens VII. und das Kardinalskollegium konnten nun ebenso wie Franz I. grundsätzlich die Pläne Karls

[87] Franz I. scheint verlangt zu haben, daß das Konzil in Turin, also im französischen Einflußbereich, zusammentreten solle (Concilium Tridentinum IV, S. L Anm. 5). Der Gesandte des Herzogs von Mailand in Rom, Giorgio Andreasio, beurteilte dagegen in einem Brief vom 4. 1. 1531 an Francesco II. Sforza die Äußerungen Franz' I. vom 21. 11. 1530 günstig. Er meint, die französische Haltung habe sich erst nach einer Intervention Roms geändert: « Credo che Vostra Excellentia se debba ricordare che già molti dì venne una lettera del Christianissimo, quale fu letta in concistorio sopra la approbatione del concilio come cosa conveniente et santissima, offerendosi venire o mandare et fare tutto quello che sopra ciò fosse iudicato al bisogno de questa santa operatione. In quello tempo non era anchora gionto el Reverendissimo Agramonte [von Rom] a Sua Maestà Christianissima. Hora s'è havuto aviso contrario in tutto al primo, anci dice non essere bene farlo così al improviso, perchè potria portare molti scandali al Christianesimo che gli pareria conveniente che prima si facesse ellectione de uno loco confidente dove convenessero Sua Santità, l'imperatore et Sua Maestà Christianissima, li quali, abbocandose prima insieme, dariano molti ordini con li quali si provederia a molti scandali ... Questa correctura [?] si crede essere proceduta da la gionta del prefato Agramonte, quale avanti che partisse di qua si credeva havesse questa instructione da casa nostra per obviare, se possibile fosse, o almanco prorogare questo benedetto concilio ... Questa lettera del Christianissimo nè è anchora letta in concistorio, ma a me è stata notificata secretamente ... » (Mailand, Archivio di Stato, Archivio Sforzesco, Potenze estere 1290; Or. mit Dechiffrat). Ein solcher Brief Franz' I. ist m. W. unbekannt. Es könnte sein, daß der französische König zur Vermeidung von Mißverständnissen sich noch einmal Ende 1530 deutlicher vom Konzil distanziert hat. Aber auch unabhängig davon scheint mir die Beurteilung der französischen Stellungnahme zu dieser Frage im November 1530 von Andreasio nicht richtig erfaßt worden zu sein.

bejahen, sie aber aufgrund ihrer Bedingungen zugleich durchkreuzen.[88]

Der Kaiser hat den an ihn gerichteten Brief des Kardinalskollegiums nicht sofort beantwortet. Erst im April 1531, als Gambara nach Rom zurückkehrte, hat er ihm ein Schreiben mitgegeben. Er begründet sein Schweigen damit, daß diese Pläne reiflich beraten werden mußten.[89] Er verweist auf die mündliche Darstellung Gambaras und seiner Gesandten an die Kurie. Damit war die Sonderaktion in die üblichen diplomatischen Kanäle zurückgeleitet worden. Es bestand zur Zeit für Karl V. keine Hoffnung, die Kardinäle zu einer Meinung zu inspirieren, die von der des Papstes differiert hätte.

Die Haltung Clemens' VII. aber war deutlich. Die Mitteilung des Andrea da Burgo an Kardinal Cles vom 20. April 1531 aus Rom, daß der Papst vom Konzil nichts Gutes erhoffe, daß er ihm nur näher träte, weil Karl und Ferdinand eine kriegerische Auseinandersetzung mit den Lutheranern ablehnten,[90] zeigt, daß Clemens sich die Meinung des Kaisers nicht zu eigen gemacht hatte. Nach wie vor sah er in der allgemeinen Kirchenversammlung nicht

[88] Die beiden Briefe Franz' I. wurden am 5. 12. 1530 im Konsistorium verlesen und die darin gemachten Äußerungen begrüßt (Heine, S. 396 und Concilium Tridentinum IV, S. L). Clemens dankte dem französischen König am 13. 12. 1530 für den an ihn gerichteten Brief (Le Plat II, S. 502 f.).

[89] „... Voluissemus hominem extemplo ad vos remittere, sed cum negocium hoc arduum non nisi maturo consilio et deliberatione tractare deceat, eum [Gambara] hactenus retinere necesse fuit ..." (Simancas, Archivo General, Estado 1558, f. 374; Konzept. Dieses Dokument wurde laut Aufschrift in Gent im April 1531 verfaßt. Ein Tagesdatum wurde nicht angegeben. Es muß Anfang April gewesen sein, da Karl am 3. 4. 1531 Gent verlassen hat, vgl. M. Gachard, Collection des voyages des souverains des Pays-Bas II, Brüssel 1874, S. 98).

[90] Burgo berichtete, der Papst habe während einer ihm gewährten Audienz geäußert, „quod de concilio non bene sperat ... Sed cum Caesar et rex noster [Ferdinand] sint alterius opinionis et exclusa via armorum instent pro concilio tanquam solo et vero remedio, Sanctitas Sua erit parata ex latere suo ..." (Trient, Archivio di Stato, Corrispondenza Clesiana, Serie prima, mazzo 9, fasc. 2, n. 22/23; Original mit Dechiffrat).

die einzige Hilfe für die Christenheit, im Gegenteil: das Konzil erschien ihm als ein Übel, das es möglichst zu vermeiden galt.[91]

Auch die Mehrzahl der Kardinäle machte nur Vorschläge,[92] die eher auf eine Ablehnung der kaiserlichen Pläne als auf deren Bestätigung hinausliefen. Der einflußreiche Kardinal Valle erklärte, er und andere vermuteten, die Lutheraner würden sich nicht an einem Konzilsort einfinden, den der Papst vorschlagen und die habsburgischen Brüder billigen würden. Man solle deswegen planen, die Versammlung in Rom zusammmentreten zu lassen und nur dann Mantua zu akzeptieren, wenn die Lutheraner sich vorher verpflichteten, dorthin zu kommen und sich der Entscheidung des Konzils zu unterwerfen. Die Vorteile Roms für die Zusammenkunft des Konzils werden mit beredten Worten geschildert. Man denkt an eine Versammlung, an der nicht unbedingt viele „Auswärtige" teilnehmen müssen – dann kann ja nichts geschehen, was der Kurie unlieb wäre. Da es deutlich ist, daß dieser Vorschlag am Kaiserhof auf wenig Gegenliebe stoßen würde, meinte Kardinal Valle:

> Wenn das Konzil nicht durchgeführt und auch keine Übereinstimmung darüber erzielt werden könne, ob es in Rom, Mantua oder andernorts durchgeführt werden solle, wenn es sich aber ermöglichen ließe, eine Zusammenkunft in Deutschland zu veranstalten und ein gutes Übereinkommen ohne Anwendung von Waffengewalt zu erzielen, dann würde das sehr beifällig aufgenommen werden, und es sei auch der sicherere Weg

für eine Überwindung der Glaubensstreitigkeiten.

Diesem Plan sollte während des Pontifikates Clemens' VII. die Zukunft gehören. Zwar wurde immer wieder vom Konzil gesprochen, aber Karl V. war sich darüber im klaren, daß dieser Papst es kaum realisieren würde. Er erklärte 1532 gegenüber Aleander, daß Clemens zwar behaupte, es durchführen zu wollen, daß er aber Bedingungen stelle, die es verhinderten. Der Papst sei deswegen an

[91] Jedin, Geschichte I, S. 177 f.

[92] Burgo berichtet darüber in einer Nachschrift vom 21. 4. 1531 zu dem oben Anm. 90 zitierten Brief, die Bucholtz gekürzt abgedruckt hat (Geschichte der Regierung Ferdinands des Ersten, Urkunden-Band, Wien 1838, S. 96–98).

der bisherigen Entwicklung schuld.[93] Er verständigte sich mit den Lutheranern im Nürnberger Anstand von 1532, um sich deren Türkenhilfe zu sichern.[94] Die grundsätzliche Lösung der Glaubensfrage und der Reform der Kirche blieb weiterhin dem Konzil vorbehalten, dem erst unter Clemens' Nachfolger Paul III. nähergetreten werden konnte.

III. Karl V. an das Kardinalskollegium
Augsburg, 1530 Oktober 31

Mantua, Archivio di Stato, Archivio Gonzaga, busta 440, E II 3 (Original); Madrid, Real Academia de la Historia, Colección Salazar A 44, f. 207r–209r (Konzept)

Carolus [95] [a]Augustus divina favente clementia Romanorum imperator ac Germanie, Hispaniarum, utriusque Sicilie, Hierusalem etc. rex, archidux Austrie[a] etc. Reverendissimi in Christo patres, amici charissimi.

Postquam a vobis discessimus,[96] summum semper nostrum studium fuit, ut quam in componendis Italie rebus operam navaveramus, eam et (si fieri potest) accuratiorem in sedandis [b]variis Ger-

a–a Fehlt im Konzept.

b–b Im Konz. korrigiert aus „Germaniae tumultibus graviter".

93 Aleander an Sanga am 30. 3. 1532 aus Regensburg (Rom, Archivio Segreto Vaticano, Nunziatura di Germania 51, f. 148v–149v; Register).

94 G. Müller, Die drei Nuntiaturen Aleanders in Deutschland 1520/21, 1531/32, 1538/39, Quellen und Forschungen aus italien. Archiven und Bibl. 39 (1959), S. 236 ff.

95 Der Brief wird vollständig unter Zugrundelegung des Originals wiedergegeben. Die dort vorkommenden Abkürzungen wurden aufgelöst, ohne daß darauf durch Klammern aufmerksam gemacht würde (genauso wurde oben bei den Stellen verfahren, die Manuskripten entnommen wurden). Die Rechtschreibung wurde beibehalten. Es wurden lediglich der Gebrauch der Majuskel, die vokalische und die konsonantische Verwendung von u, v, i und j sowie die Zeichensetzung normalisiert.

96 Karl bezieht sich hier auf seinen Aufenthalt in Bologna 1529/30, wo er eine Reihe von Kardinälen traf, die den Papst dorthin begleitet hatten (Pastor IV, 2, S. 377 ff.).

manorum de religione studiis[b] adhiberemus. Nonnula[c] imprimis Christiane religionis signa et misteria, que apud windelicos prope abolevisse deprehendimus, extemplo restituimus, hereticas contiones[d] sustulimus,[97] ut ea fama per Germanie populos vagata bonumquemque in fide retineret, malos autem perterrefaceret. Deinde ubi tum Lutheranorum scriptis verbisque tum eorum, qui in fide perstant, iudiciis certam spem concepissemus futurum, ut si Christianorum generalem synodum Germanis polliceremur, bonos in fide continere malosque ad eam (depositis usque ad synodi decretum suis opinionibus) trahere possemus [e]idque etiam Reverendissimus cardinalis Campegius [98] istius sancte sedis a latere legatus sibi persuaderet,[e] ad Beatitudinem pontificis scripsimus, ut cum Sanctitatis Sue gratia et voluntate id nobis pollicere liceret,[99] quod, cum Sua Sanctitas vestri etiam ordinis ad id accedente consensu nobis concessisset,[100] summo Deo imprimis et deinde [f]eiusdem pontificis Beatitudini[f] vobisque omnibus ingentes gratias animo nostro[g] egimus, nimirum perspicientes quantum commodi[h] atque ornamenti is conventus Christiane reipublice et sancte isti sedi allaturus esset, sperantesque principes et populos, qui a Romane ecclesie obedientia recesserant, facile passuros, ut innovata omnia in pristinum statum usque ad Christiani conventus decretum reducerentur. Qua in re nos gnaviter atque serio una cum Serenissimo

c Im Konz. korr. aus „multa“.

d Im Konz. folgt gestrichen „non absque maxima contentione“.

e–e Im Konz. nachträglich hinzugefügt.

f–f Im Konz. korr. aus „Sue Beatitudini“.

g Im Konz. folgt gestrichen „propterea“.

h Im Original: „comodi“.

97 Der Kaiser hat z. B. verboten, daß die evangelischen Theologen während des Augsburger Reichstages predigten (H. Grundmann, Landgraf Philipp von Hessen auf dem Augsburger Reichstag 1530, Schriften des Vereins für Reformationsgesch. 176, Gütersloh 1959, S. 28 ff.).

98 Lorenzo Campeggio (1474–1539), 1517 Kardinal, seit Karls Abreise von Bologna nach Deutschland Legat am Kaiserhof.

99 Karls Brief vom 14. 7. 1530 gedr. Heine, S. 522–525.

100 Vgl. Clemens' Brief vom 31. 7. 1530 in Concilium Tridentinum IV, S. XLI–XLIII.

rege Ungarie et Bohemie[101] aliisque, Reverendissimo,[i] [102] Venerabilibus et Illustribus sacri Romani imperii electoribus et principibus, fratre, amico[i] et consanguineis nostris carissimis laboravimus et nihil non tentavimus, quo ad honestam aliquam concordiam rem prolapsam reduceremus, [j]cum eodem Reverendissimo legato, in quo nullam prudentiam neque virtutis partem desideravimus, omnia prius conferentes. Lutherani autem principes post multas variasque communicationes, in quibus dum nunc se concordie studiosos, nunc obstinatiores ostendunt nullamque in his constantiam invenimus,[j] vix dici posset, quantum temporis atque laboris consumpsimus, quantum tedii atque molestie devoravimus,[k] re tandem infecta abierunt,[103] veluti haec latius ex rerum gestarum ratione, quam isthuc mittimus, habebitis.[104] Nos certe, Reverendissimi patres, cum negocium hoc religionem et sanctam istam sedem[l] concernat, im-

[i] Im Konz. nachträglich hinzugefügt.

[j–j] Diese Satzkonstruktion ist durcheinandergeraten. Aus dem Konz. ist die ursprüngliche Fassung noch ersichtlich. Diese Worte wurden nämlich korr. aus „Lutherani autem principes, cum in dies magis atque magis obstinatiores redderentur, post multas variasque comunicationes in quibus".

[k] So im Konz.; im Or.: „devoraverimus".

[l] Im Konz. folgt gestr. „potius quam nos".

[101] Ferdinand I. (1503–64), seit 1526 König von Ungarn und Böhmen.

[102] Mit dem „Reverendissimus amicus", an den man sich nachträglich erinnerte, wie aus dem Konz. ersichtlich, ist der Legat Campeggio gemeint.

[103] Karl bezieht sich auf die Abreise der lutherischen Fürsten, besonders des sächsischen Kurfürsten vom Reichstag am 23. 9. 1530 (V. v. Tetleben, Protokoll des Augsburger Reichstages 1530, hrsg. von H. Grundmann, Schriftenreihe der Hist. Komm. bei der bayer. Akad. der Wissenschaften 4, Göttingen 1958, S. 166). Der Kaiser interpretierte auch in seinem Brief an den Papst vom 30. 10. 1530 die Ausgleichsverhandlungen mit den Lutheranern so, daß er gehofft habe, sie dadurch zur römischen Religionsübung veranlassen zu können, also das zu tun, was der Papst als Bedingung für die Einberufung des Konzils genannt hatte (Heine, S. 296 und 530).

[104] Diese ›Racio rerum gestarum in comitiis Auguste Windelicorum habitis pro religione Christiana anno Domini 1530‹ befindet sich in Simancas, Archivo General, Patronato Real 21–38 (ebd. liegen auch noch zwei Übersetzungen dieses Berichtes ins Spanische).

mortalem Deum testamur, nihil nobis molestius accidisse unquam quam quod per horum hominum pertinatiam Germanie dissenssiones[m] [!] componere non potuerimus.

Reque saepius cum eisdem electoribus aliisque principibus Catholicis communicata, tametsi communi omnium voto atque iudicio visum sit fieri non posse, ut malum hoc absque generali omnium Christianorum synodo e medio tollatur, praesertim quum ne ipsi quidem Catholici principes subditos suos nisi sub spe huius conventus in fide se continere posse sperent haberemusque a Beatitudine pontificis eam synodum promittendi facultatem, cum tamen Germanos ad eas quas Sua Sanctitas nobis prescripserat leges nullo pacto pertrahere potuerimus, nihil eis Sanctitate Sua inconsulta polliceri voluimus ad easque quas [n]tam Catholici quam Lutherani[n] indicende synodo,[105] [o]quam uno ore omnes nunquam non flagitabant,[o] imponere tentarunt conditiones, hoc tantum respondimus eum conventum non nisi in loco et forma dignitati sedis apostolice et Beatitudinis pontificis convenientibus et [p]aliis Christianis principibus gratis[p] indicendum esse, omnibus tamen polliciti sumus Sanctitatis Suae et totius vestri ordinis animum ad commodum et salutem reipublice habituros semper propensiorem. Quoniam autem [q]aliis mediis omnibus tentatis quam optabamus concordiam nulla ratione componere potuimus atque[q] Sua Sanctitas [r]ad nos[r] scrip-

[m] Im Konz. korr. aus „tumultus dissensionesque".

[n–n] Im Konz. korr. aus „illi".

[o–o] Im Konz. nachträglich hinzugefügt.

[p–p] Im Konz. korr. aus „aliorum Christianorum principum voto accedente".

[q–q] Im Konz. korr. aus „tentatis omnibus nihil hactenus aut certe parum profuerimus ad nosque".

[r–r] Im Konz. nachträglich hinzugefügt.

[105] Von den Protestanten war in der Vorrede zur Confessio Augustana ein „gemein, frei, christlich Concilium" gefordert worden (Die Bekenntnisschriften der ev.-luth. Kirche, Göttingen 1930, S. 48). Die altkirchlichen Stände forderten ebenfalls „ain gemain frey Concilium". Sie schlossen sich aber der Meinung des Kaisers an, die Protestanten sollten vorher zur bisherigen kirchlichen Praxis zurückkehren (T. Brieger, Beiträge zur Geschichte des Augsburger Reichstages von 1530, ZKG 12 [1890], S. 131 f.).

serit, ut qui in re presenti versaremur id eligeremus quod Dei et reipublice cause magis expedire videretur,[106] ut officio nostro coram omnipotenti Deo [s]et erga Suam Sanctitatem[s] satisfaciamus, aperte atque ingenue fatemur nullam nos viam aeque compendiariam, utilem neque minus periculosam ad componenda haec dissidia excogitare potuisse quam ut mature Christianorum conventus indicatur, in quo non modo hanc, quam statuere conamur, concordiam firmabimus, verum etiam plurimum commodi atque ornamenti reipublice Christiane, sed imprimis sancte isti sedi obveniet. Firmos in fide fortius astringemus, vacillantes firmabimus, novarum sectarum authores aut cohibebimus aut, ut partius et modestius scribatur,[t] efficiemus cum viderint se suae dogmatis in tanto conventu iamiam rationem reddituros, et in universum non tantum Germania sed alie quoque nationes, que facile licentiosissima hec dogmata recipere possent, in remedium adhiberetur suspensis animis decretum synodi expectabunt eique omnes unanimes adherebunt.

Quod autem nonnulli isthic existimant non expedire Christianorum conventum indicere ubi Christiani nominis hostis Turcarum tyrannus rebus nostris imminet,[u] [107] tantum[v] abest, ut Turcarum irruptionis causa conventus aut non indicendus aut rebus infectis dissolvendus sit, ut si nulla alia esset congregandae synodi ratio, haec sola ad id sufficiens, immo urgentissima esse videatur. Si enim cum uno aut altero principe Christiano Turcis congrediendum sit, quis non videt actum esse de republica Christiana? Si vero, quod facile in eo conventu fiet, communibus Christianorum omnium auspiciis bellum geratur, non modo rempublicam a Turcis defendemus, verum etiam (si Deus concesserit) Turcas in ovile Christi[108]

s–s Im Konz. nachträglich hinzugefügt.

t In den Vorlagen: „scribant".

u Im Konz. folgt gestrichen „quam sit a ratione alienum, vos ipsi iudicate".

v Im Konz. folgt gestrichen „enim".

106 Vgl. Concilium Tridentinum IV, S. XLII.

107 Diese Meinung hatte Clemens als ein Bedenken von Kardinälen hingestellt (ebd. S. XLI f.).

108 Vgl. Joh. 10, 16.

pertrahemus aut eos longe a nostris finibus submovebimus. Neque enim qui in componendis religionis rebus in eo conventu operam navabunt, [w]eorum in bello arma omnino necessaria erunt,[w] sed dum illi religionis negocium agunt, auxilium militibus pro religione pugnantibus commodius[x] subministrabunt, ita ut quod isthic pro maximo incommodo adducitur, inter precipuas utilitates[y] adnumerandum sit. Cum igitur ex indictione synodi tot commoda quot mala ex illius ommissione[z] futura videamus, ad Beatitudinem pontificis scribimus, ut eam actutum indicere[a] velit.[109]

Quod autem ad locum attinet, cum aliis vos principibus agite, nam pro parte nostra omnia Sue Sanctitatis et vestro arbitrio[b] relinquimus et quo illa innuerit[c] quam libentissime veniemus, tametsi Mantua et Mediolanum hic passim omnibus caeteris Italie civitatibus quia Germanie proximiores preferende esse videantur, tum quia de his erroribus agendum erit, qui maxime in Germania regnant, tum ut eorum, qui inviti eo venturi sunt, tergiversationibus via occludatur. Et quantum a Germanis principibus percipere potuimus, gravissime ferrent, si alio venire cogerentur.[110]

Praeterea ne, dum adornatur conventus quod ad Lutheranos principes et his adherentes [d]aliosque novarum sectarum authores his etiam longe perniciosiores[d] spectat, deseruisse videamur, [e]vos

w–w Im Konz. korr. aus „iidem ad arma sunt apti".

x Im Konz. nachträglich hinzugefügt.

y Im Konz. korr. aus „commoda".

z Im Konz. korr. aus „repulsa".

a Im Konz. folgt – ungestrichen! –: „caeterosque Christianos principes, qui facile suam auctoritatem sequentur, ad id inducere".

b Im Or. befindet sich hier zwecks besonderer Hervorhebung am Rand ein Strich.

c Im Konz. korr. aus „iusserit".

d–d Im Konz. nachträglich hinzugefügt.

e–e Im Konz. nachträglich hinzugefügt.

109 Vgl. Karls Brief vom 30. 10. 1530 bei Heine, S. 530–533.

110 Clemens hatte in seinem Brief vom 31. 7. 1530 die Ortsfrage als nicht wichtig hingestellt. Er hatte zwar an erster Stelle Rom vorgeschlagen, aber gemeint, wenn diese Stadt abgelehnt werde, daß dann Bologna, Piacenza, Mantua oder irgendein anderer größerer Ort in Italien in Frage käme (Concilium Tridentinum IV, S. XLIII).

una cum[e] Sua Sanctitate pro prudentia et innata pietate vestra cogitate[f] quidnam cum his agendum sit, [g]ut suborituris inde incommodis mature obviam eatur resque non oscitanter sed qua decet magnitudine geratur,[g] ut neque rempublicam in gravius aliquod discrimen adducamus neque officiis nostris, quibus divina bonitate fungimur, parum satisfaciamus. Nos enim tum ea ratione tum ut bonos in fide contineamus Sue Sanctitatis [h]et vestram[h] responsionem in Germania prestolabimur. Etsi quando negocio expedire iudicabimus, non regna atque dominia omnia nostra tantum, sed sanguinem atque animam ipsam nostram, quam Deo optimo maximo nos devovisse profitemur, grato atque libenti animo profundemus.[111]

Habetis, Reverendissimi patres, rerum hic gestarum, habetis consilii nostri rationem; vestrum nunc erit curare, ut quanto citius fieri poterit huiusmodi conventus adornetur, ne nostra conctatione hinc [i]morbus hic[i] omnium[j] contagiosissimus, inde Turcarum tyrannus ut potentissimus ita et audacissimus arrepta (ut solet) occasione in viscera nostra latius serpant quam ut facile utrunque malum expellere valeamus, sed vestra opera, vestra auctoritate atque consilio uno eodem tempore sua reipublice concordia restituatur et Christiani nominis hostes a nostris finibus submoveantur, dignam ab omnipotenti Deo mercedem, a nobis autem omnem animi gratitudinem habituri. Et valeant Reverendissime Paternitates Vestrae quam felicissimi. Datum in civitate nostra imperiali Augusta die ultimo mensis octobris anno Domini 1530, imperii nostri decimo.

[k]Yo el rey[k]

[f] Auch hier befindet sich im Or. am Rand ein Strich, der auf die dort gemachte Aussage besonders hinweist.

[g–g] Im Konz. nachträglich hinzugefügt.

[h–h] Im Konz. nachträglich hinzugefügt.

[i–i] Im Konz. korr. aus „morbum hoc".

[j] Im Konz. folgt gestr. „longe".

[k–k] Im Or. eigenhändige Unterschrift Karls V.

[111] Vgl. damit das Bekenntnis des Kaisers zur römischen Kirche während des Wormser Reichstages 1521 (Deutsche Reichstagsakten, jüngere Reihe ... unter Karl V., II, bearbeitet von A. Wrede, Gotha 1896, S. 595).

Nachtrag

Die archivalische Quelle, auf die in den Anmerkungen 47, 49 und 93 verwiesen wurde, ist inzwischen gedruckt worden in: Nuntiaturberichte aus Deutschland, nebst ergänzenden Aktenstücken, 1. Abteilung, 2. Ergänzungsband 1532, bearbeitet von Gerhard Müller, Tübingen 1969, S. 183 f.

Lazarus Spengler als Theologe

Für das Mittelalter war im kirchlichen Bereich der Unterschied zwischen dem Geweihten und dem Ungeweihten, zwischen der Hierarchie der Geistlichen und den Laien konstitutiv gewesen. Zwar hatten hervorragende Laien wie Kaiser und Könige auch für sich unmittelbare Beauftragung durch Gott und damit so etwas wie geistliche Qualität für sich in Anspruch genommen. Aber das waren Ausnahmen, die den grundsätzlichen Unterschied eher anerkannten als verschleierten. Priester wurde man durch Weihe, nicht durch theologische Bildung. Zwar gab es viele und große theologische Schulen – vor allem solche, die von Mönchsorden gefördert oder gar gebildet wurden –, aber man mußte nicht Theologie studiert haben, wollte oder sollte man Priester werden. Martin Luther ist dafür ein typisches Beispiel, der zur Vorbereitung auf seine Priesterweihe lediglich Gabriel Biels Erklärung des Meßkanons durchzuarbeiten hatte und der erst nach seiner Weihe von seinem Orden beauftragt wurde, Theologie zu studieren[1]. Die Hochachtung, die Geistlichen und Mönchen, die Gelübde abgelegt hatten, gebührte, konnte aber auch in Ablehnung umschlagen, wollten doch auch die Laien selig werden, denen dies aufgrund fehlender Weihe beziehungsweise fehlender Gelübde sehr viel schwerer fallen mußte. Der Widerstand, der den Priestern entgegentreten konnte, wird beispielsweise aus einem Gedicht des Sixt Dietrich deutlich, durch das er seinen Willen, „nit mer pfaff" sein zu wollen, dokumentiert: Viele Priester ringen „in doller wyß nach sachen", die ihnen zur Schmach geraten, so daß sie verlacht werden, wenn sie eine Messe lesen wollen. Durch die Messe wurde Gott lange verspottet, und die Menschen wurden um ihr Geld gebracht. Als Priester wurde Sixt Dietrich abgelehnt, jetzt, wo er kein Pfaffe mehr ist, kann er dagegen zu allen Menschen gehen, zu Adligen und zu Bauern[2].

---

[1] Vgl. dazu zuletzt Martin Brecht: Martin Luther. Sein Weg zur Reformation, Stuttgart 1981, S. 77–79 und 96ff.

[2] Das Gedicht wurde gedruckt bei Jörg Vögeli: Schriften zur Reformation in Kon-

Die Reformation hat den vorhandenen Widerwillen gegen Geistliche und Mönche nicht emotional aufgeladen, sondern einen grundsätzlichen theologischen Unterschied zwischen Geweihten und Ungeweihten bestritten. Luthers Behauptung, alle Christen seien Priester – nämlich durch die Taufe oder den Glauben[3] –, nahm den Vorrang der Hierarchie der Geistlichen vor den Laien hinweg und erhob Letztere auf diejenige Stufe, die bis dahin den Geweihten vorbehalten geblieben war. Zwar wurde das Amt dadurch nicht überflüssig, aber es hatte jetzt die Aufgabe, den Verkündigungsauftrag wahrzunehmen, und war nicht mehr Vermittlungsinstanz kirchlicher oder göttlicher Gnaden für diejenigen, die dieser entbehrten. Für die Verkündigung aber wurde Theologie wichtig, so daß die bisherigen und vor allem die neuen Amtsträger theologische Kenntnisse erwerben mußten. Aber auch Menschen, die nicht Theologie studierten, konnten sich solche aneignen, „Nichttheologen“ wie Philipp Melanchthon[4] konnten zu theologischen Kapazitäten werden, und Fürsten wie Philipp von Hessen konnten sich in theologische Fragen so weit einarbeiten, daß es möglich war, „Theologie und Laienchristentum“ bei ihm zu analysieren[5].

Zu denjenigen „Laien“[6], die früh Luther verteidigt haben, gehört der juristisch gebildete Nürnberger Ratsschreiber Lazarus Spengler[7]. Er war ein Mitglied des Staupitzkreises, der sich in der Reichsstadt gebildet hatte und

---

stanz 1519–1538, 2. Halbband, 1. Teil, Tübingen 1973 (Schriften zur Kirchen- und Rechtsgeschichte 40), S. 679–681.

[3] Vgl. M. Luther: An den christlichen Adel, in: WA 6, S. 407–411; vgl. „zu Luthers Ordinationsauffassung“ den Beitrag von Rolf Schäfer in diesem Band.

[4] Vgl. Wilhelm Maurer: Melanchthon als Laienchrist, in: ders.: Melanchthon-Studien. Gütersloh 1964 (Schriften des Vereins für Reformationsgeschichte 181), S. 9–19; Melanchthon hat allerdings noch als Professor in Wittenberg Theologie studiert und den Baccalaureus-Grad in diesem Fach erworben; er wurde aber nicht Dr. theol. und behielt auch seinen Lehrstuhl in der Artistenfakultät.

[5] Vgl. den gleichnamigen Aufsatz von Wilhelm Maurer in: ders.: Kirche und Geschichte. Gesammelte Aufsätze Bd. 1, Göttingen 1970, S. 292–318.

[6] Daß der Laie zur Zeit in der Forschung besonders aufmerksam beachtet wird, zeigt auch die Ankündigung eines Symposions über „Literatur und Laienbildung im Spätmittelalter und in der Reformationszeit“, das inzwischen durchgeführt worden ist, vgl. Archiv für Reformationsgeschichte 71 (1980) S. 317–319.

[7] Vgl. über ihn zuletzt Harold J. Grimm: Lazarus Spengler. A Lay Leader of the Reformation, Columbus 1978.

der für eine Erneuerung der Kirche aufgeschlossen war[8]. Bereits 1519 veröffentlichte Spengler anonym seine berühmte „Schutzrede“[9], in der er für Luther eintrat und Gedanken äußerte, die für ihn charakteristisch bleiben sollten: Die von dem Wittenberger Professor geäußerte Lehre ist Christus gleichförmig und deswegen dem Evangelium gemäß. Sie zeigt sich nach Spengler auch als geeignet, das Leben danach auszurichten, während bisher die Menschen nicht gelehrt worden sind, auf Gottes Gnade und Liebe, sondern auf ihre eigenen Werke zu bauen. Dadurch sind die Gewissen der Menschen unruhig gemacht worden, während jetzt die Kirche von Mißbräuchen gereinigt wird, wofür man Luther danken und ihn nicht als Feind der Kirche angreifen sollte. Überhaupt suche der Wittenberger nicht eigenen Gewinn, sondern lediglich Jesus Christus. Ein Konzil möge, so empfiehlt der Ratsschreiber, über die Streitfragen urteilen. Aber er persönlich ist sicher, daß Luther, den Gott gesandt hat und der sich auch erboten hat, sich eines Besseren belehren zu lassen, im Recht ist[10].

Obwohl die Schrift zunächst in Augsburg gedruckt wurde[11], wurde bald bekannt, wer ihr Verfasser war. Dies wurde für Johann Eck zum Anlaß zu erklären, Spengler sei von der päpstlichen Bannandrohungsbulle gegen Luther und dessen Anhänger betroffen[12]. Der Ratsschreiber ließ sich aber davon nicht einschüchtern, sondern hielt an seiner Überzeugung fest[13]. Luther lobte ihn wegen seines „großen Muts in christlicher Wahrheit“[14]. Auch bei den Nürnberger Verhandlungen, wie Spengler und der ebenfalls vom Bann bedrohte Patrizier Willibald Pirckheimer von der Gefahr befreit werden könnten, trat der Ratsschreiber „für das Recht jedes Christen, auch

---

[8] Vgl. Hans von Schubert: Lazarus Spengler und die Reformation in Nürnberg, Leipzig 1934 (Quellen und Forschungen zur Reformationsgeschichte 17), S. 155.

[9] Die Schutzrede wurde nachgedruckt von Johann Bartholomäus Riederer: Beytrag zu den Reformationsurkunden, Altdorf 1762, S. 197–208 und Theodor Pressel, Lazarus Spengler, Elberfeld 1862 (Leben und ausgewählte Schriften der Väter und Begründer der lutherischen Kirche 8), S. 16–26.

[10] Vgl. ebd.

[11] Vgl. Grimm: a. a. O. S. 36; die Schrift wurde noch öfter nachgedruckt, später mit Zusätzen Spenglers, vgl. von Schubert: a. a. O. S. 193.

[12] Vgl. von Schubert: a. a. O. S. 221 Anm. 3.

[13] Von Schubert verweist dafür auf eine nicht publizierte Schrift Spenglers, vgl. a. a. O. S. 209–214.

[14] WA.B 2, 217, 5.

des Laien“ ein, „die evangelische Wahrheit nach Kräften zu schützen“[15]. Dabei wurde klar theologisch argumentiert: „‚Der bapst kan kainen menschen uf erdreich verbannen oder seligmachen‘, kein Ablaß, nur die Gnade Gottes, die der Mensch recht gebraucht oder mißbraucht, bringt in den Himmel oder fördert zu der Hölle“. Spengler kritisert, daß der Papst sein Hirtenamt nicht wahrnehme, sondern mißbrauche, indem er Luther und dessen Anhänger stracks „zur ewigen verdammnis“ schicke. Spengler äußert den Verdacht, daß der Wittenberger nur deswegen angegriffen worden sei, weil er sich nicht auf theologische Fragen beschränkt, sondern auch Gebiete berührt habe, bei denen es um Geld geht. Die Bulle zeigt nach Spengler nur, daß der Papst keine Lehrautorität mehr besitzt – in der Sache biete die Bulle keine überzeugende Meinung, viel weniger ein begründetes Urteil, so daß der Nürnberger bei der Wahrheit bleiben will, die er erkannt hat[16].

Der Ratsschreiber hat sich bemüht, seine theologischen Erkenntnisse zu erweitern. Er schrieb Stellen aus Predigten oder anderen Äußerungen der Theologen Andreas Osiander[17], Wenzeslaus Linck[18] oder Dominikus Schleupner nach. Er sammelte theologische Dokumente, um für die erforderlichen Diskussionen gerüstet zu sein[19]. Manche wichtige Texte anderer Personen sind nur durch Abschriften erhalten geblieben, die Spengler mit eigener Hand angelegt hat[20]. Auch hielt er mit seiner Überzeugung nicht zurück, wo er meinte, kritisieren zu müssen. Vor allem aber faßte er die reformatorische Lehre in Verse, die in den Gemeindegesang eingegangen sind. In seinem Lied „Durch Adams Fall ist ganz verderbt menschlich Natur und Wesen“[21] konfrontierte er die Erbsünde und die durch sie hervorgerufene Veränderung des Menschen mit dem Trost, der auf Gott zurückgeht, oder

[15] Von Schubert: a.a.O. S. 234; vgl. auch die Dokumente, die Riederer in dem Anm. 9 genannten „Beytrag“ abgedruckt hat.

[16] Vgl. von Schubert: a.a.O. S. 251–253.

[17] Vgl. Andreas Osiander: Gesamtausgabe Bd. 1, Gütersloh 1975, S. 45f.

[18] Über Linck vgl. zuletzt Jürgen Lorz: Das reformatorische Wirken Dr. Wenzeslaus Lincks in Altenburg und Nürnberg (1523–1547), Nürnberg 1978 (Nürnberger Werkstücke zur Stadt- und Landesgeschichte 25).

[19] Vgl. Helene Burger: Ein reformationsgeschichtlicher Handakt Lazarus Spenglers, in: Zeitschrift für bayerische Kirchengeschichte 31 (1962) S. 30–39.

[20] Z.B. das Gutachten Osianders über die Eidesformel, das gedruckt wurde in: Andreas Osiander: Gesamtausgabe Bd. 2, Gütersloh 1977, S. (71) 73–78.

[21] Evangelisches Kirchengesangbuch Nr. 243.

genauer: auf Christus, der erneuerte, was verdorben war. Es ist also das zentrale Thema der Reformation, das er angeht: die Rechtfertigung des Sünders. In heute nicht mehr leicht zugänglichen Wendungen wird deutlich, was der Gottessohn bewirkte: Zerstörung der Gottesfurcht. Erinnert man sich daran, daß die spätmittelalterliche Theologie dazu neigte, den Menschen zu immer neuen guten Werken anzuregen, so wird hier unterstrichen, daß alles geschehen ist, was der Errettung des Menschen widerstand – ähnlich hat später dann auch die Confessio Augustana behauptet, daß zum „Trost der Gewissen" die evangelische Botschaft verkündet worden sei[22].

Spenglers Lied, das 1524 zum erstenmal bezeugt ist, weil es in diesem Jahr „in Johann Walters Chorbüchlein zu Wittenberg" erschien, ist, wie es in einer Überschrift von 1531 heißt, tatsächlich „ein geistlich Lied vom Fall und Erlösung des menschlichen Geschlechts"[23]. Denn in Worten, die starke Anklänge an biblische Aussagen enthalten (z. B.: „Er ist der Weg, das Licht, die Pfort, die Wahrheit und das Leben"), wird im Anschluß an die Konfrontation zwischen menschlichem Verderben und göttlichem Heil auf die Unüberwindlichkeit der göttlichen Güte hingewiesen: Aus der Hand des Sohnes vermag der Glaubende nicht herausgerissen zu werden. Auch wer jetzt Schweres erleidet, wem Unglück widerfährt („viel Unfall hie"), erfährt die Hilfe Gottes, wenn er sich „auf Gottes Trost" verläßt. Spengler schließt mit einem Lobpreis des göttlichen Wortes, wie ihn auch Martin Luther hätte formulieren können, und verweist auf Gottes Geist, der denen „hohe Gaben ... verheißt, die Hoffnung darauf haben". Es sind also alle Personen der Trinität genannt, ohne daß der Eindruck entsteht, hier würde Lehre buchstabiert, die um der Vollständigkeit willen auch noch die dritte Person der Gottheit erwähnt. Es ist gewiß kein Zufall, daß Spenglers Lied dreimal in der Konkordienformel begegnet, einmal in der Epitome und zweimal in der Solida Declaratio. Es gilt damals als ein Lied der Kirche, durch das die Erbsünde zum Ausdruck gebracht wird. Der Verfasser wird nicht genannt – wichtig ist der Inhalt[24]. Aus inhaltlichen Gründen wurde es im 18. und 19. Jahrhundert

---

[22] Vgl. „Das Augsburgische Bekenntnis. Studienausgabe." Herausgegeben von Jürgen Lorz, Göttingen 1980, S. 45.

[23] Johannes Kulp: Die Lieder unserer Kirche, Göttingen 1958 (Handbuch zum Evangelischen Kirchengesangbuch, Sonderband), S. 380.

[24] Vgl. Die Bekenntnisschriften der evangelisch-lutherischen Kirche, 6. Aufl., Göttingen 1967, S. 772, 17f., S. 844, 3f. und S. 851, 27f.

nicht mehr geschätzt[25], aber es bleibt dessen ungeachtet ein nicht nur historisch wichtiges Zeugnis eines Laien.

Daß für Lazarus Spengler Glaube und Politik zusammengehörten, geht aus Briefen hervor, die er mit seinem Straßburger Kollegen Peter Butz wechselte, die erst seit 1972 bekannt sind[26]. Der Nürnberger hat hier in den Jahren 1525–1530 seine theologische Kritik an den Straßburgern undiplomatisch offen geäußert. Er wußte davon, daß Straßburg und Nürnberg unter den Reichsstädten als die wichtigsten Förderer der Reformation angesehen wurden. Aber das hinderte ihn nicht, die sich daraus ergebende Gemeinsamkeit geradezu zu gefährden, indem er seinen Unwillen über die Straßburger Abendmahlslehre artikulierte. In dem Streit zwischen Luther und seinen Gegnern ergriff er eindeutig für den Wittenberger Partei und antwortete Peter Butz, der die Straßburger, zwischen Wittenberg und Zürich vermittelnde Lehre verteidigte, das klare Gotteswort werde bei ihnen verdunkelt. Butz konterte umgehend, das Heil sei nicht an äußere Zeichen gebunden, aber Spengler warf Ulrich Zwingli vor, er lasse sich durch die Vernunft zu Irrtümern verführen – was damit auch die Straßburger traf, soweit sie sich von Zwingli beeinflussen ließen. Der Nürnberger erhielt zu seiner Belehrung eine Schrift Zwinglis durch Butz zugesandt, aber auch diese vermochte seine Stellung nicht zu revidieren. Vielmehr teilte er dem Straßburger mit, daß der Nürnberger Rat den Verkauf der Werke des Züricher Reformators verboten habe[27], und er deutete mit keiner Silbe an, daß er sich davon distanziere.

Die Diskussion erreicht ihren Höhepunkt, als Spengler am 18. Dezember 1526 aus Nürnberg schreibt, die Einsetzungsworte Jesu für das Abendmahl seien klarer als irgendein anderes Wort der Heiligen Schrift. Auf diese „klaren, lautern worte Christi“ müsse man bauen, auch „wann die

---

[25] Vgl. Kulp: a.a.O. S. 380.

[26] Sie wurden von Jean Rott publiziert: La Réforme à Nuremberg et à Strasbourg: Contacts et contrastes, in: Hommage à Dürer. Strasbourg et Nuremberg dans la première moitié du XVIe siècle, Straßburg 1972 (Publications de la Société Savante d'Alsace et de Régions de l'Est, Collection „Recherches et Documents“ 12), S. 122–142; vgl. auch Gerhard Müller: Reformation und Stadt. Zur Rezeption der evangelischen Verkündigung, Mainz 1981 (Akademie der Wissenschaften und der Literatur, Abhandlungen der Geistes- und Sozialwissenschaftlichen Klasse Jahrgang 1981, Nr. 12), S. 30–33.

[27] Auch die Schriften Oekolampads wurden vom Nürnberger Rat verboten, vgl. Rott: a.a.O. S. 136 Anm. 4.

gantze welt in dieser materj für und wider das nachtmal Christi bücher" schriebe. Denn wer das Gotteswort nicht mit Furcht und Ehre durch den Glauben annehme, der werde alles, was „die gantz wellt mit irer vernunfft dawider erdencken, finden, schrepfen und auffbringen mag, vergebenlich in die hertzen zu treiben" versuchen. Spengler zitiert Jesaja 7,9: „Et nisi crediderítis, non intelligetis". Er hält diesen Streit für ein Werk des Teufels, was „wir nit allein sehen, sonder auch mit den henden greiffen" könnten. Der Ratsschreiber erweist sich als theologisch informiert, indem er nicht nur auf Änderungen in der Lehre Zwinglis, sondern auch auf Unterschiede zwischen ihm, Karlstadt und Oekolampad eingeht. Er hält schon diese Differenzen für ein Zeichen der Unrichtigkeit ihrer Lehren. Denn „welch opinion sollen wir nun für gerecht annehmen?" Spengler folgert: „Ist nit dises ein einige genugsame prob dises teufelsgeistes, so waiss ich nit, mit was grund wir die geister, ob sie auss Gott sein oder nit, probirn sollen"[28]. Er ist der Meinung, daß es keine Sünde sei zu glauben, „dass im brot und wein der leib und blut Christi sey". Denn dies sei in der Bibel an keiner Stelle verboten worden. Wo es aber kein Gesetz gebe, da gebe es auch laut Römer 5, 13 keine Übertretung. Rhetorisch sich ereifernd formuliert er: „So es dann nit sünd ist, was zeihen [trauen] sich dann dise irrige verfürer [nämlich die Straßburger Prediger und andere Anhänger dieser „teufels lere"], alle wellt mit irem irrsal zu verfullen und die leute mit gewalt dahin zu müssigen [zwingen], irem schwürmen anzuhangen?" Vielmehr könne umgekehrt gesagt werden, daß Zwingli und seine Freunde es wagten, „das liecht göttlicher warheit mit der vinsternus unser opinion . . . zu erleuchten, den schöpfer durch die creatur zu meistern und unserm verstand mer dann Gott zu vertrauen". Dies aber sei „die höchste gotslesterung, die grosse sünd und ein offenlicher irrsal" [Ketzerei]. Spengler rät, Butz möge dem Rat seiner Stadt nahelegen, dieser „irrigen predicanten verfürung" entgegenzutreten. Er weiß, daß er „ex zelo vero" gesprochen hat[29] – aber das berührt nur die Form und gewiß nicht den Inhalt der gemachten Aussagen.

Der Nürnberger Ratsschreiber erweist sich damit als ein engagierter, aber auch informierter Vertreter lutherischer Positionen. Er legt Wert auf die wahre Gegenwart Jesu Christi in Brot und Wein und vertritt Luthers Aussagen von der Klarheit der Schrift, die nicht durch die scheinbare „Weisheit"

[28] Vgl. Rott: a. a. O. S. 138f.

[29] Vgl. ebd. S. 139f.

der menschlichen Vernunft verdunkelt werden darf[30]. Spengler schließt sich auch darin dem Wittenberger an, daß er im Januar 1530 das Straßburger Bündnis mit Zürich, Bern und Basel tadelt. Denn es heiße zwar, daß dieses „christliche Burgrecht" nicht gegen den Kaiser gerichtet sei, aber da andererseits festgelegt worden sei, die Bündnispartner wollten sich zu Hilfe eilen, wenn einer von ihnen „mit gewalt und on recht" vom Evangelium abgebracht werden solle, müsse die Vorbehaltsklausel gegenüber dem Kaiser als eine Scheinbehauptung angesehen werden[31]. Auch Luther hat Anfang Januar 1530 ein Widerstandsrecht gegenüber dem Kaiser abgelehnt. Dieser ist von Gott gegebene Obrigkeit. Wie ein Fürst Obrigkeit gegenüber den Räten seiner landsässigen Städte ist, so auch der Kaiser gegenüber den Fürsten. Der Obrigkeit gegenüber kann man nur leiden. Aktive Gegenwehr ist illegitim[32].

Bekanntlich hat Luther aufgrund von juristischen Argumenten Ende 1530 seine Meinung revidiert. Dies ist auch in Nürnberg bekannt geworden und hat zu einem Briefwechsel zwischen Spengler und dem Wittenberger geführt. Denn der Ratsschreiber hatte sich in einem Gutachten ganz im Sinne Luthers gegen ein Widerstandsrecht der deutschen Stände gegenüber Karl V. ausgesprochen[33]. Er war dabei auf ein breites zustimmendes Echo in Nürnberg gestoßen. Nur Andreas Osiander widersprach[34]. Die Nachrichten aus Kursachsen erstaunten Spengler, dem Luther aber am 15. Februar 1531 schrieb, er habe seine Meinung nicht geändert. In Torgau sei „scharf" gestritten worden. Er habe den Satz, es sei erlaubt, auf Gewalt mit Gewalt zu antworten,

---

[30] Vgl. Friedrich Beißer: Claritas scripturae bei Martin Luther, Göttingen 1966 (Forschungen zur Kirchen- und Dogmengeschichte 18).

[31] Vgl. Rott: a. a. O. S. 141; vgl. auch das bei Pressel: a. a. O. S. 59–69 abgedruckte Gutachten Spenglers.

[32] In einem Gutachten für seinen Landesherrn vom 6. März 1530 meint Luther, gewaltsamer Widerstand der Fürsten gegen den Kaiser zieme sich genauso wenig wie derjenige des Bürgermeisters von Torgau gegen den „fursten zu Sachsen" (vgl. WA. B 5, S. 259, 49–54).

[33] Gedruckt bei Heinz Scheible (Hg.): Das Widerstandsrecht als Problem der deutschen Protestanten, Gütersloh 1969 (Texte zur Kirchen- und Theologiegeschichte 10), S. 29–39.

[34] Vgl. Andreas Osiander: Gesamtausgabe Bd. 3, Gütersloh 1979, S. 451–467; zwischen Spengler und Osiander kam es ab 1530 zu schweren Spannungen, vgl. ebd. S. 674–696; der Ratsschreiber korrespondierte jetzt mit Luthers Amanuensis, Veit Dietrich in Wittenberg, vgl. seine bei Moritz Maximilian Mayer: Spengleriana, Nürnberg 1830, S. 69–168 gedruckten Briefe.

nicht als ausreichende Begründung für einen Widerstand gegen den Kaiser angesehen. Die Juristen hätten dann erklärt, „es ließ das Kaiserliche Recht zu, in notorie iniustis violenter resistere potestati". Ob dies im politischen und kaiserlichen Recht so sei, wisse er nicht, fügte Luther hinzu, er erwarte noch die Beweise der Juristen; die Theologen seien jedenfalls bei ihrer früheren Meinung geblieben[35]. Auf eine schriftliche Anfrage Spenglers wiederholte Luther seine Deutung am 18. März 1531: Er könne dem weltlichen Recht nicht wehren. Als Theologe müsse er aber lehren, „daß ein Christ nicht soll widerstehen, sondern alles leiden"; auch auf den Satz: „Vim vi repellere licet", dürfe der Christ sich nicht berufen. Wenn die Juristen behaupten, der Christ habe als Bürger ein Widerstandsrecht, so lasse er das geschehen, denn darüber maße er sich kein Urteil an. Das müssen die Juristen „auf ihr Gewissen nehmen und zusehen, ob sie Recht haben". Als Theologe rate er von einem politischen Bündnis aber ab, weil er nicht wisse, ob dies nicht ein Ausdruck fehlenden Gottvertrauens sei. Was aber „auf Menschenvertrauen ohn Gott" gebaut werde, das gehe nicht gut aus, „wenn's gleich Recht und eitel Recht wäre. Denn Gott will seine Ehre auch haben in allem unsern Tun, Leben und Leiden"[36]. Spengler konnte also gewissermaßen mit Billigung des Wittenbergers an seiner Meinung festhalten, die er konsequenter durchgehalten hat als selbst Luther. Nürnberg, das als Reichsstadt seine Kaisertreue bewahren wollte, schloß sich dem Schmalkaldischen Bund Kursachsens, Hessens und anderer evangelischer Stände – auch Straßburgs! – nicht an, wozu Spengler mit seiner Meinung beigetragen hat.

Theologisch bedeutsam ist auch sein „kurtzer außzug auß den Bebstlichen rechten der Decret vnd Decretalen, In den artickeln, die vngeuerlich Gottes wort vnd Euangelio gemeß sein, oder zum wenigsten nicht widerstreben", der Anfang 1530 vorlag. Spengler hatte diesen „Auszug" auf eine Bitte von Markgraf Georg von Brandenburg hin erstellt[37]. Die Schrift erschien anonym, aber bereits Johann Bartholomäus Riederer hat den Nürnberger Ratsschreiber als ihren Verfasser nachgewiesen[38]. In seiner Vorrede beklagte Spengler, daß die Geistlichen mit der Exekution beginnen, daß sie zugleich Kläger, Richter und Exekutor sind und daß sie keine Appellation

---

[35] Vgl. WA. B 6, S. 36, 1 – S. 37, 33.

[36] Ebd. S. 56, 6 – S. 57, 37.

[37] Vgl. WA 30, II, S. 215.

[38] Vgl. dessen „Nachrichten zur Kirchen-, Gelehrten- und Bücher-Geschichte", 1. Bd., Altdorf 1764, S. 75–81.

zulassen. Dabei behaupten sie, sich auf das Kirchenrecht zu stützen. Deswegen wird in diesem Auszug zusammengestellt, was „Gottes Wort, menschlicher Erbarkeit und Billigkeit" entspricht, mit diesen „ungefåhr" übereinstimmt „oder doch wenigstens nicht entgegen sey". Das Ergebnis zeigt nach seiner Meinung, daß es „unverantwortlich" ist, daß die Geistlichen „bisher, wie die Spinnen, aus diesen geistlichen Rechtsbůchern nur das gezogen håtten, was Gott und Menschen ein Greuel sey, das aber, was darinnen gőttlich und christlich seye, gewaltsam unterdruckt håtten"[39]. Der juristisch gebildete Spengler leistete mit dieser Arbeit einen großen Dienst, weil er deutlich machte, worauf sich protestantische Argumentation sogar im überkommenen Kirchenrecht zu stützen vermochte. Luther hat diese Arbeit sehr begrüßt[40], während Herzog Georg von Sachsen süffisant bemerkte, nun sei ja bewiesen, daß der Wittenberger „mit Unrecht die geistlichen Rechte öffentlich verbrannt und geschrieben habe, ‚es sey nit eyn gut worth in allen geystlichen recht'"[41]. Auch wurden etliche Gegenschriften verfaßt, vor allem von Johannes Cochläus[42]. Es erschienen aber auch Nachdrucke, darunter solche mit einer Vorrede Luthers[43]. Der Laie Spengler hatte das Kirchenrecht theologisch befragt und damit auch von dieser Seite aus seine Qualität als Theologe unter Beweis gestellt.

Besondere Beachtung verdient sein Glaubensbekenntnis, das hier nicht so eingehend analysiert werden kann, wie es dies verdiente. 1527 entstanden, hat Spengler daran bis 1533 weitergearbeitet. Luther ließ es 1535 zusammen mit einer eigenen Vorrede drucken. Es wurde noch im gleichen Jahr in Nürnberg nachgedruckt und auch im 18. und 19. Jahrhundert in Arbeiten über den Nürnberger Ratsschreiber wiedergegeben[44]. Der Anlaß sind Beschuldigungen, die gegen ihn erhoben worden waren. Und zwar sind es nicht allein Gegner der göttlichen Wahrheit, sondern auch Menschen, „die Christen sein wollen", die ihn päpstlicher oder wiedertäuferischer Irrlehren verdächtigen.

---

[39] Ebd. S. 70f.

[40] Vgl. Wilhelm Maurer: Reste des kanonischen Rechtes im Frühprotestantismus, in: ders.: Die Kirche und ihr Recht, Tübingen 1976 (Jus ecclesiasticum), S. 145–207, bes. S. 187–204.

[41] WA 30, II, S. 216; gedacht ist an die Verbrennung vor dem Elstertor am 10. Dezember 1520.

[42] Vgl. WA 30, II, S. 216f.

[43] Gedr. ebd. S. 219.

[44] Vgl. Grimm: a. a. O. S. 178f.

Ihnen gegenüber will er Rechenschaft ablegen und seinen Glauben vor der ganzen Welt bekennen, damit man ihm nicht nach seinem Tod Ketzereien nachsagt. In fünfundzwanzig, nicht durchgezählten Punkten, die normalerweise mit „ich glaube und bekenne" eingeleitet werden, äußert sich Spengler.

Grundlage ist das Bekenntnis zum *einen* Gott, dem Schöpfer aller sichtbaren und unsichtbaren Dinge – mit deutlichem Anklang an das Nicäno-Konstantinopolitanum formuliert der Nürnberger. Der Confessio Augustana ähnlich folgt sofort die Zustimmung zur Trinitätslehre. Wie dort, so schließen sich auch hier die Aussagen über die Erbsünde an, welche den ewigen Tod zur Folge hätte, wenn Christus uns nicht von ihr und allen daraus folgenden Sünden geholfen hätte – wie in seinem Lied, werden also Hamartologie und Christologie vom Nürnberger Ratsschreiber miteinander verbunden. Letzterer wendet Spengler sich im vierten Abschnitt zu : Jesus Christus ist Gottes Sohn, der menschliche Natur an sich genommen hat und der „mein bruder" geworden ist. Im Anschluß an das Apostolikum – also ähnlich wie in Confessio Augustana Artikel 3! – wird das Heilswerk Jesu beschrieben und sofort auf das „pro me" abgehoben: Jesus Christus wurde gemartert und gekreuzigt, ist gestorben, wurde begraben und stieg nieder zur Hölle, „damit ich und alle menschen" von Sünde, Tod und Hölle befreit und mit Gott versöhnt werden; das Heilswerk des Gottessohnes hilft auch, damit wir Anfechtungen bestehen und aller unserer Feinde Herr werden[45].

Es folgt im fünften Punkt die Ablehnung der Werkgerechtigkeit und das Bekenntnis, daß nur Jesus Christus, „warer Gott und mensch, mein einige gnugthung, heiligckeit und gerechtickeit" sei. Wie Luther, so betont auch Spengler, daß Christi Tod unnötig gewesen wäre, wenn wir selbst unsere Gerechtigkeit schaffen könnten. Hier läßt sich also eine Gedankenabfolge beobachten, die auch im Augsburger Bekenntnis in den ersten vier Artikeln vorliegt. Eine noch größere Nähe besteht aber zu Luthers Bekenntnis, der 1528 ebenfalls Person und Werk Jesu Christi eng miteinander verbunden hat[46]. Spengler geht es dabei aber nicht um die Entfaltung theologischer Gedanken oder gar um die Schaffung eines ganzen dogmatischen Systems, sondern um den Trost, der ihm zuteil wird, wenn er sieht, daß Gott sogar seinen

---

[45] Ich zitiere nach dem Wittenberger Druck von 1535: Bekendnis Lazari Spengler weiland Syndici Der Stadt Nurmberg, Bl. A III b–IV b. Dabei wurden der Gebrauch von i, j, u, v und w sowie Zeichensetzung und Getrennt- bzw. Zusammenschreibung zwecks besserer Lesbarkeit normalisiert.

[46] Vgl. WA 26, S. 500–505.

Sohn eine Zeitlang „sincken" ließ. Denn dadurch wird er gewiß, daß Gott „auch unser in der forcht und angst des todts verschonen und aus dem todt in das leben furen wird". Während der Ratsschreiber dies im Abschnitt sechs ausführt, bedenkt er in den Punkten sieben und acht die Himmelfahrt des Gottessohnes, seine Wiederkunft zum Gericht und deren Bedeutung für den Glaubenden: Durch die Auffahrt in den Himmel wurde Jesus Christus „zugleich mit Gott ein Kunig und herr ... uber alle ding im himel, auff erden und in der helle" – ein deutlicher Anklang an Philipper 2, 9–11. Der Laie fährt wiederum fort mit dem Bekenntnis, was dies für ihn bedeutet: Darum kann und will der Gottessohn „mir und alle[n] glaubigen in allen unsern anligen und noten, auch widder unsere veinde und widerwertigen helffen". Wie Luther in der Erklärung zum dritten Artikel des Glaubensbekenntnisses im Kleinen Katechismus[47], so spricht auch Spengler von „mir und allen Gläubigen". Realistisch wird auch von Feinden und Gegnern geredet, gegen die Jesus Christus helfen könne und wolle[48].

Dem Heiligen Geist ist der folgende Abschnitt gewidmet. Spengler formuliert, daß er ihn als wahrhaftigen Gott wie Vater und Sohn glaubt und bekennt, hält sich aber nicht mit dogmatischen Erörterungen auf, sondern richtet sein Interesse sofort auf das, was er an „mir und allen Gläubigen" tut: Durch seine Wirkung und seine Kraft erhalten wir, was uns zur Seligkeit erforderlich ist; außerdem stärkt der Heilige Geist diejenigen, die im Glauben schwach sind; er tröstet die erschrockenen Gewissen und bittet uns frei, „weil er der ist, mit dem der Vater durch Christum und in Christo alle ding wirckt und lebendig macht". Diese Aussage leitet über zum Verständnis der Kirche. Spengler meint im nächsten Abschnitt, es gebe auf der Erde nur eine einzige Kirche oder Gemeinde, nämlich die „versamlung aller glaubigen, heiligen menschen". Sie besitzt nur eine Taufe, nur einen Glauben, nur einen Gott, Herrn und Geist. Der Ratsschreiber definiert sie als „leib Christi, durch das wort seins heiligen Euangelions geborn, die auch durch seinen heiligen Geist erhalten und in den heiligen Sacramenten teglich gemeret" und gestärkt wird. Damit werden paulinische Kategorien vorgebracht, die von der Lutherischen Reformation nachdrücklich rezipiert worden waren: Der Vorrang des Wortes ist deutlich. Die stark von der Bibel beeinflußte Sprache des Nürnbergers wird auch hier offenkundig, wenn er meint, hier werde die „vernunfft gefangen" genommen „unter den gehorsam des glaubens". Was

---

[47] Vgl. Bekenntnisschriften: a. a. O. S. 512, 8f.

[48] Vgl. Spengler: a. a. O. Bl. A IVb–B Ib.

bei Paulus „Gehorsam Christi" heißt (2. Kor. 10, 5), ist hier jedoch zum „gehorsam des glaubens" geworden – die zentrale Bedeutung, die die fides im Protestantismus gewonnen hat, findet darin ihren Ausdruck. Spengler bekennt sich auch zum altkirchlichen Satz „extra ecclesiam nulla salus", definiert aber an dieser Stelle nicht, wo denn die „eine Kirche" auf der Erde ihre Konkretion findet[49]. Nur indirekt kann man folgern, daß sie sich in den evangelischen Gemeinden versammelt, denn Schwärmer und Päpstliche verkündigen ja nicht Gottes Wort.

In den beiden folgenden Abschnitten wird die Auferstehung aller Menschen bekannt, die durch den Heiligen Geist vollzogen wird, und die Scheidung der Menschen, durch die die „frumen und glaubigen" ewiges Leben, aber die Sünder „ewigs sterben" erfahren werden. Zum Christusgeschehen als dem zentralen Ereignis kehrt Spengler zurück, wenn er im (nach unserer Zählung) dreizehnten Abschnitt den Gottessohn als alleinigen Weg, Tür, Licht oder Mittler zwischen Gott und den Menschen bezeichnet. Christus bittet „on unterlas fur uns . . . bey dem vater, nicht die verstorben heiligen odder Creaturen". Damit deutet sich der Übergang zu abgrenzenden Äußerungen an, die zum Ausdruck bringen sollen, daß der Ratsschreiber weder etwas mit der „papistischen" noch etwas mit der wiedertäuferischen Lehre im Sinne hat. So wiederholt er im nächsten Punkt Luthers Meinung, daß die Heiligen nachzueifernde Exempel für uns seien, daß sie aber nicht als Mittler, Nothelfer und Fürbitter angerufen werden sollen, eine Meinung, die auch im 21. Artikel der Confessio Augustana ihren Niederschlag gefunden hat[50]. Von Maria, der Mutter Gottes, wird im fünfzehnten Punkt gesprochen, ohne daß die bisherige Marienfrömmigkeit kritisiert würde. Vielmehr gilt Maria im Anschluß an Luk. 1 als „vol aller gnaden" und angemessener Weise „aller ehren und lobs" würdig. Für das menschliche Gewissen wird im folgenden Abschnitt allein Gottes Gebot als Norm anerkannt, eine Norm, der nichts hinzugefügt, von der aber auch nichts hinweggenommen werden darf. Dies wird in Punkt siebzehn fortgeführt, wenn es heißt, was Gott „frey gelassen" habe, müsse es auch bleiben und dürfe nicht als ein „Gottesdienst" deklariert oder als „notig . . . zur seligkeit" hingestellt werden[51]. Eine solche Konzentration war ja allgemein in der Reformation vertreten worden. Speng-

[49] Vgl. ebd. Bl. B Ib–IIa.
[50] Vgl. Lorz: Bekenntnis S. 43f.
[51] Vgl. Spengler: a.a.O. Bl. B IIa–C Ia.

ler schließt sich hier an und dokumentiert dadurch seine Zugehörigkeit zu ihr.

Der umfangreiche achtzehnte Punkt wird zur Abgrenzung von den Spiritualisten verwandt. Spengler bindet die Erkenntnis des Gottessohnes, die Sündenvergebung und die Mitteilung des Heiligen Geistes an „das mundliche wort und predigampt". Er widerspricht „den schedlichen, irrigen geistern . . ., die solich eusserlich predigampt verachten" und die Predigt aus der Kirche verstoßen wollen, in der Meinung, „als ob Gott durch ein sonderliche und nicht diese [all]gemeine weys odder durch ein sonderlich liecht odder offenbarung inwendig im hertzen die eusserlichen predig und Sacrament mit inen handle und den heiligen geist gebe"[52]. Auch Luther hatte sich ähnlich von den „Schwärmern" abgegrenzt[53]. Das Augsburger Bekenntnis hatte an dieser Stelle ebenfalls sehr klar und deutlich geredet[54]. Damit stimmt Spengler ganz und gar überein. Daß dies bei ihm nicht nur Wiederholung gehörter Aussagen ist, beweist sein Interesse an Nürnberger Predigten, das wir eingangs festgestellt haben.

Bevor er auf die Sakramente zu sprechen kommt, vervollständigt er noch im folgenden Abschnitt sein Verständnis der guten Werke: sie sind ein schuldiger Dank zu Gott, dienen der „todtung des alten, sundlichen adams" und geschehen dem Nächsten zu Nutz und zu Gute. Ihr Motiv ist die Liebe (wie Luther es in der „Freiheit eines Christenmenschen" 1520 zum Ausdruck gebracht hatte) und nicht zukünftige Belohnung durch Gott. Was nicht aus Liebe und damit „nicht im glauben" geschieht, kann Gott nicht gefallen und ist der faulen Frucht des bösen Baumes zu vergleichen[55]. Die Frage der Rechtfertigung und der guten Werke war Spengler also so wichtig, daß er nochmals im Zusammenhang der Abgrenzung von den Spiritualisten darauf einging.

Bei seiner Zielsetzung mußte seine Stellungnahme zu den Sakramenten besonders wichtig sein. Der Ratsschreiber behandelte sie in den Abschnitten 20–22, in denen er nur auf Taufe und Abendmahl eingeht. Die anderen Sakramente der spätmittelalterlichen abendländischen Kirche werden nicht einmal erwähnt, was verdeutlicht, wie unwichtig sie ihm sind. In bezug auf

---

[52] Vgl. ebd. Bl. C Ib.

[53] Vgl. Wilhelm Maurer: Luther und die Schwärmer, in: ders.: Kirche und Geschichte Bd. 1, S. 103–133.

[54] Vgl. Lorz: a.a.O. S. 21.

[55] Vgl. Spengler: a.a.O. Bl. C Ib–IIa.

die Taufe wird die reformatorische Bejahung der Kindertaufe wiederholt: sie ist ein Zeichen göttlicher Huld, „durch welchs sich Gott zu uns verbindet und zusagt, uns durch Christum gnedig zu sein"; auch bewirkt sie Sündenvergebung. Die Meinung „der Rottengeister und widdertauffer" wird als Ketzerei hingestellt: sie begründen nämlich „dieses heilsam bundzeichen und Sacrament auff der menschen glauben, der doch on mittel ein gabe Gottes ist, und nicht auff sein gotliche zusagung, die bestendig, krefftig und unverendert bleibet"[56]. Dementgegen schließt Spengler sich Luthers Meinung an, die auch in der Confessio Augustana wiederholt wird[57].

Auch das Abendmahl ist Gottes Werk, durch das „leben und gerechtigkeit" erhalten, gespeist und gestärkt werden zur „vereinigung Christi mit seinen glidern, also das er in uns und wir in ime leben, das er auch bis zum ende der welt bey uns bleiben wil". In Taufe und Abendmahl handelt also Gott. An die Stelle seines Werkes darf kein menschliches Tun treten. Dies wird unterstützt durch das Bekenntnis, daß „unter brot und wein wahrhafftigklich geessen und getruncken" wird der Leib und das Blut Christi. Weil nicht nur der alte Mensch in uns sterben, sondern auch der neue Mensch, „der mit Christo eines, Ja Christus selbs ist, in uns gepflantzt werden mus", ist der Nürnberger davon überzeugt, daß im Abendmahl nicht nur schlichtes Brot und Wein vorhanden sind, denn die würden dafür nichts nützen. Jeder symbolischen Deutung der Abendmahlselemente wird scharf widersprochen – diese würde nach seiner Auffassung Christus „zu einem lůgner zu machen" wagen[58]. Der Sprachgebrauch, daß der neue Mensch „mit Christus eins, ja Christus selbst ist", ist auffällig. Er deutet in die Richtung Osiandrischer Theologie und findet sich so wörtlich in einigen Fragen, die Osiander und der Prediger an St. Sebald in Nürnberg, Dominikus Schleupner, 1525 formuliert haben[59]. Spengler erweist sich hier also deutlich von Nürnberger Theologie beeinflußt, wie sie vor allem Andreas Osiander vertrat. Aber er konnte diese als mit derjenigen Luthers identisch ansehen, gab es doch in der Abendmahlslehre keine Kontroverse zwischen dem Wittenberger und den Nürnberger Predigern.

Der Ratsschreiber schließt sein Bekenntnis in den drei letzten Punkten mit Äußerungen zum Staat ab. Von Römer 13 ausgehend, erklärt er die An-

[56] Vgl. ebd. Bl. C II a.
[57] Vgl. Lorz: a.a.O. S. 25.
[58] Vgl. Spengler: a.a.O. Bl. C II a–b.
[59] Vgl. Osiander: Gesamtausgabe Bd. 2, Gütersloh 1977, S. 220, 9–11.

wendung der Gewalt durch die Obrigkeit als göttlicher Ordnung gemäß. Deswegen darf ein Christ Funktionen in der weltlichen Obrigkeit übernehmen und auch das weltliche Schwert führen. Dieses zwingt die Gottlosen, „das sie den nechsten nicht schaden", und schützt die Unschuldigen. Die Frommen benötigen das weltliche Schwert nur, soweit sie Fleisch und Blut sind. Sie gehorchen dem Staat, soweit nicht verdammliche Dinge von ihnen gefordert werden. Darauf geht Spengler noch genauer ein: der Christ gehorcht dann zwar nicht, aber er widersetzt sich auch nicht mit Gewalt, „sondern allein mit Gottes wort". Wird er deswegen verfolgt, so soll er es „umb Gottes willen leiden" oder aber fliehen, wenn er dadurch niemand gefährdet[60]. Es ist unschwer festzustellen, daß Spengler damit Luthers Meinung über den Staat, die Anwendung von Gewalt und die Stellung des Christen dazu wiederholt, wie sie auch in Nürnberg vertreten wurde[61].

Ohne die üblichen Einführungsworte „Ich glaube und bekenne" (bzw.: „Ich bekenne und glaube") folgt noch ein Abschnitt, in dem sich der Nürnberger von der päpstlichen Messe distanziert; sie sei zu einem Jahrmarkt geworden. Positiv stellt Spengler dem entgegen, er sei „gewis, ... das Christus mit dem einigen opffer seines leidens und sterbens am Creutz fur aller menschen sunde bezalt, gnuggethan und alle glaubigen in ewigkeit geheiliget hat"[62]. Es ist die Frage, ob dieser Abschnitt hinzugefügt wurde, weil zwar die Abgrenzung von den Spiritualisten, aber nicht die zu den Anhängern des Papsttums vorher deutlich formuliert worden war, oder ob dieser Abschnitt durch seine besondere Gestaltung hervorgehoben werden sollte. Jedenfalls ist das Bekenntnis, das Spengler vorträgt, lutherisch und enthält Distanzierungen, die direkt ausgesprochen oder implizit enthalten sind.

Der Ratsschreiber erklärt, daß er bei diesem Glauben mit Gottes Hilfe bis zu seinem Tode bleiben wolle. Er ist aus Gottes Wort seines Glaubens gewiß und erklärt, daß es nur teuflische Einflüsterungen sein könnten, wenn er sich

---

[60] Vgl. Spengler: a. a. O. Bl. C IIb–IIIa.

[61] Z. B. von Osiander (vgl. etwa Gesamtausgabe Bd. 2, S. 83–100), wenn dieser auch, wie wir sahen, in bezug auf das Widerstandsrecht einer deutschen Obrigkeit gegen den Kaiser anders urteilte als Spengler; zu Luther vgl. auch Gerhard Müller: Luthers Zwei-Reiche-Lehre in der deutschen Reformation, in: Denkender Glaube. Festschrift Carl Heinz Ratschow, Berlin/New York 1976, S. 49–69; vgl. auch „Gottes Wirken in seiner Welt. Zur Diskussion um die Zweireichelehre", 2 Bde, hg. v. Niels Hasselmann, Hamburg 1980.

[62] Vgl. Spengler: a. a. O. Bl. C IIIa–b.

einmal anders äußern sollte. Spengler schließt mit dem Gebet, daß Gott ihm seine Gnade geben möge, damit er „in diesem glauben bestendiglich" verharre „und also von hinnen" abschneide, damit er die Zukunft Jesu Christi „mit einem frolichen, unerschrocken gewissen erwarten muge"[63]. Luther hat in seiner Vorrede dieses Bekenntnis gelobt[64]. Er hat überhaupt dafür gesorgt, daß es publiziert wurde. Aus einem persönlichen Text wurde dadurch ein öffentliches Bekenntnis, was aber Spenglers Intention nicht widersprach. Jedenfalls setzten diese Aussagen einen Schlußpunkt unter theologische Äußerungen eines „Laien" der Reformationszeit, dessen Glaubensverständnis und -bekenntnis als beachtliches Ergebnis reformatorischer Verkündigung[65] angesehen werden kann.

---

[63] Vgl. ebd. Bl. C IIIb–IVa.

[64] Vgl. WA 38, S. 313f.

[65] Seine Sorge um die Reformation bezeugt auch Spenglers Brief an Luther Ende August 1530 während einer schwierigen Phase des Augsburger Reichstages, vgl. Gerhard Müller: Die Anhänger der Confessio Augustana und die Ausschußverhandlungen, in: Erwin Iserloh (Hg.): Confessio Augustana und Confutatio, Münster 1980 (Reformationsgeschichtliche Studien und Texte 118), S. 243–257, bes. S. 253–256.

Luthers Christusverständnis

Mittelpunkt und tragendes Fundament der Theologie Martin Luthers sind wie bei anderen großen Theologen — ich nenne nur Paulus und Augustin — umstritten. Kürzlich erschien ein Buch eines schwedischen Theologen über die Theologie der Schöpfung bei Luther, in dem unversehens dieser Fragenkreis zu einem zentralen wurde, um den sich andere Gebiete gruppierten, die dabei untergeordnet wurden[1]). Wenn ich jetzt die Meinung äußere, daß wir uns bei Luthers Aussagen über Jesus Christus im Mittelpunkt seiner Theologie befinden, dann kann man denken, diese These sei von einer ähnlichen Überschätzung des eigenen Themas hervorgerufen worden. Doch hören wir Luther selber. In den Tischreden wird folgender Ausspruch überliefert: „Die wahre Theologie ist eine praktische, und ihre Fundament ist Christus" [2]). Hinzu kommt, daß WILHELM MAURER nachweisen konnte, daß „der Einheitspunkt, von dem aus Luthers Theologie in allen Hauptteilen verständlich wird, die Christologie ist", und daß die „eigentliche Stätte" für Luthers „simul" ebenfalls in der Christologie zu finden ist[3]). Die bekannte Formel „simul iustus et peccator" — gerecht und Sünder zugleich — in der Rechtfertigungslehre, die Luther ja zu dem Artikel gemacht hat, an dem sich der Bestand oder der Zusammenbruch der Kirche entscheide[4]), steht in einem unmittelbaren Zusammenhang mit dem christologischen „simul": Jesus Christus ist zugleich Gott und Mensch[5]). Mir

1) David Löfgren, Die Theologie der Schöpfung bei Luther, Göttingen 1960; vgl. dazu die m. E. berechtigte Kritik von Franz Lau, Theologie der Schöpfung gleich Theologie überhaupt? Zur Auseinandersetzung mit Löfgrens Luther-Buch, in: Luther-Jahrbuch 29, Hamburg 1962, S. 44—51.

2) „Vera Theologia est practica, et fundamentum eius est Christus", D. Martin Luthers Werke, Weimar (zit.: WA), Tischreden 1. Bd., S. 72 Z. 16 f.; vgl. auch Paul Althaus, Die Reformation als Bekenntnis zu Jesus Christus, in: Luther. Mitteilungen der Luther-Gesellschaft 27, 1956, S. 97—105. Thomas von Aquin dagegen formulierte: Sacra doctrina „magis ... est speculativa quam practica: quia principalius agit de rebus divinis quam de actibus humanis" (Summa Theologica I q. I, art. IV).

3) Vgl. Wilhelm Maurer, Die Einheit der Theologie Luthers, in: Theologische Literaturzeitung 75, 1950, Sp. 251 und 249.

4) Vgl. Luthers „Schmalkaldische Artikel" in: Die Bekenntnisschriften der ev.-luth. Kirche, Göttingen 1930, S. 415 f. und WA 39, I, S. 205 f. Zu der Formulierung „articulus stantis et cadentis ecclesiae" (die so bei Luther nicht vorkommt) vgl. Friedrich Loofs, Der articulus stantis et cadentis ecclesiae, Programm der theologischen Fakultät der Universität Halle-Wittenberg zum 31. Oktober 1917.

5) Wilhelm Maurer hat in dem Artikel „Reformation" in: „Die Religion in Geschichte und Gegenwart" (zit.: RGG), 3. Aufl. Bd. 5, Tübingen 1961, Sp. 864 davor gewarnt, die in Luthers Theologie auftretenden „Spannungspaare, obwohl sie miteinander in Beziehung stehen, alle auf ein einziges zurückzuführen." Dadurch würde der Zugang zur Dynamik der Aussagen Luthers verbaut werden. Es ist jedoch notwendig, den Zusammenhang der Christologie mit der Rechtfertigungslehre in der Theologie des Wittenberger Reformators zu betonen.

scheint das wesentlich zu sein. Denn dadurch wird deutlich, daß wir uns in der Frage nach dem Christusverständnis bei Luther nicht auf einem Gebiet bewegen, das für den Reformator gar keine oder kaum noch eine Bedeutung hätte. Das Gegenteil ist der Fall. Wenn Luther von Jesus Christus spricht, dann gibt er nicht etwa nur traditionelle Verlautbarungen weiter, sondern seine gesamte Theologie wird von dem bewegt, was über den menschgewordenen Gottessohn auszusagen ist.

Dabei müssen wir uns klar machen, daß Luther kein Interesse an einem wohlgeordneten theologischen System hatte. Seine Bemerkungen über Christus fallen häufig beiläufig, wenn sie ihm nicht geradezu durch Gegner im Zuge kontroverstheologischer Streitigkeiten — etwa über das Abendmahl — abgerungen werden. Eine Arbeit, in der er wohlgeordnet eine Christologie vorgetragen hätte, hat er nie verfaßt. Darauf ist es zurückzuführen, daß sich Widersprüche in seinen Aussagen über Jesus finden. Es lassen sich verschiedene Momente christologischer Traditionen eruieren[6]). Das hat in erster Linie seine Ursache in der Tatsache, daß bei Luther Christus-Frömmigkeit und die exakte Lehre vom menschgewordenen Gottessohn nicht mehr zwei Gebiete sind, die — wie im Mittelalter[7]) — nebeneinander und in Spannung zueinanderstehen, sondern daß sein Christusverständnis, seine Christologie, Christus v e r k ü n d i g u n g ist, wie Ernst Wolf herausgestellt hat[8]). Damit steht Luther neben Paulus[9]). Die theologische Lehre von Jesus Christus ist für Luther nichts anderes als die Predigt von ihm. „Die wahre, die echte Theologie ist eine praktische", so hörten wir von ihm. Es kann nur hilfreich sein, wenn die Gestalt jenes Mannes von Nazareth, die trotz verschiedenster Beleuchtungen nie in den Griff zu bekommen ist, von verschiedenen Seiten her angegangen und verkündigt wird. Luther war sich darüber im klaren, daß er gerade in dieser entscheidenden Frage nicht über einen Torso hinausgekommen ist. Er sagt: „In meinem Herzen regiert ein einziger Artikel, nämlich der Glaube an Christus, aus dem, durch den und zu dem Tag und Nacht alle meine theologischen Erwägungen her- und widerfließen; und dennoch sehe ich, daß ich von der Weisheit einer so großen Höhe, Breite und Tiefe nichts verstanden habe außer schwachen und armen Anfangsgründen, die nur wie Fragmente sind" [10]). Selbst wenn man ein rhetorisches Element bei dieser Formulierung in Rechnung stellt, dann wird doch deutlich, daß Luther sich mit der Frage nach Jesus Christus abgemüht und trotz aller — gerade an dieser Stelle sachgemäßen — Unvollkommenheit zu Aussagen vorgestoßen ist, die unsere Aufmerksamkeit verdienen. Ich möchte die hier bei der Kürze der Zeit nur skizzenhaft vortragbaren Gedanken gliedern in: „Jesus Christus, wahrhaftiger Gott"; „Jesus Christus, wahrhaftiger Mensch"; „Amt und Werk Jesu Christi" und schließlich: „Christus und die Christen".

---

6) Vgl. auch P a u l A l t h a u s, Die Theologie Martin Luthers, Gütersloh 1962, S. 171—175.

7) Siehe oben S. 37.

8) E r n s t W o l f, Die Christusverkündigung bei Luther, in: Peregrinatio. Studien zur reformatorischen Theologie und zum Kirchenproblem, München 1954, S. 30 ff.

9) Siehe oben S. 13.

10) WA 40, I, S. 33 Z. 7—11.

I.

Jesus Christus, wahrhaftiger Gott

In der Erklärung des zweiten Glaubensartikels in Luthers Kleinem Katechismus, die schon aus sprachlichen Gründen öfter gelobt worden ist, heißt es: „Ich glaube, daß Jesus Christus, wahrhaftiger Gott, vom Vater in Ewigkeit geborn, und auch wahrhaftiger Mensch, von der Jungfrau Maria geborn, sei mein Herr" [11]). Diese Formulierung macht deutlich, daß Luther das altkirchliche Dogma von Jesus Christus akzeptiert hat. Er hat niemals an der Zweinaturen-Lehre gerüttelt. Jesus Christus ist zugleich Gott und Mensch in einer Person. Das ist nach seiner Meinung der neutestamentliche Befund, der von den altkirchlichen Konzilien richtig interpretiert und definiert worden sei. Zwar hat Luther an dem Terminus ὁμοούσιος (wesenseins) Kritik geübt, der in Nizäa 325 n. Ch. festgelegt worden war. Aber er hat dazu geäußert: „Wenn ich das Wort Homousios nicht mochte und es nicht gebrauchen wollte, dann war ich deswegen kein Häretiker. Wer zwingt mich, es zu gebrauchen, wenn ich nur die Sache festhalte, die im Konzil [von Nizäa] auf Grund der Heiligen Schrift definiert worden ist?" [12]) In der Heiligen Schrift wird — so meint Luther — Jesus Christus als wahrer Gott und wahrer Mensch verkündigt. Die Dogmen, die die alte Kirche über ihn erarbeitete, sind legitim. Wenn man auch in Anfechtungen über diese Aussagen geraten kann, so erweist sich doch Gottes Wort als das stärkere. Den Angriff Michael Servets auf die Trinitätslehre hat Luther kaum beachtet [13]) und es auch nicht für notwendig gehalten, sich öffentlich dazu zu äußern. Gott selber überwindet den im Glauben Angefochtenen in Jesus Christus, in dem er ganz und gar gegenwärtig ist. Für Luther steht es unverrückbar fest: in Jesus Christus wurde der Schöpfer zum Geschöpf. Er ist „jnn Gott und Gott jnn jm" [14]).

Nun gilt es aber, das gegen Mißverständnisse nach zwei Seiten abzugrenzen. Einmal ist festzuhalten, daß Jesus Christus zwar wahrhaftiger Gott, aber nicht identisch mit Gott dem Vater ist. Zum anderen muß herausgestellt werden, daß Jesus Christus im Gegensatz zu allen anderen Menschen allein Gott ist. Um den Unterschied zwischen Gott-Vater und Jesus Christus klarzumachen, verweist Luther auf ihre Werke. Weder hat uns der Vater erlöst, noch ist er Mensch geworden. Das sind Werke und Vorgänge, die nur von Jesus Christus ausgesagt werden können. Und nur von Jesus Christus kann gesagt werden, daß er vom Vater ausging, zu dem er die Menschen hinführt [15]). Jesus Christus ist wahrer Gott, wesenseins, aber nicht identisch mit dem Vater. Luther sagt: „Eyn ander person ist der vatter denn der ßon, aber er ist nit eyn anderer gott" [16]).

---

11) Bekenntnisschriften S. 511; vgl. auch die „Disputatio Reverendi patris Domini D. Martini Lutheri de divinitate et humanitate Christi" (WA 39, II, S. 97).

12) WA 8, S. 117 Z. 33—S. 118 Z. 2.

13) Roland H. Bainton, Michael Servet, 1511—1553, Schriften des Vereins für Reformationsgeschichte 178, Gütersloh 1960, S. 47.

14) WA 45, S. 587 Z. 29 f. (jm = ihm).

15) Karl Holl, Gesammelte Aufsätze zur Kirchengeschichte, Bd. 1, Tübingen 1948, S. 69—72 Anm. 4, bes. S. 72.

16) WA 10, I, 1, S. 191 Z. 12 f.

Sehr viel mehr Nachdruck hat Luther auf die Beseitigung des anderen Mißverständnisses gelegt. Die Aussage, Jesus Christus, der zugleich auch wahrer Mensch ist, sei „jnn Gott und Gott jnn jm", darf nicht zu phantheistischen Folgerungen führen. Luther hat das mit den Worten ausgedrückt: „Ynn yhm [Jesus Christus] ist Gott nicht allein gegenwertig und wesenlich wie ynn allen andern (Kreaturen), Sondern wonet auch leibhafftig ynn yhm also, das eine person ist mensch und Gott. Und wie wol ich sagen kan von allen Creaturn: Da ist Gott odder Gott ist ynn dem, so kan ich doch nicht sagen: Das ist Gott selbs. Aber von Christo sagt der glaube nicht alleine, das Gott ynn yhm ist, sondern also: Christus ist Gott selbs" [17]). Die Aussage: in Christus ist Gott, genügt nicht. Sie muß lauten, Christus ist Gott selber. Dieser Satz gilt aber nur für den Sohn und für keine andere Kreatur. Diese Aussage ist ein Bekenntnis, das nicht im üblichen Sinne „bewiesen" werden kann. Luther verweist zwar auf die Bibel, auf Jesu Worte und besonders auf seine Wunder, wenn er Jesu Besonderheit herausstellen will [18]). Aber er weiß, daß der Mensch sich dieser Botschaft von Jesus Christus entziehen kann. Das Kerygma von ihm kann und soll aber nicht durch metaphysische Spekulationen gestützt werden, damit vielleicht als erstes die Vernunft sage: „Christus ist Gott selbs". Um Jesus Christus als wahrhaftigen Gott zu erkennen, gibt es für Luther nur eines: am Wort hangen, glauben. Der Glaubende allein bekennt die Gottheit Jesu von Nazareth. Luther meint optimistisch: „Wer an dem wort nicht hangen wil, sondern klügeln und rechnen, wie sichs zu samen reime, das Gott und mensch eine person sey, der klügele imer hin und sehe, was er druber gewinnet. Es sind yr so viel druber zu narren worden (die daran klügelt und gereimet haben), und noch gleichwol [ist] der Artikel blieben" [19]). Wir werden diesen Optimismus nicht so leicht aufbringen können — selbst wenn wir es möchten. Aber das muß doch deutlich herausgestellt werden: Luther hat durch seine Wendung zu einer „Theologia practica" einer Menge von früher vorgetragenen Spekulationen bewußt den Rücken gekehrt. Nicht durch Grenzüberschreitungen zwischen Theologie und Metaphysik wird das Heil deutlich, sondern durch die Besinnung des Glaubenden.

In den Abendmahlsstreitigkeiten der Reformationszeit ist deutlich geworden, wie ernst Luther den Satz genommen hat, Jesus Christus sei wahrhaftiger Gott. Da Gott allgegenwärtig ist, ist es Christus auch. Luther hat sich nicht gescheut, die Folgerungen daraus zu ziehen. Er hat die Entscheidung des Konzils von Chalcedon voll und ganz akzeptiert: „Jesus Christus ist wesentlich natürlicher, warhafftiger, volliger Gott und mensch ynn einer person, unzurtrennet und ungeteilet." [20]) Jesus Christus ist Person, ist eine Einheit. Luther wendet sich aus soteriologischen Gründen gegen den Erklärungsversuch Zwinglis, der gemeint hatte, man solle ἀλλοίωσις anwen-

---

17) WA 23, S. 141 Z. 24—29. An einer anderen Stelle sagt Luther, in Jesus Christus sei Gottes Geist nicht wie in anderen Menschen gegenwärtig, wie etwa in den Aposteln und Propheten, sondern in ihm sei Gottes Geist „on alle mass", „gantz und gahr" wirksam (WA 47, S. 196 f.).

18) Althaus a. a. O. S. 160 f.; vgl. z. B. WA 45, S. 527.

19) WA 37, S. 44 Z. 23—28.

20) WA 26, S. 326 Z. 13—15.

den, d. h., man solle unterscheiden, über welche der beiden Naturen Jesu eine Aussage gemacht werde. Luther gießt die Schale seines Spottes über diesen Vorschlag aus, wenn er sagt: „Ob nu hie die alte wettermecherynn, fraw vernünfft, der Alleosis grosmutter, sagen würde: Ja die gottheit kan nicht leiden noch sterben, Soltu antworten: das ist war. Aber dennoch weil gottheit und menscheit ynn Christo eine person ist, so gibt die schrifft umb solcher personlicher einickeit willen auch der gottheit alles, was der menschheit widderferet und widderümb." [21]) Das Heil wäre — so meint Luther — angetastet, wenn eine solche Aufspaltung möglich wäre. Er läßt sich — um der Soteriologie willen — lieber in Äußerungen über eine Allgegenwart der menschlichen Natur Christi hineintreiben, als daß er an dieser Stelle um Haaresbreite nachgegeben hätte.

Das muß deswegen so betont werden, weil Versuche gemacht worden sind, die Übereinstimmung Luthers mit dem christologischen Dogma der alten Kirche zu bestreiten [22]). Luther hat sich auch nicht selbst getäuscht, wenn er glaubte, mit der alten Kirche in der Lehre von Christus einig zu sein, wie ERICH VOGELSANG gemeint hat [23]). Zwar hat er hier und da ungeschützt geredet, aber die Grundzüge seiner Christusverkündigung sind doch deutlich: Gott selber ist Mensch geworden. Es ist wirklich der Deus incarnatus — Gott, der Fleisch wurde —, der in Jesus Christus begegnet. Daß er nicht von allen erkannt, sondern nur vom Glaubenden anerkannt wird, liegt an Gottes Handeln sub contrariis, an der Gegensatzgestalt seiner Taten, daß er dort züchtigt, wo er liebt, daß er sich verhüllt, wo er sich offenbart. Aber der Glaubende erkennt in Jesus Christus Gott selber. Für Luther ist Christus der „konkrete Gott", wie ERICH SEEBERG sich ausgedrückt hat [24]). Bei allem, was er über Jesus von Nazareth aussagt, ist „das Daß der Gottheit und der Inkarnation im Sinne des alten Dogmas immer schon vorausgesetzt." [25]) Es ist der Deus pro nobis, der uns gnädig gesinnte Gott, der uns in Jesus Christus entgegentritt. „Des Vaters Herz und Wille" werden hier offenbar, wie PAUL ALTHAUS es formuliert hat [26]). Indem Luther die Einheit der Person Jesu Christi streng festhält, die Aussagen über den Gottessohn weitgehend von Spekulationen löst und die Christologie zu einer wirklich theologischen Aufgabe macht, die sich auf den Glauben bezieht, gewinnt seine Christusverkündigung ein ganz neues Gesicht. Das war auf dem Boden der altkirchlichen Christologie möglich, weil das in Chalcedon aufgerichtete „Begriffsmysterium" [27]) die Probleme „mehr negativ umschrieben als gelöst hatte" [28]).

Das Fundament aber ist das gleiche. Gott und Mensch sind für Luther wie für die alte Kirche keine metaphysischen Gegensätze, die sich gegen-

---

21) WA 26, S. 321 Z. 3—7 (widderümb=umgekehrt).
22) Z. B. durch Constantin von Cügelgen, vgl. Wolf a. a. O. S. 46 ff.
23) Vgl. ebd. S. 50 Anm. 64.
24) Grundzüge der Theologie Luthers, Stuttgart 1940, S. 86.
25) Althaus a. a. O. S. 161.
26) Ebd. S. 175.
27) Siehe oben S. 25.
28) Maurer in: RGG, 3. Aufl. Bd. 5, Sp. 868.

seitig ausschlössen. Sie können vielmehr in Jesus Christus eine Verbindung eingehen, ja, zu einer Einheit werden. Die Formel reformierter Theologie: „Das Endliche ist nicht in der Lage, das Unendliche zu erfassen" [29]), hätte von Luther nicht akzeptiert werden können. Das hinter dieser Aussage stehende Anliegen muß zwar beachtet werden: die Gloria Dei ist so mächtig, daß das Begrenzte sie nicht fassen kann. Aber Luther sagt auch nicht einfach das Gegenteil. Er behauptet nicht, das Begrenzte sei in der Lage, dem Unbegrenzten Raum zu geben. Er verkleinert Gott nicht gegenüber CALVIN und anderen Theologen. Seine christologische Grundanschauung könnte man in die Worte fassen: „Infinitum est capax finiti." [30]) Das heißt: das Unbegrenzte, Unfaßbare geht in das Begrenzte, Endliche ein. Ja, genauer müssen wir sagen: „Infinitus est capax finiti." Der unfaßbare Gott wird Mensch, greifbar, hörbar. Der Satz „Infinitum est capax finiti" könnte zu einem Theologumenon werden, zu einem methodischen Trick. Damit würden wir aber an Luthers Meinung weit vorbeigeraten und die dialektischen Gegensatzpaare entschärfen, von denen seine Theologie bestimmt ist. Luther meint vielmehr: an einer Stelle, in Jesus Christus allein, nimmt der unfaßbare Gott unsere Grenzen auf sich. Es ist der „infinitus Deus", der unendliche, der unfaßbare Gott, der in Jesus Christus erscheint. Aus soteriologischen Gründen hat Luther die Einheit des Jesus von Nazareth mit Gott, seine Gottheit betont. Da diese das tragende Fundament seiner Christusverkündigung darstellt, muß sie an erster Stelle genannt werden.

II.

Jesus Christus, wahrhaftiger Mensch

HEINZ ZAHRNT hat gemeint: „Von Anfang an hat die Kirche in der Gefahr des Doketismus gestanden, d. h., von Anfang an, bis auf den heutigen Tag, hat sie in der Versuchung gestanden, die ‚Gottheit' Christi so einseitig zu betonen, daß seine ‚Menschheit' darüber zu einer bloßen Scheinwirklichkeit zu werden drohte . . . Der ‚Sohn Gottes' wurde so ins Wunderbare, ja Wunderhafte gesteigert, daß seine Füße kaum noch den Erdboden zu berühren schienen. Was mit diesem Christus geschah, das war keines Menschen Geschick mehr, sondern das Schicksal eines merkwürdig schemenhaften Fabelwesens, halb Mensch, halb Gott. Gott hat sich in einem irdenen Gefäß dargeboten, aber die Menschen haben eine goldene Monstranz daraus gemacht." [31]) Diese Bemerkung trifft in der Tat weitgehend zu. Die Aussage von der Gottheit Jesu Christi hat die andere von seiner wahren Menschheit häufig verdunkelt. Luther dagegen hat das Menschsein Jesu ganz ernst genommen und es geradezu zu einem konstitutiven Element der Lehre vom Heil gemacht. In Luthers Christusverkündigung ist Jesus nicht „halb Mensch,

29) Finitum non est capax infiniti.

30) Johannes von Walter, Die Theologie Luthers, Gütersloh 1940, S. 203.

31) Heinz Zahrnt, Es begann mit Jesus von Nazareth. Die Frage nach dem historischen Jesus, Stuttgart 1960, S. 28; vgl. auch Olavi Tarvainen, Der Gedanke der Conformitas Christi in Luthers Theologie, in: Zeitschrift für systematische Theologie 22, 1953, S. 39.

halb Gott", wie ZAHRNT sagt, sondern er ist ganz Gott, aber auch ganz Mensch. Luther erklärt, daß Christus „warhafftige Menschliche natur, nicht ein Gespenst an sich genomen [hat] und ein natürlicher Mensch wie ein ander, der fleisch und blut hat, worden ist, hat nicht gefladdert als ein Gespenst, sondern gewonet unter den Leuten etc., [hat] Augen, Ohren, Mund, Nasen, Brust, Bauch, Hende und Füsse wie ich und du gehabt".[32]) Jesus Christus war wirklich ein Mensch, nicht nur Gottes, sondern auch Mariens Sohn[33]). Die Jungfrauengeburt hat er der christlichen Tradition gemäß vertreten, hat aber die menschliche Natur Christi nicht nur für eine Art von Mantel gehalten, in den die Gottheit eingewickelt wurde, auf die es allein ankomme[34]). Vielmehr ist für ihn Christus als Gott und Mensch eine Person, eine untrennbare Einheit.

Es hatte nahe gelegen, sich über das Verhältnis der beiden Naturen in Christus Gedanken zu machen, etwa über die Frage wie die immutabilitas Dei — die Unveränderlichkeit Gottes — mit der mutabilitas hominis — der Veränderlichkeit des Menschen — zusammengereimt werden könne. Aber schon in der Hochscholastik waren Bedenken gegen diese Bemühungen laut geworden[35]). Man hatte Anderes, Wesentlicheres herausgestellt. Die Franziskaner hatten das „Gesetz Christi" betont, dem es zu folgen gilt, während THOMAS VON AQUIN die Übernatürlichkeit der Offenbarung Gottes herausgestellt hatte, die „von der Vernunft nicht erfaßt", sondern nur „im Glauben" angenommen werden könne[36]). Luther hat hiermit die Ablehnung von Spekulationen gemein. Aber er bleibt nicht bei einem Hinweis auf das „Gesetz Christi" stehen, und formale Distinktionen finden schon gar nicht seinen Beifall. Sondern er macht das wahre Menschsein Jesu zum Ausgangspunkt jeder echten Christologie und auch jeder Theologie. Er erklärt: „Wer heilsam von Gott denken oder spekulieren will, der setze alles miteinander hintan, außer der Menschheit Christi. Diese stelle er sich vor Augen, wie sie entweder an den Brüsten säugt oder leidet, bis dessen Gütigkeit süße werde. Alsdann bleibe er dabei nicht stehen, sondern er gehe weiter und gedenke: siehe, dieses und jenes tut er nicht nach seinem, sondern nach Gottes, seines Vaters, Willen. Da wird dann der Wille des Vaters, den er in der Menschheit Christi zeiget, dir als der allerliebste zu gefallen anfangen . . . Durch diesen Willen kann Gott der Vater sicher und getrost erfaßt werden. Läßt man aber diesen Weg fahren, so ist nichts anderes übrig, als daß man sich in die ewige Tiefe stürzen wird"[37]). Echte Theologie setzt also bei dem Menschen Jesus von Nazareth ein. Dort zeigt Gott seinen Willen, dort offenbart er sich. Die Menschheit Jesu wird „zur Leiter . . . , an der allein man zur Gottheit aufsteigen" kann[38]).

32) WA 46, S. 634 Z. 12—16.
33) Vgl. z. B. WA 45, S. 239 Z. 34.
34) Vgl. WA 33, S. 154.
35) Vgl. v. Walter a. a. O. S. 200 ff.
36) Reinhold Seeberg, Lehrbuch der Dogmengeschichte, Bd. 3, Darmstadt 1959, S. 380.
37) WA Briefwechsel 1, S. 329 Z. 50—59.
38) Maurer in: RGG, 3. Aufl. Bd. 5, Sp. 865. Ganz anders dachte Erasmus von Rotterdam, der einen grundsätzlichen Dualismus von Fleisch und Geist vertrat, ihn auf Jesus anwandte und meinte, das Fleisch Christi habe während sei-

In dem Abschnitt über Jesus Christus als wahren Gott konnte nicht davon abgesehen werden, daß Jesus Christus für Luther zugleich wirklich Mensch ist. An dieser Stelle müssen wir uns klar machen, daß eine Betrachtung des Menschen Jesus nicht abgelöst von seinem Gottsein durchgeführt werden kann. Warum sollen sich die Christen mit dem Menschen Jesus befassen? Weil allein in diesem Menschen Gott erkannt werden kann. Luther ist an Hand der synoptischen Evangelien sehr genau dem Umgang des Menschen Jesus mit den Menschen seiner Zeit in Palästina nachgegangen[39]), weil er meinte, wer den Menschen Christus erkenne, dem bleibe nicht verborgen, daß er ein Herr über alle Kreatur, ja daß er Gott selber sei. Luther sagt: „Also[40]) komme ich fein hinein und lerne Got erkennen. Die Philosophi aber und die weltweysen leutt haben wöllen oben anheben, da sein sie zu narren worden. Man muß von unten anheben und darnach hinauffkomen"[41]). Man darf diese Aussage nicht als eine allgemeine methodische Regel mißverstehen, als ob immer der rechte Weg von unten nach oben führe und dadurch die Demut die Lösung aller Fragen in die Hand gebe. Vielmehr ist Luther der Meinung, daß Gott so groß ist, daß alle menschlichen Annäherungsversuche scheitern. Nur eine Stelle gibt es, wo er sich offenbart: in Jesus Christus. Darum gilt: „Wer Gott außerhalb von Christus suchen will, dem wird das mißlingen"[42]). Oder: „Deus est nobis incomprehensibilis, incogitabilis (Gott ist für uns unbegreiflich, undenkbar); er wirt nicht begriffen, er will ungefast sein extra Christum"[43]). Auf Gottes Willen geht es zurück, daß wir uns an Jesus Christus halten sollen. Er ist die einzige Möglichkeit für den Menschen, Gott zu erkennen. Wäre Jesus nur ein Mensch, dann hätte er genau so viel und genau so wenig Bedeutung für uns wie alle anderen Menschen. Da er aber zugleich auch Gott ist, ist es um des Heils willen notwendig, sich ihm zuzuwenden.

Jesus Christus wurde nach Luthers Meinung ganz und gar Mensch. Nur an einer Stelle unterscheidet er sich von denen, die nach Gottes Bild geschaffen wurden: er ist ohne Sünde. Auf Grund von Hebräer 4, 15: Wir haben einen Hohenpriester, „der versucht ist allenthalben gleichwie wir, doch ohne Sünde", lehrt er, Christus sei durch seine wunderbare Geburt der Erbsünde entnommen. Er ist der einzige, von dem das ausgesagt werden kann[44]). Er

---

nes Erdenlebens seiner rechten Erkenntnis „im Wege gestanden". Deswegen sei Jesus der Unglaube der Menschen entgegengeschlagen. Die Aussage Joh. 6, 63: „Der Geist macht lebendig, das Fleisch ist nichts nütze", wird von Erasmus auf das „Fleisch" des historischen Jesus bezogen (Desiderius Erasmus Roterodamus, Ausgewählte Werke, hg. von Hajo Holborn, München 1933, S. 75 f.).

39) Vgl. Walther Köhler, Wie Luther den Deutschen das Leben Jesu erzählt hat, Schriften des Vereins für Reformationsgeschichte 127/128, Leipzig 1917, und Walther von Loewenich, Luther als Ausleger der Synoptiker, Forschungen zur Geschichte und Lehre des Protestantismus X, 5, München 1954.

40) So; auf diese Art und Weise.

41) WA 10, I, 2, S. 297 Z. 5—10.

42) „Qui vult quaerere deum extra Christum, der feylet", WA 28, S. 119 Z. 4 f.

43) „Gott ist für uns unbegreiflich, undenkbar; ...", WA Tischreden 2, S. 112 Z. 14—16.

44) Die unbefleckte Empfängnis Mariens hat Luther nicht gelehrt. Er meint, es gehe auf das Wirken des Heiligen Geistes zurück, daß sie Mutter eines reinen Kindes wurde (vgl. WA 36 S. 143 Z. 14—18).

wird dadurch nicht zu einem Mirakel, sondern diese Anschauung bringt im Grunde lediglich nochmals die Zweinaturenlehre zum Ausdruck: Wie könnte Jesus von Gott durch die Sünde gesondert sein, wenn er zugleich wahrer Gott ist?[45])

Die Einheit von Gott und Mensch in Jesus Christus wirft aber nun die Frage auf: Wie verhalten sich die beiden Naturen, die göttliche und die menschliche zueinander? Luther antwortet: Beide geben einander Anteil an allem. Die menschliche Natur gibt der göttlichen Anteil an ihren Eigenschaften und umgekehrt. „Was nu dieser Person, die Christus ist, widerfähret und geschieht, dasselbige widerfährt und geschieht auch diesem Gott und Menschen"[46]). Die Einheit der Person Jesu Christi wird stets aufrecht erhalten. Zwar gerät man dann in Fragen hinein, bei denen man nicht weiter weiß und nur sagen kann: Wir wissen nicht, „wie das zugeht"[47]). Luther hütet sich, das Verborgene aufklären zu wollen und diese Lehre von der Communicatio idiomatum zu weitgehend zu verfolgen[48]). Er kann das auch, weil es ihm nicht um das ontische Problem des Beieinander von Gott und Mensch in Jesus Christus geht, sondern weil „das eigentliche Geheimnis der Christologie ihm in dem Befaßtwerden Gottes mit der Sünde beschlossen liegt"[49]). Weil Gott Mensch wird, darum wird er der Sünde konfrontiert, um die es in der Theologia practica Luthers weithin geht. Hier liegen für ihn sehr viel wesentlichere Folgerungen, als sie alle spekulativen Erwägungen abzuwerfen vermögen.

Doch wären diese Bemerkungen über Luthers Lehre von dem wahren Menschsein Jesu Christi unvollständig, wenn wir nicht auch noch auf eine weitere Gruppe von Aussagen hinweisen würden, in denen Luther das Besondere des Menschen Jesus betont. In seiner Schrift „Vom Abendmahl Christi" schreibt er: Wir müssen „dencken, das die menscheit (wie wol sie auch eine creatur ist), aber weil sie alleine und sonst keine also an Gott klebet, das sie eine person mit der Gottheit ist, so mus sie auch höher, uber und ausser allen andern creaturn sein, doch unter Gott alleine"[50]). Es gibt nur einen Menschen, der zugleich Gott ist: Jesus Christus. Diese Besonderheit entfremdet ihn, den Sündlosen, uns, den Sündern. Luther hat auf diese Art und Weise aber nicht etwa die wahre Menschheit Jesu doch wieder eingeschränkt. Sondern die personale Einheit des Mannes von Nazareth hat zwei dialektische Sätze zur Folge. Einerseits gilt: hier ist der Deus revelatus, der hörbar gewordene Gott. Es ist geradezu leicht, die Gottheit in ihm zu erkennen, weil er Mensch ist[51]). Andererseits aber meint

---

45) Luther geht so weit zu sagen: „Christus konnte nicht sündigen oder Böses tun, wenn auch das, was er getan hat, wenn wir es getan hätten, wirkliche Sünden gewesen wären" (vgl. WA 5, S. 604 Z. 36 f.; vgl. auch Wolf a. a. O. S. 75).

46) WA Tischreden 6, S. 67 Z. 27—29.

47) WA 26, S. 325 Z. 11.

48) Die Lehre von der Communicatio idiomatum, daß jede der beiden Naturen Christi der anderen Anteil an ihren Eigenschaften gibt, hat Luther z. B. in der Disputation über die Göttlichkeit und die Menschlichkeit Christi vertreten (WA 39, II, S. 93).

49) Vgl. Maurer in: Theologische Literaturzeitung 1950 Sp. 249.

50) WA 26, S. 340 Z. 37 — S. 341 Z. 2.

51) Vgl. WA 42, S. 296 Z. 22—26.

Luther: „Christus ist unzuverstehen, quia est Deus" [52]): Weil Christus Gott ist, kann er nicht verstanden werden. Die Offenbarung Gottes in Christus ist nicht vordergründig. Gott darf niemals verniedlicht werden: „Nichts ist so klein, Gott ist noch kleiner. Nichts ist so gros, Gott ist noch grösser. Nichts ist so kurtz, Gott ist noch kürtzer. Nichts ist so lang, Gott ist noch länger. Nichts ist so breit, Gott ist noch breiter. Nichts ist so schmal, Gott ist noch schmeler und so fort an. Ists ein unaussprechlich wesen uber und ausser allem, das man nennen oder dencken kan" [53]). Luthers Christologie steht mit seinem Gottesbild in einem engen Zusammenhang. Dadurch gewinnt seine Christusverkündigung an Tiefe. Gott an sich wäre für uns unfaßbar. Christus als Gott wäre für uns in gewisser Weise ohne Belang. Weil er aber zugleich auch Mensch ist, wird er für uns wichtig: „Weyl er mensch ist, ßo gehoret er uns an, das wyr uns seyn annehmen als des, der yn unserm geschlecht ist . . . Das er nue got ist, das mag er droben bey sich behalten. Darumb ist er aber mensch, das er uns alles gebe und myt uns teyle" [54]), Wer sich allein an den Menschen Jesus Christus hält, der findet Gott. Luther sagt: „Ich habe so viele Erfahrungen der Gottheit Christi erlebt, daß ich muß sagen: Entweder gibt es gar keinen Gott, oder aber jener ist es!" [55]).

In seinen Weihnachtsliedern wie in seinen Passionsbetrachtungen ist Luther dem Mysterium der Menschwerdung Gottes nachgegangen: „Das ewge Licht geht da herein" [56]). Der ans Kreuz Geschlagene ist Gott selber, der die Sünde der Welt hinwegträgt [57]).

III.

Amt und Werk Jesu Christi

Luther sagt: „In unserer Gestalt trug Christus die Sünde der ganzen Welt hinweg . . . , wurde er zu einem Fluch für uns" [58]). Dadurch hat er zwei wesentliche Taten vollbracht: Er hat Gott versöhnt und die Menschen erlöst. Luther legt großen Wert auf das Werk Christi, das nur er allein vollziehen konnte. Wie weitgehend ihm die Christologie Soteriologie war [59]), wird aus einigen Worten deutlich, in denen er über das bisher Gesagte hinaus erklärt, Jesus Christus als wahrer Gott und Mensch sei für uns gar nicht wesentlich. Er werde es vielmehr erst durch sein Amt und Werk. „Das [60]) er (Jesus) von natur Mensch und Gott ist, das hat er für sich, aber das [60]) er sein Ampt dahin gewendet und seine liebe ausgeschüttet und mein Heiland und Erlöser wird, das geschieht mir zu Trost und zu

52) WA Tischreden 2, S. 125 Z. 5. Luther fährt ebd. fort: „Er (Christus) ist unausgelernt und unbegreiflich, weil (= solange) wir hie leben."
53) WA 26, S. 339 Z. 39 — S. 340 Z. 2.
54) WA 34, II, S. 57 Z. 12—18.
55) Vgl. WA Tischreden 1, S. 269 Z. 36 f.
56) Evangelisches Kirchengesangbuch, 1950, Nr. 15, 4.
57) Vgl. Joh. 1,29.
58) Vgl. WA 40, I, S. 443 Z. 29—31.
59) Vgl. auch Althaus: „Die Christologie ist (bei Luther) entscheidend Soteriologie" (a. a. O. S. 170).
60) Daß.

gut"[61]). Christus an sich und Christus für sich selber wäre ohne Bedeutung für mich. Ich brauche vielmehr seine Zuwendung. Er hat auch, so meint Luther, seinen Heilsnamen, den Namen Christus, nicht auf Grund der Tatsache, daß er zugleich wahrer Gott und wahrer Mensch ist, sondern von seinem Werk! „Die Schrift schildert aber Christus auff die weis, das er nicht nur als ein Mensch voll von Gnade und ewigem Leben erscheint, sondern sie teilt ihm Amt und Werk zu, auf Grund dessen er Christus genannt werden soll"[62]). Wie stimmt das mit der vorhin geäußerten Bemerkung Luthers zusammen, Christus werde auf Grund seines Menschseins für uns wichtig? Nun, im Grunde geht Luther hier lediglich einen Schritt weiter: Gott an sich ist für uns unfaßbar; Gott als Mensch in Christus zeigt, daß der Schöpfer ganz in den Bereich des Geschöpfes eingeht. Aber Gott bleibt auch in diesem Bezirk nicht pro se, für sich allein. Er wird Deus pro nobis, der Gott für uns, durch sein Handeln und erst dadurch wichtig für den Menschen.

Was aber sind Amt und Werk Jesu? Kein legislatorisches! Jesus Christus ist kein neuer Mose, kein neuer Vermittler eines Gesetzes, das zwischen Gott und Mensch eingeschoben würde. Vielmehr ist er Mittler, genauer: der eine Mittler, der die Kluft zwischen Gott und Mensch überbrückt. Gott hatte sein Gesetz gegeben, das sein Geschöpf übertrat. Die einfachste Möglichkeit, das zu bereinigen, wäre: Gott rechnet einfach die Sünde nicht zu. Das aber will er nicht. Luther steht hier in den Bahnen der Anselmschen Satisfaktionstheorie, wenn er sagt: Die Vergebung der Sünden kann uns „nit umbsonst odder on gnugthun seyner gerechtickeyt" zugesprochen werden: „denn der barmhertzickeyt und gnade ist keyn rawm[63]) ubir unß und ynn unß tzu wircken . . . , der gerechtickeyt muß tzuvor gnug geschehen seyn aufs aller volkomlichst"[64]). Da auch der Mensch, ob er will oder nicht, Gottes Gesetz nicht Genüge tun kann, tritt Christus in die Mitte und stellt die Verbindung her zwischen den beiden Parteien, die sich nicht aussöhnen konnten[65]). Denn Gottes tiefer Zorn über die Sünde ist nicht die Folge einer Rechtsverletzung, die durch eine Sühne wieder reparabel wäre. Gottes Zorn ist auch nicht die Folge einer Kränkung: er zürnt nicht, weil seine Ehre verletzt wurde — so hatte Anselm von Canterbury es verstanden[66]). Sondern Luther meint, Gott zürnt, weil seine Liebe verletzt wurde. Nur durch eine Tat der Liebe kann das rechte Verhältnis zwischen Schöpfer und Geschöpf wieder hergestellt werden. Diese Tat der Liebe vollbringt Jesus Christus, indem er sich in gehorsamer Liebe — zu der der sündige Mensch nicht fähig wäre — selber als Opfer darbringt und dadurch Gott versöhnt und damit die Sünde aus der Welt schafft.

Amt und Werk Jesu Christi werden nun wichtig für den Christen durch die Verkündigung. Ohne das Evangelium würde uns Jesu Leiden nichts

61) WA 16, S. 217 Z. 36 und S. 218 Z. 14f.

62) Vgl. WA 20, S. 540 Z. 1—3; vgl. auch WA 16 S. 217 Z. 11 f.: „Christus non dicitur Christus, quod habet naturam humanitatis et deitatis, sed ab officio et opere, quod suscepit"; vgl. auch Wolf a. a. O. S. 63f.

63) Raum.

64) WA 10, I, 1, S. 121 Z. 16—20.

65) Vgl. WA 40, I, S. 503 ff.

66) R. Seeberg a. a. O. S. 225.

nützen. Das Kreuz „pro se" — für sich — würde nicht helfen. Es muß der usus, der Zweck, der Sinn der Inkarnation und des Kreuzes Christi laut werden [67]). Hier wird wieder deutlich, daß nach Luthers Meinung echte Christologie Christusverkündigung ist. Natürlich wären die Menschwerdung Gottes in Christus und die Versöhnung auch dann echte Tatsachen, wenn sie nicht gepredigt würden. Aber dann wären sie konserviert, unfruchtbar. Durch die Verkündigung aber und in der Verkündigung Jesu Christi wird „die vorsprochen [68]) benedeyung" ausgeteilt „allen, die durchs Evangelium ynn Christum glawbten" [69]).

Die eine Seite des Amtes Jesu Christi ist die Versöhnung Gottes. Die andere Seite derselben Sache ist die Erlösung des Menschen. Indem die Liebe Gottes durch Christi Leiden den Sieg erlangt, wird der Glaubende frei von der Sünde. Ein „seliger Tausch" vollzieht sich [70]). Der Mensch, der das Opfer sein sollte, lädt seine Schuld auf den Unschuldigen, der stellvertretend Genüge leistet für die Sünde der Welt. Nur an dieser Stelle erlaubt Luther noch die Rede von einer „satisfactio", von einer Genugtuung. Menschliche Genugtuung gibt es vor Gott nicht. Wenn im Beichtsakrament der römisch-katholischen Kirche die satisfactio operis, die Genugtuung durch ein verdienstliches Werk, gefordert wird, so ist das eine unzulässige Grenzüberschreitung. Genugtuung hat für uns nur Christus erlangt. Sie kommt mir nur sola gratia — allein aus Gnaden — zugute, indem ich mich ganz auf Jesus Christus verlasse. Luther sagt: „Darum wollen wir dies Wort ‚Genugtuung' in unsern Schulen und bei unseren Predigern hinfort nicht mehr dulden, sondern wollens den Richtern und Juristen [und] Henckern heimschicken. Denn denen hat's der Papst gestohlen" [71]). Im weltlichen Bereich gibt es Genugtuung für Übertretung menschlicher Gesetze. Vor Gott dagegen kann sich kein Fleisch rühmen. Wer das tut und sich dadurch gerade wieder in eigene Werke verstrickt, aus denen er sich eine eigene Gerechtigkeit zimmern will, der verachtet Jesu Amt und Werk und sündigt gerade dadurch. Der Glaubende dagegen vertraut auf die ihm ohne Voraussetzungen, ohne Erfüllung irgendwelcher Forderungen geschenkte fremde Gerechtigkeit, die Justitia aliena Christi.

IV.

Christus und die Christen

Diese Aussagen über die Erlösung des Menschen müssen nun noch eine notwendige Ergänzung erfahren durch die Frage: welche Bedeutung hat die Christusverkündigung für den, der Christ geworden ist? Es ist für Luther bezeichnend, daß dieses Problem nicht als ein ethisches verstanden wird, das eigenen Gesetzen unterliegen würde — ja genauer: das dem Gesetz

67) Vgl. WA 26, S. 65.

68) Versprochen.

69) ... an Christus glaubten, WA 10, I, 2 S. 7 Z. 9 f.

70) Vgl. WA 7,54 f. In seinen späteren Jahren hat Luther dieses Bild gemieden, „da es die Vorstellung von einem zu nahen Verhältnis zu Jesus weckt und damit in die Identitätsmystik führt" (Tarvainen a. a. O. S. 30).

71) Vgl. WA 34, I, S. 303 Z. 1—3.

unterliegen würde —, sondern daß auch hier verkündigt wird, daß auch hier Christus Ausgangspunkt und Ziel der Aussagen ist. Darum muß zuerst von der conformitas, von der Gleichgestaltigkeit Christi mit den Christen und dann von der conformitas der Christen mit Christus gesprochen werden.

Jesus Christus wird uns völlig gleich. Er ist „wahrer Mensch", wie wir gesehen hatten[72]). Wie weit geht das? Luther sagt: Der einzige Unterschied bestehe in Jesu Sündlosigkeit. Besonders in seinen Anfechtungen werde deutlich, daß er im übrigen unser Sein völlig geteilt habe. Die echte, die schwere Anfechtung ist die geistliche, wenn Freuden fehlen, wenn Gott fern ist, wenn ich nicht beten kann. Luther betont auf Grund von Hebräer 4, 15[73]), daß Christus genauso wie wir versucht worden ist: „Es ist nötig zu glauben, daß Christus allen Versuchungen unterworfen gewesen ist, wie ein reiner und echter Mensch"[74]), wie einer, der ganz und nur Mensch ist. Luther findet die Aussage des Hebräerbriefs in dem Bericht von Jesus in Gethsemane bestätigt. Er meint, das Wort: „Der Geist ist willig, aber das Fleisch ist schwach" (Matth. 26, 41), beziehe sich auf Jesus selbst. Der Gottessohn habe hier die Todesangst durchzustehen gehabt, „die absolute Anfechtungseinsamkeit, die den Tod so schwer macht. Wie es Menschenart ist, so suchte auch er dort nach dem Halt der Gemeinschaft"[75]). Den Bericht aus Matth. 26, daß Jesus mehrmals zu den Jüngern geht, sie schlafend findet, obwohl er möchte, daß sie mit ihm wachen, erklärt Luther nämlich so: Jesus „hängt sich an die Jünger, sucht Trost, daß sie mit ihm schwatzten; denn er ist nicht gern allein. Sie aber lassen ihn allein"[76]). Vielleicht wird man hier fragen, ob die Passion Jesu so pietätlos anthropomorph interpretiert werden dürfe. Luther würde darauf antworten: Wir müssen so interpretieren. Jesus wurde uns in allem gleich; darum hat er auch die Einsamkeit der Todesangst wie jeder Mensch gefühlt und sie in der Art zu überwinden gesucht, wie das der Mensch eben zu tun pflegt.

Aber kann Luther so von der Einsamkeit Jesu sprechen, wenn er ihn zugleich als wahren Gott versteht? Kann Christus, da er ohne Sünde ist, da er mit dem Vater eins ist (Joh. 10, 30), ganz allein sein? Kann er sogar durch Sünde und Gesetz angefochten werden? Luther beantwortet beide Fragen mit ja. Christus war nicht nur reiner Mensch, sondern er wurde „ein Fluch für uns" (Gal. 3, 13) und „unter das Gesetz getan" (Gal. 4, 4). Deswegen hat er wie einer gelitten, der nichts anderes als nur ein Mensch ist. Auch sein Gottesverhältnis wurde angefochten. Er wurde in dem Letzten versucht, das er hatte, in seinem Sohnsein. Den biblischen Beleg dafür findet Luther in Jesu Wort am Kreuz: „Mein Gott, mein Gott, warum hast du mich verlassen?" (Matth. 27, 46). Christus erlitt in diesem Moment die Hölle der Erwählungszweifel, das ist für Luther die eigentliche Hölle. „Der hellen[77]) bild

---

72) Luther sagt auch, Christus sei ein „feyn, pur, lautter" Mensch wie wir alle gewesen (WA 10, III, S. 73 Z. 2).

73) Siehe oben S. 48.

74) Vgl. WA 5, S. 387 Z. 27 f.

75) Erich Vogelsang, Der angefochtene Christus bei Luther, Arbeiten zur Kirchengeschichte 21, Berlin und Leipzig 1932, S. 24.

76) Vgl. WA 45, S. 64 Z. 11 f.

77) Hölle.

trieben sie zu yhm, da sie sagten: Er vertrawt gott, laß sehen, ob ehr yhn erloße[78]); er sagt, er sey gottis sun. Alß sprechen sie: ‚Er hort[79]) yn die hell. Got hat yhn nit vorsehen[80]); er ist ewig furworffen'" [81]). In diesem Moment sah Christus sich „nicht nur in den Augen der Welt und seiner Jünger, nein, auch in seinen eigenen Augen . . . verloren, von Gott verlassen, fühlte er sich in seinem Gewissen von Gott verflucht . . ., in der Qual der Verdammten, die Gottes ewigen Zorn fühlen, davor erschrecken und fliehen" [82]). Es sind schon (um mit Ernst Wolf zu sprechen) „eigentümliche und tiefe Gedanken" [83]), die Luther hier äußert. Er bricht der Exegese nicht aus falscher Rücksichtnahme die Spitze ab, weil Jesus Christus für ihn wahrer Gott ist, sondern er nimmt die Aussage von dem wirklichen Menschsein Jesu Christi konsequent ernst. Auch hierbei bestimmt ihn wieder ein soteriologisches Motiv: „Wenn Er (Jesus Christus) nicht ein solcher herr were uberall, soltten wir wol an ein ort komen, da Er nicht bey uns sein wurde" [84]). Christus hat aber alles mit dem Menschen geteilt, um ihn von allem zu erlösen. Der „selige Tausch" zwischen ihm, dem Gottessohn, und dem Menschen, dem Sünder, ist vollkommen. Jesus erleidet den Tod und die Todesangst. Selbst der bittere Kelch der wahren und eigentlichen Hölle, die Zweifel an Gottes Liebe, bleiben ihm nicht erspart. „So fuhr er wirklich und wahrhaftig zur Hölle hinab, ‚also das er tieffer herunter nicht hat komen mögen, ist auch kein Mensch niderer komen, denn er . . . Denn er hat sich yns aller tieffste herunter geben: unters gesetz, unter den teuffel, tod, sünde und helle; das ist, mein ich, ya[85]) die letzte und unterste tieffe'" [86]). Dieser Weg wurde Jesus als eine unheimliche Last, als eine Aufgabe auferlegt, die notwendig war, um das ganze Werk der Versöhnung zu vollbringen. Christus erleidet dabei — nach Luther — auch mehr als alle Heiligen, die ebenfalls in Tiefen hineingeführt wurden. Aber „wenn sie leiden und zu Gott rufen, so hört Gott bald". Christus aber rief — und wurde nicht erhört! [87]) Er mußte den Kelch des Leidens bis zur Neige lehren. Nichts blieb ihm erspart. Er wurde nicht nur den Menschen ganz gleich, sondern sogar noch tiefer erniedrigt, um das Geschöpf Gottes zu erlösen.

Der conformitas Christi mit dem Menschen entspricht die conformitas des Christen mit Christus. Christus wird für den Glaubenden donum und exemplum: Gabe und beispielgebendes Vorbild. Das Wort Gal. 3, 27: „Denn wieviel euer auf Christum getauft sind, die haben Christum angezogen", erklärt Luther folgendermaßen: „Das wahre Anziehen ist nicht so etwas wie Nachahmung, sondern vielmehr eine Art von Geburt und neuer Schöpfung, denn ich werde durch Christus selbst mit seiner eigenen Gerechtigkeit,

---

78) Erlöse.
79) Sohn. Das ist genauso, als sprächen sie: Er gehört.
80) Erwählt.
81) WA 2, S. 692 Z. 5—8 (furworffen = verworfen).
82) Vogelsang a. a. O. S. 45.
83) a. a. O. S. 75.
84) WA 46, S. 313 Z. 26 f.
85) Ja.
86) Vogelsang a. a. O. S. 45 und WA 23, S. 702 Z. 12—S. 703 Z. 1.
87) WA 5, S. 620 Z. 1 f.
88) Vgl. WA 40, I, S. 540 Z. 1—3.

Weisheit, Kraft und Leben bekleidet" [88]). Luther will damit sagen, daß Jesus Christus das Subjekt der Erlösung ist, nicht der Mensch. Darum muß er zunächst als donum erkannt werden, bevor er für den Erlösten auch zum Exempel, zum beispielgebenden Vorbild wird. „Das hewbtstuck [89]) und grund des Evangelii ist, das du Christum tzuvor, ehe du yhn tzum exempel fassist, auffnehmist unnd erkennist alß eyn gabe und geschenck, das dyr von gott geben und deyn eygen sey" [90]). Würde Christus zunächst als Vorbild verstanden, dann würde der Mensch das nicht ertragen. Er wäre für ihn Gesetz, das vernichtet. Aber wo Christus als Geschenk Gottes erkannt wird, da befreit er zur Nachfolge und wird er zum Exempel. „Es hat uns nicht etwa die Nachfolge zu Söhnen gemacht, sondern die Sohnschaft hat uns zu Nachfolgern gemacht" [91]). Wo Christus als Gabe geglaubt wird, da kann es nicht ausbleiben, daß man in seine Fußstapfen tritt und dem „gelaytsmann" folgt [92]). Darum müssen die Christen auch „ermahnt werden" — wie Luther in der 94. seiner bekannten 95 Thesen formuliert —, „daß sie sich bemühen, ihrem Haupt Christus durch Strafen, Todesgefahren und Hölle zu folgen" [93]). „Dem Bild und leyden Christi mustu gleychformig [94]) werden, es geschehe yn dem leben adder [95]) yn der hellenn, tzum wenigsten mustu am sterben und ym fegfeuer yn das erschrecken fallen und tzitteren, beben unnd alles fulen [96]), was Christus am Creutz leydet" [97]). Luther gebraucht auch den Terminus „imitatio" [98]). Doch ist der andere: „conformitas" bezeichnender für sein Denken, weil hier der Nachdruck mehr auf dem Christozentrischen liegt und er nicht so leicht rein ethisch verstanden werden kann wie der Ausdruck „Nachahmung". Denn wer sich wirklich müht, Christus nachzufolgen, der wird — so meint Luther — bald feststellen, daß er kaum den hundertsten oder tausendsten Teil von dem zuwege bringen kann, was sein Vorbild tat [99]). Doch darf auch hier die dialektische Spannung nicht aufgehoben werden. Gerade wenn Christus als Gottesgeschenk freudig angenommen wird, können die Folgerungen des Erlösten nicht fehlen. Es gibt zwar nur eine Möglichkeit den Sieg zu erlangen, aber diese eine Möglichkeit besteht. Es ist die Nachfolge auf dem Weg Christi. Das aber ist der Weg, auch „gegen die Hoffnung auf die Hoffnung" zu vertrauen [100]).

Die conformitas des Christen mit Christus hat auch zur Folge, daß er Anteil an der Macht Jesu erhält: „Wer . . . den glauben hat und ist ein Christ, der hat auch Christum; hat er nun Christum, das alle die güter Christi sein

---

89) Hauptstück.
90) WA 10, I, 1, S. 11 Z. 12—15.
91) „Non imitatio fecit filios, sed filiatio fecit imitatores", WA 2, S. 518 Z. 16.
92) Vgl. WA 10, III, S. 76 Z. 21.
93) Vgl. WA 1, S. 238 Z. 18 f.
94) Mußt du gleichförmig.
95) Oder.
96) Fühlen.
97) WA 2, S. 138 Z. 35—38.
98) Nachahmung, Nachfolge. Die Unterschiede zwischen „conformitas" und „imitatio" hat Tarvainen a. a. O. S. 34 f. herausgearbeitet.
99) Vgl. WA 40, II, S. 42.
100) Vgl. WA 5, S. 171 Z. 10 f.

sein[101]), so hat er auch den gewalt, die sünde zuvorgeben"[102]). Christum haben, das ist ein eschatologischer Vorgang für den Christen, für den sein Herr in diesem Leben zwar immer gegenwärtige Gabe ist, zugleich aber auch unerreichbares Exempel bleibt. Aber das Wesentliche ist doch bereits geschehen. In der Auferstehung Jesu Christi ist deutlich geworden, daß der Sieg errungen wurde: Tod und Sünde wurden überwunden. An diesem Sieg erhält der Christ Anteil. Luther kann sagen: „Christus hat nicht allein für seine Person den Tod überwunden . . ., sondern du mußts so aneinander hängen, daß es uns gelte und auch wir in dem Resurrexit[103]) stehen und gefasset sind und umb und durch dasselbige auch auferstehen und mit ihm ewiglich leben müssen, daß schon unsere Auferstehung und Leben in Christo angegangen ist, und so gewiß, als wäre es schon gar[104]) geschehen . . . Wir haben schon das beste Stück hinweg von der Auferstehung, daß die leibliche Auferstehung des Fleisches aus dem Grabe, die noch zukünftig ist, dagegen geringe zu rechnen ist . . . Wir haben schon mehr denn die Hälfte unserer Auferstehung, weil das Häupt und Herz bereits droben ist und noch umb das geringste zu thun ist, daß nur der Leib unter die Erde beschorren[105]) werde, auf daß er auch möge verneuet werden"[106]). Luther will damit nicht etwa die leibliche Auferstehung in Frage stellen. Er will vielmehr deutlich machen, daß es erheblich wesentlicher ist, sich auf das zu besinnen, was durch Jesus Christus bereits gültig geworden und in Kraft getreten ist.

Das sind Glaubenssätze, die genauso wie die jetzt so heiß diskutierte Frage nach der Königsherrschaft Christi nur als Bekenntnisse verbindlich sind[107]). Luther verniedlicht Jesus nicht, indem er ihn als Menschen ganz ernst nimmt. Jesus Christus bleibt der Herr, der ganz unser wird, um uns ganz zu den Seinen zu machen.

*

Wir müssen zum Schluß kommen. Luthers Christusverständnis ist in der Tat — wie Wilhelm Maurer es formuliert hat — trotz seiner „Gebundenheit an die altkirchlichen Bekenntnisse — etwas grundsätzlich Neues"[108]). Luther hat Christi Gottheit und seine Erniedrigung ganz ernst genommen. Nicht weniger wichtig war ihm das Menschsein Jesu. Beide hat er in einer dialektischen Spannung als Einheit gesehen. Nicht mehr das Wesen Jesu Christi wird spekulativ betrachtet, sondern das Heil wird bedacht, das seine Person bewirkte, ja genauer: das er selber ist. In dieses Werk wird der Glau-

101) Sind.
102) WA 10, III, S. 394 Z. 27—29 (zuvorgeben = zu vergeben).
103) Er ist auferstanden!
104) Ganz und gar.
105) Gescharret.
106) Vgl. Dr. Martin Luther's sämtliche Werke, 5. Bd., 2. Aufl., Frankfurt/Main—Erlangen 1865, S. 10 f. (verneuet = erneuert); vgl. auch WA 36, S. 161 f. und v. Walter S. 243.
107) Ernst Wolf, Königsherrschaft Jesu Christi und Zweireichelehre. Dritte Variation zu einem heute aufgegebenen Thema, in: Vom Herrengeheimnis der Wahrheit. Festschrift für Heinrich Vogel, hg. von Kurt Scharf, Berlin-Stuttgart 1962, S. 301.
108) In: RGG, 3. Aufl. Bd. 5, Sp. 865.

bende im Heilsgeschehen hineingenommen. Wir werden Luther nicht an allen Stellen bedenkenlos folgen können. Vor allen Dingen sind viele seiner exegetischen Aussagen für uns nicht nachvollziehbar. Doch muß man fragen, ob nicht die dynamischen Elemente seiner Christusverkündigung ein Anlaß sind, sie auch heute zu bedenken. Für Luther jedenfalls war in Jesus Christus das Wesentliche geschehen: Die Zeitenwende war eingetreten, weil durch ihn die Welt unter das Wort gestellt wurde. Das Wort aber ist Jesus Christus, in dem Gott laut wird. Er ist der Deus revelatus, der offenbar gewordene Gott, der aber zugleich der absconditus, der verborgene Gott bleibt, so daß Luther den Erlöser auch als Versucher verstehen kann.[109]). Aber dennoch hält sich dann der Glaubende contra Deum ad Deum: er flieht vor Gott, indem er zu ihm eilt.

Luthers Christusverständnis ist darum unablösbar von seinem Gottesbild. Es steht außerdem in engstem Zusammenhang mit seiner Rechtfertigungslehre. Sodann hat es seine Folgerungen für das Verständnis des Menschen. Es wäre deswegen ein Unterfangen, das mißlingen müßte, wollte man seine Christusverkündigung abgelöst von seinen übrigen Aussagen in einem theologischen Schema vergewaltigen. Gerade in der hohen Achtung, die Luther der Person und dem Amt Jesu zollt, ist ihm bewußt, daß Jesus Christus nicht als Selbstzweck verstanden werden darf. Er, der Gottessohn, will vielmehr Glauben wecken und j e d e n zu Gottes Sohn machen, der an ihn glaubt[110]). Ich muß gestehen, daß mir diese Abwendung von der Spekulation und diese Verbindung der Christologie mit den anderen wesentlichen theologischen Problemkreisen ein nach wie vor beachtlicher Versuch zu sein scheint.

---

109) In solchen Situationen wird die „conformitas" Christi mit Gott offenbar, vgl. V o g e l s a n g a. a. O. S. 100—103.

110) WA 57, Teil III (Vorlesung über den Hebräerbrief), S. 151 Z. 15f.; vgl. Wo l f , Peregrinatio S. 80.

Martin Luther und das Papsttum

Im November 1510 brach der Augustinereremit Martin Luther zusammen mit einem Ordensbruder aus seinem Erfurter Kloster nach Rom auf. Er wollte dort ein Anliegen von sieben Konventen seines Ordens vortragen, die sich gegen den Zusammenschluß mit anderen Klöstern ihres Ordens aussprachen, in denen keine Reformen durchgeführt worden waren. Luthers Kloster gehörte zu dem Zweig der Observanten, die die Regel des Ordens besonders treu zu beachten wünschten. Luther hat sein Anliegen in Rom nicht durchsetzen können. Als er im Frühjahr 1511 nach Erfurt zurückkam, unterwarf er sich aber trotzdem der Entscheidung Roms, während sein Kloster den Widerstand fortsetzte. Luther wurde deswegen im Sommer 1511 von dem Generalvikar der deutschen Ordensprovinz der Augustinereremiten, Johannes von Staupitz, nach Wittenberg versetzt[1].

Von Luthers Romreise ist hier die Rede, weil er während dieses seines einzigen Besuches in Rom das Leben in der wichtigsten Stadt der abendländischen Christenheit kennenzulernen vermochte. Aber während der vier Wochen, die er sich etwa in Rom aufgehalten hat[2], hat er sich nicht vorwiegend einen Eindruck von Papst und Kurie, dem sittlichen Leben in der Stadt Rom oder ähnlichen Ereignissen zu verschaffen gesucht, sondern er hat außer der Wahrnehmung seines Ordensauftrages vor allem die Gnaden, die Rom zu bieten hatte, ausgeschöpft. Er berichtet, daß er den Auftrag, nach Rom zu reisen, gerne wahrgenommen habe, weil er dort nochmals eine Generalbeichte ablegen konnte und weil er von den zahlreichen Ablässen dieser Stadt profitieren wollte,

[1] Heinrich Böhmer: *Luthers Romfahrt*, Leipzig 1914, 1–3, 56–65 und 79.
[2] Ebd. 159.

um seiner inneren Nöte Herr zu werden[3]. Von Ablaß- oder Papstkritik ist während der Jahre 1510 und 1511 noch keine Rede. Vielmehr benutzt Luther alle jene Möglichkeiten der Frömmigkeit seiner Zeit, die sich ihm bieten, wobei er auch nicht versäumt, für seine Verwandten Ablässe zu sammeln. Zwar hat er den damaligen Papst Julius II. nicht gesehen, weil dieser sich auf einem Kriegszug in Italien befand[4]. Aber das hat ihn in seiner Treue gegenüber seiner Kirche nicht wankend gemacht. Gewiß fiel ihm auf, daß die italienischen Geistlichen die Messe sehr rasch hinter sich zu bringen verstanden und daß es mit dem sittlichen Leben in Rom nicht überall zum besten bestellt war. Aber was wir darüber wissen, stammt häufig aus späteren Jahren seines Lebens und geht zu einem guten Teil nicht mehr auf seine eigenen Beobachtungen zurück, sondern auf Mitteilungen anderer Romfahrer, die sich länger in der ewigen Stadt aufgehalten hatten[5]. Luther selber war also ursprünglich kein Antipapalist. Dies muß festgehalten werden. Denn es gab seit dem späteren Mittelalter innerhalb der abendländischen Christenheit viele scharfe Kritiker der römisch-katholischen Kirche und auch der Institution des Papsttums. Die Urteile dieser Leute gingen so weit, daß sie es wagten, den Papst als Antichristen zu bezeichnen[6]. Nichts von alledem bei Martin Luther in den Jahren 1510 und 1511. Es ist also nicht Luthers Romfahrt gewesen, die ihn zu einem Gegner des Papsttums gemacht hat. Vielmehr mögen die dortige Generalbeichte und die erworbenen Ablässe sogar einen positiven Einfluß auf ihn ausgeübt haben[7]. Wir haben es bei diesem deutschen Augustinermönch demnach mit einem treuen Sohn der abendländischen

[3] Ebd. 2 und 160.

[4] Er verließ Rom am 17. August 1510 und kehrte erst am 27. Juni 1511 zurück. Vgl. Ludwig Pastor: *Geschichte der Päpste seit dem Ausgang des Mittelalters,* 3. Bd., 2. Abt., 11. Aufl., Freiburg 1956, 784–810.

[5] Böhmer: *Luthers Romfahrt* 150–159.

[6] Hans Preuss: *Die Vorstellungen vom Antichrist im späteren Mittelalter, bei Luther und in der konfessionellen Polemik. Ein Beitrag zur Theologie Luthers und zur Geschichte der christlichen Frömmigkeit,* Leipzig 1906, 45–71.

[7] Böhmer: *Luthers Romfahrt* 160.

Kirche zu tun, der nicht durch persönliche Erfahrungen in Rom zu einem Gegner seiner Kirche wurde.

Im Gegenteil. In seiner ersten Psalmenvorlesung hat er zwar die Kirche seiner Zeit recht scharf kritisiert, aber er hat dies in einer Art und Weise getan, daß er sich zugleich mit unter diese Urteile stellte. Nach seiner Meinung lebt die Kirche im Zeitalter der »Halbchristen«, deren innere Leere das Unglück der Kirche ausmacht. An die Stelle des Kreuzes Christi sind in dieser Kirche Reichtum, Sicherheit und Wohlbefinden getreten. Die Predigt, in der der Prediger gegen den Teufel kämpft, wird vernachlässigt. Das kanonische Recht und Aristoteles werden studiert – aber nicht die Bibel! Eine so wichtige Lehre wie die des Paulus von der Rechtfertigung ist unbekannt. Darum ist die Lage der Kirche jetzt schlimmer als während aller früheren Zeiten. Lauheit und Werkgerechtigkeit regieren. Man fühlt sich sicher – durch Ablässe und Erleichterungen meint jeder dieser Halbchristen, vor Gott bestehen zu können. Darum lebt man ohne Gottesfurcht[8]. Während Gottes Geist in der Kirche abnimmt, nehmen die Sünden in einem gewaltigen Maße zu[9]. Luther formuliert: »Traurig und erbärmlich ist das Angesicht der Kirche, weil die Frucht des Geistes fehlt, nämlich Liebe und Freude«[10].

Bereits in dieser seiner ersten großen Vorlesung aus den Jahren 1513 bis 1515 ist er der festen Überzeugung, daß das Ende der Zeit bevorsteht. Friede und Sicherheit sind die letzten und schwersten Verfolgungen, die über die Kirche ergehen. Während Tyrannen und Häretiker sie nicht zu überwinden vermochten, ist die Gefahr groß, daß jetzt die Kirche durch die Lauheit und falsche Sicherheit der Christen untergeht[11]. Aber daraus wird nicht gefolgert, daß der gegenwärtige Papst abgesetzt werden müsse, daß das Papsttum abzu-

[8] Gerhard Müller: *Ekklesiologie und Kirchenkritik beim jungen Luther*, in: Neue Zeitschrift für systematische Theologie und Religionsphilosophie 7 (1965) 110 f.

[9] *D. Martin Luthers Werke. Kritische Gesamtausgabe*, Weimar 1883 ff, (zit.: WA), 3. Bd., S. 216, Z. 10 f.

[10] WA 3,216,22–34.

[11] Müller: *Ekklesiologie* 110.

schaffen sei oder daß Rom nicht mehr das Zentrum der Christenheit bleiben dürfe. All dies wären nämlich nur äußerliche Verbesserungen. Viel wichtiger ist, daß die Kirche wieder zu ihrer Theologie zurückfindet, zur Heiligen Schrift, zum Kreuz Christi und zur Rechtfertigungslehre. Luther kritisiert in dieser ersten Vorlesung die Ablehnung des römischen Primates durch die Böhmen, an dessen Beseitigung er hier also mitnichten denkt[12].

Etwas deutlicher wird die Kritik an den römischen Zuständen in Luthers nächster Vorlesung, der Auslegung des Römerbriefes, die er in den Jahren 1515 und 1516 vortrug. Er kritisiert den Luxus der Kurie, ihre Habgier und alle jene Zustände, die auch von anderen Menschen seiner Zeit negativ beurteilt werden. Papst und Päpste werden von dieser Kritik nicht ausgenommen. Unter ihren Augen geschieht ja die Verführung des Volkes Christi, das von der wahren Verehrung Gottes abgebracht wird[13]. Aber noch ist von einer grundsätzlichen Kritik an dieser Institution nicht die Rede. Wenn im Laufe der nächsten Jahre seine negativen Aussagen über die Kirche deutlicher und zahlreicher werden, dann deswegen, weil er als Professor für biblische Exegese der Heiligen Schrift Aussagen entnimmt, die er mit der gegenwärtigen Kirche nicht in Einklang zu bringen vermag. Maßstab seiner Beurteilung ist die von ihm entwickelte Theologie, nicht aber eine bestimmte Vorstellung von Moral, die er an der römischen Kurie nicht realisiert findet. Von dieser Theologie her kommt er aber nun bald zu grundsätzlichen Erwägungen über das Recht der Kirche und vor allen Dingen über das Recht des Papstes. Diese Fragen brechen bei seinen Erwägungen über den Ablaß auf.

1. Die Grenzen der päpstlichen Macht

In den 95 Thesen über den Ablaß, die Luther am 31. Oktober 1517 an seinen Erzbischof, Albrecht von Mainz, und an

[12] WA 4,345,24 f; vgl. BERNHARD LOHSE: *Luther und Huß*, in: Luther. Zeitschrift der Luther-Gesellschaft (1965) 110 f.

[13] Vgl. die bei BÖHMER: *Luthers Romfahrt* 142 zusammengestellten Aussagen.

seinen Bischof, Hieronymus von Brandenburg, verschickt, erklärt er: »Der Papst will noch kann keine andere Strafe erlassen, als die, die er nach seinem Gefallen oder nach den kirchlichen Satzungen auferlegt hat.«[14] Damit wird zum Ausdruck gebracht, daß die Macht des Papstes eine Grenze hat. Sie hat ihre Grenze an der Macht Gottes. Was Gott sich vorbehalten hat, darüber hat der Papst keine Gewalt. Dies ist eine anerkannte, kirchliche Lehre und gilt auch für den Ablaß, der nur eine Loslösung von kirchlichen Sündenstrafen bewirkt[15]. Die Weiterführung der Ablaßlehre, die diese Grenze verwischt hatte, wird von Luther bekämpft. Er sagt: »Der Papst kann keine Sündenschuld anders vergeben als so, daß er erklärt und bestätigt, daß sie von Gott vergeben sei.«[16] Der Papst hat also nicht mehr Macht als jeder Priester, der auch nur das zuzusprechen vermag, was von Gott getan worden ist.

Wenn die Ablaßprediger für den Ablaß werben, indem sie auf die »vollkommene Vergebung aller Strafen« hinweisen, dann kann damit von seiten des Papstes nur die Vergebung jener Strafen gemeint sein, die er selber oder die die Kirche auferlegt hat. Luther folgert deswegen: »Daher irren alle die Ablaßprediger, die da sagen, daß durch des Papstes Ablaß der Mensch von aller Strafe los und selig werde.«[17] Der Wittenberger Theologe meint, daß der Papst nicht einmal Strafen erlassen kann, die Verstorbene jetzt im Fegfeuer abbüßen, wenn diese durch kirchliche Satzungen auferlegt worden waren und dementsprechend im Leben hätten absolviert werden müssen[18]. Hier wird die Gewalt des Papstes und damit auch die Gewalt der Kirche begrenzt auf dieses Leben und nicht auf das Fegfeuer ausgedehnt. Wenn der Papst etwas für die Verstorbenen tun will, dann kann er dies nicht aufgrund seiner Schlüsselgewalt, durch die er Lebende von Sünden zu lösen vermag, sondern nur mit Hilfe der Fürbitte, so daß

[14] WA 1,233,18 f.
[15] WA 1,235,3 f.
[16] WA 1,233,20 f.
[17] WA 1,234,17 f.
[18] WA 1,234,19 f.

also Gottes Handeln entscheidend bleibt[19]. Luther warnt vor den Ablaßpredigern, die des »Papstes Ablaß« als »höchste und unschätzbare Gabe Gottes« bezeichnen. Viel wichtiger ist nach seiner Meinung die wahre Reue des Christen über seine Sünden, weil diese ihm völlige Vergebung von Strafe und Schuld verleiht. Des Papstes Vergebung ist dann lediglich die Erklärung der göttlichen Vergebung, die nach Luthers Meinung wichtig ist, die aber das grundsätzliche Mitwirken Gottes nicht zu beseitigen vermag[20].

Der Wittenberger kämpft in diesen Thesen nach zwei Seiten. Einerseits möchte er die kirchliche Lehre, wie er sie versteht, aufrechterhalten. Andererseits greift er Entwicklungen an, die er theologisch für ungerechtfertigt hält. Er verteidigt den päpstlichen Ablaß innerhalb der Grenzen, die ihm aufgrund früherer Lehren der Kirche gesetzt sind. Aber er wendet sich gegen den »modernen« Ablaßhandel, den er für unvereinbar mit dem Willen und der Absicht des Papstes hält[21]. Wenn in den Kirchen das Kreuz mit dem Wappen des Papstes aufgerichtet und gesagt wird, daß dieses soviel vermöge wie das Kreuz Christi, so hält Luther dies für eine Gotteslästerung[22]. Aber er versucht doch noch, den Papst und das Papsttum selber von diesen Auswüchsen abzusondern. Er meint, daß der Papst den Ablaß anders gepredigt sehen möchte, und zwar so, daß die Kritik, die Luther in seinen Thesen äußert, niemals vorgefallen wäre[23].

Die neuere Forschung hat dennoch unterstrichen, daß der Ablaßstreit zugleich auch eine Attacke auf das Papsttum gewesen sei[24]. Indem Luther die Gewalt des Papstes eingrenzte, griff er ein Fundament der abendländischen Christenheit an. Seitdem sich das Papsttum als tragende Säule der westlichen Christenheit herausgebildet hatte, lag es nahe, ihm wesentliche Vollmachten zuzugestehen. Luther bestreitet in seinen Ablaßthesen nicht die herausragende Bedeutung und die

[19] WA 1,234,27 f.
[20] WA 1,235,12 f.
[21] WA 1,235,20 f. und 36–38.
[22] WA 1,237,15 f.
[23] WA 1,238,12 f.
[24] Remigius Bäumer: *Martin Luther und der Papst.* (Katholi-

übergeordnete Vollmacht des Papstes, aber er begrenzt doch die päpstliche Macht und spricht damit ein Thema an, das sehr bald Weiterungen haben sollte. Bereits das Gutachten der Mainzer Universität vom 17. Dezember 1517 hat auf diesen Sachverhalt hingewiesen. Die Mainzer rieten Erzbischof Albrecht, wegen dieser Frage die Thesen in Rom prüfen zu lassen. Viele Zeitgenossen waren der gleichen Meinung[25]. Da die Begrenzung des Ablasses finanzielle Konsequenzen haben konnte, ist diese Reaktion verständlich. Man fragte nicht in erster Linie, welchen Sinn und welchen Einfluß der Ablaß seiner ursprünglichen Bedeutung nach besitzt, sondern man machte sich klar, daß mit Hilfe des bezahlten Ablasses große Unternehmungen wie zuletzt der Bau der neuen Peterskirche vollbracht werden sollten. Diese nichttheologischen Gründe vermochten aber die theologischen Bedenken Luthers zu diskreditieren. Ging es tatsächlich an, die Ablaßpraxis so weit vom päpstlichen Willen zu distanzieren, war der Angriff auf den Ablaß dann nicht auch ein »Angriff auf den Papst?«[26] Wir können die weitere Entwicklung dieser Vorgänge hier nicht im einzelnen verfolgen. Wir machen uns lediglich klar, daß die sehr unreflektierte Bejahung des Papsttums, von der Luther 1510 und 1511 ausgegangen war, im Herbst 1517 einer Reflexion über dessen Grenzen in der Handhabung des Ablasses gewichen war. Die Angriffe, die sich nun auf Luther wegen dieser seiner Haltung richteten, mußten ihn aufgrund seines theologischen Ansatzes zu neuen Klärungen kommen lassen. Deren wichtigstes Ergebnis sollte zunächst dies sein, daß das Papsttum nicht göttlichen, sondern menschlichen Rechtes sei.

sches Leben und Kirchenreform im Zeitalter der Glaubensspaltung, Heft 30). 2. Aufl., Münster/Westf. 1971, 15; vgl. auch von demselben Verfasser: *Der junge Luther und der Papst*, in: Catholica. Vierteljahresschrift für ökumenische Theologie 23 (1969) 392–420, bes. 403 ff, und Wilhelm Maurer: *Der ekklesiologische Ansatz der abendländischen Kirchenspaltung nach dem Verständnis Luthers*, in: Fuldaer Hefte 18 (Berlin/Hamburg 1968) 39.

25 Bäumer: *Martin Luther* 15 f.

26 Ebd. 17 (Kolumnentitel).

2. Das Papsttum als Institution menschlichen Rechtes

Während des Gespräches, das Kardinal Cajetan als päpstlicher Legat 1518 mit Luther in Augsburg führte, ging es nicht zuletzt auch um die Macht des Papstes. Während der Dominikaner Cajetan den Papst über die Konzilien und in gewisser Weise auch über die Bibel stellte, hat Luther die Heilige Schrift als alleinige Richtschnur seiner theologischen Entscheidungen in Anspruch genommen[27]. Das Verhältnis von Papst und Konzilien war ja bekanntlich im späteren Mittelalter umstritten gewesen. Daß der Kurienkardinal Cajetan sich gegen den Konziliarismus und für den Papalismus aussprach, kann nicht überraschen. Daß er die Auslegung der Bibel für die Kirche in Anspruch nahm, ist ebenfalls verständlich. Luther aber wollte mit seiner Berufung auf »eine schriftgemäße Begründung«[28] neue theologische Erkenntnisse zum Zug kommen lassen, die innerhalb der Kirche während der letzten Jahrhunderte verlorengegangen oder unterdrückt worden waren. In dieser Zeit, nämlich 1518, finden wir einerseits »entschieden papalistische Aussagen«[29] bei Luther und andererseits die strenge Forderung, daß auch der Papst sich der Bibel unterzuordnen habe. So heißt es etwa, es müsse jede willkürliche Auslegung der Heiligen Schrift vermieden werden, wie sie etwa in päpstlichen Verlautbarungen vorgekommen seien[30].

[27] MÜLLER: *Ekklesiologie* 125. Zu Luthers Bekämpfung eines göttlichen Rechtes des Papsttums vgl. auch OTTO STARCK: *Luthers Stellung zur Institution des Papsttums von 1520 bis 1546, unter besonderer Berücksichtigung des »ius humanum«* (phil. Diss. Münster/Westf. 1930). Zur Begegnung Cajetans mit Luther vgl. auch GERHARD HENNIG: *Cajetan und Luther. Ein historischer Beitrag zur Begegnung von Thomismus und Reformation.* (Arbeiten zur Theologie, II. Reihe, Band 7). Stuttgart 1966, und KURT-VICTOR SELGE: *Die Augsburger Begegnung von Luther und Kardinal Cajetan im Oktober 1518. Ein erster Wendepunkt auf dem Weg zur Reformation,* in: Jahrbuch der Hessischen Kirchengeschichtlichen Vereinigung 20 (1969) 37–54.

[28] ERNST BIZER: *Luther und der Papst.* (Theologische Existenz heute, Nr. 69). München 1958, 7.

[29] BÄUMER: *Martin Luther* 25.

[30] BIZER: *Luther* 7 (Luther bezieht sich dabei auf die Extravagante Clemens' VI. von 1343 zum Ablaß).

Einen neuen entscheidenden Anstoß brachte die Leipziger Disputation mit Johann Eck im Jahr 1519. Hier wurde um das Verständnis der Geschichte der Kirche gerungen. Während Eck die göttliche Institution des Papsttums behauptete, weil es auf Jesus Christus selber zurückgehe und weil der Papst von Anfang an das Haupt der Christenheit gewesen sei, hat Luther weder eine Einsetzung des Papsttums in seiner jetzigen Gestalt durch Jesus Christus anerkannt noch innerhalb der Geschichte der Kirche die Verwirklichung des römischen Primats zu sehen vermocht. Luther erklärte vielmehr, daß der Vorrang des Bischofs von Rom »nur aus den Dekreten der Päpste der letzten 400 Jahre bewiesen werden« könne[31]. Bedenkt man, daß es gerade in dieser Zeit zum abendländischen Schisma gekommen ist, dann ist die Realisierung des Primates allerdings nicht in seiner vollendetsten Form geglückt. Wenn das Papsttum aber nicht göttlichen Rechtes ist, dann impliziert der Gehorsam gegen die Bibel nicht den Gehorsam gegen den Papst. Man muß ja Gott mehr gehorchen als Menschen[32]. Luther meint, die Geschichte lehre, daß Gott nicht die Herrschaft des Papstes über die Gesamtkirche haben wolle, weil er sie sonst längst realisiert hätte[33]. Genau dies aber sei nicht geschehen. Nach wie vor gibt es Christen, die die Oberhoheit des römischen Bischofs nicht anerkennen, wie Griechen oder Russen, denen man dennoch nicht absprechen kann, daß sie zur Christenheit gehören. Weder die Bibel noch die Geschichte vermögen also nach Luthers Meinung das göttliche Recht des Papsttums zu begründen.

Welche Stellung bleibt aber dann noch dem Bischof von

[31] Ebd. 17. Wenn Jan Aarts meint: »Luther ist bezüglich der Papstfrage insofern wissenschaftlich unkritisch gewesen, als er nie ernsthaft die Möglichkeit erwogen hat, daß von Gottes wegen eine solche Person (nämlich der Papst) in der Kirche eingesetzt sein könnte« (in: Kerygma und Dogma 20 [1974] 163 Anm. 14), so trifft dies nicht zu. Luther hat sehr wohl erwogen, ob das Papsttum göttlichen Rechtes sei, aber er hielt es weder durch die Bibel noch durch die Geschichte von Gott her für begründet.

[32] Apostelgeschichte 5,29.

[33] Bizer: *Luther* 18; vgl. auch Ulrich Pflugk: *Luther und der Papst,* in: Luther. Mitteilungen der Luthergesellschaft 30 (1959) 130–138, besonders 133 f.

Rom? Es wäre nun möglich und aus dieser Kampfsituation heraus vielleicht sogar zu erwarten gewesen, daß Luther die Enstehung des Vorrangs des römischen Bischofs auf unsachgemäße Motive zurückgeführt und die Einordnung dieses Bischofs neben alle anderen Bischöfe gefordert hätte. Dies war aber nicht der Fall. Luther hat vielmehr einen Vorrang des Papstes über alle anderen Bischöfe auch jetzt noch akzeptiert. Er begründet aber die Autorität des Papstes mit Römer 13,1–2 und 1 Petr 2,13, wo von den weltlichen Autoritäten die Rede ist, den Obrigkeiten, die letztlich auf Gott zurückgehen und die Gott eingesetzt hat, damit sie dem Chaos wehren[34]. Luther ist bereit, eine gewisse Überordnung des römischen Bischofs über alle anderen Prälaten aus der geschichtlichen Entwicklung und aufgrund menschlicher Anerkennung zuzugestehen. Daß Menschen sich dahingehend einigen, daß einer die erste Stelle einnimmt, hält er für legitim und realisierbar. Ihm geht es nicht darum, eine Nationalkirche in Deutschland zu schaffen oder vielleicht den Primat des ersten Bischofs in der Christenheit einem deutschen Erzbischof zuzuschanzen. Er will einen Ehrenvorrang des Bischofs von Rom akzeptieren, will ihn aber als Bischof neben Bischöfen verstanden wissen.

Die Weigerung, das Papsttum als durch Gott begründet anzuerkennen, rief scharfen Widerspruch hervor. Man griff Luther an und behauptete, Christus habe Petrus als das Haupt der Christenheit eingesetzt und die Bischöfe von Rom seien als seine Nachfolger damit kraft göttlichen Rechtes das Haupt der Christenheit. Luther hat sich besonders in seiner Schrift gegen Alveldt aus dem Jahr 1520 mit dieser Argumentation auseinandergesetzt. Wir müssen dabei ein wenig verweilen.

In zum Teil scharfer Form wendet Luther sich gegen den »hochberühmten Romanisten zu Leipzig«, nämlich Alveldt, der die göttliche Einsetzung des Papsttums behauptet hatte. Luther erklärt, daß die göttliche Ordnung in Rom mißach-

[34] Bizer: *Luther* 18 f; vgl. auch Pierre Fraenkel: *John Eck's Enchiridion of 1525 and Luther's Earliest Arguments against Papal Primacy,* in: Studia Theologica 21 (1967) 162.

tet werde und schon deswegen von einer Einsetzung des Papsttums durch Gott nicht geredet werden könne[35]. Er meint, seine Gegner verträten die göttliche Begründung des Papsttums, weil es hier um Geld gehe. Er deutet auch an, in welcher Richtung er Verdacht hegt. Wenn von Menschen seiner Zeit gesagt wird, daß der Antichrist die Schätze der Erde finden wird, und man feststellt, daß die Römer mit ihrer Finanzpolitik die Schätze der Erde gefunden haben, dann liegt der Schluß nahe, daß der Antichrist etwas mit Rom zu tun hat. Luther beklagt sich darüber, daß der Papst dem nicht wehrt, was in seiner Umgebung an Falschem gelehrt und getan wird. Er bringt seinerseits zum Ausdruck, was der Bischof von Rom ist: ein Diener. Seine Gegner aber machen ihn zu einem »Gott auf Erden«, obwohl er »doch jedermann umsonst« dienen soll[36]. Die Christenheit ist nach Luthers Meinung nicht in erster Linie eine öffentliche Versammlung von Menschen, sondern die Sammlung der wahrhaft Gläubigen, eine »Versammlung der Herzen«. Da Christi Reich nicht von dieser Welt ist, wie es im Johannesevangelium heißt (18,36), muß die Kirche etwas völlig anderes sein als irdische Institutionen. Äußere Einigkeit oder Uneinigkeit mit Rom kann jedenfalls nicht Aufschluß über den Glauben von Menschen geben. Die Zugehörigkeit zur Kirche entscheidet sich vielmehr am Glauben[37].

Natürlich ist zweitens dann die Christenheit auch eine irdische Größe; Luther spricht in diesem Zusammenhang von der »äußerlichen« Christenheit. Diese wird durch das geistliche Recht und durch Prälaten regiert. Hier haben die Päpste, Kardinäle, Erzbischöfe, Bischöfe und so weiter ihr Recht und ihre Aufgaben. Aber es ist nicht klar, ob die, die zu dieser äußerlichen Christenheit gehören, tatsächlich wahre Christen sind oder nicht. Es handelt sich hier um eine von Menschen gemachte und verwaltete Einrichtung, in der menschliches Recht gilt. Dazu gehören nach Luthers Meinung auch das kanonische Recht und die Überordnung des Papstes[38]. Lu-

[35] WA 6,287,31–36.
[36] Vgl. WA 6,289,11–13.
[37] Vgl. WA 6,292,35 ff und 294,29–31.
[38] WA 6,296,16–297,21.

ther lehnt es ab, den Papst als Haupt der Christenheit zu bezeichnen. Das Haupt der Christen ist lediglich Jesus Christus, sonst müßte ja die Christenheit so oft fallen, so oft der Papst als ihr Haupt stirbt[39]. Da in der Bibel nur Christus als Haupt der Christenheit bezeichnet wird und da er allein eine unmittelbare Verbindung mit den Christen einzugehen vermag, muß festgehalten werden, daß kein Mensch, auch kein Papst, an seine Stelle treten kann. Gewiß ist Christus der Herr über alle Dinge, aber er ist das Haupt nur der Christen![40] Was aber ist dann der Papst? Luther antwortet: Er ist ein Bote wie alle Apostel. Er darf sich die anderen Boten, die ebenfalls das Evangelium zu verkünden haben, nicht unterwerfen. Der Wittenberger verweist darauf, daß Petrus unter den Aposteln keine Gewalt über die anderen besessen habe, so daß auch der Papst nicht über die anderen Bischöfe und Pfarrer aufgrund göttlicher Ordnung eine besondere Befehlsgewalt in Anspruch nehmen dürfe[41].

Die Zeichen, an denen die Kirche erkannt wird, sind nach Luthers Meinung die Taufe, das Abendmahl und das Evangelium Jesu Christi. Räumliche Gegebenheiten gehören nicht dazu. Rom und das Papsttum können fallen, aber die Christenheit wird von Christus erhalten. Nur aufgrund menschlichen Rechtes kann dem Papst eine besondere Stellung eingeräumt werden. Gegen den Bezug von Mattäus 16,18–19 auf das Papsttum führt Luther Mattäus 18,18 und Johannes 20,22–23 ins Feld. Er meint, daß die beiden letzten Stellen die erste erläutern und daß man deswegen auf diese vorrangig zu hören habe. Außerdem zeige auch das Neue Testament, daß Petrus nicht kraft göttlicher Ordnung über den anderen Aposteln stand, weil er sie sonst hätte erwählen, senden und leiten müssen[42]. Das sei aber nicht der Fall gewesen, wie die Bestimmung des Mattias zum zwölften Apostel durch das Los und die göttliche Berufung des Paulus zum Apostel zeigten. Dewegen könne man dem Bischof von Rom nur

[39] WA 6,297,36–298,26.
[40] WA 6,301,30–302,7.
[41] WA 6,299,31–300,24 und 307,18–20.
[42] WA 6,301,3–10 und 309, 16–310,13.

kraft menschlicher Absprache eine Befehlsgewalt über andere Bischöfe und Pfarrer zugestehen[43].

Der Fels von Mattäus 16 ist nach Luthers Meinung Christus und der Glaube. Nur auf ihnen kann die Kirche gebaut sein. Denn da die Kirche nicht von der Hölle überwunden werden kann, ein großer Teil der römischen Kirche und auch etliche Päpste aber vom Glauben abgefallen seien, könne der Felsen der Kirche nicht das Papsttum sein. Luther dreht den Spieß herum und behauptet, daß der römische Herrschaftsanspruch nicht die Grundlage der Kirche, sondern die Ursache für fast alle Ketzereien geworden sei. Dabei hält sich der Wittenberger Professor an das Verständnis der Bibel, das er gefunden hat und das nach seiner Meinung das einzig Beständige ist, auf das Christen sich berufen können[44].

Auch in Johannes 21,15–16 kann er das Papsttum nicht begründet finden. Die Grundlage für die Vollmacht des Petrus ist nach dieser Stelle seine Liebe. Wenn das Wort: »Weide meine Schafe« das Papsttum begründet, dann müssen nach Luthers Meinung alle, die Christus lieben und die Gemeinden leiten, Päpste sein. Der Zusammenhang von Liebe zu Jesus und Lenken von Christen schließe an dieser Stelle die Trennung von Amt und Person aus[45]. Genau dies wird aber von der Kirche auch für den Papst in Anspruch genommen, damit nicht das, was er tut, von seiner persönlichen Würdigkeit abhängig gemacht wird. Die stärksten Stellen, die es gegen eine göttliche Begründung des Papsttums gibt, sind, so faßt Luther zusammen, diejenigen, die die Romanisten für das Papsttum in Anspruch nehmen[46].

Da der Wittenberger der Meinung ist, daß sich nichts, was auf Erden geschieht, ohne Gottes Zustimmung ereignet, kann auch die übergeordnete Stellung des Papstes nicht ohne seinen Rat erfolgt sein. Luther bemerkt aber, offenbar sei Gott zornig gewesen, als er diese menschliche Überordnung des römischen Bischofs vorsah. Dieser Rat Gottes verlangt aber

[43] WA 6,311,7–11.
[44] WA 6,314,12–315,37.
[45] WA 6,316,20–320,2.
[46] WA 6,321,23–25.

nun von den Christen, daß man dem Papst nicht widerstrebt – sonst würde man ja Gottes Rat nicht fürchten – und »daß man die päpstliche Gewalt ehrt und mit aller Geduld trägt, gleich als wenn der Türke über uns wäre.«[47] Diese Aussage deutet an, daß Luther die Überordnung des Bischofs von Rom eigentlich nur noch als Strafe Gottes ansehen kann, wie auch eine Herrschaft der Türken nur als eine solche betrachtet werden könnte. Diese Begründung des Papsttums ist sicher alles andere als positiv. Sie zeigt, wieweit sich der papsttreue Mönch der Jahre vor 1517 bereits von dem Papsttums entfernt hat. Man mag den Papst Papst sein lassen, man soll daraus aber keinen neuen Glaubensartikel machen, als sei es notwendig, aus Glaubensgründen eine Überordnung des Bischofs von Rom anzuerkennen. Auch er steht unter der Bibel. Auch er soll mit Hilfe der Bibel beurteilt werden. Wenn man aus der menschlichen Ordnung des Papsttums einen göttlichen Glaubensartikel machen will, »so wollte ich frei heraus sagen, daß der Papst der rechte Antichrist wäre.«[48] Diese Aussagen lassen an Deutlichkeit nichts zu wünschen übrig. Noch hält Luther die Möglichkeit offen, daß man einen Vorrang des römischen Bischofs vor allen anderen Bischöfen und Prälaten akzeptiert. Aber scharf bezeichnet er die Grenze, die ihm die Anerkennung des Papsttums unmöglich macht. Glaube und menschliche Absprachen müssen hier aufs strengste unterschieden werden. Geschieht das nicht, dann ist das Papsttum das Gegenteil von dem, was es zu sein vorgibt, nämlich nicht das Haupt der Christenheit, sondern der Antichrist.

3. Der Papst als Antichrist

Ich hatte bereits gesagt, daß Luther nicht als erster auf den Gedanken gekommen ist, der Papst sei der Antichrist. Franziskanische Spiritualisten hatten sich aufgrund des weltlichen Einflusses des Papsttums bereits im Mittelalter in dieser Weise geäußert. John Wyclif und andere hatten im späten Mittelal-

[47] Vgl. WA 6,321,31–322,1.
[48] Vgl. WA 6,322,1–19.

ter diese Aussage wiederholt[49]. Luther ist aber, wie wir gesehen haben, in diesen Gedanken nicht groß geworden. Erst im Laufe seiner Erfahrungen kommt ihm der Verdacht, daß der Antichrist in Rom sein Wesen treiben könne. Am 18. Dezember 1518 schreibt er an seinen Freund Wenzeslaus Linck, der Antichrist wirke in der römischen Kurie. Rom sei heute schlimmer als die Türken[50]. Luther ist zu dieser Meinung nicht dadurch gekommen, daß er das Leben der Päpste scharf kritisieren zu müssen meinte, sondern weil er die in Rom vertretene Theologie für die Verkehrung des Evangeliums Jesu Christi hielt. Die Halbheit der Christen, die die Werkgerechtigkeit hervorgerufen hatte, die Äußerlichkeit und Oberflächlichkeit, in der Christen ohne Gottesfurcht lebten, trieben ihn zu der ihn anfangs bestürzenden Erkenntnis, ob der Antichrist nicht gerade dort zu suchen sei, wo man ihn am wenigsten vermutet: im Zentrum der Kirche. Dieser zunächst nur brieflich geäußerte Verdacht kommt dann auch, wie wir gesehen haben, in seine Schriften hinein. Noch wird der Papst nicht direkt als Antichrist bezeichnet, aber es wird doch die Möglichkeit offengehalten, daß auch er als Verkörperung der Gegenmacht Christi bezeichnet werden muß. Luther meint in seiner Schrift gegen Alveldt, im 1. Timotheusbrief werde gesagt, daß »in den letzten Zeiten manche Leute die Ehe verbieten werden« (4,1 f.). Der Wittenberger fragt, ob der Verfasser des 1. Timotheusbriefes hiermit nicht die römischen Zölibatsgesetze getroffen habe[51]. Da er der festen Überzeugung ist, daß das Ende der Zeit da ist, liegt es nahe, den Widerspruch gegen die Ehe, der nach seiner Meinung gegen Gott, Recht, Vernunft und Natur ist[52], mit der Äußerung im 1. Timotheusbrief in Verbindung zu bringen. Wer lesen und hören konnte, der mußte lesen und

[49] Preuss: *Die Vorstellungen* 45 ff.

[50] WA Briefwechsel (zit.: Br) 1,270,11–14, und Bizer: *Luther* 9. Vgl. dazu jetzt auch Heiko Augustinus Obermann: *Contra vanam curiositatem. Ein Kapitel der Theologie zwischen Seelenwinkel und Weltall* (Theologische Studien, Heft 113). Zürich 1974 46 f.

[51] Vgl. WA 6,307,34–308,4.

[52] WA 6,307,29–31.

hören, daß Luther fürchtete, in Rom regiere nicht das Evangelium, sondern die Botschaft des Antichristen.

Noch in der Vorrede zu der Schrift »Von der Freiheit eines Christenmenschen«, die er Papst Leo X. widmet, bezeugt Luther ihm seine persönliche Achtung. Gleichzeitig aber fehlen nicht harte Urteile über die Umgebung des Papstes. Sein Angebot, sich dem Papst unterzuordnen, wenn seine Lehre geduldet und die freie Auslegung der Bibel zugesagt wird[53], stellt einen Kompromiß dar. Noch zieht er nicht die letzte Konsequenz aus dem Verdacht, daß in Rom der Antichrist regiert. Noch ist er nicht willens, in ganzer Breite gegen die römische Kirche vorzugehen, obwohl er merkt, auf welch große Zustimmung seine Lehren stoßen. Er fordert aber, daß seine Erkenntnisse laut werden müssen im Bereich einer Christenheit, in der vieles gesagt wird, was nach seiner Meinung nicht gelehrt werden dürfte. Die Bannandrohungsbulle vom Sommer 1520 mußte ihn aber dann dazu zwingen, klar ja oder nein zu sagen[54]. Die Antwort lautet: Nein! Diese Bulle ist nach seiner Meinung vom Antichristen geschrieben worden. In scharfer Form distanziert Luther sich von den Urteilen, die über ihn gefällt worden sind. Er ist nicht bereit, deren Berechtigung anzuerkennen. Jetzt ist ihm endgültig klar, wo der Antichrist sein Wesen treibt. Jetzt kann das Papsttum eigentlich auch nicht mehr aufgrund weltlichen Rechtes akzeptiert werden. Denn nur dann kann der Papst der erste Bote und Sprecher der Christenheit sein, wenn er nichts tut noch sagt, was sich gegen Christus wendet. Das aber ist nun der Fall, so daß das Papsttum dahinfallen müßte, selbst wenn es göttlichen Rechtes wäre[55]. Mit diesen Aussagen war die Grenze abgesteckt, die den weiteren Kampf bestimmen sollte. Die Wahrheit des göttlichen Wortes, wie Luther sie verstand, wurde gegen eine Enscheidung der Kirche in An-

[53] WA 7,3–11.

[54] Bizer: *Luther* 34–36, und Hans-Günter Leder: *Ausgleich mit dem Papst? Luthers Haltung in den Verhandlungen mit Miltitz 1520.* (Arbeiten zur Theologie, 1. Reihe, Heft 38). Stuttgart 1969, 40 ff.

[55] Bizer: *Luther* 40; vgl. auch Peter Kawerau: *Luther. Leben–Schriften–Denken,* Marburg 1969, 114 f.

spruch genommen. Da aber auch die Gegenseite die Bibel für sich beanspruchte, mußten die Wege auseinandergehen. Luther hat sich gegen die Bannandrohungsbulle mit einer Schrift gewehrt, in deren Titel er sie eine Bulle des Antichrists nannte[56]. Hier wurden Papst und Antichrist nun endgültig identifiziert: Wer ein wahrer Christ sein will, muß nicht nur die Bulle gegen Luther ablehnen, sondern auch den Papst für die Erscheinung der Endzeit halten, von der man schon früher als dem Endchristen gesprochen hatte[57]. Der Papst ist der Verfolger Christi und der Zerstörer der Christenheit, so daß jeder rechte Christ nur mit ihm brechen kann.

Mit diesen Aussagen ist ein Höhepunkt in der Polemik Luthers gegen das Papsttum erreicht worden. Es ist verständlich, daß diese Aussagen von den katholischen Theologen des 16. bis zum 20. Jahrhundert aufs schärfste abgelehnt worden sind[58]. Andererseits muß man sich klar machen, daß hier der enttäuschte Mönch spricht, dem es nach wie vor um die eine Kirche Jesu Christi geht. Denn daß Christus als das eine Haupt der Kirche nur einen Leib haben kann, ist für ihn selbstverständlich. Daß man in Rom seine Kritik und seine Aussagen nicht im geringsten zu berücksichtigen willens war, mußte ihn zutiefst verletzen, sah er doch in seinen theologischen Erkenntnissen die Wahrheit der christlichen Lehre zum Ausdruck gebracht. Man kann solche scharfe Aussagen verstehen, wenn man sich klar macht, daß hier einer spricht, der aus der Christenheit ausgeschlossen wurde, ohne sich widerlegt zu wissen. Bei dieser Polemik ist es zunächst geblieben. Luther meinte, seine Aussagen seien berechtigt, weil das Verderben des Papsttums nicht durch einzelne Personen begründet worden sei, und darum auch mit dem Tod Leos X. nicht wieder alles in Ordnung kommen müsse. Vielmehr reichen die Wurzeln des Verhängnisses nach seiner Überzeugung tie-

[56] WA 6,614ff.

[57] Die Bezeichnung des Antichrists als »Endechrist« »weist auf dessen Erscheinen am Weltende hin. Luther lehnte ... (aber) diese Volksetymologie ab und wählte dafür die Übersetzung: ›Widerchrist‹« (*Bekenntnisschriften der evangelisch-lutherischen Kirche*, 6. Aufl., Göttingen 1967, 430, Anm. 6; zit.: BS).

[58] Bäumer: *Martin Luther* 56.

fer. Sie beziehen die Institution des Papsttums ein, so daß auch der neue Papst Hadrian VI. von Luther nur als Antichrist angesehen werden konnte[59]. Beide Positionen waren damit abschließend markiert. Man hatte sich gegenseitig als un- und antichristlich bezeichnet. Die Frage mußte nun sein, wo die Grenze der einen Kirche verläuft, die beide Seiten behaupteten.

4. Die Grenzen der einen Kirche

Das Verständnis des Papsttums ist aufs innerste mit dem Verständnis der Kirche verbunden, ja ein Teil desselben. Es kann hier nun nicht die Lehre von der Kirche, die Luther und die die römisch-katholischen Theologen seiner Zeit vertreten haben, dargelegt werden. Während die römisch-katholische Seite ein Eingreifen des Staates erwartete, der diese Häresie vom Erdboden vertilgen sollte, hat Luther seine Polemik wiederholt oder auch auf frühere Aussagen zurückgegriffen, in denen er eine gewisse Berechtigung des Papsttums zum Ausdruck gebracht hatte. Einmal sah er den Papst als Glied der Kirche, dann aber als deren schlimmsten Widersacher an. Polemisch ist es etwa, wenn der Papst nach wie vor als »schlimmer als der Türke« bezeichnet wird, weil der Türke den Menschen ihren Glauben läßt, während der Papst allen seine teuflischen Lügen aufzwingen will[60]. Luther schreibt auch gegen Bullen von Papst Clemens VII. und meint, daß das Papsttum vom Teufel gestiftet worden sei, daß es aber durch Gottes Zorn und Verhängnis um unserer Sünden willen erhalten werde[61].

Andererseits aber lehnt Luther etwa im Jahre 1528 das Papsttum nicht grundsätzlich ab. Er hält es nach wie vor für möglich und gibt damit zu erkennen, daß ein verändertes, reformiertes, in seinen Augen christlich gewordenes Papsttum von ihm akzeptiert werden kann[62]. Im Augsburger Be-

[59] Ebd. 71.
[60] Vgl. WA 8,709,2–6, und Bäumer: *Martin Luther* 72.
[61] WA 18,259,5–10.
[62] WA 26,147,27–148,32, Bäumer: *Martin Luther* 75 f, und Wilhelm Maurer: *Motive der evangelischen Bekenntnisbildung*

kenntnis von 1530, das Philipp Melanchthon zusammengestellt hat, wird die Katholizität des Protestantismus behauptet. Unpolemisch wird auf eine Ablehnung des Papsttums als antichristlich verzichtet. Luther hat die Lücken, die nach seiner Meinung in diesem Bekenntnis vorhanden sind, durchaus gesehen[63], hat aber dennoch diese Confessio als gültigen Ausdruck der evangelischen Lehre anerkannt. Es fehlen bei ihm in den folgenden Jahren nicht positive Urteile über das Papsttum. Voraussetzung ist nach seiner Überzeugung aber, daß die Rechtfertigungslehre von Rom anerkannt wird[64]. Auch in den dreißiger Jahren hat Luther die grundsätzliche Trennung von Katholizismus und Protestantismus noch nicht für unbedingt notwendig gehalten. Er war sich zwar über die Weite des Abstandes im klaren. Teilweise formuliert er so scharf, daß man an eine Überbrückung der Kluft kaum mehr denken kann[65]. Andererseits aber faßt er auch noch

bei Luther und Melanchthon. (Reformation und Humanismus. Robert Stupperich zum 65. Geburtstag). Witten 1969, 20. Wolfgang Höhne: *Luthers Anschauungen über die Kontinuität der Kirche.* (Arbeiten zur Geschichte und Theologie des Luthertums, Bd. 12). Berlin–Hamburg 1963, 122, erklärt die positiven Urteile über das Papsttum durch den älteren Luther mit dessen Meinung von der »geschichtlichen Kontinuität der Kirche unter dem Papsttum«. Wenn Bäumer: *Martin Luther* 84, meint, meine »Ansicht«, daß sich »die Altkirchlichen und die Anhänger der Reformation ... niemals mehr so nahe gekommen (sind) wie 1530 in Augsburg«, treffe »nicht auf Martin Luther zu«, so kann ich ihm nur zustimmen, habe ich doch an dieser Stelle von den Augsburger Verhandlungen und nicht von deren Beurteilung durch die römische Kurie oder Luther gesprochen. Allerdings darf man nicht übersehen, daß Luther selber gesagt haben soll: »Ich habe sorg, das wir nimer mehr so nahent zw samen khumen werden als zw Augspurg« (WA Tischreden 4,495,7–9; zitiert bei Herbert Immenkötter: *Um die Einheit im Glauben. Die Unionsverhandlungen des Augsburger Reichstages im August und September 1530.* [Katholisches Leben und Kirchenreform im Zeitalter der Glaubensspaltung, Heft 33]. Münster/Westf. 1973, 10).

[63] WABr 5,496,2 f.

[64] Auf die hierfür entscheidende Stelle im großen Galater-Kommentar hat vor allem hingewiesen Joseph Lortz: *Martin Luther. Grundzüge seiner geistigen Struktur.* (Reformata Reformanda. Festgabe für Hubert Jedin, I. Teil). Münster/Westf. 1965, 245.

[65] Vgl. seinen Brief vom 9. Juli 1530 an Justus Jonas (WABr

jetzt ins Auge, daß die Bibel als oberster Maßstab für die ganze Kirche anerkannt wird und daß dann alle, auch der Papst, sich ihr unterordnen und in ein- und derselben Kirche leben[66]. Luther kann in diesen Jahren sagen: Ich will »den Papst verehren, wenn er mir mein Gewissen freiläßt und mich nicht zwingt, daß ich Gott verletze«[67]. Weil beide Seiten die Heilige Schrift als Ausgangspunkt ansahen, war in der Tat ein letztes gemeinsames Fundament gegeben. Es war aber die Frage, ob es gelingen würde, von diesem Ausgangspunkt aus die Gemeinschaft innerhalb der Kirche wiederherzustellen. Dies konnte durch die Benutzung von Bildern in der lutherischen Polemik gegen das Papsttum nur erschwert werden. Hier wurden moderne Darstellungsweisen verwandt, deren Satire nachhaltigen Eindruck hervorzurufen vermochte[68].

Aktuell wurde die Frage nach dem Papsttum mit der Einberufung des Konzils im Jahr 1536 durch Papst Paul III. Die Wittenberger Theologen haben im gleichen Jahr die Rechtmäßigkeit eines Konzils nicht bestritten. Sie akzeptierten es vielmehr als obersten Gerichtshof der Kirche[69]. Luther stellte zur Vorbereitung auf diese Versammlung Artikel zusammen, in denen er das formulierte, was nach seiner Meinung bei einem Konzil als evangelische Lehre vertreten werden mußte. Diese Artikel konnten zugleich so etwas wie ein persönliches Testament seiner Theologie sein. Zu den in diesen sogenannten Schmalkaldischen Artikeln von 1537 geäußerten Themen gehört auch die Frage nach dem Papst[70].

5,458) und GERHARD MÜLLER: *Die römische Kurie und die Reformation 1523–1534. Kirche und Politik während des Pontifikates Clemens' VII.* (Quellen und Forschungen zur Reformationsgeschichte, Bd. 38). Gütersloh 1969, 110.

[66] WA 40,1,120,17–25, und BÄUMER: *Martin Luther* 86.

[67] WA 40,1,177,22 f., und BÄUMER: *Martin Luther* 85.

[68] Mit Recht weist BÄUMER: *Martin Luther* 78–80, auf die Schärfe der Polemik in den Papstspottbildern hin. Vgl. auch ERWIN MÜHLHAUPT: *Vergängliches und Unvergängliches an Luthers Papstkritik*, in: Luther-Jahrbuch (1959) 56–74.

[69] Vgl. ihr Gutachten im *Corpus Reformatorum*, Bd. 3, Halle/Saale 1836, Sp. 125, und BÄUMER: *Martin Luther* 89.

[70] Luther legte einer Konferenz von Theologen von ihm zusammengestellte Artikel vor, die beraten, geändert und am 3. Januar

Luther wiederholt in diesen Artikeln, die in die Lutherischen Bekenntnisschriften aufgenommen worden sind, seine Meinung, daß das Papsttum nicht göttlichen Rechtes sei und daß der Papst nicht das Haupt der Christenheit sein könne, da allein Christus dieses Prädikat gebühre. Der Papst sei vielmehr Bischof von Rom und Bischof derjenigen, die sich williglich zu ihm begeben als einem Bruder und Gesellen, wie das schon die alten Konzile in früher Zeit zum Ausdruck gebracht hätten. Demnach müsse jeder Bischof den Papst als einen Bruder bezeichnen dürfen, und es könne keine Rede davon sein, daß er den Titel eines allergnädigsten Herrn beanspruchen dürfe, der einem König oder Kaiser zusteht. Die Behauptung, daß man nur selig werden könne, wenn man dem Papst gehorsam und in allen Dingen untertan sei, wird scharf abgelehnt. Luther erklärt, hier mache sich der Papst zu einem Gott. Er wiederholt seine alte Meinung, daß die Kirche mehr als 500 Jahre ohne einen Papst gelebt habe und daß man die Christen, die nach wie vor ohne den Papst leben, nicht deswegen als unchristlich bezeichnen dürfe. Das Papsttum kann sogar als unnütz in der Kirche bezeichnet werden, denn die Christenheit kann durchaus ohne es bestehen[71]. Luther erwägt zwar, ob Rom nicht darauf verzichten könne zu behaupten, daß das Papsttum göttlichen Rechtes sei und ob die Kurie nicht zugestehen könne, daß das Papsttum nur um weltlicher Einigkeit willen eingerichtet sei, damit man der Aufsplitterung und Ketzerei besser widerstehen könne. Ein solches Haupt würde durch Menschen erwählt und stünde in menschlicher Gewalt. Aber Luther ist der Meinung, daß das jetzige Papsttum sich auf diese Begründung seines Rechtes nicht einlassen werde. Auch würde ein solches Amt möglicherweise nicht viel Einfluß haben. Man müßte ja stets neu den besten Mann wählen, der die Christenheit lenkt, so daß das Papsttum durchaus nicht immer in Rom lokalisiert sein müßte. Da man ihm nicht aufgrund göttlicher Anordnung gehorchen muß, würde sein Einfluß gering sein. Deswegen fordert Luther die Christen auf, gemeinsam unter

1537 dem sächsischen Kurfürsten Johann Friedrich zugeschickt wurden (BS S. XXIV).

[71] BS 427–429.

ihrem Haupt Christus zu leben. Die Bischöfe sollen in einträchtiger Lehre zusammenhalten und zusammen die Kirche regieren, »wie die Apostel auch getan (haben) und hernach alle Bischöfe in der ganzen Christenheit, bis der Papst seinen Kopf über alle erhob.«[72] Luther wiederholt seine Meinung, daß der Papst der Widerchrist ist, der sich gegen den Herrn der Kirche gesetzt hat, bis man ihn sogar als einen irdischen Gott rühmte. Der Reformator endet seine Aussagen über den Papst mit den Worten, daß er nicht der Apostel Christi, sondern der Apostel des Teufels sei[73].

Von seiner alten Lehre hat Luther hier also nichts zurückgenommen. Nach wie vor wird zwar nicht grundsätzlich die Möglichkeit bestritten, zu einer Einigung unter einem Papst zu kommen, der kraft menschlichen Rechtes eingesetzt worden ist. Aber Luthers Skepsis ist groß. Er bezweifelt, daß sich dies verwirklichen läßt. Denn Aussage steht gegen Aussage. Während man in Rom betont, daß dort das Erbe der Christenheit, ihre Tradition verwaltet wird, legt Luther allen Nachdruck darauf, daß die Wahrheit der Botschaft Christi von ihm vertreten wird. Damit werden zwei Verständnisse von Kirche zum Ausdruck gebracht, die sich je länger desto weniger zur Deckung bringen lassen. Aber auch in Luthers unmittelbarer Umgebung ist immer noch die Hoffnung vorhanden, daß die Kluft überbrückt werden kann. Philipp Melanchthon akzeptiert zwar Luthers Schmalkaldische Artikel, fügt aber in seiner Unterschrift die bezeichnende Einschränkung hinzu: »Vom Papst aber halt ich, so er das Evangelium wollte zulassen, daß ihm umb Friedens und gemeiner Einigkeit willen derjenigen Christen, so auch unter ihm sind und künftig sein möchten, sein Superiorität über die Bischöfe, die er hat jure humano, auch von uns zuzulassen sei.«[74] Nur an dieser Stelle, bei Luthers Lehre vom Papsttum, hat Melanchthon eine unterschiedliche Auffassung zu derjenigen Luthers vorzutragen. Im Grundsatz stimmt er mit ihm überein, daß der Papst seine Stellung nur kraft menschlichen Rechtes habe. Er möchte aber weiterhin den Weg zu einer ge-

[72] BS 429 f.
[73] BS 430–432.
[74] Vgl. BS 463 f.

meinsamen Lösung offenhalten, die Luther nicht ganz verbaut hatte, deren Realisierung er aber sehr viel stärker als Melanchthon bezweifelte. Sein Pessimismus wuchs mit der Zeit und führte ihn schließlich zu einer seiner letzten Schriften, in der er sich nochmals scharf gegen das Papsttum äußerte.

5. Das Papsttum – vom Teufel gestiftet

Im Jahr 1545 erschien eine recht umfangreiche Arbeit Luthers, die bereits in ihrem Titel genau diese These zum Ausdruck bringt: »Wider das Papsttum zu Rom, vom Teufel gestiftet«. Auf dem Titelblatt der ersten Ausgaben war ein Papst abgebildet, der im Höllenrachen thront[75]. Es ist verständlich, daß dieses Bild und auch der sehr grobe Ton, dessen Luther sich bedient, Widerspruch hervorriefen. Man kann den Grobianismus erklären. Er geht darauf zurück, daß Luther ein Breve von Papst Paul III. bekannt geworden war, in dem er Kaiser Karl V. wegen dessen Religionspolitik tadelte. Luther fühlte sich bemüßigt, den Kaiser in Schutz zu nehmen, der auf dem letzten Reichstag von 1544 den Protestanten wegen eines Krieges gegen Frankreich ein Stück entgegengekommen war[76]. Am kursächsischen Hof überlegte man sich, ob man nicht Luther zu einer Entgegnung auffordern solle, weil er dazu »durch die Gnade Gottes einen höhern Geist hat denn andere Menchen«, wie der kursächsische Altkanzler Brück meinte[77]. Luther hat sich auch unabhängig von diesem Wunsch mit dem Tadelsbreve Pauls III. befaßt. Es gibt ihm Anlaß, nochmals seine Argumente gegen das Papsttum vorzutragen. Neue Gesichtspunkte begegnen nicht. Lediglich in der Form bedient sich Luther einer Sprache, die schon damals als anstößig empfunden wurde. Zwar hat Landgraf Philipp von Hessen gemeint, ihm gefalle das Buch »sehr wohl«, aber Kurfürst Johann Friedrich von Sachsen wurde doch einige Kritik an dem groben Ziel mitgeteilt. Er

[75] Vgl. WA 54,202.
[76] WA 54,195–200.
[77] WA 54,199.

nahm aber Luther in Schutz: Der Reformator sei nämlich der Meinung, daß das Papsttum zu Boden gestoßen werden müsse, da man es nicht mehr bekehren könne. Darum solle »jedermann die Greuel des Papsttums« erkennen, um sich vor ihnen hüten zu können[78].

Luther behandelt drei Themen: 1. Ob der Papst das Haupt der Christenheit und der Herr der Welt sei, 2. ob der Papst geurteilt und gerichtet werden dürfe und 3. ob der Papst das römische Reich von den Griechen auf die Deutschen übertragen habe. In dem ersten, umfangreichsten und wichtigsten Abschnitt greift er die Begründung des Papsttums auf, wie sie von der römischen Seite aus der Heiligen Schrift dargeboten wird. Wir kennen bereits seine Auseinandersetzung mit Mattäus 16 und Johannes 21, so daß wir hierauf nicht nochmals eingehen müssen. Die Form allerdings, in der Luther sich äußert, ist sehr anstößig. Er redet zum Beispiel nicht von den päpstlichen Dekretalien sondern von den »Drecketalen«, um dadurch sofort die Nichtigkeit der päpstlichen Dokumente zum Ausdruck zu bringen. An einer anderen Stelle heißt es, der Papst werde vom höllischen Satan getrieben[79]. Das ist eine Sprache, die den großen Abstand von der bisherigen Kirche zum Ausdruck bringt. Auf die Frage: »Wo kommt das Papsttum her?« antwortet er: »Es kompt vom Teufel, weil es nicht von der Kirchen, die Christus durch seinen heiligen Geist regiert, noch weltlicher oberkeit kompt«[80]. Von einer positiven Begründung des Papsttums aufgrund weltlichen Rechtes hält Luther jetzt nichts mehr. Er meint, jedes getaufte Kind könne über den Papst richten, weil an dessen Kurie der Teufel herrscht. Der römische Hof ist nach seiner Meinung »ein stall vol grosser, grober, tolpischer, schendlicher Esel, die nichts konnen in der heiligen Schrifft, Nichts wissen, was Gott, was Christus, was Kirche, Was Bischoff, Was Gottes Wort, was Geist, Was Tauffe, was

[78] Vgl. WA 54,200 f; vgl. zu dieser Schrift auch Friedrich Wilhelm Kantzenbach: *Strukturen in der Ekklesiologie des älteren Luther. Ein Beitrag zur reformatorischen Lehre von den »notae ecclesiae«*, in: Luther-Jahrbuch (1968) 70 ff.

[79] WA 54,228.

[80] WA 54,237 f.

Sacrament, was Schlůssel, was gute werck sind.«[81] In diesem Ton wendet er sich gegen das Papsttum, das es gewagt hatte, die weltliche Obrigkeit der Deutschen, Kaiser Karl V., der wie alle weltliche Obrigkeit von Gott eingesetzt ist, anzugreifen. Wenn die Päpste denken, daß sie dazu berechtigt sind, weil sie das Kaisertum von den Griechen auf die Deutschen übertragen haben, dann irren sie nach Luthers Meinung. Er erklärt, daß die Päpste über das Kaisertum nicht verfügen konnten, so daß sie es auch nicht zu übertragen vermochten[82]. Die Deutschen haben das Kaisertum vielmehr von Karl dem Großen und den Kaisern von Konstantinopel erhalten. Er läßt offen, ob er nicht noch einmal diese Frage in einem anderen Buch aufgreifen wird[83]. Dazu ist es aber nicht mehr gekommen[84].

Natürlich ist auch heute noch Kritik an dieser Art von Polemik zu üben. Man wird sich aber darüber klar sein müssen, daß unser Stil, der ja auch nicht immer tadelfrei ist, nicht derjenige des 16. Jahrhunderts war. Ungefähr zur gleichen Zeit, in der Luther sein Buch gegen das Papsttum schrieb, wurde ihm von Landgraf Philipp von Hessen eine Mitteilung in italienischer Sprache von seinem angeblichen Tod und damit zusammenhängenden Ereignissen zugesandt[85]. Luther ließ es sich nicht nehmen, diesen Text zusammen mit einer deutschen Übersetzung und einem kurzen eigenen Nachwort zu publizieren. Liest man die Mitteilung vom Tod Luthers, in der berichtet wird, er habe darum gebeten, daß er nach seinem Tod wie ein Gott angebetet werde und daß nach seinem Begräbnis ein schrecklicher Lärm entstanden sei, »als fiele Teufel und Helle in einander«, so daß alle ein großer Schrekken ankam, dann wird deutlich, daß hier ein noch Lebender als bereits vom Teufel Geholter bezeichnet wird. In der Nacht nach der Beerdigung Luthers, so heißt es weiter, habe man ein »Hellisch rumpeln gehőrt«, das größer als das erste gewesen sei. Am folgenden Tag sei das Grab geöffnet wor-

[81] WA 54,285 f.
[82] WA 54,295.
[83] WA 54,298 f.
[84] WA 54,300 f.
[85] WA 54,188.

den, aber es sei leer gewesen. Lediglich ein schweflischer Gestank sei daraus hervorgekommen, der »alle, die da umbher stunden, kranck machte«[86]. Demnach hatte die Hölle selber den Leichnam Luthers verschlungen. Man sieht also, daß sich auf beiden Seiten die Polemik eines Stils bediente, der nicht unseren Vorstellungen und Wertungen entspricht. Aber gerade Luthers späte Schrift und die im gleichen Jahr publizierten Papstspottbilder[87] vermochten natürlich den Dissensus zwischen dem Protestantismus und der römisch-katholischen Kirche nur zu vertiefen.

6. Primat und Unfehlbarkeit des Bischofs von Rom?

Bedenkt man diese beiden Fragen, so ist offensichtlich, daß Luther aufgrund seiner Lehre beides ablehnen mußte. Was den Primat angeht, so konnte er ihn deswegen nicht anerkennen, weil er den Bischof von Rom für einen Bischof unter anderen hielt. Er bestritt, daß Petrus in dem Sinne der Übergeordnete der Apostel gewesen sei, wie der Papst sich als Übergeordneter über die anderen Bischöfe versteht. Nur ein Ehrenvorrang kann dem römischen Bischof eingeräumt werden. Dieser Ehrenvorrang bezieht sich darauf, daß er als der wichtigste Sprecher der westlichen Christenheit für eine gewisse Einigung und Führung der Kirche sorgt. Dies ist möglich, weil die übrigen Bischöfe dem Bischof von Rom diesen Ehrenvorrang freiwillig, aber nicht aus einer theologischen Notwendigkeit heraus einräumen. Dieser Ehrenvorrang des Papstes impliziert jedoch im Grunde die Notwendigkeit, an erster Stelle Bote zu sein und zu dienen. Das Verhalten des Papstes wird nach Luthers Meinung an der Realisierung dieser beiden Aufgaben gemessen. Müht sich der Papst um die Verlautbarung der Botschaft Jesu Christi, dient er in dem Amt, das ihm nicht nur als Würde, sondern vor allem als Bürde aufgetragen ist, dann nimmt er die Funktionen wahr, die jeder Bischof, ja jeder Pfarrer und jeder Christ wahrzunehmen hat und nach deren Verwirkli-

[86] WA 54,193.

[87] Vgl. WA 54,346–373 und die diesem Band beigegebenen Bilder.

chung jeder Glaubende von Christus gefragt werden wird. Nicht Primat der Herrschaft, sondern Primat des Dienstes, so könnte man die mögliche Anerkennung eines päpstlichen Primates durch Luther umschreiben. Aber genau dies widersprach den Forderungen der Päpste seiner Zeit. Natürlich bestritten sie nicht, Diener der Diener Gottes zu sein. Aber diese alte Formel Gregors I. wurde in der Realität überboten von der weltlichen Politik, in die sich die Päpste Julius II., Leo X., Clemens VII. und Paul III. verstricken ließen. Sie waren der Meinung, daß alle weltlichen christlichen Herrscher sich ihnen als dem Oberhaupt der Christenheit unterzuordnen hätten. Dem widersprach Luthers Zwei-Reiche-Lehre, die das gleichberechtigte Nebeneinander von weltlicher Obrigkeit und Kirche behauptete.

Noch weniger konnte Luther eine Unfehlbarkeit eines Menschen akzeptieren. Zu deutlich zeigte ihm die Geschichte, daß Päpste und Konzilien geirrt hatten. Deswegen betonte er immer wieder die Notwendigkeit einer Begründung christlicher Lehre durch die Bibel[88]. Was aus ihr nicht belegt werden kann, darf nicht als Glaubensartikel hingestellt werden. Zu solch neuen, unbiblischen und damit unchristlichen Glaubensartikeln gehört nach seiner Auffassung die Lehre, daß das Papsttum Unfehlbarkeit für sich in Anspruch nehmen darf. Die Zeit bis 1518, in der er noch geglaubt hatte, daß Christus seine Kirche nie verließ und daß dadurch die Entscheidungen der Christenheit rechtmäßig sind, vermochte er von 1520 an nicht mehr aufrechtzuerhalten. Diese Entwicklung ist sicher mit unter dem Eindruck der Ablehnung seiner Theologie zustande gekommen. Andererseits aber muß man sehen, daß die Ansätze zu seiner Ekklesiologie, wie sie uns schon aus seiner ersten Psalmenvorlesung deutlich werden, die Möglichkeit einer Kritik an allen Christen offenhält, so daß eine Unfehlbarkeit etwa im Sinne der Entscheidung des 1. Vatikanischen Konzils in Fragen des Glaubens und der Sitte für ihn wohl von Anfang an kaum möglich gewesen wäre.

[88] Vgl. die bei MÜHLHAUPT: *Vergängliches* 73, wiedergebene Aussage Luthers: »Die Kirche ist nicht die Mutter des Worts, sondern seine Tochter, geboren aus dem Wort« (WA 42,334,12).

Er war aber bereit, sich einem fehlbaren Bischof von Rom unterzuordnen. Die bischöfliche und die päpstliche Jurisdiktion waren nicht die ursprünglichen Angriffspunkte seiner Theologie. Er blieb bis in die späte Zeit seines Lebens hinein der Meinung, daß die Kirche bischöflich verfaßt sein sollte, und er setzte auch selber einen Bischof in Naumburg ein[89]. Eine Wiederherstellung der bischöflichen Jurisdiktion, wie sie vor allem Philipp Melanchthon wünschte[90], hätte seiner Theologie dann nicht widersprochen, wenn die Bischöfe die Wahrheit der evangelischen Botschaft akzeptierten. Aber wie gesagt – hierüber wurde er je länger desto mehr zu einem Skeptiker.

Die weitere Entwicklung des Papsttums ist nicht ohne den Einfluß der Reformation zu denken. Zwar blieb die Kluft zwischen Rom und Wittenberg erhalten, ja sie wurde mit der Zeit noch tiefer, als nämlich das Konzil von Trient seine theologischen Entscheidungen in bewußter Ablehnung der reformatorischen Botschaft formulierte[91]. Aber es konnte nicht verborgen bleiben, daß an der theologischen Kritik der Reformation doch einiges berechtigt war, so daß die spätmittelalterliche Lehre, die Luther bekämpft hatte, vom Tridentinum zugleich korrigiert wurde[92]. Vor allem aber hat der Angriff der Reformation mit dazu beigetragen, Erneuerungstendenzen im Katholizismus zu kräftigen. Die Kritik der Reformation, daß die Bischöfe nicht Bischöfe, daß sie nicht Geistliche, sondern weltliche Herrscher seien, ließ sich nicht einfach als unwahr zurückzuweisen. Das Konzil von Trient hat selber diese Kritik indirekt als berechtigt anerkannt, indem es die Bischöfe aufforderte, als Hirten in ihren Diözesen zu weilen und zu arbeiten[93]. Unter dem Einfluß

[89] Peter Brunner: *Nikolaus von Amsdorf als Bischof von Naumburg.* (Schriften des Vereins für Reformationsgeschichte, Nr. 179). Gütersloh 1961.

[90] Vgl. dazu zuletzt Immenkötter: *Um die Einheit* 44–67.

[91] Gerhard Müller: *Tridentinum,* in: Die Religion in Geschichte und Gegenwart, 6. Bd., 3. Aufl., Tübingen 1962, 1014.

[92] Ebd. 1014.

[93] Ebd. 1015.

der Reformation ist auch das Papsttum selber erneuert worden. Bereits unter Papst Paul III. wurde überdeutlich, daß das Renaissancepapsttum tot war. Zwar versuchte Paul III. noch einmal eine Familienpolitik großen Stiles mit Übertragung von Herzogtümern auf seinen Sohn Pierluigi – doch das blieben kurzlebige Erscheinungen[94]. Paul III. stellte selber die Weichen, als er ein Konzil einberief, das es sich nicht nehmen ließ, auch über Reformfragen zu verhandeln[95]. Die Päpste, die dann von den sechziger Jahren des 16. Jahrhunderts an die Reform der Kirche zu ihrer eigenen Sache machten, waren Geistliche, ja teilweise Mönche auf dem Thron Petri und nicht Herrscher nach der Art eines Julius' II.[96]. Mag man also auch manche Formen reformatorischer Papstpolemik bedauern, so ist doch festzuhalten, daß dieser Angriff auf das Papsttum eine der Bedingungen für die geschichtlich gewordene Regeneration der römisch-katholischen Kirche insgesamt und des Papsttums im besonderen bildete. Nicht zuletzt darin kann man, auch wenn man die theologische Kritik Luthers ablehnt, einen wesentlichen Beitrag der Reformation zur Gesamtgeschichte der Christenheit im 16. Jahrhundert sehen.

[94] Vgl. Hubert Jedin: *Die Anfänge der katholischen Reform in Rom unter Paul III.* (Handbuch der Kirchengeschichte, hg. von Hubert Jedin, Bd. IV). Freiburg 1967, 477.

[95] Müller: *Tridentinum* 1014.

[96] Vgl. Jedin: *Persönlichkeit und Werk der Reformpäpste von Pius V. bis Clemens VIII.* (Handbuch, Bd. IV). 521–533.

Luthers Zwei-Reiche-Lehre in der deutschen Reformation

Es ist das Recht des »schwerds ... von anfang der welt gewest. Denn da Kain seynen bruder Habel erschlůg, furcht er sich so fast, man wůrde yhn wider tȯdten, das auch Gott eyn besonders verpott draufflegt und das schwerd umb seynen willen auffhub, unnd niemandt sollt yhn tȯdten«[1]. Diese Worte Martin Luthers aus seiner Schrift 'Von weltlicher Obrigkeit' aus dem Jahr 1523 machen klar, daß Strafe und Vergeltung, Ahndung oder Gnadenerlaß nicht immer so geregelt waren, wie dies der moderne Verwaltungs- und Polizeistaat uns glauben lassen könnte. Einerseits herrschte das Gesetz von Auge um Auge und Zahn um Zahn, andererseits gab es aber auch kultische Zufluchtsstätten, die 'das Recht des Schwertes' begrenzten oder aufhoben. In der Erzählung von Kain und Abel wird durch die Schaffung des Kainszeichens auf die Begrenzung des Schwertrechtes hingewiesen. Verbreiteter jedoch war der Versuch, sich selber mit Gewalt sein Recht zu suchen. Das gilt noch für das späte Mittelalter.

Erst im Jahr 1486 war die Fehde verboten worden[2]. Damit hörte der Privatkrieg zur Durchsetzung persönlicher Rechtsansprüche auf. Wer jetzt sein Recht suchte, mußte sich an die Gerichte halten. Bedenkt man aber, welche Unsicherheit im gerichtlichen Verfahrensrecht damals vorhanden war[3], dann ist es verständlich, daß das Verbot der Fehde

---

[1] Weimarer Ausgabe (= WA), Bd. 11, S. 247, 31—248, 3.

[2] Fritz Hartung, Die Reichsreform von 1485 bis 1495. Ihr Verlauf und ihr Wesen, in: Historische Vierteljahrschrift, 16. Jahrgang, 1913, S. 27—30.

[3] Ingeborg Most, Schiedsgericht, Rechtlicheres Rechtgebot, Ordentliches Gericht, Kammergericht. Zur Technik fürstlicher Politik im 15. Jahrhundert, in: Aus Reichstagen des 15. und 16. Jahrhunderts. Festgabe (Schriftenreihe der Historischen Kommission bei der Bayerischen Akademie der Wissenschaften, Schrift 5), Göttingen 1958, S. 118f.

und die Errichtung des Landfriedens auf zehn Jahre begrenzt sein sollten. Weder die einzelnen Stände noch die einzelnen Personen waren sich sicher, wie sie ihre Ansprüche ohne das Fehderecht durchsetzen konnten. Aber dann wagte man doch nicht mehr, zum Faustrecht zurückzukehren. Es hatte sich nämlich inzwischen als positiv erwiesen, nicht durch Fehden behelligt werden zu können. Deswegen war es folgerichtig, daß man die Dekade nicht verstreichen ließ, ohne einen zeitlich unbegrenzten Landfrieden auszurufen. So geschehen im Jahr 1495[4], an der Schwelle zum 16. Jahrhundert. Erst von nun an hörte in Deutschland das Fehdewesen endgültig auf, eine legitime Form der Auseinandersetzung zu sein, die doch immer nur das Recht des Stärkeren zum Ausdruck hatte bringen können. Trotz mancher Rückfälle erwies sich der ewige Landfriede als ein wertvolles Rechtsgut[5], das man je länger desto weniger missen wollte.

Von diesem Hintergrund her müssen wir uns Gedanken machen über Luthers Aussagen von Staat und Kirche, vom Schwert, das der Obrigkeit gegeben ist, und von Ordnung und Friede, die der Staat im Auftrag Gottes herzustellen und zu bewahren hat. Handelt es sich hier doch um Rechtsgüter, die erst seit wenigen Jahrzehnten vorhanden waren. Was manchem aus heutiger Sicht negativ erscheinen mag, war für die Menschen des 16. Jahrhunderts eine Befreiung aus Unsicherheit und ein Fortschritt auf dem Weg zu einem freieren Leben. Aber vielleicht ist nicht einmal die Legitimation der Gewalt, die der Wittenberger Reformator dem Staat zuspricht, heute das Anstößigste. Viel ärgerlicher kann sein, daß er der Obrigkeit im landesherrlichen Kirchenregiment de facto die Macht auch in der Kirche eingeräumt hat. Dem sollte gerade die Zwei-Reiche-Lehre einen Riegel vorschieben. Es wird aber zu fragen sein, ob diese Theorie wirklich Praxis geworden ist. Wir werden dabei so vorgehen, daß Luthers Lehre nicht im ganzen analysiert wird — an Darstellungen derselben mangelt es bekanntlich nicht — und daß

---

[4] Der Text des Landfriedens bei Karl Zeumer, Quellensammlung zur Geschichte der Deutschen Reichsverfassung in Mittelalter und Neuzeit, 2. Teil (Quellensammlungen zum Staats-, Verwaltungs- und Völkerrecht, 2. Bd.), Leipzig 1904, S. 225—228.

[5] Willy Andreas, Deutschland vor der Reformation. Eine Zeitenwende, 6. Aufl. Stuttgart 1959, S. 216. Daß Luther mithalf, das Fehdezeitalter zu überwinden, betont auch Gottfried Maron, »Niemand soll sein eigener Richter sein.« Eine Bemerkung zu Luthers Haltung im Bauernkrieg, in: Luther. Zeitschrift der Luther-Gesellschaft 46. Jg., 1975, S. 69.

auch nicht die unterschiedlichen Deutungsversuche erörtert werden. Vielmehr gehen wir von einigen Äußerungen des Reformators aus und untersuchen, ob sie oder andere Anschauungen sich in der deutschen Reformation durchgesetzt haben.

1. LUTHERS ANFORDERUNGEN AN DEN ADEL 1520

Als sich von 1519 an abzeichnet, daß die Bischöfe und Prälaten nicht willens sind, Mißstände in der Kirche zu beseitigen, die Luther angeprangert hatte und deren Ausmerzung viele fordern, deutet er im Sermon von den guten Werken im Jahr 1520 an, daß diese Aufgabe vom Adel angegangen werden könne[6]. Luther erwartet nämlich auch nicht viel von einem Konzil und meint, daß Könige, Fürsten, Adel, Städte und Gemeinden selber die Initiative ergreifen sollen. Er glaubt, daß sich die Bischöfe und Geistlichen fürchten und daß sie bei einer Reform schon mitmachen werden, wenn der Adel, die Räte der freien Reichsstädte und auch die Gemeinden die Abstellung von Mißständen in der Kirche selber in die Hand nehmen[7]. Der Gedanke, daß weltliche Amtsträger etwas innerhalb der Kirche tun dürfen, ist von mittelalterlichen Anschauungen her gut verständlich. Hatte man sich doch z. B. im späteren Mittelalter gefragt, was geschähe, wenn die Kirche selber nicht fähig sei, Irrlehren abzustellen. Wenn etwa ein Papst seine Pflicht verletzt und ein notwendiges Konzil nicht einberuft, dann geht das Recht hierfür nach Meinung vieler Juristen auf den Kaiser über[8]. Der Zusammenhang des corpus ecclesiae fordert dann vom Kaiser als dessen advocatus und erstem Sohn sein persönliches Eingreifen. Auf diesem Hintergrund läßt sich die Anregung Luthers, daß die deutschen Fürsten und Stände die Reform der Kirche zu ihrer eigenen Sache machen sollen, als ganz sinnvoll ansehen. Man wird daraus nicht ohne weiteres folgern können, daß »die Obrigkeit als solche eine kirchliche Funktion auszuüben vermag«[9]. Aber es wird doch zu fragen sein, ob das Neben-

[6] WA 6, 258, 5—11; vgl. Karl Müller, Kirche, Gemeinde und Obrigkeit nach Luther, Tübingen 1910, S. 13, und Karl Holl, Gesammelte Aufsätze zur Kirchengeschichte Bd. 1, 2. und 3. Aufl. Tübingen 1923, S. 326, Anm. 3.

[7] WA 6, 258, 24—27.

[8] Gerhard Müller, Zur Vorgeschichte des Tridentinums. Karl V. und das Konzil während des Pontifikates Clemens' VII., in: Zeitschrift für Kirchengeschichte Bd. 74, 1963, S. 87f.

[9] Heinrich Bornkamm, Luthers geistige Welt, 2. Aufl. Gütersloh 1953, S. 279. Ganz scharf wurde der Gedanke, daß Luther noch von einem corpus christianum ausgehe, abgelehnt

einander von Staat und Kirche stets gewahrt bleiben kann, wenn am Anfang des Weges die Stände um hilfreiche Maßnahmen in den Gemeinden gebeten werden.

Bereits in der Schrift an den christlichen Adel aus demselben Jahr entwickelt der Wittenberger Exeget sein Reformprogramm, das er den deutschen Adligen als ihre Aufgabe anvertraut. Karl Holl hat zwischen den Angelegenheiten, die die Fürsten als Fürsten übernehmen, und jenen, die sie als Christenmenschen anpacken, streng unterschieden[10]. Es ist zuzugeben, daß Luther auch in diesem Werk zwischen weltlichen und geistlichen Aufgaben differenziert. Aber die Akzente werden doch wohl anders gesetzt werden müssen, als Holl dies getan hat. Die Grundlage, von der Luther ausgeht, ist ja die, daß er sich an den *christlichen* Adel wendet. Er spricht vom Priestertum aller Getauften, das die höchste Würde aller Christenmenschen bildet und das auch den deutschen Fürsten eignet. Außerdem liegt ein Notfall vor. Da die geistlichen Prälaten versagen, sollen die weltlichen Herrscher eingreifen. Sie sollen nicht nur Räuberei und Dieberei beseitigen, sondern auch ein Konzil einberufen, das die Reform der Kirche durchführt. Dabei macht sich der Wittenberger keine Illusionen: Es gibt nur wenige wahre Christen unter den Fürsten[11]. Wenn er sie trotzdem auffordert, in ihrer Eigenschaft als Obrigkeiten zu handeln, dann deswegen, weil er ihnen ihre Verantwortung und auch ihre Möglichkeiten klarmachen will. Angesichts der Tatsache, daß der Adel bereits im späteren Mittelalter in das Leben der Kirche eingegriffen hatte[12], konnte Luther annehmen, daß die Fürsten ihre Chancen erkennen und — mochten sie dabei auch

---

von Johannes Heckel, Lex charitatis. Eine juristische Untersuchung über das Recht in der Theologie Martin Luthers (Abhandlungen der Bayerischen Akademie der Wissenschaften, Phil.-hist. Klasse, Neue Folge, Heft 36), München 1953, S. 167—180. Anders dagegen Franz Lau, Die lutherische Lehre von den beiden Reichen, in: Luther und die Obrigkeit, hg. von Gunther Wolf (Wege der Forschung, Bd. 85), Darmstadt 1972, S. 372.

[10] Holl, S. 327—329.

[11] WA 6, 468, 25—27 und WA 11, 267, 30—268, 5; vgl. auch a. a. O., S. 257, 35—258, 3.

[12] Vgl. Justus Hashagen, Staat und Kirche vor der Reformation. Eine Untersuchung der vorreformatorischen Bedeutung des Laieneinflusses in der Kirche, Essen 1931; Fritz Hartung, Deutsche Verfassungsgeschichte vom 15. Jahrhundert bis zur Gegenwart, 8. Aufl., Stuttgart 1950, S. 69f., und Walter Heinemeyer, Territorium und Kirche in Hessen vor der Reformation, in: Hessisches Jahrbuch für Landesgeschichte, Bd. 6, 1956, S. 138—163.

nicht immer uneigennützig handeln — zum Wohl der Christenheit aktiv werden.

Der Anlaß für die Schrift an den Adel ist ein aktueller. Luther entwickelt keine Lehre, über deren Richtigkeit man diskutieren soll, sondern er fordert den Adressaten zum Handeln auf. Seine Äußerungen haben ein praktisches Ziel. Sie sind Aufruf und Bitte. Den Hintergrund bildet die Tatsache, daß alle deutschen Fürsten als Glieder des corpus universitatis fidelium angesprochen werden können, von dem die mittelalterlichen Kanonisten geredet hatten. Von einem Gottes- und einem Satansreich, von einer Trennung zwischen weltlicher und geistlicher Gewalt ist hier nicht die Rede. Zwar wird auch hier betont, daß die Fürsten nur wegen der besonderen Erfordernisse in das Leben der Kirche eingreifen sollen, aber daß sie es als Christen überhaupt können und dürfen, das sollte sich als eine folgenschwere Entscheidung erweisen.

2. DIE GEHORSAMSGRENZE GEGENÜBER DER OBRIGKEIT

Bereits 1523 muß Luther das Büchlein »Von welltlicher Uberkeytt, wie weyt man yhr gehorsam schuldig sey«[13] schreiben. Wie dem Titel zu entnehmen ist, den man häufig nur unvollständig zitiert, soll hier die Grenze aufgezeigt werden, die ein Christ gegenüber dem Staat einzuhalten hat. In dieser Schrift hat Luther seine Zwei-Reiche-Lehre in ihrer klarsten Form entwickelt[14]. Sie liefert ihm die Grundlage für die Gehorsamsgrenze des Christen gegenüber der Obrigkeit. Ohne uns in den Irrgarten der Interpretationen der Zwei-Reiche-Lehre zu verlieren, kann doch soviel gesagt werden, daß es das Reich Gottes gibt, zu dem die Christen gehören, die weder Schwert noch Recht brauchen, und daß es das Reich der Welt gibt, in dem das Gesetz regiert und in dem alle Nichtchristen leben. Auch das Reich der Welt geht auf Gott

[13] Gedruckt WA 11, 245ff.

[14] Vgl. Reich Gottes und Welt. Die Lehre Luthers von den zwei Reichen, hg. von Heinz-Horst Schrey (Wege der Forschung, Bd. 107), Darmstadt 1969; Luther und die Obrigkeit (vgl. Anm. 9), Ulrich Duchrow, Christenheit und Weltverantwortung. Traditionsgeschichte und systematische Struktur der Zweireichelehre (Forschungen und Berichte der Evangelischen Studiengemeinschaft, Bd. 25), Stuttgart 1970, und: Die Vorstellung von Zwei Reichen und Regimenten bis Luther, hg. von Ulrich Duchrow und Heiner Hoffmann (Texte zur Kirchen- und Theologiegeschichte, Heft 17), Gütersloh 1972.

zurück. Er hat es geschaffen, um der Bosheit der Menschen zu wehren. Sie müssen nun äußerlichen Frieden halten — oder entsprechender Strafen gewärtig sein[15].

Bekanntlich scheidet Luther beide Reiche. Man darf sie nicht vermischen, denn sie haben unterschiedliche Aufgaben. Aber sie bestehen nebeneinander und sind einander zugeordnet, solange Menschen leben[16]. Denn auch die Christen können nicht ohne Gesetz leben. Ja, sie sollen sogar besonders aktiv sein im Reich der Welt, weil niemand besser mit Schwert und Gewalt umgehen kann als ein Christ. Darum sollen Stand und Beruf der Obrigkeit nicht geringer eingeschätzt werden als andere Stände und Berufe, die Gott ebenfalls eingesetzt hat[17]. Die Grenze des Gehorsams liegt nun dort, wo der Staat in den Bereich der Kirche, in Evangelium und Seligkeit eingreifen will. Befaßt sich der Staat mit den »Seelen«, dann überschreitet er den ihm von Gott gesetzten Auftrag. Dies wird auch nicht dadurch legitim, daß sich Papst und Bischöfe bisher nicht um ihre geistlichen Aufgaben kümmerten, sondern sich ihrerseits in *weltliche* Belange einmischten[18]. Luther ruft den Fürsten zu: »Man wirt nicht, man kan nicht, man will nicht ewer tyranney und mutwillen die lenge leyden. Lieben fursten und herrn, da wisset euch nach zů richten, Gott wills nicht lenger haben ... Lasst Gottis wort seynen gang haben, den es doch will, muß und soll und yhrs nicht weren werdet«[19].

Sagt Luther hier etwas anderes als 1520? Sollten die Erfahrungen des Wormser Reichstages von 1521[20] ihn veranlaßt haben, die Fürsten aus dem Bereich der Kirche auszuschalten, um den sie sich nach seinen früheren Äußerungen doch gerade kümmern sollten? Luther sagt in beiden Schriften, daß auch die Obrigkeit mit Gott zu tun hat, daß sie auf ihn zurückgeht. Und die Erfahrungen von Worms bestanden ja nicht nur in der Ablehnung der Reformation durch Kaiser Karl V. und andere Fürsten, sondern auch in dem Schutz, den sein eigener Landesherr ihm als Gebannten und Geächteten zuteil werden ließ. Man wird

[15] WA 11, 247,21—251,31.
[16] WA 11, 252,12—23.
[17] WA 11, 257,29—258,11.
[18] WA 11, 265,4—27.
[19] Vgl. WA 11, 270,20—27.
[20] Vgl. zuletzt: Der Reichstag zu Worms von 1521. Reichspolitik und Luthersache, hg. von Fritz Reuter, Worms 1971.

sich also die Deutung nicht zu leicht machen dürfen. Es gibt auch noch eine weitere Verbindungslinie zwischen den Aussagen von 1520 und 1523. In beiden Dokumenten mahnt Luther die Fürsten, nichts gegen das Evangelium zu unternehmen. 1520 ist er der Meinung, daß sie gegen Gottes Wort handeln, wenn sie offenbare Mißstände nicht abstellen. 1523 dagegen fordert er sie auf, die Verkündigung der rechten Lehre nicht zu unterdrücken. Hätten die Fürsten 1520 durch aktive Eingriffe in das Leben der Kirche die Mißstände vermehrt, dann hätte er ihnen schon damals entgegentreten müssen. Auch 1523 spricht Luther de facto Christen an, die als Fürsten eine besonders hervorgehobene Stellung einnehmen. Jetzt wie vorher geht es ihm darum, daß sie nichts gegen Gott tun dürfen. Was gegen Gott sei, daran scheiden sich allerdings die Geister[21]. Daß die Blickrichtung 1520 eine andere ist als 1523, ist offensichtlich. Aber jedes Mal möchte Luther den Fürsten ihre Verantwortung deutlich machen. Seine Zwei-Reiche-Lehre war geeignet, die Grenzen von Staat und Kirche aufzuzeigen, um die es 1523 ging, und dem Staat eigene Verantwortung, losgelöst von kirchlicher Bevormundung, aufzutragen[22]. Der Gedanke vom corpus christianum dagegen, von dem Luther 1520 ausgegangen war, brachte mehr die bestehende Verbindung beider Gebiete zum Ausdruck. Diese Vorstellung sollte sich neben der Zwei-Reiche-Lehre durchhalten und sogar noch an Gewicht gewinnen.

3. LUTHERS DREI-STÄNDE-LEHRE UND DIE EINFÜHRUNG DER REFORMATION

Nachdem die Reformation nicht nur durch die Bischöfe abgelehnt worden war, sondern auch Kaiser Karl V. Luther und seine Anhänger geächtet hatte, waren es faktisch die politischen Instanzen, die durch den Nichtvollzug der Acht das Weiterbestehen der evangelischen Bewegung und ihre Ausbreitung ermöglichten. Als sie sich sogar aktiv für die Annahme der Reformation einsetzten, wurde ihr Gewicht für

[21] Aktueller Anlaß, über die Grenze des Rechtes der Obrigkeit 1523 zu schreiben, war für Luther die Tatsache, »daß im Herzogtum Sachsen und anderen Territorien seine Übersetzung des Neuen Testaments verboten und ihre Auslieferung verlangt wurde« (Heinrich Bornkamm, Luthers Lehre von den zwei Reichen im Zusammenhang seiner Theologie, in: Reich Gottes und Welt, S. 168).

[22] a. a. O. S. 171f.

das Geschehen innerhalb der Kirche noch größer. Luther hat sich dem nicht widersetzt. Er hat vielmehr sogar seinen Landesherrn um die Ernennung von Visitatoren gebeten, die nicht nur die weltliche Seite in den Pfarreien in Augenschein nehmen sollten, sondern auch die theologische Verkündigung[23]. Ist es hier nicht zu einer Vermischung der beiden Reiche gekommen? Man hat das bestritten[24]. Aber viel wichtiger wäre es gewesen zu sehen, daß von der Mitte der zwanziger Jahre an andere Vorstellungen von Luther vertreten werden, in denen er von mehreren Regimenten, Ständen oder Hierarchien spricht[25]. Teilweise handelt es sich um gelegentliche Äußerungen, aus denen deutlich wird, daß der Wittenberger Professor sich mit dem bisher über die beiden Reiche Geäußerten nicht zufrieden gibt, sondern noch weitere Erläuterungsmöglichkeiten für das Miteinander von Kirche und Welt entwickelt[26]. Eine dieser Vorstellungen aber wird häufig wiederholt. Es ist die von den drei Ständen oder Hierarchien. Luther versteht darunter den Stand der Ökonomie, nämlich Familie und Beruf, der Politik und der Kirche. Alle diese drei Ordnungen sind »Stiftungen Gottes«. Sie »repräsentieren ... das ewig gültige Naturrecht«[27]. In allen diesen drei Ständen wirkt Gott allein[28]. Dadurch ist nach Luthers Meinung »jeder Stand ... unmittelbar zu Gott«[29]. Keiner darf den anderen unterjochen, weder der Staat Familie und Kirche, noch die Kirche Staat und Familie. Sie haben zwar eine unterschiedliche Fülle der Macht — am geringsten ist die der Familie —, aber deswegen keinen unterschiedlichen Wert. Es kommt ihnen auch »keine Heilsbedeutung

[23] Holl, S. 366.

[24] Vgl. Holl, S. 369.

[25] Ernst Wolf hat darauf hingewiesen, daß Luther schon 1519 von drei Ständen gesprochen hat: Im Sermon von dem Sakrament der Taufe, WA 2, 734,24—27 (Politia Christi. Das Problem der Sozialethik im Luthertum, in: Ernst Wolf, Peregrinatio. Studien zur reformatorischen Theologie und zum Kirchenproblem, München 1954, S. 232). Diese Gedanken über den ehelichen, den geistlichen und den regierenden Stand werden aber erst von der Mitte der zwanziger Jahre an weiterentwickelt und gewinnen Gewicht.

[26] So spricht Luther z. B. 1527 von drei Regimenten Gottes, vgl. WA 23, 513, 36ff.; auch abgedruckt in: Die Vorstellung von den Zwei Reichen S. 112f.; vgl. auch Lau, Die lutherische Lehre, in: Luther und die Obrigkeit, S. 373.

[27] Wilhelm Maurer, Luthers Lehre von den drei Hierarchien und ihr mittelalterlicher Hintergrund (Bayerische Akademie der Wissenschaften, Phil.-hist. Kl., Sitzungsberichte Jg. 1970, Heft 4), München 1970, S. 26.

[28] a. a. O., S. 33.

[29] a. a. O., S. 36.

zu ... Sie dienen ausschließlich dazu, die Welt zu heiligen und zu ordnen, so daß sich in ihr Christi Heil verwirklichen kann«[30]. Aber diese Aufgabe ist so groß, daß jedermann ihr an seiner Stelle gewissenhaft nachzukommen hat.

Man wird festhalten müssen, daß hier entscheidende Erkenntnisse der Zwei-Reiche-Lehre aufgenommen worden sind. So werden z. B. die unterschiedlichen Aufgaben der Stände betont. Aber schon durch die Tatsache, daß nun eine Drei- oder Mehr-Stände-Lehre entwickelt wird, wird die Polarisierung von Staat und Kirche relativiert, die durch die Zwei-Reiche-Lehre provoziert worden war. Um so stärker tritt dagegen die Herrschaft Gottes über alle Ordnungen hervor. Man kann ihm in den verschiedenen Ständen dienen, wo immer er einen hinstellt. Manche Landesfürsten ließen sich nur zu gerne in die Rolle eines Notbischofs drängen, konnten die Notwendigkeiten moderner Verwaltung doch leichter in Angriff genommen werden, wenn man sich auf den kirchlichen Apparat zu stützen vermochte. Luther hat aber keine andere Möglichkeit gesehen als diese, die Konsolidierung der Reformation mit Hilfe christlicher Fürsten und Obrigkeiten zu erreichen[31]. Es sollte nicht lange dauern, bis diese sich wehrten, ihre neuen Rechte den Bischöfen wieder zurückzugeben. Als in Augsburg 1530 diskutiert wurde, ob die bischöfliche Jurisdiktion in den Gebieten der Protestanten wiederhergestellt werden solle, waren es besonders die Reichsstädte, die sich heftig gegen solche Bestrebungen zur Wehr setzten[32]. Die Einführung der Reformation ist also alles andere als ein Paradebeispiel für eine Anwendung der Zwei-Reiche-Lehre. Auch die Unterscheidung zwischen Person und Amt, Christperson und Weltperson[33] war zu diffizil für eine Zeit, die von dem Bild einer kirchlich einheitlichen Welt

---

[30] a. a. O., S. 41f.

[31] Holl, S. 366f.; vgl. auch Hans-Walter Krumwiede, Zur Entstehung des landesherrlichen Kirchenregimentes in Kursachsen und Braunschweig-Wolfenbüttel (Studien zur Kirchengeschichte Niedersachsens, Bd. 16), Göttingen 1967.

[32] Johannes von Walter, Der Reichstag zu Augsburg 1530, in: Luther-Jahrbuch 12, 1930, S. 80f. Melanchthon dagegen hielt die bischöfliche Jurisdiktion für ein »politisch Ding« und war bereit, sie anzuerkennen, vgl. Gerhard Müller, Die römische Kurie und die Reformation 1523—1534. Kirche und Politik während des Pontifikates Clemens' VII. (Quellen und Forschungen zur Reformationsgeschichte, Bd. 38), Gütersloh 1969, S. 103.

[33] Walther von Loewenich, Luthers Stellung zur Obrigkeit, in: Luther und die Obrigkeit S. 437f., und Duchrow, S. 536ff.

ausging — darin wirkte die mittelalterliche, christliche Einheitskultur noch allzu deutlich nach. Der Gedanke, daß die gesamte Gesellschaft aus mehreren Ständen besteht, denen Gott spezifische Aufgaben zugewiesen hat, konnte sehr viel leichter zur Begründung in Staaten dienen, die das Christentum als religiöse Grundlage für alle Bürger voraussetzten, als die Zwei-Reiche-Lehre, die die unterschiedlichen Kompetenzen herausstellte.

Wir werden aber noch ein weiteres Moment im Auge behalten müssen, das geeignet war, einer strengen Anwendung der Zwei-Reiche-Lehre zu widerlaufen. Fragt man sich, was für ein Dokument die wichtigste protestantische Bekenntnisschrift, die Augsburgische Konfession, gewesen ist, dann fällt die Beantwortung nicht leicht. Sie war ein theologisches und ein kirchliches Dokument, weil sie als theologisches Bekenntnis formuliert war und weil sie sich kirchenbildend auswirkte. Sie war zugleich aber auch von großer politischer Bedeutung, weil sie auf einem Reichstag vor Kaiser und Ständen verlesen wurde. Unterschrieben wurde die Confessio Augustana bekanntlich von Obrigkeiten, von Fürsten und Räten von freien Reichsstädten, nicht aber von Theologen! Was 1521 in Worms begonnen hatte, die Beschäftigung der politischen Stände mit der Luther-Sache, das führte 1530 zu einem eigenen Bekenntnis der wichtigsten protestantischen Obrigkeiten. Wieder verschaffte sich die Verbindung von Staat und Kirche einen deutlichen Ausdruck, die zu einer Vermischung der beiden Reiche im Sinne von Luthers Lehre führen konnte. Man muß aber zugeben, daß sich die Unterzeichner dieses Bekenntnisses in erhebliche Gefahren begaben. Zwar behaupteten sie, »katholisch« zu lehren. Aber das Urteil der Kirche über Luthers Katholizität war durch den Bann, der über ihn und seine Anhänger ausgesprochen worden war, längst gefällt worden. Konnte nicht Rechenschaft von ihnen gefordert werden, weil sie als seine Anhänger de iure in Bann und Acht waren? Daß dies keine müßige Spekulation ist, geht aus der Erneuerung des Wormser Ediktes im Augsburger Reichstagsabschied von 1530 hervor[34]. Die Fürsten und Räte, die sich persönlich so stark exponiert hatten, mußten damit rechnen, dafür an Leib, Ehre und Gut gestraft zu werden[35]. Konnte man es

[34] Müller, Die römische Kurie, S. 134.

[35] Diese Frage wurde bei den Vorbereitungen zur Wahl Ferdinands als römischer König akut: Sollte Kurfürst Johann von Sachsen als notorischer Ketzer von der Wahl ausge-

ihnen verdenken, wenn sie nicht nur auf dem Reichstag die Fragen der Kirche zu ihrer eigenen Sache machten?

Aber zu den handelnden Personen gehörten nicht nur die Obrigkeiten, sondern auch die Theologen. Besonders Luther hat einen erheblichen Einfluß besessen. Kein geringerer als Philipp von Hessen schickte ihm die erste Kirchenordnung seines Landes zu und bat um seine Stellungnahme. Als sie negativ ausfiel, ließ der hessische Landgraf die Vorlage seiner Beamten und Ratgeber fallen — Luthers Urteil war ihm wichtiger als das seiner eigenen Untergebenen[36]. Besonders in Kursachsen hat Luther großen Einfluß besessen[37]. Kurfürst Johann hörte auf seinen Rat und machte bei der Gründung des Schmalkaldischen Bundes erst mit, als der Wittenberger Theologe seine Bedenken aufgegeben hatte[38]. Kurfürst Johann Friedrich hat noch mehr als sein Vater Luthers Meinung berücksichtigt. Zum Beispiel war es dem Einspruch des Wittenbergers zu verdanken, daß »das 1539 eingesetzte« kursächsische Konsistorium keine »landesherrliche Behörde«, sondern »ein reines Ehegericht wurde«, das lediglich die Lücke zu füllen hatte, »die durch den Wegfall des kanonischen Eherechtes« entstanden war[39]. Auf weitere Vorgänge dieser Art soll hier nicht hingewiesen werden. Aber sie sind für das Geschick der Zwei-Reiche-Lehre wichtig. Sie zeigen

---

schlossen und seine Stimme auf einen katholischen Fürsten übertragen werden oder sollte der Papst ihn als stimmberechtigt anerkennen? Vgl. Eduard Wilhelm Mayer, Forschungen zur Politik Karls V. während des Augsburger Reichstages von 1530, in: Archiv für Reformationsgeschichte, Bd. 13, 1916, S. 124ff., und Nuntiaturberichte aus Deutschland, 1. Abt., 1. Ergänzungsband 1530—1531, bearbeitet von Gerhard Müller, Tübingen 1963, S. 153f., 162 und 174.

36 Gerhard Müller, Franz Lambert von Avignon und die Reformation in Hessen (Veröffentlichungen der Historischen Kommission für Hessen und Waldeck 24, 4), Marburg 1958, S. 46.

37 Wilhelm Maurer, Die Entstehung des Landeskirchentums in der Reformation, in: Staat und Kirche im Wandel der Jahrhunderte, hg. von Walther Peter Fuchs, Stuttgart 1966, S. 74f.

38 Ekkehart Fabian, Die Entstehung des Schmalkaldischen Bundes und seiner Verfassung 1524/29—1531/35. Brück, Philipp von Hessen und Jakob Sturm, 2. Aufl. (Schriften zur Kirchen- und Rechtsgeschichte, Heft 1), Tübingen 1962, S. 118—124.

39 Heinrich Bornkamm, Das Ringen der Motive in den Anfängen der reformatorischen Kirchenverfassung, in: Heinrich Bornkamm, Das Jahrhundert der Reformation. Gestalten und Kräfte, Göttingen 1961, S. 207f.; vgl. auch Karl Müller, Die Anfänge der Konsistorialverfassung im lutherischen Deutschland, in: Historische Zeitschrift, 102. Band, 1909, S. 1—30, und Holl, S. 377.

nämlich, daß über und neben allen Theorien das Gewicht von Individuen von erheblicher Bedeutung bleibt. Die persönliche Beteiligung der Theologen und Politiker bei der Ein- und Durchführung der Reformation konnte Regulative wie die Zwei-Reiche-Lehre zurückdrängen. Das ist faktisch an vielen Stellen geschehen.

4. ERASMUS UND DER STAAT

Es kommen aber noch weitere Elemente hinzu, die diesen Vorgang beschleunigen. In der Diskussion um das Problem von Staat und Kirche melden sich nämlich nicht nur die reformatorischen Theologen zu Wort. Vor allem tragen auch die Humanisten ihre Meinung vor, die sich besonders bei den Gebildeten und den gelehrten Räten auswirkt. Hier soll nur von Erasmus die Rede sein, dessen Äußerungen besondere Aufmerksamkeit fanden. Er hatte bereits 1516 seine Ansicht über die Verantwortung christlicher Fürsten für die Kirche vorgetragen[40]. Wie die mittelalterlichen Scholastiker so möchte auch er eine Synthese von Kultur und Christentum, von Philosophie und Theologie, von Staat und Kirche erreichen. Während im hohen Mittelalter aber der Vorrang der Seele vor dem Körper und des ewigen Heils vor dem zeitlichen Heil die Überordnung der Kirche über den Staat und der Offenbarung über die Vernunft zur Folge haben sollte, entwickelt Erasmus eine christliche Philosophie, in der natürliche und christliche Sittlichkeit identisch sind[41]. Kirche und Staat haben die Aufgabe, zur Erziehung des Menschengeschlechtes beizutragen und sich dabei gegenseitig zu unterstützen. Sie arbeiten mit verschiedenen Erziehungsmitteln, und es »ist nur eine Frage der Zweckmäßigkeit, welches Mittel am wirksamsten ist«. Die Entscheidung darüber wird dem Staat anvertraut, denn seine Erziehungsaufgabe ist die umfassendere. Diejenige der Kirche hat sich nicht nur ein-, sondern auch unterzuordnen. Die Kirche geht letztlich in diesem christlichen Staat völlig unter[42]. Die mittelalterlichen Vorstel-

---

[40] In seiner Schrift »Institutio Principis Christiani«, gedruckt in: Desiderii Erasmi Roterodami Opera omnia, hg. von Johannes Clericus, Bd. 4, Nachdruck Hildesheim 1962, Sp. 561ff. bzw. Opera omnia Desiderii Erasmi Roterodami, Bd. IV, 1, Amsterdam 1974, S. 95ff., bearbeitet von Otto Herding.

[41] Wilhelm Maurer, Das Verhältnis des Staates zur Kirche nach humanistischer Anschauung, vornehmlich bei Erasmus (Aus der Welt der Religion, Heft 14), Gießen 1930, S. 20.

[42] a. a. O., S. 25.

lungen werden hier also mit umgekehrtem Vorzeichen vertreten. Nicht mehr die Kirche, sondern der Staat hat die letzte Entscheidung. Offenbar traut Erasmus den Fürsten seiner Zeit die Wahrnehmung solch hoher Aufgaben zu. Es ist bezeichnend, daß er diese Verantwortung auf Personen lädt[43] und sie nicht etwa durch Systeme und Strukturen sichern will. Der Fürst hat die Aufgabe, sich so zu verhalten, daß eine wahrhaft christliche und gebildete Menschheit geschaffen wird.

Diese Gedanken konnten humanistischen Räten nur einleuchten. Dem Herrscher war zu empfehlen, lenkend in das Gesamtgeschehen einzugreifen, auch in das der Kirche. Und gerade in den protestantischen Gebieten brachten die Vielfalt der Meinungen der Theologen, ihre Streitigkeiten und ihre Führungslosigkeit nach Luthers Tod es mit sich, daß Fürsten, die ihre Verantwortung als Christen wahrnehmen wollten, sich gezwungen sahen, auch in das innerkirchliche Leben einzugreifen und es möglicherweise zu lenken. Die Konsistorien blieben nicht Ehegerichte, sondern wurden zu jenen landesherrlichen Behörden, die Luther abgelehnt hatte[44]. Es wäre falsch, wollte man diese Entwicklung allein auf humanistisches Gedankengut zurückführen. Wir haben bereits Äußerungen Luthers zur Kenntnis genommen, die es den Behörden legitim erscheinen lassen konnten, die durch die Zwei-Reiche-Lehre aufgezeigten Grenzen zu relativieren oder zu übertreten. Wir werden aber fragen müssen, ob diese Entwicklung nicht auch von anderen Faktoren begünstigt worden ist. Man wird dabei vor allem an den Einfluß von Luthers Mitarbeitern zu denken haben.

5. MELANCHTHON UND DIE OBRIGKEIT

Luthers wichtigster Kollege in Wittenberg, Philipp Melanchthon, hat in einer eigenen Schrift aus dem Jahr 1539 den Fürsten vorgehalten, Gott habe ihnen die Pflicht auferlegt, kirchliche Mißstände zu beseitigen. Wie Luther so hat auch Melanchthon den aktuellen Anlaß betont, der diese Pflicht der Obrigkeit besonders dringlich macht: Wenn es keine Bischöfe gibt oder sie dem Evangelium entgegenhandeln, dann sind die

[43] Die Schrift »Institutio Principis Christiani« wurde dem Enkel Kaiser Maximilians I. gewidmet, Karl (vgl. Desiderii Erasmi Roterodami Opera omnia, Bd. 4, Sp. 559f.), der 1519 Kaiser werden sollte.

[44] Bornkamm, Das Ringen, S. 215f.

Fürsten gehalten einzugreifen[45]. Hier werden die christlichen Fürsten also wie bei Luther als Notbischöfe angesprochen.

In seinen Loci von 1559 verändert sich aber Melanchthons Terminologie. Hatte er 20 Jahre vorher vom officium principum, der Pflicht der Fürsten, gesprochen, so redet er jetzt vom officium magistratus[46]. Der Magistrat, die Obrigkeit, kann aber als Behörde verstanden werden. An die Stelle der persönlichen Verantwortung christlicher Fürsten tritt damit das Einspruchsrecht von Behörden. Man wird diese sprachliche Veränderung nicht bagatellisieren dürfen. Denn einerseits zeichnet sich aus diesem Wortwechsel ab, daß die persönliche Verantwortung des Fürsten auf Behörden wie Konsistorien delegiert wird, und andererseits werden von Melanchthon diese frommen Obrigkeiten als wahre Glieder der Kirche angesehen, so daß die staatlichen Behörden als solche bei dogmatischen Fragen mitreden können. Melanchthon sagt wörtlich: »Wenn ... einige sagen, die weltliche Obrigkeit sei nicht zur Richterin in dogmatischen Streitigkeiten bestellt, so ist darauf die wahre und leicht einzusehende Antwort: Die Kirche ist Richterin und hat sich bei diesem Richteramt an die Norm des Evangeliums zu halten. Wenn aber die fromme Obrigkeit ein wahres Glied der Kirche ist, wird sie selbst mit anderen Frommen und Gebildeten nach dieser Norm ... richten ... Deshalb soll auch die Obrigkeit, wie alle anderen Gläubigen, die Lehrsätze der Kirche genau untersuchen, und wenn einer falsche oder ungläubige Meinungen ausstreut oder verteidigt, den sollen sie als verflucht betrachten oder gefangen halten«[47]. Selbst wenn man unterstellt, daß bei dieser Prüfung Fromme und bezeichnenderweise auch Gebildete wirklich mitwirken, dann ist unmittelbar einleuchtend, daß die staatliche Behörde ein ungleich größeres Gewicht besitzt. Sie allein kann dogmatisch Irrende gefangen-

---

[45] Die Schrift »De officio principum, quod mandatum Dei praecipiat eis tollere abusus Ecclesiasticos« wurde gedruckt in: Melanchthons Werke in Auswahl, hg. von Robert Stupperich, 1. Bd., Gütersloh 1951, S. 388—410 (zit.: Studienausgabe).

[46] a. a. O., 2. Bd., 2. Teil, Gütersloh 1953, S. 729, 18f.

[47] a. a. O., S. 729,20—730,4. Dieses Wort Melanchthons zeigt, daß man nicht sagen kann, daß die Obrigkeit »kein eigenes Urteil in Lehrfragen hat und infolgedessen in dieser Hinsicht auf das Urteil der theologischen Sachverständigen angewiesen ist« (Werner Elert, Morphologie des Luthertums, 1. Bd., 2. Aufl. München 1952, S. 332. Die hier gezogene Folgerung, Melanchthon habe eine Theokratie gewünscht, läßt sich dann auch nicht aufrecht erhalten).

setzen — die Kirche hätte keine Möglichkeit dazu, und Fromme und Gebildete noch weniger. Wenn aber diese Polizeimittel angewendet werden, dann hat man darauf verzichtet, nur das Schwert des Geistes gegen Ketzer anzuwenden, wie Luther das einst gefordert hatte[48].

Wir stellen bei Melanchthon also ein Anwachsen des staatlichen Einflusses auf innerkirchliche Verhältnisse fest. Das liegt daran, daß bei ihm — ähnlich wie bei Erasmus — die Erziehungsaufgabe des Staates hoch geachtet wird. Er ist Wächter über beide Gesetzestafeln[49], hat also die Beachtung aller 10 Gebote zu kontrollieren. Dazu gehört dann auch, wie Melanchthon 1559 sagt, daß die Obrigkeiten »dafür sorgen, daß dem Bürger Gott in rechter Weise verkündigt wird ... und daß die Bürgerschaft eine äußerst sittsame Schule ist, in welcher die Kenntnis von Gott leuchtet und die Pflichten der Tugend ... eingeübt werden«[50]. Hier werden Predigt und Sittlichkeit, Gotteserkenntnis und Moral in einen unmittelbaren Zusammenhang gebracht. Deswegen hat der Staat sich beider Gebiete direkt anzunehmen. Melanchthon verlangt nicht nur, daß »politische Dinge, Reiche, Obrigkeiten, Gesetze« und anderes »als Gaben Gottes zu achten« sind — das hätte auch Luther in ähnlicher Weise tun können —, sondern daß alle Werke des öffentlichen Lebens auf diese religiösen Ziele ausgerichtet werden und »daß wir Gott in diesen Ordnungen gehorchen«[51]. Wer sich nicht gegen die bestehende Ordnung wendet, ist demnach — so konnte man dies verstehen und hat es auch so verstanden — ein guter Christ. Es darf nicht verschwiegen werden, daß auch Melanchthon die Grenze der staatlichen Legitimität aufweist: Wo etwas gegen Gottes Ordnungen verstößt, da muß man Gott mehr gehorchen als den Menschen. Aber dieses Problem steht längst nicht mehr so im Mittelpunkt wie bei Luther. Wie stark die Akzente jetzt verschoben sind, wird daraus deutlich, daß es nach Melanchthon »eine Todsünde« sein soll, »den (legitimen) Anordnungen einer

---

[48] Vgl. WA 6, 455, 20—22 und 11, 270, 27f.

[49] Corpus Reformatorum, Bd. 16, Halle 1850, Sp. 87; Melanchthon betont zwar, daß es dabei nur um äußere Delikte gehe, rechnet dazu aber auch falsche Lehre und gottlose Kulthandlungen (a. a. O. Bd. 2, Halle 1835, Sp. 711, und Bd. 3, Halle 1836, Sp. 225); vgl. auch Elert, S. 331. Maurer stellt fest, daß Philipp von Hessen die custodia primae tabulae durch sich ablehnte (Entstehung, S. 73f.).

[50] Studienausgabe, 2, 2, 693,38—694,2.

[51] a. a. O., S. 705, 32—36.

gesetzlichen Obrigkeit nicht zu gehorchen«[52]. Es scheint also der Verlust des Seelenheils die Folge von Übertretungen rechtmäßiger staatlicher Anordnungen zu sein. Dies mußte zu jener früher viel gerühmten und heute scharf kritisierten Loyalitätsmentalität deutscher Lutheraner führen.

Aber auch Melanchthon wendet sich gegen eine Vermischung von Geistlichem und Weltlichem. Er betont, daß es nicht angehe, die Welt nach »den Gerichtssatzungen Moses« lenken zu wollen. Nach seiner Meinung muß man zur Bewältigung der irdischen Probleme auf das Naturrecht zurückgreifen: Was dem nicht entgegensteht, kann und muß anerkannt werden. Das gilt auch für die gegenwärtige Staatsform: Weder widerstreitet sie in den patriarchalisch regierten Territorien noch in den Reichsstädten, wo Ansätze demokratischer Verfassungsformen vorhanden sind, dem Naturrecht. Deswegen ist der Christ gehalten, die staatliche Verfassung, in der er lebt, »zu schützen und ihr Ehre zu erweisen«. Wir werden hier einwenden, daß es zwar richtig ist, daß das Evangelium »nicht eine bestimmte Staatsform einsetzt, sondern gestattet, daß wir uns der verschiedenen politischen Gebilde der Völker bedienen«[53]. Aber einem zu großen Einfluß des Staates auf die Kirche wird bei ihm kein Riegel vorgeschoben. Man muß feststellen, daß fast ängstlich betont wird, daß keine Übergriffe von seiten der Kirche in den Bezirk des Staates vorkommen dürfen, während umgekehrt der Obrigkeit Eingriffsmöglichkeiten selbst in Fragen des Glaubens zugestanden werden. Dadurch wurden die Voraussetzungen für den konfessionellen Obrigkeitsstaat geschaffen, der sich bemühte, die hohen kulturellen und sittlichen Ziele zu erreichen, die ihm angegeben worden waren, der

---

[52] a. a. O., S. 723,35—724,2. Kurt Dietrich Schmidt hat den Unterschied zwischen Luther und Melanchthon mit folgenden Worten zum Ausdruck gebracht: »Was bei Luther um praktischer Notwendigkeiten willen als Notmaßnahme auftritt, ist bei Melanchthon die normale, aus den dogmatischen und rechtlichen Prinzipien sich zwingend ergebende Folge . . . War es nach Luther ein Liebesakt, wenn der christliche Fürst der Kirche half, so ist es nach Melanchthon eine Pflichtverletzung, wenn er es nicht tut« (Staat und evangelische Kirche seit der Reformation, Göttingen 1947, S. 14). Werner Elert findet die Diskrepanz zwischen Melanchthon und Luther in folgenden Sätzen von ihnen zum Ausdruck gebracht: »Vult Deus esse consociationem« bzw. »Vult Deus esse discrimina ordinum« (Morphologie, 2. Bd., 2. Aufl. München 1953, S. 51).

[53] Studienausgabe 2, 2, 721,14—722,6.

aber das Leben der Kirche in einem Maße gestaltete, das Luthers Zwei-Reiche-Lehre nicht mehr entsprach[54].

6. ZWEI-REICHE-LEHRE UND IUS REFORMANDI

Im Augsburger Religionsfrieden von 1555 wird deutlich, daß weder der Anspruch der römisch-katholischen Kirche auf alleinige Anerkennung noch die Forderung Luthers, daß die Gemeinden selber ihre Prediger aussuchen und dadurch ihren Bekenntnisstand bestimmen, sich durchzusetzen vermögen. Nur dem Landesherrn wird erlaubt, sich zwischen der altkirchlichen Ordnung oder der neukirchlichen der Confessio Augustana zu entscheiden. Beide Religionsparteien sichern sich Landfrieden zu[55]. Faktisch heißt dies, daß die Anhänger der Augsburgischen Konfession — und zwar nur sie — in den Ewigen Landfrieden von 1495 aufgenommen werden, der ihnen durch die Acht von 1521 vorenthalten worden war. Für die evangelischen Gemeinden bedeutete diese Anerkennung viel. Hatten sie doch nach dem Schmalkaldischen Krieg das Schlimmste befürchten müssen. Es wurde auch festgelegt, daß »kein stant den andern noch desselben undertanen zu seiner religion tringen« darf[56]. Aber immer sind hier nur die Landesherren angesprochen. Den Bürgern wird kein Recht freier Religionsausübung zuerkannt. Wer mit der Glaubensentscheidung seiner Obrigkeit nicht einverstanden ist, muß auswandern[57]. Daß er dies überhaupt darf, ist — gemessen an früheren Bestimmungen — ein Fortschritt. Aber das kann die Tatsache nicht aus der Welt schaffen, daß sich die Untertanen nach der religiösen Überzeugung ihres Fürsten richten müssen.

Nun hatte auch Luther nicht die Meinung vertreten, daß jedwede Evangeliumsverkündigung erlaubt werden müsse. Auch er war überzeugt, daß die Territorien nur glaubensmäßig geschlossen sein könn-

---

[54] Walther von Loewenich hat »das lutherische Staatskirchentum ... eine Nachblüte mittelalterlicher Theokratie« genannt (Das Neue in Luthers Gedanken über den Staat, in: Luther und die Obrigkeit, S. 137).

[55] Der Text des Augsburger Religionsfriedens wurde gedruckt bei August von Druffel/Karl Brandi, Beiträge zur Reichsgeschichte 1553—1555 (Briefe und Akten zur Geschichte des 16. Jahrhunderts, mit besonderer Rücksicht auf Bayerns Fürstenhaus, 4. Bd.), München 1896, S. 724—744; vgl. bes. S. 724—729.

[56] a. a. O., S. 739.

[57] a. a. O., S. 740f.

ten[58]. Aber er nahm nicht nur an, daß sich »Gottes Wort« durchsetzen werde, sondern er meinte auch, daß es den Gemeinden gestattet sein müsse, Prediger zu berufen und dadurch in das kirchliche Leben unmittelbar einzugreifen[59]. Das war nach dem Augsburger Religionsfrieden nicht mehr möglich. Hier wurde ja nicht einmal allen Landesfürsten das ius reformandi zugesprochen: Die geistlichen Fürsten mußten bekanntlich bei einer Zuwendung zur Confessio Augustana auf ihren weltlichen Besitz und damit auf ihre Rechte und Würden verzichten[60]. Das ist aus der historischen Situation von 1555 verständlich. Aber es zeigt die Grenzen, die diesen Fürsten auferlegt wurden.

Noch weniger Bewegungsfreiheit wurde den freien Reichsstädten zuerkannt. Wo 1555 »bede religionen« nebeneinander bestehen, soll dies so bleiben[61]. Den reichsunmittelbaren Städten wird damit »die Religionshoheit verweigert«[62]. Hier wird die Forderung nach der Geschlossenheit konfessioneller Verkündigung in den einzelnen Gebieten nicht anerkannt. Abstimmungen, durch die die Majorität der Bürger über die Glaubensverkündigung entschieden hatte, waren nun in diesen Städten nicht mehr möglich[63]. Das ius reformandi blieb also auf die weltlichen Fürsten des Heiligen Römischen Reiches Deutscher Nation beschränkt. Sie allein konnten sich für oder gegen die Confessio Augustana entscheiden. Mit Luthers Zwei-Reiche-Lehre kann dies nicht in Einklang gebracht werden, und natürlich auch nicht mit der Meinung der römisch-katholischen Kirche jener Zeit, allein die Kirche zu sein, außer der es kein Heil gibt[64]. Über beides setzten sich die auf dem Reichstag ver-

---

[58] Holl, S. 368.

[59] Vgl. sein Werk »Das eyn Christliche versamlung odder gemeyne recht und macht habe, alle lehre tzu urteylen und lehrer tzu beruffen, ein und abtzusetzen, Grund und ursach aus der schrifft« von 1523, in: WA 11, 408—416.

[60] Druffel/Brandi, S. 730—732.

[61] a. a. O., S. 743.

[62] a. a. O., S. 743, Anm. 2.

[63] Von solchen Abstimmungen berichtet Gerhard Pfeiffer, Das Verhältnis von politischer und kirchlicher Gemeinde in den deutschen Reichsstädten, in: Staat und Kirche, S. 90f. Übrigens ist entgegen der Bestimmung des Augsburger Religionsfriedens noch 1564 in Eßlingen eine Abstimmung durchgeführt worden (ebd. S. 91).

[64] Überraschenderweise hat Papst Paul IV. offenbar nicht förmlich gegen den Religionsfrieden protestiert, vgl. Konrad Repgen, Die Römische Kurie und der Westfälische Friede. Idee und Wirklichkeit des Papsttums im 16. und 17. Jahrhundert, Bd. 1, 1. Teil (Bibliothek des Deutschen Historischen Instituts in Rom, Bd. 24), Tübingen 1962, S. 82—84.

sammelten Obrigkeiten hinweg. Evangelische wie katholische Fürsten griffen dadurch in das Leben der Kirchen unmittelbar ein. Dieses ius reformandi vermochte aber die Entwicklung zum absolutistischen Staat nur zu fördern.

Wenn wir uns nun abschließend fragen, warum die Theorie von den »Zwei Reichen« die Praxis der lutherischen Reformation so wenig beeinflußt hat, dann ergeben sich mehrere Antworten. Einmal hat man gesagt, daß es fraglich sei, ob überhaupt von einer Zwei-Reiche-Lehre der lutherischen Kirche gesprochen werden könne. Bei Luther selber stehe diese Theorie nicht so im Mittelpunkt, wie teilweise behauptet werde, und sie sei auch zu wenig ausgeprägt, als daß sie die gesamte evangelische Bewegung hätte bestimmen können[65]. Es ist auch darauf hingewiesen worden, daß diese Lehre in den lutherischen Bekenntnisschriften gar nicht vorkommt. In der Confessio Augustana wird im Art. XVI nur etwas über den Gehorsam gegen den Staat und dessen Grenzen gesagt, wodurch »eine Problemverengung« eintritt[66]. Wir müssen dies nach dem Gesagten bestätigen. Luther hat nicht nur von der Zwei-Reiche-Lehre her gedacht. Er vertrat auch und besonders im Hinblick auf die christlichen Staaten seiner Zeit Konzeptionen, die sich monistisch verstehen ließen und die den Fürsten und Räten bei ihrem Handeln sehr viel genehmer sein mußten.

Zum anderen hat nicht nur die Theologie Luthers Einfluß auf die kirchlichen Entscheidungen der Politiker besessen. Daß der Wittenberger als Staatsbürger überraschend viel zu sagen hatte und daß er seine Verantwortung auf diesem Gebiet wahrgenommen hat[67], läßt sich nicht bestreiten. Aber neben ihm standen Humanisten, deren sittliche

---

[65] Lau, Die lutherische Lehre, in: Luther und die Obrigkeit, S. 370 und 395.

[66] a. a. O., S. 370.

[67] Kurt Aland, Martin Luther als Staatsbürger, in: ders., Kirchengeschichtliche Entwürfe, Gütersloh 1960, S. 420—451; vgl. auch Luthers Kritik der Regierenden, die »nächst den Theologen die leichteste Beute des Satans« werden bei Schempp, Ist Luthers Stellung zum Staat heute revisionsbedürftig?, in: Luther und die Obrigkeit, S. 145f. und 152. Luther hat sich aber auch positiv über Fürsten ausgesprochen, besonders über Friedrich den Weisen, vgl. Wilhelm Maurer, Der kursächsische Salomo. Zu Luthers Vorlesungen über Kohelet (1526) und über das Hohelied (1530/31), in: Antwort aus der Geschichte. Beobachtungen und Erwägungen zum geschichtlichen Bild der Kirche. Walter Dress zum 65. Geburtstag, Berlin [1969], S. 99—116.

Ideale so hochgespannt waren, daß sie meinten, sie nur mit der Hilfe des christlichen Staates ihrer Zeit erreichen zu können. Luther selber war auch kein Organisator und zu zurückhaltend in nichttheologischen Fragen, in denen er sich nicht für kompetent hielt.

Schließlich wird man auch daran denken müssen, daß die Eingriffe weltlicher Obrigkeiten in kirchliches Leben, die bereits vor der Reformation erfolgt waren, zu einer Weiterführung dieser Praxis angesichts der Zersplitterung der Kirche einluden. Die Tatsache, daß keine Organisation des Protestantismus zustande kam, die über die einzelnen Territorien hinausreichte, trug zur Übermacht der staatlichen Stellen bei. Hätte sich eine gesamtdeutsche oder gar gesamteuropäische lutherische Kirche gebildet, dann hätten von ihr Maßstäbe für die Territorialkirchen gesetzt werden können.

Das Wichtigste aber dürfte sein, daß Luther selber die Zwei-Reiche-Lehre nicht stärker zur Grundlage für das Verhältnis von Staat und Kirche gemacht hat. Seine Äußerungen von der dreifachen Gliederung der christlichen Gesellschaft waren so plausibel, daß die Kautelen der Zwei-Reiche-Lehre demgegenüber zurücktraten. Gewiß kann man fragen, wie stark Theorien die Praxis verändern können. Und es ist alles andere als sicher, daß Luther sich gegen die humanistischen und andere monistische Tendenzen hätte durchsetzen können, wenn er allein auf der Zwei-Reiche-Lehre beharrt hätte. Aber in einem begrenzten Bereich, etwa dem kursächsischen, hätte die Entwicklung anders verlaufen können. Luther hat mehr Kraft auf andere Aufgaben gelegt, weil er diese für wichtiger hielt. Keinesfalls kann man sagen, daß die theologische Deutung des Weltgeschehens durch die Zwei-Reiche-Lehre und die soziale Analyse der Gesellschaft durch die Drei-Stände-Lehre nichts miteinander zu tun hätten, weil sie ganz verschiedene Wirklichkeiten im Auge hätten. Zwar besteht in dieser Hinsicht eine Diskrepanz zwischen der umfassenden Zwei-Reiche-Lehre und der Sozialbeschreibung des 16. Jahrhunderts durch drei oder auch noch mehr Stände. Aber die allgemeine Deutung konnte allzu leicht hinter der aktuellen Analyse zurücktreten — was de facto bereits im 16. Jahrhundert der Fall war. Die lutherische Orthodoxie griff aus Luthers Theologie die Lehre von den drei Ständen, aber nicht die Zwei-Reiche-Lehre auf. Es blieb den konfessionellen Lutheranern des 19. Jahrhunderts vorbehalten, auf diese Anschauung des Reformators von neuem hinzuweisen und die Trennung von Staat und Kirche zu fordern, damit die Kirche ihren Auftrag besser ausführen könne[68]. Sie zogen mit dieser Forderung die Konsequenz aus geschichtlicher Erfahrung, die das Leben des deutschen Luthertums lange belastet hatte.

---

[68] Hier ist unter anderen an August Vilmar und Wilhelm Löhe zu denken, vgl. Gerhard Müller, Die Bedeutung August Vilmars für Theologie und Kirche (Theologische Existenz heute, Nr. 158), München 1969, S. 32ff., und derselbe, Wilhelm Löhes Theologie zwischen Erweckungsbewegung und Konfessionalismus, in: Neue Zeitschrift für systematische Theologie und Religionsphilosophie, Bd. 15, 1973, S. 24.

Luther und die evangelischen Fürsten

Bekanntlich hat Luther sich für einen Mansfelder gehalten. Es gibt verschiedene Briefe an seine Grafen, die die Reformation angenommen und in ihrem Land eingeführt haben. Luther hat auch einige Briefe an sie gerichtet,[1] aber ungleich gewichtiger ist sein Verhältnis zu seinen Kurfürsten. Da wir uns hier beschränken müssen, soll deswegen kurz davon gesprochen werden, bevor wir uns seinem Verhältnis zu Landgraf Philipp von Hessen, dem zweiten Bundeshauptmann des Schmalkaldischen Bundes, zuwenden. Denn über Luthers Verhältnis zu den sächsischen Kurfürsten gibt es bereits verschiedene Arbeiten,[2] während seine Kontakte mit Philipp von Hessen noch weniger bearbeitet sind.

Wir wissen, daß die Stellung Friedrichs des Weisen zur Reformation von entscheidender Bedeutung gewesen ist. Dieser Kurfürst hat den direkten Kontakt mit Luther gemieden[3] und im wesentlichen über seinen Sekretär Spalatin mit dem Wittenberger Professor verhandelt. Ihr »Verhältnis« war »überaus diffizil, ja es grenzte, wie man gesagt hat, ans ›Gespenstische‹ «.[4] Wichtig ist aber, daß Luther die vorsichtige Zurückhaltung seines Kurfürsten als berechtigt anerkannt hat. Ihm war bewußt, daß er als Geächteter seinen Landesherrn in erhebliche Probleme hineinbringen konnte. Deswegen hat er ihn auch nie gedrängt, sich deutlich zu entscheiden.[5] Er empfand wohl das Verhalten Friedrichs als eine deutliche Parteinahme für seine eigene Position.[6] Dennoch hat Luther Friedrich dem Weisen auch direkt geschrieben. Vom Kurfürsten gibt es lediglich vier dienstliche Briefe an seinen Professor, während Luther sich immerhin

---

[1] Das Verhältnis Luthers zu den Mansfelder Grafen hat anschaulich geschildert HERMANN KUNST, Evangelischer Glaube und politische Verantwortung. Martin Luther als politischer Berater seiner Landesherren und seine Teilnahme an den Fragen des öffentlichen Lebens, Stuttgart 1976, S. 16–34.

[2] Zu Friedrich dem Weisen vgl. zuletzt INGETRAUT LUDOLPHY, Luther und sein Landesherr Friedrich der Weise: Luther 54 (1983) S. 111–124; zu Johann und Johann Friedrich vgl. GÜNTHER WARTENBERG, Luthers Beziehungen zu den sächsischen Fürsten, in: Leben und Werk Martin Luthers von 1526 bis 1546, hg. von HELMAR JUNGHANS, Göttingen 1983, S. 549–561. 917–924.

[3] Vgl. INGETRAUT LDOLPHY, Haben sie tatsächlich nie miteinander gesprochen? Luther und sein Landesfürst Friedrich der Weise: Luther 53 (1982) S. 115–121.

[4] BERND MOELLER, Eine Reliquie Luthers, in: Jahrbuch der Wissenschaften in Göttingen für das Jahr 1982, S. 33–56, Zitat S. 46.

[5] KUNST (Anm. 1), S. 36.

[6] LUDOLPHY (Anm. 3), S. 118–120.

siebenunddreißigmal an ihn gewendet hat.[7] Wichtiger aber ist, daß in den entscheidenden frühen Jahren Luther und Spalatin sich gegenseitig auf dem laufenden hielten.

In der Öffentlichkeit mußte dagegen bekannt werden, daß Luther seine »Operationes in Psalmos« seinem Kurfürsten 1519 widmete.[8] Nun waren solche Widmungen üblich. Auch war 1519 Luther ja weder gebannt noch geächtet. Dasselbe gilt für die Widmung der »Tessaradecas consolatoria« vom Jahr 1520.[9] Die Widmung der lateinischen Adventspostille vom Jahr 1521[10] fällt dagegen schon in die kritische Zeit. Demnach hat Luther es sich nicht nehmen lassen, auch als Geächteter seinen Kurfürsten in aller Öffentlichkeit anzureden. Dabei blieb es, wobei hier nur noch an seinen »Brief an die Fürsten zu Sachsen von dem aufrührischen Geist« aus dem Jahr 1524 erinnert werden soll.[11] Aus Luthers Verhalten wird deutlich, daß er zwar persönlich den Kurfürsten nicht belasten wollte, daß er aber in der Sache um Verständnis bei seinem Landesherrn warb, ja ihn auch kritisierte, wenn er dies – etwa in bezug auf Friedrichs Wittenberger Reliquiensammlung – für erforderlich hielt.[12] Dabei ist ihm offenbar nicht verborgen geblieben, daß Kurfürst Friedrich tatsächlich weise handelte, wenn er sich in die Entwicklung der reformatorischen Bewegung nicht direkt einschaltete. Dies entsprach auch Luthers Meinung, der annahm, daß das Wort Gottes sich aufgrund der Verkündigung durchsetzen werde.

Kurfürst Johann war fünf Jahre jünger als sein älterer Bruder. Mit ihm ist Luther in direkte Verbindung gekommen. Es gab auch keinen Anlaß, dies zu ändern, als Johann seinen Bruder in der Regierung ablöste. Denn die Reformation hatte sich nun bereits ein Stück weit entwickelt, und man hatte sich auch daran gewöhnt, daß in Wittenberg Bücher und Schriften geschrieben wurden von einem Mann, der seit Jahren gebannt war. Johann hatte auch schon seinen Bruder in seiner Religionspolitik unterstützt, so daß eine grundsätzliche Änderung nach dem 5. Mai 1525 – dem Todestag Friedrichs des Weisen – nicht eintrat.[13] Gibt es auch nur einen einzigen Brief Luthers an Johann vor dessen Regierungsübernahme,[14] so ist doch die Widmung von Luthers Schrift »Von weltlicher Obrigkeit, wieweit man ihr Gehorsam schuldig sei« von 1523 an Johann ein deutliches Signal. Denn Luther behauptet in seiner Vorrede, daß dieses Buch auf den Wunsch Johanns hin erschienen sei.[15] Mindestens entfaltet Luther sein Konzept der Befugnisse und der Grenzen weltlicher Obrigkeit vor den Augen und Ohren Herzog Johanns, dem er damit andeutete, welche Regierungspolitik er gegebenenfalls einschlagen solle.

---

[7] KUNST (Anm. 1), S. 35.

[8] Gedr. WA 5, 19–673; eine kritische Neuausgabe der »Operationes« ist im Erscheinen; es liegt vor: D. Martin Luther, Operationes in Psalmos 1519–1521, Tl. II, hg. von GERHARD HAMMER und MANFRED BIERSACK, Köln/Wien 1981 (Archiv zur Weimarer Ausgabe der Werke Martin Luthers, Bd. II).

[9] Gedr. WA 6, 104–134.

[10] Gedr. WA 7, 463–537.

[11] Gedr. WA 15, 210–221.

[12] Vgl. MOELLER (Anm. 4), S. 47–51.

[13] Vgl. KUNST (Anm. 1), S. 98–101.

[14] Gedr. WA.B 3, 267.

[15] Gedr. WA 11, 245–280.

Beide Fürsten werden aber nicht nur persönlich in Briefen angeredet oder in der Öffentlichkeit durch Vorreden von Schriften angesprochen, sondern sie werden auch in Luthers Vorlesungen erwähnt. Es war seine Exegese von Kohelet aus dem Jahr 1526, die Luther die Möglichkeit gab, im Bilde Salomos als »eines weisen Herrschers, der von der Würde und Verantwortlichkeit seines Amtes überzeugt ist und doch die Ohnmacht und Nutzlosigkeit seiner Bemühungen anerkennt«,[16] den ein Jahr vorher verstorbenen Friedrich vorgestellt zu finden. »Mit den Augen Salomos gesehen«, ist Deutschland »ein unbeständiges, undankbares, ständig auf Neues versessenes Land. Gott hat ihm das Evangelium verkündigen lassen, und anfänglich hat es sich ihm begierig zugewandt. Inzwischen aber hat es ihm mit Ekel den Rücken gekehrt und sich den Sakramentierern angeschlossen; wer weiß, wohin der Ekel es noch treiben wird? So leicht vergessen die Menschen das Gute, das sie empfangen haben.« Besonders die deutschen Fürsten werden von Luther getadelt. Sie regieren nicht, sondern »fressen und saufen; das kulturelle Leben verfällt, das Land wird zur Wüste.« Luther verweist auf die vielen ergebnislosen Reichstage, auf denen von den Fürsten nichts bewirkt worden ist.[17]

Aber Kurfürst Friedrich wird von Luther als leuchtendes Gegenbeispiel genannt. Seinen Studenten erklärt der Wittenberger, daß Friedrich seinen Beinamen wohlverdient trage und daß er ein guter Schüler »des weisen Salomo« sei. Luther lobt die »Bescheidenheit und Sparsamkeit« Friedrichs. Dieser hat dem niederen Adel nicht zuviel freie Hand gelassen und dadurch auch auf kulturellem Gebiet Positives leisten können. Dies meint Luther schon 1526 für das Werk Friedrichs sagen zu können![18] Wenn Friedrich also als ein neuer Salomo geschildert wird, dann wird dadurch dem verstorbenen Kurfürsten ein hohes, ja möglicherweise sogar unangemessenes Lob gezollt. Aber Luther stattet hier offenbar gewissermaßen so etwas wie eine Dankesschuld jenem Fürsten gegenüber ab, der, obwohl im Hintergrund stehend, schützend seine Hand über die Bemühungen seines Wittenberger Professors gehalten hat. Luther geht damit nicht an die Öffentlichkeit, aber sagt seinen Studenten, welche hohe Achtung er vor der Person und dem Werk des Verstorbenen hat.

Während Luther in dieser Vorlesung von Friedrich namentlich spricht, hat er im Jahr 1530/31 in seiner Vorlesung über das Hohelied den Namen des regierenden Kurfürsten Johann nicht genannt. Und dies geschieht nicht etwa deswegen, weil er das Hohelied mit Hilfe der Christusmystik Bernhards von Clairvaux erklärt, sondern weil er von dem regierenden Fürsten offenbar namentlich nicht sprechen will. Aber indirekt ist von Johann durchaus die Rede. Denn Luther deutet das Hohelied als »ein politisches Buch«, als »ein Gesangbuch, das in hymnischer Form Gottes Walten mit seinem Volk und dessen Verhältnis zu Gott beschreibt«.[19] Es ist ein Friedensreich, das im Hohenlied vorgestellt wird. In ihm gilt Gottes Wort, das »von allen geglaubt und befolgt wird«.

---

[16] WILHELM MAURER, Der kursächsische Salomo. Zu Luthers Vorlesungen über Kohelet (1526) und über das Hohelied (1530/31), in: Antwort aus der Geschichte. Beobachtungen und Erwägungen zum geschichtlichen Bild der Kirche. WALTER DRESS zum 65. Geburtstag, Berlin o. J. (1969), S. 100.

[17] Vgl. ebd. S. 102.

[18] Vgl. ebd. S. 102 f.

[19] Vgl. ebd. S. 104.

Das Wort Gottes »ist der Liebeskuß«, mit dem er sein Volk »begnadete und durch den er Frieden stiftete«. Dieses salomonische Friedensreich »besitzt nicht nur ein weltliches, sondern auch ein geistliches Regiment ... Das göttliche Wort ist sein einziger Schatz«.[20]

Während unter vielen Fürsten »tyrannisches Regiment, in den Städten Tumult und zuchtloses Freiheitsstreben« herrschen, müht man sich in Kursachsen um die Verwirklichung des göttlichen Friedenswillens. Luther meint, »nach Salomos Vorbild« seien »Visitationen durchzuführen, die sowohl im kirchlichen wie im staatlichen Bereich die Bösen und das Böse ans Licht bringen, aber auch das dort gewirkte Gute dankbar erkennen lassen«. Hier wirken »gute Lehrer in Staat und Kirche, die Schulen stehen in Blüte. In den Städten bringt das Wort – trotz der Schwärmer – seine Frucht. Auf die Predigt antwortet das Gebet der Gemeinden«.[21]

Man kann fragen, ob Luther hier nicht selbst ins Schwärmen geriet. Sind die Dinge wirklich so, wie er sie zeichnet, oder handelt es sich dabei eher um ein Wunschbild? Der Reformator weiß, daß »alles ... im Verborgenen (geschieht), aber unaufhaltsam«. So kann Luther sagen, daß der Glaubende gewiß sei, »daß Gott uns liebt und das Herzogtum Sachsen«.[22] Wenn dieses Land auch schwach ist, so ist es doch »geschmückt mit Gaben der göttlichen Liebe«. Wir müssen uns klarmachen, daß Luther so nach dem Augsburger Reichstag redet. Während die Politiker meinten, ein Bündnis gegen einen Angriff schließen zu müssen, ist Luther der festen Zuversicht, daß das Wachstum der Kirche nicht gehindert werden kann. »Wir werden als Friedensstörer hingestellt, der Kaiser und die Fürsten vertrauen auf ihre Macht, wir sind ihnen schutzlos preisgegeben. Aber wir stehen da wie eine Rose ohne Dornen, wir haben Gottes Wort und das ist unser Schutz.« Dabei ist es vor allem die Beharrlichkeit des regierenden Kurfürsten, die dies erreicht hat. Indem Johann in Augsburg seinen evangelischen Glauben bekannte, hat er eine entscheidende Tat getan. Zwar sind dadurch nicht alle Menschen in Sachsen fromm geworden, aber es sammelt sich doch eine Gemeinde, die auf Gottes Wort hört. In Augsburg hat Johann einen herberen Tod erlitten, als es der körperliche Tod sein kann. Er erscheint damit als das Bild des evangelischen Landesfürsten, der »sich an das evangelisch verstandene Wort Gottes gebunden weiß«. Er hat zwar nicht selbst das Evangelium zu predigen, »wie König Salomo das einst tat«, aber er hat durch die Beachtung des Gesetzes und durch die Möglichkeit der Verkündigung des Evangeliums neue Regierungsmöglichkeiten eröffnet, die es zu bewahren gilt. Insofern kann man mit Wilhelm Maurer fragen, ob es sich beim evangelischen Landeskirchentum »nicht nur um eine Notlösung gehandelt hat, die ihm (Luther) durch die Verhältnisse aufgezwungen war, sondern daß er dieses Regiment dankbar bejaht hat.« »Wenn das Hohelied der Lobpreis der Gemeinde für den ihr geschenkten Gottesfrieden darstellt und König Salomo dabei der Vorsänger ist, so spielt Kurfürst Johann mit seinem Augsburger Bekenntnis diese Rolle gleichsam nach. Er mahnt seine Untertanen, daß sie gehorsam und glaubensvoll seinem Beispiel

[20] Vgl. ebd. S. 105.
[21] Vgl. ebd. S. 107.
[22] Vgl. ebd. S. 107f.

folgen und in Dankbarkeit gegen Gott das Geschenk der reinen Lehre und des Friedens annehmen sollen.«[23]

Es ist sicher frag-würdig, ob Luther hier in der Aktualisierung seiner Exegese zu weit geht und ob er vielleicht sogar die erheblichen Eingriffe des Staates in die Kirche damit lediglich nachträglich legitimiert. Jedoch bleibt festzuhalten, daß dies nur dort möglich ist, wo Gottes Wort beachtet wird. Das gilt für den Herrscher im Hinblick auf das Gesetz und zugleich auch im Hinblick auf die Ermöglichung der Verkündigung des Evangeliums. Wo dies beides vorhanden ist, da ist offenbar eine Staatsform erreicht, die grundsätzlich akzeptiert werden kann.

Wir müssen zugleich auch beachten, daß diese Erwägungen für Studenten entwickelt wurden; erst 1539 – sieben Jahre nach Johanns Tod – wurde die Vorlesung über das Hohelied von Veit Dietrich zum Druck gegeben.[24] Aber Luther hat damals am Text nichts geändert, sondern offenbar seine grundsätzliche Stellungnahme für nach wie vor möglich und wiederholbar gehalten.

Betrachtet man seine Leichenpredigten auf Friedrich und Johann, dann fällt auf, daß er sie dort nicht mit Salomo vergleicht, daß er zwar im Hinblick auf Friedrich vom »lieben Landsfürst und Heupt«[25] redet, daß auch Johann als »unser lieber herr und vater«[26] bezeichnet wird, daß aber zugleich doch auch Grenzen im Hinblick auf die Amtsführung Johanns deutlich gemacht werden. Wenn Luther bei dieser Gelegenheit über Johann sagt: »Ob er da neben zu weilen im regiment gefeilet hat, wie sol man jm thun? ein Fuerst ist auch ein Mensch und hat alleweg zehen teuffel umb sich her, wo sonst ein mensch nůr einen hat«,[27] dann deutet er damit an, daß es auch Kritik an der Regierung des Verstorbenen gibt. Lediglich das Verhalten Johanns in Augsburg wird mehrfach rühmend in Erinnerung gebracht,[28] während es über Friedrich heißt, »das er einen feinen, festen glauben an Christum, unsern HErrn gehabt hat und im rechten erkentnis des Euangelij ... verschieden ist«.[29] In den offiziellen Traueransprachen geht Luther also nicht so weit wie in seinen Vorlesungen.

Mit Johann Friedrich, dem dritten sächsischen Fürsten, der hier noch zu erwähnen ist, verband Luther manches. Johann Friedrich hatte ihn bereits im Alter von 17 Jahren im Dezember 1520 als seinen »gaystlichen vater«[30] angeredet, und Luther hat es sich dann auch nicht nehmen lassen, auf den Kurprinzen bereits während der Regierungszeit seines Vaters Einfluß zu nehmen. So schrieb er etwa bei den Packschen Händeln oder bei den Auseinandersetzungen über den Nürnberger Religionsfrieden an ihn, wobei er faktisch das wiederholte, was er schon dessen Vater gesagt hatte.[31] Luther

[23] Vgl. ebd. S. 108–112.

[24] Vgl. WA 31/II, IX–XIII.

[25] WA 17/I, 196, 15.

[26] WA 36, 242, 31.

[27] WA 36, 245, 20–22.

[28] Vgl. z.B. WA 36, 246, 11–17. 28–30.

[29] WA 17/I, 199, 31 f und 200, 19.

[30] WA.B 2, 237, 2.

[31] Vgl. WA.B 4, 451–453 und WA.B 6, 325–327 sowie 332; vgl. auch GERHARD MÜLLER, »Niemand soll sein eigener Richter sein«. Luthers Gedanken zu Aufruhr, Krieg und Frieden: LM 22 (1983) S. 512–517.

wollte ihn also veranlassen, auf seinen Vater einzuwirken, damit in dem Sinne entschieden würde, wie er vorgeschlagen hatte. Die Aussichten dazu waren nicht ungünstig, hatte Johann Friedrich doch bereits im Jahr 1520 sich bei seinem Onkel Friedrich zugunsten Luthers ausgesprochen.[32] Luther hatte dem jungen Adligen dann das »Magnificat« gewidmet, dessen Auslegung dazu helfen möchte, daß wir »ym ewygen leben loben unnd singen mugenn ditz ewige Magnificat«.[33] Allerdings hat Johann Friedrich dann doch im Laufe seiner Regierungszeit eigene Akzente gesetzt und sich nicht so eng an Luthers Rat gehalten, wie dies sein Vater Johann getan hat.[34] Aber grundsätzlich blieb das gute Verhältnis vorhanden, weil auch Johann Friedrich sich nicht in die Verkündigung des Evangeliums einmischte und in seiner politischen Regierung sich an das hielt, was Luther als dem Willen Gottes angemessen empfand.

Insofern wird man den Reformator nicht einfach einen Fürstendiener nennen können, obwohl uns seine Aussagen über den kursächsischen Salomo hier und da nicht unbedenklich erscheinen. Es ist Luther auch nicht gelungen, sich politisch an allen Stellen durchzusetzen – ich brauche hier nur daran zu erinnern, daß entgegen seinem Ratschlag ein politischer Bund geschaffen und ein Widerstandsrecht gegen den Kaiser proklamiert wurde[35] –, aber gerade dieses Spannungsverhältnis zeigt, daß beide Seiten sich gewichtig einbrachten und ihre Stellungnahmen nicht ohne Rücksichtnahme auf die andere Seite erfolgen konnten.

Mit Philipp von Hessen war Luther nicht so eng in Berührung wie mit seinen eigenen Landesherren. Aber Philipps Entscheidung für die Reformation und sein Platz unter den evangelischen Fürsten mußten Luther doch dazu veranlassen, hier besonders auf der Hut zu sein. Es sind 36 Briefe Luthers an Landgraf Philipp aus den Jahren 1526–1545 erhalten und 27 Schreiben des Landgrafen an den Reformator aus derselben Zeit. Wir müssen diese Korrespondenz ein wenig verfolgen, wenn wir unter der Fragestellung nach Luther und den evangelischen Fürsten dieses Beispiel herausstellen.

Hier zeigt sich nun, daß die Einführung der Reformation in Hessen zu einer ersten Phase im Briefwechsel zwischen Philipp einerseits und Luther oder auch Luther und Melanchthon andererseits führte. Aus dem September 1526 ist ein Schreiben des Landgrafen an die beiden Wittenberger erhalten, in dem er für Ratschläge dankt, aber weitere Fragen stellt, um deren Beantwortung er bittet. So meint der Landgraf, daß ihm der Rat Luthers und Melanchthons gefalle, »zweispaltige Prediger nit zu leiden«.[36] Allerdings stehe doch im Neuen Testament, daß man Unkraut und Weizen zugleich aufwachsen lassen solle. Was bedeutet denn dies für sein Verhalten gegenüber den Predigern? Auch fragt er, wie er sich gegenüber den Mönchen und Priestern in seinem Land verhalten solle, die sich jeder Diskussion entziehen, damit er »ihnen gegen Gott und dem Nächsten Recht tue, wie einer Obrigkeit zusteht«.[37] Schon jetzt beschäftigt

---

[32] Vgl. WA.B 2, 237f.

[33] Die Auslegung des Magnificat gedr. WA 7, 544–604; Zitat 545, 30f.

[34] So Dr. KARLHEINZ BLASCHKE in seinem Beitrag zum Internationalen Lutherforschungskongreß in Erfurt 1983.

[35] Vgl. GERHARD MÜLLER, Luthers Beziehungen zu Reich und Rom, in: Leben und Werk (Anm. 2), S. 378–386. 852–855.

[36] WA.B 4, 113, 10f.

[37] Ebd. 25–27.

ihn die Frage, wie er sich verhalten soll, wenn er wegen des Evangeliums mit Krieg bekämpft werden sollte. Daß er sich für seine Person nicht wehren solle, das könne er akzeptieren, aber wie müsse er sich im Hinblick auf seine Untertanen verhalten? Auch nach der Verwendung der Klostergüter fragt er die Wittenberger. Er schlägt vor, diejenigen Mönche und Nonnen in den Klöstern zu belassen, die dies wollen. Aber auch denjenigen, die den Austritt vorzögen, müßte »ein Auskommen« gegeben werden. Das Restliche könne man dann für Notfälle verwenden oder auch für Schulen verbrauchen. Wenn es schließlich noch heißt, Luther und Melanchthon möchten auf Zwingli und Ökolampad achten und sie möchten etwas »widder den neuen Irrsal ausgehen« lassen,[38] so wird deutlich, daß Philipp hier noch auf der Seite der Wittenberger steht. Allerdings muß wie bei allen Briefen von Fürsten gefragt werden, inwieweit hier persönliche Meinungen vorliegen und ob nicht Ratgeber formulierten, die die Auffassung ihres Landesherrn nicht völlig trafen. Aber alle Briefe, die im Namen der Fürsten herausgingen und die von ihnen unterschrieben wurden, wird man doch als ihrer Auffassung mindestens nicht widersprechend interpretieren dürfen.

Eine unmittelbare Antwort auf diese Anfragen Philipps ist nicht bekannt. Der Briefwechsel ist nur sehr lückenhaft erhalten. Aber die hessische Reformationsgeschichte zeigt in ihrem Verlauf den Einfluß des Wittenberger Rates. Dies kann hier jetzt nicht im einzelnen nachgezeichnet werden.[39]

Geht man chronologisch vor, dann begegnet man im November 1526 einem Brieffragment Luthers an Philipp, das aus dem unmittelbaren Zusammenhang der Einführung der Reformation herausfällt, weil hier die Frage beantwortet wird, ob denn ein Christ mehr als eine einzige Frau nehmen dürfe. Luther ist der Meinung, daß dies nicht möglich sei. Der Hinweis auf die alten Väter, von denen im Alten Testament berichtet wird, überzeugt ihn nicht, weil jeder Christ ein unmittelbares göttliches Wort haben müsse, wenn er in einem solchen Fall eine andere Entscheidung zu treffen für richtig halte, als es der Tradition der Christen entspricht. Luther verweist darauf, daß auch Isaak, Joseph, Mose und viele andere nur *eine* Ehefrau gehabt hätten, so daß er »sonderlich den Christen« rät, nicht mehr denn eine Ehefrau zu nehmen.[40] Damit wird ein Thema aufgenommen, das bekanntlich später erhebliche Konsequenzen nach sich zog.[41]

Mit der Einführung der Reformation in Hessen hat dagegen Luthers Brief vom 7. Januar 1527 zu tun, in dem er vorschlägt, die »Reformatio ecclesiarum Hassiae« nicht einzuführen. Er rät, sie nicht zu drucken, weil »so ein hauffen gesetze« ihm nicht

---

[38] Ebd. 113, 28–114, 74.

[39] Zu Philipp vgl. zuletzt VOLKER PRESS, Landgraf Philipp der Großmütige von Hessen, in: SCHOLDER/KLEINMANN (Hg.), Protestantische Profile, Königstein/Ts. 1983, S. 60–77; vgl. auch die nützliche Zusammenstellung von FRITZ WOLFF, Luther in Marburg, Marburg 1983 (Marburger Reihe H. 19).

[40] Vgl. WA.B 4, 140, 1–17.

[41] Philipp hat sich mit diesem Problem auch noch in seinen Glossen zum Regensburger Buch befaßt, vgl. GERHARD MÜLLER, Landgraf Philipp von Hessen und das Regensburger Buch, in: Bucer und seine Zeit, hg. von MARIJN DE KROON und FRIEDHELM KRÜGER, 1976 (VIEG 80), S. 101–116.

angemessen erscheint.[42] Luther empfiehlt, sich statt dessen an das Vorbild des Mose zu halten, der die vorhandenen Gesetze aufgeschrieben und verordnet habe. Er schlägt vor, daß der Landgraf die Pfarreien und die Schulen »mit guten personen versorgt« und diesen Leuten befiehlt, was sie tun sollen. Die Pfarrer sollen in kleinen Gruppen »eine eintrechtige weise« suchen, und man solle dann die Erfahrung abwarten und sie schließlich zuletzt zusammenfassen und rechtlich ordnen. Luther meint, daß früh eingeführte Gesetze »sellten wol geraten«. Etwas vorzuschreiben und dies dann auch auszuführen, seien zwei ganz unterschiedliche Dinge. Der Reformator ist der Meinung, daß sich aus den Gesetzen der hessischen Ordnung viele als änderungsbedürftig erweisen werden, so daß man sie klugheitshalber gar nicht erst einführen solle. Umgekehrt solle man mit wenigem anfangen und dies dann ausbauen.[43] Bekanntlich hat dieser Rat seine Wirkung nicht verfehlt. Die »Reformatio ecclesiarum Hassiae« wurde nicht rechtlich eingeführt, und Hessen schloß sich dem kursächsischen Prinzip der Einführung der Reformation mit Hilfe von Visitationen an.[44] Man kann an dieser Stelle also einen gewichtigen Einfluß Luthers konstatieren. Seinem Einspruch ist es zu verdanken, daß sich die Reformation in den wichtigsten protestantischen Ländern nicht unterschiedlich entwickelte. Ich meine, daß die Berücksichtigung dieses Schreibens Luthers von ganz großer Bedeutung ist. Hier erfolgte eine unmittelbare Einwirkung, wie sie in dieser Gewichtigkeit später in der hessischen Reformationsgeschichte m. E. nicht mehr zu greifen ist.

Luther hat auch Philipp von Hessen eine Schrift gewidmet, und zwar im Jahr 1529 diejenige »Vom Kriege wider die Türken«, [45] aber darauf können wir hier nicht eingehen, weil die Türkenfrage sonst insgesamt behandelt werden müßte.

Wichtig ist natürlich das sogenannte Marburger Religionsgespräch. Bekanntlich geht es auf Philipps Initiative zurück, der eine Verständigung der Theologen für erforderlich hielt, um seine weitgespannten politischen Pläne verwirklichen zu können.[46] Luther machte in seinem Schreiben vom 23. Juni 1529 an den Landgrafen deutlich, daß er erhebliche Bedenken gegen das Vorhaben des Landgrafen hat. Aber er erklärt sich dennoch bereit zu kommen.[47]

In dem Verlauf des Gespräches beriefen sich Zwingli und Ökolampad für ihre Auffassung über das Abendmahl auf die Kirchenväter. Luther und Melanchthon machten sich deswegen die Mühe, Aussagen zusammenzustellen, die nach ihrer Meinung für die Auffassung einer Realpräsens Christi im Abendmahl bei den Kirchenvätern sprechen.[48] Aber bekanntlich scheiterte das Gespräch. Die umstrittene Frage konnte nicht zur Zufriedenheit beider Seiten geklärt werden. Luther behauptete im Mai 1530, daß die

---

[42] WA.B 4, 157, 9–14.

[43] Vgl. ebd. 157, 14–158,41.

[44] Vgl. GERHARD MÜLLER, Franz Lambert von Avignon und die Reformation in Hessen, 1958 (VHKHW 24,4), S. 43–47.

[45] Gedr. WA 30/II, 107–148.

[46] Vgl. dazu auch die Quellen in: Andreas Osiander der Ältere, Gesamtausgabe, Gütersloh, III 1979, S. 391–444.

[47] Vgl. WA.B 5, 101 f.

[48] Gedr. ebd. 155–160.

Gegner an vielen Stellen nachgegeben hätten, daß sie wohl auch gar nicht mehr ihre Meinung vorbrächten, wenn sie sich nicht darauf bereits festgelegt hätten.[49] Philipp hat sich an dieser Stelle weder bei Luther noch bei Zwingli durchsetzen können. Luther seinerseits hatte arge Bedenken gegenüber dem Landgrafen, der sich bereits 1528 bei den Packschen Händeln nicht so verhalten hatte, wie das der Reformator für einen evangelischen Fürsten für angemessen hielt.[50]

Im Zusammenhang mit den Packschen Händeln ist kein Schriftwechsel zwischen Luther und Philipp bekannt. Aus den Briefen, die Luther an seinen Kurfürsten richtete, wird aber deutlich, daß er den Gedanken eines Präventivkrieges strikt ablehnte, den der hessische Landgraf befürwortete. Luther fand, daß dadurch das Wort Gottes Schaden leiden würde, so daß er gegenüber der Politik des Landgrafen seit dieser Zeit erhebliche Reserven besaß. Die Religionspolitik des Hessen konnte ihn auch nicht befriedigen, wollte Philipp doch einen theologischen Kompromiß erreichen, der mit den Marburger Artikeln geschaffen zu sein schien, die aber dann doch keine Basis für eine Verständigung bildeten. Seit 1528/29 gibt es deswegen zwischen dem Wittenberger Professor und dem Landgrafen von Hessen erhebliche Spannungen. Aber sie kommen nicht ohne einander aus, so daß jeder von ihnen die Initiative ergriff und an den anderen schrieb, wenn er dies für erforderlich hielt.

So geschah es etwa im Dezember 1529, als Philipp sich an Luther wandte und ihm vorschlug, in Kursachsen sein Konzept der Politik gegenüber dem Kaiser zu vertreten. Nach der Ablehnung der Speyrer Protestation und nach der Gefangennahme der Appellationsgesandtschaft müsse man Maßnahmen des Kaisers zur Unterdrückung des Evangeliums befürchten. Um dem zu begegnen, schlägt Philipp vor, daß die protestantischen Stände die Türkenhilfe verweigern. Da diese Stände erheblich zur Abwehr der Türken beizutragen hätten, würde dies politisch erheblichen Druck hervorrufen. Der Kaiser müsse dann den Evangelischen den Frieden zusagen und auch erklären, daß das Evangelium weiterhin verkündigt werden könne. Offenbar fürchtet Philipp, daß Kursachsen aus seiner traditionellen Freundschaft gegenüber Habsburg heraus eher eine Verständigung als eine Konfrontation mit dem Kaiserhof sucht. Weitsichtig entwickelt deswegen Philipp seinen Plan, daß man Druck auf Habsburg ausüben müsse, um nicht in heikle politische Situationen zu geraten.[51]

Luther kam jetzt in eine schwierige Lage. Der Bote des Landgrafen sollte seine Antwort zurück mitnehmen[52] – er mußte also in ganz kurzer Zeit zu den Vorschlägen Philipps Stellung nehmen. Er tat dies ausweichend. Seine Erfahrungen mit der Politik Philipps im Jahr 1528 veranlaßten ihn, die Pläne Hessens nicht in Bausch und Bogen zu bejahen. Er erklärte lediglich, er sei von Kurfürst Johann nicht um Rat gefragt worden, wisse auch nichts von den Verhandlungen über die Türkenhilfe. Aber er wolle »das beste helffen raten«.[53] Diese Antwort ist um so bemerkenswerter, wenn man sich klar

---

[49] Vgl. ebd. 330–332.

[50] Luther riet damals, Kursachsen solle Hessen nicht folgen, wenn Philipp einen Krieg beginne, vgl. WA.B 4, 423, 87–89.

[51] Vgl. WA.B 5, 197–199.

[52] Vgl. ebd. 203, 5 f.

[53] Vgl. ebd. 203 f.

macht, daß Luther bereits einige Monate später, nämlich während des Augsburger Reichstages genau jene politische Verständigung – nämlich eine Art Friedenszusage durch den Kaiser – befürwortete,[54] die auch Philipp vorschwebte. Allerdings – und das ist der Unterschied – meinte Luther, diese politische Einigung im Wege der Vereinbarung herstellen zu können, während Philipp die Anwendung von massivem Druck für erforderlich und für vertretbar hielt.

Hatte in diesem Fall Philipp die Initiative ergriffen, so ging die nächste Gesprächsrunde von Luther aus. Der Wittenberger wurde nämlich von Melanchthon während des Augsburger Reichstages 1530 gebeten, an den Landgrafen wegen der Abendmahlsfrage zu schreiben. Melanchthon befürchtete, daß Philipp die oberdeutschen Städte unterstützen könnte, die Bedenken gegenüber der kursächsischen Abendmahlslehre hatten. Es hat ein wenig gedauert, bevor Luther der an ihn herangetragenen Bitte nachkam. Er tat dies in einem umfänglichen Schreiben, in dem er jene bereits vorgetragenen Äußerungen über das Marburger Gespräch machte. Er meinte, Philipp sei »mitten unter den Wolfen, auch ohn Zweifel nicht gar frei von bösen Geistern«,[55] so daß er sich hüten möge, Neues zu lehren. Er selbst habe zwar auch aufgrund von saurer Arbeit Neues gesagt, aber er habe dafür helle Bibeltexte besessen, die den Gegnern fehlten.[56] Am 22. Mai schrieb Melanchthon an Luther, daß Philipp wohl mit Kursachsen zusammengehen werde, aber Luther möge unbedingt schreiben.[57] Melanchthon behauptete, die Verzögerung des Lutherbriefes an den hessischen Landgrafen habe es ihm unmöglich gemacht, selbst an Luther zu schreiben.[58] Diese Frage drohte also die Gemeinsamkeit der Wittenberger Kollegen zu gefährden! Nachdem aber Philipp von Hessen sich dem sächsischen Bekenntnis angeschlossen hatte, waren Melanchthons Sorgen beseitigt. Mir erscheint es fraglich, daß dazu Luthers Brief wesentlich beigetragen hat. Vielmehr hat Philipp wohl hauptsächlich aus politischen Gründen eine möglichst breite Front befürwortet und sich deswegen zusammen mit anderen zur Annahme des sächsischen Bekenntnisses verstanden.

Während des Augsburger Reichstages hatte Philipp Gelegenheit, nochmals an den Reformator heranzutreten. Nachdem er den Reichstag vorzeitig verlassen hatte, hörte er, daß bei den Ausgleichsverhandlungen zu viel nachgegeben werde. Er schrieb deswegen an Luther, er möge standhaft bleiben, eventuell Kursachsen verlassen und nach Hessen kommen. Philipp meinte also, daß die kursächsische Politik sogar zu einem Bruch der protestantischen Gruppe führen könnte. Um Fehler in Augsburg zu vermeiden, schrieb er direkt an Luther,[59] der ihn aber am 11. September beruhigen konnte. Der Reformator teilte mit, er habe dreimal nach Augsburg geschrieben, wo inzwischen die Verhandlungen abgebrochen worden seien. Die Vorschläge, die Philipp für so bedenklich gehalten hatte, seien nicht angenommen worden.[60] In der Tat war auch

[54] Vgl. MÜLLER (Anm. 35), S. 384f.
[55] WA.B 5, 330, 35f.
[56] Vgl. ebd. 330–332.
[57] Vgl. ebd. 336, 33f.
[58] Vgl. ebd. 365, 1f.
[59] Vgl. ebd. 600f.
[60] Vgl. ebd. 619f.

aufgrund einer Intervention Luthers das Gespräch im August nicht zu einem befriedigenden Ergebnis gebracht worden. Kurfürst Johann hatte sich an Luther gewandt und sein Urteil erbeten, das scharf ausfiel. Aber sicher hat nicht nur Luthers Urteil hier eine wichtige Rolle gespielt, sondern auch der Widerspruch Hessens und anderer Stände, wie z.B. Nürnbergs.[61] Jedoch bleibt hier ein Zusammenwirken von Luther und Philipp festzuhalten, bei dem in einer wichtigen Angelegenheit der Landgraf den Theologen um Mitwirkung bat und ihm zusicherte, bei negativen Konsequenzen für ihn aufzukommen.

Den nächsten Anlauf zur Weiterführung des Briefwechsels unternahm wieder Philipp von Hessen, als er im Oktober 1530 an Martin Luther schrieb.[62] Er bat den Reformator, weiterhin hart zu bleiben und sich an die Deutschen zu wenden, nachdem der Reichstag in der Religionsfrage keine befriedigende Lösung gefunden hatte. Luther bedankte sich für diese »Vermahnung«, erklärte sich auch bereit, den Gegnern zu widerstehen, wenn diese keinerlei Lösungsvorschläge akzeptierten. Er beruhigte aber den Landgrafen auch dahingehend, daß »die unsrigen« – worunter doch vorwiegend Kursachsen zu verstehn sein wird – auch nicht bereit seien, »viel zu weichen«. Aber er versprach, sich der Sache weiterhin anzunehmen.[63] Schon wenige Tage darauf wiederholte Philipp seine Bitte, daß Luther »ein Vermahnung an alle Gläubigen dis Reichstags halben« ausgehen lassen möchte. Er bot ihm an, benötigte Unterlagen zu übersenden,[64] falls – was Philipp wohl nicht für unmöglich hält – Luther nicht seitens des kursächsischen Hofes entsprechend informiert würde. Luthers Mahnung sollte wohl dahin gehen, deutlich zu machen, daß die evangelische Seite eine gerechte Sache vertritt und daß sie nicht bereit ist, Unannehmbares zu akzeptieren. Luther hatte sich selbst schon mit diesem Gedanken befaßt und dann ja auch seine »Warnung an seine lieben Deutschen« zu Papier gebracht.[65]

Der zweite Brief Philipps, der erhalten ist, während wir den Wortlaut des ersten nicht kennen, macht aber nun deutlich, daß es dem Landgrafen auch darum geht, Luther inhaltliche Vorschläge zu machen. Er meint, sich erinnern zu können, daß Luther während der Packschen Händel schriftlich seinem Kurfürsten erklärt habe, daß man sich wehren dürfe, wenn man angegriffen werden sollte. Dieses Recht gelte auch gegenüber dem Kaiser. Offenbar hat Philipp erfahren, daß Luther ein solches Widerstandsrecht nicht akzeptiert, denn er bittet den Reformator, ihm seine Meinung über diese Frage mitzuteilen. Zugleich unterläßt er es aber nicht, ihm bereits seine eigenen Erwägungen vorzutragen. Er meint, erstens gebe es seit der Zeit des Neuen Testamentes und der Apostel keinen Fall, daß eine Obrigkeit, die ein Land erblich besitze und die den Glauben angenommen habe, von einer größeren verfolgt worden sei. Zum anderen läge es rechtlich bei den deutschen Fürsten so, daß sie Erbherren seien und

---

[61] Vgl. GERHARD MÜLLER, Die Anhänger der Confessio Augustana und die Ausschußverhandlungen, in: Confessio Augustana und Confutatio. Der Augsburger Reichstag 1530 und die Einheit der Kirche, hg. von ERWIN ISERLOH, 1980 (RGST 118), S. 243–257.

[62] »Dieses Schreiben Philipps fehlt« (WA.B 5, 651, Anm. 1).

[63] Vgl. ebd. 651, 5–13.

[64] Vgl. ebd. 653, 1–5.

[65] Gedr. WA 30/III, 276–320.

damit Freiheit besitzen. Der Kaiser habe nie das Recht besessen, Untertanen eines Fürsten mit Gewalt gefangen zu nehmen, so daß auch die evangelischen Prediger von ihren Fürsten berechtigterweise geschützt werden könnten. Philipp verweist darauf, daß die Kaiser nicht einmal Steuerhoheit haben, so daß sie keinen einzigen Gulden von sich aus von den deutschen Ständen fordern können. Drittens handele es sich um eine gegenseitige Verpflichtung, insofern nämlich, als der Kaiser den Fürsten gelobt und geschworen habe, während umgekehrt die Fürsten nicht allein dem Kaiser, sondern zugleich dem Reich ihren Eid abgelegt hätten. Wenn der Kaiser sich nicht an seinen Schwur halte, so könne er »nit mehr for ein rechten Kaiser angesehen werden, sondern for ein Friedbrecher, zuvoran dweil er kein Erbkaiser, sondern ein gewählter Kaiser ist.« Viertens habe der Kaiser auf allen Reichstagen erklärt und dies auch aus Spanien geschrieben, daß er in der Religionssache kein Richteramt besitze, sondern daß hier ein Konzil entscheiden müsse. Deswegen könne er jetzt kein Richteramt in Anspruch nehmen, gegen das man keine Gegenwehr besitze. Fünftens schließlich werde der Kaiser auch nicht von allen Ständen unterstützt, wie dies teilweise behauptet werde, sondern in Wahrheit gebe es neben den evangelischen Ständen auch manche andere, die dem Kaiser in dieser Frage nicht zustimmen.[66]

Diese eindringliche Stellungnahme macht deutlich, daß Philipp weniger ein Gutachten von Luther erwartet, als daß er seinerseits den Reformator von der Richtigkeit seiner eigenen politischen Anschauung und seiner eigenen Rechtsauffassung überzeugen will. Es geht jetzt darum, ob sich die evangelischen Stände zusammenschließen dürfen, um gegebenenfalls mit Gewalt einem Angriff des Kaisers zu widerstehen. Nachdem Luther hiergegen große Bedenken hat, versucht Philipp, ihn mit historischen und rechtlichen Argumenten zu überzeugen. Nachdem der Brief abgeschlossen ist, wird noch eine Nachschrift hinzugefügt, in der Philipp auf das Alte Testament verweist, aus dem hervorgehe, daß Gott die Seinen nie verlassen und nie ein Land habe untergehen lassen, das auf ihn getraut habe. Auch habe Gott den Böhmen geholfen, obwohl diese ebenfalls dem Kaiser untertan seien, ja obwohl der König von Böhmen ja einer der vornehmsten Kurfürsten sei. Dennoch hätten diese sich »gegen Kaiser und Reich« gewehrt, »und Gott hat ihn Sieg und Uberwindung geben. So hoffe ich auch zu Gott, so wir nur unverzagt uf ihn trauen«. Philipp verweist noch auf andere, denen Gott gegen Kaiser geholfen habe,[67] woraus deutlich wird, wie wichtig ihm diese Frage ist und für wie wesentlich er die Stellung Luthers ansieht.

Luther hat sofort auf diesen Brief geantwortet. Er konnte Philipp mitteilen, daß er bereits in Kürze ein Büchlein ediert, worin er über den Abschied und das Verhalten der Fürsten in Augsburg sprechen will. Zurückhaltender ist er dagegen im Hinblick auf die Forderung Philipps, ein Widerstandsrecht gegen den Kaiser zuzugeben. Luther meint, er hoffe, daß es um dieser Religionssache willen kein Blutvergießen geben werde. Als Geistlicher möchte er sich nicht schriftlich äußern, er habe aber seine Meinung seinem Kurfürsten mitgeteilt, die dem Landgrafen gewiß unverborgen bleiben werde. Luther deutet an, daß man in all jenen Stücken nachgeben solle, in denen dies möglich sei. Der

[66] Vgl. WA.B 5, 653, 6 – 655, 94.
[67] Vgl. ebd. 655, 96 – 107.

Landgraf möge sich daran nicht stoßen, weil es dann sehr viel leichter sei, in den grundsätzlichen Fragen die notwendige Position beizubehalten.[68]

Aus diesem Briefwechsel wird deutlich, daß Philipp von Hessen Luther für einen so wichtigen Ratgeber hält, daß er sich direkt an ihn wendet, um ihn zu einer ihm genehmen politischen Aussage zu bewegen, wenn ihm dies erforderlich oder wenigstens nützlich erscheint. Luther seinerseits kann es sich nicht leisten, dem Landgrafen nicht zu antworten. Aber in der Sache hält er sich an den Punkten zurück, an denen er Bedenken hat. Sein Gesprächspartner ist an dieser Stelle der eigene Kurfürst. Jedenfalls läßt sich in all' diesen Diskussionspunkten keine vorschnelle Nachgiebigkeit Luthers gegenüber Fürsten aus dem eigenen religionspolitischen Lager konstatieren.

Erst im September 1531 ist uns wieder ein Brief Philipps an Luther erhalten, der gleichzeitig aber auch an Gregor Brück geht. In diesem Schreiben wird von der Ehescheidungsangelegenheit Heinrichs VIII. von England berichtet,[69] worauf Luther rasch geantwortet hat. Hier kommt es aber zu keiner Aussprache über die Sache, weil Luther gemeinsam mit Dr. Brück das Schreiben Philipps beantworten will.[70] Es ist unbekannt, ob dies geschehen ist. Dies ist zwar wahrscheinlich, aber überliefert ist ein solcher Brief nicht.

Wichtiger als dieser Vorgang, der eine Episode bleibt, ist Philipps Engagement in der Abendmahlsfrage. Nachdem es ihm 1529 nicht gelungen war, eine Verständigung zwischen den Wittenbergern und den Schweizern zu erreichen, unternimmt er im Jahr 1534 einen neuen Versuch. Jetzt will er mit Hilfe von Martin Bucer und Philipp Melanchthon eine Einigung in der Abendmahlsfrage fördern, die sich nach wie vor als hinderlich zwischen den evangelischen Gruppen erweist. Deswegen schreibt Philipp auch an Luther. Er bittet ihn, zu einer Beilegung dieser Streitfrage beizutragen – also nicht nur auf kirchenpolitischem, sondern auch auf theologischem Gebiet wirbt der Landgraf um Luthers Unterstützung.[71] Luther antwortet darauf sehr verbindlich. Er erklärt, daß auch er eine Verständigung mit den oberdeutschen Theologen wünscht,[72] aber er hat doch im Hinblick auf manche von ihnen recht starke Bedenken. Das gilt besonders für Augsburg. Noch deutlicher wird Luther im Dezember 1534, als er dem Landgrafen mitteilt, daß er zwar eine Verständigung in der Abendmahlsfrage wünsche, daß er aber dabei nichts tun könne, was gegen sein Gewissen sei: »Ausgeschlossen mein gewissen sol nichts sein, das ich nicht gern leiden vnd thun wil. Aber das gewissen kan ich nicht also verstecken, da ichs nicht kund widergewinnen, Vnd der Rewel ist ein schwerer würm ym hertzen.«[73]

Philipp nimmt diesen Brief positiv auf, weil er ihm Luthers Neigung zu einer Verständigung entnimmt. Der Landgraf teilt Luther mit, daß Melanchthon und Bucer miteinander in Kassel verhandeln und daß dabei der Straßburger Theologe die Meinung der Augsburger Prediger vorträgt. Nochmals erklärt Philipp, er hoffe, daß Luther eine

[68] Vgl. ebd. 660, 4 – 661, 31.
[69] Vgl. WA.B 6, 198.
[70] Vgl. ebd. 201.
[71] Vgl. WA.B 7, 103.
[72] Vgl. ebd. 110.
[73] Ebd. 128, 7 – 10.

Verständigung fördern werde.[74] Der Landgraf wendet also alle seine Kraft an, um Luther von negativen Schritten abzuhalten. Doch dieser entgegnet eher zurückhaltend. Er schreibt am 30. Januar 1535, daß die Verhandlungen nicht überstürzt durchgeführt werden dürften.[75] Dem muß Philipp sich fügen. In einem kurzen Schreiben vom 15. Februar 1535 teilt der Landgraf mit, daß wohl die Verhandlungen jetzt unterbrochen werden müßten.[76] Es ist Philipp also nicht gelungen, ohne eine genügende theologische Klärung die Zustimmung Luthers zu einer Einigung des Protestantismus in Deutschland zu erreichen. Was in Kassel 1534/35 nicht gelang, das wurde in Wittenberg 1536 erzielt, und zwar in dem Sinne, in dem Luther es für erforderlich hielt.[77] Daran ist Philipp aber nicht unmittelbar beteiligt, so daß es darüber keine Briefe zwischen dem Fürsten und dem Theologen gibt.

Statt dessen trägt im Jahr 1536 Philipp den Wittenberger Theologen ein anderes Problem vor: die Wiedertäufer-Frage. Der hessische Landgraf erklärt, bisher habe er die Täufer immer ausgewiesen – was ja auch kursächsische Politik war. Aber nun seien sie heimlich wieder zurückgekehrt und träten weiterhin für ihre Meinung ein. Philipp will sie offenbar nicht wegen des übertretenen Verbotes hinrichten lassen, verspricht sich aber wohl auch nicht viel von einer erneuten Ausweisung, sondern meint, wie man sich besonders gegenüber jenen verhalten solle, die aktiv die neue Lehre verbreiten. In diesem Fall wurde nicht Luther allein um Rat gefragt, sondern mit ihm zusammen Melanchthon, Jonas, Bugenhagen und die anderen Theologieprofessoren zu Wittenberg.[78] Daraus wird deutlich, daß Hessen sich jetzt nicht mit einem persönlichen Rat Luthers begnügt, sondern sich umfassend beraten lassen will. In der Tat wurden auch weitere Gutachten von Hessen erbeten.[79] Die Antwort, die aus Wittenberg kam, ist von Luther, Bugenhagen, Melanchthon und Cruciger verfaßt worden.[80] Aus dieser Anfrage kann man m. E. folgern, daß die Dominanz, die Luther als Ratgeber für Philipp besessen hatte, jetzt zurückgetreten ist. Es ist zu fragen, ob sich damit ein Wandel andeutet, der auf eine Reduktion des Einflusses des älteren Luther in bezug auf Hessen schließen ließe, möglicherweise auch darüber hinaus.

Erst im November 1538 hat Luther wieder an Philipp geschrieben. Die Thematik war die gleiche. Philipp hatte Martin Bucer nach Wittenberg geschickt, um Luther für das hessische Konzept der Täuferbehandlung zu gewinnen. Aber der Reformator hält nach wie vor nichts von Gesprächen mit den Täufern und läßt sich in seiner Meinung auch durch Bucer nicht umstimmen, sondern mahnt, die Täufer aus dem Land zu verweisen.[81] Luther hat sich damit aber in Hessen nicht durchsetzen können. Auch dies spricht dafür, daß seine Autorität in diesen Jahren bei Philipp erheblich abgenommen

---

74 Vgl. ebd. 144f.

75 Vgl. ebd. 157f.

76 Vgl. ebd. 159f.

77 Vgl. Ernst Bizer, Studien zur Geschichte des Abendmahlsstreits im 16. Jahrhundert, Gütersloh 1940 = Darmstadt 1962, S. 96 – 130.

78 Vgl. WA.B 7, 417f.

79 Vgl. ebd. 417.

80 Gedr. WA 50, 8f.

81 Vgl. WA.B 8, 324f.

hat, wenn man dies mit der Zeit um 1527 und auch um 1530 vergleicht, wo der Landgraf entweder auf Luther hört oder aber sich sehr intensiv um ihn bemüht, weil er Luthers Einfluß hoch einschätzt.

Doch bald kam eine weitere Frage, bei der Landgraf Philipp die Wittenberger schlecht übergehen konnte, nämlich die Frage seiner Nebenehe. Es ist hier nicht der Ort, auf diese Angelegenheit angemessen einzugehen.[82] Uns kann dabei nur interessieren, daß Philipp die Wittenberger Theologen und auch andere ins Vertrauen zog und ihren Rat erbat. Luther, Melanchthon, Bucer und andere rieten damals dem Landgrafen zu einer heimlichen Nebenehe.[83] Philipp hat am 5. April 1540 Luther geantwortet und ihm für den Ratschlag gedankt, den dieser zusammen mit anderen erteilt habe. Luther ist hier wieder derjenige, den Philipp als Sprecher und wichtigsten Mitverfasser ansieht. Der Landgraf berichtet von seiner erfolgten Trauung mit Margarete von der Sale, erklärt auch, daß er Luthers Rat befolgen und diese Nebenehe so gut wie möglich geheim halten will.[84] Der Wittenberger hat sofort geantwortet und darum gebeten, auch seinen Ratschlag geheim zu halten.[85] Offenbar fürchtete er, daß es zu Schwierigkeiten kommen könnte, wenn sein Name im Zusammenhang mit Philipps Doppelehe in dem Sinne genannt würde, daß er diese geduldet oder gar empfohlen habe. Der hessische Landgraf hat Luther einen Monat später eine Weinsendung zukommen lassen, die allgemein mit diesem Ratschlag des Reformators in Verbindung gebracht wird. Luther selbst hat in seinem Dank vom 24. Mai 1540 nicht gesagt und auch nicht angedeutet, worauf er die Freundlichkeit Philipps zurückführt.[86]

Bereits im Juni mußte Philipp aber Luther mitteilen, daß seine Doppelehe nicht geheimgehalten worden ist. Er bittet den Reformator, Herzog Heinrich von Sachsen mitzuteilen, wie die »Dispensation« zustande gekommen ist. Auch möge Luther den sächsischen Herzog bitten, die Mutter von Philipps zweiter Frau wieder freizulassen. Philipp meint, Heinrich sei ja »dem Euangelio verwandt«, so daß Luther auf ihn einwirken möge. Bereits einige Tage später mußte der hessische Landgraf wieder Luther um Unterstützung bitten. Der für ihn wichtigste theologische Ratgeber soll ihn nun im Hinblick auf den ihm erteilten Beichtrat schützen. Philipp erklärt, daß sein Schritt als eine Ausnahme gedacht sei, aber schließlich habe er sich doch lediglich an die ihm gewährte Dispens gehalten.[87] Jedoch kam die Angelegenheit nicht zur Ruhe, sondern die Dinge überstürzten sich. Bereits einen Tag nach diesem Brief mußte Philipp Luther und Melanchthon mitteilen, daß er sich überlegt, ob er sich öffentlich rechtfertigen muß. Er hält den ihm erteilten Beichtrat für die entscheidende Legitimation seines Schrittes und fordert sie auf, ihn zu unterstützen und zu verteidigen. Gleichzeitig droht er aber auch, daß er, falls sich die Wittenberger anders verhalten, den von ihnen unterschriebenen Beichtrat publizieren wird – was Luther ja gerade hatte vermeiden

---

[82] Vgl. z. B. WILHELM MAURER, Luther und die Doppelehe Landgraf Philipps von Hessen: Luther 24 (1953) S. 97 – 120.

[83] Vgl. WA.B 8, 639 – 643.

[84] Vgl. WA. B 9, 83.

[85] Vgl. ebd. 90.

[86] Vgl. ebd. 118.

[87] Vgl. ebd. 146 f.

wollen.[88] Die Ratgeber müssen nun in aller Öffentlichkeit für das einstehen, was sie als seelsorgerlichen Zuspruch und erst in zweiter Linie als Beratung verstanden hatten. Am 18. Juli schreibt Philipp wieder an Luther und zwar eigenhändig, woraus deutlich wird, wie wichtig ihm die Angelegenheit ist. Zwar wurde der Brief dann von einem Schreiber abgeschrieben, weil Philipp – mit Recht! – von sich sagt, daß er »von handtschrifft ein böser Maler« sei.[89] Luther verteidigt sich bereits sechs Tage später, indem er meint, er sperre sich wegen des Landgrafen gegen die Veröffentlichung des Beichtrates.[90] Schon drei Tage später antwortet Philipp, daß er wohl wisse, daß Luther und Melanchthon ihn vor dem weltlichen Recht nicht beschirmen können, daß er aber nötigenfalls auf einer Veröffentlichung des Beichtrates bestehen müsse. Der Landgraf versichert Luther seines Vertrauens mit den Worten: »Ich hab an ewer person keinen mangell vnnd halt euch for einen Mann, der vff Gott sicht.«[91] Philipp deutet an, daß er die Ratgeber des sächsischen Kurfürsten für diejenigen hält, die es Luther nicht erlauben, ihn so zu unterstützen, wie dieser das wohl von sich aus gerne täte. Er meint: »Ich wolte, das ich ein stunde bei euch were, wir wolten vns wol mit einander vertragen. Ich wünschte auch, das alsdann dj Jenigen so mich gegen euch anderst angebenn, daselbst zugegen stunden.«[92] Zugleich bittet Philipp den Reformator, ihm seinen letzten Brief wieder zurückzuschicken.[93] Luther hat dies offenbar nicht sofort getan, so daß ihn Philipp am 18. August mahnte,[94] der dem am 22. August nachkam und erklärte, er habe bisher den Brief nicht zurückgeschickt, weil er keine zuverlässigen Boten gehabt hätte.[95]

Es sollte nicht lange dauern, bis Fürsten sich mit Philipp wegen seiner Nebenehe in Verbindung setzten. Der Landgraf zog wiederum Luther und Melanchthon ins Vertrauen und bat um ihren Ratschlag, was er antworten solle, wenn man ihn entsprechend unter Druck setze.[96] Luther antwortete, daß nicht nur Philipp, sondern auch er selbst von Kurfürst Joachim II. von Brandenburg angefragt worden sei, und rät dem Landgrafen, sich stärker zu wehren, wenn er nochmals angegangen werden sollte.[97] Philipp bedankte sich am 4. Oktober und meinte, er sehe, »Das irs trewlich vnd woll mit vns meynet«.[98] Aber trotz solch höflicher Wendungen, wie sie auch in Luthers Antwortschreiben vom 20. Oktober 1540 vorkommen,[99] hat doch diese Diskussion ihr Verhältnis erheblich belastet.

Dies wird auch daraus deutlich, daß der Briefwechsel erst im Jahr 1542 fortgesetzt wird. Wieder ist es Philipp, der sich an Luther und Melanchthon wendet. Er bittet sie,

---

[88] Vgl. ebd. 148 – 150.
[89] Vgl. ebd. 183 – 189.
[90] Vgl. ebd. 200 – 203.
[91] Ebd. 208, 89 f.
[92] Ebd. 208, 91–93.
[93] Vgl. ebd. 209, 124–133.
[94] Vgl. ebd. 216 f.
[95] Vgl. ebd. 217.
[96] Vgl. ebd. 227 f.
[97] Vgl. ebd. 233 f.
[98] Ebd. 241,9.
[99] Vgl. ebd. 248.

sich bei Kurfürst Johann Friedrich für Vergleichsvorschläge einzusetzen.[100] Dabei handelt es sich um die sogenannte Wurzener Fehde, in der Johann Friedrichs Gegner der Schwiegersohn Philipps, Moritz von Sachsen, gewesen ist. Luther hat dem entsprochen, wie er ja auch in einem öffentlichen Brief die Gegner zur Einigung anhalten wollte.[101] Luther bat seinerseits Philipp von Hessen, seinen Schwiegersohn zu veranlassen, nicht zur Gewalt zu greifen, bevor die Streitfrage entschieden sei.[102]

Dieser Brief Luthers an Philipp war unabhängig von demjenigen des Landgrafen geschrieben worden. Sofort nach Erhalt des Eilbriefes Philipps hat Luther der Bitte des Landgrafen entsprochen und an seinen Landesherrn Johann Friedrich geschrieben.[103] Am gleichen Tag teilte Philipp Luther mit, daß er sich um Vermittlung zwischen den fürstlichen Gegnern bemühe, aber er bat ihn zugleich auch, sich nicht in der Doppelehe gegen ihn mißbrauchen zu lassen. Auch dieses Thema war also noch nicht erledigt![104]

Luther antwortete bereits einen Tag später und gab seiner Freude Ausdruck, daß Philipp sich um eine Beilegung der Streitigkeiten um Wurzen bemühte, was dann auch von Erfolg gekrönt war. Der Reformator verschwieg aber nicht, daß er Herzog Moritz für den Schuldigen in dem Streit hielt. Was die Doppelehe angeht, so hat sich Luther, wie er dem Landgrafen mitteilt, über das unnütze Gewäsch Johannes Lenings geärgert, während er im übrigen keinen »widderwillen« empfinde.[105]

In weiteren Briefen geht es im wesentlichen um den Schmalkaldischen Bund, wobei Luther den beiden Bundeshauptleuten rät, sich nicht mit der evangelischen Partei in Metz zu verbinden, weil dies böse Folgen haben könnte.[106] Philipp seinerseits berichtete Luther von der »eroberung des braunschweigischen landes«, ohne allerdings Einzelheiten mitzuteilen.[107] Philipp bedankte sich auch in diesem Schreiben für Luthers Buch »Von den Juden und ihren Lügen«,[108] welches er gelesen habe und das ihm sehr gut gefalle, besonders in den Punkten, in denen klar dargelegt werde, daß Christus – der Messias – gekommen sei. Der Landgraf fährt fort: »Und wunschen deswegen von Gott, das er euch und andere leut, so seiner christlichen kirchen mit schreiben und lehren mugen nutz sein, zu verpreiterung seines gotlichen nahmens lange zeit erhalte und bewahre.«[109] Aber die freundlichen Worte können nicht darüber hinwegtäuschen, daß nicht mehr Luther allein als der entscheidende Theologe angesehen wird, vielmehr stehen neben ihm auch andere, deren Publikationen in Hessen für wichtig gehalten werden.

---

[100] Vgl. WA.B 10, 38 f.

[101] Der Brief ist aber 1542 nicht publiziert worden; Luther sandte ihn dem kursächsischen Altkanzler Gregor Brück, der ihn an Philipp von Hessen weiterschickte, vgl. ebd. 31; gedruckt ist das Schreiben ebd., 32 – 36.

[102] Vgl. ebd. 41.

[103] Vgl. ebd. 42 f.

[104] Vgl. ebd. 44.

[105] Vgl. ebd. 45 f.

[106] Vgl. ebd. 194 f.

[107] Vgl. ebd. 258 f.

[108] Gedr. WA 53, 417 – 552.

[109] WA.B 10, 259, 7 – 10.

Eine Verbesserung des Verhältnisses zwischen Luther und Philipp deutet sich an, wenn der Reformator für Johann Richius eintritt, dem eine Lektur in Marburg zugesagt worden sei.[110] Philipp hat diesem Wunsch Luthers in einem Brief vom 11. August 1543 entsprochen.[111] Auch um ein persönliches Anliegen handelt es sich, wenn die Wittenberger Theologen den Landgrafen am 13. Dezember 1544 bitten, sich für den Nürnberger Patrizier Hieronymus Baumgartner einzusetzen,[112] der sich in Gefangenschaft befindet. Aber es geht hierbei, wie wir es sehen, wiederum nicht um große Politik, sondern um Einzelanliegen, die Kontakte hervorrufen. Diese Angelegenheit hat Philipp und die Wittenberger noch in weiteren Briefen beschäftigt.[113]

Wichtiger ist, daß Philipp von Hessen gegenüber der »Wittenbergischen Reformation«, die auf Melanchthon zurückgeht, Bedenken hatte. Die Wittenberger antworten im Jahr 1545, wobei allerdings nicht Luther als Hauptgesprächspartner des Hessen anzusehen ist.[114] Das ist anders, als der Landgraf dem Reformator am 12. März 1545 ein Pamphlet in italienischer Sprache über Luthers angeblichen Tod übersenden konnte.[115] Luther bedankte sich dafür und erklärte, er werde diese Äußerungen in Italienisch und Deutsch drucken lassen, um zu bezeugen, daß er den Text kennt. Das ist auch geschehen.[116] In dem Brief, in dem Luther Philipp diesen Plan ankündigt, kann er ihm zugleich mitteilen, daß seine Arbeit über das »Papsttum zu Rom« kurz bevorsteht,[117] worin er ja Karl V. gegen Papst Paul III. in Schutz nahm.[118]

Die letzten Briefe, die zwischen Luther und Philipp gewechselt worden sind, sind wieder keine persönlichen Schreiben, sondern betreffen die Wittenberger Theologen insgesamt. Diese verwenden sich nämlich in einem Brief vom 29. Oktober 1545 für die Stadt Helmstedt,[119] worauf der Landgraf freundlich antwortete, daß er sich deswegen mit Johann Friedrich und seinen anderen Verbündeten in Verbindung setzen wolle.[120]

In der Korrespondenz ist – so läßt sich insgesamt feststellen – Philipp weitgehend der Aktive, der sich mit Anfragen an Luther wendet. Umgekehrt bedeutet dies ja auch immer die Überwindung des Standesunterschiedes, der von Luther durchaus als selbstverständlich empfunden wurde. So fragte er sich etwa 1530, ob er nicht von sich aus zu häufig an Kurfürst Johann schreibe.[121] Aber auch an Philipp von Hessen hat Luther sich gelegentlich von sich aus gewandt, wobei sein Einfluß am größten in der Einfüh-

---

110 Vgl. ebd. 353 f.

111 Vgl. WA.B 12, 355.

112 Vgl. WA.B 10, 696 f. – H. Baumgarten hatte 1524 sein Auge auf Katharina von Bora geworfen, aber eine Ehe war damals dann doch nicht zustande gekommen. Katharina wurde dann im Juni 1525 Luthers Frau, vgl. GERHARD MÜLLER, Käthe und Martin Luther, in: ders., Zwischen Reformation und Gegenwart, Hannover 1983, S. 32.

113 Vgl. WA.B 11, 10 f; 38 f; 43 f.

114 Vgl. ebd. 42.

115 Vgl. WA.B 12, 359.

116 Gedr. WA 54, 191 – 194.

117 Vgl. WA.B 11, 58.

118 Diese Schrift Luthers ist gedruckt WA 54, 206 – 299.

119 Vgl. WA.B 11, 212 – 214.

120 Vgl. ebd. 217 f.

121 Vgl. WA.B 5, 530, 5 – 7.

rungsphase der Reformation in Hessen gewesen ist, während die sachliche Auseinandersetzung um politische Fragen nach dem Augsburger Reichstag ihren Höhepunkt erreichte. Trotz mancher Meinungsverschiedenheiten auf politischem wie auf theologischem Gebiet bleiben aber die Kontakte zwischen Luther und dem Landgrafen erhalten. Erst während der letzten Jahre von Luthers Leben werden umfassendere Probleme nicht mehr so wie früher behandelt.

Eine ähnliche Entwicklung läßt sich wohl auch im Hinblick auf Luthers Landesherren konstatieren. Auch hier ist sein Einfluß besonders groß während der Einführung der Reformation, nämlich während der Regierungszeit Kurfürst Johanns. Jedoch sind Luthers Kontakte selbstverständlich auch mit Johann Friedrich sehr eng, ohne daß er allerdings seine Meinung so weitgehend durchzusetzen vermag, wie dies während der Regierungszeit von dessen Vater der Fall gewesen ist.

Obwohl sich Luther des Standesunterschiedes zu den Fürsten bewußt war, hat er seine Meinung nicht verschwiegen. Auch gegenüber Philipp von Hessen fürchtete er Widerspruch nicht. Dadurch vermochte er zur Entwicklung der Reformationsgeschichte beizutragen und die politische Welt in einem für einen Theologieprofessor ungewöhnlichen Maße zu beeinflussen.

Die Einheit der Theologie des jungen Luther

Je mehr Spezialstudien über die theologische Arbeit des jungen Luther vorgelegt werden, desto problematischer wird die Einheit seines Denkens. Früher hatte man auf Grund von Äußerungen des älteren Reformators annehmen können, es sei ihm als Mönch im Kloster nur um die Frage gegangen, wie er einen gnädigen Gott bekomme. Aber nachdem seit dem Ende des vorigen Jahrhunderts Luthers Vorlesungen über die Psalmen, den Römer-, den Galater- und den Hebräerbrief von 1513 bis 1518 sowie seine Randbemerkungen zu Petrus Lombardus und anderen von 1509 bis 1515 / 16 entdeckt und publiziert worden sind, ist klar geworden, daß der Augustiner-Eremit mindestens seit dieser Zeit in einer breiten und tiefen Auseinandersetzung mit der theologischen Tradition stand, von der er sich nur langsam und nicht immer ganz konsequent gelöst hat. Gibt es angesichts der Vielfalt von Aussagen, die sich in diesen Dokumenten finden, die Möglichkeit, von einer Einheit der Theologie des jungen Luther zu sprechen? Man wird hierauf nur eine Antwort geben können, wenn man gleichzeitig die Entwicklung seines theologischen Denkens im Auge behält. Aber unter dieser Voraussetzung soll der Versuch gemacht werden, die Grundelemente der Theologie des jungen Luther zu eruieren und auf ihre Einheit hin zu untersuchen.

Schon auf die Frage, an welcher Stelle die Theologie des jungen Wittenberger Professors zutiefst verankert ist, kann präzis geantwortet werden: *Luther war Exeget,* Ausleger der Heiligen Schrift. Das ist nicht selbstverständlich. Die größten Werke der mittelalterlichen Theologen waren systematischer Art gewesen. Sie hatten die christliche Verkündigung lehrhaft geordnet und in einem großen Zusammenhang verständlich zu machen gesucht. Luther war kein Systematiker wie die großen Scholastiker. Er hat auch nicht besonders schwierigen Einzelfragen subtile Erwägungen gewidmet oder sich erkenntnistheoretischen Fragen zugewandt, wie das bei den spätmittelalterlichen Theologen häufig der Fall war. Es ging ihm nicht um ein theologisches System, etwa um eine Versöhnung von Theologie und Philosophie, sondern um das Verständnis der Bibel. Er hat die systematisch-theologische Arbeit des späten Mittelalters gekannt, sie aber nicht fortgeführt. Es war außergewöhnlich und etwas Neues, daß er als Professor in Wittenberg nur exegetische Vorlesungen über biblische Schriften hielt. „Es liegt darin eine grundsätzliche Entscheidung."[1]

Es ist nicht leicht auszumachen, welche Motive Luther veranlaßt haben, sich in seinen Vorlesungen auf Erklärungen biblischer Schriften zu beschränken. Auf den Doktoreid kann nicht verwiesen werden, weil Luther in ihm nicht – wie man früher annahm – expressis verbis der Bibel, sondern der Kirche Gehorsam

[1] Gerhard Ebeling, Die Anfänge von Luthers Hermeneutik, in: ZThK 48, 1951, S. 174, Anm. 1.

geschworen hat.[2] Es könnte eher sein, daß Luther mitbeeinflußt worden ist von einem Zug der Zeit „hin zu den Quellen“. Auch Erasmus hatte sich von scholastischen Spitzfindigkeiten abgewandt und auf die Heilige Schrift verwiesen. Doch ist diese psychologische Fragestellung nicht entscheidend. Wichtiger ist, daß für Luther die Bibel Gottes Wort ist. Deswegen hat sie „Kraft“. Luther traut ihr sehr viel zu, wenn er meint, wer die Bibel lese, vermöge sie nicht zu verwandeln, sondern werde seinerseits durch sie verwandelt (WA 3, 397, 9 – 11; Dictata 1513 – 15). Gottes Wort ist schöpferisch: Was er spricht, geschieht; was er will, wird in die Wirklichkeit umgesetzt. Das sind für Luther keine leeren Formeln, die er nachspricht, ohne sich etwas dabei zu denken. Sondern er hat selbst die Erfahrung gemacht, daß er als Lehrer der Heiligen Schrift ihr Schüler wurde und blieb. Luther blieb abhängig von dem ihm vorgegebenen Text. Probleme, die ihn etwa in seiner ersten Psalmenvorlesung umtrieben, traten in den folgenden Vorlesungen zurück, um erst in seinen Operationes in Psalmos (1519 – 21) und dem Magnificat (1521) von neuem größeres Gewicht zu erhalten.[3] Daraus wird deutlich, daß Luther sich den Anstoß zu seinen Erwägungen von der Bibel geben ließ.

Er hat aber zugleich auch gesehen, daß die Heilige Schrift voll von Spannungen und Aussagen ist, die nicht leicht zu einer Einheit geführt werden können. Darum aber ging es ihm. Er hat sich nicht vorschnell zufrieden gegeben, sondern im Anschluß und in Auseinandersetzung mit den exegetischen Arbeiten älterer Theologen versucht, die Mitte der Bibel zu finden und von ihr aus alles zu verstehen. Ein Hilfsmittel hierfür war ihm das Begriffspaar „Geist und Buchstabe“, das auf Paulus zurückgeht (2. Kor. 3, 6). Dessen Aussage hat ihn die Heilige Schrift nicht verachten oder zum mindesten geringschätzen lassen, um dem „Geist“ Raum zu verschaffen, wie das später bei den „Schwärmern“ der Fall war. Sondern was „Buchstabe“ und was „Geist“ sei, mußte sich an der Bibel selbst erweisen.

Hier findet Luther eine Fülle von Gegensatzpaaren: das Verborgene und das Offenbare, das Innere und das Äußere, das Göttliche und das Menschliche, das Himmlische und das Irdische, das Ewige und das Zeitliche. Dieses und vieles mehr steht neben- und gegeneinander. Nur wer dies beachtet, kann die Bibel verstehen. Gottes Wort harmonisiert nach Luther also nicht, sondern es offenbart, daß es Gegensätze gibt. Luther wird nicht müde, mit ihrer Hilfe Gottes Handeln einsichtig zu machen. Denn diese Begriffspaare sollen nicht etwa einen philosophischen Dualismus zum Ausdruck bringen, durch den die Welt „erklärt“ würde, sondern sie sollen zeigen, daß der Mensch vor Gott unter der Spannung von Gericht und Evangelium, von Fleisch und Geist, von Sünde und Gerechtigkeit, von Gegenwärtigem und Zukünftigem steht. Wie sehr alle diese Begriffe theologisch geladen sind, wird deutlich, wenn man bedenkt, daß hinter ihnen in jedem Fall Gott in seinem zweifachen Wirken als Schöpfer und Erlöser

[2] Siegfried Freiherr v. Scheurl, Martin Luthers Doktoreid, in: ZBKG 32, 1963, S. 46 – 52.
[3] Wilhelm Maurer, Von der Freiheit eines Christenmenschen. Zwei Untersuchungen zu Luthers Reformationsschriften 1520/21, Göttingen 1949.

steht. Luther verlegt die Gegensatzpaare in Gott selbst.[4] In Gott, genauer: in Jesus Christus, ist die Einheit von dem gegeben, was der Mensch nur im Gegensatz ausdrücken kann (WA 3, 52, 26; Dictata 1513 – 15).

Der junge Luther hat dabei in einer dauernden Auseinandersetzung mit der theologischen, und besonders mit der exegetischen Tradition der Kirche gestanden. Vergleichen wir seine Erklärungen mit denen anderer Theologen, dann fällt auf, daß er das Wort der Bibel in einem überraschenden Maße auf Christus bezieht. Luthers frühe exegetische Arbeiten sind *christozentrisch* ausgerichtet. Dabei kam ihm die traditionelle Exegese gerade der Psalmen entgegen, von denen oft erklärt worden war, Christus habe sie gebetet. Luther hat damit mehr als andere Ausleger Ernst gemacht. Er konnte sagen: „In Christus sind alle Worte ein einziges, aber außerhalb von ihm sind sie sehr viele und eitle" (WA 4, 439, 20 f.; Dictata 1513–15). Christus wurde ihm zum „Schlüssel zur Schrift".[5] Ohne ihn wird der Mensch auch in der Bibel nur viele und nutzlose Wörter finden. Jesus Christus ist die Mitte der Schrift.

Luther interpretiert Christus gemäß dem altkirchlichen Dogma: Er sei zugleich wahrer Mensch und wahrer Gott gewesen. Gott hat sich in einem *Menschen* – und nur in *diesem* Menschen – offenbart. Christus ist Gottes „opus proprium". Luther unterscheidet bekanntlich zwischen den „Werken der Hände Gottes", die Gott selber und direkt ausführt, und den „Werken Gottes", von denen er will, daß sie vom Menschen getan werden.[6] Christus ist in diesem Sinn ein Werk „der Hände Gottes", etwas von Gott direkt Gewirktes. Er ist das Ziel von allem. Er ist die Wahrheit. Was nicht in Christus ist, ist eitel. In ihm ist Gott ganz, leiblich gegenwärtig. Denn Jesus Christus ist das fleischgewordene Wort, der Mensch, der zugleich Gott ist. Luther verzichtet im Unterschied zur Scholastik darauf, die Besonderheit dieser Person durch Hinweise auf sein Wesen: ganz Gott und ganz Mensch, herauszustellen. Für ihn erweist sich die Einmaligkeit Christi vor allem in seinem Kreuz. Denn dort ist Gott nackt und bloß geworden, sich den Menschen hilflos ausliefernd. Aber zugleich ist Gott gerade dort verborgen und unfaßbar da. Die Botschaft vom Kreuz ist deswegen für viele eine Torheit, meint Luther im Anschluß an 1. Kor. 1, 18.

Diejenigen, die errettet werden, erkennen aber im Kreuz Christi die Zuwendung Gottes zum Menschen. Luther hat das so ernst genommen, daß er in jenen Jahren seine Theologie eine „Theologia crucis" genannt hat.[7] Er wandte sich gegen Theologen, die meinten, eine „Theologie der Herrlichkeit" zusammen-

[4] Ebeling, a. a. O., S. 191 ff.

[5] Ebd., S. 220. Auf die Bedeutung der Christologie für die Theologie Luthers hat vor allem Wilhelm Maurer hingewiesen: „Die Einheit der Theologie Luthers", in: ThLZ 75, 1950, Sp. 245 – 252.

[6] Martin Seils, Der Gedanke vom Zusammenwirken Gottes und des Menschen in Luthers Theologie (BFChTh 50), Gütersloh 1962, S. 41 f. Auf Auseinandersetzungen mit der Sekundärliteratur wurde hier verzichtet, da ich in: KuD 11, 1965, 4. H. über „Neuere Literatur zur Theologie des jungen Luther" zu berichten gedenke.

[7] Walther v. Loewenich, Luthers Theologia crucis, 4. Aufl., München 1954.

zimmern zu können, als ob wir schon bei Christus im Schauen lebten und nicht im Glauben, der die Einheit der bedrängenden Gegensätze nur in Christus finden kann. Der Glaube ist nicht Schauen, sondern Hören.[8] Und der Glaube kommt auch nur aus dem Hören, aus dem Hören auf das Wort Gottes, das gerade im Kreuz Christi offenbar wird, in dem es sich unter der Gestalt des Gegenteils verbirgt (WA 4, 82, 14 – 37; Dictata 1513 – 15). Denn das menschliche Auge sieht dort nur ein Ende, Schwäche und Vergehen. Der Glaube hört aber, daß Gott seine Allmacht gerade dort in der Gestalt der Ohnmacht verbirgt. Beide Urteile stehen sich gegenüber: das Urteil des Menschen und das Urteil Gottes. Was vor den Menschen Torheit ist, ist vor Gott Weisheit. Was vor Gott Kraft ist, ist vor der Welt Schwäche. Diese beiden Urteile scheiden sich am Kreuz Christi, das Gottes „fremdes und eigenes Werk" zugleich ist:[9] Gott handelt dort sowohl als der Strafende, der die Sünde vergilt, wie auch als der Liebende, der die Schuld vergibt. Luther kann sagen, daß Jesus mehr als alle Heiligen verlassen gewesen sei. Jesu menschliche Natur litt nicht anders als ein Mensch, der in Ewigkeit verdammt ist (WA 56, 392, 7 – 10; Römerbriefvorlesung 1515/16). Er brachte sich Gott dar und hat dadurch die Sünde der Menschheit am Kreuz in Ewigkeit hinweggenommen. Das ist Christi Wohltat: das Heil, die Gerechtigkeit des Sünders, vollbracht zu haben.

Da Christus aber Gott ist, verändert sich auf Grund dieser neuen Aussagen über den Menschensohn auch Luthers Gottesvorstellung. Während bisher Gott in erster Linie als der Gerechte angesehen worden war, erkennt Luther ihn nun in Jesus Christus als den Gnädigen. Schon Augustin war bei dem Gedanken angekommen, daß Gott gnädig sei, *obwohl* er auch gerecht sei. Luther dagegen erkennt Gott als den, der gnädig ist, *weil* er gerecht ist. Denn kein Mensch vermöchte – so sagt Luther – der Gerechtigkeit Gottes Genüge zu tun. Das kann nicht sein, weil dann ja Christus umsonst gekommen wäre. Sein Leiden wäre nicht notwendig, wenn nur ein einziger Mensch sich selber hätte erlösen können. Da Gottes Gerechtigkeit aus diesem Grunde von keinem Menschen erfüllt und erlangt werden kann, bleibt dem Sünder nur übrig, das zuzugestehen. Dadurch gibt der Mensch Gott recht. Er „rechtfertigt" Gott, indem er die Ausweglosigkeit seiner Lage eingesteht. Luther meint, der natürliche Mensch wolle das nicht tun. Darum ersinne er sich einen Götzen, dessen Gebot er erfüllen könne. Der Mensch sehe Gott nicht, wie er wirklich sei, sondern er mache sich Gott so zurecht, wie er ihn haben wolle, um sich selber Lohn zusprechen zu können und nicht demütig werden zu müssen. Luther geht es dagegen darum, *Gott als Gott* zu verkündigen, als den ganz anderen, der zugleich ganz der unsere ist. Es ist im Grunde die Erkenntnis der Gottheit Gottes,[10] die Luther dem Ablaßwesen gegenüber kritisch stimmen mußte.

[8] Maurer, Von der Freiheit ..., S. 154 ff.

[9] Albert Brandenburg, Gericht und Evangelium. Zur Worttheologie in Luthers erster Psalmenvorlesung (Konfessionskundl. und kontroverstheol. Studien 4), Paderborn 1960, S. 40 f.

[10] Paul Althaus, Gottes Gottheit als Sinn der Rechtfertigungslehre Luthers, in: P. A., Theol. Aufsätze, 2. Bd., Gütersloh 1935, S. 1 – 30.

Diese Erkenntnis ist eine theologische, oder genauer: eine christologische. Sie wird nur im Kreuz Christi gefunden. Deswegen distanziert Luther sich von all den Aussagen, die die Philosophie über Gott nahelegt. Die allgemeine Erkenntnis Gottes bleibt im Generellen, wo der Mensch keine Antwort auf seine entscheidenden Fragen findet. Ja, sehr schnell wird die natürliche Erkenntnis Gottes zu einer perversen, durch die Gottes Wesen verfälscht wird. Aus diesem Grund lehnt Luther die Philosophie in der Theologie ab. Aristoteles, die große Entdeckung der Scholastik, hilft nicht etwa zur Erkenntnis der theologischen Fragen, sondern er verhindert sie. Denn er verleitet dazu, generell nach Gottes Wesen zu fragen, während es auf Gottes Handeln ankommt.[11] Die sichtbaren Werke Gottes sind aber für Luther nicht so sehr Natur oder Geschichte, als vielmehr das besondere Werk Gottes: Christus, so daß er sagen kann: „Gott kann nur im Leiden und im Kreuz gefunden werden" (WA 1, 362,28 f.; Heidelberger Thesen 1518). Oder: „Nicht der heißt mit Recht ein Theologe, der Gottes unsichtbares Wesen durch seine Werke wahrnimmt und versteht, ... sondern der, der das, was von Gottes Wesen sichtbar und der Welt zugewandt ist, als im Leiden und am Kreuz dargestellt begreift" (WA 1, 361, 32 – 362, 3; Heidelberger Thesen 1518). Darin verbergen sich aber Macht und Liebe Gottes, die nur im Glauben erkannt werden. Im bloßen Vertrauen zu seiner Barmherzigkeit leben wir, sagt Luther (WA 1, 357, 1 – 6; Heidelberger Thesen 1518).

So wird aus dem fernen und unnahbaren Gott, der – wie die Nominalisten meinten – rechnerisch mit dem Menschen umgeht, indem er das Gute belohnt und das Böse bestraft, der Nahe und zugleich Unfaßbare, dem nur dann die Ehre gegeben wird, wenn wir unsere Abhängigkeit von ihm anerkennen. Aus diesem Grund mußte auch das Sakrament der Buße für Luther eine andere Gestalt annehmen. Die nacheinander kommenden Stufen: contritio – oder nur: attritio – cordis, confessio oris und satisfactio operis mußten vor der Lebendigkeit Gottes ins Wanken geraten. Denn ihr Grundgedanke, daß vom Menschen her etwas Gutes notwendig sei, bevor Gott ganz gnädig werde, war von Luther aufgegeben worden. Statt dessen war Gott in Christus dem Menschen nahegerückt. Zu Gott sich bekehren, heißt nun für Luther, sich zu Christus bekehren. Durch ihn kann der Mensch geistlich bestimmt sein und muß er sich nicht mehr an der Welt orientieren. Nur in Christus wurde Gott nicht mehr verniedlicht. Gottes Majestät und Ehre werden im Leiden und Kreuz seines Sohnes erst recht deutlich.

Vor diesem Geschehen kann der Mensch nur demütig werden. Immer wieder fordert der junge Luther wahre Demut. Die Demütigen „unterscheiden zwischen sich und Gottes Gaben" (WA 4, 130, 17 f; Dictata 1513 – 15). Sie geben nicht sich die Ehre, wo sie Gott gebührt. Und wo gebührt Gott die Ehre? Luther gibt eine deutliche Antwort: Die Demütigen wissen, daß sie aus sich selbst nichts sind (WA 4, 123, 6; Dictata 1513 – 15). Alles, was der Mensch ist und hat, ver-

[11] Paul Althaus, Die Theologie Martin Luthers, Gütersloh 1962, S. 27 ff.

dankt er Gott, dem er sich also unterzuordnen und den er stets zu loben hat. Gott allein ist „die Kraft“ des Menschen (WA 3, 449, 30 f.; Dictata 1513 – 15). Luthers Ruf zur Demut ist zwar sicher beeinflußt gewesen von jener Mönchstheologie, die den Gehorsam und die Demut preist.[12] Doch ist zu fragen, ob die Rede des jungen Luther von der Demut des Menschen nicht durch seine „Theologia crucis“ einen anderen Akzent bekommt. Weiß doch der, der Gottes Gericht und Barmherzigkeit in Jesus Christus erkennt, daß er vor Gott nur im Hinblick auf dessen eigenes Werk Vertrauen haben kann.

Besonders angesichts der Sünde ist Demut notwendig. Denn die Sünde wird vom jungen Luther in ihrer letzten Intention gesehen: als der Protest des Menschen gegen die von Gott gesetzten Grenzen mit dem Ziel, wie Gott werden zu wollen. Für den jungen Luther sind deshalb im Grunde alle Sünden und bereits die Begehrlichkeit Todsünden.[13] Die Unterscheidung zwischen verzeihlichen Sünden und Todsünden wird von ihm nicht mehr akzeptiert. Sünde ist für ihn nicht mehr identisch mit unmoralischem oder unsittlichem Verhalten. Die Sünde hat vielmehr etwas mit Gott zu tun. Nach Luthers Meinung hat der Römerbrief nur ein einziges Thema: Es soll die Gerechtigkeit des natürlichen Menschen zerstört, die Sünde großgemacht und Gottes rettende Gerechtigkeit gezeigt werden (WA 56, 3, 6 – 11; 1515 / 16).

Luther nimmt das Wort des Apostels ernst: „Nicht einer ist gerecht“ (Röm. 3,10). Der natürliche Mensch, „das Fleisch“, erkennt das nicht. Er hält seine Sünden fälschlicherweise für Gerechtigkeit. Luther kann deswegen sagen, wer wisse, daß er ein Sünder sei, der sei ein Christ (WA 56, 159, 25 – 160, 4; Römerbriefvorlesung 1515/16). Denn wer seine Sünde erkennt, der gibt Gott recht und unterwirft sich demütig der Verurteilung durch seinen Herrn. Dabei kommt es Luther darauf an zu zeigen, daß die Sünde nicht nur etwas Äußerliches ist, womit man selber fertig werden kann. Die Wirklichkeit der Sünde wird vielmehr angesichts der Majestät Gottes besonders deutlich erkannt. Vor ihr kann kein Mensch bestehen, weil er die geforderte ungeheuchelte Gottesliebe nicht aufbringen kann.

Das hat nur einer vollbracht: Christus, der „deus incarnatus“ (WA 4, 7, 12; Dictata 1513 – 15). Er war ohne Sünde. Luther sagt das im Anschluß an den Hebräerbrief: Jesus Christus mußte „in allen Dingen seinen Brüdern gleich werden“. Doch war er „ohne Sünde“ (Hebr. 2, 17 und 4, 15). Dadurch konnte er das Werk der Erlösung vollbringen, das darin besteht, daß er unsere Sünde zu der seinen und seine Gerechtigkeit zu der unsrigen machte. Damit ist ein neues Verständnis der Rechtfertigung gewonnen worden. Es ist jetzt nicht mehr so, daß der Mensch sich selber vor Gott durch gute Taten rechtfertigen muß, sondern Gott selber rechtfertigt den Menschen, indem er ihm seine Sünde aus Gnaden nicht anrechnet, um Christi willen. Gottes „eigentliches Werk“ bestehe

[12] Ernst Bizer, Fides ex auditu. Eine Untersuchung über die Entdeckung der Gerechtigkeit Gottes durch Martin Luther, 2. Aufl., Neukirchen 1961, S. 19 ff.

[13] Joseph Lortz, Luthers Römerbriefvorlesung. Grundanliegen, in: TThZ 71, 1962, S. 145.

darin, sich zu erbarmen, sagt Luther in der ersten Psalmenvorlesung (WA 4, 7, 35; 1513–15). In den Heidelberger Thesen von 1518 heißt es: „Nicht jener Mensch ist gerecht, der viel arbeitet, sondern der ohne ein Werk viel an Christus glaubt" (WA 1, 354, 29 f.). Nicht an den Taten des Menschen fällt die Entscheidung, sondern im Glauben an Jesus Christus.

Beim jungen Luther ist häufig eine Wendung zu finden, die geeignet ist, auf die Beziehung des Glaubens zu Gott aufmerksam zu machen: Luther spricht von der „fides Christi". Und zwar meint er damit nicht den Glauben an Christus, sondern den Glauben, in dem Jesus Christus gegenwärtig ist, den er selbst gewirkt hat. Auch der Glaube ist nicht ein „Werk" des Menschen, etwas, was in seiner Verfügungsgewalt stünde und was er selber bewirken könnte. Auch und gerade im Glauben ist der Christ von Gott abhängig. In ihm erkennt der Mensch seine wahre Lage, sein Sündersein. Da tröstet ihn die „fides Christi", die Gott wirkt. Denn nun hört der Sünder: Du bist gerecht. Das ist geschehen „extra nos, id est in Christo". Es gehört Demut dazu, dieses anzuerkennen.[14] Aber der Glaubende ist ja zugleich der Demütige, der bereit ist, den Wechsel zwischen Jesu Gerechtigkeit und seiner Sünde anzuerkennen.

Dem Rechtfertigungsgeschehen „extra nos, id est in Christo" entspricht ein Vorgang „in nobis". Die Übertragung meiner Sünde auf Christus ist nicht ein formaler Vorgang, der keinerlei Folgen nach sich ziehen würde. Vielmehr ist die wesentliche Folge dieses Geschehens das gute Werk, von dem Luther erst an dieser Stelle, aber hier nun besonders nachdrücklich spricht. So kann er z. B. sagen: „Wie drei und sieben nicht zehn sein müssen, sondern zehn sind, ... so muß der Gerechte nicht gut leben und handeln, sondern er lebt gut und handelt gut" (WA 57, II, 105, 24–27; Galaterbriefvorlesung 1516/17). So wenig Luther das gute Werk als Voraussetzung für die Rechtfertigung gelten läßt, so kräftig betont er es als deren notwendige, ja natürliche Folge. Immer wieder verweist er auf die guten Früchte des guten Baumes. Nicht sie sind es, wie Aristoteles meint, die den Baum gut machen, sondern der gute Baum bewirkt, daß die Früchte gut werden. Das ist für ihn ein schlagendes Beispiel für das Verhältnis von Rechtfertigung und guten Werken. Und er behält dabei immer im Auge, daß die guten Werke des Gerechtfertigten nicht etwa aus seiner eigenen Kraft, sondern aus dem Glauben kommen, der Gottes Werk ist.

Deswegen wäre es falsch zu meinen, daß es nach Luther allein der Glaube sei, der den neuen Menschen, den Christen, vom alten, natürlichen Menschen unterscheide, welcher auf sich selbst vertraut und in sich selber „verkrümmt ist" (vgl. WA 1, 173, 32; Sieben Bußpsalmen 1517). Dabei versteht man unter „Glaube" ein neues Verhältnis zu Gott, das nicht unbedingt ein neues Verhältnis zum Menschen miteinzuschließen scheint. Der junge Luther hat diese Meinung aber durchaus nicht geteilt. Die „fides informis" der Scholastik, nämlich ein Glaube, der ohne Liebe ist, hat er bereits in der ersten Psalmenvorlesung nicht

[14] Hans Joachim Iwand, Rechtfertigungslehre und Christusglaube. Eine Untersuchung zur Systematik der Rechtfertigungslehre Luthers in ihren Anfängen, Darmstadt 1961, S. 28 ff.

mehr vertreten.[15] Denn nach seiner Meinung verdient ein solcher Glaube gar nicht diese Bezeichnung (WA 56, 172, 19 – 21; Römerbriefvorlesung 1515 / 16). Vielmehr ist es allein die Liebe, die die Werke des Glaubens vollbringt (WA 56, 248, 13 f.; Römerbriefvorlesung 1515 / 16).

Es ist nun auffällig, daß Luthers Äußerungen über die Liebe kaum terminologische Unterschiede aufweisen, die sich ihm vom Lateinischen (amor oder caritas) oder auch vom Griechischen her anboten. Er empfand es also nicht als vordringlich, zwischen einer sogenannten „himmlischen" und einer anderen „irdischen" Liebe zu unterscheiden. Wesentlich war ihm etwas anderes: darauf hinzuweisen, daß die Liebe genauso wie der Glaube Gottes Werk und Gabe ist. Es ist die „Liebe Gottes", die Liebe, die er selber wirkt und die sich ihm zuwendet, die die Werke des Glaubens ausführt. Luther hat die Meinung scharf abgelehnt, daß der Mensch Gott aus seiner eigenen Kraft über alles lieben könne. Wer das glaubt, der erniedrigt die „Liebe Gottes" zu einer Menschenliebe, die eine Pervertierung der wahren Liebe darstellt. Wo aber gesehen wird, daß die Liebe von Gott und seiner Gnade abhängt, und wo die Liebe Gottes *geglaubt* wird, da ist Freiheit und Freude (WA 56, 205, 21 – 27; Römerbriefvorlesung 1515 / 16), da ist „der Glaube in der Liebe tätig" (Gal. 5, 6).

Die Liebe Gottes ist in besonderem Maße kundgeworden in Christus, in seinem Kreuz. Nur in ihm ist die Liebe vollkommen. Nur er erfüllt Gottes Gebot (WA 56, 260, 18; Römerbriefvorlesung 1515 / 16). An ihm kann der Christ lernen, daß ihm alles zum besten dient, auch das Böse (WA 56, 381, 15 f.; Römerbriefvorlesung 1515 / 16). Denn wo Gott liebt, da straft er. Wo er Schweres auferlegt und in Tiefen führt, da segnet er. Darum kann die Botschaft Gottes, der in Christus so verborgen und geheimnisvoll handelt, nur dazu führen, sich immer wieder an die Liebe Gottes zu klammern und von ihr bewegt zu handeln. Denn daß sich der Christ nicht in eine Innerlichkeit flüchten darf, wo er sich von allem Tun distanziert, ist Luther klar. Er meint: Wir kommen nicht „als Müßige in den Himmel" (WA 56, 494, 18 – 26; Römerbriefvorlesung 1515 / 16). Ein fröhliches Handeln, das von Gottes Liebe herkommt, gehört zum Christenleben genauso hinzu wie ein demütiges Erdulden aller Anfechtungen, die von Luther positiv beurteilt werden: Sie machen dem geistlichen Menschen die Sünde verhaßter und treiben ihn noch stärker zu einem Leben in Reinheit an. Die Trübsal macht den Menschen nicht ungeduldig, sondern macht offenbar, daß er ungeduldig war und ist (WA 56, 301, 12 f.; Römerbriefvorlesung 1515 / 16).

Nicht immer ist deutlich, ob Luther bei Aussagen dieser Art die völlige Abhängigkeit des menschlichen Heils von Gott im Auge behält. Der ältere Luther hat in manchem nicht mehr so ungeschützt gesprochen. Konnten doch die Hörer seiner Römerbriefvorlesung, in der er solche Gedanken vorbrachte, möglicherweise zu dem Mißverständnis kommen, das Handeln des Menschen sei die not-

[15] Reinhard Schwarz, Fides, spes und caritas beim jungen Luther, unter besonderer Berücksichtigung der mittelalterlichen Tradition (AKG 34), Berlin 1962, S. 154 ff., besonders S. 171.

wendige Voraussetzung für seine Rettung. Doch ist es durchaus verständlich, daß der Mönch Luther noch Gedanken äußert, die ihm auf Grund seiner Ausbildung naheliegen mußten. Tut der Mönch doch noch mehr als die übrigen Christen, indem er die Gelübde der Armut, Gehorsam und Keuschheit ablegt. Aber es muß zugleich auch festgestellt werden, daß Luther, indem er alles von Gottes Willen und Handeln abhängig macht, den entscheidenden Gedanken seiner Rechtfertigungslehre schon jetzt vertritt.

Die Abhängigkeit des Menschen von Gott geht so weit, daß der Mensch die Sünde niemals ganz überwinden kann, auch nicht als Gerechtfertigter, weil Gott auch noch in ihm Sünde vorhanden sein läßt. Der neue, der gerechtfertigte Mensch ist „zugleich Geist und Fleisch" (WA 56, 350, 27; Römerbriefvorlesung 1515 / 16). Wie Jesus Christus Gott und Mensch zugleich ist, so sieht Luther auch im neuen Menschen Gerechtigkeit und Sünde miteinander und nebeneinander. Die Aussage im Römerbrief: „Das Gute, das ich will, das tue ich nicht, sondern das Böse, das ich nicht will, das tue ich" (Röm. 7, 19), bezieht Luther auf den Gerechtfertigten. Denn Sünde und Gerechtigkeit streiten miteinander in seinen Gliedern. Der Christ ist nach Luther in diesem Leben noch nicht am Ziel. Er ist auf dem Weg zu seinem Heil und wird durch die Wirklichkeit der Sünde immer wieder vor jeder falschen Sicherheit gewarnt. Gott hat die Neigung zum Bösen und zur Eigensucht nicht endgültig von ihm genommen, obwohl das ein für alle Mal durch Jesus Christus erwirkte Heil nicht wieder zerstört werden kann. Der Glaubende wird auf Grund seiner spezifischen Situation jeden Tag aufs Neue auf den hingewiesen, der allein seine Rettung im Urteil Gottes ist: auf Christus.

Aber das Miteinander von Sünde und Gerechtigkeit bewirkt nicht, daß die Rechtfertigung nicht wirklich etwas im Menschen ändern würde. Vielmehr ist durch den Glauben tatsächlich ein Anfang gesetzt worden. Um Jesu Christi willen wird die Sünde, die noch übrig ist, nicht mehr angerechnet. Der Christ ist „in der Hoffnung" auf Gottes Handeln gerecht (WA 56, 269, 30; Römerbriefvorlesung 1515 / 16). In seinem Leben, das sich im Hinblick auf Gott vollzieht, hat der Herr gehandelt und handelt er immer aufs Neue. „Die Hoffnung bewahrt, was der Glaube verkündigt und lehrt", heißt es in einer Bemerkung Luthers, die er schon circa 1510 niedergeschrieben hat (WA 9, 91, 12; Bemerkungen zu Lombardus). Denn das Ziel ist noch nicht erreicht. Erst wenn der Glaubende im Reich Jesu Christi zum Schauen kommt, wird die Sünde endgültig überwunden sein. Bis dahin gilt es zu glauben, daß der Sieg in und durch Jesus Christus bereits errungen wurde.

Während auf diese Art und Weise jedwede Selbstsicherheit vermieden wird, hat Luther andererseits den Menschen durch den Glauben eng mit Gott zusammengebracht. Weil er durch jenen „fröhlichen Wechsel" Christi Gerechtigkeit an Stelle seiner Sünde sein eigen nennen darf (WA Br 1, 35, 25 – 27; an Spenlein am 8. April 1516 und WA 56, 204, 14 – 23; Römerbriefvorlesung 1515 / 16),[16]

[16] Vgl. dazu jetzt Friedrich Wilhelm Kantzenbach, Christusgemeinschaft und Rechtfertigung.

wird er selber „im Glauben“ zu Gottes Werk, wie auch Christus Gottes Werk ist. Luther kann deswegen sogar sagen: „Jedweder Christ muß erkennen, daß er groß ist, weil er wegen des Glaubens Christi, der in ihm wohnt, Gott ist, Sohn Gottes und ohne Grenze, weil Gott schon in ihm ist“ (WA 4, 280, 3 – 5; Dictata 1513 – 15). Mit dieser Feststellung geht Luther weit über die Gedanken derjenigen Theologen hinaus, die nur von einer „Vergottung“ des Christenmenschen sprachen. Aber wird nicht durch eine solche Aussage die oben skizzierte Rechtfertigungslehre aufgegeben? Nun, man muß auch ein solches Wort im Miteinander der Spannungspaare sehen, die Luther aufstellt. Neben die Aussage von der Größe des Christen tritt die von seiner Bedrohtheit durch die Sünde. Beides gehört zusammen. Derjenige, der auch im Glauben Sünder bleibt, hat doch zugleich um Christi willen schon einen durch nichts mehr verlierbaren Anteil an Gott.

Die Gemeinsamkeit des Christen mit Christus geht so weit, daß der junge Luther fordert, man dürfe den Tod nicht fürchten und ihm nicht widerstreben. Denn das Kreuzesschicksal ist dem Christen gemäß. Ihm widerfährt nicht mehr als seinem Herrn. Wer es erleidet, für den ist es ein Zeichen der Annahme durch Gott. So äußerte Luther sich in seiner Römerbriefvorlesung 1515 / 16, als sich ihm noch kein Konflikt mit Staat und Kirche abzeichnete (WA 56, 194, 9 – 13). Luther brachte diese Gedanken also nicht auf Grund eigener Erfahrungen oder eigener Befürchtungen vor. Vielmehr zeigt er sich hier im Sprachgebrauch von der Mystik her beeinflußt, in der sich ein solcher Todesenthusiasmus häufiger findet. Bei Luther scheint dieser Gedanke jedoch vorwiegend von seiner Betonung der Einheit des Christen mit Christus herzurühren. Da für ihn das Entscheidende am Leben Christi das Kreuzesgeschehen ist, rückt er es auch ins Zentrum bei der Betrachtung des Lebens des Christen.

Die Aufgabe des Menschen in der Nachfolge Christi besteht nun darin, mit Leiden, Fasten und guten Werken den Kreuzesweg seines Herrn zu beschreiten. Der junge Luther hat nicht etwa auf Grund seiner Rechtfertigungslehre den Menschen von allen Anforderungen freigesprochen. Sondern er hat auf die Askese verwiesen, durch die der Mensch in Keuschheit leben und gegen die Sünde kämpfen soll. Dem Christen, der sich aus freien Stücken entschließt, besondere Gelübde abzulegen, wie das der Mönch tut, steht das frei. Nur darf er nicht meinen, dadurch sein Heil erwerben oder das, was er übernommen hat, auch von anderen verlangen zu können. Er kann sich vielmehr in christlicher Freiheit an die besonderen Verpflichtungen binden, die er sich auferlegte. In späteren Jahren hat Luther zwar eine andere Stellung zu den Mönchsgelübden eingenommen.[17] Aber den Grundzug christlicher Existenz hat er auch dann noch wie früher geschildert. Die Sünde ist nicht hinweggenommen, sondern vergeben

Luthers Gedanke vom fröhlichen Wechsel als Frage an unsere Rechtfertigungslehre, in: Luther. Zeitschrift der Luther-Gesellschaft 35, 1964, S. 34 – 45.

[17] Bernhard Lohse, Mönchtum und Reformation. Luthers Auseinandersetzung mit dem Mönchsideal des Mittelalters (FKDG 12), Göttingen 1963.

worden. Das sei sein früheres Mißverständnis gewesen, sagt Luther in seiner Römerbriefvorlesung, daß er nicht zwischen Vergebung und Hinwegnahme der Sünde unterschieden habe (WA 56, 274, 2–11; 1515 / 16). Hinweggenommen wird die Sünde erst in Gottes Reich. Solange der Mensch lebt, lebt er aber in der Welt und geht er auf Gottes Reich zu. Deswegen ist die Wirklichkeit der Sünde unübersehbar. Aber sie ist vergeben durch Christus, auf den der Glaubende auf seinem Weg in der Nachfolge immer gewiesen ist.

Denn an Christus hat sich vollzogen, was dem Menschen gebührte: Gottes Gericht. Gottes Verdammungsspruch über die Sünde kann nicht einfach hinweggewischt werden. Auch in Christus wird er nicht etwa beseitigt, sondern seine ganze Schwere wird im Kreuzesgeschehen erst recht offenbar. Was Christus erleidet, hatte der Mensch verdient. An ihm wurde Gottes Urteil vollstreckt. Dies beides vollzieht sich an ihm: Gottes Gericht und unsere Rechtfertigung.[18] Luthers christozentrische Exegese führt also dazu, den Menschensohn bei den theologischen Aussagen in die Mitte zu stellen. Das Mysterium seiner Menschwerdung und Erlösung ist Gottes Werk (WA 3, 621, 3 f.; Dictata 1513–15). Gott allein wirkt unser Heil, bei dem sich der Mensch völlig passiv verhält. Doch würdigt Gott uns zugleich, seine „Mitarbeiter“ zu sein, von denen Luther aber im gleichen Atemzug sagt: „Wie er selbst in uns spricht, so handelt er auch alles in uns“ (WA 4, 61, 19; Dictata 1513–15).

Wie stark Luther sich von der bisherigen theologischen Tradition unterschied, wird nicht nur deutlich, wenn wir auf das achten, was er sagt – also z. B. seine Betonung Christi und seine vehemente Ablehnung der Philosophie –, sondern auch auf das, was er verschweigt. Vom Papsttum und Maria, der Mutter Jesu, spricht der junge Luther fast gar nicht. Diese beiden Gedankenkreise waren offenbar nicht problematisch für ihn. Deswegen sind sie in den Hintergrund getreten. Charakteristisch ist, daß er in jenen Jahren wenig vom „Leib Christi“, aber viel vom „Glauben Christi“ spricht. Auffällig ist auch, daß die Sakramente stark in den Hintergrund treten,[19] obwohl doch das kirchliche Leben vorwiegend von den sieben Sakramenten bestimmt war und seine Frage nach der Gerechtigkeit eng mit einem dieser Sakramente zusammenhing. Bezeichnend ist, daß als „sacramentum“ etwas ganz anderes bezeichnet wird: Christus selber.[20] Der Gottessohn wird so zur beherrschenden Gestalt seiner Theologie, daß Luther das, was sonst an den Sakramenten aufgezeigt werden mußte, an Person und Werk Christi deutlich machen konnte. Hier wird die Tiefe eines theologischen Umbruches deutlich, der zu Konsequenzen führen mußte.

Das zeigt sich auch, wenn wir die Lehre des jungen Luther von der Kirche betrachten. Auch hier gilt, daß vor allen Dingen Ehrfurcht vor Gott walten soll, die die Scholastiker vermissen lassen (WA 3, 382, 7–25; Dictata 1513–15).

[18] Brandenburg, a. a. O., S. 22.

[19] Werner Jetter, Die Taufe beim jungen Luther. Eine Untersuchung über das Werden der reformatorischen Sakraments- und Taufanschauung (BHTh 18), Tübingen 1954, S. 109 ff.

[20] Maurer, a. a. O., S. 134, und WA 4, 83, 16–22.

Gott wird die Ehre gegeben, wenn erkannt wird, daß Er allein es ist, der sein Volk sammelt. Das Haupt dieses Volkes ist Christus. Von ihm haben die Glieder seines Leibes die Kraft zum Hören und Handeln. Christus schenkt Leben und Glauben. Das könnte kein Mensch, auch nicht der Papst, meint Luther (WA 4, 715, 26–716, 6; Sermon von 1520 [?]). Indem Christus Menschen zu den Seinen macht, vermittelt er ihnen etwas Ungeheuerliches: er macht sie zu Priestern und Königen, heißt es im Anschluß an die Johannesapokalypse (5, 10) (WA 4, 224, 21 f.; Dictata 1513–15).

Der geistliche, der nicht-irdische Charakter der Kirche wird von Luther stark betont. Christi Herrschaftssphäre ist der Glaube. Sein Reich ist nicht von dieser Welt, nicht von der Art dieser Welt (WA 56, 521, 18–21; Römerbriefvorlesung 1515 / 16). Wer einen Priesterstaat auf Erden einrichten wollte, könnte sich nicht auf Christus berufen. Denn seine Kirche ist eine „geistliche Stadt", die allein von Gottes Wort und nicht von menschlicher Macht lebt (WA 4, 400, 15 – 35; Dictata 1513 – 15). Nun gibt es aber auch Ordnungen in der Kirche; z. B. werden Festtage festgelegt oder die Kleidung der Priester wird vorgeschrieben. Luther hält das für durchaus vereinbar mit dem geistlichen Wesen der Kirche. Er betont aber, daß diese Dinge nicht wesentlich sind, so daß sie verändert werden können. Besonnenheit und Liebe geben die rechten Maßstäbe her für alle Veränderungen (WA 56, 494, 1 – 17; Römerbriefvorlesung 1515/16). Vor allen Dingen soll Gottes Autorität nicht verletzt werden. Sein Wort soll gelten. Denn davon lebt die Kirche, nicht von menschlicher Klugheit und Macht. „Die Kirche Christi wird nicht durch menschliche Traditionen, sondern durch das Evangelium erbaut", heißt es in der ersten Psalmenvorlesung (WA 4, 415, 21 f.; 1513–15).

Sie ist „der Welt verborgen, Gott aber offenbar" (WA 3, 203, 23 f.; Dictata 1513 – 15), d.h. Gott allein weiß, wer zur Kirche gehört. Andererseits aber gibt es Gemeinden und die Verkündigung des Wortes, aus dem der Glaube kommt. Doch ist dabei dem menschlichen Urteil entnommen, wer wahrhaft Christ ist. Dieser Verborgenheitscharakter der Kirche ist nach Luther durchaus vereinbar mit dem Gedanken, daß die Kirche als Leib Christi ein „lebendiger Leib" sei (WA 4, 289, 2; Dictata 1513 – 15). Diese Lebendigkeit geht auf Christus zurück, der genauso wie die Seinen nicht müßig ist, sondern selber in höchstem Maße wirkt. Christus ruht nicht, sondern er lebt und handelt in den Seinen. „Nicht wir leben, reden und handeln, sondern Christus lebt, handelt und redet in uns, weil, was wir tun und sagen, von ihm selbst gewirkt wird, der im Inneren handelt und wirkt" (WA 4, 645, 31 – 33; Sermon von 1517 [?]).[21]

Das schließt nicht aus, daß es in der Kirche Menschen gibt, denen Christus besondere Aufgaben anvertraut hat. Diese Menschen sind Jünger, Nachfolger Jesu. Sie stehen nicht über ihrem Herrn. Sie sind gesandt, wie die Apostel von Christus gesandt worden waren. Die Christen schulden ihnen Gehorsam.

[21] Dabei ist es Christus nach seiner „menschlichen Natur", der die Seinen regiert (Wilhelm Maurer, Kirche und Geschichte nach Luthers Dictata super Psalterium, in: Lutherforschung heute, hrg. von Vilmos Vajta, Berlin 1958, S. 87).

Andererseits müssen diese Leute aber wissen, daß ihr Tun Dienstcharakter hat und daß ihnen eine Aufgabe auferlegt worden ist, der sie sich gehorsam unterziehen müssen. Nicht von ihnen lebt die Kirche, sondern von Christus und seinem Wort. Das gilt von allen Amtsträgern, auch von den Bischöfen und dem Papst.

Luther war bei alledem durchaus nicht der Meinung, etwas „Neues" zu sagen. Für ihn war nur das christlich, was von der Heiligen Schrift bezeugt wurde. Er warnte deswegen nachdrücklich davor, nach Besonderem zu streben, was über das hinausgehe, „was die Bibel ausdrücklich enthält und die offenbare Praxis der Kirche durchführt". Denn Christus will nicht jedem ein neues Evangelium offenbaren. Dann hätte er ja keine Kirche mehr und wäre nicht Gott! Nur Häretiker und stolze Geister wollen über das hinaus, was die Schrift sagt und sich im Leben der Gemeinden vollzieht (WA 3, 578, 14 – 37; Dictata 1513 – 15). Und Luther hat ja auch später noch nur behutsam Änderungen im Leben der Kirche, etwa in den Gottesdienstordnungen vorgenommen. Dennoch unterschied ihn sein Hinweis auf Gottes Majestät und seine Betonung der Bedeutung Christi von vielen der früheren und zeitgenössischen Theologen.

Dagegen gleichen die Aussagen des jungen Luther in vielem den Äußerungen des späteren Reformators. Jedoch ist der junge Luther noch nicht „fertig". Es steckt noch nicht seine gesamte Theologie in der ersten Psalmen- oder der Römerbriefvorlesung, wie man früher in der ersten Entdeckerfreude gemeint hatte. Besonders in der ersten Psalmenvorlesung finden sich auf Grund der vielen Aussagen, die mit Hilfe des vierfachen Schriftsinns gefunden werden, noch eine Fülle von traditionellen Aussagen. In der Ekklesiologie werden erst in der Römerbriefvorlesung Konsequenzen aus der neuen Beschäftigung mit den Fragen nach Sünde und Gnade gezogen. Das Reden des jungen Luther von der Demut des Menschen, von seiner Demütigung, hat noch nicht ganz den Werkcharakter verloren, der vom jungen Mönch gefordert worden war. Die Lehre von Gesetz und Evangelium ist noch nicht voll entwickelt. Altes und Neues Testament werden noch als „altes und neues Gesetz" unterschieden.[22] Doch stehen auch schon in der Römerbriefvorlesung Neuansätze, so wenn Luther meint, Christi Evangelium dürfe nicht in ein Gesetz verwandelt werden (WA 56, 168, 18 – 169, 26; 1515 / 16). Und es ist ja auch einleuchtend, daß bei einem solch großen Umbruch eine längere Entwicklung durchlaufen werden mußte. Das Ergebnis hat nicht schon am Anfang gestanden, sondern mußte in mühevoller Auseinandersetzung mit dem Wortlaut der Bibel und umfangreichen Kommentaren erarbeitet werden. Doch sind die christologische Ausrichtung der Theologie Luthers, die Ablehnung des guten Werkes als einer notwendigen Voraussetzung für das Heil und die Betonung des Glaubens Elemente, die der Reformator mit den Jahren nicht wieder aufgegeben hat.

Luthers Frage nach dem gnädigen Gott hat sich also nicht in einer krank- und krampfhaften Enge vollzogen. Sie ist vielmehr zum Anlaß einer umgreifenden

[22] Ebeling, a. a. O., S. 215.

Besinnung geworden. Der Ernst und die Schwere des Gerichtes werden von Luther neu erkannt: Christi Leiden und Sterben offenbaren, wie ernst es Gott mit seiner Verurteilung der Sünde meint. Aber daneben tritt das Evangelium: die Botschaft von der Gnade, die Christus erworben hat. Der Wittenberger Professor versucht, alles Menschliche auszuscheiden, das die Theologie verfälscht. Er weist darauf hin, daß der Glaubende nur zu hören hat und daß er sich nicht von der Weisheit des natürlichen Menschen verführen lassen darf.

Als Luthers 95 Thesen über die Kraft der Ablässe verbreitet wurden, war seine Theologie noch unbekannt. Nur in Wittenberg hatte sie bereits Aufsehen hervorgerufen.[23] Aber dieses Städtchen mit seiner jungen Universität lag weitab vom damaligen „Weltgeschehen".[24] Luther selber wurde von dem Echo überrascht, das seine Thesen hervorriefen,[25] die er ja zur Diskussion gestellt hatte, damit man darüber rede und Ungeklärtes kläre. Er mußte dann Rede und Antwort stehen, was er in überraschender Selbständigkeit getan hat. „Daß er nun in wenigen Jahren – zögernd und dann doch in atemberaubender Folge – Lehre und Gestalt der Kirche in kritischer Revision von Jahrhunderten angriff, ohne in den Strudel völliger Destruktion zu geraten, zeugt von der Fundierung und Tragfähigkeit der bisher errungenen theologischen Position."[26]

Zusammenfassend läßt sich sagen, daß die Theologie des jungen Luther einheitlich wie vielfältig zugleich ist. Ihre Einheit ist christologisch begründet: Von Jesus Christus gehen die theologischen Aussagen aus und auf ihn verweisen sie zurück. Diese Einheit wird nicht zur Eintönigkeit. Vielmehr wird eine umfangreiche theologische Tradition hineingenommen in den Umgang mit der Heiligen Schrift, deren Mitte Luther in Jesus Christus findet. In ihm, genauer: in Jesu Kreuz, werden Gottes unerbittliches Gericht wie auch seine zwingende Barmherzigkeit offenbart. Die Rechtfertigung des Menschen wird zu einem göttlichen Werk. Das Leben des Christen erhält neue Aspekte und neue Impulse. Bei allem aber muß Gottes Gottheit beherrschend bleiben. Sie erscheint ihm durch die leichtfertige Gewährung der Sündenvergebung im Ablaßhandel bedroht, weil die Menschen hier verleitet werden, nicht Buße zu tun, sondern sich eine Vergebung zu erkaufen. Dadurch wird der „wahre Schatz der Kirche" verborgen, welcher „ist das heilige Evangelium von der Herrlichkeit und Gnade Gottes". Dieser Schatz ist jetzt „sehr verhaßt. Denn er macht, daß die Ersten die Letzten werden. Der Ablaßschatz aber ist billigerweise der allerangenehmste. Denn er macht aus den Letzten die Ersten". Aber nur durch das Evangelium werden Menschen gewonnen. Durch die Ablässe kommt man nur

[23] Karl Bauer, Die Wittenberger Universitätstheologie und die Anfänge der Deutschen Reformation, Tübingen 1928, S. 44ff.

[24] Gerhard Müller, Die Reformation als Epoche europäischer Geschichte, in: Jahrbuch des Marburger Universitätsbundes 1, 1962, S. 14f.

[25] Hans Volz, Martin Luthers Thesenanschlag und dessen Vorgeschichte, Weimar 1959, S. 46ff., und neuerdings Klemens Honselmann, Die Veröffentlichung der Ablaßthesen Martin Luthers 1517, in: ThGl 55, 1965, S. 22f.

[26] Gerhard Ebeling in: RGG, 3. Aufl., 4. Bd., Sp. 502.

an das Geld der Menschen (WA 1, 236, 22 – 30; 95 Thesen 1517). Luther greift damit ein heißes Eisen auf, das sich schon öfter als ein Politikum erwiesen hatte. Aber seine theologischen Erkenntnisse und Fragen veranlassen ihn, sich zu äußern und Auswüchse zu bekämpfen, damit „Gottes Gnade und die Gottseligkeit des Kreuzes" (WA 1, 236, 33; 95 Thesen 1517) wieder den ihr gebührenden Platz erhalten. Damit wurde eine Bewegung ausgelöst, deren Tragweite nicht abzusehen war und deren Folgen noch immer unübersehbar sind.

Ekklesiologie und Kirchenkritik beim jungen Luther

In der bisherigen Forschung ist vorwiegend Luthers Lehre von der Kirche behandelt worden, während seine Stellungnahmen zu Vorkommnissen in der Kirche, die sich in seinen frühen Vorlesungen und Predigten finden, kaum beachtet worden sind.[1] Es dürfte aber notwendig sein, den Zusammenhang von Ekklesiologie und Kirchenkritik, von theologischer Erkenntnis und Vorschlägen zur Reform der Kirche, beim jungen Luther — womit hier die Zeit bis zum Beginn des Ablaßstreites, bis Anfang 1518, verstanden sein soll — zu untersuchen.[2] Ist doch erst kürzlich in Ernst Bizers gewichtiger Studie »Fides ex auditu«[3] darauf hingewiesen worden, daß Luther im Ablaßstreit anfangs keine Schriftstelle zu nennen gewußt habe, durch die die strafende göttliche Gerechtigkeit eindeutig ausgeschlossen worden wäre. Luthers Hauptargument sei gewesen, seine Gegner könnten »diese Lehre in der Schrift nicht nachweisen«.[4] Damit ist jenes Verständnis des jungen Luther in Frage gestellt, das seit Karl Bauer zur communis opinio zu werden schien: daß Luther auf Grund seiner Erkenntnisse als »doctor biblicus« zum Reformator geworden sei. Die Hermeneutik sei es gewesen, die Luther zum Kern der Schrift geführt habe und die ihn im Ablaßstreit Kritik an der Kirche habe üben lassen.[5] Läßt sich diese Interpretation aufrecht erhalten, wenn Luther gegen den Ablaß auftrat, ohne eine rechte biblische Begründung für eine wesentliche Frage geben zu können? Nach Bizer hat Luther erst »in dem Augsburger Gespräch mit Cajetan ... den Schriftbeweis (gegen eine strafende Gerechtigkeit Gottes) gefunden und dem Kardinal vorgetragen«.[6] Das erste »reformatorische« Auftreten Luthers in der Öffentlichkeit wäre dann erfolgt, ohne daß es von der Bibel her völlig begründet gewesen wäre. Der doctor

---

1 Vgl. z. B. die kurzen Bemerkungen bei Holsten Fagerberg, Die Kirche in Luthers Psalmenvorlesungen 1513—1515, in: Gedenkschrift für D. Werner Elert, Berlin 1955, S. 114. Lediglich Wilhelm Maurer ist auch auf Luthers Kirchenkritik ausführlicher eingegangen: Kirche und Geschichte nach Luthers Dictata super Psalterium, in: Luther-Forschung heute, Berlin 1958, S. 93 ff.

2 Es wird hier methodisch ähnlich vorgegangen wie es Wilhelm Maurer getan hat, der den Zusammenhang der wissenschaftlich-exegetischen Arbeit Luthers mit seinen für einen breiteren Leserkreis bestimmten volkstümlichen Schriften für die Jahre 1520/21 analysiert hat: Von der Freiheit eines Christenmenschen. Zwei Untersuchungen zu Luthers Reformationsschriften 1520/21, Göttingen 1949.

3 Eine Untersuchung über die Entdeckung der Gerechtigkeit Gottes durch Martin Luther, 2. Aufl. Neukirchen 1961.

4 Vgl. ebd. S. 101 und 104.

5 Karl Bauer, Die Wittenberger Universitätstheologie und die Anfänge der Deutschen Reformation, Tübingen 1928, S. 16 f. und 44.

6 Bizer a.a.O. S. 174; vgl. auch ebd. S. 123: Erst in den Acta Augustana lasse sich erkennen, daß Luther »eine exegetische Grundlage gefunden hat, die er ›ohne alle Skrupel‹ behaupten kann.«

in bibliis hätte Anstoß genommen an der Ablaßpraxis seiner Zeit und hätte erst in der Diskussion über dieses Problem ein theologisch tragfestes Fundament nachgeliefert.[7] Zugespitzt formuliert: kam Luther von der Reform zur Theologie oder von der Theologie zur Reformation?

Die Frage, ob ein Zusammenhang von wissenschaftlicher Arbeit und praktisch-kirchlichen Aussagen beim jungen Luther vor 1518 besteht, mag vor diesem Hintergrund gesehen werden. Im Unterschied zur bisherigen Forschung sollen dafür aber nicht nur die Dictata super Psalterium und die Römerbriefvorlesung untersucht werden, sondern auch die Exegesen des Galater- und des Hebräerbriefes sowie die kleineren Schriften und die weithin vernachlässigten Predigten des jungen Luther. Dabei sollen die Quellen selber so weit wie möglich zu Wort kommen.

I.

Die neuere Forschung über Luthers Ekklesiologie in seiner ersten Psalmenvorlesung (gehalten von 1513—1515) ist von Karl Holls bahnbrechendem Aufsatz »Die Entstehung von Luthers Kirchenbegriff« ausgegangen.[8] Sie hat festgestellt, daß Luther in dieser, seiner ersten großen Vorlesung doch stärker in traditionellen Bahnen geht, als Holl gemeint hatte.[9] Manches, was »reformatorisch« geklungen hatte, erwies sich als augustinisch. Besonders auf die Frage nach der »unsichtbaren Kirche« hat man das Augenmerk gerichtet. Holsten Fagerberg hat gemeint, Luther ziehe eigentlich die Vokabel »absconditus« vor, die als »unergründlich« im Sinne von 1. Korinther 2, 7—15 zu verstehen sei.[10] Unabhängig davon hat Hans Joachim Iwand die These vertreten, die Unsichtbarkeit der Kirche in Luthers erster Psalmenvorlesung sei noch von dem augustinisch-areopagitischen Schema abhängig, demzufolge »das wahre Sein der Dinge den Sinnen verborgen und nur intelligibel einsichtig« sei.[11] Während Holl der Meinung war, die Ekklesiologie Luthers in den Dictata sei diejenige, die »Luther zeitlebens vertreten« habe,[12] erklärt Iwand, die

[7] Auch auf Luthers Doktoreid kann nicht mehr verwiesen werden, als sei der Wittenberger Professor dadurch gehalten gewesen, »das Wort Gottes ans Licht zu bringen, wie es in der Bibel geschrieben stand« (Karl Bauer, Die Genesis der Wittenberger Reformation 1512—1521, in: Theologische Blätter 8, 1929, Sp. 122). Denn Siegfried Freiherr von Scheurl hat jüngst nachgewiesen, daß Luther bei seiner Promotion nicht der Heiligen Schrift, sondern der römischen Kirche Gehorsam geschworen hat (Martin Luthers Doktoreid, in: Zeitschrift für bayerische Kirchengeschichte 32, 1963, S. 46—52).

[8] Karl Holl, Gesammelte Aufsätze zur Kirchengeschichte Bd. 1: Luther, 2. und 3. Aufl. Tübingen 1923, S. 288 ff.

[9] Wilhelm Wagner, Die Kirche als Corpus Christi mysticum beim jungen Luther, in: Zeitschrift für katholische Theologie 61, 1937, S. 29 ff.

[10] Fagerberg a.a.O. S. 115—117.

[11] Hans Joachim Iwand, Zur Entstehung von Luthers Kirchenbegriff. Ein kritischer Beitrag zu dem gleichnamigen Aufsatz von Karl Holl, in: Festschrift für Günther Dehn, Neukirchen 1957, S. 151 f. Gesperrt von Iwand.

[12] Holl a.a.O. S. 298 f. Gordon Rupp, Luther and the Doctrine of the Church, in: Scottish Journal of Theology 9, 1956, S. 384 ff., pflichtete Holl bei und wandte sich

Unsichtbarkeit der Kirche, von der der Reformator in den Entscheidungsjahren um 1520 spreche, sei eine andere: »Aus dem Et-Et von unsichtbarer und sichtbarer Kirche, das sich dank des metaphysischen Verständnisses von invisibilitas das ganze Mittelalter über halten konnte, wird, zum mindesten für die Jahre der Entscheidung, ein Aut-Aut.«[13] Iwand erweist auch — ohne sich direkt dazu zu äußern —, daß Holls These unhaltbar ist, Luthers Kirchenbegriff in den Dictata sei von seiner Rechtfertigungslehre abhängig.[14] Nach Iwand ist Luther nämlich bis 1515 »der Begriff justitia noch innerlich fremd« gewesen.[15] Erst im Verlauf der ersten Psalmenvorlesung habe Römer 1,17 allmählich Hebräer 11,1 in den Hintergrund gedrängt. »Die Frage nach der justitia Dei verdrängt die andere vorreformatorische von ›Glauben und Verstehen‹«.[16]

Die Diskrepanzen der Forschung umging Wilhelm Maurer, als er in seinem Vortrag auf dem Luther-Forschungskongreß in Aarhus 1956 »Kirche und Geschichte nach Luthers Dictata super Psalterium« nicht nach dem Kirchenbegriff oder Funktionen der Kirche fragte, sondern deren Ausgangspunkt, Ziel und Bewegung analysierend-deskriptiv nachging.[17] Er konnte feststellen, daß in der ersten Psalmenvorlesung nicht Luthers Rechtfertigungslehre, sondern seine Christologie mit den Aussagen über

---

gegen Hubert Jedin, der die Jahre 1517—20 als für die Entwicklung von Luthers Kirchenbegriff entscheidend bezeichnet hatte (Zur Entwicklung des Kirchenbegriffs im 16. Jahrhundert, in: Relazioni del X Congresso Internazionale di Scienze storiche Bd. 4, Biblioteca Storica Sansoni N.S. 25, Florenz 1955, S. 65).

[13] Iwand a.a.O. S. 155. Zum Kirchenbegriff Luthers um 1520 vgl. auch Karl Gerhard Steck, Ecclesia — creatura verbi, in: Joachim Beckmann, Karl Gerhard Steck, Fritz Viering, Von Einheit und Wesen der Kirche, Göttingen 1960, S. 40 ff. Vorwiegend die späteren Schriften Luthers hat Günter Jacob behandelt: Luthers Kirchenbegriff, in: Zeitschrift für Theologie und Kirche N. F. 15, 1934, S. 16 ff., während Paul Althaus dem Thema: »Martin Luther über die Autorität der Kirche« eine Untersuchung gewidmet hat, in der ebenfalls hauptsächlich der ältere Luther zu Wort kommt, in: Stat crux dum volvitur orbis. Eine Festschrift für Landesbischof D. Hanns Lilje, Berlin 1959, S. 98 ff. »Die Kirche in lutherischer Sicht« wurde von Walther von Loewenich dargestellt, der Abgrenzungen zur römisch-katholischen und zur sektiererischen Ekklesiologie vornahm und die Abhängigkeit des lutherischen Verständnisses von Kirche von der Rechtfertigungslehre betonte, in: Von Augustin zu Luther. Beiträge zur Kirchengeschichte, Witten 1959, S. 191 ff.

[14] Holl a.a.O. S. 300. Auch August Wilhelm Dieckhoff, Die Stellung Luthers zur Kirche und ihrer Reformation in der Zeit vor dem Ablaßstreit, Rostock 1883, dessen Studie »nicht tief genug« eindringt (Holl a.a.O. S. 289 Anm. 1), war der Meinung, Luthers Ekklesiologie in den Dictata stehe »bereits auf dem neuen Boden der evangelischen Lehre von der Glaubens-Gerechtigkeit, welche schon damals die Seele der Lehre Luthers war« (S. 5). Ulrich Mauser dagegen äußerte in seiner Diss. Bedenken gegen diese These (Der Häresiebegriff des jungen Luther, Diss. Tübingen 1956/57, Masch.-schrift, S. 173 Anm. 225).

[15] Iwand a.a.O. S. 149.

[16] Ebd. S. 153 Anm. 18.

[17] Maurer, Kirche und Geschichte S. 85.

die Kirche zusammengehören.[18] Damit hatte er nicht nur unabhängig von Iwand sich ebenfalls von dieser These Holls distanziert, sondern gleichzeitig auch eine positive Verankerung der Ekklesiologie des jungen Luther gegeben. Maurer konnte außerdem nachweisen, daß der größte Teil der ekklesiologischen Ausführungen des jungen Wittenberger Professors auf die theologische Tradition zurückgeht und nicht etwa »lutherisches Sondergut« darstellt. Dennoch stoße man bei Luthers »Betonung des Wortes und seiner konstitutiven Bedeutung für die Kirche ... auf eine Tiefenschicht, die die neuen Erkenntnisse keimhaft in sich trägt.«[19]

Die Schwierigkeit, vor der die Erfassung der *ekklesiologischen Aussagen in den Dictata* zunächst einmal steht, ist äußerer Art: Luther spricht an ungezählten Stellen über die Kirche, da er das exegetische Schema des vierfachen Schriftsinns anwendet,[20] bei dem er die Allegorese — der Tradition gemäß — auf die Kirche bezieht.[21] Er gebraucht die traditionellen biblischen Bilder von der Kirche[22] und betont ihre besondere Würde.[23] Als »die neue Kreatur Gottes«, und zwar als ein Werk »der Hände Gottes« wird sie bezeichnet (W 3, 154, 26 f.), d. h. sie geht direkt auf Gott selber zurück.[24] Daß es nur eine einzige Kirche gibt, deren Herr Christus ist

[18] Ebd. S. 100. Über Luthers Christologie vgl. auch Wilhelm Maurer, Die Einheit der Theologie Luthers, in: Theologische Literaturzeitung 75, 1950, Sp. 245 ff., Bernhard Lohse, Luthers Christologie im Ablaßstreit, in: Luther-Jahrbuch 1960, S. 51 ff. und Gerhard Müller, Luthers Christusverständnis, in: Jesus Christus. Das Christusverständnis im Wandel der Zeiten (Marburger Theologische Studien Bd. 1), Marburg 1963, S. 41 ff. Axel Gyllenkrok spricht von einer »Christologisierung« beim jungen Luther (Rechtfertigung und Heiligung in der frühen evangelischen Theologie Luthers, Acta Universitatis Upsaliensis 1952, 2, Uppsala 1952, S. 13 f.). Das wird aber der Vielschichtigkeit des theologischen Denkens Luthers nicht gerecht und vergröbert die richtige Erkenntnis von der Wichtigkeit der Christologie für Luthers Theologie.

[19] Maurer, Kirche und Geschichte S. 98.

[20] Über den »vierfachen Schriftsinn und seine Probleme« vgl. zuletzt Hans Martin Müller, Die Heilsgeschichte in der Theologie des jungen Luther, Diss. Erlangen 1956, S. 6 ff. (Masch.schrift).

[21] Luther hat auch an Stellen Bezüge auf die Kirche gefunden, die vor ihm anders interpretiert worden waren (Ernst Kohlmeyer, Die Bedeutung der Kirche für Luther, in: Zeitschrift für Kirchengeschichte 74, 1928, S. 469 und Wagner a.a.O. S. 39 f.). Wenn die jetzt begonnene Neuedition der Dictata in der Weimarer Ausgabe beendet sein wird (W 55), wird man auch in dieser Frage über Luthers Abhängigkeit und Unterschiede gegenüber der Tradition klarer sehen. In den beiden schon vorliegenden Faszikeln zeigt Luther eine recht große Unabhängigkeit von den älteren Exegeten.

[22] Vgl. Fagerberg a.a.O. S. 111.

[23] Vgl. z. B. W 3, 166, 23 f.: Die Kirche ist auf einen Felsen gegründet und von Engeln umgeben. Dieser Fels ist die »fides Christi«: »tota Ecclesia ponitur supra firmam petram (id est super fidem Christi)« (W 3, 651, 3 f.). Durch diesen Felsen hat die Kirche Ruhe und Festigkeit, während die Juden zerstreut wie Staub sind (W 55, II, 1, 32, 12—17 bzw. W 3, 29, 4—8).

[24] Luther spricht im Unterschied dazu von den »Werken Gottes«, die Gott von uns getan haben will, vgl. Martin Seils, Der Gedanke vom Zusammenwirken Gottes und des Menschen in Luthers Theologie (Beiträge zur Förderung christlicher Theologie Bd. 50), Gütersloh 1962, S. 41 f.

(W 3, 120, 13 f.), ist nahezu selbstverständlich, so daß es kaum betont wird.[25] Diese Kirche ist ausgebreitet bis an die Enden der Erde (W 3, 350, 33).[26] Sie wird groß genannt wegen ihrer geistlichen Größe (W 3, 194, 34—36). Als die Kirche Christi, als das geistliche Haus (W 4, 247, 24), ist sie Siegerin. Selbst die Pforten der Hölle vermögen sie nicht zu überwinden, wie Luther im Anschluß an Matthäus 16, 18 sagt (W 3, 568, 1). *Coram Deo* ist die Kirche »Bekenntnis und Pracht, Herrlichkeit und Zierde« (W 4, 242, 19 f.).

Dem steht das Bild entgegen, das die Kirche *coram mundo* abgibt. In den Augen der Menschen, die sich selbst für weise halten, ist die Kirche schwach und töricht (W 4, 78, 4 f.).[27] Sie ist nämlich arm und machtlos in der Welt (W 4, 73, 11 f.). Luther bezieht Jesaja 54, 6 auf die Kirche, wo es heißt: »Der Herr hat dich zu sich gerufen wie ein verlassenes und von Herzen betrübtes Weib, wie ein junges Weib, das verstoßen ist.« Dieses Wort habe — so Luther — Christus selber über seine Kirche gesprochen (W 3, 361, 4—6). Diese verlassene und betrübte Kirche, die keine äußere Schönheit hat (W 4, 113, 32—34), ist vor der Welt ein Schimpf der Menschen (W 4, 242, 19 f.). Das liegt daran, daß ihre Schätze im Verborgenen liegen (W 3, 184, 1—7). Die gesamte Struktur der Kirche ist unsichtbar (W 4, 81, 13). Die Gottheit selber versteckt sich in ihr (W 3, 387, 20f.).[28] Neben ihr existieren Häresien, die vorhanden sein müssen, wie Luther mit Paulus sagt,[29] damit ihre Rechtschaffenheit im Unterschied zum Verhalten der Treulosen offenbar wird (W 4, 394, 35—395, 5). *Die Kirche hat* also *ein doppeltes Gesicht.* In den Augen der Welt sieht sie anders aus als vor Gott. Gott erhält ihr auch nur die geistlichen Gaben, die er ihr verliehen hat. Für weltliche Dinge hat er ihr dagegen keine Verheißung gegeben. Deswegen können dieselben ihr genommen werden, während die geistlichen Güter des Glaubens unüberwindliche und ewige sind (W 3, 150, 31—151, 4).

Diese geistlichen Gaben Gottes, die die Welt nicht kennt oder nicht wertet, machen Wert und Würde der Kirche aus. Der Tradition gemäß kann Luther sagen: »Extra ... Ecclesiam non est cognitio vera Dei« (W 3, 268, 37 f.).[30] Aber er läßt zugleich auch keinen Zweifel daran, daß die *irdische Kirche noch nicht am Ziel* ist. Sie ist »geringer als die triumphierende Kirche« des Himmels (W 3, 242, 16 f.). Sie ist nur ein Zeichen,

---

[25] Vgl. z. B. W 4, 289, 25 f.

[26] Vgl. auch W 3, 138, 23 f.: »Ecclesia diffusa est per omnes gentes.«

[27] Vgl. auch W 4, 77, 2.

[28] Auch der Glaube und die Menschheit Christi sind Verstecke der Gottheit (W 3, 387, 20—22).

[29] Zu der Auslegung von 1. Korinther 11, 19 im Mittelalter vgl. Herbert Grundmann, Oportet et haereses esse. Das Problem der Ketzerei im Spiegel der mittelalterlichen Bibelexegese, in: Archiv für Kulturgeschichte 45, 1963, S. 129—164.

[30] Vgl. auch W 4, 239, 21: »extra ... Ecclesiam nulla potest deo placere confessio«, W 4, 266, 12 f. und Fagerberg a.a.O. S. 114.

eine »figura", ein »verborgenes und völlig treues Zeugnis ihrer selbst. Quia in enygmate est, quod futura est in specie: in signo est, quod futura est in re: in absconso est, quod futura est in manifesto: in fide est, quod futura est in visione: in testimonio est, quod futura est in exhibitione: in promisso est, quod futura est in impletione« (W 4, 402, 27—33).[31]

Zu den *Unterschieden zwischen kämpfender und triumphierender Kirche* gehört auch die Teilhabe an der irdischen Kirche numero et merito bzw. numero sine merito, wie Luther mit Augustin formuliert.[32] Es gibt nämlich Menschen, die durch die Taufe zwar zur Kirche auf Erden gehören und die Luther »credentes« nennen kann, die aber nicht ihrem Glauben gemäß leben (W 55, II, 1, 93, 24 f. bzw. W 3, 68, 9 f.). Das sind die Sünder, die ihrem Herrn nicht gehorsam sind (W 55, II, 1, 103, 11 f. bzw. W 3, 83, 6 f.). Diese Leute sind nur Gäste in der Kirche, d. h., nur dem Körper nach gehören sie zu ihr, der vergeht, nicht der Seele nach, die bleibt (W 4, 24, 35—37). Daraus zieht Luther aber nicht etwa die Folgerung, die Sünder, die Gäste in der Kirche, aus dem Haus zu entfernen. Er lehnt vielmehr die Bildung einer »reinen Gemeinde« ausdrücklich ab, in der keine »peccatores« wären. Nach seiner Meinung ist es geistlicher Hochmut, der eine Trennung von der kämpfenden Kirche nahelegt (W 3, 325, 36—38). Man kann nicht, wie die Häretiker, nur das »concilium justorum« verwirklichen wollen auf Erden. Man muß schon mit der »congregatio justorum et injustorum« vorlieb nehmen. Wer das nicht will, würde weder die Gemeinde der Sündlosen verwirklichen können, noch Anteil am corpus mixtum von Gerechten und Ungerechten behalten (W 4, 239, 17—30).

Diese so zusammengesetzte *Kirche Jesu Christi* ist *»der Welt verborgen, Gott aber offenbar«* (W 3, 203, 23 f.). Diese Aussage ist häufig erörtert worden. Man wird dabei, was bisher nicht geschehen ist, beachten müssen, daß der junge Luther — soweit ich sehe —, die Adjektive invisibilis, absconditus und ähnliche nicht als Attribute mit ecclesia verbindet, sondern als Prädikatsnomen.[33] Man verändert deswegen Luthers Verständnis von Kirche, wenn man das Verborgensein ein »Attribut« der

---

[31] Vgl. auch W 3, 608, 28: »Ecclesia quoque est umbra future Ecclesie, sicut litera fuit umbra fidei.« Den Unterschied zwischen kämpfender und triumphierender Kirche findet Luther auch in Psalm 121 (122), 5 wieder, wo von »Sitzen« gesprochen wird, aber nicht von »Sitzenden«. Daraus folgert er, in der Kirche gebe es nur »Sitze«. Auf ihnen throne Christus selber, »verborgen durch den Glauben und im Glauben, und dennoch sitzt er auf ihnen und ist gegenwärtig, ja er ist der allergegenwärtigste, da es seine Sitze sind.« Er sei zwar nicht körperlich anwesend, nur seine Stellvertreter seien sichtbar da. Aber in der triumphierenden Kirche werde er allein thronen (W 4, 403, 31 — 404, 5). Die Hoffnung ist es, die jetzt die irdische Kirche mit der himmlischen verbindet (W 3, 642, 23 f.).

[32] Fagerberg a.a.O. S. 114.

[33] Hierauf hat Pfarrer Waldemar Immel vor der Theologischen Kammer der Evangelischen Landeskirche von Kurhessen-Waldeck hingewiesen; vgl. z. B. die Stellen, die Holl a.a.O. S. 296 Anm. 3 angibt.

Kirche nennt.[34] Denn dadurch entstehen faktisch zwei Kirchen. Wer von einer unsichtbaren Kirche redet, kommt nämlich nicht umhin, auch von einer sichtbaren zu sprechen. Beide können aber nur mit Mühe miteinander verbunden werden.[35] Luther hat aber die Verborgenheit nicht zum Attribut, sondern zum Prädikat der Kirche gemacht. Damit bringt er ihren geistlichen Charakter zum Ausdruck. Sub specie mundi ist die Kirche nämlich unsichtbar, weil die Welt nicht Geist, sondern Fleisch ist. Sub specie Dei und auch sub specie fidelis ist diese eine Kirche dagegen unverborgen, weil Gott und die Gläubigen Geist sind.[36] Luther sagt, die Kirche sei erkennbar »per fidem« (W 4, 189, 17). Wo also Glaube ist, da wird die Kirche als Leib Christi, als in der Welt, aber nicht von der Welt erfaßt. Es kann deswegen nicht genügen, wenn »die geistliche Kirche« als »ecclesia abscondita« der »sanctorum congregatio seu Ecclesia manifesta« entgegengestellt wird.[37] Denn auch die Versammlung der Christen vollzieht sich im Glauben und im Geist, die aber von der Welt nicht erfaßbar sind.[38] Vielmehr hängt die Verborgenheit der Kirche mit der Verbergung Gottes im Fleisch zusammen (W 4, 7, 1 f.), der sich jetzt auch in der Kirche verbirgt (W 3, 124, 36).[39] Luther macht mit dieser Aussage also auf die *Unweltlichkeit der einen Kirche* Jesu Christi aufmerksam, der er auch in seinen Ausführungen über *Christus und die Kirche* nachgeht.

Luther kommt zu einer Fülle von Aussagen über Christus, weil er, wie es Nikolaus von Lyra eingeführt hatte, den Literalsinn der Psalmen prophetisch »de Christo« interpretiert.[40] Er erklärt, von dem Gottessohn hänge die Kirche ganz und gar ab. Beide haben dieselbe Stimme, »weil sie ein Fleisch und ein Geist sind« (W 3, 142, 27 f.).[41] In der Kirche wird

---

[34] Vgl. z. B. Fagerberg S. 116.

[35] Vgl. z. B. Holl a.a.O. S. 304 f. Auch Ernst Kinder hat kürzlich betont, daß Luther nicht an zwei Kirchen gedacht habe. (Evangelische Katholizität. Über den ökumenischen Horizont in Luthers Kirchenauffassung, in: Luther. Zeitschrift der Luther-Gesellschaft 35, 1964, S. 26.)

[36] Vgl. hierzu auch Gerhard Ebeling, Die Anfänge von Luthers Hermeneutik, in: Zeitschrift für Theologie und Kirche 48, 1951, S. 172—230 und Ernst Kinder, Der evangelische Glaube und die Kirche. Grundzüge des evangelisch-lutherischen Kirchenverständnisses, Berlin 1958, S. 93 ff.

[37] Johannes Heckel, Initia iuris ecclesiastici Protestantium (Sitzungsberichte der Bayerischen Akademie der Wissenschaften, phil.-hist. Kl. Jg. 1949, H. 5), München 1950, S. 15.

[38] W 3, 150, 27: »›Absconditum‹ ... Ecclesie est ipsa fides seu spiritus.« Luther erklärt auch, die Verborgenheit der Christen dürfe nicht fleischlich verstanden werden. Davon werde gesprochen, weil es hier um den inneren, den verborgenen Menschen gehe, der sich dem Leben, den Sitten und dem Wandel der Welt entziehe (W 3, 150, 16—21).

[39] Vgl. auch W 3, 403, 39 f.: »Ecclesia, in qua latet Christus.«

[40] Gerhard Ebeling, Luthers Psalterdruck vom Jahre 1513, in: Zeitschrift für Theologie und Kirche 50, 1953, S. 92 ff. und W 4, 379, 35 f.

[41] Auch in diesem Zusammenhang betont Luther die Singularität der Kirche. Im Anschluß an Hohelied 6,8: »*Eine* ist meine Taube, meine Fromme, *eine* ist ihrer Mutter die Liebste ...«, erklärt er: »Non ... duas Ecclesias habet Christus. Una est columba eius« (W 4, 406, 20 f.).

Christus geistlich geboren, wie auch das Volk des Glaubens aus Christus geboren wird (W 4, 3, 19 f.). Luther verweist darauf, daß es der Gottessohn ist, der die Seinen in das neue Leben, vom Gesetz in die Gnade, von der Synagoge in die Kirche hinüberführt (W 3, 613, 37 f.).[42] Christus ist »der Samariter« (W 4, 398, 1), der in einem unlösbaren Zusammenhang mit dem einzelnen Christen[43] wie auch mit der gesamten Kirche steht.[44]

Die Einheit Christi mit seiner Kirche ist auch aus dem Grund wichtig, weil die Christen »in der Kirche mit *Gottes Wort* oder der Schrift geweidet werden« (W 3, 139, 18 f.).[45] Nun öffnet aber allein Christus die Schrift (W 55, I, 1, 2, 9—12 bzw. W 3, 11, 14—16),[46] die ohne ihn ein Abgrund ist (W 4, 113, 24). Darum kann Luther erklären: »Deswegen dürfen wir bei ihrer Durchforschung keinesfalls unserem Intellekt vertrauen, sondern müssen uns erniedrigen und beten, ... denn nur den Niedrigen und Demütigen wird sie gegeben« (W 3, 517, 1—3).[47] Die Kirche wäre nicht ohne die Heilige Schrift,[48] denn wie Christus aus der Jungfrau hervorging, so kommen die göttliche Wahrheit und die Kirche aus der Bibel (W 3, 454, 24 f.). Und die Kirche bleibt auch nur durch das Wort.[49] Denn es ist das gepredigte Wort des Geistes, das Leben hervorbringt und das nicht ohne Frucht zu schaffen verkündigt wird, wie Luther schon jetzt formuliert (W 3, 258, 38).[50] Dabei bleibt *der Christ an die Kirche gewiesen*. Denn sie verkündigt das Evangelium, das man nicht nur

---

[42] Luther hat Christus trotz dieser Betonung doch deutlich Gott untergeordnet: Aus Gott haben sowohl Christus wie die Kirche ihre Kraft. Aber Gott hat sie nur aus sich selbst (W 3, 120, 25 f.).

[43] Über »Christus und die Christen«, worauf hier nicht eingegangen werden kann, vgl. Müller a.a.O. S. 52 ff.

[44] Daß bei der Verbindung Christi mit der Kirche und den Gläubigen an die menschliche Natur Christi gedacht ist, hat Maurer betont (Kirche und Geschichte S. 86; vgl. auch W 4, 406, 26 f.).

[45] Psalm 109 (110), 3: »Ex utero genui te« erklärt Luther mit den Worten: »›Ex utero‹, scilicet scripture, ›genui te‹« (W 4, 234, 13); vgl. auch W 3, 261, 13—16 und Maurer, Kirche und Geschichte S. 98. Wagner stellte fest, daß Luthers exegetische Vorlagen als »uterus Ecclesiae« die Taufe oder Taufe und Belehrung, aber nicht die Bibel allein angeben (a.a.O. S. 73). Auch hier wird die besondere Bedeutung des Gotteswortes für die Theologie des jungen Luther deutlich.

[46] Luther kann auch sagen, die Bibel spreche in der Hauptsache von Christus: »sicut Christus caput est Ecclesie, ita Scriptura quoque in capite, id est ante omnes, de ipso loquitur« (W 4, 379, 38 — 380, 1).

[47] Luther meint auch, wer das Gesetz des Herrn meditiere, werde durch es in Kürze belehrt, viel schneller, als menschlicher Eifer sich etwas anzueignen vermöge (W 55, II, 1, 16, 2—7 bzw. W 3, 22, 4—9).

[48] Die Bibel kann deswegen als ein kostbares Gut hingestellt werden: was den Schafen die Weide, den Menschen die Gebäude, den Vögeln die Nester etc., das ist den gläubigen Seelen die Heilige Schrift (W 3, 640, 31—33).

[49] Wolfgang Höhne formuliert: »Die Kontinuität der Kirche ist durch die Kontinuität des Wortes begründet« (Luthers Anschauungen über die Kontinuität der Kirche, Arbeiten zur Geschichte und Theologie des Luthertums Bd. 12, Berlin 1963, S. 16).

[50] Vgl. auch Holl a.a.O. S. 297.

spiritualistisch »innen« hören soll, »sondern auch demütig außen mit den Ohren, damit der Dienst der Kirche nicht verachtet wird« (W 3, 248, 17 f.). Und die Kirche muß sich ihrerseits dem Wort unterordnen,[51] das zugleich »Kreuz und Leben, Frieden und Krieg, Gutes und Böses, Armut und Reichtum auferlegt« (W 3, 516, 19 f.).[52]

Gottes Wort ist nämlich keine formale Größe. Luther betont, daß es *»das Beste«* sei, *den Geist vom Buchstaben zu unterscheiden.* Erst das mache in Wahrheit einen zum Theologen![53] Nicht Gesetz und Evangelium, wie es später heißt, sondern spiritus und litera müssen auseinandergehalten werden, wenn Theologie recht betrieben werden soll. Luther erklärt, daß die Zweifel und Meinungen eines einzelnen Menschen nicht durch Christi Autorität bestätigt werden. Sein Wort wird nicht verändert. Denn wenn das einträte, »was würde geschehen? Du hättest keine Kirche, du wärest dann nicht Gott. Aber nun bist du Gott, der du dich nicht wandelst«.[54] Im Grunde gehe es — so formuliert Luther im Anschluß an Augustin — in der Heiligen Schrift nur um zweierlei: 1., daß wir Gottes Macht fürchten und 2., daß wir seine Barmherzigkeit lieben. Beides müsse gleichermaßen nebeneinanderstehen, keines dürfe ohne das andere sein (W 3, 354, 32—35).

Diese biblische Botschaft wird von den *Amtsträgern der Kirche* verkündigt, die im Grunde nur *als Prediger* und kaum als Verwalter der Sakramente *verstanden* werden.[55] Luther betont, daß es nur der Kirche zukomme, die Wege Christi zu lehren (W 3, 286, 27 f.). Denn »Gott hat den Geist des Gesetzes nicht in Buchstaben auf Papier gelegt, auf welche die Häretiker vertrauen, sondern in Menschen, die Ämtern und Diensten vorgesetzt sind, daß er aus ihrem Mund gesucht wird« (W 3, 579, 1—4).[56]

---

[51] Höhne spricht a.a.O. S. 53 von einer »Subordination der Kirche unter das Wort«.

[52] Luther sagt: »Crux ... Christi ubique in Scripturis occurrit« (W 3, 63, 1 f.).

[53] W 55, I, 1, 4, 25 f. bzw. W 3, 12, 2 f.: »in Scripturis sanctis optimum est Spiritum a litera discernere, hoc enim facit vero theologum.« Vgl. auch Gerhard Müller, Die Einheit der Theologie des jungen Luther, in: Reformatio und Confessio. Festschrift für D. Wilhelm Maurer zum 65. Geburtstag, Berlin 1965, S. 37—51.

[54] »Si enim tu cuilibet novum euangelium deberes statuere et uniuscuiusque tentationi et scrupulo satisfacere atque sic satisfacere, ut scrupulus et opinio illius auctoritate tua confirmetur tuum autem verbum mutetur ad votum cuiuslibet in illud offendentis: quid fieret? Nullam Ecclesiam haberes, tunc vere non esses deus. At nunc tu deus, qui non mutaris.« Luther fährt dann fort: »Et illi potius non populus tuus: qui debent et nolunt mutari in sensu suo et consentire adversario suo: ideoque schandalisati in verbo tuo et manna nauseosi dicunt male de te« (W 3, 578, 25—32).

[55] Wagner sagt mit Recht, daß Luther sich zwar die Kirche nicht »ohne die hierarchischen Organe« denken könne, daß er sie aber »nur als Prediger« werte (a.a.O. S. 48 f. und 73).

[56] Luther hat die Vollmacht der Prediger auch in der Römerbriefvorlesung hervorgehoben und diese Aussagen später über den evangelischen Prädikanten wiederholt (Heinrich Bornkamm, Das Wort Gottes bei Luther, Schriften der Luthergesellschaft Nr. 7, München 1933, S. 37).

Diese Ämter werden immer bleiben (W 3, 217, 23 f.). Luther akzeptiert durchaus die bestehende Hierarchie, ohne sie — bereits jetzt — in eine theologisch bewertete petrinische Spitze einmünden zu lassen. Er erklärt nämlich, die Apostel seien »die Ersten in der Kirche« (W 3, 252, 26).[57] Die Bischöfe aber sind die Nachfolger der Apostel (W 3, 395, 12). Unter ihnen stehen die Priester, die mit »Hügeln« verglichen werden, während die Apostel und Bischöfe demgegenüber »Berge« sind (W 4, 257, 36 f.). Nicht zum Regieren, sondern zum Meditieren sind die «contemplativi« da, die Doktoren und Lehrer, die zusammen mit den Hirten das aktive Volk vor unheilvollen Lehren bewahren (W 3, 349, 32—35, W 4, 69, 12—17 und 68, 25 f.). Luther ist der Meinung, daß die Kirche so lange heil ist, wie der Stand der Prälaten heil ist — und umgekehrt (W 3, 269, 31—33). Nehmen die Prälaten ihr Amt recht wahr,[58] dann sind sie Stellvertreter Christi (W 3, 647, 32 f.) und Christus selber steht in ihnen vor der Gemeinde (W 3, 174, 26 f.).

Die hohe Achtung der Hierarchie ist mit einer *besonderen Einschätzung des Standes der doctores* verbunden. Luther kann sagen, die Prälaten seien die Hände der Lehrer: sie führten aus, was jene als richtig erkannten (W 4, 353, 7—15). Hier finden wir nicht etwa eine Überschätzung des eigenen Amtes, die als Hybris zu deuten wäre und den Eindruck erwecken müßte, der Wittenberger Professor wolle seine Stellung aufwerten. Vielmehr steht Luther auch hier in einer Tradition, die bis auf Gratian zurückgeht. Ihr zufolge haben die Auslegungen der Lehrer der Heiligen Schrift mehr Gewicht als Äußerungen der Hierarchen.[59] Das bewirkt eine weitgehende Lehrfreiheit der Theologen,[60] ja es soll — so Luther — dazu führen, daß der Episkopat das Leben der Kirche nach den Erkenntnissen der Exegeten gestaltet.

Neben der Betonung des Amtes findet sich auch die Aussage, daß nicht nur die Lehrer und die Verwalter der Sakramente »die Kirche lebendig machen«, sondern daß jeder Christ dem anderen die entscheidende Hilfe zuteil werden lassen kann, »wenn er ihn lenkt, lebendig macht und bewahrt im Leben« (W 3, 170, 12—28). Nicht erst in der Römerbrief-Vorlesung finden sich Gedanken, die in die Richtung des allgemeinen *Priestertums aller Gläubigen* gehen,[61] sondern schon in den Dictata begeg-

---

[57] Von dem Apostolat als dem höchsten Dienst in der Kirche spricht Luther auch in der Römerbriefvorlesung: W 56, 6, 8 f.; vgl. auch W 56, 144, 2 f., wo die Apostel als das Fundament der Kirche bezeichnet werden.

[58] Luther meint, die Prälaten müßten nicht persönlich heilig sein, wie die Häretiker es fordern (W 4, 405, 14—19). Sie sollen aber auch nicht herrschsüchtig und hochmütig sein, sondern mit Liebe dienen, damit die Untertanen Fortschritte machen (W 3, 559, 29 f.).

[59] Heckel a.a.O. S. 88 f. Anm. 364.

[60] Ebd.

[61] Holl a.a.O. S. 309 Anm. 1.

nen wir Äußerungen dieser Art,[62] aus denen aber hier so wenig wie dort Konsequenzen gezogen werden.

II.

Mit der *praxis pietatis* hat Luther sich in der ersten Psalmenvorlesung nicht nur am Rande beschäftigt. Er findet in der Bibel Weissagungen, die er jetzt für erfüllt hält. Der Hintergrund dafür ist eine *Geschichtstheologie,* die er von Bernhard von Clairvaux übernimmt. Ihr zufolge hat die Kirche drei Verfolgungszeiten durch Tyrannen, Häretiker und Halbchristen durchzumachen.[63] Dieses Schema ist für Luther keine blutleere Abstraktion, sondern soll dazu dienen, den eigenen, gefährdeten Standort zu erkennen, über den sich nur wenige im klaren sind.[64] Man betrachtet nämlich die äußerlich glänzende Erscheinung der Kirche und meint, der Teufel sei ferne. Aber in Reichtum, Sicherheit und Ruhe ist er ganz nahe. Die Kirche hatte die Verfolgung der Tyrannen durch Schwachheit besiegt und die Weisheit der Häretiker mit der Torheit des Glaubens überwunden (W 3, 416, 9—417, 9). Jetzt aber wird auf Grund des äußeren Glanzes die innere Leere gar nicht erkannt.[65] *Luthers Kirchenkritik ist ein theologisches Urteil.* Nicht die Verweltlichung der Kirche ist entscheidend,[66] auch nicht manche Kritik, die am Leben von Kirchenführern berechtigterweise geübt werden kann,[67] sondern die Entfernung der Kirche von ihrem wahren Wesen und ihrer eigentlichen Aufgabe. Luther erklärt, an die Stelle des Kreuzes Christi sei Wohlbefinden getreten.[68] Die Predigt, in der der Prediger gegen den Teufel kämpft (W 4, 446, 29 f.), werde vernachlässigt. Auch komme das Studium der Bibel »über der Lektüre des kanonischen Rechts und des Aristoteles« zu kurz,[69] so daß Luther Unkenntnis der paulinischen Lehre von der Rechtfertigung konstatieren muß (W 3, 31, 9—16). Bedenkt man, daß die Kirche ohne Christus und die Verkündigung seines Wortes nichts mehr ist,[70] dann wird deutlich, wie

---

[62] Vgl. auch W 4, 138, 20, wo die »fideles« als »Episcopi Christi« bezeichnet werden, oder W 4, 224, 21 f., wo es heißt: »omnes fideles per Christum sacerdotem sunt sacerdotes et reges«. Luther spricht auch nicht von der »successio apostolica«, sondern von der »successio fidelium«, vgl. darüber jetzt Höhne a.a.O. S. 15.

[63] Maurer, Kirche und Geschichte S. 93 f.

[64] W 3, 428, 28 f. heißt es: »paucis apparet tanta Ecclesie miseria in pace sua.«

[65] W 3, 424, 12 f. heißt es: »diabolus nunc Ecclesiam impugnat maxima persecutione: quia scilicet nulla persecutione, sed securitate et ocio.« Vgl. auch W 1, 128, 28 f. (aus Luthers Predigt vom 1. 2. 1517) und W 3, 420, 17 f.

[66] Maurer, Kirche und Geschichte S. 94 f. »Klagen Luthers über die Verweltlichung der Kleriker, der Bischöfe und Priester« hat Dieckhoff a.a.O. S. 32 ff. zusammengetragen.

[67] Siehe oben S. 109 oder W 3, 216, 26 f.

[68] Wie schwer dieser Vorwurf wiegt, wird klar, wenn man bedenkt, daß rechte Theologie für den jungen Luther »theologia crucis« ist (Walther von Loewenich, Luthers Theologia crucis, 4. Aufl. München 1954).

[69] Maurer, Kirche und Geschichte S. 95.

[70] Siehe oben S. 106 f.

weit- und tiefgreifend Luthers kritische Äußerungen über das Leben der Kirche sind. Er meint, die Kirche sei kaum jemals unglücklicher gewesen als jetzt, was er, wenn es ihm die Zeit erlaube, aus dem Evangelium und den Schriften beweisen könne (W 3, 422, 3—7).

Luther verfällt aber dabei nicht in eine Schwarz-Weiß-Malerei. Er konstatiert durchaus, daß *Gottes Wort verkündigt* wird — *aber es* wird *kaum beachtet* (W 3, 422, 9 f.).[71] Es ist Glaube vorhanden, aber er ist tot, denn man weiß »nur das zu Glaubende, aber die Kraft des Glaubens wird nicht getan«. Das Reich Gottes wird im Wort und nicht in Kraft aufgerichtet (W 3, 490, 26—28), während Paulus doch gesagt hatte, das Reich Gottes stehe »nicht in Worten, sondern in Kraft« (1. Korinther 4, 20). Aus der Betrachtung des kirchlichen Lebens zieht Luther die Folgerung, es sei *keine Glut,* sondern *nur Lauheit* vorhanden. Auf die Frage, woher das komme, antwortet er: von der *Werkgerechtigkeit.* Wir fühlen uns auf Grund unserer Taten vor Gott sicher. Außerdem macht man den Christen den Weg zum Himmel durch Ablässe und leichte Lehren schön gangbar. Die Christen sind dadurch *ohne Gottesfurcht* (W 3, 416, 17 bis 417, 6). Das ist der eigentliche Schaden der Kirche. Bischöfe, Priester[72] und Doktoren geben Meinungen, Fabeln und reine Erdichtungen auf den Kanzeln wieder anstelle des heiligen und wahren Samens des göttlichen Wortes (W 3, 216, 25—29). Sie kümmern sich mehr um die weltlichen als um die geistlichen Dinge. Die weltlichen Sachen sind der Kirche jetzt stärker, fester und ewiger einverleibt und verbunden als der Glaube und die geistlichen Angelegenheiten. Während man sich um die letzteren nicht müht, werden für die Erhaltung des weltlichen Besitzes der Kirche sogar Waffen der Welt eingesetzt (W 3, 360, 34—40), obwohl doch der Kirche von Gott lediglich für geistliche Gaben Verheißungen zuteil wurden.[73] Zusammenfassend muß gesagt werden: »per Ecclesiam totam spiritus infirmatur et peccata abundant« (W 3, 216, 10 f.). »Tristis est facies Ecclesie et miseranda, eo quod fructus spiritus defoecit, scilicet charitas, gaudium« (W 3, 216, 22—24).

Kritik an »der Korruption der Prälaten« war auch vor Luther geübt worden. Während aber Kardinal Hugo de S. Charo »den Ordensleuten hohes Lob« spendete,[74] hat der Augustiner-Eremit Luther *auch die Mönche von* seiner *Kritik nicht ausgenommen.* Statt mit Gottes Wort befassen sie sich, so sagt er, mit Menschenlehre und -geboten (W 4, 76, 29—35). Sie

[71] Vgl. auch Holl a.a.O. S. 301.

[72] Schon Hugo de Sancto Charo sagte: »Clerici ... vident Dominum tota die in sacra scriptura; sed tamen foras fugiunt ab eo, id est, ad exteriora temporalia fugiunt ab eo, qui non exterius sed intus habitat« (Opera omnia in universum Vetus et Novum Testamentum Bd. 2: In Psalterium universum Davidis Regis et Prophetae, Venedig 1703, f. 74 r).

[73] Siehe oben S. 104.

[74] Wagner a.a.O. S. 46 Anm. 87. Hugo de S. Charo kann aber auch von den Mönchen sagen, daß sie sich vom Herrn ab- und temporalia zuwenden (a.a.O. f. 74 r).

»streuen ihre Bruderschaften und Ablässe in alle Winkel aus, nur damit sie Lebensunterhalt und Kleidung haben«. Nicht aus innerem Antrieb, sondern aus äußerer Notwendigkeit wird das Evangelium verkündigt. Das ist — so Luther — der »Greuel der Verwüstung«, der Matthäus 24, 15 geweissagt wurde (W 3, 424, 36 — 425, 8). Auch hier bleibt Luthers Kritik nicht beim Äußeren oder der Negation stehen.[75] Sondern die positive Aufgabe, die Unterordnung des Christen und der Kirche unter das gepredigte Gotteswort wird deutlich aufgewiesen und der Ungehorsam an dieser Stelle als die eigentliche Verfehlung gebrandmarkt.[76]

Luther kommt zu dem Ergebnis, daß die so reiche und äußerlich glanzvolle *Kirche* von der Menge habgieriger Menschen fast ausgelöscht sei (W 3, 420, 38 f.). Er fordert: »Wir müssen beten und uns rüsten gegen die halben Christen und diejenigen, die nur fleischlich im Buchstaben dem Herrn dienen« (W 3, 417, 34 — 418, 1). »Heiden« haben Gottes Erbe eingenommen, wie es Psalm 78 (79), 1 prophezeit wurde. In Gottes Erbe, die Kirche, sind nämlich stolze Bischöfe hineingekommen, die nach der Sitte der Heiden leben. Und das einzige, was am Volk nicht heidnisch ist, ist sein Name (W 3, 598, 30—33). Luther meint: »Umsonst bauen, schmücken und vermehren sie die Kirchen und richten sie Messen ein, die nicht auch sich selbst opfern zum Opfer des Lobes und Bekenntnisses« (W 3, 280, 34—36). *Das eschatologische Moment in der Ekklesiologie des jungen Luther*[77] macht sich auch hier bemerkbar, wenn er sagt, daß Friede und Sicherheit »die letzte der Verfolgungen der Kirche« sei, die über sie ergehe (W 3, 433, 18—20).[78] Dieser Zustand sei jetzt eingetreten. Die Weissagung von 2. Timotheus 3, 1 f., derzufolge »in den letzten Tagen« geizige und ruhmredige Menschen sein werden, sei erfüllt. Das *Ende der Zeit* stehe bevor (W 3, 439, 38 — 440, 2).

Damit ist die *Grenze der Kirche* abgesteckt. Das Ende der ecclesia militans ist nahe. Zugleich macht Luther auch die Linie deutlich, die nicht überschritten werden darf, wenn die Kirche Kirche bleiben will. Ihre gegenwärtige Situation wird erhellt aus dem biblischen Zeugnis. Ihm entnimmt Luther seine Interpretation des geschichtlichen Ortes der Kirche. Ihm entnimmt er die Maßstäbe seiner Kritik: was im Leben der Christenheit dem Wesen und der Würde der neuen Schöpfung Gottes entgegen-

---

[75] Das war in der spätmittelalterlichen Kirchenkritik der Fall gewesen, vgl. Reinhold Seeberg, Lehrbuch der Dogmengeschichte 3. Bd., 6. Aufl. Darmstadt 1959, S. 591 f.

[76] Hier liegt also eine Parallele zu Luthers Kritik des Papsttums vor: nicht aus moralischen Gründen werden die Päpste abgelehnt — das war im Spätmittelalter der Fall gewesen —, sondern aus theologischen Motiven wird die ganze Institution als antichristlich bezeichnet (Hans Preuß, Die Vorstellungen vom Antichrist im späteren Mittelalter, bei Luther und in der konfessionellen Polemik, Leipzig 1906). Luthers Kritik an der Kirche ist aber sehr viel früher nachweisbar als diese spezielle Kritik des Papsttums, die erst Ende 1518 einsetzte (ebd. S. 103 ff.).

[77] Vgl. Maurer, Kirche und Geschichte S. 88.

[78] Luther kommt auf Grund von 1. Thessalonicher 5, 3 (»Cum .. dixerint pax et securitas, ... repentinus eis superveniet interitus«) zu dieser Aussage.

steht, muß beim Namen genannt werden. Damit ist der Zusammenhang von Ekklesiologie und Kirchenkritik deutlich. Die Hochachtung der Kirche und die Liebe zu ihr muß auch kritische Vorgänge klar herausstellen. Gerade hier hat es sich aber gezeigt, daß Luther nicht moralisch, von humanistischen oder mönchischen Prämissen aus argumentiert, sondern daß er seine Kritik an der Kirche mit Hilfe derjenigen Maßstäbe gewinnt, die sich ihm aus den Aussagen der Bibel ergeben. Dabei entbehren seine Ausführungen über prosperitas, pax und securitas der Kirche nicht der Aktualität.

III.

So viele Aussagen über die Kirche die Dictata aufweisen, so wenige finden sich in Luthers *Römerbriefvorlesung*, die er 1515/16 vorgetragen hat. Andere Themen sind es jetzt, die den Exegeten beschäftigen. Aus den wenigen ekklesiologischen Aussagen, die uns hier begegnen, hat Holl den Schluß gezogen: »Über den Standpunkt, den er in der Psalmenvorlesung einnahm, ist Luther bis zum Jahre 1517 im Grundsätzlichen nicht hinausgegangen«.[79] Nun lassen sich in der Tat auch in der Römerbriefvorlesung *eine Reihe von traditionellen Aussagen* nachweisen, die ohne jede Diskussion gemacht werden: die Kirche ist Christi Braut (W 56, 379, 3) und sein mystischer Leib, der unsterblich ist, wie auch das Haupt Christus unsterblich ist (W 56, 60, 5 f.). Es gibt nur e i n e Kirche, in der verschiedene Gaben vorhanden sind (W 56, 451, 20—22)[80] und in der keiner tun soll, als ob er allein alles empfangen hätte und die anderen nichts. Denn dadurch würde die Einheit der Kirche zerrissen (W 56, 118, 24 f.). Das Amt wird weiterhin voll und ganz akzeptiert. Amtshandlungen eines Nichtgeweihten sind ein Nichts (W 56, 248, 18—23), eine Form ohne Inhalt. Aber die von Gott berufenen Prälaten haben Vollmacht. Ihr Mund ist Gottes Mund (W 56, 252, 7 f.). Sie sind nicht um ihrer selbst willen eingesetzt, sondern um der anderen willen, für deren Gehorsam gegenüber dem Evangelium sie sorgen sollen (W 56, 6, 23—25). Durch ihren Dienst hat sich die Wurzel Christus zu einer großen Kirche ausgebreitet (W 56, 139, 15—17). All das bleibt im Rahmen der Tradition und auch des in den Dictata Vorgetragenen. Offenbar haben die neuen Überlegungen über Sünde, Gerechtigkeit und Gnade in der Römerbriefvorlesung Luther nicht zu umstürzenden Erwägungen über die Kirche veranlaßt.

Und doch ist zu fragen, ob nicht diese *neue Thematik* auch ihre *ekklesiologischen Folgerungen* hatte. Dabei ist weniger daran zu denken, daß Luther erklärt, niemand solle ein Amt ohne vocatio Dei übernehmen (W 56, 162, 30 — 163, 21), durch die allein dem Dienst in der Kirche die rechte Begründung gegeben wird. Auch weitere Bemerkungen über ein

[79] a.a.O. S. 306.

[80] Vgl. auch W 56, 118, 17 und 119, 1 f. zu Römer 12, 4: »Sicut enim in uno corpore‹ Corpus est vnum, Sic et Ecclesia, ›multa membra habemus‹: Membra tamen multa non diuidunt vnitatem, Ita nec Ecclesiam multi fideles.«

Priestertum aller Gläubigen sind nicht entscheidend.[81] Vielmehr sind die Aussagen über die wahre Kirche hier beachtenswert. Luther erklärt nach wie vor mit Augustin, daß in demselben mystischen Leib Gute und Böse sind. Dabei steht die Gesamtheit der getauften Christen vor seinem Auge (W 56, 439, 6—17). Aber Luther richtet außerdem auch seinen Blick auf die Auserwählten, die wahren Christen, die den Dictata zufolge »numero et merito« zur Kirche gehören. Diese Äußerung fehlt bezeichnenderweise in der Römerbriefvorlesung. Dort heißt es statt dessen, die Kirche sei ein Krankenhaus für Kranke und zu Heilende. Die Auserwählten sind nämlich nicht justificati, die auf ein meritum verweisen könnten, sondern justificandi. Erst der Himmel ist für Geheilte und Gerechte (W 56, 275, 26 — 276, 3).[82] Waren nach den Dictata die Sünder »Gäste in der Kirche«, so sind jetzt die vere fideles zugleich peccatores. *Aus dem »concilium justorum« als der wahren Kirche*[83] *wird jetzt das »concilium justificandorum«*. Die Christen dürfen sich, so betont Luther, nicht in einer falschen Sicherheit wiegen, sondern müssen die Schwere der Sünde erkennen, die auf ihnen während ihres ganzen Lebens lastet. Wieder wird die Werkgerechtigkeit, die verkündigt wird, als das Übel bezeichnet, das die Christen verführt.[84] Dem Hohenlied entnimmt Luther, wie sich die Kirche eigentlich zu verstehen hat: als nackt und innerlich arm und leer. Sie besitzt nur eines: Sehnsucht nach dem Bräutigam. In ihm, außerhalb der Kirche, wohnt »ihre Fülle und Gerechtigkeit« (W 56, 279, 27—32). Schon in den Dictata war die Abhängigkeit der Kirche von Christus und seinem Wort herausgearbeitet worden.[85] Jetzt wird der Nachdruck darauf gelegt, daß der Christ als Glied des Leibes Christi zeit seines Lebens auf einem Weg ist, der von der Sünde herkommt und zur Gerechtigkeit führt. Die Sünde wird nämlich auch dem nicht ganz genommen, dem sie vergeben wurde, erklärt Luther ausdrücklich als eine eigene, neuere Erkenntnis (W 56, 273, 3 — 274, 11).[86] Deswegen ist es nur folgerichtig, daß die Erwählten in diesem Leben vor Gottes verborgenem Gericht zittern (W 56, 387, 27 f.). Davon wird aber die Würde der Kirche nicht berührt. Sie hat Vollmacht. Luther sagt auch deutlich, daß es die römische Kirche ist, die — im Unterschied zu den Ketzern — bisher mit Vollmacht han-

81 Vgl. W 56, 251, 25 f.: »omne verbum, quod ex ore prelati Ecclesie procedit Vel boni et sancti viri, Christi verbum est.« Vgl. auch Holl a.a.O. S. 309 Anm. 1 und Kohlmeyer a.a.O. S. 486 f.

82 Es geht hier also nicht um die Grenze zwischen Kirche und Welt, wie Kohlmeyer wollte (a.a.O. S. 477; vgl. auch Gyllenkrok a.a.O. S. 98 Anm. 3), sondern um die ecclesia coram Deo, deren Glieder Heilige, nämlich zu Heiligende sind. Vgl. zu dieser Stelle auch Otto Scheel, Evangelium, Kirche und Volk bei Luther (Schriften des Vereins für Reformationsgeschichte 156), Leipzig 1934, S. 21 f. Anm. 4 und Heckel a.a.O. S. 42 Anm. 172.

83 Vgl. oben S. 105.

84 Vgl. oben S. 111, W 56, 276, 3—19 und 276, 35—277, 3.

85 Vgl. oben S. 106 f.

86 Vgl. auch W 56, 367, 25 f.: »nullus perfecta Charitate preditus est.«

delt.[87] *Luthers Ekklesiologie erhält* also schon *in der Römerbriefvorlesung*, gemessen an den Dictata, *einen neuen Akzent*, der auf sein neues Verständnis von Sünde und Gerechtigkeit zurückgeht.[88]

Die Erkenntnis der Gewichtigkeit der Sünde läßt Luther auch genauer als bisher auf die *Schäden der Kirche* achten.[89] Daß der tiefste Schaden durch die unzureichende Predigt hervorgerufen wird, betont er auch hier. Bischöfe und Ordensväter setzen allenthalben ungeeignete Prediger ein. Das geht — so meint Luther — auf Gottes Zorn zurück, der uns um unserer Sünden willen sein Wort entzieht und die plappernden und wortreichen Schwätzer vermehrt (W 56, 454, 18—23). Der Fehler dieser Leute besteht darin, daß sie »von gegenwärtigen Zeichen der Gnade« reden und die Menschen sicher machen, »da doch dies das beste Zeichen der Gnade ist, sich zu fürchten und zu zittern« (W 56, 503, 21 — 504, 2). Bis jetzt herrscht weitgehend abergläubische Gerechtigkeit und Frömmigkeit (W 56, 430, 6—12). Das geht darauf zurück, daß den Leuten Heiligengeschichten erzählt werden, nach denen diese sich richten wollen. »Inzwischen fragen sie nicht danach, was ein jeder gemäß seiner Berufung Gott schuldet« (W 56, 417, 20—26). Demnach soll *nicht das Außerordentliche, sondern das Ordentliche die Aufgabe des Christen* sein. Er soll nicht um der Menschen willen besondere Taten tun und die Werke der Heiligen wiederholen wollen, sondern er soll ihnen ähnlich, aber innerhalb der Aufgaben des eigenen Standes handeln (W 56, 418, 17—21).

Luther äußert sogar den Verdacht, daß *das Evangelium jetzt weithin nicht aus Gehorsam gegen Gott* oder wegen des Heils *verkündigt* wird, sondern aus Gewinnstreben oder eitler Ehre (W 56, 424, 2—4).[90] Er bezweifelt also die charakterliche Integrität mancher Prediger. Das hängt damit zusammen, daß er der Meinung ist, das Leben der Priester sei alles andere als priesterlich. Sie seien schlecht und gottlos (W 56, 477, 15—21). Nicht nur Handwerker, die man anstellt, arbeiten, als schliefen sie, sondern auch »Mönche und Priester schnarchen wirklich während des Betens, auch körperlich — von der Lässigkeit des Geistes zu schweigen« (W 56, 464, 1—3). Deswegen ist die Kirche unglücklich. Man will zwar nicht das Böse in ihr, aber man haßt es auch nicht (W 56, 461, 21 f.). Deswegen fehlen Bemühungen, es zu beseitigen. Diejenigen, die die anderen jetzt

---

[87] W 56, 423, 13 f.: »Sic Ergo Authoritas Ecclesie instituta, vt nunc adhuc Romana tenet ecclesia: secure predicant, qui sine aliis vitiis euangelium predicant.«

[88] Holl hat dies wohl nicht erkannt, weil er schon Luthers Ekklesiologie in den Dictata von der Rechtfertigungslehre ableiten wollte. Es muß, was bisher nicht geschehen ist, auch seine Analyse der Lehre von der Kirche in der Römerbriefvorlesung korrigiert werden.

[89] Auch »der tiefere Einblick, den ihm (Luther) seine verschiedenen Ämter seit 1514/15 gewährten,« dürfte das Stärkerwerden seiner Kritik beeinflußt haben (Holl a.a.O. S. 306).

[90] Faulheit konstatiert er und schlägt vor, die Priester ihrem Eifer gemäß zu entlohnen (W 56, 478, 1—4).

richten, sind selber die gottlosesten Übertreter des Gesetzes. »Wenn auch sie andere fürchten müßten, wie viel vorsichtiger würden sie wohl in allem handeln!« (W 56, 479, 6—10). Leichtfertigkeit und Härte sind die Hauptsünden der Prälaten, die zurücktreten sollten, wenn sie ohne Segen arbeiten oder ihrem Amt im Weg stehen (W 56, 160, 15 — 161, 20).[91] Es wird zwar viel im Eifer um Gott und in frommer Absicht getan, aber es sind »fremde Geschäfte«. Die eigentlichen Amtspflichten werden vernachlässigt (W 56, 413, 10—13).[92] Von den geistlichen Fürsten, die einerseits wegen eines halben Guldens den Bannstrahl schleudern und die andererseits überall Dispense erteilen (W 56, 474, 1),[93] wird die Kirche unheilvoller verwüstet, als Feinde es könnten (W 56, 190, 15—30). Solche und ähnliche Klagen, wie sie auch sonst zur gleichen Zeit laut werden,[94] zeigen, wie wichtig die »Reformation der Kirche an Haupt und Gliedern« nach Luthers Meinung ist.[95]

Denn *auch vor dem Zentrum der Kirche hat das Verderben nicht halt gemacht.* Über die in den Dictata geäußerte Kritik hinausgehend, meint Luther jetzt, Rom sei zu den früheren, heidnischen Sitten zurückgekehrt und verleite fast den ganzen Erdkreis, seinem Beispiel zu folgen (W 56, 489, 11—13). Negatives, nicht Positives geht vom Sitz des Papstes aus. Die ganze Kurie ist verkommen (W 56, 480, 10—12). Auch das Kirchenrecht muß verbessert werden: die Dekretalensammlung muß gereinigt werden. Das Zeremoniell der Gebete und Gewänder ist einzuschränken. Denn unter ihnen nehmen Glaube und Liebe ab, während Geiz, Hochmut und eitle Ehre genährt werden (W 56, 497, 12—17). *Luther will* hier aber *nicht selber revolutionär vorgehen.* Wenn auch kirchliche Vorschriften über Feiertage, Speisen etc. nicht zum neuen Gesetz gehören, so soll man sie doch nicht verachten, wie es die Pikarden taten (W 56, 493, 27 — 494, 26), weil sie durch alte Übereinkunft der Kirche, aus Liebe zu Gott und gerechten Gründen zustande kamen. *Aber die Bischöfe als die dazu Legitimierten* sollen die Zahl der Feiertage vermindern, zumal das ungebildete Volk ihre Beachtung für heilsnotwendig hält (W 56, 496, 28 — 497, 11).

---

[91] Luther schrieb in seinem Brief vom 8. Juni 1516 an Spalatin, er werde Staupitz nicht zureden, ein Bischofsamt zu übernehmen, wovon geredet werde, da es eine zu große Versuchung wäre, jetzt eine solche Aufgabe zu übernehmen (W Br 1, 44 f.; bereits Dieckhoff hat a.a.O. S. 34 auf dieses Schreiben hingewiesen).

[92] So sagt Luther z. B., die Geistlichen würden nicht fragen, ob jemand fromm lebe, sondern ob er die weltlichen Rechte und Freiheiten der Kirche schütze (W 56, 476, 28—477, 11).

[93] In einer Fastenpredigt von 1518 meint Luther zur Bannpraxis der Kirche: »die briefflin fliehen wie die fledermeuse umb einer geringen sachen willen« (W 1, 271, 35 f.).

[94] Vgl. die Verweise auf das Werk »Onus ecclesiae«, das Berthold von Chiemsee zugeschrieben wird, in W 56.

[95] Zum Begriff Reformation vgl. Wilhelm Maurer, Freiheit zur Reformation der Kirche, in: Lutherische Rundschau 7, 1957/58, S. 137—150.

Zum gegenwärtigen Stand des kirchlichen Lebens bemerkt Luther: »Aus dem Gottesdienst und der Frömmigkeit haben sie einen Jahrmarkt gemacht« (W 56, 458, 3). Das äußerlich so glänzende Leben der Kirche wird von der Klammer des Lohngedankens und der Knechtschaft zusammengehalten. Würden Zeremonien, Gebete, Fasten, Zölibat etc. freigestellt, dann würde sich das kirchliche Leben innerhalb eines einzigen Jahres radikal ändern. Man sollte deswegen nicht stolz sein auf den derzeitigen Stand der Dinge. Was jetzt nämlich in Knechtschaft getan wird, ist ohne Verdienst bei Gott (W 56, 499, 20 — 500, 10). Was nützt das viele Beten, wenn das Herz nicht dabei ist? Ja, es schadet, weil es falsche Sicherheit erweckt (W 56, 465, 26 — 466, 1). Vor allem fehlt auch neben aller äußeren Geschäftigkeit die Beachtung der Nächstenliebe.[96] Statt ihrer hält man das Erbauen von Kirchen, die Erweiterung kirchlichen Besitzes u. ä. für den Gipfel der Frömmigkeit (W 56, 452, 1—10).[97] Weder Gott noch den Menschen wird gedient (W 56, 478, 15—19). Zur Abstellung von Mißständen unter den Klerikern erwägt Luther, ob nicht deren weltliche Angelegenheiten der weltlichen Gewalt unterstellt werden sollten, die ihr Amt besser wahrzunehmen scheine, als die kirchliche Obrigkeit (W 56, 478, 26—32). Die kirchliche Gerichtsbarkeit, die die römische Kirche mit viel Geschick erobert und verteidigt hatte, wird von Luther demnach schon hier als aufgebbar erklärt.[98] Er akzeptiert den Einfluß, den der Staat in der Kirche des späten Mittelalters gewonnen hatte,[99] und zeigt, daß es ihm nicht grundsätzlich auf die Rechtsträger, sondern auf die Wahrung des Rechtes ankommt, die so sachgemäß wie möglich sein soll.

Diese Kritik an der Kirche ist nicht die Äußerung eines räsonnierenden Zuschauers, der sich vom Konstatierten äußerlich und innerlich distanziert. Vielmehr erklärt Luther, er habe dies mit Schmerz und auf Grund

---

[96] Die Bedeutung des Gebotes der Nächstenliebe für das Rechtsdenken des jungen Luther hat Heckel a.a.O. S. 47 ff. herausgearbeitet. Er hat allerdings Luthers »neue Auffassung über das Kirchenrecht ... von seinem Kirchenbegriff und seinem Gesetzesverständnis her« begründen wollen, während Luthers Äußerungen über das Recht von seiner Christologie aus zu verstehen sind (Lohse a.a.O. S. 59).

[97] Luther hat auch den Wetteifer um Reliquien zwischen Friedrich dem Weisen und Albrecht von Brandenburg als Verletzung des Liebesgebotes kritisiert (W 56, 483, 25 — 484, 2). Den Reliquienkult als solchen griff er dagegen hier noch nicht an.

[98] Rosemarie Müller-Streisand meint, Luther fordere hier »die volle Säkularisierung des Kirchengutes« (Zur Rezeption Augustins bei Luther, in: Evangelische Theologie 22, 1962, S. 606). Von »fordern« kann aber keine Rede sein: »mihi sane videtur« oder »forte tutius« schränkt Luther ein. Zum anderen ist die Frage, ob es hier überhaupt um das Kirchengut geht (auch Holl hat das a.a.O. S. 307 angenommen). Luther spricht nämlich nur von »res temporales ... c l e r i c o r u m« (Sperrung von mir). Da er im Zusammenhang davon redet, daß die kirchliche Obrigkeit im Unterschied zur weltlichen nicht straft, wo es nötig ist, muß man doch wohl folgern, daß hier die kirchliche Gerichtsbarkeit und nicht das Kirchengut gemeint ist.

[99] Vgl. Justus Hashagen, Staat und Kirche vor der Reformation. Eine Untersuchung der vorreformatorischen Bedeutung des Laieneinflusses in der Kirche, Essen 1931.

seines Amtes geäußert.[100] Er nimmt, wie er berichtet, sein *Amt durch apostolische Autorität* wahr und hat auch sublimere Kritik vorzutragen. Außerdem muß er das gegenwärtige Leben auf die Lehre anwenden, es damit konfrontieren. Luther erklärt, seine Hörer sollten ihn hierin nicht nachahmen (W 56, 480, 3—7). Er ist sich also der Tatsache bewußt, schwerwiegende und weitreichende Kritik geäußert zu haben. Er mußte dies aber tun, weil er sonst seinem Auftrag, die Heilige Schrift zu erklären, nicht völlig gerecht geworden wäre.

Nun existieren bekanntlich studentische Nachschriften von Luthers Römerbriefvorlesung.[101] In keiner von ihnen wird Luthers Kritik an der Kirche erwähnt. Offenbar hat der Professor diese Partien seines Manuskriptes nicht vorgetragen bzw. den Studenten nichts davon diktiert.[102] Waren demnach diese kritischen Bemerkungen nicht notwendig aus seiner Theologie erwachsen? Man wird das schwerlich behaupten können, sondern vielmehr vermuten müssen, daß es an Konsequenz gemangelt hat. Denn die Äußerungen über Mißstände in der Kirche gemäß Luthers Manuskript zu dieser Vorlesung sind in seinem Verständnis des Wortes Christi, des Gerichtes Gottes und — wie wir sahen — der Sünde des Menschen begründet. Obwohl er an etlichen Stellen Kirchenkritik hatte vortragen wollen, bleibt Luther doch gegenüber seinen Hörern zurückhaltend. Das entspricht wohl nicht nur seiner persönlichen, konservativen Veranlagung, sondern auch dem Verständnis seines Amtes: *als doctor hatte er zu lehren. Die Bischöfe aber mußten aus der rechten Lehre der doctores die notwendigen Folgerungen ziehen.*[103] Es war die Frage, wann er sich ihnen gegenüber zu Äußerungen über eine Reform der Kirche gezwungen sehen mußte.

IV.

Von den beiden folgenden *Vorlesungen Luthers über den Galater- und den Hebräerbrief* liegen nur studentische Nachschriften vor. Sie sind wohl — wie am Beispiel der Überlieferung der Römerbriefvorlesung erkennbar — sehr viel ärmer und kürzer als Luthers Original. Dennoch lassen sich auch ihnen einige ekklesiologische Aussagen entnehmen.

Zu Galater 1, 2,[104] wo von den Kirchen Galatiens gesprochen wird, zitiert Luther Hieronymus: Es könne die Kirche nach Epheser 5, 27 als

---

[100] Auf Grund dieser Aussage muß Holls psychologisierendes Urteil abgelehnt werden, der behauptet hatte, bei Luther habe »der Gedanke an die unsichtbare Kirche, der hinter all diesen scharfen Urteilen steht, wieder als Beruhigungsgrund auf seine Stimmung« gewirkt (a.a.O. S. 307). Vielmehr hat Luthers Verständnis von Kirche seine Urteile erst so scharf werden lassen.

[101] Gedruckt in W 57 Teil I.

[102] Vgl. W 57, I, XXX und II, XV.

[103] Siehe oben S. 109.

[104] Der Herausgeber der 1. Galatervorlesung in der Weimarer Ausgabe, Karl August Meissinger, meinte über die Güte der studentischen Nachschrift: »Wir haben eine

die ohne Makel verstanden werden, aber auch als die, die nicht mit allen und vollkommenen Tugenden ausgestattet sei (W 57, II, 54, 17—22).[105] Dieses Zitat entsprach Luthers Verständnis, demzufolge die Kirche vor Gott heilig und dennoch, solange sie auf Erden ist, zugleich noch auf dem Weg und nicht vollkommen ist. Daß Luther sich aber mit diesem philologischen Hinweis begnügt, macht erkennbar, daß ihm die *Ekklesiologie* noch wie in der vorhergehenden Vorlesung *kein dringliches Problem* ist, sondern ihm anderes der Erläuterung bedürftig erscheint. Das erkennen wir auch an Luthers Äußerungen über den vierfachen Schriftsinn. Er berichtet über ihn, distanziert sich gleichzeitig auch von ihm und erklärt z. B., der Gegenstand der Allegorese sei nicht nur die Kirche, sondern auch der Mensch in und außerhalb der Gnade (W 57, II, 95, 23—96, 25).[106] Luther entfernt sich damit von der exegetischen Tradition, der er selber in den Dictata noch verbunden gewesen war. Jetzt ist es der Mensch, der auch in der Allegorese bedacht werden soll. Damit stehen wir schon fast am Ende der Aussage Luthers über die Kirche in seiner Galaterbriefvorlesung. Gelegentlich wird noch die Verbindung der Kirche mit dem Wort Gottes im Anschluß an Psalm 118 (119), 11 betont: »Ecclesia ›abscondit eloquia Dei in corde suo‹, ut non peccet Deo seu liberetur a peccato« (W 57, II, 99, 6 f.). Hier ist die Ecclesia militans ins Auge gefaßt, deren Gegner und deren Versuchung die Sünde ist. Von der Verborgenheit der Kirche heißt es jetzt: Der wirklich Glaubende ist ohne Namen wie auch Gott, der keinen nötig hat, weil er nur einer ist. »Aus diesem Grund wird die Kirche in den Schriften eine ›verborgene‹ oder ›versteckte‹ genannt« (W 57, II, 85, 9—16). Die Abhängigkeit der Kirche von Gott kommt in der Aussage, sie sei verborgen, zum Ausdruck. Nicht mehr ihre »Unweltlichkeit« bedingt diesen Satz, sondern ihre Verbindung mit dem einen Gott, der keinen Namen benötigt.

Wenn Luther auch wenig über die Kirche spricht, so distanziert er sich doch auch nicht von ihr. Er kritisiert vielmehr die Ketzer, die die Kirche mit der Entschuldigung meiden, sie könnten unter den Bösen nicht gut sein. Diese Leute werden die schlimmsten von allen, denn sie fliehen die Liebe wegen der Liebe und das Heil wegen des Heils. Sie mißachten des Apostels Forderung: »Einer trage des anderen Last« (Galater 6, 2; W 57, II, 107, 10—14). Man hat *mit den Bösen in der einen Christenheit zusammenzuleben* und ihnen zu helfen. Praktische Ausführungen über eine Reform der Kirche macht Luther aber nicht. Erst im Druck der überarbeiteten Vorlesung von 1519 finden sich Zusätze, die eine scharfe Kritik

---

zweifellos in der Vorlesung selbst entstandene Nachschrift von großer Treue vor uns, und nach allen Anzeichen gibt sie Luthers Diktat vollständig wieder« (W 57, II, IV).

105 Luther hat das in den Druck von 1519 übernommen: W 2, 455, 36 ff.

106 Über das Zurücktreten des vierfachen Schriftsinns bei Luther vgl. auch Gerhard Ebeling, Evangelische Evangelienauslegung. Eine Untersuchung zu Luthers Hermeneutik, Sonderausgabe Darmstadt 1962.

an der Kirche zum Ausdruck bringen, die weit über die Aussagen des jungen Luther hinausgehen.[107] Es ist vermutet worden, daß Luther im Original seiner Vorlesung wie in der Römerbriefvorlesung kritische Bemerkungen über das Leben der Kirche formuliert hatte, sie aber nicht vortrug.[108] Das ist wahrscheinlich, läßt sich aber nicht mit Sicherheit ausmachen.

Noch in der *Hebräerbriefvorlesung* von 1517/18 ist Luther in der Mitteilung kritischer Aussagen über die Kirche sehr zurückhaltend.[109] Nur ein historisches Urteil ist es, wenn er erklärt: »Die Zeremonien und Gewänder, die wir sehen, sind von der Kirche eingerichtet und im Laufe der Zeit vermehrt worden« (W 57, III, 190, 29 f.). Ein Impetus auf das momentane Leben der Kirche wird daraus aber nicht abgeleitet. Doch kritisiert er ohne Scheu — hier nun öffentlich — die *Anwendung weltlicher Macht durch die Kirche.* Die Priester sollten den Christen mit Milde begegnen. Jetzt aber sind ihre Hände durch Kriegswut besudelt. Sie sind siebenmal mehr des Feuers und des Todes schuldig als Juden, die wegen Hostienfrevel verbrannt werden.[110] Dieses, in den Augen seiner Zeit ungeheure Verbrechen wird nach Luthers Meinung von verweltlichten Priestern weit überboten.[111] Dazu ist es gekommen, weil menschliche Worte den göttlichen vorgezogen wurden (W 57, III, 167, 24 — 169, 8).[112] Daraus kann und muß die Konsequenz gezogen werden, die rechte Ordnung in der Kirche wieder herzustellen.

Neben diesen kirchenkritischen Bemerkungen finden sich jetzt auch *wieder mehr ekklesiologische Aussagen.* Das ist wohl zum Teil in Luthers Vorlage, dem Hebräerbrief, begründet. Es ist aber auch möglich, daß die Wirklichkeit der Kirche, deren Ablaßwesen und Heiligendienst er zur gleichen Zeit kritisieren muß,[113] ihn wieder intensiver nach dem Volk Christi fragen läßt. Er betont auch jetzt die Abhängigkeit der Kirche von ihrem Herrn, der sie bewahrt (W 57, III, 166, 22) und sie durch keine

---

[107] Vgl. W 57, II, XIII—XV.

[108] W 57, II, XV.

[109] Vgl. Heinrich Bornkamm in seinem Nachwort zu Heinrich Boehmer, Der junge Luther, 6. Aufl. Leipzig 1954, S. 360 f.

[110] Über Luthers Stellung zu den Juden vgl. Wilhelm Maurer, Kirche und Synagoge. Motive und Formen der Auseinandersetzung der Kirche mit dem Judentum im Laufe der Geschichte, Stuttgart 1953, S. 39 ff. und 88 ff. und Martin Stöhr, Luther und die Juden, in: Evangelische Theologie 20, 1960, S. 157 ff.

[111] Daß die Priester eigentlich das »Auge« der Gemeinde sind und sie leiten sollen, sagt Luther hier wie schon in den Dictata (W 57, III, 198, 11 f. und W 3, 422, 36—38 oder W 4, 95, 1—6; vgl. auch W 1, 100, 25—27; Predigt vom 11. 11. 1516). In der Hebräerbriefvorlesung sagt Luther, die Priester sollten, statt sich mit weltlichen Dingen abzugeben, Christus nachahmen und »die Sünden und Missetaten der anderen tragen« (W 57, III, 166, 26—167, 2).

[112] Dieselbe Klage hatte Luther schon in den Dictata vorgetragen, vgl. oben S. 111.

[113] Vgl. unten S. 124 f.

andere Macht als das Wort regiert (W 57, III, 108, 17 — 109, 1)[114] — Gedanken, die schon Jahre zuvor laut geworden waren.[115] Die Kirche steht als der geistliche Leib Christi in einer engen Bindung an ihr Haupt, mit dem sie täglich stirbt und aus dieser Welt hinübergeht zur kommenden Herrlichkeit (W 57, III, 218, 6—9). Aber trotz Christi Führung ist die Christenheit auf Erden voll von Spannungen. Vollkommenere leben neben Schwächeren. Dennoch soll es nicht zu einem Zerbrechen der Einheit kommen: die gegenseitige Liebe hält die Christen der ecclesia militans zusammen (W 57, III, 224, 18—27).[116] Diese Einheit muß auch schon aus dem Grund bewahrt werden, weil es außerhalb der Kirche weder Buße noch Vergebung gibt (W 57, III, 225, 15 f.). Deswegen gilt es, sich einzuordnen.

Von dem *Ablaßstreit* zeigt die Hebräerbriefvorlesung überraschend wenig. Luther geht scheinbar mit »akademischer Distanz« seiner Aufgabe, der Exegese, nach. Sieht man aber genauer hin, dann stellt man fest, daß es seine Erkenntnisse über den Glauben sind, die ihn Kritik an der Bußlehre üben lassen[117] und die ihn dann auch veranlassen, sich durch Übersendung seiner 95 Thesen über die Kraft der Ablässe an seinen Ordinarius und den Erzbischof seiner Kirchenprovinz zu wenden. Diese Sätze sollen den für ihn zuständigen Prälaten deutlich machen, wie ungeklärt die kirchliche Lehre über diesen Punkt ist, und soll sie zur Abstellung von Mißbräuchen veranlassen.[118] Gerade von der Hebräerbriefvorlesung her wird erkennbar, daß sich Luthers Stellungnahme zum Ablaßwesen, seine Kirchenkritik und seine Reformvorschläge aus seinen theologischen Erkenntnissen ergeben.

V.

Die Äußerungen des jungen Luther in seinen *Predigten und kleineren Schriften* bestätigen das gewonnene Bild. *Die Kirche* wird schon in früher

[114] Vgl. auch W 57, III, 183, 14: »Ecclesia non suis se docet doctrinis, sed a Deo docetur« oder W 57, III, 198, 1 f.

[115] Siehe oben S. 106 f.

[116] Die Einheit der Kirche wird auch jetzt nicht »petrinisch« begründet. Matthäus 16, 18: »supra hanc petram« wird von Luther mit den Worten erklärt: »super firmitatem fidei« (W 57, III, 226, 15 f.; vgl. schon oben S. 103 Anm. 23).

[117] Bornkamm in: Boehmer a.a.O. S. 361 f. und Mauser a.a.O. S. 116.

[118] W Br 1, 110—113. — Auf die Vorlesung über das Richterbuch (W 4, 529 ff.) gehe ich nicht ein. Sie ist zwar »mindestens auf Lutherschem Material aufgebaut«, aber teilweise später überarbeitet worden (Hans von Schubert, Allgemeines über Luthers Vorlesungstätigkeit, in: Hans von Schubert und Karl Meissinger, Zu Luthers Vorlesungstätigkeit, Sitzungsberichte der Heidelberger Akademie der Wissenschaften, phil.-hist. Kl., Bd. 11, 9. Abh., Heidelberg 1920, S. 10; vgl. auch Bernhard Lohse, Mönchtum und Reformation. Luthers Auseinandersetzung mit dem Mönchsideal des Mittelalters, Forschungen zur Kirchen- und Dogmengeschichte Bd. 12, Göttingen 1963, S. 317 ff.). In den kirchenpolemischen Äußerungen, die sich je länger desto mehr finden, begegnet auch nichts grundsätzlich Neues. Die Urteile nehmen lediglich an Schärfe zu.

Zeit *als creatura verbi* bezeichnet, und Luther warnt davor, für ihre Reform an Symptomen herumzukurieren. Er erklärt, es komme darauf an, die Wurzel der Mißstände zu beachten, nämlich die Hintansetzung von Gottes Wort (W 1, 13, 38 — 14, 7; Sermo praescriptus praeposito in Litzka[119]), der Luther ja schon auf Grund seines Amtes nach Kräften entgegenzuwirken suchte.[120] Trotz aller Deformierungen bleibt die Kirche dennoch »mater sancta« (W 4, 622, 6; Sermone 1514—20; 1516/17?), der Christus die *Macht zum Binden und Lösen* gegeben hat (W 1, 69, 11—20; Predigt vom 1. 8. 1516). Zugleich wird aber auch ihre *Abhängigkeit von Christus* plastisch zum Ausdruck gebracht. Er ist der Retter seiner Kirche, nicht ihr Zerstörer (W 1, 453, 28 f.; Decem praecepta 1518). Luther verweist auf die Philosophie, um die Bedeutung Christi für die Seinen zu verdeutlichen: Wie in der Philosophie nichts ohne die Autorität des Aristoteles gelehrt wird, so wäre es eine noch größere Torheit, in der Kirche etwas zu vertreten, »was Christus nicht gelehrt hat« (W 1, 308, 7—10; Asterisci 1518).[121] Die Christenheit wird nach seiner Meinung »nit mit menschen leere ader werck gebawet, sundern mit dem wort und gnaden gottis alleyne« (W 1, 202, 7 f.; 7 Bußpsalmen 1517). Die Theologen verstoßen gegen das 7. Gebot, wenn sie die Heilige Schrift und Gottes Wort verändern und falsch auslegen oder nicht recht anwenden. Denn ihre falsche Lehre tötet die Seelen oder quält sie zum mindesten (W 1, 506, 17 bis 21; Decem praecepta). Der *Glaube an Christus* dagegen schenkt die Ruhe des Gewissens, die die Werkgerechtigkeit nie zu schaffen vermag (W 1, 507, 18—24; Decem praecepta). Es soll um Gottes Gnade für die Auserwählten gebetet werden, die durch sie erleuchtet werden und die die anderen vor selbstgerechten Lehren bewahren (W 1, 193, 33 — 194, 2; 7 Bußpsalmen).[122] Die Prälaten sind es, die vornehmlich diese Aufgabe wahrzunehmen haben (W 1, 194, 1—3; 7 Bußpsalmen). Darum soll man sich um nichts so sehr sorgen wie um einen guten Bischof, und hauptsächlich um einen guten Prediger. »Denn *das Amt des Bischofs besteht im*

[119] 1512 oder nicht doch erst 1516/17 verfaßt? Vgl. auch Karl Gerhard Steck, Lehre und Kirche bei Luther (Forschungen zur Geschichte und Lehre des Protestantismus 10. R. Bd. 27), München 1963, S. 14.

[120] »Daß Luther als Professor nur exegetische Vorlesungen hielt, war etwas Neues. Es liegt darin eine grundsätzliche Entscheidung« (Ebeling, Die Anfänge... S. 174 Anm. 1; vgl. hierzu auch schon Bauer, Die Wittenberger Universitätstheologie S. 14, im Anschluß an Otto Scheel).

[121] Luther akzeptiert hier also Aristoteles durchaus als Autorität auf philosophischem Gebiet. Was seine Kritik an der Wertschätzung des griechischen Philosophen in der Theologie angeht, so waren ihm darin bereits andere vorausgegangen, vor allem Simon Fidati und Hugolin von Orvieto, wie Adolar Zumkeller O. E. S. A. kürzlich gezeigt hat (Die Augustinertheologen Simon Fidati von Cascia und Hugolin von Orvieto und Martin Luthers Kritik an Aristoteles, in: Archiv für Reformationsgeschichte 54, 1963, S. 15—36).

[122] Umgekehrt sind Feinde des Frommen diejenigen, die durch ihre Weisheit und Gerechtigkeit Gott und den Seinen widerstehen (W 1, 213, 27—34; 7 Bußpsalmen).

Predigen.« Durch ihn erfährt das Volk, was es wissen muß (W 1, 100, 31—37; Predigt vom 11. 11. 1516). Die Verkündigung des Evangeliums hält Luther für so wichtig, daß er sagen kann, um ihretwillen seien die Messen da (W 1, 444, 29 — 445, 1; Decem praecepta).[123] Letztere sind erst in zweiter Linie wichtig. Nicht hier, etwa in einer Änderung des Meßformulars, muß die Reform der Kirche einsetzen, sondern bei der Predigt. Das wäre eine »rechtmäßige Reformation«, die »das Wesen der ganzen Frömmigkeit« beträfe (W 1, 13, 33—35; Sermo praes. praep. in Litzka).

Wenn der junge Luther gelegentlich von dieser Reformation spricht, dann betont er, daß das Evangelium nicht weiterhin zugunsten von Fabeln zurückgedrängt werden darf (W 1, 509, 34 — 510, 8; Decem praecepta). *Der Inhalt rechter Predigt* aber muß Gottes Gerechtigkeit, muß *Jesus Christus allein* sein (W 1, 219, 21—36; 7 Bußpsalmen) und nicht die Werke und die Sitten (W 1, 18, 28—32; Predigt vom 1. 1. 1517). In manchem kann die Alte Kirche Vorbild für diese Reformation sein. Aber daraus macht der Wittenberger Professor kein Gesetz (W 1, 446, 7—10; Decem praecepta). Das Amt wird weiterhin anerkannt: es gab immer Priester, durch deren Verkündigung das Vertrauen der Christen geweckt wurde (W 4, 656, 35 und 657, 12—15; Sermone 1514—20).[124] Sie sollen auch entsprechend geachtet werden (W 1, 460, 1—8; Decem praecepta). Aber sie müssen ihr Amt wahrnehmen, was sie jetzt nicht tun (W 4, 668, 36 — 669, 2; Sermone 1514—20). Sie können Wunder tun, Tote auferwecken und Dämonen austreiben. Sie sind dennoch keine Priester, sondern Wölfe — nach Matthäus 7, 15 —, wenn sie dem Volk nicht das Wort der Wahrheit ausrichten (W 1, 13, 9—17; Sermo praes. praep. in Litzka). Es sei falsch, so erklärt Luther, wenn man das Volk anklage, was jetzt geschehe. Die Bibel fordere vielmehr von den Hirten Rechenschaft (W 1, 14, 10 f.; Sermo praes. praep. in Litzka). Bei ihnen muß die Veränderung einsetzen. Jetzt findet man nur schnarchende Priester, eine Finsternis, die größer ist als die ägyptische, und Pseudoapostel (W 1, 141, 37 f.; Predigt vom 24. 2. 1517 und W 4, 621, 7—15; Sermone 1514—20). Statt des notwendigen Eifers findet Luther eine solche Faulheit bei Priestern und Mönchen, daß sie wie Geflügel in diesem Leben gemästet werden (W 1, 416, 32—36; Decem praecepta). Sogar Kleriker, die für sehr heilig gehalten werden, sind doch innen im Verborgenen von Eigenliebe bestimmt (W 1, 137, 6—9; Predigt vom 15. 2. 1517). Gegen diese und andere Heuchler müssen »die Wachsamen und die Ermahner« sich wenden, »deren Geist vom Herrn erweckt wurde« (W 1, 136, 17—22; Predigt vom 15. 2.

[123] Über die Zurückhaltung des jungen Luther gegenüber dem Sakrament vgl. Werner Jetter, Die Taufe beim jungen Luther. Eine Untersuchung über das Werden der reformatorischen Sakraments- und Taufanschauung (Beiträge zur historischen Theologie Bd. 18), Tübingen 1954, Ernst Bizer, Die Entdeckung des Sakraments durch Luther, in: Evangelische Theologie 17, 1957, S. 67 und schon Kohlmeyer a.a.O. S. 471.

[124] Vgl. oben S. 109. Auch das Papsttum bleibt bekanntlich zunächst unbestritten, vgl. z. B. W 1, 312, 24 (Asterisci und oben S. 112 Anm. 76).

1517).[125] Das sind diejenigen, die mit echter Gottesliebe predigen und die den Siegeskranz erlangen (W 1, 134, 5—7; Predigt vom 8. 2. 1517). Diese Menschen erleichtern nicht den Weg zum Himmel, wie auch der wahre Büßer nicht Ablässe und Vergebungen von Strafen sucht, sondern eher Forderungen und Auflegungen von Strafen (W 4, 674, 26—30; Predigt vom 31. 10. 1516).

Luther hat sich bekanntlich bereits 1516 mit dem *Ablaß* in Predigten befaßt.[126] Er lehnt ihn zunächst nicht grundsätzlich ab, wendet sich aber gegen die mit ihm von seiten der Ablaßprediger und Diener der Kirche verbundene Habgier. Auch kommt es ihm darauf an, daß die Ablässe die innere Gnade nicht beeinträchtigen (W 1, 65, 9—23 und 69, 4—8; Predigt vom 27. 7. 1516). Doch im Laufe der Zeit werden seine Äußerungen kritischer. Im Sermon von Ablaß und Gnade von 1517 heißt es, selbst wenn die Kirche erkläre, Ablaß wirke mehr als Werke der Gerechtigkeit, solle kein Christ ihn begehren, da er nur an die Stelle guter Werke und heilsamer Pein treten könne, die man eher erwählen als unterlassen solle (W 1, 244, 34—40; Sermon von Ablaß und Gnade 1517).[127] Der Ablaß ist etwas für faule Christen. Er fordert nicht zum Besseren auf, sondern duldet Unvollkommenheit (W 1, 245, 26—29; Sermon von Ablaß und Gnade). Den Weg der justificandi erleichtert er nicht, sondern er er-

---

[125] Mauser meinte, von der Dreiteilung der Kirchengeschichte finde sich in der Römer- und in der Galaterbriefvorlesung nichts mehr, weil Luther zu jener Zeit die Häresie in der Theologie seiner eigenen Zeit aufgegangen sei. In der Hebräerbriefvorlesung aber sei der Verweis auf die Zeit der Märtyrer keine historische Reminiszenz mehr, »sondern ... Trost und Bestätigung der eigenen Haltung« (S. 98 f., 110 f. und 121). Dem entspricht aber der Wortlaut der Hebräerbriefvorlesung nicht, denn Luther interpretiert dort die Gegenwart — wie in den Dictata! — als Friedenszeit, die für die Kirche schlimmer sei als die Verfolgungen, in denen Menschen ihr Leben für ihren Glauben hingeben mußten (W 57, III, 18—21 und z. B. W 3, 433, 14—18). Vor allem aber hat Luther die in den Dictata begegnende Dreiteilung der Geschichte auch Anfang 1517 gebraucht — was Mauser entgangen ist —, als für Luther persönlich noch kein Konflikt drohte (W 1, 136, 17—22; vgl. auch W 1, 192, 24—26). Demzufolge muß Mausers These aufgegeben werden: »Das tempus haereticorum war ... zum tempus praesens geworden« (S. 99). Vielmehr blieb für Luther auch 1515—17 das tempus hypocritorum das tempus praesens.

[126] Bereits in den Dictata hatte er sich kritisch zum Ablaß geäußert (Maurer, Kirche und Geschichte S. 96).

[127] Ernst Bizer meinte, nachdem Luther »den Schriftbeweis für seine Thesen gefunden« hatte, nämlich 1518, habe er sich der kirchlichen Autorität widersetzt, wo »sie sich im Gegensatz zur Schrift befindet und sich noch nicht einmal dafür interessiert, was die Schrift sagt« (Fides ex auditu S. 175). Aus dieser Stelle aus dem Sermon von Ablaß und Gnade geht aber hervor, daß Luther bereits 1517 aus seinem theologischen Denken heraus eine mögliche Definition der Kirche ablehnt. Demnach kann einer einzelnen Schriftstelle, auf die Luther erst 1518 verweist, nicht solch großes Gewicht zukommen, wie Bizer annahm. Luther schwankt vielmehr 1517/18 zwischen dem üblichen Gehorsam gegenüber der Kirche und seinen eigenen Erkenntnissen als theologischer Lehrer, die ihn veranlassen, auf offene Fragen oder auch Grenzen kirchlicher Verlautbarungen zu verweisen.

schwert ihn. Deswegen rät Luther ab. Er beruft sich dabei darauf, daß die Kirche ihn nicht geboten, ja nicht einmal angeraten, sondern nur erlaubt habe. Er fordert, man solle die Christen »tzu den wercken« ziehen (W 1, 246, 15—20; Sermon von Ablaß und Gnade). *Der Ablaß muß hinter Gottes Wort zurücktreten,* nicht umgekehrt, wie es zur Zeit der Fall ist (W 1, 236, 3—6; 95 Thesen 1517). Ebenso muß das Kreuz mit dem päpstlichen Wappen geringer als Christi Kreuz und ihm nicht gleich geachtet werden (W 1, 237, 15 f.; 95 Thesen). Luther findet demnach im Ablaßwesen seiner Zeit das bestätigt, was er in seiner Geschichtstheologie und seiner Ekklesiologie als die momentane Stunde der Versuchung erkannt hat: die Praxis der Kirche in dieser Frage unterstützt die Oberflächlichkeit der Christen und verdrängt die Verkündigung des Gotteswortes. Sie unterstützt Heuchelei und Lauheit, durch die der Satan sein Werk ausbreitet. Auch Luthers Kritik am Ablaß ist demnach aus seiner theologischen Erkenntnis erwachsen.

Auch die *Heiligenverehrung* wird jetzt kritisch betrachtet.[128] Eine verheerende Unwissenheit herrscht (W 1, 420, 13—16; Decem praecepta). Luther sagt: »Wenn der Teufel unter dem Namen Christi Pseudochristi schickt, um wieviel mehr kann er unter dem Namen und Bild der Maria oder eines anderen Heiligen Irrtum und Täuschung schaffen!« (W 1, 422, 30—32; Decem praecepta). Der in der Römerbriefvorlesung begegnende Vorschlag, die Zahl der kirchlichen Feiertage einzuschränken,[129] wird wiederholt. Denn Luther meint, die jetzigen Heiligenfeste seien nur ein Schimpf für die Kirche. An den wenigen Feiertagen, die bleiben, sollen morgens das Wort Gottes und die Messe gehört werden (W 1, 421, 28 bis 31; Decem praecepta).[130] Luther ruft zum Entscheidenden: »Lasset faren werck, wie gros sie sind, Gebet, Gesenge, geplerre, gekleppere. Denn es wird sicherlich keiner durch diese alle zu Gott komen ... Das Hertz mus ein Wolgefallen haben in Christo und durch Christum zum Vater« (W 1, 275, 38 — 276, 1; Fastenpredigt 1518). Luther erwartet, daß er angegriffen werden wird. Doch er erklärt, diejenigen, die ihn möglicherweise einen Ketzer schelten würden, hätten »die Biblien nie gerochen, die Christenliche lerer nie geleßen, yhr eygen lerer nie vorstanden« (W 1, 246, 31—35; Sermon von Ablaß und Gnade). Aus der Bibel und der Tradition will er also seine eigene Lehre erwachsen und bestätigt sehen.

Es fällt auf, daß Luther bereits vor 1518 in seinen Predigten auf die Reformbedürftigkeit der Kirche hingewiesen hat, als er sich in seinen Vorlesungen darüber trotz seines Manuskriptes noch ausgeschwiegen zu haben

[128] Vgl. auch Lennart Pinomaa, Luthers Weg zur Verwerfung des Heiligendienstes, in: Luther-Jahrbuch 1962, S. 35—43, bes. S. 36—38 und Erika Kohler, Martin Luther und der Festbrauch (Mitteldeutsche Forschungen Bd. 17), Köln 1959, S. 33—35.

[129] Siehe oben S. 116.

[130] Luther schlägt aber die Schaffung eines Abrahamfestes vor, weil ohne die ihm gegebenen Verheißungen Christus nicht geboren worden wäre. Auch ein Adam- und Eva-Fest zieht er in Erwägung (W 1, 422, 16—19).

scheint.[131] Offenbar mußte *das Leben der Kirche in die Auslegung auf der Kanzel hineingenommen* werden, während er das bei der Exegese zwar vorsah, es aber nicht verwirklichte. Luther hätte dann früher als Prediger denn als Professor zu den Schäden der Kirche seiner Zeit öffentlich Stellung genommen. Aber auch in den Predigten kritisiert er von dem theologischen Fundament aus, das er in den Vorlesungen erarbeitet hatte. Sein Verständnis von Glaube, Wort Gottes und Jesus Christus[132] lassen ihn gegen Werkgerechtigkeit, menschliche Erfindungen und Loslösung der Kirche von ihrem Haupt Stellung nehmen. Der Zusammenhang von Theologie und Kirche, von Ekklesiologie und Kirchenkritik ist auch hier deutlich. Dabei kommt Luther von seinen theologischen Erkenntnissen her zu Vorschlägen und Forderungen für die praxis pietatis.

Wie ist es dann aber zu erklären, daß Luther biblische Begründungen noch während des Ablaßstreites gesucht hat?[133] Offenbar war *der doctor in bibliis kein Biblizist,* der vom Buchstaben gefangengehalten worden wäre. Er war ja in den Dictata von dem Gegensatz zwischen Buchstabe und Geist ausgegangen und hatte es abgelehnt, allein die litera — und auch die litera der Heiligen Schrift — zum Fundament der Theologie zu machen. Dadurch wurde er nicht von einem einzelnen Zitat abhängig, sondern er vermochte, seine Äußerungen von der Dialektik zwischen Buchstabe und Geist tragen zu lassen, was ihn vor einem formalen Biblizismus wie auch einem spiritualistischen Prophetismus bewahrte. Dadurch konnte er wie die Humanisten den »Buchstaben« beachten, nach dem Urtext fragen und philologische Einzelprobleme erörtern.[134] Aber sein hermeneutisches Prinzip ließ ihm auch Freiheit zur Wahrnehmung jener Verantwortung, die sich ihm aus dem Verständnis seines Amtes ergab.

Zugleich ist aber auch deutlich, wie lang der Weg gewesen ist, den der junge Luther in seiner Theologie zurückgelegt hat. Finden sich in der ersten Psalmenvorlesung auch Gedanken, die ganz reformatorisch klingen — etwa die Polemik gegen die Werkgerechtigkeit, die Betonung des Wortes Gottes und die Bedeutung Jesu Christi —, so werden sie doch von einer Fülle von Äußerungen begleitet, die von der Tradition getragen sind. Wie er es von den Vätern gelernt hatte, so läßt auch Luther hier Asso-

---

131 Hier wurde vorausgesetzt, daß Luther auch die kritischen Bemerkungen zum Leben der Kirche in den Dictata nicht vorgetragen hätte. Davon wissen wir nichts, da bisher keine studentischen Nachschriften dieser Vorlesung aufgetaucht sind.

132 Am 18. Mai 1518 schrieb Luther an Spalatin, während sich die Gegner auf die natürliche Vernunft stützten, »was bei uns dasselbe ist wie finsteres Chaos, predigen wir kein anderes Licht als Christus Jesus, das wahre und alleinige Licht« (W Br 1, 173, 38—40).

133 Vgl. oben S. 100.

134 Zur Römerbriefvorlesung vgl. W 56, 90, 15 ff. und zur Hebräerbriefvorlesung Erich Vogelsang, Die Bedeutung der neuveröffentlichten Hebräerbrief-Vorlesung Luthers von 1517/18. Ein Beitrag zur Frage: Humanismus und Reformation (Sammlung gemeinverständlicher Vorträge 143), Tübingen 1930, und Mauser a.a.O. S. 117—119.

ziationen sich aneinanderreihen. Erst mit der Überwindung des vierfachen Schriftsinnes, mit dem ein Hineinlesen in die Bibel notwendigerweise verbunden war, dem Zurücktreten des Begriffes judicium und dem Hervortreten der Begriffe justitia und fides, die — im Gegensatz zur Tradition und 1. Korinther 13, 13 — höher als die caritas gewertet wird,[135] kommen die soteriologischen Aussagen recht zur Geltung. Es ist offenbar *die Problematik der Rechtfertigung* gewesen, die Luther später veranlaßt und fähig gemacht hat, die Fülle theologischer Aussagen der ersten Psalmenvorlesung kritisch zu reduzieren. Der Christozentrismus bleibt dabei erhalten. Aber *der metaphysische, augustinisch-dionysische Dualismus macht einer theologischen Dialektik und der reformatorischen Monotonie von Gottes Gerechtigkeit und Jesus Christus allein Platz* (vgl. W 3, 52, 26, Dictata mit W 1, 219, 21—28; 7 Bußpsalmen). Daran hat Luther zeit seines Lebens festgehalten. Eine bestimmte Stelle, von der ab seine Theologie »reformatorisch« sei, läßt sich nicht angeben. Denn *seine eigene Position hat sich erst im Laufe der Zeit entwickelt.*

Es gibt Fragen, in denen Luther recht früh zu Aussagen gekommen ist, die er später beibehalten hat — etwa über Gottes Wort. Bei anderen Themen blieb er dagegen recht lange traditionellen Vorstellungen verhaftet — etwa was die Anrufung der Heiligen angeht. In der Rechtfertigungslehre hat die Erringung der neuen Position einen langen Weg erforderlich gemacht. Erst relativ spät, nämlich 1518, kommt Luther, der von der Antithetik von »Buchstabe und Geist« ausgegangen war, zu völliger Klarheit über die Dialektik von Gesetz und Evangelium.[136] Aber es wäre unangebracht, allein von hier aus seine Theologie verstehen zu wollen. Vielmehr zeigt sich auch an Themen, die anscheinend »am Rand« liegen, daß die Umformung traditioneller Aussagen sehr viel früher einsetzt.[137] Dabei ist Luther maßgeblich von denjenigen Erkenntnissen bestimmt, die er aus dem Studium der Heiligen Schrift gewonnen hat. Das wird schon erkennbar aus seinen kirchenkritischen Äußerungen in seiner ersten großen Vorlesung. Daraus muß gefolgert werden, daß *nicht die Kritik an Vorkommnissen in der Christenheit am Anfang seines Weges zur Reformation* steht, *sondern der Gehorsam gegen Gottes Wort.*

---

[135] Reinhard Schwarz, Fides, spes und caritas beim jungen Luther unter besonderer Berücksichtigung der mittelalterlichen Tradition (Arbeiten zur Kirchengeschichte Bd. 34), Berlin 1962, S. 259 ff., bes. S. 308 ff.

[136] Albrecht Peters, Luthers Turmerlebnis, in: Neue Zeitschrift für systematische Theologie 3, 1961, S. 217 ff. Gerhard Ebeling, der soeben auf Luthers Aussagen über »Buchstabe und Geist« sowie »Gesetz und Evangelium« eingegangen ist, meint allerdings, daß es sich hier nur um terminologische Unterschiede handele (Luther. Einführung in sein Denken, Tübingen 1964, S. 120 f.). Damit dürften die Änderungen im Denken Luthers aber, auch von den Ergebnissen der vorliegenden Untersuchung her, nicht erfaßt sein.

[137] Zum Beispiel in der Frage des Mönchtums, vgl. Bernhard Lohse, Mönchtum und Reformation. Luthers Auseinandersetzung mit dem Mönchsideal des Mittelalters (Forschungen zur Kirchen- und Dogmengeschichte Bd. 12), Göttingen 1963.

Auch *die Ekklesiologie des jungen Luther ist nicht immer dieselbe geblieben.* Zwar haben sich die Grundzüge seines Kirchenverständnisses nicht verändert: die Abhängigkeit der Christenheit von ihrem Herrn und dessen Wort sowie ihre Verbindung mit dem Gottessohn. Luther behält auch den Gedanken bei, daß die Kirche ein corpus mixtum von solchen sei, die wahrhaft, und anderen, die nur äußerlich zur Kirche gehören. Aber die »wahren Christen« werden von der Römerbriefvorlesung ab als die justificandi im Sinne der Rechtfertigungslehre verstanden. Und spekulativ-metaphysische Aussagen über die Kirche verlieren genauso an Interesse wie Erkenntnisse, die mit Hilfe des vierfachen Schriftsinnes bei der Ausdeutung von Bibelworten gefunden worden waren. Verglichen mit den Aussagen in den Dictata läßt sich eine Veränderung der Ekklesiologie in der Römerbriefvorlesung nicht von der Hand weisen. Was aber für die Lehre von der Kirche gilt — *Beibehaltung der Grundzüge, aber kritische Reduktion, Präzisierung und in manchen Fragen auch Veränderungen auf Grund des Verständnisses von fides Christi und justitia Dei* —, gilt für die Gesamtentwicklung der Theologie des jungen Luther.

Der Weg von den Dictata zu den Vorlesungen und Schriften von 1517/18 ist weitgespannt, aber folgerichtig. *Luthers theologische Aussagen, die anfangs von der Tradition bestimmt sind, tragen bald mit immer größerer Deutlichkeit seinen eigenen Stempel.* Das Augenmerk des jungen Luther richtet sich in der Ekklesiologie mehr und mehr auf die Kirche in dieser Welt. Auch was die Reform der Christenheit angeht, so entwickelt Luther bereits in jenen Jahren Vorstellungen, die erst in der Kirche der Reformation verwirklicht wurden. Durch den Ablaßstreit kamen Luthers theologische und kirchenkritische Gedanken an die Öffentlichkeit. Gereift waren sie vorher in seiner exegetisch-theologischen Arbeit.[138] Nur dadurch vermochte Luther dem nun einsetzenden Ansturm standzuhalten.

138 Vgl. Gerhard Ebeling in: Die Religion in Geschichte und Gegenwart, 3. Aufl. 4. Bd., Tübingen 1960, Sp. 502.

Luthers Beziehungen zu Reich und Rom

Die Grenzen Luthers gegenüber Reich und Rom waren deutlich abgesteckt: die Reichsacht, von Kaiser Karl V. gemäß der Rechtstradition ausgesprochen,[1] und der Bann durch Papst Leo X.[2] engten seinen Handlungsraum erheblich ein. Zwar hatte Luther die Bannandrohungsbulle zunächst als eine Fälschung hingestellt,[3] aber diese Fiktion ließ sich nicht lange aufrechterhalten. Auch hatte sein Kurfürst Friedrich der Weise es verstanden, die Reichsacht in seinem Land nicht publizieren zu müssen, weil es ihm gelungen war, sich das Dokument gar nicht erst zusenden zu lassen.[4] Aber gleichwohl war bekannt, daß Luther ein Geächteter war, so daß weder Friedrich noch seine Nachfolger es wagen konnten, den Wittenberger Professor als Ratgeber auf Reichstage mitzunehmen oder ihn dort gar als Sprecher auftreten zu lassen.

Diese engen Grenzen hätten im Mittelalter normalerweise gar keine Handlungsfreiheit erlaubt, vielmehr wäre die Reichsacht vollstreckt worden. Der Widerspruch, auf den das päpstliche Urteil bei einigen deutschen Fürsten stieß, und deren „Libertät" gegenüber dem Kaiser räumten Luther aber dann doch die Möglichkeit ein, sich zu theologischen und politischen Fragen zu äußern. Er tat dies in Gutachten, zu denen er von seinen Landesherren aufgefordert wurde, in Predigten, Briefen und Schriften, die ein breites Echo hervorriefen. So publizierte er 1523 die Schrift „Von weltlicher Oberkeit, wieweit man ihr Gehorsam schuldig sei".[5] Ihr Anlaß war das Verbot Herzog Georgs von Sachsen, Luthers Übersetzung des Neuen Testaments in seinem Land zu verbreiten. Nach Meinung des Wittenberger Theologen überschritt Georg mit diesem Erlaß die ihm legitimerweise zustehenden Möglichkeiten. Schon 1522 hatte Luther „Eine treue Vermahnung zu allen Christen, sich zu hüten vor Aufruhr und Empörung"[6] gerichtet und darin deutlich gemacht, daß er eine revolutionäre Umgestaltung der Verhältnisse für unrechtmäßig hielt. Vielmehr sollte im Zusammenwirken mit den von Gott eingesetzten Obrigkeiten dessen Geboten wie auch dessen froher Botschaft wieder Raum geschaffen werden. Aber dies erwies sich als höchst problematisch, wenn nicht unmöglich. Denn aufgrund des Nürnberger Reichstages von 1524 wurde ein kaiserliches Mandat gegen die reformatorische Bewegung erlassen, das Luther veranlaßte, es zusammen mit dem Wormser Edikt unter dem Titel „Zwei kaiserliche uneinige und widerwärtige Gebote, den Luther betreffend"[7] zu publizieren. Er meinte, es gebe Widersprüche zwischen den Mandaten, und äußerte die Zuversicht, daß seine Feinde ihn nicht töten könnten, solange Gott ihn am Leben erhalten wolle. Fast drei Jahre lang habe Gott ihn bereits geschützt. Aber nur mit Gottvertrauen ließen sich die politischen Situationen nicht meistern. Politische Klugheit war ebenfalls gefordert. Beides stand bei Luther nun in Spannung zueinander.

Da war die Auseinandersetzung mit Rom einfacher. Denn der Papst war weit weg und konnte nicht solche politischen Pressionen ausüben wie der Kaiser. Gegen theologische Äußerungen des Bischofs von Rom wandte Luther sich, wenn er dies für erforderlich hielt: Als ihm zwei Bullen von Papst Clemens VII. bekannt wurden, in denen für 1525 ein Heiliges Jahr angekündigt wurde, publizierte Luther deren Text und glossierte ihn. Er war entrüstet darüber, daß hier wieder ein vollkommener Ablaß versprochen worden war, und verwies statt dessen auf Jesus Christus, der nicht nur für ein einziges Jahr und für Romwallfahrer, sondern für alle Glaubenden aller Zeiten Leben und Seligkeit bewirkt habe.[8] Aber Clemens VII. wurde bald tief in den politischen und militärischen Kampf um Italien verwickelt, so daß die Bemühungen um eine Reform der Kirche, die sich am Anfang seines Pontifikates finden und zu denen auch die Ankündigung eines Heiligen Jahres gehört, zurücktraten.[9] In Deutschland aber bildeten sich konfessionell bestimmte Bündnisse,[10] die eine einheitliche Regelung im Reich erschweren mußten. Davon sollten die Reichstage der nächsten Jahre geprägt sein.

I Verantwortung vor Gott und dem Kaiser: Speyer 1526

Zum 29. September 1525 wurden die Stände von Karl V. nach Augsburg zu einem neuen Reichstag eingeladen. Er selbst wollte nicht zu dieser Versammlung kommen und benannte seinen jüngeren Bruder Erzherzog Ferdinand von Österreich, Herzog Wilhelm IV. von Bayern und Markgraf Kasimir von Ansbach-Kulmbach zu seinen Kommissaren.[11] Wichtigstes Thema für den Reichstag sollte die Glaubensfrage sein. Das von den Ständen gewünschte Nationalkonzil hatte der Kaiser zwar verboten,[12] aber auf dem angekündigten Reichstag sollten die Fürsten und Reichsstädte dennoch dafür sorgen, daß gemäß dem Wormser Edikt gehandelt und gegen die neue Lehre vorgegangen werde, die Zwietracht hervorrufe.[13] Aber die Einladungsschreiben verließen den Kaiserhof so spät, daß das Reichsregiment, das für den in Spanien weilenden Karl V. die Regierungsgeschäfte in Deutschland führte, erst zum 11. November den Verhandlungsbeginn anberaumte.[14]

Wahrscheinlich ist in diesem Zusammenhang ein Gutachten Luthers entstanden, das 1526 im Druck erschien und in dem der Frage nachgegangen wird, welche Reformen in der Kirche erforderlich sind, damit nicht neue Unruhen in der Bevölkerung entstehen – womit offenbar auf den Bauernkrieg angespielt wird, der wohl erst kurze Zeit zurückliegt. Der Reformator erklärt, daß Gewalt allein nicht genügt. Vielmehr muß mit Vernunft regiert werden, „dann eytel gewalt on vernunfft kan nit bestehen und behelt die unterthanen in ewigem haß wider die o(e)berkayt, wie alle historien unns anzeygen".[15] Vernünftig handelt, wer abschafft, was Ärgernis erregt, wozu vor allem das „ehrlose" Leben der Geistlichen gehört. Am anstößigsten ist nach Luthers Meinung der Kaufhandel, der mit der Messe getrieben wird. Die Vernunft erkenne auch ohne die Heilige Schrift, daß es „dem hochwirdigen Sacrament unsers Herren Jesu Christi leibs und bluts" unangemessen sei, mit Hilfe von Geld, durch das Meßfeiern gekauft werden, jedes „kleyn ungluck" abwenden zu wollen.[16] Dabei werde nicht nach Glaube oder Liebe gefragt, sondern es komme allein auf die Geldzahlungen an, durch die die Kleriker, die ohne Zahlungen keine Messen halten, „den bauch erneren und gute tag" haben. Auch der Staat trägt Schuld, weil er diese Mißstände duldet und schützt. Wenn sie nicht beseitigt werden, ist ein neuer Krieg zu erwarten.[17] Luther schlägt deswegen vor, keine scheinbare Reformation durchzuführen, sondern das Übel bei der Wurzel zu fassen und die Krämerei mit der Messe abzuschaffen. Den Priestern soll die Wortverkündigung auferlegt werden. Wer dazu nicht in der Lage ist, soll das Recht verlieren, Messen feiern zu dürfen.[18]

Es scheinen weitere Reformmaßnahmen erwogen worden zu sein. Luther hält davon nichts, wenn nicht die „Kaufmesse" abgeschafft wird.[19] Wenn das geschehen ist, soll man sich um „gu(e)te fromme prediger" mühen. Dies wird der Fall sein, wenn Schulen und Universitäten „reformiert" werden. Es sollen Kosten und Mühen nicht gespart werden, damit eine neue und sachgemäße Erziehung möglich wird.[20] Bischöfe, Äbte und Dechanten sollen sich nicht als weltliche Herren verstehen, sondern ihre geistlichen Aufgaben wahrnehmen. Geschieht dies, dann müßten sie ihre weltlichen Funktionen aufgeben, denn schon ihre Titel weisen aus, was sie für Verpflichtungen haben – „in weltlichen ho(e)fen und stenden sind solche namen und empter nit".[21] Damit sind radikale Konsequenzen angedeutet, die die Struktur des Reiches tiefgreifend verändern würden. Luther fordert dies aber nicht, erwägt vielmehr lediglich, welche Folgerungen sich aus einer Veränderung des kirchlichen Lebens ergeben könnten. Für den Kurfürsten – nach dem Tod Friedrichs am 5. Mai 1525 ist dies jetzt Johann[22] – kann eine Forderung dieser Art nicht vordringlich sein. Ihm stellt sich primär die Frage, wie gottesdienstliche Veränderungen gegenüber den altkirchlichen Ständen auf dem Reichstag begründet werden können. Dafür hat sein Wittenberger Professor Argumente zusammengestellt.

Aber zunächst wird aus dem um sechs Wochen verschobenen Reichstag in Augsburg nichts. Es kommen so wenige Stände zu den angekündigten Verhandlungen, daß diese gar nicht erst begonnen werden. Statt dessen wird am 9. Januar 1526 von den Versammelten beschlossen, eine neue Zusammenkunft der Stände zum 1. Mai 1526 nach Speyer anzusagen. So geschieht es auch. Ferdinand hatte vorher für Augsburg plädiert, was für ihn geographisch günstiger lag, mußte sich nach dem Fehlschlag mit Augsburg aber mit dem von mehr Ständen gewünschten Ort am Rhein einverstanden erklären.[23]

Luther war zunächst nicht mit Vorbereitungen für die neue Zusammenkunft der Stände befaßt. Vielmehr erreichte ihn am Anfang des Jahres 1526 ein anderer Auftrag, der ihn Zeit kostete: Ende Februar trafen sich Kurfürst Johann und Landgraf Philipp von Hessen in Gotha und schlossen ein Bündnis, in dem sie sich gegenseitig versprachen, einander zur Erhaltung der Verkündigung des göttlichen Wortes beizustehen. Hier verabredeten sie auch, Luther um die Veröffentlichung und Kommentierung einer Absprache des Mainzer Klerus zu bitten, von der Philipp erfahren hatte. Zum 14. November 1525 hatte nämlich das Mainzer Domkapitel alle 12 Kapitel der Erzdiözese nach Mainz eingeladen, damit sie miteinander über Gravamina berieten, die ihnen „wider altes Herkommen, Freiheit, Possession und Gebrauch von etlichen weltlichen Obrigkeiten" zugefügt würden.[24] Das Treffen kam zustande und führte zu konkreten Ergebnissen. Es wurde beschlossen, hartnäckige Lutheraner sollten ausgewiesen oder in Haft genommen werden. Zu dem Papst und dem Kaiser sollen Gesandtschaften reisen, die die Beschwerden vortragen und um deren Abstellung ersuchen. Die Instruktion für die Gesandtschaft beim Kaiser ist Luther bekannt geworden, diejenige für die Gesandten beim Papst offenbar nicht.[25] In derjenigen für den Kaiser wird ein Eingreifen gegen die Lutheraner gefordert, durch deren Lehre „auffruhr, emporung, und geistlich standts genzlich zerstorung und vertilgung" zu befürchten sei. Weltliche Obrigkeiten eignen sich Klostereinkünfte an, den Zehnten und andere Güter, auf die Geistliche Anspruch haben.[26] Der Kaiser möge dieser „unterdruckung unnd vertilgung Christlichs glaubens und gemeines geistlichen stands" entgegentreten. Da diese „auffrurische, ketzerische lere" – die Reformation – ihren Ursprung aus den übergroßen Freiheiten der vier Bettelorden nehme, möge Karl V. sich dafür einsetzen, daß diese widerrufen werden und die Exemtion der Bettelorden abgeschafft wird, damit „gedachte vier orden Diocesarien und ordinarien unthęrworffen" werden.[27] Auch eine Umlage wurde von den Vertretern der Domkapitel zur Begleichung der anfallenden Kosten für die Verwirklichung der vorgesehenen Initiativen beschlossen.[28]

Luther hat seinem Kommentar, seinem „unterricht und warnunge", die Überschrift gegeben: „Wider den rechten Auffrurischen verretherschen und Mordischen radtschlag der ganczen Meinczischen pfafferei." Er stellte deren Wünsche als egoistisch hin. Die Kleriker lästerten, wie er in einer Einleitung zu den ihm bekannt gewordenen Mainzer Beschlüssen erklärte, das Evangelium als „eine auffrurische lere", hetzten die Fürsten gegeneinander und wollten „gancz deudsch landt ym blutt . . . erseuffen, alleine das sie nhur yhren bauch und lesterlich bubisch leben und unchristlichen pracht erhalten".[29] Der Wittenberger erklärt, es komme nicht auf seine Person an: „Es muß doch gestorben seyn". Wenn man seine Lebensführung lästert, so kann er sich gut verteidigen. Lediglich dies kann man ihm vorwerfen, „das ich fleisch esse auff den Bebstlichen fasttagen und nicht sawer sehe sondern frohlich bin, das heissen sie brassen und ym sauß leben". Wichtiger ist ihm, daß die Gegenseite Andersgläubige „auff alle weyse verfolgett". Das sei bei den Anhängern der Reformation anders: „Wyr todten noch vorjagen noch vorfolgen niemandt, der anders leret dan wyr odder secten anricht, Sondern fechten alleine mit dem Gottes wort wider sie; wo sie den nicht wollen, lassen wir sie faren und sondern uns von yhnen, das sie bleyben yn wilchem glauben sie wollen, Thun yn aber gleich woll das beste das wyr konnen, lassen sie wonen und hantieren und leben unter uns, . . ." Nicht das Schwert wird von den Anhängern der Reformation für die Auseinandersetzung um die Wahrheit benutzt, wie es Türken und Papisten tun, die „nicht mit gottes wort" kämpfen.[30]

Im Anschluß an den Abdruck der Mainzer Beschlüsse meint Luther ironisch, man hätte dort zwei Gesandtschaften – zum Kaiser und zu Gott im Himmel – vorsehen sollen. Karl hätte geklagt werden sollen, daß die Priesterschaft „So iemmerlich yhn aller herczen veracht ist", während man zu Gott Riesen hätte schicken sollen, die ihn das Fürchten lehren, damit er sein Wort verändert, das sich jetzt gegen die Priester richtet.[31] Wie tief ihn der Vorwurf traf, er sei ein verurteilter Ketzer und seine Lehre sei schuld am Bauernkrieg, erweist die Ausführlichkeit, mit der Luther darauf eingeht. Er betont, daß er in Worms 1521 nicht durch ein Urteil des Reiches als Ketzer verurteilt wurde: „Den es war nicht ein gemein eintrechtig urteil, von allen stenden beschlossen und underschriben, wie sichs gepürt, weil die stende nicht drein haben verwilliget."[32] Dies ist aber nur teilweise richtig, denn das Aussprechen der Reichsacht war traditionellerweise ein kaiserlicher Rechtsakt, so daß Karl die Stände nicht hätte unterrichten oder befragen müssen. Daß er es dennoch tat, lag an der Ungewöhnlichkeit der Situation, denn es war unerhört, einen verurteilten Ketzer, einen Gebannten, nochmals vor dem Kaiser und den Ständen zu befragen. Es ist deswegen verständlich, daß die Acht nicht im Reichsabschied erwähnt und sie nicht vom Erzkanzler des Reiches publiziert wurde.[33] Aber die Gültigkeit der kaiserlichen Handlung litt darunter nicht, wie Luther glauben machen will, wenn er behauptet, die Zustimmung der Stände sei dasjenige, „an wilchem am meisten gelegen ist ym ganczen reich".[34] Jedoch konnte ein solches Argument natürlich die Bestrebungen der Stände stärken, sich vom Kaiser möglichst viele Freiheiten zu erkämpfen.

Auch den Vorwurf, seine Lehre habe den Bauernkrieg verursacht, hält Luther für unbegründet. Er verweist darauf, daß es dort, wo er predigt, keinen Aufruhr gab noch gibt. Er erinnert: „. . . wer stund stercker wider die bauren mit schrifften und predigen den ich? Mitten under in Bin ich gewesen und durch sie gezogen, mit farhe leibs und lebens." Thomas Müntzer sei verbitterter über ihn als über irgendeinen anderen Menschen gewesen. Ursache des Aufstandes sei Gottes Zorn über die Unterdrückung des Evangeliums. Außerdem hätten sich die Aufrührer gegen die Tyrannei der Geistlichen gewehrt, die trotz mancher Klagen nicht geringer geworden sei.[35] Von einem Konzil, „das die pfaffen regierten", kann Luther aufgrund seiner Erfahrungen nichts halten[36] – eine Stellungnahme, die angesichts späterer Diskussionen über eine allgemeine Kirchenversammlung zu beachten ist.

Die Ausführungen Luthers brechen unvermittelt ab. Landgraf Philipp war es, der Hoffnungen äußerte, sein Schwiegervater, Herzog Georg von Sachsen, könne sich der Reformation anschließen. Das sei aber nur möglich, wenn Differenzen zwischen Kurfürst Johann und Georg beseitigt werden und wenn der Herzog auch von Luther entsprechend behandelt wird. Denn nach Philipps Meinung ist Georg weniger gegen die Sache des Evangeliums als „mehr des Luters person feind". Johann antwortete aus Torgau, er wolle den Wittenberger entsprechend informieren, und beauftragte Hieronymus Schurf und Philipp Melanchthon, mit Luther zu reden.[37] Der Kurfürst schrieb auch an seinen Wittenberger Professor, daß diese beiden ihn wegen der Mainzer Beschlüsse sprechen sollen, und teilt schon jetzt mit, daß es ihm darauf ankommt, daß Georg nicht gereizt wird.[38] Luther fügt sich sofort. Der Druck seiner Ausführungen ist zwar bereits begonnen worden, obwohl diese im Konzept noch nicht abgeschlossen sind; trotzdem erklärt er sich einverstanden, Druck und Arbeit einzustellen – es „truge mir ettwas zeyt zu".[39] Nachdem der Kurfürst den Abbruch der Arbeit gewünscht hat – Georg hatte den Text bereits durch eine Indiskretion erhalten, sofort seinen Unwillen darüber bekundet und gewünscht, daß die Ausführungen nicht publiziert werden[40] –, sendet Luther das Gedruckte an Johann und teilt ihm mit, daß er seine Ausführungen nicht zu Ende bringen wird.[41] Wenn damit aber weder die Beschlüsse der Mainzer noch Luthers Urteile über den Kreis der Beteiligten hinaus bekannt werden, so läßt sich doch nicht verkennen, daß diametrale Positionen einander gegenüberstehen: einerseits der Versuch, vorhandene Rechte zu verteidigen, andererseits die Behauptung, daß das Evangelium beachtet werden muß, wenn es nicht zu noch schwereren Krisen in Deutschland kommen soll. Diese drohten auch deswegen, weil sich im Juli 1525 die Kurfürsten von Mainz und Brandenburg sowie die Herzöge von Sachsen und Braunschweig-Wolfenbüttel im Dessauer Bund zusammengeschlossen hatten (eine Fortführung jener Politik, die bereits ein Jahr vorher zum Regensburger Bund süddeutscher altkirchlicher Fürsten geführt hatte), während im Mai 1526 Kursachsen und Hessen ihre Gothaer Absprache vom Februar in Torgau ratifizierten, der sich Braunschweig-Lüneburg, -Grubenhagen, Mecklenburg, Mansfeld und Magdeburg anschlossen.[42] Die Auswirkungen dieser Bündnisse auf die Politik im Reich mußten erheblich sein.

Im Zusammenhang dieser Verhandlungen ist Kurfürst Johann auch an die Reichsstadt Nürnberg herangetreten und hat sie eingeladen, sich der eigenen konfessionellen Gruppe anzuschließen. Aber die Nürnberger fürchteten, es handele sich um ein Bündnis gegen den Kaiser oder andere Reichsstände.[43] Luther meinte dagegen, es werde nur eine Vorsorge getroffen. Die Bischöfe schlössen sich zusammen und könnten Kursachsen und vielleicht auch Nürnberg so „plötzlich ... vberfallen ..., wie mit der Bawren auffrur geschehen". Durch das Bündnis solle nur solchen tückischen Anschlägen begegnet werden, weil man sich verspreche, sich in diesem Fall gegenseitig zu helfen. Dem Kaiser oder sonst jemand solle dadurch nicht zu nahe getreten werden. Auch das Argument der Nürnberger, daß Gott sein Wort selbst zu schützen vermöge, hält der Reformator nicht für stichhaltig. Denn Gott bediene sich der Obrigkeit als „seiner laruen vnd wir im darin schuldig sind zu dienen".[44] Dieses offenbar recht schnell erstellte Gutachten, das zu späteren in Spannung steht, hatte aber nicht die Wirkung, die sich der Kurfürst erhofft hatte.[45] Nürnberg hielt sich weiterhin abseits, so daß abzuwarten war, welche Ergebnisse der Reichstag zeitigen würde.[46]

Die in Augsburg versammelten Stände hatten ihrer Hoffnung Ausdruck gegeben, daß der Kaiser persönlich zum nächsten Reichstag nach Deutschland kommen werde,[47] was für die anstehenden Verhandlungen bedeutungsvoll sein mußte. Nachdem Karl V. am 14. Januar 1526 mit König Franz I. von Frankreich in Madrid Frieden geschlossen hatte,[48] konnte erwartet werden, daß er tatsächlich nach Mitteleuropa reisen werde. Man mußte aber befürchten, daß dafür die Zeit bis zur Zusammenkunft der Stände zu knapp sei. Es überrascht deswegen nicht, daß am 1. Mai, als der Reichstag in Speyer beginnen sollte, noch kein einziger Fürst erschienen war. Ferdinand traf als erster am 18. Mai ein, mahnte die übrigen Stände, sich rasch einzufinden, und drohte andernfalls mit seiner Abreise. Dies hatte zur Folge, daß so viele Fürsten anreisten, daß die Versammlung am 25. Juni eröffnet werden konnte.[49] Luther ist zur weiteren Vorbereitung dieser Tagung offenbar nicht herangezogen worden. Kursachsen war vollauf damit beschäftigt, sich mit den

Verbündeten abzustimmen. Auch während der Reichstagsverhandlungen wurde er nicht um Rat gefragt. Er erfuhr lediglich von den Banketten, zu denen sich die Fürsten einluden.[50] Aber der Beschluß, daß jede Obrigkeit sich in der Glaubensfrage so verhalten solle, wie sie sich vor Gott und dem Kaiser verantworten wolle[51] – vom Papst ist nicht die Rede! –, war von einschneidender Bedeutung, und dies nicht zuletzt deswegen, weil Clemens VII. und Franz I. zusammen mit Venedig und Mailand am 22. Mai 1526 in Cognac ein neues Bündnis geschlossen hatten,[52] das den Kaiser wieder in den Kampf um Italien hineinzog. Ferdinand aber sollte sich durch den Tod seines Schwagers Ludwig, des Königs von Ungarn und Böhmen, am 29. August 1526[53] so stark diesen beiden Königreichen und der Türkenabwehr zuwenden, daß auch dies nicht ohne Folgen für die Reformation bleiben konnte. Angesichts dieser Konstellationen blieb die Konzilsdiskussion der Jahre 1526 und 1527 zweitrangig. Sie wurde auch im wesentlichen zwischen Kaiser und Papst geführt und zeitigte keine Ergebnisse.[54] Der Waffengang zwischen ihnen, der durch die Liga von Cognac hervorgerufen wurde, überschattete alles andere.

II Protestation und Bündnis: Speyer 1529

Die Eroberung Roms durch kaiserliche Söldner und die Zerstörung des Zentrums der Christenheit[55] vermochten jedoch Karl V. und Clemens VII. nicht auf Dauer zu trennen. Der Kaiser hatte sich auch während des Krieges mit Rom nicht mit der Reformation angefreundet, so daß sich für die Kontrahenten an dieser Stelle ein Ansatz zur Überbrückung der Gegensätze bot. Es war deswegen nur folgerichtig, daß im Frieden von Barcelona, der zwischen ihnen am 29. Juni 1529 geschlossen wurde, Karl V. dem Papst zusagte, sich gegen die reformatorische Bewegung wenden zu wollen.[56] Aber bevor den Auswirkungen dieses Friedens nachgegangen werden kann, ist die Entwicklung im Reich ins Auge zu fassen. Denn bereits im Frühjahr 1529 kam es auf dem zweiten Speyrer Reichstag zu Verhandlungen, durch die der Beschluß in Glaubensangelegenheiten, der 1526 gefaßt worden war, und die seitherige Entwicklung im Sinne der altkirchlichen Mehrheit der Stände korrigiert werden sollten.

Zum 21. Februar waren die Obrigkeiten zu einer neuen Versammlung nach Speyer eingeladen worden.[57] Luther meinte in einer Predigt am 7. März, er habe viele Reichstage erlebt. Während der letzten zehn Jahre habe man sich gegen ihn und gegen das Evangelium gewendet. Aber das habe nichts genutzt, weil Gott die Vernunft blende, die sich selbst regieren wolle[58] – er erwartet also auch von der neuen Versammlung Widerspruch gegen das Wort Gottes, ohne daß dieses dadurch unterdrückt werden könnte. Aber die Situation erwies sich in Speyer doch rasch als sehr viel kritischer, als Luther und manche andere angenommen hatten: Der Beschluß des letzten Reichstages in Speyer sollte zurückgenommen werden; kein neuer Stand sollte die Reformation durchführen dürfen. In den evangelischen Territorien und Städten sollte die frühere Meßfeier wiederhergestellt werden. So ist im Abschied des Reichstages mehrheitlich verfügt worden.[59] Während die Nürnberger Theologen von ihrem Rat befragt wurden, wie sich die Reichsstadt zu den zu erwartenden Beschlüssen stellen solle – Andreas Osiander empfahl damals im Namen seiner Kollegen, an der bisherigen Religionspolitik festzuhalten[60] –, hat Johann kein Gutachten Luthers eingeholt. Die Entwicklung verlief so rasch, daß keine Zeit blieb, aus dem entfernten Wittenberg eine Stellungnahme anzufordern. Außerdem konnte der sächsische Kurfürst, der von Melanchthon begleitet wurde,[61] davon ausgehen, daß Luther keine Nachgiebigkeit empfehlen würde.[62] Die wenigen evangelischen Stände legten deswegen am 19. April 1529 Protest gegen den Majoritätsbeschluß ein, appellierten an den nach wie vor in Spanien weilenden Kaiser, und einige von ihnen verabredeten bereits am 22. April ein geheimes Schutzbündnis gegen einen Angriff aus Glaubensgründen.[63] Luther wurde darüber nicht informiert bzw. er erhielt einen Brief nicht, den Melanchthon Ende März an ihn schrieb.[64] Erst am 6. Mai wußte er Wenzeslaus Linck zu berichten, daß der Reichstag zu Ende gegangen sei, „aber fast ohne Frucht, außer der, daß die Christusgeißler und Seelentyrannen ihre Wut doch nicht auslassen konnten". Jetzt erwartete er von einem Konzil nichts Gutes.[65] Die Protestation ist in Wittenberg gedruckt und Luther dadurch sicher im Wortlaut bekannt geworden. Kurfürst Johann bat ihn, ein Exemplar an Bugenhagen zu schicken, der sich zu dieser Zeit in Hamburg aufhielt.[66] Man wird davon ausgehen können, daß dies geschah. Eine Äußerung dazu begegnet in Luthers Briefwechsel nicht – an dieser Stelle fühlte er sich nicht zu Äußerungen veranlaßt, weil er offenbar nichts zu kritisieren hatte. Das war im Hinblick auf die vorgesehene protestantische Bündnisabsprache ganz anders.

Als nämlich Melanchthon aus Speyer nach Wittenberg zurückkehrte, berichtete er von den Bündnisplänen, die unter dem Schock der Reichstagsereignisse gefaßt worden waren. Luther schrieb daraufhin an seinen Kurfürsten, denn nach den Erfahrungen mit den sogenannten „Packschen Händeln"[67] im vorhergehenden Jahr erwartete er von dem neuen Bündnis nur Schwierigkeiten. Er hielt Landgraf Philipp für die treibende Kraft der vorgesehenen Absprachen und riet Johann, sich herauszuhalten, denn man wisse nicht, welches Unheil aus diesen Plänen entstehen werde. Der Reformator begründete seine Auffassung mit drei Punkten: 1. Dieses Bündnis werde nicht aus Vertrauen zu Gott geschaffen, sondern weil man allein menschliche Hilfe suche. Es bestehe keine Notwendigkeit für diesen Zusammenschluß, „denn der Papisten Haufen nicht so viel vermag, noch so viel Herzens hat, daß sie sollten etwas anfahen, und hat Gott allbereit uns gegen sie mit guten Mauren seiner Macht verwahret". Die Gegner würden durch ein protestantisches Bündnis vielmehr zu einem ähnlichen Übereinkommen und vielleicht mehr veranlaßt, „das sie sonst wohl ließen". Auch sei zu befürchten, daß der unruhige und junge Philipp wie im vorhergehenden Jahr nicht nur eine Verteidigungsabsprache suche, sondern einen Anlaß für einen Präventivkrieg finden werde, was wider Gott sei. 2. sei „das allerärgste", daß man sich hier mit den Gegnern des Altarsakramentes zusammenschließen wolle, wodurch man sich ihrer Lästerungen teilhaftig mache, so „daß fürwahr kein fährlicher Bund möcht furgenommen werden, das Evangelium zu schänden und zu dämpfen". Der Kurfürst möge die Bündnispläne aufgeben, was wohl auch Markgraf Georg tun werde. „Unser Herr Christus, der bisher E. K. F. G. ohne den Landgrafen, ja wider den Landgrafen, wunderlich geholfen hat, wird wohl weiter helfen und raten." 3. wird auf die Bibel verwiesen, in der Bündnisse „menschlicher Hülfe" abgelehnt würden; nochmals erinnert Luther an den hessischen Landgrafen – er hat im letzten Jahr schwer gefehlt, ohne dies bisher zugegeben zu haben; ihm ist auch jetzt nicht zu trauen.[68]

Diese Sprache läßt an Deutlichkeit nichts zu wünschen übrig. Hatte Luther noch 1525/1526 ein Verteidigungsbündnis gegen die Nürnberger Befürchtungen legitimiert,[69] so haben ihn die Erfahrungen von 1528 eines anderen belehrt. Jeder Zusammenschluß kann leicht für einen Angriffskrieg mißbraucht werden. Der ist aber immer ungerecht und gegen Gott. Vor allem traut der Reformator dem hessischen Landgrafen nicht. Dieser wünscht eine breite politische Basis unter Einbezug der evangelischen Reichsstädte in Südwestdeutschland. Hier wird aber nach Luthers Auffassung das Evangelium gelästert, weil das Abendmahl als ein schlichtes Essen („schlechte Collation"[70]) hingestellt wird – mit solchen „mutwilligen Feinden Gottes und seines Worts"[71] darf man kein Bündnis eingehen. Zu der Forderung, daß nur ein Verteidigungsabkommen denkbar sei, tritt also diejenige der konfessionellen Lauterkeit aller Partner. Diese Erwägungen sollten für die kursächsische Politik nicht ohne Auswirkungen bleiben: Bei den Verhandlungen in Rodach am 6. Juni 1529 lehnte Johanns Gesandter ein Bündnis mit Städten ab, in denen nicht die rechte Abendmahlslehre verkündigt werde.[72]

Luther hat seinem persönlichen Brief an seinen Kurfürsten vom 22. Mai etwas später[73] ein Gutachten folgen lassen, das er im Namen der Wittenberger Theologen erstattete und in dem er seine Meinung wiederholte. Er erklärte, es sei anzunehmen, daß bei einem Angriff des Kaisers die meisten Stände das Bündnis nicht halten würden. Man sehe jetzt schon bei den meisten Reichsstädten, die „das Euangelion fressen wollten fur liebe", daß sie „plötzlich vnd leichtlich vmbgefallen". Auch die restlichen Städte wie Ulm und Straßburg würden sich wohl bald genauso verhalten. Wieder warnt Luther vor Philipp von Hessen.[74] Auch auf die Tatsache weist er hin, daß die Bündnispartner in Rechtsstreitigkeiten hineingezogen werden können, die er für dubios hält. So haben Basel und Straßburg Stifte an sich genommen, die ihnen nicht gehören. „Solchs musten wir alles mit gethan vnd helffen verteydingen." Das Bündnis ist auch verdächtig und ärgerlich, weil die meisten Stände es zu ihrem Abgott machen würden. Besonders ausführlich geht Luther schließlich noch auf die „ketzerey ... widder das Sacrament" ein. Wer sagt, im übrigen sei man doch in der Lehre einig, übersehe, daß der „nicht weniger ein vnchrist [ist], wer einen artickel leügnet, denn Arrius odder deren einer". Wer erklärt, dieser „bund betreffe nicht die lere", sondern wende sich nur gegen äußere Gewalt, möge bedenken, daß die Gegner die Protestanten ja gegebenenfalls nur „vmb der lere willen" angreifen würden. Luther empfiehlt, dem Kaiser zu schreiben, daß Kursachsen mit den Zwinglianern keine gemeinsame Sache macht, und was vom Kurfürsten für das Wohl von Kirche und Staat getan wurde.[75] An die Stelle einer von Philipp gewünschten gesamtprotestantischen Bündnispolitik sollte also nach Meinung der Wittenberger Theologen eine kursächsische Separatpolitik treten[76] – ein Gedanke, der im folgenden Jahr nicht ohne Auswirkungen bleiben sollte. Auch Melanchthon teilte Luthers Argwohn.[77] Ein Verteidigungsbündnis mit altkirchlichen Ständen gegen Angriffe von außen, etwa gegen die Türken, hielt Luther dagegen für erlaubt. Aber einen Angriffspakt oder eine Absprache ohne eine konkrete Gefahr lehnte er ab.[78] Vor allem hatte er Bedenken gegen ein Bündnis, das sich gegen den Kaiser richtete.[79] Denn bei ihm handelt es sich nach Luthers Meinung um eine von Gott gesetzte Obrigkeit, die geachtet werden muß.

Damit verschärfte sich die Bündnisproblematik nochmals. Landgraf Philipp forderte nämlich in einem Brief an Johann vom 14. September 1529 eine „eindeutige Auskunft über die Haltung Kursachsens bei einem Angriff des Kaisers".[80] Der Kurfürst bat daraufhin Bugenhagen um eine Stellungnahme, da Luther, Jonas und Melanchthon auf dem Weg zum Theologenkonvent nach Marburg waren.[81] Erst nach seiner Rückkehr sollte sich Luther diese Frage neu und grundsätzlich stellen, die von ihm bisher nicht eindeutig beantwortet worden war.[82] Zunächst aber mußte geklärt werden, ob das Ergebnis des Marburger Gespräches[83] nicht doch die Einbeziehung der südwestdeutschen Reichsstädte in die Bündnisbestrebungen ermöglichte. Kurfürst Johann erbat darüber am 14. November 1529 ein Gutachten Luthers, Bugenhagens und Melanchthons.[84]

Ihre Stellungnahme ist in ihrer ursprünglichen Fassung nicht erhalten. Wahrscheinlich ist sie in einen Text eingegangen, in dem zunächst die Gründe *für* eine Aufnahme der „zwinglischen" zusammengestellt werden, bevor die Gegenargumente folgen. Als Ergebnis wird herausgestellt, daß es besser sei, die fraglichen Reichsstädte nicht in das Bündnis aufzunehmen, „dieweil sie in dem irthumb ßo trotzig vorharten".[85] Da uns Luthers Begleitschreiben zum Gutachten an den Kurfürsten überliefert ist, legt es sich nahe, auf diesen Text genauer einzugehen. Er teilt darin mit, daß auch Jonas an dem Text mitgearbeitet hat[86] und daß sie einem solchen Bündnis strikt widerraten. Die Theologen sind der Auffassung, daß sie „lieber möchten zehenmal tot sein", als auf ihr Gewissen zu laden, „daß unser Euangelium sollte ein Ursache gewesen sein einiges Bluts oder Schadens, so von unserwegen geschehe". Der Kurfürst brauche sich wegen der Gefahren nicht zu sorgen: Christus „kann die Gedanken der gottlosen Fürsten wohl zu nicht machen". Christen tragen ihr Kreuz und folgen darin ihrem Herrn nach. Gott vermag – wie bisher – so auch weiterhin zu helfen. Man habe erfahren, „daß unser Sache nicht unser, sondern Gottes selber ist." Luther fordert, „daß wir unser Hände rein vom Blut und Frevel behalten". Er ist persönlich bereit, vor dem Kaiser zu erscheinen und seinen Glauben zu verteidigen. „Indes verläuft viel Wassers, und wird Gott wohl Rat finden, daß nicht so gehen wird, wie sie gedenken."[87]

Diese Aussagen sind als „ein unpolitischer, der Wirklichkeit ganz entrückter Optimismus und Idealismus" bezeichnet worden.[88] In der Tat ist zu fragen, ob hier nicht die Situation eklatant verkannt wurde, ging es doch nicht mehr nur um Luthers Person, sondern um ganze evangelische Territorien. Sein „Bedenken redete einer politischen Passivität das Wort, die das Kurfürstentum handlungsunfähig gemacht hätte". Sein Rat ließ „die Politiker letztlich ratlos".[89] Jedoch ist zu beachten, daß es sich hier gar nicht um das geforderte Gutachten handelt,[90] sondern um einen zusätzlichen Begleitbrief. Die den Theologen gestellte Frage lautete: Kann nach dem Marburger Gespräch mit den zum Zwinglianismus neigenden süddeutschen Reichsstädten ein Bündnis eingegangen werden? Darauf wird überdeutlich geantwortet: Nein! Die übrigen Äußerungen in Luthers Brief an seinen Kurfürsten sind seelsorgerlich gemeint und bringen die Überzeugung zum Ausdruck, daß vorschnelle Entschlüsse nicht erforderlich sind. Johann möge warten, was Karl V. für eine Politik einschlägt. Aber diese erwies sich in Kürze als so antiprotestantisch, daß doch konkrete Maßnahmen erwogen werden mußten.

Denn der Kaiser, der nach seinem Friedensschluß mit dem Papst nach Italien gereist war, konnte bei seiner Ankunft dort feststellen, daß inzwischen seine Tante Margarete von Österreich und die Mutter des französischen Königs, Louise von Savoyen, in Cambrai einen Friedensschluß zustande gebracht hatten, der ihm die Hände für andere Aufgaben frei machte.[91] Unter diesen Voraussetzungen konnte man schwerlich einen Erfolg der protestantischen Appellationsgesandtschaft erwarten, die den Protest gegen den letzten Reichstagsbeschluß vortragen sollte. Die Befürchtungen wurden übertroffen, als Karl V. die Gesandten sogar festnehmen ließ, weil sie auf der Appellation beharrten und auch noch im Auftrag des hessischen Landgrafen eine Darstellung des evangelischen Glaubens überreicht wurde, durch die sich der Kaiser aufgrund einer Zitation eines Wortes Jesu in seiner Ehre angegriffen fühlte.[92] Daraufhin mußten die Protestanten erwägen, ob diese unnachgiebige Haltung Karls V., der am 12. Oktober 1529 den Einspruch der Protestanten ablehnte,[93] es nicht geraten erscheinen lasse, doch den Abschied des letzten Reichstages anzunehmen. Luther und Melanchthon rieten, daß Johann von Sachsen an seinem Protest festhalten solle. Schließlich seien schon unabhängig von „des Luthers lere" Gravamina gegen die Geistlichen vorgetragen worden, deren Verfehlungen nun im Kurfürstentum abgestellt worden seien. Der Fürst möge sich darauf berufen, daß er nicht jene Lehre verdammen könne, die er vor Gott als „Christlich vnd heilsam" erkannt habe. Diese Lehre solle einem Wunsch der deutschen Stände gemäß auf einem Konzil erörtert werden – die Stände hätten dies aber nicht gefordert, wenn sie die umstrittene Lehre für ganz unchristlich hielten. Auch solle darauf hingewiesen werden, daß in Kursachsen verbotene Lehren weniger geduldet würden als in allen anderen Ländern.[94]

Diese Erwägungen haben die Instruktion für den kursächsischen Gesandten zur Versammlung der evangelischen Stände am 6. Januar 1530 in Nürnberg beeinflußt.[95] Sie machten auch deutlich, daß Luther keine Entscheidungen gutheißen würde, die er als mit seinem Gewissen unvereinbar ansah. Dies betraf vor allem den Gehorsam gegen Gott und sein Wort. Auch dem Kaiser gegenüber gab es also eine Grenze. Wie diese aufrechtzuerhalten sei, darüber sollte es bald zu Diskussionen kommen. Aber für Luther blieb aus den Erfahrungen der Jahre 1528 und 1529 die Erkenntnis, daß politische Bündnisse nur vorsichtig einzugehen seien und daß Weisheit vor den Menschen Torheit bei Gott sei: Ein Bündnis mit jenen, die nicht die reale Gegenwart Jesu Christi im Abendmahl anerkennen, kann er nicht akzeptieren. Kurfürst Johann und seine Ratgeber haben sich diese Maxime zu eigen gemacht.[96] Das Bekenntnis ist wichtiger als jedes Bündnis. Aber was ist zu tun, wenn der Kaiser gegen das Bekenntnis vorgeht, das man selbst für recht und christlich hält?

III Erleiden des Bösen oder Widerstandsrecht gegen den Kaiser?

Am 9. Dezember 1529 schrieb Landgraf Philipp an Luther und bat ihn, wenn er von seinem Kurfürsten um ein Gutachten gebeten werde, um ein Votum im hessischen Sinn. Luther habe doch von dem unerhörten Verhalten des Kaisers gegenüber der Appellationsgesandtschaft gehört. Es sei zu befürchten, daß Karl das Evangelium unterdrücken wolle, aber der allmächtige Gott werde es doch gewiß „gegen idermänniglich gewaltiglich erhalten". Das entbinde jedoch nicht von Überlegungen, welche von Gott verliehenen Mittel seitens der Anhänger der rechten Lehre ins Auge gefaßt werden müssen. Philipp verweist auf die Türkengefahr. Die Muslime hatten Wien im zu Ende gehenden Jahre belagert,[97] und der Kaiser werde gewiß zusammen mit seinem Bruder Ferdinand um Hilfe bei der Abwehr dieser Feinde bitten. Der Landgraf schlägt deswegen vor, daß die Protestanten ihre Unterstützung der Habsburger von der Gewährung des Landfriedens und der Zusage, daß das Evangelium weiterhin verkündigt werden darf, abhängig machen. Luther werde doch gewiß an seiner Lehre festhalten und unterstützen, was diese fördere. Deswegen möge er seinen Landesherrn in diesem Sinne beraten[98] – ein Vorschlag, der spätere Entwicklungen vorwegnehmen sollte, aber für Luther auch ein Plan, der ihm zutiefst suspekt erschien.

Der Reformator hat bereits am 16. Dezember geantwortet, nicht weil er besonders eilfertig gewesen wäre, sondern weil der Bote, der ihm den hessischen Brief überbrachte, offenbar Anweisung hatte, sofort auf seine Antwort zu warten.[99] Philipp wollte Luther möglichst rasch und ohne Ausweichmöglichkeiten festlegen. Aber das gelang ihm nur teilweise. Denn der Wittenberger antwortete sehr ausweichend. Natürlich schimpfte er auf die Pfaffen, die in Italien so Böses an den Gesandten getan haben. Über die Türken ist er von seinem Landesherrn noch nicht – wie er schreibt – um ein Gutachten gefragt worden. Er weiß auch nicht, „wie es zü Speyr itzt odder zu Schmalkalden gehandelt ist". Erst wenn eine Stellungnahme angefordert wird, will er „das beste helffen raten". Ob dies der Vorschlag des Landgrafen sein wird, bleibt mehr als offen, wenn er erklärt, daß ihm sein Gewissen sagen werde, was das Beste sei.[100] Die Vorbehalte gegen Philipps Politik klingen sogar in diesem persönlichen Brief durch, so daß die Initiative des Landgrafen aus seiner Sicht eher negative als positive Folgen haben konnte.

Am 24. Dezember antwortete Luther dann auf eine Anfrage des Kurfürsten. In ihr war es offenbar um drei Punkte gegangen: 1. das kaiserliche Mandat vom 12. Juli 1529 gegen die Protestanten, 2. die Frage sofortiger Rüstungen und 3. die Möglichkeit eines Angriffs auf altkirchliche deutsche Stände. Der Vorschlag des Landgrafen, den dieser auch dem Kurfürsten gemacht haben dürfte,[101] Türkenhilfe gegen Gewährung des Landfriedens und der Verkündigung des Evangeliums zuzusagen, ist offenbar gar nicht erst an Luther übermittelt worden, der seinerseits keine Veranlassung sah, darauf einzugehen. Zu den gestellten Fragen meinte Luther, das Mandat sei „noch nicht ausgangen". Diejenigen, die „eins vnzertrenneten glaubens sind" – also nur Kursachsen und die ihm theologisch verbundenen Stände –, sollten sich deswegen untertänig an den Kaiser wenden. Vielleicht sei sein Sinn bereits ein anderer geworden. Der Kaiser sei Obrigkeit und deswegen zu ehren. Was Rüstungen angeht, so rät der Reformator ab. Er zitiert hier nicht nur Bibelstellen, sondern wird ganz realistisch: Rüstungen kosten Geld.

Was soll man tun, wenn der Kaiser nicht angreift, so daß die Evangelischen der Gegenwehr müde werden? Außerdem würde Karl V. durch Rüstungen erzürnt – sie helfen also nicht, sondern sie schaden nur. Vor einem Angriff auf altkirchliche Stände warnt Luther. Dadurch würden „Gott vnd wellt ... hochlich erzurnet vnd wir billich [gerechterweise] verdampt". Der Reformator lehnt aber nicht nur ab, sondern deutet auch an, daß es sich hier um eine situationsgebundene Analyse handelt. Für den jetzigen Zeitpunkt gelten seine Vorschläge.[102] Was später zu tun ist, muß von der Entwicklung der Politik abhängig gemacht werden. Landgraf Philipp hat dann Luthers Äußerungen, die ihm sofort vom sächsischen Kurfürsten zugeschickt wurden,[103] in seinem Sinne gedeutet: der Wittenberger habe zugestanden, daß sich „der kurfürst ... auch kegen den keyser weren mag, so er mit unrecht seyn lieb uberzihen thet".[104] Aber genau dies war von Luther nicht so eindeutig gesagt worden, so daß er sich dieser Frage bald stellen mußte.

Denn als sich der sächsische Kanzler Christian Beyer mit den Vertretern der übrigen lutherischen Stände am 6. Januar 1530 in Nürnberg traf, vertrat er jene Linie, die sich aus den in seinem Land geführten Beratungen ergeben hatte: konfessionelle Klarheit des geplanten Bündnisses – was Luthers Forderung entsprach[105] –, selbst bei einem Verzicht auf eine Verständigung mit Philipp von Hessen, falls dieser weiterhin auf einer Koalition mit den „Zwinglianern" bestünde,[106] aber Widerstandsrecht gegen einen Kaiser, der mit Gewalt die Verkündigung des Evangeliums verhindern und die Wiederherstellung der alten Zeremonien vornehmen will. Zu letzterem konnte Beyer sich aufgrund eines Gutachtens Johannes Bugenhagens von Ende September 1529 befugt sehen, der eine Anfrage seines Kurfürsten in diesem Sinne beantwortet hatte. Aber Ansbach-Kulmbach und Nürnberg lehnten ein Widerstandsrecht gegen die rechtmäßige Obrigkeit, den Kaiser, ab. Lazarus Spengler hatte durch ein Gutachten diesen Stein ins Rollen gebracht und damit die vorsichtige Politik Nürnbergs gegenüber dem Gotha-Torgauer Bund aus den Jahren 1526 ff wiedererstehen lassen. Der Reichsabschied von 1529 hat in dieser Reichsstadt wie im Fürstentum Ansbach-Kulmbach also keine dauerhafte politische Veränderung hervorgerufen. Der sächsische Kanzler ließ die theologischen Ratgeber beider Stände befragen, mußte aber feststellen, daß sie alle – z. B. Johannes Brenz und Wenzeslaus Linck – mit Ausnahme Andreas Osianders[107] ein Widerstandsrecht gegen den Kaiser ablehnten.[108] Nach seiner Rückkehr forderte deswegen Kurfürst Johann am 27. Januar 1530 Luther auf, sich zusammen mit Jonas, Bugenhagen und Melanchthon aufgrund des Gutachtens Spenglers darüber zu äußern, ob ein Widerstandsrecht gegen den Kaiser aus juristischen und theologischen Gründen möglich sei oder ob die Unterdrückung des göttlichen Wortes erduldet werden müsse. Die Antwort möge in etwa drei Wochen vorliegen.[109]

Erst am 6. März verfaßte Luther sein Gutachten, nachdem er sich mit seinen von Johann benannten Kollegen in Verbindung gesetzt hatte.[110] Er geht davon aus, daß kaiserliche oder weltliche Rechte eine Gegenwehr legitimieren mögen – besonders wegen der Wahlkapitulation, die Karl V. unterzeichnet hat –, aber theologische Gründe gebe es dafür nicht. Die Bibel zeige, daß von der Obrigkeit Unrecht erduldet werden müsse, solange sie Obrigkeit bleibe, d. h., solange „das reich vnd die kurfursten yhn fur keiser halten vnd nicht absetzen". Wollte man Widerstand gegen die Obrigkeit zulassen, wenn diese Unrecht wider Gott tut, würde man allen Gehorsam beseitigen, weil jedermann bei ihm unliebsamen Entscheidungen behaupten könnte, die staatlichen Behörden handelten gegen Gott. Der Kaiser bleibt Kaiser, auch wenn er „alle gebot Gottes vbertrete". Der Rechtssatz, daß Gewalt mit Gewalt beantwortet werden darf, gilt nicht gegenüber der Obrigkeit, er gilt sogar bei gleichgestellten Fürsten nur dort, „wo es notwehr oder schutz foddert der andern odder vnterthanen". Denn es gilt auch die Maxime „Niemand sol sein eigen richter sein".[111] Die Untertanen der Fürsten sind noch mehr

Untertanen des Kaisers. Wie der Bürgermeister von Torgau seine Untertanen nicht gegen die höhergestellte Obrigkeit, den Kurfürsten von Sachsen, „schützen" darf, so auch nicht der Kurfürst die Bewohner seines Landes gegenüber dem Kaiser. Daß Karl V. die Appellation gegen den Speyrer Abschied nicht habe untersuchen lassen, bedeute gar nichts. Denn dies könne rasch geschehen und das Ergebnis sei klar vorhersehbar: Die Protestanten werden verurteilt werden.

„Was sol man denn thun?" Man soll das Unrecht vom Kaiser erleiden, „so lange er keiser ist". Nicht verpflichtet ist der evangelische Fürst, sich an diesem Unrecht aktiv zu beteiligen. Er soll „land vnd leute vngeschutzt vnd den keiser vngehindert lassen". Der mag dies auf sein Gewissen nehmen, „wir konnens yhm nicht weren". Auch darf der Christ darauf vertrauen, daß Gott die Seinen über ihre Weisheit und Macht hinaus auf viele Weisen zu schützen vermag, was durch biblische Beispiele belegt wird. Luther fügt noch zum Schluß hinzu, wer das Widerstandsrecht bejahe, möge bedenken, daß bei Karl V. „der grosse hauffe" ist – die Protestanten sind nur eine Minorität. Wer soll Kaiser werden, wenn es der Habsburger nicht mehr sein soll? Würde in einem allgemeinen Aufruhr nicht jeder Kaiser werden wollen? Wessen Gewissen könnte es ertragen, Ursache für solch „ein vnaussprechlich morden vnd iamer" zu werden? Da wäre es für einen Fürsten besser, drei Fürstentümer zu verlieren, ja „drey mal tod sein".[112]

Diese Stellungnahme kam den kursächsischen Juristen ganz und gar ungelegen. Sie versuchten, das Gutachten nicht bekannt werden zu lassen.[113] Hatte doch Landgraf Philipp deutlich gemacht, daß die fürstliche „Libertät" ein solches Erleiden nicht erlaube.[114] Auch war die Bündnispolitik, die seit dem zweiten Speyrer Reichstag eingeschlagen worden war, ihres Herzstücks beraubt, wenn sie nicht Widerstand gegen Unrecht ermöglichte – auch gegen den Kaiser oder von ihm Beauftragte. Bugenhagen, der in seinem Gutachten vom September 1529 die Schutzpflicht der Obrigkeit höher eingestuft hatte als ihre Gehorsamspflicht gegenüber dem Kaiser, hat Luther jetzt nachgegeben. Allerdings hat er kein eigenes Gutachten seiner revidierten Stellung verfaßt, während Melanchthon ein eigenes Votum abgab, das sich inhaltlich mit dem Luthers deckte.[115] Aber so geschlossen und eindeutig ihre Meinung auch formuliert war,[116] sosehr Luther hier auch Linien weiterzog, die in seinen Schriften über die Obrigkeit während der Jahre 1523 bis 1526 vorgegeben waren,[117] so blieb doch eine schwache Stelle offenkundig: Wenn der Kaiser die von Gott gegebene Obrigkeit ist, wie ist es dann möglich, daß er von Menschen, vom Reich und den Kurfürsten,[118] abgesetzt werden darf? Wenn Luther hier nicht konsequent ganz enge Grenzen ziehen wollte,[119] dann ergab sich ein Ansatzpunkt für reichsrechtliche Diskussionen, der Luthers gesamte Konstruktion ins Wanken bringen konnte. Aber zunächst schien nicht Widerstand gegen den Kaiser gefordert zu sein. Denn dessen Ausschreiben zum Reichstag nach Augsburg 1530 drohte nicht Gewalt an, sondern verhieß ein Gespräch, auf das es sich sofort vorzubereiten galt.[120]

IV Das Bekenntnis von 1530: Überwindung der Glaubensstreitigkeiten durch Karl V.?

Kurfürst Johann schrieb am 14. März an seine Wittenberger Ratgeber, sie möchten beraten, was über die Glaubensfragen und die Kirchenbräuche zu beschließen sei, damit man sich schon vor Reichstagsbeginn zusammen mit den anderen Ständen, die „die reine Lehre . . . angenommen" haben, klarwerde, worüber dann verhandelt werden könne. Die Theologen werden aufgefordert, diesen Überlegungen Priorität einzuräumen und am 20. März persönlich mit ihrem Gutachten in Torgau zu erscheinen. Luther, Jonas und Melanchthon sollen sich auch darauf einrichten, den Kurfürsten bis nach Coburg zu begleiten. Dürfen Gelehrte zum Reichstag kommen, behält sich der Kurfürst vor, sie dorthin holen zu lassen. Andernfalls sollen sie

„und sunderlich Ihr, Doctor Martinus", in Coburg bleiben. Johann macht deutlich, warum er die Versammlung der Stände so gut vorbereiten und Luther so nah wie möglich an Augsburg wohnen lassen will: vielleicht wird dieser „Reichstag an eins Concilii ader Nationalversamblung Statt gehalten . . . werden ". Wenn die Glaubensfragen endgültig geklärt werden, wie dies des Kaisers Einladung zum Reichstag in Aussicht stellt,[121] dann wird der Rat der Theologen und besonders derjenige Luthers erforderlich sein.[122]

Die Angeschriebenen haben ihre Arbeit sofort aufgenommen, zunächst lediglich Luther, Bugenhagen und Melanchthon, bevor auch Jonas mitarbeiten konnte.[123] Trotzdem waren sie in der ihnen gesetzten kurzen Frist nicht fertig. Nachdem sie am 20. März nicht in Torgau erschienen waren, forderte Johann sie bereits einen Tag später auf, zu ihm zu kommen.[124] Luther ist vermutlich nach Torgau gereist. Über die dortigen Verhandlungen besitzen wir keine brieflichen Zeugnisse, während wir über die Reise des Reformators nach Coburg gut informiert sind. Am 2. April teilte der Reformator seinem Freund Nikolaus Hausmann mit, daß er zusammen mit Melanchthon und Jonas den Kurfürsten nach Coburg – der südlichsten Stadt seines Landes – begleiten werde.[125] Am nächsten Tag brach er auf, nachdem er noch am Morgen gepredigt hatte.[126] Am 15. April kam er in Coburg an.[127] Bereits am folgenden Tag predigte Luther dort. Am 17. April war Ostern, und Luther hielt zwei Gottesdienste; auch am 2. Ostertag hielt Luther eine Predigt. Er ging in seinen Ansprachen nicht detailliert auf die aktuellen Ereignisse ein.[128] Am 2. Ostertag wußte er Hausmann zu berichten, daß sich der Kaiser noch in Mantua aufhalte.[129] Der Kurfürst brauchte sich also mit der Abreise von Coburg nicht zu beeilen. Als er am 22. April erfuhr, der Kaiser werde noch Ende April in Augsburg eintreffen,[130] reiste er bereits am übernächsten Tag ab.[131] Luther blieb ohne die Freunde zurück, die er gerne begleitet hätte.[132] Aber der Nürnberger Rat hatte es aus Rücksicht auf den Kaiser abgelehnt, den Geächteten in seinem Gebiet aufzunehmen,[133] so daß der Reformator das sächsische Gebiet nicht verlassen konnte. Er berichtete, daß er sich mit dem Psalter, den Propheten und den Fabeln des Äsop beschäftigen wolle.[134] Aber diejenige Arbeit, die er als erste rasch fertigstellte, war seine „Vermahnung an die Geistlichen, versammelt auf dem Reichstag zu Augsburg".[135] Die Niederschrift ging so rasch vor sich, daß Luther bereits am 12. Mai Melanchthon mitteilen konnte, das Manuskript sei schon nach Wittenberg zum Satz unterwegs[136] – er wollte, daß dieses Wort noch rechtzeitig während des Reichstages gehört werden konnte. Das ist der Fall gewesen. Denn die Versammlung der Stände wurde erst am 20. Juni eröffnet,[137] Luthers Arbeit wurde aber seit dem 7. Juni in Augsburg verkauft; ein vom Augsburger Rat ausgesprochenes Verbot der Schrift, das auf Verlangen des Kaisers hin erlassen worden war, scheint „nur sehr wenig genützt zu haben".[138]

Der Reformator meinte in seiner Schrift, er wolle nicht nur geistlich, mit seinem Herzen und Gebet, in Augsburg anwesend sein, sondern auch schriftlich. Er ermahnte die Geistlichen, den Reichstag nicht zu mißbrauchen, sondern auf ihm Gutes zu schaffen. Über den Kaiser sprach Luther nur Gutes.[139] Die Geistlichen aber warnte er: Wenn auch dieser Reichstag nutzlos vergeht, kann böses Blut entstehen, das sich gegen die Geistlichen richten wird. Die Ablehnung des Speyrer Nationalkonzils 1524 – die auf Karl, nicht auf die deutschen Bischöfe zurückgeht![140] – wird von Luther als Ursache für Müntzers Aufruhr hingestellt. Die Gravamina gegen die Geistlichen, die 1521 auf dem Reichstag in Worms vorgetragen worden waren, werden in Erinnerung gerufen. Auch auf das Zurücktreten des Mönchtums wird von Luther verwiesen, das auf seine Lehre zurückgehe. Die Bischöfe würden den Mönchen nicht erlauben, wieder eine so große Rolle zu spielen wie früher.[141] Mit all dem soll – so heißt es – die Geistlichkeit nicht verspottet werden, sondern die Erfahrung all dieser Begebenheiten soll veranlassen, in Zukunft die Gewalt fahrenzulassen „vnd gegen Gott mit furcht vnd demut zu handeln".[142] Luther skizziert dann die Lehre, die vor seinem Auftreten verkündigt wurde: Ablaß, Buße, Messe, Bann, der Entzug des Laienkelches und andere Themen werden behandelt, bevor er auf „die stuck" zu sprechen kommt, „so nottig sind ynn der rechten Christlichen kirchen zu handeln, da wir mit vmb gehen". Es wird gefordert, die Mißbräuche abzustellen, durch die die Gewissen gemartert werden. Der Wittenberger erinnert an das Schuldbekenntnis, das Papst Hadrians VI. Nuntius 1523 auf dem Nürnberger Reichstag ablegte, und meint, wenn die Geistlichen nicht hören, so sei es nicht seine Schuld, wenn sie „zu drummern" gehen.[143] Zwar hat Justus Jonas diese Schrift gelobt,[144] aber der Zorn,[145] der darin zum Ausdruck kommt, und Luthers revolutionärer Vorschlag, die Bischöfe sollten auf ihr geistliches Amt verzichten und lediglich weltliche Fürsten bleiben,[146] waren kaum geeignet, die vorhandenen Gegensätze zu überbrücken.

Da konnte der offene Brief des Reformators an Erzbischof Albrecht, der vom 6. Juli datiert war und der Ende dieses Monats gedruckt in Augsburg vorlag,[147] schon eher zur Verständigung helfen. Luther bezeichnete den Kurfürsten darin als den „furnemest vnd hohest prelat ynn deudschen landen" und bat ihn, da keine theologische Verständigung zu erwarten sei, sich dafür einzusetzen, daß die Anhänger des Papstes Frieden halten. Er legte in diesem Zusammenhang Ps 2 aus und meinte, die Heilige Schrift lehre, daß die Herrscher klug und gottesfürchtig sein sollten. Wenn sie dies nicht sind, werden ihre Pläne zunichte. Als treibende Kraft für einen Krieg in Deutschland wird Papst Clemens VII. hingestellt. Der Reformator läßt es sich nicht entgehen, darauf hinzuweisen, daß der Stellvertreter Petri Krieg gegen Karl V. geführt und ihn „on bey sein der deudschen fursten" in Bologna gekrönt hat. Zwar wird ausdrücklich erklärt: „Ich bin kein prophet", aber im gleichen Moment wird der Teufel als die treibende Kraft der römischen Politik hingestellt. Die Deutschen sind töricht genug, wenn sie auf südländische Verführungen hereinfallen und unter sich ein Blutbad anrichten.[148] Damit wurden nationale Emotionen angestachelt, die eine innerdeutsche Lösung erleichtern konnten. Aber dem mußte sich der Kaiser wegen seiner internationalen Verbindungen widersetzen, so daß selbst bei einem Erfolg dieses Briefes bei Albrecht und anderen wichtigen deutschen Politikern zu bezweifeln war, ob dieser offene Brief dazu beitragen konnte, das gesteckte Ziel zu erreichen. Diplomatische Verhandlungen, wie Melanchthon sie in Augsburg unter Ausschluß der Öffentlichkeit führte,[149] waren dafür sicher mehr geeignet. Aber Luther hatte mit seiner Schrift kundgetan, wie er sich die Lösung dachte: Jede Seite bleibt bei ihrer glaubensmäßigen Überzeugung; ein Krieg wird vermieden, indem man sich gegenseitig den Landfrieden zusichert.

Aber damit sind wir dem Gang der Ereignisse vorausgeeilt. In den Wochen vorher hatte sich der Reformator nämlich nicht nur zu Melanchthons „Apologia" zu äußern, sondern auch zu der Frage, ob sich Kurfürst Johann vom Kaiser ein Predigtverbot gefallen lassen solle. Er meinte, man möge Karl V. „mit demut" bitten, das Predigen nicht „vnuerhoret" zu verbieten, sondern er möge „zuuor yemand zuheren" lassen, „wie man predigte. ... Wil das nicht helffen, So mus man lassen gewalt fur recht gehen."[150] Während in einem älteren Gutachten noch prinzipieller Widerstand gegen ein Predigtverbot gefordert worden war,[151] rät Luther also jetzt sogar an dieser für einen evangelischen Theologen so wichtigen Stelle zur Nachgiebigkeit. Er begründet dies mit den Worten: Der Kaiser ist „vnser herr, die Stad vnd alles ist sein".[152] Unrecht muß deswegen erlitten werden – eine grundsätzliche Stellungnahme mit erheblichen Konsequenzen, die sich jedoch aus Luthers Sicht folgerichtig ergab, wie er sie schon Monate vorher entwickelt hatte.[153] Aber in diesem Fall hatte sein Rat nicht jene Folgen, die man befürchten konnte, daß nämlich den evangelischen Theologen das Wort verboten wurde, während ihre Gegner polemisieren konnten. Karl V. verbot nämlich alle Predigten, um seinen Versuch einer Beendigung der Glaubensstreitigkeiten durch sie nicht gefährden zu lassen.[154]

Hinzu kommt ein Vorgang, der Luther Unannehmlichkeiten bereitete. Im Mai 1530 publizierte nämlich ein Coburger Drucker ohne sein Wissen und Einverständnis die 1529 entstandenen „Schwabacher Artikel".[155] Sie waren bisher geheimgehalten, allerdings dem Kaiser durch den sächsischen Kurfürsten bekanntgemacht worden, um ihn von der Wahrheit der reformatorischen Lehre zu überzeugen. Dies war mißlungen, weil der den Kaiser begleitende Legat, Kardinal Lorenzo Campeggio, diese Artikel als häretisch bezeichnet hatte.[156] Auch vier kurbrandenburgische Theologen nahmen die Coburger Publikation zum Anlaß, die Rechtgläubigkeit der vorgelegten Artikel zu bestreiten.[157] Luther hat sie daraufhin selbst publiziert und mit einer Einleitung versehen, in der er einige Richtigstellungen vornahm: Diese Artikel sind von ihm nicht für den Reichstag verfaßt worden; er hat daran mitgearbeitet, sie aber nicht allein geschrieben, und sie sind auch „nicht vmb der papisten willen"[158] verfaßt worden. Aber das Licht brauchen sie deswegen dennoch nicht zu scheuen. Nachdem die Drucker sie unzeitig publiziert haben, äußert Luther sich selbst dazu. Entscheidend wird sein, ob Gott „mit seiner eigen macht auff dem reichstage guts" schafft.[159]

Die Entfernung Luthers vom Versammlungsort der Stände, mangelnde Informationen[160] und eine Politik, die nicht immer seine Zustimmung fand, belasteten die Zeit, die er auf der Veste Coburg verbrachte. Er hörte Gerüchte von einem Bündnis Karls mit Venedig, Florenz, Clemens VII. und Franz I. von Frankreich, meinte aber, er wolle „ein Ohr und Auge verloren haben", wenn dies zustande komme. Denn Franz könne die Gefangenschaft in kaiserlichem Gewahrsam und Clemens den Sacco di Roma nicht vergessen. Auch die Venezianer hätten Anlaß, sich an dem Enkel Kaiser Maximilians zu rächen. Noch jetzt hielt Luther Karl V. für „ein Schaf unter den Wölfen".[161] Auf das nach der Ankunft des Kaisers ausgesprochene Predigtverbot kam der Wittenberger Ende Juni zurück. Er meinte, Kurfürst Johann habe recht getan, sich dem zu fügen, denn man solle dem Bösen nicht widerstehen. Aber er fürchtete, daß Schlimmeres folgen könne, daß nämlich der Kaiser auch noch ein Verbot der gesamten evangelischen Lehre aussprechen werde – dann werde die Krise des Reichstages dasein.[162] Aber zunächst waren nicht solch allgemeine Erwartungen wichtig, sondern konkrete Fragen.

Am 4. Juli teilte nämlich Johann seinem Gelehrten mit, daß wohl von ihm verlangt werde, den Kaiser bedingungslos als Richter in Glaubenssachen anzuerkennen. Weigerten sich die Evangelischen, dann werde Karl V. wohl verlangen, die früheren kirchlichen Zustände wiederherzustellen. Lehnten die Protestanten auch dies ab, „So müste yhr Mt. mit der that darzu thun".[163] Luther meinte dazu, der Kurfürst möge sich auf das Ausschreiben des Kaisers berufen, durch das ein „gnediglich" Verhör angekündigt worden sei. Solle dies entfallen, hätte Karl in Spanien bleiben, die Sache dort entscheiden und den deutschen Ständen große Kosten ersparen können. Luther vermutet, daß Herzog Georg hinter diesen Plänen steht und nicht der Kaiser selbst. Johann möge außerdem erklären, daß für ihn Gottes Wort entscheidend sei. Wenn sich der Kaiser danach richte, werde sein Urteil anerkannt, andernfalls zeige er, daß er kein christlicher Fürst sei.[164] Der Gehorsam gegen die von Gott gesetzte Obrigkeit, den Luther schon häufig gefordert hat, wird auch hier verlangt, aber deutlich begrenzt: Es besteht die Gefahr, daß vom Kaiserhof in Glaubenssachen nicht nach der Bibel entschieden wird. Luther empfiehlt, für diesen Fall deutlich zu sagen, was die Evangelischen tun werden. Diese Deutlichkeit hält er für angemessen, da er meint, daß die Gegner nur leere Drohungen ausstoßen, die sie nicht verwirklichen können. Auch weist er auf neue Bauernunruhen hin[165] – die Altkirchlichen werden keinen Krieg gegen die Protestanten beginnen können, wenn der „gemeine Mann" einen neuen Aufruhr vom Zaune bricht. Von „Nachgiebigkeiten" in einzelnen Punkten – Melanchthon dachte an die Gewährung des Laienkelches, die Erlaubnis der Priesterehe, Veränderungen in der Messe und an das Konzil[166] – hielt Luther dagegen nichts. Nach seiner

Meinung ist nur eine einzige Bedingung erforderlich: das Evangelium muß frei sein und bleiben, und alles, was ihm widerspricht, muß beseitigt werden.[167] Von Freude erfüllt ist der Reformator, weil trotz des Predigtverbotes das Evangelium laut wurde, nämlich durch die Verlesung des Bekenntnisses von Kursachsen und seinen Freunden vor Kaiser und Reich.[168]

Seine Hoffnung, daß nach der Erkenntnis, daß eine theologische Verständigung unmöglich sei,[169] der Reichstag rasch zu Ende gehe, erfüllte sich nicht. Mitte Juli drückte er mehrfach seine Erwartung aus, die Freunde bald wiederzusehen,[170] wurde aber enttäuscht. Der Kaiser verlangte nicht nur die sofortige Rückkehr der Protestanten zu den vorreformatorischen kirchlichen Verhältnissen, sondern ließ überhaupt mit einer Antwort auf sich warten.[171] Das lag einerseits an den Schwierigkeiten, die die Antwort Karls V. auf das evangelische Bekenntnis bereiteten,[172] aber es hieß in Augsburg auch Ende Juli, der Kaiser erwarte jetzt eine zweite Antwort des Papstes.[173] Bei der ersten Antwort ist die Stellungnahme der Kurie zu den Konzessionen gemeint, die Melanchthon erbeten hatte, von denen Luther nichts hielt, die Rom aber auch ablehnte und damit zunächst gegenstandslos machte.[174] Bei der zweiten Antwort dürfte die Ankündigung eines Konzils gemeint sein, die Clemens VII. aber mit Bedingungen verknüpfte, die für die Evangelischen unannehmbar waren und die auch der Kaiserhof nicht als politisch verwertbar ansah.[175] Der Beobachter des Reichstagsgeschehens auf der Veste Coburg mußte sich aber noch zur Bewertung der kirchlichen Bräuche äußern, da deren Stellenwert bei der Diskussion der Glaubensfrage gewichtig sein konnte. Luther tat dies in einem Brief vom 21. Juli.[176] Er mußte sich auch von Kurfürst Johann sagen lassen, er möge alles vermeiden, was die schwierige Augsburger Lage noch weiter gefährden könnte[177] – seine Ausführungen hatten die Augsburger Verhandlungen nicht erleichtert, als er etwa in seiner „Vermahnung an die Geistlichen ..." nur von der Gegenseite Reformen verlangt hatte. Der Reformator mußte schließlich auf Fragen von Königin Maria antworten, der Witwe Ludwigs von Ungarn und Schwester Karls; er tat dies, meinte aber, daß dies die evangelischen Theologen in Augsburg selbst hätten tun können.[178] Brisanter wurde die Lage, als durch Ausgleichsverhandlungen im August doch wieder die Frage von Konzessionen an die Protestanten auftauchte. Melanchthon berichtete am 22. August von den Ergebnissen, die der Vierzehnerausschuß erzielt hatte.[179] Georg Spalatin fragte nach Luthers Meinung dazu,[180] auch Kurfürst Johann, dem Luther am 26. August antwortete.[181]

Im Vierzehnerausschuß hatte man sich weitgehend über die theologischen Fragen verständigt.[182] Offen blieb vor allem eine Einigung über einige Kirchenbräuche: die Möglichkeit der Priesterehe, die Gewährung des Laienkelches und die Gestaltung der Messe. Zu den beiden letzten Themenbereichen nimmt Luther Stellung. Der Forderung der „widdersacher", daß die Evangelischen zugeben sollten, daß die Kommunion unter nur einer Gestalt auch recht sei, lehnt er scharf ab. Denn man muß sich an Gottes Wort halten, das die Gewährung des Kelches an alle deutlich lehre, die das Abendmahl feiern.[183] Einer Billigung von Meßfeiern, an denen keine Gemeindeglieder teilnehmen, wird genauso scharf widersprochen. Denn diese „winckelmessen" seien menschliche Erfindungen, und wer eine einzige zulasse, könne auch allen anderen nicht wehren. Auch der Kanon der Messe sei notwendigerweise gestrichen worden und könne nicht aufgrund einer entsprechenden Interpretation zugelassen werden. Es „ist der Canon nicht zu leiden". „Was ... Gotts wort ist, das ist nicht vnser macht. Vnd was on Gottes wort gestifftet ist zum Gottesdienst, ist auch nicht vnser macht anzunemen."[184]

In seinen Briefen an Spalatin, Melanchthon und Jonas vom gleichen Tag wurde Luther noch deutlicher: In Augsburg sollen Papst und Luther in Übereinstimmung miteinander gebracht werden. Daraus wird nichts werden, wie auch Christus und Belial nicht miteinander versöhnt werden können. Der Reformator wiederholt seine alte Anschauung: Die Evangelischen hätten nur ihren Glauben bekennen und um Frieden bitten sollen. Verhandlungen über die Lehre sind aussichtslos – ob Melanchthon nicht nur der List der Gegner zum Opfer gefallen ist? Zuerst haben die Gegner gedroht. Als das nichts nützte, griffen sie zu Hinterlist und Tücke.[185]

So ließ es sich aus der Ferne sehen. Wer aber wie Kurfürst Johann unter politischem Druck stand, konnte sich den Versuchen zur Klärung der Glaubensfrage schwerlich entziehen. Denn dazu hatte der Kaiser ja eingeladen! Aber in Augsburg selbst kam es im evangelischen Lager zu einer Krise, als Melanchthon mit kursächsischer Rückendeckung, aber ohne Rücksprache mit den anderen protestantischen Ständen, Verständigungsvorschläge machte, die vielen Evangelischen zu weit gingen. Dazu gehörte auch der Gedanke, die bischöfliche Jurisdiktion wiederherzustellen. Dagegen wehrten sich Hessen, Braunschweig-Lüneburg und die Reichsstädte.[186] Der Nürnberger Ratsschreiber Spengler schrieb an Luther, der ihn aber beruhigen konnte, weil er selbst ja schon Kompromisse abgelehnt hatte.[187] Er tat dies auch jetzt[188] und erlebte, daß im September eine mehr politische Lösung gesucht wurde, wie er sie schon lange vorgeschlagen hatte. Melanchthon riet er, sich wegen der ihm gemachten Vorwürfe nicht zu grämen,[189] und Philipp von Hessen konnte er mitteilen, daß der von ihm gefürchtete Kompromiß nicht zustande gekommen sei.[190] Aber auch eine politische Verständigung wurde nicht erreicht,[191] so daß den Protestanten eine Bedenkfrist von einem halben Jahr eingeräumt wurde, in dem sie zur alten Kirche zurückkehren sollten. Täten sie das nicht, so behielt sich der Kaiser vor, als Vogt dieser Kirche ihnen gegenüber zu handeln.[192] Dies konnte nur als Androhung eines Krieges verstanden werden, den Karl V. auch vorbereitete, indem er ausländische Mächte um Unterstützung dafür anging.[193] Damit stellte sich die Frage neu und akut, ob sich die Evangelischen gegen einen solchen Angriff wehren dürften.

V Der Schmalkaldische Bund: Verteidigung des Glaubens

Am 21. Oktober 1530 schrieb Landgraf Philipp an Luther, er höre, daß einige der Meinung seien, Obrigkeiten dürften sich nicht gegen den Kaiser wehren, wenn der sie „des Evangeliums halben" strafen und „des Teufels Lehre . . . widder ufrichten" wolle. Philipp erinnert sich, daß Luther während der „Packschen Händel" die Überzeugung vertrat, daß sein Kurfürst sich gegen den Kaiser wehren dürfe. Er hofft, daß der Reformator weiterhin diese Überzeugung vertritt, stellt aber trotzdem fünf Gründe zusammen, die nach seiner Auffassung ein Widerstandsrecht gegen den Kaiser begründen. Dazu gehört vor allem, daß die Fürsten „Erbherrn" sind, während der Kaiser gewählt ist und bestimmte Verpflichtungen übernommen hat. Wenn er diese nicht hält, dann kann er „nit mehr vor ein rechten Kaiser angesehen werden, sondern vor ein Friedbrecher". In einer Nachschrift werden noch weitere Beispiele hinzugefügt, von denen der Landgraf aber eingestehen muß, daß sie nicht alle zu dieser Streitfrage passen.[194]

Luther hat bereits am 28. Oktober Philipp von Hessen geantwortet, und zwar von Torgau aus, wo er sich seit dem 26. Oktober aufhielt.[195] Der Kurfürst hatte ihn zu sich gebeten, wahrscheinlich weil der verschärfte Entwurf des Reichsabschiedes vom 13. Oktober bekannt geworden war,[196] der die Frage eines evangelischen Bündnisses und des Widerstandsrechtes gegen den Kaiser akut machte. In Torgau ist es wohl „zu harten Auseinandersetzungen" gekommen, denn die sächsischen Juristen hatten sich in beiden Problembereichen längst positiv festgelegt. Sie waren der Auffassung – wie Philipp von Hessen –, „daß die obrigkeitliche Macht und der Gehorsamsanspruch des Kaisers verfassungsrechtlich, d. h. durch das positive Recht beschränkt" seien.[197] Wenn wir auch über die Verhandlungen im einzelnen nur schlecht informiert sind, so läßt sich doch feststellen, daß Luther seine Bedenken gegen ein Widerstandsrecht gegen den Kaiser nicht aufrechterhalten hat. Die juristischen Auskünfte ließen ihn zu der Meinung kommen, daß die Loyalitätsverhältnisse im deutschen Reich anders lagen, als er angenommen hatte. Weil das Evangelium aber „nicht widder die welltliche recht leret", denn das Reich Gottes muß als neben der Welt stehend erkannt werden, gilt es, sich nach diesem Recht zu richten.[198] Kurfürst Johann war diese Stellungnahme wichtig. Erst sie ermöglichte es ihm, den Schmalkaldischen Bund abzuschließen, dessen Fundamente auf einer Zusammenkunft vom 22. bis 31. Dezember 1530 gelegt wurden. Das Bündnis erhielt seinen Namen vom Ort der Übereinkunft. Sachsen, Hessen und ihre Freunde verabredeten, sich gegenseitig zu helfen, wenn sie aufgrund des Reichsabschiedes wegen des Glaubens behelligt werden sollten.[199]

Der Reformator hatte nur widerstrebend sein Placet zu dieser Entwicklung gegeben.[200] Nach wie vor riet er seinem Fürsten zur Mäßigung, indem er ihm etwa am 12. Dezember 1530 empfahl, bei der Wahl Ferdinands zum römischen König mitzuwirken und nicht demonstrativ fernzubleiben. Aber nicht einmal sein Hinweis, daß Johann möglicherweise die Kurwürde verliere, die dann auf Georg übergehen dürfte, vermochte die sächsische Politik zu ändern. Luther verwies auf das Bündnis, das Philipp mit Zürich eingegangen war – also mit „Häretikern"! –, um seinem Landesherrn die Gefährlichkeit der neuen Politik zu demonstrieren.[201] Aber der Kurfürst setzte seine antihabsburgische Politik trotzdem fort und verständigte sich mit Bayern und Frankreich und nicht mit Karl V.[202] Er mochte sich dazu genötigt fühlen, weil Markgraf Georg von Brandenburg-Ansbach/Kulmbach und Nürnberg zusammen mit den ihnen verbundenen Reichsstädten dem Schmalkaldischen Bund nicht beitraten, eine politische Zusammenfassung aller reformatorischen Stände also mißlang.[203]

Martin Luther aber mußte sich besorgte Fragen seiner Freunde und auch den Vorwurf, umgefallen zu sein, anhören. Vor allem die Nürnberger waren überrascht über die aus Sachsen zu ihnen dringenden Nachrichten. Der Wittenberger antwortete aber Wenzeslaus Linck am 15. Januar 1531, er habe in Torgau nicht als Theologe argumentiert, sondern erklärt, die Juristen müßten ihre Interpretation des Rechts auf *ihr* Gewissen nehmen. Auch habe er zugestanden, daß der Fürst als Fürst eine politische Person sei und als solche nicht als Christ entscheide. Die Politiker meinten, nicht gegen die Bibel zu handeln, wenn sie nicht gegen das ius civile handeln. „So laß ich Sie machen, Ego sum liber."[204] Auch in einem Brief an Spengler vom 15. Februar 1531 wiederholte Luther seine Auffassung, daß er seine frühere Meinung nicht aufgegeben habe.[205] Am 18. März desselben Jahres griff er unser Thema nochmals in einem Brief an den Nürnberger Stadtschreiber auf: Als Theologe lehre er weiterhin, „daß ein Christ nicht soll widerstehen, sondern alles leiden". Aber die Juristen behaupten, es gebe das Recht der Notwehr – „das lassen wir geschehen". Darüber einen Rat zu geben, „leidet unser Ampt nicht, wissen auch ihr Recht nicht; sie müssen's selb auf ihr Gewissen nehmen". Zu einem Bündnis rät Luther auch jetzt nicht, weil die Gefahr besteht, daß die Beteiligten darauf vertrauen. Das aber nimmt „kein gut Ende".[206] Die Entscheidung von Torgau hat der Reformator also nicht grundsätzlich voll bejaht. Er erkennt zwar gewisse politische Notwendigkeiten und unterscheidet zwischen Christperson und Weltperson, aber wohl ist ihm bei dieser Bündnispolitik nicht. Die Erfahrungen mit den „Packschen Händeln" behalten ihr Gewicht. Aber der politische Druck und die juristischen Argumente haben ihn – entgegen seiner eigenen Überzeugung – seine frühere Stellungnahme nicht aufrechterhalten lassen,[207] während man in Franken an der Ablehnung eines antikaiserlichen Bündnisses festhielt. Aufgrund des Augsburger Reichstages hat Luther noch zwei weitere Schriften publiziert, auf die hier hingewiesen werden muß: seine „Warnung an seine lieben Deutschen" und seine „Glosse auf das vermeinte kaiserliche Edikt".[208]

In seiner „Warnung ..." berichtet der Reformator, daß seine „Vermahnung an die Geistlichen, ..." nichts zu bewirken vermochte: Sie haben sich nicht für die Verwirklichung eines

Friedens eingesetzt. Vielmehr vertrauen sie auf Gewalt und Macht. Deswegen sind Krieg oder Aufruhr bzw. auch beides zu befürchten. Luther schreibt seine „Warnung ...", um öffentlich bekanntzumachen, „das wir, so die Lutherisschen gescholten werden, keinen rat noch willen, ja auch keine ursachen dazu gegeben, Sondern alle wege und on auffho(e)ren umb friede gebeten ... haben". Die Anhänger der Reformation waren auf dem Reichstag demütig und haben alles zugestanden, was sie vor Gott verantworten konnten. Sie fürchten auch keinen Aufruhr. Beginnt die Gegenseite einen Krieg, so ist Gegenwehr möglich. Zwar hat Luther als Prediger zum Frieden zu raten, aber Notwehr ist juristisch erlaubt und kein Aufruhr. Wer so handelt, braucht sich im Gewissen nicht belastet zu fühlen.[209] Luther zieht hier die Konsequenzen aus den Torgauer Erkenntnissen[210]: Als Christ und Theologe tritt er für Unterordnung unter eine unrechtmäßig handelnde Obrigkeit ein. Aber er gesteht zu, daß das Recht der Obrigkeit Widerstand erlaubt, wenn die Gegner einen Krieg entfachen, durch den das Evangelium unterdrückt werden soll. In diesem Fall kann die evangelische Obrigkeit zur Notwehr aufrufen, und ihre Untertanen dürfen mit gutem Gewissen folgen. Denn die Anhänger des Papsttums handeln „widder Keiserlich und natu(e)rlich recht". Was auf dem Reichstag geschah, ist so schändlich, daß so etwas noch nie vernommen wurde und auch nie wieder gehört werden soll.[211] Der Reformator berichtet stolz, daß die Protestanten sich nicht verkrochen haben, als der Kaiser persönlich erschien, wie manche gemeint hatten. Vielmehr ist der Kurfürst von Sachsen als allererster Fürst in Augsburg erschienen. Luther erinnert auch an die Weigerung, die „Confutatio" den Anhängern der „Confessio Augustana" auszuhändigen, und folgert daraus, daß sie nicht in der Heiligen Schrift gegründet sein könne, weil sie sonst nicht das Licht zu scheuen brauchte. Die Ausschußverhandlungen, die im August durchgeführt worden waren, werden von ihm negativ beurteilt. Als Fazit ergab sich: Es braucht sich niemand an einem Krieg zu beteiligen, der gegen die Evangelischen „umb des Bapsts sachen odder unser lere willen" begonnen wird, ja es ist ihm „von Gott hart verboten ..., jnn solchem fall dem Keiser zu gehorchen". Karl V. persönlich wird zwar in Schutz genommen. Aber das ändert nichts am Ergebnis: Man darf sich an einem solchen Krieg nicht beteiligen, während die Angegriffenen sich legitimerweise wehren dürfen. Luther rät zwar auch jetzt zum Frieden. Wenn aber die Papisten „nicht wollen friede halten", so sei „jr blut ... auff jrem kopff".[212] Ob Landgraf Philipp, der Luther gebeten hatte, sich über die Lage nach dem Reichstag in aller Öffentlichkeit zu äußern,[213] die vorgetragene Stellungnahme genügte, mag dahingestellt bleiben. Jedenfalls ging sie in die von ihm gewünschte Richtung: Kein evangelischer Christ muß erduldend und erleidend einen Angriff des Kaisers ertragen, sondern er darf sich wehren, ja jeder macht sich schuldig, der einen solch unrechtmäßigen Krieg gegen die Evangelischen unterstützt.

Auch in seiner „Glosse ..." auf den Reichstagsabschied griff Luther die Scharfmacher der Gegenseite an. Er stößt sich natürlich an der Behauptung, daß das Augsburger Bekenntnis widerlegt worden sei, eine Behauptung, die schon im ersten Entwurf des Abschiedes zu finden ist.[214] Wie unhaltbar diese Aussage sei, will er z. B. an den Aussagen über den Laienkelch oder die Messe nachweisen. Die Gegenseite behauptet, die Kirche könne nicht irren. Aber sie macht mit manchen ihrer Bestimmungen Christus zum Lügner. Der Gottessohn steht über, nicht unter der Kirche. Die wahre Kirche bekennt ihre Schuld. „Aber sie leugnet nicht Gottes Wort, enderts auch nicht, hebts auch nicht auff." Auch auf den unfreien Willen kommt Luther zu sprechen, wobei er klarmacht: „Ich rede vom Freyen willen gegen Gott und jnn der seelen sachen. Denn was solt ich viel disputirn von dem Freyen willen, der uber ku(e)e und pferde, uber gelt und gut regirt?" Als ein „unwirdiger Euangelist" Jesu Christi muß er das ihm Aufgetragene verkündigen. Als Doktor mußte er seiner „aller liebsten heiligen schrifft schweren und geloben, sie trewlich und lauter zu predigen und lehren".[215] Diesem Auftrag folgt er jetzt mit dem Nachweis, daß der Abschied des Reichstages keine Legitimation für einen Krieg biete. Seine Stellungnahme, die er in seiner „Warnung . . .“ verbreitet hat, bleibt auch angesichts des neuen Dokumentes[216] gültig. Die Anerkennung der Notwehr, wenn ein unberechtigter Glaubenskrieg über Menschen begonnen wird, die sich zum Frieden und zur Verantwortung ihrer Überzeugung erboten haben, wird also von Luther aufrechterhalten. Dies ermöglichte dem Schmalkaldischen Bund, sich zu festigen, wobei allerdings die Forderung nach einer konfessionellen Bindung, die der Reformator erhoben hatte, nicht aufgegeben wurde; diese Bedingung wurde im Laufe der Zeit sogar präzisiert und verstärkt, indem das Augsburger Bekenntnis als das allein rechtmäßige hingestellt wurde, das alle anerkennen mußten, die sich dieser Vereinigung anschließen wollten.[217]

VI Friede aufgrund von Konzessionen?: der Nürnberger Anstand von 1532

Die praktischen Folgerungen aus dem so scharf umstrittenen Widerstandsrecht mußte der Schmalkaldische Bund jedoch 1531 nicht ziehen. Nachdem schon vor der Abreise Kurfürst Johanns aus Augsburg im September 1530 einige altgläubige Fürsten ihm deutlich gemacht hatten, daß sie die scharfe antiprotestantische Politik Karls V. nicht billigten,[218] hatte dieser feststellen müssen, daß nur der Papst und Florenz ein symbolisches Scherflein für einen Glaubenskrieg aufzubringen bereit waren, während alle anderen ausländischen Mächte sich dem versagten.[219] Dem Kaiser konnte es deswegen angesichts der vielen Schwierigkeiten in seinem Reich nur recht sein, daß sich die Kurfürsten von Mainz und der Pfalz anboten, zwischen ihm und den Evangelischen zu vermitteln. Dies geschah noch vor dem Ablauf der Frist, bis zu der die Protestanten eigentlich ihre Rückkehr zu den alten Kirchenbräuchen hatten vollziehen sollen.[220] Luther hörte davon im Mai 1531 und empfahl sofort, auf die angebotenen Verhandlungen einzugehen. Wenn ein Friede zustande komme, sei Zeit gewonnen.[221] Zusammen mit Melanchthon überlegte er, welche Konzessionen bei den Zeremonien gemacht werden könnten und ob die Jurisdiktion der Bischöfe wiederhergestellt werden solle. Denn in bezug auf die Lehre seien Kompromisse unmöglich. Aber bei den Kirchenbräuchen könne man nachgeben, denn diese wurden von den Protestanten nicht verändert, weil sie „alle bose sind, Sondern das man sie notig zür seligkeit hat haben wollen“. Entfällt diese Voraussetzung, dann kann man durchaus zugestehen, daß an Fastentagen nicht öffentlich Fleisch gegessen wird und daß feierliche Gottesdienste wiedereingeführt werden – „Doch mit der bedingung, das es die gewissen nicht beschwere, als seyen es notige Gottes dienst“. Auch zur Messe, dem Laienkelch, der Beichte und der Absolution äußern sich die beiden Gutachter. Besonders wichtig ist die Frage der bischöflichen Jurisdiktion. Hier wiederholt Luther, was er schon während des Augsburger Reichstages gesagt hat: Wenn die Bischöfe „die reine lere des Euangelii vnd vnsere priestere zu lassen“, dann kann ihre Jurisdiktion wiederhergestellt werden – „Wie wol wir nicht dencken konnen, wie die Bisschoue solchs thun mugen odder konnen“. Das Evangelium ist viel gewichtiger als zugestandene Kirchenbräuche und eine wiedereingeführte Jurisdiktion. Die Bischöfe könnten dann auch die Ehegerichtsbarkeit wieder übernehmen, „Denn wir on das zu schaffen gnug haben“. Auch in bezug auf die Klostergüter wird zur Nachgiebigkeit geraten. Es sollen unter Umständen sogar Kosten nicht gescheut werden, nur müsse verhindert werden, daß in den Klöstern „lesterliche Gottes dienste“ wieder aufgerichtet werden.[222] Es ist also ein voll und ganz theologisch bestimmtes Konzept, das für die neuen Verhandlungen empfohlen wird: Unnachgiebigkeit in bezug auf das Evangelium, also keine Anerkennung der Werkgerechtigkeit, auch keine Überordnung kirchlicher Anordnungen über Worte Jesu; Flexibilität aber in bezug auf alles Zweitrangige wie Zeremonien, bischöfliche Jurisdiktion und Geld. Luther, der die entsprechenden Äußerungen niedergeschrieben hat, war sich aber darüber im klaren, daß sie sicher nicht nur auf Beifall stoßen würden, denn er meinte im Hinblick auf die Jurisdiktion, daß nicht nach der Vernunft entschieden werden solle,[223] derzufolge Nachgiebigkeit an dieser Stelle unangebracht erschien; die Erfahrungen, die Kursachsen in Augsburg im vorigen Jahr mit diesem Punkt gemacht hatte,[224] sprachen ja auch tatsächlich nicht dafür, daß jetzt ein solches Angebot seitens der Evangelischen zustande kommen würde. Es ist ihm auch „niemals wieder ... von der eigenen Seite soviel Kritik und Ablehnung entgegengebracht worden" wie in der Frage dieses Friedensschlusses,[225] in der er sich so nachgiebig zeigte.

Zunächst aber konnte er sich freuen, daß überraschenderweise Frieden herrschte und es zu keinem Krieg gekommen war.[226] Er wußte auch von einer Entfremdung zwischen Papst und Kaiser zu berichten,[227] die tatsächlich im April 1531 eintrat, als Karl V. oberitalienische Gebiete dem Herzog Alfonso I. von Ferrara zusprach und sie nicht als zum Kirchenstaat gehörig anerkannte. Clemens näherte sich daraufhin von neuem Frankreich an, was die Versuche des Kaisers, die Einheit der Kirche in Deutschland wiederherzustellen, nur belasten konnte.[228] Karl V. hat dann auch die Kriegspläne, die im Herbst 1530 erwogen worden waren, beiseite geschoben und statt dessen zu einem neuen Reichstag nach Speyer am 14. September 1531 eingeladen. Aber die Vermittlungsversuche der Kurfürsten von Mainz und der Pfalz kamen nur langsam voran, so daß der Reichstag am 8. Oktober abgesagt, nach Regensburg verlegt und für den 6. Januar 1532 die Stände neu eingeladen wurden. Angesichts der drohenden Türkengefahr ging es darum, eine Verständigung mit den Evangelischen zu finden, damit die Deutschen vereint dem Feind begegnen könnten.[229] Die Protestanten hatten angedeutet, daß sie zu einer Beteiligung an der Abwehr der Türken bereit seien, wenn die Religionsprozesse, die gegen sie seit dem Augsburger Reichstag vom Kammergericht geführt wurden, eingestellt werden würden. Karl V. hatte zunächst ausweichend geantwortet, dann aber doch am 8. Juli 1531 ein entsprechendes, aber nicht eindeutiges Mandat erlassen,[230] so daß die Vermittlungsbemühungen Albrechts von Mainz und Ludwigs V. von der Pfalz weiterhin wichtig blieben.

Erst Ende Dezember 1531 wußte Luther von neuen Verhandlungen „zwischen dem Kaiser und den Unseren". Die Tatsache, daß sich die Vermittlungsbemühungen der genannten Kurfürsten als sehr schwierig erwiesen hatten, ließ ihn nicht die Hoffnung aufgeben, daß doch noch ein Friede zustande käme[231] – dies war ja schon 1530 sein Vorschlag zur Beilegung der Schwierigkeiten gewesen.[232] Aber eine Lösung zeichnete sich zunächst nicht ab. Erst am 10. Januar 1532 gab Karl V. in Brüssel seine Zustimmung zu Vorschlägen, die am 8./9. Februar Altkanzler Brück als dem Vertreter der Anhänger der „Confessio Augustana" bekanntgemacht wurden.[233] Luther äußerte sich dazu bald danach in einem Brief an Kurfürst Johann, in dem er empfahl, die vorgeschlagenen Artikel anzunehmen. Er fürchtete, daß der Vertrag am Widerspruch Sachsens und einiger seiner Freunde gegen die Wahl Ferdinands zum König scheitern könne. Aber auch in dieser Frage riet er wieder zur Nachgiebigkeit. Selbst wenn diese Wahl unrechtmäßig war, so solle deswegen kein Kriegsrisiko eingegangen werden, denn dadurch würde nur größerer Schaden hervorgerufen. Der Reformator mahnte, den Frieden auch deswegen anzunehmen, weil dadurch das Evangelium gefördert werden könne, während ein Krieg dazu nicht beitrage, ja durch ihn sogar auch noch die jetzt evangelischen Territorien der göttlichen Botschaft beraubt werden könnten. Er meinte: „... es liegt mehr am Frieden denn am Recht, ja die Rechte sind umb Friedes willen gestellet." Politische Mahnungen werden hinzugefügt: Auf die ausländischen Könige ist kein Verlaß – Johann wollte sich aber mit Franz von Frankreich wegen des Widerspruchs gegen die Wahl Ferdinands zum römischen König verbünden![234] Auch sind die Städte nicht so mächtig, wie manche meinen. Das hat die Niederlage Zürichs gelehrt.[235] Fazit: „Wir haben eine göttliche Sache, die will und muß Gott allein erhalten, wie er bisher redlich getan; Menschengedanken tun es wahrlich nicht." Der Kurfürst soll deswegen den angebotenen Frieden annehmen.[236]

Der aber mußte auf seine neuen Bundesgenossen – Bayern und Frankreich – und seinen alten Verbündeten Philipp von Hessen Rücksicht nehmen, die sich der nachträglichen Anerkennung Ferdinands als römischer König strikt widersetzten.[237] Auch in seiner engsten Umgebung gab es schwere Bedenken gegen Luthers Friedenswünsche auf Kosten juristischer Absicherung. Kurprinz Johann Friedrich gehörte zu denen, die nicht vorschnell mit Karl V. einen Vertrag schließen wollten. An ihn hat Luther am 12. Februar geschrieben,[238] daß ein Krieg ja nicht ewig dauern könne. Ein Friede werde dann, selbst wenn die eigene Seite Kriegsglück habe, möglicherweise aufgrund des angerichteten Schadens ungünstiger sein als der jetzt angebotene. Auch hier rät Luther zur Vorsicht im Hinblick auf Unterstützung der evangelischen Fürsten durch Reichsstädte: „. . ., so find sich denn kein burger noch stad, die vmb eines fürsten willen sein leib vnd gut wagen wil." Der Kurprinz solle deswegen das Zustandekommen des angebotenen Friedens unterstützen.[239] Luther ist auch noch nach Torgau zu Konsultationen gerufen worden,[240] über die wir nicht im einzelnen unterrichtet sind, bei denen es aber auch um die angebotene Absprache zwischen Karl V. und den Protestanten gegangen sein muß.[241] Johann Friedrich reiste persönlich zu Gesprächen mit den Kurfürsten von Mainz und der Pfalz nach Schweinfurt, wo um Verbesserung des vorgesehenen Vertrages zugunsten der Evangelischen gerungen wurde.[242] Aber auch hier wurde keine Übereinkunft erzielt. Die Skepsis Herzog Albrechts von Preußen sollte sich als berechtigt erweisen. Er meinte am 6. April 1532, es werde nur ein Friede zustande kommen, wenn die Türkengefahr zu groß werde.[243] Die Verhandlungen wurden am 9. Mai in Schweinfurt abgebrochen und eine neue Zusammenkunft in Nürnberg zum 3. Juni verabredet, damit sich die evangelischen Stände über den Vertragstext beraten konnten, den ihnen die kurfürstlichen Unterhändler am 6. Mai vorgelegt hatten.[244]

Luther hat Mitte Mai darüber ein Gutachten verfaßt, das für Johann Friedrich bestimmt ist.[245] Hier hat er nicht mehr einfach die Annahme der Vorschläge des Kaisers empfohlen, weil er sicher gewußt hat, daß der Kurprinz an den beantragten Verbesserungen beteiligt war. Aber er hat dennoch empfohlen, nicht „hoch zu streiten", sondern lieber auf diese Anträge zu verzichten, als den Frieden zu gefährden. So war er der Meinung, daß die „inclusio futurorum", also der Einschluß aller Stände, die noch evangelisch werden, in die vorgesehene Übereinkunft nicht erreichbar sein werde und daß auf diese Forderung auch verzichtet werden könne. Denn jeder solle auf eigene Gefahr hin das Evangelium annehmen, wie das die evangelischen Stände bisher auch getan haben.[246] Allerdings berücksichtigt Luther dabei nicht, daß durch den Frieden eine Festschreibung der Anhänger der Reformation erfolgt, es also später anderen Obrigkeiten sehr viel schwerer sein wird, evangelisch zu werden, als das bisher der Fall war. Die meisten Theologen haben deswegen auch anders geurteilt: Die Fürsorge für andere, die das Evangelium einmal annehmen könnten, gebiete es, die vom Kaiser vorgesehene Beschränkung abzulehnen.[247] Luther ging auch von der falschen Annahme aus, „die inclusio auch auf evangelische Untertanen in altkirchlichen Territorien zu beziehen, und setzte unzutreffend voraus, daß die Entsendung von evangelischen Predigern von der Gegenseite konzediert worden sei".[248] Der Reformator begrüßte das Recht auf Auswanderung aus Glaubensgründen als einen Fortschritt. Er empfahl, bei allem „Zeitlichen" wie „Klosterguter und dergleichen" nachgiebig zu sein und das Abkommen nicht daran scheitern zu lassen. „Denn das wissen ja E. F. G., daß man auf Erden kein Zeitlichs hoher und besser achten soll, den Friedenn."[249] Der Reformator wiederholt damit Aussagen, die wir schon kennengelernt haben. Seine Emphase, mit der er sich für den Frieden einsetzt, verdient Beachtung, weil diese Seite seines Wirkens häufig unbeachtet bleibt. Auch dem Kurprinzen gegenüber wiederholt er seine Auffassung, daß die Anerkennung

Ferdinands als römischer König nicht mit diesem Abkommen verquickt werden solle[250] – inzwischen hatte Karl V. selbst diese Koppelung bereits aufgegeben.[251] Aber Philipp von Hessen versuchte, sächsischer Nachgiebigkeit zuvorzukommen. Luther und Bugenhagen wandten sich in einem Brief an Kurfürst Johann gegen die Maximalforderungen des Landgrafen. Sie erklärten: Man muß zwischen dem Nötigen und dem Unnötigen unterscheiden. „Das Notige umbstoßen und fallen lassen von wegen des Unnotigen, das ist wider Gott und Gewissen. Nu ist ja das fur notig zu achten, so uns ein leidlicher [erträglicher] Friede angeboten wird, daß wir nicht Ursach zu Krieg geben." Wenn ein solcher nämlich entsteht, leidet die „rechte Lehr" darunter, ganz gleich, wie er ausgeht. „... wer zu viel haben will, der krigt zu wenig"[252] – das soll jeder bedenken, der jetzt zu hohe Forderungen unnachgiebig vertritt.

Aber Luthers Warnungen stießen bei manchen sächsischen Ratgebern und vor allen bei den Verbündeten auf taube Ohren. Die sächsische Milde, zu der bei den Verhandlungen in Nürnberg aufgefordert wurde, ist dort von der Mehrheit der evangelischen Stände abgelehnt worden.[253] Dazu mochte man sich in der Lage fühlen, weil sich die Nachrichten von einem Anmarsch der Türken mehrten, wodurch der Kaiser zur Nachgiebigkeit gezwungen wurde. Auch hieß es, Clemens VII. habe sich nach Frankreich abgesetzt. Er und Franz lehnten es ab, den Kaiser bei der Abwehr der Glaubensfeinde zu unterstützen.[254] Schließlich weigerten sich die altkirchlichen deutschen Stände auf dem gleichzeitigen Regensburger Reichstag, für diejenigen Söldner zusätzlich zu zahlen, die auf die evangelischen Stände entfielen: Vor allem Bayern war nicht daran gelegen, durch einen großen Sieg über die Türken die Habsburger zu stark zu entlasten.[255] Deswegen mußte Kurfürst Johann am 28. Juni Luther über die Unnachgiebigkeit der Verbündeten informieren; er bat ihn um ein Gutachten über die letzten Schriftstücke, die zwischen den Parteien dort gewechselt worden waren.[256] Es würde überraschen, wenn der Reformator jetzt seine Stellung geändert hätte. Wie zu erwarten, hat er dann auch seine bisherige Meinung wiederholt: Johann von Sachsen soll „mit Ernst einen guten, harten Brief" schreiben und auf die Annahme der Artikel des Kaisers drängen. Luther argwöhnt, daß die Verbündeten gar keinen Frieden wollen. Er selbst „will Kais. Maj. herzlich danken, wo sein Kais. Maj. solche Artikel bewilliget". Die Evangelischen machen sich eines Krieges schuldig, wenn sie das Anerbieten Karls V. ablehnen[257] – Luther droht zwar nicht, daß er seine Meinung bekanntmachen wird, wenn sie unberücksichtigt bleibt, aber auszuschließen ist es nicht, daß er diese „Warnung" nicht für sich behält, wenn es zu einem Krieg kommt. In dem beigefügten Gutachten, das Justus Jonas mit unterschrieben hat, wird nur zu einem Artikel ein Zusatz empfohlen, sonst aber die Annahme des Textes der Gegenseite für richtig gehalten. Luther und Jonas ist, wie es heißt, bekannt geworden, daß es weiterreichende Forderungen gibt, aber die mögen von denen verantwortet werden, die sie stellen. Die Veränderungen, die von evangelischer Seite gefordert werden, sind so „gesucht, daß man wohl merkt, daß andere Sachen gemeint werden"[258] – der Argwohn, daß es den „Mitverwandten" nicht um den Abschluß eines Friedens geht, wird auch hier nicht verschwiegen.

Kurfürst Johann hat weite Passagen aus dem an ihn gerichteten Brief Luthers in sein Schreiben nach Nürnberg übernommen.[259] Der Reformator hat auch selbst an Johann Friedrich geschrieben und ihn gebeten, sich für den Abschluß eines Friedens einzusetzen.[260] Aber inzwischen war die Zeit knapp geworden. Deswegen wurde in Nürnberg auf die Ausarbeitung eines Vertrages verzichtet und nur eine allgemeine Friedensproklamation erlassen, so daß das letzte Gutachten Luthers und Jonas' nicht mehr beachtet werden mußte. Es wurde Sachsen und seinen Freunden der Landfriede zugestanden. Die Protestanten ihrerseits beteiligten sich dafür an der Abwehr der Türken. Karl V. erließ ein Mandat, durch das er die Einstellung der Religionsprozesse anordnete, verfügte zugleich aber, daß die Kurfürsten von Mainz und der Pfalz dieses Dokument den Protestanten nicht aushändigen durften, damit nicht die antihabsburgischen Stände wie Bayern einen Anlaß fänden, diese Suspension des Augsburger Beschlusses von 1530 tadeln zu können. Diese Nürnberger Absprache war befristet, sie war kein eigentlicher Friede, sondern ein „Anstand", ein Waffenstillstand.[261] Aber Luther hat ihn trotzdem begrüßt, weil dadurch Zeit gewonnen war, und zwar sehr viel mehr Zeit, als zunächst zu erwarten und zu hoffen war. Denn das angesagte Konzil kam nicht zustande, und auch ein Reichstag wurde während der nächsten Jahre nicht einberufen, so daß die Evangelischen ihre Lage konsolidieren und auch neue Anhänger gewinnen konnten. In bezug auf das Konzil schien sich jedoch zunächst 1533 eine andere Entwicklung anzubahnen. Denn Karl V. hatte bei seiner zweiten Zusammenkunft mit Clemens VII. in Bologna im Winter 1532/1533 den Papst nachdrücklich gebeten, die allgemeine Kirchenversammlung einzuberufen. Die Monarchen verabredeten, gemeinsam Gesandte nach Frankreich, England und Deutschland zu senden, um die Konzilsfrage darzustellen und die Meinung der besuchten Fürsten einzuholen.[262] Da die Gesandten auch Johann Friedrich von Sachsen besuchten, der seinem Vater nach dessen Tod am 16. August 1532 in der Kurwürde gefolgt war, wurde auch Luther mit der Konzilsfrage befaßt.

VII Teilnahme an einem päpstlichen Konzil?: Diskussionen von 1533 bis 1537

Im Juni 1533 erstattete Luther mehrere Gutachten über die Frage, wie Kursachsen sich gegenüber der gemeinsamen Konzilsinitiative von Papst und Kaiser verhalten solle. Dessen Gesandte hatten Bedingungen übermittelt, die von ihren Auftraggebern für das Zustandekommen eines Konzils zusammengestellt worden waren. Luther hatte sich bereits 1532 bei den Verhandlungen Sachsens und seiner Freunde mit den Kurfürsten von Mainz und der Pfalz dafür stark gemacht, sich nicht zu ängstlich bei den Formulierungen über ein Konzil zu zeigen.[263] So hat er auch jetzt nicht alle Bedingungen behandelt, z. B. die sonst so häufig umstrittene Ortsfrage[264] keiner Erwähnung wert gehalten, sondern sich auf das Grundproblem beschränkt: Wird ein Konzil geplant, das nach Gottes Wort entscheidet, oder eines, das lediglich die bisherige päpstliche Politik gegen die Protestanten fortsetzen soll? Der Reformator meinte, die Aussagen der Gesandten seien unklar. Einerseits heiße es: „Es solle ein frey Concilium sein sicut ab initio." Wenn hierunter die ersten Konzile verstanden werden „vnd sonderlich der Apostel zu Jerusalem", dann bestünden keine Bedenken. „Denn die Aposteln schlossen aus Gottes worten vnd wercken . . ." Wenn aber die letzten Konzile vorbildlich sein sollen, dann sei eine Kirchenversammlung unnötig. Denn was dort zu erwarten sei, wisse man seit zwölf Jahren. Es sei nämlich die Politik „mit bannen, fewr, wasser, schwerd vnd aller macht vnd list". Hier werde gegen Gottes Wort entschieden, und dies sei offenbar auch vom Papst geplant, womit er Kaiser und Reich verspotte. „Denn ein solch Concilium ist . . . den reichstagen nicht zugesagt noch beschlossen, . . ." Hier wolle lediglich der Papst „frei" sein, nämlich „frey vnd vnuerhindert" das zu tun, was er wolle. Das gehe aber nicht, weil die strittige Sache „den Bapst vnd seiner Concilien gewonheit selbs" angehe. Papst und Konzil sind Prozeßpartei, aber nicht Richter: „Sondern das wort Gottes soll zwisschen Bapst sampt seinen Concilien vnd vns richten; . . ."[265]

Diese Stellungnahme war dem kurfürstlichen Hof wohl zu materialarm. Deswegen wurde der Wittenberger offenbar nochmals aufgefordert, sich zu den einzelnen Bedingungen zu äußern. Aber Luther hielt dies für völlig überflüssig, empfahl vielmehr, alle Artikel „getrost" anzunehmen und lediglich „ein frey Christlich Concilium" zu verlangen, wie dies auf den Reichstagen zugesagt worden sei, damit Gottes Wort Norm für die Entscheidungen sei. Für ein anderes Konzil brauche man keine Kosten aufzuwenden. Würden Sachsen und seine Freunde dies tun, so widerriefen sie die „Confession vnd Apologia". Wenn man nicht um Details streite, könne die Gegenseite nicht sagen, die Evangelischen hätten das Konzil nicht gewollt.[266]

Aber dem sächsischen Hof blieb dies weiter zu wenig. Er wies in seiner Antwort vom 30. Juni 1533 an die Gesandten von Kaiser und Papst auf die Unterschiede zwischen alten und neuen Konzilien hin. Luther, Jonas, Bugenhagen und Melanchthon war dies und anderes aber nicht recht. Sie wiederholten, daß nur Gottes Wort als Richtschnur verlangt werden solle, wie dies in allen Ländern und nicht nur in Deutschland gefordert werde. Die Protestanten sollten nicht Vorschläge machen, wie die Freiheit des Konzils verwirklicht werden könne, sondern sie sollten den Kaiser bitten, dafür zu sorgen, „das recht vnd christlich procedirt werde. Denn, so es nit so, haben wir alle zeit dise entschuldigung vor gott vnd der welt fur zu wenden." Auch solle kein Gegenkonzil angedroht werden. Dies sei zur Zeit untunlich.[267] Diese Ausführungen schrieb Melanchthon.[268] Luther fügte eigenhändig hinzu, auch er empfehle, nur das zu verlangen, was erforderlich sei. Papst und Kaiser dürften keine Veranlassung finden, die Schande für das Nichtzustandekommen eines Konzils auf die Protestanten abzuschieben. „Machen sie dann oder machen sie nicht ein concilium, so kompt tag vnd kompt auch rat."[269] Die Wittenberger Ratgeber lehnen also ein päpstliches Konzil unisono strikt ab. Sie empfahlen, dem Kaiser die Verantwortung dafür aufzubürden, daß auf der allgemeinen Kirchenversammlung frei diskutiert und christlich nach Gottes Wort entschieden wird. Dies ist dann auch die einzige Forderung, die der Landesherr erheben soll, während alle anderen Fragen übergangen werden sollen.

Von Sachsen und seinen Freunden ist das Konzil nicht so akzeptiert worden, wie es Clemens VII. vorgeschlagen hatte. Um sich in der Öffentlichkeit zu rechtfertigen, wurden noch 1533 die wichtigsten Aktenstücke in deutscher und in lateinischer Sprache publiziert. Melanchthon schrieb das Vorwort zur lateinischen, Luther zur deutschen Edition. Er erinnert darin an die Forderung eines christlichen Konzils, die seit vielen Jahren erhoben werde. Von ihm sollen die Mißbräuche gebessert und die strittigen Lehren geschlichtet werden. Luther verweist auf den Konziliarismus, der der Verwirklichung der Kirchenversammlung im Weg steht.[270] Er stellt fest, daß zwar von Konzilen der letzten Zeit viele Fragen behandelt wurden, aber nicht die „Heubtstucke des Christlichen glaubens" und die Ärgernis erregenden Mißbräuche. Den Kaiser trifft nach Luthers Meinung keine Schuld. Er habe sich um ein Konzil bemüht. Wenn ein christliches Konzil zustande kommt, so sollen die Christen dafür beten, damit der „feind der warheit" überwunden wird. Die Aktenpublikation soll dazu helfen, daß sich auch andere Fürsten für dieses Konzil einsetzen.[271] Aber das Konzil wurde von Clemens VII. nicht einberufen.[272] Erst sein Nachfolger, Paul III. (1534–1549), unternahm ab 1535 neue Schritte zu seiner Verwirklichung. Die Siege, die Karl V. 1535 in Nordafrika errang und die Luther begrüßte,[273] konnten die Realisierung dieses so lange umstrittenen Projektes nur fördern, denn der Kaiser setzte sich weiterhin[274] dafür ein.

Paul III. beauftragte seinen Nuntius am Hofe Ferdinands, Pietro Paolo Vergerio, den deutschen Ständen den baldigen Beginn des Konzils mitzuteilen. Dieser reiste daraufhin durch Deutschland und auch nach Kursachsen. Noch vor seiner Ankunft bat Kurfürst Johann Friedrich Luther um eine Stellungnahme. Dieser meinte am 20. August 1535, der Landesherr möge bei seiner Stellungnahme von 1533 bleiben. Wegen des Versammlungsortes hielt der Reformator keine besonderen Überlegungen für erforderlich,[275] zumal er auch jetzt sehr skeptisch blieb, ob man wirklich zu Taten schreiten werde. Lediglich ein „frei und christlich" Konzil solle gefordert werden.[276] Luther blieb also bei seiner Meinung, die er schon vor zwei Jahren geäußert hatte. Obwohl Johann Friedrich sich nicht in seinem Land aufhielt, ließ Vergerio es sich nicht nehmen, hindurchzureisen und in Wittenberg im November 1535 Station zu machen. Er traf dort mit Luther und Bugenhagen zusammen, nach seiner eigenen Auskunft, weil der kurfürstliche Hauptmann in Wittenberg sie ihm zur Gesellschaft zugeführt habe,[277] nach Luthers Mitteilung, weil er sie zu sich geladen habe.[278] Vergerio informierte sich über die ihn besonders interessierenden Themen und schrieb entrüstet nach Rom, Luther habe erklärt, er und seine Freunde benötigten kein Konzil. Die Christenheit habe es nötig, damit diejenigen, die Wahrheit und Irrtum noch nicht erkannt hätten, durch das Konzil zur rechten Erkenntnis kämen.[279] Der Nuntius konnte von dem Gebannten also keine Unterstützung der Kirchenversammlung in seinem Sinne erwarten. Aber wichtiger mußte auch sein, wie sich die Deutschen und vor allem wie sich die deutschen evangelischen Fürsten entschieden.

Papst Paul III. kündigte am 2. Juni 1536 ein Konzil an, das am 23. Mai 1537 in Mantua beginnen sollte.[280] Dies geschah, obwohl sich die politische Lage inzwischen wieder verschlechtert hatte, denn es war zu einem neuen Krieg zwischen Karl V. und Franz von Frankreich gekommen, wovon Wolfgang Capito Luther am 20. Juli 1536 berichtete.[281] Der Wittenberger Reformator meinte am 17. August, die Evangelischen seien durch die römische Konzilseinberufungsbulle bereits verurteilt[282] – eine Lösung der kirchlichen Probleme im Sinne der Protestanten war durch die angekündigte Versammlung nach seiner Auffassung nicht zu erwarten. Trotzdem mußte geklärt werden, wie sich Kursachsen und seine Freunde verhalten und wie sie gegebenenfalls eine Absage begründen wollten. Bereits am 24. Juli erhielten die Wittenberger Theologen und Juristen einen entsprechenden Auftrag,[283] und schon am 6. August antworteten Luther, Bugenhagen, Caspar Cruciger, Hieronymus Schurf, Melchior Kling und Melanchthon: Wenn der päpstliche Nuntius auch zu Johann Friedrich komme, möge er angehört werden. Werde Kursachsen gleichberechtigt eingeladen, solle an die alten Bedingungen erinnert werden. Eine Ablehnung solle nicht erfolgen, aber es möge darauf hingewiesen werden, daß nur ein freies Konzil anerkannt werden könne.[284] In diesem Sinne fertigte Melanchthon dann auch Ende August eine lateinische Fassung der kursächsischen Stellungnahme an.[285] Dies geschah im Einverständnis mit Luther, ohne daß er bei diesen Verhandlungen tonangebend gewesen wäre. Das gilt auch für das Gutachten vom 5./6. Dezember 1536, das die Wittenberger Theologen verfaßten und in dem nicht nur vom Konzil, sondern auch vom Widerstandsrecht gesprochen wird. Luther unterschrieb es mit den Worten: „Ich Martinus Luther will auch dazu thun mit Beten, und (wo es seyn soll) mit der Faust."[286] Johann Friedrich bestätigte den Eingang dieses Votums am 11. Dezember und bat Luther, zusammenzustellen, worin nachgegeben und worauf beharrt werden müsse.[287] Dies war der Anlaß für die Entstehung der „Schmalkaldischen Artikel", die zu einer lutherischen Bekenntnisschrift werden sollten.[288]

Erst im Februar 1537 wurde Luther auf Anforderung seines Kurfürsten in der Konzilsdiskussion wieder aktiv. Er meinte, es werde sicher zu Schwierigkeiten kommen, die man aber nicht fürchten müsse. Papst Paul III. wolle sicher kein Konzil, lade aber dazu ein, um nicht nachgesagt zu bekommen, er habe es verhindert. Obwohl dort „allein die extirpation oder ausrottung der gifftigen Lutherisschen ketzerey" beabsichtigt sei und keine Diskussion der umstrittenen Lehren noch die Behandlung der dringend erforderlichen Reformen – „die auch on des Luthers sachen wol eins Concilion durfften" –, solle das Konzil von den Evangelischen nicht abgelehnt werden. Sonst würde man ihnen die Schuld an seinem Scheitern geben (worauf die römische Kurie nur warte!). Auch würde es heißen, die Protestanten hätten durch ihr Verhalten die Mißbräuche in der Kirche gestärkt, „die sonst villeicht gebessert weren wurden". Der Kurfürst möge deswegen „kein abschlegliche antwort geben", sich aber auch nicht zum Besuch des Konzils verpflichten. Eile sei nicht geboten, vielmehr würde eine hinhaltende Antwort Zeit gewinnen lassen. Wahrscheinlich würden die politischen Verwicklungen, die die Türkengefahr und der kaiserlich-französische Krieg hervorrufen, ohnehin eine Absage des Konzils erzwingen.[289] Aber die Schmalkaldener gaben keine hinhaltende Antwort in diesem Sinne, sondern forderten ein freies, christliches Konzil in Deutschland statt der vom Papst in Mantua vorgesehenen Zusammenkunft.[290] In ihrem Bundesabschied hatten sie weitere Beratungen durch ihre Theologen und Juristen vorgesehen. Deswegen hat Johann Friedrich am 14. April 1537 seine Wittenberger Ratgeber um eine neue Stellungnahme gebeten.[291] Jedoch ist diese möglicherweise gar nicht zustande gekommen,[292] weil sich abzeichnete, daß das Konzil nicht wie geplant, nämlich am 23. Mai, eröffnet werden würde: Am 18. April wurde in Rom beschlossen, die Zusammenkunft erst am 1. November beginnen zu lassen. Am 18. Oktober wurde nicht nur ein neuer Termin, der 1. Mai 1538, sondern auch ein neuer Ort benannt: Vicenza.[293] Luthers Erwartungen erfüllten sich also: Der Konzilsbeginn verzögerte sich, ja das Zustandekommen der gesamten Zusammenkunft wurde immer fragwürdiger. Dementsprechend fielen dann auch seine Vorrede und seine Glossen zur ersten Prorogationsbulle Pauls III. aus, die er publizierte. Der Reformator vermutete, die Schwierigkeiten, die der Papst nannte, seien Vorwände, und das Konzil werde nicht „ad Kalen. Novemb.“, sondern „ad Calendas graecas“ vertagt.[294] In der Tat wurde der Konzilsbeginn noch zweimal verschoben und dann ohne Angabe eines Datums suspendiert, so „daß man in Deutschland das Konzil als erledigt betrachtete“.[295] Luthers Einschätzung schien sich also voll und ganz zu bestätigen.

VIII Legitimation eines Präventivkrieges?: Erwägungen 1538/1539

Eine neue Frage stellte sich, als die Religionsprozesse trotz des Nürnberger Anstandes fortgeführt wurden und 1538 die Acht über Minden verhängt wurde. Nun mußten alle evangelischen Stände, die vor dem Kammergericht angeklagt waren, mit demselben Urteil rechnen. Überhaupt befürchteten sie ein Eingreifen des Kaisers gegen sie, so daß sich das Problem ergab, ob die evangelischen Fürsten und Städte gegen ihn oder auch gegen von ihm Beauftragte zum Mittel eines Präventivkrieges greifen dürften.[296] Luther, Jonas, Melanchthon und Bucer, der sich zu dieser Zeit gerade in Wittenberg aufhielt, äußerten sich im November 1538 über das Widerstandsrecht gegen den Kaiser und wiederholten darin ihre positive Meinung.[297] Aber dies genügte den Politikern nicht, die sich gerne legitimiert fühlten, dem Kaiser nicht nur Widerstand zu leisten, sondern ihm sogar im Kriegsfall zuvorzukommen. Zwar hatten die Theologen „naturliche und geschriebene recht“ für einen Präventivkrieg angeführt, aber eine theologische Stellungnahme vermieden. Sie hatten sogar erklärt, daß sie nicht raten, damit sofort zu beginnen, „sondern die herren wollen selbst bewegen, ob es nutzlich und ob nicht andere weg“ vorhanden sind.[298]

Luther hatte 1528 „entschieden gegen den Präventivkrieg Stellung genommen“.[299] Noch 1530 hatte er seinen Landesherrn vor unbedachten Schritten gewarnt, da er bei seinem Bundesgenossen, Landgraf Philipp, nicht sicher sei, wie voreilig dieser handle.[300] Im Februar 1539 meinte er in einem Brief, er habe sich schon unter Kurfürst Johann für das Widerstandsrecht gegen den Kaiser ausgesprochen, was ja auch nach Torgau 1530 der Fall gewesen war.[301] Außerdem seien die evangelischen Fürsten sowieso dazu entschlossen, so daß seine Meinung nichts ändere. Er hoffe, daß der Kaiser keinen Krieg beginne. Geschehe dies doch, dann seien – wie die Evangelischen meinen – der Papst und die Bischöfe die dafür treibenden Kräfte. Gegen sie dürfe man sich wehren: „Wenn es erlaubt ist, gegen den Türken Krieg zu führen oder sich zu verteidigen, dann viel mehr gegen den Papst, der schlechter ist.“ In einem solchen Krieg trete der Kaiser nicht als Kaiser auf, sondern als „Soldat und Räuber des Papstes“. Luther erklärt, daß ihm dies einleuchte. Er habe sich darüber bisher nicht geäußert. Aber historische und biblische Beispiele belegten, daß diese Argumentation der Evangelischen recht sei. Dem Kaiser muß gegeben werden, was ihm zusteht. Handelt er aber nicht seinem Amt gemäß, sei die protestantische Obrigkeit frei, die notwendigen Entschlüsse zu fällen.[302]

Mit Recht ist die eschatologische Dimension dieser Stellungnahme betont worden: Der Papst ist der Antichrist, das Tier aus dem Abgrund, der „Werwolf", der vom Teufel beherrscht wird. Wenn er Fürsten, Könige und Kaiser verblendet und diese für ihn kämpfen, dann müssen sie ewiger Verdammnis gewärtig sein. Es nützt ihnen nichts, daß sie prahlen, sie seien Verteidiger der Kirche, denn sie müssen wissen, was die wahre Kirche kennzeichnet.[303] So äußerte Luther sich in Disputationsthesen im April 1539. Der Kampf, der gegen die evangelischen Stände zu erwarten ist, besitzt also apokalyptische Dimensionen. Luther stieß mit „dieser Konzeption ... zur vollen Bejahung des Widerstandsrechtes vor, schuf aber mit dem eschatologischen Verständnis zugleich neue Ausnahmekategorien".[304] Denn nach wie vor gilt, daß der Christ einer heidnischen Obrigkeit nur duldend und leidend gegenüberstehen kann. Aber der christliche Fürst, der bewußt gegen Gott handelt, kann keinen Gehorsam, sondern nur Widerstand erwarten. Es nützt ihm nichts, wenn er sich auf den Papst beruft, denn er will die Seelen der Christen ins Verderben führen.[305] Die Thesen enden „mit einer Spitze gegen den Kaiser".[306] Nach dem Frankfurter Anstand vom 19. April 1539, der die Gefahr eines Krieges als illusorisch erwies,[307] hat Luther noch weitere Thesen gegen den Papst hinzugefügt,[308] aber die antikaiserlichen dennoch belassen. Die neue Erkenntnis, die den Politikern nur recht sein konnte, weil sie von den Theologen freie Hand für einen Präventivkrieg haben wollten, bezog sich also nicht nur auf eine momentane oder sogar schon wieder vergangene Situation. Vielmehr blieb die apokalyptische Dimension weiterhin grundsätzlich bestehen,[309] was „den aktuellen Erfordernissen der Schmalkaldischen Politik" entgegenkam.[310] Aber da zunächst die Kriegsgefahr gebannt war, mußten neue Verhandlungen vorbereitet werden.

IX Einigung im Glauben?: Unionsverhandlungen 1540/1541

Zwar lehnte Karl V. es ab, den Frankfurter Anstand offiziell anzuerkennen. Aber es kündigten sich dennoch theologische Auseinandersetzungen an, für die Kurfürst Johann Friedrich im Dezember 1539 Luther, Jonas, Bugenhagen, Cruciger und Melanchthon um ein Gutachten bat: Wie sollen die „Confessio Augustana" und deren Apologie verteidigt werden? An welchen Stellen kann „mit Gott und Gewissen" nachgegeben werden? Die Theologen sollen sich über diese Fragen mit ihren Kollegen in anderen evangelischen Gebieten verständigen, am besten sich sogar mit ihnen treffen, wobei Luthers Anwesenheit erwünscht wäre.[311] Johann Friedrich plante also eine möglichst gute Vorbereitung und scheute dafür keinen Aufwand. Seine Ratgeber sahen dies anders. Luther meinte, er könne zwar, wenn gewünscht, reisen, halte dies aber für genauso unnötig wie ein Treffen der protestantischen Theologen. Eine schriftliche Kontaktaufnahme genüge.[312] In der Tat waren die vom Kurfürsten gestellten Fragen nicht neu. Aber ein Votum haben die Angeschriebenen gleichwohl erstellt, das Melanchthon verfaßt hat.[313]

Darin wird davon ausgegangen, daß eine Kirchenspaltung nur dann gerechtfertigt sein könne, wenn ihre Ursachen so gewichtig seien, „das wir wissen, das Gott gefallen habe an dieser trennung". Es gebe auch Menschen, die „der last mued worden", die die Glaubensstreitigkeiten beendet sehen möchten, „das wider gut ruge vnnd sanfft leben were". Da nicht anzunehmen sei, daß Kaiser und Bischöfe „Ihr abgotterey ... abthun werden", müsse mit schwierigen Verhandlungen gerechnet werden. In drei Abschnitten wird von der Lehre, in der nicht nachgegeben werden könne, von erforderlichen Kirchenbräuchen und von Adiaphora gesprochen, bei denen Zugeständnisse möglich seien. Für die Lehre gelten das Augsburger Bekenntnis und seine Apologie als „summa", aber es gibt auch andere wichtige Schriften; namentlich wird Luthers Galaterbriefkommentar genannt. Die Wittenberger stellen die Punkte zusammen, zu denen sie Kritik an der evangelischen Lehre erwarten, z. B. am „sola fide". Für die Zeremonien gilt, daß erforderlich ist, was zum rechten Gebrauch der Sakramente benötigt wird und daß alle widergöttlichen Bräuche und Gesetze abgeschafft werden müssen. Daß dabei die Messe, vor allem die Privatmesse, besonders hart umkämpft sein wird, sagen die Verfasser voraus, erwähnen aber auch andere Punkte: Heiligenanrufung, Klostergelübde und Zölibat. Bei den Adiaphora werden zunächst einige grundsätzliche Fragen erörtert. Eine theologische Übereinkunft ist nur möglich, wenn diese auch in den Gebieten der Bischöfe gilt. Wollen diese weiterhin Gottes Wort verfolgen, so sei nur ein weltlicher Friede denkbar – also das, was 1532 in Nürnberg und 1539 in Frankfurt erreicht worden war. Auch die Anerkennung des Papstes könne nur dann vorgenommen werden, wenn er überall das Evangelium gelten läßt – auch außerhalb Deutschlands! Wenn eine Übereinkunft nur in Deutschland möglich ist, dann sei Nachgiebigkeit in einigen Zeremonien zu erwägen, z. B. bei Heiligenfesten; aber diese dürften nicht zu direkter oder indirekter Anrufung der Heiligen benutzt werden. Auch das Problem der bischöflichen Jurisdiktion wird von den Wittenbergern erörtert. Obwohl sie wissen, daß es evangelische Stände gibt, die sie ablehnen, treten sie wieder mit Einschränkungen und unter Voraussetzungen dafür ein.[314] Es handelt sich um eine umfangreiche Bestandsaufnahme, die die früheren Erwägungen aufnahm und fortführte, die in Kursachsen angestellt worden waren. Aber auch andere Theologen machten sich durch ihre Unterschrift dieses Gutachten zu eigen,[315] als sich protestantische Obrigkeiten mit ihren theologischen Ratgebern im März 1540 in Schmalkalden versammelten.[316]

Martin Luther hat an dieser Zusammenkunft nicht teilgenommen. Johann Friedrich bat ihn, seine Meinung schriftlich mitzuteilen,[317] woraufhin der Reformator sich erbot, erforderlichenfalls, wenn ihm dies möglich sei, auch noch persönlich zu erscheinen.[318] Zusammen mit seinen Kollegen wandte er sich auf Bitten seines Fürsten an die Nürnberger Theologen, um zu erfahren, ob die Reichsstadt bei der evangelischen Sache bleiben werde. Aber die sächsische Befürchtung erwies sich als unbegründet, denn die Nürnberger erklärten, sie seien mit den Wittenbergern ganz einig.[319] Schwieriger war es für Luther, sich ein Bild von den Absichten des Kaisers zu machen. Sein Urteil schwankte beträchtlich. Am 19. März schrieb er an seine Kollegen in Schmalkalden (Jonas, Bugenhagen, Cruciger und Melanchthon): „Caesar fuit, Est, Erit Seruus seruorum Diaboli." Aber drei Wochen später meinte er, Gott sei es gewesen, der Karl V. trotz des Wütens der Papisten von einem Krieg zurückgehalten habe.[320] Die Schmalkaldener zeigten auf ihrem Bundestag ganz im Sinne des großen Wittenberger Gutachtens „keinerlei Neigung zum Nachgeben in Lehrfragen".[321] Ob sich diese kompromißlose Haltung bei den Verhandlungen mit dem Kaiser durchhalten ließ, mußte sich zeigen.

Zum 6. Juni 1540 wurden die Protestanten nach Speyer eingeladen. Wegen einer Pest mußte das Gespräch nach Hagenau verlegt werden.[322] Luther riet seinem Kurfürsten, seine Gesandten auf das festzulegen, was in Schmalkalden im März beschlossen worden war.[323] Melanchthon, der wegen Krankheit nicht nach Hagenau reisen konnte, erwartete nicht viel von den Verhandlungen.[324] Anders Johann Friedrich, der Luther an seinen Hof nach Weimar kommen ließ, um ihn direkt nach seiner Meinung fragen zu können.[325] Der Reformator folgte dieser Aufforderung.[326] Da die Gespräche in Hagenau aber nicht in Gang kamen, wurde eine neue Zusammenkunft in Worms am 28. Oktober vorgesehen.[327] Luther mußte lediglich zusammen mit Jonas, von Amsdorf und Melanchthon zu verschiedenen altkirchlichen Vorschlägen Stellung nehmen, die in Hagenau gemacht worden waren.[328] Er hoffte im November, daß der Kaiser sich vom Papst lösen und ein Nationalkonzil ansagen werde.[329] Aber daraus wurde nichts, und noch im gleichen Monat veränderte der Wittenberger seine Meinung total, als er schrieb, daß er von Karl V. und Ferdinand nichts Gutes erwarte.[330] Trotzdem hielt er das Brüsseler Edikt Karls V. gegen die Reformation, das jetzt in Deutschland bekannt wurde, zunächst für eine Fälschung – zu Unrecht, wie sich bald herausstellen sollte.[331] Aber auch die Wormser Gespräche führten zu keinem Ergebnis, sondern wurden auf Veranlassung Karls V. abgebrochen, der sie unter für ihn günstigeren Verhältnissen während des Regensburger Reichstages fortführen wollte.[332] Luther mußte keine Gutachten über die Wormser Diskussion erstellen, wurde aber zusammen mit seinen Kollegen von Johann Friedrich um Mitteilung gebeten, wie am wirksamsten der Nachrede begegnet werden könne, den Schmalkaldenern gehe es nicht um den christlichen Glauben, sondern sie planten Aufruhr gegen den Kaiser.[333] Die Antwort ist nicht erhalten. Der Kurfürst hielt sie für ungenügend.[334] Ein Ersatzdokument ist nicht bekannt. Es schob sich jetzt auch ein ganz anderes Dokument in den Vordergrund, das die Aufmerksamkeit der Theologen herausforderte: das „Wormser Buch".

Während bisher die „Confessio Augustana" den Ausgleichsverhandlungen zugrunde gelegt worden war, hatte Johann Gropper eine neue Diskussionsgrundlage erarbeitet, die in Regensburg bekannt werden und davon ihren Namen erhalten sollte. Luther wurde der Text durch Kurfürst Joachim II. von Brandenburg streng geheim mitgeteilt, der ihn um sein Urteil bat, selbst aber meinte, daß „die sachen Jn guter hoffnung zum vertrag sich anlassen"[335] – er rechnete also offenbar mit einer Verständigung auf dem angesagten Reichstag. Der Reformator antwortete kurz und bündig: Der ihm vorgelegte Text sei gutgemeint, aber nicht gut, ja seine Vorschläge seien unannehmbar, und zwar für beide Seiten.[336] Noch ahnte Luther nicht, welch gewichtiges Dokument der kaiserlichen Kirchenpolitik er so barsch beurteilte! Noch meinte er, es genüge, wenn Kursachsen sich vor Landgraf Philipp und Bucer hüte und an den Schmalkaldener Beschlüssen vom März 1540 festhalte.[337] Zwar schloß Philipp in Regensburg einen Geheimvertrag mit Karl V. ab, um von diesem nicht wegen seiner Doppelehe zur Verantwortung gezogen zu werden, und war Bucer tief in die Vorgänge um das „Wormser Buch" verstrickt[338] – wodurch sich die Warnungen des Reformators als überaus berechtigt erweisen sollten –, aber die Regensburger Gespräche über dieses Werk[339] sollten doch so wichtig werden, daß auf ein neues Votum Luthers nicht verzichtet werden konnte.

Denn der Reformator mußte zu seiner Überraschung erkennen, daß der ihm von Joachim II. geheim zugänglich gemachte Text zur Diskussiongrundlage während des Reichstages wurde. Johann Friedrich fragte ihn nach seiner Meinung über den Rechtfertigungsartikel dieses Buches und ob er dem Drängen des Kaisers nachgeben und persönlich zum Reichstag reisen solle.[340] Der Wittenberger antwortete zusammen mit Bugenhagen umgehend, wobei die Ausfertigung von Luthers Hand vorliegt. Von der erzielten Verständigung in der Rechtfertigungslehre halten die Theologen nichts, denn jede Seite kann sie in ihrem Sinn auslegen. Auch empfehlen sie, daß der Kurfürst nicht nach Regensburg reist: Die Nachteile seines Erscheinens auf dem Reichstag halten sie für größer als die Vorteile. Sie bitten, daß Johann Friedrich Melanchthon „vnd den vnsern Ja nicht zu hart" schreibe, „Damit er nicht aber mal sich zu tod greme"[341] – wie in Augsburg 1530. Gleichwohl warnte Luther selber Melanchthon, denn ihm schien der Regensburger Reichstag voller Gefahren zu sein.[342] Der Kurfürst machte Melanchthon das Gutachten Luthers zur Rechtfertigungslehre zugänglich, aber dieser diskutierte zu dieser Zeit gerade andere Fragen.[343] Dazu gehörte auch das Problem der Transsubstantiation. Luther erklärte, er habe bisher „für unwichtig gehalten, ob diese Lehre begründet sei oder nicht". Aber wenn aus ihr ein Glaubensartikel gemacht werde – was sie eigentlich schon seit dem IV. Lateranum 1215 war[344] –, dann könne er nicht zustimmen. Nur was klar in der Bibel begründet ist, dürfe Glaubensartikel sein. Luther fürchtet: „Mit dem artickel hoffen sie vns zu vervnglimpffen oder vnter den Bapst zu zwingen."[345]

Aber noch unmittelbarer sollte der Wittenberger mit den Regensburger Verhandlungen in Kontakt gebracht werden, um seine Zustimmung zu den Ergebnissen zu erreichen und dadurch die Absprache zu erleichtern oder gar zu ermöglichen. Kurfürst Joachim II. und Georg von Brandenburg-Ansbach ließen nämlich eine fürstliche Gesandtschaft zu dem Gebannten und Geächteten reisen, um ihn direkt zu informieren. Luther fühlte sich dadurch nicht geschmeichelt, sondern eher verunsichert. Er schrieb an seinen Landesherrn, er erwarte die Gesandtschaft mit Mißfallen. Der Ratgeber wird zum Ratsuchenden: Der Reformator will sich an den Rat des Kurfürsten halten, da er annimmt, daß man nur scheinbar freundlich ist, in Wahrheit aber Böses im Sinn hat.[346] Der Kurfürst nahm die Angelegenheit so wichtig, daß er persönlich von Torgau nach Wittenberg reiste, um auf die Gespräche einwirken zu können. Luther entwarf eine Antwort für die Gesandten, aber Johann Friedrich und Brück korrigierten diese. Der Reformator hatte den Friedenswillen des Kaisers gelobt, zugleich aber seine Bedenken gegenüber der Übereinkunft in der Rechtfertigungslehre wiederholt und geraten, daß der Kaiser keine theologische Übereinkunft „als ein Dogma" publiziere, weil dadurch „der krieg erger denn züüor" werde.[347] Die Gesandtschaft mußte deswegen wieder abreisen, ohne Luther umstimmen zu können.

Der Wittenberger hat diese Position aufrechterhalten. Das „Regensburger Buch" wird von ihm und Bugenhagen in einem Brief vom 24. Juni scharf abgelehnt, und Melanchthons Beitrag zur Regensburger Diskussion über Satisfaktion und Messe wird lobend hervorgehoben.[348] In einem Gutachten äußern sie sich wenige Tage später nochmals über Rechtfertigung, freien Willen, Glaube und Werke sowie die Erbsünde: „Summa summarum, sie müssen in diesen Artickeln widderruffen, verdammen, verfluchen alle ihre Theologia, ... Wo sie das nicht thun, so ists gewis, Das sie sich mit gott nicht vergleichen wollen vnd mit vns felschlich sich zuuergleichen furnemen, ..."[349] Es traf das ein, was Luther dem Kurfürsten von Brandenburg bei seiner ersten Lektüre des Werkes mitgeteilt hatte: es werde von beiden Seiten nicht akzeptiert werden.[350] Am 16. Juli stellte der Reformator fest, „ille miserrimus liber" sei auch von der anderen Gruppe abgelehnt worden.[351] In der Tat hat Papst Paul III. das Engagement seines Legaten, des angesehenen venezianischen Patriziers Kardinal Gasparo Contarini, nicht honoriert,[352] so daß die Regensburger Übereinkunft weder in Kursachsen noch in Rom anerkannt wurde. Luther war zwar erfreut darüber, daß die gegnerische Partei einige ihrer Mitglieder verloren hatte,[353] aber er mußte doch auch von der Abreise eines enttäuschten Kaisers[354] nach Italien berichten.[355] Der „Traum der Verständigung" war vergangen. Die erreichte theologische Übereinkunft hatte sich als nicht tragfähig erwiesen. Luther dachte sogar daran, eine Vorrede und Scholien zum „Regensburger Buch" zu schreiben.[356] Dies unterblieb zwar,[357] aber die Kritik, die hier zu erwarten gewesen wäre, hätte ja auch nicht weitergeführt. Wenn eine Verständigung in den Glaubens- und Kirchenproblemen nicht möglich war, dann mußte eine andere Lösung gefunden werden. Denn der jetzige Zustand war zeitlich begrenzt.[358] Würde der Kaiser versuchen, der Schwierigkeiten mit Gewalt Herr zu werden, oder würde man sich politisch verständigen?

X Enttäuschte Hoffnungen: zu Reich und Konzil von 1544 bis 1546

Karl V. und Paul III. trafen sich vom 12. bis 18. September 1541 in Lucca.[359] Dabei gelang es dem Kaiser nicht, eine Zusage für ein Konzil in Deutschland zu erhalten, wie es vom Regensburger Reichstag gefordert worden war.[360] Da von diesem nicht nur ein Ständetag in Speyer zur Erledigung der noch offenen Fragen zum 14. Januar 1542 vorgesehen worden war, sondern auch die Türkengefahr von neuem drohte, wurde aus dem Ständetag ein neuer Reichstag, den „Ferdinand am 9. Februar 1542 eröffnete".[361] Wieder ging es um die Frage, unter welchen Voraussetzungen sich die Evangelischen an der Abwehr der Glaubensfeinde beteiligen könnten.[362]

Auch die Nürnberger Reichstage von Juli/August 1542 und Januar bis April 1543[363] warfen keine neuen Fragen auf, die es dem Kurfürsten von Sachsen erforderlich erscheinen ließen, Gutachten seiner Theologen einzuholen. Jedoch sprach jetzt viel dafür, daß das Konzil endlich beginnen werde. Denn der Papst gab 1542 dem Drängen nach einem Konzil in „Deutschland" nach, indem er die Versammlung zum 1. November 1542 nach Trient einlud,[364] also an die Südgrenze des Reiches. Aber der Ausbruch eines neuen Krieges zwischen Frankreich und dem Kaiser verhinderte die Eröffnung der Versammlung, so daß am 29. September 1543 ein neuer Suspensionsbeschluß publiziert wurde[365] – Luther konnte dadurch nur in seiner Skepsis gegenüber einer Lösung der Glaubensfrage durch ein Konzil bestätigt werden.

Statt dessen eröffnete der Speyrer Reichstag von 1544 aufs neue die Möglichkeit zur Diskussion der Kirchenfragen innerhalb Deutschlands. Johann Friedrich ließ dafür Luthers „Schmalkaldische Artikel" in lateinischer und deutscher Sprache noch vor dem Beginn der Versammlung der Stände drucken.[366] Luther aber befürchtete jetzt eine ganz andere Gefahr, nämlich eine Bedrohung des Kaisers. Es bilde sich eine große Koalition gegen Karl V.: Frankreich, Papst, Venedig und Türken fänden sich zusammen; hier werde das Geld ausgegeben, das unter dem Zweck, der Türkenabwehr dienen zu sollen, in der Kirche gesammelt worden sei.[367] Die Lage war für den Kaiser so schwierig, daß er Johann Friedrich demonstrativ ehren ließ, als dieser zum Speyrer Reichstag erschien.[368] Der Reformator wußte von dem Gerücht, daß 30 000 Türken von Afrika nach Frankreich gekommen seien, um in den Krieg einzugreifen; man sprach von einem Angriff auf Luxemburg oder Trier.[369] Einer Lösung der Glaubensstreitigkeiten kam man aber auch unter dieser politischen Konstellation nicht näher. Vielmehr wurde die schon fast zur Routine gewordene Verschiebung auf ein „gemeines christliches freies Konzil" (so die Formulierung, die mit der der Protestanten fast identisch ist) bzw. den nächsten Reichstag praktiziert.[370]

Dieser sollte nicht lange auf sich warten lassen und unter für die Anhänger der „Confessio Augustana" viel ungünstigeren Vorzeichen stehen. Am 18. September 1544 hatte der Kaiser nämlich mit Frankreich Frieden schließen können[371] – dieser jahrzehntelange Konflikt sollte jetzt eine längere Pause finden und es Karl V. ermöglichen, sich intensiver als bisher mit den deutschen Belangen und dabei auch mit dem Kirchenstreit zu befassen. Der am 1. Oktober 1544 in Worms angesagte Reichstag wurde zwar erst am 24. März 1545 begonnen,[372] aber es war klar, daß sich die evangelischen Stände gut darauf vorbereiten mußten. Die Augsburger fürchteten, die Versammlung werde in ihre Stadt verlegt, was sich als unbegründet herausstellen sollte, was aber doch eine Meinungsäußerung von Luther und Melanchthon provozierte, die sich dagegen aussprachen, den Reichstag durch einen Krieg zu verhindern. Sie erwarten von den Ständen nichts Gutes, keinen friedlichen Abschied, sondern den Versuch der Wiederherstellung der „Priesterherrligkeit". Trotzdem sollen sich die Augsburger in das Unvermeidliche fügen. Wenn der Kaiser während eines Reichstages in ihrer Stadt „seine Ceremonien mit seinen Leuten" durchführen läßt, kann man nach seiner Abreise weitersehen.[373] Aber Kurfürst Johann Friedrich wünschte von seinen Wittenberger Theologen ein grundsätzliches Votum: Was soll gefordert und was kann nachgegeben werden, wenn der Ausgleich zwischen den kirchlichen Gruppen auf dem Reichstag diskutiert wird?[374]

Dieser Aufgabe hat Melanchthon sich angenommen. Luther war zunächst mit dem päpstlichen Breve beschäftigt, durch das der Speyrer Abschied von 1544 und auch Karl V. persönlich kritisiert worden waren.[375] Er verfaßte aus diesem Anlaß seine Schrift „Wider das Papsttum zu Rom, vom Teufel gestiftet",[376] während Melanchthon die „Wittenbergische Reformation" erarbeitete, in der er die Möglichkeiten zur Verständigung auszuschöpfen versuchte.[377] In dem Begleitbrief zu dieser „Reformation" vom 14. Januar 1545, den auch Luther, Bugenhagen, Cruciger und Georg Major unterschrieben haben, wird der Text so interpretiert:

Wir haben „ein demütig erbieten gethan und ihnen eine gelinde Reformation fürgegeben, daraus gnugsam zuverstehen, das uns nicht ufgelegt werden kan, daß wir inen nach irer hoheit und gütern trachten oder der Spaltung ursach sind".[378] Dieser Vorschlag wurde in Hessen kritisiert,[379] und die Wittenberger Theologen wurden gebeten, dazu Stellung zu nehmen. Sie taten dies, wobei Luther wieder zuerst unterschrieb,[380] aber er dürfte auch hier nicht federführend gewesen sein.[381] Luther befaßte sich statt dessen mit der Konzilsankündigungsbulle vom 19. November 1544[382] und begrüßte es, wenn – wie es hieß – Karl V. auf dem Reichstag eine Reform der Kirche nach den Maßstäben versähe, wie die Kirche zur Zeit des Konzils von Nicaea gewesen war. Aber er fürchtete, daß mit solchen Vorschlägen eher die Zustimmung der Protestanten zum Konzil erschlichen als eine wirkliche Verbesserung des kirchlichen Lebens in Angriff genommen werden solle.[383] Zunächst mußte er dann auch feststellen, daß es mit dem Reichstag nur langsam voranging und daß das Konzil gar keine Fortschritte machte.[384] Vielmehr ließ Karl V. in den Niederlanden die Evangelischen verfolgen,[385] so daß es verständlich ist, wenn Luther am Zustandekommen des Konzils zweifelte[386] und erklärte, er kümmere sich nicht mehr um Reichstage und Konzile; es sei von all dem nichts zu hoffen: „Vanitas vanitatum".[387] Aber es blieben ihm trotzdem nicht die Spannungen zwischen der Konzilspolitik des Papstes und der des Kaisers verborgen: Karl V. will, daß die Evangelischen dem Konzil zustimmen, Paul III. dagegen will sie gar nicht dort haben[388] – was sollen dann die vielen Verhandlungen auf den Reichstagen? Luther nahm zur Kenntnis, daß jetzt Bischöfe nach Trient reisten,[389] während bisher die angesagten Versammlungen suspendiert worden waren, weil sich die Hierarchie den vom Papst gesetzten Terminen versagt hatte. Der Reformator hörte auch, daß das Konzil eröffnet wurde, aber er erwartete dennoch kein positives Ergebnis von dieser Versammlung, höchstens Belastungen der Christen.[390] Auch beurteilte er die Entwicklung in Deutschland sehr skeptisch. Er hielt nichts davon, eine neue Form eines Glaubensgespräches vorzuschlagen, wie es die Straßburger empfohlen hatten, um Bewegung in die Erstarrung zu bringen.[391] Vielmehr hielt er Karl und Ferdinand zunehmend für antiprotestantisch und erfuhr von Kriegsrüstungen von Kaiser und Papst.[392]

Der Wormser Reichstag von 1545 hatte lediglich neue Termine für ein Glaubensgespräch und für die nächste Versammlung der Stände beschlossen; in der Sache selbst war man dort nicht vorangekommen.[393] Wer sollte das neue Kolloquium von kursächsischer Seite aus besuchen? Luther hielt es nicht für erforderlich, wieder Melanchthon zu senden.[394] Dies unterblieb dann auch.[395]An seiner Stelle reiste Major nach Regensburg, wo die Verhandlungen am 27. Januar 1546 begannen.[396] Major erwartete nichts Gutes von ihnen.[397] Luther mußte den Mißerfolg nicht mehr miterleben, auch nicht den Ausbruch des Schmalkaldischen Krieges. Nicht Paul III. starb Anfang 1546, wie ein Gerücht ihn hatte glauben machen wollen,[398] sondern er selbst.[399]

Die Höhen und Tiefen der Hoffnungen und Erwartungen, der Skepsis und Befürchtungen war in zwei Jahrzehnten groß gewesen. Karl V. sollte – so hoffte Luther – der Kirche zu einem Neuanfang verhelfen, durch den notwendige Reformen durchgeführt werden würden. Aber der Habsburger wollte nichts ohne den Papst tun, woran er festhielt, obwohl er an Clemens VII. wie Paul III. viel zu kritisieren hatte. Für Luther erwies sich damit die Schlüsselfigur seiner Überlegungen als überfordert. Denn die Päpste waren nach seiner Meinung so in das herrschende System verstrickt, daß ihnen Hilfe von außen zukommen mußte. Auch das theologische Gespräch auf den Reichstagen von 1530 und 1541 und darüber hinaus, das zwischen den kirchlichen Gruppen geführt wurde, vermochte keine tragfähige Klärung herbeizuführen. Deswegen sollte nicht die Hoffnung, zu der Melanchthon neigte, sondern die Skepsis, von der Luther häufig erfüllt war, recht behalten: Die Spannungen wurden nicht beigelegt, sondern sie entluden sich im Kampf der Waffen im Schmalkaldischen Krieg 1546/1547 nach Luthers Tod.[400]

Gerhard Müller: Luthers Beziehungen zu Reich und Rom

BRG Ernst BIZER: Reformationsgeschichte 1532 bis 1555. In: Franz Lau; Ernst Bizer: Reformationsgeschichte Deutschlands bis 1555. 2. Aufl. Göttingen 1969. (Die Kirche in ihrer Geschichte; 3K)

JKG Hubert JEDIN: Geschichte des Konzils von Trient. Bd. 1: Der Kampf um das Konzil. 2. Aufl. Freiburg i. Br. 1951.

MBB Gerhard MÜLLER: Bündnis und Bekenntnis: zum Verhältnis von Glaube und Politik im deutschen Luthertum des 16. Jahrhunderts. In: Bekenntnis und Einheit der Kirche: Studien zum Konkordienbuch/ im Auftrag der Sektion Kirchengeschichte der Wissenschaftlichen Gesellschaft für Theologie hrsg. von Martin Brecht und Reinhard Schwarz. Stuttgart 1980, 23–43.

UBGRA URKUNDENBUCH ZU DER GESCHICHTE DES REICHSTAGES ZU AUGSBURG IM JAHRE 1530/ nach Originalen und nach gleichzeitigen Handschriften hrsg. von Karl-Eduard Förstemann. Bd. 1. Nachdruck der Ausgabe Halle 1833. Hildesheim; Osnabrück 1966.

1 Vgl. Wilhelm BORTH: Die Luthersache (Causa Lutheri) 1517–1524: die Anfänge der Reformation als Frage von Politik und Recht. Lübeck 1970, 121–129.

2 Vgl. Gerhard MÜLLER: Die römische Kurie und die Anfänge der Reformation. ZRGG 19 (1967), 1–32.

3 Von den neuen Eckischen Bullen und Lügen, 1520 – WA 6, (576) 579–594. 632.

4 Vgl. Karlheinz BLASCHKE: Kurfürst Friedrich der Weise von Sachsen und die Luthersache. In: Der Reichstag zu Worms von 1521: Reichspolitik und Luthersache/ im Auftrag der Stadt Worms zum 450-Jahrgedenken ... hrsg. von Fritz Reuter. Worms 1971, 316–335, bes. 331.

5 WA 11, (229) 245–281.

6 WA 8, (670) 676–687; 9, 803.

7 WA 15, (241) 254–278.

8 Des Papstes Clemens VII. zwei Bullen, damit er das päpstliche römische Jubeljahr und, wie man es genannt hat, gülden Jahr ... ausgeschrieben ... – WA 18, (251) 255–269.

9 Vgl. MRKR, 16–62.

10 Vgl. MBB, 23–25.

11 Vgl. Walter FRIEDENSBURG: Der Reichstag zu Speier 1526: im Zusammenhang der politischen und kirchlichen Entwicklung Deutschlands im Reformationszeitalter. Nachdruck der Ausgabe Berlin 1887. Nieuwkoop 1970, 41, Anm. 1.

12 Vgl. JGK 1, 173.

13 Vgl. Friedensburg: AaO, 36 f.

14 Vgl. ebd, 38–40.

15 Ein Ratschlag, wie in der christlichen Gemeinde ... eine beständige Ordnung solle vorgenommen werden (Bedenken, wie jetziger Zeit Aufruhr zu stillen wäre) – WA 19, (436) 440–446, zitiert: 440, 9–11.

16 Vgl. WA 19, 441, 12–21.

17 Vgl. WA 19, 441, 24 – 443, 6.

18 Vgl. WA 19, 443, 7–17.

[19] Vgl. WA 19, 443, 21 f.
[20] Vgl. WA 19, 445, 14–22.
[21] WA 19, 446, 1–15.
[22] Über Luthers Beziehungen zu ihm vgl. KEGPV, 97–107.
[23] Vgl. Friedensburg: AaO, 40 f.
[24] Zitiert nach WA 19, 252; über dieses Treffen findet sich leider nichts in den ACTA REFORMATIONIS CATHOLICA ECCLESIAM GERMANIAE CONCERNENTIA SAECULI XVI: die Reformverhandlungen des deutschen Episkopats von 1520 bis 1570. Bd. 1: 1520 bis 1532/ hrsg. von Georg Pfeilschifter. Regensburg 1959.
[25] Vgl. WA 19, 253.
[26] Vgl. WA 19, 264, 11 - 269, 2.
[27] Vgl. WA 19, 270, 9 - 272, 11.
[28] Vgl. WA 19, 273, 22–33.
[29] WA 19, (252) 260–281 (282), bes. 260, 1–24.
[30] Vgl. WA 19, 261, 18 - 263, 18.
[31] Vgl. WA 19, 274, 11 - 275, 1.
[32] WA 19, 276, 19–22.
[33] Vgl. Gerhard MÜLLER: Die römische Kurie und der Reichstag. In: Der Reichstag zu Worms . . ., 254.
[34] WA 19, 276, 22 f.
[35] Vgl. WA 19, 277, 8 - 281, 6.
[36] Vgl. WA 19, 276, 10–17; Luther berichtet dies als eine Erkenntnis Friedrichs des Weisen, die er sich aber offenbar zu eigen macht.
[37] Vgl. WA Br 4, 45 (991), Kurfürst Johann an Luther [nach 9. April 1526].
[38] Vgl. WA Br 4, 45 f (991).
[39] WA Br 4, 54 (997), an Kurfürst Johann [Mitte April 1526].
[40] Vgl. BML, 541.
[41] Vgl. WA Br 4, 62, 4–6 (1002), am 23. April 1526.
[42] Vgl. BML, 538.
[43] Dies geht aus Luthers Gutachten für Johann hervor; vgl. WA Br 4, 76, 1–5 (1011: Beilage A).
[44] Vgl. WA Br 4, 77, 6–30 (1011: Beilage A).
[45] Vgl. WWTh, 110–114.
[46] Das Gutachten ist vor dem Beginn des Reichstages erstellt worden; vgl. WA Br 4, 77, 7 f (1011: Beilage A).
[47] Vgl. Friedensburg: AaO, 197.
[48] Vgl. MRKR, 55.
[49] Vgl. Friedensburg: AaO, 195–216.
[50] Vgl. WA Br 4, 109, 9 f (1033), Luther an Wenzeslaus Linck am 28. August 1526.
[51] So im Abschied des Reichstages vom 27. August; vgl. MRKR, 59; Friedensburg: AaO, 466.
[52] Vgl. MRKR, 55.
[53] Vgl. MRKR, 57.
[54] Vgl. Gerhard MÜLLER: Zur Vorgeschichte des Tridentinums: Karl V. und das Konzil während des Pontifikates Clemens' VII. (1963). In: Concilium Tridentinum/ hrsg. von Remigius Bäumer. Darmstadt 1979, 79–83.
[55] Vgl. JGK 1, 186.
[56] Vgl. MRKR, 77.
[57] Vgl. Johannes KÜHN: Die Geschichte des Speyrer Reichstags 1529. Leipzig 1929, 23.
[58] Vgl. WA 29, 88, 9 - 89, 3.
[59] Vgl. Kühn: AaO, 70–74.
[60] Vgl. OGA 3, (341) 348–359, am [22. März] 1529.
[61] Luther unterrichtete Nikolaus von Amsdorf über Philipp Melanchthons Abreise zum Reichstag am 28. Februar 1529; vgl. WA Br 5, 22, 2 f (1383).
[62] Der Reformator erwartete am 15. März sogar Gutes vom Reichstag und fürchtete auch ein Konzil

nicht, an dessen Zustandekommen er aber Zweifel hegte; vgl. WA Br 5, 40, 8 f (1396), an von Amsdorf.

63 Die Absprache trafen „Sachsen, Hessen, Ulm, Straßburg und Nürnberg; Lüneburg und Brandenburg-Ansbach blieben der Vereinbarung dagegen fern" (WWTh, 125).

64 Vgl. WA Br 5, 45, 12 f (1400), Luther an von Amsdorf am 29. März 1529; 51, 14 (1406), an Gerhard Hecker am 13. April 1529; 54, 13 (1408), an Justus Jonas am 14. April [1529]; 60, 9 (1414), an von Amsdorf am 4. Mai 1529.

65 Vgl. WA Br 5, 62, 10–13 (1416).

66 Vgl. WA Br 5, 72, 14–18 (1421), am 18. Mai 1529.

67 Vgl. DPH und Ekkehart FABIAN: Die Entstehung des Schmalkaldischen Bundes und seiner Verfassung 1524/29–1531/35: Brück, Philipp von Hessen und Jakob Sturm; Darstellung und Quellen, mit einer Brück-Bibliographie. 2., aufgrund neuer Quellen völlig überarb. und erw. Aufl. Tübingen 1962, 338–342; vgl. oben Seite 578 f.

68 WA Br 5, 76, 1 - 77, 57 (1424), am 22. Mai 1529.

69 Vgl. oben Seite 373.

70 WA Br 5, 80, 63 (1424: Beilage).

71 WA Br 5, 77, 36 f (1424).

72 Vgl. Karl SCHORNBAUM: Zur Politik des Markgrafen Georg von Brandenburg vom Beginne seiner selbständigen Regierung bis zum Nürnberger Anstand 1528–1532: auf Grund archivalischer Forschungen. München 1906, 78; WWTh, 135.

73 Zur Datierung auf etwa den 22. Mai 1529 vgl. WWTh, 130 f, Anm. 41.

74 Der Landgraf hat übrigens Otto von Pack im Juni 1529 aus Hessen abgeschoben; vgl. WA Br 5, 124, 1–6 (1455), Luther an von Amsdorf am 29. Juli 1529.

75 WA Br 5, 78–81 (1424: Beilage). Die Nennung Basels überrascht. Sie zeigt entweder Luthers „Unkenntnis über den Umfang des Bündnisses oder seine Erwartung, der Landgraf werde die Schweizer unmittelbar in die Verabredung von Speyer einbeziehen" (WWTh, 132).

76 Mit Hans VON SCHUBERT: Bekenntnisbildung und Religionspolitik 1529/30 (1524–1534). Gotha 1910, 237, Anm. 1, muß meines Erachtens dieser Vorschlag „Cesari scribendum" als Vorschlag für ein sächsisches Votum gedeutet werden. Denn Luther spricht namens seiner Kollegen nur von „beneficia *principis*" (WA Br 5, 81, 85 [1424: Beilage]). Auf die Instruktion für die Appellationsgesandtschaft an Karl V. (vgl. WWTh, 134) konnte dieser Vorschlag deswegen nicht einwirken.

77 WA Br 5, 97, 6 f (1434), Luther an Jonas am 14. Juni 1529.

78 Vgl. WA Br 5, 168, 21–26 (1485), an von Amsdorf am 27. Oktober 1529.

79 Vgl. WA Br 5, 190, 3 f (1500), an Johann Rühel [im November 1529?].

80 WWTh, 36.

81 WWTh, 36.

82 Mit WWTh, 133.

83 Luther hatte die „Marburger Artikel" unterschrieben, worin stand, daß „ein thail gegen dem andern christliche lieb - soferr yedes gewissen immer leiden kan - erzaigen" solle (OGA 3, 423, 7 f).

84 DEUTSCHE REICHSTAGSAKTEN UNTER KAISER KARL V. [jüngere Reihe]. Bd. 8 I: Die protestierenden Reichsstände und Reichsstädte zwischen den Reichstagen zu Speyer 1529 und Augsburg 1530/ bearb. von Wolfgang Steglich. Göttingen 1970, 363, 20 - 364, 3, Kurfürst Johann an Gregor Brück.

85 Ebd 8 I, 365, 1 - 374, 21, Gutachten der Wittenberger Theologen mit Korrekturen Brücks zwischen 18. und 28. November 1529.

86 Luther nennt „uns viere" als Verfasser (vgl. WA Br 5, 181, 6 [1496], am 18. November 1529), während Johann neben ihm nur Johannes Bugenhagen und Melanchthon namentlich aufgeführt hatte.

87 WA Br 5, 180–183 (1496).

88 Von Schubert: AaO, 221.

89 WWTh, 140 f.

90 WWTh, 140, Anm. 73, wird dies zwar festgestellt, aber dann doch im folgenden von einem „Bedenken" gesprochen.

[91] Dieser am 3. August 1529 abgeschlossene Frieden war für Karl sehr günstig (vgl. MRKR, 78 f).
[92] Vgl. Gerhard MÜLLER: Franz Lambert von Avignon und die Reformation in Hessen. Marburg 1958, 86–90.
[93] Vgl. WA Br 12, 106 (4235 = 1512 a).
[94] WA Br 12, 107–110 (4235 = 1512 a) / MBW 1, 362 (852), [im Dezember 1529].
[95] WA Br 12, 107.
[96] Vgl. WWTh, 135.
[97] Im September/Oktober 1529; vgl. MRKR, 81.
[98] Vgl. WA Br 5, 197–199 (1503).
[99] Vgl. WA Br 5, 198, 45 f (1503); 203, 5 f (1705).
[100] WA Br 5, 203 f (1507).
[101] Ein Brief Philipps an Johann aus der ersten Dezemberhälfte 1529 ist nicht erhalten; vgl. WWTh, 143, Anm. 91.
[102] WA Br 5, 208–211 (1511); vgl. die präzise Analyse von Luthers Gutachten bei WWTh, 144–146.
[103] Vgl. WWTh, 146.
[104] MBB, 29.
[105] Auch in seinem Brief vom 24. Dezember 1529 (vgl. oben Anm. 102) war die Bündnisfrage nicht grundsätzlich erörtert, sondern lediglich ein Vorschlag des hessischen Landgrafen diskutiert worden!
[106] Vgl. WWTh, 147. – Bornkamm folgert mit Recht, daß sich schon Anfang 1530 „die Scheidung der lutherischen und der oberdeutschen Stände auf dem kommenden Reichstag von Augsburg" abzeichnete (BML, 584 f).
[107] Sein Gutachten jetzt gedruckt in OGA 3, (450) 459–467, [nach 10. Januar] 1530.
[108] Vgl. die Zusammenfassung des Forschungsstandes bei WWTh, 147–153.
[109] WA Br 5, 223–225 (1522); wichtige Varianten 13, 120 f.
[110] Auch Melanchthon bestätigt, daß die Formulierung auf Luther zurückgeht; vgl. CR 2, 603 f (1066) / MBW 4, (4314), an Heinrich von Einsiedel am 8. Juli 1546 (CR datiert 1532).
[111] WA Br 5, 259, 48 (1536). – Auf diesen Satz hatte Luther besonders im Bauernkrieg Wert gelegt; vgl. Gottfried MARON: „Niemand soll sein eigener Richter sein": eine Bemerkung zu Luthers Haltung im Bauernkrieg. Lu 46 (1975), 60–75.
[112] WA Br 5, 258–262 (1536).
[113] Vgl. WWTh, 164.
[114] Vgl. MBB, 27–29.
[115] Vgl. WWTh, 162 f.
[116] Bis hin zu wörtlichen Zitaten reichte dabei übrigens der Einfluß von Lazarus Spengler und auch der von Johannes Brenz; vgl. WWTh, 156, Anm. 14.
[117] Vgl. WWTh, 149.
[118] Eigentlich wäre eine Abwahl nur durch die Kurfürsten zu erwarten, die ja auch allein den Kaiser wählen; Wolgast meint, hier komme eine „hohe Bewertung des Reichstags als Institution" zum Ausdruck (WWTh, 159, Anm. 29). Ich möchte eher annehmen, daß Luther das Besondere eines solchen Vorgangs andeuten will, ohne sich die Kompetenzen des Reichstages klarzumachen.
[119] Luther hatte 1526 lediglich Wahnsinn als legitimen Absetzungsgrund angesehen; vgl. WWTh, 84. 159, Anm. 26.
[120] Erst am 11. März war die vom 21. Januar datierte Einladung zum Reichstag in Johanns Händen; vgl. UBGRA 1, 2 (1).
[121] Johann zitiert daraus wörtlich in seinem Brief nach Wittenberg; vgl. WA Br 5, 264, 14–21 (1538) / MBW 1, 371 (874), an Luther, Jonas, Bugenhagen und Melanchthon am 14. März 1530.
[122] WA Br 5, 263–266 (1538).
[123] Vgl. WA Br 5, 266 f (1539), Luther an Jonas am 14. [15?] März 1530.
[124] Vgl. WA Br 5, 269 (1541).
[125] Vgl. WA Br 5, 271 f (1543).
[126] Diese Predigt ist gedruckt WA 32, 23–28.
[127] Vgl. Georg BUCHWALD: Luther-Kalendarium. Leipzig 1929, 70 f.

[128] Vgl. WA 32, 28–39. 39–47. 47–54. 55–65.
[129] Vgl. WA Br 5, 277, 7 f (1547).
[130] Vgl. UBGRA 1, 130 (45) / W[1] 16, 793.
[131] Vgl. WA Br 5, 285 (1552).
[132] Vgl. WA Br 5, 283, 3–6 (1550), an Eobanus Hessus am 23. April 1530.
[133] Vgl. MBB, 30 f.
[134] Vgl. WA Br 5, 285, 3–6 (1552) / MBW 1, 377 (891), Luther an Melanchthon am 24. April 1530.
[135] WA 30 II, (237) 268–356. 713–715; RN.
[136] Vgl. WA Br 5, 316, 6 f (1566) / MBW 1, 383 (906).
[137] Vgl. UBGRA 1, 295–309 (102), Eröffnung der Ständeversammlung am 20. Juni 1530.
[138] WA 30 II, 237; vgl. auch WA Br 5, 345, 2–4 (1580) / MBW 1, 387 (919), Luther an Melanchthon am 2. Juni 1530.
[139] „vnsern aller gnedigsten herrn keiser Carolo“ (WA 30 II, 269, 2 f); „das Edle blut vnser lieber herr keiser Carol“ (274, 11).
[140] Allerdings hat sich auch die römische Kurie nach Kräften gemüht, die geplante Zusammenkunft zu verhindern; vgl. MRKR, 25–28.
[141] Die Kapitel der Mainzer Kirchenprovinz hatten ja 1525 ein Zurückdrängen der Bettelmönche gefordert (vgl. oben Seite 371). Luther versucht hier, obwohl er selbst Mönch gewesen ist, die Antipathien gegen die Klöster für seine Anliegen auszuwerten.
[142] WA 30 II, 268–280.
[143] WA 30 II, 281–356.
[144] Vgl. WA Br 5, 361, 14 f; 362, 21–25 (1588), an Luther am 13. Juni 1530.
[145] Bornkamm formuliert: „In diesem Zorn, in dem ein Stück Verwandtschaft mit Savonarola lebt, . . .“ (BML, 593).
[146] Luther meint, die Bischöfe könnten nur Geistliche bleiben, wenn sie das Evangelium freilassen. Er formuliert: „. . ., Wollen sie nicht Bisschoue sein ynn Gottes namen, so seien sie yns teuffels namen Bader, on das wir nicht schuld . . . dazu sein, . . .“ (vgl. WA 30 II, 340–345, bes. 344, 17 – 345, 1).
[147] Vgl. WA 30 II, 392.
[148] WA 30 II, (391) 397–412. 715; RN.
[149] Vgl. MRKR, 97–103.
[150] WA Br 5, 319 f (1568), Luther an Johann am 15. Mai 1530.
[151] Vgl. WA Br 5, 313, 12–19 (1564: Beilage); es ist nicht klar, wer dieses Gutachten verfaßt hat. Da Luther am 15. Mai sagt, er vertrete dieselbe Meinung wie früher (vgl. 319, 12 [1568]), kann ein anderer Theologe dieses ältere Votum erstellt haben.
[152] WA Br 5, 319, 12 f (1568).
[153] Vgl. oben Seite 378–380.
[154] Vgl. MRKR, 93 f.
[155] [Schwabacher Artikel] Ein Bekenntnis christlicher Lehre und christlichen Glaubens durch D. M. Luther in 17 Artikeln verfaßt, 1529 (Druck 1530) – WA 30 III, (172) 178–182 (Druck); (81) 86–91 (Handschrift); RN; vgl. 172.
[156] Vgl. MRKR, 91.
[157] Vgl. WA 30 III, 183.
[158] Auf das Schreien etlicher Papisten über die 17 Artikel. Antwort M. Luthers, 1530 – WA 30 III, (183) 194–197 (Vorwort); 178–182 (Artikel [siehe oben Anm. 155]); 186–193 (altgläubige Gegenschrift); RN; bes. 194, 2–8. – Die „Schwabacher Artikel“ waren in Kursachsen ursprünglich zur Abgrenzung von den Zwinglianern zusammengestellt worden; vgl. MBB, 29 f.
[159] WA 30 III, 194, 13 – 197, 10.
[160] Vgl. z. B. WA Br 5, 354, 1–5 (1586) / MBW 1, 389 (923), Luther an Melanchthon am 7. Juni 1530; WA Br 5, 365, 1 f (1589) / MBW 1, 391 (927), Melanchthon an Luther am 13. Juni 1530; WA Br 5, 382, 5 f (1597), Luther an Gabriel Zwilling am 19. Juni 1530; 396, 2–5 (1604) / MBW 1, 395 (940), Melanchthon an Luther am 26. Juni 1530; WA Br 5, 414, 3–24 (1612), Luther an Georg Spalatin am 30. Juni 1530.

[161] WA Br 5, 372, 9 – 373, 30 (1592), Luther an Kaspar von Teutleben am 19. Juni 1530.
[162] Vgl. WA Br 5, 416, 4–18 (1613), Luther an Johann Agricola am 30. Juni 1530.
[163] WA Br 5, 437, 15 – 438, 24 (1622).
[164] Vgl. WA Br 5, 454, 27 – 455, 65 (1633), am 9. Juli 1530.
[165] Vgl. WA Br 5, 456, 7 – 457, 23 (1634) / MBW 1, 403 (963), Luther an Melanchthon am 9. Juli 1530.
[166] Vgl. MRKR, 100.
[167] Vgl. WA Br 5, 407, 84–89 (1609) / MBW 1, 397 (946), Luther an Melanchthon am 29. Juni 1530.
[168] Vgl. WA Br 5, 453, 1 – 454, 26 (1633).
[169] Vgl. WA Br 5, 470, 2–4 (1642) / MBW 1, 405 (969), Luther an Melanchthon am 13. Juli 1530.
[170] Vgl. WA Br 5, 480, 39 (1648) / MBW 1, 407 (975), Luther an Jonas, Spalatin, Melanchthon und Agricola am 15. Juli 1530 oder WA Br 5, 481, 4–7 (1649), Luther an Spalatin am 15. Juli 1530.
[171] WA Br 5, 483, 3–10 (1650), Kurfürst Johann an Luther am 15. Juli 1530.
[172] Vgl. DIE CONFUTATIO DER CONFESSIO AUGUSTANA VOM 3. AUGUST 1530/ bearb. von Herbert Immenkötter. Münster 1979, 34–47.
[173] Vgl. WA Br 5, 514, 6–9 (1666), Agricola an Luther am 28. Juli 1530.
[174] Vgl. MRKR, 103. Die römische Stellungnahme traf am 24. Juli in Augsburg ein; vgl. NBD EB, 80.
[175] Vgl. MRKR, 105–107.
[176] Vgl. WA Br 5, 491–495 (1656) / MBW 1, 411 (986), an Melanchthon.
[177] Vgl. WA Br 5, 497 f (1658), am 21. Juli 1530.
[178] Vgl. WA Br 5, 527–529 (1674: Beilage I), am [4. August 1530].
[179] Vgl. WA Br 5, 555 f (1691) / MBW 1, 428 f (1036), an Luther.
[180] Vgl. WA Br 5, 557, 10–15 (1692), am [23. August 1530].
[181] WA Br 5, 572–575 (1697). – Der Brief des Kurfürsten ist nicht erhalten, „nur das Begleitschreiben an den Schösser Arnold von Falkenstein vom 22. August“ (vgl. 575, Anm. 1).
[182] Vgl. Herbert IMMENKÖTTER: Um die Einheit im Glauben: die Unionsverhandlungen des Augsburger Reichstages im August und September 1530. 2. Aufl. Münster 1974, 28–56; Gerhard MÜLLER: Zwischen Konflikt und Verständigung: Bemerkungen zu den Sonderverhandlungen während des Augsburger Reichstages 1530. In: RGRZ, 21–33.
[183] Vgl. Gerhard MÜLLER: Um die Einheit der Kirche: zu den Verhandlungen über den Laienkelch während des Augsburger Reichstages 1530. In: Reformata reformanda = Festgabe für Hubert Jedin zum 17. Juni 1965/ hrsg. von Erwin Iserloh und Konrad Repgen. Bd. 1. Münster 1965, 393–427; Eugène HONÉE: Die theologische Diskussion über den Laienkelch auf dem Augsburger Reichstag 1530: Versuch einer historischen Rekonstruktion 1. Nederlands archief voor kerkgeschiedenis Nieuwe Serie 53 (Leiden 1972/73), 1–96.
[184] WA Br 5, 572–575 (1697).
[185] Vgl. WA Br 5, 575–580 (1698–1700); der Brief an Melanchthon auch MBW 1, 432 f (1047).
[186] Vgl. Gerhard MÜLLER: Die Anhänger der Confessio Augustana und die Ausschußverhandlungen. In: CACAR, 243–257.
[187] Vgl. WA Br 5, 587 f (1707), am 28. August 1530.
[188] Vgl. das Gutachten WA Br 5, 589–597 (1707: Beilage).
[189] Vgl. WA Br 5, 618, 27–34 (1716) / MBW 1, 443 (1075), am 11. September 1530.
[190] Vgl. WA Br 5, 619, 5–19 (1717), am 11. September 1530.
[191] Vgl. Immenkötter: AaO, 79; Gerhard MÜLLER: Duldung des deutschen Luthertums?: Erwägungen Kardinal Lorenzo Campeggios vom September 1530. ARG 68 (1977), 158–172.
[192] Vgl. MRKR, 116 f.
[193] Vgl. MRKR, 117–121.
[194] WA Br 5, 653–656 (1737); vgl. auch WWTh, 170 f, Anm. 26.
[195] Vgl. WA Br 6, 659, Anm. 10 (1739).
[196] Vgl. Fabian: AaO, 113 f.
[197] WWTh, 173–176; vgl. auch WRP, 63–68 (15 f).
[198] WA Br 5, 662, 1–19 (1740: Beilage); aus der umfangreichen Literatur vgl. WWTh, 178–185; Hermann DÖRRIES: Luther und das Widerstandsrecht. In: DWS 3, 195–270; Eike WOLGAST: Die

Religionsfrage als Problem des Widerstandsrechts im 16. Jahrhundert. Heidelberg 1980, 17–21.
199 Vgl. Fabian: AaO, 151–164.
200 Vgl. WWTh, 177.
201 Vgl. WA Br 5, 698, 15 – 699, 80 (1761). – Die Entscheidung über die sächsische Politik in dieser Frage war schon gefallen, als Luther konsultiert wurde; seine Auffassung vermochte die kursächsische Stellungnahme nicht zu verändern; vgl. WWTh, 201–203.
202 Vgl. MBB, 34 f.
203 Vgl. Fabian: AaO, 162.
204 WA Br 6, 16, 9 – 17, 24 (1722).
205 Vgl. WA Br 6, 36, 3–10 (1781).
206 WA Br 6, 55–57 (1796).
207 Das betont auch WWTh, 179.
208 Warnung an seine lieben Deutschen – WA 30 III, (252) 276–320. (390) 392–398; RN; Glosse auf das vermeinte kaiserliche Edikt – WA 30 III, (321) 331–388. (390) 398 f. 583; RN; beide Arbeiten erschienen im April 1531; vgl. 255.
209 WA 30 III, 276, 1 – 283, 6.
210 Vgl. WWTh, 185.
211 Später hat Luther den Reichstag dagegen positiv gewertet; vgl. WA 30 III, 285, Anm. 1.
212 WA 30 III, 284, 9 – 320, 30.
213 Vgl. WA Br 5, 653, 1 f (1737).
214 Melanchthon meinte sogar, nur dieser Satz mache den Abschied unannehmbar; vgl. CR 2, 388 f (914) / MBW 1, 447 (1084), an Joachim Camerarius am 26. September 1530. Spengler sprach dagegen am 25. September von einem „beschwerlichen Abschied" (WA Br 5, 644, Anm. 1 [1730]). Auch Luther beurteilte ihn negativ; vgl. 643, 1–12 (1730), an Spengler am 1. Oktober 1530.
215 Siehe die „Glosse . . ." oben Anm. 208.
216 Der Reichstagsabschied lag gedruckt Anfang März in Wittenberg vor. Vielleicht kannte Luther aber einen Auszug, den Cochlaeus „wohl im Januar" 1531 ediert hatte; vgl. WA 30 III, 321–325.
217 Vgl. Fabian: AaO, 165, Anm. 814.
218 Vgl. MRKR, 121.
219 Vgl. MRKR, 116–121.
220 Vgl. Otto WINCKELMANN: Der Schmalkaldische Bund 1530–1532 und der Nürnberger Religionsfriede. Straßburg 1892, 110–120.
221 Vgl. WA Br 6, 108, 1–6 (1822), an Brück.
222 WA Br 6, 108–116 (1822: Beilage I) / MBW 2, 41 (1175), Gutachten Luthers und Melanchthons für Kurfürst Johann am [4./5. August 1531].
223 Vgl. WA Br 6, 114, 154–162.
224 Vgl. oben Seite 385.
225 WWTh, 204.
226 Wohl vom Juni 1531 stammt der Brief, in dem sich Luther so äußert; vgl. WA Br 6, 130, 7–12 (1831), an Nikolaus Gerbel.
227 Vgl. WA Br 6, 203, 16 (1872), an Spalatin am 10. Oktober 1531.
228 Vgl. MRKR, 147–150.
229 Vgl. MRKR, 162–165.
230 Vgl. MRKR, 146–157.
231 Vgl. WA Br 6, 236, 10 f (1890), an von Amsdorf am 28. Dezember 1538.
232 Vgl. oben Seite 382.
233 Vgl. Winckelmann: AaO, 178–181.
234 Dies geschah im Vertrag von Scheyern vom 26. Mai 1532; vgl. MRKR, 168.
235 In der Schlacht bei Kappel am 11. Oktober 1531; vgl. Winckelmann: AaO, 145–150.
236 Vgl. WA Br 6, 260 f (1903), am [12. Februar? 1532].
237 Vgl. Winckelmann: AaO, 186.
238 Von demselben Tag stammt wohl auch der Brief an Johann; vgl. oben Anm. 236.

[239] WA Br 6, 262–264 (1904).

[240] Vom 27. Februar liegen Briefe Luthers aus Torgau vor; vgl. WA Br 6, 270–272 (1908 mit Beilage).

[241] In den ebd. genannten Briefen berichtet Luther nichts über die Verhandlungen.

[242] Vgl. das Gutachten der Nürnberger Theologen für die Schweinfurter Verhandlungen OGA 4, 397–408.

[243] Vgl. WA Br 6, 286, 31–35 (1919), an Luther.

[244] Die Verlegung nach Nürnberg ging auf einen Wunsch des Kaisers zurück: Die Gespräche sollten in größerer Nähe zu Regensburg, dem Ort des Reichstages, geführt werden; vgl. MRKR, 206.

[245] Nicht für Kurfürst Johann, wie WA Br 6, 307 (1933), vor 16. Mai 1532, behauptet wird; vgl. die Anrede des Kurprinzen (310, 62); siehe WWTh, 212.

[246] Vgl. WA Br 6, 308, 1 - 309, 36 (1933).

[247] Vgl. WWTh, 214 f. 218.

[248] WWTh, 209.

[249] WA Br 6, 309, 37 - 310, 63 (1933).

[250] Vgl. WA Br 6, 310, 68–70 (1933).

[251] Vgl. WWTh, 209.

[252] WA Br 6, 313, 1 - 315, 70 (1935), [nach 21. Mai 1532].

[253] Vgl. WWTh, 214 f. Philipp von Hessen hat besonders scharf Melanchthon angegriffen, an dessen Haltung in Augsburg 1530 er erinnerte (vgl. WWTh, 217). Wolgast meint, dies sei zu Unrecht geschehen, weil „Melanchthon . . . keines der Gutachten Luthers 1532 unterschrieben oder abgefaßt" habe (WWTh, 217, Anm. 100). Jedoch ist bei einem Gutachten die Mitarbeit Melanchthons feststellbar (vgl. oben zu Anm. 222).

[254] Vgl. WA Br 6, 318, 7–11 (1938), Luther an von Amsdorf am 13. Juni 1532.

[255] Vgl. MRKR, 207 f.

[256] Vgl. WA Br 6, 324, 3–12 (1942) / MBW 2, 73 (1260), an Luther, Jonas, Bugenhagen und Melanchthon.

[257] WA Br 6, 325, 4 - 327, 60 (1943), am 29. Juni 1532.

[258] WA Br 6, 328, 1 - 329, 55 (1944), am 29. Juni 1532.

[259] Vgl. WA Br 6, 325 (1943).

[260] Vgl. WA Br 6, 332, 5–19 (1945), am 29. Juni 1532.

[261] Vgl. MRKR, 214–218.

[262] Vgl. MRKR, 229–234.

[263] Vgl. WA Br 6, 314, 62 - 315, 68 (1935).

[264] Meist wurden oberitalienische Orte vorgeschlagen, aber auch Straßburg, Mainz, Köln oder Metz wurden genannt; vgl. JGK 1, 169 und öfter.

[265] WA Br 6, 483–485 (2028 I), [zwischen 16. und 30. Juni 1533], Gutachten Luthers für Kurfürst Johann Friedrich (480 wird vom „Nürnberger Reichstagsabschied", 485, Anm. 7 vom Nürnberger Reichstag gesprochen; der Reichstag 1532 wurde aber in Regensburg durchgeführt).

[266] Vgl. WA Br 6, 485, 4 - 487, 69 (2028 II), Luthers zweites Gutachten für Johann Friedrich.

[267] Vgl. WA Br 6, 487, 4 - 488, 45 (2028 III) / MBW 2, 100 (1335), Gutachten Luthers, Jonas', Bugenhagens und Melanchthons für Johann Friedrich.

[268] Vgl. WA Br 6, 489, Anm. 1 (2028 III).

[269] Vgl. WA Br 6, 488, 46–50 (2028 III).

[270] Für Clemens VII. und die Kurie war die Befürchtung, daß sich ein neues Konzil wieder über den Papst stellen könnte, in der Tat wichtig; vgl. JGK 1, 213 f.

[271] Vgl. WA Br 6, 489–491 (2028: Beilage).

[272] Vgl. MRKR, 250–260. – In der „Disputatio circularis feria sexta contra concilium Constantiense . . ." (WA 39 I, [9] 13–38. 39; 39 II, [XIV f Nr. 2]) von 1535 ging es um die Frage des Laienkelches. Luther meinte, diesem Beschluß des Konzils müsse Widerstand geleistet werden.

[273] Vgl. WA Br 7, 222, 6–13 (2218), an Kurfürst Johann Friedrich am 7. August 1535; 249, 14–20 (2234), an Jonas am 4. September 1535.

[274] „Die treibende Kraft in der Konzilsfrage wurde je später desto mehr Kaiser Karl V." (JGK 1, 179).

[275] Vergerio berichtete dagegen aus Wien, daß Philipp von Hessen ein Konzil nur in Deutschland für möglich halte; vgl. NBD 1 I, 345 f.

[276] Vgl. WA Br 7, 238 (2225).

[277] Vgl. NBD 1 I, 540.

[278] Vgl. WA Br 7, 322, 7 f (2270), an Jonas am 10. November 1535.

[279] Vgl. NBD 1 I, 546.

[280] Vgl. JGK 1, 252.

[281] Vgl. WA Br 7, 467, 51–53 (3048), wo auf den Zusammenhang zwischen dem angesagten Konzil und dem begonnenen Krieg hingewiesen wird; vgl. auch WA Br 7, 472, 35–41 (3050), Martin Bucer an Luther am 22. Juli 1536.

[282] Vgl. WA Br 7, 503, 1 – 504, 9 (3067), Luther an Jonas.

[283] Vgl. WA Br 7, 478 und MBW 2, 262 (1765).

[284] Vgl. CR 3, 119–125 (1456) / MBW 2, 263 f (1769).

[285] Vgl. CR 3, 157 f (1465) / MBW 2, 267 (1777).

[286] Vgl. CR 3, 131 (1458) / MBW 2, 284 (1818); vgl. WA Br 7, 604 f (3112); zur Diskussion des Widerstandsrechts 1536 vgl. WWTh, 224–230, speziell zu Luthers Anteil am Gutachten und zu seiner Unterschrift WWTh, 228.

[287] Vgl. WA Br 7, 613, 4–19 (3116) / MBW 2, 286 (1822).

[288] WA 50, (160) 192–254. 689; 60, 131–139 / BSLK, (XXIV–XXVI) 407–468. – Zu ihrer Entstehung vgl. Ernst BIZER: Zum geschichtlichen Verständnis von Luthers Schmalkaldischen Artikeln. ZKG 67 (1955/56), 61–92; DERS.: Noch einmal: die Schmalkaldischen Artikel. ZKG 68 (1957), 287–294, sowie VLSA; zur Theologie dieser Bekenntnisschrift vgl. u. a. Erdmann SCHOTT: Christus und die Rechtfertigung allein durch den Glauben in Luthers Schmalkaldischen Artikeln. Zeitschrift für Systematische Theologie 22 (1953), 192–217.

[289] Vgl. WA Br 8, 35–38 (3134), am [8. oder 9. Februar 1537?].

[290] Vgl. JGK 1, 258–260.

[291] Vgl. WA Br 8, 68 (3147) / MBW 2, 312 f (1888).

[292] Vgl. WA Br 8, 68, Anm. 1.

[293] Vgl. JGK 1, 264–269.

[294] S. D. N. Pauli divina providentia papae tertii bulla prorogationis sacrosancti generalis concilii. Vorrede und Randglossen Luthers, 1537 – WA 50, (90) 92–95; mit den rechten und den päpstlichen Konzilen befaßte sich Luther in seiner Vorrede zu Johannes KYMÄUS: Ein alt christlich Konzilium gehalten zu Gangra, 1537 – WA 50, (45) 46 f; vgl. oben Seite 452.

[295] Vgl. JGK 1, 274–279.

[296] Vgl. WWTh, 239. Der am 10. Juni 1538 geschlossene „Nürnberger Bund" altgläubiger Reichsstände und des Kaisers ließ Schlimmes befürchten, so daß Nachrichten über einen Angriff im Frühjahr 1539 glaubwürdig erschienen; vgl. WRP, 92 f, Anm. 447 (21).

[297] Gedruckt WRP, 92–94 (21) / End 12, 78–81 (2678) / MBW 2, 401 f (2121), am 13./14. November 1538.

[298] WRP, 94 (21).

[299] WWTh, 241.

[300] Vgl. oben Seite 386.

[301] Vgl. oben Seite 385–388.

[302] Vgl. WA Br 8, 364–368 (3297), Luther an Johann Ludicke am 8. Februar 1539.

[303] Vgl. WA 39 II, 39, 3 – 43, 2.

[304] WWTh, 244.

[305] Vgl. WA Br 8, 367, 30–35 (3297); WA 39 II, 42, 1–34.

[306] WRP, 94, Anm. 456 (22).

[307] Die römische Kurie hat sich scharf dagegen gewandt, daß Karl V. religiöse Absprachen mit den Evangelischen traf; vgl. Gerhard MÜLLER: Zur Vorgeschichte des Frankfurter Anstands 1539: ein Nachtrag zu Aleanders dritter Nuntiatur in Deutschland. Quellen und Forschungen aus italienischen Archiven und Bibliotheken 39 (1959), 328–342.

[308] Vgl. WA 39 II, 43, 3 – 44, 6; vgl. 35.

[309] Zu einem Gutachten von Luther, Jonas und Bugenhagen, das wohl Jonas verfaßt hat (vgl. WWTh, 251) und in dem die Berechtigung von Bündnissen von Obrigkeiten aus der Bibel und dem Naturrecht behauptet wird, schrieb Luther eigenhändig einen Zusatz, in dem er mitteilte, man werde die Notwendigkeit eines Gegenbündnisses erforderlichenfalls gerne beweisen; vgl. WA Br 8, 515–517 (3369), im [Juli? 1539].

[310] WWTh, 253.

[311] Vgl. WA Br 8, 647–650 (3425) / MBW 2, 486 (2332).

[312] Vgl. WA Br 9, 17 f (3435), am 18. Januar 1540.

[313] So WA Br 9, 20, aufgrund der Verweise auf Ereignisse des Augsburger Reichstages 1530, die in diesem Schriftstück vorkommen. Das Gutachten siehe WA Br 9, 19–35 (3436) / MBW 3, 22 f (2352), am [18. Januar 1540]. Luther und die übrigen Verfasser schrieben getrennte Briefe anläßlich der Übersendung dieses Gutachtens; vgl. WA Br 9, 18, 5 f (3435); MBW 3, 23 (2353).

[314] Vgl. WA Br 9, 21–34 (3436).

[315] Vgl. WA Br 9, 34, 565–571: Friedrich Myconius, von Amsdorf, Erasmus Sarcerius, Johannes Timan (Amsterdamus), Nikolaus Scheubel, Balthasar Raida, Bucer, Antonius Corvinus, Kymäus.

[316] Vgl. WA Br 9, 20.

[317] Vgl. WA Br 9, 60 f (3446), am 20. Februar 1540.

[318] Vgl. WA Br 9, 61 f (3447), am 25. Februar 1540.

[319] Vgl. WA Br 9, 38–40 (3438), Kurfürst Johann Friedrich an Luther am 23. Februar 1540; 50–59 (3444) / MBW 3, 32 f (2376), am 17. Februar 1540; WA Br 9, 64–67 (3449) / MBW 3, 35 (2383), am 29. Februar 1540.

[320] Vgl. WA Br 9, 77, 14 f (3455) / MBW 3, 41 (2397); WA Br 9, 89, 9–11 (3461) / MBW 3, 48 (2410), an Melanchthon am [8. April 1540].

[321] BRG, 109.

[322] Vgl. WA Br 9, 140, Anm. 5 (3498).

[323] Vgl. WA Br 9, 130, 6–20 (3492), am 10. Juni 1540.

[324] Vgl. WA Br 9, 137, 1–9 (3496) / MBW 3, 65 (2451), an Luther am 14. Juni 1540.

[325] Vgl. WA Br 9, 140–142 (3499), Kurfürst Johann Friedrich an Luther am 16. Juni 1540.

[326] Vom 2. Juli liegt ein Brief aus Weimar an seine Frau vor (WA Br 9, 167–170 [3509]).

[327] Vgl. BRG, 119.

[328] Vgl. WA Br 9, 181, 1–33 (3514) / MBW 3, 70 (2462), [vor 18. Juli 1540].

[329] Vgl. WA Br 9, 272, 6–9 (3554) / MBW 3, 111 (2558), Luther an Melanchthon am 21. November 1540.

[330] Vgl. WA Br 9, 278, 11 (3557) / MBW 3, 112 (2560), an Melanchthon am 24. November 1540.

[331] Vgl. WA Br 9, 290, 1 – 291, 6 (3562), Luther an Jonas am [10. (9.?) Dezember 1540]; 326 f, Anm. 19 (3573).

[332] Vgl. BRG, 119–121.

[333] Vgl. WA Br 9, 320–322 (3572) / MBW 3, 142 (2628), [Februar] 1541.

[334] Vgl. CR 4, 134–136 (2166), Johann Friedrich an Brück am 16. März 1541.

[335] WA Br 9, 322–327 (3573), am 4. Februar 1541.

[336] Vgl. WA Br 9, 332–334 (3578), am 21. (?) Februar 1541.

[337] Vgl. WA Br 9, 355–357 (3591), an Brück am [4. April 1541].

[338] Vgl. BRG, 125 und 120.

[339] Im Unterschied zu Luther fand Philipp manches daran beachtenswert; vgl. Gerhard MÜLLER: Landgraf Philipp von Hessen und das Regensburger Buch. In: Bucer und seine Zeit: Forschungsbeiträge und Bibliographie/ hrsg. von Marijn de Kroon und Friedhelm Krüger. Wiesbaden 1976, 101–116.

[340] Vgl. WA Br 9, 396–406 (3614 f), an Luther und Bugenhagen am 9. Mai 1541.

[341] WA Br 9, 406–410 (3616), am 10. oder 11. Mai 1541.

[342] Vgl. WA Br 9, 410 f (3617) / MBW 3, 170 (2695), am 12. Mai 1541.

[343] Vgl. WA Br 9, 414, 3–16 (3619) / MBW 3, 172 (2699), Melanchthon an Luther am 19. Mai 1541.

[344] HBKG 3 II, 211 f.

[345] WA Br 9, 419 f (3622), Luther an Fürst Georg von Anhalt am 25. Mai 1541.
[346] Vgl. WA Br 9, 433–436 (3628), am 6. Juni 1541.
[347] WA Br 9, 436–443 (3629); 439, 49 ist statt „on furcht" „on frucht" zu lesen; vgl. 441, 46, Luther an die Fürsten Johann und Georg von Anhalt am 11. und 12. Juni 1541.
[348] Vgl. WA Br 9, 457 (3635), an Johann Friedrich am 24. Juni 1541.
[349] WA Br 9, 459–463 (3637), an Johann Friedrich am 29. Juni 1541.
[350] Vgl. oben Seite 398.
[351] WA Br 9, 474, 24–28 (3645), an Jonas.
[352] Vgl. JGK 1, 306–312.
[353] Vgl. WA Br 9, 496, 8 f (3656), an Linck am 17. August 1541.
[354] Vgl. WA Br 9, 474, 30 (3645); der Reichstag endete am 29. Juli 1541; vgl. BRG, 124.
[355] Vgl. WA Br 9, 531, 15 f (3678), an König Gustav I. von Schweden am 4. Oktober 1541.
[356] Vgl. WA Br 9, 486 f (3650), an Johann Friedrich am 4. August 1541; das Zitat bei JGK 1, 287.
[357] Vgl. WA Br 9, 487, Anm. 8.
[358] Es sollte bis zum Konzil gelten, das innerhalb von 18 Monaten in Deutschland beginnen sollte; dies führte zu Verstimmungen zwischen dem Kaiserhof und der römischen Kurie; vgl. JGK 1, 313.
[359] Vgl. BRG, 125.
[360] Vgl. oben Anm. 358 und JGK 1, 358.
[361] BRG, 125.
[362] Die grundsätzliche „Verpflichtung" zur Türkenabwehr hatten die Protestanten früh anerkannt; vgl. BRG, 125.
[363] Vgl. BRG, 126.
[364] Vgl. JGK 1, 364.
[365] Vgl. BRG, 131 f.
[366] Vgl. WA Br 10, 438 f (3931), Johann Friedrich an Luther am 27. Oktober 1543.
[367] Vgl. WA Br 10, 525, 10–21 (3966), an Joachim Mörlin am 6. Februar 1544; Luther ähnlich noch in weiteren Briefen; vgl. 526–528 (3967), an Anton Lauterbach am 9. Februar 1544; 541–543 (3974), an von Amsdorf am 8. März 1544.
[368] Vgl. WA Br 10, 542, 27–30 (3974).
[369] Vgl. WA Br 10, 553, 18–20 (3982), an Jonas am 17. April 1544.
[370] Vgl. BRG, 133 f und WA Br 10, 689, Anm. 3.
[371] Vgl. JGK 1, 401.
[372] Vgl. WA Br 10, 666. 669 (4036).
[373] Vgl. WA Br 10, 670–672 (4036) / MBW 4, (4036), am [24. oder 25. Oktober 1544].
[374] WA Br 10, 688–690 (4044) / MBW 4, (3738), am 23. November 1544.
[375] Vgl. WA Br 11, 12, 19–28 (4066), Luther an von Amsdorf am 9. Januar 1545.
[376] Vgl. oben Seite 454.
[377] Gedruckt CR 5, (578) 579–606 (3114: deutsch); 607–643 (3115: lateinisch) / EKO 1, (58 f) 209–222.
[378] WA Br 11, 15, 9–12 (4067) / MBW 4, (3792).
[379] Vgl. CR 5, 672–674 (3133), Landgraf Philipps Gutachten zur „Wittenbergischen Reformation", Anfang Februar 1545; 675 f (3134), hessische Theologen an den Landgrafen am 7. Februar 1545 über die „Wittenbergische Reformation".
[380] Vgl. CR 5, 686–691 (3146), Anfang März / WA Br 11, 42 (4078), wo aber der Text nicht abgedruckt ist / MBW 4, (3843), [um 12. März 1545].
[381] Obwohl die Ausfertigung von Cruciger erstellt wurde, wird WA Br 11, 42 (4078) wohl mit Recht Melanchthon als Verfasser angegeben.
[382] Vgl. WA Br 11, 20, 24 f (4096), an Linck am 17. Januar [1545].
[383] Vgl. WA Br 11, 30, 16–22 (4073), an Jonas am 26. Januar 1545.
[384] Vgl. WA Br 11, 70, 6 f (4090), an König Christian III. von Dänemark am 14. April 1545.
[385] Vgl. WA Br 11, 83, 8 f (4099), an Herzog Albrecht von Preußen am 2. Mai 1545.
[386] Vgl. WA Br 11, 88, 18 f (4103), an Kurfürst Johann Friedrich am 7. Mai 1545.
[387] Vgl. WA Br 11, 115, 11 f (4123), an von Amsdorf am 3. Juni 1545.

[388] Vgl. WA Br 11, 131, 4–8 (4132), an von Amsdorf am 9. Juli 1545.
[389] Vgl. WA Br 11, 144, 10–12 (4137), an von Amsdorf am 17. Juli 1545.
[390] Vgl. WA Br 11, 273, 14–17 (4193), an Fürst Georg von Anhalt am 29. Januar 1546.
[391] Vgl. WA Br 11, 219–222 (4171) / MBW 4, (4073), Luther, Bugenhagen, Cruciger, Major und Melanchthon an Kurfürst Johann Friedrich [zwischen 19. und 29. November 1545].
[392] Vgl. WA Br 11, 201, 22–24 (4162), an von Amsdorf am 21. Oktober 1545; 253, 7 f (4183), an denselben am 8. Januar 1546; 280, 13 f (4197) / MBW 4, (4137), an Melanchthon am 3. Februar 1546.
[393] Vgl. BRG, 137 f.
[394] Vgl. WA Br 11, 256, 7–9 (4184), an Kurfürst Johann Friedrich am 9. Januar 1546.
[395] Vgl. WA Br 11, 265, 6–9 (4189), an von Amsdorf am 19. Januar 1546.
[396] Vgl. BRG, 140.
[397] Vgl. WA Br 11, 270–272 (4192) / MBW 4, (4126), an Luther, Bugenhagen, Cruciger und Melanchthon am 28. Januar 1546.
[398] Vgl. WA Br 11, 301, 10 f (4208) / MBW 4, (4158); Luther berichtete davon an Melanchthon am 14. Februar 1546, also kurz vor seinem eigenen Tod.
[399] Vgl. dazu oben Seite 34. 599.
[400] Vgl. BRG, 141–149.

Bernhard Lohse: Philipp Melanchthon in seinen Beziehungen zu Luther

MJM	Wilhelm MAURER: Der junge Melanchthon: zwischen Humanismus und Reformation. Bd. 1: Der Humanist. Göttingen 1967. Bd. 2: Der Theologe. Göttingen 1969.
NLM	Wilhelm NEUSER: Luther und Melanchthon: Einheit im Gegensatz; ein Beitrag zum Melanchthon-Jubeljahr 1960. München 1961.

[1] Philipp MELANCHTHON: De corrigendis adolescentiae studiis. In: MWA 3, (29) 30–42 / CR 11, 15–25.
[2] MWA 3, 42, 5 / CR 11, 25.
[3] Karl BAUER: Die Wittenberger Universitätstheologie und die Anfänge der deutschen Reformation. Tübingen 1928; Kurt ALAND: Die Theologische Fakultät Wittenberg und ihre Stellung im Gesamtzusammenhang der Leucorea während des 16. Jahrhunderts. (1952). In: AKE, 283–394.
[4] Siehe bes. Adolf SPERL: Melanchthon zwischen Humanismus und Reformation: eine Untersuchung über den Wandel des Traditionsverständnisses bei Melanchthon und die damit zusammenhängenden Grundfragen seiner Theologie. München 1959; MJM.
[5] Übersicht über die Jahre 1518 bis 1529 bei Peter F. Barton in MWA 4, 10–12.
[6] MJM 2, 54–63.
[7] Philipp MELANCHTHON: Loci communes rerum theologicarum seu Hypotyposes theologicae. In: MWA 2 I, (1) 3–163; 2 II, IX f / CR 21, 81–228; 1, 510–512 (168), Melanchthon an Tilemann Plettener im Dezember 1521 / MBW 1, 90 f (132), [März (!) 1521].
[8] WA 18, 601, 4–6.
[9] Zu Inhalt und Methode der „Loci . . .“ siehe vor allem MJM 2, 230–414.
[10] Helmar JUNGHANS: Freiheit und Ordnung bei Luther während der Wittenberger Bewegung und der Visitationen. ThLZ 97 (1972), 95–104; MJM 2, 152–223; BML, 56–66.
[11] Peter FRAENKEL: Testimonia patrum: the function of the patristic argument in the theology of Philipp Melanchthon. Geneva 1961.
[12] KZL; Wilhelm H. NEUSER: Die Abendmahlslehre Melanchthons in ihrer geschichtlichen Entwicklung (1519–1530). Neukirchen-Vluyn 1968; MJM 2, 497–511.
[13] DAS MARBURGER RELIGIONSGESPRÄCH 1529/ hrsg. von Gerhard May. 2. Aufl. Gütersloh 1979, 13–16. 31 f; BML, 562–564.

Martin Luther als Autorität für die lutherische Kirche?

Die gestellte Frage läßt sich offenbar leicht beantworten: Wenn man von lutherischen Kirchen spricht, wer soll dann deren Autorität sein, wenn nicht jene Person, nach der sie benannt sind? Aber ganz so einfach ist unsere Problematik doch nicht zu klären. Es gibt ja Benennungen, die traditionell sind, die aber keineswegs den Körperschaften entsprechen, die diesen Namen führen. Aber die gestellte Frage ist inhaltlich noch viel gewichtiger: Darf eine christliche Kirche eine andere Autorität kennen als den, nach dem die sich nennt, nämlich Jesus Christus? Ist die Benennung nach einem Reformator nicht illegitim oder drückt sich darin nicht aus, daß diese Kirche in Wahrheit gar nicht Kirche ist? Auch Martin Luther hat dies selbst so gesehen. Er hat es bereits im Jahr 1521 abgelehnt, daß seine Anhänger sich nach ihm nennen. Es war damals eine hohe Zeit für ihn: Unmittelbar nach dem Ende des Wormser Reichstages, auf dem er nicht nachgegeben, sondern sich zu seiner Überzeugung bekannt hatte, konnte man ihn als einen Helden verehren oder gar verherrlichen, der nun Neues und grundlegend Gutes verwirklichen werde. Aber Luther machte seine Anhänger in einer Schrift, in der er sie vor Aufruhr und Empörung warnte, darauf aufmerksam, daß nicht er selbst das geschafft habe, was geschehen ist, sondern daß es allein das *Wort* bewirkt habe, daß sich jetzt in der Kirche manches ändere und daß viel in Bewegung gekommen sei. Er sagt wörtlich: Ich bitte, „man wolle meines Namens schweigen und sich nicht lutherisch, sondern Christen heißen. Was ist Luther? Ist doch die Lehre nicht mein, so bin ich auch für niemand gekreuzigt. S. Paulus 1. Kor. 3 wollte nicht leiden, daß die Christen sich sollten heißen Paulisch oder Petersch, sondern Christen. Wie käme denn ich armer stinkender Madensack dazu, daß man die Kinder Christi sollte mit meinem heillosen Namen nennen?“[1] Luther weist genau auf diejenige Alternative hin, die wir eingangs für sachgemäß gehalten haben: In einer christlichen Kirche kann es nur um Jesus Christus gehen, um den, der für uns gekreuzigt wurde und gestorben ist. Der Reformator hat sich in seiner drastischen Art als das bezeichnet, was er ist: Ein armer, leidender Mensch, der dem Sterben und dem Tod entgegengeht. Es gibt keinen Namen, in dem Heil ist, außer in dem Namen Jesu Christi. Darauf verweist Luther, und er betont zugleich auch, daß er *keine neue Lehre* vorgetragen, sondern daß er lediglich auf die Lehre Jesu Christi verwiesen hat. Das muß natürlich nachgeprüft werden: Stimmt es wirklich, daß Luther nichts Neues brachte, sondern daß er lediglich das Wahre und Richtige erneuerte? Aber bevor wir darauf eingehen, muß zuvor auf einen anderen Tatbestand hingewiesen werden, nämlich auf den, daß Luther trotz dieses Verweises auf Jesus Christus doch zugleich auch persönlich von einem gewissen Sendungs- und Selbstbewußtsein erfüllt war, durch das er auf die Bedeutung, die ihm persönlich zukommt, aufmerksam gemacht hat.

So meinte er, daß er die Bibel besser verstehe als die mittelalterlichen Theologen und die Anhänger des Papstes: „Ich weiß auch und bins gewiß von Gottes Gnaden, daß ich in der Schrift gelehrter bin denn alle Sophisten und Papisten“.[2] Sein Selbstbewußtsein gründet also in seiner Fähigkeit zur rechten Erläuterung der Heiligen Schrift, die während der letzten Jahrhunderte falsch interpretiert worden ist. Luther kann sogar sagen, daß er die Bibel besser verstehe als die Kirchenväter, die Jesus und den biblischen Schriften ja viel näher stehen als er! „Wiewohl wir uns ... nicht mögen über die alten Väter rühmen ..., so müssen wir doch das bekennen, könnens auch nicht leugnen, daß wir mehr Licht und Klarheit an vielen Orten der Schrift haben von Gottes Gnaden, denn sie gehabt haben“.[3] Luther war also nicht der Meinung, daß alle Kirchenväter die Bibel angemessen interpretiert haben. Er hat manche von ihnen hoch geschätzt, etwa Augustinus, aber andere konnte er auch ziemlich deutlich kritisieren, etwa Hieronymus, der beim führenden Humanisten Erasmus dagegen in ganz hohem Ansehen stand. Luther führt seine „bessere“ Erkenntnis der Bibel auf die Gnade Gottes zurück – Gott selber ist es, der ihm den Sinn der Bibel deutlich gemacht, der ihn „erleuchtet“ hat. Aber gerät damit Luthers Selbstverständnis nicht in die Nähe der Schwärmerei, die er bei anderen doch so unmißverständlich und hart abgelehnt hat? Hat der Reformator für sich selber eine direkte Erleuchtung durch Gott in Anspruch genommen, die er anderen Menschen nicht zugestehen wollte? Man wird sagen müssen, daß sich hier möglicherweise tatsächlich gewisse Grenzen der Person Luthers andeuten. Der Wittenberger Professor ist durchaus nicht ohne Fehl und Tadel gewesen. Er hat sich als einen Menschen gesehen, der Sünder ist – wie er auch von allen anderen Christen meinte sagen zu müssen, daß sie die Sünde noch nicht überwunden haben, solange sie noch nicht am Ziel, nämlich bei Gott sind. Aber bevor wir dieses Selbstbewußtsein Luthers einseitig interpretieren, müssen wir uns klarmachen, daß er es nicht auf ‚*übernatürliche* Offenbarungen' gründet, sondern auf die normale philologische Arbeit am Text der Bibel. Theologe ist, wer sich um das Zeugnis Jesu Christi müht. Erst der erkennt die *Sache*, der auch den *Worten* gespannte Aufmerksamkeit zuwendet. Dies aber hat der Wittenberger Professor in seiner Eigenschaft als Exeget Jahr um Jahr getan. Er hat sich als ein Bibeltheologe verstanden, der nichts Neues sucht, sondern der sich dem *einen* Wort Gottes zuwendet, nämlich Jesus Christus, der durch die Worte seiner Apostel uns ein Zeugnis über sich in der Heiligen Schrift hinterlassen hat.

Gemessen an anderen Theologen vor ihm, hat Luther sich tatsächlich intensiv mit der Bibel beschäftigt. Er ging nicht nur auf das hebräische Alte Testament und auf das griechische Neue Testament zurück, sondern wandte dem wörtlichen Bibelsinn auch ganz gespannte Aufmerksamkeit zu, der bis dahin häufig durch höhere Interpretationsversuche wie etwa die Allegorese „überboten" und häufig außer Kraft gesetzt worden war.

Wir stellen also fest, daß Luther sich darüber im klaren war, daß es in der Kirche nur um Jesus Christus gehen kann. Andererseits aber hat Gott sich seine Zeugen und Boten zu jeder Zeit gesucht, denen er einen Auftrag mitgegeben hat. Diesen Auftrag meinte Luther wahrzunehmen, indem er sein Verständnis der Heiligen Schrift in wissenschaftlichen wie in volkstümlichen Publikationen kundtat. Es ist in der neueren Forschung gezeigt worden, wie eng der Zusammenhang zwischen Luthers wissenschaftlicher Arbeit, nämlich seiner Interpretation der biblischen Texte, und seinen volkstümlichen Publikationen gewesen ist.[4]

Aber immerhin stand er ja zunächst mit dieser seiner Erkenntnis ziemlich allein. Es war aber das Kennzeichen des Ketzers, daß er sich allein gegenüber der Majorität der Kirche befindet.[5] Luther hat unter dieser Anfechtung sehr gelitten: Ist es wirklich das rechte Verständnis der Bibel, das ihn treibt? Sollte Gott tatsächlich ihn als einzelnen berufen haben, um die Wahrheit wieder ans Licht zu bringen? Es war für ihn deswegen eine große Hilfe, daß er in seinem Doktoreid geschworen hatte, sich nur für die Wahrheit einzusetzen.[6] Dies gab ihm den Mut, seine antischolastische Theologie gegen viele Widerstände zu entwickeln. Und er fand dann auch bald Anhänger. Zunächst waren es Kollegen an seiner Universität in Wittenberg, dann war es viel Zustimmung hin und her in Deutschland, ja in ganz Europa, die ihm entgegenschlug. Dieses positive Echo hätte schwächere Menschen möglicherweise zum Sklaven ihres Erfolges gemacht. Es ist ja naheliegend, daß der, der auf Zustimmung stößt, dann bei dem bleibt, was den Zeitgenossen gefällt. Aber Luther hat nicht danach gefragt, was andere gerne hören wollten, sondern er hat sich an die ihm aufgezwungene Erkenntnis gebunden gefühlt und sich deswegen von vielen Gruppen getrennt, deren Zustimmung er besessen hatte: Von den Rittern wie von den Bauern, von den Fürsten wie von vielen Humanisten. So würden wir also gut daran tun, wenn wir nach Autorität hier nicht in dem Sinne fragen, inwieweit der Reformator *persönlich* Maßstab für Christen sein konnte oder sein kann, sondern indem wir fragen, ob *die Sache, die er vertreten hat, Autorität besitzt.* Aber was hat Luther vertreten?

1. Gibt es eine Theologie Luthers?

Man hat Luther in den verschiedenen Zeiten sehr unterschiedlich gedeutet. Davon wird in einem anderen Vortrag gesprochen werden.[7] Das lag nicht nur daran, daß viele Zeiten Luther gerne für sich vereinnahmen und zum Bürgen ihrer eigenen Vorstellungen machen wollten, sondern dies lag auch daran, daß Luthers Lehre nicht als ein System entwickelt worden ist, sondern daß seine Schriften eigentlich immer aus bestimmten Situationen erwachsen. Da die Situation aber unmittelbar auf die Darstellung einwirkt, weil Luther sich im Dialog wie in der Polemik völlig verausgabt, entstehen unterschiedliche Aussagen, ja wir müssen sogar entgegengesetzte Äußerungen des Reformators konstatieren. Deswegen kann man fragen, ob es *eine* Theologie Luthers gibt oder ob es *viele* Theologien Luthers gibt. Hinzu kommt, daß Luther wie jeder lebendige Mensch eine Entwicklung durchgemacht hat. Er war beweglich, er konnte auf die jeweilige Situation völlig eingehen, aber er hat sich dadurch natürlich auch entwickelt und im Laufe der Zeit unterschiedliche Akzente gesetzt.

Früher hat man dies gerne unter der Überschrift „Der junge und der alte Luther" behandelt. Seitdem wir seit dem Ende des vorigen Jahrhunderts – erst seit dieser Zeit! – über den jüngeren Luther zwischen 1509 und 1517 einiges wissen, seitdem wir seine erste große Vorlesung über die Psalmen kennen, seitdem wir auch seine so bedeutungsvolle Erläuterung des Römerbriefes studieren können, lag es nahe, zwischen dem jungen und dem alten Luther zu unterscheiden. Diese Unterscheidung war zugleich auch verbunden mit der Frage, wann Luther eigentlich zum Reformator geworden sei. Darüber ist gestern gesprochen worden, und dies soll hier nicht neu aufgenommen werden.[8]

Wichtiger ist mir, daß im Zusammenhang mit der Debatte über eine mögliche Anerkennung des Augsburger Bekenntnisses durch die römisch-katholische Kirche immer wieder darauf verwiesen worden ist, daß in der Zeit um 1520 Luthers Polemik gegen seine Kirche von einer ungewohnten und häufig auch anstößigen Schärfe ist. Wie sind die Schriften aus dieser Zeit zu interpretieren? Vinzenz Pfnür hat von der reformatorischen Erkenntnis gesprochen, die die reformatorische Bewegung hervorgerufen hat. Entscheidend ist für ihn aber das reformatorische Bekenntnis, wie er es primär in der Confessio Augustana formuliert findet. Sein Vorschlag, der von anderen aufgegriffen worden ist, ging dahin, auf den polemischen Luther von 1520 zu verzichten, zumindest aber ihn zurücktreten zu lassen, und das abgeklärte Bekenntnis von 1530, das rechtliches Gewicht bekommen hat, vorzuziehen, weil es ihm möglich zu sein schien, mit Hilfe des Bekenntnisses zu einer theologischen Verständigung zwischen der katholischen Kirche und den reformatorischen Kirchen zu kommen.[9]

Hier wird also empfohlen, die Autorität Luthers zurückzustellen hinter die Autorität des Augsburger Bekenntnisses. Hier wird geraten, mindestens den *polemischen* Luther zurückzustellen und sich mehr der Verkündigung zuzuwenden, die kirchenbildenden Charakter trägt.

Nun ist zuzugeben, daß die Polemik Luthers unterschiedlich intensiv ist. Vor allem ist sie auch zu verschiedenen Zeiten gegen verschiedene Personen oder Personengruppen gerichtet. Aber zugleich bleibt doch die Frage, ob lutherische und reformatorische Kirchen auf die von Luther vertretene *Sache* verzichten können. Sie würden damit ja behaupten, daß die Sache, wie sie im Augsburger Bekenntnis formuliert ist, eine andere sei, als diejenige, die Luther um 1520 vertreten hat. Dies ist genau die entscheidende Frage, die wir uns heute stellen wollen. Aber wie werden wir dieser Sache habhaft? Mit anderen Worten: Es gibt zwar viele verschiedene Äußerungen Luthers, es gibt vielleicht tatsächlich sogar verschiedene „Theologien" Luthers, aber gibt es trotz alledem doch „*die* Theologie" des Reformators? Wir versuchen dem ein wenig näherzukommen, indem wir uns einzelne Themen der Theologie Luthers vergegenwärtigen, um an ihnen Veränderungen oder Konstanten festzustellen. Wir wollen dies an vier Problemkreisen tun, nämlich an Luthers Gottesbild, an seiner Christusverkündigung, an seiner Rechtfertigungsbotschaft und schließlich an seiner Lehre von der Kirche und den Gnadenmitteln.

1.1 Luthers Gottesbild

Karl Holl war der Meinung, daß Luthers Theologie sich als Interpretation des 1. Gebotes: „Ich bin der Herr Dein Gott, Du sollst keine anderen Götter haben neben mir", verstehen lasse.[10] Dafür spricht sehr viel. Immerhin war Luther ja im Kloster nicht fertiggeworden mit jener christlichen Verkündigung, die einerseits vom barmherzigen Vater, die andererseits aber auch vom richtenden Gott sprechen konnte. Ihm war die Frage gewesen, wie er die Gnade Gottes erlangen könne. Nach spätmittelalterlicher Anweisung tat er, was in seinen Kräften stand.[11] Aber zugleich fühlte er sich von der Heiligkeit Gottes bedrückt, ja geradezu Erzehrt. Wie kann ein Mensch, der immer wieder ein Sünder ist, vor Gott bestehen?

Man hat dieses Gottesbild psychologisch zu deuten gesucht.[12] Gewiß ist die Gottesfrage für Luther biographisch erwachsen. Das Problem, wie mir Gott gnädig ist, obwohl er zugleich verzehrend wie ein Feuer wirkt, ist Luther in ganz ungewöhnlichem Maße bedrückend geworden. Hierbei mögen frühe Erfahrungen eine Rolle gespielt haben. Aber darüber wissen wir nichts oder fast nichts, und was wir wissen, ist so dürftig, daß wir gut daran tun, bei den Quellen zu bleiben, die verläßlich sind.[13] Daraus ergibt sich dann aber, daß für Luther *Zeit seines Lebens* die Frage nach Gott eine zentrale geblieben ist.

Die reformatorische Erkenntnis von der Gnade Gottes als dem Herz des Vaters, der sich in Jesus Christus offenbart hat, hat nun Gott nicht zu einer Größe gemacht, mit der man geradezu beliebig umgehen könnte. Auch für den Reformator bleibt Gott der Allmächtige. Dies geht soweit, daß er von dem gebundenen Willen des Menschen zu sprechen wagt, was alle Humanisten aller Zeiten auf die Barrikaden bringt. Aber weil Gott für ihn der schlechthin Lebendige ist, weil Gott nach Luthers Meinung der stets Wirkende ist, deswegen darf er keinesfalls verniedlicht werden, um dem Menschen Spielwiesen zu schaffen, auf denen er selber Gott spielt.

Es ist mehrfach gesagt worden, daß es Luther um Gottes Gottheit geht.[14] Genau dies wird sich nicht bestreiten lassen. Bekanntlich hat Luther ja auch in denjenigen Schriften, die er für seine wichtigsten gehalten hat, wesentliche Aussagen über Gott gemacht. Ich meine seine Schrift über den unfreien Willen und den Großen Katechismus. In seiner Schrift über den unfreien Willen, mit der er Erasmus antwortet, deutet er Gott als den, der für uns letztlich unverständlich bleibt – schon der vorreformatorische Luther war der Meinung gewesen, Gott sei unverständlich. Dies hat der „fertige Reformator" im Jahr 1525 nicht verworfen, sondern jetzt noch mit einer Deutlichkeit gesagt, daß es nicht verwundert, daß dies immer wieder auf Unverständnis und Ablehnung stößt.

Denn Luther spricht hier von dem verborgenen Gott, der uns Menschen unzugänglich bleibt. Gott ist größer, als daß er je von Menschen erfaßt werden könnte. Der Reformator spottet über das Gottesverständnis des Erasmus, das er bei Aristoteles vorgeprägt findet, der, so meint Luther, eigentlich nur einen schlafenden Gott kenne.[15] Nach seiner Meinung aber ist Gott der stets Handelnde, der nie sich Zurückziehende, ja der, der stets ganz nah ist und der sogar alles in allem wirkt.

Dieser verborgene Gott hat sich in seinem Sohn offenbart.

Der gepredigte Gott ist jetzt der, an den wir uns halten können. Der majestätische und unnahbare Gott hat sich genaht und erniedrigt. Das Unvereinbare ist vereinbart, ja zu einer Einheit geworden: Der unbegrenzte Gott geht ein in die Grenzen der Menschlichkeit und wird Mensch. Und er bleibt zugleich der Gewaltige, der Unverständliche, dessen Geheimnisse in dieser Welt nicht erforschbar sind. Aber wer sich an den verkündigten Gott hält, wer dem menschgewordenen Gott nachfolgt, wer glaubt, wer vertraut, der lebt in der Gewißheit der Vergebung der Sünden und damit in der Gewißheit des Heils.

Martin Luther hat den Zusammenhang von Gott und Glaube im Großen Katechismus in einer Art und Weise formuliert, die ebenfalls auf viel Unverständnis und Ablehnung gestoßen ist. Luther spricht hier davon, daß Gott uns so sei, wie wir ihn glauben, ja daß das, woran wir unser Herz hängen, unser Gott sei.[16] Denkt man dem ein wenig nach, so erscheint dies gar nicht mehr als so weltfremd, wie wir auf den ersten Blick meinen möchten. Gott ist eben nicht der Fremde und Ferne, sondern er ist der, dem wir trauen und auf den wir hoffen. Jedenfalls hat die christliche Tradition Gott so interpretiert! Wie leicht man anderem vertraut und sich andere Sicherheiten verschafft, das ist uns deutlich. So ist Luthers Äußerung über den Zusammenhang von Glaube und Gott auch als Warnung zu verstehen, sich nicht an falsche Herren zu binden, sondern dem *einen* Gott zu folgen, der uns nahe kommt. Daß dies nur möglich ist, weil Gott Mensch wurde, und daß dies außerdem nur möglich ist, weil Gottes Geist wirkt und Leben schafft, hat Luther ebenfalls im Großen Katechismus deutlich gesagt: „Denn alle Welt, wiewohl sie mit allem Fleiß darnach getrachtet hat, was doch Gott wäre und was er im Sinn hätte und täte, so hat sie doch der keines je erlangen mögen. Hie aber hast Du es alles aufs allerreicheste. Denn da hat er selbs offenbaret und aufgetan den tiefsten Abgrund seines väterlichen Herzens und eitel unaussprechlicher Liebe in allen dreien Artikeln (des Apostolischen Glaubensbekenntnisses). Denn er hat uns eben dazu geschaffen, daß er uns erlösete und heiligte; und über (darüber hinaus), daß er uns alles geben und eingetan (verliehen) hatte, was im Himmel und auf Erden ist, hat er uns seinen Sohn und heiligen Geist geben, durch welche er uns zu sich brächte. Denn wir künnden... nimmermehr dazu kommen, daß wir des Vaters

Hulde und Gnade erkenneten ohne durch den HERRN Christum, der ein Spiegel ist des väterlichen Herzens, außer welchem wir nichts sehen denn einen zornigen und schrecklichen Richter. Von Christo aber künnten wir auch nichts wissen, wo es nicht durch den heiligen Geist offenbaret wäre".[17]

Gott bleibt also auch für den Luther von 1528/29 zunächst der Heilige, der Gewaltige, der Richter, der Gut gut und der Böse böse nennt. Insofern wird man fragen müssen, ob Luthers Gottesbild sich nicht in seinem innersten Kern im Laufe der Zeit gleich bleibt. Selbst wenn dies der Fall wäre, würde dies noch nicht bedeuten, daß die große Spannung, die Luther in seinem Gottesbild vertritt, von allen Menschen akzeptiert wird. Aber es läßt sich wohl kaum bestreiten, daß das Miteinander von Gewalt und Liebe, von Herrlichkeit und Erniedrigung, von Macht und Gnade wenigstens ein wenig dem nahekommt, was wir als Christen Gott nennen.

1.2 Die Christusverkündigung

Die These Karl Holls, daß Luthers Theologie eine Entfaltung seines Gottesverständnisses sei, ist bestritten worden.[18] Man konnte in der Tat Holl nachsagen, daß er hier im Schatten von Albrecht Ritschl gestanden hat, der Luther ebenfalls von seinem Gottesbild her interpretierte, wobei der Göttinger Ritschl noch dazu alle Aussagen Luthers über einen zornigen Gott als überholt und mittelalterlich beiseite schob.[19] Wenn Karl Holl dies auch nicht getan hat, sondern versuchte, die Spannung in Luthers Gottesverständnis herauszuarbeiten, so konnte man ihm doch vorwerfen, daß es bei dem Reformator viele Stellen gibt, aus denen deutlich wird, daß im Mittelpunkt seines Gottesverständnisses eigentlich die Christusverkündigung steht, ja, daß Jesus Christus eigentlich der *Deus pro nobis* ist, der Gott für uns, der sich uns offenbart hat und an den wir uns zu halten haben. Luther konnte auch sagen, daß man von den Geheimnissen der Gottheit hin zu Jesus Christus fliehen möge, um bei ihm Halt und Trost zu finden.[20] Aber zugleich ist doch die Christusverkündigung mehr als etwa eine Ausflucht. Weil alles, was Gott *für sich* wäre, uns eigentlich nichts anginge, sondern weil seine *Zuwendung* für uns entscheidend ist, sei es die des Richters oder die des Liebenden, wird die Gotteslehre bei Luther eigentlich zur Heilslehre, wird die Theologie Soteriologie. Luther hat einmal gesagt: „In meinem Herzen regiert ein einziger Artikel, nämlich der Glaube an Christus, aus dem, durch den und zu dem Tag und Nacht alle meine theologischen Erwägungen hin- und zurückfließen; und dennoch sehe ich, daß ich von der Weisheit einer so großen Höhe, Breite und Tiefe nichts verstanden habe außer schwachen und armen Anfangsgründen, die nur wie Fragmente sind".[21]

Luther beschäftigt sich also mit Jesus Christus, weil er hier die Mitte theologischer Erkenntnis verborgen sieht. Er kehrt immer wieder zu dieser Gestalt zurück, weil auch sie von einer Höhe, Breite und Tiefe ist, daß es sich stets von neuem lohnt, sich mit ihr zu befassen. Christus ist, so konnte der Reformator formulieren, „des Vaters hertz und wille".[22] Hier wird also deutlich, was Gott wirklich von uns hält und wohin er uns bringen will. Luther konnte Christus als das Fundament der wahren Theologie bezeichnen.[23] Und Paul Althaus konnte mit Recht betonen, daß die gesamte Reformation als ein „Bekenntnis zu Jesus Christus" zu verstehen sei.[24]

Nun ist aber deutlich, daß Luther zwar gegenüber manchen Formulierungen des altkirchlichen christologischen Dogmas Bedenken hatte, weil ihm diese zu philosophisch waren, daß er aber dessen inhaltliche Aussage voll und ganz akzeptierte, daß nämlich Jesus Christus zugleich wahrer Gott und wahrer Mensch sei. Wilhelm Maurer hat die These aufgestellt, daß „der Einheitspunkt, von dem aus Luthers Theologie in allen Hauptteilen verständlich wird, ... die Christologie" sei.[25] Wenn dies richtig ist, dann müßte Luthers Theologie von seinem Christusverständnis her entfaltet werden, und es müßte von uns die Frage gestellt werden, ob dies für uns noch heute von Bedeutung ist. Maurer hat behauptet, daß die Christologie der Ort sei, von dem aus sich Luthers reformatorische Theologie entwickelt habe. Die Gleichzeitigkeit von Gott und Mensch sei die Stelle, von der aus Luther seine Rechtfertigungslehre entfaltet habe.[26] Was heißt das aber, Jesus Christus sei zugleich wahrer Gott und wahrer Mensch?

Es heißt zunächst, daß der Schöpfer zum Geschöpf wurde. Es heißt zugleich aber, daß in diesem Geschöpf nun Gott ist und daß dieses Geschöpf in Gott ist. Es gibt *nur eine Person*, in der sich dies vollzogen hat: Gottes Sohn, der im Unterschied zu allen anderen Menschen allein zugleich Mensch und Gott ist.

Luther sieht dabei durchaus gleichzeitig, daß der Sohn nicht identisch mit dem Vater ist. Er sagt: „Eyn ander person ist der vatter denn der ßon, aber er ist nit eyn anderer gott".[27] Aber wichtiger ist ihm der *Unterschied*, der den Menschen Jesus von allen anderen Menschen unterscheidet: In Jesus Christus „ist Gott nicht allein gegenwertig und wesenlich wie ynn allen andern (Kreaturen), Sondern wonet auch leibhafftig ynn yhm also, das eine person ist mensch und Gott. Und wiewol ich sagen kan von allen Creaturn: Da ist Gott odder Gott ist ynn dem, so kan ich doch nicht sagen: Das ist Gott selbs. Aber von Christo sagt der glaube nicht alleine, das Gott ynn yhm ist, sondern also: Christus ist Gott selbs".[28] In Christus ist Gottes Geist anders gegenwärtig als in den Aposteln und Propheten, nämlich „on alle mass", „gantz und gahr".[29] Luther weiß, daß der Augenschein dem widerspricht. Denn immer hatte man angenommen, daß Gott nicht leiden könne – hier aber wird von einem Gott geredet, der leidet und sogar stirbt. Es gibt *nur eine einzige Stelle,* an der Gott sich begrenzt, an der seine Unendlichkeit endlich, ja personhaft ist. Dies ist der Sohn, ist Jesus von Nazareth.

Denn Jesus ist zugleich auch wahrer Mensch. Er ist nicht nur *ganz Gott,* sondern auch *ganz Mensch*. Luther legt Wert darauf, daß die Fleischlichkeit Jesu erkannt und anerkannt wird. Luther empfiehlt, die Menschheit Jesu als eine heilige Leiter zu benutzen, auf welcher wir emporsteigen, um Gott zu erkennen. Er formuliert: „Wer heilsam von Gott denken oder spekulieren will, der setze alles miteinander hintan, außer der Menschheit Christi. Diese stelle er sich vor Augen, wie sie entweder an den Brüsten säugt oder leidet, bis dessen Gütigkeit süße werde. Alsdann bleibe er dabei nicht stehen, sondern er gehe weiter und gedenke: Siehe dieses und jenes tut er nicht nach seinem, sondern nach Gottes, seines Vaters, Willen. Da wird dann der Wille des Vaters, den er in der Menschheit Christi zeiget, Dir als der Allerliebste zu gefallen anfangen... Durch diesen Willen kann Gott der Vater sicher und getrost erfaßt werden. Läßt man aber diesen Weg fahren, so ist nichts anderes übrig, als daß man sich in die ewige Tiefe stürzen wird".[30] Luther tadelt die Philosophen, die beim hohen Artikel von der Majestät Gottes anfangen wollten. Auf diese Art und Weise werden sie nie zu Gott gelangen und ihn auch nicht erkennen. Gott will *nicht au-*

ßerhalb von Christus begriffen werden.[31] Aber in Christus kann er *erkannt* werden, ja kann er *leicht erkannt* werden,[32] weil Gott hier *hörbar* geworden ist in einem Menschen.

Mit alledem will Luther lediglich das wiederholen, was er der Heiligen Schrift entnommen hat und was nach seiner Meinung in den altkirchlichen Dogmen richtig formuliert worden ist. Nun kann man sagen, weil dies Tradition der Kirche war, hat sich dies in Luthers Theologie durchgehalten. Aber auch das wäre ja bereits ein Ergebnis! Wir finden in keiner Periode Luthers von ihm Äußerungen, durch die das altkirchliche Dogma von der Menschheit und der Gottheit in Jesus Christus bestritten würde. Aber es ist hier doch nicht nur eine formale Rezeption erfolgt. Vielmehr verbindet Luther seine Christusverkündigung so eng mit seinem Gottesbild, daß seine Lehre Aufmerksamkeit erregt und viel Zustimmung findet. Hinzu kommt, daß in die Christusverkündigung die Botschaft vom Heil hineingenommen wird, daß auch Christologie und Soteriologie zusammengesehen werden. Christus ist nicht deswegen für die Christen wichtig, weil er Gottes Sohn ist, sondern weil er der Gottessohn *für uns* ist! Sein Werk, das er für uns verrichtet hat, macht ihn wichtig. Er hat Gott versöhnt und uns Menschen erlöst. Er hat sich uns gleichgemacht, um uns mit ihm gleichzumachen.[33] Damit bleibt Luther zwar auf dem Boden der altkirchlichen Bekenntnisse, aber er interpretiert sie neu, und zwar in einer Art und Weise, die nicht zeitgebunden sein und bleiben muß. Denn was könnte es Größeres geben als die Zusage, daß durch den Gottessohn jeder Mensch zu einem Sohn Gottes werden kann?

Man hat gemeint, daß der altkirchliche Hintergrund von Luthers Theologie im Grunde schon bei ihm überholt sei.[34] Aber diese Meinung dürfte sich an den Quellen kaum halten lassen. Man muß umgekehrt feststellen, daß sich diese Christusverkündigung durch die Arbeit Luthers lebenslang hindurchzieht. Zwar verlagern sich Akzente, aber die Sache bleibt identisch. Auch an dieser Stelle wird man also von einer Einheit der Theologie Luthers reden können. Diese Einheit wird zustandegebracht durch den Hinweis auf das Wirken des Heiligen Geistes, der jenen Glauben schafft, der Menschen Christus und damit Gott nahebringt. Insofern kann man sagen, daß Luthers

Theologie *trinitarisch* begründet sei und darin ihr Fundament besitzt.

1.3 Die Rechtfertigungsbotschaft

Martin Luther hat Wert darauf gelegt, die Wirklichkeit des Menschen aufgrund der biblischen Botschaft, wie er sie verstand, zu erfassen. Diese Wirklichkeit war ihm in der Sünde begründet, in der jeder Mensch steht, also in der Gottesferne. Diese Sonderung von Gott vereinzelt den Menschen, macht ihn ichbezogen und begehrlich. Aber dies erkennt nur, wer den Menschen unter dem Gesetz Gottes betrachtet. So wenig Gott außerhalb von Christus erkennbar ist, so wenig wird der Mensch erkannt, wenn er nicht unter dem Gesetz Gottes angesehen wird. Erst dieses offenbart die Verlorenheit dessen, der auf Kosten anderer lebt, und auch dessen, der „immer strebend sich bemüht". Aber gibt es nicht in dieser Rechtfertigungsbotschaft eine vorreformatorische Phase, die von derjenigen zu unterscheiden ist, die reformatorisch wirksam wurde? Diese Frage wird höchst kontrovers beantwortet. Auf der einen Seite wird die Theologie des jungen Luther als eine theologia crucis angesehen, in der es eben um Jesus Christus und das von ihm vollzogene Heil geht, während auf der anderen Seite von einer Demutstheologie gesprochen wird, die mönchischer Tradition entstamme und die eine sublime Form von Werkgerechtigkeit darstelle oder die doch wenigstens die Eierschalen der Werkgerechtigkeit noch nicht völlig abgeworfen habe.[35] Wer so argumentiert, wird die spätere Theologie Luthers als einen Fortschritt bezeichnen und die Lehre des jungen Theologen ablehnen. Es gibt aber bis in unsere Tage hinein auch die umgekehrte Meinung, die dahingeht, daß dies, was als „vorreformatorisch" angesehen wird, in Wahrheit eine lebenschaffende Botschaft sei, die das Streben nach Werkgerechtigkeit längst weit hinter sich gelassen habe.[36]

Nach meiner Meinung kann man den Luther der Römerbriefvorlesung, also den Luther der Jahre 1515/16, schlecht als einen Theologen hinstellen, der ein Gottesbild und eine Christusverkündigung vortrage, die nichts mit dem zu tun habe, was derselbe nach 1518 sagt. Man muß sich vielmehr deutlich machen, daß es sich bei der Römerbriefvorlesung um einen Text handelt, den Luther nie publiziert hat, den er seinen Studenten vorgetragen und in dem er natürlich noch sehr vieles entwickelt hat. In der späteren Zeit, als er an die Öffentlichkeit geht, ist sein Gegenüber ein anderes. Jetzt muß er sich gegen Theologen wehren, die nach Luthers Meinung den Primat der Gnade Gottes nicht aufrechterhalten. Oder er muß sich gegen Menschen wenden, die den fernen Gott für sich reklamieren und die neue Erkenntnisse von ihm empfangen zu haben behaupten. Diese neuen Frontstellungen schaffen natürlich auch neue Akzente. Luther wäre kein lebendiger Theologe gewesen, wenn dies anders wäre! Aber die Frage ist, ob sich nicht der Zusammenhang wie der Unterschied von Gesetz und Evangelium aufrechterhalten haben. Denn nach Luthers Meinung müssen Gesetz und Evangelium recht unterschieden werden, damit sowohl die Sünde des Menschen wie auch sein Heil erkennbar und wirksam werden. Ob sich hier grundlegende Veränderungen vollzogen haben, das ist, ich sagte es schon, umstritten. Während katholische Theologen häufig eher den Zusammenhang betonen – so etwa Erwin Iserloh[37] –, gibt es viele evangelische Theologen, die zwischen Vorreformator und Reformator grundsätzlich unterscheiden wollen.

Nun muß man allerdings tatsächlich zugestehen, daß die Rechtfertigungsbotschaft des älteren Luther eher das *Urteil* als das *Handeln* Gottes betont. Stets war es Luther darauf angekommen, daß die Rechtfertigung Geschenk und Gabe Gottes ist. Aber im Laufe der Zeit wird ihm dies immer wichtiger, daß von Gottes Urteil alles abhängt. Melanchthon hat dies richtig erkannt und daraus eine forensische Rechtfertigungslehre entwickelt, nach der alles vom Urteilsspruch Gottes, der sich „in foro coeli", im himmlischen Gericht, vollzieht, abhängt.[38] Der junge Luther hatte dagegen, ausgehend von Jesus Christus als Gabe und Beispiel, als donum und exemplum, eher auch noch die *Veränderungen* betont, die sich im Christen vollziehen. Auch der ältere Luther hat davon sprechen können, daß der Christ fortschreitet in seinem Kampf gegen die Sünde und bei der Überwindung der Sünde. Aber er hat jetzt stärker als früher die Abhängigkeit von dem göttlichen Urteil betont. So konnte es nach Luthers Tod zu tiefgreifenden theologischen Streitigkeiten kommen, als Andreas Osiander die wesenhafte Gerechtigkeit aufgrund der Einwohnung der göttlichen Natur Jesu Christi im Glaubenden lehrte,[39] was den geharnischten Protest fast aller anderen evangelischen Theologen herausforderte,[40] obwohl doch auch bei Luther von einer Gerechtigkeit des Glaubenden gesprochen worden war.

Aber es wäre verfehlt, so meine ich wenigstens, aus dieser Akzentverlagerung grundlegende Differenzen zu folgern. Luther hält daran fest, daß das Heil Gottes Gabe ist, daß die Rechtfertigung auf Jesus Christus zurückgeht und daß der Mensch sich hier nur von Gott *beschenken* lassen kann. Die Akzentverlagerungen beim älteren Luther mögen damit zusammenhängen, daß er sich stärker als früher deutlich machen mußte, daß der „alte Adam" der Sünde tatsächlich tagtäglich von neuem ersäuft werden muß, wie er das im Kleinen Katechismus formuliert hatte.[41]

1.4 Die Lehre von der Kirche und den Gnadenmitteln

An dieser Stelle wird nun häufig ein Bruch in der Theologie Luthers konstatiert, wobei es jetzt *katholische* Theologen sind, die aufgrund der Papstpolemik und der harten Kirchenkritik Luthers um 1520 an dieser Stelle die Grenzen des Tragbaren überschritten sehen. Man kritisiert, daß Luther der Kirche ungehorsam geworden ist und daß er nicht davor zurückscheute, trotz des Bannes durch Papst Leo X. seine Lehre mit unverminderter Schärfe zu wiederholen. Aber die Frage ist, ob diese Lehre von der Kirche erst 1520 von Luther neu geschaffen worden ist oder ob bei ihm nicht schon viel früher Ansätze vorliegen, die es ihm überhaupt erst möglich gemacht haben, so etwas wie eine Reformation in Gang zu bringen.

Denn bereits in seiner ersten Psalmenvorlesung hat Luther betont, daß die Kirche „ein doppeltes Gesicht" besitzt.[42] Sie hat keine Schönheit, ja sie ist vor der Welt ein Schimpf, während sie doch verborgene Schätze ihr eigen nennen kann. Von der irdischen Kirche sagt er, daß sie noch nicht am Ziel ist; sie ist „geringer als die triumphierende Kirche" des Himmels.[43] Die Kirche ist eine Versammlung von Gerechten und Ungerechten, und damit ist die wahre Kirche „der Welt verborgen, Gott aber offenbar".[44] Dies steht in der ersten Psalmenvorlesung, die zwischen 1513 und 1515 vorgetragen wurde. Ganz ähnlich hat Luther dasselbe in seiner Schrift über den unfreien Willen 1525 wiederholt![45] Vor allem ist die Kirche jetzt, so sagt der junge Professor, durch Lauheit und halbes Christentum gefährdet. Während sie früher Verfolgungen durch Tyrannen oder Gefährdungen durch Häretiker durchmachen mußte, steht sie jetzt in der allergrößten Gefahr durch ihren Reichtum, ihre Sicherheit und Ruhe. All dies verhindert es, die innere Leere der Kirche zu erkennen. Luther übernimmt hier Aussagen des Bernhard von Clairvaux und kritisiert die Kirche seiner Zeit, die so glänzend dasteht und die doch im Inneren aufs ärgste gefährdet sei.[46] All dies zeigt bereits, daß Luther nicht das vorhandene Kirchenwesen schönt oder verteidigt, sondern daß er mit der Kirche ins Gericht geht, soweit sie ihrem Auftrag nicht gerecht wird. Auch die Amtsträger werden kritisiert, die Luther vorwiegend als Prediger versteht, während sie faktisch zu seiner Zeit doch hauptsächlich Verwalter der Sakramente waren. Außerdem finden sich auch schon Hinweise auf die Verantwortung, die jeder Christ zu übernehmen hat, also Ansätze zu einer Lehre vom Priestertum aller Gläubigen, die dann später in der Reformation von großer Bedeutung werden sollte.[47] Der Wittenberger Professor ist schon um 1514 der Meinung, daß das Ende der Zeit bevorsteht. Die Kirche macht ihre letzte Verfolgung durch, die in Friede und Sicherheit besteht und die gefährlicher ist als alle Verfolgungen, die sie vorher erlebte und erlitt.[48] Damit werden Töne laut, deren Gewicht sich für uns als Nachfahren deutlich zeigt. Hier ist eine *grundsätzliche Kritik* präsent, die nicht an Oberflächlichem haftet, sondern die gerade die scheinbare Blüte der Kirche zum Ziel der Angriffe macht.

In der Römerbriefvorlesung hat Luther seine Erkenntnis, daß der Christ ein Mensch ist, der gerechtfertigt werden muß, auf die Kirche angewendet. Die Kirche wird mit einem Spital für Kranke und zu Heilende verglichen.[49] Die zu ihr gehören, sind nicht solche, die schon am Ziel wären, sondern die zwar glauben, die aber doch zugleich auch Sünder sind.[50] Damit paßt zusammen, daß die Kirche nur einen einzigen Besitz ihr eigen nennen kann, die Sehnsucht nach ihrem Bräutigam, nach Jesus Christus.[51] Die Schäden der Kirche, die Luther konstatiert, gehen auf seine Erkenntnis des Wesens der wahren Kirche zurück, wo das Evangelium aus Gehorsam gegen Gott und nicht aus Gewinnstreben oder eitler Ehre verkündigt wird. Da Letzteres jetzt weitgehend der Fall ist, kann Luther sich nur sehr kritisch äußern und fordern, daß der Jahrmarkt abgestellt wird, zu dem Gottesdienst und Frömmigkeit entarten.[52]

Man kann unschwer hier einige Momente konstatieren, an denen Luther zeitlebens festgehalten hat. Daß die Kirche vom Wort und damit von Jesus Christus als dem Logos abhängig ist, hat er zeit seines Lebens behauptet. Auch daß die wahre Kirche verborgen sei, hat er nicht nur in der sogenannten vorreformatorischen Zeit gesagt. So bleibt die Kirche für ihn der Leib Christi, der unteilbar ist, der aber zugleich ganz und gar abhängig ist von Jesus Christus als seinem Haupt. Auch hier wird man also eine Aufnahme und eine Neuinterpretation ekklesiologischer Strukturen konstatieren können, die aufgrund des Echos, das Luthers Verkündigung in der offiziellen Kirche fand, zu einer Spaltung der einen Christenheit führen sollten.

Wenn ich recht sehe, dann ist die Interpretation der Gnadenmittel, nämlich der Sakramente, noch am stärksten Wandlungen unterworfen gewesen. Schon der junge Exeget war kein Mann, der die Sakramente in den Mittelpunkt seiner Überlegungen stellte. Schon er war so etwas wie ein Worttheologe, kein Sakramentstheologe. Aber Luther muß während der 20er Jahre des 16. Jahrhunderts erfahren, daß die selbstverständliche Achtung, die die Taufe und das Abendmahl bei ihm genießen, nicht von allen Anhängern der Reformation geteilt wird. Die Kritik an der Kindertaufe, die an vielen Stellen geäußert wird, läßt ihn *nicht aus rechtlichen*, sondern aus *theologischen* Gründen nun den Wert der Taufe neu betonen. Auch das Abendmahl, das von Zwingli und anderen als Gedächtnismahl mit Symbolcharakter interpretiert wird, wird von Luther mehr und mehr in seiner Bedeutung herausgestellt. Hatte er sich ursprünglich gegen die Veränderung des Abendmahles zu einem verdienstlichen Werk gewehrt, hatte er mit Augustin davon gesprochen, daß der, der glaubt, damit zugleich auch schon „kommuniziert" habe,[53] so betont er nun die reale Gegenwart Jesu Christi in Brot und Wein beim Abendmahl, wie er sie aufgrund der Einsetzungsworte Jesu als biblisch ausgesagt verstand.[54] Hier wird deutlich, daß neue Situationen eine solche Akzentveränderung hervorrufen können, daß sich dadurch sogar inhaltliche Gewichte zu verändern scheinen. Aber es ist die Frage, ob solche Veränderungen die Sache betreffen, nämlich das durch Jesus Christus begründete und vollzogene Heilsgeschehen. Ich möchte meinen, daß es sich hier eher um Entwicklungen und Klärungen handelt, die in neuen Situationen notwendig werden können, wenn durch anderslautende Meinungen eine neue Lage entstanden ist. Wir müssen uns klarmachen, daß ja Dogmen auch immer dann entstanden sind, wenn neue Lehren Abgrenzungen erforderlich machten. Dies dürfte auch für Luthers Interpretation der Taufe und vor allen Dingen des Abendmahles zutreffen, ohne daß man deswegen behaupten könnte, daß der innere Zusammenhang seiner Lehre damit aufgegeben worden sei.

2. Luther und die Bekenntnisschriften

Im 19. Jahrhundert gab es lutherische Theologen, die zwar den Reformator hoch schätzten, die aber zwischen seinen persönlichen Überzeugungen und jenen Bekenntnissen, die von den lutherischen Kirchen offiziell angenommen worden waren, einen grundsätzlichen Unterschied machten. Sie legten Wert darauf, daß die persönlichen Meinungen Luthers nicht dieselbe Bedeutung besäßen wie die offiziellen Bekenntnisschriften.[55] Das Problem, das sich damit stellt, ist vielfältig. Zunächst erhebt sich die Frage, welches Gewicht überhaupt neue Bekenntnisse in einer Kirche besitzen können. Sodann stellt sich das Problem, wie denn diese Bekenntnisse zu interpretieren sind – in Richtung auf moderne Probleme, auf Fragen unserer Zeit oder in Richtung auf die Tradition, für lutherische Kirchen also in Richtung auf Luther als den ersten und wichtigsten Reformator oder gar im Hinblick auf die Alte Kirche oder noch präziser in Richtung auf die Heilige Schrift?

Auszugehen ist zunächst davon, daß in den verschiedenen lutherischen Kirchen häufig verschiedene Bekenntnisschriften gültig sind. Es gibt lutherische Kirchen, die das sogenannte Konkordienbuch von 1580 anerkannt haben, in dem sich neben drei altkirchlichen Bekenntnissen, nämlich dem Apostolikum, dem Nicäno-Konstantinopolitanum und dem Athanasianum, folgende reformatorische Bekenntnisse befinden: Das Augsburger Bekenntnis, dessen Apologie, Luthers beide Katechismen, Luthers Schmalkaldische Artikel, Melanchthons Traktat über die Macht und den Primat des Papstes und schließlich die Konkordienformel von 1577. Aber es gibt auch andere lutherische Kirchen, bei denen nur das Augsburger Bekenntnis rechtliche Gültigkeit erlangt hat! Im Lutherischen Weltbund werden als wichtigste lutherische Bekenntnisschriften das Augsburger Bekenntnis und Luthers Kleiner Katechismus genannt. Unabhängig von der Frage, ob in diesen lutherischen Kirchen diese Bekenntnisse wirklich immer präsent sind, ist zu fragen, welchen theologischen Stellenwert sie besitzen.

Hier gilt nun, daß die Vorordnung der Heiligen Schrift vor alle Bekenntnisse grundsätzlich gewahrt bleibt. Das unmittelbare Zeugnis von Jesus Christus bleibt Norm für die spätere Theologie. So hat es die Konkordienformel ausgedrückt, indem sie die Bibel als norma normans bezeichnete und sie allen Bekenntnisschriften als normae normatae überordnete. Bei dieser Gruppe wird eine deutliche Gewichtung vorgenommen, indem die altkirchlichen Bekenntnisse den Bekenntnissen des 16. Jahrhunderts vorangestellt werden.[56]

Nun wäre es ein eigenes Vortragsthema zu untersuchen, inwieweit das Augsburger Bekenntnis von lutherischer Theologie bestimmt ist. Es gibt über dieses Bekenntnis unterschiedliche Urteile Luthers.[57] Man muß auch fragen, ob dieses Bekenntnis von den vorhergehenden Vorstufen aus zu interpretieren ist oder ob die Schriften seines Verfassers, nämlich diejenigen Philipp Melanchthons, als theologischer Interpretationshintergrund vorzuziehen sind. Wilhelm Maurer war der Meinung, daß dieses Bekenntnis an Luthers Theologie zu messen sei, und dementsprechend hat er es interpretiert und kritisiert.[58] Dieser Ansatz ist methodisch bedenklich, andererseits aber kann man der Meinung nicht sofort widersprechen, daß Luthers Theologie als eine Autorität für dieses Bekenntnis anzusehen sei, sonst wäre ja die ganze Fragestellung, die mir für diese Begegnung hier auferlegt worden ist, von vorneherein überflüssig.

Hinzu kommt, daß neben die Confessio Augustana und deren „Verteidigung" drei Schriften Luthers treten, die in vielen lutherischen Kirchen den Rang von Bekenntnisschriften erhalten haben. Mit Recht ist im Zusammenhang mit der Anerkennungsdebatte über das Augsburger Bekenntnis die Frage gestellt worden, ob lutherische Theologen den Schmalkaldischen Artikeln ähnliches Gewicht einräumen. Denn dort hat Luther sich sehr kritisch über das Papsttum geäußert,[59] während im Augsburger Bekenntnis dieses Thema ausgeklammert worden ist. Wer die Confessio Augustana nicht isoliert, wird nicht umhin können, sie in den Textzusammenhang ihrer Entstehungs- und Wirkungsgeschichte zu stellen. Dabei wird dann auch jenes zu diskutieren sein, was im Augsburger Bekenntnis verschwiegen worden ist. Nur eine solch umfassende Debatte vermag eine Annäherung zustandezubringen, die über Augenblickserfolge hinausreicht.

Am deutlichsten wird die Frage nach Luther und den Bekenntnisschriften in der Konkordienformel gestellt, in der Luther als ein besonders wichtiger Zeuge Gottes hingestellt wird. „Die tatsächliche Stellung, die man Luthers Theologie zumißt, kommt darin zum Ausdruck, daß man die reformatorischen Bekenntnisschriften von der Confessio Augustana bis zu den Schmalkaldischen Artikeln als eine Zusammenfassung der Lehre Luthers betrachtet".[60] In der Konkordienformel wird also keine Diskrepanz zwischen dem Reformator und den lutherischen Bekenntnisschriften gesehen. Trotzdem bleibt die Heilige Schrift den lutherischen Bekenntnissen als Norm vorgeordnet, so daß in späterer Zeit in lutherischen Kirchen an Einzelaussagen der Bekenntnisschriften Kritik geübt werden konnte.[61] Aber zunächst einmal wird zwischen dem kirchlichen Bekenntnis und der privaten Lehre des Reformators keine grundsätzliche Differenz gesehen.

Natürlich gibt es dann doch zwischen den einzelnen Bekenntnisschriften Unterschiede. So kann man sich nicht darüber hinwegtäuschen, daß der Verfasser des Augsburger Bekenntnisses eben nicht Luther, sondern Melanchthon war, dessen persönliche Eigenart noch stärker in der auch von ihm verfaßten Apologie zum Ausdruck kommt. Aber auch dort, wo man Luthers Lehre nur wiederholen wollte, wie dies in der Konkordienformel der Fall sein sollte, hat man faktisch doch Luthers Lehre fortentwickelt und häufig nicht den variablen Reichtum und die dialektische Spannung in Luthers Theologie zu bewahren vermocht.[62] Aber es läßt sich trotzdem nicht bestreiten, daß in den lutherischen Kirchen des 16. Jahrhunderts der Reformator doch so etwas wie eine Autorität gewesen ist.

Eine ganz andere Frage ist, wie lutherische Kirchen *heute* dazu stehen. In unserer Zeit wird eher über- als unterbetont, daß auch Luther seine Grenzen besaß. Er hat selbst auch keine Theologie schaffen wollen, die zeitlos gültig sei, und er hat

Menschen und Theologien neben sich geduldet, die ganz andere Akzente setzten, als er dies in seiner eigenen Arbeit tat. Ob die lutherischen Kirchen heute gut daran tun, sich mit Luther gar nicht mehr zu beschäftigen, muß man fragen. Es gibt eine Luthervergessenheit gerade im Luthertum, die schon häufig genug konstatiert oder auch beklagt worden ist. Nun soll hier kein Wehleid laut werden. Aber der Historiker muß die Frage stellen, ob nicht die Geschichte lehrt, daß immer dort, wo man sich von der Theologie der Väter weit entfernte, um den scheinbaren oder sogenannten Anforderungen der Zeit gerecht zu werden, man sich eher von dem entfernte, was christlichem Auftrag entspricht. Insofern bleibt die Frage, welches Gewicht lutherische Tradition im Luthertum heute besitzt, eine wichtige, der man nicht auf Dauer wird ausweichen können.

Damit keine Mißverständnisse entstehen, sei zum Schluß aber darauf hingewiesen, daß die Kritik, die die Reformatoren für sich in Anspruch nahmen, auch ihnen gegenüber angewendet werden darf und muß. Wir leben in einer Welt, in der Lebensbedingungen und soziale Strukturen sich gegenüber der Zeit des 16. Jahrhunderts erheblich verändert haben. Es kann nicht erwartet oder gar verlangt werden, daß solche Voraussetzungen und Strukturen wiederhergestellt werden müßten. Aber auch, was wichtiger ist, in den theologischen Fragen bleibt die kritische Vorordnung der Heiligen Schrift bestehen. Wir können aber heute nicht mehr naiv die Bibel der Kirche gegenüberstellen, weil wir über den Zusammenhang von Kanonbildung und Kirche inzwischen zu viel gelernt haben. Aber es war auch nicht das Buch als solches, was Luther zur Norm der Theologie erhob! Er konnte gegenüber einzelnen Schriften und Aussagen der Bibel sehr kritisch sein! Aber zugleich wußte er hier doch jenes Prinzip zum Ausdruck gebracht, das zuletzt allein kirchliches Leben gestalten darf: Gott selbst, der sich in Jesus Christus geoffenbart hat und der durch seinen Geist Leben schafft. So hilfreich es sein könnte, wenn die lutherische Kirche stärker auf Luther hörte, so sehr wird sie zugleich die Aufgabe haben, ihr Denken und Handeln auszurichten nach dem, der da ist und der da war und der da kommt.[63]

Anmerkungen

1 Vgl. D. Martin Luthers Werke. Kritische Gesamtausgabe, Weimar 1883 ff. (zit.: WA) 8, 685,4–10.
2 Vgl. WA 15, 216,3–5.
3 Vgl. WA 19, 350,2–6.
4 Vgl. Wilhelm Maurer, Von der Freiheit eines Christenmenschen. Zwei Untersuchungen zu Luthers Reformationsschriften 1520/21, Göttingen 1949.
5 Vgl. Ulrich Mauser, Der junge Luther und die Häresie (Schriften des Vereins für Reformationsgeschichte 184), Gütersloh 1968.
6 Er hatte sich dabei übrigens nicht der Bibel, sondern der Kirche gegenüber zu gehorchen verpflichtet, vgl. Siegfried Freiherr von Scheurl, Martin Luthers Doktoreid, in: Zeitschrift für bayerische Kirchengeschichte Bd. 32, 1963, S. 46–52.
7 Vgl. den Beitrag von Ernst Schulin in diesem Band.
8 Vgl. dazu den Beitrag von Martin Brecht.
9 Vgl. Erwin Iserloh, 450 Jahre Confessio Augustana. Eine Bilanz, in: Catholica Bd. 35, 1981, S. 1–16.
10 Vgl. Karl Holl, Gesammelte Aufsätze zur Kirchengeschichte Bd. 1, Tübingen 1923, vor allem S. 1–110.
11 Vgl. Gerhard Müller, Die Rechtfertigungslehre. Geschichte und Probleme, Gütersloh 1977, S. 48–58.
12 Vgl. Erik H. Erikson, Der junge Mann Luther. Eine psychoanalytische und historische Studie, München 1958.
13 Vgl. Heinrich Bornkamm, Luther und sein Vater. Bemerkungen zu Erik H. Erikson, Young Man Luther. A Study in Psychoanalysis and History, in: ders., Luther. Gestalt und Wirkungen (Schriften des Vereins für Reformationsgeschichte 188), Gütersloh 1975, S. 11–32.
14 Vgl. Philip S. Watson, Um Gottes Gottheit: „Let God be God". Eine Einführung in Luthers Theologie. Übertragen und bearbeitet von Gerhard Gloege, Berlin 1952.
15 Vgl. Walther von Loewenich, Martin Luther. Der Mann und das Werk, München 1982, S. 252–265.
16 Vgl. Die Bekenntnisschriften der evangelisch-lutherischen Kirche, 6. Aufl., Göttingen 1967 (zit.: BSLK) S. 560,10–24.
17 BSLK S. 660,23–47; zitiert auch bei Albrecht Peters, Die Bedeutung der Katechismen Luthers innerhalb der Bekenntnisschriften, in: Luther und die Bekenntnisschriften (Veröffentlichungen der Luther-Akademie Ratzeburg Bd. 2), Erlangen 1981, S. 52.
18 Holl hat sich z.B. gegen Friedrich Gogartens Argumente gewehrt, vgl. Bd. 3 seiner „Gesammelten Aufsätze", Darmstadt 1965, S. 244–253.
19 Vgl. Gerhard Müller, Der fremde Luther. Die Last der Tradition im neuzeitlichen Protestantismus, in: Weder Ketzer noch Heiliger. Luthers Bedeutung für den ökumenischen Dialog, Regensburg 1982, S. 98 f.
20 Vgl. Gerhard Müller, Luthers Christusverständnis, in: Jesus Christus. Das Christusverständnis im Wandel der Zeiten (Marburger Theologische Studien Bd. 1), Marburg 1963, S. 41–50.
21 Vgl. WA 40, I, 33,7–11.
22 WA 45, 589,31 f.
23 Vgl. WA Tischreden 1, 72,16 f.
24 Vgl. Paul Althaus, Die Reformation als Bekenntnis zu Jesus Christus, in: Luther. Mitteilungen der Luther-Gesellschaft 27, 1956, S. 97–105.
25 Wilhelm Maurer, Die Einheit der Theologie Luthers, in: ders., Kirche und Geschichte. Gesammelte Aufsätze Bd. 1, Göttingen 1970, S. 19.
26 Vgl. a.a.O., S. 17.
27 WA 10, I, 1, 191,12 f.
28 WA 23, 141,24–29.
29 WA 47, 196,12.17.
30 WA Briefwechsel 1, 329,50–59.

31 Vgl. WA Tischreden 2, 112,14–16.
32 Vgl. WA 42, 296,22–26.
33 Vgl. Müller, Luthers Christusverständnis S. 50–57.
34 Vgl. Adolf von Harnack, Lehrbuch der Dogmengeschichte 3. Bd., 4. Aufl., Darmstadt 1964, S. 820–863.
35 Vgl. vor allem Ernst Bizer, Fides ex auditu. Eine Untersuchung über die Entdeckung der Gerechtigkeit Gottes durch Martin Luther, 3. Aufl., Neukirchen 1966.
36 Walther von Loewenich meinte kürzlich: „Man kann Luthers Theologie in diesen Jahren als vorreformatorisch bezeichnen, was nur bedingt richtig ist, und trotzdem drängt sich die Frage auf, ob man dieser ‚vorreformatorischen' Theologie nicht den Vorzug vor der späteren geben sollte" (a.a.O., S. 89).
37 Vgl. Erwin Iserloh, Luther und die Kirchenspaltung. Ist das Reformatorische kirchentrennend?, in: Weder Ketzer noch Heiliger, S. 73–78.
38 Vgl. Müller, Die Rechtfertigungslehre, S. 60 f.
39 Vgl. a.a.O., S. 61 f. und Andreas Osiander d.Ä., Gesamtausgabe Bd. 1–5, Gütersloh 1975–1982.
40 Vgl. Martin Stupperich, Osiander in Preußen (Arbeiten zur Kirchengeschichte Bd. 44), Berlin 1973 und Jörg Rainer Fligge, Herzog Albrecht von Preußen und der Osiandrismus 1522–1568, Diss. Bonn 1972.
41 Vgl. BSLK S. 516,32 f.
42 Vgl. Gerhard Müller, Ekklesiologie und Kirchenkritik beim jungen Luther, in: Neue Zeitschrift für systematische Theologie und Religionsphilosophie 7, 1965, S. 104.
43 Vgl. WA 3, 242,16 f.
44 Vgl. ebd. 203,23 f.
45 Vgl. WA 18, 652,23.
46 Vgl. Müller, a.a.O., S. 110.
47 Vgl. a.a.O., S. 108–110.
48 Vgl. a.a.O., S. 110–112.
49 Vgl. WA 56, 275,26–276,3.
50 In meinem Aufsatz von 1965 hatte ich formuliert: „Aus dem ‚concilium iustorum' als der wahren Kirche – nach der 1. Psalmenvorlesung – wird jetzt – in der Römerbriefvorlesung – das ‚concilium iustificandorum' " (a.a.O., S. 114). Den Befund der Dictata über die Psalmen hätte ich besser zusammengefaßt, wenn ich geschrieben hätte: „Aus dem ‚concilium iustorum *et iniustorum*' als der wahren Kirche wird jetzt das ‚concilium iustificandorum' ".
51 Vgl. WA 56, 279,27 – 32.
52 Vgl. a.a.O., S. 458,3 und Müller, a.a.O., S. 116 – 118.
53 Vgl. WA 6, 518,19.
54 Zu Luthers Verständnis der Sakramente vgl. Paul Althaus, Die Theologie Martin Luthers, Gütersloh 1962, S. 297–338.
55 So z.B. August Vilmar, vgl. Gerhard Müller, Die Bedeutung August Vilmars für Theologie und Kirche (Theologische Existenz heute Nr. 158), München 1969, S. 15–17.
56 Vgl. BSLK S. 833–839.
57 Vgl. Peter Manns, Luther auf der Koburg, in: Luther und die Bekenntnisschriften, S. 122.
58 Vgl. W. Maurer, Historischer Kommentar zur Confessio Augustana, 2 Bde., Gütersloh 1976 und 1978.
59 Vgl. BSLK S. 427–432.
60 Bengt Hägglund, Die Rezeption Luthers in der Konkordienformel, in: Luther und die Bekenntnisschriften, S. 107; vgl. auch Walther von Loewenich, Luthers Erbe in der Konkordienformel, in: Luther. Zeitschrift der Luther-Gesellschaft 48, 1977, S. 53–75.
61 Z.B. hat Wilhelm Löhe trotz der Ablehnung des Chiliasmus in Art. 16 des Augsburger Bekenntnisses diesen gegen Ende seines Lebens vertreten, vgl. Wilhelm Löhe, Gesammelte Werke, Band 6/1, Neuendettelsau 1957, S. 832–839.
62 Vgl. Hägglund, a.a.O., S. 119.
63 Offenbarung des Johannes 1,4.

Liste der Corrigenda

(Die Seitenangaben beziehen sich auf die Erstveröffentlichungen)

Zu Nr. 1: S. 12, Zeile 17 lies: ‚Jedin' statt ‚Jüdin'.
S. 13, Anm. 14 lies: ‚Anliegen' statt ‚Anlagen'.
S. 13, Anm. 16 lies: ‚unten S. 25' statt ‚unten S. 15'.
S. 20, Zeile 20 lies: ‚Cognac' statt ‚Cagnac'.
S. 26, Zeile 12 ist vor Zeile 11 zu lesen.

Zu Nr. 11: S. 164, Zeile 4: tilge das Komma hinter ‚Vehus'.
S. 169, Anm. 58: Der hier erwähnte ‚ungnädige Reichstagsabschied von Augsburg' bezieht sich auf den vom 22. September 1530.

Zu Nr. 13: S. 237, Zeile 29 lies: ‚Giuseppe' statt ‚Guiseppe'.
S. 243, Zeile 23 lies: ‚so viel' statt ‚soviel'.

Zu Nr. 14: S. 224, Zeile 21 lies: ‚Domine' statt ‚Domini'.
S. 229, Zeile 18 lies: ‚am 3. Juni' statt ‚im Juni'.
S. 229, Zeile 20 lies: ‚Sache, . . .'.
S. 229, Anm. 42 lies: ‚v. Schubert' statt ‚V. Schubert'.
S. 230, Zeile 12 lies: ‚Friedrich dem Weisen, . . .'.
S. 230, Anm. 44 lies: ‚11. November' statt ‚10. November'.
S. 233, Zeile 3–4 lies: ‚. . . daß es, „wie wir hören, . . .'.
S. 237, Zeile 25 lies: ‚Kardinalbischof' statt ‚Kardinalerzbischof'.
S. 270, Anm. 118: tatsächlich war Mignanelli schon früher in Deutschland gewesen.
S. 274, Zeile 24 lies: ‚Paul III.' statt ‚Paul II.'.
S. 275, Zeile 8 lies: ‚Schmalkaldischen Bund' statt ‚schmalkaldischen Bund'.

Zu Nr. 17: S. 181, Zeile 10 lies: ‚im hertzen on die eusserlichen predig'.

Zu Nr. 19: S. 87, Anm. 50 lies: ‚Oberman' statt ‚Obermann'.
S. 92, Anm. 68 lies: ‚Mülhaupt' statt ‚Mühlhaupt'.
S. 95, Zeile 33 lies: ‚Stil' statt ‚Ziel'.
S. 99, Anm. 88 lies: ‚Mülhaupt' statt ‚Mühlhaupt'.

Verzeichnis der Erstveröffentlichungen

1: In: JMUB 1, 1962, S. 11–26.

2: In: Bekenntnis und Einheit der Kirche. Studien zum Konkordienbuch, im Auftrag der Sektion Kirchengeschichte der Wissenschaftlichen Gesellschaft für Theologie hg. v. Martin Brecht und Reinhard Schwarz, Stuttgart 1980, S. 23–43.

3: In: FS für Fairy von Lilienfeld zum 65. Geburtstag, hg. v. A. Rexheuser und K.-H. Ruffmann, Erlangen (Selbstverlag) 1982, S. 540–560.

4: In: QFIAB 53, 1973, S. 168–179.

5: In: ZRGG 19, 1967, S. 1–32.

6: In: Der Reichstag zu Worms von 1521. Reichspolitik und Luthersache. Im Auftrag der Stadt Worms zum 450-Jahrgedenken in Verbindung mit Anton Philipp Brück, Ludwig Petry, Heinrich Steitz hg. v. Fritz Reuter, Worms 1971, S. 237 bis 256.

7: In: Reformata Reformanda. FG für Hubert Jedin zum 17. Juni 1965, hg. v. Erwin Iserloh und Konrad Repgen, Münster 1965 (= RGST.S 1), 1. Teil, S. 393–427.

8: In: Die Religionsgespräche der Reformationszeit, hg. v. Gerhard Müller, Gütersloh 1980 (= SVRG 191), S. 21–33.

9: In: Confessio Augustana und Confutatio. Der Augsburger Reichstag 1530 und die Einheit der Kirche. Int. Symposion der Gesellschaft zur Herausgabe des Corpus Catholicorum in Augsburg vom 3.–7. 9. 1979. In Verb. mit Barbara Hallensleben hg. v. Erwin Iserloh, Münster 1980 (= RGST 118), S. 243–257.

10: In: NAKG 52, 1972, S. 133–152.

11: In: ARG 68, 1977, S. 158–172.

12: In: Erwin Gatz (Hg.), Römische Kurie. Kirchliche Finanzen. Vatikanisches Archiv. Studien zu Ehren von Hermann Hoberg, 2. Teil, Rom 1979 (= MHP 46), S. 545–552.

13: In: ThLZ 89, 1964, Sp. 525–536.

14: In: QFIAB 39, 1959, S. 222–276.

15: In: ZW 34, 1963, S. 740–750.

16: In: ZKG 74, 1963, S. 83–108. Wieder abgedruckt in: Concilium Tridentinum, hg. v. Remigius Bäumer, Darmstadt 1979 (= WdF 312), S. 74–112.

17: In: Vom Amt des Laien in Kirche und Theologie. FS für Gerhard Krause zum 70. Geburtstag, hg. v. Henning Schröer und Gerhard Müller, Berlin und New York 1982, S. 168–184.

18: In: Jesus Christus. Das Christusverständnis im Wandel der Zeiten. Eine Ringvorlesung der Theologischen Fakultät der Universität Marburg, Marburg 1963 (= MThSt 1), S. 41–57.

19: In: Carl Andresen u. a., Das Papsttum in der Diskussion, hg. v. Georg Denzler, Regensburg 1974, S. 73–101.

20: In: Denkender Glaube. FS Carl Heinz Ratschow zur Vollendung seines 65. Lebensjahres am 22. 7. 1976 gewidmet von Kollegen, Schülern und Freunden, hg. v. Otto Kaiser, Berlin und New York, 1976, S. 49–69.

21: In: Luther und die politische Welt. Wiss. Symposion in Worms vom 27.–29. 10. 1983, hg. v. Erwin Iserloh und Gerhard Müller, Stuttgart 1984 (= Hist. Forschungen im Auftrag der hist. Kommission der Akademie der Wissenschaften und der Literatur, hg. v. Karl Erich Born und Harald Zimmermann, Bd. IX), S. 65–83.

22: In: Reformatio und Confessio. FS für D. Wilhelm Maurer zum 65. Geburtstag am 7. Mai 1965, hg. v. Friedrich Wilhelm Kantzenbach und Gerhard Müller, Berlin und Hamburg 1965, S. 37–51.

23: In: NZSTh 7, 1965, S. 100–128.

24: In: Leben und Werk Martin Luthers von 1526 bis 1546. FG zu seinem 500. Geburtstag. Im Auftrag des Theologischen Arbeitskreises für Reformationsgeschichtliche Forschung hg. v. Helmar Junghans, Berlin und Göttingen 1983, Bd. 1, S. 369–401, Bd. 2, S. 849–860.

25: In: Luthers Sendung für Katholiken und Protestanten, hg. v. Karl Lehmann. Mit Beiträgen von Martin Brecht u. a., Zürich 1982 (= Schriftenreihe der Katholischen Akademie der Erzdiözese Freiburg), S. 48–70.

Abkürzungen von Zeitschriften und Reihentiteln nach Siegfried Schwertner, Internationales Abkürzungsverzeichnis für Theologie und Grenzgebiete, Berlin und New York 1976.

Bibliographie Gerhard Müller

1955–1988[1]

Bearbeitet von Rudolf Keller

[Abkürzungen von Zeitschriften und Reihentiteln nach Siegfried Schwertner, Internationales Abkürzungsverzeichnis für Theologie und Grenzgebiete, Berlin und New York 1976.]

Die in diesem Band gedruckten Titel sind mit einem * versehen.

I. Selbständige Schriften

1. Franz Lambert von Avignon und die Reformation in Hessen, Marburg 1958 (= VHKHW 24,4) X und 182 S.
2. Nuntiaturberichte aus Deutschland nebst ergänzenden Aktenstücken. Erste Abteilung 1533–1559. 1. Ergänzungsband 1530–1531. Legation Lorenzo Campeggios 1530–1531 und Nuntiatur Girolamo Aleandros 1531. Im Auftrag des Deutschen Historischen Instituts in Rom bearbeitet von Gerhard Müller, Tübingen 1963, XCIII und 472 S.
3. Die römische Kurie und die Reformation 1523–1534. Kirche und Politik während des Pontifikates Clemens' VII., Gütersloh 1969 (= QFRG 38), 308 S.
4. Nuntiaturberichte aus Deutschland nebst ergänzenden Aktenstücken. Erste Abteilung 1533–1559. 2. Ergänzungsband 1532. Legation Lorenzo Campeggios 1532 und Nuntiatur Girolamo Aleandros 1532. Im Auftrag des Deutschen Historischen Instituts in Rom bearbeitet von Gerhard Müller, Tübingen 1969, X und 616 S.
5. Die Bedeutung August Vilmars für Theologie und Kirche, München 1969 (= TEH 158), 47 S.
6. Die Rechtfertigungslehre. Geschichte und Probleme, Gütersloh 1977 (= Studienbücher Theologie. Kirchen- und Dogmengeschichte), 128 S.
7. Die Reformation und die gegenwärtige Christenheit. Vortrag, gehalten am 4. November 1980 in Erlangen anläßlich des 237. Jahrestages der Gründung der Friedrich-Alexander-Universität (= Erlanger Universitätsreden 7) 1980, 7 S., wieder abgedruckt in: Lutherische Kirche in der Welt. JMLB 29, 1982, S. 151–168 (erweiterte Fassung).
8. Reformation und Stadt. Zur Rezeption der evangelischen Verkündigung, Mainz und Wiesbaden (= Akademie der Wissenschaften und der Literatur. Abhandlungen der Geistes- und sozialwissenschaftlichen Klasse, Jg. 1981, 11), 35 S.
9. Zwischen Reformation und Gegenwart [Bd. I]. Vorträge, Aufsätze, Predigten, Hannover 1983, 128 S.

[1] Eine Auswahlbibliographie findet sich bereits in Nr. 9, S. 120–127.

10. Zwischen Reformation und Gegenwart, Bd. II. Vorträge und Aufsätze, Hannover 1988, 194 S.

2. *Aufsätze und Beiträge zu Sammelwerken*

11. Ein neuer Fund zur Reformationsgeschichte, in: Pastoralblatt für Kurhessen-Waldeck 57, 1955, S. 217–219.
12. Die Anfänge der Marburger Theologischen Fakultät, in: HJLG 6, 1956, S. 164–181.
13. Johann Eck und die Confessio Augustana. Zwei unbekannte Aktenstücke vom Augsburger Reichstag 1530, in: QFIAB 38, 1958, S. 205–242.
14. Eindrücke vom religiösen Leben in Italien, in: Pastoralblatt für Kurhessen-Waldeck 61, 1959, S. 178–186.
15.* Die drei Nuntiaturen Aleanders in Deutschland 1520/21, 1531/32, 1538/39, in: QFIAB 39, 1959, S. 222–276.
16. Zur Vorgeschichte des Frankfurter Anstandes 1539. Ein Nachtrag zu Aleanders dritter Nuntiatur in Deutschland, in: QFIAB 39, 1959, S. 328–342.
17. Vincenzo Pimpinella am Hofe Ferdinands I. 1529–1532, in: QFIAB 40, 1960, S. 65–88.
18. Philipp Melanchthon und die Studienordnung für die hessischen Stipendiaten vom Mai 1546, in: ARG 51, 1960, S. 223–242.
19. Karl V. und Philipp der Großmütige, in: JHKGV 12, 1961, S. 1–34.
20. Johannes Feige, der Kanzler Philipps des Großmütigen, in: JHKGV 12, 1961, S. 175–182.
21. Die römisch-katholische Kirche während des Pontifikates Pius' IX., in: ZRGG 13, 1961, S. 219–243.
22.* Die Reformation als Epoche europäischer Geschichte, in: JMUB 1, 1962, S. 11 bis 26.
23. Christliche Frömmigkeit von den Anfängen bis 1517, in: Das evangelische Mainz, Teil I des Festbuches „Wir lieben die Brüder", zur 95. Generalversammlung des Gustav-Adolf-Werkes der EKD, Frankfurt am Main 1962, S. 10–25.
24. Die Diskussion über Luthers Thesenanschlag, in: Pastoralblatt des Evang. Pfarrervereins Kurhessen-Waldeck 64, 1962, S. 113–126.
25.* Zur Vorgeschichte des Tridentinums. Karl V. und das Konzil während des Pontifikates Clemens' VII., in: ZKG 74, 1963, S. 83–108; wieder abgedruckt in: Concilium Tridentinum, hg. v. Remigius Bäumer, Darmstadt 1979 (= Wege der Forschung 312), S. 74–112.
26.* Luthers Christusverständnis, in: Jesus Christus. Das Christusverständnis im Wandel der Zeiten. Eine Ringvorlesung der Theologischen Fakultät der Universität Marburg, Marburg 1963 (= Marburger Theologische Studien 1), S. 41–57.
27.* Das Konzil von Trient. Eine Säkularbesinnung, in: ZW 34, 1963, S. 740–750.
28. Mut und Demut zum Predigen, in: DtPfrBl 63, 1963, S. 569f.
29. Die Kandidatur Giovanni Salviatis im Konklave 1549/50. Zwei Briefe Pietro Bertanos vom Hof Karls V., in: QFIAB 42/43, 1963, S. 435–452.

30.* Zum Verständnis Aleanders, in: ThLZ 89, 1964, Sp. 525–536.
31. Wider die Routine, in: DtPfrBl 64, 1964, S. 641.
32.* Die Einheit der Theologie des jungen Luther, in: Reformatio und Confessio. Festschrift für D. Wilhelm Maurer zum 65. Geburtstag am 7. Mai 1965, hg. v. Friedrich Wilhelm Kantzenbach und Gerhard Müller, Berlin und Hamburg 1965, S. 37–51.
33.* Ekklesiologie und Kirchenkritik beim jungen Luther, in: NZSTh 7, 1965, S. 100 bis 128.
34.* Um die Einheit der Kirche. Zu den Verhandlungen über den Laienkelch während des Augsburger Reichstages 1530, in: Reformata Reformanda. Festgabe für Hubert Jedin zum 17. Juni 1965, hg. v. Erwin Iserloh und Konrad Repgen, Münster 1965 (= RGST.S 1), 1. Teil, S. 393–427.
35. Ein neues Lutherbild? Bemerkungen zu Rosemarie Müller-Streisand, Luthers Weg von der Reformation zur Restauration, in: DtPfrBl 65, 1965, S. 508–510.
36. Im „Raum der Kirche" beobachtet: Nicht zuständig? in: DtPfrBl 65, 1965, S. 571.
37. Neuere Literatur zur Theologie des jungen Luther, in: KuD 11, 1965, S. 325–357.
38. Eine dogmengeschichtliche Quellenedition, in: ThR NS 31, 1966, S. 156–160.
39. Protestantische Lutherforschung der Gegenwart, in: Der Evangelische Erzieher 18, 1966, S. 252–269.
40. Pietro Paolo Vergerio in päpstlichen Diensten 1532–1536, in: ZKG 77, 1966, S. 341–348.
41.* Die römische Kurie und die Anfänge der Reformation, in: ZRGG 19, 1967, S. 1–32.
42. Die Kasseler Vereinbarung über das Abendmahl von 1534. Ein Autograph Melanchthons, in: JHKGV 18, 1967, S. 125–136.
43. Christlich-jüdisches Religionsgespräch im Zeitalter der protestantischen Orthodoxie. Die Auseinandersetzung Johann Müllers mit Rabbi Isaak Trokis „Ḥizzuk Emuna", in: Glaube – Geist – Geschichte. Festschrift für Ernst Benz zum 60. Geburtstag am 17. November 1967, hg. v. Gerhard Müller und Winfried Zeller, Leiden 1967, S. 513–524.
44. Die unbefleckte Empfängnis Mariens im Urteil päpstlicher Ratgeber 1848–1852, in: ZKG 78, 1967, S. 300–339.
45. Theologische Erkenntnis und päpstliche Infallibilität. Vincenzo Tizzani über die Lehre von der Immaculata Conceptio am Vorabend ihrer Dogmatisierung, in: Humanitas – Christianitas. Walther von Loewenich zum 65. Geburtstag, hg. v. Karlmann Beyschlag, Gottfried Maron und Eberhard Wölfel, Witten 1968, S. 182–192.
46. Juden und Christen im Zeitalter der protestantischen Orthodoxie, in: Kirche und Synagoge. Handbuch zur Geschichte von Christen und Juden. Darstellung mit Quellen, hg. v. Karl Heinrich Rengstorf und Siegfried von Kortzfleisch, Bd. 1, Stuttgart 1968, S. 453–504.
47. Die Immaculata Conceptio Mariens im Urteil der deutschsprachigen Bischöfe. Zur Entstehung des mariologischen Dogmas von 1854, in: KuD 14, 1968, S. 46–70.
48. Pius IX. und die Entwicklung der römisch-katholischen Mariologie, in: NZSTh 10, 1968, S. 111–130.
49. Der Judenarzt im Urteil lutherisch-orthodoxer Theologen, in: Wort und Religion.

Ernst Dammann zum 65. Geburtstag, hg. v. Hans-Jürgen Greschat u. a., Stuttgart 1969, S. 370–376.
50. Die Union auf dem Weg zur Ökumene. Zum 150jährigen Bestehen der Hanauer Union, in: JHKGV 20, 1969, S. 105–123.
51. Zur Entstehung von Vilmars „Theologie der Tatsachen", in: Pastoralblatt des Evang. Pfarrervereins Kurhessen-Waldeck 72, 1970, S. 21–26.
52. Augsburg und Nürnberg im Urteil päpstlicher Nuntien 1530–1532, in: ZBKG 39, 1970, S. 75–82.
53. D. Wilhelm Maurer 70 Jahre, in: DtPfrBl 70, 1970, S. 321.
54. August Vilmars Pädagogik, in: Praxis Ecclesiae. Praktische Theologie als Hermeneutik, Katechetik und Homiletik im Dienste der Kirche. Kurt Frör zum 65. Geburtstag am 10. Oktober 1970. In Verbindung mit Rudolf Bohren und Manfred Seitz hg. v. Dietrich Stollberg, München 1970, S. 86–105.
55. Vorwort zu: Bibliographia Osiandrica. Bibliographie der gedruckten Schriften Andreas Osianders d. Ä. (1496–1552). Im Auftrag der Reformationsgeschichtlichen Forschungsstelle an der Friedrich-Alexander-Universität zu Erlangen-Nürnberg bearbeitet von Gottfried Seebaß, Nieuwkoop 1971, S. V.
56. Das neulutherische Amtsverständnis in reformatorischer Sicht, in: KuD 17, 1971, S. 46–74.
57. Luther unheroisch in Worms. Folgenreiche politische Umstände der Reformation, in: LM 10, 1971, S. 193–197.
58.* Die römische Kurie und der Reichstag, in: Der Reichstag zu Worms von 1521. Reichspolitik und Luthersache. Im Auftrag der Stadt Worms zum 450-Jahrgedenken in Verbindung mit Anton Philipp Brück, Ludwig Petry, Heinrich Steitz hg. v. Fritz Reuter, Worms 1971 (2. Aufl. 1981), S. 237–256.
59. Die Reformation zwischen Kirche und Staat. Luthers Prozeß in Worms 1521, in: Nachrichten der Evangelisch-Lutherischen Kirche in Bayern 26, 1972, S. 141–144 und 165–169.
60. Frage an alle Protestanten. Zu Heinemanns Luther-Rede, in: LM 10, 1971, S. 269f.
61. Martin Luther auf dem Wormser Reichstag von 1521, in: Deine Kirche. Monatsblatt für die Gemeinden des Kirchenkreises Marburg-Land 30, Mai/Juni 1971, S. 7–10.
62. Die Marburger Theologische Fakultät zwischen Aufklärung und Erweckung. Die Berufung Christian Friedrich Klings nach Marburg 1833, in: HJLG 21, 1971, S. 143 bis 159.
63. Zeitgemäß im Widerspruch – Erinnerung an Wilhelm Löhe, in: LM 11, 1972, S. 3f.
64. Wilhelm Löhes missionarisch-diakonisches Denken und Wirken, in: Sichtbare Kirche. Für Heinrich Laag zu seinem 80. Geburtstag, hg. v. Ulrich Fabricius und Rainer Volp, Gütersloh 1973 (= Schriftenreihe des Instituts für Kirchenbau und kirchliche Kunst der Gegenwart 3), S. 44–52; dass. gekürzt in: Blätter für Innere Mission in Bayern 25, 1972, S. 10–17.
65.* Kardinal Lorenzo Campeggio, die römische Kurie und der Augsburger Reichstag von 1530, in: NAKG 52, 1972, S. 133–152.
66. Edition der Werke des Andreas Osiander, in: ThLZ 97, 1972, Sp. 567–572.

67. Wilhelm Löhes Theologie zwischen Erweckungsbewegung und Konfessionalismus, in: NZSTh 15, 1973, S. 1–37.
68. Die Erlanger Theologische Fakultät und Wilhelm Löhe im Jahr 1849, in: Dem Wort gehorsam. Landesbischof D. Hermann Dietzfelbinger DD zum 65. Geburtstag, München 1973, S. 242–254.
69.* Die Bedeutung der Nuntiaturberichte für die Kirchengeschichte, in: QFIAB 53, 1973, S. 168–179; nachgedruckt als Sonderausgabe aus QFIAB 53 in: Nuntiaturberichte und Nuntiaturforschung. Kritische Bestandsaufnahme und neue Perspektiven. Beiträge von H. Lutz, G. Müller u. a., hg. v. Deutschen Historischen Institut in Rom, 1976, S. 168–179.
70. Neuere Tendenzen reformationsgeschichtlicher Forschung, in: Storiografia e storia. Studi in onore di Eugenio Duprè Theseider, Rom 1974, Bd. 1, S. 321–330.
71. Die Bedeutung der Reformation für das Christentum heute, in: Luther 45, 1974, S. 1–11; wieder abgedruckt in: Zwischen Reformation und Gegenwart [Bd. I], S. 96 bis 105.
72. August Vilmars Tätigkeit in Marburg, in: Kirche in Marburg. Mitteilungen der evangelischen und katholischen Gemeinden 1974, S. 82.
73.* Martin Luther und das Papsttum, in: Carl Andresen u. a., Das Papsttum in der Diskussion, hg. v. Georg Denzler, Regensburg 1974, S. 73–101.
74. Der Student Wilhelm Löhe und das Amt. Eine Äußerung aus dem Jahr 1829, in: JFLF 34/35, 1975, S. 593–601.
75. Rechtfertigungslehre heute. Eine moderne Interpretation, in: Luther 46, 1975, S. 1–4.
76. Abendmahl und Amt. Zum evangelisch-katholischen Dialog, in: Luther 46, 1975, S. 40–43.
77. Vorrede zur Biblia Sacra (1522), bearbeitet von Gerhard Müller, in: Andreas Osiander d. Ä. Gesamtausgabe, Bd. 1. Schriften und Briefe 1522 bis März 1525. In Zusammenarbeit mit Gottfried Seebaß hg. v. Gerhard Müller, Gütersloh 1975, S. 64–66, Nr. 3.
78. „Knecht Gottes wider die Gottlosen." Zum 450. Todestag von Thomas Müntzer, in: Nachrichten der Evangelisch-Lutherischen Kirche in Bayern 30, 1975, S. 181 bis 185.
79. Thomas Müntzer und die Reformation, in: Der Evangelische Bund, Jg. 1975, Nr. 2/3, S. 9.
80. Kirche und Konfession in der Neuzeit, in: UNA SANCTA – Zeitschrift für ökumenische Begegnung 30, 1975, S. 223–232.
81. Gutachten zu den Ausgleichsverhandlungen in Schweinfurt und Nürnberg, 1532, bearbeitet von G. Müller, in: Martin Bucers Deutsche Schriften, Bd. 4. Zur auswärtigen Wirksamkeit 1528–1533, hg. v. Robert Stupperich, Gütersloh 1975, S. 409–448.
82. Landgraf Philipp und das Regensburger Buch, in: Bucer und seine Zeit. Forschungsbeiträge und Bibliographie, hg. v. Marijn de Kroon und Friedhelm Krüger, Wiesbaden 1976 (= VIEG 80), S. 101–116.
83. Der Sänger der Freude und des Trostes. Paul Gerhardts Leben und Werk, in: Nachrichten der Evangelisch-Lutherischen Kirche in Bayern 31, 1976, S. 184–187.

84. August und Wilhelm Vilmar. Ein Beitrag zu ihrem Verständnis, in: Traditio – Krisis – Renovatio aus theologischer Sicht. Festschrift Winfried Zeller, hg. v. Bernd Jaspert und Rudolf Mohr, Marburg 1976, S. 317–324.
85. Käthe und Martin Luther, in: ZW 47, 1976, S. 150–164; wieder abgedruckt in: Zwischen Reformation und Gegenwart [Bd. I], S. 30–41.
86.* Luthers Zwei-Reiche-Lehre in der deutschen Reformation, in: Denkender Glaube. Festschrift Carl Heinz Ratschow zur Vollendung seines 65. Lebensjahres am 22. Juli 1976 gewidmet von Kollegen, Schülern und Freunden, hg. v. Otto Kaiser, Berlin und New York 1976, S. 49–69.
87. Entscheidung für die Reformation – die Homberger Synode von 1526, in: Kirche in Marburg. Mitteilungen der evangelischen und katholischen Gemeinden 1976, S. 128f.
88. Die Synode als Fundament der evangelischen Kirche in Hessen. Homberg 1526 bis 1976, in: JHKGV 27, 1976, S. 129–146; gekürzt in: Verhandlungen der 5. Tagung der 6. Landessynode der Evangelischen Kirche von Kurhessen-Waldeck 1976, S. 215–229.
89. Um die Einheit des deutschen Luthertums. Die Konkordienformel von 1577, in: Lutherische Kirche in der Welt. JMLB 24, 1977, S. 16–36.
90. Die „Luther-Gesellschaft“: Pflege des Erbes der Reformation, in: Nachrichten der Evangelisch-Lutherischen Kirche in Bayern 32, 1977, S. 70–73.
91. Bündnis und Bekenntnis. Das Luthertum in Deutschland im 16. Jahrhundert, in: Bekenntnis und Kircheneinheit. 400 Jahre Konkordienformel. Ausstellung des Landeskirchlichen Archivs im Schloß Ehrenburg in Coburg, 4. Juni bis 3. Juli 1977, Nürnberg 1977. Katalog, S. 17–32.
92. Konkordienformel – Dokument lebendiger Einheit, in: Nachrichten der Evangelisch-Lutherischen Kirche in Bayern 32, 1977, S. 201–205.
93. Neuere Literatur zur Reformationsgeschichte: 1. Teil, in: ThR 42, 1977, S. 93–130.
94. Gutachten über die Eidesformel (1525), bearbeitet von Gerhard Müller, in: Andreas Osiander d. Ä. Gesamtausgabe, Bd. 2. Schriften und Briefe April 1525 bis Ende 1527. In Zusammenarbeit mit Gottfried Seebaß hg. v. Gerhard Müller, Gütersloh 1977, S. 71–78, Nr. 46.
95. Nuntiaturberichte aus Mittel- und Osteuropa, in: QFIAB 57, 1977, S. 163–197.
96. (Die Renaissance im Selbstverständnis der) Reformationsgeschichte, in: Wolfenbütteler Renaissance-Mitteilungen 1, 1977, S. 43–47.
97.* Duldung des deutschen Luthertums? Erwägungen Kardinal Lorenzo Campeggios vom September 1530, in: ARG 68, 1977, S. 158–172.
98. Theologie in Marburg zwischen Aufklärung und Restauration, in: JHKGV 28, 1977, S. 27–41.
99. Alliance and Confession. The Theological-Historical Development and Ecclesiastical-Political Significance of Reformation Confessions, in: The Sixteenth Century Journal 8, 1977, S. 123–140.
100. Walther von Loewenichs Beitrag zur Lutherforschung, in: Luther 49, 1978, S. 1-15.
101. Geleitwort zu: Werner Elert, Die Lehre des Luthertums im Abriss, Erlangen 1978 (Nachdruck der 2. Auflage, München 1926), S. VI–VIII.

102. Hochschulreform als Verfassungsreform und Studienreform Theologie, in: Nachrichten der Evangelisch-Lutherischen Kirche in Bayern 33, 1978, S. 121–123.
103. Osianders „Evangelienharmonie", in: Histoire de l'exégèse au XVIe siècle. Textes du colloque international tenu à Genève en 1976 réunis par Olivier Fatio et Pierre Fraenkel, Genf 1978 (= Études de philologie et d'histoire 34), S. 256–264.
104. Methodenkritik gegenwärtiger reformationsgeschichtlicher Editionen, in: Probleme der Edition mittel- und neulateinischer Texte. Kolloquium der Deutschen Forschungsgemeinschaft, Bonn, 26.–28. Februar 1973, hg. v. Ludwig Hödl und Dieter Wuttke, Boppard 1978, S. 79–90.
105. Sechzig Jahre Luther-Gesellschaft, in: Luther 49, 1978, S. 99–109.
106. Entstehung und Ausbau der lutherischen Kirche in Franken, in: 450 Jahre Reformation in Erlangen. Eine Ausstellung des Evangelisch-Lutherischen Dekanats Erlangen und der Universitätsbibliothek, 27. Oktober bis 11. November 1978. Katalog von Hans-Otto Keunecke mit Beiträgen von Gerhard Müller und Agnes Stählin, Erlangen 1978 (= Schriften der Universitätsbibliothek Erlangen-Nürnberg 11), S. 7–21.
107. Protest als evangelisches Emblem? Erwägungen zur Speyerer Protestation von 1529, in: Nachrichten der Evangelisch-Lutherischen Kirche in Bayern 34, 1979, S. 129–131; wieder abgedruckt in: Amt und Gemeinde (Wien) 30, 1979, S. 45–48.
108. Die Reformation im Fürstentum Brandenburg-Ansbach/Kulmbach, in: ZBKG 48, 1979, S. 1–18.
109. Gutachten für Nürnbergs Verhalten auf dem Speyerer Reichstag von 1529 (1529, März 22), bearbeitet von Gerhard Müller, in: Andreas Osiander d. Ä. Gesamtausgabe, Bd. 3. Schriften und Briefe 1528 bis April 1530, hg. v. Gerhard Müller und Gottfried Seebaß, Gütersloh 1979, S. 341–359, Nr. 112.
110. In memoriam Ernst Benz, in: JHKGV 30, 1979, S. 369f.
111. Kongreßbericht: Die Religionsgespräche der Reformationszeit, in: Wolfenbütteler Renaissance-Mitteilungen 3, 1979, S. 115–117.
112.* Die Besetzung des Bistums Münster im Jahr 1532. Eine Stellungnahme Kardinal Lorenzo Campeggios, in: Erwin Gatz (Hg.), Römische Kurie. Kirchliche Finanzen. Vatikanisches Archiv. Studien zu Ehren von Hermann Hoberg, 2. Teil, Rom 1979 (= Miscellanea Historiae Pontificiae 46), S. 545–552.
113. Andreas Osiander und die Heilige Schrift, in: Text – Wort – Glaube. Studien zur Überlieferung, Interpretation und Autorisierung biblischer Texte. Kurt Aland gewidmet, hg. v. Martin Brecht, Berlin und New York 1980 (= AKG 50), S. 255–273.
114. Antrittsrede . . ., in: Jahrbuch 1979. Akademie der Wissenschaften und der Literatur Mainz, 1980, S. 69f.
115. Nachruf auf Ernst Benz, in: Jahrbuch 1979. Akademie der Wissenschaften und der Literatur Mainz, 1980, S. 76–80.
116. Kongreßbericht: Der Augsburger Reichstag und die Einheit der Kirche, in: Wolfenbütteler Renaissance-Mitteilungen 4, 1980, S. 16–18.
117. (zusammen mit Vincenz Pfnür) Rechtfertigung – Glaube – Werke, in: Confessio Augustana. Bekenntnis des einen Glaubens. Gemeinsame Untersuchung lutherischer und katholischer Theologen, hg. v. Harding Meyer und Heinz Schütte, Pader-

born und Frankfurt 1980, S. 105–138; Englische Übersetzung: Confessing one faith: a joint commentary on the Augsburg Confession by Lutheran and Catholic theologians, Minneapolis 1982, S. 117–146 (übers. von James L. Schaaf).
118. Die Confessio Augustana am Vorabend ihres 450jährigen Jubiläums, in: MdKI 31, 1980, S. 23f.
119.* Bündnis und Bekenntnis. Zum Verständnis von Glaube und Politik im deutschen Luthertum des 16. Jahrhunderts, in: Bekenntnis und Einheit der Kirche. Studien zum Konkordienbuch, im Auftrag der Sektion Kirchengeschichte der Wissenschaftlichen Gesellschaft für Theologie hg. v. Martin Brecht und Reinhard Schwarz, Stuttgart 1980, S. 23–43.
120. Die Bedeutung der Confessio Augustana für die Evangelische Kirche von Kurhessen-Waldeck, in: Marburg im Kontext. Gedenkbuch an das Marburger Religionsgespräch, hg. v. Günter Bezzenberger, Kassel 1980 (= Monographiae Hassiae 7), S. 71–84.
121. Rechtfertigung – was ist das? in: Kreuzwacht. Zeitschrift der Kreuzpfadfinder, April 1980, S. 9–12.
122. Entstehung und geschichtliche Bedeutung des Augsburger Bekenntnisses, in: Luther 51, 1980, S. 55–66; gekürzt wieder abgedruckt in: Gewissen und Freiheit 1981, Nr. 16, S. 19–24; Französische Übersetzung: Genèse et signification historique de la Confession d'Augsburg, in: Conscience et liberté Nr. 22, 1981, S. 48–53.
123. Wie es zum Augsburger Bekenntnis kam, in: Sonntagsblatt. Evangelische Wochenzeitung für Bayern, 22. Juni 1980, Nr. 25, S. 6; auch in: Confessio Augustana – Journal, Sonderausgabe Augsburg, 25. Juni 1980, S. 31.
124. Einheit der Lehre – Bekenntnis des Glaubens: zum Erscheinen des Konkordienbuches (vor 400 Jahren) am 25. Juni 1580, in: Nachrichten der Evangelisch-Lutherischen Kirche in Bayern 35, 1980, S. 203–206.
125.* Die Anhänger der Confessio Augustana und die Ausschußverhandlungen, in: Confessio Augustana und Confutatio. Der Augsburger Reichstag 1530 und die Einheit der Kirche. Internationales Symposion der Gesellschaft zur Herausgabe des Corpus Catholicorum in Augsburg vom 3.–7. September 1979. In Verbindung mit Barbara Hallensleben hg. v. Erwin Iserloh, Münster 1980 (= RGST 118), S. 243 bis 257.
126. Martin Luther: Ketzer oder Rebell? in: Kirche und Mann 33, Nr. 8, 1980, S. 2.
127. Ulrich Duchrows Darstellung und quellenmäßige Belegung von Luthers Zwei-Reiche-Lehre, in: Gottes Wirken in seiner Welt. Zur Diskussion um die Zweireichelehre. 1. Band: Dokumentation einer Konsultation, hg. v. Niels Hasselmann, Hamburg 1980 (= Zur Sache 19), S. 23–40.
128. Theozentrische Begründung von Luthers Zwei-Reiche-Lehre, in: Gottes Wirken in seiner Welt. Zur Diskussion um die Zweireichelehre, 2. Band: Reaktionen, hg. v. Niels Hasselmann, Hamburg 1980 (= Zur Sache 20), S. 155–161.
129.* Zwischen Konflikt und Verständigung. Bemerkungen zu den Sonderverhandlungen während des Augsburger Reichstages 1530, in: Die Religionsgespräche der Reformationszeit, hg. v. Gerhard Müller, Gütersloh 1980 (= SVRG 191), S. 21–33.

130. Martin Luther im Zerrspiegel, Antwort auf die Behauptungen von Remigius Bäumer, in: LM 19, 1980, S. 708–711.
131. Das Konkordienbuch von 1580. Geschichte und Bedeutung, in: ZBKG 49, 1980, S. 161–178.
132. Die Reformation in Weißenburg, in: villa nostra. Beiträge zur Weißenburger Stadtgeschichte Nr. 15, 1981, S. 129–136.
133. Der Katholizismus als Heimat Martin Luthers? in: Luther 52, 1981, S. 78–81.
134. Die Theologie der Confessio Augustana, in: Wolfgang Reinhard (Hg.), Bekenntnis und Geschichte. Die Confessio Augustana im historischen Zusammenhang. Ringvorlesung der Universität Augsburg im Jubiläumsjahr 1980, München 1981 (= Schriften der Philosophischen Fakultäten der Universität Augsburg 20), S. 63–80.
135. Die Aristoteles-Rezeption im deutschen Protestantismus, in: Die Rezeption der Antike. Zum Problem der Kontinuität zwischen Mittelalter und Renaissance. Vorträge gehalten anläßlich des ersten Kongresses des Wolfenbütteler Arbeitskreises für Renaissanceforschung in der Herzog August Bibliothek Wolfenbüttel vom 2. bis 5. September 1978, hg. v. August Buck, Hamburg 1981 (= Wolfenbütteler Abhandlungen zur Renaissanceforschung 1), S. 55–70.
136. Empfehlungen zur Edition frühneuzeitlicher Texte, in: Jahrbuch der historischen Forschung 1980, S. 85–96; dass. in: ARG 72, 1981, S. 299–315; dass. in: Berichte zur Wissenschaftsgeschichte 4, 1981, S. 167–178.
137. Gutachten für die Verhandlungen in Schweinfurt (1532, März 18), bearbeitet von Gerhard Müller, in: Andreas Osiander d. Ä. Gesamtausgabe, Bd. 4. Schriften und Briefe Mai 1530 bis Ende 1532, hg. v. Gerhard Müller und Gottfried Seebaß, Gütersloh 1981, S. 397–408, Nr. 170.
138. Gutachten über die Schweinfurter Verhandlungen (1532, Mai 24), bearbeitet von Gerhard Müller, in: Andreas Osiander d. Ä. Gesamtausgabe, Bd. 4. Schriften und Briefe Mai 1530 bis Ende 1532, hg. v. Gerhard Müller und Gottfried Seebaß, Gütersloh 1981, S. 414–434, Nr. 172.
139. Die Geschichte der Christenheit als die Geschichte der Geisteswirkungen, in: Religion – Geschichte – Ökumene. In memoriam Ernst Benz, hg. v. Rainer Flasche und Erich Geldbach, Leiden 1981, S. 18–33.
140. Andreas Osiander, in: Gestalten der Kirchengeschichte, Bd. 6: Die Reformationszeit II, hg. v. Martin Greschat, Stuttgart, Berlin, Köln, Mainz 1981, S. 59 bis 73.
141. Entstehung und Verlesung der Confessio Augustana, in: Rieser Kulturtage (Dokumentation, Bd. 3, 1980), Nördlingen 1981, S. 211f.
142. Professor Maurer gestorben, in: Erlanger Nachrichten vom 2. 2. 1982; wieder abgedruckt in: „Lutherischer Dienst“ 1/1982.
143. Luther als Anstifter zum Völkermord?, in: Braunschweiger Evangelische Zeitung 116, 1982, Nr. 16, S. 2.
144. Der fremde Luther – die Last der Tradition im neuzeitlichen Protestantismus, in: Hans Friedrich Geißer u. a., Weder Ketzer noch Heiliger. Luthers Bedeutung für den ökumenischen Dialog, Regensburg 1982, S. 93–122.

145.* Lazarus Spengler als Theologe, in: Vom Amt des Laien in Kirche und Theologie. Festschrift für Gerhard Krause zum 70. Geburtstag, hg.v. Henning Schröer und Gerhard Müller, Berlin und New York 1982, S. 168–184.
146. Diskussion um Luther und Hitler, in: Braunschweiger Evangelische Zeitung 116, 1982, Nr. 26, S. 8f.
147. Das Offizium sprach das letzte Wort. Katholische Lehrzucht in acht Jahrhunderten, in: LM 21, 1982, S. 341–343.
148. In memoriam Wilhelm Maurer, in: ZEvKR 27, 1982, S. 113f.
149. Geleitwort zu: Ludwig Binder, Die Kirche der Siebenbürger Sachsen, Erlangen 1982, S. 7f.
150.* Martin Luther als Autorität für die lutherische Kirche?, in: Luthers Sendung für Katholiken und Protestanten, hg. v. Karl Lehmann. Mit Beiträgen von Martin Brecht u. a., Zürich 1982 (= Schriftenreihe der Katholischen Akademie der Erzdiözese Freiburg), S. 48–70.
151. Dank an Hans-Volker Herntrich, in: Luther 53, 1982, S. 138–140.
152. Luther 1982, in: Braunschweiger Evangelische Zeitung 116, Nr. 44 vom 31. Oktober 1982, S. 2.
153.* Kaiserliche Autorität und fürstliche Libertät. Zu den Verhandlungen über die Türkenabwehr während des Regensburger Reichstages 1532, in: Festschrift für Fairy von Lilienfeld zum 65. Geburtstag, hg. v. A. Rexheuser und K.-H. Ruffmann, Erlangen (Selbstverlag) 1982, S. 540–560.
154. Zum Referat von A. Kohler, in: Das römisch-deutsche Reich im politischen System Karls V., hg. v. Heinrich Lutz, München u. a. 1982 (= Schriften des Historischen Kollegs / Kolloquien 1), S. 264f.
155. Wahlkampf – Ein heißer Spätwinter? in: Braunschweiger Evangelische Zeitung 117, Nr. 4 vom 23. Januar 1983, S. 3.
156. Wir leben von Gottes Güte und Gaben, in: Unsere Kirche. Evangelisches Sonntagsblatt für Westfalen und Lippe, vom 30. Januar 1983, S. 6.
157. Allein. Gedanken zum Karfreitag, in: Braunschweiger Evangelische Zeitung 117, Nr. 23 vom 27. März 1983, S. 7.
158. In memoriam Wilhelm Maurer, in: LuJ 50, 1983, S. 16–19.
159. Die „Confessio Augustana" im Jahre 1980, in: LuJ 50, 1983, S. 126–149.
160. Der Reformator Martin Luther, in: Luther 83. Mitteilungen aus dem Lutherjahr 1983 in Niedersachsen. Heft 1, 1983, S. 6–9.
161. Warum ein Katechismus?, in: Braunschweiger Evangelische Zeitung 117, Nr. 20 vom 15. Mai 1983, S. 8.
162. Lehrer – Übersetzer – Verkündiger. Was Luther für die evangelische Kirche bedeutet, in: LM 22, 1983, S. 257–259.
163. Tribut an den Geist der Zeit. Martin Luthers Stellung zu den Juden, in: EK 16, 1983, S. 305–308; wieder abgedruckt in: Zwischen Reformation und Gegenwart, Bd. II, S. 38–44.
164.* Luthers Beziehungen zu Reich und Rom, in: Leben und Werk Martin Luthers von 1526 bis 1546. Festgabe zu seinem 500. Geburtstag. Im Auftrag des Theologischen Arbeitskreises für reformationsgeschichtliche Forschung hg. v. Helmar

Junghans, Berlin und Göttingen 1983, Bd. 1, S. 369–401, Bd. 2, S. 849 bis 860.
165. Osiander an den Nürnberger Rat (1534, vor September 4), bearbeitet von Gerhard Müller, in: Andreas Osiander d. Ä. Gesamtausgabe, Bd. 5. Schriften und Briefe 1533 bis 1534, hg. v. Gerhard Müller und Gottfried Seebaß, Gütersloh 1983, S. 513–516, Nr. 194.
166. Bekenntnis des Glaubens, in: Braunschweiger Evangelische Zeitung 117, Nr. 30 vom 24. Juli 1983, S. 8.
167. Martin Luther als Lehrer der Kirche, in: Luther 54, 1983, S. 99–111; wieder abgedruckt in: Zwischen Reformation und Gegenwart, Bd. II, S. 57–68.
168. „Niemand soll sein eigener Richter sein" – Luthers Gedanken zu Aufruhr, Krieg und Frieden, in: LM 22, 1983, S. 512–517; wieder abgedruckt in: Zwischen Reformation und Gegenwart, Bd. II, S. 45–56.
169. Abbau der Selbstschußanlagen, in: Braunschweiger Evangelische Zeitung 117, Nr. 42 vom 16. Oktober 1983, S. 3.
170. Obrigkeit, in: Braunschweiger Evangelische Zeitung 117, Nr. 47 vom 20. November 1983, S. 3.
171. Weihnachten, der Ruf nach Frieden, in: Rheinische Post, 24. Dezember 1983, Weihnachtsbeilage.
172. Luthers Bibelkritik, in: Die Bibel weckt Gemeinde, hg. v. Horst Hirschler und Günter Linnenbrink, Hannover 1984, S. 93–103; wieder abgedruckt in: Zwischen Reformation und Gegenwart, Bd. II, S. 21–30.
173. Luther und die Politik – Belastung oder Hilfe?, in: Die Reformation geht weiter. Ertrag eines Jahres, hg. v. Ludwig Markert und Karl Heinz Stahl, Erlangen 1984, S. 81–92.
174. „Unmittelbar zu Gott – verantwortlich in der Welt – was ist das?", in: Lutherische Generalsynode 1983. Bericht über die fünfte Tagung der sechsten Generalsynode der Vereinigten Evangelisch-Lutherischen Kirche Deutschlands vom 20. bis 24. September 1983 in Coburg, Hannover 1984, S. 172–189; wieder abgedruckt in: Zwischen Reformation und Gegenwart, Bd. II, S. 161–173.
175. Papal policy and schismatic movements in the sixteenth and seventeenth Centuries. (Translated from the German by Ian Hazlett), in: The end of strife. Papers selected from the proceedings of the Colloquium of the Commission Internationale d'Histoire Ecclésiastique Comparée held at the University of Durham 2nd to 9th September 1981, edited by David Loades, Edinburgh 1984, S. 94–113.
176.* Luther und die evangelischen Fürsten, in: Luther und die politische Welt. Wissenschaftliches Symposion in Worms vom 27. bis 29. Oktober 1983, hg. v. Erwin Iserloh und Gerhard Müller, Stuttgart 1984 (= Historische Forschungen im Auftrag der Historischen Kommission der Akademie der Wissenschaften und der Literatur, hg.v. Karl Erich Born und Harald Zimmermann, Bd. IX), S. 65–83.
177. Philipp Melanchthon zwischen Pädagogik und Theologie, in: Humanismus im Bildungswesen des 15. und 16. Jahrhunderts, hg. v. Wolfgang Reinhard, Weinheim 1984 (= Mitteilung XII der Kommission für Humanismusforschung), S. 95 bis 106; wieder abgedruckt in: Zwischen Reformation und Gegenwart, Bd. II, S. 99–108.

178. Einführung der Reformation und die evangelische Gemeinde, in: Erlangen. Geschichte der Stadt in Darstellung und Dokumenten, unter Mitwirkung von Gerhard Pfeiffer hg. v. Alfred Wendehorst, München 1984, S. 35–38.
179. In Christus – Hoffnung für die Welt. Tagung des Lutherischen Weltbundes, in: Luther 55, 1984, S. 136–145.
180. Erfahrungen der Reformation und Ökumene heute, zusammen mit R. Frieling und P.-G. Scheele, in: Deutscher Evangelischer Kirchentag Hannover 1983, Stuttgart 1984, S. 190–201.
181. Bericht zur Lage, in: Kurier der Landessynode der Ev.-Luth. Landeskirche in Braunschweig 13, Nr. 2, 1984, S. 1–8.
182. Kirche der 80er Jahre, in: Kurier der Landessynode der Ev.-Luth. Landeskirche in Braunschweig 13, Nr. 3, 1984, S. 38f.
183. Einheit der Kirche?, in: Braunschweiger Evangelische Zeitung 118, Nr. 15 vom 8. April 1984, S. 3.
184. Begegnung, in: Braunschweiger Evangelische Zeitung 118, Nr. 26 vom 24. Juni 1984, S. 3.
185. Die Hoffnung praktisch leben. 99 Kirchen beraten in Budapest, in: Braunschweiger Zeitung 39, Nr. 174 vom 27. Juli 1984, S. 2.
186. Voll Reiz und Schwierigkeiten. Bei der Tagung des Lutherischen Weltbundes wurden nicht alle Ziele erreicht, in: Braunschweiger Zeitung 39, Nr. 183 vom 7. August 1984, S. 2.
187. Neue Aufgaben nach Budapest, in: Braunschweiger Evangelische Zeitung 118, Nr. 33 vom 12. August 1984, S. 3.
188. Predigt über den 100. Psalm, in: Gruß aus dem Marienstift 85, 1984, S. 6–10.
189. Ein Kind ist uns geboren, in: Goslarsche Zeitung Nr. 300 und Wolfenbütteler Zeitung Nr. 301, Weihnachten 1984, S. 2.
190. Bemerkungen zur neueren Melanchthon-Forschung, in: Wolfenbütteler Renaissance-Mitteilungen IX, 1985, S. 133–139.
191. Luthertum und Mönchtum, in: Die Diözese Hildesheim in Vergangenheit und Gegenwart. Jahrbuch des Vereins für Heimatkunde im Bistum Hildesheim 53, 1985, S. 79–85; wieder abgedruckt in: Zwischen Reformation und Gegenwart, Bd. II, S. 89–98.
192. Reform und Reformation. Zur Geschichte von Spätmittelalter und früher Neuzeit, in: Festschrift zum 65. Geburtstag von Kurt Schmidt-Clausen. Unter Mitwirkung von Hans Götting hg. v. Hans-Walter Krumwiede = JGNKG 83, 1985, S. 13–29; wieder abgedruckt in: Zwischen Reformation und Gegenwart, Bd. II, S. 137–152.
193. Luther und die moderne Welt, in: Martin Luther im Spiegel heutiger Wissenschaft, hg. v. Knut Schäferdiek, Bonn 1985 (= Studium universale 4), S. 241–252; wieder abgedruckt in: Zwischen Reformation und Gegenwart, Bd. II, S. 69–79; Übersetzung: Lutero e il mondo moderno, in: Humanitas 39 (Brescia 1984), S. 383 bis 397.
194. Wilhelm Löhe, in: Gestalten der Kirchengeschichte, hg. v. Martin Greschat, Bd. 9: Die neueste Zeit II, Stuttgart 1985, S. 71–86.

195. Protestant Theology in Scotland and Germany in the early days of the Reformation, in: Records of Scottish Church History Society 22, 1985, S. 103 bis 117.
196. Missionarischer Gemeindeaufbau bei Martin Luther, in: Joachim Cochlovius (Hg.), Theologie und Erweckung, Gießen und Basel 1985 (= Theologie und Dienst 42), S. 51–57; wieder abgedruckt in: Zwischen Reformation und Gegenwart, Bd. II, S. 31–37.
197. In Jesus Christus – Hoffnung für die Welt. Bericht über die Tagung der Vollversammlung des Lutherischen Weltbundes, in: Kurier der Landessynode der Ev.-Luth. Landeskirche in Braunschweig, 14, Nr. 2, 1985, S. 7–10.
198. Kirche und Recht. Zum Lebenswerk Bugenhagens, in: LM 24, 1985, S. 369–373; wieder abgedruckt in: Zwischen Reformation und Gegenwart, Bd. II, S. 109–116.
199. Vierzig Jahre, in: Braunschweiger Evangelische Zeitung 119, Nr. 18 vom 5. Mai 1985, S. 3.
200. Verbindender Glaube – trennende Hautfarbe, in: Braunschweiger Evangelische Zeitung 119, Nr. 34 vom 25. August 1985, S. 3.
201. Johannes Bugenhagen: Sein Ansatz – seine Wirkungsgeschichte – Lehren für die Zukunft, in: ZSRG.K 103 (72), 1986, S. 277–303.
202. Zum Geleit, in: Der zweite Martin der Lutherischen Kirche. Festschrift zum 400. Todestag von Martin Chemnitz, Hg.: Ev.-Luth. Stadtkirchenverband und Propstei Braunschweig (Redaktion W. A. Jünke), Braunschweig (Selbstverlag) 1986, S. 3f.
203. Die Botschaft von der Rechtfertigung. Vermittlung und Aktualisierung, in: Luther 57, 1986, S. 34–41.
204. Martin Chemnitz (1522–1586). Ein Reformator der zweiten Generation, in: Luther 57, 1986, S. 119–127; wieder abgedruckt in: Zwischen Reformation und Gegenwart, Bd. II, S. 117–124.
205. Vom Revolutionär zum Fürstenknecht? Martin Luther und Friedrich der Weise, in: Katholische Nachrichten-Agentur – Ökumenische Informationen, Nr. 26, 25. Juni 1986; wieder abgedruckt in: Zwischen Reformation und Gegenwart, Bd. II, S. 9–20.
206. Ist Afrika ein religiöses Land? Die Buren verstehen sich als von Gott geleitetes Volk, in: LM 25, 1986, S. 155–158.
207. Anwalt der Schwachen. Bugenhagens Bedeutung für die evangelische Kirchenrechtsbildung, in: LM 25, 1986, S. 312–314.
208. Aufgaben, in: Braunschweiger Evangelische Zeitung 120, Nr. 1 vom 5. Januar 1986, S. 3.
209. Unter Zwang, in: Braunschweiger Evangelische Zeitung 40, Nr. 23 vom 8. Juni 1986, S. 3.
210. Das Augsburger Bekenntnis für Italien: Eine Übersetzung von 1562, in: Respublica Guelpherbytana. Festschrift für Paul Raabe, hg. v. August Buck und Martin Bircher, Amsterdam 1987 (= Chloe 6), S. 107–116.
211. Predigt im Eröffnungsgottesdienst am 19. Oktober 1986 in der Martin-Luther-Kirche in Bad Harzburg, in: Lutherische Generalsynode 1986. Bericht über die zweite Tagung der siebten Generalsynode der Vereinigten Evangelisch-Lutheri-

schen Kirche Deutschlands vom 19. bis 22. Oktober 1986 in Bad Harzburg, Hannover 1987, S. 17–22.

212. Zu Luthers Sozialethik, in: Vademecum zu einem frühen Klassiker der ökonomischen Wissenschaft, Frankfurt am Main und Düsseldorf 1987, S. 59–78 (= Kommentar zur Faksimile-Ausgabe der 1524 in Wittenberg erschienenen Erstausgabe von Martin Luther, Von Kauffshandlung und Wucher; Die Handelsblatt-Bibliothek „Klassiker der Nationalökonomie").

213. Martin Luther and the Political World of his time, in: Politics and Society in Reformation Europe. Essays for Sir G. Elton, ed. by E. J. Kouri and Tom Scott, Hampshire 1987, S. 35–50.

214. Die Schmalkaldischen Artikel, in: Schmalkalden. Artikel des Glaubens – glaubende Menschen, hg. v. Werner Dettmar, Kassel 1987, S. 9–27.

215. Luther's Christology and the Present Problem of Lutheran Identity, in: "Gurukul"-Perspective (Madras/Indien), April 1987, Nr. 28, S. 1–6 (vgl. Nr. 26, etwas verändert).

216. Im fünften Kontinent, in: LM 26, 1987, S. 213–215.

217. Luthers theologisches Testament. Vor 450 Jahren entstanden die Schmalkaldischen Artikel, in: LM 26, 1987, S. 396f.

218. Kirche in der Zerstreuung, in: idea-spectrum. Nachrichten aus der evangelischen Welt, vom 8. April 1987, S. 14.

219. „Gott über alle Dinge fürchten, lieben und vertrauen" – unsere Dörfer und unsere Kirche, in: Kurier der Landessynode der Ev.-Luth. Landeskirche in Braunschweig 15/16, Nr. 1, 1987, S. 7–11.

220. Beten, in: Braunschweiger Evangelische Zeitung 41, Nr. 4 vom 25. Januar 1987, S. 3.

221. Papstbesuch, in: Braunschweiger Evangelische Zeitung 41, Nr. 11 vom 15. März 1987, S. 3.

222. Kein Almosen, in: Braunschweiger Evangelische Zeitung 41, Nr. 48 vom 29. November 1987, S. 3.

223. Zur Frage nach dem Leben in theologischer Sicht, in: Hermann Lübbe u. a., Anfang und Ende des Lebens als normatives Problem, Mainz und Stuttgart 1988 (= Akademie der Wissenschaften und der Literatur. – Abhandlungen der Geistes- und sozialwissenschaftlichen Klasse, Jg. 1988, 12), S. 51–57.

224. Predigt über Hebräer 3, 7–14, in: Lebenswort. Erlanger Universitätspredigten. Manfred Seitz zum 60. Geburtstag, hg. v. Wolfgang Bub, Christian Eyselein und Günter R. Schmidt, Erlangen 1988, S. 182–186.

225. Evangelische Marienverehrung: Luthers Auslegung des Magnificat, in: Luther 59, 1988, S. 2–13.

226. Das Verbot der Gestapo bekam uns ganz gut, in: Helmut Matthies (Hg.), Wie wird man Christ, Herr Bischof? Das Generalthema der Kirche, Moers 1988, S. 54f; auch in: idea-spectrum. Nachrichten und Meinungen aus der evangelischen Welt, vom 19. Oktober 1988 und: Evangelisches Sonntagsblatt aus Bayern. Rothenburger Sonntagsblatt 104, Nr. 47 vom 20. November 1988, S. 811.

227. Arbeitswelt, in: Braunschweiger Evangelische Zeitung 42, Nr. 34 vom 21. August 1988, S. 3.

228. Das Leben ist unteilbar, in: Braunschweiger Zeitung 42, Nr. 224 vom 24. September 1988, S. 2.
229. Frieden, in: Braunschweiger Evangelische Zeitung 42, Nr. 52 vom 25. Dezember 1988, S. 3.

3. Herausgegebene Werke

230. Zusammen mit Friedrich Wilhelm Kantzenbach: Reformatio und Confessio. Festschrift für D. Wilhelm Maurer zum 65. Geburtstag am 7. Mai 1965, Berlin und Hamburg 1965.
231. Zusammen mit Winfried Zeller: Glaube – Geist – Geschichte. Festschrift für Ernst Benz zum 60. Geburtstag am 17. November 1967, Leiden 1967.
232. Zusammen mit Ernst Wilhelm Kohls: Wilhelm Maurer, Kirche und Geschichte. Gesammelte Aufsätze, Göttingen.
   Bd. 1: Luther und das evangelische Bekenntnis, 1970.
   Bd. 2: Beiträge zu Grundsatzfragen und zur Frömmigkeitsgeschichte, 1970.
233. Zusammen mit Gottfried Seebaß: Andreas Osiander d. Ä. Gesamtausgabe, Gütersloh.
   Bd. 1: Schriften und Briefe 1522 bis März 1525, 1975;
   Bd. 2: Schriften und Briefe April 1525 bis Ende 1527, 1977;
   Bd. 3: Schriften und Briefe 1528 bis April 1530, 1979;
   Bd. 4: Schriften und Briefe Mai 1530 bis Ende 1532, 1981;
   Bd. 5: Schriften und Briefe 1533 bis 1534, 1983;
   Bd. 6: Schriften und Briefe 1535 bis 1538, 1985;
   Bd. 7: Schriften und Briefe 1539 bis März 1543, 1988.
234. Zusammen mit Gottfried Seebaß: Wilhelm Maurer, Die Kirche und ihr Recht. Gesammelte Aufsätze zum evangelischen Kirchenrecht, Tübingen 1976 (=Jus Ecc 23).
235. Theologische Realenzyklopädie. In Gemeinschaft mit Horst Robert Balz u. a. hg. v. Gerhard Krause und Gerhard Müller, Bd. 1ff, Berlin und New York 1977ff; ab Bd. 13, 1984, alleiniger Hauptherausgeber; bis 1982 auch Herausgeber für das Fachgebiet Reformationsgeschichte.
236. Die Religionsgespräche der Reformationszeit, Gütersloh 1980 (= SVRG 191).
237. Zusammen mit Henning Schröer: Vom Amt des Laien in Kirche und Theologie. Festschrift für Gerhard Krause zum 70. Geburtstag, Berlin und New York 1982 (= TBT 39).
238. Zusammen mit Erwin Iserloh: Luther und die politische Welt. Wissenschaftliches Symposion in Worms vom 27. bis 29. Oktober 1983, red. Johannes Koch, Stuttgart 1984 (= Historische Forschungen im Auftrag der historischen Kommission der Akademie der Wissenschaften und der Literatur, hg. v. Karl Erich Born und Harald Zimmermann, Bd. IX).

4. *Lexikonartikel*

Evangelisches Kirchenlexikon. Internationale theologische Enzyklopädie, hg. v. Erwin Fahlbusch, Jan Milič Lochmann, John Mbiti und Lukas Vischer, Göttingen 1986ff (3. Aufl. [Neufassung]).

239. Bekenntnisse, Bekenntnisschriften, Bd. 1, Sp. 413–419.

NDB

240. Geldenhauer, Gerhard, Bd. 6, S. 170;
241. Isaak, Stephan, Bd. 10, S. 185;
242. Lambert, Franz, Bd. 13, S. 435–437;
243. Luther, Martin, Bd. 15, S. 549–561.

RGG (3. Aufl.)

244. Gonzaga, Giulia (1513–66), Bd. 2, Sp. 1692f;
245. Lambert von Avignon, Franz (1486/87–1530), Bd. 4, Sp. 213;
246. Marburger Religionsgespräch, Bd. 4, Sp. 738;
247. Morone, Giovanni (1509–80), Bd. 4, Sp. 1141;
248. Ochino, Bernardino (1487–1564), Bd. 4, Sp. 1555f;
249. Paleario, Aonio (1503–70), Bd. 5, Sp. 30;
250. Römischer Katechismus, Bd. 5, Sp. 1148f;
251. Sadoleto, Jacopo (1477–1547), Bd. 5, Sp. 1278f;
252. Tridentinum, Bd. 6, Sp. 1012–1017;
253. Ziegler, Jacob (1470/71–1549), Bd. 6, Sp. 1907f;

TRE

254. Aleandro, Girolamo (1480–1542), Bd. 2, S. 227–231;
255. Antisemitismus VI. 16. und 17. Jahrhundert, Bd. 3, S. 143–155;
256. Campeggio, Lorenzo (1474–1539), Bd. 7, S. 604–606;
257. Clemens VII., Papst (1523–1534), Bd. 8, S. 98–101.

5. *Herausgegebene Zeitschriften und Reihen*

Zusammen mit Kurt Aland und Carl Andresen:
Arbeiten zur Kirchengeschichte, ab Bd. 42, 1971ff.

Zusammen mit Wilfried Joest u. a.:
Kerygma und Dogma, ab Bd. 17, 1971ff.

Mitglied des wissenschaftlichen Beirats von:
Päpste und Papsttum, Bd. 1ff, 1971ff.

Zusammen mit Bernhard Lohse u. a.:
Die Lutherische Kirche. Geschichte und Gestalten, Bd. 1ff, 1976ff.

Zusammen mit Karl Dienst u. a.:
Luther. Zeitschrift der Luther-Gesellschaft, ab Bd. 47, 1976ff.

Zusammen mit Erich Dinkler †, Werner Georg Kümmel u. a.:
Theologische Rundschau, Bde. 43–48, 1978–1983.

(Rezensionen von Gerhard Müller wurden in diese Bibliographie nicht aufgenommen.)

Dissertationen bei Gerhard Müller

Martin Stupperich, Osiander in Preussen. 1549–1552, Berlin und New York 1973 (= AKG 44).

Jürgen Lorz, Das reformatorische Wirken Dr. Wenzeslaus Lincks in Altenburg und Nürnberg (1523–1547), Nürnberg 1978 (= Nürnberger Werkstücke zur Stadt- und Landesgeschichte 25).

Joachim Cochlovius, Bekenntnis und Einheit der Kirche im deutschen Protestantismus 1840–1850, Gütersloh 1980 (= Die Lutherische Kirche. Geschichte und Gestalten 3).

Gerhard Simon, Humanismus und Konfession. Theobald Billican, Leben und Werk, Berlin und New York 1980 (= AKG 49).

Hanns Kerner, Luthertum und ökumenische Bewegung für Praktisches Christentum 1919–1926, Gütersloh 1983 (= Die Lutherische Kirche. Geschichte und Gestalten 5).

Dietrich Wünsch, Evangelienharmonien im Reformationszeitalter. Ein Beitrag zur Geschichte der Leben-Jesu-Darstellungen, Berlin und New York 1983 (= AKG 52).

Martin Hein, Lutherisches Bekenntnis und Erlanger Theologie im 19. Jahrhundert, Gütersloh 1984 (= Die Lutherische Kirche. Geschichte und Gestalten 7).

Rudolf Keller, Der Schlüssel zur Schrift. Die Lehre vom Wort Gottes bei Matthias Flacius Illyricus, Hannover 1984 (= AGTL.NF 5).

Bernhard Schneider, Gutachten evangelischer Theologen des Fürstentums Brandenburg-Ansbach/Kulmbach zur Vorbereitung des Augsburger Reichstages von 1530. Zugleich ein Beitrag zur fränkischen Reformationsgeschichte, Neustadt a. d. Aisch 1987 (= EKGB 62).